MW01167406

ɅƗ ƗɷƃɅƆƗƐɒƦɅ ƗƗƆɷ ɅƗɞ ɅƗ ƗꞭɷƃƗƐɒƦɅ ƦɞƳ

ɷɸɛƆ ƖɸƗƗƃƗƖƦƖ ƦɞƳ

# ƆəɞəɛɒƦɅ ɅƗɞ ƦƆɅƆƦɅ

ƦƏ

## ɜɸ [ɷɸɞ ɅƗɞ ɞɛɞƔƦɸ Ɠəɞʀɞ ɷɸɸɞɿ

## ɞɸ ƖɸɻɞɞɞʀɅɿ Ɠɞɞ Ɩɛɞʀɸ

“Ψωɻɸρɵɸ ɣ ρɸɷɿ ʀɞ ɣɸ [ɵɨɞɞ bɻɿ ɸɸɿ, ɻɞd ɣ ρɸɷɿ ʀɞ ɣ [ɵɨɞɞ ʀɞ Ɠɷdʀ bɻɿ ɸɸɿ; ɻɞd ɣɻɿ φωɨc bɻɿ ɞ ɸɨɿʀɞ ɞɸ ɣ ρɸɷɿ ʀɞ ɣɸ [ɵɨɞɞ, ɻɞd ɵ[ɞo ɣɻɿ φωɨc bɻɿ ɞ ɸɨɿʀɞ ɞɸ ɣ ρɸɷɿ ʀɞ ɣ [ɵɨɞɞ ʀɞ Ɠɷdʀ, bɻɿ ώɸo ɿʀώɻɣʀɸ ʀɞɿɷ ɣ ωʀɞρὀɞdɨи ʀɞ ρɵ[ɞ dɵωɿɸɨɞɞ, ɻɞd [ɛɨи dὀɞ ʀɞ ωʀɞɿɻɞcʀɞɞ.”—Ɠɻɞʀɞɨɞ 1:31, Ɨɞɞɿɸɸd Ɩɸɻɞɞ[ɛbʀɞ.

“Ꝩɵɸ ɸ ωʀɔɻɞd ɵ[ ɔɻɞ, ɞoʟ ɨɞ ɣ əɞɿ ɻɞd ɨɞ ɣ ωɻɞɿ, ɻɞd ɨɞ ɣ ɞɵɸʟ ɻɞd ɨɞ ɣ ɞὀʟ, ɻɞd ɨɞ ɣ ɸ[ʀɞdɞ ʀɞ ɣ ɞə, ɣɻɿ ɣɛ bɻɿ ɸɸɿ ɣ ωʀɸdɞ φωɨc ɸ ɞɿəω ʀɞɿɷ ɣɻɔ: ρɵɸ ὀɿ ʀɞ ɣ ɞqωɞ φωɨc bɻɿ ɞ ɸɨɿʀɞ, ɸ ωɿ ɕʀɕ ɣ ωʀɸ[d, ɻɞɸə ɔɻɞ ʀωɵɸdɨи ɿɷ ɣɻɸ ωʀɸωɞ, ʀωɵɸdɨи ɣɻɿ φωɨc ɨɞ ɸɨɿʀɞ. Ꝩɵɸ ɞʀφɵ[d, ɸ bɻɿ ɞɿəω ʀɞɿɷ ɣ Ɠɷɞ, ɻɞd ɣɛ bɻɿ ɸɸɿ ɨɿ; ɻɞd ɸ bɻɿ ɵ[ɞo ɞɿəω ʀɞɿɷ ɣ Ɂəρɸɿɞ, ɻɞd ɣɛ bɻɿ ɸɸɿ ɨɿ; ɻɞd ɸ bɻɿ ɵ[ɞo ɞɿəω ʀɞɿɷ ɣ ʀɣʀɸ ɿɸɸɞɞ ʀɞ ɣ φὀɞ ʀɞ Ɨɞɸʀ[, φωɨc ɸ φɻɞ [ɻd ʀωɛ, ɻɞd ɣɛ bɻɿ ɸɸɿ ɨɿ; ɻɞd ɸ bɻɿ ɵ[ɞo ɞɿəω ʀɞɿɷ ɵ[ ɞɛbʀɞɞ ʀɞ ɣ ʀɸʟ, ɻɞd ɣɛ bɻɿ ɸɸɿ ɨɿ. Ɂɞd ɨɿ bɻɿ ωʀɔ ɿɷ ɿɻɞ ɣɻɿ ɣ Ɠɷɞ bɻɿ φɻɞ ɣ ωʀɸdɞ ʀɞ ɣ Ɂəρɸɿɞ, ɻɞd ɣ Ɂəρɸɿɞ bɻɿ φɻɞ ɣ ωʀɸdɞ ʀɞ ɣ Ɠɷɞ; ɻɞd ɣ Ɂəρɸɿɞ ɻɞd ɣ Ɠɷɞ bɻɿ φɻɞ ɣ ωʀɸdɞ ʀɞ ɣ [ɵɞɿ ɿɸɸɞɞ ʀɞ Ɨɞɸʀ[; ɻɞd ɣ [ɵɞɿ ɿɸɸɞɞ ʀɞ Ɨɞɸʀ[ bɻɿ φɻɞ ɣ ωʀɸdɞ ʀɞ ɣ Ɂəρɸɿɞ ɻɞd ɣ Ɠɷɞ. Ɂɞd ɨɿ bɻɿ ωʀɔ ɿɷ ɿɻɞ ɣɻɿ ɔɸ ɿəɿʀ[ φωɨc ɞɸ ʀɞ ɣ φὀɞ ʀɞ Ɨɞɸʀ[, bɻɿ ɞ ώɻɣʀɸd φɵɔ ʀɞɿɷ ɣ [ɻɞdɞ ʀɞ ɣɻɸ ɿʀɞɻbʀɞɞ; ɻɞd ɔɸ ωʀɸd ɵ[ɞo bɻɿ ɞ ώɻɣʀɸd ɨɞ ωʀɞ.”—2 Ɂəρɸɿɞ 29:11–14

Ɔədəɛbrɴ ɹɴd Ƴʅoɴɔrɴʅ

The text was set using LuaLaTeX. The typeface is a modified version of Baskerville by Apple Inc.

ISBN-10: 1537497170
ISBN-13: 978-1537497174

# The Deseret Alphabet

| Letter | Sound |
|---|---|
| 𐐀 𐐨 | beet |
| 𐐁 𐐩 | bait |
| 𐐂 𐐪 | cot |
| 𐐃 𐐫 | caught |
| 𐐄 𐐬 | coat |
| 𐐅 𐐭 | coot |
| 𐐆 𐐮 | kit |
| 𐐇 𐐯 | bet |
| 𐐈 𐐰 | cat |
| 𐐉 𐐱 | Boston |
| 𐐊 𐐲 | cut |
| 𐐋 𐐳 | book |
| 𐐌 𐐴 | ice |
| 𐐍 𐐵 | cow |
| 𐐎 𐐶 | walk |
| 𐐏 𐐷 | yes |
| 𐐐 𐐸 | hit |
| 𐐑 𐐹 | pea |
| 𐐒 𐐺 | bee |
| 𐐓 𐐻 | tea |
| 𐐔 𐐼 | Deseret |
| 𐐕 𐐽 | cheer |
| 𐐖 𐐾 | Joshua |
| 𐐗 𐐿 | key |
| 𐐘 𐑀 | gag |
| 𐐙 𐑁 | fee |
| 𐐚 𐑂 | vital |
| 𐐛 𐑃 | thin |
| 𐐜 𐑄 | then |
| 𐐝 𐑅 | see |
| 𐐞 𐑆 | zoo |
| 𐐟 𐑇 | fish |
| 𐐠 𐑈 | measure |
| 𐐡 𐑉 | rat |
| 𐐢 𐑊 | lake |
| 𐐣 𐑋 | Mary |
| 𐐤 𐑌 | nice |
| 𐐥 𐑍 | sing |

For more information see
http://www.deseretalphabet.info/About.html

# Ωɵɥ˥ɹɥ˥ȣ

# 𐐕𐐰𐐹𐐻𐐲𐑉 I

*𐐆𐑌𐐻𐑉𐐲𐐼𐐲𐐿𐐻𐐲𐑉𐐨—𐐗𐑉𐐴𐑅𐐻'𐑅 𐐓𐐯𐑅𐐻𐐮𐑋𐐬𐑌𐐨 𐐶𐐮𐑄 𐑉𐐲𐑀𐐪𐑉𐐼 𐐻𐐭 𐐐𐐮𐑆 𐐝𐐲𐑁𐐲𐑉𐐮𐑍𐑆—𐐗𐑉𐐴𐑅𐐻 𐐿𐐩𐑋 𐐻𐐭 𐐼𐐭 𐑄 𐐎𐐮𐑊 𐐲𐑂 𐐐𐐮𐑆 𐐙𐐪𐑄𐐲𐑉—𐐜 𐐓𐐯𐑅𐐻𐐮𐑋𐐬𐑌𐐨 𐐲𐑂 𐑄 𐐙𐐪𐑄𐐲𐑉 𐐰𐐻 𐐐𐐮𐑆 𐐒𐐰𐐹𐐻𐐮𐑆𐑋 𐐰𐑌𐐼 𐐓𐑉𐐰𐑌𐑅𐑁𐐮𐑀𐐷𐐲𐑉𐐩𐑇𐐲𐑌*

𐐆𐑌 𐑄 𐑊𐐰𐑅𐐻 𐐽𐐰𐐹𐐻𐐲𐑉 𐐲𐑂 𐐝𐐻. 𐐢𐐭𐐿'𐑅 𐐘𐐱𐑅𐐹𐐲𐑊 𐐮𐑆 𐐻𐐭 𐐺 𐑁𐐵𐑌𐐼 𐐪 𐐼𐐨𐐹𐑊𐐨 𐐮𐑌𐐻𐐲𐑉𐐲𐑅𐐻𐐮𐑍 𐐲𐐿𐐵𐑌𐐻 𐐲𐑂 𐑅𐐯𐑂𐐲𐑉𐐲𐑊 𐐮𐑂𐐯𐑌𐐻𐑅 𐑄𐐰𐐻 𐐻𐐳𐐿 𐐹𐑊𐐩𐑅 𐐱𐑌 𐑄 𐐼𐐩 𐑄𐐰𐐻 𐑄 𐐡𐐲𐐼𐐨𐑋𐐲𐑉 𐐶𐐲𐑆 𐑉𐐯𐑆𐐲𐑉𐐯𐐿𐐻𐐲𐐼. 𐐊𐑋𐐲𐑍𐑅𐐻 𐐲𐑄𐐲𐑉 𐐮𐑌𐑅𐐮𐐼𐐲𐑌𐐻𐑅, 𐐸𐐨 𐑉𐐲𐑊𐐩𐐻𐑅 𐑄𐐰𐐻 𐐱𐑌 𐑄𐐰𐐻 𐐼𐐩 𐐻𐐭 𐐲𐑂 𐑄 𐐼𐐮𐑅𐐴𐐹𐐲𐑊𐑆 𐐻𐐳𐐿 𐐪 𐑋𐐰𐑊𐐲𐑌𐐿𐐪𐑊𐐨 𐐾𐐲𐑉𐑌𐐨 𐑁𐑉𐐲𐑋 𐐖𐐲𐑉𐐭𐑅𐐰𐑊𐐯𐑋 𐐻𐐭 𐑄 𐑌𐐩𐐺𐐲𐑉𐐮𐑍 𐑂𐐮𐑊𐐮𐐾 𐐲𐑂 𐐆𐑋𐐩𐐲𐑅. 𐐐𐐶𐐴𐑊𐑅𐐻 𐑄𐐩 𐐶𐐫𐐿𐐻, 𐑄 𐑅𐐰𐐼𐑌𐐲𐑅 𐐲𐑂 𐑄𐐯𐑉 𐐸𐐪𐑉𐐻𐑅 𐑁𐐵𐑌𐐼 𐐮𐐿𐑅𐐹𐑉𐐯𐑇𐐲𐑌 𐐱𐑌 𐑄𐐯𐑉 𐐻𐐲𐑍𐑆, 𐐰𐑌𐐼 𐑄𐐩 𐑋𐐫𐑉𐑌𐑁𐐳𐑊𐐨 𐑉𐐲𐐸𐐲𐑉𐑅𐐻 𐐻𐐭 𐐨𐐽 𐐲𐑄𐐲𐑉 𐑄 𐑅𐐻𐐫𐑉𐐨 𐐲𐑂 𐑄 𐐿𐑉𐐭𐑅𐐮𐑁𐐮𐐿𐑇𐐲𐑌 𐐲𐑂 𐑄𐐯𐑉 𐐣𐐰𐑅𐐻𐐲𐑉. 𐐒𐐴 𐐰𐑌𐐼 𐐺𐐴, 𐑄𐐩 𐐶𐐲𐑉 𐐾𐑎𐑌𐐼 𐐺𐐴 𐐰𐑌 𐐲𐐹𐐰𐑉𐐲𐑌𐐻 𐑅𐐻𐑉𐐩𐑌𐐾𐐲𐑉, 𐐸𐐭, 𐑄𐐬 𐑌𐐲𐑌 𐐲𐑄𐐲𐑉 𐑄𐐰𐑌 𐑄 𐑉𐐯𐑆𐐲𐑉𐐯𐐿𐐻𐐲𐐼 𐐝𐐩𐑂𐐷𐐲𐑉, 𐐶𐐲𐑆 𐑌𐐱𐐻 𐑉𐐯𐐿𐐲𐑀𐑌𐐴𐑆𐐼 𐐺𐐴 𐑄𐐯𐑋. 𐐆𐑌 𐐰𐑌𐑅𐐲𐑉 𐐻𐐭 𐐐𐐮𐑆 𐐮𐑌𐐿𐐶𐐴𐑉𐐨𐑆, 𐑄𐐩 𐑉𐐲𐐹𐐨𐐻𐐲𐐼 𐑄 𐑅𐐰𐐼 𐐸𐐮𐑅𐐻𐐲𐑉𐐨 𐐲𐑂 𐑄 𐐼𐐩𐑆 𐐾𐐲𐑅𐐻 𐐹𐐰𐑅𐐻, 𐐰𐑌𐐼 𐐮𐐿𐑅𐐹𐑉𐐯𐑅𐐻 𐑄 𐐼𐐮𐑅𐐲𐐹𐑎𐑌𐐻𐑋𐐲𐑌𐐻 𐑄𐐰𐐻 𐐐𐐮𐑆 𐐼𐐯𐑃 𐐸𐐰𐐼 𐐺𐑉𐐫𐐻, 𐑁𐐫𐑉 𐑄𐐩 𐐻𐑉𐐲𐑅𐐻𐐲𐐼 𐑄𐐰𐐻 𐐮𐐻 𐐸𐐰𐐼 𐐺𐐮𐑌 𐐐𐐨 𐐸𐐭 𐑇𐐳𐐼 𐐸𐐰𐑂 𐑉𐐲𐐼𐐨𐑋𐐼 𐐆𐑆𐑉𐐯𐑊. 𐐜𐐯𐑌 𐐖𐐨𐑆𐐲𐑅 𐑅𐐯𐐼 𐐲𐑌𐐻𐐭 𐑄𐐯𐑋, "𐐄 𐑁𐐭𐑊𐑆, 𐐰𐑌𐐼 𐑅𐑊𐐬 𐐲𐑂 𐐸𐐪𐑉𐐻 𐐻𐐭 𐐺𐐲𐑊𐐨𐑂 𐐫𐑊 𐑄𐐰𐐻 𐑄 𐐹𐑉𐐱𐑁𐐲𐐻𐑅 𐐸𐐰𐑂 𐑅𐐹𐐬𐐿𐐲𐑌! 𐐃𐐻 𐑌𐐱𐐻 𐐗𐑉𐐴𐑅𐐻 𐐻𐐭 𐐸𐐰𐑂 𐑅𐐲𐑁𐐲𐑉𐐼 𐑄𐐨𐑆 𐑃𐐮𐑍𐑆, 𐐰𐑌𐐼 𐐻𐐭 𐐯𐑌𐐻𐐲𐑉 𐐮𐑌𐐻𐐭 𐐐𐐮𐑆 𐑀𐑊𐐫𐑉𐐨? 𐐈𐑌𐐼 𐐺𐐲𐑀𐐮𐑌𐐮𐑍 𐐰𐐻 𐐣𐐬𐑆𐐲𐑅, 𐐰𐑌𐐼 𐐫𐑊 𐑄 𐐹𐑉𐐱𐑁𐐲𐐻𐑅, 𐐐𐐨 𐐮𐐿𐑅𐐹𐐵𐑌𐐼𐐲𐐼 𐐲𐑌𐐻𐐭 𐑄𐐯𐑋 𐐮𐑌 𐐫𐑊 𐑄 𐑅𐐿𐑉𐐮𐐹𐐽𐐲𐑉𐑆 𐑄 𐑃𐐮𐑍𐑆 𐐿𐐲𐑌𐑅𐐲𐑉𐑌𐐮𐑍 𐐐𐐮𐑋𐑅𐐯𐑊𐑁."—𐐢𐐭𐐿 24:25–27.

𐐐𐐶𐐯𐑌 𐑄𐐩 𐑉𐐨𐐽𐐻 𐐆𐑋𐐩𐐲𐑅, 𐐶𐐮𐑄 𐐿𐐰𐑉𐐲𐐿𐐻𐐲𐑉𐐮𐑅𐐻𐐮𐐿 𐐨𐑅𐐻𐐲𐑉𐑌 𐐸𐐱𐑅𐐹𐐮𐐻𐐰𐑊𐐮𐐻𐐨, 𐑄𐐩 𐐿𐐲𐑌𐑅𐐻𐑉𐐩𐑌𐐼 𐑄 𐑅𐐻𐑉𐐩𐑌𐐾𐐲𐑉 𐐻𐐭 𐐲𐐺𐐴𐐼 𐐶𐐮𐑄 𐑄𐐯𐑋. 𐐐𐐨 𐐿𐐲𐑌𐑅𐐯𐑌𐐻𐐲𐐼, 𐐰𐑌𐐼 𐐰𐑆 𐑄𐐩 𐑅𐐰𐐻 𐐰𐐻 𐑋𐐨𐐻 𐐐𐐨 𐐻𐐳𐐿 𐐺𐑉𐐯𐐼, 𐐰𐑌𐐼 𐐺𐑊𐐯𐑅𐐻 𐐮𐐻, 𐐺𐑉𐐩𐐿 𐐰𐑌𐐼 𐑀𐐩𐑂 𐐲𐑌𐐻𐐭 𐑄𐐯𐑋. 𐐜𐐯𐑌 𐑄𐐯𐑉 𐐴𐑆 𐐶𐐲𐑉 𐐬𐐹𐐲𐑌𐐼 𐐰𐑌𐐼 𐑄𐐩 𐑌𐐭 𐐐𐐮𐑋, 𐐰𐑌𐐼 𐐐𐐨 𐑂𐐰𐑌𐐮𐑇𐐻 𐐵𐐻 𐐲𐑂 𐑄𐐯𐑉 𐑅𐐴𐐻. "𐐈𐑌𐐼 𐑄𐐩 𐑉𐐬𐑆 𐐲𐐹 𐑄 𐑅𐐩𐑋 𐐵𐑉, 𐐰𐑌𐐼 𐑉𐐲𐐻𐐲𐑉𐑌𐐼 𐐻𐐭 𐐖𐐲𐑉𐐭𐑅𐐰𐑊𐐯𐑋, 𐐰𐑌𐐼 𐑁𐐵𐑌𐐼 𐑄 𐐲𐑊𐐯𐑂𐐲𐑌 𐑀𐐰𐑄𐐲𐑉𐐼 𐐻𐐲𐑀𐐯𐑄𐐲𐑉 𐐰𐑌𐐼 𐑄𐐯𐑋 𐑄𐐰𐐻 𐐶𐐲𐑉 𐐶𐐮𐑄 𐑄𐐯𐑋, 𐑅𐐩𐐮𐑍, 𐐜 𐐢𐐫𐑉𐐼 𐐮𐑆 𐑉𐐮𐑆𐐲𐑌 𐐮𐑌𐐼𐐨𐐼, 𐐰𐑌𐐼 𐐸𐐰𐑃 𐐲𐐹𐐨𐑉𐐼 𐐻𐐭 𐐝𐐴𐑋𐐲𐑌. 𐐈𐑌𐐼 𐑄𐐩 𐐻𐐬𐑊𐐼 𐐸𐐶𐐱𐐻 𐑃𐐮𐑍𐑆 𐐶𐐲𐑉 𐐼𐐲𐑌 𐐮𐑌 𐑄 𐐶𐐩, 𐐰𐑌𐐼 𐐸𐐵 𐐐𐐨 𐐶𐐲𐑆 𐑌𐐬𐑌 𐐲𐑂 𐑄𐐯𐑋 𐐮𐑌 𐐺𐑉𐐩𐐿𐐮𐑍 𐐲𐑂 𐐺𐑉𐐯𐐼. 𐐈𐑌𐐼 𐐰𐑆 𐑄𐐩 𐑄𐐲𐑅 𐑅𐐹𐐩𐐿, 𐐖𐐨𐑆𐐲𐑅 𐐸𐐮𐑋𐑅𐐯𐑊𐑁 𐑅𐐻𐐳𐐼 𐐮𐑌 𐑄 𐑋𐐮𐐼𐑅𐐻 𐐲𐑂 𐑄𐐯𐑋, 𐐰𐑌𐐼 𐑅𐐩𐐲𐑃 𐐲𐑌𐐻𐐭 𐑄𐐯𐑋, 𐐑𐐨𐑅 𐐺 𐐲𐑌𐐻𐐭 𐐷𐐭."

𐐈𐑁𐐻𐐲𐑉 𐑄 𐐝𐐩𐑂𐐷𐐲𐑉 𐐸𐐰𐐼 𐐿𐐲𐑌𐑂𐐮𐑌𐑅𐐻 𐑄 𐐼𐐮𐑅𐐴𐐹𐐲𐑊𐑆 𐑄𐐯𐑌 𐐹𐑉𐐯𐑆𐐲𐑌𐐻 𐐲𐑂 𐐐𐐮𐑆 𐐴𐐼𐐯𐑌𐐻𐐮𐐻𐐨, 𐐰𐑌𐐼 𐐸𐐰𐐼 𐐹𐐪𐑉𐐻𐐩𐐿𐐲𐑌 𐐲𐑂 𐑅𐐲𐑋 𐐺𐑉𐑎𐑊𐐼 𐑁𐐮𐑇 𐐰𐑌𐐼 𐐰𐑌 𐐸𐐲𐑌𐐨 𐐿𐐬𐑋, 𐐐𐐨 𐑅𐐯𐐼 𐐲𐑌𐐻𐐭 𐑄𐐯𐑋, "𐐜𐐨𐑆 𐐪𐑉 𐑄 𐐶𐐲𐑉𐐼𐑆 𐐸𐐶𐐮𐐽 𐐌 𐑅𐐹𐐩𐐿 𐐲𐑌𐐻𐐭 𐐷𐐭, 𐐸𐐶𐐴𐑊 𐐌 𐐶𐐲𐑆 𐐷𐐯𐐻 𐐶𐐮𐑄 𐐷𐐭, 𐑄𐐰𐐻 𐐫𐑊 𐑃𐐮𐑍𐑆 𐑋𐐲𐑅𐐻 𐐺 𐑁𐐳𐑊𐑁𐐮𐑊𐐼 𐐸𐐶𐐮𐐽 ωrφ φɨʅrʌ ɨʌ ɣ ʅθ rɞ Ɔo6rȣ, ʌnd ɨʌ ɣ ʅφəprʅȣ, ʌnd ɨʌ ɣ ȣəʅɔ6, ωrʌȣrφʌɨи ɔə. Ɣʌʌ oɪrʌd φə ɣʌφ rʌdrφȣʅʌʌdɨи, ɣʌʅ ɣε ɔφʅ rʌdrφȣʅʌnd ɣ ȣωφɨɪcrφ6, ʌnd ȣʌd rʌʅɷ ɣʌɔ, Ɣrȣ ɨʅ ɨ6 φɨʅrʌ, ʌnd ɣrȣ ɨʅ ȣrφɷɞd Ωφɸȣʅ ʅɷ ȣrprφ, ʌnd ʅɷ φɸ6 pφrɔ ɣ dʌd ɣ ʟrφd dε: ʌnd ɣʌʅ φrɪʌʌʅrʌȣ ʌnd φrɔɨbrʌ rɞ ȣɨʌ6 bqd ȣ ʅφəcʅ ɨʌ φɨ6 ʌεɔ rɔrи θʅ ʌεbrʌ6, ȣrω̇ɨʌɨи ʌʅ Ϛrφɷȣrʅʌɔ. ʌnd ꝗə əφ ωɨʅʌrȣr6 rɞ ɣə6 ʟɨи6.”

Ωrʌ ω̇φεʅ ʌnd ɞʌφə ȣʅφɸωɨи ȣʅεʅɔrʌʅ ɨ6 φɨφ ɔεd ȣɸ ɣ ʅθφd Ψɨɔȣʌʅp, ʅɷ ɣ ɨpʌωʅ ɣʌʅ ɨʅ ȣrφɷɞd Ωφɸȣʅ ʅɷ ȣrprφ, ʌnd ɣ ωωʌȣcrʌ ʌʅ ωrʌȣ ʅφrɞʌʌʅȣ ɨʅȣʌʅp ȣrpɷφ rɞ, φωɸ dɨd ɨʅ ȣrφɷɞ Ψɨɔ? Θφ φωɸ ωr6 ɨʅ ʌʌȣrȣʌφə ɣʌʅ Ψə bqd ȣrprφ? Ꝑɷφ ɨʅ ωqd ȣəɔ pφrɔ Ψɨ6 ʅʌиω̇rϚ, ʟφɷ Ψɨ6 ȣrprφɨи6, dʌʟ, rʅoʌɔrʌʅ ʌnd φʌ6rφʌωbrʌ, “ɣʌʅ φrɪʌʌʅrʌȣ ʌnd φrɔɨbrʌ rɞ ȣɨʌ6” ωqd ȣ ʅφəcʅ rɔrи θʅ ʌεbrʌ6, ʌnd ɣʌʅ ωəʌȣrωωʌʌʅʅə ɨp Ψə φʌd ʌəʅ rʅoʌd pɷφ ɣ ȣɨʌ6 rɞ ɣ ωrφʅd, φrɪʌʌʅrʌȣ ʌnd φrɔɨbrʌ rɞ ȣɨʌ6 ωqd ʌəʅ φʌɞ ȣɨʌ ʅφəcʅ ʅɷ ɣ ʌεbrʌ6.

Ǝ ɞʌφə ɨɔɪθφʅrʌʅ ʅφɨʌȣɪɪrʅ ɨ6 φɨφ ɨʌrʌȣəεʅrd, ωrʌ ɨʌ φωɨc ɣ ɨʌʅrφrȣʅȣ rɞ ɣ φoʅ φꝗωɔrʌ pʌɔʅə ʟφɷə̇ θʅ ɣ ωrφʅd əφ ɨʌȣəʅɞd. Ɣʌʅ ʅφɨʌȣɪɪrʅ ɨ6 ɣ θrrφɨи rɪ rɞ ɣ ȣrʌ rɞ Ωəd, ʌ6 ə ȣʌωφɨrpφȣ, ʌʌ rʅoʌɔrʌʅ ʌnd ə ʅφoɪɨbəεbrʌ pɷφ əφ ȣɨʌ6. Ϛə6rȣ ȣʌd, Ψə ωεɔ ʌəʅ ʅɷ dɷ Ψɨ6 ωɨʅ, ȣrʅ ɣ ωɨʅ rɞ Ψɨ6 Ꝑəɣrφ, φɷ ȣʌʌʅ Ψɨɔ. Ψə ωεɔ, ʌ6 ωə əφ ʅoʅd, ʅɷ ʅεω rωε ȣɨʌ ȣɸ ɣ ȣʌωφɨrpφȣ rɞ Ψɨɔȣʌʅp; ʌnd ʌəʅ oʌʅə dɨd Ψə ωrɔ, ȣrʅ Ψə ωεɔ ɨʌ rωɷφdrʌȣ ωɨɣ ȣrφʅrʌ ʅφəωrʌȣəɞd ɸdər6 ɣʌʅ φʌd ȣɨʌ ʌʌʅrφʅεʌd ʌnd ʅʌȣʅɨpɸd rɞ ȣɸ ʅφəprʅȣ ʌnd ɔʌʌ rɞ Ωəd ɨʌ θʅ ʅφrȣədɨи εϚr6, əφ pφrɔ ɣ dε6 rɞ ʌdrɔ ʅɷ ɣ dε6 rɞ Ϛəʌ ɣ Ȣʌɪʅɨȣʅ, ɣ ʅʌʅrφ ȣəɨи Ψɨ6 ʅφəωrφȣrφ əφ pɷφφrʌrφ, φɷ ɨʌdəd, φωʌʌ φə ȣɷ Ψɨɔ ωrɔɨи, ɔεd ɣ dʌωʅrφεbrʌ, Ȣrφoʅd ɣ ʅɔʅ rɞ Ωəd, φɷ ʅεωrʟ rωε ɣ ȣɨʌ rɞ ɣ ωrφʅd. ʌʅ Ψɨ6 ȣʌɪʅɨεɔ ɣ Ȣʅɪφɨʅ rɞ Ωəd ȣəφ ωɨʅʌrȣ ʅɷ ɣɨȣ ʅʌȣʅɨɔoʌə ʌnd drȣʌʌdrd rɪəʌ Ϛə6rȣ ɨʌ ɣ pɷφɔ rɞ ə drɞ, əφ, φʌɣrφ, ɣ pɷφɔ rɞ ə drɞ ωr6 ɣ ȣɸʌ rɞ ɣ Ψoʅə Ȣʅɪφɨʅ; φωɸʅȣ ə ɞəɨȣ ωr6 φrφd pφrɔ φʌɞrʌ ʅφrωʅεɔɨи: “Ɣɨȣ ɨ6 ɔφ ȣrʅrɞrd Ȣrʌ, ɨʌ φɷɔ Φ ʌɔ ωʌʅ ʅʅə6d.”

Ɣɨȣ ɔʌʌɨprȣəεbrʌ rɞ Ωəd’6 rωʌəʅrϚɔrʌʅ rɞ Ψɨ6 ȣrʅrɞrd Ȣrʌ ωr6 ȣɪɷωrʌ rɞ ȣɸ ʅrφȣrʌrʅ ωɨʅʌrȣr6 φɷ ȣəφ φʌωrφd ʅɷ ɣ pʌωʅȣ.

Ɔʌʟꝗɷ ʅʌȣʅɨpφ6: “Ɣʌʌ ωrɔrʟ Ϛə6rȣ pφrɔ Ωʌʅʅə ʅɷ Ϛoφdrʌ rʌʅɷ Ϛəʌ, ʅɷ ȣ ȣʌɪʅɸ6d rɞ φɨɔ. Ȣrʅ Ϛəʌ pφrȣʌd φɨɔ, 𐑅𐐩𐐮𐑍, 𐐌 𐐸𐐰𐑂 𐑌𐐨𐐼 𐐻𐐭 𐐺 𐐺𐐰𐐹𐐻𐐴𐑆𐐼 𐐲𐑂 𐑄, 𐐰𐑌𐐼 𐐿𐐲𐑋𐐲𐑅𐐻 𐑄𐐵 𐐻𐐭 𐑋𐐨? 𐐈𐑌𐐼 𐐖𐐨𐑆𐐲𐑅 𐐰𐑌𐑅𐐲𐑉𐐮𐑍 𐑅𐐯𐐼 𐐲𐑌𐐻𐐭 𐐸𐐮𐑋, 𐐝𐐲𐑁𐐲𐑉 𐐮𐐻 𐐻𐐭 𐐺 𐑅𐐬 𐑌𐐵: 𐑁𐐫𐑉 𐑄𐐲𐑅 𐐮𐐻 𐐺𐐲𐐿𐐲𐑋𐐲𐑃 𐐲𐑅 𐐻𐐭 𐑁𐐳𐑊𐑁𐐮𐑊 𐐫𐑊 𐑉𐐴𐐽𐐲𐑅𐑌𐐲𐑅. 𐐜𐐯𐑌 𐐸𐐨 𐑅𐐲𐑁𐐲𐑉𐐼 𐐸𐐮𐑋. 𐐈𐑌𐐼 𐐖𐐨𐑆𐐲𐑅, 𐐸𐐶𐐯𐑌 𐐸𐐨 𐐶𐐲𐑆 𐐺𐐰𐐹𐐻𐐴𐑆𐐼, 𐐶𐐯𐑌𐐻 𐐲𐐹 𐑅𐐻𐑉𐐩𐐻𐐶𐐩 𐐵𐐻 𐐲𐑂 𐑄 𐐶𐐫𐐻𐐲𐑉: 𐐰𐑌𐐼 𐑊𐐬, 𐑄 𐐸𐐯𐑂𐐲𐑌𐑆 𐐶𐐲𐑉 𐐬𐐹𐐲𐑌𐐼 𐐲𐑌𐐻𐐭 𐐸𐐮𐑋, 𐐰𐑌𐐼 𐐸𐐨 𐑅𐐫 𐑄 𐐝𐐹𐐮𐑉𐐮𐐻 𐐲𐑂 𐐘𐐪𐐼 𐐼𐐲𐑅𐐯𐑌𐐼𐐮𐑍 𐑊𐐴𐐿 𐐪 𐐼𐐲𐑂, 𐐰𐑌𐐼 𐑊𐐴𐐻𐐮𐑍 𐐲𐐹𐐫𐑌 𐐸𐐮𐑋: 𐐈𐑌𐐼 𐑊𐐬, 𐐪 𐑂𐐬𐐮𐑅 𐑁𐑉𐐲𐑋 𐐸𐐯𐑂𐐲𐑌, 𐑅𐐩𐐮𐑍, 𐐜𐐮𐑅 𐐮𐑆 𐑋𐐴 𐐺𐐲𐑊𐐲𐑂𐐲𐐼 𐐝𐐲𐑌, 𐐮𐑌 𐐸𐐭𐑋 𐐌 𐐰𐑋 𐐶𐐯𐑊 𐐹𐑊𐐨𐑆𐐼."—𐐣𐐰𐑃𐐷𐐭 3:13–17.

𐐐𐐶𐐴𐑊𐑅𐐻 𐐣𐐪𐑉𐐿 𐑉𐐲𐑊𐐩𐐻𐑅, "𐐈𐑌𐐼 𐐮𐐻 𐐿𐐩𐑋 𐐻𐐭 𐐹𐐰𐑅 𐐮𐑌 𐑄𐐬𐑆 𐐼𐐩𐑆, 𐑄𐐰𐐻 𐐖𐐨𐑆𐐲𐑅 𐐿𐐩𐑋 𐑁𐑉𐐲𐑋 𐐤𐐰𐑆𐐲𐑉𐐯𐑃 𐐲𐑂 𐐘𐐰𐑊𐐮𐑊𐐨, 𐐰𐑌𐐼 𐐶𐐲𐑆 𐐺𐐰𐐹𐐻𐐴𐑆𐐼 𐐲𐑂 𐐖𐐪𐑌 𐐮𐑌 𐐖𐐬𐑉𐐼𐐲𐑌. 𐐈𐑌𐐼 𐑅𐐻𐑉𐐩𐐻𐐶𐐩 𐐿𐐲𐑋𐐮𐑍 𐐲𐐹 𐐵𐐻 𐐲𐑂 𐑄 𐐶𐐫𐐻𐐲𐑉, 𐐸𐐨 𐑅𐐫 𐑄 𐐸𐐯𐑂𐐲𐑌𐑆 𐐬𐐹𐐲𐑌𐐼, 𐐰𐑌𐐼 𐑄 𐐝𐐹𐐮𐑉𐐮𐐻 𐑊𐐴𐐿 𐐪 𐐼𐐲𐑂 𐐼𐐲𐑅𐐯𐑌𐐼𐐮𐑍 𐐲𐐹𐐫𐑌 𐐸𐐮𐑋. 𐐈𐑌𐐼 𐑄𐐯𐑉 𐐿𐐩𐑋 𐐪 𐑂𐐬𐐮𐑅 𐑁𐑉𐐲𐑋 𐐸𐐯𐑂𐐲𐑌, 𐑅𐐩𐐮𐑍, 𐐜𐐵 𐐪𐑉𐐻 𐑋𐐴 𐐺𐐲𐑊𐐲𐑂𐐲𐐼 𐐝𐐲𐑌, 𐐮𐑌 𐐸𐐭𐑋 𐐌 𐐰𐑋 𐐶𐐯𐑊 𐐹𐑊𐐨𐑆𐐼."—𐐣𐐪𐑉𐐿 1:9–11.

𐐈𐑌𐐼 𐐖𐐪𐑌, 𐐮𐑌 𐐸𐐮𐑆 𐐘𐐫𐑅𐐹𐐲𐑊, 𐑅𐐻𐐩𐐻𐑅 𐑄𐐰𐐻 𐐖𐐪𐑌 𐑄 𐐒𐐰𐐹𐐻𐐮𐑅𐐻 𐐺𐐯𐑉 𐑉𐐯𐐿𐐲𐑉𐐼, 𐑅𐐩𐐮𐑍, "𐐌 𐑅𐐫 𐑄 𐐝𐐹𐐮𐑉𐐮𐐻 𐐼𐐲𐑅𐐯𐑌𐐼𐐮𐑍 𐑁𐑉𐐲𐑋 𐐸𐐯𐑂𐐲𐑌 𐑊𐐴𐐿 𐐪 𐐼𐐲𐑂, 𐐰𐑌𐐼 𐐮𐐻 𐐲𐐺𐐬𐐼 𐐲𐐹𐐫𐑌 𐐸𐐮𐑋. 𐐈𐑌𐐼 𐐌 𐑌𐐭 𐐸𐐮𐑋 𐑌𐐪𐐻: 𐐺𐐲𐐻 𐐸𐐨 𐑄𐐰𐐻 𐑅𐐯𐑌𐐻 𐑋𐐨 𐐻𐐭 𐐺𐐰𐐹𐐻𐐴𐑆 𐐶𐐮𐑄 𐐶𐐫𐐻𐐲𐑉, 𐑄 𐑅𐐩𐑋 𐑅𐐯𐐼 𐐲𐑌𐐻𐐭 𐑋𐐨, 𐐊𐐹𐐫𐑌 𐐸𐐭𐑋 𐑄𐐵 𐑇𐐰𐑊𐐻 𐑅𐐨 𐑄 𐐝𐐹𐐮𐑉𐐮𐐻 𐐼𐐲𐑅𐐯𐑌𐐼𐐮𐑍 𐐰𐑌𐐼 𐑉𐐩𐑋𐐩𐑌𐐮𐑍 𐐫𐑌 𐐸𐐮𐑋, 𐑄 𐑅𐐩𐑋 𐐮𐑆 𐐸𐐨 𐐸𐐶𐐮𐐽 𐐺𐐰𐐹𐐻𐐴𐑆𐐯𐑃 𐐶𐐮𐑄 𐑄 𐐐𐐬𐑊𐐨 𐐘𐐬𐑅𐐻. 𐐈𐑌𐐼 𐐌 𐑅𐐫 𐐰𐑌𐐼 𐐺𐐯𐑉 𐑉𐐯𐐿𐐲𐑉𐐼, 𐑄𐐰𐐻 𐑄𐐮𐑅 𐐮𐑆 𐑄 𐐝𐐲𐑌 𐐲𐑂 𐐘𐐪𐐼."—𐐖𐐪𐑌 1:32–34.

𐐎𐐨 𐐸𐐰𐑂 𐑄𐐮𐑅 𐑀𐑉𐐩𐐻 𐐻𐑉𐐭𐑃 𐐲𐑂 𐑄 𐐬𐐹𐐲𐑌 𐑉𐐯𐐿𐐲𐑀𐑌𐐮𐑇𐐲𐑌 𐐲𐑂 𐐖𐐨𐑆𐐲𐑅, 𐐺𐐴 𐐐𐐮𐑆 𐐙𐐪𐑄𐐲𐑉, 𐐰𐑆 𐐐𐐮𐑆 𐐺𐐲𐑊𐐲𐑂𐐲𐐼 𐐝𐐲𐑌, 𐐲𐑀𐐯𐑌 𐐮𐑌𐐲𐑌𐑅𐐨𐐩𐐻𐐲𐐼 𐐸𐐶𐐯𐑌 𐑄 𐑃𐑉𐐨 𐐊𐐹𐐪𐑅𐐲𐑊𐑆, 𐐑𐐨𐐻𐐲𐑉, 𐐖𐐩𐑋𐑆 𐐰𐑌𐐼 𐐖𐐪𐑌, 𐐶𐐲𐑉 𐐫𐑌 𐑄 𐐣𐐵𐑌𐐻, 𐐰𐑌𐐼 𐐖𐐨𐑆𐐲𐑅 𐐶𐐲𐑆 𐐻𐑉𐐰𐑌𐑅𐑁𐐮𐑀𐐷𐐲𐑉𐐼 𐐺𐐲𐑁𐐫𐑉 𐑄𐐯𐑋. 𐐆𐐻 𐐮𐑆 𐐼𐐲𐐿𐑊𐐯𐑉𐐼 𐑄𐐰𐐻 "𐐪 𐐺𐑉𐐴𐐻 𐐿𐑊𐐵𐐼 𐐬𐑂𐐲𐑉𐑇𐐰𐐼𐐬𐐼 𐑄𐐯𐑋: 𐐰𐑌𐐼 𐐺𐐲𐐸𐐬𐑊𐐼, 𐐪 𐑂𐐬𐐮𐑅 𐐵𐐻 𐐲𐑂 𐑄 𐐿𐑊𐐵𐐼, 𐐸𐐶𐐮𐐽 𐑅𐐯𐐼, 𐐜𐐮𐑅 𐐮𐑆 𐑋𐐴 𐐺𐐲𐑊𐐲𐑂𐐲𐐼 𐐝𐐲𐑌, 𐐮𐑌 𐐸𐐭𐑋 𐐌 𐐰𐑋 𐐶𐐯𐑊 𐐹𐑊𐐨𐑆𐐼; 𐐸𐐮𐑉 𐐷𐐨 𐐸𐐮𐑋."—𐐣𐐰𐑃𐐷𐐭 17:5.

𐐜 𐐝𐐲𐑌, 𐑄𐐲𐑅 𐐬𐐹𐐲𐑌𐑊𐐨 𐐲𐐿𐑌𐐪𐑊𐐲𐐾𐐼, 𐐿𐐩𐑋 𐑌𐐪𐐻 𐐻𐐭 𐐲𐑉𐑃 𐐻𐐭 𐐼𐐭 𐐐𐐮𐑆 𐐬𐑌 𐐶𐐮𐑊, 𐐺𐐲𐐻 𐑄 𐐶𐐮𐑊 𐐲𐑂 𐐐𐐮𐑆 𐐙𐐪𐑄𐐲𐑉. 𐐜 𐐶𐐮𐑊 𐐲𐑂 𐑄 𐐙𐐪𐑄𐐲𐑉 𐐲𐐹𐐮𐑉𐑆 𐐻𐐭 𐐸𐐰𐑂 𐐺𐐮𐑌 𐑄𐐰𐐻 𐑄 𐐝𐐲𐑌 𐑇𐐳𐐼 𐑅𐐲𐑁𐐲𐑉, 𐑁𐐫𐑉 𐐐𐐨, 𐐐𐐮𐑋𐑅𐐯𐑊𐑁, 𐐹𐑉𐐩𐐼: "𐐄 𐑋𐐴 𐐙𐐪𐑄𐐲𐑉, 𐐮𐑁 𐐮𐐻 𐐺 𐐹𐐪𐑅𐐮𐐺𐐲𐑊, 𐑊𐐯𐐻 𐑄𐐮𐑅 𐐿𐐲𐐹 𐐹𐐰𐑅 𐑁𐑉𐐲𐑋 𐑋𐐨: 𐑌𐐯𐑂𐐲𐑉𐑄𐐲𐑊𐐯𐑅, 𐑌𐐪𐐻 𐐰𐑆 𐐌 𐐶𐐮𐑊, 𐐺𐐲𐐻 𐐰𐑆 𐑄𐐵 𐐶𐐮𐑊𐐻." (𐐣𐐰𐑃𐐷𐐭 26:39.) 𐐃𐑉, 𐐰𐑆 𐑄 𐐤𐐭 𐐓𐑉𐐰𐑌𐑆𐑊𐐩𐑇𐐲𐑌 𐐺𐐴 𐑄 𐐑𐑉𐐪𐑁𐐲𐐻 𐐖𐐬𐑆𐐯𐑁 𐐝𐑋𐐮𐑃 𐐸𐐰𐑆 𐐮𐐻, "𐐄 𐑋𐐴 𐐙𐐪𐑄𐐲𐑉, 𐐮𐑁 𐑄𐐮𐑅 𐐿𐐲𐐹 𐑋𐐩 𐑌𐐪𐐻 𐐹𐐰𐑅 𐐲𐐶𐐩 𐑁𐑉𐐲𐑋 𐑋𐐨 𐐮𐐿𐑅𐐯𐐹𐐻 𐐌 𐐼𐑉𐐮𐑍𐐿 𐐮𐐻, 𐑄𐐴 𐐶𐐮𐑊 𐐺 𐐼𐐲𐑌." 𐐜 𐐙𐐪𐑄𐐲𐑉 𐐼𐐮𐐼 𐑌𐐪𐐻 𐑊𐐯𐐻 𐐮𐐻 𐐹𐐰𐑅 𐑁𐑉𐐲𐑋 𐐐𐐮𐑋; 𐐐𐐨 𐑄𐐯𐑉𐑁𐐫𐑉 𐐼𐑉𐐰𐑍𐐿 𐐮𐐻, 𐐰𐑌𐐼 𐑁𐐴𐑌𐐲𐑊𐐨, 𐐫𐑌 𐑄 𐐿𐑉𐐫𐑅 𐐐𐐨 𐑅𐐯𐐼, "𐐆𐐻 𐐮𐑆 𐑁𐐮𐑌𐐮𐑇𐐻," 𐐰𐑌𐐼 𐐺𐐵𐐼 𐐐𐐮𐑆 𐐸𐐯𐐼 𐐰𐑌𐐼 𐑀𐐩𐑂 𐐲𐐹 𐑄 𐐘𐐬𐑅𐐻.

𐐆𐑌 𐑉𐐲𐑀𐐪𐑉𐐼 𐐻𐐭 𐑄𐐮𐑅 𐐖𐐨𐑆𐐲𐑅 𐐐𐐮𐑋𐑅𐐯𐑊𐑁 𐐻𐐯𐑅𐐻𐐮𐑁𐐴𐑆. 𐐙𐐲𐑉𐑅𐐻 𐐻𐐭 𐑄 𐐤𐐨𐑁𐐴𐐻𐑅: "𐐒𐐲𐐸𐐬𐑊𐐼, 𐐌 𐐰𐑋 𐐖𐐨𐑆𐐲𐑅 𐐗𐑉𐐴𐑅𐐻, 𐐸𐐭𐑋 𐑄 𐐑𐑉𐐪𐑁𐐲𐐻𐑅 𐐻𐐯𐑅𐐻𐐮𐑁𐐴𐐼 𐑇𐐰𐑊 𐐿𐐲𐑋 𐐮𐑌𐐻𐐭 𐑄 𐐶𐐲𐑉𐑊𐐼; 𐐰𐑌𐐼 𐐺𐐲𐐸𐐬𐑊𐐼, 𐐌 𐐰𐑋 𐑄 𐑊𐐴𐐻 𐐰𐑌𐐼 𐑊𐐴𐑁 𐐲𐑂 𐑄 𐐶𐐲𐑉𐑊𐐼; 𐐰𐑌𐐼 𐐌 𐐸𐐰𐑂 𐐼𐑉𐐲𐑍𐐿 𐐵𐐻 𐐲𐑂 𐑄𐐰𐐻 𐐺𐐮𐐻𐐲𐑉 𐐿𐐲𐐹 𐐸𐐶𐐮𐐽 𐑄 𐐙𐐪𐑄𐐲𐑉 𐐸𐐰𐑃 𐑀𐐮𐑂𐐲𐑌 𐑋𐐨, 𐐰𐑌𐐼 𐐸𐐰𐑂 𐑀𐑊𐐬𐑉𐐮𐑁𐐴𐐼 𐑄 𐐙𐐪𐑄𐐲𐑉 𐐮𐑌 𐐻𐐩𐐿𐐮𐑍 𐐲𐐹𐐪𐑌 𐑋𐐨 𐑄 𐑅𐐮𐑌𐑆 𐐲𐑂 𐑄 𐐶𐐲𐑉𐑊𐐼, 𐐮𐑌 𐑄 𐐸𐐶𐐮𐐽 𐐌 𐐸𐐰𐑂 𐑅𐐲𐑁𐐲𐑉𐐼 𐑄 𐐶𐐮𐑊 𐐲𐑂 𐑄 𐐙𐐪𐑄𐐲𐑉 𐐮𐑌 𐐫𐑊 𐑃𐐮𐑍𐑆 𐑁𐑉𐐲𐑋 𐑄 𐐺𐐲𐑀𐐮𐑌𐐮𐑍."—3 𐐤𐐨𐑁𐐴 11:10, 11.

𐐈𐑌𐐼 𐐲𐑀𐐯𐑌, 𐐮𐑌 𐑄𐐮𐑅 𐐼𐐮𐑅𐐹𐐲𐑌𐑅𐐩𐑇𐐲𐑌, 𐐐𐐨 𐐺𐐯𐑉𐑆 𐐶𐐮𐐻𐑌𐐲𐑅: "𐐙𐐫𐑉 𐐺𐐲𐐸𐐬𐑊𐐼, 𐐌, 𐐘𐐪𐐼, 𐐸𐐰𐑂 𐑅𐐲𐑁𐐲𐑉𐐼 𐑄𐐨𐑆 𐑃𐐮𐑍𐑆 𐑁𐐫𐑉 𐐫𐑊, 𐑄𐐰𐐻 𐑄𐐩 𐑋𐐴𐐻 𐑌𐐪𐐻 𐑅𐐲𐑁𐐲𐑉 𐐮𐑁 𐑄𐐩 𐐶𐐳𐐼 𐑉𐐲𐐹𐐯𐑌𐐻, 𐐒𐐲𐐻 𐐮𐑁 𐑄𐐩 𐐶𐐳𐐼 𐑌𐐪𐐻 𐑉𐐲𐐹𐐯𐑌𐐻, 𐑄𐐩 𐑋𐐲𐑅𐐻 𐑅𐐲𐑁𐐲𐑉 𐐨𐑂𐐲𐑌 𐐰𐑆 𐐌, 𐐸𐐶𐐮𐐽 𐑅𐐲𐑁𐐲𐑉𐐮𐑍 𐐿𐐫𐑆𐐼 𐑋𐐴𐑅𐐯𐑊𐑁, 𐐨𐑂𐐲𐑌 𐐘𐐪𐐼, 𐑄 𐑀𐑉𐐩𐐻𐐲𐑅𐐻 𐐲𐑂 𐐫𐑊, 𐐻𐐭 𐐻𐑉𐐯𐑋𐐺𐐲𐑊 𐐺𐐲𐐿𐐫𐑆 𐐲𐑂 𐐹𐐩𐑌, 𐐰𐑌𐐼 𐐻𐐭 𐐺𐑊𐐨𐐼 𐐰𐐻 𐐯𐑂𐑉𐐨 𐐹𐐫𐑉, 𐐰𐑌𐐼 𐐻𐐭 𐑅𐐲𐑁𐐲𐑉 𐐺𐐬𐑃 𐐺𐐪𐐼𐐨 𐐰𐑌𐐼 𐑅𐐹𐐮𐑉𐐮𐐻: 𐐰𐑌𐐼 𐐶𐐳𐐼 𐑄𐐰𐐻 𐐌 𐑋𐐴𐐻 𐑌𐐪𐐻 𐐼𐑉𐐮𐑍𐐿 𐑄 𐐺𐐮𐐻𐐲𐑉 𐐿𐐲𐐹 𐐰𐑌𐐼 𐑇𐑉𐐮𐑍𐐿, 𐑌𐐯𐑂𐐲𐑉𐑄𐐲𐑊𐐯𐑅, 𐑀𐑊𐐬𐑉𐐨 𐐺 𐐻𐐭 𐑄 𐐙𐐪𐑄𐐲𐑉, 𐐰𐑌𐐼 𐐌 𐐹𐐪𐑉𐐻𐐳𐐿 𐐰𐑌𐐼 𐑁𐐮𐑌𐐮𐑇𐐻 𐑋𐐴 𐐹𐑉𐐯𐐹𐐲𐑉𐐩𐑇𐐲𐑌𐑆 𐐲𐑌𐐻𐐭 𐑄 𐐽𐐮𐑊𐐼𐑉𐐲𐑌 𐐲𐑂 𐑋𐐯𐑌."—𐐔&𐐗 19:16–19[1].

𐐜 𐑅𐐩𐐮𐑍 𐐲𐑂 𐐵𐑉 𐐝𐐩𐑂𐐷𐐲𐑉, 𐐻𐐭 𐐸𐐶𐐮𐐽 𐐶𐐨 𐐸𐐰𐑂 𐐫𐑊𐑉𐐯𐐼𐐨 𐐲𐑊𐐭𐐼𐐲𐐼, "𐐜𐐲𐑅 𐐮𐐻 𐐮𐑆 𐑉𐐮𐐻𐐲𐑌 𐐰𐑌𐐼 𐑄𐐲𐑅 𐐮𐐻 𐐺𐐲𐐸𐐭𐑂𐐼 𐐗𐑉𐐴𐑅𐐻 𐐻𐐭 𐑅𐐲𐑁𐐲𐑉," 𐐮𐑆 𐐫 𐑂𐐯𐑉𐐨 𐐮𐑋𐐹𐐫𐑉𐐻𐐲𐑌𐐻 𐐶𐐲𐑌, 𐐰𐑌𐐼 𐐮𐐻 𐐶𐐳𐐼 𐑅𐐨𐑋 𐐻𐐭 𐐺 𐑌𐐯𐑅𐐲𐑅𐐯𐑉𐐨, 𐐮𐑌 𐑄 𐐿𐐲𐑌𐑅𐐮𐐼𐐲𐑉𐐩𐑇𐐲𐑌 𐐲𐑂 𐐵𐑉 𐑅𐐲𐐺𐐾𐐯𐐿𐐻, 𐑁𐐫𐑉 𐐲𐑅 𐐻𐐭 𐐲𐐺𐐻𐐩𐑌, 𐑁𐑉𐐲𐑋 𐑄 𐑉𐐴𐐻𐐮𐑍𐑆 𐐲𐑂 𐑄 𐑅𐐲𐑉𐑂𐐲𐑌𐐻𐑅 𐐲𐑂 𐐘𐐪𐐼 𐑄𐐰𐐻 𐐶𐐨 𐐸𐐰𐑂, 𐐰𐑌 𐐲𐑌𐐼𐐲𐑉𐑅𐐻𐐰𐑌𐐼𐐮𐑍 𐐸𐐶𐐲𐐻 𐑄𐐨𐑆 𐑅𐐻𐐩𐐻𐑋𐐲𐑌𐐻𐑅 𐐶𐐲𐑉; 𐐸𐐵 𐐮𐐿𐑅𐐻𐐯𐑌𐑅𐐮𐑂𐑊𐐨 𐑄𐐩 𐐶𐐲𐑉 𐐿𐐲𐑉𐐪𐐺𐐲𐑉𐐩𐐻𐐲𐐼 𐐺𐐴 𐑄 𐑅𐐩𐐿𐑉𐐲𐐼 𐑉𐐯𐐿𐐲𐑉𐐼𐑆; 𐐰𐑌𐐼 𐐸𐐶𐐲𐐻 𐐮𐑆 𐑅𐐯𐐼 𐐶𐐮𐑄 𐑉𐐲𐑀𐐪𐑉𐐼 𐐻𐐭 𐑄 𐑌𐐲𐑅𐐯𐑅𐐮𐐻𐐨 𐐲𐑂 𐐗𐑉𐐴𐑅𐐻'𐑅 𐑅𐐲𐑁𐐲𐑉𐐮𐑍𐑆 𐑄𐐲𐑅 𐑉𐐲𐑁𐐲𐑉𐐼 𐐻𐐭: 𐐰𐑌𐐼, 𐑁𐐲𐑉𐑄𐐲𐑉𐑋𐐫𐑉, 𐐶𐐨 𐑋𐐩 𐑌𐐬𐐻𐐮𐑅 𐑄 𐑉𐐨𐑆𐐲𐑌 𐐸𐐶𐐴 𐑄𐐩 𐑇𐐳𐐼 𐐺 𐑄𐐲𐑅 𐑌𐐯𐑅𐐲𐑅𐐯𐑉𐐨.

𐐆𐑌 𐑋𐐩𐐿𐐮𐑍 𐑄𐐮𐑅 𐐮𐑀𐑆𐐰𐑋𐐮𐑌𐐩𐑇𐐲𐑌, 𐐶𐐨 𐐶𐐮𐑊 𐑁𐐲𐑉𐑅𐐻 𐐿𐐶𐐬𐐻 𐑁𐑉𐐲𐑋 𐑄 𐑉𐐴𐐻𐐮𐑍𐑆 𐐲𐑂 𐑄 𐐄𐑊𐐼 𐐰𐑌𐐼 𐐤𐐭 𐐓𐐯𐑅𐐻𐐲𐑋𐐲𐑌𐐻𐑅, 𐐰𐑌𐐼, 𐐫𐑊𐑄𐐬 𐐶𐐨 𐐪𐑉 𐐮𐑌𐑁𐐫𐑉𐑋𐐼 𐐺𐐴 𐑊𐐩𐐻𐐲𐑉 𐑉𐐯𐑂𐐲𐑊𐐩𐑇𐐲𐑌𐑆 𐑄𐐰𐐻 "𐑋𐐯𐑌𐐨 𐐹𐐪𐑉𐐻𐑅 𐐸𐐶𐐮𐐽 𐐪𐑉 𐐹𐑊𐐩𐑌 𐐰𐑌𐐼 𐑋𐐬𐑅𐐻 𐐹𐑉𐐯𐑇𐐲𐑅" 𐐸𐐰𐑂 𐐺𐐮𐑌 𐐻𐐩𐐿𐐲𐑌 𐐲𐐶𐐩 𐑄𐐯𐑉𐑁𐑉𐐲𐑋, 𐐷𐐯𐐻 𐑄𐐯𐑉 𐐮𐑆 𐐫 𐑊𐐪𐑉𐐾 𐐲𐑋𐐵𐑌𐐻 𐐲𐑂 𐐻𐐯𐑅𐐻𐐮𐑋𐐬𐑌𐐨 𐑊𐐯𐑁𐐻 𐐮𐑌 𐑄𐐮𐑅 𐑂𐐰𐑊𐐷𐐲𐐶𐐲𐐺𐐲𐑊 𐐰𐑌𐐼 𐑅𐐩𐐿𐑉𐐲𐐼 𐑉𐐯𐐿𐐲𐑉𐐼, 𐐸𐐶𐐮𐐽 𐐹𐑊𐐩𐑌𐑊𐐨 𐐮𐑀𐑆𐐮𐐺𐐮𐐻𐑅 𐑄𐐰𐐻 𐑄 𐐹𐑉𐐮𐑌𐑅𐐮𐐹𐐲𐑊 𐐲𐑂 𐑄 𐐲𐐻𐐬𐑌𐑋𐐲𐑌𐐻 𐐶𐐲𐑆 𐑁𐐳𐑊𐐨 𐐲𐑌𐐼𐐲𐑉𐑅𐐻𐐳𐐼 𐐺𐐴 𐑄 𐐑𐑉𐐪𐑁𐐲𐐻𐑅 𐐮𐑌 𐑁𐐫𐑉𐑋𐐲𐑉 𐐩𐐾𐐲𐑆.

[1] 𐐆𐑌 𐑄 𐐲𐑉𐐮𐐾𐐮𐑌𐐲𐑊, 𐑅𐐴𐐻𐐩𐑇𐐲𐑌𐑆 𐑁𐐫𐑉 𐐿𐐶𐐬𐐻𐐩𐑇𐐲𐑌𐑆 𐑁𐑉𐐲𐑋 𐑄 𐐔𐐪𐐿𐐻𐑉𐐮𐑌 𐐰𐑌𐐼 𐐗𐐲𐑂𐐲𐑌𐐲𐑌𐐻𐑅 𐐮𐑌𐐿𐑊𐐭𐐼 𐐹𐐩𐐾 𐑌𐐲𐑋𐐺𐐲𐑉𐑆 𐐮𐑌 𐑄 𐑄𐐯𐑌-𐐿𐐲𐑉𐐲𐑌𐐻 1879 𐐮𐐼𐐮𐑇𐐲𐑌. 𐐎𐐨 𐐲𐑋𐐮𐐻 𐑄𐐨𐑆 𐐰𐑆 𐑅𐐭𐐹𐐲𐑉𐑁𐑊𐐳𐐲𐑅.—𐐇𐐼.

# Cнтпрф II

*Ɣ Ղлвղɪɔoъə ʀв Ҁəбʀв ʏ Ɵɪıфɪղ ʀв Ղфəрʀвə—Ɣ Ƣлωɪʀфєвʀъб ʀв ʏ Ɛъсʀъղ Ɵʀфвʀъղв ʀв Ѡəd—Łωвղфлωղв рфʀɔ ʏ Ффղɪиб лъd Ղлвղɪɔoъəб ʀв Ɔoбʀв, Ҁoə, Ƣєвɪd, Фбєʀ, 6лωʀффʀ, Ɔфωʀ лъd Фoбєʀ, ղo ə рəъd ɪъ ʏ Oɭd Ղлвղʀɔʀъղ, ωɪʏ фʀɔəфωв*

Iъ ʏ снтпрф ʀв ɭoω'в Ѳoвтɪʀղ, ղo φωɪc ωə φлв oɭфлdə фʀрʀфd, втəωɪи ʀв Ҁəбʀв, ɪղ ɪб фɪղʀъ, "Ɵʀώɪъɪи ωɪʏ Ɔoбʀв лъd oɭ ʏ ղфəрʀղв, φə ɪωвтəъdʀd ʀъղo ʏлɔ ɪъ oɭ ʏ Ɵωфɪтсʀфб ʏ ʟɪиб ωʀъвʀфъɪи фɪɔвлɭр."

Łр ʏɪв ə ղєωʀъ ɪъ ʏ рqɭʀвղ влъв, лъd ωə ъo ʀв ъo фəбʀъ φωф ɪղ bqd ъəղ ʏʀв ə фʀвəвd, ʏлф ɪб ə ώфєղ ղфɪъвɪтɪʀղ dʀвлɭʀтղ, φωɪc ɪб, ʏлղ ъəղ oъɭə Ɔoбʀв, вʀղ oɭ ʏ Ղфəрʀղв, ɭлвղɪрфd ωʀъвʀфъɪи ʏ ωʀɔɪи Фʀdəɔʀф. Лб лɭвфωлф вղєɭʀd, ʏɪв ɔʀвղ φлв вɪъ ʏ ωєв, рoф ωə əф ղoɭd ʏлղ "ʏ ղлвղɪɔoъə ʀв Ҁəбʀв ɪб ʏ втɪфɪղ ʀв ղфəрʀвə;" лъd ʏɪв вəɪи ʀdɔɪʀd, φə ωqd ʏє φлв ʏ втɪфɪղ ʀв ղфəрʀвə, oф ə Ղфəрʀղв ωɪɭə φлвɪи ʏ ղлвղɪɔoъə ʀв Ҁəбʀв? Лъd ωə əф ղoɭd рʀфʏʀф ʏлղ ʏ Ղфəрʀղв вəղ "φωʀղ ɔлъʀф ʀв ղфɔ ʏ Ɵтɪфɪղ ʀв Ѡффвղ φωɪc ωʀб ɪъ ʏлɔ dɪd вɪώɪрф, φωлъ ɪղ ɭлвղɪрфd вʀрoффφлъd ʏ вʀрʀфɪиб ʀв Ѡффвղ, лъd ʏ ώɭoфə ʏлղ bqd рəɭo."—1 Ղəʀф 1:11.

Ɣəб вωфɪтсʀфб лвɪdʀъղɭə bo ʏлղ ʏ ɭлвղɪɔoъə ʀв Ҁəбʀв ωʀб ʏ влфə ղфɪъвɪтɪʀղ, лвʀъв лъd ɪəʀф ʀв ʏ втɪфɪղ ʀв ղфəрʀвə φωлфвф ʏє ωʀф ɪъвтффd.

Ѡə рфъd ə ώфєղ ɔлъə вղєɭɔʀъղв ωʀфəвʀфʀղɪв ʀв ʏəб рлωղв ɪъ ʏoб ղəфbʀъб ʀв ʏ ффղɪиб лъd ղфəрʀвəб ʀв ʏ єъсʀъ вʀфвʀъղв ʀв Ѡəd, ʏлղ φлв вɪъ φлъdʀd dəъ ղo ʀв ɪъ ʏ Oɭd Ղлвղʀɔʀъ, лъd рфʀɔ ʏəб ɭлвղɪɔoъəб ωə вʀɭлω ə рʌɸ ղo bo φə влфəʀв лъd φə dəɭєɭd φлв вɪъ ʏ ɪъвтффd ʀʀфʀъвʀб фʀώəфdɪи ʏ ɭфр лъd dлʟ ʀв ʏ Ɔʀвфʀ.

"Ɣ ɭəфd ʏф Ѡəd ωɪɭ фєб ʀɪ ʀъղo ʏ ə Ղфəрʀղ рфʀɔ ʏ ɔɪdвղ ʀв ʏ, ʀв ʏф вфлʏфʀъ, ɭфω ʀъղo ɔə, [Ɔoбʀв,] ʀъղo фɪɔ ɣə bлɭ фəфωʀъ....Лъd ʏ ɭəфd влd ʀъղo ɔə, Ɣє φлв ωлɭ вղoωʀъ ʏлղ φωɪc ʏє φлв вղoωʀъ. Ф ωɪɭ фєб ʏлɔ ʀɪ ə Ղфəрʀղ рфʀɔ ʀɔɪи ʏлф вфлʏфʀъ, ɭфω ʀъղo ʏ, лъd ωɪɭ ղqղ ɔф ωʀфdб ɪъ фɪб ɔəʟ; лъd φə bлɭ вղoω ʀъղo ʏлɔ oɭ ʏлղ Ф bлɭ ωʀɔлъd фɪɔ. Лъd ɪղ bлɭ ωʀɔ ղo тлв, ʏлղ φoвoлвʀф ωɪɭ ъəղ фəфωʀъ ʀъղo ɔф ωʀфdб φωɪc φə bлɭ вղoω ɪъ ɔф ъєɔ, Ф ωɪɭ фʀωωфф ɪղ ʀв фɪɔ."—Ƣoղɪʀфəъʀɔə

18:15, 17–19.

"Ƿoɸ Ф ɴo ɣɹʅ ɔɸ Фɾdəɔɾɸ ʅɪɞɾʟ, ɹɴd ɣɹʅ ɸə bɹʅ ɞɟɹɴd ɹʅ ɣ ʅɹʅɾɸ de ɾʇəɴ ɣ ɾɸʟ: Ɉɴd ɣo ɹƥʅɾɸ ɔɸ ɞɷɪɴ ɷɾɸɔɞ dɾɞʅɸoɪ ɣɪɞ ɞodə, ɥɹʅ ɪɴ ɔɸ ƥʅɹb bɹʅ Ф ɞə Ѿəd: Фɷɔ Ф bɹʅ ɞə ƥoɸ ɔɸɞɹʅƥ, ɹɴd ɔɸɴ ɸɞ bɹʅ ɞɾɸoʅd, ɹɴd ɴəʅ ɾɴɾɣɾɸ; ɣo ɔɸ ɸɛɴɞ ɞ ɷɾɴɞɷɔd ɷɪʟɪɴ ɔə."—Ϛoɞ 19:25–27.

"Фɷɸ dɷ ɣ ɸəɣɾɴ ɸɛϛ, ɹɴd ɣ ʇəʇɾʅ ɪɔɹϛɪɴ ə ɞɛɴ ʟɪɴ? Ɣ ɷɪɴɞ ɾɞ ɣ ɾɸʟ ɞɹʅ ɣɹɔɞɹʅɞɞ, ɹɴd ɣ ɸɷʅɾɸɞ ʅɛɷ ɷəɴɞɾʅ ʅɾɷɹɣɾɸ, ɾɷɹɴɞʅ ɣ ʅoɸd ɹɴd ɾɷɹɴɞʅ ɸɪɞ Ƿɴoɪɴʅɾd, ɞɛɪɴ, ʅɹʅ ɾɞ ɞɸɛɷ ɣɹɸ ɞɹɴdɞ ɾɞɾɴdɾɸ, ɹɴd ɷɹɞʅ ɾɷɛ ɣɹɸ ɷoɸdɞ ƥɸɾɔ ɾɞ. Фə ɣɹʅ ɞɪʅɾʟ ɪɴ ɣ ɸɹɞɾɴɞ bɹʅ ʅɹƥ: ɣ ʅoɸd bɹʅ ɸɹɞ ɣɹɔ ɪɴ dɾɸɪɞɾɴ. Ɣɹɴ bɹʅ ɸə ɞʇəɷ ɾɴʅɷ ɣɹɔ ɪɴ ɸɪɞ ɸɹʟ, ɹɴd ɞɹɷɞ ɣɹɔ ɪɴ ɸɪɞ ɞoɸ dɪɞʇʅɹɞɾɸ. Ɥɹʅ ɸɹɞ Ф ɞɹʅ ɔɸ ɷɪɴ ɾʇəɴ ɔɸ ɸoʅə ɸɪʅ ɾɞ ɞɸɾɴ. Ф ɷɪʅ dɾɷʅɹɸ ɣ dɾɷɸə: ɣ ʅoɸd ɸɹʟ ɞɹd ɾɴʅɷ ɔə, Ɣə ɞɸʅ ɔɸ Ɓɾɴ; ɣɪɞ de ɸɹɞ Ф ɞɾɷəʅɾɴ ɣ. Ɉɞɷ ɾɞ ɔə, ɹɴd Ф bɹʅ ɷɪɞ ɣ ɣ ɸəɣɾɴ ƥoɸ ɣɸɴ ɪɴɸɹɸɪʅɾɴɞ, ɹɴd ɣ ɾʅɾɸɔɞʅ ʇoɸʅɞ ɾɞ ɣ ɾɸʟ ƥoɸ ɣɸ ʇɾɞɹbɾɴ. Ɣə bɹʅƥ ɞɸɛɷ ɣɹɔ ɷɪɣ ə ɸəd ɾɞ ɸɾɸɴ; ɣə bɹʅƥ dɹb ɣɹɔ ɪɴ ʇəɞɾɞ ʅɸɷ ə ʇəʅɾɸ'ɞ ɞɹɞɾʅ. Ɓ ɷɸɞ ɴə ɣɹɸƥoɸ, O ɥə ɷɪɴɞ: ɞ ɪɴɞʅɸɾɷʅɾd, ɥə ϛɾϛɾɞ ɾɞ ɣ ɾɸʟ. Ɓɾɸɞ ɣ ʅoɸd ɷɪɣ ƥɪɸ, ɹɴd ɸɾϛoɪɞ ɷɪɣ ʅɸɹɔɞʅɪɪ. Ѡɪɞ ɣ Ɓɾɴ, ʅɹɞʅ ɸə ɞ ɹɪɷɸə, ɹɴd ɥə ʇɹɸɪb ƥɸɾɔ ɣ ɷɛ, ɸɷɹɴ ɸɪɞ ɸɹʟ ɪɞ ɷɪɴdɾʅd ɞɾʅ ə ʅʅɾʅ. Ɓʅɹɞɾd ɞɸ oʅ ɣɛ ɣɹʅ ʇʅʅ ɣɹɸ ʅɸɾɞʅ ɪɴ ɸɪɔ."—Ɓəʅɔ 2:1–12.

Фɷɸʅ ɣ ƥɾɸɞʅ ʇoɸbɾɴ ɾɞ ɣ ɾɞɾɞ ɞəʅɔ ɸɾƥɾɸɞ ʅo ɣ Ƿɴoɪɴʅɾd ɾɞ ɣ ʅoɸd, ɹɴd ɔɹʅɾɸɞ ɣɹʅ ɷqd ʅɛɷ ʇʅɛɞ ɹʅ Фɪɞ ƥɾɸɞʅ ɾɪɪɸɪɴ, ɞɪʅ ɔɹɴə ɾɞ ɣ ʟɪɴɞ, ɣɹɸɪɴ ɔɹɴϛɾɴd, ɸɹɞ ɴəʅ ɥɹʅ ʅɸɹɴɞʇɸɸd. Ɣ ɞɛɔ ɔɛ ɞ ɞɹd ɾɞ ɣ ƥəʅoɪɴ ʇɹɞɾϛɾɞ ƥɸɾɔ Ɓɹɷɾɸɸɾ, ɸɷɪϛ ɞʇəɷ ɾɞ Фɪɞ ɞəɪɴ ʇɪɸɞʅ ɹɴd ɾɞ Фɪɞ ɸɾϛɹɷbɾɴ ɞɸ ɣ Ϛoɞ ɹɞ ə ʟɪɴ ɾɷəɔʇʅɪbʅ, ɸɷɹɴ ɹʅ ɣɹʅ ʅɸɔ ɣəɞ ɪɞɹɴʅɞ ɸɹd ɴəʅ ʅɛɷɾɴ ʇʅɛɞ. Ɓɾʅ ɪʅ dɾɞ ʇɸoɞ ɣɹʅ Фɪɞ ʇəʇɾʅ ɷqd ɸɾϛɹɷʅ ɹɴd ʇɪɸɞ Фɪɔ, ɹɴd ɣɹʅ ɹƥʅɾɸɷɾɸdɞ ɸɷɹɴ Фə bqd ɷɾɔ ɹɞ ɣɹɸ dɾʅɪɞɾɸɾɸ (ʅɸɷ Ϛoɞɹɸ, ɸoɔ ɸɪɞ ɞɸɹɣɸɾɴ ɞoʅd, ɾɪɪɸd ɹɞ ɣɹɸ dɾʅɪɞɾɸɾɸ ɪɴ Ѳϛɪʇʅ), ɣɛ bqd ʅɣɷ ɾʇəɴ Фɪɔ ɸoɔ ɣɛ ɸɹd ʇɪɸɞʅ.

"Ɉɴd Ф ɷɪʅ ʇoɸ ɾʇəɴ ɣ ɸəɞ ɾɞ Ѳɛɞɪd, ɹɴd ɾʇəɴ ɣ ɪɴɸɹɞɪʅɾɴʅɞ ɾɞ Ϛɾɸoɞɾʅɹɔ, ɣ ɞʇɪɸɪʅ ɾɞ ɷɸɛɞ ɹɴd ɾɞ ɞɾʇʅɪɷɛbɾɴɞ: ɹɴd ɣɛ bɹʅ ʅɣɷ ɾʇəɴ ɔə ɸoɔ ɣɛ ɸɹɞ ʇɪɸɞʅ, ɹɴd ɣɛ bɹʅ ɔoɸɴ ƥoɸ ɸɪɔ, ɹɞ ɷɾɴ ɔoɸɴɾʟ ƥoɸ ɸɪɞ oɴʅə ɞɾɴ, ɹɴd bɹʅ ɞ ɪɴ ɞɪʅɾɸɴɾɞ ƥoɸ ɸɪɔ, ɹɞ ɷɾɴ ɣɹʅ ɪɞ ɪɴ ɞɪʅɾɸɴɾɞ ƥoɸ ɸɪɞ ƥɾɸɞʅ ɞoɸɴ."—Ɓɹɷɾɸɸɾ 12:10.

"Ɨɴd ωʀɴ bɟɭ ʚɛ ʀɴŋɷ φɪɔ, Φωʀŋ ɘɸ ɣɘϭ ωɷɴdϭ ɪɴ ɣɸ φɟɴdϭ? Ɣʌɴ φɘ bɟɭ ɟɴɞʀɸ, Ɣoϭ ωɪɣ φωɪc Ф ωʀϭ ωɷɴdʀd ɪɴ ɣ φɵɞ ʀɞ ɔɸ ρφʌɴdϭ."—Ϭʌωʀɸɸʀ 13:6.

"Ƿoɸ ʀɴŋɷ ʀɞ ɘ cɸɭd ɪϭ ɞɷɸɴ, ʀɴŋɷ ʀɞ ɘ ɞʀɴ ɪϭ ώɪɞʀɴ: ɟɴd ɣ ώʀɞʀɸɴɔʀɴŋ bɟɭ ɞ ʀŋɘɴ φɪϭ boɭdʀɸ: ɟɴd φɪϭ ɴɛɔ bɟɭ ɞ ωɵɭd Ɯʀɴdʀɸρʀɭ, Ɯɵɴɞʀɭʀɸ, Ɣ ɔɸŋɘ Ɯɘd, Ɣ ʌɞʀɸɭɟɞŋɪɴ Ƿɘɣʀɸ, Ɣ Ʈɸɪɴɞ ʀɞ Ʈɘɞ. Ƿɞ ɣ ɪɴωɸɘɞ ʀɞ φɪϭ ώʀɞʀɸɴɔʀɴŋ ɟɴd ɬɘɞ ɣʌɸ bɟɭ ɞ ɴo ʌɴd, ʀŋɘɴ ɣ ʟɸoɴ ʀɞ Ɑɛɞɪd, ɟɴd ʀŋɘɴ φɪϭ ωɪɴdʀɔ, ŋɷ ɵɸdʀɸ ɪŋ, ɟɴd ŋɷ ɪɞŋɟɞɭɪb ɪŋ ωɪɣ cʀcɔʀɴŋ ɟɴd ωɪɣ cʀɞŋɪɞ ρɸʀɔ φʌɴɞρoɸʟ ɘɞʀɴ ρʀɸʌɞʀɸ. Ɣ ϭɘɭ ʀɞ ɣ ɭoɸd ʀɞ φoɞŋɞ ωɪɭ ɬʀɸρoɸɔ ɣɪɞ."—Фϭɛʀ 9:6, 7.

"Ɣʌɸρoɸ, ɣ ɭoɸd φɪɔɞʌɭρ bɟɭ ώɪɞ ɤɷ ɘ ɞɸɴ; Ɓʀφoɭd, ɘ ɞʀɸcɪɴ bɟɭ ωʀɴɞɘɞ, ɟɴd ɞɘŋ ɘ ɞʀɴ, ɟɴd bɟɭ ωɵɭ φɪϭ ɴɛɔ Ɨɔɟɴɤɷɟɭ."—Фϭɛʀ 7:14.

"Ɣ ɭoɸd ɞʌd ʀɴŋɷ ɔɸ ɭoɸd, Ɓɪŋ ɣɵ ɟŋ ɔɸ ɸɸŋ φɟɴd, ʀɴŋɪɭ Ф ɔɛω ɣɸɴ ʌɴʀɔɘϭ ɣɸ ρɥŋɞŋɷɭ. Ɣ ɭoɸd bɟɭ ɞʌɴd ɣ ɸɘd ʀɞ ɣɸ ɞŋɸʌɪɴωʟ ɵŋ ʀɞ Ϭɸʀɴ; ɸoɭ ɣɵ ɪɴ ɣ ɔɪdɞŋ ʀɞ ɣɸɴ ʌɴʀɔɘϭ. Ɣɸ ɬɘɬʀɭ bɟɭ ɞ ωɪɭɪɴ ɪɴ ɣ dɛ ʀɞ ɣɸ ɬɵʀɸ, ɪɴ ɣ ɞɤɷŋɘϭ ʀɞ φoɭɘɴʀɞ ρɸʀɔ ɣ ωɷɔ ʀɞ ɣ ɔɸɸɴɪɴ: ɣɵ φɟɞŋ ɣ dɷ ʀɞ ɣɸ ɤɷʟ. Ɣ ɭoɸd φɟʟ ɞωɷɸɴ ɟɴd ωɪɭ ɴɘŋ ɸʀŋʌɴŋ, Ɣɵ ɘɸŋ ɘ ɬɸɘɞŋ ρʀɸʌɞʀɸ ɟρŋʀɸ ɣ ɵɸdʀɸ ʀɞ Ɔʌɭωɪϭʀdʌω."—Ɓɘɭɔ 110:1–4.

"Ɣɵ ɭʀɞʀɞŋ ɸɸcʀɞɴʀɞ, ɟɴd φɛŋʀɞŋ ωɪωʀdɪɴʀɞ: ɣʌɸρoɸ Ɯɘd, ɣɸ Ɯɘd, φɟʟ ʀɴoɪɴŋʀd ɣ ωɪɣ ɣ oɪɭ ʀɞ ώɭɟdɴʀɞ ʀɞʀɞ ɣɸ ρʌɭoϭ."—Ɓɘɭɔ 45:7.

"Ɨɴd ɣ Φʀdɘɔʀɸ bɟɭ ωʀɔ ŋɷ Ϭɸʀɴ, ɟɴd ʀɴŋɷ ɣʌɔ ɣɟŋ ŋʀɸɴ ρɸʀɔ ŋɸɟɴϭώɸʌbʀɴ ɪɴ Ꞔɛωʀɞ, ɞɛʀʟ ɣ ɭoɸd."—Фϭɛʀ 59:20.

"Ɓʀφoɭd ɔɸ ɞʀɸɞʀɴŋ, φɷɔ Ф ʀŋφoɭd; ɔɸɴ ɪɭʌωŋ, ɪɴ φɷɔ ɔɸ ɞoɭ dʀɭɸŋʀʟ; Ф φɟɞ ɬɥŋ ɔɸ Ɓɪɪɸɪŋ ʀŋɘɴ φɪɔ: φɘ bɟɭ ɞɸɪɴ ρoɸʟ cʀcɔʀɴŋ ŋɷ ɣ Ꞔʌɴŋɸɭϭ. Φɘ bɟɭ ɴɘŋ ωɸɸ, ɴoɸ ɭɪρŋ ʀŋ, ɴoɸ ωɘϭ φɪϭ ɞoɪɞ ŋɷ ɞ φʀɸd ɪɴ ɣ ɞŋɸɘŋ. Ɵ ɞɸɷϭd ɸɘd bɟɭ φɘ ɴɘŋ ɞɸɛω, ɟɴd ɣ ɞɔoωɪɴ ρɭʌωɞ bɟɭ φɘ ɴɘŋ ωωʌɴc: φɘ bɟɭ ɞɸɪɴ ρoɸʟ cʀcɔʀɴŋ ʀɴŋɷ ŋɸɷʟ. Φɘ bɟɭ ɴɘŋ ρɛɭ ɴoɸ ɞ dɪɞωʀɸʀcd, ŋɪɭ φɘ φɟɞ ɞɟŋ cʀcɔʀɴŋ ɪɴ ɣ ʀɸʟ: ɟɴd ɣ ɸɪϭ bɟɭ ωɛŋ ρoɸ φɪϭ ɭɷ. Ɣʀɞ ɞɛʀʟ Ɯɘd ɣ ɭoɸd, φɘ ɣɟŋ ωɸɘɛŋʀd ɣ φʌɞʀɴϭ ɟɴd ɞŋɸʌcŋ ɣʌɔ ɵŋ; φɘ ɣɟŋ ɞŋɸʌd ρoɸʟ ɣ ʀɸʟ, ɟɴd ɣɟŋ φωɪc ωʀɔʀʟ ɵŋ ʀɞ ɪŋ; φɘ ɣɟŋ ώɪɞʀʟ ɞɸʌʟ ʀɴŋɷ ɣ ɬɘɬʀɭ ʀŋɘɴ ɪŋ, ɟɴd ɞŋɪɸɪŋ ŋɷ ɣʌɔ ɣɟŋ ωɷɷ ɣʌɸɪɴ: Ф ɣ ɭoɸd φɟɞ ωɵɭd ɣ ɪɴ ɸɸcʀɞɴʀɞ, ɟɴd ωɪɭ φoɭd ɣɸɴ φɟɴd, ɟɴd ωɪɭ ωɘŋ ɣ, ɟɴd ώɪɞ ɣ ρoɸ ɘ ωʀɞʀɴʀɴŋ ʀɞ ɣ ɬɘɬʀɭ, ρoɸ ɘ ɭɸŋ ʀɞ ɣ Ꞔɹɴȷфȷɕ; ȷᴑ oɪrɴ ɣ ɞȷфɴd фɕ, ȷᴑ ɞфɪи ȯȷ ɣ ȷфɪɕrɴɴrфɕ ƿфrɔ ɣ ȷфɪɕrɴ, ɹɴd ɣɹɔ ɣɹȷ ɞȷ ɪɴ dɵфѡɴrɞ ȯȷ rɞ ɣ ȷфɪɕrɴ фȯɞ. Ф ɹɔ ɣ ʃɵфd; ɣɹȷ ɪɕ ɔф ɴɛɔ: ɹɴd ɔф ѽȷɵфɘ ѡɪȷ Ф ɴɘȷ ѽɪɞ ȷᴑ rɴrɣrф, ɴфɣrф ɔф ȷфɛɕ ȷᴑ ѽфɛɞrɴ ɪɔrɕrɕ. Ɐrфoȷd, ɣ ƿфɔrф ɪɪиɕ ɞф ѡrɔ ȷᴑ ȷɹɞ, ɹɴd ɴᴑ ɪɪиɕ dᴑ Ф drѡȷɹф: ɞrƿɵф ɣɛ ɞȷфɪи ƿфɪ Ф ȷɹȷ ɥᴑ rɞ ɣɹɔ."—Фɕɛr 42:1–9.

"Фᴑ фɹɪ ɞrȷɘɞd ȯф фrɪᴑфȷ? ɹɴd ȷᴑ фᴑɔ ɪɕ ɣ ɞфɔ rɞ ɣ ʃɵфd фrɞɘȷd? Ƿɵф фɘ bɹȷ ѽфᴑ rɪ ɞrƿɵф фɪɔ ɹɕ ɘ ȷɹɴdrф ȷȷɹɴȷ, ɹɴd ɹɕ ɘ фᴑȷ ȯȷ rɞ ɘ dфф ѽфȯɴd: фɘ фɹɪ ɴo ƿфɔ ɴɵф ѡrɔȷɘɴrɞ; ɹɴd фѡɹɴ ѡɘ bɹȷ ɞɘ фɪɔ, ɣɹф ɪɕ ɴo ɞɥᴑȷɘ ɣɹȷ ѡɘ bqd drɕфф фɪɔ. Фɘ ɪɕ drɞȷфɕd ɹɴd фrɕɹѡȷrd rɞ ɔɹɴ; ɘ ɔɹɴ rɞ ɞɵфoɕ, ɹɴd rѡѡɛɴȷrd ѡɪɣ ѽфɘр: ɹɴd ѡɘ фɪd ɹɕ ɪȷ ѡrф ȯф ƿɛɞrɕ ƿфrɔ фɪɔ; фɘ ѡrɕ drɞȷфɕd, ɹɴd ѡɘ ɪɞȷɘɔd фɪɔ ɴɘȷ.

Ʊффȷɘ фɘ фɹɪ ɞɵфɴ ȯф ѽфɘрɞ, ɹɴd ѡɹфɘd ȯф ɞɵфoɕ: ɥɹȷ ѡɘ dɪd ɪɞȷɘɔ фɪɔ ɞȷфɪѡrɴ, ɞɔȷrɴ rɞ Ꙩɘd, ɹɴd rрȷɪѡȷrd. Ɐrȷ фɘ ѡrɕ ѡᴑɴdrd ƿɵф ȯф ȷфɹɴɕѽфɹbrɴɕ, фɘ ѡrɕ ɞфᴑɕd ƿɵф ȯф ɪɪѡɪȷɘɕ: ɣ ɕɹɞȷфɕɔrɴȷ rɞ ȯф ȷɘɞ ѡrɕ rȷɵɴ фɪɔ; ɹɴd ѡɪɣ фɪɕ ɞȷффȷɞ ѡɘ ɞф фɘȷd. Ɵȷ ѡɘ ʃфᴑ bɘȷ фɹɞ ѽᴑɴ rɞȷфɛ; ѡɘ фɹɞ ȷrфɴd ɹɞфɘ ѡrɴ ȷᴑ фɪɕ oɴ ѡɛ; ɹɴd ɣ ʃɵфd фɹɪ ʃɛd ɵɴ фɪɔ ɣ ɪɪѡɪȷɘ rɞ rɞ ɵȷ. Фɘ ѡrɕ rȷфɹɞȷ, ɹɴd фɘ ѡrɕ rрȷɪѡȷrd, ɥɹȷ фɘ oɪrɴd ɴɘȷ фɪɕ ɔȯɪ: фɘ ɪɕ ɞфᴑȷ ɹɕ ɘ ʃɹɔ ȷᴑ ɣ ɞȷɵȷrф, ɹɴd ɹɕ ɘ bɘȷ ɞrƿɵф фrф bɪфrфɕ ɪɕ drɔ, ɞo фɘ oɪrɴrɪ ɴɘȷ фɪɕ ɔȯɪ. Фɘ ѡrɕ ȷɛѡrɴ ƿфrɔ ȷфɪɕrɴ ɹɴd ƿфrɔ ɕrɕɔrɴȷ: ɹɴd фᴑ bɹȷ drѡȷɹф фɪɕ ɕɹɴrфɛbrɴ? ƿɵф фɘ ѡrɕ ѡrȷ ɵр ȯȷ rɞ ɣ ʃɹɴd rɞ ɣ ʃɪɞɪи: ƿɵф ɣ ȷфɹɴɕѽфɹbrɴ rɞ ɔф ȷɘȷrȷ ѡrɕ фɘ ɞȷфɪѡrɴ. Ɉɴd фɘ ɔɛd фɪɕ ѽфɛɞ ѡɪɣ ɣ ѡɪѡrd, ɹɴd ѡɪɣ ɣ фɪɕ ɪɴ фɪɕ dɹɪ; ɞrѡrɕ фɘ фɹd drɴ ɴo ɞфrȷrɴɞ, ɴфɣrф ѡrɕ ɹɴɘ drɞɘȷ ɪɴ фɪɕ ɔȯɪ. Ɥɹȷ ɪȷ ȷȷɘɕd ɣ ʃɵфd ȷᴑ ɞфᴑɕ фɪɔ; фɘ фɹɪ ȷqȷ фɪɔ ȷᴑ ѽфɘр: фѡɹɴ ɣȯ bɹȷɪ ɔɛѡ фɪɕ ɞoȷ ɹɴ ɵрrфɪи ƿɵф ɞɪɴ, фɘ bɹȷ ɞɘ фɪɕ ɞɘd, фɘ bɹȷ ȷфrȷɵи фɪɕ dɛɕ, ɹɴd ɣ ȷȷɹɕrф rɞ ɣ ʃɵфd bɹȷ ȷфɘɞȷɪrф ɪɴ фɪɕ фɹɴd. Фɘ bɹȷ ɞɘ rɞ ɣ ȷфrɞɛȷ rɞ фɪɕ ɞoȷ, ɹɴd bɹȷ ɞ ɞɹȷɪɞрфd: ɞф фɪɕ ɴɘȷrɕ bɹȷ ɔф ффɕrɞ ɞrффɞrɴȷ ɕrɞȷɪrф ɔɹɴɘ; ƿɵф фɘ bɹȷ ɞɹф ɣɹф ɪɪѡɪȷɘɕ. Ɣɹфƿɵф ѡɪȷ Ф dɪɞфd фɪɔ ɘ ȷᴑфbrɴ ѡɪɣ ɣ ѽфɛȷ, ɹɴd фɘ bɹȷ dɪɞфd ɣ ɞȷoɪȷ ѡɪɣ ɣ ɞȷфᴑɴ; ɞrѡrɕ фɘ фɹɪ ȷᴑфd ȯȷ фɪɕ ɞoȷ rɴȷᴑ dɹɪ: ɹɴd фɘ ѡrɕ ɴrɔɞrфd ѡɪɣ ɣ ȷфɹɴɕѽфɹɞrфɕ; ɹɴd фɘ ɞɹф ɣ ɞɪɴ rɞ ɔɹɴɘ, ɹɴd ɔɛd ɪɴrфɞɹbrɴ ƿɵф ɣ ȷфɹɴɕѽфɹɞrфɕ."—Фɕɛr 53:1–12.

"Фrɕoɪɞ ѽфɛȷȷɘ, O dɵȷrф rɞ 6фrɴ; bȯȷ, O dɵȷrф rɞ

Ϛꝛфөвꝛɭɑɔ: вꝛφоɭd, ɣф ωɨи ωꝛɔꝛʟ ꝛɥ˥ᴓ ɣ: φә ɨ6 ϛꝛв˥, ɥɥd φɥвɨи вɥɭвɛbꝛɥ; ɭоɭә, ɥɥd ффdɨи ꝛ˥өɥ ɥɥ ɥв, ɥɥd ꝛ˥өɥ ө ωоɭ˥ ɣ poɭ ꝛв ɥɥ ɥв."—6ɑωꝛффꝛ 9:9.

"Ɥɥd ф вɑd ꝛɥ˥ᴓ ɣɑɔ, ɨp ɥә ʟɨиω ώqd, ώɨв ɔә ɔф ˥ффв; ɥɥd ɨp ɥө˥, pөфвɑф. Вo ɣɛ ωɛd pөф ɔф ˥ффв ʟꝛф˥ә ˥әвꝛ6 ꝛв вɨɭвꝛф."—6ɑωꝛффꝛ 11:12.

"Ψωɑɥ ɨ6фꝛɭ ωꝛ6 ө cфɭd, ɣɑɥ ф ɭꝛвd φɨɔ, ɥɥd ωөɭd ɔф вꝛɥ ȯ˥ ꝛв ∂ϛɨ˥˥."—Ψo6ɛꝛ 11:1.

Φꝛώөфdɨи φωɨc ˥фөpꝛвә Ɔɥʟɥᴓ ффɭв, "Ψωɑɥ φә ꝛфo6 φә ˥qω ɣ ɥꝛи cфɭd [Ϛә6ꝛв] ɥɥd φɨ6 ɔꝛɣꝛф вф ɥф˥, ɥɥd dꝛ˥өф˥ꝛd ɨɥ˥ᴓ ∂ϛɨ˥˥: ɥɥd ωꝛ6 ɣɑф ꝛɥ˥ɨɭ ɣ dɑʟ ꝛв Ψɑфꝛd: ɣɥ˥ ɨ˥ ɔф˥ в pqɭpɨɭd φωɨc ωꝛ6 в˥oωꝛɥ ꝛв ɣ ɭөфd вф ɣ ˥фөpꝛ˥, вɛɨи, Ꝋ˥ ꝛв ∂ϛɨ˥˥ φɥв ф ωөɭd ɔф Вꝛɥ."—Ɔɥʟɥᴓ 2:14, 15.

"Ɣꝛв вɛꝛʟ ɣ ɭөфd; Ꝋ вoɨв ωꝛ6 φꝛфd ɨɥ Φɛɔꝛ, ɭɥɔꝛɥ˥ɛbꝛɥ, ɥɥd вɨɭꝛф ωә˥ɨи; Φɛcꝛɭ ωә˥ɨи pөф φꝛф cɨɭdфꝛɥ, фꝛpɥᴓ6d ˥ᴓ в ωꝛɔpꝛф˥ꝛd pөф φꝛф cɨɭdфꝛɥ, вꝛωꝛ6 ɣɛ ωꝛф ɥө˥."—Ϛɑфꝛɔфꝛ 31:15.

Ɣ вɛɔ ɨвɥɥϛꝛɭɨв˥ фꝛpꝛф6 өɭвo ˥ᴓ ɣ pqɭpɨɭɔꝛɥ˥ ꝛв ɣɨв ˥фөpꝛвә: "Ɣɑɥ Ψɑфꝛd, φωɑɥ φә вө ɣɥ˥ φә ωꝛ6 ɔөω˥ ꝛв ɣ ωф6 ɔɑɥ, ωꝛ6 ɨωвәdɨи фөʟ, ɥɥd вɑɥ˥ pөфʟ, ɥɥd вɭᴓ өɭ ɣ cɨɭdфꝛɥ ɣɥ˥ ωꝛф ɨɥ Вɑʟɭꝛφɑɔ, ɥɥd ɨɥ өɭ ɣ ωoв˥в ɣɑфꝛв, pфꝛɔ ˥ᴓ ɥɨф6 oɭd ɥɥd ꝛɥdꝛф, ꝛωөфdɨи ˥ᴓ ɣ ˥фɔ φωɨc φә φɥd dɨɭɨϛꝛɥ˥ɭә ɨɥωωффd ꝛв ɣ ωф6 ɔɑɥ. Ɣɑɥ ωꝛ6 pqɭpɨɭd ɣɥ˥ φωɨc ωꝛ6 в˥oωꝛɥ вф Ϛɑфꝛɔә ɣ ˥фөpꝛ˥, вɛɨи, ɨɥ Φɛɔꝛ ωꝛ6 ɣɑф ө вoɨв φꝛфd, ɭɥɔꝛɥ˥ɛbꝛɥ, ɥɥd ωә˥ɨи, ɥɥd ώфɛ˥ ɔөфɥɨи, Φɛcꝛɭ ωә˥ɨи pөф φꝛф cɨɭdфꝛɥ, ɥɥd ωqd ɥө˥ в ωꝛɔpꝛф˥ꝛd, вꝛωꝛ6 ɣɛ өф ɥө˥."—Ɔɥʟɥᴓ 2:16–18.

"Вꝛ˥ ɣȯ, Вɑʟɭꝛφɑɔ Ɑpфꝛ˥ꝛ, ɣo ɣȯ в ɭɨ˥ꝛɭ ꝛɔꝛи ɣ ʟȯ6ꝛɥd6 ꝛв Ϛᴓdꝛ, ɥɑ˥ ȯ˥ ꝛв ɣ bɥɭ φә ωꝛɔ pөфʟ ꝛɥ˥ᴓ ɔә ɣɥ˥ ɨ6 ˥ᴓ в Φᴓɭꝛф ɨɥ ɨ6фꝛɭ; φᴓ6 ώoɨи6 pөфʟ φɥв вɨɥ pфꝛɔ ꝛв oɭd, pфꝛɔ ɑвꝛфɭɥв˥ɨи."—Ɔфωꝛ 5:2.

"Ɣɑфpөф ɔф φөф˥ ɨ6 ώɭɥd, ɥɥd ɔф ώɭөфә фꝛϛoɨвꝛʟ: ɔф pɭɑb өɭвo bɥɭ фɑв˥ ɨɥ φoɩ. Pөф ɣȯ ωɨɭ˥ ɥө˥ ɭәв ɔф вoɭ ɨɥ φɑɭ; ɥфɣꝛф ωɨɭ˥ ɣȯ вꝛpꝛф ɣфɥ Ψoɭә Ωꝛɥ ˥ᴓ вә ωꝛфꝛ˥bꝛɥ."—Вөɭɔ 16:9, 10.

Ɣɨв ɨωв˥фɑbꝛɥ ꝛв ɣ Вөɭɔɨв˥ ɑвɨdꝛɥ˥ɭә фꝛpꝛф6 ˥ᴓ ɣ фɑ6ꝛфɑωbꝛɥ ꝛв ɣ Вꝛɥ ꝛв Ꝍәd. Ɨ˥ ɨ6 вo ωωo˥ꝛd вф ˥өɭ ɨɥ φɨ6 вꝛфɔꝛɥ ɥ˥ Ɥɥ˥әәω: "Ɥɥd ωә dꝛωɭɑф ꝛɥ˥ᴓ ɥᴓ ώɭɥd ˥фdɨи6, φȯ

𐑄𐐰𐐻 𐑄 𐐹𐑉𐐱𐑋𐐮𐑅 𐐸𐐶𐐮𐐽 𐐶𐐱𐑆 𐑋𐐩𐐼 𐐲𐑌𐐻𐐭 𐑄 𐑁𐐪𐑄𐑉𐑆, 𐐘𐐱𐐼 𐐸𐐰𐑃 𐑁𐐳𐑊𐑁𐐮𐑊𐐼
𐑄 𐑅𐐩𐑋 𐐲𐑌𐐻𐐭 𐐲𐑅 𐑄𐐩𐑉 𐐽𐐮𐑊𐐼𐑉𐐲𐑌, 𐐮𐑌 𐑄𐐰𐐻 𐐸𐐨 𐐸𐐰𐑃 𐑉𐐩𐑆𐐼 𐐲𐐹 𐐖𐐨𐑆𐐲𐑅
𐐰𐑀𐐯𐑌; 𐐰𐑆 𐐮𐐻 𐐮𐑆 𐐫𐑊𐑅𐐬 𐑉𐐮𐐻𐑌 𐐮𐑌 𐑄 𐑅𐐯𐐿𐐲𐑌𐐼 𐑅𐐪𐑋, 𐐜𐐵 𐐪𐑉𐐻 𐑋𐐴 𐐝𐐲𐑌,
𐑄𐐮𐑅 𐐼𐐩 𐐸𐐰𐑂 𐐌 𐐺𐐨𐑀𐐱𐐻𐑌 𐑄𐐨. 𐐈𐑌𐐼 𐐰𐑆 𐐿𐐱𐑌𐑅𐐲𐑉𐑌𐐮𐑍 𐑄𐐰𐐻 𐐸𐐨 𐑉𐐩𐑆𐐼 𐐸𐐮𐑋
𐐲𐐹 𐑁𐑉𐐱𐑋 𐑄 𐐼𐐯𐐼, 𐑌𐐵 𐑌𐐬 𐑋𐐬𐑉 𐐻𐐭 𐑉𐐨𐐻𐐲𐑉𐑌 𐐻𐐭 𐐿𐐱𐑉𐐲𐐹𐑇𐐲𐑌, 𐐸𐐨 𐑅𐐯𐐼 𐐱𐑌
𐑄𐐮𐑅 𐐶𐐴𐑆, 𐐌 𐐶𐐮𐑊 𐑀𐐮𐑂 𐐷𐐭 𐑄 𐑇𐐭𐑉 𐑋𐐲𐑉𐑅𐐨𐑆 𐐲𐑂 𐐔𐐩𐑂𐐮𐐼. 𐐐𐐶𐐯𐑉𐑁𐐬𐑉
𐐸𐐨 𐑅𐐯𐑃 𐐫𐑊𐑅𐐬 𐐮𐑌 𐐰𐑌𐐲𐑄𐐲𐑉 𐑅𐐪𐑋, 𐐜𐐵 𐑇𐐰𐑊𐐻 𐑌𐐱𐐻 𐑅𐐲𐑁𐐲𐑉 𐑄𐐴𐑌 𐐐𐐬𐑊𐐨
𐐎𐐲𐑌 𐐻𐐭 𐑅𐐨 𐐿𐐱𐑉𐐲𐐹𐑇𐐲𐑌. 𐐙𐐱𐑉 𐐔𐐩𐑂𐐮𐐼, 𐐪𐑁𐐻𐐲𐑉 𐐸𐐨 𐐸𐐰𐐼 𐑅𐐲𐑉𐑂𐐼 𐐸𐐮𐑆
𐐬𐑌 𐐾𐐯𐑌𐐲𐑉𐐩𐑇𐐲𐑌 𐐺𐐴 𐑄 𐐶𐐮𐑊 𐐲𐑂 𐐘𐐱𐐼, 𐑁𐐯𐑊 𐐱𐑌 𐑅𐑊𐐨𐐹, 𐐰𐑌𐐼 𐐶𐐱𐑆 𐑊𐐩𐐼 𐐲𐑌𐐻𐐭
𐐸𐐮𐑆 𐑁𐐪𐑄𐑉𐑆, 𐐰𐑌𐐼 𐑅𐐫 𐐿𐐱𐑉𐐲𐐹𐑇𐐲𐑌. 𐐒𐐲𐐻 𐐸𐐨, 𐐸𐐭𐑋 𐐘𐐱𐐼 𐑉𐐩𐑆𐐼 𐐰𐑀𐐯𐑌,
𐑅𐐫 𐑌𐐬 𐐿𐐱𐑉𐐲𐐹𐑇𐐲𐑌."—𐐈𐐿𐐻𐑅 13:32–37.

"𐐜 𐐝𐐹𐐮𐑉𐐮𐐻 𐐲𐑂 𐑄 𐐢𐐫𐑉𐐼 𐐘𐐱𐐼 𐐮𐑆 𐐲𐐹𐐱𐑌 𐑋𐐨; 𐐺𐐨𐐿𐐫𐑆 𐑄 𐐢𐐫𐑉𐐼 𐐸𐐰𐑃
𐐲𐑌𐑎𐑌𐐻𐐲𐐼 𐑋𐐨 𐐻𐐭 𐐹𐑉𐐨𐐽 𐑀𐐳𐐼 𐐻𐐴𐐼𐐮𐑍𐑆 𐐲𐑌𐐻𐐭 𐑄 𐑋𐐨𐐿; 𐐸𐐨 𐐸𐐰𐑃 𐑅𐐯𐑌𐐻 𐑋𐐨 𐐻𐐭
𐐺𐐴𐑌𐐼 𐐲𐐹 𐑄 𐐺𐑉𐐬𐐿𐑌𐐸𐐪𐑉𐐻𐐲𐐼, 𐐻𐐭 𐐹𐑉𐐬𐐿𐑊𐐩𐑋 𐑊𐐮𐐺𐐲𐑉𐐻𐐨 𐐻𐐭 𐑄 𐐿𐐰𐐹𐐻𐐮𐑂𐑆,
𐐰𐑌𐐼 𐑄 𐐬𐐹𐐲𐑌𐐮𐑍 𐐲𐑂 𐑄 𐐹𐑉𐐮𐑆𐐲𐑌 𐐻𐐭 𐑄𐐯𐑋 𐑄𐐰𐐻 𐐪𐑉 𐐺𐐵𐑌𐐼; 𐐻𐐭 𐐹𐑉𐐬𐐿𐑊𐐩𐑋 𐑄
𐐰𐐿𐑅𐐯𐐹𐐻𐐲𐐺𐑊 𐐷𐐨𐑉 𐐲𐑂 𐑄 𐐢𐐫𐑉𐐼, 𐐰𐑌𐐼 𐑄 𐐼𐐩 𐐲𐑂 𐑂𐐯𐑌𐐾𐐲𐑌𐑅 𐐲𐑂 𐐵𐑉 𐐘𐐱𐐼;
𐐻𐐭 𐐿𐐲𐑋𐑁𐐲𐑉𐐻 𐐫𐑊 𐑄𐐰𐐻 𐑋𐐬𐑉𐑌; 𐐻𐐭 𐐰𐐹𐑎𐑌𐐻 𐐲𐑌𐐻𐐭 𐑄𐐯𐑋 𐑄𐐰𐐻 𐑋𐐬𐑉𐑌 𐐮𐑌 𐐞𐐴𐐲𐑌,
𐐻𐐭 𐑀𐐮𐑂 𐐲𐑌𐐻𐐭 𐑄𐐯𐑋 𐐺𐐧𐐻𐐨 𐑁𐐫𐑉 𐐰𐑇𐐯𐑆, 𐑄 𐑎𐑊 𐐲𐑂 𐐾𐑎 𐑁𐐫𐑉 𐑋𐐬𐑉𐑌𐐮𐑍,
𐑄 𐑀𐐪𐑉𐑋𐐲𐑌𐐻 𐐲𐑂 𐐹𐑉𐐩𐑆 𐑁𐐫𐑉 𐑄 𐑅𐐹𐐮𐑉𐐮𐐻 𐐲𐑂 𐐸𐐯𐑂𐐨𐑌𐐯𐑅; 𐑄𐐰𐐻 𐑄𐐩 𐑋𐐴𐐻 𐐺𐐨
𐐿𐐫𐑊𐐼 𐐓𐑉𐐨𐑆 𐐲𐑂 𐑉𐐴𐐽𐐲𐑅𐑌𐐯𐑅, 𐐜 𐐹𐑊𐐰𐑌𐐻𐐮𐑍 𐐲𐑂 𐑄 𐐢𐐫𐑉𐐼, 𐑄𐐰𐐻 𐐸𐐨 𐑋𐐴𐐻 𐐺𐐨
𐑀𐑊𐐬𐑉𐐮𐑁𐐴𐐼."—𐐌𐑆𐐩𐐲 61:1–3.

𐐜𐐮𐑅 𐐹𐑉𐐱𐑁𐐯𐑅𐐨 𐐮𐑆 𐑉𐐨𐑁𐐲𐑉𐐼 𐐻𐐭 𐐮𐑌 𐑄 𐑁𐐱𐑊𐐬𐐮𐑍 𐐮𐑌𐑅𐐮𐐼𐐲𐑌𐐻 𐐮𐑌 𐑄 𐑊𐐴𐑁 𐐲𐑂
𐐖𐐨𐑆𐐲𐑅, 𐑌𐐰𐑉𐐩𐐻𐐲𐐼 𐐰𐑆 𐑁𐐱𐑊𐐬𐑆:

"𐐈𐑌𐐼 𐐸𐐨 𐐿𐐩𐑋 𐐻𐐭 𐐤𐐰𐑆𐐲𐑉𐐯𐑃, 𐐸𐐶𐐯𐑉 𐐸𐐨 𐐸𐐰𐐼 𐐺𐐮𐑌 𐐺𐑉𐐫𐐻 𐐲𐐹: 𐐰𐑌𐐼,
𐐰𐑆 𐐸𐐮𐑆 𐐿𐐲𐑅𐐻𐐲𐑋 𐐶𐐱𐑆, 𐐸𐐨 𐐶𐐯𐑌𐐻 𐐮𐑌𐐻𐐭 𐑄 𐑅𐐮𐑌𐐲𐑀𐐱𐑀 𐐱𐑌 𐑄 𐐝𐐰𐐺𐐲𐑃 𐐼𐐩, 𐐰𐑌𐐼
𐑅𐐻𐐳𐐼 𐐲𐐹 𐑁𐐫𐑉 𐐻𐐭 𐑉𐐨𐐼. 𐐈𐑌𐐼 𐑄𐐯𐑉 𐐶𐐱𐑆 𐐼𐐮𐑊𐐮𐑂𐐲𐑉𐐼 𐐲𐑌𐐻𐐭 𐐸𐐮𐑋 𐑄 𐐺𐐳𐐿
𐐲𐑂 𐑄 𐐹𐑉𐐱𐑁𐐯𐐻 𐐀𐑆𐐩𐐲𐑅. 𐐈𐑌𐐼 𐐸𐐶𐐯𐑌 𐐸𐐨 𐐸𐐰𐐼 𐐬𐐹𐐲𐑌𐐼 𐑄 𐐺𐐳𐐿, 𐐸𐐨 𐑁𐐵𐑌𐐼 𐑄
𐐹𐑊𐐩𐑅 𐐸𐐶𐐯𐑉 𐐮𐐻 𐐶𐐱𐑆 𐑉𐐮𐐻𐑌, 𐐜 𐐝𐐹𐐮𐑉𐐮𐐻 𐐲𐑂 𐑄 𐐢𐐫𐑉𐐼 𐐮𐑆 𐐲𐐹𐐱𐑌 𐑋𐐨, 𐐺𐐨𐐿𐐫𐑆
𐐸𐐨 𐐸𐐰𐑃 𐐲𐑌𐑎𐑌𐐻𐐲𐐼 𐑋𐐨 𐐻𐐭 𐐹𐑉𐐨𐐽 𐑄 𐑀𐐱𐑅𐐹𐐲𐑊 𐐻𐐭 𐑄 𐐹𐐭𐑉; 𐐸𐐨 𐐸𐐰𐑃 𐑅𐐯𐑌𐐻 𐑋𐐨
𐐻𐐭 𐐸𐐨𐑊 𐑄 𐐺𐑉𐐬𐐿𐑌𐐸𐐪𐑉𐐻𐐲𐐼, 𐐻𐐭 𐐹𐑉𐐨𐐽 𐐼𐐮𐑊𐐮𐑂𐐲𐑉𐐲𐑌𐑅 𐐻𐐭 𐑄 𐐿𐐰𐐹𐐻𐐮𐑂𐑆 𐐰𐑌𐐼
𐑉𐐨𐐿𐐲𐑂𐐲𐑉𐐮𐑍 𐐲𐑂 𐑅𐐴𐐻 𐐻𐐭 𐑄 𐐺𐑊𐐴𐑌𐐼, 𐐻𐐭 𐑅𐐯𐐻 𐐰𐐻 𐑊𐐮𐐺𐐲𐑉𐐻𐐨 𐑄𐐯𐑋 𐑄𐐰𐐻 𐐪𐑉
𐐺𐑉𐐭𐑆𐐼, 𐐻𐐭 𐐹𐑉𐐨𐐽 𐑄 𐐰𐐿𐑅𐐯𐐹𐐻𐐲𐐺𐑊 𐐷𐐨𐑉 𐐲𐑂 𐑄 𐐢𐐫𐑉𐐼. 𐐈𐑌𐐼 𐐸𐐨 𐐿𐑊𐐬𐑆𐐼 𐑄
𐐺𐐳𐐿, 𐐰𐑌𐐼 𐐸𐐨 𐑀𐐩𐑂 𐐮𐐻 𐐰𐑀𐐯𐑌 𐐻𐐭 𐑄 𐑋𐐮𐑌𐐮𐑅𐐻𐐲𐑉, 𐐰𐑌𐐼 𐑅𐐰𐐻 𐐼𐐵𐑌. 𐐈𐑌𐐼 𐑄 𐐴𐑆
𐐲𐑂 𐐫𐑊 𐑄𐐯𐑋 𐑄𐐰𐐻 𐐶𐐲𐑉 𐐮𐑌 𐑄 𐑅𐐮𐑌𐐲𐑀𐐱𐑀 𐐶𐐲𐑉 𐑁𐐰𐑅𐑌𐐲𐐼 𐐱𐑌 𐐸𐐮𐑋. 𐐈𐑌𐐼 𐐸𐐨
𐐺𐐨𐑀𐐰𐑌 𐐻𐐭 𐑅𐐩 𐐲𐑌𐐻𐐭 𐑄𐐯𐑋, 𐐜𐐮𐑅 𐐼𐐩 𐐮𐑆 𐑄𐐮𐑅 𐑅𐐿𐑉𐐮𐐹𐐽𐐲𐑉 𐑁𐐳𐑊𐑁𐐮𐑊𐐼 𐐮𐑌 𐐷𐐫𐑉
𐐨𐑉𐑆."—𐐢𐐭𐐿 4:16–21.

"𐐢𐐮𐑁𐐻 𐐲𐐹 𐐷𐐫𐑉 𐐸𐐯𐐼𐑆, 𐐄 𐐷𐐨 𐑀𐐩𐐻𐑅; 𐐰𐑌𐐼 𐐺𐐨 𐐷𐐨 𐑊𐐮𐑁𐐻 𐐲𐐹, 𐐷𐐨
𐐯𐑂𐐲𐑉𐑊𐐰𐑅𐐻𐐮𐑍 𐐼𐐬𐑉𐑆; 𐐰𐑌𐐼 𐑄 𐐗𐐮𐑍 𐐲𐑂 𐑀𐑊𐐬𐑉𐐨 𐑇𐐰𐑊 𐐿𐐲𐑋 𐐮𐑌. 𐐐𐐭 𐐮𐑆 𐑄𐐮𐑅

𐐗𐐮𐑍 𐐲𐑂 𐑀𐑊𐐫𐑉𐐨? 𐐜 𐐢𐐫𐑉𐐼 𐑅𐐻𐑉𐐫𐑍 𐐰𐑌𐐼 𐑋𐐴𐐻𐐨, 𐑄 𐐢𐐫𐑉𐐼 𐑋𐐴𐐻𐐨 𐐮𐑌 𐐺𐐰𐐻𐐲𐑊. 𐐢𐐮𐑁𐐻 𐐲𐐹 𐐷𐐫𐑉 𐐸𐐯𐐼𐑆, 𐐄 𐐷𐐨 𐑀𐐩𐐻𐑅; 𐐨𐑂𐐲𐑌 𐑊𐐮𐑁𐐻 𐑄𐐯𐑋 𐐲𐐹, 𐐷𐐨 𐐯𐑂𐐲𐑉𐑊𐐰𐑅𐐻𐐮𐑍 𐐼𐐫𐑉𐑆; 𐐰𐑌𐐼 𐑄 𐐗𐐮𐑍 𐐲𐑂 𐑀𐑊𐐫𐑉𐐨 𐑇𐐰𐑊 𐐿𐐲𐑋 𐐮𐑌. 𐐐𐐭 𐐮𐑆 𐑄𐐮𐑅 𐐗𐐮𐑍 𐐲𐑂 𐑀𐑊𐐫𐑉𐐨? 𐐜 𐐢𐐫𐑉𐐼 𐐲𐑂 𐐸𐐬𐑅𐐻𐑅, 𐐸𐐨 𐐮𐑆 𐑄 𐐗𐐮𐑍 𐐲𐑂 𐑀𐑊𐐫𐑉𐐨, 𐐝𐐨𐑊𐐲."—𐐝𐐪𐑋 24:7–10.

𐐜 𐐲𐐺𐐲𐑂 𐐮𐑆 𐑋𐐩𐐼 𐑋𐐲𐐽 𐑋𐐫𐑉 𐐹𐑊𐐩𐑌 𐐮𐑌 𐑄 𐐮𐑌𐑅𐐹𐐴𐑉𐐼 𐑂𐐲𐑉𐑈𐐲𐑌, 𐐸𐐶𐐯𐑉 𐐮𐐻 𐐲𐐹𐐮𐑉𐑆 𐐰𐑆 𐑁𐐪𐑊𐐬𐑆:

"𐐢𐐮𐑁𐐻 𐐲𐐹 𐐷𐐫𐑉 𐐸𐐯𐐼𐑆, 𐐄 𐐷𐐨 𐐾𐐯𐑌𐐲𐑉𐐩𐑇𐐲𐑌𐑆 𐐲𐑂 𐐖𐐩𐐿𐐲𐐺; 𐐰𐑌𐐼 𐐺 𐐷𐐨 𐑊𐐮𐑁𐐻𐐲𐐼 𐐲𐐹; 𐐰𐑌𐐼 𐑄 𐐢𐐫𐑉𐐼 𐑅𐐻𐑉𐐫𐑍 𐐰𐑌𐐼 𐑋𐐴𐐻𐐨, 𐑄 𐐢𐐫𐑉𐐼 𐑋𐐴𐐻𐐨 𐐮𐑌 𐐺𐐰𐐻𐐲𐑊, 𐐸𐐭 𐐮𐑆 𐑄 𐐗𐐮𐑍 𐐲𐑂 𐑀𐑊𐐫𐑉𐐨, 𐑇𐐰𐑊 𐐮𐑅𐐻𐐰𐐺𐑊𐐮𐑇 𐐷𐐭 𐑁𐐫𐑉 𐐯𐑂𐐲𐑉. 𐐈𐑌𐐼 𐐸𐐨 𐐶𐐮𐑊 𐑉𐐬𐑊 𐐲𐐶𐐩 𐑄 𐐸𐐯𐑂𐐲𐑌𐑆, 𐐰𐑌𐐼 𐐶𐐮𐑊 𐐿𐐲𐑋 𐐼𐐵𐑌 𐐻𐐭 𐑉𐐲𐐼𐐨𐑋 𐐸𐐮𐑆 𐐹𐐨𐐹𐐲𐑊, 𐐻𐐭 𐑋𐐩𐐿 𐐷𐐭 𐐰𐑌 𐐯𐑂𐐲𐑉𐑊𐐰𐑅𐐻𐐮𐑍 𐑌𐐩𐑋, 𐐻𐐭 𐐮𐑅𐐻𐐰𐐺𐑊𐐮𐑇 𐐷𐐭 𐐲𐐹𐐪𐑌 𐐸𐐮𐑆 𐐯𐑂𐐲𐑉𐑊𐐰𐑅𐐻𐐮𐑍 𐑉𐐪𐐿. 𐐢𐐮𐑁𐐻 𐐲𐐹 𐐷𐐫𐑉 𐐸𐐯𐐼𐑆, 𐐄 𐐷𐐨 𐐾𐐯𐑌𐐲𐑉𐐩𐑇𐐲𐑌𐑆 𐐲𐑂 𐐖𐐩𐐿𐐲𐐺; 𐑊𐐮𐑁𐐻 𐐲𐐹 𐐷𐐫𐑉 𐐸𐐯𐐼𐑆, 𐐷𐐨 𐐯𐑂𐐲𐑉𐑊𐐰𐑅𐐻𐐮𐑍 𐐾𐐯𐑌𐐲𐑉𐐩𐑇𐐲𐑌𐑆, 𐐰𐑌𐐼 𐑄 𐐢𐐫𐑉𐐼 𐐲𐑂 𐐸𐐬𐑅𐐻𐑅, 𐑄 𐐗𐐮𐑍 𐐲𐑂 𐐿𐐮𐑍𐑆, 𐐨𐑂𐐲𐑌 𐑄 𐐗𐐮𐑍 𐐲𐑂 𐑀𐑊𐐫𐑉𐐨, 𐑇𐐰𐑊 𐐿𐐲𐑋 𐐲𐑌𐐻𐐭 𐐷𐐭; 𐐰𐑌𐐼 𐑇𐐰𐑊 𐑉𐐲𐐼𐐨𐑋 𐐸𐐮𐑆 𐐹𐐨𐐹𐐲𐑊, 𐐰𐑌𐐼 𐑇𐐰𐑊 𐐮𐑅𐐻𐐰𐐺𐑊𐐮𐑇 𐑄𐐯𐑋 𐐮𐑌 𐑉𐐴𐐽𐐲𐑅𐑌𐐲𐑅. 𐐝𐐨𐑊𐐲."

# 𐐕𐐰𐐹𐐻𐐲𐑉 III

*𐐇𐐿𐑅𐐻𐑉𐐰𐐿𐐻𐑅 𐑁𐑉𐐲𐑋 𐑄 𐐤𐐭 𐐓𐐯𐑅𐐻𐐲𐑋𐐲𐑌𐐻, 𐐻𐐲𐐽𐐮𐑍 𐑄 𐐑𐐲𐑉𐑅𐐲𐑌𐐲𐑊 𐐐𐐮𐑅𐐻𐐲𐑉𐐨 𐐲𐑂 𐑄 𐐢𐐫𐑉𐐼 𐐖𐐨𐑆𐐲𐑅 𐐗𐑉𐐴𐑅𐐻 𐐰𐑌𐐼 𐑄 𐐔𐐫𐐿𐐻𐑉𐐮𐑌 𐐲𐑂 𐑄 𐐊𐐻𐐬𐑌𐑋𐐲𐑌𐐻—𐐡𐐲𐑋𐐫𐑉𐐿𐑅 𐐫𐑌 𐑄 "𐐓𐐴𐑋𐑆 𐐲𐑂 𐐡𐐲𐑁𐑉𐐯𐑇𐐮𐑍"—𐐡𐐲𐑆𐐲𐑊𐐻𐑅 𐐲𐐿𐑉𐐭𐐮𐑍 𐐻𐐭 𐑄 𐐡𐐲𐐼𐐨𐑋𐐲𐑉 𐑃𐑉𐐭 𐐐𐐮𐑆 𐐔𐐯𐑃 𐐫𐑌 𐑄 𐐗𐑉𐐫𐑅, etc.*

𐐙𐑉𐐲𐑋 𐑄 𐐤𐐭 𐐓𐐯𐑅𐐻𐐲𐑋𐐲𐑌𐐻 𐐶𐐨 𐐶𐐮𐑊 𐑁𐐲𐑉𐑅𐐻 𐐮𐑌𐐻𐑉𐐲𐐼𐐭𐑅 𐑅𐐲𐑋 𐐻𐐯𐐿𐑅𐐻𐑅 𐐶𐐮𐑄 𐑉𐐲𐑀𐐫𐑉𐐼 𐐻𐐭 𐑄 𐐺𐐲𐑉𐑃 𐐲𐑂 𐑄 𐐝𐐩𐑂𐐷𐐲𐑉, 𐑁𐐫𐑊𐐬𐐼 𐐺𐐴 𐐻𐐯𐑅𐐻𐐮𐑋𐐬𐑌𐐨𐑆 𐐲𐑂 𐑄 𐐢𐐫𐑉𐐼 𐐖𐐨𐑆𐐲𐑅 𐐶𐐮𐑄 𐑉𐐲𐑀𐐫𐑉𐐼 𐐻𐐭 𐐐𐐮𐑋𐑅𐐯𐑊𐑁, 𐐰𐑌𐐼 𐐰𐑁𐐻𐐲𐑉𐐶𐐲𐑉𐐼𐑆 𐑀𐐮𐑂 𐐯𐐿𐑅𐐻𐑉𐐰𐐿𐐻𐑅 𐑁𐑉𐐲𐑋 𐑄 𐐻𐐨𐐽𐐮𐑍𐑆 𐐰𐑌𐐼 𐐮𐐹𐐮𐑅𐐲𐑊𐑆 𐐲𐑂 𐐐𐐮𐑆 𐐼𐐮𐑅𐐴𐐹𐐲𐑊𐑆, etc.

"𐐤𐐵 𐑄 𐐺𐐲𐑉𐑃 𐐲𐑂 𐐖𐐨𐑆𐐲𐑅 𐐗𐑉𐐴𐑅𐐻 𐐶𐐲𐑆 𐐫𐑌 𐑄𐐮𐑅 𐐶𐐴𐑆: 𐐐𐐶𐐯𐑌 𐐰𐑆 𐐸𐐮𐑆 𐑋𐐲𐑄𐐲𐑉 𐐣𐐯𐑉𐐨 𐐶𐐲𐑆 𐐮𐑅𐐹𐐵𐑆𐐼 𐐻𐐭 𐐖𐐬𐑆𐐯𐑁, 𐐺𐐲𐑁𐐬𐑉 𐑄𐐩 𐐿𐐩𐑋 𐐻𐐲𐑀𐐯𐑄𐐲𐑉, 𐑇𐐨 𐐶𐐲𐑆 𐑁𐐵𐑌𐐼 𐐶𐐮𐑄 𐐽𐐴𐑊𐐼 𐐲𐑂 𐑄 𐐐𐐬𐑊𐐨 𐐘𐐬𐑅𐐻. 𐐜𐐯𐑌 𐐖𐐬𐑆𐐯𐑁 𐐸𐐲𐑉 𐐸𐐲𐑆𐐺𐐲𐑌𐐼, 𐐺𐐨𐐮𐑍 𐐪 𐐾𐐲𐑅𐐻 𐑋𐐰𐑌, 𐐰𐑌𐐼 𐑌𐐫𐐻 𐐶𐐮𐑊𐐮𐑍 𐐻𐐭 𐑋𐐩𐐿 𐐸𐐲𐑉 𐐪 𐐹𐐲𐐺𐑊𐐮𐐿 𐐮𐑀𐑆𐐰𐑋𐐹𐐲𐑊, 𐐶𐐲𐑆 𐑋𐐴𐑌𐐼𐐲𐐼 𐐻𐐭 𐐹𐐳𐐻 𐐸𐐲𐑉 𐐲𐐶𐐩 𐐹𐑉𐐮𐑂𐐮𐑊𐐨. 𐐒𐐲𐐻 𐐸𐐶𐐴𐑊 𐐸𐐨 𐑃𐐫𐐻 𐐫𐑌 𐑄𐐨𐑆 𐑃𐐮𐑍𐑆, 𐐺𐐲𐐸𐐬𐑊𐐼, 𐑄 𐐩𐑌𐐾𐐲𐑊 𐐲𐑂 𐑄 𐐢𐐫𐑉𐐼 𐐲𐐹𐐮𐑉𐐼 𐐲𐑌𐐻𐐭 𐐸𐐮𐑋 𐐮𐑌 𐐪 𐐼𐑉𐐨𐑋, 𐑅𐐩𐐮𐑍, 𐐖𐐬𐑆𐐯𐑁, 𐑄𐐵 𐑅𐐲𐑌 𐐲𐑂 𐐔𐐩𐑂𐐮𐐼, 𐑁𐐮𐑉 𐑌𐐫𐐻 𐐻𐐭 𐐻𐐩𐐿 𐐲𐑌𐐻𐐭 𐑄 𐐣𐐯𐑉𐐨 𐑄𐐴 𐐶𐐴𐑁: 𐑁𐐫𐑉 𐑄𐐰𐐻 𐐸𐐶𐐮𐐽 𐐮𐑆 𐐿𐐲𐑌𐑅𐐨𐑂𐐼 𐐮𐑌 𐐸𐐲𐑉 𐐮𐑆 𐐲𐑂 𐑄 𐐐𐐬𐑊𐐨 𐐘𐐬𐑅𐐻. 𐐈𐑌𐐼 𐑇𐐨 𐑇𐐰𐑊 𐐺𐑉𐐮𐑍 𐑁𐐫𐑉𐑃 𐐪 𐑅𐐲𐑌, 𐐰𐑌𐐼 𐑄𐐵 𐑇𐐰𐑊𐐻 𐐿𐐫𐑊 𐐸𐐮𐑆 𐑌𐐩𐑋 𐐖𐐀𐐞𐐊𐐝: 𐑁𐐫𐑉 𐐸𐐨 𐑇𐐰𐑊 𐑅𐐩𐑂 𐐸𐐮𐑆 𐐹𐐨𐐹𐐲𐑊 𐑁𐑉𐐲𐑋 𐑄𐐯𐑉 𐑅𐐮𐑌𐑆. 𐐤𐐵 𐐫𐑊 𐑄𐐮𐑅 𐐶𐐲𐑆 𐐼𐐲𐑌, 𐑄𐐰𐐻 𐐮𐐻 𐑋𐐴𐐻 𐐺 𐑁𐐳𐑊𐑁𐐮𐑊𐐼 𐐸𐐶𐐮𐐽 𐐶𐐲𐑆 𐑅𐐹𐐬𐐿𐐲𐑌 𐐲𐑂 𐑄 𐐢𐐫𐑉𐐼 𐐺𐐴 𐑄 𐐹𐑉𐐫𐑁𐐲𐐻, 𐑅𐐩𐐮𐑍, 𐐒𐐲𐐸𐐬𐑊𐐼, 𐐪 𐑂𐐲𐑉𐐾𐐮𐑌 𐑇𐐰𐑊 𐐺 𐐶𐐮𐑄 𐐽𐐴𐑊𐐼, 𐐰𐑌𐐼 𐑇𐐰𐑊 𐐺𐑉𐐮𐑍 𐑁𐐫𐑉𐑃 𐐪 𐑅𐐲𐑌, 𐐰𐑌𐐼 𐑄𐐩 𐑇𐐰𐑊 𐐿𐐫𐑊 𐐸𐐮𐑆 𐑌𐐩𐑋 𐐇𐑋𐐰𐑌𐐷𐐭𐐰𐑊, 𐐸𐐶𐐮𐐽 𐐺𐐨𐐮𐑍 𐐮𐑌𐐻𐐲𐑉𐐹𐑉𐐲𐐻𐐲𐐼 𐐮𐑆, 𐐘𐐫𐐼 𐐶𐐮𐑄 𐐲𐑅."—𐐣𐐰𐑃𐐷𐐭 1:18–23.

"𐐈𐑌𐐼 𐐮𐑌 𐑄 𐑅𐐮𐐿𐑅𐑃 𐑋𐐲𐑌𐑃 𐑄 𐐩𐑌𐐾𐐲𐑊 𐐘𐐩𐐺𐑉𐐨𐐲𐑊 𐐶𐐲𐑆 𐑅𐐯𐑌𐐻 𐑁𐑉𐐲𐑋 𐐘𐐫𐐼 𐐲𐑌𐐻𐐭 𐐪 𐑅𐐮𐐻𐐨 𐐲𐑂 𐐘𐐰𐑊𐐮𐑊𐐨, 𐑌𐐩𐑋𐐼 𐐤𐐰𐑆𐐲𐑉𐐯𐑃, 𐐻𐐭 𐐪 𐑂𐐲𐑉𐐾𐐮𐑌 𐐮𐑅𐐹𐐵𐑆𐐼 𐐻𐐭 𐐪 𐑋𐐰𐑌 𐐸𐐭𐑆 𐑌𐐩𐑋 𐐶𐐲𐑆 𐐖𐐬𐑆𐐯𐑁, 𐐲𐑂 𐑄 𐐸𐐵𐑅 𐐲𐑂 𐐔𐐩𐑂𐐮𐐼; 𐐰𐑌𐐼 𐑄 𐑂𐐲𐑉𐐾𐐮𐑌'𐑆 𐑌𐐩𐑋 𐐶𐐲𐑆 𐐣𐐯𐑉𐐨. 𐐈𐑌𐐼 𐑄 𐐩𐑌𐐾𐐲𐑊 𐐿𐐩𐑋 𐐮𐑌 𐐲𐑌𐐻𐐭 𐐸𐐲𐑉, 𐐰𐑌𐐼 𐑅𐐯𐐼, 𐐐𐐩𐑊, 𐑄𐐵 𐑄𐐰𐐻 𐐪𐑉𐐻 𐐸𐐴𐑊𐐨 𐑁𐐩𐑂𐐲𐑉𐐼, 𐑄 𐐢𐐫𐑉𐐼 𐐮𐑆 𐐶𐐮𐑄 𐑄; 𐐺𐑊𐐯𐑅𐐲𐐼 𐐪𐑉𐐻 𐑄𐐵 𐐲𐑋𐐲𐑍 𐐶𐐮𐑋𐐲𐑌. 𐐈𐑌𐐼 𐐸𐐶𐐯𐑌 𐑇𐐨 𐑅𐐫 𐐸𐐮𐑋, 𐑇𐐨 𐐶𐐲𐑆 𐐻𐑉𐐲𐐺𐐲𐑊𐐼 𐐰𐐻 𐐸𐐮𐑆 𐑅𐐩𐐮𐑍, 𐐰𐑌𐐼 𐐿𐐰𐑅𐐻 𐐮𐑌 𐐸𐐲𐑉 𐑋𐐴𐑌𐐼 𐐸𐐶𐐫𐐻 𐑋𐐰𐑌𐐲𐑉 𐐲𐑂 𐑅𐐰𐑊𐐷𐐲𐐻𐐩𐑇𐐲𐑌 𐑄𐐮𐑅 𐑇𐐳𐐼 𐐺. 𐐈𐑌𐐼 𐑄 𐐩𐑌𐐾𐐲𐑊 𐑅𐐯𐐼 𐐲𐑌𐐻𐐭 𐐸𐐲𐑉, 𐐙𐐮𐑉 𐑌𐐫𐐻, 𐐣𐐯𐑉𐐨: 𐑁𐐫𐑉 𐑄𐐵 𐐸𐐰𐑅𐐻 𐑁𐐵𐑌𐐼 𐑁𐐩𐑂𐐲𐑉 𐐶𐐮𐑄 𐐘𐐫𐐼. 𐐈𐑌𐐼 𐐺𐐲𐐸𐐬𐑊𐐼, 𐑄𐐵 𐑇𐐰𐑊𐐻 𐐿𐐲𐑌𐑅𐐨𐑂 𐐮𐑌 𐑄𐐴 𐐶𐐭𐑋, 𐐰𐑌𐐼 𐐺𐑉𐐮𐑍 𐑁𐐫𐑉𐑃 𐐪 𐑅𐐲𐑌, 𐐰𐑌𐐼 𐑇𐐰𐑊𐐻 𐐿𐐫𐑊 𐐸𐐮𐑆 𐑌𐐩𐑋 𐐖𐐨𐑆𐐲𐑅. 𐐐𐐨 𐑇𐐰𐑊 𐐺 𐑀𐑉𐐩𐐻, 𐐰𐑌𐐼 𐑇𐐰𐑊 𐐺 𐐿𐐫𐑊𐐼 𐑄 𐐝𐐲𐑌 𐐲𐑂 𐑄 𐐐𐐴𐐲𐑅𐐻; 𐐰𐑌𐐼 𐑄 𐐢𐐫𐑉𐐼 𐐘𐐫𐐼 𐑇𐐰𐑊 𐑀𐐮𐑂 𐐲𐑌𐐻𐐭 𐐸𐐮𐑋 𐑄 𐑃𐑉𐐬𐑌 𐐲𐑂 𐐸𐐮𐑆 𐑁𐐪𐑄𐐲𐑉 𐐔𐐩𐑂𐐮𐐼. 𐐈𐑌𐐼 𐐸𐐨 𐑇𐐰𐑊 𐑉𐐩𐑌 𐐬𐑂𐐲𐑉 𐑄 𐐸𐐵𐑅 𐐲𐑂 𐐖𐐩𐐿𐐲𐐺 𐑁𐐲𐑉𐐯𐑂𐐲𐑉; 𐐰𐑌𐐼 𐐲𐑂 𐐸𐐮𐑆 𐐿𐐮𐑍𐐼𐐲𐑋 𐑄𐐯𐑉 𐑇𐐰𐑊 𐐺 𐑌𐐬 𐐯𐑌𐐼. 𐐜𐐯𐑌 𐑅𐐯𐐼 𐐣𐐯𐑉𐐨 𐐲𐑌𐐻𐐭 𐑄 𐐩𐑌𐐾𐐲𐑊, 𐐐𐐵 𐑇𐐰𐑊 𐑄𐐮𐑅 𐐺, 𐑅𐐨𐐮𐑍 𐐌 𐑌𐐬 𐑌𐐫𐐻 𐐪 𐑋𐐰𐑌? 𐐈𐑌𐐼 𐑄 𐐩𐑌𐐾𐐲𐑊 𐐰𐑌𐑅𐐲𐑉𐐼 𐐰𐑌𐐼 𐑅𐐯𐐼 𐐲𐑌𐐻𐐭 𐐸𐐲𐑉, 𐐜 𐐐𐐬𐑊𐐨 𐐘𐐬𐑅𐐻 𐑇𐐰𐑊 𐐿𐐲𐑋 𐐲𐐹𐐫𐑌 ɣ, ɹnd ɣ ɿɵrɸ rɞ ɣ Φɸrɞɿ bɹɿ oɞrɸbɹdo ɣ: ɣʌɸpoɸ ɵɿɞo ɣɹɿ ɸoɿɘ ʟɪɴ ɸɷɪc bɹɿ ɞ ɞoɸn rɞ ɣ, bɹɿ ɞ ɷoɿd ɣ ɞrn rɞ Ɯəd. ɹnd ɞrɸoɿd ɣɸ ɷrɞn Ɨɿɪɞrɞʟ, bə ɸɹʟ ɵɿɞo ɷrnɞəd ɘ ɞrn ɪn ɸrɸ oɿd ɛc; ɹnd ɣɪɞ ɪɞ ɣ ɞɪɷɞʟ ɔrnʟ ɷɪɣ ɸrɸ ɸɷ ɷrɞ ɷoɿd ɞʌɸrn: pɵɸ ɷɪɣ Ɯəd ɴrʟɪɴ bɹɿ ɞ ɪɔɿɵɞɪɞrɿ. ɹnd Ͻʌɸə ɞʌd, Ɓrɸoɿd ɣ ɸɹndɔɛd rɞ ɣ ʃoɸd, ɞ ɪɿ rnɿɷ ɔə rɷoɸdɪɴ ɿɷ ɣɸ ɷrɸd. ɹnd ɣ ɛnɕrɿ drɿɘɸɿrd pɸrɔ ɸrɸ. ɹnd Ͻʌɸə rɸoɞ ɪn ɣoɞ dɛɞ, ɹnd ɷʌnɿ ɪnɿɷ ɣ ɸɪɿ-ɷrnɿɸə ɷɪɣ ɸɛɞɿ, ɪnɿɷ ɘ ɞɪɿə rɞ Ꮯɷdr, ɹnd ʌnɿrɸd ɪnɿɷ ɣ ɸʊə rɞ ɞɹɷrɸɸrɞ, ɹnd ɞrɿɷɿrd Ɨɿɪɞrɞʟ. ɹnd ɪɿ ɷɛɔ ɿɷ ɿɹɞ, ɣɹɿ ɸɷʌn Ɨɿɪɞrɞʟ ɸrɸd ɣ ɞɹɿʌrɿɛbrn rɞ Ͻʌɸə, ɣ ɞɛɞ ʃəɿ ɪn ɸrɸ ɷɷɔ: ɹnd Ɨɿɪɞrɞʟ ɷrɞ pɪɿd ɷɪɣ ɣ Φoɿə Ɯoɞɿ. ɹnd bə ɞɿɛɷ ɵɿ ɷɪɣ ɘ ʃəd ɞoɪɞ ɹnd ɞʌd, Ɓɿʌɞrd ɘɸɿ ɣɵ rɔrɴ ɷɪɔrn, ɹnd ɞɿʌɞrd ɪɞ ɣ pɸɷɿ rɞ ɣɸ ɷɷɔ. ɹnd ɸɷʌnɞ ɪɞ ɣɪɞ ɿɷ ɔə, ɣɹɿ ɣ ɔrɣrɸ rɞ ɔɸ ʃoɸd bɥd ɷrɔ ɿɷ ɔə? Poɸ ʃo, ɹɞ ɞɷn ɹɞ ɣ ɞoɪɞ rɞ ɣɸ ɞɹɿʌrɿɛbrn ɞəndrd ɪn ɔɸn ɪɸɞ, ɣ ɞɛɞ ʃəɿ ɪn ɔɸ ɷɷɔ poɸ ɕoɪ. ɹnd ɞɿʌɞrd ɪɞ bə ɣɹɿ ɞrɿəɞd: poɸ ɣʌɸ bɹɿ ɞ ɘ ɿrɸpoɸɔrnɞ rɞ ɣoɞ ʟɪɴɞ ɸɷɪc ɷrɸ ɿoɿd ɸrɸ pɸrɔ ɣ ʃoɸd. ɹnd Ͻʌɸə ɞʌd, Ͻɸ ɞoɿ drʟ ɔɹɷnrɸ ɣ ʃoɸd, ɹnd ɔɸ ɞɪnɸɪɿ ɸɹʟ ɸrɕoɪɞɿ ɪn Ɯəd ɔɸ Ɓɛɞʌrɸ. Poɸ ɸə ɸɹʟ ɸrɷəɸdrd ɣ ʃo ɪɞɛɿ rɞ ɸɪɞ ɸɹndɔɛdrn: poɸ ɞrɸoɿd, pɸrɔ ɸɹnɞpoɸʟ ɵɿ ɕɹnrɸɛbrnɞ bɹɿ ɷɵɿ ɔə ɞɿʌɞɿ. Poɸ ɸə ɣɹɿ ɪɞ ɔɸɿə ɸɹʟ drn ɿɷ ɔə ɷɸɛɿ ʟɪɴɞ; ɹnd ɸoɿə ɪɞ ɸɪɞ ɴɛɔ. ɹnd ɸɪɞ ɔrɸɞə ɪɞ ɵn ɣʌɔ ɣɹɿ pɪɸ ɸɪɔ, pɸrɔ ɕɹnrɸɛbrn ɿɷ ɕɹnrɸɛbrn. Φə ɸɹʟ bod ɞɿɸʌɴɪɷʟ ɷɪɣ ɸɪɞ ɘɸɔ; ɸə ɸɹʟ ɞɷɹɿrɸd ɣ ɿɸəd ɪn ɣ ɪɔɹɕɪnɛbrn rɞ ɣʌɸ ɸoɸɿə. Φə ɸɹʟ ɿɸɿ dən ɣ ɔɸɿə pɸrɔ ɣʌɸ ɞəɿə, ɹnd ɪɷɞɵɿrd ɣʌɔ rɞ ʃo drɷɸə. Φə ɸɹʟ pɪɿd ɣ ɸrɴɷɸə ɷɪɣ ɷpd ʟɪɴɞ, ɹnd ɣ ɸɪc ɸə ɸɹʟ ɞʌnɿ ʌɔɿə rɷɛ. Φə ɸɹʟ ɸoɿɿrn ɸɪɞ ɞrɸɞrnɿ Ɨɞɸrɿ, ɪn ɸrɔʌɔɞɸrnɞ rɞ ɸɪɞ ɔrɸɞə; ɹɞ ɸə ɞɿɛɷ ɿɷ əɸ pɞɣrɸɞ, ɿɷ Ɛɞɸrɸɹɔ, ɹnd ɿɷ ɸɪɞ ɞəd, prɸʌɞrɸ."—ʃɷɷ 1:26–55.

"ɹnd ɪɿ ɷɛɔ ɿɷ ɿɹɞ ɪn ɣoɞ dɛɞ, ɣɹɿ ɣʌɸ ɷʌnɿ əɿ ɘ drɷɸə pɸrɔ Ɓəɛrɸ Ꮁɷrɞɿrɞ, ɣɹɿ ɵɿ ɣ ɷrɸɿd bɥd ɞ ɿɹɷɞɿ. (ɹnd ɣɪɞ ɿɹɷɞɪɴ ɷrɞ prɸɞɿ ɔəd ɸɷʌn Ɓɸɸəɴəɞ ɷrɞ ɷrɞrɸnrɸ rɞ Ɓɪɸər.) ɹnd ɵɿ ɷʌnɿ ɿɷ ɞ ɿɹɷɞɿ, ʌɞɸə ɷrn ɪnɿɷ ɸɪɞ ɵn ɞɪɿə. ɹnd Ꮯoɞʌp ɵɿɞo ɷʌnɿ rɿ pɸrɔ Ɯɹɿɪɿə, əɿ rɞ ɣ ɞɪɿə rɞ Ɲɹɞrɸʌʟ, ɪnɿɷ Ꮯɷdər, rnɿɷ ɣ ɞɪɿə rɞ Ɑɛɞɪd, ɸɷɪc ɪɞ ɷoɿd Ɓʌʟɿrɸɹɔ (ɞrɷrɞ ɸə ɷrɞ rɞ ɣ ɸʊə ɹnd ʃɪnəɾɕ rɞ Ɑɛɞɪd), ɿɷ ɞ ɿɹɷɞɿ ɷɪɣ Ͻʌɸə ɸɪɞ ɪɞɿəɞd ɷɸp, ɞəɪɴ ɷɸɛɿ ɷɪɣ cɸɿd. ɹnd ɞo ɪɿ ɷrɞ, ɣɹɿ ɸɷɸɿ ɣɛ ɷrɸ ɣʌɸ, ɣ dɛɞ ɷrɸ rɷɞɔɿɿɪbɿ ɣɹɿ bə bɥd ɞ drɿɪɞrɸd. ɹnd 𐑇𐐨 𐐺𐑉𐐫𐐻 𐑁𐐫𐑉𐑃 𐐸𐐲𐑉 𐑁𐐲𐑉𐑅𐐻 𐐺𐐫𐑉𐑌 𐑅𐐲𐑌, 𐐰𐑌𐐼 𐑉𐐰𐐹𐐻 𐐸𐐮𐑋 𐐮𐑌 𐑅𐐶𐐫𐐼𐑊𐐮𐑍-𐐿𐑊𐐬𐑄𐑆, 𐐰𐑌𐐼 𐑊𐐩𐐼 𐐸𐐮𐑋 𐐮𐑌 𐐲 𐑋𐐩𐑌𐐾𐐲𐑉: 𐐺𐐲𐐿𐐲𐑆 𐑄𐐯𐑉 𐐶𐐲𐑆 𐑌𐐬 𐑉𐐭𐑋 𐑁𐐫𐑉 𐑄𐐯𐑋 𐐮𐑌 𐑄 𐐮𐑌. 𐐈𐑌𐐼 𐑄𐐯𐑉 𐐶𐐲𐑉 𐐮𐑌 𐑄 𐑅𐐩𐑋 𐐿𐐲𐑌𐐻𐑉𐐨 𐑇𐐯𐐹𐐲𐑉𐐼𐑆 𐐲𐐺𐐴𐐼𐐮𐑍 𐐮𐑌 𐑄 𐑁𐐨𐑊𐐼, 𐐿𐐨𐐹𐐮𐑍 𐐶𐐫𐐽 𐐬𐑂𐐲𐑉 𐑄𐐯𐑉 𐑁𐑊𐐫𐐿 𐐺𐐴 𐑌𐐴𐐻. 𐐈𐑌𐐼 𐑊𐐬, 𐑄 𐐩𐑌𐐾𐐲𐑊 𐐲𐑂 𐑄 𐐢𐐫𐑉𐐼 𐐿𐐩𐑋 𐐲𐐹𐐫𐑌 𐑄𐐯𐑋, 𐐰𐑌𐐼 𐑄 𐑀𐑊𐐫𐑉𐐨 𐐲𐑂 𐑄 𐐢𐐫𐑉𐐼 𐑇𐐬𐑌 𐑉𐐵𐑌𐐼 𐐲𐐺𐐵𐐻 𐑄𐐯𐑋; 𐐰𐑌𐐼 𐑄𐐩 𐐶𐐲𐑉 𐑅𐐫𐑉 𐐲𐑁𐑉𐐩𐐼. 𐐈𐑌𐐼 𐑄 𐐩𐑌𐐾𐐲𐑊 𐑅𐐯𐐼 𐐲𐑌𐐻𐐭 𐑄𐐯𐑋, 𐐙𐐮𐑉 𐑌𐐫𐐻: 𐑁𐐫𐑉 𐐺𐐲𐐸𐐬𐑊𐐼, 𐐌 𐐺𐑉𐐮𐑍 𐐷𐐭 𐑀𐐳𐐼 𐐻𐐴𐐼𐐮𐑍𐑆 𐐲𐑂 𐑀𐑉𐐩𐐻 𐐾𐐬𐐮, 𐐸𐐶𐐮𐐽 𐑇𐐰𐑊 𐐺 𐐻𐐭 𐐫𐑊 𐐹𐐨𐐹𐐲𐑊. 𐐙𐐫𐑉 𐐲𐑌𐐻𐐭 𐐷𐐭 𐐮𐑆 𐐺𐐫𐑉𐑌 𐑄𐐮𐑅 𐐼𐐩, 𐐮𐑌 𐑄 𐑅𐐮𐐻𐐨 𐐲𐑂 𐐔𐐩𐑂𐐮𐐼, 𐐲 𐑅𐐩𐑂𐐷𐐲𐑉, 𐐸𐐶𐐮𐐽 𐐮𐑆 𐐗𐑉𐐴𐑅𐐻 𐑄 𐐢𐐫𐑉𐐼. 𐐈𐑌𐐼 𐑄𐐮𐑅 𐑇𐐰𐑊 𐐺 𐐲 𐑅𐐴𐑌 𐐲𐑌𐐻𐐭 𐐷𐐭; 𐐏𐐨 𐑇𐐰𐑊 𐑁𐐴𐑌𐐼 𐑄 𐐺𐐩𐐺 𐑉𐐰𐐹𐐻 𐐮𐑌 𐑅𐐶𐐫𐐼𐑊𐐮𐑍-𐐿𐑊𐐬𐑄𐑆, 𐑊𐐴𐐮𐑍 𐐮𐑌 𐐲 𐑋𐐩𐑌𐐾𐐲𐑉. 𐐈𐑌𐐼 𐑅𐐲𐐼𐐮𐑌𐑊𐐨 𐑄𐐯𐑉 𐐶𐐲𐑆 𐐶𐐮𐑄 𐑄 𐐩𐑌𐐾𐐲𐑊 𐐲 𐑋𐐲𐑊𐐻𐐮𐐻𐐭𐐼 𐐲𐑂 𐑄 𐐸𐐯𐑂𐐲𐑌𐑊𐐨 𐐸𐐬𐑅𐐻 𐐹𐑉𐐩𐑆𐐮𐑍 𐐘𐐫𐐼, 𐐰𐑌𐐼 𐑅𐐩𐐮𐑍, 𐐘𐑊𐐫𐑉𐐨 𐐻𐐭 𐐘𐐫𐐼 𐐮𐑌 𐑄 𐐐𐐴𐐯𐑅𐐻, 𐐰𐑌𐐼 𐐫𐑌 𐐲𐑉𐑃 𐐹𐐨𐑅, 𐑀𐐳𐐼 𐐶𐐮𐑊 𐐻𐐲𐐶𐐫𐑉𐐼 𐑋𐐯𐑌. 𐐈𐑌𐐼 𐐮𐐻 𐐿𐐩𐑋 𐐻𐐭 𐐹𐐰𐑅, 𐐰𐑆 𐑄 𐐩𐑌𐐾𐐲𐑊𐑆 𐐶𐐲𐑉 𐑀𐐫𐑌 𐐲𐐶𐐩 𐑁𐑉𐐲𐑋 𐑄𐐯𐑋 𐐮𐑌𐐻𐐭 𐐸𐐯𐑂𐐲𐑌, 𐑄 𐑇𐐯𐐹𐐲𐑉𐐼𐑆 𐑅𐐯𐐼 𐐶𐐲𐑌 𐐻𐐭 𐐲𐑌𐐲𐑄𐐲𐑉, 𐐢𐐯𐐻 𐐲𐑅 𐑌𐐵 𐑀𐐬 𐐨𐑂𐐲𐑌 𐐲𐑌𐐻𐐭 𐐒𐐯𐑃𐑊𐐲𐐸𐐯𐑋, 𐐰𐑌𐐼 𐑅𐐨 𐑄𐐮𐑅 𐑃𐐮𐑍 𐐸𐐶𐐮𐐽 𐐮𐑆 𐐿𐐲𐑋 𐐻𐐭 𐐹𐐰𐑅, 𐐸𐐶𐐮𐐽 𐑄 𐐢𐐫𐑉𐐼 𐐸𐐰𐑃 𐑋𐐩𐐼 𐑌𐐬𐑌 𐐲𐑌𐐻𐐭 𐐲𐑅."—𐐢𐐭𐐿 2:1–15.

"𐐐𐐶𐐯𐑌 𐐖𐐨𐑆𐐲𐑅 𐐿𐐩𐑋 𐐮𐑌𐐻𐐭 𐑄 𐐿𐐬𐑅𐐻𐑅 𐐲𐑂 𐐝𐐨𐑆𐐲𐑉𐐨𐐲 𐐙𐐮𐑊𐐮𐐹𐐴, 𐐸𐐨 𐐰𐑅𐐿𐐻 𐐸𐐮𐑆 𐐼𐐮𐑅𐐴𐐹𐐲𐑊𐑆, 𐑅𐐩𐐮𐑍, 𐐐𐐭𐑋 𐐼𐐭 𐑋𐐯𐑌 𐑅𐐩 𐑄𐐰𐐻 𐐌, 𐑄 𐐝𐐲𐑌 𐐲𐑂 𐑋𐐰𐑌, 𐐰𐑋? 𐐈𐑌𐐼 𐑄𐐩 𐑅𐐯𐐼, 𐐝𐐲𐑋 𐑅𐐩 𐑄𐐰𐐻 𐑄𐐵 𐐪𐑉𐐻 𐐖𐐫𐑌 𐑄 𐐒𐐰𐐹𐐻𐐮𐑅𐐻: 𐑅𐐲𐑋, 𐐀𐑊𐐴𐐲𐑅: 𐐰𐑌𐐼 𐐲𐑄𐐲𐑉𐑆, 𐐖𐐯𐑉𐐲𐑋𐐴𐐲𐑅, 𐐫𐑉 𐐶𐐲𐑌 𐐲𐑂 𐑄 𐐹𐑉𐐫𐑁𐐯𐐻𐑅. 𐐐𐐨 𐑅𐐯𐑃 𐐲𐑌𐐻𐐭 𐑄𐐯𐑋, 𐐒𐐲𐐻 𐐸𐐭𐑋 𐑅𐐩 𐐷𐐨 𐑄𐐰𐐻 𐐌 𐐰𐑋? 𐐈𐑌𐐼 𐐝𐐴𐑋𐐲𐑌 𐐑𐐨𐐻𐐲𐑉 𐐰𐑌𐑅𐐲𐑉𐐼 𐐰𐑌𐐼 𐑅𐐯𐐼, 𐐜𐐵 𐐪𐑉𐐻 𐑄 𐐗𐑉𐐴𐑅𐐻, 𐑄 𐐝𐐲𐑌 𐐲𐑂 𐑄 𐑊𐐮𐑂𐐮𐑍 𐐘𐐫𐐼. 𐐈𐑌𐐼 𐐖𐐨𐑆𐐲𐑅 𐐰𐑌𐑅𐐲𐑉𐐼 𐐰𐑌𐐼 𐑅𐐯𐐼 𐐲𐑌𐐻𐐭 𐐸𐐮𐑋, 𐐒𐑊𐐯𐑅𐐲𐐼 𐐪𐑉𐐻 𐑄𐐵, 𐐝𐐴𐑋𐐲𐑌 𐐒𐐪𐑉-𐐾𐐬𐑌𐐲; 𐑁𐐫𐑉 𐑁𐑊𐐯𐑇 𐐰𐑌𐐼 𐐺𐑊𐐲𐐼 𐐸𐐰𐑃 𐑌𐐫𐐻 𐑉𐐲𐑂𐐨𐑊𐐼 𐐮𐐻 𐐲𐑌𐐻𐐭 𐑄, 𐐺𐐲𐐻 𐑋𐐴 𐐙𐐪𐑄𐐲𐑉 𐐸𐐶𐐮𐐽 𐐮𐑆 𐐮𐑌 𐐸𐐯𐑂𐐲𐑌.... 𐐜𐐯𐑌 𐐽𐐪𐑉𐐾𐐼 𐐸𐐨 𐐸𐐮𐑆 𐐼𐐮𐑅𐐴𐐹𐐲𐑊𐑆 𐑄𐐰𐐻 𐑄𐐩 𐑇𐐳𐐼 𐐻𐐯𐑊 𐑌𐐬 𐑋𐐰𐑌 𐑄𐐰𐐻 𐐸𐐨 𐐶𐐲𐑆 𐐖𐐨𐑆𐐲𐑅 𐑄 𐐗𐑉𐐴𐑅𐐻."—𐐣𐐰𐑃𐐷𐐭 16:13–17, 20.

𐐊𐑂 𐑄𐐮𐑅 𐑅𐐩𐑋 𐐿𐐫𐑌𐑂𐐲𐑉𐑅𐐩𐑇𐐲𐑌 𐐣𐐪𐑉𐐿 𐑉𐐲𐐿𐐫𐑉𐐼𐑆: "𐐈𐑌𐐼 𐐖𐐨𐑆𐐲𐑅 𐐶𐐯𐑌𐐻 𐐵𐐻, 𐐰𐑌𐐼 𐐸𐐮𐑆 𐐼𐐮𐑅𐐴𐐹𐐲𐑊𐑆, 𐐮𐑌𐐻𐐭 𐑄 𐐻𐐵𐑌𐑆 𐐲𐑂 𐐝𐐨𐑆𐐲𐑉𐐨𐐲 𐐙𐐮𐑊𐐮𐐹𐐴: 𐐰𐑌𐐼 𐐺𐐴 𐑄 𐐶𐐩 𐐸𐐨 𐐰𐑅𐐿𐐻 𐐸𐐮𐑆 𐐼𐐮𐑅𐐴𐐹𐐲𐑊𐑆, 𐑅𐐩𐐮𐑍 𐐲𐑌𐐻𐐭 𐑄𐐯𐑋, 𐐐𐐭𐑋 𐐼𐐭 𐑋𐐯𐑌 𐑅𐐩 𐑄𐐰𐐻 𐐌 𐐰𐑋? 𐐈𐑌𐐼 𐑄𐐩 𐐰𐑌𐑅𐐲𐑉𐐼, 𐐖𐐫𐑌 𐑄 𐐒𐐰𐐹𐐻𐐮𐑅𐐻: 𐐺𐐲𐐻 𐑅𐐲𐑋 𐑅𐐩, 𐐀𐑊𐐴𐐲𐑅; 𐐰𐑌𐐼 𐐲𐑄𐐲𐑉𐑆, 𐐶𐐲𐑌 𐐲𐑂 𐑄 𐐹𐑉𐐫𐑁𐐯𐐻𐑅. 𐐈𐑌𐐼 𐐸𐐨 𐑅𐐯𐑃 𐐲𐑌𐐻𐐭 𐑄𐐯𐑋, 𐐒𐐲𐐻 𐐸𐐭𐑋 𐑅𐐩 𐐷𐐨 𐑄𐐰𐐻 𐐌 𐐰𐑋? 𐐈𐑌𐐼 𐐑𐐨𐐻𐐲𐑉 𐐰𐑌𐑅𐐲𐑉𐐯𐑃 𐐰𐑌𐐼 𐑅𐐯𐑃 𐐲𐑌𐐻𐐭 𐐸𐐮𐑋, 𐐜𐐵 𐐪𐑉𐐻 𐑄 𐐗𐑉𐐴𐑅𐐻. 𐐈𐑌𐐼 𐐸𐐨 𐐽𐐪𐑉𐐾𐐼 𐑄𐐯𐑋 𐑄𐐰𐐻 𐑄𐐩 𐑇𐐳𐐼 𐐻𐐯𐑊 𐑌𐐬 𐑋𐐰𐑌 𐐲𐑂 𐐸𐐮𐑋. 𐐈𐑌𐐼 𐐸𐐨 𐐺𐐲𐑀𐐰𐑌 𐐻𐐭 𐐻𐐨𐐽 𐑄𐐯𐑋, 𐑄𐐰𐐻 𐑄 𐐝𐐲𐑌 𐐲𐑂 𐑋𐐰𐑌 𐑋𐐲𐑅𐐻 𐑅𐐲𐑁𐐲𐑉 𐑋𐐯𐑌𐐨 𐑃𐐮𐑍𐑆, 𐐰𐑌𐐼 𐐺 𐑉𐐲𐐾𐐯𐐿𐐻𐐲𐐼 𐐲𐑂 𐑄 𐐯𐑊𐐼𐐲𐑉𐑆, 𐐰𐑌𐐼 𐐲𐑂 𐑄 𐐽𐐨𐑁 𐐹𐑉𐐨𐑅𐐻𐑅, 𐐰𐑌𐐼 𐑅𐐿𐑉𐐴𐐺𐑆, 𐐰𐑌𐐼 𐐺 𐐿𐐮𐑊𐐼, 𐐰𐑌𐐼 𐐰𐑁𐐻𐐲𐑉 𐑃𐑉𐐨 𐐼𐐩𐑆 𐑉𐐴𐑆 𐐲𐑀𐐯𐑌. 𐐈𐑌𐐼 𐐸𐐨 𐑅𐐹𐐩𐐿 𐑄𐐰𐐻 𐑅𐐩𐐮𐑍 𐐬𐐹𐐲𐑌𐑊𐐨."—𐐣𐐪𐑉𐐿 8:27–32.

𐐐𐐶𐐴𐑊𐑅𐐻 𐐢𐐭𐐿 𐐻𐐯𐑅𐐻𐐮𐑁𐐴𐑆, "𐐈𐑌𐐼 𐐮𐐻 𐐿𐐩𐑋 𐐻𐐭 𐐹𐐰𐑅, 𐐰𐑆 𐐸𐐨 𐐶𐐲𐑆 𐐲𐑊𐐬𐑌

𐐹𐑉𐐩𐐮𐑍, 𐐸𐐮𐑆 𐐼𐐮𐑅𐐴𐐹𐐲𐑊𐑆 𐐶𐐲𐑉 𐐶𐐮𐑄 𐐸𐐮𐑋; 𐐰𐑌𐐼 𐐸𐐨 𐐰𐑅𐐿𐐻 𐑄𐐯𐑋, 𐑅𐐩𐐮𐑍, 𐐐𐐭𐑋 𐑅𐐩 𐑄 𐐹𐐨𐐹𐐲𐑊 𐑄𐐰𐐻 𐐌 𐐰𐑋? 𐐜𐐩 𐐰𐑌𐑅𐐲𐑉𐐮𐑍, 𐑅𐐯𐐼, 𐐖𐐱𐑌 𐑄 𐐒𐐰𐐹𐐻𐐮𐑅𐐻; 𐐺𐐲𐐻 𐑅𐐲𐑋 𐑅𐐩, 𐐀𐑊𐐴𐐲𐑅; 𐐰𐑌𐐼 𐐲𐑄𐐲𐑉𐑆 𐑅𐐩, 𐑄𐐰𐐻 𐐶𐐲𐑌 𐐲𐑂 𐑄 𐐬𐑊𐐼 𐐹𐑉𐐱𐑁𐐲𐐻𐑅 𐐮𐑆 𐑉𐐮𐑆𐐲𐑌 𐐲𐑀𐐯𐑌. 𐐐𐐨 𐑅𐐯𐐼 𐐲𐑌𐐻𐐭 𐑄𐐯𐑋, 𐐒𐐲𐐻 𐐸𐐭𐑋 𐑅𐐩 𐐷𐐨 𐑄𐐰𐐻 𐐌 𐐰𐑋? 𐐑𐐨𐐻𐐲𐑉 𐐰𐑌𐑅𐐲𐑉𐐮𐑍, 𐑅𐐯𐐼, 𐐜 𐐗𐑉𐐴𐑅𐐻 𐐲𐑂 𐐘𐐱𐐼. 𐐈𐑌𐐼 𐐸𐐨 𐑅𐐻𐑉𐐩𐐻𐑊𐐨 𐐽𐐪𐑉𐐾𐐼 𐑄𐐯𐑋, 𐐰𐑌𐐼 𐐿𐐲𐑋𐐰𐑌𐐼𐐲𐐼 𐑄𐐯𐑋 𐐻𐐭 𐐻𐐯𐑊 𐑌𐐬 𐑋𐐰𐑌 𐑄𐐰𐐻 𐑃𐐮𐑍, 𐑅𐐩𐐮𐑍, 𐐜 𐐝𐐲𐑌 𐐲𐑂 𐑋𐐰𐑌 𐑋𐐲𐑅𐐻 𐑅𐐲𐑁𐐲𐑉 𐑋𐐯𐑌𐐨 𐑃𐐮𐑍𐑆, 𐐰𐑌𐐼 𐐺 𐑉𐐲𐐾𐐯𐐿𐐻𐐲𐐼 𐐲𐑂 𐑄 𐐯𐑊𐐼𐐲𐑉𐑆, 𐐰𐑌𐐼 𐐽𐐨𐑁 𐐹𐑉𐐨𐑅𐐻𐑅, 𐐰𐑌𐐼 𐑅𐐿𐑉𐐴𐐺𐑆, 𐐰𐑌𐐼 𐐺 𐑅𐑊𐐩𐑌, 𐐰𐑌𐐼 𐐺 𐑉𐐩𐑆𐐼 𐑄 𐑃𐐲𐑉𐐼 𐐼𐐩."—𐐢𐐭𐐿 9:18–22.

"𐐙𐐫𐑉 𐐘𐐱𐐼 𐑅𐐬 𐑊𐐲𐑂𐐼 𐑄 𐐶𐐲𐑉𐑊𐐼 𐑄𐐰𐐻 𐐸𐐨 𐑀𐐩𐑂 𐐸𐐮𐑆 𐐬𐑌𐑊𐐨 𐐺𐐲𐑀𐐱𐐻𐐲𐑌 𐐝𐐲𐑌, 𐑄𐐰𐐻 𐐸𐐭𐑅𐐬𐐯𐑂𐐲𐑉 𐐺𐐲𐑊𐐨𐑂𐐲𐑃 𐐮𐑌 𐐸𐐮𐑋 𐑇𐐳𐐼 𐑌𐐱𐐻 𐐹𐐯𐑉𐐮𐑇, 𐐺𐐲𐐻 𐐸𐐰𐑂 𐐯𐑂𐐲𐑉𐑊𐐰𐑅𐐻𐐮𐑍 𐑊𐐴𐑁. 𐐙𐐫𐑉 𐐘𐐱𐐼 𐑅𐐯𐑌𐐻 𐑌𐐱𐐻 𐐸𐐮𐑆 𐐝𐐲𐑌 𐐮𐑌𐐻𐐭 𐑄 𐐶𐐲𐑉𐑊𐐼 𐐻𐐭 𐐿𐐲𐑌𐐼𐐯𐑋 𐑄 𐐶𐐲𐑉𐑊𐐼; 𐐺𐐲𐐻 𐑄𐐰𐐻 𐑄 𐐶𐐲𐑉𐑊𐐼 𐑃𐑉𐐭 𐐸𐐮𐑋 𐑋𐐴𐐻 𐐺 𐑅𐐩𐑂𐐼."—𐐖𐐱𐑌 3:16, 17.

"𐐈𐑌𐐼 𐐸𐐨 𐑅𐐯𐐼 𐐲𐑌𐐻𐐭 𐑄𐐯𐑋, 𐐏𐐨 𐐪𐑉 𐑁𐑉𐐲𐑋 𐐺𐐲𐑌𐐨𐑃; 𐐌 𐐰𐑋 𐑁𐑉𐐲𐑋 𐐲𐐺𐐲𐑂: 𐐷𐐨 𐐪𐑉 𐐲𐑂 𐑄𐐮𐑅 𐐶𐐲𐑉𐑊𐐼; 𐐌 𐐰𐑋 𐑌𐐱𐐻 𐐲𐑂 𐑄𐐮𐑅 𐐶𐐲𐑉𐑊𐐼. 𐐌 𐑅𐐯𐐼 𐑄𐐯𐑉𐑁𐐫𐑉 𐐲𐑌𐐻𐐭 𐐷𐐭, 𐑄𐐰𐐻 𐐷𐐨 𐑇𐐰𐑊 𐐼𐐴 𐐮𐑌 𐐷𐐫𐑉 𐑅𐐮𐑌𐑆: 𐑁𐐫𐑉 𐐮𐑁 𐐷𐐨 𐐺𐐲𐑊𐐨𐑂 𐑌𐐱𐐻 𐑄𐐰𐐻 𐐌 𐐰𐑋 𐐸𐐨, 𐐷𐐨 𐑇𐐰𐑊 𐐼𐐴 𐐮𐑌 𐐷𐐫𐑉 𐑅𐐮𐑌𐑆. 𐐜𐐯𐑌 𐑅𐐯𐐼 𐑄𐐩 𐐲𐑌𐐻𐐭 𐐸𐐮𐑋, 𐐐𐐭 𐐪𐑉𐐻 𐑄𐐵? 𐐈𐑌𐐼 𐐖𐐨𐑆𐐲𐑅 𐑅𐐩𐐲𐑃 𐐲𐑌𐐻𐐭 𐑄𐐯𐑋, 𐐀𐑂𐐲𐑌 𐑄 𐑅𐐩𐑋 𐑄𐐰𐐻 𐐌 𐑅𐐯𐐼 𐐲𐑌𐐻𐐭 𐐷𐐭 𐑁𐑉𐐲𐑋 𐑄 𐐺𐐲𐑀𐐮𐑌𐐮𐑍. 𐐌 𐐸𐐰𐑂 𐑋𐐯𐑌𐐨 𐑃𐐮𐑍𐑆 𐐻𐐭 𐑅𐐩, 𐐰𐑌𐐼 𐐻𐐭 𐐾𐐲𐐾 𐐲𐑂 𐐷𐐭: 𐐺𐐲𐐻 𐐸𐐨 𐑄𐐰𐐻 𐑅𐐯𐑌𐐻 𐑋𐐨, 𐐮𐑆 𐐻𐑉𐐭; 𐐰𐑌𐐼 𐐌 𐑅𐐹𐐨𐐿 𐐻𐐭 𐑄 𐐶𐐲𐑉𐑊𐐼 𐑄𐐬𐑆 𐑃𐐮𐑍𐑆 𐐸𐐶𐐮𐐽 𐐌 𐐸𐐰𐑂 𐐸𐐲𐑉𐐼 𐐲𐑂 𐐸𐐮𐑋. 𐐜𐐩 𐐲𐑌𐐼𐐲𐑉𐑅𐐻𐐳𐐼 𐑌𐐱𐐻 𐑄𐐰𐐻 𐐸𐐨 𐑅𐐹𐐩𐐿 𐐻𐐭 𐑄𐐯𐑋 𐐲𐑂 𐑄 𐐙𐐪𐑄𐐲𐑉. 𐐜𐐯𐑌 𐑅𐐯𐐼 𐐖𐐨𐑆𐐲𐑅 𐐲𐑌𐐻𐐭 𐑄𐐯𐑋, 𐐐𐐶𐐯𐑌 𐐷𐐨 𐐸𐐰𐑂 𐑊𐐮𐑁𐐻𐐲𐐼 𐐲𐐹 𐑄 𐐝𐐲𐑌 𐐲𐑂 𐑋𐐰𐑌, 𐑄𐐯𐑌 𐑇𐐰𐑊 𐐷𐐨 𐑌𐐬 𐑄𐐰𐐻 𐐌 𐐰𐑋 𐐸𐐨, 𐐰𐑌𐐼 𐑄𐐰𐐻 𐐌 𐐼𐐭 𐑌𐐲𐑃𐐮𐑍 𐐲𐑂 𐑋𐐴𐑅𐐯𐑊𐑁; 𐐺𐐲𐐻 𐐰𐑆 𐑋𐐴 𐐙𐐪𐑄𐐲𐑉 𐐸𐐰𐑃 𐐻𐐫𐐻 𐑋𐐨 𐐌 𐑅𐐹𐐨𐐿 𐑄𐐨𐑆 𐑃𐐮𐑍𐑆. 𐐈𐑌𐐼 𐐸𐐨 𐑄𐐰𐐻 𐑅𐐯𐑌𐐻 𐑋𐐨 𐐮𐑆 𐐶𐐮𐑄 𐑋𐐨: 𐑄 𐐙𐐪𐑄𐐲𐑉 𐐸𐐰𐑃 𐑌𐐱𐐻 𐑊𐐯𐑁𐐻 𐑋𐐨 𐐲𐑊𐐬𐑌; 𐑁𐐫𐑉 𐐌 𐐼𐐭 𐐫𐑊𐐶𐐩𐑆 𐑄𐐬𐑆 𐑃𐐮𐑍𐑆 𐑄𐐰𐐻 𐐹𐑊𐐨𐑆 𐐸𐐮𐑋."—𐐖𐐱𐑌 8:23–29.

"𐐜𐐯𐑌 𐐰𐑌𐑅𐐲𐑉𐐼 𐐖𐐨𐑆𐐲𐑅, 𐐰𐑌𐐼 𐑅𐐯𐐼 𐐲𐑌𐐻𐐭 𐑄𐐯𐑋, 𐐚𐐯𐑉𐐮𐑊𐐨, 𐑂𐐯𐑉𐐮𐑊𐐨, 𐐌 𐑅𐐩 𐐲𐑌𐐻𐐭 𐐷𐐭, 𐐜 𐐝𐐲𐑌 𐐿𐐰𐑌 𐐼𐐭 𐑌𐐲𐑃𐐮𐑍 𐐲𐑂 𐐸𐐮𐑋𐑅𐐯𐑊𐑁, 𐐺𐐲𐐻 𐐸𐐶𐐲𐐻 𐐸𐐨 𐑅𐐨𐐲𐑃 𐑄 𐐙𐐪𐑄𐐲𐑉 𐐼𐐭; 𐑁𐐫𐑉 𐐸𐐶𐐲𐐻 𐑃𐐮𐑍𐑆 𐑅𐐬𐐯𐑂𐐲𐑉 𐐸𐐨 𐐼𐐭𐐲𐑃, 𐑄𐐨𐑆 𐐫𐑊𐑅𐐬 𐐼𐐭𐐲𐑃 𐑄 𐐝𐐲𐑌 𐑊𐐴𐐿𐐶𐐴𐑆. 𐐙𐐫𐑉 𐑄 𐐙𐐪𐑄𐐲𐑉 𐑊𐐲𐑂𐐲𐑃 𐑄 𐐝𐐲𐑌, 𐐰𐑌𐐼 𐑇𐐬𐐲𐑃 𐐸𐐮𐑋 𐐫𐑊 𐑃𐐮𐑍𐑆 𐑄𐐰𐐻 𐐸𐐮𐑋𐑅𐐯𐑊𐑁 𐐼𐐭𐐲𐑃: 𐐰𐑌𐐼 𐐸𐐨 𐐶𐐮𐑊 𐑇𐐬 𐐸𐐮𐑋 𐑀𐑉𐐩𐐻𐐲𐑉 𐐶𐐲𐑉𐐿𐑅 𐑄𐐰𐑌 𐑄𐐨𐑆, 𐑄𐐰𐐻 𐐷𐐨 𐑋𐐩 𐑋𐐪𐑉𐑂𐐲𐑊. 𐐙𐐫𐑉 𐐰𐑆 𐑄 𐐙𐐪𐑄𐐲𐑉 𐑉𐐩𐑆𐐲𐑃 𐐲𐐹 𐑄 𐐼𐐯𐐼, 𐐰𐑌𐐼 𐐿𐐶𐐮𐐿𐐲𐑌𐐲𐑃 𐑄𐐯𐑋; 𐐨𐑂𐐲𐑌 𐑅𐐬 𐑄 𐐝𐐲𐑌 𐐿𐐶𐐮𐐿𐐲𐑌𐐲𐑃 𐐸𐐭𐑋 𐐸𐐨 𐐶𐐮𐑊. 𐐙𐐫𐑉 𐑄 𐐙𐐪𐑄𐐲𐑉 𐐾𐐲𐐾𐐲𐑃 𐑌𐐬 𐑋𐐰𐑌; 𐐺𐐲𐐻 𐐸𐐰𐑃 𐐿𐐲𐑋𐐮𐐻𐐲𐐼 𐐫𐑊 𐐾𐐲𐐾𐑋𐐲𐑌𐐻 𐐲𐑌𐐻𐐭 𐑄 𐐝𐐲𐑌: 𐑄𐐰𐐻 𐐫𐑊 𐑋𐐯𐑌 𐑇𐐳𐐼 𐐱𐑌𐐲𐑉 𐑄 𐐝𐐲𐑌, 𐐨𐑂𐐲𐑌 𐐰𐑆 𐑄𐐩 𐐱𐑌𐐲𐑉 𐑄 𐐙𐐪𐑄𐐲𐑉. 𐐐𐐨 𐑄𐐰𐐻 𐐱𐑌𐐲𐑉𐐯𐑃 𐑌𐐱𐐻 𐑄 𐐝𐐲𐑌, 𐐱𐑌𐐲𐑉𐐯𐑃 𐑌𐐱𐐻 𐑄 𐐙𐐪𐑄𐐲𐑉 𐐸𐐶𐐮𐐽 𐐸𐐰𐑃 𐑅𐐯𐑌𐐻 𐐸𐐮𐑋.... 𐐒𐐲𐐻 𐐌 𐐸𐐰𐑂 𐑀𐑉𐐩𐐻𐐲𐑉 𐐶𐐮𐐻𐑌𐐲𐑅 𐑄𐐰𐑌 𐑄𐐰𐐻 𐐲𐑂 𐐖𐐱𐑌: 𐑁𐐫𐑉 ɣ ωʏɸωɞ ɸωıc ɣ Pɵɣʏɸ ɸɹʟ ώıɞʏʜ ɔɘ ⅂ɸ pɥıb, ɣ ɞɛɔ ωʏɸωɞ ɣɹ⅂ ɸ dɸ, ɞʌɸ ωı⅂ʜʏɞ ʏɞ ɔɘ, ɣɹ⅂ ɣ Pɵɣʏɸ ɸɹʟ ɞʌʜ⅂ ɔɘ. ⅃ʜd ɣ Pɵɣʏɸ ɸıɔɞʌ⅂ɸ ɸωıc ɸɹʟ ɞʌʜ⅂ ɔɘ, ɸɹʟ ɞɸɸʜ ωı⅂ʜʏɞ ʏɞ ɔɘ. Ꝟɘ ɸɹɞ ʜɸɣʏɸ ɸʏɸd ɸıɞ ɞɸıɞ ɹ⅂ ʌʜɘ ⅂ɸɔ, ʜɸɸ ɞɘʜ ɸıɞ bɛ⅂. ⅃ʜd ᵩɘ ɸɹɞ ʜɘ⅂ ɸıɞ ωʏɸd ʏɞɸdıʜ ıʜ ᵩɸ: pɵɸ ɸɸɔ ɸɘ ɸɹʟ ɞʌʜ⅂, ɸıɔ ᵩɘ ɞʏ⅂ɘɞ ʜɘ⅂. Ȣʏɸc ɣ ɞωɸıɔcʏɸɞ; pɵɸ ıʜ ɣʌɔ ᵩɘ ʟıʜω ᵩɘ ɸɹɞ ɘ⅂ʏɸʜʏ⅂ ⅂ɸp: ⅃ʜd ɣɛ ɵɸ ɣɛ ɸωıc ⅂ʌɞ⅂ıpɸ ʏɞ ɔɘ."—Ꮳɵʜ 5:19–23, 36–39.

"Ꮳɘɞʏɞ ɸʏɸd ɣɹ⅂ ɣɛ ɸɹd ωɹɞ⅂ ɸıɔ ɵ⅂: ɹʜd ɸωʌʜ ɸɘ ɸɹd pɵʜd ɸıɔ, ɸɘ ɞʌd ʏʜ⅂ɸ ɸıɔ, Ꮳʏɞ⅂ ɣɵ ɞʏ⅂ɘɞ ɵʜ ɣ Ȣʏʜ ʏɞ Ꮻɘd? Ꮤɘ ɹʜɞʏɸd ɹʜd ɞʌd, Ꮤɸ ıɞ ɸɘ, ⅂ɵɸd, ɣɹ⅂ ɸ ɔɸ⅂ ɞʏ⅂ɘɞ ɵʜ ɸıɔ? ⅃ʜd Ꮳɘɞʏɞ ɞʌd ʏʜ⅂ɸ ɸıɔ, Ɣɵ ɸɹɞ⅂ ɞɸʟ ɞɘʜ ɸıɔ, ɹʜd ı⅂ ıɞ ɸɘ ɣɹ⅂ ⅂ɸωʏʟ ωıɣ ɣ. ⅃ʜd ɸɘ ɞʌd, ⅂ɵɸd, ɸ ɞʏ⅂ɘɞ. ⅃ʜd ɸɘ ωʏɸbı⅂ ɸıɔ. ⅃ʜd Ꮳɘɞʏɞ ɞʌd, Pɵɸ cʏcɔʏʜ⅂ ɸ ɹɔ ωʏɔ ıʜ⅂ɸ ɣıɞ ωʏɸ⅂d; ɣɹ⅂ ɣɛ ɸωıc ɞɘ ʜɘ⅂ ɔɸ⅂ ɞɘ, ɹʜd ɣɹ⅂ ɣɛ ɸωıc ɞɘ, ɔɸ⅂ ɞ ɔɛd ɞ⅂ɸʜd."—Ꮳɵʜ 9:35–39.

"ɸ ɹɔ ɣ ώqd bʌ⅂ʏɸd, ɹʜd ʜɸ ɔɸ bɘ⅂, ɹʜd ɹɔ ʜɵʜ ʏɞ ɔɸʜ. ⅃ɞ ɣ Pɵɣʏɸ ʜɵʏʟ ɔɘ, ɘɞʏʜ ɞɸ ʜɸ ɸ ɣ Pɵɣʏɸ: ɹʜd ɸ ⅂ɛ dɵʜ ɔɸ ⅂ɸp pɵɸ ɣ bɘ⅂. ⅃ʜd ʏɣʏɸ bɘ⅂ ɸ ɸɹɞ, ɸωıc ɵɸ ʜɘ⅂ ʏɞ ɣıɞ pɸ⅂d: ɣʌɔ ɵ⅂ɞɸ ɸ ɔʏɞ⅂ ɞɸıʜ, ɹʜd ɣɛ bɹ⅂ ɸıɸ ɔɸ ɞɸıɞ; ɹʜd ɣʌɸ bɹ⅂ ɞ ωʏʜ pɸ⅂d, ɹʜd ωʏʜ bʌ⅂ʏɸd....Ɔɸ bɘ⅂ ɸıɸ ɔɸ ɞɸıɞ, ɹʜd ɸ ʜɸ ɣʌɔ, ɹʜd ɣɛ pɵ⅂ɸ ɔɘ: ɹʜd ɸ ώıɞ ʏʜ⅂ɸ ɣʌɔ ɘ⅂ʏɸʜʏ⅂ ⅂ɸp; ɹʜd ɣɛ bɹ⅂ ʜʌɞʏɸ ⅂ʌɸıb, ʜɸɣʏɸ bɹ⅂ ʌʜɘ ⅂⅂ʏω ɣʌɔ ɵ⅂ ʏɞ ɔɸ ɸɹʜd. Ɔɸ Pɵɣʏɸ, ɸωıc ώɛɞ ɣʌɔ ɔɘ, ıɞ ώɸɛ⅂ʏɸ ɣɹʜ ɵ⅂; ɹʜd ʜʏʜ ıɞ ɛɞʏ⅂ ⅂ɸ ⅂⅂ʏω ɣʌɔ ɵ⅂ ʏɞ ɔɸ Pɵɣʏɸ'ɞ ɸɹʜd. ɸ ɹʜd ɔɸ Pɵɣʏɸ ɵɸ ωʏʜ."—Ꮳɵʜ 10:14–16, 27–30.

"⅃ʜd ɸωɸ⅂ ɣɛ ʏɞɵd ıʜ Ꮻɹ⅂⅂ɘ, Ꮳɘɞʏɞ ɞʌd ʏʜ⅂ɸ ɣʌɔ, Ɣ Ȣʏʜ ʏɞ ɔɹʜ bɹ⅂ ɞ ɞʏ⅂ɸɛd ıʜ⅂ɸ ɣ ɸɹʜdɞ ʏɞ ɔɹʜ: ɹʜd ɣɛ bɹ⅂ ωı⅂ ɸıɔ, ɹʜd ɣ ʟʏɸd dɛ ɸɘ bɹ⅂ ɞ ɸɛɞd ʏώʌʜ. ⅃ʜd ɣɛ ωʏɸ ıωɞɘdıʜ ɞɘɸɘ."—Ɔɹʟᵩɸ 17:22, 23.

Ꮅɞ ɣıɞ ɞɛɔ ⅂ɸɵpʏɞɘ Ɔɘɸω ɸʏ⅂ɛ⅂ɞ: "⅃ʜd ɣɛ dʏ⅂ɘɸʏʏd ɣʌʜɞ, ɹʜd ⅂ɹɞ⅂ ʟɸɸ Ꮻɹ⅂⅂ɘ; ɹʜd ɸɘ ωqd ʜɘ⅂ ɣɹ⅂ ʌʜɘ ɔɹʜ bqd ʜɸ ı⅂. Pɵɸ ɸɘ ⅂ɵ⅂ ɸıɞ dıɞɸ⅂ʏ⅂ɞ, ɹʜd ɞʌd ʏʜ⅂ɸ ɣʌɔ, Ɣ Ȣʏʜ ʏɞ ɔɹʜ ıɞ dʏ⅂ıɞʏɸd ıʜ⅂ɸ ɣ ɸɹʜdɞ ʏɞ ɔɹʜ, ɹʜd ɣɛ bɹ⅂ ωı⅂ ɸıɔ; ɹʜd ɹp⅂ʏɸ ɣɹ⅂ ɸɘ ıɞ ωı⅂d, ɸɘ bɹ⅂ ɸɸɞ ɣ ʟʏɸd dɛ. Ȣʏ⅂ ɣɛ ʏʜdʏɸɞ⅂qd ʜɘ⅂ ɣɹ⅂ ɞɛıʜ, ɹʜd ωʏɸ ʏpɸɛd ⅂ɸ ɹɞω ɸıɔ."—Ɔɘɸω 9:30–32.

⅃ʜd ⅂ɸω ɞ⅂ɛ⅂ɞ, "⅃ʜd ɣɛ ωʏɸ ɵ⅂ ʏɔɛɞd ɹ⅂ ɣ ɔɸ⅂ɘ ⅂ɵʏɸ ʏɞ Ꮻɘd. Ȣʏ⅂ ɸωɸ⅂ ɣɛ ωʏʜdʏɸd ʌɞɸɘ ωʏʜ ɹ⅂ ɵ⅂ ʟıʜɞ ɸωıc Ꮳɘɞʏɞ dɪd, φə ɞɹd rʏɿɷ φɪ6 dɪɞɸɿrɿ6, ʗɹɿ ɣəɛ ɞɛɪɴ6 ɞɪɴɷ dəʏ ɪɿɷ ɤoφ ɪφ6: ρoφ ɣ 8rʏ rɞ ɔɹʏ bɹɿ ɞ dɾɿɪɞrφd ɪɿɷ ɣ φɹʏd6 rɞ ɔɹʏ. 8rɿ ɣɛ rʏdrφɞɹɿd ʏɞɿ ɣɪɞ ɞɛɪɴ, ɹʏd ɪɿ ɷr6 φɪd ρφrɔ ɣɹɔ, ɣɹɿ ɣɛ ɿrφɞəɞd ɪɿ ʏɞɿ, ɹʏd ɣɛ ρɪφd ɿɷ ɹɞɷ φɪɔ rɞ ɣɹɿ ɞɛɪɴ."—ʗɷɷ 9:43–45.

"Ɩʏd ɹ6 ɣɛ ɷrφ əɿɪɴ, Ɋəɞrɞ ɿɣɷ ɞφɹd, ɹʏd ɞʗɹɞɿ ɪɿ, ɹʏd ɞφɛɷ ɪɿ, ɹʏd ɷɛɞ ɪɿ ɿɷ ɣ dɪɞɸɿrɿ6, ɹʏd ɞɹd, Ɫɛɷ, əɿ; ɣɪɞ ɪ6 ɔɸ ɞɞdə. Ɩʏd φə ɿɣɷ ɣ ɷrɿ, ɹʏd ɷɛɞ ʟɹɴɷɞ, ɹʏd ɷɛɞ ɪɿ ɿɷ ɣɹɔ, ɞɛɪɴ; Ɑφɪɴɷ ɤə ɵʗ rɞ ɪɿ; ρoφ ɣɪɞ ɪ6 ɔɸ ɞʗrd rɞ ɣ ʏɷ ɿɹɞɿrɔrʏɿ, φɷɪc ɪ6 bɹd ρoφ ɔɹʏə, ρoφ ɣ φrɔɪbrʏ rɞ ɞɪʏ6."—Ɔɹʟɤɷ 26:26–28.

"Ɩʏd ɹ6 ɣɛ dɪd əɿ, Ɋəɞrɞ ɿɣɷ ɞφɹd, ɹʏd ɞʗɹɞɿ, ɹʏd ɞφɛɷ ɪɿ, ɹʏd ɷɛɞ ɿɷ ɣɹɔ, ɹʏd ɞɹd, Ɫɛɷ, əɿ: ɣɪɞ ɪ6 ɔɸ ɞɞdə. Ɩʏd φə ɿɣɷ ɣ ɷrɿ, ɹʏd φɷɹʏ φə φɹd ɷɪɞrʏ ʟɹɴɷɞ, φə ɷɛɞ ɪɿ ɿɷ ɣɹɔ: ɹʏd ɣɛ ɵʗ dφɹɴɷ rɞ ɪɿ. Ɩʏd φə ɞɹd rʏɿɷ ɣɹɔ, Ɣɪɞ ɪ6 ɔɸ ɞʗrd rɞ ɣ ʏɷ ɿɹɞɿrɔrʏɿ, φɷɪc ɪ6 bɹd ρoφ ɔɹʏə." Ɔəφɷ 14:22–24.

"Ɩʏd φə ɿɣɷ ɞφɹd, ɹʏd ɷɛɞ ʟɹɴɷɞ, ɹʏd ɞφɛɷ ɪɿ, ɹʏd ɷɛɞ rʏɿɷ ɣɹɔ, ɞɛɪɴ, Ɣɪɞ ɪ6 ɔɸ ɞɞdə φɷɪc ɪ6 ɷɪɞrʏ ρoφ ɤɷ: ɣɪɞ dɷ ɪʏ φrɔɹɔɞφrʏɞ rɞ ɔə. ʗɸɷɷɸ6 ɵʗɞɵ ɣ ɷrɿ ɹρɿrφ ɞrɿrφ, ɞɛɪɴ, Ɣɪɞ ɷrɿ ɪ6 ɣ ʏɷ ɿɹɞɿrɔrʏɿ ɪʏ ɔɸ ɞʗrd, φɷɪc ɪ6 bɹd ρoφ ɤɷ."—ʗɷɷ 22:19, 20.

"Ρoφ ɣ 8rʏ rɞ ɔɹʏ bɹɿ ɷrɔ ɪʏ ɣ ɷʗoφə rɞ φɪ6 Ρəɣrφ, ɷɪɣ φɪ6 ɛʏɕrɿ6; ɹʏd ɣɹʏ φə bɹɿ φrɷəφd ɹɞφə ɔɹʏ rɷəφdɪɴ ɿɷ φɪ6 ɷrφɷɞ."—Ɔɹʟɤɷ 16:27.

"Ɫɛɷ φəd ɣɹɿ ɤə drɞɿɸ6 ʏɞɿ ɷrʏ rɞ ɣəɛ ʗɪɿrɿ ɷrʏ6: ρoφ Ф ɞɛ rʏɿɷ ɤɷ, ɣɹɿ ɪʏ φɹɞrʏ ɣɹφ ɛʏɕrɿ6 dɷ ɵʗɷɛ6 ɞrφoʗd ɣ ρɛɞ rɞ ɔɸ Ρəɣrφ φɷɪc ɪ6 ɪʏ φɹɞrʏ. Ρoφ ɣ 8rʏ rɞ ɔɹʏ ɪ6 ɷrɔ ɿɷ ɞɛɞ ɣɹɿ φɷɪc ɷr6 ʗɵɞɿ."—Ɔɹʟɤɷ 18:10, 11.

"Ɣɹʏ ɣ rʗɹɞrʏ dɪɞɸɿrɿ6 ɷɹʏɿ rɷɛ ɪɿɷ Ɯɹɿʗɿə, ɪɿɷ ə ɔəʏɿrʏ φɷɹφ Ɋəɞrɞ φɹd rɿoɪʏɿrd ɣɹɔ. Ɩʏd φɷɹʏ ɣɛ ɞɵ φɪɔ ɣɛ ɷrφbɪɿɿ φɪɔ: ɞrɿ ɞrɔ dəɿrd. Ɩʏd Ɋəɞrɞ ɷɛɔ ɹʏd ɞɿɛɷ rʏɿɷ ɣɹɔ, ɞɛɪɴ, Ɵʗ ɿərφ ɪ6 ɷɪɞrʏ rʏɿɷ ɔə ɪʏ φɹɞrʏ ɹʏd ɪʏ rφʟ. Ɯɵ ɤə ɣɹφρoφ ɹʏd ɿəc ɵʗ ʏɛbrʏ6, ɞɹɿɿφɞɪɴ ɣɹɔ ɪʏ ɣ ʏɛɔ rɞ ɣ Ρəɣrφ, ɹʏd rɞ ɣ 8rʏ, ɹʏd rɞ ɣ Фoʗə Ɯoɞɿ; ɿəcɪɴ ɣɹɔ ɿɷ rɞɞrφɞ ɵʗ ʟɪɴ6 φɷrɿɞoɹɞrφ Ф φɹɞ ɷrɔɹʏdrd ɤɷ: ɹʏd ʗo, Ф ɹɔ ɷɪɣ ɤɷ ɹʗɷɛ, əɞrʏ rʏɿɷ ɣ ɹʏd rɞ ɣ ɷrφʗd. Ɛɔɹʏ."—Ɔɹʟɤɷ 28:16–20.

"Ɣɹʏ ɞɹd Ɋəɞrɞ rʏɿɷ ɣ ɿɷɹʗɞ, Ɯɪʗ ɤə ɵʗɞɵ ɷɵ rɷɛ? Ɣɹʏ 8ɸɔrʏ Ɫəɿrφ ɹʏɞrφd φɪɔ, ʗoφd, ɿɷ φɷɔ bɹɿ ɷə ɷɵ? ɣə φɹɞɿ ɣ ωɼɸdɞ ɼɞ ɘɿɼɸɿɼ ɭɸp. ⅃ɿd ωə ɐɼɭəɞ, ɿɿd ɐɸ bʠɸ ɣɿɿ ɣό ɐɸɿ ɣɿɿ Ωɸɸɐɿ, ɣ ϐɼɿ ɼɞ ɣ ɭɿɐɪи Θɘd.”—Cɘɿ 6:67–69.

“Ψɪɔ, ɐəɪи dɼɭɐɼɸd ɐɸ ɣ dɼɼɸɔɪɼɿ ωόɿɐɼɿ ɿɿd ɼɸɿɐɭɼϛ ɼɞ Θɘd, ʌə ɸɿɞ ɿɛωɼɿ ɿɿd ɐɸ ωɪωɼd ɸɿɿdɞ ɸɿɞ ωɸɸɐɪɼɸd ɿɿd ɐɭɛɿ: ɸɘɔ Θɘd ɸɿʟ ɸɛɞd ɼɿ, ɸɿɐɪи ɭɘɐɿ ɣ ɿɛɿɞ ɼɞ dɿʟ: ɐɼωɼɞ ɿ ωɼɞ ɿɘɐɿ ɿɘɐɪɐɼɿ ɣɿɿ ɸə bʠd ɐ ɸɘɭdɼɿ ɼɞ ɿ.”—⅃ωɿɞ 2:23, 24.

“Ɣɪɞ Cəɞɼɞ ɸɿʟ Θɘd ɸɛɞd ɼɿ, ɸωɿɸɼɞ ωə ɵɭ ɐɸ ωɿɿɼɞɼɞ. Ɣɿɸɼɘɸ ɐəɪи ɐɸ ɣ ɸɸɿ ɸɿɿd ɼɞ Θɘd ɪώɞɵɭɼd, ɿɿd ɸɿɐɪи ɸɼɞəɞd ɼɞ ɣ Ρɘɣɼɸ ɣ ɿɸɘɔɪɞ ɼɞ ɣ Ψɘɭə Θɘɞɿ, ɸə ɸɿʟ bɿd ɼɘɸʟ ɣɪɞ, ɸωɪϲ ʌə ɿό ɞə ɿɿd ɸɪɸ. Ρɘɸ Ɑɛɞɪd ɪɞ ɿɘɿ ɼɞɿɿdɼd ɪɿɿɵ ɣ ɸɿɞɼɿɞ, ɐɼɿ ɸə ɞɛɼʟ ɸɪɔɞɿɭp, Ɣ Ɩɘɸd ɞɿd ɼɿɿɵ ɔɸ Ɩɘɸd, ϐɪɿ ɣό ɵɿ ɔɸ ɸɸɿ ɸɿɿd, ɼɿɿɭ Φ ɔɛω ɣɸ ɼɘɞ ɣɸ ɼʠɿɞɿɵɭ. Ɣɿɸɼɘɸ ɭɿɿ ɵɭ ɣ ɸόɞ ɼɞ Ɨɛɸɼɿ ɿɘ ɼbʠɸɼdɭə, ɣɿɿ Θɘd ɸɿʟ ɔɛd ɣɿɿ ɞɛɔ Cəɞɼɞ ɸɘɔ ʌə ɸɿɞ ωɸɸɐɪɼɸd, ɐɘʟ Ɩɘɸd ɿɿd Ωɸɸɐɿ.—⅃ωɿɞ 2:32–36.

“⅃ɿd ɿό, ɐɸɿɣɸɼɿ, Φ ωɘɿ ɣɿɿ ʟɸɵ ɪώɿɼɸɼɿɞ ʌə dɪd ɿ, ɿɞ dɪd ɵɭɞɵ ʌɘɸ ɸɵɭɼɸɞ. Ɓɼɿ ɣɘɞ ʟɪиɞ ɸωɪϲ Θɘd ɐɼɼɘɸ ɸɿd bɘd ɐɸ ɣ ɔόʟ ɼɞ ɵɭ ɸɪɞ ɿɸɘɼɼɿɞ, ɣɿɿ Ωɸɸɐɿ bʠd ɐɼɼɼɸ, ɸə ɸɿʟ ɞɘ ʠɭɭɼɪɭd. Φɼɿɿɿɿ ʌə ɣɿɸɼɘɸ, ɿɿd ɐ ωɼɿɐɼɸɿɼd, ɣɿɿ ʌɘɸ ɐɪɿɞ ɔɛ ɐ ɐɭəɿɼd όɿ, ɸωɿɿ ɣ ɿɸɔɞ ɼɞ ɸɼɼɸɿbɪи bɿɭ ωɼɔ ɼɸɼɔ ɣ ɿɸɿɞɼɿɞ ɼɞ ɣ Ɩɘɸd; ɿɿd ɸə bɿɭ ɐɿɿd Cəɞɼɞ Ωɸɸɐɿ, ɸωɪϲ ɐɼɼɘɸ ωɼɞ ɿɸɘϲɿ ɼɿɿɵ ʌɵ; ɸɘɔ ɣ ɸɿɞɼɿɞ ɔɼɐɿ ɸɼɞəɞ, ɼɿɿɭ ɣ ɿɸɔɞ ɼɞ ɸɿɞɿɿɵbɼɿ ɼɞ ɵɭ ʟɪиɞ, ɸωɪϲ Θɘd ɸɿʟ ɐɿɵωɼɿ ɐɸ ɣ ɔόʟ ɼɞ ɵɭ ɸɪɞ ɸɘɭə ɿɸɘɼɼɿɞ, ɐɪɿɞ ɣ ωɼɸɭd ɐɼώɿɿ. Ρɘɸ Ɔɘɞɼɞ ɿɸɘɭə ɞɿd ɼɿɿɵ ɣ ɼɘɣɼɸɞ, Ɵ Ɩɸɘɼɼɿ bɿɭ ɣ Ɩɘɸd ʌɘɸ Θɘd ɸɛɞ ɼɿ ɼɿɿɵ ʌɵ, ɼɞ ʌɘɸ ɐɸɿɣɸɼɿ, ɭɸω ɼɿɿɵ ɔə; ɸɪɔ bɿɭ ʌə ɸɪɸ ɪɿ ɵɭ ʟɪиɞ, ɸωɼɿɞɘʟɿɞɼɸ ɸə bɿɭ ɞɛ ɼɿɿɵ ʌɵ. ⅃ɿd ɿ bɿɭ ωɼɔ ɿɵ ɿɿɞ, ɣɿɿ ɿɞɸə ɞɘɭ ɸωɪϲ ωɿɭ ɿɘɿ ɸɪɸ ɣɿɿ Ɩɸɘɼɼɿ, bɿɭ ɐ dɼɞɿɸɘɪd ɼɸɼɔ ɼɔɼи ɣ ɿɘɿɼɭ. Ʌɛ, ɿɿd ɵɭ ɣ ɿɸɘɼɼɿɞ ɼɸɼɔ ϐɿɔʌɵɿɭ, ɿɿd ɣɘɞ ɣɿɿ ɼɘɭɵ ɿɼɭɼɸ, ɿɞ ɔɿɿə ɿɞ ɸɿɞ ɐɿɵωɼɿ, ɸɿɞ ɭɸωɸɞ ɼɘɸɿɵɭd ɼɞ ɣəɞ dɛɞ.”—⅃ωɿɞ 3:17–24.

Ɑɼɞ ɿ ɿɘɿ ɞəɔ ɼɸɼɔ ɣɪɞ ɣɿɿ ɣəɞ ɔɿɿ, ɸɿɐɪи ωɼɔɿɼd ɣ ɪɼɼɔɼɞ ɿωɿ ɼɞ ωɸɸɐɪɼɸɪи Cəɞɼɞ, ɵɸ ωɼɿɐɿɿɿɪи ɿɵ Ψɪɞ dɿʟ, ɵɭɣɘ ɣɛ ɔɛ ɸɿɞ dɼɿ ɿ ɪώɿɼɸɼɿɿɭə, ωʠd ɿɘɿ ɿɿ ɣɿɿ ɿɸɔ, əɐɼɿ ɐɸ ɸɼɿɿɿɿɼɞ ɿɿd ωɼɿɐɼɸsɼɿ, ɐ ɿɭɛɐɿ ɪɿ ɵ ɐɭɛɿ ɼɞ ɐɿɭɞɛbɼɿ, ɐɼɿ ɣɿɿ ɣɛ ωʠd ɸɿɞ ɿɵ ωɛɿ ɼɿɿɭ Cəɞɼɞ Ωɸɸɐɿ bʠd ωɼɔ ɼώɿɿ ɐɼɼɘɸ ɣɿɸ ɐɪɿɞ ωʠd ɐ ɐɭəɿɼd όɿ; ɸωɿɿ Cəɞɼɞ Ωɸɸɐɿ bʠd ɐ ɐɿɿɿ, ɸə ɐɼɼɘɸ ωɼɞ ɿɸɘϲɿ ɼɿɿɵ ɣɿɔ ɿɿd ɸɘɔ ɣɛ ɸɿd ωɸɸɐɪɼɸd?

𐐆𐑆 𐑌𐐱𐐻 𐑄𐐮𐑅 𐑄 𐑅𐐩𐑋 𐐿𐐲𐑌𐐼𐐮𐑇𐐲𐑌 𐑄𐐰𐐻 𐑄 𐐰𐑌𐐻𐐨𐐼𐐮𐑊𐐭𐑂𐐨𐐲𐑌𐑆 𐐶𐐲𐑉 𐐮𐑌, 𐐸𐐶𐐯𐑌 𐐶𐐲𐑌𐑅 𐑄 𐑊𐐱𐑍 𐑅𐐲𐑁𐐲𐑉𐐮𐑍 𐐲𐑂 𐐘𐐱𐐼 𐐶𐐩𐐻𐐲𐐼 𐐮𐑌 𐑄 𐐼𐐩𐑆 𐐲𐑂 𐐤𐐬𐐲, 𐐸𐐶𐐯𐑌 𐑄𐐩 𐐶𐐲𐑉 𐐿𐐰𐑅𐐻 𐐮𐑌𐐻𐐭 𐐹𐑉𐐮𐑆𐐲𐑌 𐐰𐑌𐐼 𐑉𐐲𐑋𐐩𐑌𐐼 𐑄𐐯𐑉 𐐲𐑌𐐻𐐮𐑊 𐑄 𐐻𐐴𐑋 𐐸𐐶𐐯𐑌 𐐖𐐨𐑆𐐲𐑅 𐐶𐐯𐑌𐐻 𐐰𐑌𐐼 𐐹𐑉𐐨𐐽𐐻 𐐻𐐭 𐑄𐐬𐑆 𐑅𐐹𐐮𐑉𐐮𐐻𐑅 𐐮𐑌 𐐹𐑉𐐮𐑆𐐲𐑌? 𐐆𐑌 𐑄𐐯𐑉 𐐼𐐩 𐑄𐐩 𐑉𐐲𐐾𐐯𐐿𐐻𐐲𐐼 𐑄 𐐱𐑁𐐲𐑉𐑆 𐐲𐑂 𐑋𐐲𐑉𐑅𐐨 𐑃𐑉𐐭 𐑄 𐐲𐐻𐐬𐑌𐑋𐐲𐑌𐐻 𐐲𐑂 𐐖𐐨𐑆𐐲𐑅 𐐗𐑉𐐴𐑅𐐻, 𐐰𐑆 𐑄 𐐖𐐭𐑆 𐐼𐐮𐐼 𐐮𐑌 𐑄𐐯𐑉 𐐻𐐴𐑋; 𐐺𐐲𐐻 𐐰𐑁𐐻𐐲𐑉𐐶𐐲𐑉𐐼𐑆 𐑄𐐩 𐐸𐐰𐐼 𐑄 𐑅𐐩𐑋 𐐘𐐱𐑅𐐹𐐲𐑊 𐐹𐑉𐐨𐐽𐐻 𐐻𐐭 𐑄𐐯𐑋 𐐺𐐴 𐐖𐐨𐑆𐐲𐑅, 𐐰𐑌𐐼 𐑄𐐬𐑆 𐐖𐐭𐑆 𐐸𐐭 𐐸𐐰𐐼 𐐹𐐱𐑉𐐻𐐮𐑅𐐮𐐹𐐩𐐻𐐲𐐼 𐐮𐑌 𐑄𐐬𐑆 𐐼𐐨𐐼𐑆, 𐐱𐑉 𐐸𐐭 𐐸𐐰𐐼 𐐿𐐲𐑌𐑅𐐯𐑌𐐻𐐲𐐼 𐑄𐐯𐑉𐐻𐐭, 𐐻𐐭 𐐸𐐭𐑋 𐑄 𐐊𐐹𐐱𐑅𐐲𐑊 𐑄𐐯𐑌 𐑅𐐹𐐩𐐿, 𐐨𐑂𐐲𐑌 𐐮𐑁 𐑄𐐩 𐑄𐐯𐑌 𐑉𐐲𐐹𐐯𐑌𐐻𐐲𐐼, 𐐿𐐳𐐼 𐐸𐐰𐑂 𐐻𐐭 𐐶𐐩𐐻 𐑁𐐱𐑉 𐑁𐐲𐑉𐑀𐐮𐑂𐑌𐐲𐑅 𐐰𐑌𐐼 𐑅𐐰𐑊𐑂𐐩𐑇𐐲𐑌 𐐲𐑌𐐻𐐮𐑊 𐐖𐐨𐑆𐐲𐑅 𐑇𐐳𐐼 𐐿𐐲𐑋 𐐲𐑀𐐯𐑌. 𐐙𐐲𐑉𐑄𐐲𐑉𐑋𐐱𐑉, 𐑄 𐐖𐐭𐑆 𐐸𐐭 𐐶𐐮𐑊 𐑊𐐮𐑂 𐐮𐑌 𐑄 𐐻𐐴𐑋𐑆 𐐲𐑂 𐑄 𐑉𐐯𐑅𐐻𐐮𐐻𐐭𐑇𐐲𐑌 𐐮𐑌 𐑄 𐑊𐐰𐑅𐐻 𐐼𐐩𐑆, 𐐰𐑁𐐻𐐲𐑉 𐑄 𐐻𐐯𐑅𐐻𐐮𐑋𐐬𐑌𐐨 𐐲𐑂 𐑄 𐐘𐐱𐑅𐐹𐐲𐑊 𐑇𐐰𐑊 𐐸𐐰𐑂 𐑀𐐱𐑌 𐐻𐐭 𐑄 𐐖𐐯𐑌𐐻𐐴𐑊𐑆 𐑃𐑉𐐭 𐑄𐐮𐑅 𐑅𐐩𐑋 𐐲𐐻𐐬𐑌𐑋𐐲𐑌𐐻, 𐐰𐑌𐐼 𐑄 𐐮𐑌𐐻𐑉𐐲𐐼𐐲𐐿𐑇𐐲𐑌 𐐲𐑂 𐑄 𐐘𐐱𐑅𐐹𐐲𐑊, 𐐶𐐮𐑊 𐐲𐑀𐐯𐑌 𐐸𐐰𐑂 𐐮𐐻 𐐹𐑉𐐨𐐽𐐻 𐐻𐐭 𐑄𐐯𐑋 𐐱𐑌 𐑄 𐐲𐑉𐑃, 𐐰𐑌𐐼 𐐶𐐮𐑊, 𐑃𐑉𐐭 𐐐𐐮𐑋, 𐑄 𐐀𐑊𐐴𐐲𐑅, 𐐱𐑉 𐑉𐐲𐑅𐐻𐐱𐑉𐐲𐑉, 𐐺 𐑀𐐰𐑄𐐲𐑉𐐼 𐐲𐑀𐐯𐑌 𐐻𐐭 𐑄𐐯𐑉 𐐬𐑌 𐑊𐐰𐑌𐐼.

“𐐒 𐐮𐐻 𐑌𐐬𐑌 𐐲𐑌𐐻𐐭 𐐷𐐭 𐐫𐑊, 𐐰𐑌𐐼 𐐻𐐭 𐐫𐑊 𐑄 𐐹𐐨𐐹𐐲𐑊 𐐲𐑂 𐐆𐑆𐑉𐐲𐑊, 𐑄𐐰𐐻 𐐺𐐴 𐑄 𐑌𐐩𐑋 𐐲𐑂 𐐖𐐨𐑆𐐲𐑅 𐐗𐑉𐐴𐑅𐐻 𐐲𐑂 𐐤𐐰𐑆𐐲𐑉𐐯𐑃, 𐐸𐐭𐑋 𐐷𐐨 𐐿𐑉𐐭𐑅𐐮𐑁𐐴𐐼, 𐐸𐐭𐑋 𐐘𐐱𐐼 𐑉𐐩𐑆𐐼 𐑁𐑉𐐲𐑋 𐑄 𐐼𐐯𐐼, 𐐨𐑂𐐲𐑌 𐐺𐐴 𐐸𐐮𐑋 𐐼𐐲𐑃 𐑄𐐮𐑅 𐑋𐐰𐑌 𐑅𐐻𐐰𐑌𐐼 𐐸𐐨𐑉 𐐺𐐲𐑁𐐱𐑉 𐐷𐐭 𐐸𐐬𐑊. 𐐜𐐮𐑅 𐐮𐑆 𐑄 𐑅𐐻𐐬𐑌, 𐐸𐐶𐐮𐐽 𐐶𐐲𐑆 𐑅𐐯𐐻 𐐰𐐻 𐑌𐐱𐐻 𐐲𐑂 𐐷𐐭 𐐺𐐮𐑊𐐼𐐲𐑉𐑆, 𐐸𐐶𐐮𐐽 𐐮𐑆 𐐺𐐲𐐿𐐲𐑋 𐑄 𐐸𐐯𐐼 𐐲𐑂 𐑄 𐐿𐐱𐑉𐑌𐐲𐑉. 𐐤𐐴𐑄𐐲𐑉 𐐮𐑆 𐑄𐐯𐑉 𐑅𐐰𐑊𐑂𐐩𐑇𐐲𐑌 𐐮𐑌 𐐯𐑌𐐨 𐐲𐑄𐐲𐑉: 𐑁𐐱𐑉 𐑄𐐯𐑉 𐐮𐑆 𐑌𐐲𐑌 𐐲𐑄𐐲𐑉 𐑌𐐩𐑋 𐐲𐑌𐐼𐐲𐑉 𐐸𐐯𐑂𐐲𐑌 𐑀𐐮𐑂𐐲𐑌 𐐲𐑋𐐲𐑍 𐑋𐐯𐑌, 𐐸𐐶𐐯𐑉𐐺𐐴 𐐶𐐨 𐑋𐐲𐑅𐐻 𐐺 𐑅𐐩𐑂𐐼.”—𐐈𐐿𐐻𐑅 4:10–12.

“𐐒𐐲𐐻 𐐸𐐨 (𐐝𐐻𐐨𐑂𐐲𐑌), 𐐺𐐨𐐮𐑍 𐑁𐐳𐑊 𐐲𐑂 𐑄 𐐐𐐬𐑊𐐨 𐐘𐐬𐑅𐐻, 𐑊𐐳𐐿𐐻 𐐲𐐹 𐑅𐐻𐐯𐐼𐑁𐐰𐑅𐐻𐑊𐐨 𐐮𐑌𐐻𐐭 𐐸𐐯𐑂𐐲𐑌, 𐐰𐑌𐐼 𐑅𐐫 𐑄 𐑀𐑊𐐬𐑉𐐨 𐐲𐑂 𐐘𐐱𐐼, 𐐰𐑌𐐼 𐐖𐐨𐑆𐐲𐑅 𐑅𐐻𐐰𐑌𐐼𐐮𐑍 𐐱𐑌 𐑄 𐑉𐐴𐐻 𐐸𐐰𐑌𐐼 𐐲𐑂 𐐘𐐱𐐼, 𐐰𐑌𐐼 𐑅𐐯𐐼, 𐐒𐐲𐐸𐐬𐑊𐐼, 𐐌 𐑅𐐨 𐑄 𐐸𐐯𐑂𐐲𐑌𐑆 𐐬𐐹𐐲𐑌𐐼, 𐐰𐑌𐐼 𐑄 𐐝𐐲𐑌 𐐲𐑂 𐑋𐐰𐑌 𐑅𐐻𐐰𐑌𐐼𐐮𐑍 𐐱𐑌 𐑄 𐑉𐐴𐐻 𐐸𐐰𐑌𐐼 𐐲𐑂 𐐘𐐱𐐼.”—𐐈𐐿𐐻𐑅 7:55, 56.

“𐐜 𐐹𐑊𐐩𐑅 𐐲𐑂 𐑄 𐑅𐐿𐑉𐐮𐐹𐐽𐐲𐑉 𐐸𐐶𐐮𐐽 𐐸𐐨 𐑉𐐯𐐼 𐐶𐐲𐑆 𐑄𐐮𐑅, 𐐐𐐨 𐐶𐐲𐑆 𐑊𐐯𐐼 𐐰𐑆 𐐪 𐑇𐐨𐐹 𐐻𐐭 𐑄 𐑅𐑊𐐫𐐻𐐲𐑉, 𐐰𐑌𐐼 𐑊𐐴𐐿 𐐪 𐑊𐐰𐑋 𐐼𐐲𐑋 𐐺𐐲𐑁𐐱𐑉 𐐸𐐮𐑆 𐑇𐐮𐑉𐐲𐑉, 𐑅𐐬 𐐬𐐹𐐲𐑌𐐼 𐐸𐐨 𐑌𐐱𐐻 𐐸𐐮𐑆 𐑋𐐵𐑃: 𐐮𐑌 𐐸𐐮𐑆 𐐸𐐷𐐭𐑋𐐮𐑊𐐨𐐩𐑇𐐲𐑌 𐐸𐐮𐑆 𐐾𐐲𐐾𐑋𐐲𐑌𐐻 𐐶𐐲𐑆 𐐻𐐩𐐿𐐲𐑌 𐐲𐐶𐐩: 𐐰𐑌𐐼 𐐸𐐭 𐑇𐐰𐑊 𐐼𐐲𐐿𐑊𐐯𐑉 𐐸𐐮𐑆 𐐾𐐯𐑌𐐲𐑉𐐩𐑇𐐲𐑌? 𐑁𐐱𐑉 𐐸𐐮𐑆 𐑊𐐴𐑁 𐐮𐑆 𐐻𐐩𐐿𐐲𐑌 𐑁𐑉𐐲𐑋 𐑄 𐐲𐑉𐑃.”—𐐈𐐿𐐻𐑅 8:32, 33.

“𐐓𐐩𐐿 𐐸𐐨𐐼 𐑄𐐯𐑉𐑁𐐱𐑉 𐐲𐑌𐐻𐐭 𐐷𐐬𐑉𐑅𐐯𐑊𐑂𐑆, 𐐰𐑌𐐼 𐐻𐐭 𐐫𐑊 𐑄 𐑁𐑊𐐱𐐿 𐐬𐑂𐐲𐑉 𐑄 𐐸𐐶𐐮𐐽 𐑄 𐐐𐐬𐑊𐐨 𐐘𐐬𐑅𐐻 𐐸𐐰𐑃 𐑋𐐩𐐼 𐐷𐐭 𐐬𐑂𐐲𐑉𐑅𐐨𐑉𐑆, 𐐻𐐭 𐑁𐐨𐐼 𐑄 𐐽𐐲𐑉𐐽 𐐲𐑂 𐐘𐐱𐐼, 𐐸𐐶𐐮𐐽 𐐸𐐨 𐐸𐐰𐑃 𐐹𐐲𐑉𐐽𐐲𐑅𐐻 𐐶𐐮𐑄 𐐸𐐮𐑆 𐐬𐑌 𐐺𐑊𐐲𐐼.”—𐐈𐐿𐐻𐑅 20:28.

“𐐜 𐑌𐐯𐐿𐑅𐐻 𐐼𐐩 𐐖𐐱𐑌 𐑅𐐨𐑃 𐐖𐐨𐑆𐐲𐑅 𐐿𐐲𐑋𐐮𐑍 𐐲𐑌𐐻𐐭 𐐸𐐮𐑋, 𐐰𐑌𐐼 𐑅𐐩𐑃, 𐐒𐐲𐐸𐐬𐑊𐐼 𐑄 𐐢𐐰𐑋 𐐲𐑂 𐐘𐐱𐐼, 𐐸𐐶𐐮𐐽 𐐻𐐩𐐿𐐲𐑃 𐐲𐐶𐐩 𐑄 𐑅𐐮𐑌 𐐲𐑂 𐑄 𐐶𐐲𐑉𐑊𐐼!”—𐐖𐐱𐑌 1:29.

“Ƿоф ɵƪ флв вɪнd, лнd ωгэ bоф ŋ гв ɣ ώƪоф϶ гв Ѳәd; ваɪи ςгвŋɪрфd рф϶ƪ϶ вф фɪ6 ώфєв, ʟфѳ ɣ фгdʌэɪbгн ɣлŋ ɪ6 ɪн Ѡффвŋ Ͼ϶6гв: фѳэ Ѳәd флʟ вʌŋ рофʟ ŋѳ в ɵ ˥фоɪɪbәєbгн, ʟфѳ рєʟ ɪн фɪ6 вƪгd, ŋѳ dгѡƪʌф фɪ6 ффсгвнгв роф ɣ фгэɪbгн гв вɪн6 ɣлŋ ɵф ˥лвŋ, ʟфѳ ɣ рофвʌфгнв гв Ѳәd.”—Фоэгн6 3:23–25.

“Ɜгŋ роф гв ɵƪвɵ, ŋѳ фѳэ ɪŋ bлƪ в ɪэ˥ѵѳŋгd, ɪр ωә вгƪәв ɵн фɪэ ɣлŋ фєбd гт Ͼ϶6гв ȯф Ɩофd рфгэ ɣ dʌd, фѳ ωг6 dгƪɪвгфd роф ȯф гɼʌнвг6, лнd ωг6 фєбd гώʌн роф ȯф ςгвŋɪрɪωәєbгн.”—Фоэгн6 4:24, 25.

“Ɜгŋ Ѳәd ωгэʌнdгʟ фɪ6 ƪгв ŋгωофd гв, ɪн ɣлŋ фωфƪ ωә ωгф ѵʌŋ вɪнгф6, Ѡффвŋ dфd роф гв. Ͻгс эоф ɣʌн, ваɪи нȯ ςгвŋɪрфd вф фɪ6 вƪгd, ωә bлƪ в вєвd рфгэ флʟ ʟфѳ фɪэ. Ƿоф ɪр, фωʌн ωә ωгф ʌнгэә6, ωә ωгф фʌωгнвфƪd ŋѳ Ѳәd вф ɣ dʌʟ гв фɪ6 Ȣгн; эгс эоф, ваɪи фʌωгнвфƪd, ωә bлƪ в вєвd вф фɪ6 ƪфр. Ɉнd нәŋ онƪә вɵ, вгŋ ωә ɵƪвɵ ςоɪ ɪн Ѳәd, ʟфѳ ȯф Ɩофd Ͼ϶6гв Ѡффвŋ, вф фѳэ ωә флв нȯ фгвәвd ɣ гŋонэгнŋ. Фωʌфроф л6 вф ωгн элн вɪн ʌнŋгфd ɪнŋѳ ɣ ωгфƪd, лнd dʌʟ вф вɪн; лнd вɵ dʌʟ ˥лвŋ гтвн ɵƪ эʌн, роф ɣлŋ ɵƪ флв вɪнd.”—Фоэгн6 5:8–12.

“Ƿоф Ф dгƪɪвгфd гнŋѳ ѵѳ ргфвŋ гв ɵƪ ɣлŋ фωɪс Ф ɵƪвɵ фгвәвd, фȯ ɣлŋ Ѡффвŋ dфd роф ȯф вɪн6 гωɵфdɪи ŋѳ ɣ вωфɪтсгф6. Ɉнd ɣлŋ фә ωг6 вʌфәd, лнd ɣлŋ фә фо6 гώʌн ɣ ʟгфd dє гωɵфdɪи ŋѳ ɣ вωфɪтсгф6: лнd ɣлŋ фә ωг6 вән гв Ȣәрг6, ɣʌн гв ɣ ŋωʌƪв: лрŋгф ɣлŋ, фә ωг6 вән гв гвгв рфв фгнdфгd вфʌɣфгн лŋ ωгнв; гв фѳэ ɣ ώфєŋгф ˥әфŋ фгэєн гнŋѳ ɣɪв ˥фʌ6гнŋ, вгŋ вгэ ɵф рɵƪгн гвƪәт. Ɉрŋгф ɣлŋ, фә ωг6 вән гв Ͼєә6; ɣʌн гв ɵƪ ɣ гтәвгƪ6. Ɉнd ƪлвŋ гв ɵƪ фә ωг6 вән гв эә ɵƪвɵ, л6 гв ωгн вɵфн ȯŋ гв dѳ ŋфэ. Ƿоф Ф лэ ɣ ƪәвŋ гв ɣ гтәвгƪ6, ɣлŋ лэ нәŋ эәŋ ŋѳ в ωɵƪd лн гтәвгƪ, вгωг6 Ф ˥гфвгωѵѳŋгd ɣ сгфс гв Ѳәd.”—1 Ѡгфɪнʟәгн6 15:3–9.

“Ʈѳ ɣ ˥фє6 гв ɣ ώƪоф϶ гв фɪ6 ώфєв, фωʌфɪн фә флʟ эєd гв гωвʌтŋгd ɪн ɣ Ɜгƪгвгd: ɪн фѳэ ωә флв фгdʌэɪbгн ʟфѳ фɪ6 вƪгd, ɣ ргфώɪвгнв гв вɪн6, гωɵфdɪи ŋѳ ɣ фɪсг6 гв фɪ6 ώфєв.”—Ɨрәвгн6 1:6, 7.

“Ѳɪвɪи ʟлиωв гнŋѳ ɣ Ƿәɣгф, фωɪс флʟ эєd гв эәŋ ŋѳ в ˥әфŋєωгф6 гв ɣ ɪнфʌфɪŋгнв гв ɣ Ȣєнŋв ɪн ƪфŋ: фѳ флʟ dгƪɪвгфd гв рфгэ ɣ ŋәгф гв dәфωнгв, лнd флʟ ŋфлнвƪєŋгd гв ɪнŋѳ ɣ ɵɪиdгэ гв фɪ6 dɪф Ȣгн: ɪн фѳэ ωә флв фгdʌэɪbгн ʟфѳ фɪ6 ɐ]ɾd, əвɾɴ ɣ pɾфὠɨвɴɾɐ ɾв ɐɨɴ6: φѻ ɨ6 ɣ ɨɔɾϛ ɾв ɣ ɨɴвɨ6ɨɐɾ] Ѡэd, ɣ pɾфɐ]-ɐѳфɴ ɾв ɹвфə ωфəcɾф....Ɉɴd φə ɨ6 ɣ φɹd ɾв ɣ ɐэdə, ɣ cɾфc: φѻ ɨ6 ɣ ɐɾὠɨɴɨи, ɣ pɾфɐ]ɐѳфɴ pфɾɔ ɣ dɹd; ɣɹ] ɨɴ ѳ] ʟɨи6 φə ɔф] φɹв ɣ ɿфə-ɹɔɨɴɾɴɐ. Pѳф ɨ] ɿ]əбd ɣ Pэɣɾф ɣɹ] ɨɴ φɨɔ bqd ѳ] pq]ɴɾɐ dωɹ]; ɹɴd, φɹвɨи ɔɛd ɿэɐ ʟфѻ ɣ ɐ]ɾd ɾв φɨ6 ωфѳɐ, ɐф φɨɔ ]ѻ фɹωɾɴɐф] ѳ] ʟɨи6 ɾɴ]ѻ φɨɔɐɹ]p; ɐф φɨɔ, Ф ɐɛ, φωɹɣɾф ɣɛ ɐ ʟɨи6 ɨɴ ɾфʟ, ѳф ʟɨи6 ɨɴ φɹвɾɴ."—Ѡɾ]эbɾɴ6 1:12–15, 18–20.

Pфɾɔ ɣ ɾɐɾв ɿɹɐɾϛ ωə ]ɾфɴ ɣɹ] ȯф фɾdɹɔɿbɾɴ ɨ6 ɾɐ]ɛɴd ʟфѻ ɣ ɐ]ɾd ɾв Ϙə6ɾɐ; ɣɹ] Ψə ɨ6 ɨɴ ɣ ɨɔɾϛ ɾв Ѡэd; ɾὠɹɴ, ɣɹ] Ψə ɨ6 "ɣ pɾфɐ]ɐѳфɴ ɾв ɹвфə ωфəcɾф;" ѳ]ɐѳ ɣɹ] Ψə ɨ6 "ɣ pɾфɐ]-ɐѳфɴ pфɾɔ ɣ dɹd;" ɹɴd pɾфɣɾфɔѳф, ɣɹ] Ψə ɐ]ɹɴd6 ɿфəɹɔɨɴɾɴ] ɹ6 ɣ фɹɿфɾ6ɹɴ]ɾ]ɨв ɾв Ѡэd ɨɴ ɣ ɨɴ]ɾфɾвɐ]э ɾв φɅѻɔɹɴɨ]э ɿɾф]ɛɴɨи ]ѻ ɣɨɐ ωɾф]d, ѳф ɣ ωɾф]d φωɨc ɨ6 ]ѻ ωɾɔ, ɹɴd ɣɹ] Ψə ɨ6 ɣ φɹd ɾв ɣ Cɾфc, ɣ Ѡфɹɴd Ɔədəɾɔ ʟфѻ φωɨc ѳ] ɐ]ɹвɨи6 p]ѳ ]ѻ ɣ φɅѻɔɾɴ pɹɔ]э.

"Ɐɾωɹф ]ɹв] ɹɴə ɔɹɴ вɔѳɨ] Ʌѻ ʟфѻ pɨ]эвɨpə ɹɴd вɛɴ dɾвэ], ɹp]ɾф ɣ ]фɾdɨbɾɴ ɾв ɔɹɴ, ɹp]ɾф ɣ фѻdɨɔɾɴ]ɐ ɾв ɣ ωɾф]d, ɹɴd ɴэ] ɹp]ɾф Ѡффɐ]. Pѳф ɨɴ φɨɔ dωɹ]ɾʟ ѳ] ɣ pq]ɴɾɐ ɾв ɣ Ѡэdφɹd ɐэd]]э. Ɉɴd Ʌə эф ωɾɔ]]э] ɨɴ φɨɔ, φωɨc ɨ6 ɣ φɹd ɾв ѳ] ɿфɨɴвɨɿɹ]ɨ]э ɹɴd ɿэ̇ɾф."—Ѡɾ]эbɾɴ6 2:8–10.

"Pѳф ɣɹф ɨ6 ωɾɴ Ѡэd, ɹɴd ωɾɴ ɔədəɛ]ɾф ɐɾ]ωəɴ Ѡэd ɹɴd ɔɹɴ, ɣ ɔɹɴ Ѡффɐ] Ϙə6ɾɐ; φѻ ὠɛв φɨɔɐɹ]p э фɹɴвɾɔ pѳф ѳ], ]ѻ ɐ ]ɹɐ]ɨpфd ɨɴ dѻ ]фɔ."—1 Ɫɨɔɾʟə 2:5, 6.

"Pѳф ɾɴ]ѻ φωɨc ɾв ɣ ɛɴϛɾ]6 ɐɹd φə ɹ] ɹɴə ]фɔ, Ɣȯ эф] ɔф Ȣɾɴ, ɣɨɐ dɛ φɹв Ф ɐɾὠѳ]ɾɴ ɣ? Ɉɴd ɾὠɹɴ, Ф ωɨ] ɐ ]ѻ φɨɔ э Pэɣɾф, ɹɴd φə bɹ] ɐ ]ѻ ɔə э Ȣɾɴ? Ɉɴd ɾὠɹɴ, φωɹɴ φə ɐфɨиɾʟ ɨɴ ɣ pɾфɐ]-ɐɾὠѳ]ɾɴ ɨɴ]ѻ ɣ ωɾф]d, φə вɛɾʟ, Ɉɴd ]ɹ] ѳ] ɣ ɛɴϛɾ]6 ɾв Ѡэd ωɾфbɨ] φɨɔ."—Ψəɐфѻ6 1:5, 6.

"Ɣȯ φɹв] ɿq] ѳ] ʟɨи6 ɨɴ вɾɐϛɹωbɾɴ ɾɴdɾф φɨ6 pə]. Pѳф ɨɴ ɣɹ] φə ɿq] ѳ] ɨɴ вɾɐϛɹωbɾɴ ɾɴdɾф φɨɔ, φə ]ɹp] ɴɾʟɨи ɣɹ] ɨ6 ɴэ] ɿq] ɾɴdɾф φɨɔ. Ɐɾ] ɴȯ ωə вə ɴэ] Ʌɹ] ѳ] ʟɨи6 ɿq] ɾɴdɾф φɨɔ: ɐɾ] ωə вə Ϙə6ɾɐ, φѻ ωɾ6 ɔɛd э ]ɨ]ɾ] ]ѳɾф ɣɹɴ ɣ ɛɴϛɾ]6 pѳф ɣ вɾpɾфɨи ɾв dɹʟ, ωфȯɴd ωɨɣ ὠ]ѳфə ɹɴd эɴɾф; ɣɹ] φə ɐф ɣ ὠфɛв ɾв Ѡэd bqd ]ɛв] dɹʟ pѳф ɹвфə ɔɹɴ. Pѳф ɨ] ɐɾωɛɔ φɨɔ, pѳф φѻɔ эф ѳ] ʟɨи6, ɹɴd ɐф φѻɔ эф ѳ] ʟɨи6, ɨɴ ɐфɨɴɨи ɔɹɴə вɾɴ6 ɾɴ]ѻ ὠ]ѳфə, ]ѻ ɔɛω ɣ Ѡɹɿ]ɾɴ ɾв ɣɹф вɹ]вɛbɾɴ ɿɾфpɾɾω] ʟфѻ вɾpɾфɨи6."—Ψəɐфѻ6 2:8–10.

Ѱɪɸ ωə ɸɹɞ вʁɔɩɪи вɐd ʁв ɣ ɸʁвʁɪɞ ʁɷɸɸɪи ɭ0 ɣ Фʁdəɔʁɸ Ѱɪɔвɹɪp, ɩɸ0 Ѱɪ6 вʁʁɸɪи6 ɹɴd dɹɩ. Ѱə вɪɹɴd6 ɴɹωвɭ ɭ0 ɣ Pəɣʁɸ, "ɹɴd ɪ6 оɴ ɣ ɸɸɭ ɸɹɴd ʁв Ѡəd; ɛɴɕʁɭ6 ɹɴd ʁɩоɸɪɭə6 ɹɴd ɭόʁɸ6 вəɪи ɔɛd вʁвɕɹωɭ ʁɴɭ0 ɸɪɔ." (1 Ʇəɪʁɸ 3:22.) Θɸ ɹ6 Ѱə ɹɭвɸωɹɸ вɐ6 ʁв Ѱɪɔвɹɪp, "Θɭ ɭόʁɸ ɪ6 ώɪвʁɴ ʁɴɭ0 ɔə, ɪɴ ɸɹвʁɴ ɹɴd ɪɴ ʁɸɩ." Ɐɴd ʁώɹɴ, ɪɭ ɪ6 ɸɪɭʁɴ ɣɹɭ Ѱə "pʁɸɹвʁɸ вɹɭ dόɴ оɴ ɣ ɸɸɭ ɸɹɴd ʁв Ѡəd; pɸʁɔ ɸɹɴвpоɸɩ ɪωвɭɹωɭɪи ɭɪ ɸɪ6 ɹɴʁɔə6 в ɔɛd ɸɪ6 pɥɭвɭоɭ;" ɹɴd "ɣɹɭ ɹɭ ɣ ɴɛɔ ʁв Ϛə6ʁв ɹвɸə ɴə bɹɭ вό, ʁв ɩɪи6 ɪɴ ɸɹвʁɴ, ɹɴd ɩɪи6 ɪɴ ʁɸɩ, ɹɴd ɩɪи6 ʁɴdʁɸ ɣ ʁɸɩ; ɹɴd ɣɹɭ ɹвɸə ɭʁи bɥd ωʁɴpɹв ɣɹɭ Ϛə6ʁв Ѡɸɸвɭ ɪ6 Ɩоɸd, ɭ0 ɣ ώɭоɸə ʁв Ѡəd ɣ Pəɣʁɸ." (Pɥɪɪтəʁɴ6 2:10, 11.)

"Pоɸ вʁɕ ɹɴ ɸɸ ɭɸəвɭ вʁωɛɔ ʁв, ɸ0 ɪ6 ɸоɭə, ɸəɸɔɪʁв, ʁɴdʁpɸɭd, вɹɭɪʁɸɪɭ pɸʁɔ вɪɴʁɸ6, ɹɴd ɔɛd ɸɸʁɸ ɣɹɴ ɣ ɸɹвʁɴ6; ɸ0 ɴədʁɩ ɴəɭ dɛɭə, ɹ6 ɣо6 ɸɸ ɭɸəвɭв, ɭ0 оpʁɸ ʁɭ вɹωɸɪpɸв, pʁɸвɭ pоɸ ɸɪ6 оɴ вɪɴ6, ɹɴd ɣɹɴ pоɸ ɣ ɭəɭʁɭ'6: pоɸ ɣɪв ɸə dɪd ωʁɴв, ɸωɹɴ ɸə оpʁɸd ʁɭ ɸɪɔвɹɪp. Pоɸ ɣ ɭо ɔɛωʁɩ ɔɹɴ ɸɸ ɭɸəвɭв ɸωɪɕ ɸɹв ɪɴʁɸɔɪɭə; вʁɭ ɣ ωʁɸd ʁв ɣ оɩ, ɸωɪɕ ωʁ6 вɪɴв ɣ ɭо, ɔɛωʁɩ ɣ Ɐʁɴ, ɸ0 ɪ6 ωəɴвʁωɸɛɭʁd pʁɸɹвʁɸɔоɸ."—Ѱəвɸ06 7:26–28.

Ѵɹɸ ɪ6 вʁɔɩɪи ɭʁωɑоɭɑʁɸ ɭʁɸɭɛɴɪи ɭ0 ɣ ɪωвɭɸɹbʁɴ ɸɪɸ ɑоəd, "pʁɸɹвʁɸɔоɸ," ɸωɪɕ ɔɹɴpɹвɭɭə ɪώ6ɪвɭв ɹɴ əɭʁɸɪʁɭ ɭɸɪɴвɪɭʁɭ. Ѡə pɸɴd ɣ вɛɔ ɪωвɭɸɹbʁɴ (ɹ6 ɹɭвɸωɹɸ ʁɭоdʁd ɭ0) ɪɴ ɣ Ɪʁɸɭ ʁв Ѡɸɛɭ Ɪɸɸв. Ɩ0 Ɐdʁɔ ɪɭ ωʁ6 вɐd, "Ѵό bɹɭɭ d0 оɭ ɣɹɭ ɣό dоʁвɭ, ɪɴ ɣ ɴɛɔ ʁв ɣ Ɐʁɴ. Ɐɴd ɣό bɹɭɭ ɸʁɭɹɴɭ, ɹɴd ωоɭ ʁɭəɴ Ѡəd, ɪɴ ɣ ɴɛɔ ʁв ɣ Ɐʁɴ pʁɸɹвʁɸɔоɸ." Ѵ вɛɔ ɭɸɪɴвɪɭʁɭ ωʁɴɭɪɴɑоd воɩ оɴ ɣ Ɛ6ɹɭɪω ɹɴd оɴ ɣɪв ωəɴɭɪʁɴɭ; ɹɴd ωʁ6 ɸɹωʁώɴɸəd вɸ оɭ ɔɹɴ ʁв Ѡəd ɸоɭdɪи ɣ Ͻɹɭɕɪ6ʁdɹω Ɪɸəвɭɸɥd, ɹɴd ωɪɭ в ɸɹωʁώɴɸəd ɩɸ0ό оɭ ɭɸɔ ʁɴɭɪ ɣ pɸɴʁɭ ωəɴвʁɔɛbʁɴ ʁв оɭ ɩɪи6, ɸωɹɴ ɹвɸə ɴə bɹɭ вό, ɹɴd ɹвɸə ɭʁи ωʁɴpɹв ɣɹɭ Ϛə6ʁв ɪ6 ɣ Ѡɸɸвɭ, ɭ0 ɣ ώɭоɸə ʁв Ѡəd, ɣ Pəɣʁɸ.

"ɴɸɣʁɸ вɸ ɣ вɭʁd ʁв ώоɭв ɹɴd ωɹв6, вʁɭ вɸ ɸɪ6 оɴ вɭʁd, ɸə ɹɴɭʁɸd ɪɴ ωʁɴв ɪɴɭ0 ɣ ɸоɭə ɭɛв, ɸɹвɪи ʁвɭɛɴd əɭʁɸɪʁɭ ɸʁdɹɔɭbʁɴ pоɸ ʁв. Pоɸ ɪp ɣ вɭʁd ʁв вɥɭ6 ɹɴd ʁв ώоɭв, ɹɴd ɣ ɹbʁ6 ʁв ɹɴ ɸɹpʁɸ вɭɸɪиωɭɪи ɣ ʁɴωɭоɹɴ, вɹиωɭɪpɸɩ ɭ0 ɣ ɭɑɥɸɪpɸɪи ʁв ɣ pɭɹb: ɸό ɔʁɕ ɔоɸ bɹɭ ɣ вɭʁd ʁв Ѡɸɸвɭ, ɸ0 ɩɸ0 ɣ əɭʁɸɪʁɭ вɭɪɸɪɭ оpʁɸd ɸɪɔвɹɪp ωɪɩό вɭвɭ ɭ0 Ѡəd, ɭʁɸɕ ɑоɸ ωəɴbʁɴв pɸʁɔ dɹd ωʁɸωв ɭ0 вʁɸв ɣ ɭɪвɪи Ѡəd?…Ɐɴd 𐐫𐑊𐑋𐐬𐑅𐐻 𐐫𐑊 𐑃𐐮𐑍𐑆 𐐪𐑉 𐐺𐐴 𐑄 𐑊𐐫 𐐹𐐲𐑉𐐾𐐼 𐐶𐐮𐑄 𐐺𐑊𐐲𐐼; 𐐰𐑌𐐼 𐐶𐐮𐑃𐐵𐐻 𐑇𐐯𐐼𐐮𐑍 𐐲𐑂 𐐺𐑊𐐲𐐼 𐐮𐑆 𐑌𐐬 𐑉𐐲𐑋𐐮𐑇𐐲𐑌."—𐐐𐐨𐐺𐑉𐐭𐑆 9:12–14, 22.

"𐐒𐐴 𐑄 𐐸𐐶𐐮𐐽 𐐶𐐮𐑊 𐐶𐐨 𐐪𐑉 𐑅𐐰𐑍𐐿𐐻𐐮𐑁𐐴𐐼 𐑃𐑉𐐭 𐑄 𐐫𐑁𐐲𐑉𐐮𐑍 𐐲𐑂 𐑄 𐐺𐐫𐐼𐐨 𐐲𐑂 𐐖𐐨𐑆𐐲𐑅 𐐗𐑉𐐴𐑅𐐻 𐐶𐐲𐑌𐑅 𐑁𐐫𐑉 𐐫𐑊. 𐐈𐑌𐐼 𐐯𐑂𐑉𐐨 𐐹𐑉𐐨𐑅𐐻 𐑅𐐻𐐰𐑌𐐼𐐲𐑃 𐐼𐐩𐑊𐐨 𐑋𐐮𐑌𐐮𐑅𐐻𐐲𐑉𐐮𐑍 𐐰𐑌𐐼 𐐫𐑁𐐲𐑉𐐮𐑍 𐐫𐑁𐐲𐑌𐐻𐐴𐑋𐑆 𐑄 𐑅𐐩𐑋 𐑅𐐰𐐿𐑉𐐮𐑁𐐴𐑅𐐲𐑆, 𐐸𐐶𐐮𐐽 𐐿𐐰𐑌 𐑌𐐯𐑂𐐲𐑉 𐐻𐐩𐐿 𐐲𐐶𐐩 𐑅𐐮𐑌𐑆: 𐐺𐐲𐐻 𐑄𐐮𐑅 𐑋𐐰𐑌, 𐐰𐑁𐐻𐐲𐑉 𐐸𐐨 𐐸𐐰𐐼 𐐫𐑁𐐲𐑉𐐼 𐐶𐐲𐑌 𐑅𐐰𐐿𐑉𐐮𐑁𐐴𐑅 𐑁𐐫𐑉 𐑅𐐮𐑌𐑆, 𐑁𐐲𐑉𐐯𐑂𐐲𐑉 𐑅𐐰𐐻 𐐼𐐵𐑌 𐐫𐑌 𐑄 𐑉𐐴𐐻 𐐸𐐰𐑌𐐼 𐐲𐑂 𐐘𐐪𐐼: 𐑁𐑉𐐲𐑋 𐐸𐐯𐑌𐑅𐑁𐐫𐑉𐑃 𐐮𐐿𐑅𐐹𐐯𐐿𐐻𐐮𐑍 𐐻𐐮𐑊 𐐸𐐮𐑆 𐐯𐑌𐐲𐑋𐐨𐑆 𐐺 𐑋𐐩𐐼 𐐸𐐮𐑆 𐑁𐐳𐐻𐑅𐐻𐐭𐑊. 𐐙𐐫𐑉 𐐺𐐴 𐐶𐐲𐑌 𐐫𐑁𐐲𐑉𐐮𐑍 𐐸𐐨 𐐸𐐰𐑃 𐐹𐐲𐑉𐑁𐐯𐐿𐐻𐐲𐐼 𐑁𐐲𐑉𐐯𐑂𐐲𐑉 𐑄𐐯𐑋 𐑄𐐰𐐻 𐐪𐑉 𐑅𐐰𐑍𐐿𐐻𐐮𐑁𐐴𐐼."—𐐐𐐨𐐺𐑉𐐭𐑆 10:10–14.

𐐃𐑉, 𐐰𐑆 𐑄 𐑃𐐲𐑉𐐻𐐨𐑌𐑃 𐐰𐑌𐐼 𐑁𐐫𐑉𐐻𐐨𐑌𐑃 𐑂𐐲𐑉𐑅𐐲𐑆 𐐪𐑉 𐑉𐐯𐑌𐐼𐐲𐑉𐐼 𐐮𐑌 𐑄 𐐮𐑌𐑅𐐹𐐴𐑉𐐼 𐐻𐑉𐐰𐑌𐑆𐑊𐐩𐑇𐐲𐑌: "𐐒𐐲𐐻 𐑄𐐮𐑅 𐑋𐐰𐑌, 𐐰𐑁𐐻𐐲𐑉 𐐸𐐨 𐐸𐐰𐐼 𐐫𐑁𐐲𐑉𐐼 𐐶𐐲𐑌 𐑅𐐰𐐿𐑉𐐮𐑁𐐴𐑅 𐑁𐐫𐑉 𐑅𐐮𐑌𐑆 𐑁𐐫𐑉 𐐯𐑂𐐲𐑉, 𐑅𐐰𐐻 𐐼𐐵𐑌 𐐫𐑌 𐑄 𐑉𐐴𐐻 𐐸𐐰𐑌𐐼 𐐲𐑂 𐐘𐐪𐐼; 𐑁𐑉𐐲𐑋 𐐸𐐯𐑌𐑅𐑁𐐫𐑉𐑃 𐐻𐐭 𐑉𐐩𐑌 𐐲𐑌𐐻𐐮𐑊 𐐸𐐮𐑆 𐐯𐑌𐐲𐑋𐐨𐑆 𐐺 𐑋𐐩𐐼 𐐸𐐮𐑆 𐑁𐐳𐐻𐑅𐐻𐐭𐑊."

"𐐆𐑊𐐯𐐿𐐻 𐐲𐐿𐐫𐑉𐐼𐐮𐑍 𐐻𐐭 𐑄 𐑁𐐫𐑉𐑌𐐫𐑊𐐲𐐾 𐐲𐑂 𐐘𐐪𐐼 𐑄 𐐙𐐪𐑄𐐲𐑉, 𐑃𐑉𐐭 𐑅𐐰𐑍𐐿𐐻𐐮𐑁𐐮𐐿𐐩𐑇𐐲𐑌 𐐲𐑂 𐑄 𐑅𐐹𐐮𐑉𐐮𐐻, 𐐲𐑌𐐻𐐭 𐐬𐐺𐐨𐐼𐐨𐐲𐑌𐑅 𐐰𐑌𐐼 𐑅𐐹𐑉𐐮𐑍𐐿𐑊𐐮𐑍 𐐲𐑂 𐑄 𐐺𐑊𐐲𐐼 𐐲𐑂 𐐖𐐨𐑆𐐲𐑅 𐐗𐑉𐐴𐑅𐐻: 𐐘𐑉𐐩𐑅 𐐲𐑌𐐻𐐭 𐐷𐐭, 𐐰𐑌𐐼 𐐹𐐨𐑅, 𐐺 𐑋𐐲𐑊𐐻𐐮𐐹𐑊𐐴𐐼.... 𐐙𐐫𐑉𐐲𐑆𐑋𐐲𐐽 𐐰𐑆 𐐷𐐨 𐑌𐐬 𐑄𐐰𐐻 𐐷𐐨 𐐶𐐲𐑉 𐑌𐐫𐐻 𐑉𐐲𐐼𐐨𐑋𐐼 𐐶𐐮𐑄 𐐿𐐲𐑉𐐲𐐹𐐻𐐮𐐺𐐲𐑊 𐑃𐐮𐑍𐑆 𐐰𐑆 𐑅𐐮𐑊𐑂𐐲𐑉 𐐰𐑌𐐼 𐑀𐐬𐑊𐐼, 𐑁𐑉𐐲𐑋 𐐷𐐫𐑉 𐑂𐐩𐑌 𐐿𐐫𐑌𐑂𐐲𐑉𐑅𐐩𐑇𐐲𐑌 𐑉𐐲𐑅𐐨𐑂𐐼 𐐺𐐴 𐐻𐑉𐐲𐐼𐐮𐑇𐐲𐑌 𐑁𐑉𐐲𐑋 𐐷𐐫𐑉 𐑁𐐪𐑄𐐲𐑉𐑆; 𐐺𐐲𐐻 𐐶𐐮𐑄 𐑄 𐐹𐑉𐐯𐑇𐐲𐑅 𐐺𐑊𐐲𐐼 𐐲𐑂 𐐗𐑉𐐴𐑅𐐻, 𐐰𐑆 𐐲𐑂 𐐩 𐑊𐐰𐑋 𐐶𐐮𐑃𐐵𐐻 𐐺𐑊𐐯𐑋𐐮𐑇 𐐰𐑌𐐼 𐐶𐐮𐑃𐐵𐐻 𐑅𐐹𐐫𐐻: 𐐸𐐭 𐑂𐐯𐑉𐐮𐑊𐐨 𐐶𐐲𐑆 𐑁𐐫𐑉𐐫𐑉𐐼𐐩𐑌𐐼 𐐺𐐲𐑁𐐫𐑉 𐑄 𐑁𐐵𐑌𐐼𐐩𐑇𐐲𐑌 𐐲𐑂 𐑄 𐐶𐐲𐑉𐑊𐐼, 𐐺𐐲𐐻 𐐶𐐲𐑆 𐑋𐐰𐑌𐐮𐑁𐐯𐑅𐐻 𐐮𐑌 𐑄𐐨𐑆 𐑊𐐰𐑅𐐻 𐐻𐐴𐑋𐑆 𐑁𐐫𐑉 𐐷𐐭."—1 𐐑𐐨𐐻𐐲𐑉 1:2, 18–20.

"𐐙𐐫𐑉 𐐗𐑉𐐴𐑅𐐻 𐐫𐑊𐑅𐐬 𐐸𐐰𐑃 𐐶𐐲𐑌𐑅 𐑅𐐲𐑁𐐲𐑉𐐼 𐑁𐐫𐑉 𐑅𐐮𐑌𐑆, 𐑄 𐐾𐐲𐑅𐐻 𐑁𐐫𐑉 𐑄 𐐲𐑌𐐾𐐲𐑅𐐻, 𐑄𐐰𐐻 𐐸𐐨 𐑋𐐴𐐻 𐐺𐑉𐐮𐑍 𐐲𐑅 𐐻𐐭 𐐘𐐪𐐼, 𐐺𐐨𐐮𐑍 𐐹𐐳𐐻 𐐻𐐭 𐐼𐐯𐑃 𐐮𐑌 𐑄 𐑁𐑊𐐯𐑇, 𐐺𐐲𐐻 𐐿𐐶𐐮𐐿𐐲𐑌𐐼 𐐺𐐴 𐑄 𐑅𐐹𐐮𐑉𐐮𐐻: 𐐺𐐴 𐐸𐐶𐐮𐐽 𐐫𐑊𐑅𐐬 𐐸𐐨 𐐶𐐯𐑌𐐻 𐐰𐑌𐐼 𐐹𐑉𐐨𐐽𐐻 𐐲𐑌𐐻𐐭 𐑄 𐑅𐐹𐐮𐑉𐐮𐐻𐑅 𐐮𐑌 𐐹𐑉𐐮𐑆𐐲𐑌; 𐐸𐐶𐐮𐐽 𐑅𐐲𐑋𐐻𐐴𐑋 𐐶𐐲𐑉 𐐼𐐮𐑅𐐬𐐺𐐨𐐼𐐨𐐲𐑌𐐻, 𐐸𐐶𐐯𐑌 𐐶𐐲𐑌𐑅 𐑄 𐑊𐐫𐑍-𐑅𐐲𐑁𐐲𐑉𐐮𐑍 𐐲𐑂 𐐘𐐪𐐼 𐐶𐐩𐐻𐐲𐐼 𐐮𐑌 𐑄 𐐼𐐩𐑆 𐐲𐑂 𐐤𐐬𐐪, 𐐸𐐶𐐴𐑊 𐑄 𐐪𐑉𐐿 𐐶𐐲𐑆 𐐩 𐐹𐑉𐐯𐐹𐐩𐑉𐐮𐑍, 𐐸𐐶𐐯𐑉𐐮𐑌 𐑁𐐷𐐭, 𐑄𐐰𐐻 𐐮𐑆, 𐐩𐐻 𐑅𐐬𐑊𐑆, 𐐶𐐲𐑉 𐑅𐐩𐑂𐐼 𐐺𐐴 𐐶𐐫𐐻𐐲𐑉. 𐐜 𐑊𐐴𐐿 𐑁𐐮𐑀𐐷𐐲𐑉 𐐸𐐶𐐯𐑉𐐲𐑌𐐻𐐭, 𐐨𐑂𐐲𐑌 𐐺𐐰𐐹𐐻𐐮𐑆𐑋, 𐐼𐐲𐑃 𐐫𐑊𐑅𐐬 𐑌𐐵 𐑅𐐩𐑂 𐐲𐑅, (𐑌𐐫𐐻 𐑄 𐐹𐐳𐐻𐐮𐑍 𐐲𐐶𐐩 𐐲𐑂 𐑄 𐑁𐐮𐑊𐑃 𐐲𐑂 𐑄 𐑁𐑊𐐯𐑇, 𐐺𐐲𐐻 𐑄 𐐰𐑌𐑅𐐲𐑉 𐐲𐑂 𐐩 𐑀𐐳𐐼 𐐿𐐫𐑌𐑇𐐲𐑌𐑅 𐐻𐐫𐑉𐐼 𐐘𐐪𐐼,) 𐐺𐐴 𐑄 𐑉𐐯𐑆𐐲𐑉𐐯𐐿𐑇𐐲𐑌 𐐲𐑂 𐐖𐐨𐑆𐐲𐑅 𐐗𐑉𐐴𐑅𐐻: 𐐸𐐭 𐐮𐑆 𐑀𐐫𐑌 𐐮𐑌𐐻𐐭 𐐸𐐯𐑂𐐲𐑌, 𐐰𐑌𐐼 𐐮𐑆 𐐫𐑌 𐑄 𐑉𐐴𐐻 𐐸𐐰𐑌𐐼 𐐲𐑂 𐐘𐐪𐐼; 𐐩𐑌𐐾𐐲𐑊𐑆, 𐐰𐑌𐐼 𐐫𐑃𐐫𐑉𐐮𐐻𐐨𐑆, 𐐰𐑌𐐼 𐐹𐐵𐐲𐑉𐑆, 𐐺𐐨𐐮𐑍 𐑋𐐩𐐼 𐑅𐐲𐐺𐐾𐐯𐐿𐐻 𐐲𐑌𐐻𐐭 𐐸𐐮𐑋."—1 𐐑𐐨𐐻𐐲𐑉 3:18–22.

"𐐜𐐮𐑅 𐑄𐐯𐑌 𐐮𐑆 𐑄 𐑋𐐯𐑅𐐲𐐾 𐐸𐐶𐐮𐐽 𐐶𐐨 𐐸𐐰𐑂 𐐸𐐲𐑉𐐼 𐐲𐑂 𐐸𐐮𐑋, 𐐰𐑌𐐼 𐐼𐐲𐐿𐑊𐐩𐑉 𐐲𐑌𐐻𐐭 𐐷𐐭, 𐑄𐐰𐐻 𐐘𐐪𐐼 𐐮𐑆 𐑊𐐴𐐻 𐐰𐑌𐐼 𐐮𐑌 𐐸𐐮𐑋 𐐮𐑆 𐑌𐐬 𐐼𐐪𐑉𐐿𐑌𐐯𐑅 𐐰𐐻 ɵ[. ɨp ωə ɞɛ ɣɹɿ ωə φɹɞ pʌ[obɨɿ ωɨɣ φɨɔ, ɹɦd ωɵω ɨɦ dəφωɦɾɞ, ωə [ɸ, ɹɦd dɷ ɦɵɿ ɣ ɿφɷʟ; ɞɾɿ ɨp ωə ωɵω ɨɦ ɣ [ɸɿ, ɹ6 φə ɨ6 ɨɦ ɣ [ɸɿ, ωə φɹɞ pʌ[obɨɿ ωɾɦ ωɨɣ ɾɦɾɣɾɸ, ɹɦd ɣ ɞ[ɾd ɾɞ Ҁəɞɾɞ Ωφɸɞɿ φɨ6 8ɾɦ ω[ʌɦ6ɾʟ ɾɞ pφɾɔ ɵ[ ɞɨɦ."—1 Ҁɵɦ 1:5–7.

"ɹɦd ɨp ʌɦə ɔɹɦ ɞɨɦ, ωə φɹɞ ɹɦ ɹdɞɾωɾɿ ωɨɣ ɣ Pɵɣɾɸ, Ҁəɞɾɞ Ωφɸɞɿ ɣ ɸɸcɾɞ: ɹɦd φə ɨ6 ɣ ɿφɷɿɨbəɛbɾɦ pɵφ ȯφ ɞɨɦ6: ɹɦd ɦɵɿ pɵφ ȯφ6 oɦ[ə, ɞɾɿ ɵ[ɞo pɵφ ɣ ɞɨɦ6 ɾɞ ɣ φo[ ωɾφ[d."—1 Ҁɵɦ 2:1, 2.

Θφ ɹ6 ɨɿ ɨ6 φɨɿɾɦ ɨɦ ɣ ɨɦɞɿɸφd ɿφɹɦ6[ɛbɾɦ, "Ɛɾɿ ɨp ʌɦə ɔɹɦ ɞɨɦ *ɹɦd ɸɾɿʌɦɿ*, ωə φɹɞ ɹɦ ɹdɞɾωɾɿ," etc.

"ɹɦd pφɾɔ Ҁəɞɾɞ Ωφɸɞɿ, φɷ ɨ6 ɣ pɛʟpɾ[ Ωɨɿɦɾɞ, ɹɦd ɣ pɾφɞɿ-ɞɾώɵɿɾɦ ɾɞ ɣ dʌd, ɹɦd ɣ Ɩφɨɦɞ ɾɞ ɣ ωɨи6 ɾɞ ɣ ɾφʟ. Ɍɦɿɷ φɨɔ ɣɹɿ [ɾɞd ɾɞ, ɹɦd ωəbɿ ɾɞ pφɾɔ ȯφ ɞɨɦ6 ɨɦ φɨ6 oɦ ɞ[ɾd."—Φʌɞɾ[ɛbɾɦ 1:5.

"Ɣə6 ʟɨи6, ɞɛɾʟ ɣ Ɛɔʌɦ, ɣ pɛʟpɾ[ ɹɦd ɿφɷ Ωɨɿɦɾɞ, ɣ ɞɾώɨɦɨи ɾɞ ɣ ωφəɛbɾɦ ɾɞ Ωəd."—Φʌɞɾ[ɛbɾɦ 3:14.

"ɹɦd φωʌɦ φə φɹd ɿɛωɾɦ ɣ ɞqω, ɣ pɵφ ɞəɞɿɞ, ɹɦd pɵφ ɹɦd ɿωʌɦɿə ʌ[dɾφ6 pʌ[ dȯɦ ɞɾpɵφ ɣ [ɹɔ, φɹɞɨи ʌɞφə ωɾɦ ɾɞ ɣʌɔ φəφɿɞ, ɹɦd ώo[dɾɦ ɞɸɾ[6 pq[ ɾɞ odɾφ6, φωɨc əφ ɣ ɿφʌφ6 ɾɞ ɞɛɦɿɞ. ɹɦd ɣɛ ɞɾи ə ɦɷ ɞɵи, ɞɛɨи, Ɣȯ əφɿ ωɾφɣə ɿɷ ɿɛω ɣ ɞqω, ɹɦd ɿɷ oɿɾɦ ɣ ɞə[6 ɣʌφɾɞ; pɵφ ɣȯ ωɾɞɿ ɞ[ɛɦ, ɹɦd φɹɞɿ φɾdəɔd ɾɞ ɿɷ Ωəd ɞɸ ɣɸ ɞ[ɾd ȯɿ ɾɞ ʌɞφə ωɨɦdφɾd, ɹɦd ɿɾи, ɹɦd ɿəɿɾ[, ɹɦd ɦɛbɾɦ; ɹɦd φɹɞɿ ɔɛd ɾɞ ɾɦɿɷ ȯφ Ωəd ωɨи6 ɹɦd ɿφəɞɿɞ: ɹɦd ωə bɹ[ φɛɦ ɵɦ ɣ ɾφʟ."—Φʌɞɾ[ɛbɾɦ 5:8–10.

Ɣɾɞ ɨɿ ωqd ɞəɔ ɣɹɿ ɣ φɾdəɔd ɾɞ ɣ [əφd pφɾɔ ɵ[ ɦɛbɾɦ6 ɹɦd ɿəɿɾ[6 əφ ɨɦdʌɿɾd ɿɷ ɣ [əφd Ҁəɞɾɞ Ωφɸɞɿ, ʟφɷ Ψɨ6 ɾɿoɦɔɾɦɿ, pɵφ ɣ ɿɾ6ɨbɾɦ ɣɹɿ ɣɛ ωɨ[ əωɤɾɿɸ ɨɦ ɣ ɞɿɛɿ ɾɞ ʌώ6ɵ[ɿɛbɾɦ φɨφ φɾpɾφd ɿɷ; ɹɦd ɨp ɣɛ əφ ɨώ6ɵ[ɿɾd ɿɷ ɞ ωɨи6 ɹɦd ɿφəɞɿɞ ɾɦɿɷ Ωəd, ɨɿ ɨ6 ʟφɷ ɣ ɵφdɨɦɾɦɞɾ6 φωɨc Ψə φɹ6 ɾɿoɨɦɿɾd pɵφ ɣ ɾωəɔɿ[ɨbɔɾɦɿ ɾɞ ɣɨɞ əɞҀʌωɿ, ɹ6 ɣ ωɸ6 ωɨ[ ɾɦdɾφɞɿɹɦd. ɹ6 φɾώəφd6 ɣ Ɛqω ɔʌɦcɾɦd ɨɦ ɣ ɾɞɾɞ ɿɹɞɾҀ, ɹɦ ʌωɞɿ[ɾɦɛbɾɦ ɣʌφɾɞ ωɨ[ ɞ pȯɦd ɨɦ ɣ Ωə ɿɷ ɣ Φʌɞɾ[ɛbɾɦ ɾɞ Ҁɵɦ.—Ɑ&Ω ɞʌωbɾɦ 77.

"ɹɦd ɨɿ ωɾ6 ώɨɞɾɦ ɾɦɿɷ φɨɔ [ɣ Ɑφɹώɾɦ] ɿɷ ɔɛω ωɵφ ωɨɣ ɣ 8ɛɦɿɞ, ɹɦd ɿɷ oɞɾφωɾɔ ɣʌɔ; ɹɦd ɿȯɾφ ωɾ6 ώɨɞɾɦ φɨɔ oɞɾφ ɵ[ ωɨɦdφɾd6, ɹɦd ɿɾи6, ɹɦd ɦɛbɾɦ6. ɹɦd ɵ[ ɣɹɿ dωʌ[ ɾɿəɦ ɣ ɾφʟ bɹ[ ωɾφbɨɿ φɨɔ, φɷ6 ɦɛɔ6 əφ ɦɵɿ φɨɿɾɦ ɨɦ ɣ ɞqω ɾɞ [ɸp ɾɞ ɣ [ɹɔ ɞ[ɛɦ pφɾɔ ɣ pȯɦdɛbɾɦ ɾɞ ɣ ωɾφ[d."—Φʌɞɾ[ɛbɾɦ 13:7, 8.

# Cᴊт]гф IV

*Ɨωв]ф-ωɿв рфɾɔ ɣ Ɬɾф[ гв Ꮗфɛ] Ɬфꝺв ᴊнd Ɨнвꝺфd Ɬфᴊнɕ[ɛbɾн гв Ꮳᴊнɾвɪв—Фᴊωɾфd гв Ↄобɾв фɾȯɵфdɪи ᴊdɾɔ, ∂нɾω, Ꮭоɾ, Ɛɐфɾφᴊɔ ᴊнd Ꮳобᴊр, ᴊнd гв ɣᴊф реʟ ɪн ɣ Ꮗɾɔɪи гв ɣ Ȣɛвчɾф*

Ɯə bᴊ][ нȯ ɪн]фɾdωв вɾɔ ᴊωв]фᴊωɿв рфɾɔ ɣ Ɬɾф[ гв Ꮗфɛ] Ɬфꝺв ᴊнd ɣ Ɨнвꝺфd Ɬфᴊнɕ[ɛbɾн гв ɣ Ȣqω гв Ꮳᴊнɾвɪв, φωɪc фɾт[ɛв вɾɔ гв ɣоб ɿɵф]в, "ɿ[ɛн ᴊнd ɔов] ɿфᴊbɾв," φωɪc ɵф вᴊd ]ω φᴊв вɪн ]ɛωɾн рфɾɔ ɣ вɾфsɾн гв ɣ Ψо[ə Ȣωфɪтcɾфб нон ᴊб Ꮗɪи Ꮳɛɔб' ɵф ɣ ɵʟɾфꝺбd вɾфsɾн. Ɣəб ᴊωв]фᴊωɿв ɵф ]ɛωɾн рфɾɔ ɣ фᴊвɾ]ɛbɾнб ᴊнd фꝺ]ɪиб гв ɣ Ɬфɵрɾ] Ꮳобᴊр Ȣɔɪʟ.

"ᴊнd Ꮗəd вгɛω ɾн]ω Ↄобɾв, вɛɪи, Ȣɾφо[d, Ꮺ ᴊɔ ɣ [ɵфd Ꮗəd Ꮎ[ɔꝺ]ə, ᴊнd ᴊнd[ɾв ɪб ɔꝺ нɛɔ; рɵф Ꮺ ᴊɔ ωɪʟȯ] вɾω̇ɪнɪи гв dɛб ɵф ᴊнd гв ᴊɪфб; ᴊнd ɪб нɵ] ɣɪв ᴊнd[ɾв? ᴊнd, вɾφо[d, ɣȯ ɵф] ɔꝺ вɾн; φωᴊфрɵф [qω, ᴊнd Ꮺ ωɪ[ bо ɣ ɣ ωɾфωɔɾнbɪт гв ɔꝺн φᴊнdб, вɾ] нɵ] ɵ[; рɵф ɔꝺ ωɾфωв ɵф ωɪʟȯ] ᴊнd, ᴊнd ɵ[во ɔꝺ ωɾфdб; рɵф ɣɛ нᴊвɾф вɵв; φωᴊфрɵф, но ɔᴊн ωᴊн вɾφо[d ɵ[ ɔꝺ ωɾфωв, ɪωвᴊт] фə вɾφо[d ɵ[ ɔꝺ ω̇[ɵфə; ᴊнd но ɔᴊн ωᴊн вɾφо[d ɵ[ ɔꝺ ω̇[ɵфə, ᴊнd ᴊр]ɾфωɾфdб фɾɔɛн ɪн ɣ р[ᴊb ɵн ɣ ɾфʟ. ᴊнd Ꮺ φᴊв ɵ ωɾфω рɵф ɣ, Ↄобɾв, ɔꝺ вɾн; ᴊнd ɣȯ ɵф] ɪн ɣ вɪɔɪ[]оd гв ɔꝺн Ꮎн[ə Ȣɾω̇ɵ]ɾн; ᴊнd ɔꝺ Ꮎн[ə Ȣɾω̇ɵ]ɾн ɪб ᴊнd bᴊ[ ɵ ɣ Ȣɛвчɾф, рɵф фə ɪб рq[ гв ω̇фɛв ᴊнd ]фɵʟ; вɾ] ɣᴊф ɪб но Ꮗəd вɾвꝺd ɔə, ᴊнd ɵ[ ʟɪнб ɵф ]фᴊбɾн] ωɪɣ ɔə, рɵф Ꮺ но ɣᴊɔ ɵ[."—Ↄобɾв 1:3–6[2].

"ᴊнd ɪн ɣᴊ] dɛ ɣ Ψо[ə Ꮗов] рᴊ[ ɾтɵн ᴊdɾɔ, φωɪc вᴊфɾʟ фᴊωɾфd гв ɣ Ƿɵɣɾф ᴊнd ɣ Ȣɾн, вɛɪи, Ꮺ ᴊɔ ɣ Ꮎн[ə Ȣɾω̇ɵ]ɾн гв ɣ Ƿɵɣɾф рфɾɔ ɣ вɾω̇ɪнɪи, φᴊнвɾɵфʟ ᴊнd рɵф ᴊвɾф, ɣᴊ] ᴊб ɣȯ φᴊв] рɵ[ɾн ɣȯ ɔɛɾв] ɵ фɾdəɔd; ᴊнd ɵ[ ɔᴊнωꝺнd, ɵвɾн ᴊб ɔᴊнə ᴊб ωɪ[."—Ↄобɾв 5:9.

"Ȣɾ] Ꮗəd φᴊʟ ɔɛd нон ɾн]ω ɵф рɵɣɾфб ɣᴊ] ɵ[ ɔᴊн ɔɾв] фɾтᴊн]. ᴊнd фə ωо[d ɾтɵн ɵф рɵɣɾф ᴊdɾɔ вꝺ фɪб ɵн вɵɪв, вɛɪи, Ꮺ ᴊɔ Ꮗəd: Ꮺ ɔɛd ɣ ωɾф[d, ᴊнd ɔᴊн вɾрɵф ɣɛ ωɾф ɪн ɣ р[ᴊb. ᴊнd фə ɵ[во вᴊd ɾн]ω фɪɔ, Ɨр ɣȯ ωɪ[ ]ɾфн ɾн]ω ɔə, ᴊнd фɵфωɾн ɾн]ω ɔꝺ вɵɪв, ᴊнd вɾ[əв, ᴊнd фɾтᴊн] гв ɵ[ ɣꝺ ]фᴊнбω̇фᴊbɾнб, ᴊнd ɵ вᴊт]ꝺбd, ɵвɾн ɪн ωɵ]ɾф, ɪн ɣ нɛɔ гв ɔꝺн

---

[2]Ɣ ɾфɪɕɪɾ[ ]ᴊωв] ]фɵdɛ]в ɣ ɔɵdɾфн вqω, cᴊт]ɾф, ᴊнd вɾфв dɪвɪsɾнб ɪн ɣ Ɬɾф[ гв Ꮗфɛ] Ɬфꝺв. Ɯə фᴊв ɾɪdɛ]ɾd ɣ вꝺ]ɛbɾнб рɵф ωωɔɛbɾнб рфɾɔ ɣ Ɬɾф[ гв Ꮗфɛ] Ɬфꝺв ᴊб ɾтфɵтфɵɛ] ]ω ɔᴊc ωɾфɾн] ]фᴊω]ɪв.—ᴊd.

𐐄𐑌𐑊𐐨 𐐒𐐲𐑀𐐱𐐻𐐲𐑌 𐐝𐐲𐑌, 𐐸𐐭 𐐮𐑆 𐑁𐐳𐑊 𐐲𐑂 𐑀𐑉𐐩𐑅 𐐰𐑌𐐼 𐐻𐑉𐐭𐑃, 𐐸𐐶𐐮𐐽 𐐮𐑆 𐐖𐐨𐑆𐐲𐑅 𐐗𐑉𐐴𐑅𐐻, 𐑄 𐐬𐑌𐑊𐐨 𐑌𐐩𐑋 𐐸𐐶𐐮𐐽 𐑇𐐰𐑊 𐐺𐐨 𐑀𐐮𐑂𐐲𐑌 𐐲𐑌𐐼𐐲𐑉 𐐸𐐯𐑂𐐲𐑌, 𐐸𐐶𐐩𐑉𐐺𐐴 𐑅𐐰𐑊𐑂𐐩𐑇𐐲𐑌 𐑇𐐰𐑊 𐐿𐐲𐑋 𐐲𐑌𐐻𐐭 𐑄 𐐽𐐮𐑊𐐼𐑉𐐯𐑌 𐐲𐑂 𐑋𐐯𐑌, 𐐷𐐨 𐑇𐐰𐑊 𐑉𐐨𐑅𐐨𐑂 𐑄 𐑀𐐮𐑁𐐻 𐐲𐑂 𐑄 𐐐𐐬𐑊𐐨 𐐘𐐬𐑅𐐻, 𐐰𐑅𐐿𐐮𐑍 𐐫𐑊 𐑃𐐮𐑍𐑆 𐐮𐑌 𐐸𐐮𐑆 𐑌𐐩𐑋, 𐐰𐑌𐐼 𐐸𐐶𐐱𐐻𐑅𐐬𐐯𐑂𐐲𐑉 𐐷𐐨 𐑇𐐰𐑊 𐐰𐑅𐐿, 𐐮𐐻 𐑇𐐰𐑊 𐐺𐐨 𐑀𐐮𐑂𐐲𐑌 𐐷𐐭. 𐐈𐑌𐐼 𐐵𐑉 𐑁𐐪𐑄𐐲𐑉 𐐈𐐼𐐲𐑋 𐑅𐐹𐐩𐐿 𐐲𐑌𐐻𐐭 𐑄 𐐢𐐫𐑉𐐼, 𐐰𐑌𐐼 𐑅𐐯𐐼, 𐐐𐐶𐐴 𐐮𐑆 𐐮𐐻 𐑄𐐰𐐻 𐑋𐐯𐑌 𐑋𐐲𐑅𐐻 𐑉𐐨𐐹𐐯𐑌𐐻 𐐰𐑌𐐼 𐐺𐐨 𐐺𐐰𐐹𐐻𐐴𐑆𐐼 𐐮𐑌 𐐶𐐫𐐻𐐲𐑉? 𐐈𐑌𐐼 𐑄 𐐢𐐫𐑉𐐼 𐑅𐐯𐐼 𐐲𐑌𐐻𐐭 𐐈𐐼𐐲𐑋, 𐐒𐐨𐐸𐐬𐑊𐐼, 𐐌 𐐸𐐰𐑂 𐑁𐐫𐑉𐑀𐐮𐑂𐐲𐑌 𐑄𐐨 𐑄𐐴 𐐻𐑉𐐰𐑌𐑅𐑀𐑉𐐯𐑇𐐲𐑌 𐐮𐑌 𐑄 𐐘𐐪𐑉𐐼𐐲𐑌 𐐲𐑂 𐐀𐐼𐐲𐑌. 𐐐𐐯𐑌𐑅 𐐿𐐩𐑋 𐑄 𐑅𐐩𐐮𐑍 𐐲𐐺𐑉𐐫𐐼 𐐲𐑋𐐲𐑍 𐑄 𐐹𐐨𐐹𐐲𐑊, 𐐜𐐰𐐻 𐑄 𐐝𐐲𐑌 𐐲𐑂 𐐘𐐱𐐼 𐐸𐐰𐑃 𐐲𐐻𐐬𐑌𐐼 𐑁𐐫𐑉 𐐫𐑉𐐮𐐾𐐮𐑌𐐲𐑊 𐑀𐐮𐑊𐐻, 𐐸𐐶𐐩𐑉𐐮𐑌 𐑄 𐑅𐐮𐑌𐑆 𐐲𐑂 𐑄 𐐹𐐩𐑉𐐯𐑌𐐻𐑅 𐐿𐐰𐑌𐐱𐐻 𐐺𐐨 𐐰𐑌𐑅𐐲𐑉𐐼 𐐲𐐹𐐱𐑌 𐑄 𐐸𐐯𐐼𐑆 𐐲𐑂 𐑄 𐐽𐐮𐑊𐐼𐑉𐐯𐑌, 𐑁𐐫𐑉 𐑄𐐩 𐐪𐑉 𐐸𐐬𐑊 𐑁𐑉𐐱𐑋 𐑄 𐑁𐐵𐑌𐐼𐐩𐑇𐐲𐑌 𐐲𐑂 𐑄 𐐶𐐲𐑉𐑊𐐼."—𐐣𐐬𐑆𐐯𐑆 6:50–54.

"𐐐𐐶𐐩𐑉𐑁𐐫𐑉 𐐻𐐨𐐽 𐐮𐐻 𐐲𐑌𐐻𐐭 𐐷𐐭𐑉 𐐽𐐮𐑊𐐼𐑉𐐯𐑌, 𐑄𐐰𐐻 𐐫𐑊 𐑋𐐯𐑌, 𐐯𐑂𐑉𐐨𐐸𐐶𐐩𐑉, 𐑋𐐲𐑅𐐻 𐑉𐐨𐐹𐐯𐑌𐐻, 𐐫𐑉 𐑄𐐩 𐐿𐐰𐑌 𐐮𐑌 𐑌𐐬 𐐶𐐴𐑆 𐐮𐑌𐐸𐐯𐑉𐐮𐐻 𐑄 𐐿𐐮𐑍𐐼𐐲𐑋 𐐲𐑂 𐐘𐐱𐐼, 𐑁𐐫𐑉 𐑌𐐬 𐐲𐑌𐐿𐑊𐐨𐑌 𐑃𐐮𐑍 𐐿𐐰𐑌 𐐼𐐶𐐯𐑊 𐑄𐐩𐑉, 𐐫𐑉 𐐼𐐶𐐯𐑊 𐐮𐑌 𐐸𐐮𐑆 𐐹𐑉𐐯𐑆𐐯𐑌𐑅; 𐑁𐐫𐑉, 𐐮𐑌 𐑄 𐑊𐐰𐑍𐑀𐐶𐐩𐐾 𐐲𐑂 𐐈𐐼𐐲𐑋, 𐐣𐐰𐑌 𐐲𐑂 𐐐𐐬𐑊𐐨𐑌𐐯𐑅 𐐮𐑆 𐐸𐐮𐑆 𐑌𐐩𐑋; 𐐰𐑌𐐼 𐑄 𐑌𐐩𐑋 𐐲𐑂 𐐸𐐮𐑆 𐐄𐑌𐑊𐐨 𐐒𐐲𐑀𐐱𐐻𐐲𐑌, 𐐮𐑆 𐑄 𐐝𐐲𐑌 𐐲𐑂 𐐣𐐰𐑌, 𐐨𐑂𐐲𐑌 𐐖𐐨𐑆𐐲𐑅 𐐗𐑉𐐴𐑅𐐻, 𐐰 𐑉𐐴𐐽𐐲𐑅 𐐖𐐲𐐾 𐐸𐐭 𐑇𐐰𐑊 𐐿𐐲𐑋 𐐮𐑌 𐑄 𐑋𐐯𐑉𐐮𐐼𐐨𐐲𐑌 𐐲𐑂 𐐻𐐴𐑋. 𐐜𐐩𐑉𐑁𐐫𐑉 𐐌 𐑀𐐮𐑂 𐐲𐑌𐐻𐐭 𐐷𐐭 𐐰 𐐿𐐲𐑋𐐰𐑌𐐼𐑋𐐯𐑌𐐻, 𐐻𐐭 𐐻𐐨𐐽 𐑄𐐨𐑆 𐑃𐐮𐑍𐑆 𐑁𐑉𐐨𐑊𐐨 𐐲𐑌𐐻𐐭 𐐷𐐭𐑉 𐐽𐐮𐑊𐐼𐑉𐐯𐑌, 𐑅𐐩𐐮𐑍, 𐐜𐐰𐐻 𐐺𐐴 𐑉𐐨𐑆𐐲𐑌 𐐲𐑂 𐐻𐑉𐐰𐑌𐑅𐑀𐑉𐐯𐑇𐐲𐑌 𐐿𐐲𐑋𐐯𐑃 𐑄 𐑁𐐫𐑊, 𐐸𐐶𐐮𐐽 𐑁𐐫𐑊 𐐺𐑉𐐮𐑍𐐯𐑃 𐐼𐐯𐑃, 𐐰𐑌𐐼 𐐮𐑌𐐰𐑆𐑋𐐲𐐽 𐐰𐑆 𐐷𐐨 𐐶𐐲𐑉 𐐺𐐫𐑉𐑌 𐐮𐑌𐐻𐐭 𐑄 𐐶𐐲𐑉𐑊𐐼 𐐺𐐴 𐐶𐐫𐐻𐐲𐑉, 𐐰𐑌𐐼 𐐺𐑊𐐲𐐼, 𐐰𐑌𐐼 𐑄 𐑅𐐹𐐮𐑉𐐮𐐻, 𐐸𐐶𐐮𐐽 𐐌 𐐸𐐰𐑂 𐑋𐐩𐐼, 𐐰𐑌𐐼 𐑅𐐬 𐐺𐐨𐐿𐐩𐑋 𐐲𐑂 𐐼𐐲𐑅𐐻 𐐰 𐑊𐐮𐑂𐐮𐑍 𐑅𐐬𐑊, 𐐨𐑂𐐲𐑌 𐑅𐐬 𐐷𐐨 𐑋𐐲𐑅𐐻 𐐺𐐨 𐐺𐐫𐑉𐑌 𐐲𐑀𐐯𐑌 𐐮𐑌𐐻𐐭 𐑄 𐐿𐐮𐑍𐐼𐐲𐑋 𐐲𐑂 𐐸𐐯𐑂𐐲𐑌, 𐐲𐑂 𐐶𐐫𐐻𐐲𐑉, 𐐰𐑌𐐼 𐐲𐑂 𐑄 𐐝𐐹𐐮𐑉𐐮𐐻, 𐐰𐑌𐐼 𐐺𐐨 𐐿𐑊𐐯𐑌𐑆𐐼 𐐺𐐴 𐐺𐑊𐐲𐐼, 𐐨𐑂𐐲𐑌 𐑄 𐐺𐑊𐐲𐐼 𐐲𐑂 𐑋𐐴𐑌 𐐄𐑌𐑊𐐨 𐐒𐐲𐑀𐐱𐐻𐐲𐑌; 𐑄𐐰𐐻 𐐷𐐨 𐑋𐐴𐐻 𐐺𐐨 𐑅𐐰𐑍𐐿𐐻𐐮𐑁𐐴𐐼 𐑁𐑉𐐱𐑋 𐐫𐑊 𐑅𐐮𐑌, 𐐰𐑌𐐼 𐐯𐑌𐐾𐐦 𐑄 𐐶𐐲𐑉𐐼𐑆 𐐲𐑂 𐐨𐐻𐐲𐑉𐑌𐐲𐑊 𐑊𐐴𐑁 𐐮𐑌 𐑄𐐮𐑅 𐐶𐐲𐑉𐑊𐐼, 𐐰𐑌𐐼 𐐨𐐻𐐲𐑉𐑌𐐲𐑊 𐑊𐐴𐑁 𐐮𐑌 𐑄 𐐶𐐲𐑉𐑊𐐼 𐐻𐐭 𐐿𐐲𐑋, 𐐨𐑂𐐲𐑌 𐐮𐑋𐐫𐑉𐐻𐐲𐑊 𐑀𐑊𐐬𐑉𐐨: 𐐙𐐫𐑉 𐐺𐐴 𐑄 𐐶𐐫𐐻𐐲𐑉 𐐷𐐨 𐐿𐐨𐐹 𐑄 𐐿𐐲𐑋𐐰𐑌𐐼𐑋𐐯𐑌𐐻; 𐐺𐐴 𐑄 𐐝𐐹𐐮𐑉𐐮𐐻 𐐷𐐨 𐐪𐑉 𐐾𐐲𐑅𐐻𐐮𐑁𐐴𐐼, 𐐰𐑌𐐼 𐐺𐐴 𐑄 𐐺𐑊𐐲𐐼 𐐷𐐨 𐐪𐑉 𐑅𐐰𐑍𐐿𐐻𐐮𐑁𐐴𐐼; 𐑄𐐰𐐻 𐐮𐑌 𐐮𐐻 𐐮𐑆 𐑀𐐮𐑂𐐲𐑌 𐐻𐐭 𐐲𐐺𐐴𐐼 𐐮𐑌 𐐷𐐭; 𐑄 𐑉𐐯𐐿𐐫𐑉𐐼 𐐲𐑂 𐐸𐐯𐑂𐐲𐑌; 𐑄 𐐗𐐲𐑋𐑁𐐲𐑉𐐻𐐲𐑉; 𐑄 𐐹𐐨𐑅𐐲𐐺𐐲𐑊 𐑃𐐮𐑍𐑆 𐐲𐑂 𐐮𐑋𐐫𐑉𐐻𐐲𐑊 𐑀𐑊𐐬𐑉𐐨; 𐑄 𐐻𐑉𐐭𐑃 𐐲𐑂 𐐫𐑊 𐑃𐐮𐑍𐑆; 𐑄𐐰𐐻 𐐸𐐶𐐮𐐽 𐐿𐐶𐐮𐐿𐐲𐑌𐐯𐑃 𐐫𐑊 𐑃𐐮𐑍𐑆, 𐐸𐐶𐐮𐐽 𐑋𐐩𐐿𐐯𐑃 𐐲𐑊𐐴𐑂 𐐫𐑊 𐑃𐐮𐑍𐑆; 𐑄𐐰𐐻 𐐸𐐶𐐮𐐽 𐑌𐐬𐐯𐑃 𐐫𐑊 𐑃𐐮𐑍𐑆, 𐐰𐑌𐐼 𐐸𐐰𐑃 𐐫𐑊 𐐹𐐵𐐲𐑉 𐐰𐐿𐐫𐑉𐐼𐐮𐑍 𐐻𐐭 𐐶𐐮𐑆𐐼𐐲𐑋, 𐑋𐐲𐑉𐑅𐐨, 𐐻𐑉𐐭𐑃, 𐐾𐐲𐑅𐐻𐐮𐑅, 𐐰𐑌𐐼 𐐾𐐲𐐾𐑋𐐯𐑌𐐻. 𐐈𐑌𐐼 𐑌𐐵, 𐐺𐐨𐐸𐐬𐑊𐐼, 𐐌 𐑅𐐩 𐐲𐑌𐐻𐐭 𐐷𐐭, 𐐜𐐮𐑅 𐐮𐑆 𐑄 𐐹𐑊𐐰𐑌 𐐲𐑂 𐑅𐐰𐑊𐑂𐐩𐑇𐐲𐑌 𐐲𐑌𐐻𐐭 𐐫𐑊 𐑋𐐯𐑌, 𐑃𐑉𐐭 𐑄 𐐺𐑊𐐲𐐼 𐐲𐑂 𐑋𐐴𐑌 𐐄𐑌𐑊𐐨 𐐒𐐲𐑀𐐱𐐻𐐲𐑌, 𐐸𐐭 𐑇𐐰𐑊 𐐿𐐲𐑋 𐐮𐑌 𐑄 𐑋𐐯𐑉𐐮𐐼𐐨𐐲𐑌 𐐲𐑂 𐐻𐐴𐑋."—𐐣𐐬𐑆𐐯𐑆 6:57–62.

"𐐈𐑌𐐼 𐐸𐐨 𐑀𐐩𐑂 𐐲𐑌𐐻𐐭 𐑋𐐨 [𐐀𐑌𐐲𐐿] 𐐰 𐐿𐐲𐑋𐐰𐑌𐐼𐑋𐐯𐑌𐐻 𐑄𐐰𐐻 𐐌 𐑇𐐳𐐼 𐐺𐐰𐐹𐐻𐐴𐑆 𐐮𐑌 𐑄 𐑌𐐩𐑋 𐐲𐑂 𐑄 𐐙𐐪𐑄𐐲𐑉, 𐐰𐑌𐐼 𐐲𐑂 𐑄 𐐝𐐲𐑌, 𐐸𐐭 𐐮𐑆 𐑁𐐳𐑊 𐐲𐑂 𐑀𐑉𐐩𐑅

ꓥɴd ʅφɷʟ, ꓥɴd ɣ Ψoʅə Ꮗoɞʅ, φɷɪc ɞᴧφɪʟ φᴧɷɪφd ɪɞ ɣ Ꝑɵɣɪφ ꓥɴd ɣ Ꮽɪɴ."—Ɔoɞɪɞ 7:11.

"ꓥɴd ɞɪφoʅd, ɖɴɪɷ ɞɵ ɣ dɛ ɪɞ ɣ ɷɪɔɪɪ ɪɞ ɣ Ꮽɪɴ ɪɞ Ɔʌɴ, əɞɪɴ ɪɴ ɣ pʅʌb; ꓥɴd φɪɞ ɞoʅ φɪɕoɪɞʅ, ɞɛɪɪ, Ɣ Φφcɪɞ ɪɞ ʅʅpʅɪd ɪʅ, ꓥɴd ɣ ʅʌɔ ɪɞ ɞʅɛɴ pφɪɔ ɣ pȯɴdɛbɪɴ ɪɞ ɣ ɷɪφʅd; ꓥɴd ʟφɷ pɛʟ Φ ꓥɔ ɪɴ ɣ ɞqɞɪɔ ɪɞ ɣ Ꝑɵɣɪφ, ꓥɴd ɞɪφoʅd, Ꮾφɪɴ ɪɞ ɷɪɣ ɔə!"—Ɔoɞɪɞ 7:47.

"ꓥɴd ȯφɛʅ ʅφɪɞʌɪʅɛbɪɴɞ bʌʅ ɞ ɪɔɪɪ ɣ cɪʅdφɪɴ ɪɞ ɔʌɴ, ɞɪʅ ɔφ ʅɵʅɪʅ ɷɪʅ Φ ʅφɪɞɪφɞ; ꓥɴd φφcɪɞɴɪɞ ɷɪʅ Φ ɞʌɴd dȯɴ ȯʅ ɪɞ φʌɞɪɴ; ꓥɴd ʅφɷʟ ɷɪʅ Φ ɞʌɴd pɵφʟ ȯʅ ɪɞ ɣ ɪφʟ, ʅɷ ɞʌφ ʅʌɞʅɪɔoɴə ɪɞ ɔφɴ Oɴʅə Ꮽɪȯɵʅɪɴ; φɪɞ φʌɞɪφʌɷbɪɴ pφɪɔ ɣ dʌd; ɤɛ, ꓥɴd ɵʅɞɵ ɣ φʌɞɪφʌɷbɪɴ ɪɞ ɵʅ ɔʌɴ."—Ɔoɞɪɞ 7:61–62.

"ꓥɴd ɪʅ ɷɛɔ ʅɷ ʅʌɞ ɣʌʅ Ꮓoɪ ɷɪɴʅɪɴɤɷd φɪɞ ʅφəcɪɪ ɪɴʅɷ ɣ ʅɵʅɪʅ, ɞɛɪɪ, Ψɵφɷɪɴ, ꓥɴd ȯɪɞ φɵd ɪɴʅɷ ɔφ ɷɪφdɞ; ɞɪʅəɞ ꓥɴd φɪʅʌɴʅ ɪɞ ɤɵφ ɞɪɴɞ, ꓥɴd ɞ ɞʌʅφɞd ɪɴ ɣ ɴɛɔ ɪɞ Ɋəɞɪɞ Ꮗφφɞʅ, ɣ Ꮽɪɴ ɪɞ Ꮗɵd, əɞɪɴ ɴɞ ȯφ pɵɣɪφɞ dɪd, ꓥɴd ɤə bʌʅ φɪɞəɞ ɣ Ψoʅə Ꮗoɞʅ, ɣʌʅ ɤə ɔɛ φʌɞ ɵʅ ʟɪɪɞ ɔɛd ɔʌɪɪpʌɞʅ; ꓥɴd ɪp ɤə dɷ ɴɞʅ ɣɪɞ, ɣ pʅɪdɞ ɷɪʅ ɷɪɔ ɪɴ ɪʅɞɴ ɤɷ."—Ɔoɞɪɞ 8:23–24.

"ꓥɴd ɪp ɣȯ bʌʅʅ dφ, ɤʌʅ ɣȯ bʌʅʅ ʅɪɞʌɞ ɪʅ [ɣ ʅʌɴd ɪɞ Ꮗɛɴɪɴ], pɵφ ɣ dɛ ɷɪɔɪʟ, ɣʌʅ ɣ Ꮽɪɴ ɪɞ Ɔʌɴ bʌʅ ʅɪɞ; ɞɪʅ φȯ ɷʌɴ φə ʅɪɞ, ɪp φə ɞ ɴɞʅ dʌd? Ψə ɔɪɞʅ pɪφɞʅ ɞ ɷɷɪɷɪɴd. ꓥɴd ɪʅ ɷɛɔ ʅɷ ʅʌɞ ɣʌʅ Ɛɞφɪɔ ʅqɷʅ pɵφʟ ꓥɴd ɞɵ ɣ dɛɞ ɪɞ ɣ Ꮽɪɴ ɪɞ Ɔʌɴ, ꓥɴd ɷɪɞ ȯʅʌd, ꓥɴd φɪɞ ɞoʅ pȯɴd φʌɞʅ, ꓥɴd φə ɞɪʅəɞd ɪɴ ɣ ʅɵφd; ꓥɴd ɣ ʅɵφd ɷȯɴʅɪd ɪʅ ɪɴʅɷ φɪɔ pɵφ φφcɪɞɴɪɞ."—Ɨɴɞʅφφd ʅφʌɴɞʅɛbɪɴ, Ɋʌɴɪɞɪɞ 15:11, 12.

"Ɣ ɞʌʅɪφ bʌʅ ɴɞʅ dɪʅɞφʅ pφɪɔ Ɋɷdɪ, ɴɵφ ɵ ʅɵȯɪɞɪφ pφɪɔ ɞɪʅɷəɴ φɪɞ pəʅ, ɪɴʅɪʅ Ꭰφʅo ɷɪɔ: ꓥɴd ɪɴʅɷ φɪɔ bʌʅ ɣ ȯʌɣɪφɪɪ ɪɞ ɣ ʅɵʅɪʅ ɞ."—Ɋʌɴɪɞɪɞ 49:10.

"Ɣ ʅɵφd φʌʟ ɞɪɞʅɪd ɔə [Ɋoɞʌp], ꓥɴd Φ φʌɞ ɪɞʅɛɴd ɵ ʅφəɔɪɞ ɪɞ ɣ ʅɵφd, ɣʌʅ ȯʅ ɪɞ ɣ pφɷʅ ɪɞ ɔφ ʅoɪɴɞ ɣ ʅɵφd ɷɪʅ φɛɞ ɪʅ ɵ φφcɪɞ ɞφʌɪc ȯʅ ɪɞ ɔφ ʅoɪɴɞ; ꓥɴd ɪɴʅɷ ɣ, φɷɔ ɔφ pɵɣɪφ Ɋɛɷɪɞ φʌʟ ɴɛɔd Ɨɞφɪʅ, ɵ ʅφɵpɪʅ; (ɴɞʅ ɣ Ɔɪɞφɪ φɷ ɪɞ ɷɵʅd Ꭰφʅo;) ꓥɴd ɣɪɞ ʅφɵpɪʅ bʌʅ dɪʅɪɞɪφ ɔφ ʅɵʅɪʅ ȯʅ ɪɞ ɖqɪʅ ɪɴ ɣ dɛɞ ɪɞ ɣφ ɞɵɴdɪq. ꓥɴd ɪʅ bʌʅ ɷɪɔ ʅɷ ʅʌɞ ɣʌʅ ɣɛ bʌʅ ɞ ɞɷʌʅɪφd ɪȯʌɴ; ꓥɴd ɵ ɞφʌɪc bʌʅ ɞ ɞφoɷɪɴ ɵp, ꓥɴd bʌʅ ɞ ɷʌφɵd ɪɴʅɷ ɵ pɵφ ɷɪɴʅφə; ɴʌɞɪφɣɪʅʌɞ, ɣɛ bʌʅ ɞ φɪɔʌɔɞɪφd ɪɴ ɣ ɷɪɞɪɴɪɴʅɞ ɪɞ ɣ ʅɵφd, φɷʌɴ ɣ Ɔɪɞφɪ ɷɪɔɪʟ; pɵφ φə bʌʅ ɞ ɔɛd ɔʌɪɪpʌɞʅ ɪɴʅɷ ɣʌɔ ɪɴ ɣ ʅʌʅɪφ dɛɞ, ɪɴ ɣ ɞʅɪφɪʅ ɪɞ ʅȯɪφ, ꓥɴd bʌʅ ɞφɪɪ ɣʌɔ ȯʅ ɪɞ dɵφωɩrʁ ɨɩʅɷ ʅφʅ; ȯʅ rʁ φɨdrɩ dɵφωɩrʁ, ɹɩd ȯʅ rʁ ωɹᴛʅɨʁɨʅə rɩʅɷ pφədrɔ."—Ɨɩʁᴛφφd ʅφɹɩ6ʅɛbrɩ, Ꮚɹɩrʁɨʁ 50:24, 25.

# 𐐕𐐰𐐹𐐻𐐲𐑉 V

*𐐜 𐐒𐐳𐐿 𐐲𐑂 𐐣𐐬𐑉𐑋𐐲𐑌 𐐰𐑌𐐼 𐑄 𐐊𐐻𐐬𐑌𐑋𐐲𐑌𐐻—𐐇𐐿𐑅𐐻𐑉𐐰𐐿𐐻𐑅 𐑁𐑉𐐲𐑋 𐑄 𐐒𐐳𐐿𐑅 𐐲𐑂 𐐀𐑃𐐲𐑉, 𐐤𐐨𐑁𐐴, 𐐣𐐬𐑆𐐴𐐲, 𐐈𐑊𐑋𐐲, 𐐐𐐨𐑊𐐲𐑋𐐲𐑌 𐐰𐑌𐐼 𐐣𐐬𐑉𐑋𐐲𐑌*

𐐎𐐨 𐑌𐐯𐐿𐑅𐐻 𐐿𐐶𐐬𐐻 𐑁𐑉𐐲𐑋 𐑄 𐐒𐐳𐐿 𐐲𐑂 𐐣𐐬𐑉𐑋𐐲𐑌, 𐑋𐐩𐐿𐐮𐑍 𐐵𐑉 𐑅𐐲𐑊𐐯𐐿𐑇𐐲𐑌𐑆 𐐮𐑌 𐐿𐑉𐐫𐑌𐐲𐑊𐐫𐐾𐐮𐐿𐐲𐑊 𐐫𐑉𐐼𐐲𐑉; 𐑁𐐲𐑉𐑅𐐻 𐑁𐑉𐐲𐑋 𐑄 𐐒𐐳𐐿 𐐲𐑂 𐐀𐑃𐐲𐑉, 𐐰𐑌𐐼 𐐰𐑁𐐻𐐲𐑉𐐶𐐲𐑉𐐼𐑆 𐑁𐑉𐐲𐑋 𐑄 𐑉𐐯𐐿𐐲𐑉𐐼𐑆 𐐲𐑂 𐑄 𐐤𐐨𐑁𐐴𐐻𐑅.

"𐐈𐑌𐐼 𐐸𐐶𐐯𐑌 𐐸𐐨 𐐸𐐰𐐼 𐑅𐐯𐐼 𐑄𐐨𐑆 𐐶𐐲𐑉𐐼𐑆, 𐐺𐐲𐐸𐐬𐑊𐐼, 𐑄 𐐢𐐫𐑉𐐼 𐑇𐐬𐐼 𐐸𐐮𐑋𐑅𐐯𐑊𐑁 𐐲𐑌𐐻𐐭 𐐸𐐮𐑋 [𐑄 𐐺𐑉𐐲𐑄𐐲𐑉 𐐲𐑂 𐐖𐐯𐑉𐐲𐐼], 𐐰𐑌𐐼 𐑅𐐯𐐼, 𐐒𐐲𐐿𐐲𐑆 𐑄𐐵 𐑌𐐬𐐲𐑅𐐻 𐑄𐐨𐑆 𐑃𐐮𐑍𐑆, 𐐷𐐨 𐐪𐑉 𐑉𐐲𐐼𐐨𐑋𐐼 𐑁𐑉𐐲𐑋 𐑄 𐑁𐐫𐑊; 𐑄𐐯𐑉𐑁𐐫𐑉 𐐷𐐨 𐐪𐑉 𐐺𐑉𐐫𐐻 𐐺𐐰𐐿 𐐮𐑌𐐻𐐭 𐑋𐐴 𐐹𐑉𐐯𐑆𐐲𐑌𐑅; 𐑄𐐯𐑉𐑁𐐫𐑉 𐐌 𐑇𐐬 𐑋𐐴𐑅𐐯𐑊𐑁 𐐲𐑌𐐻𐐭 𐐷𐐭. 𐐒𐐲𐐸𐐬𐑊𐐼, 𐐌 𐐰𐑋 𐐸𐐨 𐐸𐐭 𐐶𐐲𐑆 𐐹𐑉𐐲𐐹𐐯𐑉𐐼 𐑁𐑉𐐲𐑋 𐑄 𐑁𐐵𐑌𐐼𐐩𐑇𐐲𐑌 𐐲𐑂 𐑄 𐐶𐐲𐑉𐑊𐐼 𐐻𐐭 𐑉𐐲𐐼𐐨𐑋 𐑋𐐴 𐐹𐐨𐐹𐐲𐑊. 𐐒𐐲𐐸𐐬𐑊𐐼, 𐐌 𐐰𐑋 𐐖𐐨𐑆𐐲𐑅 𐐗𐑉𐐴𐑅𐐻. 𐐌 𐐰𐑋 𐑄 𐐙𐐪𐑄𐐲𐑉 𐐰𐑌𐐼 𐑄 𐐝𐐲𐑌. 𐐆𐑌 𐑋𐐨 𐑇𐐰𐑊 𐐫𐑊 𐑋𐐰𐑌𐐿𐐴𐑌𐐼 𐐸𐐰𐑂 𐑊𐐴𐑁, 𐐰𐑌𐐼 𐑄𐐰𐐻 𐐨𐐻𐐲𐑉𐑌𐐲𐑊𐐨, 𐐨𐑂𐐲𐑌 𐑄𐐩 𐐸𐐭 𐑇𐐰𐑊 𐐺𐐲𐑊𐐨𐑂 𐐱𐑌 𐑋𐐴 𐑌𐐩𐑋; 𐐰𐑌𐐼 𐑄𐐩 𐑇𐐰𐑊 𐐺𐐲𐐿𐐲𐑋 𐑋𐐴 𐑅𐐲𐑌𐑆 𐐰𐑌𐐼 𐑋𐐴 𐐼𐐫𐐻𐐲𐑉𐑆."—𐐀𐑃𐐲𐑉 3:13, 14.

"𐐈𐑌𐐼 𐑄𐐯𐑌 𐐿𐐲𐑋𐐲𐑃 𐑄 𐐤𐐭 𐐖𐐲𐑉𐐭𐑅𐐲𐑊𐐯𐑋; 𐐰𐑌𐐼 𐐺𐑊𐐯𐑅𐐲𐐼 𐐪𐑉 𐑄𐐩 𐐸𐐭 𐐼𐐶𐐯𐑊 𐑄𐐯𐑉𐐮𐑌, 𐑁𐐫𐑉 𐐮𐐻 𐐮𐑆 𐑄𐐩 𐐸𐐭𐑆 𐑀𐐪𐑉𐑋𐐲𐑌𐐻𐑅 𐐪𐑉 𐐸𐐶𐐴𐐻 𐑃𐑉𐐭 𐑄 𐐺𐑊𐐲𐐼 𐐲𐑂 𐑄 𐐢𐐰𐑋; 𐐰𐑌𐐼 𐑄𐐩 𐐪𐑉 𐑄𐐩 𐐸𐐭 𐐪𐑉 𐑌𐐲𐑋𐐺𐐲𐑉𐐼 𐐲𐑋𐐲𐑍 𐑄 𐑉𐐯𐑋𐑌𐐲𐑌𐐻 𐐲𐑂 𐑄 𐑅𐐨𐐼 𐐲𐑂 𐐖𐐬𐑆𐐯𐑁, 𐐸𐐭 𐐶𐐲𐑉 𐐲𐑂 𐑄 𐐸𐐵𐑅 𐐲𐑂 𐐆𐑆𐑉𐐨𐑊. 𐐈𐑌𐐼 𐑄𐐯𐑌 𐐫𐑊𐑅𐐬 𐐿𐐲𐑋𐐲𐑃 𐑄 𐐖𐐲𐑉𐐭𐑅𐐲𐑊𐐯𐑋 𐐲𐑂 𐐬𐑊𐐼; 𐐰𐑌𐐼 𐑄 𐐮𐑌𐐸𐐰𐐺𐐮𐐻𐐲𐑌𐐻𐑅 𐑄𐐯𐑉𐐲𐑂, 𐐺𐑊𐐯𐑅𐐲𐐼 𐐪𐑉 𐑄𐐩, 𐑁𐐫𐑉 𐑄𐐩 𐐸𐐰𐑂 𐐺𐐮𐑌 𐐶𐐫𐑇𐐻 𐐮𐑌 𐑄 𐐺𐑊𐐲𐐼 𐐲𐑂 𐑄 𐐢𐐰𐑋; 𐐰𐑌𐐼 𐑄𐐩 𐐪𐑉 𐑄𐐩 𐐸𐐭 𐐶𐐲𐑉 𐑅𐐿𐐰𐐻𐐲𐑉𐐼 𐐰𐑌𐐼 𐑀𐐰𐑄𐐲𐑉𐐼 𐐮𐑌 𐑁𐑉𐐲𐑋 𐑄 𐑁𐐫𐑉 𐐿𐐶𐐫𐑉𐐻𐐲𐑉𐑆 𐐲𐑂 𐑄 𐐲𐑉𐑃, 𐐰𐑌𐐼 𐑁𐑉𐐲𐑋 𐑄 𐑌𐐫𐑉𐑃 𐐿𐐲𐑌𐐻𐑉𐐨𐑆, 𐐰𐑌𐐼 𐐪𐑉 𐐹𐐪𐑉𐐻𐐩𐐿𐐲𐑉𐑆 𐐲𐑂 𐑄 𐑁𐐳𐑊𐑁𐐮𐑊𐐮𐑍 𐐲𐑂 𐑄 𐐿𐐲𐑂𐐲𐑌𐐲𐑌𐐻 𐐸𐐶𐐮𐐽 𐐘𐐱𐐼 𐑋𐐩𐐼 𐐶𐐮𐑄 𐑄𐐯𐑉 𐑁𐐪𐑄𐐲𐑉 𐐁𐐺𐑉𐐲𐐸𐐰𐑋."—𐐀𐑃𐐲𐑉 13:10, 11.

"𐐏𐐩, 𐐨𐑂𐐲𐑌 𐑅𐐮𐐿𐑅 𐐸𐐲𐑌𐐼𐑉𐐲𐐼 𐐷𐐮𐑉𐑆 𐑁𐑉𐐲𐑋 𐑄 𐐻𐐴𐑋 𐑄𐐰𐐻 𐑋𐐴 𐑁𐐪𐑄𐐲𐑉 𐑊𐐯𐑁𐐻 𐐖𐐲𐑉𐐭𐑅𐐲𐑊𐐯𐑋, 𐐪 𐐹𐑉𐐱𐑁𐐲𐐻 𐐶𐐳𐐼 𐑄 𐐢𐐫𐑉𐐼 𐐘𐐱𐐼 𐑉𐐩𐑆 𐐲𐐹 𐐲𐑋𐐲𐑍 𐑄 𐐖𐐭𐑆; 𐐨𐑂𐐲𐑌 𐐪 𐐣𐐲𐑅𐐴𐐲; 𐐫𐑉, 𐐮𐑌 𐐲𐑄𐐲𐑉 𐐶𐐲𐑉𐐼𐑆, 𐐪 𐐝𐐩𐑂𐐷𐐲𐑉 𐐲𐑂 𐑄 𐐶𐐲𐑉𐑊𐐼. 𐐈𐑌𐐼 𐐸𐐨 𐐫𐑊𐑅𐐬 𐑅𐐹𐐩𐐿 𐐿𐐲𐑌𐑅𐐲𐑉𐑌𐐮𐑍 𐑄 𐐹𐑉𐐱𐑁𐐲𐐻𐑅, 𐐸𐐵 𐑀𐑉𐐩𐐻 𐐪 𐑌𐐲𐑋𐐺𐐲𐑉 𐐸𐐰𐐼 𐐻𐐯𐑅𐐻𐐮𐑁𐐴𐐼 𐐲𐑂 𐑄𐐨𐑆 𐑃𐐮𐑍𐑆, 𐐿𐐲𐑌𐑅𐐲𐑉𐑌𐐮𐑍 𐑄𐐮𐑅 𐐣𐐲𐑅𐐴𐐲, 𐐲𐑂 𐐸𐐭𐑋 𐐸𐐨 𐐸𐐰𐐼 𐑅𐐹𐐬𐐿𐐲𐑌, 𐐫𐑉 𐑄𐐮𐑅 𐐡𐐲𐐼𐐨𐑋𐐲𐑉 𐐲𐑂 𐑄 𐐶𐐲𐑉𐑊𐐼. 𐐐𐐶𐐯𐑉𐑁𐐫𐑉 𐐫𐑊 𐑋𐐰𐑌𐐿𐐴𐑌𐐼 𐐶𐐲𐑉 𐐮𐑌 𐐪 𐑊𐐫𐑅𐐻 𐐰𐑌𐐼 𐐮𐑌 𐐪 𐑁𐐫𐑊𐐲𐑌 𐑅𐐻𐐩𐐻, 𐐰𐑌𐐼 𐐯𐑂𐐲𐑉 𐐶𐐳𐐼 𐐺, 𐑅𐐩𐑂 𐑄𐐩 𐑇𐐳𐐼 𐑉𐐮𐑊𐐴 𐐱𐑌 𐑄𐐮𐑅 𐐡𐐲𐐼𐐨𐑋𐐲𐑉. 𐐈𐑌𐐼 𐐸𐐨 𐑅𐐹𐐩𐐿 𐐫𐑊𐑅𐐬 𐐿𐐲𐑌𐑅𐐲𐑉𐑌𐐮𐑍 𐐪 𐐹𐑉𐐱𐑁𐐲𐐻 𐐸𐐭 𐑇𐐳𐐼 𐐿𐐲𐑋 𐐺𐐲𐑁𐐫𐑉 𐑄 𐐣𐐲𐑅𐐴𐐲 𐐻𐐭 𐐹𐑉𐐲𐐹𐐯𐑉 𐑄 𐐶𐐩 𐐲𐑂 𐑄 𐐢𐐫𐑉𐐼; 𐐷𐐩, 𐐨𐑂𐐲𐑌 𐐸𐐨 𐑇𐐳𐐼 𐑀𐐬 𐑁𐐫𐑉𐑃 𐐰𐑌𐐼 𐐿𐑉𐐴 𐐮𐑌 𐑄 𐐶𐐮𐑊𐐼𐐲𐑉𐑌𐐲𐑅, 𐐑𐑉𐐲𐐹𐐯𐑉 𐐷𐐨 𐑄 𐐶𐐩 𐐲𐑂 𐑄 𐐢𐐫𐑉𐐼, 𐐰𐑌𐐼 𐑋𐐩𐐿 𐐸𐐮𐑆 𐐹𐐰𐑃𐑅 𐑅𐐻𐑉𐐩𐐻; 𐑁𐐫𐑉 𐑄𐐯𐑉 𐑅𐐻𐐰𐑌𐐼𐐲𐑃 𐐶𐐲𐑌 𐐲𐑋𐐲𐑍 𐐷𐐭 𐐸𐐭𐑋 𐐷𐐨 𐑌𐐬 𐑌𐐱𐐻; 𐐰𐑌𐐼 𐐸𐐨 𐐮𐑆 𐑋𐐴𐐻𐐨𐐲𐑉 𐑄𐐰𐑌 𐐌, 𐐸𐐭𐑆 𐑇𐐭'𐑆 𐑊𐐰𐐻𐐽𐐲𐐻 𐐌 𐐰𐑋 𐑌𐐱𐐻 𐐶𐐲𐑉𐑄𐐨 𐐻𐐭 𐐲𐑌𐑊𐐭𐑅. 𐐈𐑌𐐼 𐑋𐐲𐐽 𐑅𐐹𐐩𐐿 𐑋𐐴 𐑁𐐪𐑄𐐲𐑉 𐐿𐐲𐑌𐑅𐐲𐑉𐑌𐐮𐑍 𐑄𐐮𐑅 𐑃𐐮𐑍. 𐐈𐑌𐐼 𐑋𐐴 𐑁𐐪𐑄𐐲𐑉 𐑅𐐯𐐼 𐐸𐐨 𐑇𐐳𐐼 𐐺𐐰𐐹𐐻𐐴𐑆 𐐮𐑌 𐐒𐐯𐑃𐐲𐐺𐐯𐑉𐐪, 𐐺𐐨𐐱𐑌𐐼 𐐖𐐬𐑉𐐼𐐲𐑌; 𐐰𐑌𐐼 𐐸𐐨 𐐫𐑊𐑅𐐬 𐑅𐐯𐐼 𐐸𐐨 𐑇𐐳𐐼 𐐺𐐰𐐹𐐻𐐴𐑆 𐐶𐐮𐑄 𐐶𐐫𐐻𐐲𐑉: 𐐨𐑂𐐲𐑌 𐑄𐐰𐐻 𐐸𐐨 𐑇𐐳𐐼 𐐺𐐰𐐹𐐻𐐴𐑆 𐑄 𐐣𐐲𐑅𐐴𐐲 𐐶𐐮𐑄 𐐶𐐫𐐻𐐲𐑉. 𐐈𐑌𐐼 𐐰𐑁𐐻𐐲𐑉 𐐸𐐨 𐐸𐐰𐐼 𐐺𐐰𐐹𐐻𐐴𐑆𐐼 𐑄 𐐣𐐲𐑅𐐴𐐲 𐐶𐐮𐑄 𐐶𐐫𐐻𐐲𐑉, 𐐸𐐨 𐑇𐐳𐐼 𐐺𐐲𐐸𐐬𐑊𐐼 𐐰𐑌𐐼 𐐺𐐩𐑉 𐑉𐐯𐐿𐐲𐑉𐐼, 𐑄𐐰𐐻 𐐸𐐨 𐐸𐐰𐐼 𐐺𐐰𐐹𐐻𐐴𐑆𐐼 𐑄 𐐢𐐰𐑋 𐐲𐑂 𐐘𐐱𐐼, 𐐸𐐭 𐑇𐐳𐐼 𐐻𐐩𐐿 𐐲𐐶𐐩 𐑄 𐑅𐐮𐑌𐑆 𐐲𐑂 𐑄 𐐶𐐲𐑉𐑊𐐼."—1 𐐤𐐨𐑁𐐴 10:4–10.

"𐐈𐑌𐐼 𐐮𐐻 𐐿𐐩𐑋 𐐻𐐭 𐐹𐐰𐑅 𐑄𐐰𐐻 𐑄 𐐩𐑌𐐾𐐲𐑊 𐑅𐐹𐐩𐐿 𐐲𐑌𐐻𐐭 𐑋𐐨 𐐲𐑀𐐯𐑌, 𐑅𐐩𐐮𐑍, 𐐢𐐳𐐿! 𐐈𐑌𐐼 𐐌 𐑊𐐳𐐿𐐻 𐐰𐑌𐐼 𐐺𐐲𐐸𐐯𐑊𐐼 𐑄 𐐢𐐰𐑋 𐐲𐑂 𐐘𐐱𐐼, 𐑄𐐰𐐻 𐐸𐐨 𐐶𐐲𐑆 𐐻𐐩𐐿𐐲𐑌 𐐺𐐴 𐑄 𐐹𐐨𐐹𐐲𐑊; 𐐷𐐩, 𐑄 𐐝𐐲𐑌 𐐲𐑂 𐑄 𐐯𐑂𐐲𐑉𐑊𐐰𐑅𐐻𐐮𐑍 𐐘𐐱𐐼 𐐶𐐲𐑆 𐐾𐐲𐐾𐐼 𐐲𐑂 𐑄 𐐶𐐲𐑉𐑊𐐼; 𐐰𐑌𐐼 𐐌 𐑅𐐫 𐐰𐑌𐐼 𐐺𐐩𐑉 𐑉𐐯𐐿𐐲𐑉𐐼. 𐐈𐑌𐐼 𐐌, 𐐤𐐨𐑁𐐴, 𐑅𐐫 𐑄𐐰𐐻 𐐸𐐨 𐐶𐐲𐑆 𐑊𐐮𐑁𐐻𐐲𐐼 𐐲𐐹 𐐲𐐹𐐱𐑌 𐑄 𐐿𐑉𐐱𐑅, 𐐰𐑌𐐼 𐑅𐑊𐐩𐑌 𐑁𐐫𐑉 𐑄 𐑅𐐮𐑌𐑆 𐐲𐑂 𐑄 𐐶𐐲𐑉𐑊𐐼."—1 𐐤𐐨𐑁𐐴 11:32, 33.

"𐐐𐐨 𐐼𐐭𐐲𐑃 𐑌𐐱𐐻 𐐯𐑌𐐨𐑃𐐮𐑍, 𐑅𐐩𐑂 𐐮𐐻 𐐺 𐑁𐐫𐑉 𐑄 𐐺𐐯𐑌𐐲𐑁𐐮𐐻 𐐲𐑂 𐑄 𐐶𐐲𐑉𐑊𐐼; 𐑁𐐫𐑉 𐐸𐐨 𐑊𐐲𐑂𐐲𐑃 𐑄 𐐶𐐲𐑉𐑊𐐼, 𐐨𐑂𐐲𐑌 𐑄𐐰𐐻 𐐸𐐨 𐑊𐐩𐐲𐑃 𐐼𐐵𐑌 𐐸𐐮𐑆 𐐬𐑌 𐑊𐐴𐑁, 𐑄𐐰𐐻 𐐸𐐨 𐑋𐐩 𐐼𐑉𐐫 𐐫𐑊 𐑋𐐯𐑌 𐐲𐑌𐐻𐐭 𐐸𐐮𐑋. 𐐐𐐶𐐯𐑉𐑁𐐫𐑉 𐐸𐐨 𐐿𐐲𐑋𐐰𐑌𐐼𐐲𐑃 𐑌𐐲𐑌 𐑄𐐰𐐻 𐑄𐐩 𐑇𐐰𐑊 𐑌𐐱𐐻 𐐹𐐪𐑉𐐻𐐩𐐿 𐐲𐑂 𐐸𐐮𐑆 𐑅𐐰𐑊𐑂𐐩𐑇𐐲𐑌."—2 𐐤𐐨𐑁𐐴 26:24.

"𐐏𐐩, 𐐌 𐑌𐐬 𐑄𐐰𐐻 𐐷𐐨 𐑌𐐬, 𐑄𐐰𐐻 𐐮𐑌 𐑄 𐐺𐐱𐐼𐐨 𐐸𐐨 𐑇𐐰𐑊 𐑇𐐬 𐐸𐐮𐑋𐑅𐐯𐑊𐑁 𐐲𐑌𐐻𐐭 𐑄𐐬𐑆 𐐰𐐻 𐐖𐐲𐑉𐐭𐑅𐐲𐑊𐐯𐑋, 𐑁𐑉𐐲𐑋 𐐸𐐶𐐯𐑌𐑅 𐐶𐐨 𐐿𐐩𐑋; 𐑁𐐫𐑉 𐐮𐐻 𐐮𐑆 𐐮𐐿𐑅𐐹𐐨𐐼𐐨𐐲𐑌𐐻 𐑄𐐰𐐻 𐐮𐐻 𐑇𐐳𐐼 𐐺 𐐲𐑋𐐲𐑍 𐑄𐐯𐑋; 𐑁𐐫𐑉 𐐮𐐻 𐐺𐐲𐐸𐐭𐑂𐐲𐑃 𐑄 𐑀𐑉𐐩𐐻 𐐗𐑉𐐨𐐩𐐻𐐲𐑉 𐑄𐐰𐐻 𐐸𐐨 𐑅𐐲𐑁𐐲𐑉𐐲𐑃 𐐸𐐮𐑋𐑅𐐯𐑊𐑁 𐐻𐐭 𐐺𐐲𐐿𐐲𐑋 𐑅𐐲𐐺𐐾𐐯𐐿𐐻 𐐲𐑌𐐻𐐭 𐑋𐐰𐑌 𐐮𐑌 𐑄 𐑁𐑊𐐯𐑇, 𐐰𐑌𐐼 𐐼𐐴 𐑁𐐫𐑉 𐐫𐑊 𐑋𐐯𐑌, 𐑄𐐰𐐻 𐐫𐑊 𐑋𐐯𐑌 𐑋𐐴𐐻 𐐺𐐲𐐿𐐲𐑋 𐑅𐐲𐐺𐐾𐐯𐐿𐐻 𐐲𐑌𐐻𐐭 𐐸𐐮𐑋. 𐐙𐐫𐑉 𐐰𐑆 𐐼𐐯𐑃 𐐸𐐰𐑃 𐐹𐐰𐑅𐐻 𐐲𐐹𐐱𐑌 𐐫𐑊 𐑋𐐯𐑌, 𐐻𐐭 𐑁𐐳𐑊𐑁𐐮𐑊 𐑄 𐑋𐐲𐑉𐑅𐐮𐑁𐐲𐑊 𐐹𐑊𐐰𐑌 𐐲𐑂 𐑄 𐑀𐑉𐐩𐐻 𐐗𐑉𐐨𐐩𐐻𐐲𐑉, 𐑄𐐯𐑉 𐑋𐐲𐑅𐐻 𐑌𐐨𐐼𐑆 𐐺 𐐪 𐐹𐐵𐐲𐑉 𐐲𐑂 𐑉𐐯𐑆𐐲𐑉𐐯𐐿𐑇𐐲𐑌, 𐐰𐑌𐐼 𐑄 𐑉𐐯𐑆𐐲𐑉𐐯𐐿𐑇𐐲𐑌 𐑋𐐲𐑅𐐻 𐑌𐐨𐐼𐑆 𐐿𐐲𐑋 𐐲𐑌𐐻𐐭 𐑋𐐰𐑌 𐐺𐐴 𐑉𐐨𐑆𐐲𐑌 𐐲𐑂 𐑄 𐑁𐐫𐑊; 𐐰𐑌𐐼 𐑄 𐑁𐐫𐑊 𐐿𐐩𐑋 𐐺𐐴 𐑉𐐨𐑆𐐲𐑌 𐐲𐑂 𐐻𐑉𐐰𐑌𐑆𐑀𐑉𐐯𐑇𐐲𐑌; 𐐰𐑌𐐼 𐐺𐐲𐐿𐐫𐑆 𐑋𐐰𐑌 𐐺𐐲𐐿𐐩𐑋 𐑁𐐫𐑊𐐲𐑌, 𐑄𐐩 𐐶𐐲𐑉 𐐿𐐲𐐻 𐐫𐑁 𐑁𐑉𐐲𐑋 𐑄 𐐹𐑉𐐯𐑆𐐲𐑌𐑅 𐐲𐑂 𐑄 𐐢𐐫𐑉𐐼."—2 𐐤𐐨𐑁𐐴 9:5, 6.

"𐐐𐐶𐐯𐑉𐑁𐐫𐑉, 𐐌 𐑌𐐬 𐑄𐐰𐐻 𐑄𐐵 𐐪𐑉𐐻 𐑉𐐲𐐼𐐨𐑋𐐼 𐐺𐐲𐐿𐐫𐑆 𐐲𐑂 𐑄 𐑉𐐴𐐽𐐲𐑅𐑌𐐲𐑅 𐐲𐑂 𐑄𐐴 𐐡𐐲𐐼𐐨𐑋𐐲𐑉; 𐑁𐐫𐑉 𐑄𐐵 𐐸𐐰𐑅𐐻 𐐺𐐲𐐸𐐯𐑊𐐼, 𐑄𐐰𐐻 𐐮𐑌 𐑄 𐑁𐐳𐑊𐑌𐐲𐑅 𐐲𐑂 𐐻𐐴𐑋 𐐸𐐨 𐐿𐐲𐑋𐐲𐑃 𐐻𐐭 𐐺𐑉𐐮𐑍 𐑅𐐰𐑊𐑂𐐩𐑇𐐲𐑌 𐐲𐑌𐐻𐐭 𐑋𐐯𐑌. 𐐈𐑌𐐼 𐑄𐐵 𐐸𐐰𐑅𐐻 𐐺𐐲𐐸𐐯𐑊𐐼 𐐮𐑌 𐑄𐐴 𐐷𐐭𐑃 𐐸𐐮𐑆 𐑀𐑊𐐫𐑉𐐨; 𐐸𐐶𐐯𐑉𐑁𐐫𐑉 𐑄𐐵 𐐪𐑉𐐻 𐐺𐑊𐐯𐑅𐐻 𐐨𐑂𐐲𐑌 𐐰𐑆 𐑄𐐩 𐐲𐑌𐐻𐐭 𐐸𐐭𐑋 𐐸𐐨 𐑇𐐰𐑊 𐑋𐐮𐑌𐐮𐑅𐐻𐐲𐑉 𐐮𐑌 𐑄 𐑁𐑊𐐯𐑇; 𐑁𐐫𐑉 𐑄 𐐝𐐹𐐮𐑉𐐮𐐻 𐐮𐑆 𐑄 𐑅𐐩𐑋, 𐐷𐐯𐑅𐐻𐐲𐑉𐐼𐐩, 𐐻𐐭-𐐼𐐩, 𐐰𐑌𐐼 𐑁𐐲𐑉𐐯𐑂𐐲𐑉. 𐐈𐑌𐐼 𐑄 𐐶𐐩 𐐮𐑆 𐐹𐑉𐐲𐐹𐐯𐑉𐐼 𐑁𐑉𐐲𐑋 𐑄 𐑁𐐫𐑊 𐐲𐑂 𐑋𐐰𐑌, 𐐰𐑌𐐼 𐑅𐐰𐑊𐑂𐐩𐑇𐐲𐑌 𐐮𐑆 𐑁𐑉𐐨. 𐐈𐑌𐐼 𐑋𐐯𐑌 𐐪𐑉 𐐮𐑌𐑅𐐻𐑉𐐲𐐿𐐻𐐲𐐼 𐑅𐐲𐑁𐐮𐑇𐐲𐑌𐐻𐑊𐐨, 𐑄𐐰𐐻 𐑄𐐩 𐑌𐐬 𐑀𐐳𐐼 𐑁𐑉𐐲𐑋 𐐨𐑂𐐮𐑊. 𐐈𐑌𐐼 𐑄 𐑊𐐫 𐐮𐑆 𐑀𐐮𐑂𐐲𐑌 𐐲𐑌𐐻𐐭 𐑋𐐯𐑌. 𐐈𐑌𐐼 𐐺𐐴 𐑄 𐑊𐐫, 𐑌𐐬 𐑁𐑊𐐯𐑇 𐐮𐑆 𐐾𐐲𐑅𐐻𐐮𐑁𐐴𐐼; 𐐫𐑉, 𐐺𐐴 𐑄 𐑊𐐫, 𐑋𐐯𐑌 𐐪𐑉 𐐿𐐲𐐻 𐐫𐑁. 𐐏𐐩, 𐐺𐐴 𐑄 𐐻𐐯𐑋𐐹𐐲𐑉𐐲𐑊 𐑊𐐫, 𐑄𐐩 𐐶𐐲𐑉 𐐿𐐲𐐻 𐐫𐑁; 𐐰𐑌𐐼 𐐫𐑊𐑅𐐬, 𐐺𐐴 𐑄 𐑅𐐹𐐮𐑉𐐮𐐽𐐲𐐶𐐲𐑊 𐑊𐐫 ɣε ɿʌφɨb ρφɾɔ ɣɹɿ φωɪc ɨ6 ώqd, ɹɪd вɾϖɾɔ ɔɪєɾφɾвɿ ρоф ʌвɾф. Ψωʌφρоф, φɾdʌɔтbɾɪ ϖɾɔɾʟ ɪɪ ɹɪd ʟфɷ ɣ Ψоʅə Ͻɾвфɾ; ρоф φə ɨ6 ρqʅ ɾв ώфεв ɹɪd ʅфоʟ. Вɾфоʅd, φə ɵρɾфɾʟ φɪɔвʌʅρ ʚ вɹϖфɨρфв ρоф вɪɪ, ʅɷ ɹɪвɾф ɣ ʌɪd6 ɾв ɣ ʅɷ, ɾɪʅɷ ɵʅ ɣо6 φɷ φɹв ʚ вфоϖɾɪ φɵфʅ ɹɪd ʚ ϖɵɪʅффʅ втɪфʅ; ɹɪd ɾɪʅɷ ɪɾɪ ʌʅв ϖɹɪ ɣ ʌɪd6 ɾв ɣ ʅɷ в ɹɪвɾфd. Ψωʌφρоф, φə ώфεʅ ɣ ɪɔтɵфʅɾɪв ʅɷ ɔεϖ ɣə6 ʟɪи6 ɪоɪ ɾɪʅɷ ɣ ɪɪфɹвɪʅɾɪʅв ɾв ɣ ɾфʟ, ɣɹʅ ɣε ɔε ɪо ɣɹʅ ɣʌф ɨ6 ɪо ρʅʌb ɣɹʅ ϖɹɪ dωʌʅ ɪɪ ɣ ʅфʌ6ɾɪв ɾв Ѡəd, вεв ɪʅ в ʟфɷ ɣ ɔʌфɪʅв, ɹɪd ɔɾфвə, ɹɪd ώфεв ɾв ɣ Ψоʅə Ͻɾвфɾ, φɷ ʅεɾʟ dоɪ φɪ6 ʅфɾ ɾϖɵфdɪи ʅɷ ɣ ρʅʌb, ɹɪd ʅεϖɾʟ ɪʅ ɾώʌɪ вф ɣ ʅоɾф ɾв ɣ втɪфʅ, ɣɹʅ φə ɔε вфɪи ʅɷ ʅɹв ɣ фʌвɾфʌϖbɾɪ ɾв ɣ dʌd, вəɪи ɣ ρɾфвʅ ɣɹʅ bqd фф6. Ψωʌφρоф φə ɨ6 ɣ ρɾфвʅ ρфɵʅв ɾɪʅɷ Ѡəd, ɪɾвɔɾc ɹ6 φə bɹʅ ɔεϖ ɪʅɾфвʌbɾɪ ρоф ɵʅ ɣ cʅʅdфɾɪ ɾв ɔʌɪ; ɹɪd ɣε ɣɹʅ вɾʅəв ɪɪ φɪɔ bɹʅ в вεвd. Ɀɪd вɾϖɾ6 ɾв ɣ ɪʅɾфвʌbɾɪ ρоф ɵʅ, ɵʅ ɔʌɪ ϖɾɔ ɾɪʅɷ Ѡəd; φωʌφρоф, ɣε вʅɹɪd ɪɪ ɣ ʅфʌ6ɾɪв ɾв φɪɔ, ʅɷ в cɾcd ɾв φɪɔ ɾϖɵфdɪи ʅɷ ɣ ʅфоʟ ɹɪd φоʅəɪɾв φωɪc ɨ6 ɪɪ φɪɔ. Ψωʌφρоф, ɣ ʌɪd6 ɾв ɣ ʅɷ φωɪc ɣ Ψоʅə Ѡɾɪ φɹʟ ώɪвɾɪ, ɾɪʅɷ ɣ ɪρʅɪϖʅɪи ɾв ɣ ʅɾɪɪbɔɾɪʅ φωɪc ɨ6 ɾρɪϖвʅ, φωɪc ʅɾɪɪbɔɾɪʅ ɣɹʅ ɨ6 ɾρɪϖвʅ ɨ6 ɪɪ ɵʅɾ6ɪbɾɪ ʅɷ ɣɹʅ ɾв ɣ φɹʅəɪɾв φωɪc ɨ6 ɾρɪϖвʅ, ʅɷ ɹɪвɾф ɣ ʌɪd6 ɾв ɣ ɾʅоɪɔɾɪʅ; ρоф ɪʅ ɔɾвʅ ɪəd6 в, ɣɹʅ ɣʌф ɨ6 ɹɪ ɵʅɾ6ɪbɾɪ ɪɪ ɵʅ ʟɪи6. Ɨρ ɪвʅ вɵ, ɔф ρɾфвʅ-вɵфɪ ɪɪ ɣ ϖɪʅdɾфɪɾв, ффcɾвɪɾв ϖqd ɪвʅ в вфɵʅ ʅɷ ʅɹв; ɪфɣɾф ϖɪϖɾdɪɾв; ɪфɣɾф φоʅəɪɾв ɪоф ɔɪєɾфə; ɪфɣɾф ώqd ɪоф вɹd. Ψωʌφρоф, ɵʅ ʟɪи6 ɔɾвʅ ɪəd6 в ʚ ϖɵɔтоɪd ɪɪ ϖɾɪ; φωʌφρоф, ɪρ ɪʅ bqd в ϖɾɪ вədə, ɪʅ ɔɾвʅ ɪəd6 фɾɔεɪ ɹ6 dʌd, φɹвɪи ɪо ʅфɾ, ɪфɣɾф dʌʟ, ɪоф ϖɾфɾтbɾɪ ɪоф ɪϖɾфɾтbɾɪ, φɹʅəɪɾв ɪоф ɔɪєɾфə, ɪфɣɾф вʌɪв ɪоф ɪвʌɪвɪвʅʅʅə. Ψωʌφρоф, ɪʅ ɔɾвʅ ɪəd6 φɹв вɪɪ ϖфəεʅɾd ρоф ʚ ʟɪи ɾв ɪɵʅ; φωʌφρоф, ɣʌф ϖqd φɹв вɪɪ ɪо ʅɾфʅɾв ɪɪ ɣ ʌɪd ɾв ɪʅв ϖфəεbɾɪ. Ψωʌφρоф, ɣɪв ʟɪи ɔɾвʅ ɪəd6 dɾвʅфоɪ ɣ ϖɪ6dɾɔ ɾв Ѡəd, ɹɪd φɪ6 əʅɾфɪɾʅ ʅɾфʅɾвɾ6; ɹɪd ɵʅвɵ, ɣ ʅоɾф, ɹɪd ɣ ɔɾфвə, ɹɪd ɣ cɾвʅɪв ɾв Ѡəd. Ɀɪd ɪρ ɤə bɹʅ вε ɣʌф ɨ6 ɪо ʅɷ, ɤə bɹʅ ɵʅвɵ вε ɣʌф ɨ6 ɪо вɪɪ. Ɨρ ɤə bɹʅ вε ɣʌф ɨ6 ɪо вɪɪ, ɤə bɹʅ ɵʅвɵ вε ɣʌф ɨ6 ɪо ффcɾвɪɾв. Ɀɪd ɪρ ɣʌф в ɪо ффcɾвɪɾв, ɣʌф в ɪо φɹʅəɪɾв. Ɀɪd ɪρ ɣʌф в ɪо ффcɾвɪɾв ɪоф φɹʅəɪɾв, ɣʌф в ɪо ʅɾɪɪbɔɾɪʅ ɪоф ɔɪєɾфə. Ɀɪd ɪρ ɣə6 ʟɪи6 ɵф ɪвʅ, ɣʌф ɨ6 ɪо Ѡəd. Ɀɪd ɪρ ɣʌф ɨ6 ɪо Ѡəd, ωə ɵф ɪвʅ, ɪфɣɾф ɣ ɾфʟ; ρоф ɣʌф ϖqd φɹв вɪɪ ɪо ϖфəεbɾɪ ɾв ʟɪи6, ɪфɣɾф ʅɷ ɹϖʅ ɪоф ʅɷ в ɹϖʅɾd ɾʅəɪ; φωʌφρоф, ɵʅ ʟɪи6 ɔɾвʅ φɹв 𐑂𐐰𐑌𐐮𐑇𐐻 𐐲𐐶𐐩. 𐐈𐑌𐐼 𐑌𐐵, 𐑋𐐴 𐑅𐐲𐑌𐑆, 𐐌 𐑅𐐹𐐨𐐿 𐐲𐑌𐐻𐐭 𐐷𐐭 𐑄𐐨𐑆 𐑃𐐮𐑍𐑆, 𐑁𐐫𐑉 𐐷𐐭𐑉 𐐹𐑉𐐱𐑁𐐮𐐻 𐐰𐑌𐐼 𐑊𐐲𐑉𐑌𐐮𐑍; 𐑁𐐫𐑉 𐑄𐐩𐑉 𐐮𐑆 𐐲 𐐘𐐱𐐼, 𐐰𐑌𐐼 𐐸𐐨 𐐸𐐰𐑃 𐐿𐑉𐐨𐐩𐐻𐐯𐐼 𐐫𐑊 𐑃𐐮𐑍𐑆, 𐐺𐐬𐑃 𐑄 𐐸𐐯𐑂𐐲𐑌𐑆 𐐰𐑌𐐼 𐑄 𐐲𐑉𐑃, 𐐰𐑌𐐼 𐐫𐑊 𐑃𐐮𐑍𐑆 𐑄𐐰𐐻 𐐮𐑌 𐑄𐐯𐑋 𐐪𐑉, 𐐺𐐬𐑃 𐑃𐐮𐑍𐑆 𐐻𐐭 𐐰𐐿𐐻 𐐰𐑌𐐼 𐑃𐐮𐑍𐑆 𐐻𐐭 𐐺𐐨 𐐰𐐿𐐻𐐯𐐼 𐐲𐐹𐐱𐑌. 𐐈𐑌𐐼 𐐻𐐭 𐐺𐑉𐐮𐑍 𐐲𐐺𐐵𐐻 𐐸𐐮𐑆 𐐨𐐻𐐲𐑉𐑌𐐲𐑊 𐐹𐐲𐑉𐐹𐐲𐑅𐐯𐑆 𐐮𐑌 𐑄 𐐯𐑌𐐼 𐐱𐑂 𐑋𐐰𐑌, 𐐰𐑁𐐻𐐲𐑉 𐐸𐐨 𐐸𐐰𐐼 𐐿𐑉𐐨𐐩𐐻𐐯𐐼 𐐵𐑉 𐑁𐐲𐑉𐑅𐐻 𐐹𐐩𐑉𐐯𐑌𐐻𐑅, 𐐰𐑌𐐼 𐑄 𐐺𐐨𐑅𐐻𐑅 𐐱𐑂 𐑄 𐑁𐐨𐑊𐐼 𐐰𐑌𐐼 𐑄 𐑁𐐵𐑊𐑆 𐐱𐑂 𐑄 𐐩𐑉, 𐐰𐑌𐐼 𐐮𐑌 𐑁𐐴𐑌, 𐐫𐑊 𐑃𐐮𐑍𐑆 𐐸𐐶𐐮𐐽 𐐪𐑉 𐐿𐑉𐐨𐐩𐐻𐐯𐐼, 𐐮𐐻 𐑋𐐲𐑅𐐻 𐑌𐐨𐐼𐑆 𐐺𐐨 𐑄𐐰𐐻 𐑄𐐩𐑉 𐐶𐐱𐑆 𐐰𐑌 𐐱𐐹𐐬𐑆𐐮𐑇𐐲𐑌; 𐐨𐑂𐐲𐑌 𐑄 𐑁𐐫𐑉𐐺𐐮𐐼𐐲𐑌 𐑁𐑉𐐭𐐻 𐐮𐑌 𐐱𐐹𐐬𐑆𐐮𐑇𐐲𐑌 𐐻𐐭 𐑄 𐐻𐑉𐐨 𐐱𐑂 𐑊𐐴𐑁; 𐑄 𐐶𐐲𐑌 𐐺𐐨𐐮𐑍 𐑅𐐶𐐨𐐻 𐐰𐑌𐐼 𐑄 𐐲𐑄𐐲𐑉 𐐺𐐮𐐻𐐲𐑉; 𐐸𐐶𐐩𐑉𐑁𐐫𐑉, 𐑄 𐐢𐐫𐑉𐐼 𐐘𐐱𐐼 𐑀𐐩𐑂 𐐲𐑌𐐻𐐭 𐑋𐐰𐑌 𐑄𐐰𐐻 𐐸𐐨 𐑇𐐳𐐼 𐐰𐐿𐐻 𐑁𐐫𐑉 𐐸𐐮𐑋𐑅𐐯𐑊𐑁. 𐐐𐐶𐐩𐑉𐑁𐐫𐑉, 𐑋𐐰𐑌 𐐿𐐳𐐼 𐑌𐐱𐐻 𐐰𐐿𐐻 𐑁𐐫𐑉 𐐸𐐮𐑋𐑅𐐯𐑊𐑁 𐑅𐐩𐑂 𐐮𐐻 𐑇𐐳𐐼 𐐺𐐨 𐑄𐐰𐐻 𐐸𐐨 𐐶𐐱𐑆 𐐯𐑌𐐻𐐴𐑅𐐻 𐐺𐐴 𐑄 𐐶𐐲𐑌 𐐫𐑉 𐑄 𐐲𐑄𐐲𐑉. 𐐈𐑌𐐼 𐐌, 𐐢𐐨𐐸𐐴, 𐐰𐐿𐐫𐑉𐐼𐐮𐑍 𐐻𐐭 𐑄 𐑃𐐮𐑍𐑆 𐐸𐐶𐐮𐐽 𐐌 𐐸𐐰𐑂 𐑉𐐯𐐼, 𐑋𐐲𐑅𐐻 𐑌𐐨𐐼𐑆 𐑅𐐲𐐹𐐬𐑆 𐑄𐐰𐐻 𐐰𐑌 𐐩𐑌𐐾𐐯𐑊 𐐱𐑂 𐐘𐐱𐐼, 𐐰𐐿𐐫𐑉𐐼𐐮𐑍 𐐻𐐭 𐑄𐐰𐐻 𐐸𐐶𐐮𐐽 𐐮𐑆 𐑉𐐮𐐻𐐲𐑌, 𐐸𐐰𐐼 𐑁𐐫𐑊𐐲𐑌 𐑁𐑉𐐱𐑋 𐐸𐐯𐑂𐐲𐑌; 𐐸𐐶𐐩𐑉𐑁𐐫𐑉, 𐐸𐐨 𐐺𐐨𐐿𐐩𐑋 𐐲 𐐼𐐯𐑂𐐮𐑊, 𐐸𐐰𐑂𐐮𐑍 𐑅𐐫𐐻 𐑄𐐰𐐻 𐐸𐐶𐐮𐐽 𐐶𐐱𐑆 𐐨𐑂𐐮𐑊 𐐺𐐨𐑁𐐬𐑉 𐐘𐐱𐐼. 𐐈𐑌𐐼 𐐺𐐨𐐿𐐫𐑆 𐐸𐐨 𐐸𐐰𐐼 𐑁𐐫𐑊𐐲𐑌 𐑁𐑉𐐱𐑋 𐐸𐐯𐑂𐐲𐑌, 𐐰𐑌𐐼 𐐸𐐰𐐼 𐐺𐐨𐐿𐐲𐑋 𐑋𐐮𐑆𐐲𐑉𐐲𐐺𐑊 𐑁𐐫𐑉𐐯𐑂𐐲𐑉, 𐐸𐐨 𐑅𐐫𐐻 𐐫𐑊𐑅𐐬 𐑄 𐑋𐐮𐑆𐐲𐑉𐐨 𐐱𐑂 𐐫𐑊 𐑋𐐰𐑌𐐿𐐴𐑌𐐼. 𐐐𐐶𐐩𐑉𐑁𐐫𐑉, 𐐸𐐨 𐑅𐐯𐐼 𐐲𐑌𐐻𐐭 𐐀𐑂, 𐐷𐐩, 𐐨𐑂𐐲𐑌 𐑄𐐰𐐻 𐐬𐑊𐐼 𐑅𐐲𐑉𐐹𐐯𐑌𐐻, 𐐸𐐭 𐐮𐑆 𐑄 𐐼𐐯𐑂𐐮𐑊, 𐐸𐐭 𐐮𐑆 𐑄 𐑁𐐪𐑄𐐲𐑉 𐐱𐑂 𐐫𐑊 𐑊𐐴𐑆; 𐐸𐐶𐐩𐑉𐑁𐐫𐑉 𐐸𐐨 𐑅𐐯𐐼, 𐐑𐐪𐑉𐐻𐐩𐐿 𐐱𐑂 𐑄 𐑁𐐫𐑉𐐺𐐮𐐼𐐲𐑌 𐑁𐑉𐐭𐐻, 𐐰𐑌𐐼 𐐷𐐨 𐑇𐐰𐑊 𐑌𐐱𐐻 𐐼𐐴, 𐐺𐐲𐐻 𐐷𐐨 𐑇𐐰𐑊 𐐺𐐨 𐐰𐑆 𐐘𐐱𐐼, 𐑌𐐬𐐮𐑍 𐑀𐐳𐐼 𐐰𐑌𐐼 𐐨𐑂𐐮𐑊. 𐐈𐑌𐐼 𐐰𐑁𐐻𐐲𐑉 𐐈𐐼𐐲𐑋 𐐰𐑌𐐼 𐐀𐑂 𐐸𐐰𐐼 𐐹𐐪𐑉𐐻𐐩𐐿𐐲𐑌 𐐱𐑂 𐑄 𐑁𐐫𐑉𐐺𐐮𐐼𐐲𐑌 𐑁𐑉𐐭𐐻 𐑄𐐩 𐐶𐐲𐑉 𐐼𐑉𐐮𐑂𐐲𐑌 𐐵𐐻 𐐱𐑂 𐑄 𐑀𐐪𐑉𐐼𐐲𐑌 𐐱𐑂 𐐀𐐼𐐲𐑌, 𐐻𐐭 𐐻𐐮𐑊 𐑄 𐐲𐑉𐑃. 𐐈𐑌𐐼 𐑄𐐩 𐐸𐐰𐑂 𐐺𐑉𐐫𐐻 𐑁𐐬𐑉𐑃 𐐽𐐮𐑊𐐼𐑉𐐲𐑌; 𐐷𐐩, 𐐨𐑂𐐲𐑌 𐑄 𐑁𐐰𐑋𐐮𐑊𐐨 𐐱𐑂 𐐫𐑊 𐑄 𐐲𐑉𐑃. 𐐈𐑌𐐼 𐑄 𐐼𐐩𐑆 𐐱𐑂 𐑄 𐐽𐐮𐑊𐐼𐑉𐐲𐑌 𐐱𐑂 𐑋𐐯𐑌 𐐶𐐲𐑉 𐐹𐑉𐐬𐑊𐐱𐑍𐐼, 𐐰𐐿𐐫𐑉𐐼𐐮𐑍 𐐻𐐭 𐑄 𐐶𐐮𐑊 𐐱𐑂 𐐘𐐱𐐼, 𐑄𐐰𐐻 𐑄𐐩 𐑋𐐴𐐻 𐑉𐐨𐐹𐐯𐑌𐐻 𐐸𐐶𐐴𐑊 𐐮𐑌 𐑄 𐑁𐑊𐐯𐑇; 𐐸𐐶𐐩𐑉𐑁𐐫𐑉, 𐑄𐐩𐑉 𐑅𐐻𐐩𐐻 𐐺𐐨𐐿𐐩𐑋 𐐲 𐑅𐐻𐐩𐐻 𐐱𐑂 𐐹𐑉𐐬𐐺𐐩𐑇𐐲𐑌, 𐐰𐑌𐐼 𐑄𐐩𐑉 𐐻𐐴𐑋 𐐶𐐱𐑆 𐑊𐐯𐑍𐑃𐐲𐑌𐐼, 𐐰𐐿𐐫𐑉𐐼𐐮𐑍 𐐻𐐭 𐑄 𐐿𐐱𐑋𐐰𐑌𐐼𐑋𐐯𐑌𐐻𐑅 𐐸𐐶𐐮𐐽 𐑄 𐐢𐐫𐑉𐐼 𐐘𐐱𐐼 𐑀𐐩𐑂 𐐲𐑌𐐻𐐭 𐑄 𐐽𐐮𐑊𐐼𐑉𐐲𐑌 𐐱𐑂 𐑋𐐯𐑌. 𐐙𐐫𐑉 𐐸𐐨 𐑀𐐩𐑂 𐐿𐐱𐑋𐐰𐑌𐐼𐑋𐐯𐑌𐐻 𐑄𐐰𐐻 𐐫𐑊 𐑋𐐯𐑌 𐑋𐐲𐑅𐐻 𐑉𐐨𐐹𐐯𐑌𐐻; 𐑁𐐫𐑉 𐐸𐐨 𐑇𐐬𐐼 𐐲𐑌𐐻𐐭 𐐫𐑊 𐑋𐐯𐑌 𐑄𐐰𐐻 𐑄𐐩 𐐶𐐲𐑉 𐑊𐐱𐑅𐐻, 𐐺𐐨𐐿𐐫𐑆 𐐱𐑂 𐑄 𐐻𐑉𐐰𐑌𐑅𐑀𐑉𐐯𐑇𐐲𐑌 𐐱𐑂 𐑄𐐩𐑉 𐐹𐐩𐑉𐐯𐑌𐐻𐑅.—2 𐐤𐐨𐑁𐐴 2:3–21.

"𐐈𐑌𐐼 𐑌𐐵, 𐑋𐐴 𐐺𐑉𐐯𐑄𐑉𐐯𐑌, 𐐌 𐐸𐐰𐑂 𐑅𐐹𐐬𐐿𐐲𐑌 𐐹𐑊𐐩𐑌, 𐑄𐐰𐐻 𐐷𐐨 𐐿𐐰𐑌𐐱𐐻 𐐲𐑉; 𐐰𐑌𐐼 𐐰𐑆 𐑄 𐐢𐐫𐑉𐐼 𐐘𐐱𐐼 𐑊𐐮𐑂𐐯𐑃 𐑄𐐰𐐻 𐐺𐑉𐐫𐐻 𐐆𐑆𐑉𐐩𐐯𐑊 𐐲𐐹 𐐵𐐻 𐐱𐑂 𐑄 𐑊𐐰𐑌𐐼 𐐱𐑂 𐐀𐐾𐐮𐐹𐐻, 𐐰𐑌𐐼 𐑀𐐩𐑂 𐐲𐑌𐐻𐐭 𐐣𐐬𐑆𐐯𐑆 𐐹𐐵𐐲𐑉 𐑄𐐰𐐻 𐐸𐐨 𐑇𐐳𐐼 𐐸𐐨𐑊 𐑄 𐑌𐐩𐑇𐐲𐑌𐑆, 𐐰𐑁𐐻𐐲𐑉 𐑄𐐩 𐐸𐐰𐐼 𐐺𐐮𐑌 𐐺𐐮𐐻𐐲𐑌 𐐺𐐴 𐑄 𐐹𐑎𐑆𐐲𐑌𐐲𐑅 𐑅𐐲𐑉𐐹𐐯𐑌𐐻𐑅, 𐐮𐑁 𐑄𐐩 𐐶𐐳𐐼 𐐿𐐰𐑅𐐻 𐑄𐐩𐑉 𐐴𐑆 𐐲𐑌𐐻𐐭 𐑄 𐑅𐐲𐑉𐐹𐐯𐑌𐐻 𐐸𐐶𐐮𐐽 𐐸𐐨 𐐼𐐮𐐼 𐑉𐐩𐑆 𐐲𐐹 𐐺𐐨𐑁𐐬𐑉 𐑄𐐯𐑋, 𐐰𐑌𐐼 𐐫𐑊𐑅𐐬 𐑀𐐩𐑂 𐐸𐐮𐑋 𐐹𐐵𐐲𐑉 𐑄𐐰𐐻 𐐸𐐨 𐑇𐐳𐐼 𐑅𐑋𐐴𐐻 𐑄 𐑉𐐱𐐿, 𐐰𐑌𐐼 𐑄 𐐶𐐫𐐻𐐲𐑉 𐑇𐐳𐐼 𐐿𐐲𐑋 𐑁𐐬𐑉𐑃; 𐐷𐐩, 𐐺𐐨𐐸𐐬𐑊𐐼 𐐌 𐑅𐐩 𐐲𐑌𐐻𐐭 𐐷𐐭, 𐑄𐐰𐐻 𐐰𐑆 𐑄𐐨𐑆 𐑃𐐮𐑍𐑆 𐐪𐑉 𐐻𐑉𐐭, 𐐰𐑌𐐼 𐐰𐑆 𐑄 𐐢𐐫𐑉𐐼 𐐘𐐱𐐼 𐑊𐐮𐑂𐐯𐑃, 𐑄𐐩𐑉 𐐮𐑆 𐑌𐐲𐑌 𐐲𐑄𐐲𐑉 𐑌𐐩𐑋 𐑀𐐮𐑂𐐲𐑌 𐐲𐑌𐐼𐐲𐑉 𐐸𐐯𐑂𐐲𐑌, 𐑅𐐩𐑂 𐐮𐐻 𐐺 𐑄𐐮𐑅 𐐖𐐨𐑆𐐲𐑅 𐐗𐑉𐐴𐑅𐐻 𐐲𐑂 𐐸𐐭𐑋 𐐌 𐐸𐐰𐑂 𐑅𐐹𐐬𐐿𐐲𐑌, 𐐸𐐶𐐩𐑉𐐺𐐴 𐑋𐐰𐑌 𐐿𐐰𐑌 𐐺 𐑅𐐩𐑂𐐼. 𐐐𐐶𐐩𐑉𐑁𐐬𐑉, 𐑁𐐬𐑉 𐑄𐐮𐑅 𐐿𐐫𐑆 𐐸𐐰𐑃 𐑄 𐐢𐐫𐑉𐐼 𐐘𐐱𐐼 𐐹𐑉𐐱𐑋𐐮𐑅𐐻 𐐲𐑌𐐻𐐭 𐑋𐐨 𐑄𐐰𐐻 𐑄𐐨𐑆 𐑃𐐮𐑍𐑆 𐐸𐐶𐐮𐐽 𐐌 𐑉𐐴𐐻, 𐑇𐐰𐑊 𐐺 𐐿𐐯𐐹𐐻 𐐰𐑌𐐼 𐐹𐑉𐐲𐑆𐐲𐑉𐑂𐐼, 𐐰𐑌𐐼 𐐸𐐰𐑌𐐼𐐲𐐼 𐐼𐐵𐑌 𐐲𐑌𐐻𐐭 𐑋𐐴 𐑅𐐨𐐼, 𐑁𐑉𐐲𐑋 𐐾𐐯𐑌𐐲𐑉𐐩𐑇𐐲𐑌 𐐻𐐭 𐐾𐐯𐑌𐐲𐑉𐐩𐑇𐐲𐑌, 𐑄𐐰𐐻 𐑄 𐐹𐑉𐐱𐑋𐐮𐑅 𐑋𐐩 𐐺 𐑁𐐳𐑊𐑁𐐮𐑊𐐼 𐐲𐑌𐐻𐐭 𐐖𐐬𐑆𐐯𐑁, 𐑄𐐰𐐻 𐐸𐐮𐑆 𐑅𐐨𐐼 𐑇𐐳𐐼 𐑌𐐯𐑂𐐲𐑉 𐐹𐐯𐑉𐐮𐑇 𐐰𐑆 𐑊𐐫𐑍 𐐰𐑆 𐑄 𐐲𐑉𐑃 𐑇𐐳𐐼 𐑅𐐻𐐰𐑌𐐼. 𐐐𐐶𐐩𐑉𐑁𐐬𐑉, 𐑄𐐨𐑆 𐑃𐐮𐑍𐑆 𐑇𐐰𐑊 𐑀𐐬 𐑁𐑉𐐲𐑋 𐐾𐐯𐑌𐐲𐑉𐐩𐑇𐐲𐑌 𐐻𐐭 𐐾𐐯𐑌𐐲𐑉𐐩𐑇𐐲𐑌 𐐰𐑆 𐑊𐐫𐑍 𐐰𐑆 𐑄 𐐲𐑉𐑃 𐑇𐐰𐑊 𐑅𐐻𐐰𐑌𐐼; 𐐰𐑌𐐼 𐑄𐐩 𐑇𐐰𐑊 𐑀𐐬 𐐲𐐿𐐫𐑉𐐼𐐮𐑍 𐐻𐐭 𐑄 𐐶𐐮𐑊 𐐰𐑌𐐼 𐐹𐑊𐐯𐑈𐐲𐑉 𐐲𐑂 𐐘𐐱𐐼; 𐐰𐑌𐐼 𐑄 𐑌𐐩𐑇𐐲𐑌𐑆 𐐸𐐭 𐑇𐐰𐑊 𐐹𐐲𐑆𐐯𐑅 𐑄𐐯𐑋 𐑇𐐰𐑊 𐐺 𐐾𐐲𐐾𐐼 𐐲𐑂 𐑄𐐯𐑋 𐐲𐐿𐐫𐑉𐐼𐐮𐑍 𐐻𐐭 𐑄 𐐶𐐲𐑉𐐼𐑆 𐐸𐐶𐐮𐐽 𐐪𐑉 𐑉𐐮𐐻𐐲𐑌; 𐑁𐐫𐑉 𐐶𐐨 𐑊𐐩𐐺𐐲𐑉 𐐼𐐮𐑊𐐮𐐾𐐲𐑌𐐻𐑊𐐨 𐐻𐐭 𐑉𐐴𐐻, 𐐻𐐭 𐐹𐐲𐑉𐑅𐐶𐐩𐐼 𐐵𐑉 𐐽𐐮𐑊𐐼𐑉𐐲𐑌, 𐐰𐑌𐐼 𐐫𐑊𐑅𐐬 𐐵𐑉 𐐺𐑉𐐯𐑄𐑉𐐲𐑌, 𐐻𐐭 𐐺𐐲𐑊𐐨𐑂 𐐮𐑌 𐐗𐑉𐐴𐑅𐐻, 𐐰𐑌𐐼 𐐻𐐭 𐐺 𐑉𐐯𐐿𐐲𐑌𐑅𐐴𐑊𐐼 𐐻𐐭 𐐘𐐱𐐼; 𐑁𐐫𐑉 𐐶𐐨 𐑌𐐬 𐑄𐐰𐐻 𐐮𐐻 𐐮𐑆 𐐺𐐴 𐑀𐑉𐐩𐑅 𐑄𐐰𐐻 𐐶𐐨 𐐪𐑉 𐑅𐐩𐑂𐐼, 𐐰𐑁𐐻𐐲𐑉 𐐫𐑊 𐐶𐐨 𐐿𐐰𐑌 𐐼𐐭. 𐐈𐑌𐐼 𐑌𐐱𐐻𐐶𐐮𐑄𐑅𐐻𐐰𐑌𐐼𐐮𐑍 𐐶𐐨 𐐺𐐲𐑊𐐨𐑂 𐐮𐑌 𐐗𐑉𐐴𐑅𐐻, 𐐶𐐨 𐐿𐐨𐐹 𐑄 𐑊𐐫 𐐲𐑂 𐐣𐐬𐑆𐐲𐑅, 𐐰𐑌𐐼 𐑊𐐳𐐿 𐑁𐐫𐑉𐐶𐐲𐑉𐐼 𐐶𐐮𐑄 𐑅𐐻𐐯𐐼𐑁𐐰𐑅𐐻𐑌𐐲𐑅 𐐲𐑌𐐻𐐭 𐐗𐑉𐐴𐑅𐐻, 𐐲𐑌𐐻𐐮𐑊 𐑄 𐑊𐐫 𐑇𐐰𐑊 𐐺 𐑁𐐳𐑊𐑁𐐮𐑊𐐼; 𐑁𐐫𐑉, 𐑁𐐫𐑉 𐑄𐐮𐑅 𐐯𐑌𐐼 𐐶𐐲𐑆 𐑄 𐑊𐐫 𐑀𐐮𐑂𐐲𐑌; 𐐸𐐶𐐩𐑉𐑁𐐬𐑉, 𐑄 𐑊𐐫 𐐸𐐰𐑃 𐐺𐐲𐐿𐐲𐑋 𐐼𐐯𐐼 𐐲𐑌𐐻𐐭 𐐲𐑅, 𐐰𐑌𐐼 𐐶𐐨 𐐪𐑉 𐑋𐐩𐐼 𐐲𐑊𐐴𐑂 𐐮𐑌 𐐗𐑉𐐴𐑅𐐻, 𐐺𐐲𐐿𐐫𐑆 𐐲𐑂 𐐵𐑉 𐑁𐐩𐑃; 𐐷𐐯𐐻 𐐶𐐨 𐐿𐐨𐐹 𐑄 𐑊𐐫 𐐺𐐲𐐿𐐫𐑆 𐐲𐑂 𐑄 𐐿𐐲𐑋𐐰𐑌𐐼𐑋𐐲𐑌𐐻𐑅; 𐐰𐑌𐐼 𐐶𐐨 𐐻𐐫𐐿 𐐲𐑂 𐐗𐑉𐐴𐑅𐐻, 𐐶𐐨 𐑉𐐲𐐾𐐱𐐮𐑅 𐐮𐑌 𐐗𐑉𐐴𐑅𐐻, 𐐶𐐨 𐐹𐑉𐐨𐐽 𐐲𐑂 𐐗𐑉𐐴𐑅𐐻, 𐐶𐐨 𐐹𐑉𐐱𐑁𐐲𐑅𐐴 𐐲𐑂 𐐗𐑉𐐴𐑅𐐻, 𐐰𐑌𐐼 𐐶𐐨 𐑉𐐴𐐻 𐐲𐐿𐐫𐑉𐐼𐐮𐑍 𐐻𐐭 𐐵𐑉 𐐹𐑉𐐱𐑁𐐲𐑅𐐨𐑆, 𐑄𐐰𐐻 𐐵𐑉 𐐽𐐮𐑊𐐼𐑉𐐲𐑌 𐑋𐐩 𐑌𐐬 𐐻𐐭 𐐸𐐶𐐲𐐻 𐑅𐐬𐑉𐑅 𐑄𐐩 𐑋𐐩 𐑊𐐳𐐿 𐑁𐐫𐑉 𐐲 𐑉𐐲𐑋𐐮𐑇𐐲𐑌 𐐲𐑂 𐑄𐐯𐑉 𐑅𐐮𐑌𐑆. 𐐐𐐶𐐩𐑉𐑁𐐬𐑉, 𐐶𐐨 𐑅𐐹𐐨𐐿 𐐿𐐲𐑌𐑅𐐲𐑉𐑌𐐮𐑍 𐑄 𐑊𐐫, 𐑄𐐰𐐻 𐐵𐑉 𐐽𐐮𐑊𐐼𐑉𐐲𐑌 𐑋𐐩 𐑌𐐬 𐑄 𐐼𐐯𐐼𐑌𐐲𐑅 𐐲𐑂 𐑄 𐑊𐐫; 𐐰𐑌𐐼 𐑄𐐩, 𐐺𐐴 𐑌𐐬𐐮𐑍 𐑄 𐐼𐐯𐐼𐑌𐐲𐑅 𐐲𐑂 𐑄 𐑊𐐫, 𐑋𐐩 𐑊𐐳𐐿 𐑁𐐫𐑉𐐶𐐲𐑉𐐼 𐐲𐑌𐐻𐐭 𐑄𐐰𐐻 𐑊𐐴𐑁 𐐸𐐶𐐮𐐽 𐐮𐑆 𐐮𐑌 𐐗𐑉𐐴𐑅𐐻, 𐐰𐑌𐐼 𐑌𐐬 𐑁𐐫𐑉 𐐸𐐶𐐲𐐻 𐐯𐑌𐐼 𐑄 𐑊𐐫 𐐶𐐲𐑆 𐑀𐐮𐑂𐐲𐑌. 𐐈𐑌𐐼 𐐰𐑁𐐻𐐲𐑉 𐑄 𐑊𐐫 𐐮𐑆 𐑁𐐳𐑊𐑁𐐮𐑊𐐼 𐐮𐑌 𐐗𐑉𐐴𐑅𐐻, 𐑄𐐰𐐻 𐑄𐐩 𐑌𐐨𐐼 𐑌𐐱𐐻 𐐸𐐪𐑉𐐼𐐲𐑌 𐑄𐐯𐑉 𐐸𐐪𐑉𐐻𐑅 𐐲𐑀𐐯𐑌𐑅𐐻 𐐸𐐮𐑋, 𐐸𐐶𐐯𐑌 𐑄 𐑊𐐫 𐐫𐐻 𐐻𐐭 𐐺 𐐼𐐲𐑌 𐐲𐐶𐐩."—2 𐐤𐐨𐑁𐐴 25:20–27.

𐐜 𐑉𐐯𐑁𐐲𐑉𐐲𐑌𐑅, 𐐮𐑌 𐑄 𐐲𐐺𐐲𐑂 𐐿𐐶𐐬𐐻𐐩𐑇𐐲𐑌, 𐐻𐐭 𐑄 𐑅𐐲𐑉𐐹𐐲𐑌𐐻 𐐸𐐶𐐮𐐽 𐐣𐐬𐑆𐐲𐑅 𐑉𐐩𐑆𐐼 𐐲𐐹 𐐺𐐲𐑁𐐫𐑉 𐑄 𐐽𐐮𐑊𐐼𐑉𐐲𐑌 𐐲𐑂 𐐆𐑆𐑉𐐲𐑊 𐐮𐑌 𐑄 𐐶𐐮𐑊𐐼𐐲𐑉𐑌𐐲𐑅, 𐐼𐐲𐑉𐐯𐐿𐐻𐑊𐐨 𐐿𐐲𐑌𐑁𐐲𐑉𐑋𐑆 𐑄 𐑅𐐻𐐩𐐻𐑋𐐲𐑌𐐻 𐐲𐑂 𐐵𐑉 𐐝𐐩𐑂𐐷𐐲𐑉:

"𐐈𐑌𐐼 𐐰𐑆 𐐣𐐬𐑆𐐲𐑅 𐑊𐐮𐑁𐐻𐐲𐐼 𐐲𐐹 𐑄 𐑅𐐲𐑉𐐹𐐲𐑌𐐻 𐐮𐑌 𐑄 𐐶𐐮𐑊𐐼𐐲𐑉𐑌𐐲𐑅, 𐐨𐑂𐐲𐑌 𐑅𐐬 𐑋𐐲𐑅𐐻 𐑄 𐐝𐐲𐑌 𐐲𐑂 𐑋𐐰𐑌 𐐺 𐑊𐐮𐑁𐐻𐐲𐐼 𐐲𐐹; 𐑄𐐰𐐻 𐐸𐐭𐑅𐐬𐐯𐑂𐐲𐑉 𐐺𐐲𐑊𐐨𐑂𐐲𐑃 𐐮𐑌 𐐸𐐮𐑋 𐑇𐐳𐐼 𐑌𐐱𐐻 𐐹𐐯𐑉𐐮𐑇, 𐐺𐐲𐐻 𐐸𐐰𐑂 𐐨𐐻𐐲𐑉𐑌𐐲𐑊 𐑊𐐴𐑁."—𐐖𐐱𐑌 3:14, 15.

𐐎𐐨 𐑌𐐵 𐑉𐐲𐐻𐐲𐑉𐑌 𐐻𐐭 𐐵𐑉 𐐿𐐶𐐬𐐻𐐩𐑇𐐲𐑌𐑆 𐑁𐑉𐐲𐑋 𐑄 𐐒𐐳𐐿 𐐲𐑂 𐐣𐐫𐑉𐑋𐐲𐑌. 𐐗𐐮𐑍 𐐒𐐯𐑌𐐾𐐲𐑋𐐮𐑌 𐐻𐐨𐐽𐐲𐑆:

"𐐙𐐫𐑉 𐐺𐐲𐐸𐐬𐑊𐐼, 𐑄 𐐻𐐴𐑋 𐐿𐐲𐑋𐐲𐑃, 𐐰𐑌𐐼 𐐮𐑆 𐑌𐐱𐐻 𐑁𐐪𐑉 𐐼𐐮𐑅𐐻𐐲𐑌𐐻, 𐑄𐐰𐐻 𐐶𐐮𐑄 𐐹𐐵𐐲𐑉, 𐑄 𐐢𐐫𐑉𐐼 𐐉𐑋𐑌𐐮𐐹𐐲𐐻𐐲𐑌𐐻, 𐐸𐐭 𐑉𐐩𐑌𐐲𐑃, 𐐸𐐭 𐐶𐐲𐑆 𐐰𐑌𐐼 𐐮𐑆 𐑁𐑉𐐲𐑋 𐐫𐑊 𐐨𐐻𐐲𐑉𐑌𐐮𐐻𐐨 𐐻𐐭 𐐫𐑊 𐐨𐐻𐐲𐑉𐑌𐐮𐐻𐐨, 𐑇𐐰𐑊 𐐿𐐲𐑋 𐐼𐐵𐑌 𐑁𐑉𐐲𐑋 𐐸𐐯𐑂𐐲𐑌, 𐐲𐑋𐐲𐑍 𐑄 cɪldφrʌ rв ɔʌʌ, ʌɴd bʌɿ dωʌɿ ɴ ɵ ʇʌвrφʌʌωrɿ rв ωɪɛ, ʌɴd bʌɿ ὠo ρoφʟ rɔrɪв ɔʌʌ, ωrφωɪɪ ɔφɿə ɔɪφrωrɿ6, вrc ʌ6 φəɪɪɪ ɣ вɪω, φєвɪɪ ɣ dʌd, ωoвɪɪ ɣ ɪєɔ ɿω ωoω, ɣ вɪφʌd ɿω φrвəв ɣʌφ вφɿ, ʌɴd ɣ dʌρ ɿω φɪφ, ʌɴd ωɴφφɪɪ oɪ ɔʌɴrφ rв dɪвəвr6; ʌɴd φə bʌɿ ωʌвɿ ὀɿ dʌвɪɿ6, oφ ɣ əвɪ вɪɪφɪɿв φωɪc dωʌɿ ɴ ɣ φəφɿв rв ɣ cɪldφrʌ rв ɔʌʌ. ʌɴd ɪo, φə bʌɿ вrρrφ ɿʌɔɿɿєbrɴ6, ʌɴd ɿєɴ rв вəd, φrɪɪὠrφ, ʟrφвɿ, ʌɴd ρrɿəὠ, əвrʌ ɔəφ ɣʌɴ ɔʌɴ ωʌɴ вrρrφ, ɪωвʌɿɿ ɪɿ в rɴɿω dʌʟ: ρoφ вrφoɪd, вɪrd ωrɔrʟ ρφrɔ ʌвφə ɿoφ, вo ὠφєɿ bʌɿ в φɪ6 ʌɪɪὠωɪb ρoφ ɣ ωɪωrdɪrв ʌɴd ɣ rвəɔɴєbrɴ6 rв φɪ6 ɿəɿrɿ. ʌɴd φə bʌɿ в ωoɪd Ϲəвrв Ωφφвɿ, ɣ вrʌ rв Ɯəd, ɣ Ƿəɣrφ rв φʌвrʌ ʌɴd rφʟ, ɣ Ωφəєɪrφ rв oɪ ʟɪɪ6, ρφrɔ ɣ вrὠɪɪɪ; ʌɴd φɪ6 ɔrɣrφ bʌɿ в ωoɪd Ɔʌφə. ʌɴd ɪo, φə ωrɔrʟ rɴɿω φɪ6 oɴ, ɣʌɿ вʌɪєвbrʌ ɔφɿ ωrɔ rɴɿω ɣ cɪldφrʌ rв ɔʌʌ, əвrʌ ʟφω ρєʟ oɴ φɪ6 ɴєɔ; ʌɴd əвrʌ ʌρɿrφ oɪ ɣɪв, ɣє bʌɿ ωrɴвɪdrφ φɪɔ ɵ ɔʌʌ, ʌɴd вє ɣʌɿ φə φʌʟ ɵ dʌвɪɿ, ʌɴd bʌɿ вωrφς φɪɔ, ʌɴd bʌɿ ωφωвɪρφ φɪɔ. ʌɴd φə bʌɿ φφ6 ɣ ʟrφd dє ρφrɔ ɣ dʌd; ʌɴd вrφoɪd, φə вɿʌɴdrʟ ɿω ςrς ɣ ωrφɪd; ʌɴd вrφoɪd, oɪ ɣə6 ʟɪɪ6 əφ drʌ, ɣʌɿ ɵ φφcrв ςrςɔrɴɿ ɔφɿ ωrɔ rɿəʌ ɣ cɪldφrʌ rв ɔʌʌ. Ƿəφ вrφoɪd, ʌɴd oɪвo φɪ6 вɪrd rɪoɴrʟ ρəφ ɣ вɪɴ6 rв ɣo6 φω φʌв ρəɪrʌ вφ ɣ ɿφʌɴ6ὠφʌbrʌ rв ʌdrɔ, φω φʌв dφd, ɴəɿ ɴoɪɪ ɣ ωɪɿ rв Ɯəd ωrɴвrφɪɪ ɣʌɔ, əφ φω φʌв ɪὠɴrφrɴɿɪə вɪɴd. Вrɿ ωo, ωo rɴɿω φɪɔ φω ɴoɪʟ ɣʌɿ φə φrвʌɪrɣ rὠʌɴв Ɯəd; ρoφ вʌɪєвbrʌ ωrɔrʟ ɿω ɴrʌ вrc, ɪωвʌɿɿ ɪɿ в ʟφω φrɿʌɿɪrɴв ʌɴd ρєʟ oɴ ɣ Ɩoφd Ϲəвrв Ωφφвɿ. ʌɴd ɣ Ɩoφd Ɯəd φʌʟ вʌɴɿ φɪ6 φoɪə ɿφoρrɿв rɔrɪ oɪ ɣ cɪldφrʌ rв ɔʌʌ, ɿω drωɪʌφ ɣə6 ʟɪɪ6 ɿω ʌвφə ωɪɴdφrd, ɴєbrʌ, ʌɴd ɿrɪ, ɣʌɿ ɣʌφвφ φωвoʌвrφ bφd вrɪəв ɣʌɿ Ωφφвɿ bφd ωrɔ, ɣ вєɔ ɔφɿ φrвəв φrɔɪbrʌ rв ɣʌφ вɪɴ6, ʌɴd φrςoɪв ωɪɣ ɪωвədɪɪ ὠφєɿ ςoɪ, əвrʌ ʌ6 ɣo φə φʌd oɪφʌdə ωrɔ rɔrɪ ɣʌɔ. Ɣʌɿ ɣ Ɩoφd Ɯəd вo ɣʌɿ φɪ6 ɿəɿrɿ ωrφ ɵ вɪɪρɴʌωɿ ɿəɿrɿ, ʌɴd φə rɿoɪɴɪrd rɴɿω ɣʌɔ ɵ ɪoɿ, əвrʌ ɣ ɪo rв Ɔoвrв. ʌɴd ɔʌɴə вφ6, ʌɴd ωrɴdrφ6, ʌɴd ɿφɿв, ʌɴd bʌdo6 bod φə rɴɿω ɣʌɔ, ωrɴвrφɪɪ φɪ6 ωrɔɪɪ; ʌɴd oɪвo φoɪə ɿφoρrɿв вɿєω rɴɿω ɣʌɔ ωrɴвrφɪɪ φɪ6 ωrɔɪɪ; ʌɴd ɤʌɿ ɣє φoφdrɴd ɣʌφ φəφɿв, ʌɴd rɴdrφвɪφd ɴəɿ ɣʌɿ ɣ ɪo rв Ɔoвrв rвєɪrʟ ɴrʟɪɪ, ɪωвʌɿɿ ɪɿ ωrφ ʟφω ɣ rɪoɴɔrɴɿ rв φɪ6 вɪrd. ʌɴd əвrʌ ɪρ ɪɿ ωrφ ɿəвɪвrɿ ɣʌɿ ɪɪɪɿ cɪldφrʌ ωφd вɪɴ, ɣє ωφd ɴəɿ в вєвd: вrɿ Ф вє rɴɿω ɤω ɣє əφ вɪʌвɿ; ρoφ вrφoɪd, ʌ6 ɴ ʌdrɔ, əφ вφ ɴєςrφ ɣє ρoɪ, əвrʌ вo ɣ вɪrd rв Ωφφвɿ rɪoɴrʟ ρoφ ɣʌφ вɪɴ6. ʌɴd ɔəφoвrφ, Ф 𐑅𐐩 𐐲𐑌𐐻𐐭 𐐷𐐭, 𐑄𐐰𐐻 𐑄𐐯𐑉 𐑇𐐰𐑊 𐐺 𐑌𐐬 𐐲𐑄𐐲𐑉 𐑌𐐩𐑋 𐑀𐐮𐑂𐐲𐑌, 𐑌𐐫𐑉 𐐯𐑌𐐨 𐐲𐑄𐐲𐑉 𐐶𐐩 𐑌𐐫𐑉 𐑋𐐨𐑌𐑆 𐐸𐐶𐐯𐑉𐐺𐐴 𐑅𐐰𐑊𐑂𐐩𐑇𐐲𐑌 𐐿𐐰𐑌 𐐿𐐲𐑋 𐐲𐑌𐐻𐐭 𐑄 𐐽𐐮𐑊𐐼𐑉𐐲𐑌 𐐲𐑂 𐑋𐐯𐑌, 𐐬𐑌𐑊𐐨 𐐮𐑌 𐐰𐑌𐐼 𐑃𐑉𐐭 𐑄 𐑌𐐩𐑋 𐐲𐑂 𐐗𐑉𐐴𐑅𐐻, 𐑄 𐐢𐐫𐑉𐐼 𐐉𐑋𐑌𐐮𐐹𐐲𐐻𐐲𐑌𐐻. 𐐙𐐫𐑉 𐐺𐐲𐐸𐐬𐑊𐐼 𐐸𐐨 𐐾𐐲𐐾𐐲𐑃, 𐐰𐑌𐐼 𐐸𐐮𐑆 𐐾𐐲𐐾𐑋𐐲𐑌𐐻 𐐮𐑆 𐐾𐐲𐑅𐐻; 𐐰𐑌𐐼 𐑄 𐐮𐑌𐑁𐐲𐑌𐐻 𐐹𐐯𐑉𐐮𐑇𐐲𐑃 𐑌𐐱𐐻 𐑄𐐰𐐻 𐐼𐐴𐐲𐑃 𐐮𐑌 𐐸𐐮𐑆 𐐮𐑌𐑁𐐲𐑌𐑅𐐨; 𐐺𐐲𐐻 𐑋𐐯𐑌 𐐼𐑉𐐮𐑍𐐿 𐐼𐐰𐑋𐑌𐐩𐑇𐐲𐑌 𐐻𐐭 𐑄𐐯𐑉 𐐬𐑌 𐑅𐐬𐑊𐑆, 𐐮𐐿𐑅𐐯𐐹𐐻 𐑄𐐩 𐐸𐐲𐑋𐐺𐐲𐑊 𐑄𐐯𐑋𐑅𐐯𐑊𐑂𐑆 𐐰𐑌𐐼 𐐺𐐲𐐿𐐲𐑋 𐐰𐑆 𐑊𐐮𐐻𐐲𐑊 𐐽𐐮𐑊𐐼𐑉𐐲𐑌, 𐐰𐑌𐐼 𐐺𐐲𐑊𐐨𐑂 𐑄𐐰𐐻 𐑅𐐰𐑊𐑂𐐩𐑇𐐲𐑌 𐐶𐐲𐑆, 𐐰𐑌𐐼 𐐮𐑆, 𐐰𐑌𐐼 𐐮𐑆 𐐻𐐭 𐐿𐐲𐑋, 𐐮𐑌 𐐰𐑌𐐼 𐑃𐑉𐐭 𐑄 𐐲𐐻𐐬𐑌𐐮𐑍 𐐺𐑊𐐲𐐼 𐐲𐑂 𐐗𐑉𐐴𐑅𐐻, 𐑄 𐐢𐐫𐑉𐐼 𐐉𐑋𐑌𐐮𐐹𐐲𐐻𐐲𐑌𐐻; 𐑁𐐫𐑉 𐑄 𐑌𐐰𐐽𐐲𐑉𐐲𐑊 𐑋𐐰𐑌 𐐮𐑆 𐐰𐑌 𐐯𐑌𐐲𐑋𐐨 𐐻𐐭 𐐘𐐱𐐼, 𐐰𐑌𐐼 𐐸𐐰𐑆 𐐺𐐮𐑌 𐑁𐑉𐐲𐑋 𐑄 𐑁𐐫𐑊 𐐲𐑂 𐐈𐐼𐐲𐑋, 𐐰𐑌𐐼 𐐶𐐮𐑊 𐐺, 𐑁𐐫𐑉 𐐯𐑂𐐲𐑉 𐐰𐑌𐐼 𐐯𐑂𐐲𐑉; 𐐺𐐲𐐻 𐐮𐑁 𐐸𐐨 𐐷𐐨𐑊𐐼𐑆 𐐻𐐭 𐑄 𐐮𐑌𐐻𐐴𐑅𐐮𐑍𐑆 𐐲𐑂 𐑄 𐐐𐐬𐑊𐐨 𐐝𐐹𐐮𐑉𐐮𐐻, 𐐰𐑌𐐼 𐐹𐐲𐐻𐐲𐑃 𐐫𐑁 𐑄 𐑌𐐰𐐽𐐲𐑉𐐲𐑊 𐑋𐐰𐑌, 𐐰𐑌𐐼 𐐺𐐲𐐿𐐲𐑋𐐲𐑃 𐐲 𐑅𐐩𐑌𐐻, 𐑃𐑉𐐭 𐑄 𐐲𐐻𐐬𐑌𐑋𐐲𐑌𐐻 𐐲𐑂 𐐗𐑉𐐴𐑅𐐻 𐑄 𐐢𐐫𐑉𐐼, 𐐰𐑌𐐼 𐐺𐐲𐐿𐐲𐑋𐐲𐑃 𐐰𐑆 𐐲 𐐽𐐴𐑊𐐼, 𐑅𐐲𐐺𐑋𐐮𐑅𐐮𐑂, 𐑋𐐨𐐿, 𐐸𐐲𐑋𐐺𐐲𐑊, 𐐹𐐩𐑇𐐲𐑌𐐻, 𐑁𐐳𐑊 𐐲𐑂 𐑊𐐲𐑂, 𐐶𐐮𐑊𐐮𐑍 𐐻𐐭 𐑅𐐲𐐺𐑋𐐮𐐻 𐐻𐐭 𐐫𐑊 𐑃𐐮𐑍𐑆 𐐸𐐶𐐮𐐽 𐑄 𐐢𐐫𐑉𐐼 𐑅𐐨𐐲𐑃 𐑁𐐮𐐻 𐐻𐐭 𐐮𐑌𐑁𐑊𐐮𐐿𐐻 𐐲𐐹𐐱𐑌 𐐸𐐮𐑋, 𐐨𐑂𐐲𐑌 𐐰𐑆 𐐲 𐐽𐐴𐑊𐐼 𐐼𐐲𐑃 𐑅𐐲𐐺𐑋𐐮𐐻 𐐻𐐭 𐐸𐐮𐑆 𐑁𐐪𐑄𐐲𐑉. 𐐈𐑌𐐼 𐑋𐐬𐑉𐐬𐑂𐐲𐑉, 𐐌 𐑅𐐩 𐐲𐑌𐐻𐐭 𐐷𐐭, 𐑄𐐰𐐻 𐑄 𐐻𐐴𐑋 𐑇𐐰𐑊 𐐿𐐲𐑋, 𐐸𐐶𐐯𐑌 𐑄 𐑌𐐱𐑊𐐲𐐾 𐐲𐑂 𐐲 𐐝𐐩𐑂𐐷𐐲𐑉 𐑇𐐰𐑊 𐑅𐐹𐑉𐐯𐐼 𐑃𐑉𐐭𐐵𐐻 𐐯𐑂𐑉𐐨 𐑌𐐩𐑇𐐲𐑌, 𐐿𐐮𐑌𐐼𐑉𐐲𐐼, 𐐻𐐲𐑍, 𐐰𐑌𐐼 𐐹𐐨𐐹𐐲𐑊. 𐐈𐑌𐐼 𐐺𐐲𐐸𐐬𐑊𐐼, 𐐸𐐶𐐯𐑌 𐑄𐐰𐐻 𐐻𐐴𐑋 𐐿𐐲𐑋𐐲𐑃, 𐑌𐐲𐑌 𐑇𐐰𐑊 𐐺 𐑁𐐵𐑌𐐼 𐐺𐑊𐐩𐑋𐑊𐐲𐑅 𐐺𐐲𐑁𐐬𐑉 𐐘𐐱𐐼, 𐐮𐐿𐑅𐐯𐐹𐐻 𐐮𐐻 𐐺 𐑊𐐮𐐻𐐲𐑊 𐐽𐐮𐑊𐐼𐑉𐐲𐑌 𐐬𐑌𐑊𐐨 𐑃𐑉𐐭 𐑉𐐲𐐹𐐯𐑌𐐻𐐲𐑌𐑅 𐐰𐑌𐐼 𐑁𐐩𐑃 𐐱𐑌 𐑄 𐑌𐐩𐑋 𐐲𐑂 𐑄 𐐢𐐫𐑉𐐼 𐐘𐐱𐐼 𐐉𐑋𐑌𐐮𐐹𐐲𐐻𐐲𐑌𐐻."—𐐣𐐬𐑆𐐴𐐲 3:5–21.

"𐐈𐑌𐐼 𐑌𐐵, 𐐮𐐻 𐐿𐐩𐑋 𐐻𐐭 𐐹𐐰𐑅 𐑄𐐰𐐻 𐐸𐐶𐐯𐑌 𐐗𐐮𐑍 𐐒𐐯𐑌𐐾𐐲𐑋𐐮𐑌 𐐸𐐰𐐼 𐑋𐐩𐐼 𐐰𐑌 𐐯𐑌𐐼 𐐲𐑂 𐑅𐐹𐐨𐐿𐐮𐑍 𐑄 𐐶𐐲𐑉𐐼𐑆 𐐸𐐶𐐮𐐽 𐐸𐐰𐐼 𐐺𐐮𐑌 𐐼𐐲𐑊𐐮𐑂𐐲𐑉𐐼 𐐲𐑌𐐻𐐭 𐐸𐐮𐑋 𐐺𐐴 𐑄 𐐩𐑌𐐾𐐲𐑊 𐐲𐑂 𐑄 𐐢𐐫𐑉𐐼, 𐑄𐐰𐐻 𐐸𐐨 𐐿𐐰𐑅𐐻 𐐸𐐮𐑆 𐐴𐑆 𐑉𐐵𐑌𐐼 𐐲𐐺𐐵𐐻 𐐱𐑌 𐑄 𐑋𐐲𐑊𐐮𐐻𐐭𐐼, 𐐰𐑌𐐼 𐐺𐐲𐐸𐐬𐑊𐐼 𐑄𐐩 𐐸𐐰𐐼 𐑁𐐫𐑊𐐲𐑌 𐐻𐐭 𐑄 𐐲𐑉𐑃, 𐑁𐐫𐑉 𐑄 𐑁𐐮𐑉 𐐲𐑂 𐑄 𐐢𐐫𐑉𐐼 𐐸𐐰𐐼 𐐿𐐲𐑋 𐐲𐐹𐐱𐑌 𐑄𐐯𐑋; 𐐰𐑌𐐼 𐑄𐐩 𐐸𐐰𐐼 𐑂𐐷𐐭𐐼 𐑄𐐯𐑋𐑅𐐯𐑊𐑂𐑆 𐐮𐑌 𐑄𐐯𐑉 𐐬𐑌 𐐿𐐪𐑉𐑌𐐲𐑊 𐑅𐐻𐐩𐐻, 𐐨𐑂𐐲𐑌 𐑊𐐯𐑅 𐑄𐐰𐑌 𐑄 𐐼𐐲𐑅𐐻 𐐲𐑂 𐑄 𐐲𐑉𐑃. 𐐈𐑌𐐼 𐑄𐐩 𐐫𐑊 𐐿𐑉𐐴𐐼 𐐲𐑊𐐵𐐼 𐐶𐐮𐑄 𐐶𐐲𐑌 𐑂𐑎𐑅, 𐑅𐐩𐐮𐑍, 𐐄 𐐸𐐰𐑂 𐑋𐐲𐑉𐑅𐐨, 𐐰𐑌𐐼 𐐲𐐹𐑊𐐴 𐑄 𐐲𐐻𐐬𐑌𐐮𐑍 𐐺𐑊𐐲𐐼 𐐲𐑂 𐐗𐑉𐐴𐑅𐐻, 𐑄𐐰𐐻 𐐶𐐨 𐑋𐐩 𐑉𐐲𐑅𐐨𐑂 𐑁𐐲𐑉𐑀𐐮𐑂𐑌𐐲𐑅 𐐲𐑂 𐐵𐑉 𐑅𐐮𐑌𐑆, 𐐰𐑌𐐼 𐐵𐑉 𐐸𐐪𐑉𐐻𐑅 𐑋𐐩 𐐺 𐐹𐐷𐐭𐑉𐐮𐑁𐐴𐐼; 𐑁𐐫𐑉 𐐶𐐨 𐐺𐐲𐑊𐐨𐑂 𐐮𐑌 𐐖𐐨𐑆𐐲𐑅 𐐗𐑉𐐴𐑅𐐻, 𐑄 𐐝𐐲𐑌 𐐲𐑂 𐐘𐐱𐐼, 𐐸𐐭 𐐿𐑉𐐨𐐩𐐻𐐲𐐼 𐐸𐐯𐑂𐐲𐑌 𐐰𐑌𐐼 𐐲𐑉𐑃, 𐐰𐑌𐐼 𐐫𐑊 𐑃𐐮𐑍𐑆; 𐐸𐐭 𐑇𐐰𐑊 𐐿𐐲𐑋 𐐼𐐵𐑌 𐐲𐑋𐐲𐑍 𐑄 𐐽𐐮𐑊𐐼𐑉𐐲𐑌 𐐲𐑂 𐑋𐐯𐑌. 𐐈𐑌𐐼 𐐮𐐻 𐐿𐐩𐑋 𐐻𐐭 𐐹𐐰𐑅 𐑄𐐰𐐻 𐐰𐑁𐐻𐐲𐑉 𐑄𐐩 𐐸𐐰𐐼 𐑅𐐹𐐬𐐿𐐲𐑌 𐑄𐐨𐑆 𐐶𐐲𐑉𐐼𐑆, 𐑄 𐐝𐐹𐐮𐑉𐐮𐐻 𐐲𐑂 𐑄 𐐢𐐫𐑉𐐼 𐐿𐐩𐑋 𐐲𐐹𐐱𐑌 𐑄𐐯𐑋, 𐐰𐑌𐐼 𐑄𐐩 𐐶𐐲𐑉 𐑁𐐮𐑊𐐼 𐐶𐐮𐑄 𐐾𐑎, 𐐸𐐰𐑂𐐮𐑍 𐑉𐐲𐑅𐐨𐑂𐐼 𐐲 𐑉𐐲𐑋𐐮𐑇𐐲𐑌 𐐲𐑂 𐑄𐐯𐑉 𐑅𐐮𐑌𐑆, 𐐰𐑌𐐼 𐐸𐐰𐑂𐐮𐑍 𐐹𐐨𐑅 𐐲𐑂 𐐿𐐱𐑌𐑇𐐲𐑌𐑅, 𐐺𐐲𐐿𐐲𐑆 𐐲𐑂 𐑄 𐐮𐐿𐑅𐐨𐐼𐐮𐑍 𐑁𐐩𐑃 𐐸𐐶𐐮𐐽 𐑄𐐩 𐐸𐐰𐐼 𐐮𐑌 𐐖𐐨𐑆𐐲𐑅 𐐗𐑉𐐴𐑅𐐻 𐐸𐐭 𐑇𐐳𐐼 𐐿𐐲𐑋, 𐐲𐐿𐐫𐑉𐐼𐐮𐑍 𐐻𐐭 𐑄 𐐶𐐲𐑉𐐼𐑆 𐐸𐐶𐐮𐐽 𐐗𐐮𐑍 𐐒𐐯𐑌𐐾𐐲𐑋𐐮𐑌 𐐸𐐰𐐼 𐑅𐐹𐐬𐐿𐐲𐑌 𐐲𐑌𐐻𐐭 𐑄𐐯𐑋. 𐐈𐑌𐐼 𐐗𐐮𐑍 𐐒𐐯𐑌𐐾𐐲𐑋𐐮𐑌 𐐲𐑀𐐯𐑌 𐐬𐐹𐐲𐑌𐐼 𐐸𐐮𐑆 𐑋𐐵𐑃, 𐐰𐑌𐐼 𐐺𐐲𐑀𐐰𐑌 𐐻𐐭 𐑅𐐹𐐨𐐿 𐐲𐑌𐐻𐐭 𐑄𐐯𐑋, 𐑅𐐩𐐮𐑍, 𐐣𐐴 𐑁𐑉𐐯𐑌𐐼𐑆 𐐰𐑌𐐼 𐑋𐐴 𐐺𐑉𐐯𐑄𐑉𐐲𐑌, 𐑋𐐴 𐐿𐐮𐑌𐐼𐑉𐐲𐐼 𐐰𐑌𐐼 𐑋𐐴 𐐹𐐨𐐹𐐲𐑊, 𐐌 𐐶𐐳𐐼 𐐲𐑀𐐯𐑌 𐐿𐐫𐑊 𐐷𐐫𐑉 𐐲𐐻𐐯𐑌𐑇𐐲𐑌, 𐑄𐐰𐐻 ɥə ɔɛ φɨɸ ɹɥd ɼɥdɼɸȣɿɹɥd ɣ ɸɼɔɛɥdɼɸ ɼɞ ɔȸ ωɼɸd6 φωɨc ȸ bɹʅ ȣɿəω ɼɥɿɸ ɥɸ; ρθɸ ɞɼφoʅd, ɨρ ɣ ɥθʅɼɕ ɼɞ ɣ ώqdɥɼȣ ɼɞ Ꮚəd ɹɿ ɣɨȣ ɿȸɔ φɹ6 ɼωɛωɼɥd ɥɸ ɿɸ ə ȣʌɥȣ ɼɞ ɥθɸ ɥɼʟɨиɥɼȣ, ɹɥd ɥθɸ ωɼɸʟʅɼȣ ɹɥd ρθʅɼɥ ȣɿɛɿ; ȸ ȣɛ ɼɥɿɸ ɥɸ, ɨρ ɥə φɹɞ ωɼɔ ɿɸ ə ɥθʅɼɕ ɼɞ ɣ ώqdɥɼȣ ɼɞ Ꮚəd, ɹɥd φɨ6 ɔɹcʅɼȣ ɿόɼɸ, ɹɥd φɨ6 ωɨ6dɼɔ, ɹɥd φɨ6 ɿɛbɼɥȣ, ɹɥd φɨ6 ʅθи ȣɼρɼɸɨи ɿɼωθɸd6 ɣ cɨʅdɸɼɥ ɼɞ ɔʌɥ, ɹɥd θʅȣo, ɣ ɼɿoɥɔɼɥɿ φωɨc φɹ6 ȣɨɥ ɿɸɼɿʌɸd ρɸɼɔ ɣ ρόɥdɛbɼɥ ɼɞ ɣ ωɼɸʅd, ɣɹɿ ɣʌɸȣȸ ȣɹʅȣɛbɼɥ ɔȸɿ ωɼɔ ɿɸ φɨɔ ɣɹɿ bqd ɿqɿ φɨ6 ɿɸɼȣɿ ɨɥ ɣ ʅθɸd, ɹɥd bqd ə dɨʅɨɕɼɥɿ ɨɥ ωəɿɨи φɨ6 ωɼɔɹɥdɔɼɥɿȣ, ɹɥd ωɼɥɿɨɥɥɸ ɨɥ ɣ ρɛʟ əɞɼɥ ɼɥɿɸ ɣ ʌɥd ɼɞ φɨ6 ʅȸρ; ȸ ɔəɥ ɣ ʅȸρ ɼɞ ɣ ɔθɸɿɼʅ ȣθdə; ȸ ȣɛ ɣɹɿ ɣɨȣ ɨ6 ɣ ɔɹɥ φɸ ɸɼȣəɞɼʟ ȣɹʅȣɛbɼɥ, ʟɸɸ ɣ ɼɿoɥɔɼɥɿ φωɨc ωɼ6 ɿɸɼɿʌɸd ρɸɼɔ ɣ ρόɥdɛbɼɥ ɼɞ ɣ ωɼɸʅd ρθɸ θʅ ɔɹɥωȸɥd, φωɨc ʌɞɼɸ ωɼɸ ȣɨɥȣ ɣ ρθʅ ɼɞ Ɀdɼɔ, θɸ φɸ əɸ, θɸ φɸʌɞɼɸ bɹʅ ə, əɞɼɥ ɼɥɿɸ ɣ ʌɥd ɼɞ ɣ ωɼɸʅd; ɹɥd ɣɨȣ ɨ6 ɣ ɔəɥ6 φωʌɸȣȸ ȣɹʅȣɛbɼɥ ωɼɔɼʟ. Ɀɥd ɣʌɸ ɨ6 ɥɼɥ ɼɣɼɸ ȣɹʅȣɛbɼɥ, ȣɛɞ ɣɨȣ φωɨc φɹʟ ȣɨɥ ȣɿoωɼɥ ɼɞ; ɥȸɣɼɸ əɸ ɣʌɸ ʌɥə ωɼɥdɨbɼɥ6 φωʌɸȣȸ ɔɹɥ ωɹɥ ə ȣɛɞd, ɨωȣʌɿɿ ɣ ωɼɥdɨbɼɥ6 φωɨc ȸ φɹɞ ɿoʅd ɥɸ."—Ɔo6ȸɼ 4:1–8.

"Ɀɥd ɥό Ƥȣɨɥɼdȸ ȣʌd ɼɥɿɸ ɣʌɔ, ȸ ωqd ɣɹɿ ɥə bqd ɼɥdɼɸȣɿɹɥd ɣɹɿ Ꮚəd φɨɔȣʌʅρ bɹʅ ωɼɔ dόɥ ɼɔɼи ɣ cɨʅdɸɼɥ ɼɞ ɔʌɥ, ɹɥd bɹʅ ɸɼdəɔ φɨ6 ɿəɿɼʅ; ɹɥd ɞɼωɼ6 φə dωʌʅɼʟ ɨɥ ρʅʌb, φə bɹʅ ə ωθʅd ɣ 8ɼɥ ɼɞ Ꮚəd: ɹɥd φɹɞɨи ȣɼȣɕʌωɿɼd ɣ ρʅʌb ɿɸ ɣ ωɨʅ ɼɞ ɣ Ƿəɣɼɸ, ȣəɨи ɣ Ƿəɣɼɸ ɹɥd ɣ 8ɼɥ; ɣ Ƿəɣɼɸ, ɞɼωɼ6 φə ωɼ6 ωɼɥȣəɞd ȣȸ ɣ ɿόɼɸ ɼɞ Ꮚəd; ɹɥd ɣ 8ɼɥ, ɞɼωɼ6 ɼɞ ɣ ρʅʌb, ɣɼȣ ɞɼωɼɔɨи ɣ Ƿəɣɼɸ ɹɥd 8ɼɥ: Ɀɥd ɣɛ əɸ ωɼɥ Ꮚəd, ɥɛ, ɣ ɞʌɸə əɿɼɸɥɼʅ Ƿəɣɼɸ ɼɞ φʌɞɼɥ ɹɥd ɼɞ ɼɸʟ; ɹɥd ɣɼȣ ɣ ρʅʌb ɞɼωɼɔɨи ȣɼȣɕʌωɿ ɿɸ ɣ 8ɿɨɸɨɿ, θɸ ɣ 8ɼɥ ɿɸ ɣ Ƿəɣɼɸ, ȣəɨи ωɼɥ Ꮚəd, ȣɼρɼɸɼʟ ɿʌɔɿɿɛbɼɥ, ɹɥd ɥəʅdɼʟ ɥθɿ ɿɸ ɣ ɿʌɔɿɿɛbɼɥ, ȣɼɿ ȣɼρɼɸɼʟ φɨɔȣʌʅρ ɿɸ ə ɔθωɿ, ɹɥd ȣωɼɸɕd, ɹɥd ωɹȣɿ ό̇ɿ, ɹɥd dɨȣoɥd ȣȸ φɨ6 ɿəɿɼʅ. Ɀɥd ɹρɿɼɸ θʅ ɣɨȣ, ɹρɿɼɸ ωɼɸωɨи ɔʌɥə ɔȸɿə ɔɨɸɼωɼʅ6 ɼɔɼи ɣ cɨʅdɸɼɥ ɼɞ ɔʌɥ, φə bɹʅ ə ʅʌd, ɥɛ, əɞɼɥ ɹ6 ȸ6ɛɛɼ ȣʌd, Ɀ6 ə bəɿ ɞɼρθɸ ɣ bɨɸɼɸ ɨ6 dɼɔ, ȣo φə oɿɼɥd ɥθɿ φɨ6 ɔόʟ; ɥɛ, əɞɼɥ ȣo φə bɹʅ ə ʅʌd, ωɸɸȣɨρȸd, ɹɥd ȣʅɛɥ, ɣ ρʅʌb ɞɼωɼɔɨи ȣɼȣɕʌωɿ əɞɼɥ ɼɥɿɸ dʌʟ, ɣ ωɨʅ ɼɞ ɣ 8ɼɥ ȣəɨи ȣωθʅod ɼɿ ɨɥ ɣ ωɨʅ ɼɞ ɣ Ƿəɣɼɸ; ɹɥd ɣɼȣ Ꮚəd ȣɸɛωɼʟ ɣ ȣɹɥd6 ɼɞ dʌʟ, φɹɞɨи ώɛɥd ɣ ɞɨωɿɼɸə oɞɼɸ dʌʟ; ώɨɞɨи ɣ 8ɼɥ ɿόɼɸ ɿɸ ɔɛω ɨɥɿɼɸȣʌbɼɥ ρθɸ ɣ cɨʅdɸɼɥ ɼɞ ɔʌɥ: φɹɞɨи ɼȣʌɥdɼd ɨɥɿɸ φʌɞɼɥ; φɹɞɨи ɣ ȣόɼʅ6 ɼɞ ɔɼɸȣə; ȣəɨи ρɨʅd ωɨɣ ωɼɔɿɹbɼɥ ɿɼωθɸd6 ɣ cɥdфrɴ rɞ ɔʌɴ; ɞɉлɴdɪи ɞrךɯɪɷɞך ɣʌɔ лɴd ɕrɞךɪɞ; флɞɪи ɞфoɷrɴ ɣ ɞлɴdɞ rɞ dʌʟ, ךɛɷrɴ rךɞɴ фɪɔɞʌꞁp ɣʌф ɪɪɷɷɪךɘ лɴd ɣʌф ךфлɴɞɷ́фʌbrɴɞ: флɞɪи фrdəɔd ɣʌɔ, лɴd ɞлךɪɞpфd ɣ drɔлɴdɞ rɞ ɕrɞךɪɞ."—Ɔoɞфr 15:1–9.

"Лɴd ɴó ɪך ɯɛɔ ךo ךлɞ ɣлך лpךrф Pɞɴrdф флd ɞךoɷrɴ ɣəɞ ɯrфdɞ, фə ɞךфʌɕך poфʟ фɪɞ флɴd лɴd ɞʌd, Ɣ ךфɔ bлꞁ ɷrɔ фɷʌɴ ɵꞁ bлꞁ ɞə ɣ ɞлꞁɞɛbrɴ rɞ ɣ Ꞁoфd; фɷʌɴ ʌɞфə ɴɛbrɴ, ɷɴdфrd, ךrи лɴd ךəךrꞁ bлꞁ ɞə ф ךo ф, лɴd bлꞁ ɷrɴpʌɞ ɞrpoф Ɯəd ɣлך фɪɞ ɕrɕɔrɴךɞ əф ɕrɞ; лɴd ɣʌɴ bлꞁ ɣ ɯɪɷrd ɞ ɷлɞך ə́ך, лɴd ɣɛ bлꞁ флɞ ɷoɞ ךo фə́ꞁ, лɴd ɯəך, лɴd ɯɛꞁ, лɴd ɴлb ɣʌф ךəʟ; лɴd ɣɪɞ ɞrɷrɞ ɣɛ ɯpd ɴəך фəфɷrɴ rɴךo ɣ ɞoɪɞ rɞ ɣ Ꞁoфd; ɣʌфpoф ɣ Ꞁoфd фrdəɔrʟ ɣʌɔ ɴəך, poф ɣɛ əф ɷəфɴrꞁ лɴd dʌɞɪꞁɪb, лɴd ɣ dʌɞɪꞁ флɞ ךórф oɞrф ɣʌɔ; ɤɛ, əɞrɴ ɣлך oꞁd ɞrфךrɴך ɣлך dɪd ɞrɷ́фꞁ əф prфɞך ךʌфrɴךɞ, фɷɪc ɷrɞ ɣ ɷoɞ rɞ ɣʌф poꞁ: фɷɪc ɷrɞ ɣ ɷoɞ rɞ ɵꞁ ɔлɴɷфɴd ɞrɷrɔɪи ɷəфɴrꞁ, ɞʌɴbɷrꞁ, dʌɞɪꞁɪb, ɴoɪи əɞꞁ pфrɔ ɷ́pd; ɞrɞɕʌɷךɪи ɣʌɔɞʌꞁɞɞ ךo ɣ dʌɞɪꞁ. Ɣrɞ ɵꞁ ɔлɴɷфɴd ɷrф ꞁəɞך; лɴd ɞrфoꞁd, ɣɛ ɯpd флɞ ɞɪɴ ʌɴdꞁrɞɘ ꞁəɞך, ɷrф ɪך ɴəך ɣлך Ɯəd фrdəɔd фɪɞ ךəךrꞁ pфrɔ ɣʌф ꞁəɞך лɴd poꞁrɴ ɞךɛך. ɞrך фrɔʌɔɞrф, ɣлך фə ɣлך ךrфɞɪɞךɞ ɪɴ фɪɞ oɴ ɷəфɴrꞁ ɴɛɕrф, лɴd ɷ́oɞ oɴ ɪɴ ɣ ɯɛɞ rɞ ɞɪɴ лɴd фrɞʌꞁɤrɴ rɷ́лɴɞך Ɯəd, фrɔɛɴrʟ ɪɴ фɪɞ poꞁrɴ ɞךɛך, лɴd ɣ dʌɞɪꞁ флʟ ɵꞁ ךórф oɞrф фɪɔ. Ɣʌфpoф фə ɪɞ лɞ ɣo ɣʌф ɷrɞ ɴo фrdʌɔךbrɴ ɔɛd; ɞəɪи лɴ ʌɴrɔə ךo Ɯəd; лɴd ɵꞁɞo ɪɞ ɣ dʌɞɪꞁ лɴ ʌɴrɔə rɞ Ɯəd. Лɴd ɴó ɪp Ωффɞך флd ɴəך ɷrɔ ɪɴךo ɣ ɯrфꞁd, ɞךəɷɪи rɞ ʟɪиɞ ךo ɷrɔ, лɞ ɣo ɣɛ флd ɵꞁфʌdə ɷrɔ, ɣʌф ɷpd флɞ ɞɪɴ ɴo фrdʌɔךbrɴ. Лɴd ɪp Ωффɞך флd ɴəך фɪɞrɴ pфrɔ ɣ dʌd, əф флɞ ɞфoɷrɴ ɣ ɞлɴdɞ rɞ dʌʟ, ɣлך ɣ ɷ́фɛɞ bpd флɞ ɴo ɞɪɷךrфə, лɴd ɣлך dʌʟ bpd флɞ ɴo ɞךɪи, ɣʌф ɷpd флɞ ɞɪɴ ɴo фʌɞrфʌɷbrɴ. ɞrך ɣʌф ɪɞ ə фʌɞrфʌɷbrɴ, ɣʌфpoф ɣ ɷ́фɛɞ флʟ ɴo ɞɪɷךrфə, лɴd ɣ ɞךɪи rɞ dʌʟ ɪɞ ɞɷəꞁod rך ɪɴ Ωффɞך: фə ɪɞ ɣ ꞁфך лɴd ɣ ꞁфp rɞ ɣ ɯrфꞁd; ɤɛ, ə ꞁфך ɣлך ɪɞ ʌɴdꞁrɞ, ɣлך ɷлɴ ɴʌɞrф ɞ dəфɷrɴd; ɤɛ, лɴd ɵꞁɞo ə ꞁфp фɷɪc ɪɞ ʌɴdꞁrɞ, ɣлך ɣʌф ɷлɴ ɞ ɴo ɔəф dʌʟ. Əɞrɴ ɣɪɞ ɔəфךrꞁ bлꞁ ךqך oɴ ɪɔəфךлꞁɪךə, лɴd ɣɪɞ ɷrфrךbrɴ bлꞁ ךqך oɴ ɪɷrфrךbrɴ, лɴd bлꞁ ɞ ɞфəꞁ ךo ɞךлɴd ɞrpoф ɣ ɞəф rɞ Ɯəd, ךo ɞ ɕrɕd rɞ фɪɔ rɷoфdɪи ךo ɣʌф ɯrфɷɞ, фɷʌɣrф ɣɛ ɞ ɷ́pd əф фɷʌɣrф ɣɛ ɞ əɞɪꞁ. Ɪp ɣɛ ɞ ɷ́pd, ךo ɣ фʌɞrфʌɷbrɴ rɞ ʌɴdꞁrɞ ꞁфp лɴd флךəɴrɞ, лɴd ɪp ɣɛ ɞ əɞɪꞁ, ךo ɣ фʌɞrфʌɷbrɴ rɞ ʌɴdꞁrɞ dлɔɴɛbrɴ; ɞəɪи dꞁɪɞrфd rך ךo ɣ dʌɞɪꞁ, фə флʟ ɞrɞɕʌɷךrd ɣʌɔ, 𐐸𐐶𐐮𐐽 𐐮𐑆 𐐼𐐰𐑋𐑌𐐩𐑇𐐲𐑌; 𐐸𐐰𐑂𐐮𐑍 𐑀𐐫𐑌 𐐲𐐿𐐫𐑉𐐼𐐮𐑍 𐐻𐐭 𐑄𐐯𐑉 𐐬𐑌 𐐿𐐪𐑉𐑌𐐲𐑊 𐐶𐐮𐑊𐑆 𐐰𐑌𐐼 𐐼𐐲𐑆𐐴𐑉𐑆; 𐐸𐐰𐑂𐐮𐑍 𐑌𐐯𐑂𐐲𐑉 𐐿𐐫𐑊𐐼 𐐲𐐹𐐱𐑌 𐑄 𐐢𐐫𐑉𐐼 𐐸𐐶𐐴𐑊 𐑄 𐐪𐑉𐑋𐑆 𐐲𐑂 𐑋𐐲𐑉𐑅𐐨 𐐶𐐲𐑉 𐐮𐐿𐑅𐐻𐐯𐑌𐐼𐐲𐐼 𐐻𐐲𐐶𐐫𐑉𐐼𐑆 𐑄𐐯𐑋; 𐑁𐐫𐑉 𐑄 𐐪𐑉𐑋𐑆 𐐲𐑂 𐑋𐐲𐑉𐑅𐐨 𐐶𐐲𐑉 𐐮𐐿𐑅𐐻𐐯𐑌𐐼𐐲𐐼 𐐻𐐲𐐶𐐫𐑉𐐼𐑆 𐑄𐐯𐑋; 𐐰𐑌𐐼 𐑄𐐩 𐐶𐐳𐐼 𐑌𐐱𐐻; 𐑄𐐩 𐐺𐐨𐐮𐑍 𐐶𐐫𐑉𐑌𐐼 𐐲𐑂 𐑄𐐯𐑉 𐐮𐑌𐐮𐐿𐐶𐐮𐐻𐐨𐑆, 𐐰𐑌𐐼 𐐷𐐯𐐻 𐑄𐐩 𐐶𐐳𐐼 𐑌𐐱𐐻 𐐼𐐲𐐹𐐪𐑉𐐻 𐑁𐑉𐐲𐑋 𐑄𐐯𐑋; 𐐰𐑌𐐼 𐑄𐐩 𐐶𐐲𐑉 𐐿𐐲𐑋𐐰𐑌𐐼𐐲𐐼 𐐻𐐭 𐑉𐐲𐐹𐐯𐑌𐐻, 𐐰𐑌𐐼 𐐷𐐯𐐻 𐑄𐐩 𐐶𐐳𐐼 𐑌𐐱𐐻 𐑉𐐲𐐹𐐯𐑌𐐻. 𐐈𐑌𐐼 𐑌𐐵 𐐸𐐰𐐼 𐐷𐐨 𐑌𐐱𐐻 𐐫𐐻 𐐻𐐭 𐐻𐑉𐐯𐑋𐐺𐐲𐑊 𐐰𐑌𐐼 𐑉𐐲𐐹𐐯𐑌𐐻 𐐲𐑂 𐐷𐐬𐑉 𐑅𐐮𐑌𐑆, 𐐰𐑌𐐼 𐑉𐐲𐑋𐐯𐑋𐐺𐐲𐑉 𐐬𐑌𐑊𐐨 𐐮𐑌 𐐰𐑌𐐼 𐑃𐑉𐐭 𐐗𐑉𐐴𐑅𐐻 𐐷𐐨 𐐿𐐰𐑌 𐐺 𐑅𐐩𐑂𐐼? 𐐜𐐯𐑉𐑁𐐫𐑉, 𐐮𐑁 𐐷𐐨 𐐻𐐨𐐽 𐑄 𐑊𐐫 𐐲𐑂 𐐣𐐬𐑆𐐲𐑆, 𐐫𐑊𐑅𐐬 𐐻𐐨𐐽 𐑄𐐰𐐻 𐐮𐐻 𐐮𐑆 𐐲 𐑇𐐰𐐼𐐬 𐐲𐑂 𐑄𐐬𐑆 𐑃𐐮𐑍𐑆 𐐸𐐶𐐮𐐽 𐐪𐑉 𐐻𐐭 𐐿𐐲𐑋; 𐐻𐐨𐐽 𐑄𐐯𐑋 𐑄𐐰𐐻 𐑉𐐲𐐼𐐯𐑋𐐹𐑇𐐲𐑌 𐐿𐐲𐑋𐐲𐑃 𐑃𐑉𐐭 𐐗𐑉𐐴𐑅𐐻 𐑄 𐐢𐐫𐑉𐐼, 𐐸𐐭 𐐮𐑆 𐑄 𐑂𐐯𐑉𐐨 𐐨𐐻𐐲𐑉𐑌𐐲𐑊 𐐙𐐪𐑄𐐲𐑉. 𐐁𐑋𐐯𐑌."—𐐣𐐬𐑆𐐴𐐲 16:1–15.

"𐐒𐐲𐐻 𐐺𐐲𐐸𐐬𐑊𐐼, 𐑄 𐐝𐐹𐐮𐑉𐐮𐐻 𐐸𐐰𐑃 𐑅𐐯𐐼 𐑄𐐮𐑅 𐑋𐐲𐐽 𐐲𐑌𐐻𐐭 𐑋𐐨, 𐑅𐐩𐐮𐑍: 𐐗𐑉𐐴 𐐲𐑌𐐻𐐭 𐑄𐐮𐑅 𐐹𐐨𐐹𐐲𐑊, 𐑅𐐩𐐮𐑍, 𐐡𐐲𐐹𐐯𐑌𐐻 𐐷𐐨, 𐐰𐑌𐐼 𐐹𐑉𐐲𐐹𐐯𐑉 𐑄 𐐶𐐩 𐐲𐑂 𐑄 𐐢𐐫𐑉𐐼, 𐐰𐑌𐐼 𐐶𐐫𐐿 𐐮𐑌 𐐸𐐮𐑆 𐐹𐐰𐑃𐑅, 𐐸𐐶𐐮𐐽 𐐪𐑉 𐑅𐐻𐑉𐐩𐐻: 𐑁𐐫𐑉 𐐺𐐲𐐸𐐬𐑊𐐼, 𐑄 𐐿𐐮𐑍𐐼𐐲𐑋 𐐲𐑂 𐐸𐐯𐑂𐐲𐑌 𐐮𐑆 𐐰𐐻 𐐸𐐰𐑌𐐼, 𐐰𐑌𐐼 𐑄 𐐝𐐲𐑌 𐐲𐑂 𐐘𐐱𐐼 𐐿𐐲𐑋𐐲𐑃 𐐲𐐹𐐱𐑌 𐑄 𐑁𐐩𐑅 𐐲𐑂 𐑄 𐐲𐑉𐑃. 𐐈𐑌𐐼 𐐺𐐲𐐸𐐬𐑊𐐼, 𐐸𐐨 𐑇𐐰𐑊 𐐺 𐐺𐐫𐑉𐑌 𐐲𐑂 𐐣𐐯𐑉𐐨, 𐐰𐐻 𐐖𐐲𐑉𐐭𐑅𐐲𐑊𐐯𐑋, 𐐸𐐶𐐮𐐽 𐐮𐑆 𐑄 𐑊𐐰𐑌𐐼 𐐲𐑂 𐐵𐑉 𐑁𐐬𐑉𐑁𐐪𐑄𐐲𐑉𐑆, 𐑇𐐨 𐐺𐐨𐐮𐑍 𐐲 𐑂𐐲𐑉𐐾𐐮𐑌, 𐐲 𐐹𐑉𐐯𐑇𐐲𐑅 𐐰𐑌𐐼 𐐽𐐬𐑆𐐲𐑌 𐑂𐐯𐑅𐐲𐑊, 𐐸𐐭 𐑇𐐰𐑊 𐐺 𐐬𐑂𐐲𐑉𐑇𐐰𐐼𐐬𐐼, 𐐰𐑌𐐼 𐐿𐐲𐑌𐑅𐐨𐑂 𐐺𐐴 𐑄 𐐹𐐵𐐲𐑉 𐐲𐑂 𐑄 𐐐𐐬𐑊𐐨 𐐘𐐬𐑅𐐻, 𐐰𐑌𐐼 𐐺𐑉𐐮𐑍 𐑁𐐫𐑉𐑃 𐐲 𐑅𐐲𐑌, 𐐷𐐩, 𐐨𐑂𐐲𐑌 𐑄 𐐝𐐲𐑌 𐐲𐑂 𐐘𐐱𐐼; 𐐰𐑌𐐼 𐐸𐐨 𐑇𐐰𐑊 𐑀𐐬 𐑁𐐫𐑉𐑃, 𐑅𐐲𐑁𐐲𐑉𐐮𐑍 𐐹𐐩𐑌𐑆 𐐰𐑌𐐼 𐐲𐑁𐑊𐐮𐐿𐑇𐐲𐑌𐑆, 𐐰𐑌𐐼 𐐻𐐰𐑋𐐻𐐩𐑇𐐲𐑌𐑆 𐐲𐑂 𐐯𐑂𐑉𐐨 𐐿𐐴𐑌𐐼; 𐐰𐑌𐐼 𐑄𐐮𐑅 𐑄𐐰𐐻 𐑄 𐐶𐐲𐑉𐐼 𐑋𐐴𐐻 𐐺 𐑁𐐳𐑊𐑁𐐮𐑊𐐼 𐐸𐐶𐐮𐐽 𐑅𐐯𐑃, 𐐐𐐨 𐐶𐐮𐑊 𐐻𐐩𐐿 𐐲𐐹𐐱𐑌 𐐸𐐮𐑋 𐑄 𐐹𐐩𐑌𐑆 𐐰𐑌𐐼 𐑄 𐑅𐐮𐐿𐑌𐐲𐑅𐐲𐑆 𐐲𐑂 𐐸𐐮𐑆 𐐹𐐨𐐹𐐲𐑊; 𐐰𐑌𐐼 𐐸𐐨 𐐶𐐮𐑊 𐐻𐐩𐐿 𐐲𐐹𐐱𐑌 𐐸𐐮𐑋 𐐼𐐯𐑃, 𐑄𐐰𐐻 𐐸𐐨 𐑋𐐩 𐑊𐐭𐑅 𐑄 𐐺𐐰𐑌𐐼𐑆 𐐲𐑂 𐐼𐐯𐑃 𐐸𐐶𐐮𐐽 𐐺𐐴𐑌𐐼 𐐸𐐮𐑆 𐐹𐐨𐐹𐐲𐑊: 𐐰𐑌𐐼 𐐸𐐨 𐐶𐐮𐑊 𐐻𐐩𐐿 𐐲𐐹𐐱𐑌 𐐸𐐮𐑋 𐑄𐐯𐑉 𐐮𐑌𐑁𐐲𐑉𐑋𐐮𐐻𐐨𐑆, 𐑄𐐰𐐻 𐐸𐐮𐑆 𐐺𐐵𐐲𐑊𐑆 𐑋𐐩 𐐺 𐑁𐐮𐑊𐐼 𐐶𐐮𐑄 𐑋𐐲𐑉𐑅𐐨, 𐐲𐐿𐐫𐑉𐐼𐐮𐑍 𐐻𐐭 𐑄 𐑁𐑊𐐯𐑇, 𐑄𐐰𐐻 𐐸𐐨 𐑋𐐩 𐑌𐐬 𐐲𐐿𐐫𐑉𐐼𐐮𐑍 𐐻𐐭 𐑄 𐑁𐑊𐐯𐑇 𐐸𐐵 𐐻𐐭 𐑅𐐲𐐿𐐲𐑉 𐐸𐐮𐑆 𐐹𐐨𐐹𐐲𐑊 𐐲𐐿𐐫𐑉𐐼𐐮𐑍 𐐻𐐭 𐑄𐐯𐑉 𐐮𐑌𐑁𐐲𐑉𐑋𐐮𐐻𐐨𐑆. 𐐤𐐵 𐑄 𐐝𐐹𐐮𐑉𐐮𐐻 𐑌𐐬𐐲𐑃 𐐫𐑊 𐑃𐐮𐑍𐑆; 𐑌𐐯𐑂𐐲𐑉𐑄𐐲𐑊𐐯𐑅, 𐑄 𐐝𐐲𐑌 𐐲𐑂 𐐘𐐱𐐼 𐑅𐐲𐑁𐐲𐑉𐐲𐑃 𐐲𐐿𐐫𐑉𐐼𐐮𐑍 𐐻𐐭 𐑄 𐑁𐑊𐐯𐑇, 𐑄𐐰𐐻 𐐸𐐨 𐑋𐐴𐐻 𐐻𐐩𐐿 𐐲𐐹𐐱𐑌 𐐸𐐮𐑋 𐑄 𐑅𐐮𐑌𐑆 𐐲𐑂 𐐸𐐮𐑆 𐐹𐐨𐐹𐐲𐑊, 𐑄𐐰𐐻 𐐸𐐨 𐑋𐐴𐐻 𐐺𐑊𐐱𐐻 𐐵𐐻 𐑄𐐯𐑉 𐐻𐑉𐐰𐑌𐑆𐑀𐑉𐐯𐑇𐐲𐑌𐑆, 𐐲𐐿𐐫𐑉𐐼𐐮𐑍 𐐻𐐭 𐑄 𐐹𐐵𐐲𐑉 𐐲𐑂 𐐸𐐮𐑆 𐐼𐐲𐑊𐐮𐑂𐐲𐑉𐐲𐑌𐑅; 𐐰𐑌𐐼 𐑌𐐵 𐐺𐐲𐐸𐐬𐑊𐐼, 𐑄𐐮𐑅 𐐮𐑆 𐑄 𐐻𐐯𐑅𐐻𐐮𐑋𐐬𐑌𐐨 𐐸𐐶𐐮𐐽 𐐮𐑆 𐐮𐑌 𐑋𐐨."—𐐈𐑊𐑋𐐲 7:9–13.

"𐐤𐐵 𐐞𐐨𐐯𐑆𐑉𐐲𐑋 𐑅𐐯𐐼 𐐲𐑌𐐻𐐭 𐑄 𐐹𐐨𐐹𐐲𐑊, 𐐝𐐨 𐑄𐐰𐐻 𐐷𐐨 𐑉𐐲𐑋𐐯𐑋𐐺𐐲𐑉 𐑄𐐨𐑆 𐑃𐐮𐑍𐑆; 𐑁𐐫𐑉 𐐸𐐨 𐑅𐐯𐐼 𐑄𐐯𐑉 𐐮𐑆 𐐺𐐲𐐻 𐐶𐐲𐑌 𐐘𐐱𐐼; 𐐷𐐯𐐻 𐐸𐐨 𐑅𐐯𐑃 𐑄𐐰𐐻 𐑄 𐐝𐐲𐑌 𐐲𐑂 𐐘𐐱𐐼 𐑇𐐰𐑊 𐐿𐐲𐑋, 𐐺𐐲𐐻 𐐸𐐨 𐑇𐐰𐑊 𐑌𐐱𐐻 𐑅𐐩𐑂 𐐸𐐮𐑆 𐐹𐐨𐐹𐐲𐑊, 𐐰𐑆 𐑄𐐬 𐐸𐐨 𐐸𐐰𐐼 𐐫𐑃𐐫𐑉𐐮𐐻𐐨 𐐻𐐭 𐐿𐐲𐑋𐐰𐑌𐐼 𐐘𐐱𐐼. 𐐤𐐵 𐐈𐑋𐐷𐐭𐑊𐐯𐐿 𐑅𐐯𐑃 𐐲𐑀𐐯𐑌 𐐲𐑌𐐻𐐭 𐐸𐐮𐑋, 𐐒𐐲𐐸𐐬𐑊𐐼, 𐑄𐐵 𐐸𐐰𐑅𐐻 𐑊𐐴𐐼, 𐑁𐐫𐑉 𐑄𐐵 𐑅𐐩𐐯𐑅𐐻 𐑄𐐰𐐻 𐐌 𐑅𐐹𐐩𐐿 𐐰𐑆 𐑄𐐬 𐐌 𐐸𐐰𐐼 𐐫𐑃𐐫𐑉𐐮𐐻𐐨 𐐻𐐭 𐐿𐐲𐑋𐐰𐑌𐐼 𐐘𐐱𐐼, 𐐺𐐲𐐿𐐫𐑆 𐐌 𐑅𐐯𐐼 𐐸𐐨 𐑇𐐰𐑊 𐑌𐐱𐐻 𐑅𐐩𐑂 𐐸𐐮𐑆 𐐹𐐨𐐹𐐲𐑊 𐐮𐑌 𐑄𐐯𐑉 𐑅𐐮𐑌𐑆. 𐐈𐑌𐐼 𐐌 𐑅𐐩 𐐲𐑌𐐻𐐭 𐑄𐐨 𐐲𐑀𐐯𐑌, 𐑄𐐰𐐻 𐐸𐐨 𐐿𐐰𐑌𐐱𐐻 𐑅𐐩𐑂 𐑄𐐯𐑋 𐐮𐑌 𐑄𐐰𐐻 𐑃𐐮𐑍; 𐑁𐐫𐑉 𐐌 𐐿𐐰𐑌𐐱𐐻 𐐼𐐨𐑌𐐴 𐐸𐐮𐑆 𐐶𐐲𐑉𐐼, 𐐰𐑌𐐼 𐐸𐐨 𐐸𐐰𐑃 𐑅𐐯𐐼 𐑄𐐰𐐻 𐑌𐐬 𐐲𐑌𐐿𐑊𐐨𐑌 𐑃𐐮𐑍 𐐿𐐰𐑌 𐐮𐑌𐐸𐐯𐑉𐐮𐐻 𐑄 𐐿𐐮𐑍𐐼𐐲𐑋 𐐱𐑂 𐐸𐐯𐑂𐐲𐑌; 𐑄𐐯𐑉𐑁𐐬𐑉, 𐐸𐐵 𐐿𐐰𐑌 𐐷𐐨 𐐺𐐨 𐑅𐐩𐑂𐐼, 𐐯𐐿𐑅𐐯𐐹𐐻 𐐷𐐨 𐐮𐑌𐐸𐐯𐑉𐐮𐐻 𐑄 𐐿𐐮𐑍𐐼𐐲𐑋 𐐱𐑂 𐐸𐐯𐑂𐐲𐑌? 𐐜𐐯𐑉𐑁𐐬𐑉, 𐐷𐐨 𐐿𐐰𐑌𐐱𐐻 𐐺𐐨 𐑅𐐩𐑂𐐼 𐐮𐑌 𐐷𐐬𐑉 𐑅𐐮𐑌𐑆. 𐐤𐐵 𐐞𐐨𐑆𐑉𐐱𐑋 𐑅𐐯𐑃 𐐰𐑀𐐯𐑌 𐐲𐑌𐐻𐐭 𐐸𐐮𐑋, 𐐆𐑆 𐑄 𐑅𐐲𐑌 𐐱𐑂 𐐘𐐱𐐼 𐑄 𐑂𐐯𐑉𐐨 𐐀𐐻𐐲𐑉𐑌𐐲𐑊 𐐙𐐪𐑄𐐲𐑉? 𐐈𐑌𐐼 𐐈𐑋𐐷𐐭𐑊𐐯𐐿 𐑅𐐯𐐼 𐐲𐑌𐐻𐐭 𐐸𐐮𐑋, 𐐏𐐩, 𐐸𐐨 𐐮𐑆 𐑄 𐑂𐐯𐑉𐐨 𐐀𐐻𐐲𐑉𐑌𐐲𐑊 𐐙𐐪𐑄𐐲𐑉 𐐱𐑂 𐐸𐐯𐑂𐐲𐑌 𐐰𐑌𐐼 𐐱𐑂 𐐲𐑉𐑃, 𐐰𐑌𐐼 𐐫𐑊 𐑃𐐮𐑍𐑆 𐐸𐐶𐐮𐐽 𐐮𐑌 𐑄𐐯𐑋 𐐪𐑉; 𐐸𐐨 𐐮𐑆 𐑄 𐐺𐐨𐑀𐐮𐑌𐐮𐑍 𐐰𐑌𐐼 𐑄 𐐯𐑌𐐼, 𐑄 𐑁𐐲𐑉𐑅𐐻 𐐰𐑌𐐼 𐑄 𐑊𐐰𐑅𐐻; 𐐰𐑌𐐼 𐐸𐐨 𐑇𐐰𐑊 𐐿𐐲𐑋 𐐮𐑌𐐻𐐭 𐑄 𐐶𐐲𐑉𐑊𐐼 𐐻𐐭 𐑉𐐨𐐼𐐨𐑋 𐐸𐐮𐑆 𐐹𐐨𐐹𐐲𐑊; 𐐰𐑌𐐼 𐐸𐐨 𐑇𐐰𐑊 𐐻𐐩𐐿 𐐲𐐹𐐱𐑌 𐐸𐐮𐑋 𐑄 𐐻𐑉𐐰𐑌𐑆𐑀𐑉𐐯𐑇𐐲𐑌𐑆 𐐱𐑂 𐑄𐐬𐑆 𐐸𐐭 𐐺𐐨𐑊𐐨𐑂 𐐱𐑌 𐐸𐐮𐑆 𐑌𐐩𐑋; 𐐰𐑌𐐼 𐑄𐐨𐑆 𐐪𐑉 𐑄𐐩 𐑄𐐰𐐻 𐑇𐐰𐑊 𐐸𐐰𐑂 𐐨𐐻𐐲𐑉𐑌𐐲𐑊 𐑊𐐴𐑁, 𐐰𐑌𐐼 𐑅𐐰𐑊𐑂𐐩𐑇𐐲𐑌 𐐿𐐲𐑋𐐯𐑃 𐐻𐐭 𐑌𐐲𐑌 𐐯𐑊𐑅; 𐑄𐐯𐑉𐑁𐐬𐑉, 𐑄 𐐶𐐮𐐿𐐯𐐼 𐑉𐐨𐑋𐐩𐑌 𐐰𐑆 𐑄𐐬 𐑄𐐯𐑉 𐐸𐐰𐐼 𐐺𐐮𐑌 𐑌𐐬 𐑉𐐨𐐼𐐯𐑋𐐹𐑇𐐲𐑌 𐑋𐐩𐐼, 𐐯𐐿𐑅𐐯𐐹𐐻 𐐮𐐻 𐐺𐐨 𐑄 𐑊𐐭𐑅𐐮𐑍 𐐱𐑂 𐑄 𐐺𐐰𐑌𐐼𐑆 𐐱𐑂 𐐼𐐯𐑃; 𐑁𐐫𐑉 𐐺𐐨𐐸𐐬𐑊𐐼, 𐑄 𐐼𐐩 𐐿𐐲𐑋𐐯𐑃 𐑄𐐰𐐻 𐐫𐑊 𐑇𐐰𐑊 𐑉𐐴𐑆 𐑁𐑉𐐱𐑋 𐑄 𐐼𐐯𐐼 𐐰𐑌𐐼 𐑅𐐻𐐰𐑌𐐼 𐐺𐐨𐑁𐐬𐑉 𐐘𐐱𐐼, 𐐰𐑌𐐼 𐐺𐐨 𐐾𐐲𐐾𐐼 𐐰𐐿𐐫𐑉𐐼𐐮𐑍 𐐻𐐭 𐑄𐐩𐑉 𐐶𐐲𐑉𐐿𐑅. 𐐤𐐵, 𐑄𐐯𐑉 𐐮𐑆 𐐲 𐐼𐐯𐑃 𐐸𐐶𐐮𐐽 𐐮𐑆 𐐿𐐫𐑊𐐼 𐐲 𐐻𐐯𐑋𐐹𐐬𐑉𐐲𐑊 𐐼𐐯𐑃; 𐐰𐑌𐐼 𐑄 𐐼𐐯𐑃 𐐱𐑂 𐐗𐑉𐐴𐑅𐐻 𐑇𐐰𐑊 𐑊𐐭𐑅 𐑄 𐐺𐐰𐑌𐐼𐑆 𐐱𐑂 𐑄𐐮𐑅 𐐻𐐯𐑋𐐹𐐬𐑉𐐲𐑊 𐐼𐐯𐑃, 𐑄𐐰𐐻 𐐫𐑊 𐑇𐐰𐑊 𐐺𐐨 𐑉𐐩𐑆𐐼 𐑁𐑉𐐱𐑋 𐑄𐐮𐑅 𐐻𐐯𐑋𐐹𐐬𐑉𐐲𐑊 𐐼𐐯𐑃; 𐑄 𐑅𐐹𐐮𐑉𐐮𐐻 𐐰𐑌𐐼 𐑄 𐐺𐐱𐐼𐐨 𐑇𐐰𐑊 𐐺𐐨 𐑉𐐨𐐷𐐭𐑌𐐴𐐻𐐯𐐼 𐐰𐑀𐐯𐑌 𐐮𐑌 𐐮𐐻𐑅 𐐹𐐲𐑉𐑁𐐯𐐿𐐻 𐑁𐐫𐑉𐑋; 𐐺𐐬𐑃 𐑊𐐮𐑋 𐐰𐑌𐐼 𐐾𐑎𐑌𐐻 𐑇𐐰𐑊 𐐺𐐨 𐑉𐐨𐑅𐐻𐐬𐑉𐐼 𐐻𐐭 𐐮𐐻𐑅 𐐹𐑉𐐱𐐹𐐲𐑉 𐑁𐑉𐐩𐑋, 𐐨𐑂𐐲𐑌 𐐰𐑆 𐐶𐐨 𐑌𐐵 𐐪𐑉 𐐰𐐻 𐑄𐐮𐑅 𐐻𐐴𐑋; 𐐰𐑌𐐼 𐐶𐐨 𐑇𐐰𐑊 𐐺𐐨 𐐺𐑉𐐫𐐻 𐐻𐐭 𐑅𐐻𐐰𐑌𐐼 𐐺𐐨𐑁𐐬𐑉 𐐘𐐱𐐼, 𐑌𐐬𐐮𐑍 𐐨𐑂𐐲𐑌 𐐰𐑆 𐐶𐐨 𐑌𐐬 𐑌𐐵, 𐐰𐑌𐐼 𐐸𐐰𐑂 𐐲 𐐺𐑉𐐴𐐻 𐑉𐐯𐐿𐐱𐑊𐐯𐐿𐑇𐐲𐑌 𐐱𐑂 𐐫𐑊 𐐵𐑉 𐑀𐐮𐑊𐐻. 𐐤𐐵, 𐑄𐐮𐑅 𐑉𐐯𐑅𐐻𐐬𐑉𐐩𐑇𐐲𐑌 𐑇𐐰𐑊 𐐿𐐲𐑋 𐐻𐐭 𐐫𐑊, 𐐺𐐬𐑃 𐐬𐑊𐐼 𐐰𐑌𐐼 𐐷𐐲𐑍, 𐐺𐐬𐑃 𐐺𐐱𐑌𐐼 𐐰𐑌𐐼 𐑁𐑉𐐨, 𐐺𐐬𐑃 𐑋𐐩𐑊 𐐰𐑌𐐼 𐑁𐐨𐑋𐐩𐑊, 𐐺𐐬𐑃 𐑄 𐐶𐐮𐐿𐐯𐐼 𐐰𐑌𐐼 𐑄 𐑉𐐴𐐽𐐲𐑅; 𐐰𐑌𐐼 𐐨𐑂𐐲𐑌 𐑄𐐯𐑉 𐑇𐐰𐑊 𐑌𐐱𐐻 𐑅𐐬 𐑋𐐲𐐽 𐐰𐑆 𐐲 𐐸𐐩𐑉 𐐱𐑂 𐑄𐐩𐑉 𐐸𐐯𐐼𐑆 𐐺𐐨 𐑊𐐫𐑅𐐻; 𐐺𐐲𐐻 𐐯𐑂𐑉𐐨 𐑃𐐮𐑍 𐑇𐐰𐑊 𐐺𐐨 𐑉𐐨𐑅𐐻𐐬𐑉𐐼 𐐻𐐭 𐐮𐐻𐑅 𐐹𐐲𐑉𐑁𐐯𐐿𐐻 𐑁𐑉𐐩𐑋, 𐐰𐑆 𐐮𐐻 𐐮𐑆 𐑌𐐵, 𐐫𐑉 𐐮𐑌 𐑄 𐐺𐐱𐐼𐐨, 𐐰𐑌𐐼 𐑇𐐰𐑊 𐐺𐐨 𐐺𐑉𐐫𐐻 𐐰𐑌𐐼 𐐺𐐨 𐐰𐑉𐐩𐑌𐐼 𐐺𐐨𐑁𐐬𐑉 𐑄 𐐺𐐪𐑉 𐐱𐑂 𐐗𐑉𐐴𐑅𐐻 𐑄 𐐝𐐲𐑌, 𐐰𐑌𐐼 𐐘𐐱𐐼 𐑄 𐐙𐐪𐑄𐐲𐑉, 𐐰𐑌𐐼 𐑄 𐐐𐐬𐑊𐐨 𐐝𐐹𐐮𐑉𐐮𐐻, 𐐸𐐶𐐮𐐽 𐐮𐑆 𐐶𐐲𐑌 𐐀𐐻𐐲𐑉𐑌𐐲𐑊 𐐘𐐱𐐼, 𐐻𐐭 𐐺𐐨 𐐾𐐲𐐾𐐼 𐐰𐐿𐐫𐑉𐐼𐐮𐑍 𐐻𐐭 𐑄𐐩𐑉 𐐶𐐲𐑉𐐿𐑅, 𐐸𐐶𐐯𐑄𐐲𐑉 𐑄𐐩 𐐺𐐨 𐑀𐐳𐐼 𐐫𐑉 𐐸𐐶𐐯𐑄𐐲𐑉 𐑄𐐩 𐐺𐐨 𐐨𐑂𐐮𐑊."—𐐈𐑊𐑋𐐲 11:35–44.

"𐐤𐐵 𐐌 𐑅𐐩 𐐲𐑌𐐻𐐭 𐐷𐐭, 𐑄𐐰𐐻 𐐷𐐨 𐑋𐐲𐑅𐐻 𐑉𐐨𐐹𐐯𐑌𐐻, 𐐰𐑌𐐼 𐐺𐐨 𐐺𐐫𐑉𐑌 𐐰𐑀𐐯𐑌: 𐑁𐐫𐑉 𐑄 𐐝𐐹𐐮𐑉𐐮𐐻 𐑅𐐯𐑃, 𐐆𐑁 𐐷𐐨 𐐪𐑉 𐑌𐐱𐐻 𐐺𐐫𐑉𐑌 𐐰𐑀𐐯𐑌, 𐐷𐐨 𐐿𐐰𐑌𐐱𐐻 𐐮𐑌𐐸𐐯𐑉𐐮𐐻 𐑄 𐐿𐐮𐑍𐐼𐐲𐑋 𐐱𐑂 𐐸𐐯𐑂𐐲𐑌; 𐑄𐐯𐑉𐑁𐐬𐑉 𐐿𐐲𐑋 𐐰𐑌𐐼 𐐺𐐨 𐐺𐐰𐐹𐐻𐐴𐑆𐐼 𐐲𐑌𐐻𐐭 𐑉𐐨𐐹𐐯𐑌𐐻𐐲𐑌𐑅, 𐑄𐐰𐐻 𐐷𐐨 𐑋𐐩 𐐺𐐨 𐐶𐐱𐑇𐐻 𐑁𐑉𐐱𐑋 𐐷𐐬𐑉 𐑅𐐮𐑌𐑆, 𐑄𐐰𐐻 𐐷𐐨 𐑋𐐩 𐐸𐐰𐑂 𐑁𐐩𐑃 𐐱𐑌 𐑄 𐐢𐐰𐑋 𐐱𐑂 𐐘𐐱𐐼, 𐐸𐐭 𐐻𐐩𐐿𐐯𐑃 𐐲𐐶𐐩 𐑄 𐑅𐐮𐑌𐑆 𐐱𐑂 𐑄 𐐶𐐲𐑉𐑊𐐼, 𐐸𐐭 𐐮𐑆 𐑋𐐴𐐻𐐨 𐐻𐐭 𐑅𐐩𐑂 𐐰𐑌𐐼 𐐻𐐭 𐐿𐑊𐐯𐑌𐑆 𐑁𐑉𐐱𐑋 𐐫𐑊 𐐲𐑌𐑉𐐴𐐽𐐲𐑅𐑌𐐯𐑅."—𐐈𐑊𐑋𐐲 7:14.

"𐐈𐑌𐐼 𐑄 𐐩𐑌𐐾𐐯𐑊 𐑅𐐯𐐼 𐐲𐑌𐐻𐐭 𐑋𐐨, 𐐢𐐳𐐿! 𐐈𐑌𐐼 𐐌 𐑊𐐳𐐿𐐻, 𐐰𐑌𐐼 𐐺𐐨𐐸𐐯𐑊𐐼 𐑃𐑉𐐨 𐐾𐐯𐑌𐐲𐑉𐐩𐑇𐐲𐑌𐑆 𐐹𐐰𐑅 𐐲𐐶𐐩 𐐮𐑌 𐑉𐐴𐐽𐐲𐑅𐑌𐐯𐑅; 𐐰𐑌𐐼 𐑄𐐩𐑉 𐑀𐐪𐑉𐑋𐐲𐑌𐐻𐑅 𐐶𐐲𐑉 𐐸𐐶𐐴𐐻, 𐐨𐑂𐐲𐑌 𐑊𐐴𐐿 𐐲𐑌𐐻𐐭 𐑄 𐐢𐐰𐑋 𐐱𐑂 𐐘𐐱𐐼. 𐐈𐑌𐐼 𐑄 𐐩𐑌𐐾𐐯𐑊 𐑅𐐯𐐼 𐐲𐑌𐐻𐐭 ɔə, Yəɕ ɵφ ɔɛd φωθɿ ıı y ɐɿrd rɞ y [ɅɔЭ, ɐrωrɕ rɞ yɅφ pɛʟ ıı φıɔ."—1 Ɂəpθ 12:11.

"YɅφpəφ yɛ ωrφ ωəlď ɅpɿrφYıɐ φəlɐ əφdrφ, ɅNd ωrφ ɐɅNωɿıpθd, ɅNd yɅφ ώəφɔrNɿɐ ωrφ ωəbɿ φωθɿ ʟφɵ y ɐɿrd rɞ y [ɅɔЭ."—Ʌlɔr 13:11.

"ɅNd yıɐ Φ Nɵ, ɐrωrɕ y [ɵφd φɅʟ ɐɅd, Ψə dωɅlrʟ Nəɿ ıı rNφəlɐ ɿɅɔɪrlɕ, ɐrɿ ıı y φəφɿɐ rɞ y φθcrɐ drʟ φə dωɅl; ɅЄ, ɅNd φə φɅɕ əlɐɵ ɐɅd, YɅɿ y φθcrɐ bɅl ɐıɿ dθN ıı φıɕ ωıNdrɔ, ɿɵ ώɵ Nɵ ɔəφ ıɿ: ɐrɿ yɅφ ώəφɔrNɿɐ bqd ɐ ɔɛd φωθɿ, ʟφɵ y ɐɿrd rɞ y [ɅɔЭ."—Ʌlɔr 34:36.

"O yɅN, Ʌə rNɐrlɵɐıN, ɿrφN Ʌə rNɿɵ y [ɵφd: ωφθ ɔθɿıɐ rNɿɵ y PəyrΦ ıı y Nɛɔ rɞ Ԍəɕrɐ, yɅɿ ɪrφφɅɪɐ Ʌə ɔɛ ɐ pθNd ɐɪəlɿrɐ, ɪɅqφ, pɅφ ɅNd φωθɿ, φɅɐıN ɐıN ωlɅNɛd ɐθ y ɐɿrd rɞ y [ɅɔЭ, Ʌɿ yɅɿ ώφɛɿ ɅNd lɅɐɿ dɛ."—Ɔoφɔrɿ 9:6.

"Ɐrφolɗ, Φ ώıɐ rNɿɵ Ʌɵ ɵ ɐθN; pɵφ pθɐ ɅɿφΦ ɔəφ ωrɔrʟ, ɅNd ɐrφolɗ, yɅN ωrɔrʟ y ɐrN rɞ Ɯəd ɿɵ φrdəɔ ɵl yɵɕ φɵ bɅl ɐrlɵɐ ɵN φıɕ Nɛɔ."—Ψəlrɔrɿ 14:2.

"Pɵφ ɐrφolɗ, φə ɔrɐɿ bqφlɐ dθ, yɅɿ ɐɅlɐɛbrN ɔɛ ωrɔ; ɅЄ, ıɿ ɐrφɵɐrʟ φıɔ, ɅNd ɐrωrɔrʟ ıωɐɪədərNɿ yɅɿ φə dθrʟ, ɿɵ ɐφıN ɿɵ ɪɅɐ y φɅɕrφɅωbrN rɞ y dɅd, yɅɿ yɅφɐθ ɔɅN ɔɛ ɐ ɐφɵɿ ıNɿɵ y ɪφɅɕrNɐ rɞ y [ɵφd; ɅЄ, ɐrφolɗ yıɐ dɅʟ ɐφıNrʟ ɿɵ ɪɅɐ y φɅɕrφɅωbrN, ɅNd φrdəɔrʟ ɵl ɔɅNωθNd pφrɔ y prφɐɿ dɅʟ—yɅɿ ɐɪıφıcrωrɿ dɅʟ; pɵφ ɵl ɔɅNωθNd ɐθ y pɵl rɞ Ʌdrɔ, ɐəıN ωrɿ ɵp pφrɔ y ɪφɅɕrNɐ rɞ y [ɵφd, ɵφ ωrNɐıdrφd Ʌɕ dɅd, ɐɵʟ Ʌɕ ɿɵ ʟıNɕ ɿɅɔɪrφɿ ɅNd ʟıNɕ ɐɪıφıcrωrɿ. Ɐrɿ ɐrφolɗ, y φɅɕrφɅωbrN rɞ Ωφθɐɿ φrdəɔrʟ ɔɅNωθNd, ɅЄ, əɐrN ɵl ɔɅNωθNd, ɅNd ɐφıNrʟ yɅɔ ɐɅω ıNɿɵ y ɪφɅɕrNɐ rɞ y [ɵφd."—Ψəlrɔrɿ 14:15–17.

"Yφθɕ ɅNd ωrɔ pɵφʟ rNɿɵ ɔə, yɅɿ Ʌə ɔɛ ʟφrɐɿ Ʌɵφ φɅNdɕ ıNɿɵ ɔθ ɐθd, ɅNd əlɐɵ yɅɿ Ʌə ɔɛ pəl y ɪφıNɿ rɞ y Nɛlɕ ıı ɔθ φɅNdɕ, ɅNd ıı ɔθ pəɿ, yɅɿ Ʌə ɔɛ Nɵ yɅɿ Φ Ʌɔ y Ɯəd rɞ ɪɕφrɿ, ɅNd y Ɯəd rɞ y φɵl rφʟ, ɅNd φɅɐ ɐıN ɐlɛN pɵφ y ɐıNɕ rɞ y ωrφld."—3 Ɂəpθ 11:14.

"Ɐrφolɗ, φə ωφəɛɿrd Ʌdrɔ, ɅNd ɐθ Ʌdrɔ ωɛɔ y pɵl rɞ ɔɅN. ɅNd ɐrωrɕ rɞ y pɵl rɞ ɔɅN, ωɛɔ Ԍəɕrɐ Ωφθɐɿ, əɐrN y Pəyrφ ɅNd y ɐrN; ɅNd ɐrωrɕ rɞ Ԍəɕrɐ Ωφθɐɿ ωɛɔ y φrdɅɔɪbrN rɞ ɔɅN. ɅNd ɐrωrɕ rɞ y φrdɅɔɪbrN rɞ ɔɅN, φωıc ωɛɔ ɐθ Ԍəɕrɐ Ωφθɐɿ, yɛ ɵφ ɐφɵɿ ɐɅω ıNɿɵ y ɪφɅɕrNɐ rɞ y [ɵφd; ɅЄ, yıɐ ıɕ

φωᴧφɨɧ θ| ɔᴧɧ ϑφ φᴦdəɔd, ɐᴦωᴦɓ ɣ dᴧʟ ᴦɞ Ѡφфɞ] ɐφɨиᴦʟ ]ⱺ
ᴛᴧɞ ɣ φᴧɓᴦφᴧωbᴦɧ, φωɨc ɐφɨиᴦʟ ]ⱺ ᴛᴧɞ ɵ φᴦdᴧɔᴛbᴦɧ ρφᴦɔ ᴧɧ
ᴧɧd|ᴦɞ ɞ|əᴛ, ρφᴦɔ φωɨc ɞ|əᴛ θ| ɔᴧɧ bᴧ| ɐ ᴦωoω ɐφ ɣ ᴛθᴦφ ᴦɞ
Ѡɵd φωᴧɧ ɣ ]φᴦɔᴛ bᴧ| ɞθɧd; ᴧɧd ɣɛ bᴧ| ωᴦɔ ρθφʟ, ɐoʟ ɞɔθ| ᴧɧd
ώφɛ], ᴧɧd θ| bᴧ| ɞ]ᴧɧd ɐᴦρθφ φɨɓ ɐθφ, ɐəɨи φᴦdəɔd ᴧɧd |ⱺɞ]
ρφᴦɔ ɣɨɞ ə]ᴦφɧᴦ| ɐᴧɧd ᴦɞ dᴧʟ, φωɨc dᴧʟ ɨɓ ɵ ]ᴧɔᴛᴦφᴦ| dᴧʟ; ᴧɧd
ɣᴧɧ ωᴦɔᴦʟ ɣ ϛᴦϛɔᴦɧ] ᴦɞ ɣ Φo|ə Ѡᴦɧ ᴦᴛθɧ ɣᴧɔ, ᴧɧd ɣᴧɧ ωᴦɔᴦʟ
ɣ ]φɔ ɣᴧ] φə ɣᴧ] ɨɓ ρɨ|ʟə bᴧ| ɐ ρɨ|ʟə ɞ]ɨ|; ᴧɧd φə ɣᴧ] ɨɓ φфcᴦɞ
bᴧ| ɐ φфcᴦɞ ɞ]ɨ|; φə ɣᴧ] ɨɓ φᴧᴛə bᴧ| ɐ φᴧᴛə ɞ]ɨ|; ᴧɧd φə ɣᴧ] ɨɓ
ᴦɧφᴧᴛə bᴧ| ɐ ᴦɧφᴧᴛə ɞ]ɨ|."—Ɔoφɔᴦɧ 9:12–14.

# 𐐕𐐰𐐹𐐻𐐲𐑉 VI

*𐐇𐐿𐑅𐐻𐑉𐐰𐐿𐐻𐑅 𐑁𐑉𐐲𐑋 𐑄 𐐒𐐳𐐿 𐐲𐑂 𐐔𐐫𐐿𐐻𐑉𐐮𐑌 𐐰𐑌𐐼 𐐗𐐲𐑂𐐲𐑌𐐲𐑌𐐻𐑅—𐐗𐑉𐐴𐑅𐐻'𐑅 𐐓𐐯𐑅𐐻𐐮𐑋𐐬𐑌𐐨 𐐲𐑂 𐐸𐐮𐑋𐑅𐐯𐑊𐑁, 𐐲𐑂 𐐸𐐮𐑆 𐐑𐐵𐐲𐑉 𐐰𐑌𐐼 𐐗𐐫𐑊𐐮𐑍, etc.—𐐓𐐯𐑅𐐻𐐮𐑋𐐬𐑌𐐨 𐐲𐑂 𐐖𐐬𐑆𐐯𐑁 𐐝𐑋𐐮𐑃 𐐰𐑌𐐼 𐐝𐐮𐐼𐑌𐐨 𐐡𐐮𐑀𐐼𐐲𐑌—𐐡𐐯𐐿𐐲𐑉𐐼 𐐲𐑂 𐐖𐐪𐑌 𐑄 𐐒𐐰𐐹𐐻𐐮𐑅𐐻—𐐇𐐿𐑅𐐻𐑉𐐰𐐿𐐻 𐑁𐑉𐐲𐑋 𐐪 𐐝𐐲𐑉𐑋𐐲𐑌 𐐺𐐴 𐐑𐑉𐐯𐑆𐐮𐐼𐐲𐑌𐐻 𐐒𐑉𐐮𐑀𐐲𐑋 𐐏𐐲𐑍*

𐐎𐐨 𐑌𐐵 𐐻𐐲𐑉𐑌 𐐻𐐭 𐑄 𐐒𐐳𐐿 𐐲𐑂 𐐔𐐫𐐿𐐻𐑉𐐮𐑌 𐐰𐑌𐐼 𐐗𐐲𐑂𐐲𐑌𐐲𐑌𐐻𐑅:

"𐐒𐐲𐐸𐐬𐑊𐐼, 𐐌 𐐰𐑋 𐐖𐐨𐑆𐐲𐑅 𐐗𐑉𐐴𐑅𐐻, 𐑄 𐐝𐐲𐑌 𐐲𐑂 𐐘𐐪𐐼. 𐐌 𐐰𐑋 𐑄 𐑅𐐩𐑋 𐑄𐐰𐐻 𐐿𐐩𐑋 𐐲𐑌𐐻𐐭 𐑋𐐴 𐐬𐑌, 𐐰𐑌𐐼 𐑋𐐴 𐐬𐑌 𐑉𐐲𐑅𐐨𐑂𐐼 𐑋𐐨 𐑌𐐪𐐻. 𐐌 𐐰𐑋 𐑄 𐑊𐐴𐐻 𐐸𐐶𐐮𐐽 𐑇𐐴𐑌𐐲𐑃 𐐮𐑌 𐐼𐐪𐑉𐐿𐑌𐐲𐑅, 𐐰𐑌𐐼 𐑄 𐐼𐐪𐑉𐐿𐑌𐐲𐑅 𐐿𐐪𐑋𐐹𐑉𐐲𐐸𐐯𐑌𐐼𐐲𐑃 𐐮𐐻 𐑌𐐪𐐻."—𐐔&𐐗 6:21

"𐐒𐐲𐐸𐐬𐑊𐐼, 𐐌 𐐰𐑋 𐐖𐐨𐑆𐐲𐑅 𐐗𐑉𐐴𐑅𐐻, 𐑄 𐐝𐐲𐑌 𐐲𐑂 𐑄 𐑊𐐮𐑂𐐮𐑍 𐐘𐐪𐐼, 𐐸𐐭 𐐿𐑉𐐨𐐩𐐻𐐲𐐼 𐑄 𐐸𐐯𐑂𐐲𐑌𐑆 𐐰𐑌𐐼 𐑄 𐐲𐑉𐑃; 𐐪 𐑊𐐴𐐻 𐐸𐐶𐐮𐐽 𐐿𐐰𐑌𐐪𐐻 𐐺𐐨 𐐸𐐮𐐼 𐐮𐑌 𐐼𐐪𐑉𐐿𐑌𐐲𐑅."—𐐔&𐐗 14:9

"𐐡𐐲𐑋𐐯𐑋𐐺𐐲𐑉 𐑄 𐐶𐐲𐑉𐑃 𐐲𐑂 𐑅𐐬𐑊𐑆 𐐮𐑆 𐑀𐑉𐐩𐐻 𐐮𐑌 𐑄 𐑅𐐴𐐻 𐐲𐑂 𐐘𐐪𐐼; 𐑁𐐫𐑉, 𐐺𐐲𐐸𐐬𐑊𐐼, 𐑄 𐐢𐐫𐑉𐐼 𐐷𐐫𐑉 𐐡𐐲𐐼𐐨𐑋𐐲𐑉 𐑅𐐲𐑁𐐲𐑉𐐼 𐐼𐐯𐑃 𐐮𐑌 𐑄 𐑁𐑊𐐯𐑇; 𐐸𐐶𐐯𐑉𐑁𐐫𐑉, 𐐸𐐨 𐑅𐐲𐑁𐐲𐑉𐐼 𐑄 𐐹𐐩𐑌 𐐲𐑂 𐐫𐑊 𐑋𐐯𐑌, 𐑄𐐰𐐻 𐐫𐑊 𐑋𐐯𐑌 𐑋𐐴𐐻 𐑉𐐲𐐹𐐯𐑌𐐻 𐐰𐑌𐐼 𐐿𐐲𐑋 𐐲𐑌𐐻𐐭 𐐸𐐮𐑋. 𐐈𐑌𐐼 𐐸𐐨 𐐸𐐰𐑃 𐑉𐐮𐑆𐐲𐑌 𐐲𐑀𐐯𐑌 𐑁𐑉𐐲𐑋 𐑄 𐐼𐐯𐐼, 𐑄𐐰𐐻 𐐸𐐨 𐑋𐐴𐐻 𐐺𐑉𐐮𐑍 𐐫𐑊 𐑋𐐯𐑌 𐐲𐑌𐐻𐐭 𐐸𐐮𐑋, 𐐫𐑌 𐐿𐐲𐑌𐐼𐐮𐑇𐐲𐑌𐑆 𐐲𐑂 𐑉𐐲𐐹𐐯𐑌𐐻𐐲𐑌𐑅." 𐐔&𐐗 18:10–12

"𐐌 𐐰𐑋 𐐈𐑊𐑁𐐲 𐐰𐑌𐐼 𐐄𐑋𐐩𐑀𐐲, 𐐗𐑉𐐴𐑅𐐻 𐑄 𐐢𐐫𐑉𐐼; 𐐷𐐩, 𐐨𐑂𐐲𐑌 𐐌 𐐰𐑋 𐐐𐐨, 𐑄 𐐺𐐲𐑀𐐮𐑌𐐮𐑍 𐐰𐑌𐐼 𐑄 𐐯𐑌𐐼, 𐑄 𐐡𐐲𐐼𐐨𐑋𐐲𐑉 𐐲𐑂 𐑄 𐐶𐐲𐑉𐑊𐐼. 𐐌, 𐐸𐐰𐑂𐐮𐑍 𐐲𐐿𐐪𐑋𐐹𐑊𐐮𐑇𐐻 𐐰𐑌𐐼 𐑁𐐮𐑌𐐮𐑇𐐻 𐑄 𐐶𐐮𐑊 𐐲𐑂 𐐸𐐮𐑋 𐐸𐐭𐑆 𐐌 𐐰𐑋, 𐐨𐑂𐐲𐑌 𐑄 𐐙𐐪𐑄𐐲𐑉, 𐐿𐐲𐑌𐑅𐐲𐑉𐑌𐐮𐑍 𐑋𐐨—𐐸𐐰𐑂𐐮𐑍 𐐼𐐲𐑌 𐑄𐐮𐑅 𐑄𐐰𐐻 𐐌 𐑋𐐴𐐻 𐑅𐐲𐐺𐐼𐐭 𐐫𐑊 𐑃𐐮𐑍𐑆 𐐲𐑌𐐻𐐭 𐑋𐐴𐑅𐐯𐑊𐑁."—𐐔&𐐗 19:1, 2

"𐐌 𐐰𐑋 𐐖𐐨𐑆𐐲𐑅 𐐗𐑉𐐴𐑅𐐻; 𐐌 𐐿𐐩𐑋 𐐺𐐴 𐑄 𐐶𐐮𐑊 𐐲𐑂 𐑄 𐐙𐐪𐑄𐐲𐑉, 𐐰𐑌𐐼 𐐌 𐐼𐐭 𐐸𐐮𐑆 𐐶𐐮𐑊."—𐐔&𐐗 19:24

"𐐙𐐫𐑉, 𐐺𐐲𐐸𐐬𐑊𐐼, 𐐌 𐐶𐐮𐑊 𐐺𐑊𐐯𐑅 𐐫𐑊 𐑄𐐬𐑆 𐐸𐐭 𐑊𐐩𐐺𐐲𐑉 𐐮𐑌 𐑋𐐴 𐑂𐐮𐑌𐐷𐐲𐑉𐐼 𐐶𐐮𐑄 𐐪 𐑋𐐴𐐻𐐨 𐐺𐑊𐐯𐑅𐐮𐑍, 𐐰𐑌𐐼 𐑄𐐩 𐑇𐐰𐑊 𐐺𐐲𐑊𐐨𐑂 𐐫𐑌 𐐸𐐮𐑆 𐐶𐐲𐑉𐐼𐑆, 𐐸𐐶𐐮𐐽 𐐪𐑉 𐑀𐐮𐑂𐐲𐑌 𐐸𐐮𐑋 𐑃𐑉𐐭 𐑋𐐨 𐐺𐐴 𐑄 𐐗𐐲𐑋𐑁𐐲𐑉𐐻𐐲𐑉, 𐐸𐐶𐐮𐐽 𐑋𐐰𐑌𐐮𐑁𐐯𐑅𐐻𐐲𐑃 𐑄𐐰𐐻 𐐖𐐨𐑆𐐲𐑅 𐐶𐐲𐑆 𐐿𐑉𐐭𐑅𐐮𐑁𐐴𐐼 𐐺𐐴 𐑅𐐮𐑌𐑁𐐲𐑊 𐑋𐐯𐑌 𐑁𐐫𐑉 𐑄 𐑅𐐮𐑌𐑆 𐐲𐑂 𐑄 𐐶𐐲𐑉𐑊𐐼, 𐐷𐐩, 𐑁𐐫𐑉 𐑄 𐑉𐐲𐑋𐐮𐑇𐐲𐑌 𐐲𐑂 𐑅𐐮𐑌𐑆 𐐲𐑌𐐻𐐭 𐑄 𐐿𐐪𐑌𐐻𐑉𐐴𐐻 𐐸𐐪𐑉𐐻."—𐐔&𐐗 21:9

"𐐢𐐮𐑅𐐲𐑌 𐐻𐐭 𐑄 𐑂𐐬𐐮𐑅 𐐲𐑂 𐐖𐐨𐑆𐐲𐑅 𐐗𐑉𐐴𐑅𐐻, 𐐷𐐫𐑉 𐐡𐐲𐐼𐐨𐑋𐐲𐑉, 𐑄 𐑀𐑉𐐩𐐻 𐐌 𐐈𐐣, 𐐸𐐭𐑆 𐐪𐑉𐑋 𐐲𐑂 𐑋𐐲𐑉𐑅𐐨 𐐸𐐰𐑃 𐐲𐐻𐐬𐑌𐐼 𐑁𐐫𐑉 𐐷𐐫𐑉 𐑅𐐮𐑌𐑆."—𐐔&𐐗 29:1

"𐐒 𐑁𐐩𐑃𐑁𐐲𐑊 𐐲𐑌𐐻𐐭 𐑄 𐐯𐑌𐐼, 𐐰𐑌𐐼 𐑊𐐬, 𐐌 𐐰𐑋 𐐶𐐮𐑄 𐐷𐐭. 𐐜𐐨𐑆 𐐶𐐲𐑉𐐼𐑆 𐐪𐑉 𐑌𐐪𐐻 𐐲𐑂 𐑋𐐰𐑌, 𐑌𐐫𐑉 𐐲𐑂 𐑋𐐯𐑌, 𐐺𐐲𐐻 𐐲𐑂 𐑋𐐨, 𐐨𐑂𐐲𐑌 𐐖𐐨𐑆𐐲𐑅 𐐗𐑉𐐴𐑅𐐻, 𐐷𐐫𐑉 𐐡𐐲𐐼𐐨𐑋𐐲𐑉, 𐐺𐐴 𐑄 𐐶𐐮𐑊 𐐲𐑂 𐑄 𐐙𐐪𐑄𐐲𐑉. 𐐁𐑋𐐯𐑌."—𐐔&𐐗 31:13

“𐐣𐐴 𐑅𐐲𐑌 𐐄𐑉𐑅𐐲𐑌, 𐐸𐐪𐑉𐐿𐐲𐑌 𐐰𐑌𐐼 𐐸𐐨𐑉 𐐰𐑌𐐼 𐐺𐐲𐐸𐐬𐑊𐐼 𐐸𐐶𐐲𐐻 𐐌, 𐐜 𐐢𐐫𐑉𐐼 𐐘𐐱𐐼, 𐑇𐐰𐑊 𐑅𐐩 𐐲𐑌𐐻𐐭 𐐷𐐭, 𐐸𐐭 𐐰𐑋 𐐖𐐨𐑆𐐲𐑅 𐐗𐑉𐐴𐑅𐐻 𐐷𐐭𐑉 𐐡𐐨𐐼𐐨𐑋𐐲𐑉; 𐐜 𐑊𐐴𐐻 𐐰𐑌𐐼 𐐜 𐑊𐐴𐑁 𐐱𐑂 𐐜 𐐶𐐲𐑉𐑊𐐼; 𐐩 𐑊𐐴𐐻 𐐸𐐶𐐮𐐽 𐑇𐐴𐑌𐐯𐑃 𐐮𐑌 𐐼𐐪𐑉𐐿𐑌𐐲𐑅, 𐐰𐑌𐐼 𐐜 𐐼𐐪𐑉𐐿𐑌𐐲𐑅 𐐿𐐱𐑋𐐹𐑉𐐨𐐸𐐯𐑌𐐼𐐯𐑃 𐐮𐐻 𐑌𐐱𐐻; 𐐸𐐭 𐑅𐐬 𐑊𐐲𐑂𐐼 𐐜 𐐶𐐲𐑉𐑊𐐼 𐐜𐐰𐐻 𐐸𐐨 𐑀𐐩𐑂 𐐸𐐮𐑆 𐐬𐑌 𐑊𐐴𐑁, 𐐜𐐰𐐻 𐐰𐑆 𐑋𐐯𐑌𐐨 𐐰𐑆 𐐶𐐳𐐼 𐐺𐐲𐑊𐐨𐑂 𐑋𐐴𐐻 𐐺𐐲𐐿𐐲𐑋 𐐜 𐑅𐐲𐑌𐑆 𐐱𐑂 𐐘𐐱𐐼: 𐐸𐐶𐐩𐑉𐑁𐐬𐑉 𐐷𐐭 𐐪𐑉 𐑋𐐴 𐑅𐐲𐑌.”—𐐔&𐐗 34:1–3.

“𐐢𐐮𐑅𐐲𐑌 𐐻𐐭 𐐜 𐑂𐐦𐑅 𐐱𐑂 𐐜 𐐢𐐫𐑉𐐼 𐐷𐐭𐑉 𐐘𐐱𐐼, 𐐨𐑂𐐲𐑌 𐐈𐑊𐑁𐐲 𐐰𐑌𐐼 𐐄𐑋𐐨𐑀𐐲, 𐐜 𐐺𐐲𐑀𐐮𐑌𐐮𐑍 𐐰𐑌𐐼 𐐜 𐐯𐑌𐐼, 𐐸𐐭𐑆 𐐿𐐬𐑉𐑅 𐐮𐑆 𐐶𐐲𐑌 𐐨𐐻𐐲𐑉𐑌𐐲𐑊 𐑉𐐵𐑌𐐼, 𐐜 𐑅𐐩𐑋 𐐻𐐭-𐐼𐐩 𐐰𐑆 𐐷𐐯𐑅𐐻𐐲𐑉𐐼𐐩, 𐐰𐑌𐐼 𐑁𐐫𐑉𐐯𐑂𐐲𐑉. 𐐌 𐐰𐑋 𐐖𐐨𐑆𐐲𐑅 𐐗𐑉𐐴𐑅𐐻, 𐐜 𐐝𐐲𐑌 𐐱𐑂 𐐘𐐱𐐼, 𐐸𐐭 𐐶𐐱𐑆 𐐿𐑉𐐭𐑅𐐲𐑁𐐴𐐼 𐑁𐐫𐑉 𐐜 𐑅𐐮𐑌𐑆 𐐱𐑂 𐐜 𐐶𐐲𐑉𐑊𐐼, 𐐨𐑂𐐲𐑌 𐐰𐑆 𐑋𐐯𐑌𐐨 𐐰𐑆 𐐶𐐮𐑊 𐐺𐐲𐑊𐐨𐑂 𐐱𐑌 𐑋𐐴 𐑌𐐩𐑋, 𐐜𐐰𐐻 𐐜𐐩 𐑋𐐩 𐐺𐐲𐐿𐐲𐑋 𐐜 𐑅𐐲𐑌𐑆 𐐱𐑂 𐐘𐐱𐐼, 𐐨𐑂𐐲𐑌 𐐶𐐲𐑌 𐐮𐑌 𐑋𐐨 𐐰𐑆 𐐌 𐐰𐑋 𐐮𐑌 𐐜 𐐙𐐪𐑄𐐲𐑉, 𐐰𐑆 𐐜 𐐙𐐪𐑄𐐲𐑉 𐐮𐑆 𐐶𐐲𐑌 𐐮𐑌 𐑋𐐨, 𐐜𐐰𐐻 𐐶𐐨 𐑋𐐩 𐐺𐐨 𐐶𐐲𐑌.”—𐐔&𐐗 35:1, 2

“𐐜𐐲𐑅 𐑅𐐯𐑃 𐐜 𐐢𐐫𐑉𐐼 𐐷𐐭𐑉 𐐘𐐱𐐼, 𐐨𐑂𐐲𐑌 𐐖𐐨𐑆𐐲𐑅 𐐗𐑉𐐴𐑅𐐻, 𐐜 𐑀𐑉𐐩𐐻 𐐌 𐐈𐐣, 𐐈𐑊𐑁𐐲 𐐰𐑌𐐼 𐐄𐑋𐐨𐑀𐐲, 𐐜 𐐺𐐲𐑀𐐮𐑌𐐮𐑍 𐐰𐑌𐐼 𐐜 𐐯𐑌𐐼, 𐐜 𐑅𐐩𐑋 𐐸𐐶𐐮𐐽 𐑊𐐳𐐿𐐻 𐐲𐐹𐐱𐑌 𐐜 𐐶𐐴𐐼 𐐯𐐿𐑅𐐹𐐰𐑌𐑅 𐐱𐑂 𐐨𐐻𐐲𐑉𐑌𐐮𐐻𐐨, 𐐰𐑌𐐼 𐐫𐑊 𐐜 𐑅𐐯𐑉𐐰𐑁𐐮𐐿 𐐸𐐬𐑅𐐻𐑅 𐐱𐑂 𐐸𐐯𐑂𐐲𐑌, 𐐺𐐲𐑁𐐬𐑉 𐐜 𐐶𐐲𐑉𐑊𐐼 𐐶𐐱𐑆 𐑋𐐩𐐼: 𐐜 𐑅𐐩𐑋 𐐸𐐶𐐮𐐽 𐑌𐐬𐐯𐑃 𐐫𐑊 𐑃𐐮𐑍𐑆, 𐑁𐐫𐑉 𐐫𐑊 𐑃𐐮𐑍𐑆 𐐪𐑉 𐐹𐑉𐐯𐑆𐐲𐑌𐐻 𐐺𐐲𐑁𐐬𐑉 𐑋𐐴𐑌 𐐴𐑆: 𐐌 𐐰𐑋 𐐜 𐑅𐐩𐑋 𐐸𐐶𐐮𐐽 𐑅𐐹𐐩𐐿, 𐐰𐑌𐐼 𐐜 𐐶𐐲𐑉𐑊𐐼 𐐶𐐱𐑆 𐑋𐐩𐐼, 𐐰𐑌𐐼 𐐫𐑊 𐑃𐐮𐑍𐑆 𐐿𐐩𐑋 𐐺𐐴 𐑋𐐨: 𐐌 𐐰𐑋 𐐜 𐑅𐐩𐑋 𐐸𐐶𐐮𐐽 𐐸𐐰𐑂 𐐻𐐩𐐿𐐲𐑌 𐐜 𐐞𐐴𐐲𐑌 𐐱𐑂 𐐀𐑌𐐲𐐿 𐐮𐑌𐐻𐐭 𐑋𐐴𐑌 𐐬𐑌 𐐺𐐳𐑆𐐲𐑋; 𐐰𐑌𐐼 𐑂𐐯𐑉𐐮𐑊𐐨, 𐐌 𐑅𐐩, 𐐨𐑂𐐲𐑌 𐐰𐑆 𐑋𐐯𐑌𐐨 𐐰𐑆 𐐸𐐰𐑂 𐐺𐐲𐑊𐐨𐑂𐐼 𐐮𐑌 𐑋𐐴 𐑌𐐩𐑋, 𐑁𐐫𐑉 𐐌 𐐰𐑋 𐐗𐑉𐐴𐑅𐐻, 𐐰𐑌𐐼 𐐮𐑌 𐑋𐐴𐑌 𐐬𐑌 𐑌𐐩𐑋, 𐐺𐐴 𐐜 𐑂𐐲𐑉𐐽𐐭 𐐱𐑂 𐐜 𐐺𐑊𐐲𐐼 𐐸𐐶𐐮𐐽 𐐌 𐐸𐐰𐑂 𐑅𐐹𐐮𐑊𐐻, 𐐸𐐰𐑂 𐐌 𐐹𐑊𐐨𐐼𐐲𐐼 𐐺𐐲𐑁𐐬𐑉 𐐜 𐐙𐐪𐑄𐐲𐑉 𐑁𐐫𐑉 𐐜𐐯𐑋; 𐐺𐐲𐐻 𐐺𐐲𐐸𐐬𐑊𐐼, 𐐜 𐑉𐐯𐑆𐐮𐐼𐐭 𐐱𐑂 𐐜 𐐶𐐮𐐿𐐲𐐼 𐐸𐐰𐑂 𐐌 𐐿𐐯𐐹𐐻 𐐮𐑌 𐐽𐐩𐑌𐑆 𐐱𐑂 𐐼𐐪𐑉𐐿𐑌𐐲𐑅 𐐲𐑌𐐻𐐮𐑊 𐐜 𐐾𐐲𐐾𐑋𐐲𐑌𐐻 𐐱𐑂 𐐜 𐑀𐑉𐐩𐐻 𐐼𐐩, 𐐸𐐶𐐮𐐽 𐑇𐐰𐑊 𐐿𐐲𐑋 𐐰𐐻 𐐜 𐐯𐑌𐐼 𐐱𐑂 𐐜 𐐲𐑉𐑃.”—𐐔&𐐗 38:1–5.

“𐐐𐐪𐑉𐐿𐐲𐑌 𐐰𐑌𐐼 𐑊𐐮𐑅𐐲𐑌 𐐻𐐭 𐐜 𐑂𐐦𐑅 𐐱𐑂 𐐸𐐮𐑋 𐐸𐐭 𐐮𐑆 𐑁𐑉𐐲𐑋 𐐫𐑊 𐐨𐐻𐐲𐑉𐑌𐐮𐐻𐐨 𐐻𐐭 𐐫𐑊 𐐨𐐻𐐲𐑉𐑌𐐮𐐻𐐨, 𐐜 𐑀𐑉𐐩𐐻 𐐌 𐐈𐐣, 𐐨𐑂𐐲𐑌 𐐖𐐨𐑆𐐲𐑅 𐐗𐑉𐐴𐑅𐐻, 𐐜 𐑊𐐴𐐻 𐐰𐑌𐐼 𐐜 𐑊𐐴𐑁 𐐱𐑂 𐐜 𐐶𐐲𐑉𐑊𐐼; 𐐩 𐑊𐐴𐐻 𐐸𐐶𐐮𐐽 𐑇𐐴𐑌𐐯𐑃 𐐮𐑌 𐐼𐐪𐑉𐐿𐑌𐐲𐑅 𐐰𐑌𐐼 𐐜 𐐼𐐪𐑉𐐿𐑌𐐲𐑅 𐐿𐐱𐑋𐐹𐑉𐐨𐐸𐐯𐑌𐐼𐐯𐑃 𐐮𐐻 𐑌𐐱𐐻: 𐐜 𐑅𐐩𐑋 𐐸𐐶𐐮𐐽 𐐿𐐩𐑋 𐐮𐑌 𐐜 𐑋𐐲𐑉𐐮𐐼𐐨𐐲𐑌 𐐱𐑂 𐐻𐐴𐑋 𐐲𐑌𐐻𐐭 𐑋𐐴𐑌 𐐬𐑌, 𐐰𐑌𐐼 𐑋𐐴𐑌 𐐬𐑌 𐑉𐐲𐑅𐐨𐑂𐐼 𐑋𐐨 𐑌𐐱𐐻.”—𐐔&𐐗 39:1–3

𐐢𐐮𐑅𐐲𐑌 𐐻𐐭 𐐸𐐮𐑋 𐐸𐐭 𐐮𐑆 𐐜 𐐈𐐼𐑂𐐬𐐿𐐩𐐻 𐐶𐐮𐑄 𐐜 𐐙𐐪𐑄𐐲𐑉, 𐐸𐐭 𐐮𐑆 𐐹𐑊𐐨𐐼𐐮𐑍 𐐷𐐭𐑉 𐐿𐐫𐑆 𐐺𐐲𐑁𐐬𐑉 𐐸𐐮𐑋, 𐑅𐐩𐐮𐑍, 𐐙𐐪𐑄𐐲𐑉, 𐐺𐐲𐐸𐐬𐑊𐐼 𐐜 𐑅𐐲𐑁𐐲𐑉𐐮𐑍𐑆 𐐰𐑌𐐼 𐐼𐐯𐑃 𐐱𐑂 𐐸𐐮𐑋 𐐸𐐭 𐐼𐐮𐐼 𐑌𐐬 𐑅𐐮𐑌, 𐐮𐑌 𐐸𐐭𐑋 𐐜𐐵 𐐶𐐱𐑅𐐻 𐐶𐐯𐑊 𐐹𐑊𐐨𐑆𐐼; 𐐺𐐲𐐸𐐬𐑊𐐼 𐐜 𐐺𐑊𐐲𐐼 𐐱𐑂 𐑄𐐴 𐐝𐐲𐑌 𐐸𐐶𐐮𐐽 𐐶𐐱𐑆 𐑇𐐯𐐼—𐐜 𐐺𐑊𐐲𐐼 𐐱𐑂 𐐸𐐮𐑋 𐐸𐐭𐑋 𐐜𐐵 𐑀𐐩𐑂𐐯𐑅𐐻 𐐜𐐰𐐻 𐐜𐐴𐑅𐐯𐑊𐑁 𐑋𐐴𐐻 𐐺𐐨 𐑀𐑊𐐬𐑉𐐮𐑁𐐴𐐼; 𐐸𐐶𐐩𐑉𐑁𐐬𐑉, 𐐙𐐪𐑄𐐲𐑉, 𐑅𐐹𐐩𐑉 𐐜𐐨𐑆 𐑋𐐴 𐐺𐑉𐐯𐑄𐑉𐐲𐑌 𐐜𐐰𐐻 𐐺𐐲𐑊𐐨𐑂 𐐱𐑌 𐑋𐐴 𐑌𐐩𐑋, 𐐜𐐰𐐻 𐐜𐐩 𐑋𐐩 𐐿𐐲𐑋 𐐲𐑌𐐻𐐭 𐑋𐐨 𐐰𐑌𐐼 𐐸𐐰𐑂 𐐯𐑂𐐲𐑉𐑊𐐰𐑅𐐻𐐮𐑍 𐑊𐐴𐑁.”—𐐔&𐐗 45:3–5

“𐐓𐐭 𐑅𐐲𐑋 𐐮𐐻 𐐮𐑆 𐑀𐐮𐑂𐐲𐑌 𐐺𐐴 𐐜 𐐐𐐬𐑊𐐨 𐐘𐐬𐑅𐐻 𐐻𐐭 𐑌𐐬 𐐜𐐰𐐻 𐐖𐐨𐑆𐐲𐑅 𐐗𐑉𐐴𐑅𐐻

ɪб ɣ 8rɴ rв Ѳɘd, ʌɴd ɣʌɿ фɘ ωrб ωфʘвɪpфd рoф ɣ вɪɴб rв ɣ ωrфɭd; ʇʘ rɣrфб ɪʇ ɪб ώɪвrɴ ʇʘ вrʇɘв oɴ ɣʌф ωrфdб, ɣʌɿ ɣɛ ɵɭвʘ ɔфɿ фʌв ɘɿrфɴrɭ ɭфr ɪp ɣɛ ωrɴɿɪɴʋʘ pɛɭpɿ."—Ɑ&Ѡ 46:13, 14

"Фɪф О ʋɘ фʌвrɴб, ʌɴd ώɪв ɪф О rфʟ, ʌɴd фrɕoɪв ʋɘ ɪɴфʌвɪɿrɴɿв ɣʌфrв, рoф ɣ Ɩoфd ɪб Ѳɘd, ʌɴd вrвфd фɪɔ ɣʌф ɪб ɴo 8ɛвʋrф: Ѳфɛɿ ɪб фɪб ωɪбdrɔ, ʌɴd ɔɘфвrɭrв ɘф фɪб ωɛб, ʌɴd ɣ ɪωвɿʌɴ rв фɪб dʘɪɴб ɴrɴ ωʌɴ рфɴd ɘ̇ɿ; фɪб ɿrфɿrвrб pɛɭ ɴɘɿ, ɴфɣrф ɘф ɣʌф ʌɴɘ фʘ ωʌɴ вɿɛ фɪб фʌɴd; рфrɔ ɘɿrфɴɪɿɘ ʇʘ ɘɿrфɴɪɿɘ фɘ ɪб ɣ вɛɔ, ʌɴd фɪб ʋɪфб ɴʌвrф pɛɭ."—Ɑ&Ѡ 76:1–4

"Вф ɣ ɿɘ̇rф rв ɣ 8ɿɪфɪɿ ɘ̇ф фб ωrф oɪrɴd ʌɴd ɘ̇ф rɴdrфвɿʌɴdɪɴб ωrф ɪɴɭфɿrɴd, вo ʌб ʇʘ вɘ ʌɴd rɴdrфвɿʌɴd ɣ ʟɪɴб rв Ѳɘd—ɘвrɴ ɣoб ʟɪɴб фωɪɕ ωrф рфrɔ ɣ вrώɪɴɪ вrрoф ɣ ωrфɭd ωrб, фωɪɕ ωrф ɵфdɛɴd rв ɣ Рɘɣrф, ʟфʘ фɪб Оɴɭɘ Вrώɵɿrɴ 8rɴ, фʘ ωrб ɪɴ ɣ вqɛrɔ rв ɣ Рɘɣrф, ɘвrɴ рфrɔ ɣ вrώɪɴɪ, rв фʘɔ ωɘ вʌф фʌωrфd, ʌɴd ɣ фʌωrфd фωɪɕ ωɘ вʌф ɪб ɣ рqɭɴrв rв ɣ ώʘвɿrɭ rв Ϛɘбrв Ѡффвɿ, фʘ ɪб ɣ 8rɴ, фʘɔ ωɘ вo ʌɴd ωɪɣ фʘɔ ωɘ ωrɴвrфвɿ ɪɴ фʌвrɴɭɘ ɵɪsrɴ."—Ɑ&Ѡ 76:12–14

"Ʌɴd фωфɭ ωɘ ɔʌdɪɿɛɿrd rɪɘɴ ɣoб ʟɪɴб, ɣ Ɩoфd ɿrɕɿ ɣ фб rв ɘ̇ф rɴdrфвɿʌɴdɪɴб ʌɴd ɣɛ ωrф oɪrɴd, ʌɴd ɣ ώɭoфɘ rв ɣ Ɩoфd ƅoɴ фɘ̇ɴd rвɘ̇ɿ; ʌɴd ωɘ вrфʌɭd ɣ ώɭoфɘ rв ɣ 8rɴ, oɴ ɣ ффɿ фʌɴd rв ɣ Рɘɣrф, ʌɴd фrвɘвd rв фɪб рqɭɴrв; ʌɴd вo ɣ фoɭɘ ɛɴϚrɭб ʌɴd ɣɛ фʘ ɘф вʌɪɴωɿɪрфd вrрoф фɪб ʟфoɴ, ωrфƅɪɿɪɴ Ѳɘd, ʌɴd ɣ Ɩʌɔ, фʘ ωrфƅɪɿ фɪɔ рoф ʌвrф ʌɴd ʌвrф. Ʌɴd ɴɘ̇, ʌрɿrф ɣ ɔʌɴɘ ɿʌвɿɪɔoɴɘб фωɪɕ фʌв вɪɴ ώɪвrɴ rв фɪɔ, ɣɪв ɪб ɣ ɿʌвɿɪɔoɴɘ ɭʌвɿ rв ɵɭ, фωɪɕ ωɘ ώɪв rв фɪɔ, ɣʌɿ фɘ ɭɪвб; рoф ωɘ вo фɪɔ, ɘвrɴ oɴ ɣ ффɿ фʌɴd rв Ѳɘd, ʌɴd ωɘ фrфd ɣ вoɪв вʌфɪɴ фʌωrфd ɣʌɿ фɘ ɪб ɣ Оɴɭɘ Вrώɵɿrɴ rв ɣ Рɘɣrф—ɣʌɿ вф фɪɔ ʌɴd ʟфʘ фɪɔ, ʌɴd rв фɪɔ ɣ ωrфɭdб ɘф ʌɴd ωrф ωфɘɛɿrd, ʌɴd ɣ ɪɴфʌвɪɿrɴɿв ɣʌфrв ɘф вrώɵɿrɴ вrɴб ʌɴd dɵɿrфб rɴɿʘ Ѳɘd."—Ɑ&Ѡ 76:19–24.

"Ɣʌɿ фɘ ωɛɔ ɪɴɿʘ ɣ ωrфɭd, ɘвrɴ Ϛɘбrв, ʇʘ в ωфʘвɪpфd рoф ɣ ωrфɭd, ʌɴd ʇʘ вʌф ɣ вɪɴб rв ɣ ωrфɭd, ʌɴd ʇʘ вʌɪɴωɿɪрф ɣ ωrфɭd, ʌɴd ʇʘ ωɭʌɴб ɪʇ рфrɔ ɵɭ rɴффɕrвɴrв; ɣʌɿ ʟфʘ фɪɔ ɵɭ ɔфɿ в вɛвd фʘɔ ɣ Рɘɣrф фʌd ɿqɿ ɪɴɿʘ фɪб ɿɘ̇rф ʌɴd ɔɛd вф фɪɔ, фʘ ώɭoфɪрфб ɣ Рɘɣrф, ʌɴd вɛвб ɵɭ ɣ ωrфωв rв фɪб фʌɴdб, ɪωвʌɿɿ ɣoб вrɴб rв ɿrфdɪƅrɴ, фʘ drɴф ɣ 8rɴ ʌрɿrф ɣ Рɘɣrф 𐐸𐐰𐑆 𐑉𐐨𐑂𐐨𐑊𐐼 𐐸𐐮𐑋."—𐐔&𐐗 76:41–43.

"𐐜𐐨𐑆 𐐪𐑉 𐑄𐐩 𐐸𐐭𐑆 𐑌𐐩𐑋𐑆 𐐪𐑉 𐑉𐐮𐐻𐐲𐑌 𐐮𐑌 𐐸𐐯𐑂𐐲𐑌, 𐐸𐐶𐐯𐑉 𐐘𐐱𐐼 𐐰𐑌𐐼 𐐗𐑉𐐴𐑅𐐻 𐐪𐑉 𐑄 𐐾𐐲𐐾 𐐱𐑂 𐐫𐑊. 𐐜𐐨𐑆 𐐪𐑉 𐑄𐐩 𐐸𐐭 𐐪𐑉 𐐾𐐲𐑅𐐻 𐑋𐐯𐑌 𐑋𐐩𐐼 𐐹𐐲𐑉𐑁𐐯𐐿𐐻 𐑃𐑉𐐭 𐐖𐐨𐑆𐐲𐑅 𐑄 𐑋𐐨𐐼𐐨𐐩𐐻𐐲𐑉 𐐱𐑂 𐑄 𐑌𐑏 𐐿𐐲𐑂𐐯𐑌𐐲𐑌𐐻, 𐐸𐐭 𐑉𐐫𐐻 𐐵𐐻 𐑄𐐮𐑅 𐐹𐐲𐑉𐑁𐐯𐐿𐐻 𐐲𐐻𐐬𐑌𐑋𐐯𐑌𐐻 𐑃𐑉𐐭 𐑄 𐑇𐐯𐐼𐐮𐑍 𐐱𐑂 𐐸𐐮𐑆 𐐬𐑌 𐐺𐑊𐐲𐐼."—𐐔&𐐗 76:68, 69

"𐐚𐐯𐑉𐐮𐑊𐐨, 𐑄𐐲𐑅 𐑅𐐯𐑃 𐑄 𐐢𐐫𐑉𐐼, 𐐮𐐻 𐑇𐐰𐑊 𐐿𐐲𐑋 𐐻𐐭 𐐹𐐰𐑅 𐑄𐐰𐐻 𐐯𐑂𐐲𐑉𐐨 𐑅𐐬𐑊 𐐸𐐭 𐑁𐐫𐑉𐑅𐐩𐐿𐐯𐑃 𐐸𐐮𐑆 𐑅𐐮𐑌𐑆 𐐰𐑌𐐼 𐐿𐐲𐑋𐐯𐑃 𐐲𐑌𐐻𐐭 𐑋𐐨, 𐐰𐑌𐐼 𐐿𐐫𐑊𐐯𐑃 𐐱𐑌 𐑋𐐴 𐑌𐐩𐑋, 𐐰𐑌𐐼 𐐬𐐺𐐩𐐯𐑃 𐑋𐐴 𐑂𐑎𐑅, 𐐰𐑌𐐼 𐐿𐐨𐐹𐐯𐑃 𐑋𐐴 𐐿𐐲𐑋𐐰𐑌𐐼𐑋𐐯𐑌𐐻𐑅, 𐑇𐐰𐑊 𐑅𐐨 𐑋𐐴 𐑁𐐩𐑅 𐐰𐑌𐐼 𐑌𐐬 𐑄𐐰𐐻 𐐌 𐐰𐑋, 𐐰𐑌𐐼 𐑄𐐰𐐻 𐐌 𐐰𐑋 𐑄 𐐻𐑉𐐭 𐑊𐐴𐐻 𐑄𐐰𐐻 𐑊𐐴𐐻𐐯𐑃 𐐯𐑂𐐲𐑉𐐨 𐑋𐐰𐑌 𐑄𐐰𐐻 𐐿𐐲𐑋𐐯𐑃 𐐮𐑌𐐻𐐭 𐑄 𐐶𐐲𐑉𐑊𐐼; 𐐰𐑌𐐼 𐑄𐐰𐐻 𐐌 𐐰𐑋 𐐮𐑌 𐑄 𐐙𐐪𐑄𐐲𐑉, 𐐰𐑌𐐼 𐑄 𐐙𐐪𐑄𐐲𐑉 𐐮𐑌 𐑋𐐨, 𐐰𐑌𐐼 𐑄 𐐙𐐪𐑄𐐲𐑉 𐐰𐑌𐐼 𐐌 𐐪𐑉 𐐶𐐲𐑌: 𐑄 𐐙𐐪𐑄𐐲𐑉 𐐺𐐨𐐿𐐫𐑆 𐐸𐐨 𐑀𐐩𐑂 𐑋𐐨 𐐱𐑂 𐐸𐐮𐑆 𐑁𐐳𐑊𐑌𐐯𐑅, 𐐰𐑌𐐼 𐑄 𐐝𐐲𐑌 𐐺𐐨𐐿𐐫𐑆 𐐌 𐐶𐐱𐑆 𐐮𐑌 𐑄 𐐶𐐲𐑉𐑊𐐼 𐐰𐑌𐐼 𐑋𐐩𐐼 𐑁𐑊𐐯𐑇 𐑋𐐴 𐐻𐐰𐐺𐐲𐑉𐑌𐐰𐐿𐑊, 𐐰𐑌𐐼 𐐼𐐶𐐯𐑊𐐻 𐐲𐑋𐐲𐑍 𐑄 𐑅𐐲𐑌𐑆 𐐱𐑂 𐑋𐐯𐑌. 𐐌 𐐶𐐱𐑆 𐐮𐑌 𐑄 𐐶𐐲𐑉𐑊𐐼 𐐰𐑌𐐼 𐑉𐐨𐑅𐐨𐑂𐐼 𐐱𐑂 𐑋𐐴 𐐙𐐪𐑄𐐲𐑉, 𐐰𐑌𐐼 𐑄 𐐶𐐲𐑉𐐿𐑅 𐐱𐑂 𐐸𐐮𐑋 𐐶𐐲𐑉 𐐹𐑊𐐩𐑌𐑊𐐨 𐑋𐐰𐑌𐐮𐑁𐐯𐑅𐐻; 𐐰𐑌𐐼 𐐖𐐱𐑌 𐑅𐐫 𐐰𐑌𐐼 𐐺𐐬𐑉 𐑉𐐯𐐿𐐲𐑉𐐼 𐐱𐑂 𐑄 𐑁𐐳𐑊𐑌𐐯𐑅 𐐱𐑂 𐑋𐐴 𐑀𐑊𐐬𐑉𐐨, 𐐰𐑌𐐼 𐑄 𐑁𐐳𐑊𐑌𐐯𐑅 𐐱𐑂 𐐖𐐱𐑌'𐑆 𐑉𐐯𐐿𐐲𐑉𐐼 𐐮𐑆 𐐸𐐨𐑉𐐰𐑁𐐻𐐲𐑉 𐐻𐐭 𐐺𐐨 𐑉𐐨𐑂𐐨𐑊𐐼.... 𐐈𐑌𐐼 𐐌, 𐐖𐐱𐑌, 𐑅𐐫 𐑄𐐰𐐻 𐐸𐐨 𐑉𐐨𐑅𐐨𐑂𐐼 𐑌𐐱𐐻 𐐱𐑂 𐑄 𐑁𐐳𐑊𐑌𐐯𐑅 𐐰𐐻 𐑄 𐑁𐐲𐑉𐑅𐐻, 𐐺𐐲𐐻 𐑉𐐨𐑅𐐨𐑂𐐼 𐑀𐑉𐐩𐑅 𐑁𐐫𐑉 𐑀𐑉𐐩𐑅: 𐐰𐑌𐐼 𐐸𐐨 𐑉𐐨𐑅𐐨𐑂𐐼 𐑌𐐱𐐻 𐐱𐑂 𐑄 𐑁𐐳𐑊𐑌𐐯𐑅 𐐰𐐻 𐑁𐐲𐑉𐑅𐐻, 𐐺𐐲𐐻 𐐿𐐲𐑌𐐻𐐮𐑌𐑏𐐼 𐑁𐑉𐐱𐑋 𐑀𐑉𐐩𐑅 𐐻𐐭 𐑀𐑉𐐩𐑅, 𐐲𐑌𐐻𐐮𐑊 𐐸𐐨 𐑉𐐨𐑅𐐨𐑂𐐼 𐐲 𐑁𐐳𐑊𐑌𐐯𐑅; 𐐰𐑌𐐼 𐑄𐐲𐑅 𐐸𐐨 𐐶𐐱𐑆 𐐿𐐫𐑊𐐼 𐑄 𐐝𐐲𐑌 𐐱𐑂 𐐘𐐱𐐼, 𐐺𐐨𐐿𐐫𐑆 𐐸𐐨 𐑉𐐨𐑅𐐨𐑂𐐼 𐑌𐐱𐐻 𐐱𐑂 𐑄 𐑁𐐳𐑊𐑌𐐯𐑅 𐐰𐐻 𐑄 𐑁𐐲𐑉𐑅𐐻. 𐐈𐑌𐐼 𐐌, 𐐖𐐱𐑌, 𐐺𐐯𐑉 𐑉𐐯𐐿𐐲𐑉𐐼, 𐐰𐑌𐐼 𐑊𐐬, 𐑄 𐐸𐐯𐑂𐐲𐑌𐑆 𐐶𐐲𐑉 𐐬𐐹𐐲𐑌𐐼, 𐐰𐑌𐐼 𐑄 𐐐𐐬𐑊𐐨 𐐘𐐬𐑅𐐻 𐐼𐐨𐑅𐐯𐑌𐐼𐐯𐐼 𐐲𐐹𐐱𐑌 𐐸𐐮𐑋 𐐮𐑌 𐑄 𐑁𐐫𐑉𐑋 𐐱𐑂 𐐲 𐐼𐐲𐑂, 𐐰𐑌𐐼 𐑅𐐰𐐻 𐐲𐐹𐐱𐑌 𐐸𐐮𐑋, 𐐰𐑌𐐼 𐑄𐐯𐑉 𐐿𐐩𐑋 𐐲 𐑂𐑎𐑅 𐐵𐐻 𐐱𐑂 𐐸𐐯𐑂𐐲𐑌 𐑅𐐩𐐮𐑍, 𐐜𐐮𐑅 𐐮𐑆 𐑋𐐴 𐐺𐐨𐑊𐐲𐑂𐐯𐐼 𐐝𐐲𐑌. 𐐈𐑌𐐼 𐐌, 𐐖𐐱𐑌, 𐐺𐐯𐑉 𐑉𐐯𐐿𐐲𐑉𐐼 𐑄𐐰𐐻 𐐸𐐨 𐑉𐐨𐑅𐐨𐑂𐐼 𐐲 𐑁𐐳𐑊𐑌𐐯𐑅 𐐱𐑂 𐑄 𐑀𐑊𐐬𐑉𐐨 𐐱𐑂 𐑄 𐐙𐐪𐑄𐐲𐑉; 𐐰𐑌𐐼 𐐸𐐨 𐑉𐐨𐑅𐐨𐑂𐐼 𐐫𐑊 𐐹𐐵𐐲𐑉, 𐐺𐐬𐑃 𐐮𐑌 𐐸𐐯𐑂𐐲𐑌 𐐰𐑌𐐼 𐐱𐑌 𐐲𐑉𐑃, 𐐰𐑌𐐼 𐑄 𐑀𐑊𐐬𐑉𐐨 𐐱𐑂 𐑄 𐐙𐐪𐑄𐐲𐑉 𐐶𐐱𐑆 𐐶𐐮𐑄 𐐸𐐮𐑋, 𐑁𐐫𐑉 𐐸𐐨 𐐼𐐶𐐯𐑊𐐻 𐐮𐑌 𐐸𐐮𐑋."—𐐔&𐐗 93:1–6, 12–17.

"𐐒𐐲𐐻, 𐐺𐐨𐐸𐐬𐑊𐐼, 𐐌 𐑅𐐩 𐐲𐑌𐐻𐐭 𐐷𐐭, 𐑄𐐰𐐻 𐑊𐐮𐐻𐑊 𐐽𐐮𐑊𐐼𐑉𐐯𐑌 𐐪𐑉 𐑉𐐨𐐼𐐨𐑋𐐼 𐑁𐑉𐐱𐑋 𐑄 𐑁𐐵𐑌𐐼𐐩𐑇𐐲𐑌 𐐱𐑂 𐑄 𐐶𐐲𐑉𐑊𐐼 𐑃𐑉𐐭 𐑋𐐴𐑌 𐐄𐑌𐑊𐐨 𐐒𐐨𐑀𐐱𐐻𐐲𐑌."—𐐔&𐐗 29:46

"𐐇𐑂𐐲𐑉𐐨 𐑅𐐹𐐮𐑉𐐮𐐻 𐐱𐑂 𐑋𐐰𐑌 𐐶𐐱𐑆 𐐮𐑌𐐲𐑅𐐯𐑌𐐻 𐐮𐑌 𐑄 𐐺𐐨𐑀𐐮𐑌𐐮𐑍, 𐐰𐑌𐐼 𐐘𐐱𐐼 𐐸𐐰𐑂𐐮𐑍 𐑉𐐨𐐼𐐨𐑋𐐼 𐑋𐐰𐑌 𐑁𐑉𐐱𐑋 𐑄 𐑁𐐫𐑊, 𐑋𐐯𐑌 𐐺𐐨𐐿𐐩𐑋 𐐲𐑀𐐯𐑌, 𐐮𐑌 𐑄𐐯𐑉 𐐮𐑌𐑁𐐲𐑌𐐻 𐑅𐐻𐐩𐐻, 𐐮𐑌𐐲𐑅𐐯𐑌𐐻 𐐺𐐨𐑁𐐬𐑉 𐐘𐐱𐐼." 𐐔&𐐗 93:38

"𐐈𐑌𐐼 𐑄𐐯𐑌 𐑇𐐰𐑊 𐑄 𐐢𐐫𐑉𐐼 𐑅𐐯𐐻 𐐸𐐮𐑆 𐑁𐐳𐐻 𐐲𐐹𐐱𐑌 𐑄𐐮𐑅 𐑋𐐵𐑌𐐻, 𐐰𐑌𐐼 𐐮𐐻 𐑇𐐰𐑊 𐐿𐑊𐐨𐑂 𐐮𐑌 𐐻𐐶𐐩𐑌, 𐐰𐑌𐐼 𐑄 𐐲𐑉𐑃 𐑇𐐰𐑊 𐐻𐑉𐐯𐑋𐐺𐑊 𐐰𐑌𐐼 𐑉𐐨𐑊 𐐻𐐭 𐐰𐑌𐐼 𐑁𐑉𐐬, 𐐰𐑌𐐼 𐑄 𐐸𐐯𐑂𐐲𐑌𐑆 𐐫𐑊𐑅𐐬 𐑇𐐰𐑊 𐑇𐐩𐐿, 𐐰𐑌𐐼 𐑄 𐐢𐐫𐑉𐐼 𐑇𐐰𐑊 𐐲𐐻𐐲𐑉 𐐸𐐮𐑆 𐑂𐑎𐑅, 𐐰𐑌𐐼 𐐫𐑊 𐑄 𐐯𐑌𐐼𐑆 𐐲𐑂 𐑄 𐐲𐑉𐑃 𐑇𐐰𐑊 𐐸𐐨𐑉 𐐮𐐻; 𐐰𐑌𐐼 𐑄 𐑌𐐩𐑇𐐲𐑌𐑆 𐐲𐑂 𐑄 𐐲𐑉𐑃 𐑇𐐰𐑊 𐑋𐐬𐑉𐑌, 𐐰𐑌𐐼 𐑄𐐩 𐑄𐐰𐐻 𐐸𐐰𐑂 𐑊𐐪𐑁𐐻 𐑇𐐰𐑊 𐑅𐐨 𐑄𐐩𐑉 𐑁𐐱𐑊𐐨, 𐐰𐑌𐐼 𐐿𐐲𐑊𐐰𐑋𐐮𐐻𐐨 𐑇𐐰𐑊 𐐿𐐲𐑂𐐲𐑉 𐑄 𐑋𐐱𐐿𐐲𐑉, 𐐰𐑌𐐼 𐑄 𐑅𐐿𐐫𐑉𐑌𐐲𐑉 𐑇𐐰𐑊 𐐺 𐐿𐐲𐑌𐑅𐐭𐑋𐐼, 𐐰𐑌𐐼 𐑄𐐩 𐑄𐐰𐐻 𐐸𐐰𐑂 𐐶𐐱𐐽𐐻 𐑁𐐫𐑉 𐐮𐑌𐐮𐐿𐐶𐐮𐐻𐐨 𐑇𐐰𐑊 𐐺 𐐸𐐷𐐭𐑌 𐐼𐐵𐑌 𐐰𐑌𐐼 𐐿𐐰𐑅𐐻 𐐮𐑌𐐻𐐭 𐑄 𐑁𐐴𐑉. 𐐈𐑌𐐼 𐑄𐐯𐑌 𐑇𐐰𐑊 𐑄 𐐖𐐭𐑆 𐑊𐐳𐐿 𐐲𐐹𐐱𐑌 𐑋𐐨 𐐰𐑌𐐼 𐑅𐐩, 𐐐𐐶𐐱𐐻 𐐪𐑉 𐑄𐐨𐑆 𐐶𐐭𐑌𐐼𐑆 𐐮𐑌 𐑄𐐴𐑌 𐐸𐐰𐑌𐐼𐑆 𐐰𐑌𐐼 𐐮𐑌 𐑄𐐴 𐑁𐐨𐐻? 𐐜𐐯𐑌 𐑇𐐰𐑊 𐑄𐐩 𐑌𐐬 𐑄𐐰𐐻 𐐌 𐐰𐑋 𐑄 𐐢𐐫𐑉𐐼; 𐑁𐐫𐑉 𐐌 𐐶𐐮𐑊 𐑅𐐩 𐐲𐑌𐐻𐐭 𐑄𐐯𐑋, 𐐜𐐨𐑆 𐐶𐐭𐑌𐐼𐑆 𐐪𐑉 𐑄 𐐶𐐭𐑌𐐼𐑆 𐐶𐐮𐑄 𐐸𐐶𐐮𐐽 𐐌 𐐶𐐲𐑆 𐐶𐐭𐑌𐐼𐐲𐐼 𐐮𐑌 𐑄 𐐸𐐵𐑅 𐐲𐑂 𐑋𐐴 𐑁𐑉𐐯𐑌𐐼𐑆. 𐐌 𐐰𐑋 𐐸𐐨 𐐸𐐭 𐐶𐐲𐑆 𐑊𐐮𐑁𐐻𐐲𐐼 𐐲𐐹. 𐐌 𐐰𐑋 𐐖𐐨𐑆𐐲𐑅 𐑄𐐰𐐻 𐐶𐐲𐑆 𐐿𐑉𐐭𐑅𐐮𐑁𐐴𐐼. 𐐌 𐐰𐑋 𐑄 𐐝𐐲𐑌 𐐲𐑂 𐐘𐐱𐐼. 𐐈𐑌𐐼 𐑄𐐯𐑌 𐑇𐐰𐑊 𐑄𐐩 𐐶𐐨𐐹 𐐺𐐲𐐿𐐲𐑆 𐐲𐑂 𐑄𐐩𐑉 𐐮𐑌𐐮𐐿𐐶𐐮𐐻𐐨𐑆; 𐑄𐐯𐑌 𐑇𐐰𐑊 𐑄𐐩 𐑊𐐲𐑋𐐯𐑌𐐻 𐐺𐐲𐐿𐐲𐑆 𐑄𐐩 𐐹𐐲𐑉𐑅𐐲𐐿𐐷𐐭𐐻𐐲𐐼 𐑄𐐩𐑉 𐐿𐐮𐑍. 𐐈𐑌𐐼 𐑄𐐯𐑌 𐑇𐐰𐑊 𐑄 𐐸𐐨𐑄𐐲𐑌 𐑌𐐩𐑇𐐲𐑌𐑆 𐐺 𐑉𐐨𐐼𐐨𐑋𐐼, 𐐰𐑌𐐼 𐑄𐐩 𐑄𐐰𐐻 𐑌𐐭 𐑌𐐬 𐑊𐐫 𐑇𐐰𐑊 𐐸𐐰𐑂 𐐹𐐪𐑉𐐻 𐐮𐑌 𐑄 𐑁𐐲𐑉𐑅𐐻 𐑉𐐯𐑆𐐲𐑉𐐯𐐿𐑇𐐲𐑌; 𐐰𐑌𐐼 𐐮𐐻 𐑇𐐰𐑊 𐐺 𐐻𐐱𐑊𐐲𐑉𐐲𐐺𐐲𐑊 𐑁𐐫𐑉 𐑄𐐯𐑋; 𐐰𐑌𐐼 𐐝𐐩𐐻𐐲𐑌 𐑇𐐰𐑊 𐐺 𐐺𐐵𐑌𐐼 𐑄𐐰𐐻 𐐸𐐨 𐑇𐐰𐑊 𐐸𐐰𐑂 𐑌𐐬 𐐹𐑊𐐩𐑅 𐐮𐑌 𐑄 𐐸𐐪𐑉𐐻𐑅 𐐲𐑂 𐑄 𐐽𐐮𐑊𐐼𐑉𐐲𐑌 𐐲𐑂 𐑋𐐯𐑌.”—𐐔&𐐗 45:48–55.

𐐙𐑉𐐲𐑋 𐐲 𐐼𐐮𐑅𐐿𐐬𐑉𐑅 𐐺𐐴 𐐑𐑉𐐯𐑆𐐮𐐼𐐲𐑌𐐻 𐐒𐑉𐐮𐑀𐐲𐑋 𐐏𐐲𐑍, 𐐁𐐹𐑉𐐮𐑊 8, 1852:

“𐐗𐑉𐐴𐑅𐐻 𐐮𐑆 𐑄 𐐃𐑃𐐲𐑉 𐐲𐑂 𐑄𐐮𐑅 𐐘𐐱𐑅𐐹𐐲𐑊, 𐐲𐑂 𐑄𐐮𐑅 𐐲𐑉𐑃, 𐐲𐑂 𐑋𐐯𐑌 𐐰𐑌𐐼 𐐶𐐮𐑋𐐲𐑌, 𐐲𐑂 𐐫𐑊 𐑄 𐐮𐑌𐐸𐐰𐐺𐐮𐐻𐐲𐑌𐐻𐑅 𐐲𐑂 𐐈𐐼𐐲𐑋 𐐰𐑌𐐼 𐐀𐑂, 𐐰𐑌𐐼 𐐲𐑂 𐐯𐑂𐑉𐐨 𐑊𐐮𐑂𐐮𐑍 𐐿𐑉𐐨𐐽𐐲𐑉 𐑄𐐰𐐻 𐑊𐐮𐑂𐑆 𐐲𐐹𐐱𐑌 𐑄 𐑁𐐩𐑅 𐐲𐑂 𐑄 𐐲𐑉𐑃, 𐑄𐐰𐐻 𐑁𐑊𐐴𐑆 𐐮𐑌 𐑄 𐐸𐐯𐑂𐐲𐑌𐑆, 𐑄𐐰𐐻 𐑅𐐶𐐮𐑋𐑆 𐐮𐑌 𐑄 𐐶𐐫𐐻𐐲𐑉𐑆, 𐐫𐑉 𐐼𐐶𐐯𐑊𐑆 𐐮𐑌 𐑄 𐑊𐐰𐑌𐐼. 𐐗𐑉𐐴𐑅𐐻 𐐮𐑆 𐑄 𐐃𐑃𐐲𐑉 𐐲𐑂 𐑅𐐰𐑊𐑂𐐩𐑇𐐲𐑌 𐐻𐐭 𐐫𐑊 𐑄𐐮𐑅 𐐿𐑉𐐨𐐩𐑇𐐲𐑌, 𐐻𐐭 𐐫𐑊 𐑊𐐮𐑂𐐮𐑍 𐐮𐑌𐐻𐐯𐑊𐐮𐐾𐐲𐑌𐑅 𐐻𐐭 𐑄𐐮𐑅 𐐹𐑉𐐬𐐺𐐩𐑇𐐲𐑌𐐯𐑉𐐨 𐑅𐐻𐐩𐐻 𐐲𐑂 𐐯𐑀𐑆𐐮𐑅𐐻𐐲𐑌𐑅.”

# Cлтгrф VII

*Ƚгфrdrωbrъ ןo у Фгвןoфгωrן Ɫoфbrъ rв угв Ɫфəןгв—У Ꭿəןгиб rв Ꮻəd ωгу Ꭿdrɔ, Ꮻɛъ лd Ɛaгן—У Ƚвןгןobrъ rв Ꮻлωфгрфв—У Ꮻгɔaгבɔ rв угв Ффן—У Ꮻrфdб rв у Ɛъçгן ןo Ꭿdrɔ—Ɫoвгрф—Фгб Фrлᥣгrъ гъ Флвrъ—Фгб Ꮻəърᥣгωן ωгу Ɔфωгן рoф у Ꭿəфə rв Ɔoбrв—Фə ןлɔгв Ꮻффвן—Фə гб ωлвן гъןo ə Ɫεω rв Рфф лd Ꭿфгɔвןoъ*

ФлвгИ угв ώлугфd гъ ωгъ ъωɔгфrв ןлвןгɔoъəб рфгɔ у ффןгиб rв у ɛъсrъן гъвןффd вгфвгъгв rв Ꮻəd фω dωлᥣ oъ фугф флɔгвргф, лъd çoгъd улфωгу лωвןфлωןв рфгɔ у флвгᥣɛbrъб rв у ןфлвrъן dгвןгъвɛbrъ, ωгу фгώəфd ןo у рoф-oфdгъɛbrъ, ɔгbrъ, ᥣфрωгфω лъd dлᥣ rв у Oъᥣə Ꭿгώoןгъ Ꭿгъ, ωə bлᥣ ъό ןфгвəd ןo ןфεв, рфгɔ у вεωфгd вəᥣvoɔб, у флвгᥣɛbrъ rв όф Ꭿεвvгф, лъd у ןфoргвə rв фгб лdвлъ рфгɔ у гфᥣəгвן εçгб rв фгωoфdгd фгвןгфə, гъןᥣ Фə рᥣрґd гъ Фгɔвлᥣр oᥣ, əвгъ oᥣ улן, лб oргфги, влωфгрфв, влωфгɔгъ, вгвгъ oф ןфгрлᥣω ωгфd, флd рoфbлdod Фгб гъгфги, oф ןгпрфd у ɔгвןгфə rв Фгб oᥣ-гᥣoъги вᥣгd.

Ꮻə bлᥣ ωгɔлъв угв ןoфbrъ rв όф вгвçлωן вф boги улן влωфгрфвгб флв вгъ oргфd рфгɔ у влфə гфᥣəгвן ןфɔб, лъd улן фωлъ ןгфрoфɔd гъdгф dгвфъ гъвןфгωbrъ, уɛ ןфəргώvгфd лъd ןгпрфd у влωфгрфв rв у Ꭿгъ rв Ꮻəd, лъd улן гן ωгб ωгу угв вvω уəб влωфгрфвгб ωгф oргфd гן.

Ƚן гб фгωoфdгd гъ у рoфᥣ слןгф rв у Ꭿфω rв Çлъгвгв улן,

"Ꭿdrɔ ъω əв, фгб ωфр; лъd bə ωгъвəəd, лъd вдф Ꮻɛъ, лъd влd, Ф флв ώoןгъ ə ɔлъ рфгɔ у Ɫфd. Ꭿъd bə гώлъ вдф фгб вфгугф Ɛaгן: лъd Ɛaгן ωгб ə ωəןгф rв bəן, вгן Ꮻɛъ ωгб ə ןгᥣгф rв у ώффъd. Ꭿъd гъ ןфoвлв rв ןфɔ гן ωεɔ ןo ןлв, улן Ꮻɛъ вфoן rв у рфoן rв у ώффъd лъ oргфги гъןo у Ɫфd. Ꭿъd Ɛaгן, фə oᥣвo вфoן rв у рrфвןᥣгиб rв фгб рᥣoω, лъd rв у рлן улфгв. Ꭿъd у Ɫфd флd фгвןлω гъןo Ɛaгן, лъd ןo фгб oргфги: вгן гъןo Ꮻɛъ, лъd ןo фгб oргфги, фə флd ъoן фгвןлω."—Çлъгвгв 4:1–5.

Ꭿб уəб вɛги рόъd гъ Ꮻги Çεɔб' ןфлъбɛbrъ rв у Ꭿфвгן oф влфə ᥣгɔгd, лъd вгɔфωгן гвεωлvгф, ωə ωгᥣ фгф фгфгф, лб ə вןəфᥣги ןoгъ oъ угв вгвçлωן, ןo у гωόъן ώгвгъ rв уəб гвлъгв гъ у Ɫгфᥣ rв Ꮻфεן Ɫффв, фωгс гб ə вгᥣлωbrъ рфгɔ 𐑄 𐑉𐐯𐑂𐐲𐑊𐐩𐑇𐐲𐑌𐑆, 𐐻𐑉𐐰𐑌𐑅𐑊𐐩𐑇𐐲𐑌𐑆 𐐰𐑌𐐼 𐑌𐐲𐑉𐐩𐑇𐐲𐑌𐑆 𐐲𐑂 𐐖𐐬𐑆𐐯𐑁 𐐝𐑋𐐮𐑃, 𐑄 𐐑𐑉𐐱𐑁𐐲𐐻, 𐐝𐐮𐑉 𐐰𐑌𐐼 𐐡𐐯𐑂𐐲𐑊𐐩𐐻𐐲𐑉 𐐲𐑂 𐑄 𐐕𐐲𐑉𐐽 𐐲𐑂 𐐖𐐨𐑆𐐲𐑅 𐐗𐑉𐐴𐑅𐐻 𐐲𐑂 𐐢𐐰𐐻𐐲𐑉-𐐼𐐩 𐐝𐐩𐑌𐐻𐑅. 𐐙𐐫𐑉 𐐮𐑌 𐑄𐐰𐐻 𐐻𐑉𐐰𐑌𐑆𐑊𐐩𐑇𐐲𐑌 𐐮𐐻 𐐮𐑆 𐑅𐐻𐐩𐐻𐐲𐐼 𐑄𐐰𐐻 𐐈𐐼𐐲𐑋, 𐐹𐑉𐐨𐑂𐐨𐐲𐑅 𐐻𐐭 𐑄𐐨𐑆 𐐰𐐿𐐻𐑅 𐐲𐑂 𐐁𐐺𐐲𐑊 𐐰𐑌𐐼 𐐗𐐩𐑌, 𐐫𐑁𐐲𐑉𐐼 𐐲𐐹 𐐪 𐑅𐐰𐐿𐑉𐐮𐑁𐐴𐑅 𐐺𐐴 𐑄 𐐼𐐲𐑉𐐯𐐿𐐻 𐐿𐐲𐑋𐐰𐑌𐐼 𐐲𐑂 𐐘𐐱𐐼. 𐐆𐐻 𐐮𐑆 𐑄𐐯𐑉 𐑉𐐮𐐻𐐲𐑌 𐑄𐐰𐐻 𐑄 𐐢𐐫𐑉𐐼 𐑀𐐩𐑂 𐐲𐑌𐐻𐐭 𐐈𐐼𐐲𐑋 𐐰𐑌𐐼 𐐀𐑂 "𐐿𐐲𐑋𐐰𐑌𐐼𐑋𐐲𐑌𐐻𐑅, 𐑄𐐰𐐻 𐑄𐐩 𐑇𐐳𐐼 𐐶𐐲𐑉𐑇𐐮𐐹 𐑄 𐐢𐐫𐑉𐐼 𐑄𐐯𐑉 𐐘𐐱𐐼; 𐐰𐑌𐐼 𐑇𐐳𐐼 𐐫𐑁𐐲𐑉 𐑄 𐑁𐐲𐑉𐑅𐐻𐑊𐐮𐑍𐑆 𐐲𐑂 𐑄𐐯𐑉 𐑁𐑊𐐱𐐿𐑅 𐑁𐐫𐑉 𐐰𐑌 𐐫𐑁𐐲𐑉𐐮𐑍 𐐲𐑌𐐻𐐭 𐑄 𐐢𐐫𐑉𐐼. 𐐈𐑌𐐼 𐐈𐐼𐐲𐑋 𐐶𐐲𐑆 𐐬𐐺𐐨𐐼𐐨𐐲𐑌𐐻 𐐲𐑌𐐻𐐭 𐑄 𐐿𐐲𐑋𐐰𐑌𐐼𐑋𐐲𐑌𐐻𐑅 𐐲𐑂 𐑄 𐐢𐐫𐑉𐐼. 𐐈𐑌𐐼 𐐰𐑁𐐻𐐲𐑉 𐑋𐐯𐑌𐐨 𐐼𐐩𐑆, 𐐰𐑌 𐐩𐑌𐐾𐐲𐑊 𐐲𐑂 𐑄 𐐢𐐫𐑉𐐼 𐐲𐐹𐐮𐑉𐐼 𐐲𐑌𐐻𐐭 𐐈𐐼𐐲𐑋, 𐑅𐐩𐐮𐑍, 𐐐𐐶𐐴 𐐼𐐲𐑅𐐻 𐑄𐐵 𐐫𐑁𐐲𐑉 𐑅𐐰𐐿𐑉𐐮𐑁𐐴𐑅𐐲𐑆 𐐲𐑌𐐻𐐭 𐑄 𐐢𐐫𐑉𐐼? 𐐈𐑌𐐼 𐐈𐐼𐐲𐑋 𐑅𐐯𐐼 𐐲𐑌𐐻𐐭 𐐸𐐮𐑋, 𐐌 𐑌𐐬 𐑌𐐱𐐻, 𐑅𐐩𐑂 𐑄 𐐢𐐫𐑉𐐼 𐐿𐐲𐑋𐐰𐑌𐐼𐐲𐐼 𐑋𐐨. 𐐈𐑌𐐼 𐑄𐐯𐑌 𐑄 𐐩𐑌𐐾𐐲𐑊 𐑅𐐹𐐩𐐿, 𐑅𐐩𐐮𐑍, 𐐜𐐮𐑅 𐑃𐐮𐑍 𐐮𐑆 𐐪 𐑅𐐮𐑋𐐮𐑊𐐮𐐻𐐭𐐼 𐐲𐑂 𐑄 𐑅𐐰𐐿𐑉𐐮𐑁𐐴𐑅 𐐲𐑂 𐑄 𐐄𐑌𐑊𐐨 𐐒𐐲𐑀𐐱𐐻𐐲𐑌 𐐲𐑂 𐑄 𐐙𐐪𐑄𐐲𐑉, 𐐸𐐶𐐮𐐽 𐐮𐑆 𐑁𐐳𐑊 𐐲𐑂 𐑀𐑉𐐩𐑅 𐐰𐑌𐐼 𐐻𐑉𐐭𐑃; 𐐸𐐶𐐯𐑉𐑁𐐫𐑉 𐑄𐐵 𐑇𐐰𐑊𐐻 𐐼𐐭 𐐫𐑊 𐑄𐐰𐐻 𐑄𐐵 𐐼𐐭𐐲𐑅𐐻 𐐮𐑌 𐑄 𐑌𐐩𐑋 𐐲𐑂 𐑄 𐐝𐐲𐑌. 𐐈𐑌𐐼 𐑄𐐵 𐑇𐐰𐑊𐐻 𐑉𐐲𐐹𐐯𐑌𐐻, 𐐰𐑌𐐼 𐐿𐐫𐑊 𐐲𐐹𐐱𐑌 𐐘𐐱𐐼, 𐐮𐑌 𐑄 𐑌𐐩𐑋 𐐲𐑂 𐑄 𐐝𐐲𐑌, 𐑁𐐫𐑉 𐐯𐑂𐐲𐑉𐑋𐐫𐑉." 𐐎𐐨 𐐪𐑉 𐑁𐐲𐑉𐑄𐐲𐑉 𐐮𐑌𐑁𐐫𐑉𐑋𐐼 𐑄𐐰𐐻 "𐐈𐐼𐐲𐑋 𐐰𐑌𐐼 𐐀𐑂 𐐺𐑊𐐯𐑅𐐻 𐑄 𐑌𐐩𐑋 𐐲𐑂 𐐘𐐱𐐼; 𐐰𐑌𐐼 𐑄𐐩 𐑋𐐩𐐼 𐐫𐑊 𐑃𐐮𐑍𐑆 𐑌𐐬𐑌 𐐲𐑌𐐻𐐭 𐑄𐐯𐑉 𐑅𐐲𐑌𐑆 𐐰𐑌𐐼 𐑄𐐯𐑉 𐐼𐐫𐐻𐐲𐑉𐑆."

𐐙𐑉𐐲𐑋 𐑄 𐐲𐐺𐐲𐑂 𐐮𐐻 𐐶𐐳𐐼 𐑅𐐨𐑋 𐑄𐐰𐐻 𐐈𐐼𐐲𐑋, 𐐲𐑌𐐻𐐮𐑊 𐐮𐑌𐑅𐐻𐑉𐐲𐐿𐐻𐐲𐐼 𐐺𐐴 𐑄 𐐩𐑌𐐾𐐲𐑊, 𐐼𐐮𐐼 𐑌𐐱𐐻 𐑌𐐬 𐑄 𐑉𐐨𐑆𐐲𐑌𐑆 𐑁𐐫𐑉 𐑄 𐐫𐑁𐐲𐑉𐐮𐑍 𐐲𐐹 𐐲𐑂 𐑅𐐰𐐿𐑉𐐮𐑁𐐴𐑅𐐲𐑆, 𐑌𐐫𐑉 𐑄 𐐱𐐺𐐾𐐯𐐿𐐻 𐑄𐐰𐐻 𐑄 𐐢𐐫𐑉𐐼 𐐸𐐰𐐼 𐐮𐑌 𐑂𐐷𐐭 𐐮𐑌 𐑉𐐲𐐿𐐶𐐴𐑉𐐮𐑍 𐑄𐐮𐑅 𐐫𐑁𐐲𐑉𐐮𐑍 𐐰𐐻 𐐸𐐮𐑆 𐐸𐐰𐑌𐐼𐑆; 𐑁𐐫𐑉, 𐐺𐐨𐐮𐑍 𐐰𐑅𐐿𐐻 𐐺𐐴 𐑄 𐐩𐑌𐐾𐐲𐑊 𐐸𐐶𐐴 𐐸𐐨 𐐹𐐲𐑉𐑁𐐫𐑉𐑋𐐼 𐑄𐐮𐑅 𐑉𐐴𐐻, 𐐸𐐨 𐑅𐐯𐐼, "𐐌 𐑌𐐬 𐑌𐐱𐐻, 𐑅𐐩𐑂 𐑄 𐐢𐐫𐑉𐐼 𐐿𐐲𐑋𐐰𐑌𐐼𐐲𐐼 𐑋𐐨;" 𐐰𐑌𐐼 𐑄 𐐱𐐺𐐾𐐯𐐿𐐻 𐐲𐑂 𐑄 𐑂𐐮𐑆𐐮𐐻 𐐲𐑂 𐑄𐐮𐑅 𐐸𐐬𐑊𐐨 𐐺𐐨𐐮𐑍 𐐻𐐭 𐐈𐐼𐐲𐑋 𐐯𐑂𐐮𐐼𐐲𐑌𐐻𐑊𐐨 𐐶𐐲𐑆 𐐻𐐭 𐑇𐐬 𐐸𐐮𐑋 𐐸𐐶𐐴 𐐸𐐨 𐐶𐐲𐑆 𐐿𐐫𐑊𐐼 𐐻𐐭 𐐫𐑁𐐲𐑉 𐐪 𐑅𐐰𐐿𐑉𐐮𐑁𐐴𐑅 𐐻𐐭 𐑄 𐐢𐐫𐑉𐐼, 𐐰𐑆, 𐐱𐑌 𐐈𐐼𐐲𐑋 𐐮𐐿𐑅𐐹𐑉𐐯𐑅𐐮𐑍 𐐸𐐮𐑆 𐐮𐑀𐑌𐐲𐑉𐐲𐑌𐑅 𐐲𐑂 𐑄 𐐮𐑌𐐻𐐯𐑌𐐻 𐐲𐑂 𐑄𐐮𐑅 𐐫𐑁𐐲𐑉𐐮𐑍, 𐑄 𐐩𐑌𐐾𐐲𐑊 𐑅𐐻𐐩𐐻𐐲𐐼 𐑂𐐯𐑉𐐨 𐐮𐐿𐑅𐐹𐑊𐐮𐑅𐐮𐐻𐑊𐐨 𐑄𐐰𐐻 𐑄𐐮𐑅 𐑃𐐮𐑍 𐐶𐐲𐑆 "𐐪 𐑅𐐮𐑋𐐮𐑊𐐮𐐻𐐭𐐼 𐐲𐑂 𐑄 𐑅𐐰𐐿𐑉𐐮𐑁𐐴𐑅 𐐲𐑂 𐑄 𐐄𐑌𐑊𐐨 𐐒𐐲𐑀𐐱𐐻𐐲𐑌 𐐲𐑂 𐑄 𐐙𐐪𐑄𐐲𐑉." 𐐎𐐨 𐐸𐐰𐑂 𐐸𐐮𐑉 𐑀𐐮𐑂𐐲𐑌 𐐪 𐑉𐐨𐑆𐐲𐑌 𐐸𐐶𐐴 𐐈𐐼𐐲𐑋 𐐫𐑁𐐲𐑉𐐼 𐐲𐐹 𐑄𐐮𐑅 𐑅𐐰𐐿𐑉𐐮𐑁𐐴𐑅. 𐐎𐐨 𐑋𐐩 𐐸𐐮𐑉𐐰𐑁𐐻𐐲𐑉 𐐮𐐿𐑅𐐹𐑊𐐩𐑌 𐐸𐐶𐐴 𐐮𐐻 𐐶𐐲𐑆 𐑌𐐯𐑅𐐲𐑅𐐯𐑉𐐨 𐑄𐐰𐐻 𐑄 𐑅𐐰𐐿𐑉𐐮𐑁𐐴𐑅 𐐲𐑂 𐑄 𐐝𐐲𐑌 𐐲𐑂 𐐘𐐱𐐼 𐑇𐐳𐐼 𐐺 𐑋𐐩𐐼.

𐐜𐐨𐑆 𐑅𐐰𐐿𐑉𐐮𐑁𐐴𐑅𐐲𐑆, 𐐸𐐶𐐮𐐽 𐐶𐐲𐑉 𐑅𐐮𐑋𐐮𐑊𐐮𐐻𐐭𐐼𐑆 𐐲𐑂 𐑄 𐑅𐐰𐐿𐑉𐐮𐑁𐐴𐑅 𐐲𐑂 𐑄 𐐄𐑌𐑊𐐨 𐐒𐐲𐑀𐐱𐐻𐐲𐑌, 𐐶𐐲𐑉 𐐿𐐲𐑌𐐻𐐮𐑌𐐷𐐭𐐼 𐑁𐑉𐐲𐑋 𐑄𐐰𐐻 𐐻𐐴𐑋 𐐲𐑌𐐻𐐮𐑊, 𐐰𐑆 𐐮𐑆 𐑅𐐻𐐩𐐻𐐲𐐼 𐐮𐑌 𐑄 𐐝𐐿𐑉𐐮𐐹𐐽𐐲𐑉𐑆, 𐐖𐐨𐑆𐐲𐑅 𐐿𐐩𐑋 𐐻𐐭 𐐫𐑁𐐲𐑉 "𐐸𐐮𐑆 𐐬𐑌 𐐺𐐱𐐼𐐨 𐐶𐐲𐑌𐑅 𐑁𐐫𐑉 𐐫𐑊."—𐐐𐐨𐐺𐑉𐐭𐑆 10:10.

𐐎𐐨 𐐶𐐮𐑊 𐑌𐐵 𐑉𐐲𐐻𐐲𐑉𐑌 𐐻𐐭 𐑄 𐑅𐐰𐐿𐑉𐐮𐑁𐐴𐑅𐐲𐑆 𐐫𐑁𐐲𐑉𐐼 𐐺𐐴 𐐗𐐩𐑌 𐐰𐑌𐐼 𐐁𐐺𐐲𐑊, 𐐰𐑌𐐼 𐑀𐐮𐑂 𐑄 𐑅𐐻𐐩𐐻𐑋𐐲𐑌𐐻 𐐮𐑌 𐑉𐐲𐑊𐐩𐑇𐐲𐑌 𐑄𐐯𐑉𐐻𐐭 𐐿𐐲𐑌𐐻𐐩𐑌𐐼 𐐮𐑌 𐑄 𐐑𐐲𐑉𐑊 𐐲𐑂 𐐘𐑉𐐩𐐻 𐐑𐑉𐐴𐑅. 𐐆𐐻 𐐮𐑆 𐐰𐑆 𐑁𐐱𐑊𐐬𐑆:

“Ꮧɴd Ωɛɴ ʅɼɵd 8ɛɪʀɴ ɔɵɸ ɣɹɴ Ꮗɵd. Ꮧɴd 8ɛɪʀɴ ɷʀɔɹɴdʀd ɸɪɔ, ɞɛɪɴ, Ɔɛɷ ɹɴ ɵɼʀɸɪɴ ʀɴɪɷ ɣ Lɵɸd. Ꮧɴd ɪɴ ɪɸɵɞʌɞ ʀɞ ɪɸɔ ɪɪ ɷɛɔ ɪɷ ɪɹɞ, ɣɹɪ Ωɛɴ ɞɸɵɪ ʀɞ ɣ ƿɸɷɪɞ ʀɞ ɣ ώɸɵʌd ɹɴ ɵɼʀɸɪɴ ʀɴɪɷ ɣ Lɵɸd. Ꮧɴd Ɛɞʀɪ, ɸə ɵʅɞɵ ɞɸɵɪ, ʀɞ ɣ ƿʀɸɞʅɪɪɴɞ ʀɞ ɸɪɞ ƿʅɷɷ, ɹɴd ʀɞ ɣ ƿɹɪ ɣʌɸʀɞ; ɹɴd ɣ Lɵɸd ɸɹd ɸʀɞɪʌɷɪ ʀɴɪɷ Ɛɞʀɪ, ɹɴd ɪɷ ɸɪɞ ɵɼʀɸɪɴ; ɞʀɪ ʀɴɪɷ Ωɛɴ, ɹɴd ɪɷ ɸɪɞ ɵɼʀɸɪɴ, Ɥə ɸɹd ɴɵɪ ɸʀɞɪʌɷɪ. Ɲə 8ɛɪʀɴ ɴɷ ɣɪɞ, ɹɴd ɪɪ ɪʅɵɞd ɸɪɔ. Ꮧɴd Ωɛɴ ɷʀɞ ɞʌɸə ɸɵʟ ɹɴd ɸɪɞ ɷəɴɪʀɴʀɴɞ ƿʌʅ. Ꮧɴd ɣ Lɵɸd ɞʌd ʀɴɪɷ Ωɛɴ, Ɥɷɸ ɞɸɪ ɣə ɸɵʟ? Ɥɷɸ ɪɞ ɣɸ ɷəɴɪʀɴʀɴɞ ƿɵʅʀɴ? Ɨƿ ɣə dɷʀɞɪ ɷʌʅ, ɣə bɹʅ ɞ ʀɷɞʌɪɪʀd, ɹɴd ɪƿ ɣə dɷʀɞɪ ɴɵɪ ɷʌʅ, ɞɪɴ ʅɸʀʟ ɹɪ ɣ dɵɸ, ɹɴd 8ɛɪʀɴ dʀɞɸɸʀʟ ɪɷ ɸɹɞ ɣ, ɹɴd ɪɷɞʌɪɪ ɣə bɹʅ ɸəɸɷʀɴ ʀɴɪɷ ɔɸ ɷʀɔɹɴdɔʀɴɪɞ, Ф ɷɪʅ dʀʅɪɞʀɸ ɣ ʀɪ, ɹɴd ɪɪ bɹʅ ɞ ʀɴɪɷ ɣ ʀɷɵɸdɪɴ ɪɷ ɸɪɞ dʀɞɸɸ; ɹɴd ɣə bɹʅ ɸɵʅ ɵɞʀɸ ɸɪɔ, ƿɵɸ ƿɸʀɔ ɣɪɞ ɪɸɔ ƿɵɸʟ ɣə bɹʅ ɞ ɣ ƿɵɣʀɸ ʀɞ ɸɪɞ ʅɸɞ. Ɣə bɹʅ ɞ ɷɵʅd Ɪʀɸdɪbʀɴ, ƿɵɸ ɣə ɷʀɞɪ ɵʅɞɵ ɞʀƿɵɸ ɣ ɷʀɸʅd, ɹɴd ɪɪ bɹʅ ɞ ɞʌd ɪɴ ɪɸɔ ɪɷ ɷʀɔ, ɣɹɪ ɣɵɞ ʀɞɵɔɪɴɛbʀɴɞ ɷʀɸ ɸɹd ƿɸʀɔ Ωɛɴ, ƿɵɸ ɸə ɸʀϚʌɷʅʀd ɣ ώɸɛɪʀɸ ɷəɴɞʀɪ, ɸɷɪc ɷʀɞ ɸɹd ƿɸʀɔ Ꮗɵd; ɹɴd ɣɪɞ ɪɞ ɞ ɷʀɸɞɪɴ ɸɷɪc Ф ɷɪʅ ɪɋɪ ʀɪɵɴ ɣ, ɪɷɞʌɪɪ ɣə ɸʀɪʌɴɪ. Ꮧɴd Ωɛɴ ɷʀɞ ɸɵʟ, ɹɴd ʅɪɞʀɴd ɴɵɪ ʌɴə ɔɵɸ ɪɷ ɣ ɞɵɪɞ ʀɞ ɣ Lɵɸd, ɴɸɣʀɸ ɪɷ Ɛɞʀɪ ɸɪɞ ɞɸʀɣʀɸ, ɸɷ ɷɵɷɪ ɪɴ ɸɵʅəɴʀɞ ɞʀƿɵɸ ɣ Lɵɸd.”

Ƥɸɔ ɣ ʀɞʀɞ ɪɪ ɷɋd ʀɪɪɸ ɣɹɪ 8ɛɪʀɴ, ɵɸ Lɵɪʀɸ, ɷʀɞ “ɵʅɞɵ ɞʀƿɵɸ ɣ ɷʀɸʅd,” ɹɴd ɣɹɪ ɣ ɪʀɸɔ “ɵʅɞɵ” ɸʀʀɸɞ ɪɷ ʀɴʀɣʀɸ ɪʀɸɞʀɴʀϚ, ɹɴd ɣɹɪ ɪʀɸɞʀɴʀϚ ɷʀɞ ɣ Ɔʀɞɸʀ, ɣ Ꮗɸɸɞɪ, ɣ Ꮗʌʅ Ɓʀʅʀɞʀd 8ʀɴ, ɸɷ, ɷə ɞɸ ɪɵʅd, ɷʀɞ ɣ ʅɪɔ ɞʅɛɴ ƿɸʀɔ ɞʀƿɵɸ ɣ ƿəɴdɛbʀɴ ʀɞ ɣ ɷʀɸʅd; ɹɴd ɪɪ ɪɞ ɞɞɞəʀɞ ɣɹɪ Lɵɪʀɸ, ɸɷ ɪɞ ʌʅɞɸɷʌɸ ɷɵʅd ɣ 8ʀɴ ʀɞ ɣ Ɔɵɸɴɪɴ, ɸɹd ɹɴ ɪɔɪɵɸɪʀɴɪ ɸɵʅ ɪɷ ɪʅɛ ʀɪɵɴ ɣ ʀɸʟ ɹɞ ɷʌʅ ɹɞ ɣ Ɔʀɞɸʀ, ɹɴd ɣɹɪ ɸə ɞɷɋʀɪɸd ɞ ɞʌɸə ɪɸɞɔɪʀɴɪ ɪʀɞɪbʀɴ ɞʀƿɵɸ ɣ ɷʀɸʅd ɷʀɞ, ɹɴd ɞɪɪ ɞɷɋʀɪɸɞ ɣɹɪ ɪʀɞɪbʀɴ ɪɴ ɞɪʀɞɪbʀɴ ɪɷ ɸɪɞ Ɥʌɞʀɴɪə Ƥɵɣʀɸ, ɪɷ ɣ 8ʀɴ ʀɞ Ꮗɵd, ɹɴd ɪɷ ɣ ɪɴɪʀɸʀɞɪɞ ʀɞ ɸɋɵɔɹɴɪə; ɸɷɪc ɞɪʀɞɪbʀɴ ɷɪʅ ɷʀɴɪɪɴɋɷ, ɷə ɞɸ ɪʀɵɸɔd, ʀɴɪʅ ɸə bɹʅ ɴɵɪ ɵɴʅə ɞ ɞəɴd, ɞʀɪ ɷʌɞɪ ɪɴɪɷ ɣ ɞɵɪʀɔʅʀɞ ɪɪ; ɹɞ ɞɪɛɪʀd ɞɸ ɣ Ƥɪɵɞʀʅ Ꮚəɴ ɪɴ ɣ Ɓɸɷ ʀɞ Ɥʌɞʀʅɛbʀɴɞ [sic]:

“Ꮧɴd Ф ɞɵ ɹɴ ɛɴϚʀʅ ɷɸɔ dəɴ ƿɸʀɔ ɸʌɞʀɴ, ɸɹɞɪɴ ɣ ɷə ʀɞ ɣ ɞɵɪʀɔʅʀɞ ɪɪ ɹɴd ɞ ώɸɛɪ cɛɴ ɪɴ ɸɪɞ ɸɹɴd. Ꮧɴd ɸə ʅɛd ɸɵʅd ɵɴ ɣ dɸɹώʀɴ, ɣɹɪ ɵʅd ɞʀɸɪʀɴɪ, ɸɷɪc ɪɞ ɣ Ꮳʌɞɪʅ, ɹɴd 8ɛɪʀɴ, ɹɴd ɞəɴd ɸɪɔ ɞ ʟəɞʀɴd ɋɪɸɞ, ɹɴd ɷʌɞɪ ɸɪɔ ɪɴɪɷ ɣ ɞɵɪʀɔʅʀɞ ɪɪ, ɹɴd bʀɪ ɸɪɔ rɿ, ꓤɴd ɞɥɿ ɵ ɞəɭ rɿəɴ ɸɨɔ, ɣꓤɿ ɸə bɋd dɾɞəɞ ɣ ɴɛbrɴɞ ɴo ɔəɸ, ʅɨɭ ɣ ɩɞɞrɴd ꟽɨɸɞ bɋd ɞ ɋɋɭɋɭd; ꓤɴd ꓤɋɭrɸ ɣꓤɿ ɸə ɔrɞɿ ɞ ɭɷɞɿ ɵ ɭɨʅrɭ ɞəɞrɴ."—Фʌвrɭɛbrɴ 20:1–3.

Ɂɴd ɵ ɭɨʅrɭ ɋrɸɣrɸ ɵɴ ɷə ɸəd ɣꓤɿ ꓤɋɭrɸ ɣ ɩɞɞrɴd ꟽɨɸɞ ɸꓤɞ ꞁꓤɞɿ, "ɞɛʅrɴ bꓤɭ ɞ ɭɷɞɿ ɵ̇ɿ rɞ ɸɨɞ ꞁɸɨɞrɴ," ꓤɴd bꓤɭ ɷ̇ɵ ɵ̇ɿ ʅɷ dɾɞəɞ ɣ ɴɛbrɴɞ ꓤɴd ɷ̇ꓤɣrɸ ɣʌɔ ʅɷ ɞꓤʅrɭ rɷ̇ʌɴɞɿ ɣ ɞɛɴʅɞ, ɸɷʌɴ ɋəɸ ɋɸrɔ ɸʌɞrɴ ɷɨɭ dɾɞəɸ ɣʌɔ.

"Ɂɴd ɣ dʌɞɨɭ ɣꓤɿ dɾɞəɞd ɣʌɔ ɷrɞ ɷꓤɞɿ ɨɴʅɷ ɣ ɭɛɷ rɞ ɋəɸ ꓤɴd ɞɸɨɔɞʅoɴ, ɸɷʌɸ ɣ ɞəɞɿ ꓤɴd ɣ ɋoɭɞ ꞁɸəɋrɿ əɸ, ꓤɴd bꓤɭ ɞ ʅəɸɔʌɴʅrd dɛ ꓤɴd ɴɸɿ ɋəɸ ʌɞrɸ ꓤɴd ʌɞrɸ."—Фʌвrɭɛbrɴ 20:10.

Ɣ ɵꞁrɸɛbrɴɞ rɞ ɞɛʅrɴ ɨɴ ɵꞁrɞɨbrɴ ʅɷ ɣ dɾɞɸɴɞ ꓤɴd ꞁrɸꞁrɞrɞ rɞ Ɯəd əɸ ɋɸəɷɷrɴʅɭə ɴoʅɨɞɿ ɨɴ Фoɭə Фɨɿ. Фʌɋrɸrɴɞ ɸꓤɞ ɵɭɸʌdə ɞɨɴ ɔɛd ʅɷ ɸɨɞ ɷrɴʅɸoɭ oɞrɸ Ɯɛɴ ꓤɴd ɣ ɸrɞrɭɞ ɣʌɸrɞ, ꓤɴd rɴɋəɸɔrɴrɭɭə ɋəɸ ɣʌɔ, Ɯɛɴ ɷrɞ ɴəɿ ɣ oɴɭə ɷrɴ ɨɴ ɣꓤɿ rɸɭə ɛɕ rɞ ɣ ɷrɸɭd'ɞ ɸɨɞɿrɸə oɞrɸ ɸɷɔ ɞɛʅrɴ ɷ̇ɛɴd ɣ ɔꓤɞɿrɸə. Ƥəɸ ɸə ɷʌɴɿ rɞɸəd rɔrɴɞɿ ɣ ɨɴɸꓤɞɨʅrɴʅɞ rɞ ɣ rɸɭ, ɞɛɨ, "Ф ꓤɔ ɵɭɞɵ ɵ ɞrɴ rɞ Ɯəd;…ꓤɴd ɣɛ ɭrəd ɞɛʅrɴ ɔəɸ ɣꓤɴ Ɯəd. Ɂɴd ɔʌɴ ɞrɷ̇ꓤɴ, ɋɸrɔ ɣꓤɿ ʅɸɔ ɋəɸɭ, ʅɷ ɞ ɷəɸɴrɭ, ɞʌɴbɷrɭ, ꓤɴd dʌɞɨɭɨb." Ɂɴd ɞo ɣɛ ɷrɴʅɨɴꟽɷd ɨɴɷɸəɞɨ ɨɴ ɷɨɷrdɴrɞ, rɴɨɭ "ɵɭ ɋɭʌb ɸꓤd ɷrɸrꞁɭrd ɨɞ ɷɛ rɿəɴ ɣ rɸɭ," ꓤɴd ɣ ɷɵʅrɸɞ rɞ ɣ ɋɭrd ɸꓤd ʅɷ rɷɞɔꞁɨb ɣ ɷrɸɷ ɸɷɨɔ ɣ ꞁɸəɔɨ rɞ Ɂoɾ ɷɋd ɴəɿ ɨɋʌɷɿ.

Ɨɴ ɭɛɿrɸ ꟽɨɸɞ ɷə ɸɨɸ rɞ ɞɛʅrɴ ɷrɴʅʌɴdɨ ɷɨɣ ɣ əɸɷɛɴɕrɭ, Ɔɸɷrɭ, ɋəɸ ɣ ɞədə rɞ Ɔoɞrɞ. Ɠəd ɸɸʅɞ: "Ʋʌɿ Ɔɸɷrɭ, ɣ əɸɷɛɴɕrɭ, ɸɷʌɴ ɷrɴʅʌɴdɨ ɷɨɣ ɣ dʌɞɨɭ, ɸə dɨɞꞁꟽɷʅrd rɞɵ̇ɿ ɣ ɞədə rɞ Ɔoɞrɞ, dɾɸɞɿ ɴəɿ ɞɸɨ rɷ̇ʌɴɞɿ ɸɨɔ ɵ ɸɛɭɨ ꓤɷꟽoɞɛbrɴ, ɞrɿ ɞʌd, Ɣ Ɩəɸd ɸrɞꟽɷɷ ɣ."

Ɣɨɞ ɨɞ rɷ̇ʌɴ ɨɷ̇ɨɞɨɿrd ɨɴ ɣ ꞁəɸɿ ɸə ʅɋɷ ɨɴ ʅʌɔꞁɨɴ ɣ ɞɛɞꟽrɸ, ꓤɋɭrɸ Фɨɞ ɞꓤʅɨɛɔ ꓤɴd ɸʌɷrɷ̇ɴbrɴ ɞɸ Фɨɞ Фʌвrɴɭə Ƥəɣrɸ. Ɍɞ ɣɨɞ ɨɞʌɴɿ ɨɿ ɨɞ ɸɨɿrɴ:

"Ɣʌɴ ɷrɞ Ɠəɞrɞ ɭʌd rɿ rɞ ɣ ɞꞁɨɸɨɿ ɨɴʅɷ ɣ ɷɨɭdrɸɴrɞ ʅɷ ɞ ʅʌɔꞁɿrd rɞ ɣ dʌɞɨɭ. Ɂɴd ɸɷʌɴ ɸə ɸꓤd ɋꓤɞɿrd ɋəɸɭə dɛɞ ꓤɴd ɋəɸɭə ɴɸɭɞ, ɸə ɷrɞ ꓤɋɭrɸɷrɸd ꓤɴ ɸrɨɷ̇rɸd. Ɂɴd ɸɷʌɴ ɣ ʅʌɔꞁɿrɸ ɷɛɔ ʅɷ ɸɨɔ, ɸə ɞʌd, Ɨɸ ɣɵ̇ ɞ ɣ ɞrɴ rɞ Ɯəd, ɷrɔꓤɴd ɣꓤɿ ɣəɞ ɞɿoɴɞ ɞ ɔɛd ɞɸʌd. Ɓrɿ ɸə ꓤɴɞrɸd ꓤɴd ɞʌd, Ɨɿ ɨɞ ɸɨɿrɴ, Ɔꓤɴ bꓤɭ ɴəɿ ɭɨɞ ɞɸ ɞɸʌd rɿoɴ, ɞrɿ ɞɸ ʌɞɸə ɷrɸd ɣꓤɿ ꞁɸrɞədrɭ ɵ̇ɿ rɞ ɣ ɔəɭ rɞ Ɯəd. Ɣʌɴ ɣ dʌɞɨɭ ʅɛɷrɭ ɸɨɔ rɿ ɨɴʅɷ ɣ ɸoɭə ɞɨʅə, ꓤɴd ɞꓤʅrɭ ɸɨɔ ɵɴ ɵ ꞁɨɴɷrɿ rɞ ɣ ʅʌɔꞁɨɭ. Ɂɴd ɞɛrɭ rɴʅɷ ɸɨɔ, Ɨɸ ɣɵ̇ ɞ y 8ᴦn ᴦв Ꮗod, ωлвl yфвлlp dөn, poф ıl ıб фılᴦn, Фә bлl ώıв фıб εnςᴦlб cөфς ωᴦnвᴦфnи y, лnd ıı yлф флnб yε bлl влф y ᴦт, [лвl лl лnә lфэ yὁ dлb yф pql ᴦώлnвl ө вlоn. Ꮳәбᴦв влd ᴦnlω фıэ, Ɨl ıб фılᴦn ᴦώлn, Yὁ bлlı nәl lлэтl y [өфd yф Ꮗod. Ꮁώлn, y dлвıl lεωᴦʟ фıэ ᴦт ıılω лn ıωвәdıи фф эөnlᴦn, лnd boᴦʟ фıэ өl y ωıиdᴦэб ᴦв y ωᴦфld, лnd y ώlөфә ᴦв yлэ; лnd вεᴦʟ ᴦnlω фıэ, Ꮎl yәб ʟıиб ωıl Ф ώıв y ıp yὁ ωılı poł dөn лnd ωᴦфbıт эә. Yлn вεᴦʟ Ꮳәбᴦв ᴦnlω фıэ, Ꮗлl y флnв, 8εlᴦn: poф ıl ıб фılᴦn, Yὁ bлlı ωᴦфbıт y [өфd yф Ꮗod, лnd фıэ оnlә bлlı yὁ вᴦфв. Yлn y dлвıl [әвᴦʟ фıэ; лnd вᴦфоıd, εnςᴦlб ωεэ лnd эıııвlᴦфd ᴦnlω фıэ."—Ꭾлʟлω 4:1–11.

Ꮎф lω ώıв y ωᴦфdб ᴦв y ıı8тфd lфлnбlεbᴦn: "Yлn Ꮳәбᴦв ωᴦб [лd ᴦт ᴦв y 8тıфıl ıılω y ωıldᴦфıᴦв, lω в ωıy Ꮗod. Лnd фωлn фә флd pлвlᴦd poфlә dεб лnd poфlә nфlв, лnd флd ωᴦэлωnd ωıy Ꮗod, фә ωᴦб лplᴦфωᴦфdб лn фᴦиώᴦфd, лnd ωᴦб [лpl lω в lлэтlᴦd ᴦв y dлвıl. Лnd фωлn y lлэтlᴦф ωεэ lω фıэ, фә вλd, Ɨp yὁ в y 8ᴦn ᴦв Ꮗod, ωᴦэлnd yлl yәб вlоnб в эεd вфлd. Вᴦl Ꮳәбᴦв лnвᴦфd лnd вλd, Ɨl ıб фılᴦn, Ꮔлn bлl nәl [ıв вф вфлd ᴦlоn, вᴦl вф лвфә ωᴦфd yлl lфᴦвәdᴦʟ ὁl ᴦв y эὁʟ ᴦв Ꮗod."

"Yлn Ꮳәбᴦв ωᴦб lεωᴦn ᴦт ıılω y фоlә вılә, лnd y 8тıфıl влlᴦʟ фıэ өn y тıᴦωᴦl ᴦв y lлэтl. Yлn y dлвıl ωεэ ᴦnlω фıэ лnd вλd, Ɨp yὁ в y 8ᴦn ᴦв Ꮗod, ωлвl yфвлlp dөn, poф ıl ıб фılᴦn, Фә bлl ώıв фıб εnςᴦlб cөфς ωᴦnвᴦфnи y, лnd ıı yлф флnб yε bлl влф y ᴦт, [лвl лl лnә lфэ yὁ dлb yф pql ᴦώлnвl ө вlоn. Ꮳәбᴦв вλd ᴦnlω фıэ, Ɨl ıб фılᴦn ᴦώлn, Yὁ bлlı nәl lлэтl y [өфd yф Ꮗod."

"Лnd ᴦώлn, Ꮳәбᴦв ωᴦб ıı y 8тıфıl, лnd ıl lεωᴦʟ фıэ ᴦт ıılω лn ıωвәdıи фф эөnlᴦn, лnd bod фıэ өl y ωıиdᴦэб ᴦв y ωᴦфld лnd y ώlөфә ᴦв yлэ. Лnd y dлвıl ωεэ ᴦnlω фıэ ᴦώлn, лnd вλd, Ꮎl yәб ʟıиб ωıl Ф ώıв ᴦnlω y, ıp yὁ ωılı poł dөn лnd ωᴦфbıт эә. Yлn вλd Ꮳәбᴦв ᴦnlω фıэ, Ꮗлl y флnв, 8εlᴦn; poф ıl ıб фılᴦn, Yὁ bлlı ωᴦфbıт y [өфd yф Ꮗod, лnd фıэ оnlә bлlı yὁ вᴦфв. Yлn y dлвıl [әвᴦʟ фıэ."

Ꮁώлn, Ꮳөn ıı y Флвᴦlεbᴦnб [sic], фωлn фᴦpᴦфıи lω y [ılᴦф dεб, ıωвωlεэб, "Ꮃо lω y ııфлвılᴦnlә ᴦв y ᴦфʟ, лnd ᴦв y вә! poф y dлвıl ıб ωᴦэ dөn ᴦnlω лω, флвıи ώфεl флʟ, вᴦωᴦб фә nоᴦʟ фә флʟ вᴦl ө bөфl lфэ." [Флвᴦlεbᴦn 12:12.] Лnd вф лnd вф y вεэ ɸʘʅɾɸ ʅɹʅ6 ɾɞ, ɨɥ ɵ ʅɹɞɾƈ ɵʅɸɹdə ɷɷoʅɾd, ɣɹʅ ȣɛʅɾɥ'6 ʅʘɔ ɨ6 pɨɥɨbʅ, ɹɥd ɸə ɨ6 ʀȯɥd ɹɥd ɷɹɞʅ ɨɥʅɸ ɣ ʀɵʅɾɔʅɾɞ ʅɨʅ.

# 𐐕𐐰𐐹𐐻𐐲𐑉 VIII

*𐐝𐐯𐑃—𐐐𐐮𐑆 𐐝𐐰𐐿𐑉𐐮𐑁𐐴𐑅 𐐈𐐿𐑅𐐯𐐹𐐻𐐲𐐼—𐐡𐐨𐐺𐐯𐑊𐐷𐐲𐑌 𐐮𐑌 𐑄 𐐐𐐯𐑂𐐲𐑌𐑆—𐐜 𐐘𐐰𐑄𐐲𐑉𐐮𐑍 𐐲𐑂 𐑄 𐐑𐐩𐐻𐑉𐐨𐐪𐑉𐐿𐑅 𐐮𐑌 𐑄 𐐚𐐰𐑊𐐨 𐐲𐑂 𐐈𐐼𐐲𐑋-𐐱𐑌𐐼𐐴-𐐂𐑋𐐲𐑌—𐐝𐐰𐐿𐑉𐐮𐑁𐐴𐑅𐐲𐑆 𐐉𐑁𐐲𐑉𐐼 𐐜𐐯𐑉*

𐐜 𐑌𐐯𐐿𐑅𐐻 𐐯𐑋𐐮𐑌𐐲𐑌𐐻 𐐹𐐲𐑉𐑅𐐲𐑌𐐲𐐾 𐑄𐐰𐐻 𐐲𐐹𐐨𐑉𐑆 𐐮𐑆 𐐝𐐯𐑃. 𐐗𐐲𐑌𐑅𐐲𐑉𐑌𐐮𐑍 𐐸𐐮𐑋, 𐐮𐐻 𐐮𐑆 𐑅𐐯𐐼 𐐮𐑌 𐑄 𐐄𐑊𐐼 𐐓𐐯𐑅𐐻𐐲𐑋𐐲𐑌𐐻:

"𐐈𐑌𐐼 𐐈𐐼𐐲𐑋 𐑌𐐭 𐐸𐐮𐑆 𐐶𐐴𐑁 𐐲𐑀𐐯𐑌, 𐐰𐑌𐐼 𐑇𐐨 𐐺𐐯𐑉 𐐰 𐑅𐐲𐑌, 𐐰𐑌𐐼 𐐿𐐫𐑊𐐼 𐐸𐐮𐑆 𐑌𐐩𐑋 𐐝𐐯𐑃: 𐐙𐐫𐑉 𐐘𐐱𐐼, 𐑅𐐯𐐼 𐑇𐐨, 𐐸𐐰𐑃 𐐲𐐹𐑎𐑌𐐻𐐲𐐼 𐑋𐐨 𐐲𐑌𐐲𐑄𐐲𐑉 𐑅𐐨𐐼 𐐮𐑌𐑅𐐻𐐯𐐼 𐐲𐑂 𐐁𐐺𐐲𐑊, 𐐸𐐭𐑋 𐐗𐐩𐑌 𐑅𐑊𐐭."—𐐖𐐯𐑌𐐲𐑅𐐮𐑅 4:25.

𐐜𐐯𐑉 𐐮𐑆 𐐰 𐐹𐑉𐐮𐑌𐑅𐐮𐐹𐐲𐑊 𐐼𐐲𐑂𐐯𐑊𐐲𐐹𐐻 𐐸𐐨𐑉 𐐹𐐲𐑉𐐻𐐩𐑌𐐮𐑍 𐐻𐐭 𐑄 𐐨𐐿𐐱𐑌𐐲𐑋𐐨 𐐲𐑂 𐐘𐐱𐐼 𐐶𐐮𐑄 𐑄 𐐸𐐷𐐭𐑋𐐲𐑌 𐑁𐐰𐑋𐐮𐑊𐐨. 𐐁𐐺𐐲𐑊 𐐸𐐯𐑊𐐼 𐐰 𐑉𐐯𐐹𐑉𐐲𐑆𐐯𐑌𐐻𐐲𐐻𐐮𐑂 𐐹𐐲𐑆𐐮𐑇𐐲𐑌, 𐐰𐑆 𐐫𐑊𐑅𐐬 𐐼𐐮𐐼 𐐗𐐩𐑌, 𐐰𐑌𐐼 𐑄𐐰𐐻 𐐹𐐲𐑆𐐮𐑇𐐲𐑌, 𐐮𐐻 𐐶𐐳𐐼 𐑅𐐨𐑋, 𐐲𐑅𐐬𐑇𐐨𐐩𐐻𐐲𐐼 𐐁𐐺𐐲𐑊 𐐶𐐮𐑄 𐐸𐐶𐐱𐐻 𐑋𐐩 𐐺𐐨 𐐼𐐯𐑆𐐮𐑀𐑌𐐩𐐻𐐲𐐼 𐑄 𐐽𐐬𐑆𐐲𐑌 𐑅𐐨𐐼. 𐐗𐐩𐑌 𐑅𐑊𐐭 𐐁𐐺𐐲𐑊; 𐐺𐐲𐐻 (𐑄𐐰𐐻 𐑄 𐐹𐐲𐑉𐐹𐐲𐑅𐐲𐑆 𐑉𐐨𐑊𐐩𐐻𐐮𐑍 𐐻𐐭 𐑄 𐐹𐐲𐑉𐐹𐐯𐐽𐐭𐐩𐑇𐐲𐑌 𐐲𐑂 𐑄𐐰𐐻 𐑅𐐨𐐼 𐑋𐐴𐐻 𐑅𐐻𐐰𐑌𐐼, 𐐰𐑌𐐼 𐑄 𐐹𐑊𐐰𐑌 𐐲𐑂 𐐘𐐱𐐼 𐑌𐐱𐐻 𐐺𐐨 𐑁𐑉𐐲𐑅𐐻𐑉𐐩𐐻𐐲𐐼 𐐺𐐴 𐑄 𐐰𐐼𐑂𐐲𐑉𐑅𐐯𐑉𐐨, 𐐐𐐨 𐑀𐐩𐑂 𐐻𐐭 𐐈𐐼𐐲𐑋 𐐝𐐯𐑃, 𐐸𐐭 𐐮𐑌𐐸𐐯𐑉𐐮𐐻𐐲𐐼 𐑄 𐐹𐑉𐐨𐑅𐐻𐐸𐐳𐐼 𐐰𐑌𐐼 𐐹𐑉𐐱𐑋𐐮𐑅𐐲𐑆 𐐲𐑂 𐐸𐐮𐑆 𐑋𐐪𐑉𐐻𐐲𐑉𐐼 𐐺𐑉𐐲𐑄𐐲𐑉; 𐐮𐑌 𐑄𐐮𐑅 𐑅𐐲𐐺𐑅𐐻𐐰𐑌𐑇𐐨𐐩𐐻𐐮𐑍 𐐰 𐐹𐑉𐐮𐑌𐑅𐐮𐐹𐐲𐑊 𐑄𐐰𐐻 𐐑𐐫𐑊 𐑉𐐲𐑁𐐲𐑉𐑆 𐐻𐐭, 𐐸𐐶𐐯𐑌 𐐸𐐨 𐑅𐐯𐑆, "𐐜𐐰𐐻 𐑄 𐐹𐐲𐑉𐐹𐐲𐑅 𐐲𐑂 𐐘𐐱𐐼, 𐐲𐐿𐐫𐑉𐐼𐐮𐑍 𐐻𐐭 𐐮𐑊𐐯𐐿𐑇𐐲𐑌, 𐑋𐐴𐐻 𐑅𐐻𐐰𐑌𐐼, 𐑌𐐱𐐻 𐐲𐑂 𐐶𐐲𐑉𐐿𐑅, 𐐺𐐲𐐻 𐐲𐑂 𐐸𐐮𐑋 𐑄𐐰𐐻 𐐿𐐫𐑊𐐯𐑃." [𐐡𐐬𐑋𐐲𐑌𐑆 9:11.] 𐐏𐐯𐐻, 𐐫𐑊𐑄𐐬 𐐝𐐯𐑃 𐐶𐐲𐑆 𐐶𐐲𐑌 𐐲𐑂 𐑄 𐑊𐐨𐐼𐐮𐑍 𐐿𐐯𐑉𐐲𐐿𐐻𐐲𐑉𐑆 𐑅𐐹𐐬𐐿𐐲𐑌 𐐲𐑂 𐐮𐑌 𐑄 𐐝𐐿𐑉𐐮𐐹𐐽𐐲𐑉, 𐐰𐑌𐐼 𐐶𐐲𐑌 𐐻𐐭 𐐸𐐭𐑋 𐐰𐑌𐐼 𐑃𐑉𐐭 𐐸𐐭𐑋 𐑄 𐐹𐑉𐐱𐑋𐐮𐑅𐐲𐑆 𐐶𐐲𐑉 𐑋𐐩𐐼, 𐐰𐑌𐐼 𐐸𐐭 𐐰𐐿𐐽𐐭𐐲𐑊𐐨 𐑅𐐻𐐳𐐼 𐐮𐑌 𐑄 𐐹𐑊𐐩𐑅 𐐲𐑂 𐐫𐑉 𐑉𐐯𐐹𐑉𐐲𐑆𐐯𐑌𐐻𐐲𐐼 𐐸𐐮𐑆 𐐺𐑉𐐲𐑄𐐲𐑉, 𐐁𐐺𐐲𐑊, 𐐷𐐯𐐻 𐑄𐐯𐑉 𐐮𐑆 𐑌𐐲𐑃𐐮𐑍 𐑅𐐯𐐼 𐐮𐑌 𐑄 𐐫𐑉𐐼𐐮𐑌𐐯𐑉𐐨 𐐻𐑉𐐰𐑌𐑆𐑊𐐩𐑇𐐲𐑌 𐐹𐐲𐑉𐐻𐐩𐑌𐐮𐑍 𐐻𐐭 𐐸𐐮𐑆 𐐱𐑁𐐲𐑉𐐮𐑍 𐑅𐐰𐐿𐑉𐐮𐑁𐐴𐑅𐐲𐑆; 𐐶𐐨 𐑄𐐯𐑉𐑁𐐫𐑉 𐐲𐑀𐐯𐑌 𐑉𐐲𐑁𐐲𐑉 𐐻𐐭 𐑄 𐐑𐐲𐑉𐑊 𐐲𐑂 𐐘𐑉𐐩𐐻 𐐑𐑉𐐴𐑅. 𐐆𐐻 𐐮𐑆 𐑄𐐯𐑉 𐑅𐐻𐐩𐐻𐐲𐐼 𐑄𐐰𐐻 "𐐈𐐼𐐲𐑋 𐑀𐑊𐐬𐑉𐐮𐑁𐐴𐐼 𐑄 𐑌𐐩𐑋 𐐲𐑂 𐐘𐐱𐐼, 𐑁𐐫𐑉 𐐸𐐨 𐑅𐐯𐐼, 𐐘𐐱𐐼 𐐸𐐰𐑃 𐐲𐐹𐑎𐑌𐐻𐐲𐐼 𐑋𐐨 𐐲𐑌𐐲𐑄𐐲𐑉 𐑅𐐨𐐼 𐐮𐑌𐑅𐐻𐐯𐐼 𐐲𐑂 𐐁𐐺𐐲𐑊, 𐐸𐐭𐑋 𐐗𐐩𐑌 𐑅𐑊𐐭. 𐐈𐑌𐐼 𐐘𐐱𐐼 𐑉𐐨𐑂𐐨𐑊𐐼 𐐸𐐮𐑋𐑅𐐯𐑊𐑁 𐐲𐑌𐐻𐐭 𐐝𐐯𐑃, 𐐰𐑌𐐼 𐐸𐐨 𐑉𐐲𐐺𐐯𐑊𐐼 𐑌𐐱𐐻, 𐐺𐐲𐐻 𐐱𐑁𐐲𐑉𐐼 𐐰𐑌 𐐰𐐿𐑅𐐯𐐹𐐻𐐲𐐺𐐲𐑊 𐑅𐐰𐐿𐑉𐐮𐑁𐐴𐑅 𐑊𐐴𐐿 𐐲𐑌𐐻𐐭 𐐸𐐮𐑆 𐐺𐑉𐐲𐑄𐐲𐑉 𐐁𐐺𐐲𐑊."

𐐝𐐯𐑃, 𐐶𐐨 𐐪𐑉 𐐸𐐨𐑉 𐐻𐐬𐑊𐐼, 𐑉𐐲𐐺𐐯𐑊𐐼 𐑌𐐱𐐻, 𐐺𐐲𐐻 𐐱𐑁𐐲𐑉𐐼 𐐰𐑌 𐐰𐐿𐑅𐐯𐐹𐐻𐐲𐐺𐐲𐑊 𐑅𐐰𐐿𐑉𐐮𐑁𐐴𐑅, 𐑄𐐲𐑅 𐐿𐐰𐑉𐐨𐐮𐑍 𐐵𐐻 𐑄 𐑅𐐩𐑋 𐐴𐐼𐐨𐐲 𐐲𐑂 𐑄 𐐲𐐻𐐬𐑌𐑋𐐲𐑌𐐻 𐐲𐑂 𐑄 𐐄𐑌𐑊𐐨 𐐒𐐲𐑀𐐱𐐻𐐲𐑌. 𐐆𐑌 𐑄𐐮𐑅 𐐿𐐲𐑌𐐯𐐿𐑇𐐲𐑌 𐐶𐐨 𐑋𐐲𐑅𐐻 𐑉𐐲𐑋𐐪𐑉𐐿 𐑄𐐰𐐻 𐑄𐐯𐑉 𐐸𐐰𐐼 𐐺𐐮𐑌 𐐰 𐑉𐐨𐐺𐐯𐑊𐐷𐐲𐑌 𐐮𐑌 𐐸𐐯𐑂𐐲𐑌, 𐐰𐑌𐐼 𐑋𐐯𐑌𐐨 𐐲𐑂 𐑄 𐐩𐑌𐐾𐐲𐑊𐑆, 𐑄𐐩 "𐐸𐐶𐐮𐐽 𐐿𐐯𐐹𐐻 𐑌𐐱𐐻 𐑄𐐯𐑉 𐑁𐐲𐑉𐑅𐐻 𐐯𐑅𐐻𐐩𐐻," [𐐖𐐭𐐼 6,] 𐐶𐐲𐑉 𐐿𐐰𐑅𐐻 𐐵𐐻. 𐐢𐐭𐑅𐐮𐑁𐐲𐑉 𐐶𐐲𐑆 𐑄 𐑊𐐨𐐼𐐲𐑉 𐐲𐑂 𐑄𐐨𐑆 𐑉𐐨𐐺𐐯𐑊𐐷𐐲𐑅 𐐶𐐲𐑌𐑆 𐐸𐐭 𐐶𐐲𐑉 𐑄𐐯𐑌 𐐿𐐰𐑅𐐻 𐐼𐐵𐑌 𐐻𐐭 𐑄 𐐲𐑉𐑃. 𐐐𐐨 𐐸𐐰𐐼 𐑉𐐲𐐺𐐯𐑊𐐼 𐐲𐑀𐐯𐑌𐑅𐐻 𐐘𐐱𐐼, 𐐸𐐮𐑆 𐐙𐐪𐑄𐐲𐑉, 𐐰𐑌𐐼 𐐮𐐻 𐐶𐐳𐐼 𐑅𐐨𐑋, 𐑁𐑉𐐱𐑋 𐑉𐐯𐑂𐐯𐑊𐐩𐑇𐐲𐑌𐑆 𐑄𐐰𐐻 𐐶𐐨 𐑇𐐰𐑊 𐐸𐐨𐑉𐐰𐑁𐐻𐐲𐑉 𐐼𐑉𐐫 𐐲𐐻𐐯𐑌𐑇𐐲𐑌 𐐻𐐭, 𐑄𐐰𐐻 𐐸𐐮𐑆 𐑉𐐨𐐺𐐯𐑊𐐷𐐲𐑌 𐐸𐐰𐐼 𐐮𐐻𐑅 𐐫𐑉𐐮𐐾𐐮𐑌 𐐮𐑌 𐐸𐐮𐑆 𐑉𐐨𐐾𐐯𐐿𐑇𐐲𐑌 𐐲𐑂 𐑄 𐐿𐐵𐑌𐑅𐐲𐑊 𐑀𐐮𐑂𐐲𐑌 𐐻𐐭 𐐸𐐮𐑋 𐐺𐐴 𐐸𐐮𐑆 𐐙𐐪𐑄𐐲𐑉 𐐹𐐲𐑉𐐻𐐩𐑌𐐮𐑍 𐐻𐐭 𐑄 𐑅𐐰𐑊𐑂𐐩𐑇𐐲𐑌 𐐰𐑌𐐼 𐐯𐑀𐑆𐐫𐑊𐐻𐐩𐑇𐐲𐑌 𐐲𐑂 𐑋𐐰𐑌𐐿𐐴𐑌𐐼. 𐐐𐐶𐐯𐑌 𐑋𐐰𐑌 𐐶𐐲𐑆 𐐹𐑊𐐩𐑅𐐻 𐐲𐐹𐐱𐑌 𐑄 𐐲𐑉𐑃, 𐐢𐐭𐑅𐐮𐑁𐐲𐑉, 𐐫𐑉 𐐝𐐩𐐻𐐲𐑌, 𐑅𐐻𐐮𐑊 𐑋𐐰𐑌𐐮𐐹𐐷𐐭𐑊𐐩𐐻𐐲𐐼 𐑄 𐑅𐐩𐑋 𐐰𐑌𐐮𐑋𐐲𐑅 𐐰𐑌𐐼 𐑅𐐹𐐮𐑉𐐮𐐻; 𐐰𐑌𐐼 𐑃𐑉𐐭 𐐸𐐮𐑆 𐐮𐑌𐑁𐑊𐐭𐐲𐑌𐑅 𐐸𐐨 𐐱𐐹𐐲𐑉𐐩𐐻𐐲𐐼 𐐲𐐹𐐱𐑌 𐐗𐐩𐑌, 𐐺𐐲𐐻 𐐗𐐩𐑌 𐑊𐐮𐑅𐐲𐑌𐐼 𐐻𐐭 𐐸𐐮𐑆 𐐶𐐴𐑊𐑆, 𐐰𐑌𐐼 𐐺𐐨𐐮𐑍 𐐿𐐲𐑌𐐻𐑉𐐬𐑊𐐼 𐐺𐐴 𐐸𐐮𐑋, 𐐸𐐨 𐐫𐑊𐑅𐐬 𐑉𐐲𐐺𐐯𐑊𐐼 𐐲𐑀𐐯𐑌𐑅𐐻 𐐸𐐮𐑆 𐐺𐑉𐐲𐑄𐐲𐑉 𐐰𐑌𐐼 𐐸𐐮𐑆 𐐘𐐱𐐼. 𐐛𐐲𐑅 𐑄 𐑉𐐲𐐺𐐯𐑊𐐷𐐲𐑌 𐐮𐑌 𐑄 𐐸𐐯𐑂𐐲𐑌𐑆 𐐶𐐲𐑆 𐐻𐑉𐐰𐑌𐑆𐑋𐐮𐐻𐐲𐐼 𐐻𐐭 𐐰 𐑉𐐲𐐺𐐯𐑊𐐷𐐲𐑌 𐐱𐑌 𐑄 𐐲𐑉𐑃, 𐐰𐑌𐐼 𐐫𐑊 𐐸𐐭 𐐺𐐲𐐿𐐩𐑋 𐑅𐐲𐐺𐐾𐐯𐐿𐐻 𐐻𐐭 𐑄𐐮𐑅 𐐮𐑌𐑁𐑊𐐭𐐲𐑌𐑅 𐐹𐑊𐐩𐑅𐐻 𐑄𐐯𐑋𐑅𐐯𐑊𐑂𐑆 𐐮𐑌 𐐰 𐑅𐐻𐐩𐐻 𐐲𐑂 𐐯𐑌𐑋𐐮𐐻𐐨 𐐰𐑌𐐼 𐐰𐑌𐐻𐐰𐑀𐐲𐑌𐐮𐑆𐑋 𐐻𐐭 𐐘𐐱𐐼, 𐐰𐑌𐐼 𐐶𐐲𐑌 𐐲𐑂 𐑄 𐑁𐐲𐑉𐑅𐐻 𐑉𐐨𐑆𐐲𐑊𐐻𐑅 𐐯𐑀𐑆𐐮𐐺𐐮𐐻𐐲𐐼 𐐶𐐲𐑆 𐐿𐐲𐑂𐐲𐐻𐐲𐑅𐑌𐐯𐑅 𐐰𐑌𐐼 𐑋𐐲𐑉𐐼𐐲𐑉, 𐐨𐑂𐐲𐑌 𐑄 𐑋𐐲𐑉𐐼𐐲𐑉 𐐺𐐴 𐐗𐐩𐑌 𐐲𐑂 𐐸𐐮𐑆 𐐺𐑉𐐲𐑄𐐲𐑉 𐐁𐐺𐐲𐑊. 𐐛𐐲𐑅 𐐶𐐨 𐑁𐐴𐑌𐐼 𐑄 𐑁𐐲𐑉𐑅𐐻 𐑋𐐰𐑌 𐑅𐑊𐐩𐑌 (𐐁𐐺𐐲𐑊) 𐐶𐐲𐑆 𐐶𐐲𐑌 𐐸𐐬𐑊𐐼𐐮𐑍 𐑄 𐐸𐐬𐑊𐐨 𐐑𐑉𐐨𐑅𐐻𐐸𐐳𐐼, 𐐰𐑌𐐼 𐑄 𐑅𐐩𐑋 𐑂𐐮𐑌𐐼𐐮𐐿𐐻𐐮𐑂 𐑅𐐹𐐮𐑉𐐮𐐻 𐑋𐐰𐑌𐐮𐐹𐐷𐐭𐑊𐐩𐐻𐐲𐐼 𐐲𐑀𐐯𐑌𐑅𐐻 𐑄 𐑅𐐲𐑉𐑂𐐲𐑌𐐻𐑅 𐐲𐑂 𐐘𐐱𐐼 𐐲𐑂 𐐫𐑊 𐑊𐐩𐐻𐐲𐑉 𐐩𐐾𐐲𐑆, 𐑀𐐩𐑂 𐑄 𐑋𐐪𐑉𐐻𐐲𐑉 𐐝𐐻𐐨𐑂𐐲𐑌 𐑀𐐳𐐼 𐑉𐐨𐑆𐐲𐑌 𐐻𐐭 𐐰𐑅𐐿 𐐸𐐮𐑆 𐐹𐐲𐑉𐑅𐐲𐐿𐐷𐐭𐐻𐐲𐑉𐑆,

“𐐐𐐶𐐮𐐽 𐐲𐑂 𐑄 𐐹𐑉𐐱𐑁𐐯𐐻𐑅 𐐸𐐰𐑂 𐑌𐐱𐐻 𐐷𐐭𐑉 𐑁𐐪𐑄𐐲𐑉𐑆 𐐹𐐲𐑉𐑅𐐲𐐿𐐷𐐭𐐻𐐲𐐼? 𐐰𐑌𐐼 𐑄𐐩 𐐸𐐰𐑂 𐑅𐑊𐐩𐑌 𐑄𐐯𐑋 𐐸𐐶𐐮𐐽 𐑇𐐬𐐼 𐐺𐐲𐑁𐐬𐑉 𐐲𐑂 𐑄 𐐿𐐲𐑋𐐮𐑍 𐐲𐑂 𐑄 𐐖𐐲𐑅𐐻 𐐎𐐲𐑌; 𐐲𐑂 𐐸𐐭𐑋 𐐷𐐨 𐐸𐐰𐑂 𐐺𐐮𐑌 𐑌𐐵 𐑄 𐐺𐐲𐐻𐑉𐐩𐐲𐑉𐑆 𐐰𐑌𐐼 𐑋𐐲𐑉𐐼𐐲𐑉𐐲𐑉𐑆.”—𐐈𐐿𐐻𐑅 7:52.

𐐃𐑊𐑄𐐬 𐑄𐐯𐑉 𐐮𐑆 𐑌𐐲𐑃𐐮𐑍 𐑅𐐯𐐼 𐐮𐑌 𐑄 𐐒𐐳𐐿 𐐲𐑂 𐐖𐐯𐑌𐐲𐑅𐐮𐑅 𐐮𐑌 𐑉𐐲𐑊𐐩𐑇𐐲𐑌 𐐻𐐭 𐑅𐐰𐐿𐑉𐐮𐑁𐐴𐑅𐐲𐑆 𐐫𐑁𐐲𐑉𐐼 𐐲𐐹 𐐺𐐴 𐐀𐑌𐐲𐑅, 𐐸𐐭 𐐶𐐲𐑆 𐑄 𐑅𐐲𐑌 𐐲𐑂 𐐝𐐯𐑃, 𐑌𐐫𐑉 𐐺𐐴 𐐸𐐮𐑆 𐐼𐐲𐑅𐐯𐑌𐐼𐐲𐑌𐐻𐑅, 𐐗𐐩𐑌𐐲𐑌, 𐐣𐐲𐐸𐐰𐑊𐐲𐑊𐐨𐐲𐑊, 𐐖𐐯𐑉𐐲𐐼, 𐐀𐑌𐐲𐐿 𐐰𐑌𐐼 𐐣𐐲𐑃𐐭𐑆𐐲𐑊𐐲, 𐐫𐑊 𐐲𐑂 𐐸𐐭𐑋 𐐸𐐯𐑊𐐼 𐑄 𐐐𐐴 𐐑𐑉𐐨𐑅𐐻𐐸𐐳𐐼, 𐐰𐑌𐐼 𐐶𐐲𐑉 𐐿𐐱𐑌𐑅𐐲𐐿𐐶𐐯𐑌𐐻𐑊𐐨 𐐹𐑉𐐱𐑁𐐯𐐻𐑅 𐐲𐑂 𐑄 𐐢𐐫𐑉𐐼, 𐐷𐐯𐐻 𐐮𐐻 𐐮𐑆 𐐿𐐶𐐴𐐻 𐑉𐐨𐑆𐐲𐑌𐐲𐐺𐑊 𐐻𐐭 𐑅𐐲𐐹𐐬𐑆 𐑄𐐰𐐻 𐑄𐐩, 𐐺𐐨𐐮𐑍 𐐲𐑂 𐑄 𐐹𐑉𐐱𐑋𐐮𐑅𐐻 𐑅𐐨𐐼 𐑃𐑉𐐭 𐐸𐐭𐑋 𐑄 𐐣𐐯𐑅𐐴𐐲 𐐶𐐲𐑆 𐐻𐐭 𐐿𐐲𐑋, 𐐼𐐮𐐼 𐐫𐑁𐐲𐑉 𐐲𐐹 𐑅𐐰𐐿𐑉𐐮𐑁𐐴𐑅𐐲𐑆 𐐰𐑆 𐐿𐐲𐑋𐐯𐑋𐐲𐑉𐐲𐐻𐐮𐑂 𐐲𐑂 𐑄𐐰𐐻 𐑀𐑉𐐩𐐻 𐐹𐑉𐐱𐑋𐐮𐑅𐐻 𐐨𐑂𐐯𐑌𐐻. 𐐙𐐲𐑉𐑄𐐲𐑉, 𐐮𐑌 𐑉𐐲𐑊𐐩𐑇𐐲𐑌 𐐻𐐭 𐑄𐐮𐑅 𐑅𐐲𐐺𐐾𐐯𐐿𐐻, 𐐶𐐨 𐐪𐑉 𐐮𐑌𐑁𐐫𐑉𐑋𐐼 𐐮𐑌 𐑄 𐐒𐐳𐐿 𐐲𐑂 𐐔𐐱𐐿𐐻𐑉𐐮𐑌 𐐰𐑌𐐼 𐐗𐐲𐑂𐐲𐑌𐐰𐑌𐐻𐑅 [𐐔&𐐗 107:53–57] 𐑄𐐰𐐻 “𐑃𐑉𐐨 𐐷𐐨𐑉𐑆 𐐹𐑉𐐨𐑂𐐨𐐲𐑅 𐐻𐐭 𐑄 𐐼𐐯𐑃 𐐲𐑂 𐐈𐐼𐐲𐑋, 𐐸𐐨 𐐿𐐫𐑊𐐼 𐐝𐐯𐑃, 𐐀𐑌𐐲𐑅, 𐐗𐐩𐑌𐐲𐑌, 𐐣𐐲𐐸𐐰𐑊𐐲𐑊𐐨𐐲𐑊, 𐐖𐐯𐑉𐐲𐐼-𐐀𐑌𐐲𐐿 𐐰𐑌𐐼 𐐣𐐲𐑃𐐭𐑆𐐲𐑊𐐲 [𐑄 𐐹𐐲𐑉𐑅𐐲𐑌𐑆 𐑋𐐯𐑌𐑇𐐲𐑌𐐼 𐐲𐐺𐐲𐑂,] 𐐸𐐭 𐐶𐐲𐑉 𐐫𐑊 𐐐𐐴 𐐑𐑉𐐨𐑅𐐻𐑅, 𐐶𐐮𐑄 𐑄 𐑉𐐯𐑆𐐮𐐼𐐭 𐐲𐑂 𐐸𐐮𐑆 𐐹𐐱𐑅𐐻𐐯𐑉𐐮𐐻𐐨 𐐸𐐭 𐐶𐐲𐑉 𐑉𐐴𐐽𐐲𐑅, 𐐮𐑌𐐻𐐭 𐑄 𐑂𐐰𐑊𐐨 𐐲𐑂 𐐈𐐼𐐲𐑋-𐐱𐑌𐐼𐐴-𐐈𐑋𐐲𐑌, 𐐰𐑌𐐼 𐑄𐐯𐑉 𐐺𐐲𐑅𐐻𐐬𐐼 𐐲𐐹𐐱𐑌 𐑄𐐯𐑋 𐐸𐐮𐑆 𐑊𐐰𐑅𐐻 𐐺𐑊𐐯𐑅𐐮𐑍. 𐐈𐑌𐐼 𐑄 𐐢𐐫𐑉𐐼 𐐲𐐹𐐨𐑉𐐼 𐐲𐑌𐐻𐐭 𐑄𐐯𐑋, 𐐰𐑌𐐼 𐑄𐐩 𐑉𐐬𐑆 𐐲𐐹 𐐰𐑌𐐼 𐐺𐑊𐐯𐑅𐐻 𐐈𐐼𐐲𐑋, 𐐰𐑌𐐼 𐐿𐐫𐑊𐐼 𐐸𐐮𐑋 𐐣𐐴𐐿𐐲𐑊, 𐑄 𐐑𐑉𐐮𐑌𐑅, 𐑄 𐐂𐑉𐐿𐐩𐑌𐐾𐐲𐑊. 𐐈𐑌𐐼 𐑄 𐐢𐐫𐑉𐐼 𐐲𐐼𐑋𐐮𐑌𐐮𐑅𐐻𐐲𐑉𐐼 𐐿𐐲𐑋𐑁𐐲𐑉𐐻 𐐲𐑌𐐻𐐭 𐐈𐐼𐐲𐑋, 𐐰𐑌𐐼 𐑅𐐯𐐼 𐐲𐑌𐐻𐐭 𐐸𐐮𐑋, 𐐌 𐐸𐐰𐑂 𐑅𐐯𐐻 𐑄𐐨 𐐻𐐭 𐐺𐐨 𐐰𐐻 𐑄 𐐸𐐯𐐼—𐐰 𐑋𐐲𐑊𐐻𐐮𐐻𐐭𐐼 𐐲𐑂 𐑌𐐩𐑇𐐲𐑌𐑆 𐑇𐐰𐑊 𐐿𐐲𐑋 𐐲𐑂 𐑄𐐨, 𐐰𐑌𐐼 𐑄𐐵 𐐪𐑉𐐻 𐐰 𐐹𐑉𐐮𐑌𐑅 𐐬𐑂𐐲𐑉 𐑄𐐯𐑋 𐑁𐐫𐑉 𐐯𐑂𐐲𐑉. 𐐈𐑌𐐼 𐐈𐐼𐐲𐑋 𐑅𐐻𐐳𐐼 𐐲𐐹 𐐮𐑌 𐑄 𐑋𐐮𐐼𐑅𐐻 𐐲𐑂 𐑄 𐐿𐐱𐑍𐑀𐑉𐐲𐑀𐐩𐑇𐐲𐑌, 𐐰𐑌𐐼 𐑌𐐱𐐻𐐶𐐮𐑃𐑅𐐻𐐰𐑌𐐼𐐮𐑍 𐐸𐐨 𐐶𐐲𐑆 𐐺𐐵𐐼 𐐼𐐵𐑌 𐐶𐐮𐑄 𐐩𐐾, 𐐺𐐨𐐮𐑍 𐑁𐐳𐑊 𐐲𐑂 𐑄 𐐐𐐬𐑊𐐨

𐐘𐐬𐑅𐐻, 𐐹𐑉𐐲𐐼𐐮𐐿𐐻𐐲𐐼 𐐸𐐶𐐲𐐻𐑅𐐬𐐯𐑂𐐲𐑉 𐑇𐐳𐐼 𐐺𐐲𐑁𐐫𐑊 𐐸𐐮𐑆 𐐹𐐪𐑅𐐻𐐯𐑉𐐮𐐻𐐨 𐐲𐑌𐐻𐐭 𐑄 𐑊𐐩𐐻𐐲𐑅𐐻 𐐾𐐯𐑌𐐲𐑉𐐩𐑇𐐲𐑌. 𐐜𐐨𐑆 𐑃𐐮𐑍𐑆 𐐶𐐲𐑉 𐐫𐑊 𐑉𐐮𐐻𐐲𐑌 𐐮𐑌 𐑄 𐐒𐐳𐐿 𐐲𐑂 𐐀𐑌𐐲𐐿, 𐐰𐑌𐐼 𐐪𐑉 𐐻𐐭 𐐺 𐐻𐐯𐑅𐐻𐐮𐑁𐐴𐐼 𐐲𐑂 𐐮𐑌 𐐼𐐭 𐐻𐐴𐑋."

𐐃𐑊𐑄𐐬, 𐐮𐑌 𐑄 𐐲𐐺𐐲𐑂, 𐑄𐐯𐑉 𐐮𐑆 𐑌𐐲𐑃𐐮𐑍 𐐼𐐲𐑉𐐯𐐿𐑊𐐨 𐑅𐐯𐐼 𐐲𐐺𐐵𐐻 𐑄 𐐫𐑁𐐲𐑉𐐮𐑍 𐐲𐑂 𐑅𐐰𐐿𐑉𐐮𐑁𐐴𐑅𐐲𐑆, 𐐷𐐯𐐻, 𐐰𐑆 𐑄𐐮𐑅 𐐶𐐲𐑆 𐐪 𐐷𐐭𐑈𐐲𐐶𐐲𐑊 𐑅𐐯𐑉𐐲𐑋𐐬𐑌𐐨, 𐐰𐑌𐐼 𐐮𐐻 𐐺𐐲𐑊𐐫𐑍𐐼 𐐻𐐭 𐑄 𐐑𐑉𐐨𐑅𐐻𐐸𐐳𐐼 𐐰𐑌𐐼 𐐻𐐭 𐑄 𐐑𐑉𐐪𐑋𐐮𐑅𐐻 𐑅𐐨𐐼 𐐻𐐭 𐐫𐑁𐐲𐑉 𐑅𐐰𐐿𐑉𐐮𐑁𐐴𐑅𐐲𐑆, 𐐮𐐻 𐐶𐐳𐐼 𐐺 𐑉𐐨𐑆𐐲𐑌𐐲𐐺𐐲𐑊 𐐻𐐭 𐑅𐐲𐐹𐐬𐑆 𐑄𐐰𐐻 𐐈𐐼𐐲𐑋 𐐼𐐮𐐼 𐑄𐐯𐑌 𐐰𐑌𐐼 𐑄𐐯𐑉 𐐲𐑁𐐮𐑇𐐨𐐩𐐻 𐐮𐑌 𐑄𐐰𐐻 𐑉𐐴𐐻; 𐐮𐑌𐐼𐐨𐐼, 𐐮𐐻 𐐶𐐲𐑆 𐑅𐐻𐐩𐐻𐐲𐐼 𐐺𐐴 𐑄 𐐑𐑉𐐪𐑁𐐲𐐻 𐐖𐐬𐑆𐐯𐑁 𐐝𐑋𐐮𐑃, 𐐮𐑌 𐐵𐑉 𐐸𐐮𐑉𐐮𐑍, 𐐸𐐶𐐴𐑊 𐑅𐐻𐐰𐑌𐐼𐐮𐑍 𐐫𐑌 𐐰𐑌 𐐯𐑊𐐲𐑂𐐩𐐻𐐲𐐼 𐐹𐐨𐑅 𐐲𐑂 𐑀𐑉𐐵𐑌𐐼 𐐫𐑉 𐐹𐑊𐐰𐐻𐐬 𐑌𐐮𐑉 𐐈𐐼𐐲𐑋-𐐪𐑌𐐼𐐴-𐐂𐑋𐐲𐑌[1] (𐐔𐐩𐑂𐐮𐑅 𐐗𐐬., 𐐣𐐮𐑆𐐳𐑉𐐨,), 𐐸𐐶𐐯𐑉 𐑄𐐯𐑉 𐐶𐐲𐑉 𐐪 𐑌𐐲𐑋𐐺𐐲𐑉 𐐲𐑂 𐑉𐐪𐐿𐑅 𐐹𐐴𐑊𐐼 𐐻𐐲𐑀𐐯𐑄𐐲𐑉, 𐑄𐐰𐐻 𐑄 𐑂𐐰𐑊𐐨 𐐺𐐲𐑁𐐬𐑉 𐐲𐑅 𐐶𐐲𐑆 𐑄 𐑂𐐰𐑊𐐨 𐐲𐑂 𐐈𐐼𐐲𐑋-𐐪𐑌𐐼𐐴-𐐂𐑋𐐲𐑌; 𐐫𐑉 𐐮𐑌 𐐲𐑄𐐲𐑉 𐐶𐐲𐑉𐐼𐑆, 𐑄 𐑂𐐰𐑊𐐨 𐐸𐐶𐐯𐑉 𐐘𐐪𐐼 𐐻𐐫𐐿𐐻 𐐶𐐮𐑄 𐐈𐐼𐐲𐑋, 𐐰𐑌𐐼 𐐸𐐶𐐯𐑉 𐐸𐐨 𐑀𐐰𐑄𐐲𐑉𐐼 𐐸𐐮𐑆 𐑉𐐴𐐽𐐲𐑅 𐐹𐐪𐑅𐐻𐐯𐑉𐐮𐐻𐐨, 𐐰𐑆 𐑉𐐲𐐿𐐫𐑉𐐼𐐲𐐼 𐐮𐑌 𐑄 𐐲𐐺𐐲𐑂 𐑉𐐯𐑂𐐲𐑊𐐩𐑇𐐲𐑌, 𐐰𐑌𐐼 𐑄𐐰𐐻 𐑄𐐮𐑅 𐐹𐐴𐑊 𐐲𐑂 𐑅𐐻𐐬𐑌𐑆 𐐶𐐲𐑆 𐐰𐑌 𐐫𐑊𐐻𐐲𐑉 𐐺𐐮𐑊𐐻 𐐺𐐴 𐐸𐐮𐑋 𐐸𐐶𐐯𐑌 𐐸𐐨 𐐫𐑁𐐲𐑉𐐼 𐐲𐐹 𐑅𐐰𐐿𐑉𐐮𐑁𐐴𐑅𐐲𐑆, 𐐰𐑆 𐐶𐐨 𐐲𐑌𐐼𐐲𐑉𐑅𐐻𐐰𐑌𐐼, 𐐫𐑌 𐑄𐐰𐐻 𐐲𐐿𐐩𐑈𐐲𐑌. 𐐆𐑁 𐐈𐐼𐐲𐑋 𐑄𐐯𐑌 𐐫𐑁𐐲𐑉𐐼 𐐲𐐹 𐑅𐐰𐐿𐑉𐐮𐑁𐐴𐑅𐐲𐑆 𐐮𐑌 𐑄 𐐹𐑉𐐯𐑆𐐲𐑌𐑅 𐐲𐑂 𐑄𐐨𐑆 𐐹𐑉𐐪𐑋𐐮𐑌𐐲𐑌𐐻 𐑋𐐯𐑌, 𐐸𐐨 𐐺𐐨𐐮𐑍 𐑄 𐐹𐑉𐐯𐑆𐐮𐐼𐐲𐑌𐐻 𐐲𐑂 𐑄𐐨𐑆 𐐐𐐴 𐐑𐑉𐐨𐑅𐐻𐑅, 𐐸𐐨 𐐶𐐳𐐼 𐐲𐑁𐐮𐑇𐐨𐐩𐐻 𐑁𐐫𐑉 𐑄𐐯𐑋 𐐰𐑆 𐐶𐐯𐑊 𐐰𐑆 𐑁𐐫𐑉 𐐸𐐮𐑋𐑅𐐯𐑊𐑁; 𐐸𐐶𐐴𐑊 𐐮𐐻 𐐮𐑆 𐐿𐐶𐐴𐐻 𐑉𐐨𐑆𐐲𐑌𐐲𐐺𐐲𐑊 𐐻𐐭 𐐺𐐲𐑊𐐨𐑂 𐑄𐐰𐐻 𐑄𐐩 𐐲𐑅𐐮𐑅𐐻𐐲𐐼 𐐮𐑌 𐑄 𐐫𐑁𐐲𐑉𐐮𐑍𐑆 𐑋𐐩𐐼 𐐲𐐹𐐫𐑌 𐑄𐐰𐐻 𐐫𐑊𐐻𐐲𐑉. 𐐡𐐲𐑀𐐪𐑉𐐼𐐮𐑍 𐑄𐐮𐑅 𐑄 𐑅𐐩𐑌𐐻𐑅 𐑅𐐮𐑍:

𐐜𐐮𐑅 𐐲𐑉𐑃 𐐶𐐲𐑆 𐐶𐐲𐑌𐑅 𐐪 𐑀𐐪𐑉𐐼𐐲𐑌 𐐹𐑊𐐩𐑅,
𐐎𐐮𐑄 𐐫𐑊 𐐸𐐲𐑉 𐑀𐑊𐐫𐑉𐐨𐑆 𐐿𐐪𐑋𐐲𐑌,
𐐈𐑌𐐼 𐑋𐐯𐑌 𐐼𐐮𐐼 𐑊𐐮𐑂 𐐪 𐐸𐐬𐑊𐐨 𐑉𐐩𐑅,
𐐈𐑌𐐼 𐐶𐐲𐑉𐑇𐐮𐐹 𐐖𐐨𐑆𐐲𐑅 𐑁𐐩𐑅 𐐻𐐭 𐑁𐐩𐑅,
𐐆𐑌 𐐈𐐼𐐲𐑋-𐐪𐑌𐐼𐐴-𐐂𐑋𐐲𐑌.

𐐎𐐨 𐑉𐐨𐐼 𐑄𐐰𐐻 𐐀𐑌𐐲𐐿 𐐶𐐫𐐿𐐻 𐐶𐐮𐑄 𐐘𐐪𐐼,
𐐊𐐺𐐲𐑂 𐑄 𐐹𐐵𐐲𐑉 𐐲𐑂 𐑋𐐰𐑋𐐲𐑌,
𐐐𐐶𐐴𐑊 𐐞𐐴𐐲𐑌 𐑅𐐹𐑉𐐯𐐼 𐐸𐐲𐑉𐑅𐐯𐑊𐑁 𐐲𐐺𐑉𐐫𐐼,
𐐈𐑌𐐼 𐑅𐐩𐑌𐐻𐑅 𐐰𐑌𐐼 𐐩𐑌𐐾𐐲𐑊𐑆 𐑅𐐲𐑍 𐐲𐑊𐐵𐐼,
𐐆𐑌 𐐈𐐼𐐲𐑋-𐐪𐑌𐐼𐐴-𐐂𐑋𐐲𐑌.

[1]"𐐡𐐯𐑂𐐲𐑊𐐩𐑇𐐲𐑌 𐐻𐐭 𐐖𐐬𐑆𐐯𐑁, 𐑄 𐐝𐐮𐑉, 𐑀𐐮𐑂𐐲𐑌 𐑌𐐮𐑉 𐐎𐐴𐐻'𐑅 𐐙𐐯𐑉𐐨, 𐐰𐐻 𐐪 𐐹𐑊𐐩𐑅 𐐿𐐫𐑊𐐼 𐐝𐐹𐑉𐐮𐑍 𐐐𐐮𐑊, 𐐔𐐩𐑂𐐮𐑅 𐐗𐐵𐑌𐐻𐐨, 𐐣𐐮𐑆𐐳𐑉𐐨, 𐐣𐐩 19𐑃, 1838, 𐐸𐐶𐐯𐑉𐐮𐑌 𐐝𐐹𐑉𐐮𐑍 𐐐𐐮𐑊 𐐮𐑆 𐑌𐐩𐑋𐐼 𐐺𐐴 𐑄 𐐢𐐫𐑉𐐼, 𐐈𐐼𐐲𐑋-𐐪𐑌𐐼𐐴-𐐂𐑋𐐲𐑌, 𐐒𐐲𐐿𐐫𐑆, 𐑅𐐯𐐼 𐐸𐐨, 𐐮𐐻 𐐮𐑆 𐑄 𐐹𐑊𐐩𐑅 𐐸𐐶𐐯𐑉 𐐈𐐼𐐲𐑋 𐑇𐐰𐑊 𐐿𐐲𐑋 𐐻𐐭 𐑂𐐮𐑆𐐮𐐻 𐐸𐐮𐑆 𐐹𐐨𐐹𐐲𐑊, 𐐫𐑉 𐑄 𐐁𐑌𐐽𐐲𐑌𐐻 𐐲𐑂 𐐼𐐩𐑆 𐑇𐐰𐑊 𐑅𐐮𐐻, 𐐰𐑆 𐑅𐐹𐐬𐐿𐐲𐑌 𐐲𐑂 𐐺𐐴 𐐔𐐰𐑌𐐷𐐯𐑊 𐑄 𐐑𐑉𐐪𐑁𐐲𐐻."—𐐔&𐐗 116

Ψɾφ ɭɹɴd ωɾ6 ὡqd ɹɴd ὡφɛɭɭə ȣɭɹȣɭ,
    Ȣəѳɴd oɭd Ɨ6φɾɭ'6 Ѡɛɴɾɴ;
Ψɾφ ƥɛɔ ωɾ6 ɴoɴ ƥφɾɔ əȣɭ ɭɸ ωɹȣɭ,
Ψɾφ ɿəȣ ωɾ6 ὡφɛɭ, ɹɴd ɿvqφ ɣ φɹȣɭ
    Ƥɞ Ɉdɾɔ-ɘɴdɸ-Ꮎɔɾɴ.

Ψo6ɹɴɾ ɭɸ ȣɾc dɛ6 ɭɸ ωɾɔ—
    Ɣ Ȣɛɞvɾφ'6 ȣɹωɾɴd ωɾɔɨи,
Ψωɹɴ ѳɭ ɣ ɾφʟ ɨɴ ὡɭѳφəɾȣ ȣɭɸɔ,
Ƥƥѳφd6 ɣ Ȣɛɴɭȣ ɘ φoɭə φoɔ,
    Ɩɸω Ɉdɾɔ-ɘɴdɸ-Ꮎɔɾɴ.

# Cнтıғф IX

*Энғω, φıв Lфр ннd Ιфнмəlеbғм—Фнрфғмвғв ıœ Φıɔ вф Ιəl ннd Gœd—Ωəıəғв Λœвıфнœıв рфғɔ Φıв Ιфəрғвə—Ʊ Ιфəрғı Gəвнр Вɔн, əм Энғω ннd ʏ Ɑœıфıм ғв Ιфнмəlеbғм—Ʊ Œрıв ғв Ιфнмəlеıғd Веıв—Энғω'в Pнœсғф Ωғфω—Ιфнмəlеbғм ннd Фнвмфнœbғм—Ωффвı ʏ Ωфəеıғф—Вғɔғфə ғв ʏ Фғвғıв ғв Энғω'в Pеl ıм ʏ Веıм Ɑlғd ғв Ωффвı*

Wə наωвı ωғɔ ıœ Энғω, φœ ıфнвғнıв ə внфə ɪɔтөфıғнı рıώνғф ғɔғи ʏ нмıədıœвəғнв, нмd ғв φœɔ ʏнф əф вғɔ внфə ɔəфвғlғв lниб фıеıғd. Ʊ Вфвғl фнωғфd ғв φıɔ ıб нб рəlœб:

"Λмd Gнфғd lıвd нм φғмdфғd, вıωвıə нмd ıœ ъıфб, нмd φə вғώнı Энғω.... Λмd Энғω lıвd вıωвıə нмd рфв ъıфб, нмd вғώнı Ɔғlœбғlғ: нмd Энғω ωœωı ωıʏ Ѡəd нрıғф φə вғώнı Ɔғlœбғlғ lфə фғмdфғd ъıфб, нмd вғώнı вғмб нмd dœıғфб; нмd œl ʏ dеб ғв Энғω ωғф lфə фғмdфғd, вıωвıə нмd рфв ъıфб; нмd Энғω ωœωı ωıʏ Ѡəd, нмd φə ωғб мəı; рəф Ѡəd ıqω φıɔ."—Gнмғвıв 5:18, 21–24.

Ʊıв ıб вғфıғмlə ə внфə ɔəώғф φıвıғфə ғв вə ώфеı ə ıғфвғмғс, нмd ıœ вғıф ʏ dғрıbғмвв ωə ɔғвı φнв фəωəфв ıœ ғʏғф ıнвıɪɔəнəб: ωғм ɪɔтөфıғм рнωı, фόнвғф, ıб фıф вıеıғd, ʏнı "φə ωœωı ωıʏ Ѡəd;" ғмғʏғф ıб, ʏнı "Ѡəd ıqω φıɔ." Ʊнф ωғб нвıdғмlə ə вqω фıғм вф ʏıв Ιеıфəəфω, φωıс ıб œəld ʏ Вqω ғв Энғω, рəф Gœd вмб:

"Λмd Энғω əlвə, ʏ внвғмl рфғɔ Λdғɔ, ıфəрғвфd ғв ʏəб, веıи, Ɑғфəıd, ʏ Lœфd ωғɔғl ωıʏ ıнм lόбғмd ғв φıб веıв, ıœ нωвғωъœı сғсɔғмı ғıəм œl, нмd ıœ ωғмвıив œl ʏнı əф ғмώədlə ғɔғи ʏнɔ ғв œl ʏнф ғмώədlə dəd6 φωıс ʏе φнв ғмώədlə ωғɔıғd, нмd ғв œl ʏнф φəфd вıəсғб φωıс ғмώədlə вмғфб φнв вıəωғм ғώнмвı φıɔ."—Gœd 1:14, 15.

Pфғɔ ʏ ғвғв ıı ωqd вəɔ ʏнı мəı əмlə φнd Энғω фıғм ə вqω, вғı ʏнı Gœd φнd нωвнв ıœ ıı; əф ıр мəı φнd φнd ə ωғɔъœиωеbғм əф фнвғıеbғм рфғɔ Энғω, нб фғрғфd ıœ вф Gəвнр Вɔн, фıфнрıғф, рəф ωə dıвωғвғф ʏнı φə φнd ə мəlғс ғв ʏ Вғм ғв Ѡəd, ʏ Ɔғвфф. Ħ ıб ıфœ, ʏ Əмlə Вғώəıғм, нб Φə ıб вıəωғм ғв нlвφωнф, ıб мəı фıф ɔнмсғмd, вғı əмlə ʏ Lœфd ıб фғрғфd ıœ; ънı ʏ вғфωғɔвıнмвғб ωғмнωıғd ʏнфωıʏ əф ıмdıωғıв ғв ıı вəи ʏнı ıғфвғмғс; рəф Ιəl ɪωвıфнвғб ʏ веɔ 𐑅𐐯𐑌𐐻𐐮𐑋𐐲𐑌𐐻 𐐮𐑌 𐑉𐐲𐑀𐐫𐑉𐐼 𐐻𐐭 𐑄 𐑅𐐯𐐿𐐲𐑌𐐼 𐐿𐐲𐑋𐐮𐑍 𐐲𐑂 𐑄 𐐣𐐲𐑅𐐴𐐲, 𐐰𐑌𐐼 𐑅𐐯𐑆:

“𐐈𐑌𐐼 𐐻𐐭 𐐷𐐭, 𐐸𐐭 𐐫𐑉 𐐻𐑉𐐲𐐺𐐲𐑊𐐼, 𐑉𐐯𐑅𐐻 𐐶𐐮𐑄 𐐲𐑅, 𐐸𐐶𐐯𐑌 𐑄 𐐢𐐫𐑉𐐼 𐐖𐐨𐑆𐐲𐑅 𐑇𐐰𐑊 𐐺 𐑉𐐲𐑂𐐨𐑊𐐼 𐑁𐑉𐐲𐑋 𐐸𐐯𐑂𐐲𐑌 𐐶𐐮𐑄 𐐸𐐮𐑆 𐑋𐐴𐐻𐐨 𐐩𐑌𐐾𐐲𐑊𐑆, 𐐮𐑌 𐑁𐑊𐐩𐑋𐐮𐑍 𐑁𐐴𐑉 𐐻𐐩𐐿𐐮𐑍 𐑂𐐯𐑌𐐾𐐲𐑌𐑅 𐐫𐑌 𐑄𐐯𐑋 𐑄𐐰𐐻 𐑌𐐬 𐑌𐐫𐐻 𐐘𐐫𐐼, 𐐰𐑌𐐼 𐑄𐐰𐐻 𐐬𐐺𐐩 𐑌𐐫𐐻 𐑄 𐑀𐐫𐑅𐐹𐐲𐑊 𐐲𐑂 𐐵𐑉 𐐢𐐫𐑉𐐼 𐐖𐐨𐑆𐐲𐑅 𐐗𐑉𐐴𐑅𐐻: 𐐸𐐭 𐑇𐐰𐑊 𐐺 𐐹𐐲𐑌𐐮𐑇𐐻 𐐶𐐮𐑄 𐐯𐑂𐐲𐑉𐑊𐐰𐑅𐐻𐐮𐑍 𐐼𐐲𐑅𐐻𐑉𐐲𐐿𐑇𐐲𐑌 𐑁𐑉𐐲𐑋 𐑄 𐐹𐑉𐐯𐑆𐐲𐑌𐑅 𐐲𐑂 𐑄 𐐢𐐫𐑉𐐼, 𐐰𐑌𐐼 𐑁𐑉𐐲𐑋 𐑄 𐑀𐑊𐐫𐑉𐐨 𐐲𐑂 𐐸𐐮𐑆 𐐹𐐵𐐲𐑉; 𐐸𐐶𐐯𐑌 𐐸𐐨 𐑇𐐰𐑊 𐐿𐐲𐑋 𐐻𐐭 𐐺 𐑀𐑊𐐫𐑉𐐮𐑁𐐴𐐼 𐐮𐑌 𐐸𐐮𐑆 𐑅𐐩𐑌𐐻𐑅, 𐐰𐑌𐐼 𐐻𐐭 𐐺 𐐰𐐼𐑋𐐴𐑉𐐼 𐐮𐑌 𐐫𐑊 𐑄𐐯𐑋 𐑄𐐰𐐻 𐐺𐐮𐑊𐐨𐑂 (𐐺𐐲𐐿𐐫𐑆 𐐵𐑉 𐐻𐐯𐑅𐐻𐐮𐑋𐐬𐑌𐐨 𐐲𐑋𐐲𐑍 𐐷𐐭 𐐶𐐲𐑆 𐐺𐐮𐑊𐐨𐑂𐐼) 𐐮𐑌 𐑄𐐰𐐻 𐐼𐐩.”—2 𐐛𐐯𐑅𐐲𐑊𐐬𐑌𐐨𐐲𐑌𐑆 1:7–10.

𐐣𐐫𐑉𐐬𐑂𐐲𐑉, 𐐖𐐨𐑆𐐲𐑅 𐐐𐐮𐑋𐑅𐐯𐑊𐑁 𐑋𐐩𐐿𐑅 𐑄 𐑁𐐫𐑊𐐬𐐮𐑍 𐑉𐐲𐑋𐐫𐑉𐐿𐑅 𐐿𐐲𐑌𐑅𐐲𐑉𐑌𐐮𐑍 𐑄 𐑅𐐩𐑋 𐑅𐐲𐐺𐐾𐐯𐐿𐐻:

“𐐐𐐶𐐯𐑌 𐑄 𐐝𐐲𐑌 𐐲𐑂 𐑋𐐰𐑌 𐑇𐐰𐑊 𐐿𐐲𐑋 𐐮𐑌 𐐸𐐮𐑆 𐑀𐑊𐐫𐑉𐐨, 𐐰𐑌𐐼 𐐫𐑊 𐑄 𐐸𐐬𐑊𐐨 𐐩𐑌𐐾𐐲𐑊𐑆 𐐶𐐮𐑄 𐐸𐐮𐑋, 𐑄𐐯𐑌 𐑇𐐰𐑊 𐐸𐐨 𐑅𐐮𐐻 𐐲𐐹𐐫𐑌 𐑄 𐑃𐑉𐐬𐑌 𐐲𐑂 𐐸𐐮𐑆 𐑀𐑊𐐫𐑉𐐨: 𐐰𐑌𐐼 𐐺𐐲𐑁𐐫𐑉 𐐸𐐮𐑋 𐑇𐐰𐑊 𐐺 𐑀𐐰𐑄𐐲𐑉𐐼 𐐫𐑊 𐑌𐐩𐑇𐐲𐑌𐑆: 𐐰𐑌𐐼 𐐸𐐨 𐑇𐐰𐑊 𐑅𐐯𐐹𐐲𐑉𐐩𐐻 𐑄𐐯𐑋 𐐶𐐲𐑌 𐑁𐑉𐐲𐑋 𐐲𐑌𐐲𐑄𐐲𐑉, 𐐰𐑆 𐐫 𐑇𐐯𐐹𐐲𐑉𐐼 𐐼𐐮𐑂𐐴𐐼𐐲𐑃 𐐸𐐮𐑆 𐑇𐐨𐐹 𐑁𐑉𐐲𐑋 𐑄 𐑀𐐬𐐻𐑅.”—𐐣𐐰𐑃𐐷𐐭 25:31, 32.

𐐜𐐲𐑅 𐐺𐐨𐐮𐑍 𐑄𐐰𐐻 𐐮𐐻 𐐶𐐲𐑆 𐑄 𐑅𐐩𐑋 𐐹𐐲𐑉𐑅𐐲𐑌𐐲𐐾 𐑄𐐰𐐻 𐐶𐐲𐑆 𐑉𐐲𐑁𐐲𐑉𐐼 𐐻𐐭 𐐺𐐴 𐐀𐑌𐐲𐐿.

𐐑𐐫𐑊, 𐐮𐑌 𐐸𐐮𐑆 𐐮𐐹𐐮𐑅𐐲𐑊 𐐻𐐭 𐑄 𐐐𐐨𐐺𐑉𐐭𐑆, 𐑉𐐴𐐻𐑅:

“𐐒𐐴 𐑁𐐩𐑃 𐐀𐑌𐐲𐐿 𐐶𐐲𐑆 𐐻𐑉𐐰𐑌𐑅𐑊𐐩𐐻𐐲𐐼, 𐑄𐐰𐐻 𐐸𐐨 𐑇𐐳𐐼 𐑌𐐫𐐻 𐑅𐐨 𐐼𐐯𐑃; 𐐰𐑌𐐼 𐐶𐐲𐑆 𐑌𐐫𐐻 𐑁𐐵𐑌𐐼, 𐐺𐐲𐐿𐐫𐑆 𐐘𐐫𐐼 𐐸𐐰𐐼 𐐻𐑉𐐰𐑌𐑅𐑊𐐩𐐻𐐲𐐼 𐐸𐐮𐑋; 𐑁𐐫𐑉 𐐺𐐲𐑁𐐫𐑉 𐐸𐐮𐑆 𐐻𐑉𐐰𐑌𐑅𐑊𐐩𐑇𐐲𐑌 𐐸𐐨 𐐸𐐰𐐼 𐑄𐐮𐑅 𐐻𐐯𐑅𐐻𐐮𐑋𐐬𐑌𐐨, 𐑄𐐰𐐻 𐐸𐐨 𐐹𐑊𐐨𐑆𐐼 𐐘𐐫𐐼.”—𐐐𐐨𐐺𐑉𐐭𐑆 11:5.

𐐜𐐨𐑆 𐐼𐐯𐐿𐑊𐐲𐑉𐐩𐑇𐐲𐑌𐑆 𐐫𐑉 𐑂𐐯𐑉𐐨 𐑅𐐻𐑉𐐫𐑍𐑊𐐨 𐐿𐐲𐑉𐐫𐐺𐐲𐑉𐐩𐐻𐐲𐐼 𐐺𐐴 𐑄 𐑁𐐫𐑊𐐬𐐮𐑍 𐐯𐐿𐑅𐐻𐑉𐐰𐐿𐐻𐑅 𐑁𐑉𐐲𐑋 𐐫 𐑉𐐯𐑂𐐲𐑊𐐩𐑇𐐲𐑌 𐑀𐐮𐑂𐐲𐑌 𐐻𐐭 𐑄 𐐑𐑉𐐫𐑁𐐲𐐻 𐐖𐐬𐑆𐐯𐑁 𐐝𐑋𐐮𐑃, 𐑉𐐲𐑊𐐩𐐻𐐮𐑍 𐐻𐐭 𐑄 𐐹𐑉𐐫𐑁𐐲𐑅𐐨 𐐲𐑂 𐐀𐑌𐐲𐐿, 𐐰𐑌𐐼 𐐹𐐲𐐺𐑊𐐮𐑇𐐻 𐐮𐑌 𐑄 𐐑𐐲𐑉𐑊 𐐲𐑂 𐐘𐑉𐐩𐐻 𐐑𐑉𐐴𐑅:

“𐐈𐑌𐐼 𐑁𐑉𐐲𐑋 𐑄𐐰𐐻 𐐻𐐴𐑋 𐑁𐐫𐑉𐑃 𐐀𐑌𐐲𐐿 𐐺𐐲𐑀𐐰𐑌 𐐻𐐭 𐐹𐑉𐐫𐑁𐐲𐑅𐐴, 𐑅𐐩𐐮𐑍 𐐲𐑌𐐻𐐭 𐑄 𐐹𐐨𐐹𐐲𐑊, 𐐜𐐰𐐻, 𐐰𐑆 𐐌 𐐶𐐲𐑆 𐐾𐐲𐑉𐑌𐐨𐐮𐑍, 𐐰𐑌𐐼 𐑅𐐻𐐳𐐼 𐐮𐑌 𐑄 𐐹𐑊𐐩𐑅 𐐣𐐲𐐸𐐬𐐾𐐲, 𐐰𐑌𐐼 𐐿𐑉𐐴𐐼 𐐲𐑌𐐻𐐭 𐑄 𐐢𐐫𐑉𐐼, 𐑄𐐯𐑉 𐐿𐐩𐑋 𐐫 𐑂𐐬𐐮𐑅 𐐵𐐻 𐐲𐑂 𐐸𐐯𐑂𐐲𐑌, 𐑅𐐩𐐮𐑍, 𐐓𐐲𐑉𐑌 𐐷𐐨, 𐐰𐑌𐐼 𐑀𐐯𐐻 𐐷𐐨 𐐲𐐹𐐫𐑌 𐑄 𐐣𐐵𐑌𐐻 𐐝𐐮𐑋𐐨𐐲𐑌. 𐐈𐑌𐐼 𐐮𐐻 𐐿𐐩𐑋 𐐻𐐭 𐐹𐐰𐑅 𐑄𐐰𐐻 𐐌 𐐻𐐲𐑉𐑌𐐼 𐐰𐑌𐐼 𐐶𐐯𐑌𐐻 𐐲𐐹 𐐫𐑌 𐑄 𐑋𐐵𐑌𐐻; 𐐰𐑌𐐼 𐐰𐑆 𐐌 𐑅𐐻𐐳𐐼 𐐲𐐹𐐫𐑌 𐑄 𐑋𐐵𐑌𐐻, 𐐌 𐐺𐐲𐐸𐐯𐑊𐐼 𐑄 𐐸𐐯𐑂𐐲𐑌𐑆 𐐬𐐹𐐲𐑌, 𐐰𐑌𐐼 𐐌 𐐶𐐲𐑆 𐐿𐑊𐐬𐑄𐐼 𐐲𐐹𐐫𐑌 𐐶𐐮𐑄 𐑀𐑊𐐫𐑉𐐨, 𐐰𐑌𐐼 𐐌 𐑅𐐫 𐑄 𐐢𐐫𐑉𐐼; 𐐰𐑌𐐼 𐐸𐐨 𐑅𐐻𐐳𐐼 𐐺𐐲𐑁𐐫𐑉 𐑋𐐴 𐑁𐐩𐑅, 𐐰𐑌𐐼 𐐸𐐨 𐐻𐐫𐐿𐐻 𐐶𐐮𐑄 𐑋𐐨, 𐐨𐑂𐐲𐑌 𐐰𐑆 𐐫 𐑋𐐰𐑌 𐐻𐐫𐐿𐐲𐑃 𐐶𐐲𐑌 𐐶𐐮𐑄 𐐲𐑌𐐲𐑄𐐲𐑉, 𐑁𐐩𐑅 𐐻𐐭 𐑁𐐩𐑅; 𐐰𐑌𐐼 𐐸𐐨 𐑅𐐯𐐼 𐐲𐑌𐐻𐐭 𐑋𐐨, 𐐢𐐳𐐿, 𐐰𐑌𐐼 𐐌 𐐶𐐮𐑊 𐑇𐐬 𐐲𐑌𐐻𐐭 𐑄 𐑄 𐐶𐐲𐑉𐑊𐐼 𐑁𐐫𐑉 𐑄 𐑅𐐹𐐩𐑅 𐐲𐑂 𐑋𐐯𐑌𐐨 𐐾𐐯𐑌𐐲𐑉𐐩𐑇𐐲𐑌𐑆....𐐈𐑌𐐼 𐑄 𐐢𐐫𐑉𐐼 𐑅𐐯𐐼 𐐲𐑌𐐻𐐭 𐑋𐐨, 𐐘𐐬 𐑁𐐫𐑉𐑃 𐐻𐐭 𐑄𐐮𐑅 𐐹𐐨𐐹𐐲𐑊 𐐰𐑌𐐼 𐑅𐐩 𐐲𐑌𐐻𐐭 𐑄𐐯𐑋, 𐐡𐐲𐐹𐐯𐑌𐐻, 𐑊𐐯𐑅𐐻 𐐌 𐐿𐐲𐑋 𐐵𐐻 𐐰𐑌𐐼 𐑅𐑋𐐴𐐻 ɣлɔ ωɪɣ ɵ ωᴦɸɵ, ɹʰd ɣɛ dꝺ. Ⅎʰd φɘ ώɛɞ ᴦʰɿɷ ɔɘ ɵ ωᴦɔɹʰdɔᴦʰɿ ɣɹɿ Ⴔ bqd ɞɹɿɿꝺɞ ɪʰ ɣ ʰɛɔ ᴦɞ ɣ Ᵽɵɣᴦɸ, ɹʰd ᴦɞ ɣ 8ᴦʰ, φɷ ɪɞ ᵽqɩ ᴦɞ ώɸɛɞ ɹʰd ɿφɷʟ, ɹʰd ɣ Ɏoɿɘ Ꝍoɞɿ, φωɪc ɞʌɸᴦʟ ɸʌωᴦɸd ᴦɞ ɣ Ᵽɵɣᴦɸ ɹʰd ɣ 8ᴦʰ. Ⅎʰd ɪɿ ωɛɔ ɿɷ ɿɹɞ ɣɹɿ Ꝺʰᴦω ωᴦʰɿɪʰvɷd ɿɷ ωɵɩ ᴦɿɵʰ ɵɩ ɣ ɿɘɿᴦɩ, ɞɛɞ ɪɿ ωᴦɸ ɣ ɿɘɿᴦɩ ᴦɞ Ꝍɛʰᴦʰ, ɿɷ ɸᴦɿʌʰ; ɹʰd ɞɵ ώɸɛɿ ωᴦɞ ɣ ᵽɛʟ ᴦɞ Ꝺʰᴦω, ɣɹɿ φɘ ɩʌd ɣ ɿɘɿᴦɩ ᴦɞ Ꝍɞd, ɹʰd ɣʌɸ ʌʰᴦɔɘɞ ωɛɔ ɿɷ ɞɹɿᴦɩ ᴦώʌʰɞɿ ɣʌɔ; ɹʰd φɘ ɞɿɛω ɣ ωᴦɸd ᴦɞ ɣ Ꞁɵɸd, ɹʰd ɣ ᴦɸʟ ɿɸʌɔɞᴦɩd, ɹʰd ɣ ɔɵʰɿᴦʰɞ ᵽɩʌd, ɘɞᴦʰ ᴦωɵɸdɪи ɿɷ φɪɞ ωᴦɔɹʰd; ɹʰd ɣ ɸɪɞᴦɸɞ ᴦɞ ωɵɿᴦɸ ωᴦɸ ɿᴦɸʰd ɵ́ɿ ᴦɞ ɣʌɸ ωɵɸɞ; ɹʰd ɣ ɸɵɸ ᴦɞ ɣ ɩꝺᴦʰɞ ωᴦɞ φᴦɸd ɵ́ɿ ᴦɞ ɣ ωɪɩdᴦɸʰᴦɞ; ɹʰd ɵɩ ʰɛbᴦʰɞ ᵽɪɸd ώɸɛɿɩɘ….Ⅎʰd ɣʌɸ ωʌʰɿ ᵽɵɸʟ ɵ ωᴦɸɵ ᴦɿɵʰ ɵɩ ɣ ɿɘɿᴦɩ φɷ ᵽɵɿ ᴦώʌʰɞɿ Ꝍɞd; ɹʰd ᵽɸᴦɔ ɣɹɿ ɿꝺɔ ᵽɵɸʟ ɣʌɸ ωᴦɸ ωɵɸɞ ɹʰd ɞɩᴦdbʌd ᴦɔᴦи ɣʌɔ; ɞᴦɿ ɣ Ꞁɵɸd ωɛɔ ɹʰd dωʌɩɿ ωɪɣ φɪɞ ɿɘɿᴦɩ, ɹʰd ɣɛ dωʌɩɿ ɪʰ ɸꝺcᴦɞʰᴦɞ. Ⅎʰd ɣ ᵽɪɸ ᴦɞ ɣ Ꞁɵɸd ωᴦɞ ᴦɿɵʰ ɵɩ ʰɛbᴦʰɞ, ɞɵ ώɸɛɿ ωᴦɞ ɣ ώɩɵɸɘ ᴦɞ ɣ Ꞁɵɸd, φωɪc ωᴦɞ ᴦɿɵʰ φɪɞ ɿɘɿᴦɩ….Ⅎʰd ɪɿ ωɛɔ ɿɷ ɿɹɞ ɣɹɿ Ꝺʰᴦω ɿɵωɿ ωɪɣ ɣ Ꞁɵɸd; ɹʰd φɘ ɞʌd ᴦʰɿɷ ɣ Ꞁɵɸd, Ꝺqɸɪɘ, ɞꝺᴦʰ bɹɩ dωʌɩ ɪʰ ɞɛᵽɘ ᵽɵɸ ʌɞᴦɸ. Ɐᴦɿ ɣ Ꞁɵɸd ɞʌd ᴦʰɿɷ Ꝺʰᴦω, ɞꝺᴦʰ φɹɞ Ⴔ ɞɩʌɞɿ, ɞᴦɿ ɣ ɸʌɞɪdɷ ᴦɞ ɣ ɿɘɿᴦɩ φɹɞ Ⴔ ωᴦɸɞɿ. Ⅎʰd ɪɿ ωɛɔ ɿɷ ɿɹɞ ɣɹɿ ɣ Ꞁɵɸd bod ᴦʰɿɷ Ꝺʰᴦω ɵɩ ɣ ɪʰφɹɞɪɿᴦʰɿɞ ᴦɞ ɣ ᴦɸʟ; ɹʰd φɘ ɞᴦφʌɩd, ɹʰd ɩo, ɞꝺᴦʰ, ɪʰ ɿɸɷɞʌɞ ᴦɞ ɿꝺɔ, ωᴦɞ ɿɛωᴦʰ ᴦɿ ɪʰɿɷ φʌɞᴦʰ! Ⅎʰd ɣ Ꞁɵɸd ɞʌd ᴦʰɿɷ Ꝺʰᴦω, Ɐᴦφoɩd ɔꝺʰ ᴦʌod ᵽɵɸ ʌɞᴦɸ."

Ɣ ɿɸɵᵽᴦɿ Ꞔoɞʌᵽ 8ɔɪʟ, φωʌʰ ɞɿɘωɪи ᴦɞ Ꝺʰᴦω ɹʰd φɪɞ ɿɘɿᴦɩ ɹʰd ɣ dɷωɿɸɪʰ ᴦɞ ɿɸɹʰɞɩɛbᴦʰ, ɞʌd;

"Ɨᵽ Ꝍɛʰ φɹd ᵽqɩᵽɪd ɣ ɩɵ ᴦɞ ɸꝺcᴦɞʰᴦɞ ɹɞ dɪd Ꝺʰᴦω, φɘ ωqd φɹɞ ωɵωɿ ωɪɣ Ꝍɞd ɵɩ ɣ dɛɞ ᴦɞ φɪɞ ɩꝺᵽ, ɹʰd ʰʌɞᴦɸ ᵽɛɩd ᴦɞ ɵ ɞɩʌɞɪи. Ꞔʌʰᴦɞɪɞ 5:22: 'Ⅎʰd Ꝺʰᴦω ωɵωɿ ωɪɣ Ꝍɞd ɹᵽɿᴦɸ φɘ ɞᴦώɹɿ Ɔᴦʟoɞᴦɩᴦ ʟφɘ φᴦʰdφᴦd vɪɸɞ, ɹʰd ɞᴦώɹɿ ɞᴦʰɞ ɹʰd dɵɿᴦɸɞ; ɹʰd ɵɩ ɣ dɛɞ ᴦɞ Ꝺʰᴦω ωᴦɸ ʟφɘ φᴦʰdφᴦd ɹʰd ɞɪωɞɿɘ-ᵽꝺɞ vɪɸɞ; ɹʰd Ꝺʰᴦω ωɵωɿ ωɪɣ Ꝍɞd ɹʰd φɘ ωᴦɞ ʰɵɿ, ᵽɵɸ Ꝍɞd ɿqω φɪɔ.' Ɥɵ́ ɣɪɞ Ꝺʰᴦω Ꝍɞd φᴦɞᴦɸɞd ᴦʰɿɷ Ɏɪɔɞʌɩᵽ, ɣɹɿ φɘ bqd ʰɵɿ dꝺ ɹɿ ɣɹɿ ɿꝺɔ, ɹʰd ᴦɿɵɪʰɿᴦd ᴦʰɿɷ φɪɔ ɵ ɔɪʰɪɞɿɸɘ ᴦʰɿɷ ɿᴦɸʌɞɿɸɘᴦɩ ɞɵdɘɞ, ᴦɞ φɵɔ ɣʌɸ φɹɞ ɞɪʰ ɞᴦɿ ɩɪᴦɩ ɸᴦɞɘɩd. Ɏɘ ɪɞ φᴦɞᴦɸɞd ɵɩɞɵ ᴦʰɿɷ ɣ ɿɸʌɞɪdᴦʰɞɘ ᴦɞ ɵ dɪɞɿᴦʰɞɛbᴦʰ, ɹʰd ɔɵɸ bɹɩ ɞ ɞʌd ᴦɞ φɪɔ ɹʰd ɿᴦɸʌɞɿɸɘᴦɩ ɞɵdɘɞ ɪʰ ᴦʰᴦɣᴦɸ ɿɸɘɿɪɞ. Ɏɘ ɪɞ ɵ ɔɪʰɪɞɿᴦɸɪи ɛʰcᴦɩ, ɿɷ ɔɪʰɪɞɿᴦɸ ɿɷ ɣoɞ φɷ bɹɩ ɞ ʌɸɞ ᴦɞ ɞɹɩɞɛbᴦʰ, ɹʰd ᴦɿɪɸd ᴦʰɿɷ Ꞔɷd ɹɞ Ɛɞᴦɩ dɪd ᴦʰɿɷ Ɫoɩ: ɣʌɸᵽɵɸ Ꞔɷd ɞɿɵω ᴦɞ φɪɔ, 14ʟ ɹʰd 15ʟ ɞᴦɸɞᴦɞ: 'Ⅎʰd Ꝺʰᴦω, ɣ ɞʌɞᴦʰʟ ᵽɸᴦɔ Ⅎdᴦɔ, 𐑉𐐲𐑂𐐨𐑊𐐼 𐑄𐐨𐑆 𐑅𐐩𐐮𐑍𐑆: 𐐒𐐲𐐸𐐬𐑊𐐼, 𐑄 𐐢𐐱𐑉𐐼 𐐿𐐲𐑋𐐲𐑃 𐐶𐐮𐑄 𐐻𐐯𐑌 𐑃𐐵𐑆𐐲𐑌𐐼 𐐲𐑂 𐐸𐐮𐑆 𐐝𐐩𐑌𐐻𐑅.'

"𐐑𐐱𐑊 𐐶𐐲𐑆 𐐱𐑊𐑅𐐬 𐐲𐐿𐐶𐐩𐑌𐐻𐐲𐐼 𐐶𐐮𐑄 𐑄𐐮𐑅 𐐿𐐯𐑉𐐲𐐿𐐻𐐲𐑉, 𐐰𐑌𐐼 𐑉𐐲𐑅𐐨𐑂𐐼 𐐮𐑌𐑅𐐻𐑉𐐲𐐿𐑇𐐲𐑌𐑆 𐑁𐑉𐐲𐑋 𐐸𐐮𐑋: 𐐐𐐨𐐺𐑉𐐭𐑆 11:5: '𐐒𐐴 𐑁𐐩𐑃 𐐀𐑌𐐲𐐿 𐐶𐐲𐑆 𐐻𐑉𐐰𐑌𐑅𐑊𐐩𐐻𐐲𐐼, 𐑄𐐰𐐻 𐐸𐐨 𐑇𐐳𐐼 𐑌𐐱𐐻 𐑅𐐨 𐐼𐐯𐑃, 𐐰𐑌𐐼 𐐶𐐲𐑆 𐑌𐐱𐐻 𐑁𐐵𐑌𐐼, 𐐺𐐲𐐿𐐲𐑆 𐐘𐐱𐐼 𐐸𐐰𐐼 𐐻𐑉𐐰𐑌𐑅𐑊𐐩𐐻𐐲𐐼 𐐸𐐮𐑋; 𐑁𐐱𐑉 𐐺𐐲𐑁𐐱𐑉 𐐸𐐮𐑆 𐐻𐑉𐐰𐑌𐑆𐑊𐐩𐑇𐐲𐑌 𐐸𐐨 𐐸𐐰𐐼 𐑄𐐮𐑅 𐐻𐐯𐑅𐐻𐐮𐑋𐐬𐑌𐐨, 𐑄𐐰𐐻 𐐸𐐨 𐐹𐑊𐐨𐑆𐐼 𐐘𐐱𐐼; 𐐺𐐲𐐻 𐐶𐐮𐑃𐐵𐐻 𐑁𐐩𐑃 𐐮𐐻 𐐮𐑆 𐐮𐑋𐐹𐐱𐑅𐐮𐐺𐐲𐑊 𐐻𐐭 𐐹𐑊𐐨𐑆 𐐸𐐮𐑋, 𐑁𐐱𐑉 𐐸𐐨 𐑄𐐰𐐻 𐐿𐐲𐑋𐐲𐑃 𐐻𐐭 𐐘𐐱𐐼 𐑋𐐲𐑅𐐻 𐐺𐐲𐑊𐐨𐑂 𐑄𐐰𐐻 𐐸𐐨 𐐮𐑆, 𐐰𐑌𐐼 𐑄𐐰𐐻 𐐸𐐨 𐐮𐑆 𐐪 𐑉𐐲𐑂𐐨𐑊𐐲𐑉 𐐻𐐭 𐑄𐐬𐑆 𐐸𐐭 𐐼𐐮𐑊𐐮𐐾𐐲𐑌𐐻𐑊𐐨 𐑅𐐨𐐿 𐐸𐐮𐑋.'

"𐐤𐐵 𐑄 𐐼𐐱𐐿𐐻𐑉𐐮𐑌 𐐲𐑂 𐐻𐑉𐐰𐑌𐑆𐑊𐐩𐑇𐐲𐑌 𐐮𐑆 𐐪 𐐹𐐵𐐲𐑉 𐐸𐐶𐐮𐐽 𐐺𐐲𐑊𐐱𐑍𐑆 𐐻𐐭 𐑄𐐮𐑅 𐐑𐑉𐐨𐑅𐐻𐐸𐐳𐐼. 𐐜𐐯𐑉 𐐪𐑉 𐑋𐐯𐑌𐐨 𐑃𐐮𐑍𐑆 𐐸𐐶𐐮𐐽 𐐺𐐲𐑊𐐱𐑍 𐐻𐐭 𐑄 𐐹𐐵𐐲𐑉𐑆 𐐲𐑂 𐑄 𐐑𐑉𐐨𐑅𐐻𐐸𐐳𐐼 𐐰𐑌𐐼 𐑄 𐐿𐐨𐑆 𐑄𐐯𐑉𐐲𐑂, 𐑄𐐰𐐻 𐐸𐐰𐑂 𐐺𐐮𐑌 𐐿𐐯𐐹𐐻 𐐸𐐮𐐼 𐑁𐑉𐐲𐑋 𐐺𐐲𐑁𐐱𐑉 𐑄 𐑁𐐵𐑌𐐼𐐩𐑇𐐲𐑌 𐐲𐑂 𐑄 𐐶𐐲𐑉𐑊𐐼; 𐑄𐐩 𐐪𐑉 𐐸𐐮𐐼 𐑁𐑉𐐲𐑋 𐑄 𐐶𐐴𐑆 𐐰𐑌𐐼 𐐹𐑉𐐭𐐼𐐲𐑌𐐻, 𐐻𐐭 𐐺 𐑉𐐲𐑂𐐨𐑊𐐼 𐐮𐑌 𐑄 𐑊𐐰𐑅𐐻 𐐻𐐴𐑋𐑆.

"𐐣𐐯𐑌𐐨 𐑋𐐩 𐐸𐐰𐑂 𐑅𐐲𐐹𐐬𐑆𐐼 𐑄𐐰𐐻 𐑄 𐐼𐐱𐐿𐐻𐑉𐐮𐑌 𐐲𐑂 𐐻𐑉𐐰𐑌𐑆𐑊𐐩𐑇𐐲𐑌 𐐶𐐲𐑆 𐐪 𐐼𐐱𐐿𐐻𐑉𐐮𐑌 𐐸𐐶𐐯𐑉𐐺𐐴 𐑋𐐯𐑌 𐐶𐐲𐑉 𐐻𐐩𐐿𐐲𐑌 𐐮𐑋𐐨𐐼𐐨𐐲𐐻𐑊𐐨 𐐮𐑌𐐻𐐭 𐑄 𐐹𐑉𐐯𐑆𐐲𐑌𐑅 𐐲𐑂 𐐘𐐱𐐼, 𐐰𐑌𐐼 𐐮𐑌𐐻𐐭 𐐰𐑌 𐐨𐐻𐐲𐑉𐑌𐐲𐑊 𐑁𐐳𐑊𐑌𐐲𐑅, 𐐺𐐲𐐻 𐑄𐐮𐑅 𐐮𐑆 𐐪 𐑋𐐮𐑅𐐻𐐩𐐿𐐲𐑌 𐐴𐐼𐐨𐐲. 𐐜𐐯𐑉 𐐹𐑊𐐩𐑅 𐐲𐑂 𐐸𐐰𐐺𐐮𐐻𐐩𐑇𐐲𐑌 𐐮𐑆 𐑄𐐰𐐻 𐐲𐑂 𐑄 𐐻𐐲𐑉𐐯𐑅𐐻𐑉𐐨𐐲𐑊 𐐱𐑉𐐼𐐲𐑉, 𐐰𐑌𐐼 𐐪 𐐹𐑊𐐩𐑅 𐐹𐑉𐐲𐐹𐐯𐑉𐐼 𐑁𐐱𐑉 𐑅𐐲𐐽 𐐿𐐯𐑉𐐲𐐿𐐻𐐲𐑉𐑆 𐐐𐐨 𐐸𐐯𐑊𐐼 𐐮𐑌 𐑉𐐲𐑆𐐲𐑉𐑂 𐐻𐐭 𐐺 𐑋𐐮𐑌𐐮𐑅𐐻𐑉𐐮𐑍 𐐩𐑌𐐾𐐲𐑊𐑆 𐐲𐑌𐐻𐐭 𐑋𐐯𐑌𐐨 𐐹𐑊𐐰𐑌𐐲𐐻𐑅, 𐐰𐑌𐐼 𐐸𐐭 𐐰𐑆 𐐷𐐯𐐻 𐐸𐐰𐑂 𐑌𐐱𐐻 𐐯𐑌𐐻𐐲𐑉𐐼 𐐮𐑌𐐻𐐭 𐑅𐐬 𐑀𐑉𐐩𐐻 𐐪 𐑁𐐳𐑊𐑌𐐲𐑅 𐐰𐑆 𐑄𐐬𐑆 𐐸𐐭 𐐪𐑉 𐑉𐐯𐑆𐐲𐑉𐐯𐐿𐐻𐐲𐐼 𐑁𐑉𐐲𐑋 𐑄 𐐼𐐯𐐼. 𐐝𐐨 𐐐𐐨𐐺𐑉𐐭𐑆 11:35 𐑂𐐲𐑉𐑅, '𐐊𐑄𐐲𐑉𐑆 𐐶𐐲𐑉 𐐻𐐱𐑉𐐽𐐲𐑉𐐼, 𐑌𐐱𐐻 𐐲𐐿𐑅𐐯𐐹𐐻𐐮𐑍 𐐼𐐲𐑊𐐮𐑂𐐲𐑉𐐲𐑌𐑅, 𐑄𐐰𐐻 𐑄𐐩 𐑋𐐴𐐻 𐐲𐐺𐐻𐐩𐑌 𐐪 𐐺𐐯𐐻𐐲𐑉 𐑉𐐯𐑆𐐲𐑉𐐯𐐿𐑇𐐲𐑌.'

"𐐤𐐵 𐐮𐐻 𐐮𐑆 𐐯𐑂𐐮𐐼𐐲𐑌𐐻 𐑄𐐰𐐻 𐑄𐐯𐑉 𐐶𐐲𐑆 𐐪 𐐺𐐯𐐻𐐲𐑉 𐑉𐐯𐑆𐐲𐑉𐐯𐐿𐑇𐐲𐑌, 𐐱𐑉 𐐯𐑊𐑅 𐐘𐐱𐐼 𐐶𐐳𐐼 𐑌𐐱𐐻 𐐸𐐰𐑂 𐑉𐐲𐑂𐐨𐑊𐐼 𐐮𐐻 𐐲𐑌𐐻𐐭 𐐑𐐱𐑊. 𐐐𐐶𐐯𐑉𐐮𐑌 𐑄𐐯𐑌 𐐿𐐰𐑌 𐐮𐐻 𐐺 𐑅𐐯𐐼 𐐪 𐐺𐐯𐐻𐐲𐑉 𐑉𐐯𐑆𐐲𐑉𐐯𐐿𐑇𐐲𐑌? 𐐜𐐮𐑅 𐐼𐐮𐑅𐐻𐐮𐑍𐐿𐑇𐐲𐑌 𐐮𐑆 𐑋𐐩𐐼 𐐺𐐲𐐻𐐶𐐨𐑌 𐑄 𐐼𐐱𐐿𐐻𐑉𐐮𐑌 𐐲𐑂 𐑄 𐐰𐐿𐐽𐐭𐐲𐑊 𐑉𐐯𐑆𐐲𐑉𐐯𐐿𐑇𐐲𐑌 𐐰𐑌𐐼 𐐻𐑉𐐰𐑌𐑆𐑊𐐩𐑇𐐲𐑌: 𐐻𐑉𐐰𐑌𐑆𐑊𐐩𐑇𐐲𐑌 𐐲𐐺𐐻𐐩𐑌𐑆 𐐼𐐲𐑊𐐮𐑂𐐲𐑉𐐲𐑌𐑅 𐑁𐑉𐐲𐑋 𐑄 𐐻𐐱𐑉𐐽𐐲𐑉𐑆 𐐰𐑌𐐼 𐑅𐐲𐑁𐐲𐑉𐐮𐑍𐑆 𐐲𐑂 𐑄 𐐺𐐱𐐼𐐨, 𐐺𐐲𐐻 𐑄𐐯𐑉 𐐮𐑀𐑆𐐮𐑅𐐻𐐲𐑌𐑅 𐐶𐐮𐑊 𐐹𐑉𐐲𐑊𐐱𐑍 𐐰𐑆 𐐻𐐭 𐑄 𐑊𐐩𐐺𐐲𐑉𐑆 𐐰𐑌𐐼 𐐻𐑎𐑊𐑆 𐐲𐑂 𐑄 𐑋𐐮𐑌𐐮𐑅𐐻𐑉𐐨, 𐐺𐐲𐑁𐐱𐑉 𐑄𐐩 𐐿𐐰𐑌 𐐯𐑌𐐻𐐲𐑉 𐐮𐑌𐐻𐐭 𐑅𐐬 𐑀𐑉𐐩𐐻 𐐪 𐑉𐐯𐑅𐐻 𐐰𐑌𐐼 𐑀𐑊𐐱𐑉𐐨.

"𐐉𐑌 𐑄 𐐲𐑄𐐲𐑉 𐐸𐐰𐑌𐐼, 𐑄𐐬𐑆 𐐸𐐭 𐐶𐐲𐑉 𐐻𐐱𐑉𐐽𐐲𐑉𐐼, 𐑌𐐱𐐻 𐐲𐐿𐑅𐐯𐐹𐐻𐐮𐑍 𐐼𐐲𐑊𐐮𐑂𐐲𐑉𐐲𐑌𐑅, 𐑉𐐲𐑅𐐨𐑂𐐼 𐐰𐑌 *𐐮𐑋𐐨𐐼𐐨𐐲𐐻* 𐑉𐐯𐑅𐐻 𐑁𐑉𐐲𐑋 𐑄𐐯𐑉 𐑊𐐩𐐺𐐲𐑉𐑆. 𐐝𐐨 𐐡𐐯𐑂𐐲𐑊𐐩𐑇𐐲𐑌𐑆 [sic] 14:13: '𐐈𐑌𐐼 𐐌 𐐸𐐲𐑉𐐼 𐐪 𐑂𐑎𐑅 𐑁𐑉𐐲𐑋 𐐸𐐯𐑂𐐲𐑌, 𐑅𐐩𐐮𐑍, 𐐒𐑊𐐯𐑅𐐲𐐼 𐐪𐑉 𐑄 𐐼𐐯𐐼 𐐸𐐭 𐐼𐐴 𐐮𐑌 𐑄 𐐢𐐱𐑉𐐼, 𐑁𐐱𐑉 𐑁𐑉𐐲𐑋 𐐸𐐯𐑌𐑅𐑁𐐱𐑉𐑃 𐑄𐐩 𐐼𐐭 𐑉𐐯𐑅𐐻 𐑁𐑉𐐲𐑋 𐑄𐐯𐑉 𐑊𐐩𐐺𐐲𐑉𐑆 𐐰𐑌𐐼 𐑄𐐯𐑉 𐐶𐐲𐑉𐐿𐑅 𐐼𐐭 𐑁𐐱𐑊𐐬 𐑄𐐯𐑋.'

"𐐜𐐩 𐑉𐐯𐑅𐐻 𐑁𐑉𐐲𐑋 𐑄𐐯𐑉 𐑊𐐩𐐺𐐲𐑉𐑆 𐑁𐐱𐑉 𐐪 𐑊𐐱𐑍 𐐻𐐴𐑋, 𐐰𐑌𐐼 𐐷𐐯𐐻 𐑄𐐯𐑉 𐐶𐐲𐑉𐐿 𐐮𐑆 𐐸𐐯𐑊𐐼 𐐮𐑌 𐑉𐐲𐑆𐐲𐑉𐑂 𐑁𐐱𐑉 𐑄𐐯𐑋, 𐑄𐐰𐐻 𐑄𐐩 𐐪𐑉 𐐹𐐲𐑉𐑋𐐮𐐻𐐲𐐼 𐐻𐐭 𐐼𐐭 𐑄 𐑅𐐩𐑋 𐐶𐐲𐑉𐐿𐑅 𐐰𐑁𐐻𐐲𐑉 𐑄𐐩 𐑉𐐲𐑅𐐨𐑂 𐐪 𐑉𐐯𐑆𐐲𐑉𐐯𐐿𐑇𐐲𐑌 𐑁𐐫𐑉 𐑄𐐯𐑉 𐐺𐐫𐐼𐐨𐑆.”—𐐐𐐮𐑅𐐻𐐲𐑉𐐨 𐐲𐑂 𐐖𐐬𐑆𐐯𐑁 𐐝𐑋𐐮𐑃, *𐐔𐐯𐑆𐐲𐑉𐐯𐐻 𐐤𐑏𐑆*, 𐐚𐐫𐑊. 4, 𐐤𐐬. 30.

“𐐐𐐨 [𐐑𐑉𐐯𐑆𐐮𐐼𐐲𐑌𐐻 𐐖𐐬𐑆𐐯𐑁 𐐝𐑋𐐮𐑃] 𐐮𐐿𐑅𐐹𐑊𐐩𐑌𐐼 𐑄 𐐼𐐮𐑁𐐲𐑉𐐲𐑌𐑅 𐐺𐐲𐐻𐐶𐐨𐑌 𐐰𐑌 𐐩𐑌𐐾𐐲𐑊 𐐰𐑌𐐼 𐐪 𐑋𐐮𐑌𐐮𐑅𐐻𐐲𐑉𐐮𐑍 𐑅𐐹𐐮𐑉𐐮𐐻; 𐑄 𐐶𐐲𐑌 𐐪 𐑉𐐯𐑆𐐲𐑉𐐯𐐿𐐻𐐲𐐼 𐐫𐑉 𐐻𐑉𐐰𐑌𐑅𐑊𐐩𐐻𐐲𐐼 𐐺𐐫𐐼𐐨, 𐐶𐐮𐑄 𐐮𐐻𐑅 𐑅𐐹𐐮𐑉𐐮𐐻, 𐑋𐐮𐑌𐐮𐑅𐐻𐐲𐑉𐐮𐑍 𐐻𐐭 𐐮𐑋𐐺𐐫𐐼𐐨𐐼 𐑅𐐹𐐮𐑉𐐮𐐻𐑅; 𐑄 𐐲𐑄𐐲𐑉 𐐪 𐐼𐐮𐑅𐐮𐑋𐐺𐐫𐐼𐐨𐐼 𐑅𐐹𐐮𐑉𐐮𐐻, 𐑂𐐮𐑆𐐮𐐻𐐮𐑍 𐐫𐑉 𐑋𐐮𐑌𐐮𐑅𐐻𐐲𐑉𐐮𐑍 𐐻𐐭 𐐼𐐮𐑅𐐮𐑋𐐺𐐫𐐼𐐨𐐼 𐑅𐐹𐐮𐑉𐐮𐐻𐑅. 𐐖𐐨𐑆𐐲𐑅 𐐗𐑉𐐴𐑅𐐻 𐐺𐐲𐐿𐐩𐑋 𐐪 𐑋𐐮𐑌𐐮𐑅𐐻𐐲𐑉𐐮𐑍 𐑅𐐹𐐮𐑉𐐮𐐻 (𐐸𐐶𐐴𐑊 𐐸𐐮𐑆 𐐺𐐫𐐼𐐨 𐐶𐐲𐑆 𐑊𐐴𐐮𐑍 𐐮𐑌 𐑄 𐑅𐐯𐐹𐐲𐑊𐐿𐐲𐑉) 𐐻𐐭 𐑄 𐑅𐐹𐐮𐑉𐐮𐐻𐑅 𐐮𐑌 𐐹𐑉𐐮𐑆𐐲𐑌, 𐐻𐐭 𐑁𐐳𐑊𐑁𐐮𐑊 𐐰𐑌 𐐮𐑋𐐹𐐫𐑉𐐻𐐲𐑌𐐻 𐐹𐐪𐑉𐐻 𐐲𐑂 𐐸𐐮𐑆 𐑋𐐮𐑇𐐲𐑌, 𐐶𐐮𐑃𐐵𐐻 𐐸𐐶𐐮𐐽 𐐸𐐨 𐐿𐐳𐐼 𐑌𐐫𐐻 𐐸𐐰𐑂 𐐹𐐲𐑉𐑁𐐯𐐿𐐻𐐲𐐼 𐐸𐐮𐑆 𐐶𐐲𐑉𐐿, 𐑌𐐫𐑉 𐐯𐑌𐐻𐐲𐑉𐐼 𐐮𐑌𐐻𐐭 𐐸𐐮𐑆 𐑉𐐯𐑅𐐻. 𐐈𐑁𐐻𐐲𐑉 𐐸𐐮𐑆 𐑉𐐯𐑆𐐲𐑉𐐯𐐿𐑇𐐲𐑌 𐐸𐐨 𐐲𐐹𐐨𐑉𐐼 𐐰𐑆 𐐰𐑌 𐐩𐑌𐐾𐐲𐑊 𐐻𐐭 𐐸𐐮𐑆 𐐼𐐮𐑅𐐴𐐹𐐲𐑊𐑆, &c. 𐐓𐑉𐐰𐑌𐑅𐑊𐐩𐐻𐐲𐐼 𐐺𐐫𐐼𐐨𐑆 𐐿𐐰𐑌𐐫𐐻 𐐯𐑌𐐻𐐲𐑉 𐐮𐑌𐐻𐐭 𐑉𐐯𐑅𐐻 𐐲𐑌𐐻𐐮𐑊 𐑄𐐩 𐐸𐐰𐑂 𐐲𐑌𐐼𐐲𐑉𐑀𐐫𐑌 𐐪 𐐽𐐩𐑌𐐾 𐐮𐐿𐐶𐐮𐑂𐐲𐑊𐐲𐑌𐐻 𐐻𐐭 𐐼𐐯𐑃. 𐐓𐑉𐐰𐑌𐑅𐑊𐐩𐐻𐐲𐐼 𐐺𐐫𐐼𐐨𐑆 𐐪𐑉 𐐼𐐲𐑆𐐴𐑌𐐼 𐑁𐐫𐑉 𐑁𐐷𐐭𐐽𐐲𐑉 𐑋𐐮𐑇𐐲𐑌𐑆.

“𐐜 𐐩𐑌𐐾𐐲𐑊 𐑄𐐰𐐻 𐐲𐐹𐐨𐑉𐐼 𐐻𐐭 𐐖𐐫𐑌 𐐫𐑌 𐑄 𐐌𐑊 𐐲𐑂 𐐑𐐰𐐻𐑋𐐫𐑅 𐐶𐐲𐑆 𐐪 𐐻𐑉𐐰𐑌𐑅𐑊𐐩𐐻𐐲𐐼 𐐫𐑉 𐑉𐐯𐑆𐐲𐑉𐐯𐐿𐐻𐐲𐐼 𐐺𐐫𐐼𐐨. 𐐖𐐨𐑆𐐲𐑅 𐐗𐑉𐐴𐑅𐐻 𐐶𐐯𐑌𐐻 𐐮𐑌 𐐺𐐫𐐼𐐨, 𐐰𐑁𐐻𐐲𐑉 𐐸𐐮𐑆 𐑉𐐯𐑆𐐲𐑉𐐯𐐿𐑇𐐲𐑌, 𐐻𐐭 𐑋𐐮𐑌𐐮𐑅𐐻𐐲𐑉 𐐻𐐭 𐐻𐑉𐐰𐑌𐑅𐑊𐐩𐐻𐐲𐐼 𐐰𐑌𐐼 𐑉𐐯𐑆𐐲𐑉𐐯𐐿𐐻𐐲𐐼 𐐺𐐫𐐼𐐨𐑆. 𐐜𐐯𐑉 𐐸𐐰𐑆 𐐺𐐮𐑌 𐐪 𐐽𐐩𐑌 𐐲𐑂 𐐫𐑃𐐫𐑉𐐮𐐻𐐨 𐐰𐑌𐐼 𐐹𐐵𐐲𐑉 𐑁𐑉𐐲𐑋 𐐈𐐼𐐲𐑋 𐐼𐐵𐑌 𐐻𐐭 𐑄 𐐹𐑉𐐯𐑆𐐲𐑌𐐻 𐐻𐐴𐑋.”—𐐐𐐮𐑅𐐻𐐲𐑉𐐨 𐐲𐑂 𐐖𐐬𐑆𐐯𐑁 𐐝𐑋𐐮𐑃, *𐐔𐐯𐑆𐐲𐑉𐐯𐐻 𐐤𐑏𐑆*, 𐐚𐐫𐑊. 5, 𐐤𐐬. 11.

𐐆𐐻 𐐶𐐳𐐼 𐐲𐐹𐐨𐑉 𐑄𐐰𐐻 𐑄 𐐻𐑉𐐰𐑌𐑅𐑊𐐩𐐻𐐲𐐼 𐑉𐐯𐑆𐐮𐐼𐐲𐑌𐐻𐑅 𐐲𐑂 𐐀𐑌𐐲𐐿’𐑅 𐑅𐐮𐐻𐐨 𐐪𐑉 𐐲𐑌𐐼𐐲𐑉 𐑄 𐐼𐐲𐑉𐐯𐐿𐑇𐐲𐑌 𐐲𐑂 𐐖𐐨𐑆𐐲𐑅, 𐐸𐐭 𐐮𐑆 𐑄 𐐗𐑉𐐨𐐩𐐻𐐲𐑉 𐐲𐑂 𐐶𐐲𐑉𐑊𐐼𐑆; 𐐰𐑌𐐼 𐑄𐐰𐐻 𐐐𐐨, 𐐸𐐬𐑊𐐼𐐮𐑍 𐑄 𐐿𐐨𐑆 𐐲𐑂 𐑄 𐑀𐐲𐑂𐐲𐑉𐑌𐑋𐐲𐑌𐐻 𐐲𐑂 𐐲𐑄𐐲𐑉 𐐶𐐲𐑉𐑊𐐼𐑆, 𐐶𐐳𐐼, 𐐮𐑌 𐐐𐐮𐑆 𐐰𐐼𐑋𐐮𐑌𐐮𐑅𐐻𐑉𐐩𐑇𐐲𐑌𐑆 𐐻𐐭 𐑄𐐯𐑋, 𐑅𐐲𐑊𐐯𐐿𐐻 𐑄 𐐻𐑉𐐰𐑌𐑅𐑊𐐩𐐻𐐲𐐼 𐐹𐐨𐐹𐐲𐑊 𐐲𐑂 𐐀𐑌𐐲𐐿’𐑅 𐑆𐐴𐐲𐑌, 𐐮𐑁 𐐐𐐨 𐑃𐐫𐐻 𐐹𐑉𐐫𐐹𐐲𐑉, 𐐻𐐭 𐐹𐐲𐑉𐑁𐐫𐑉𐑋 𐐪 𐑋𐐮𐑇𐐲𐑌 𐐻𐐭 𐑄𐐨𐑆 𐑂𐐯𐑉𐐨𐐲𐑅 𐐹𐑊𐐰𐑌𐐲𐐻𐑅, 𐐰𐑌𐐼 𐐰𐑆 𐐼𐐯𐑃 𐐸𐐰𐐼 𐑌𐐫𐐻 𐐹𐐰𐑅𐐻 𐐲𐐹𐐫𐑌 𐑄𐐯𐑋, 𐑄𐐩 𐐿𐐳𐐼 𐐺 𐐹𐑉𐐲𐐹𐐯𐑉𐐼 𐐺𐐴 𐐐𐐮𐑋 𐐰𐑌𐐼 𐑋𐐩𐐼 𐐷𐐭𐑅 𐐲𐑂 𐑃𐑉𐐭 𐑄 𐑋𐐨𐐼𐐨𐐲𐑋 𐐲𐑂 𐑄 𐐐𐐬𐑊𐐨 𐐑𐑉𐐨𐑅𐐻𐐸𐐳𐐼 𐐻𐐭 𐐰𐐿𐐻 𐐰𐑆 𐐰𐑋𐐺𐐰𐑅𐐲𐐼𐐲𐑉𐑆, 𐐻𐐨𐐽𐐲𐑉𐑆, 𐐫𐑉 𐑋𐐯𐑅𐐲𐑌𐐾𐐲𐑉𐑆 𐐻𐐭 𐑄𐐬𐑆 𐐶𐐲𐑉𐑊𐐼𐑆 𐐬𐑂𐐲𐑉 𐐸𐐶𐐮𐐽 𐐖𐐨𐑆𐐲𐑅 𐐸𐐬𐑊𐐼𐑆 𐑄 𐐫𐑃𐐫𐑉𐐮𐐻𐐨. 𐐎𐐨 𐑉𐐨𐐼 𐐮𐑌 𐑄 *𐐓𐐴𐑋𐑆 𐐰𐑌𐐼 𐐝𐐨𐑆𐐲𐑌𐑆*:

“𐐓𐑉𐐭𐑊𐐨 𐐖𐐨𐑆𐐲𐑅 𐐗𐑉𐐴𐑅𐐻 𐐿𐑉𐐨𐐩𐐻𐐲𐐼 𐑄 𐐶𐐲𐑉𐑊𐐼𐑆, 𐐰𐑌𐐼 𐐮𐑆 𐑊𐐫𐑉𐐼 𐐲𐑂 𐑊𐐫𐑉𐐼𐑆, 𐐰𐑌𐐼, 𐐰𐑆 𐑄 𐐝𐐪𐑊𐑋𐐮𐑅𐐻 𐑅𐐯𐐼, ‘𐐾𐐲𐐾𐐲𐑆 𐐲𐑋𐐲𐑍 𐑄 𐐘𐐫𐐼𐑆.’ 𐐜𐐯𐑌 𐐣𐐬𐑆𐐲𐑅 𐑋𐐴𐐻 𐐸𐐰𐑂 𐑅𐐯𐐼 𐐶𐐮𐑄 𐐹𐑉𐐲𐐹𐑉𐐴𐐲𐐻𐐨, 𐐸𐐨 𐐮𐑆 𐑄 ‘𐑊𐐮𐑂𐐮𐑍 𐐘𐐫𐐼,’ 𐐰𐑌𐐼 𐐗𐑉𐐴𐑅𐐻, 𐑅𐐹𐐨𐐿𐐮𐑍 𐐲𐑂 𐑄 𐑁𐑊𐐯𐑇, 𐐿𐐳𐐼 𐑅𐐩, 𐐌 𐐰𐑋 𐑄 𐐝𐐲𐑌 𐐲𐑂 𐐣𐐰𐑌; 𐐰𐑌𐐼 𐐑𐐨𐐻𐐲𐑉, 𐐮𐑌𐑊𐐴𐐻𐐲𐑌𐐼 𐐺𐐴 𐑄 𐐐𐐬𐑊𐐨 𐐘𐐬𐑅𐐻, 𐐜𐐵 𐐪𐑉𐐻 𐑄 𐐝𐐲𐑌 𐐲𐑂 𐑄 𐑊𐐮𐑂𐐮𐑍 𐐘𐐫𐐼, 𐑋𐐨𐑌𐐮𐑍 𐐵𐑉 𐐙𐐪𐑄𐐲𐑉 𐐮𐑌 𐐐𐐯𐑂𐐲𐑌, 𐐰𐑌𐐼 𐐸𐐭, 𐐶𐐮𐑄 𐐖𐐨𐑆𐐲𐑅 𐐗𐑉𐐴𐑅𐐻 𐐐𐐮𐑆 𐑁𐐲𐑉𐑅𐐻 𐐺𐐲𐑀𐐫𐐻𐐲𐑌 𐐝𐐲𐑌, 𐐰𐑌𐐼 𐑄 𐐐𐐬𐑊𐐨 𐐘𐐬𐑅𐐻, 𐐪𐑉 𐐶𐐲𐑌 𐐮𐑌 𐐹𐐵𐐲𐑉, 𐐶𐐲𐑌 𐐮𐑌 𐐼𐐲𐑋𐐮𐑌𐐷𐐲𐑌, 𐐰𐑌𐐼 𐐶𐐲𐑌 𐐮𐑌 𐑀𐑊𐐫𐑉𐐨, 𐐿𐐫𐑌𐑅𐐻𐐮𐐻𐐷𐐭𐐻𐐮𐑍 𐑄 𐐙𐐲𐑉𐑅𐐻 𐐑𐑉𐐯𐑆𐐮𐐼𐐲𐑌𐑅𐐨 𐐲𐑂 𐑄𐐮𐑅 𐑅𐐮𐑅𐐻𐐲𐑋 𐐰𐑌𐐼 𐑄𐐮𐑅 𐐨𐐻𐐲𐑉𐑌𐐮𐐻𐐨. 𐐒𐐲𐐻 𐑄𐐩 𐐪𐑉 𐐰𐑆 𐑋𐐲𐐽 𐑃𐑉𐐨 𐐼𐐮𐑅𐐻𐐮𐑍𐐿𐐻 𐐹𐐲𐑉𐑅𐐲𐑌𐑆 𐐰𐑆 𐑄 𐑅𐐲𐑌, 𐑋𐐭𐑌 𐐰𐑌𐐼 𐐲𐑉𐑃 𐐪𐑉 𐑃𐑉𐐨 𐐼𐐮𐑁𐐲𐑉𐐲𐑌𐐻 𐐺𐐪𐐼𐐨𐑆.

“𐐈𐑌𐐼 𐐲𐑀𐐯𐑌, 𐑄 ‘𐐻𐐶𐐯𐑊𐑂 𐐿𐐮𐑍𐐼𐐲𐑋𐑆,’ 𐐸𐐶𐐮𐐽 𐐪𐑉 𐐲𐑌𐐼𐐲𐑉 𐑄 𐐲𐐺𐐲𐑂-𐑋𐐯𐑌𐐽𐐲𐑌𐐼 𐐑𐑉𐐯𐑆𐐮𐐼𐐲𐑌𐑅𐐨 𐐲𐑂 𐑄 𐐙𐐪𐑄𐐲𐑉, 𐐝𐐲𐑌 𐐰𐑌𐐼 𐐐𐐬𐑊𐐨 𐐘𐐬𐑅𐐻, 𐐪𐑉 𐑀𐐲𐑂𐐲𐑉𐑌𐐼 𐐺𐐴 𐑄 𐑅𐐩𐑋 𐑉𐐭𐑊𐑆, 𐐰𐑌𐐼 𐐼𐐯𐑅𐐻𐐮𐑌𐐼 𐐻𐐭 𐑄 𐑅𐐩𐑋 𐐪𐑌𐐲𐑉. [𐐝𐐨 𐐔&𐐗 76:51.] 𐐙𐐫𐑉, ‘𐐒𐐲𐐸𐐬𐑊𐐼, 𐐌 𐐶𐐮𐑊 𐑊𐐴𐐿𐐲𐑌 𐑄𐐨𐑆 𐐿𐐮𐑍𐐼𐐲𐑋𐑆 𐐲𐑌𐐻𐐭 𐐪 𐑋𐐰𐑌 𐐸𐐰𐑂𐐮𐑍 𐐪 𐑁𐐨𐑊𐐼, 𐐰𐑌𐐼 𐐸𐐨 𐑅𐐯𐑌𐐻 𐑁𐐫𐑉𐑃 𐐸𐐮𐑆 𐑅𐐲𐑉𐑂𐐲𐑌𐐻𐑅 𐐮𐑌𐐻𐐭 𐑄 𐑁𐐨𐑊𐐼, 𐐻𐐭 𐐼𐐮𐑀 𐐮𐑌 𐑄 𐑁𐐨𐑊𐐼; 𐐰𐑌𐐼 𐐸𐐨 𐑅𐐯𐐼 𐐲𐑌𐐻𐐭 𐑄 𐑁𐐲𐑉𐑅𐐻, 𐐘𐐬 𐐷𐐨 𐐰𐑌𐐼 𐑊𐐩𐐺𐐲𐑉 𐐮𐑌 𐑄 𐑁𐐨𐑊𐐼, 𐐰𐑌𐐼 𐐮𐑌 𐑄 𐑁𐐲𐑉𐑅𐐻 𐐵𐑉 𐐌 𐐶𐐮𐑊 𐐿𐐲𐑋 𐐲𐑌𐐻𐐭 𐐷𐐭, 𐐰𐑌𐐼 𐐷𐐨 𐑇𐐰𐑊 𐐺𐐲𐐸𐐬𐑊𐐼 𐑄 𐐾𐐬𐐮 𐐲𐑂 𐑋𐐴 𐐿𐐵𐑌𐐻𐐲𐑌𐐲𐑌𐑅: 𐐰𐑌𐐼 𐐸𐐨 𐑅𐐯𐐼 𐐲𐑌𐐻𐐭 𐑄 𐑅𐐯𐐿𐐲𐑌𐐼, 𐐘𐐬 𐐷𐐨 𐐫𐑊𐑅𐐬 𐐮𐑌𐐻𐐭 𐑄 𐑁𐐨𐑊𐐼, 𐐰𐑌𐐼 𐐮𐑌 𐑄 𐑅𐐯𐐿𐐲𐑌𐐼 𐐵𐑉 𐐌 𐐶𐐮𐑊 𐑂𐐮𐑆𐐮𐐻 𐐷𐐭 𐐶𐐮𐑄 𐑄 𐐾𐐬𐐮 𐐲𐑂 𐑋𐐴 𐐿𐐵𐑌𐐻𐐲𐑌𐐲𐑌𐑅; 𐐰𐑌𐐼 𐐫𐑊𐑅𐐬 𐐲𐑌𐐻𐐭 𐑄 𐑃𐐲𐑉𐐼, 𐑅𐐩𐐮𐑍, 𐐌 𐐶𐐮𐑊 𐑂𐐮𐑆𐐮𐐻 𐐷𐐭; 𐐰𐑌𐐼 𐐲𐑌𐐻𐐭 𐑄 𐑁𐐫𐑉𐑃, 𐐰𐑌𐐼 𐑅𐐬 𐐪𐑌 𐐲𐑌𐐻𐐭 𐑄 𐐻𐐶𐐯𐑊𐑁𐑃.’”

𐐆𐐻 𐐮𐑆 𐑁𐐲𐑉𐑄𐐲𐑉 𐑅𐐻𐐩𐐻𐐲𐐼 𐐮𐑌 𐑄𐐮𐑅 𐑅𐐯𐐿𐑇𐐲𐑌: “𐐜𐐯𐑉𐑁𐐫𐑉, 𐐲𐑌𐐻𐐭 𐑄𐐮𐑅 𐐹𐐰𐑉𐐲𐐺𐐲𐑊 𐐶𐐮𐑊 𐐌 𐑊𐐴𐐿𐐲𐑌 𐐫𐑊 𐑄𐐨𐑆 𐐿𐐮𐑍𐐼𐐲𐑋𐑆, 𐐰𐑌𐐼 𐑄 𐐮𐑌𐐸𐐰𐐺𐐮𐐻𐐲𐑌𐐻𐑅 𐑄𐐯𐑉𐐲𐑂; 𐐯𐑂𐑉𐐨 𐐿𐐮𐑍𐐼𐐲𐑋 𐐮𐑌 𐐮𐐻𐑅 𐐵𐑉, 𐐰𐑌𐐼 𐐮𐑌 𐐮𐐻𐑅 𐐻𐐴𐑋, 𐐰𐑌𐐼 𐐮𐑌 𐐮𐐻𐑅 𐑅𐐨𐑆𐐲𐑌; 𐐨𐑂𐐲𐑌 𐐲𐐿𐐫𐑉𐐼𐐮𐑍 𐐻𐐭 𐑄 𐐼𐐲𐐿𐑉𐐨 𐐸𐐶𐐮𐐽 𐐘𐐪𐐼 𐐸𐐰𐑃 𐑋𐐩𐐼.”—𐐚𐐲𐑉𐑅 61.

𐐜𐐰𐐻 𐐮𐑆, 𐐨𐐽 𐐿𐐮𐑍𐐼𐐲𐑋, 𐐫𐑉 𐐹𐑊𐐰𐑌𐐲𐐻, 𐐰𐑌𐐼 𐑄 𐐮𐑌𐐸𐐰𐐺𐐮𐐻𐐲𐑌𐐻𐑅 𐑄𐐯𐑉𐐲𐑂, 𐐶𐐲𐑉 𐐺𐑊𐐯𐑅𐐻 𐐶𐐮𐑄 𐑄 𐑂𐐮𐑆𐐮𐐻𐑅 𐐰𐑌𐐼 𐐹𐑉𐐯𐑆𐐲𐑌𐑅 𐐲𐑂 𐑄𐐯𐑉 𐐗𐑉𐐨𐐩𐐻𐐲𐑉, 𐐮𐑌 𐑄𐐯𐑉 𐑅𐐯𐑂𐐲𐑉𐐲𐑊 𐐻𐐴𐑋𐑆 𐐰𐑌𐐼 𐑅𐐨𐑆𐐲𐑌𐑆.

𐐆𐐻 𐐮𐑆 𐑉𐐲𐐿𐐫𐑉𐐼𐐲𐐼 𐑄𐐰𐐻 𐐻𐐭 𐐖𐐨𐑆𐐲𐑅 𐐸𐐰𐑆 𐐺𐐮𐑌 𐑀𐐮𐑂𐐲𐑌 𐐫𐑊 𐐹𐐵𐐲𐑉 𐐮𐑌 𐐸𐐯𐑂𐐲𐑌 𐐰𐑌𐐼 𐐮𐑌 𐐲𐑉𐑃, 𐐰𐑌𐐼 𐑁𐑉𐐲𐑋 𐑄 𐑁𐐫𐑉𐑀𐐬𐐮𐑍 𐐿𐐶𐐬𐐻𐐩𐑇𐐲𐑌𐑆 𐐐𐐨 𐐯𐑂𐐮𐐼𐐲𐑌𐐻𐑊𐐨 𐐸𐐰𐐼 𐐹𐐵𐐲𐑉 𐐸𐐶𐐮𐐽 𐐐𐐨 𐐷𐐭𐑆𐐼 𐐻𐐭 𐐿𐐲𐑋𐐮𐑇𐐲𐑌 𐑄 𐑅𐐮𐐻𐐮𐑆𐐲𐑌𐑆 𐐲𐑂 𐑄 𐐞𐐴𐐲𐑌 𐐲𐑂 𐐀𐑌𐐲𐐿 𐐻𐐭 𐑀𐐬 𐐻𐐭 𐐲𐑄𐐲𐑉 𐐶𐐲𐑉𐑊𐐼𐑆 𐐪𐑌 𐑋𐐮𐑇𐐲𐑌𐑆. 𐐆𐑌 𐐰𐑌 𐐯𐐿𐑅𐐻𐑉𐐰𐐿𐐻 𐑁𐑉𐐲𐑋 𐑄 𐐻𐐨𐐽𐐮𐑍𐑆 𐐲𐑂 𐑄 𐐑𐑉𐐪𐑁𐐲𐐻 𐐖𐐬𐑆𐐯𐑁 (𐐯𐑊𐑅𐐸𐐶𐐯𐑉 𐐮𐑌𐑅𐐲𐑉𐐻𐐲𐐼) 𐐮𐐻 𐐮𐑆 𐑉𐐮𐐻𐐲𐑌:

“𐐆𐑊𐐴𐐾𐐲 𐐶𐐲𐑆 𐑄 𐑊𐐰𐑅𐐻 𐐹𐑉𐐪𐑁𐐲𐐻 𐑄𐐰𐐻 𐐸𐐯𐑊𐐼 𐑄 𐐿𐐨𐑆 𐐲𐑂 𐑄𐐮𐑅 𐐑𐑉𐐨𐑅𐐻𐐸𐐳𐐼, 𐐰𐑌𐐼 𐐸𐐭 𐐶𐐮𐑊, 𐐺𐐲𐑁𐐫𐑉 𐑄 𐑊𐐰𐑅𐐻 𐐼𐐮𐑅𐐹𐐲𐑌𐑅𐐩𐑇𐐲𐑌, 𐑉𐐲𐑅𐐻𐐫𐑉 𐑄 𐐲𐑃𐐫𐑉𐐮𐐻𐐨 𐐰𐑌𐐼 𐐼𐐲𐑊𐐮𐑂𐐲𐑉 𐑄 𐐿𐐨𐑆 𐐲𐑂 𐑄𐐮𐑅 𐐑𐑉𐐨𐑅𐐻𐐸𐐳𐐼, 𐐮𐑌 𐐫𐑉𐐼𐐲𐑉 𐑄𐐰𐐻 𐐫𐑊 𐑄 𐐫𐑉𐐼𐐮𐑌𐐲𐑌𐑅𐐲𐑆 𐑋𐐩 𐐺 𐐲𐐻𐐯𐑌𐐼𐐲𐐼 𐐻𐐭 𐐮𐑌 𐑉𐐴𐐽𐐲𐑅𐑌𐐲𐑅. 𐐆𐐻 𐐮𐑆 𐐻𐑉𐐭 𐑄𐐰𐐻 𐑄 𐐝𐐩𐑂𐐷𐐲𐑉 𐐸𐐰𐐼 𐐲𐑃𐐫𐑉𐐮𐐻𐐨 𐐰𐑌𐐼 𐐹𐐵𐐲𐑉 𐐻𐐭 𐐺𐐲𐑅𐐻𐐬 𐑄𐐮𐑅 𐐺𐑊𐐯𐑅𐐮𐑍; 𐐺𐐲𐐻 𐑄 𐑅𐐲𐑌𐑆 𐐲𐑂 𐐢𐐨𐑂𐐴 𐐶𐐲𐑉 𐐻𐐭 𐐹𐑉𐐯𐐾𐐲𐐼𐐮𐑅𐐻.”

𐐐𐐮𐑉 𐐖𐐨𐑆𐐲𐑅 𐐹𐐩𐐼 𐐼𐐯𐑁𐐲𐑉𐐲𐑌𐑅 𐐻𐐭 𐑄 𐐑𐑉𐐨𐑅𐐻𐐸𐐳𐐼, 𐐸𐐭 𐐸𐐯𐑊𐐼 𐐿𐐨𐑆 𐑉𐐲𐑊𐐩𐐻𐐮𐑍 𐐻𐐭 𐑄 𐑋𐐮𐑌𐐮𐑅𐐻𐑉𐐩𐑇𐐲𐑌 𐐲𐑂 𐐮𐐻𐑅 𐐹𐐵𐐲𐑉𐑆 𐐰𐑌𐐼 𐐺𐑊𐐯𐑅𐐮𐑍𐑆, 𐐺𐐲𐐻 𐐮𐐻 𐐮𐑆 𐑌𐐪𐐻 𐐲𐑌𐑉𐐨𐑆𐐲𐑌𐐲𐐺𐐲𐑊 𐐻𐐭 𐑅𐐲𐐹𐐬𐑆, 𐐸𐐶𐐯𐑌 𐐲𐑄𐐲𐑉 𐐶𐐲𐑉𐑊𐐼𐑆 𐐪𐑉 𐐿𐐲𐑌𐑅𐐲𐑉𐑌𐐼, 𐐬𐑂𐐲𐑉 𐐸𐐭𐑋 𐐫𐑊𐑅𐐬 𐐐𐐨 𐐸𐐬𐑊𐐼𐑆 𐑄 𐐿𐐨𐑆 𐐲𐑂 𐑅𐐰𐑊𐑂𐐩𐑇𐐲𐑌, 𐑄𐐰𐐻 𐑄𐐨𐑆 𐐿𐐲𐑌𐑅𐐮𐐼𐐲𐑉𐐩𐑇𐐲𐑌𐑆 𐐶𐐳𐐼 𐑌𐐪𐐻 𐑌𐐯𐑅𐐲𐑅𐐯𐑉𐐮𐑊𐐨 𐐮𐑌𐐻𐐲𐑉𐐹𐐬𐑆, 𐐰𐑌𐐼 𐑄𐐰𐐻 𐐐𐐨 𐐶𐐳𐐼 𐑅𐐯𐑌𐐼 𐐫𐑉 𐐿𐐲𐑋𐐮𐑇𐐲𐑌 𐑋𐐯𐑋𐐺𐐲𐑉𐑆 𐐲𐑂 𐑄 𐐻𐑉𐐰𐑌𐑅𐑊𐐩𐐻𐐲𐐼 𐐑𐑉𐐨𐑅𐐻𐐸𐐳𐐼 𐐲𐑂 ϑнгω'ϐ 6ɸrн ꞃɔꞃиϐ] ]гфлϐ]фəг[ ωгф[d6 φωɪγгфϐoлϐгф ɪ] ]ɭəбd Ψɪɔ, ɪн γ ɪн]гфгϐ]ϐ гϐ γ ]ɘɪгɭ6 γгϐ ϐɪcφε]гd.

Ѡə нó фгϐω ɔ́ф лωϐ]флω]ϐ рфгɔ γ ]фəргϐə гϐ ϑнгω;

"Jнd ϑнгω ϐгфл[d εнςг[6 dгϐлнdɪи ɔ́] гϐ φлϐгн, ϐлфɪи ɭлϐ]ɪɔoнə гϐ γ Ƿəγгф лнd гϐ γ 8гн; лнd γ Ψo[ə Ѡoϐ] р̌л[ ϴн ɔлнə, лнd γε ωгф ωϴ] гт ϐф γ ]ɔ́гф гϐ φлϐгн ɪн]ω 6ɸгн....

"Jнd ɪ] ωεɔ ]ω ɪлϐ γл] ϑнгω [qω]; лнd рфгɔ Ꮒoг, φə ϐгфл[d ϴ[ γ рлɔɪ[ə6 гϐ γ гф[; лнd φə ωффd гн]ω γ [ɵфd, ϐεɪи, Ψωлн bл[ γ dε гϐ γ [ɵфd ωгɔ? Ψωлн bл[ γ ϐ[гd гϐ γ Φɸсгϐ ϐ bлd, γл] ϴ[ γε γл] ɔəфн ɔε ϐ ϐлиω]ɪрɸd, лнd φлϐ ə]гфн[ [ɸр? Jнd γ [ɵфd ϐлd, Ɥ] bл[ ϐ ɪн γ ɔгфɪdəгн гϐ ]фɔ, ɪн γ dε6 гϐ ωɪωгdɪгϐ лнd ϐлнςгнϐ. Jнd ϐгфo[d, ϑнгω ϐϴ γ dε гϐ γ ωгɔɪи гϐ γ 8гн гϐ Ɔлн, əϐгн ɪн γ р[лb; лнd φɪ6 ϐo[ фгςoɪϐ], ϐεɪи, Ɣ Φɸсгϐ ɪ6 [ɪр]гd гт, лнd γ [лɔ ɪ6 ϐ[εн рфгɔ γ рóнdεbгн гϐ γ ωгф[d; лнd ɩфω рε[ Ф лɔ ɪн γ ϐqϐгɔ гϐ γ Ƿəγгф, лнd ϐгфo[d, 6ɸгн ɪ6 ωɪγ ɔə!...

"ϑнгω ωгн]ɪнvωd φɪ6 ωфɸ гн]ω γ [ɵфd, ϐεɪи, Ф лϐω γ, O [ɵфd, ɪн γ нεɔ гϐ γɸн Oн[ə Ɑгώϴ]гн, əϐгн Ϛəбгϐ Ѡфɸϐ], γл] γó ωɪ[ φлϐ ɔгфϐə г]ɘн Ꮒoг лнd φɪ6 ϐəd, γл] γ гф[ ɔɸ] нлϐгф ɔəф ϐ ωгϐгфd ϐф γ р[гd6? Jнd γ [ɵфd ωqd нə] ωɪɩфo[d; лнd φə ωгϐгнгн]гd ωɪγ ϑнгω, лнd ϐωлф гн]ω φɪɔ ωɪγ лн oɩ, γл] φə ωqd ϐ]ε γ р[гd6; γл] φə ωqd ωϴ[ г]ɘн γ сɪ[dфгн гϐ Ꮒoг; лнd φə ϐлн] рωф[ лн гнϴ[гфгϐг[ dгωфə, γл] ə флɔнгн гϐ φɪ6 ϐəd bqd ϴ[ωε6 ϐ рóнd гɔги ϴ[ нεbгн6, φωɸ[ γ гф[ bqd ϐ]лнd; лнd γ [ɵфd ϐлd, Ɑ[лϐгd ɪ6 φə ɩфω φɸ6 ϐəd Ɔгϐɸг bл[ ωгɔ; рωф φə ϐεг[, Ф лɔ Ɔгϐɸг, γ Ѡɪи гϐ 6ɸгн, γ Φəω гϐ Ψлϐгн, φωɪс ɪ6 ϐфωd л6 ə]гфн]ə; лнd фωϐo ωгɔɔг[ ɪн л] γ ώε] лнd ω[ɸɔг[ гт ϐф ɔə, bл[ нлϐгф рϴ[....

"Jнd γ [ɵфd ϐлd гн]ω ϑнгω, [qω; лнd φə [qω] лнd ϐгфл[d γ 8гн гϐ Ɔлн [ɪр]гd гт ϴн γ ωфϴϐ, лр]гф γ ɔлнгф гϐ ɔлн; лнd φə фгфd ə [ód ϐoɪϐ; лнd γ φлϐгн6 ωгф ϐε[d; лнd ϴ[ γ ωфəεbгн6 гϐ Ѡəd ɔəфнd; лнd γ гф[ ώфoнd; лнd γ фəωϐ ωгф флн]; лнd γ 8εн]ϐ гфo6, лнd ωгф ωфóнd л] γ фɸ] φлнd гϐ γ 8гн гϐ Ɔлн, ωɪγ ωфóн6 гϐ ώ[фə; лнd л6 ɔлнə гϐ γ ϐ]ɪфɪ]ϐ л6 ωгф ɪн ]фɪϐгн ωεɔ рωф[, лнd ϐ]qd ϴн γ фɸ] φлнd гϐ Ѡəd; лнd γ фгɔεнdгф ωгф фгбгфϐd ɪн сεн6 гϐ dəфωнгϐ гн]ɪ[ γ ςгςɔгн] гϐ γ ώфε] dε....

"Jнd ɪ] ωεɔ ]ω ɪлϐ γл] ϑнгω ϐϴ γ dε гϐ γ ωгɔɪи гϐ γ 8гн

ɼɞ ƆɅƞ, ɪƞ ɣ ɭɅɞl dɛɞ, lɷ dɷɅl ɵƞ ɣ ɼɸʟ ɪƞ ɸɸcɼɞƞɼɞ ɼɷɸ ɣ ɞlɛɞ ɼɞ ɞ ʟɵɞɼƞd Ʌɪɸɞ....

"Ʌƞd ɣ Ɫɵɸd bod ƌƞɼɷ ɵɭ ʟɪƞɞ, ɞɞɼƞ ɼƞlɷ ɣ ɅƞD ɼɞ ɣ ɷɼɸɭd; Ʌƞd ɸɞ ɞɵ ɣ dɛ ɼɞ ɣ ɸɸcɼɞ, ɣ ɵɸ ɼɞ ɣɅɸ ɸɼdɅɔlbɼƞ, Ʌƞd ɸɼɞɞɞd ɞ ɸqɭƞɼɞ ɼɞ ɕoɪ; Ʌƞd ɵɭ ɣ dɛɞ ɼɞ ɞɸɼƞ, ɪƞ ɣ dɛɞ ɼɞ ƌƞɼɷ, ɷɼɸ ʟɸɞ ɸɼƞdɸɼd Ʌƞd ɞɪɷɞlɞ-ɼɸɞ Ʌɪɸɞ; Ʌƞd ƌƞɼɷ Ʌƞd ɵɭ ɸɪɞ lɞlɼɭ ɷɵɷl ɷɪɣ Ɵɞd, Ʌƞd ɸɞ dɷɅɭl ɪƞ ɣ ɔɪdɞl ɼɞ ɞɸɼƞ; Ʌƞd ɪl ɷɛɔ lɷ lɅɞ ɣɅl ɞɸɼƞ ɷɼɞ ƞɞl, ɼɵɸ Ɵɞd ɸɼɞɞɞd ɪl ɼl ɪƞlɷ ɸɪɞ ɵƞ ɞqɞɼɔ; Ʌƞd ɼɸɼɔ ɣɅƞɞ ɷɅƞl ɼɵɸʟ ɣ ɞɛɪƞ, ɞɸɼƞ ɪɞ ɸɭɅd."

Ƥɸɼɔ ɣ ɼɵɸɷɵɪƞ ɅɷɞlɸɅɷlɞ ɷɞ ɭɼɸƞ ɼɔɼɪƞɞl ɼɣɼɸ lɸɷʟɞ, ɵɭ ɞɛɞl ɼlɞƞ ƌƞɼɷ'ɞ ɸɛʟ ɪƞ ɣ ɼlɵƞɪƞ ɞɭɼd ɼɞ ɣ Ɫɔ ɞɭɛƞ ɼɸɼɔ ɞɼɼɵɸ ɣ ɸɵƞdebrƞ ɼɞ ɣ ɷɼɸɭd, ɣ ɸɞɭɵɪƞ:

ƲɅl ƌƞɼɷ ɷɼɞ ɷɭoɣd ɷɪɣ ɷɭɵɸɞ Ʌƞd ɞɵ ɣ Ɫɵɸd, ɸɷ lɷɷl ɷɪɣ Ɽɪɔ Ʌɞ ɷɼƞ ɔɅƞ lɷɷɞ ɷɪɣ ɼƞɼɣɼɸ, ɞɞɼƞ ɸɛɞ lɷ ɸɛɞ.

ƲɅl ɣ Ɫɵɸd ɷɼɔɅƞdɼd ƌƞɼɷ lɷ lɸɛc ɸɼlɅƞlɼƞɞ; Ʌƞd lɷ ɞɅlɸɞ ɪƞ ɣ ƞɛɔ ɼɞ ɣ Ƥɵɣɼɸ, Ʌƞd ɣ Ꞩɼƞ, ɸɷɪc ɪɞ ɸqɭ ɼɞ ɷɸɛɞ Ʌƞd lɸɵʟ, Ʌƞd ɣ Ɽoɭɞ Ꞩlɪɸɪl, ɸɷɪc ɞɅɸɞ ɸɅɷɼɸd ɼɞ ɣ Ƥɵɣɼɸ Ʌƞd ɣ Ꞩɼƞ.

ƲɅl ɞɵ ɷɸɛl ɷɼɞ ɣ ɸɛʟ ɼɞ ƌƞɼɷ ɣɅl ɸɞ ɭɅd ɣ lɞlɼɭ ɼɞ Ɵɞd, ɵɞɼɸʟɸɷ ɣɅɸ Ʌƞɼɔɞɞ, Ʌƞd Ʌl ɸɪɞ ɷɼɸd ɣ ɼɸʟ lɸɅɔɞɼɭd, ɸɷɸɭɞl ɣ ɔɵƞlɼƞɞ, ɸɪɞɼɸɞ Ʌƞd ɞɞɞ ɵɞɛd ɸɪɞ ɷɼɔɅƞd.

ƲɅl ʟɸɷ ɣɪɞ ɸɛʟ ƌƞɼɷ ɞɵ ɣ dɛɞ ɼɞ ɣ ɷɼɔɵɪƞ ɼɞ ɣ Ꞩɼƞ ɼɞ ƆɅƞ ɪƞ ɣ ɸɭɅb, Ʌƞd ɞɸ ɪl ɸɞ ɼɞlɛɪƞd ɞ ɷɼɞɼƞɼƞl ɼɸɼɔ ɣ Ɫɵɸd ɣɅl Ʌɸɭɼɸ Ƕoɼ'ɞ dɛ Ɽɞ ɷqd ƞɅɞɼɸ ɼɵɅƞ ɷɼɞɼɸ ɣ ɼɸʟ ɞɸ ɞ ɸɭɼd, Ʌƞd ɼɞlɛɪƞd Ʌƞ ɼƞɵɭɼɸɼɞɼl dɼɷɸɞ ɣɅl ɞ ɸɅɔɼƞl ɼɞ ɸɪɞ ɞɞd bqd ɵɭɷɛɞ ɞ ɸɵƞd ɼɔɼɪƞ ɵɭ ƞɛbrƞɞ ɸɷɸɭ ɣ ɼɸʟ bqd ɞlɅƞd.

ƲɅl ɣ Ɫɵɸd bod ƌƞɼɷ ɣ ɷɼɸɭd Ʌƞd ɪlɞ ɼɅɵcɼɸ ɸɪɞlɼɸɞ ɼɵɸ ɣ ɞlɛɞ ɼɞ ɔɅƞɞ ɕɅƞɼɸebrƞɞ, ɞɞɼƞ ɼƞlɷ ɣ ɅƞD ɼɞ ɣ ɷɼɸɭd.

ƲɅl ɞɵ ɷɸɛl ɷɼɞ ɣ ɸɛʟ Ʌƞd ɸɸcɼɞƞɼɞ ɼɞ ƌƞɼɷ Ʌƞd ɸɪɞ lɞlɼɭ, ɣɅl ɣ Ɫɵɸd ɷɛɔ dɵƞ Ʌƞd dɷɅɭl ɷɪɣ ɣɅɔ, Ʌƞd ɪƞ lɸɷɞɅɞ ɼɞ lɸɔ ƌƞɼɷ'ɞ Ꞩlɞ, ɞɸɼƞ, ɷɼɞ lɛɷɼƞ ɼl ɪƞlɷ ɸɅɞɼƞ, Ʌƞd ɔɅƞɞ, ʟɸɷ ɣ lɅɞlɔoƞɞ ɼɞ ɣ Ƥɵɣɼɸ Ʌƞd ɣ Ꞩɼƞ, ɷɼɸ Ʌɸɭɼɸɷɼɸdɞ ɷɵl ɼl ɞɸ ɣ lɵɼɸɞ ɼɞ ⱤɅɞɼƞ ɪƞlɷ ɞɸɼƞ.

Ʌƞd, ɼɸɣɼɸ, ɣɅl ɸɷɸɭ ƌƞɼɷ, ʟɸɷ ɣ ɼɞɞɼɸ ɼɞ ɣ Ɵɭɔɸɭɞ, ƞɞl ɵƞɭɞ ɸɅd ɞ ɔɪbrƞ lɷ lɸɛc ɣ Ɵɞɞlɼɭ Ʌƞd lɷ ɷɅɣɼɸ ɣ lɞlɼɭ, ɞɼl ɣɅl ɸɞ ɷɼɞ ɵɭɞɵ ɪɔlɵɼɸd lɷ ɸɅɞ ɣ lɞlɼɭ ɣɅl ɸɞ ɸɅd ɣɼɞ ɷɅɣɼɸd, Ʌƞd lɷl Ʌƞd ɪƞɞlɸɼɷlɼd ɪƞ ɣ ɭɷɞ ɼɞ ɭɸɸ, Ʌƞd ɣ ɞɪlɞ ɪƞ ɸɷɪc ɣɛ dɷɅɭl, lɸɅƞɞɭɛlɼd Ʌƞd lɛɷɼƞ ɪƞlɷ ɣ ɞqɞɼɔ ɼɞ ɣ

Ꝑѳɣᴦф, ɣɗф ๅ๑ ɞ ๅфᴦɞᴦфɞd ᴦɥๅɫʅ ɣ ʅɿๅᴦф ๅфɔɞ, φωфʅ ɣ ʟфɗๅᴦɥd ωᴦʅɿɔɫๅɘɞ bqd oɞᴦфๅɛω ɣ ωᴦфʅd. Ɓᴦๅ φɘ ɵʅɞo ᴘᴦфɣᴦф ᴦɞๅɛɥd ɘ ๅфɞɔɫɞ ɣɿๅ ɣ ᴘᵠ๑ᴄᴦф ๅɘๅᴦʅɫᴎ ᴦɞ ɣ ᴦфʟ bqd ωᴦɔ ʟф๑ φɫɞ ɞɘd; ɣᴦɞ ɔɛωɫᴎ φɫɔ ωᴦɥ ᴦɞ ɣ ώфɛๅ ɛϥᴦɥɞɘɞ ๅ๑ ᴦdɔɫɥɞๅᴦф ɞɿʅɞɛbᴦɥ ɫɥ ɣ φɗɞᴦɥɞ ɿɥd ᴦๅɘɥ ɣ ᴦфʟ.

# Cɹᴛๅᵲɸ X

*Ꮒoᵲ—Ψɩ6 Ȣɹωɸɪpɸ8—Ꮻəd'6 Ꮻᵲ8ᵲᴺᵲᴺๅ ωɪɣ Ψɪɔ—Ɔɹɭωɪ6ᵲdɹω—Ψɩ6 Ꮧɸə8ๅφqd—Ɨɣ8 Ꮧəᵲɸ6—Ɨᴺ8ๅᵲᴺ8ᵲ6 ɣɹɸᵲ8 Ψᵲωoɸdᵲd ɪᴺ ɣ Ꮛɸ8ᵲɭ, ɪᴺ ɣ Ꮛqω ᵲ8 Ɔoɸɔᵲᴺ ɹᴺd ɪᴺ Ɩɹๅᵲɸ-dɛ6—Oɭ Ꮧəᵲɸ ᵲ8 ɣ Ꮧɸə8ๅφqd ɣ Ψᵲ6ᵲɭɪ ᵲ8 Ꮲɛʟ ɪᴺ Ꮻɸɸ8ๅ ɹᴺd Ɨɔๅə8ɪ8ᵲɭ ωɪʟȯๅ ɣ Ᵽɭoᴺɔᵲᴺๅ—Ɣ Ꮧəᵲɸ ᵲ8 ɣ Ꮧɸə8ๅφqd ɣ Ꮧəᵲɸ ᵲ8 Ꮻəd—Ɣ Ꮻɭoɸə ᵲ8 Ꮻəd ɪᴺ ɣ Ɨɔoɸๅɹɭɪๅə ᵲ8 Ɔɹᴺ—Ꮻɸɸ8ๅ ɣ Ꮻᵲɸd, ɣ Ꮻɸəɛๅᵲɸ*

⅃ᴘɪᵲɸ ɣ ωθๅᵲɸ6 ᵲ8 ɣ pɭᵲd φɹd 8ᵲ8ȣɸdᵲd, ωə ɵɸ ๅoɭd, Ꮒoᵲ ɹᴺd φɪ6 pɹɔɪɭə ωɛɔ pθɸʟ ȯๅ ᵲ8 ɣ ɵɸω:

"ɹᴺd Ꮒoᵲ ȣɪɭdᵲd ɹᴺ θɭɪᵲɸ ᵲᴺๅθ ɣ Ɩθɸd, ɹᴺd ๅqω ᵲ8 ɹ8ɸə ωɭəᴺ ȣə8ๅ ɹᴺd ᵲ8 ɹ8ɸə ωɭəᴺ pəɭ, ɹᴺd θpᵲɸd ȣᵲɸᴺๅ θpᵲɸɪᴎ6 θᴺ ɣ θɭɪᵲɸ. ɹᴺd ɣ Ɩθɸd 8ɔɹɭd ɵ 8ωəๅ 8ɛ8ᵲɸ; ɹᴺd ɣ Ɩθɸd 8ɹd ɪᴺ φɪ6 φθɸๅ, ȸ ωɪɭ ᴺəๅ ᵲώɹᴺ ωᵲɸ8 ɣ ώɸȯᴺd ɹᴺə ɔθɸ pθɸ ɔɹᴺ'6 8ɛω; pθɸ ɣ ɪɔɹɕɪᴺɛbᵲᴺ ᵲ8 ɔɹᴺ'6 φθɸๅ ɪ6 əȣɪɭ pɸᵲɔ φɪ6 ৭ɸʟ; ᴺȸɣᵲɸ ωɪɭ ȸ ᵲώɹᴺ 8ɔȸๅ ɹᴺə ɔθɸ ɹ8ɸə ʟɪᴎ ɭɪȣɪᴎ, ɹ6 ȸ φɹ8 dᵲᴺ. Ψωȸɭ ɣ ᵲɸʟ ɸᵲɔɛᴺᵲʟ, 8əd-ๅȸɔ ɹᴺd φθɸ8ᵲ8ๅ, ɹᴺd ωoɭd ɹᴺd φəๅ, ɹᴺd 8ᵲɔᵲɸ ɹᴺd ωɪᴺๅᵲɸ, ɹᴺd dɛ ɹᴺd ᴺȸๅ, bɹɭ ᴺəๅ 8ə8."—Ɠɹᴺᵲ8ɪ8 8:20–22.

Ɣ dəๅɛɭ6 ᵲ8 ɣɪ8 ɹωๅ ɵɸ ώɪ8ᵲᴺ ᵲ8 8ᵲɔφωᵲๅ dɪpᵲɸᵲᴺๅɭə ɪᴺ ɣ ɪᴺ8ᴛȸɸd ๅɸɹᴺ6ɭɛbᵲᴺ: ɪๅ ɪ6 ɣɹɸ ɸɪๅᵲᴺ:

"ɹᴺd Ꮒoᵲ ȣɪɭdᵲd ɹᴺ θɭɪᵲɸ ᵲᴺๅθ ɣ Ɩθɸd, ɹᴺd ๅqω ᵲ8 ɹ8ɸə ωɭəᴺ ȣə8ๅ, ɹᴺd ᵲ8 ɹ8ɸə ωɭəᴺ pəɭ, ɹᴺd θpᵲɸd ȣᵲɸᴺๅ θpᵲɸɪᴎ6 θᴺ ɣ θɭɪᵲɸ; ɹᴺd ώɛ8 ʟɹᴎω8 ᵲᴺๅθ ɣ Ɩθɸd, ɹᴺd ɸᵲɕoɪ8ๅ ɪᴺ φɪ6 φθɸๅ. ɹᴺd ɣ Ɩθɸd 8ๅɛω ᵲᴺๅθ Ꮒoᵲ, ɹᴺd φə ȣɭɹ8ๅ φɪɔ. ɹᴺd Ꮒoᵲ 8ɔɹɭɪ ɵ 8ωəๅ 8ɛ8ᵲɸ, ɹᴺd φə 8ɹd ɪᴺ φɪ6 φθɸๅ, ȸ ωɪɭ ωθɭ θᴺ ɣ ᴺɛɔ ᵲ8 ɣ Ɩθɸd, ɣɹๅ φə ωɪɭ ᴺəๅ ᵲώɹᴺ ωᵲɸ8 ɣ ώɸȯᴺd ɹᴺə ɔθɸ pθɸ ɔɹᴺ'6 8ɛω, pθɸ ɣ ɪɔɹɕɪᴺɛbᵲᴺ ᵲ8 ɔɹᴺ'6 φθɸๅ ɪ6 əȣɪɭ pɸᵲɔ φɪ6 ৭ɸʟ; ɹᴺd ɣɹๅ φə ωɪɭ ᴺəๅ 8ɔȸๅ ɹᴺə ɔθɸ ɹ8ɸə ʟɪᴎ ɭɪȣɪᴎ, ɹ6 φə φɹʟ dᵲᴺ, φωȸɭ ɣ ᵲɸʟ ɸᵲɔɛᴺᵲʟ; ɹᴺd ɣɹๅ 8əd ๅȸɔ ɹᴺd φθɸ8ᵲ8ๅ, ɹᴺd ωoɭd ɹᴺd φəๅ, ɹᴺd 8ᵲɔᵲɸ ɹᴺd ωɪᴺๅᵲɸ, ɹᴺd dɛ ɹᴺd ᴺȸๅ ɔɛ ᴺəๅ 8ə8 ωɪɣ ɔɹᴺ."

Ɣᵲ8, ωə dɪ8ωᵲ8ᵲɸ ɣɹๅ ɣ pᵲɸ8ๅ ɹωๅ ɹpๅᵲɸ ɣ dᵲ8ๅɸᵲωbᵲᴺ ᵲ8 ɣ ωᵲɸɭd ȣȸ ɵ pɭᵲd ωᵲ6 ɵ ɸɹωᵲώᴺɪbᵲᴺ ᵲ8 ɣ ώɸɛๅ ɹω8ᴛəᵲๅθɸə ๅɸɪᴺ8ɪᴛᵲɭ ᵲ8 ɣ ᵲๅoᴺɔᵲᴺๅ, φωɪc ωᵲ6 ๅθ ȣ ɔɛd ȣȸ ɣ Oᴺɭə Ȣᵲώθๅᵲᴺ Ȣᵲᴺ ᵲ8 Ꮻəd, ɹ6 ɸᵲ8əɭd ȣȸ ɣ ɛᴺɕᵲɭ ๅθ ɹdᵲɔ. ɹᴺd ɹ6 Ꮻəd ɸɹωᵲώᴺȸ6d ɹdᵲɔ'6 ɹᴺd Ɛȣᵲɭ'6 θpᵲɸɪᴎ6, 8o Ψə θɭ8o ɸɹωᵲώᴺȸ6d ɣɹๅ ᵲ8 Ꮒoᵲ: ɹᴺd ɹ6 ɵ ɸᵲ6ᵲɭɪ, ɣ Ꮧɛๅɸəɵɸω ᵲȣๅɛᴺd ώɸɛๅ ๅɸəɔɪ8ᵲ6, ɪᴺ φωɪc ɣ ๅəᴛᵲɭ ᵲ8 θɭ ɛɕᵲ6, ɣɹᴺ ๅθ ωᵲɔ, 𐐶𐐳𐐼 𐐺 𐐮𐑌𐐻𐐲𐑉𐐲𐑅𐐻𐐲𐐼. 𐐙𐐬𐑉 "𐐘𐐪𐐼 𐑅𐐹𐐩𐐿 𐐲𐑌𐐻𐐭 𐐤𐐬𐐲, 𐐰𐑌𐐼 𐐻𐐭 𐐸𐐮𐑆 𐑅𐐲𐑌𐑆 𐐶𐐮𐑄 𐐸𐐮𐑋, 𐑅𐐩𐐮𐑍, 𐐈𐑌𐐼 𐐌, 𐐺𐐲𐐸𐐬𐑊𐐼, 𐐌 𐐶𐐮𐑊 𐐮𐑅𐐻𐐰𐐺𐑊𐐮𐑇 𐑋𐐴 𐐿𐐲𐑂𐐲𐑌𐐲𐑌𐐻 𐐶𐐮𐑄 𐐷𐐭, 𐐸𐐶𐐮𐐽 𐐌 𐑋𐐩𐐼 𐐲𐑌𐐻𐐭 𐐷𐐫𐑉 𐑁𐐪𐑄𐐲𐑉 𐐀𐑌𐐲𐐿, 𐐿𐐲𐑌𐑅𐐲𐑉𐑌𐐮𐑍 𐐷𐐫𐑉 𐑅𐐨𐐼 𐐰𐑁𐐻𐐲𐑉 𐐷𐐭. 𐐈𐑌𐐼 𐐮𐐻 𐑇𐐰𐑊 𐐿𐐲𐑋 𐐻𐐭 𐐹𐐰𐑅, 𐑄𐐰𐐻 𐐯𐑂𐑉𐐨 𐑊𐐮𐑂𐐮𐑍 𐐿𐑉𐐨𐐽𐐲𐑉 𐑄𐐰𐐻 𐐮𐑆 𐐶𐐮𐑄 𐐷𐐭, 𐐲𐑂 𐑄 𐑁𐐵𐑊, 𐐰𐑌𐐼 𐐲𐑂 𐑄 𐐿𐐰𐐻𐐲𐑊, 𐐰𐑌𐐼 𐐲𐑂 𐑄 𐐺𐐨𐑅𐐻 𐐲𐑂 𐑄 𐐲𐑉𐑃 𐑄𐐰𐐻 𐐮𐑆 𐐶𐐮𐑄 𐐷𐐭, 𐐸𐐶𐐮𐐽 𐑇𐐰𐑊 𐑀𐐬 𐐵𐐻 𐐲𐑂 𐑄 𐐪𐑉𐐿, 𐑇𐐰𐑊 𐑌𐐪𐐻 𐐫𐑊𐐻𐐲𐑀𐐯𐑄𐐲𐑉 𐐹𐐯𐑉𐐮𐑇: 𐑌𐐴𐑄𐐲𐑉 𐑇𐐰𐑊 𐐫𐑊 𐑁𐑊𐐯𐑇 𐐺 𐐿𐐲𐐻 𐐫𐑁 𐐯𐑌𐐨 𐑋𐐫𐑉 𐐺𐐴 𐑄 𐐶𐐫𐐻𐐲𐑉𐑆 𐐲𐑂 𐐪 𐑁𐑊𐐲𐐼; 𐑌𐐴𐑄𐐲𐑉 𐑇𐐰𐑊 𐑄𐐯𐑉 𐐯𐑌𐐨 𐑋𐐫𐑉 𐐺 𐐪 𐑁𐑊𐐲𐐼 𐐻𐐭 𐐼𐐲𐑅𐐻𐑉𐐬𐐮 𐑄 𐐲𐑉𐑃. 𐐈𐑌𐐼 𐐌 𐐶𐐮𐑊 𐐮𐑅𐐻𐐰𐐺𐑊𐐮𐑇 𐑋𐐴 𐐿𐐲𐑂𐐲𐑌𐐲𐑌𐐻 𐐶𐐮𐑄 𐐷𐐭, 𐐸𐐶𐐮𐐽 𐐌 𐑋𐐩𐐼 𐐲𐑌𐐻𐐭 𐐀𐑌𐐲𐐿, 𐐿𐐲𐑌𐑅𐐲𐑉𐑌𐐮𐑍 𐑄 𐑉𐐯𐑋𐑌𐐲𐑌𐐻𐑅 𐐲𐑂 𐐷𐐫𐑉 𐐹𐐫𐑅𐐻𐐯𐑉𐐮𐐻𐐨. 𐐈𐑌𐐼 𐐘𐐪𐐼 𐑋𐐩𐐼 𐐪 𐐿𐐲𐑂𐐲𐑌𐐲𐑌𐐻 𐐶𐐮𐑄 𐐤𐐬𐐲, 𐐰𐑌𐐼 𐑅𐐯𐐼, 𐐜𐐮𐑅 𐑇𐐰𐑊 𐐺 𐑄 𐐻𐐬𐐿𐐲𐑌 𐐲𐑂 𐑄 𐐿𐐲𐑂𐐲𐑌𐐲𐑌𐐻 𐐌 𐑋𐐩𐐿 𐐺𐐲𐐻𐐶𐐨𐑌 𐑋𐐨 𐐰𐑌𐐼 𐐷𐐭, 𐐰𐑌𐐼 𐑁𐐫𐑉 𐐯𐑂𐑉𐐨 𐑊𐐮𐑂𐐮𐑍 𐐿𐑉𐐨𐐽𐐲𐑉 𐐶𐐮𐑄 𐐷𐐭, 𐑁𐐫𐑉 𐐹𐐲𐑉𐐹𐐯𐐽𐐭𐐲𐑊 𐐾𐐯𐑌𐐲𐑉𐐩𐑇𐐲𐑌𐑆, 𐐌 𐐶𐐮𐑊 𐑅𐐯𐐻 𐑋𐐴 𐐺𐐬 𐐮𐑌 𐑄 𐐿𐑊𐐵𐐼; 𐐰𐑌𐐼 𐐮𐐻 𐑇𐐰𐑊 𐐺 𐑁𐐫𐑉 𐐪 𐐻𐐬𐐿𐐲𐑌 𐐲𐑂 𐐪 𐐿𐐲𐑂𐐲𐑌𐐲𐑌𐐻 𐐺𐐲𐐻𐐶𐐨𐑌 𐑋𐐨 𐐰𐑌𐐼 𐑄 𐐲𐑉𐑃. 𐐈𐑌𐐼 𐐮𐐻 𐑇𐐰𐑊 𐐿𐐲𐑋 𐐻𐐭 𐐹𐐰𐑅, 𐐸𐐶𐐯𐑌 𐐌 𐐺𐑉𐐮𐑍 𐐪 𐐿𐑊𐐵𐐼 𐐬𐑂𐐲𐑉 𐑄 𐐲𐑉𐑃, 𐑄𐐰𐐻 𐑄 𐐺𐐬 𐑇𐐰𐑊 𐐺 𐑅𐐨𐑌 𐐮𐑌 𐑄 𐐿𐑊𐐵𐐼; 𐐰𐑌𐐼 𐐌 𐐶𐐮𐑊 𐑉𐐲𐑋𐐯𐑋𐐺𐐲𐑉 𐑋𐐴 𐐿𐐲𐑂𐐲𐑌𐐲𐑌𐐻, 𐐸𐐶𐐮𐐽 𐐌 𐐸𐐰𐑂 𐑋𐐩𐐼 𐐺𐐲𐐻𐐶𐐨𐑌 𐑋𐐨 𐐰𐑌𐐼 𐐷𐐭, 𐑁𐐫𐑉 𐐯𐑂𐑉𐐨 𐑊𐐮𐑂𐐮𐑍 𐐿𐑉𐐨𐐽𐐲𐑉 𐐲𐑂 𐐫𐑊 𐑁𐑊𐐯𐑇. 𐐈𐑌𐐼 𐑄 𐐶𐐫𐐻𐐲𐑉𐑆 𐑇𐐰𐑊 𐑌𐐬 𐑋𐐫𐑉 𐐺𐐲𐐿𐐲𐑋 𐐪 𐑁𐑊𐐲𐐼 𐐻𐐭 𐐼𐐲𐑅𐐻𐑉𐐬𐐮 𐐫𐑊 𐑁𐑊𐐯𐑇. 𐐈𐑌𐐼 𐑄 𐐺𐐬 𐑇𐐰𐑊 𐐺 𐐮𐑌 𐑄 𐐿𐑊𐐵𐐼; 𐐰𐑌𐐼 𐐌 𐐶𐐮𐑊 𐑊𐐳𐐿 𐐲𐐹𐐫𐑌 𐐮𐐻, 𐑄𐐰𐐻 𐐌 𐑋𐐩 𐑉𐐲𐑋𐐯𐑋𐐺𐐲𐑉 𐑄 𐐯𐑂𐐲𐑉𐑊𐐰𐑅𐐻𐐮𐑍 𐐿𐐲𐑂𐐲𐑌𐐲𐑌𐐻, 𐐸𐐶𐐮𐐽 𐐌 𐑋𐐩𐐼 𐐲𐑌𐐻𐐭 𐑄𐐴 𐑁𐐪𐑄𐐲𐑉 𐐀𐑌𐐲𐐿; 𐑄𐐰𐐻, 𐐸𐐶𐐯𐑌 𐑋𐐯𐑌 𐑇𐐳𐐼 𐐿𐐨𐐹 𐐫𐑊 𐑋𐐴 𐐿𐐲𐑋𐐰𐑌𐐼𐑋𐐲𐑌𐐻𐑅, 𐑆𐐴𐐲𐑌 𐑇𐐳𐐼 𐐲𐑀𐐯𐑌 𐐿𐐲𐑋 𐐫𐑌 𐑄 𐐲𐑉𐑃, 𐑄 𐑅𐐮𐐻𐐨 𐐲𐑂 𐐀𐑌𐐲𐐿, 𐐸𐐶𐐮𐐽 𐐌 𐐸𐐰𐑂 𐐿𐐫𐐻 𐐲𐐹 𐐲𐑌𐐻𐐭 𐑋𐐴𐑅𐐯𐑊𐑁. 𐐈𐑌𐐼 𐐜𐐮𐑅 𐐮𐑆 𐑋𐐴𐑌 𐐯𐑂𐐲𐑉𐑊𐐰𐑅𐐻𐐮𐑍 𐐿𐐲𐑂𐐲𐑌𐐲𐑌𐐻, 𐑄𐐰𐐻 𐐸𐐶𐐯𐑌 𐑄𐐴 𐐹𐐫𐑅𐐻𐐯𐑉𐐮𐐻𐐨 𐑇𐐰𐑊 𐐯𐑋𐐺𐑉𐐩𐑅 𐑄 𐐻𐑉𐐭𐑃, 𐐰𐑌𐐼 𐑊𐐳𐐿 𐐲𐐹𐐶𐐲𐑉𐐼, 𐑄𐐯𐑌 𐑇𐐰𐑊 𐑆𐐴𐐲𐑌 𐑊𐐳𐐿 𐐼𐐵𐑌𐐶𐐲𐑉𐐼, 𐐰𐑌𐐼 𐐫𐑊 𐑄 𐐸𐐯𐑂𐐲𐑌𐑆 𐑇𐐰𐑊 𐑇𐐩𐐿 𐐶𐐮𐑄 𐑀𐑊𐐰𐐼𐑌𐐲𐑅, 𐐰𐑌𐐼 𐑄 𐐲𐑉𐑃 𐑇𐐰𐑊 𐐻𐑉𐐯𐑋𐐺𐐲𐑊 𐐶𐐮𐑄 𐐾𐐬𐐮; 𐐰𐑌𐐼 𐑄 𐐾𐐯𐑌𐐲𐑉𐐲𐑊 𐐲𐑅𐐯𐑋𐐺𐑊𐐨 𐐲𐑂 𐑄 𐐕𐐲𐑉𐐽 𐐲𐑂 𐑄 𐐙𐐲𐑉𐑅𐐻-𐐺𐐫𐑉𐑌 𐑇𐐰𐑊 𐐿𐐲𐑋 𐐼𐐵𐑌 𐐵𐐻 𐐲𐑂 𐐸𐐯𐑂𐐲𐑌 𐐰𐑌𐐼 𐐹𐐲𐑆𐐯𐑅 𐑄 𐐲𐑉𐑃, 𐐰𐑌𐐼 𐑇𐐰𐑊 𐐸𐐰𐑂 𐐹𐑊𐐩𐑅 𐐲𐑌𐐻𐐮𐑊 𐑄 𐐯𐑌𐐼 𐐿𐐲𐑋. 𐐈𐑌𐐼 𐐜𐐮𐑅 𐐮𐑆 𐑋𐐴𐑌 𐐯𐑂𐐲𐑉𐑊𐐰𐑅𐐻𐐮𐑍 𐐿𐐲𐑂𐐲𐑌𐐲𐑌𐐻, 𐐸𐐶𐐮𐐽 𐐌 𐑋𐐩𐐼 𐐶𐐮𐑄 𐑄𐐴 𐑁𐐪𐑄𐐲𐑉 𐐀𐑌𐐲𐐿. 𐐈𐑌𐐼 𐑄 𐐺𐐬 𐑇𐐰𐑊 𐐺 𐐮𐑌 𐑄 𐐿𐑊𐐵𐐼, 𐐰𐑌𐐼 𐐌 𐐶𐐮𐑊 𐐮𐑅𐐻𐐰𐐺𐑊𐐮𐑇 𐑋𐐴 𐐿𐐲𐑂𐐲𐑌𐐲𐑌𐐻 𐐲𐑌𐐻𐐭 𐑄, 𐐸𐐶𐐮𐐽 𐐌 𐐸𐐰𐑂 𐑋𐐩𐐼 𐐺𐐲𐐻𐐶𐐨𐑌 𐑋𐐨 𐐰𐑌𐐼 𐑄, 𐑁𐐫𐑉 𐐯𐑂𐑉𐐨 𐑊𐐮𐑂𐐮𐑍 𐐿𐑉𐐨𐐽𐐲𐑉 𐐲𐑂 𐐫𐑊 𐑁𐑊𐐯𐑇 𐑄𐐰𐐻 𐑇𐐰𐑊 𐐺 𐐲𐐹𐐫𐑌 𐑄 𐐲𐑉𐑃."—𐐆𐑌𐑅𐐹𐐴𐑉𐐼 𐐓𐑉𐐰𐑌𐑆𐑊𐐩𐑇𐐲𐑌, 𐐖𐐯𐑌𐐲𐑅𐐮𐑅 9:15–24.

𐐎𐐨 𐐶𐐮𐑊 𐑌𐐵 𐐻𐐲𐑉𐑌 𐐻𐐭 𐐣𐐯𐑊𐐿𐐮𐑆𐐲𐐼𐐯𐐿, 𐐲𐑂 𐐸𐐭𐑋 𐐮𐐻 𐐮𐑆 𐑉𐐮𐐻𐐲𐑌 𐐮𐑌 𐐗𐐮𐑍 𐐖𐐩𐑋𐑆' 𐐓𐑉𐐰𐑌𐑆𐑊𐐩𐑇𐐲𐑌:

"𐐈𐑌𐐼 𐐣𐐯𐑊𐐿𐐮𐑆𐐲𐐼𐐯𐐿, 𐐗𐐮𐑍 𐐲𐑂 𐐝𐐩𐑊𐐲𐑋, 𐐺𐑉𐐫𐐻 𐑁𐐫𐑉𐑃 𐐺𐑉𐐯𐐼 𐐰𐑌𐐼 𐐶𐐴𐑌: 𐐰𐑌𐐼 𐐸𐐨 𐐶𐐲𐑆 𐑄 𐐹𐑉𐐨𐑅𐐻 𐐲𐑂 𐑄 𐑋𐐬𐑅𐐻 𐐸𐐴 𐐘𐐪𐐼. 𐐈𐑌𐐼 𐐸𐐨 𐐺𐑊𐐯𐑅𐐻 𐐸𐐮𐑋, 𐐰𐑌𐐼 𐑅𐐯𐐼, 𐐒𐑊𐐯𐑅𐐲𐐼 𐐺 𐐁𐐺𐑉𐐲𐑋 𐐲𐑂 𐑄 𐑋𐐬𐑅𐐻 𐐸𐐴 𐐘𐐪𐐼, 𐐹𐐲𐑆𐐯𐑅𐐲𐑉 𐐲𐑂 𐐸𐐯𐑂𐐲𐑌 𐐰𐑌𐐼 𐐲𐑉𐑃: 𐐰𐑌𐐼 𐐺𐑊𐐯𐑅𐐲𐐼 𐐺 𐑄 𐑋𐐬𐑅𐐻 𐐸𐐴 𐐘𐐪𐐼, 𐐸𐐶𐐮𐐽 𐐸𐐰𐑃 dгļıɞгфd ɣфч ʌчгɔəɞ ıчɷ ɣф фɹчd. Ɐчd фə ώɛɞ фıɔ ηфɣɞ гɞ ϴļ."—Gʌчгɞıɞ 14:18–20.

Ɣıɞ ɹɹɞгϚ ıɞ ώıɞгч ωıɣ ώфɛηгф ωгɔηəчгɞ ıч ɣ ıчɞɹффd ηфɹчɞļɛbгч, фωʌф ıη гηıфɞ ɹɞ ϸəļɞɞ: "Ɐчd Ɔʌļωıɞгdʌω, Ѡıи гɞ Ɛɛļгɔ, ɞфϴη ϸфдь ɞфʌd ɹчd ωфч; ɹчd фə ɞфɛω ɞфʌd ɹчd ɞļʌɞη ıη; ɹчd фə ɞļʌɞη ɣ ωфч, фə ɞəıи ɣ ηфəɞη гɞ ɣ Ɔɞɞη Ψф Ѡəd; ɹчd фə ώɛɞ ηɷ Ɛɞфгɔ, ɹчd фə ɞļʌɞη фıɔ, ɹчd ɞʌd, Ɐļʌɞгd Ɛɞфгɔ, ɣό ϴфη ϴ ɔɹч гɞ ɣ Ɔɞɞη Ψф Ѡəd, ηгɞʌɞгф гɞ фʌɞгч ɹчd гɞ гфь; ɹчd ɞļʌɞгd ıɞ ɣ чɛɔ гɞ ɣ Ɔɞɞη Ψф Ѡəd, фωıc фɹь dгļıɞгфd ɣфч ʌчгɔəɞ ıчɷ ɣфч фɹчd. Ɐчd Ɛɞфгɔ ώɛɞ фıɔ ηфɣɞ гɞ ϴļ фə фɹd ηɛωгч."

Ɨч ɣıɞ ɹωbгч гɞ Ɔʌļωıɞгdʌω, ıч гdɔıчıɞηгфıи ɣ ɞфʌd ɹчd ωфч, ɞф ɞгфcϴ гɞ фıɞ ηфəɞηļə ϴϸıɞ, ıɞ ɣʌф чɞη ϴ фʌτфгɞʌчηɛbгч гɞ ɣ ɞəd ɹчd ɞļгd гɞ όф Ɩϴфd ɹчd Ɛɛɞvгф Gəɞгɞ Ѡффɞη, ɹɞ ϴļɞϴ ıчdıωɛηгd ɞф ɣ Ɔгɞфг Ψıɔɞʌļϸ фωʌч Ψə ηəфηqω гɞ ɣ ηɹɞϴɞгф ωıɣ Ψıɞ dıɞфıгļɞ? Ϸϴф Ɔʌļωıɞгdʌω ωгɞ ϴ ώфɛη Ψф Ηфəɞη, гɞ ɣ ɞɛɔ ϴфdгф ɹчd ļфω Ηфəɞηфqd ɹɞ ωгɞ фʌļd ɞф ɣ Ɛгч гɞ Ѡəd. Ɛϴ ώфɛη, ıчdəd, ɣɹη "ɞгϸϴф фıɞ dɛ ıη ωгɞ ωϴļd ɣ Ψϴļə Ηфəɞηфqd, ɹϸηгф ɣ ϴфdгф гɞ ɣ Ɛгч гɞ Ѡəd; ɞгη όη гɞ фгɞηʌω ϴф фʌɞгфгчɞ ηɷ ɣ чɛɔ гɞ ɣ Ɛгηфəɔ Ɐəıи, ηɷ гɞϴıd ɣ ηɷ ϸфəωωгчη фʌηгηıbгч гɞ фıɞ чɛɔ, ɣɛ, ɣ cгфc, ıч ɛчcгчη dɛɞ, ωϴļd ɣɹη Ηфəɞηфqd ɹϸηгф Ɔʌļωıɞгdʌω, ϴф ɣ Ɔʌļωıɞгdʌω Ηфəɞηфqd."—Ɑ&Ѡ 107:3, 4.

Ηϴļ, ϴļɞϴ, ıч фəɞгчıи ϴч ɣıɞ ɞгɞϚʌωη ıч фıɞ гηıɞгļ ηɷ ɣ Ψəɞфϴɞ, cɹτηгф 7, ффηɞ:

"Ϸϴф ɣıɞ Ɔʌļωıɞгdʌω, Ѡıи гɞ Ɛɛļгɔ, ηфəɞη гɞ ɣ ɔϴɞη фф Ѡəd, фɷ ɔʌη Ɛɞфгфɹɔ фгηгфчıи ϸфгɔ ɣ ɞļϴηгф гɞ ɣ ωıиɞ, ɹчd ɞļʌɞη фıɔ; ηɷ фϴɔ ϴļɞϴ Ɛɞфгфɹɔ ώɛɞ ϴ ηʌчь ηϴфη гɞ ϴļ; ϸгфɞη ɞəıи ɞф ıчηгфηфгηɛbгч Ѡıи гɞ ффcгɞчгɞ, ɹчd ɹϸηгф ɣɹη ϴļɞϴ Ѡıи гɞ Ɛɛļгɔ, фωıc ıɞ, Ѡıи гɞ ηəɞ; ωıьόη ϸϴɣгф, ωıьόη ɔгɣгф, ωıьόη dгɞʌчη, фɹɞıи чфɣгф ɞгώıчи гɞ dɛɞ, чϴф ʌчd гɞ ļфϸ; ɞгη ɔɛd ļфω гчıɷ ɣ Ɛгч гɞ Ѡəd; гɞфdгь ϴ ηфəɞη ωгчηıчvϴгļə. Ƕό ωгчɞıdгф фό ώфɛη ɣıɞ ɔɹч ωгɞ, гчıɷ фϴɔ əɞгч ɣ ηɛηфəϴфω Ɛɞфгфɹɔ ώɛɞ ɣ ηʌчь гɞ ɣ ɞηϴıļɞ. Ɐчd ɞʌфıļə ɣɛ ɣɹη ϴф гɞ ɣ ɞгчɞ гɞ Ɩəɞф, фɷ фгɞəɞ ɣ ϴϸıɞ гɞ ɣ ηфəɞηфqd, фɹɞ ϴ ωгɔɹчdɔгчη ηɷ ηɛω ηфɣɞ гɞ ɣ ηɹηгļ гωϴфdıи ηɷ ɣ ļϴ, ɣɹη ıɞ, гɞ ɣʌф ɞфʌɣфгч, ɣϴ ɣɛ ωгɔ όη гɞ ɣ ļϴıчɞ гɞ Ɛɞфгфɹɔ: ɞгη фə фϴɞ dгɞʌчη ıɞ чɞη ωόчηгd ϸфгɔ ɣʌɔ фгɞəɞd ηфɣɞ гɞ Ɛɞфгфɹɔ, ɹчd ɐlɹɐɿ ɸɪɔ ɣɹɿ ɸɹd ɣ ɿɸəɔɪɐɾɞ. ɹɥd ωɪɩȯɿ ɵl ωəɥɿɸɾdɪωbɾɥ ɣ ʅɹɐ ɪɞ ɐlɹɐɿ ɾɐ ɣ ɐɹlɾɸ."

Ꮧω ɔɛω ɣ ɔɹlɾɸ ɐɿɩ ɿlɛɥɾɸ ωə ɿɸɹɥɐωɸɸɐ ɣ ɩɾɸd ɞɾɸɐ ρɸɾɔ ɣ ɪɥɐɿɸɸd ɿɸɹɥɞlɛbɾɥ:

"Ꮲoɸ ɣɪɐ Ɔɹlωɪɞɾdɹω ωɾɞ ɵɸdɛɥd ə ɿɸəɐɿ ɹρlɾɸ ɣ ɵɸdɾɸ ɾɐ ɣ Ꮾɾɥ ɾɐ Ꮃod, ɸωɪc ɵɸdɾɸ ωɾɞ ωɪɩȯɿ ρəɣɾɸ, ωɪɩȯɿ ɔɾɣɾɸ, ωɪɩȯɿ dɾɐɹɥɿ, ɸɹɐɪɩ ɥɸɣɾɸ ɐɾω̇ɪɩɪ ɾɐ dɛɞ ɥoɸ ɹɥd ɾɐ ʅɸρ. ɹɥd ɵl ɣoɞ ɸω əɸ ɵɸdɛɥd ɾɥlω ɣɪɐ ɿɸəɐɿɸρd əɸ ɔɛd ʅɸω ɾɥlω ɣ Ꮾɾɥ ɾɐ Ꮃod, ɾɐɸdɪɩ ə ɿɸəɐɿ ωɾɥɿɪɥνωɾlə."

Ɨɥ Ꮳɹɥɾɐɪɐ, ɪɥɐɿɸɸd ɿɸɹɥɞlɛbɾɥ, cɹɿɾɸ 14, ɪɿ ɪɞ ɵlɐω ɐɛlɾd ɸɾω̇ɸɸdɪɩ Ɔɹlωɪɞɾdɹω:

"Ɣɾɐ, ɸɹɐɪɩ ɐɪɥ ɾɿɸωɐd ɾɐ Ꮃod, ɸə ωɾɞ ɵɸdɛɥd ɹɥ ɸɸ ɿɸəɐɿ ɹρlɾɸ ɣ ɵɸdɾɸ ɾɐ ɣ ωɾɐɾɥɾɥɿ ɸωɪc Ꮃod ɔɛd ωɪɣ Ꭷɥɾω, ɪɿ ɐəɪɩ ɹρlɾɸ ɣ ɵɸdɾɸ ɾɐ ɣ Ꮾɾɥ ɾɐ Ꮃod; ɸωɪc ɵɸdɾɸ ωɛɔ, ɥəɿ ɐɸ ɔɹɥ, ɥoɸ ɣ ωɪl ɾɐ ɔɹɥ; ɥɸɣɾɸ ɐɸ ρəɣɾɸ, ɥoɸ ɔɾɣɾɸ; ɥɸɣɾɸ ɐɸ ɐɾω̇ɪɩɪ ɾɐ dɛɞ, ɥoɸ ɹɥd ɾɐ νɪɸɞ; ɐɾɿ ɾɐ Ꮃod. ɹɥd ɪɿ ωɾɞ dɾlɪɐɾɸd ɾɥlω ɔɹɥ ɐɸ ɣ ωωlɪɩ ɾɐ ɸɪɞ oɥ ɐoɪɐ, ɾωωɸdɪɩ lω ɸɪɞ oɥ ωɪl, ɾɥlω ɹɞ ɔɹɥə ɹɞ ɐɾlɹəd oɥ ɸɪɞ ɥɛɔ. Ꮲoɸ Ꮃod ɸɹɐɪɩ ɐωoɸɥ ɾɥlω Ꭷɥɾω ɹɥd ɾɥlω ɸɪɞ ɐəd ωɪɣ ɹɥ oɩ ɐɸ ɸɪɔɐɹlρ, ɣɹɿ ɹɐɸə ωɾɥ ɐəɪɩ ɵɸdɛɥd ɹρlɾɸ ɣɪɐ ɵɸdɾɸ ɹɥd ωωlɪɩ bɸd ɸɹɐ ɿȯɾɸ, ɐɸ ρɛɩ, lω ɐɸɛω ɔȯɥlɾɥɞ, lω dɪɐɸd ɣ ɐəɞ, lω dɸɸ ɾɿ ωəlɾɸɞ, lω lɾɸɥ ɣɹɔ ȯɿ ɾɐ ɣɹɸ ωəɸɐ, lω ɿɿɿ ɹɿ dɾρɸɾɥɐ ɣ əɸɔəɞ ɾɐ ɥɛbɾɥɞ, lω dɪɐɸd ɣ ɾɸɩ, lω ɐɸɛω ɹɐɸə ɐɹɥd, lω ɐɿɹɥd ɪɥ ɣ ɿɸɹɞɾɥɐ ɾɐ Ꮃod; lω dω ɵl ɩɪɩɞ ɾωωɸdɪɩ lω ɸɪɞ ωɪl, ɾωωɸdɪɩ lω ɸɪɞ ωɾɔɹɥd, ɐɾɐdω ɿɸɪɥɐɪɿɹlɪlɾəɞ ɹɥd ɿȯɾɸɞ; ɹɥd ɣɪɐ ɐɸ ɣ ωɪl ɾɐ ɣ Ꮾɾɥ ɾɐ Ꮃod, ɸωɪc ωɾɞ ρɸɾɔ ɐɾρoɸ ɣ ρȯɥdɛbɾɥ ɾɐ ɣ ωɾɸld. ɹɥd ɔɹɥ ɸɹɐɪɩ ɣɪɐ ρɛɩ, ωɾɔɪɩ ɾɿ ɾɥlω ɣɪɐ ɵɸdɾɸ ɾɐ Ꮃod, ωɾɸ ɿɸɹɥɐlɛlɾd ɹɥd lɛωɾɥ ɾɿ ɪɥlω ɸɹɐɾɥ. ɹɥd ɥȯ, Ɔɹlωɪɞɾdɹω ωɾɞ ə ɿɸəɐɿ ɾɐ ɣɪɐ ɵɸdɾɸ; ɣɹɸρoɸ ɸə ɾɐlɛɥd ɿəɐ ɪɥ Ꮾɛlɾɔ, ɹɥd ωɾɞ ωωld ɣ Ꮧɸɪɥɐ ɾɐ ɿəɐ, ɹɥd ɸɪɞ ɿəɿɾl ɸωl ɸɸcɾɐɥɾɐ, ɹɥd ɾɐlɛɥd ɸɹɐɾɥ, ɹɥd ɐωl ρoɸ ɣ ɐɪlə ɾɐ Ꭷɥɾω ɸωɪc Ꮃod ɸɹd ɐɾρoɸ lɛωɾɥ; ɐɹɿɾɸɛlɪɩ ɪɿ ρɸɾɔ ɣ ɾɸɩ, ɸɹɐɪɩ ɸɾɞɾɸωd ɪɿ ɾɥlω ɣ ʅɹlɾɸ-dɛɞ, əɸ ɣ ɹɥd ɾɐ ɣ ωɾɸld, ɹɥd ɸɹɩ ɐəd, ɹɥd ɐωoɸɥ ωɪɣ ɹɥ oɩ, ɣɹɿ ɣ ɸɹɐɾɥɞ ɹɥd ɣ ɾɸɩ bɸd ωɾɔ ɿɾω̇ɹɣɾɸ; ɹɥd ɣ ɐɾɥɞ ɾɐ Ꮃod bɸd ɐ ɿɸɸd ɐω ɹɞ ɐɸ ρɸɸ. ɹɥd ɣɪɐ Ɔɹlωɪɞɾdɹω, ɸɹɐɪɩ ɣɾɐ ɪɐɿɹɐlɪbɿ ɸɸcɾɐɥɾɐ, ωɾɞ ωωld ɣ Ꮃɪɩ ɾɐ ɸɹɐɾɥ ɐɸ ɸɪɞ ɿəɿɾl, əɸ, ɪɥ ɾɣɾɸ ωɾɸdɞ, ɣ Ꮃɪɩ ɾɐ ɿəɐ."

Pфrɔ ɣ rəɾɞ ɿ ωqd ɞɘɔ ɣɿ ɣɪɞ ɿɘɿɾ ɿrɞɞɘ ɣ ɿóɾф ɾɞ Ɩфɿɞɞɾebrʼn, ɿʼnd ɣɿ ɣɛ "ɾɞɿɛʼnd фɿɞrʼn, ɿʼnd ɞɵɿ pоф ɣ ɞɿə ɾɞ ðʼnɾω фωɪc Ɯəd фɿd ɞɾpəф ɿɛωrʼn," oф фωɪc ωrɞ ɞɾpəф ɿфɿʼnɞɿɛɿrd.

Ɣ ɿфʼnɞɿɿɾ ɾɞ ɿóɾф ɵɾɞɵ oɞɾф ɣ ɞʌфəd ωфəɛbrʼnɞ ɾɞ Ɯəd, ɾəɾɞ ɞɿoωrʼn ɾɞ, ɿrфɿɛʼnи ɿɷ ɣ Фoɾə Ɩфəɞɿфqd ɿpɿrф ɣ ɵфdrф ɾɞ ɣ ɞrʼn ɾɞ Ɯəd, фɿɞ, ɞф pɛʟ, ɞʼn ɔɿʼnpʌɞɿrd ɿɷ ɣ ωrфɿd ʼn ɣ ɾфɞɞ ɿʼnd ɿωbrʼnɞ ɾɞ ʼnɾɔɞrфɞ ɾɞ ɣ ɞrфɞrʼnɿɞ ɾɞ ɣ Ɔoɞɿ Фф. Ɣ ɿóɾф ɾɞ ðʼnɾω, фωʌфʼn фə ωoɞd ɣ ɾфʟ ɿɷ ɿфʌɔɞɾ, фωфɾɞɿ ɔóʼnɿrʼnɞ pɾʌd ɿɿ фɪɞ ωrɔɿʼnd, ɿʼnd фɪɞrфɞ ωrф ɿrфʼnd ó ɾɞ ɣʌф ωoфɞ, фɿɞ ɵɾфʌdə ɞʼn фrprфd ɿɷ. ɞф ɣɪɞ ɿóɾф, ʌωɞrфɞфɞd ʼn ɔфɿə pɛʟ, Ɔʌɾωɪɞrdʌω ɞɿəɿ ɣ ɔóɣɞ ɾɞ ɾфrʼnɞ ɿʼnd ωωʌʼnc ɣ ɞфrɾrʼnɞ ɾɞ рфф;[1] ɞф ɿ ɣ ωɵɿrфɞ ɾɞ ɣ Фʌd ɞə ωrф dɪɞфdrd ɞф Ɔoɞrɞ, ɿʼnd ɣ cɿdфrʼn ɾɞ Ɨɞфrɾ ɿɿɞɿ ʟфɷ dфф bəd;[2] ɞф ɿ Ɨɾфcr[3] ɿʼnd Ɨɾфbr[4] ɞɔoɿ ɣ ωɵɿrфɞ ɾɞ ɣ Ϛoфdrʼn ɿʼnd ωфɵɞɿ ɵʼn dфф ɾʌʼnd; ɞф ɿ Ɑɿʼnɣrɾ ɪɞωɛɿ ɣ pɾфɵɞɿə ɾɞ ɣ ɾфrʼnɞ,[5] ɿʼnd ɣ ʟфə Фəɞфɷ cɿdфrʼn ωrф dɾɪɞrфd pфɾɔ ɣ pффə prфʼnrɞ.[6]

ɞф ɣɪɞ ɞɛɔ ɿóɾф ʼn ɣ Ɔʌɞəɿʼnɪω dɪɞɿrʼnɞebrʼn ɣ Pɿəɞɾɾɞ ωrф dɾɪɞrфd pфɾɔ ɞəʼndɞ ɿʼnd ɪɔɿфɪɞrʼnɔrʼnɿ; ɞф ɿ Ɩəɾ bqω ɵp ɣ ɞфɿrф ɣɿ фɿd pɿɞrʼnd pɾɞʼn фɪɞ фɿʼnd;[7] ɞф ɿ Pɪɾɪɿ[8] ωrɞ ωɵɿ ɾωɛ ɞф ɣ ɞɿфɿ ɾɞ ɣ Ɩəфd ɿpɿrф фə фɿd ɞɿɿфɞd ɣ ðʟəoɿərʼn ɣωʼnrω; ɞф ɿ Ϛəʼn ωrɞ ɿфrɞrфɞd фωʌʼn фə ωrɞ ωɿɞɿ ʼnɿɷ ə ωɵɾdфrʼn ɾɞ ɞoɪɾи oɿɾ, ɣɿ ɿ dɪd ʼnəɿ фrфɿ фɪɔ; ɞф ɿ ɣ dʌd ωrф фɛɞd, ɣ ɾʌɿrфɞ ωɾʌʼnɞd, ɣ ɞɪω фəɾd, dʌɞɿɾɞ ωɿɞɿ ó, ɿʼnd ɾɣrф ɔфɿə ωrфωɞ ɿrфpəфɔd ɞф Ϛəɞrɞ ɿʼnd Фɪɞ dɪɞфɿɾɞ; ɿʼnd ɞф ɿ Ωффɞɿ ɞфoω ɣ ɞʌʼndɞ ɾɞ dʌʟ ɿʼnd ɞɾωɛɔ ɣ фʌɞrфʌωbrʼn ɿʼnd ɣ ɾфp, ɣ prфɞɿ pфɷɿɞ ɾɞ ɣʌɔ ɣɿ ɞɾʌɿɿ, ɣ ωɵиωrфrф ɾɞ dʌʟ, ɣ ɞɛɞɣrф ɾɞ ɣ ωrфɿd ɿʼnd Фrdəɔrф ɾɞ ɔɿʼnωфʼnd.

Pώʌʼn, ɵʼn ɣɪɞ ωəʼnɿʼnrʼnɿ, ωrʼn ɾɞ ɣ ʼnəpфɿ Ɩфəprɿɞ, Ϛɛωrɞ, ɣ ɞrʼn ɾɞ Ɩəфф, фrωɵфdɞ: "Ɯə ɿфɷɿə ωʌʼn ωrɔɿʼnd ʼn ɣ ʼnɛɔ ɾɞ

---

[1] ʼnɞɿффd Ɩфɿʼnɞ. Ϛʌʼnrɞɪɞ 14:26.

[2] Ʌωɞrdrɞ 14:21.

[3] 2 Ωɪиɞ 2:7, 8.

[4] 2 Ωɪиɞ 2:14.

[5] Ɑɿʼnɣrɾ 6:16–23.

[6] Ɑɿʼnɣrɾ 3:19–27.

[7] Ɩωɿɞ 28:3–6.

[8] Ɩωɿɞ 8:39.

𐐖𐐨𐑆𐐲𐑅, 𐐰𐑌𐐼 𐑄 𐑂𐐯𐑉𐐨 𐐻𐑉𐐨𐑆 𐐬𐐺𐐩 𐐲𐑅, 𐐫𐑉 𐑄 𐑋𐐵𐑌𐐻𐐲𐑌𐑆, 𐐫𐑉 𐑄 𐐶𐐩𐑂𐑆 𐐲𐑂 𐑄 𐑅𐐨.” (𐐖𐐩𐐿𐐲𐐺 4:6.) 𐐒𐐴 𐑁𐐩𐑃 𐑄 𐐺𐑉𐐲𐑄𐐲𐑉 𐐲𐑂 𐐖𐐯𐑉𐐲𐐼, 𐐸𐐭 𐐸𐐯𐑊𐐼 𐑄𐐮𐑅 𐐹𐐵𐐲𐑉, 𐑅𐐯𐐼 𐐲𐑌𐐻𐐭 𐑄 𐑋𐐵𐑌𐐻𐐲𐑌 𐐞𐐨𐑉𐐮𐑌, 𐐡𐐲𐑋𐐭𐑂; 𐐰𐑌𐐼 𐐮𐐻 𐐶𐐲𐑆 𐑉𐐲𐑋𐐭𐑂𐐼;[9] 𐐺𐐴 𐐮𐐻 𐐈𐑊𐑋𐐲 𐐰𐑌𐐼 𐐈𐑋𐐷𐐭𐑊𐐯𐐿 𐐿𐐫𐑆𐐼 𐑄 𐐶𐐫𐑊𐑆 𐐲𐑂 𐑄 𐐹𐑉𐐮𐑆𐐲𐑌 𐐮𐑌 𐐈𐑋𐐲𐑌𐐴𐐸𐐪 𐐻𐐭 𐐻𐐲𐑋𐐺𐑊 𐐻𐐭 𐑄 𐑀𐑉𐐵𐑌𐐼;[10] 𐐺𐐴 𐐮𐐻 𐐤𐐨𐑁𐐴 𐐰𐑌𐐼 𐐢𐐨𐐸𐐴 𐑉𐐫𐐻 𐑄 𐑅𐐲𐑉𐐹𐐰𐑅𐐮𐑍 𐐽𐐩𐑌𐐾 𐐲𐐹𐐱𐑌 𐑄 𐐢𐐩𐑋𐐲𐑌𐐴𐐻𐑅 𐑄𐐰𐐻 𐑄𐐩 𐐶𐐲𐑉 𐐺𐐰𐐹𐐻𐐴𐑆𐐼 𐐶𐐮𐑄 𐑁𐐴𐑉 𐐰𐑌𐐼 𐑄 𐐐𐐬𐑊𐐨 𐐘𐐬𐑅𐐻;[11] 𐐺𐐴 𐐮𐐻 𐐈𐑋𐐲𐑌 𐐰𐑌𐐼 𐐸𐐮𐑆 𐐺𐑉𐐯𐑄𐑉𐐲𐑌 𐑉𐐫𐐻 𐑅𐐬 𐑀𐑉𐐩𐐻 𐐱 𐑋𐐮𐑉𐐲𐐿𐐲𐑊 𐐮𐑌 𐑄 𐐿𐐲𐑌𐑂𐐲𐑉𐑈𐐲𐑌 𐐲𐑂 𐑄 𐐢𐐩𐑋𐐲𐑌𐐴𐐻𐑅;[12] 𐐰𐑌𐐼 𐐺𐐴 𐐮𐐻 𐐫𐑊𐑅𐐬 𐑄 𐐼𐐮𐑅𐐴𐐹𐐲𐑊𐑆 𐐲𐑂 𐐖𐐨𐑆𐐲𐑅 𐐸𐐭 𐐻𐐯𐑉𐐨𐐼 𐐲𐑋𐐲𐑍𐑅𐐻 𐑄 𐐤𐐨𐑁𐐴𐐻𐑅 𐑇𐐬𐐼 𐑁𐐫𐑉𐑃 𐑄 𐐹𐐵𐐲𐑉 𐑅𐐹𐐬𐐿𐐲𐑌 𐐲𐑂 𐐮𐑌 𐑄 𐑁𐐫𐑊𐐬𐐮𐑍 𐐹𐐰𐑅𐐲𐐾:

“𐐜𐐯𐑉𐑁𐐫𐑉 𐑄𐐩 𐐼𐐮𐐼 𐐯𐐿𐑅𐐲𐑉𐑅𐐴𐑆 𐐹𐐵𐐲𐑉 𐐰𐑌𐐼 𐐲𐑃𐐫𐑉𐐮𐐻𐐨 𐐬𐑂𐐲𐑉 𐑄 𐐼𐐮𐑅𐐴𐐹𐐲𐑊𐑆 𐐲𐑂 𐐖𐐨𐑆𐐲𐑅 𐐸𐐭 𐐼𐐮𐐼 𐐻𐐯𐑉𐐨 𐐶𐐮𐑄 𐑄𐐯𐑋, 𐐰𐑌𐐼 𐑄𐐩 𐐼𐐮𐐼 𐐿𐐰𐑅𐐻 𐑄𐐯𐑋 𐐮𐑌𐐻𐐭 𐐹𐑉𐐮𐑆𐐲𐑌: 𐐺𐐲𐐻 𐐺𐐴 𐑄 𐐹𐐵𐐲𐑉 𐐲𐑂 𐑄 𐐶𐐲𐑉𐐼 𐐲𐑂 𐐘𐐱𐐼, 𐐸𐐶𐐮𐐽 𐐶𐐲𐑆 𐐮𐑌 𐑄𐐯𐑋, 𐑄 𐐹𐑉𐐮𐑆𐐲𐑌𐑆 𐐶𐐲𐑉 𐑉𐐯𐑌𐐻 𐐮𐑌 𐐻𐐶𐐩𐑌, 𐐰𐑌𐐼 𐑄𐐩 𐐶𐐯𐑌𐐻 𐑁𐐫𐑉𐑃 𐐼𐐭𐐮𐑍 𐑋𐐴𐐻𐐨 𐑋𐐮𐑉𐐲𐐿𐐲𐑊𐑆 𐐲𐑋𐐲𐑍 𐑄𐐯𐑋. 𐐤𐐯𐑂𐐲𐑉𐑄𐐲𐑊𐐯𐑅, 𐐰𐑌𐐼 𐑌𐐱𐐻𐐶𐐮𐑃𐑅𐐻𐐰𐑌𐐼𐐮𐑍 𐐫𐑊 𐑄𐐨𐑆 𐑋𐐮𐑉𐐲𐐿𐐲𐑊𐑆, 𐑄 𐐹𐐨𐐹𐐲𐑊 𐐼𐐮𐐼 𐐸𐐪𐑉𐐼𐐲𐑌 𐑄𐐩𐑉 𐐸𐐪𐑉𐐻𐑅, 𐐰𐑌𐐼 𐐼𐐮𐐼 𐑅𐐨𐐿 𐐻𐐭 𐐿𐐮𐑊 𐑄𐐯𐑋, 𐐨𐑂𐐯𐑌 𐐰𐑆 𐑄 𐐖𐐭𐑆 𐐰𐐻 𐐖𐐲𐑉𐐭𐑅𐐲𐑊𐐯𐑋 𐑅𐐫𐐻 𐐻𐐭 𐐿𐐮𐑊 𐐖𐐨𐑆𐐲𐑅, 𐐲𐐿𐐫𐑉𐐼𐐮𐑍 𐐻𐐭 𐐸𐐮𐑆 𐐶𐐲𐑉𐐼; 𐐰𐑌𐐼 𐑄𐐩 𐐼𐐮𐐼 𐐿𐐰𐑅𐐻 𐑄𐐯𐑋 𐐮𐑌𐐻𐐭 𐑁𐐲𐑉𐑌𐐲𐑅𐐲𐑆 𐐲𐑂 𐑁𐐴𐑉, 𐐰𐑌𐐼 𐑄𐐩 𐐿𐐩𐑋 𐑁𐐫𐑉𐑃 𐑉𐐲𐑅𐐨𐑂𐐮𐑍 𐑌𐐬 𐐸𐐪𐑉𐑋; 𐐰𐑌𐐼 𐑄𐐩 𐐫𐑊𐑅𐐬 𐐿𐐰𐑅𐐻 𐑄𐐯𐑋 𐐮𐑌𐐻𐐭 𐐼𐐯𐑌𐑆 𐐲𐑂 𐐶𐐴𐑊𐐼 𐐺𐐨𐑅𐐻𐑅, 𐐰𐑌𐐼 𐑄𐐩 𐐼𐐮𐐼 𐐹𐑊𐐩 𐐶𐐮𐑄 𐑄 𐐶𐐴𐑊𐐼 𐐺𐐨𐑅𐐻𐑅 𐐨𐑂𐐯𐑌 𐐰𐑆 𐐱 𐐽𐐴𐑊𐐼 𐐶𐐮𐑄 𐐱 𐑊𐐰𐑋; 𐐰𐑌𐐼 𐑄𐐩 𐐼𐐮𐐼 𐐿𐐲𐑋 𐑁𐐫𐑉𐑃 𐑁𐑉𐐲𐑋 𐐲𐑋𐐲𐑍 𐑄𐐯𐑋, 𐑉𐐲𐑅𐐨𐑂𐐮𐑍 𐑌𐐬 𐐸𐐪𐑉𐑋.”—4 𐐤𐐨𐑁𐐴 1:30–33.

𐐜𐐮𐑅 𐑅𐐩𐑋 𐐹𐐵𐐲𐑉 𐐸𐐰𐑆 𐐫𐑊𐑅𐐬 𐐺𐐮𐑌 𐐲𐐺𐐲𐑌𐐼𐐲𐑌𐐻𐑊𐐨 𐑋𐐰𐑌𐐮𐑁𐐯𐑅𐐻𐐲𐐼 𐐮𐑌 𐑄𐐨𐑆 𐑊𐐰𐐻𐐲𐑉 𐐼𐐩𐑆 𐐮𐑌 𐑄 𐑋𐐮𐐼𐑅𐐻 𐐲𐑂 𐑄 𐐝𐐩𐑌𐐻𐑅 𐐲𐑂 𐐘𐐱𐐼, 𐐮𐑌 𐐼𐐲𐑊𐐮𐑂𐐲𐑉𐐲𐑌𐑅𐐲𐑆 𐑁𐑉𐐲𐑋 𐐨𐑂𐐮𐑊, 𐐮𐑌 𐐮𐑅𐐿𐐩𐐹𐑅 𐑁𐑉𐐲𐑋 𐐯𐑌𐐲𐑋𐐨𐑆, 𐐮𐑌 𐑄 𐐿𐐶𐐯𐑊𐐮𐑍 𐐲𐑂 𐑋𐐫𐐺𐑆, 𐐮𐑌 𐑄 𐑅𐐻𐐮𐑊𐐮𐑍 𐐲𐑂 𐑄 𐐰𐑍𐑀𐑉𐐨 𐐶𐐩𐑂𐑆 𐐲𐑂 𐑄 𐑅𐐨, 𐐮𐑌 𐑄 𐐸𐐨𐑊𐐮𐑍 𐐲𐑂 𐑄 𐑅𐐮𐐿, 𐐮𐑌 𐑄 𐐿𐐰𐑅𐐻𐐮𐑍 𐐵𐐻 𐐲𐑂 𐐲𐑌𐐿𐑊𐐨𐑌 𐑅𐐹𐐮𐑉𐐮𐐻𐑅, 𐐰𐑌𐐼 𐐮𐑌 𐑋𐐯𐑌𐐨 𐐲𐑄𐐲𐑉 𐑋𐐲𐑉𐐰𐐿𐐷𐐲𐑊𐐲𐑅 𐑋𐐰𐑌𐐮𐑁𐐲𐑅𐐻𐐩𐑇𐐲𐑌𐑆 𐐲𐑂 𐑄 𐐹𐐵𐐲𐑉 𐐰𐑌𐐼 𐑀𐐳𐐼𐑌𐐲𐑅 𐐲𐑂 𐐘𐐱𐐼, 𐐰𐑌𐐼 𐐲𐑂 𐑄 𐐲𐑃𐐫𐑉𐐮𐐻𐐨 𐐶𐐮𐑄 𐐸𐐶𐐮𐐽 𐐐𐐨 𐐸𐐰𐑆 𐐮𐑌𐑂𐐯𐑅𐐻𐐲𐐼 𐐐𐐮𐑆 𐑅𐐲𐑉𐑂𐐲𐑌𐐻𐑅 𐐸𐐭 𐐪𐑉 𐐮𐑌𐐼𐐵𐐼 𐐰𐑌𐐼 𐐿𐑊𐐬𐑄𐐼 𐐲𐐹𐐱𐑌 𐐶𐐮𐑄 𐑄 𐐑𐑉𐐨𐑅𐐻𐐸𐐳𐐼, 𐐸𐐶𐐮𐐽 𐐮𐑆 𐐯𐑌𐐼𐑊𐐯𐑅 𐐰𐑌𐐼 𐐰𐑁𐐻𐐲𐑉 𐑄 𐐫𐑉𐐼𐐲𐑉 𐐲𐑂 𐑄 𐐝𐐲𐑌 𐐲𐑂 𐐘𐐱𐐼.

𐐜𐐲𐑅, 𐑃𐑉𐐭 𐑄 𐐲𐐻𐐬𐑌𐑋𐐲𐑌𐐻 𐐲𐑂 𐐖𐐨𐑆𐐲𐑅, 𐐰𐑌𐐼 𐑄 𐑅𐐰𐑊𐑂𐐩𐑇𐐲𐑌 𐐰𐑌𐐼 𐑉𐐲𐐼𐐯𐑋𐐹𐑇𐐲𐑌 𐐺𐑉𐐫𐐻 𐐲𐐺𐐵𐐻 𐐺𐐴 𐑄𐐰𐐻 𐐲𐐻𐐬𐑌𐑋𐐲𐑌𐐻 𐑄𐐨𐑆 𐐶𐐲𐑌𐐼𐐲𐑉𐑁𐐳𐑊 𐑋𐐰𐑌𐐮𐑁𐐲𐑅𐐻𐐩𐑇𐐲𐑌𐑆 𐐰𐑌𐐼 𐐼𐐲𐑊𐐮𐑂𐐲𐑉𐐲𐑌𐑅𐐲𐑆 𐐸𐐰𐑂 𐐺𐐮𐑌 𐐲𐐿𐐫𐑋𐐹𐑊𐐮𐑇𐐻 𐐺𐐴 𐑁𐐩𐑃

[9] 𐐀𐑃𐐲𐑉 12:30.
[10] 𐐈𐑊𐑋𐐲 14:26–29.
[11] 𐐐𐐨𐑊𐐲𐑋𐐲𐑌 5:43–49.
[12] 𐐈𐑊𐑋𐐲 17–27.

𐐮𐑌 𐐘𐐱𐐼; 𐐰𐑌𐐼 𐑄 𐐑𐑉𐐨𐑅𐐻𐐸𐐳𐐼 𐐺𐐨𐐮𐑍 𐐰𐑁𐐻𐐲𐑉 𐑄 𐐫𐑉𐐼𐐲𐑉 𐐲𐑂 𐑄 𐐝𐐲𐑌 𐐲𐑂 𐐘𐐱𐐼, 𐐰𐑌𐐼 𐐹𐑉𐐲𐑅𐐨𐐼𐐮𐑍 𐑁𐑉𐐲𐑋 𐐐𐐮𐑋, 𐑃𐑉𐐭 𐑄 𐐲𐐻𐐬𐑌𐑋𐐲𐑌𐐻, 𐑄𐐬𐑆 𐐸𐐭 𐐸𐐯𐑊𐐼 𐑄𐐮𐑅 𐐑𐑉𐐨𐑅𐐻𐐸𐐳𐐼 𐐹𐐲𐑆𐐯𐑅𐐻, 𐐲𐐿𐐫𐑉𐐼𐐮𐑍 𐐻𐐭 𐑄𐐩𐑉 𐐶𐐮𐑊, 𐑄 𐐲𐐺𐐲𐑂 𐑋𐐯𐑌𐑇𐐲𐑌𐐼 𐐹𐐵𐐲𐑉𐑆; 𐐰𐑌𐐼 𐐶𐐮𐑃𐐵𐐻 𐑄𐐰𐐻 𐐲𐐻𐐬𐑌𐑋𐐲𐑌𐐻 𐑄𐐮𐑅 𐐹𐐵𐐲𐑉 𐑌𐐯𐑂𐐲𐑉 𐐿𐐳𐐼 𐐸𐐰𐑂 𐐮𐑀𐑆𐐮𐑅𐐻𐐲𐐼, 𐑁𐐫𐑉 𐑋𐐰𐑌 𐐶𐐮𐑃𐐵𐐻 𐑄𐐰𐐻 𐑅𐐰𐐿𐑉𐐮𐑁𐐴𐑅 𐐿𐐳𐐼 𐑌𐐱𐐻 𐐸𐐰𐑂 𐐺𐐮𐑌 𐐺𐑉𐐫𐐻 𐐮𐑌𐐻𐐭 𐑄𐐰𐐻 𐑉𐐲𐑊𐐩𐑇𐐲𐑌𐑇𐐮𐐹 𐐻𐐭 𐐘𐐱𐐼, 𐐺𐐴 𐐸𐐶𐐮𐐽 𐐶𐐨 𐐿𐐳𐐼 𐐸𐐰𐑂 𐑄 𐑉𐐴𐐻, 𐑄 𐐹𐐵𐐲𐑉 𐐰𐑌𐐼 𐐲𐑃𐐫𐑉𐐮𐐻𐐨 𐐻𐐭 𐐰𐐿𐐻 𐐮𐑌 𐐐𐐮𐑆 𐑌𐐩𐑋, 𐐫𐑉 𐐻𐐭 𐐺𐐨 𐐐𐐮𐑆 𐑉𐐯𐐹𐑉𐐲𐑆𐐯𐑌𐐻𐐲𐐻𐐮𐑂𐑆 𐐻𐐭 𐑁𐐫𐑊𐐲𐑌 𐐸𐐷𐐭𐑋𐐰𐑌𐐮𐐻𐐨.

𐐆𐑌 𐑁𐐰𐐿𐐻, 𐑄 𐐹𐐵𐐲𐑉 𐑋𐐰𐑌𐐮𐑁𐐯𐑅𐐻𐐲𐐼 𐐺𐐴 𐑄 𐐑𐑉𐐨𐑅𐐻𐐸𐐳𐐼 𐐮𐑆 𐑅𐐮𐑋𐐹𐑊𐐨 𐑄 𐐹𐐵𐐲𐑉 𐐲𐑂 𐐘𐐱𐐼, 𐑁𐐫𐑉 𐐐𐐨 𐐮𐑆 𐑄 𐐸𐐯𐐼 𐐲𐑂 𐑄 𐐑𐑉𐐨𐑅𐐻𐐸𐐳𐐼, 𐐶𐐮𐑄 𐐖𐐨𐑆𐐲𐑅 𐐰𐑆 𐐵𐑉 𐐑𐑉𐐯𐑆𐐮𐐼𐐲𐑌𐐻 𐐰𐑌𐐼 𐑀𐑉𐐩𐐻 𐐐𐐴 𐐑𐑉𐐨𐑅𐐻; 𐐰𐑌𐐼 𐐮𐐻 𐐮𐑆 𐐲𐐹𐐱𐑌 𐑄𐐮𐑅 𐐹𐑉𐐮𐑌𐑅𐐮𐐹𐐲𐑊 𐑄𐐰𐐻 𐐫𐑊 𐑄 𐐶𐐲𐑉𐐿𐑅 𐐲𐑂 𐐘𐐱𐐼 𐐸𐐰𐑂 𐐺𐐮𐑌 𐐲𐐿𐐱𐑋𐐹𐑊𐐮𐑇𐐻, 𐐸𐐶𐐯𐑄𐐲𐑉 𐐱𐑌 𐑄 𐐲𐑉𐑃 𐐫𐑉 𐐮𐑌 𐑄 𐐸𐐯𐑂𐐲𐑌𐑆; 𐐰𐑌𐐼 𐐯𐑌𐐨 𐑋𐐰𐑌𐐮𐑁𐐯𐑅𐐻𐐩𐑇𐐲𐑌 𐐲𐑂 𐐹𐐵𐐲𐑉 𐑃𐑉𐐭 𐑄 𐐑𐑉𐐨𐑅𐐻𐐸𐐳𐐼 𐐱𐑌 𐑄 𐐲𐑉𐑃 𐐮𐑆 𐑅𐐮𐑋𐐹𐑊𐐨 𐐲 𐐼𐐯𐑊𐐲𐑀𐐩𐐻𐐲𐐼 𐐹𐐵𐐲𐑉 𐑁𐑉𐐲𐑋 𐑄 𐐑𐑉𐐨𐑅𐐻𐐸𐐳𐐼 𐐮𐑌 𐑄 𐐸𐐯𐑂𐐲𐑌𐑆, 𐐰𐑌𐐼 𐑄 𐑋𐐬𐑉 𐑄 𐐑𐑉𐐨𐑅𐐻𐐸𐐳𐐼 𐐱𐑌 𐑄 𐐲𐑉𐑃 𐐺𐐲𐐿𐐲𐑋𐑆 𐐲𐑅𐐮𐑋𐐮𐑊𐐩𐐻𐐲𐐼 𐐶𐐮𐑄 𐐰𐑌𐐼 𐑅𐐲𐐺𐐾𐐯𐐿𐐻 𐐻𐐭 𐑄 𐐑𐑉𐐨𐑅𐐻𐐸𐐳𐐼 𐐮𐑌 𐑄 𐐸𐐯𐑂𐐲𐑌𐑆 𐑄 𐑋𐐬𐑉 𐐲𐑂 𐑄𐐮𐑅 𐐹𐐵𐐲𐑉 𐑇𐐰𐑊 𐐶𐐨 𐐹𐐲𐑆𐐯𐑅. 𐐐𐐯𐑌𐑅 𐐑𐐫𐑊, 𐐮𐑌 𐑅𐐹𐐨𐐿𐐮𐑍 𐐱𐑌 𐑄𐐮𐑅 𐑅𐐲𐐺𐐾𐐯𐐿𐐻, 𐑅𐐯𐑆:

"𐐛𐑉𐐭 𐑁𐐩𐑃 𐐶𐐨 𐐲𐑌𐐼𐐲𐑉𐑅𐐻𐐰𐑌𐐼 𐑄𐐰𐐻 𐑄 𐐶𐐲𐑉𐑊𐐼𐑆 𐐶𐐲𐑉 𐑁𐑉𐐩𐑋𐐼 𐐺𐐴 𐑄 𐐶𐐲𐑉𐐼 𐐲𐑂 𐐘𐐱𐐼, 𐑅𐐬 𐑄𐐰𐐻 𐑃𐐮𐑍𐑆 𐐸𐐶𐐮𐐽 𐐪𐑉 𐑅𐐨𐑌 𐐶𐐲𐑉 𐑌𐐱𐐻 𐑋𐐩𐐼 𐐲𐑂 𐑃𐐮𐑍𐑆 𐐸𐐶𐐮𐐽 𐐼𐐭 𐐲𐐹𐐨𐑉."—𐐐𐐨𐐺𐑉𐐭𐑆 11:3.

𐐔 𐐶𐐲𐑉𐐿 𐐲𐑂 𐐘𐐱𐐼 𐐰𐑌𐐼 𐑄 𐑀𐑊𐐫𐑉𐐨 𐐲𐑂 𐐘𐐱𐐼 𐐮𐑆 𐐻𐐭 𐐺𐑉𐐮𐑍 𐐻𐐭 𐐹𐐰𐑅 𐑄 𐐮𐑋𐐫𐑉𐐻𐐰𐑊𐐮𐐻𐐨 𐐰𐑌𐐼 𐐨𐐻𐐲𐑉𐑌𐐲𐑊 𐑊𐐴𐑁 𐐲𐑂 𐑋𐐰𐑌; 𐐰𐑆 𐐮𐐻 𐐮𐑆 𐑉𐐮𐐻𐐲𐑌: "𐐙𐐫𐑉 𐑄𐐮𐑅 𐐮𐑆 𐑋𐐴 𐐶𐐲𐑉𐐿 𐐰𐑌𐐼 𐑋𐐴 𐑀𐑊𐐫𐑉𐐨, 𐐻𐐭 𐐺𐑉𐐮𐑍 𐐻𐐭 𐐹𐐰𐑅 𐑄 𐐮𐑋𐐫𐑉𐐻𐐰𐑊𐐮𐐻𐐨 𐐰𐑌𐐼 𐐨𐐻𐐲𐑉𐑌𐐲𐑊 𐑊𐐴𐑁 𐐲𐑂 𐑋𐐰𐑌." (𐐣𐐬𐑆𐐲𐑅 1:39.) 𐐔 𐐿𐑉𐐨𐐩𐑇𐐲𐑌 𐐲𐑂 𐑋𐐰𐑌 𐐰𐑌𐐼 𐑄 𐑋𐐲𐑊𐐻𐐮𐐹𐑊𐐮𐐿𐐩𐑇𐐲𐑌 𐐲𐑂 𐑋𐐰𐑌 𐐶𐐲𐑆 𐐶𐐲𐑌 𐑃𐐮𐑍, 𐑄 𐐮𐑋𐐫𐑉𐐻𐐰𐑊𐐮𐐻𐐨 𐐰𐑌𐐼 𐐨𐐻𐐲𐑉𐑌𐐲𐑊 𐑊𐐴𐑁 𐐲𐑂 𐑋𐐰𐑌 𐐰𐑌𐐼 𐐸𐐮𐑆 𐐯𐑀𐑆𐐫𐑊𐐻𐐩𐑇𐐲𐑌 𐐮𐑆 𐐲𐑌𐐲𐑄𐐲𐑉 𐑃𐐮𐑍; 𐐰𐑌𐐼 𐐮𐑌 𐑄 𐐫𐑉𐑀𐐲𐑌𐐮𐑆𐐩𐑇𐐲𐑌 𐐲𐑂 𐑄 𐐶𐐲𐑉𐑊𐐼, 𐐰𐑌𐐼 𐐮𐑌 𐑄 𐐿𐐰𐑊𐐿𐐷𐐲𐑊𐐩𐑇𐐲𐑌𐑆 𐐲𐑂 𐑄 𐐘𐐱𐑅𐐹𐐲𐑊 𐐹𐐲𐑉𐐻𐐩𐑌𐐮𐑍 𐐻𐐭 𐑄𐐮𐑅 𐐮𐑋𐐫𐑉𐐻𐐰𐑊𐐮𐐻𐐨 𐐰𐑌𐐼 𐐨𐐻𐐲𐑉𐑌𐐲𐑊 𐑊𐐴𐑁, 𐐮𐐻 𐐶𐐳𐐼 𐑅𐐨𐑋 𐑄𐐰𐐻 𐐮𐐻 𐐶𐐲𐑆 𐐼𐐲𐐿𐑉𐐨𐐼 𐑄𐐰𐐻 𐑄 𐐄𐑌𐑊𐐨 𐐒𐐲𐑀𐐱𐐻𐐲𐑌 𐐝𐐲𐑌 𐐶𐐲𐑆 𐐹𐑉𐐲𐑂𐐴𐐼𐐲𐐼 𐑁𐐫𐑉 𐑄 𐐹𐐲𐑉𐐹𐐲𐑅 𐐲𐑂 𐐲𐐿𐐱𐑋𐐹𐑊𐐮𐑇𐐮𐑍 𐑄𐐮𐑅 𐐱𐐺𐐾𐐯𐐿𐐻; 𐐰𐑌𐐼 𐑄𐐲𐑅 𐐗𐑉𐐴𐑅𐐻 𐐶𐐲𐑆 𐑄 𐐢𐐰𐑋 𐑅𐑊𐐩𐑌, 𐐲𐐿𐐫𐑉𐐼𐐮𐑍 𐐻𐐭 𐑄 𐐨𐐻𐐲𐑉𐑌𐐲𐑊 𐐹𐐲𐑉𐐹𐐲𐑅𐐲𐑆 𐐲𐑂 𐐘𐐱𐐼, 𐐺𐐲𐑁𐐫𐑉 𐑄 𐑁𐐵𐑌𐐼𐐩𐑇𐐲𐑌 𐐲𐑂 𐑄 𐐶𐐲𐑉𐑊𐐼.

𐐆𐑌 𐑉𐐲𐑊𐐩𐑇𐐲𐑌 𐐻𐐭 𐑄 𐐿𐑉𐐨𐐩𐑇𐐲𐑌 𐐲𐑂 𐑄 𐐶𐐲𐑉𐑊𐐼𐑆, 𐐰𐑆 𐐲𐐺𐐲𐑂 𐑉𐐲𐑁𐐲𐑉𐐼 𐐻𐐭 𐐺𐐴 𐐑𐐫𐑊, 𐐖𐐱𐑌, 𐐮𐑌 𐑄 𐐿𐐲𐑋𐐯𐑌𐑅𐑋𐐲𐑌𐐻 𐐲𐑂 𐐸𐐮𐑆 𐐘𐐱𐑅𐐹𐐲𐑊, 𐑅𐐹𐐨𐐿𐐮𐑍 𐐰𐑁𐐻𐐲𐑉 𐑄 𐑋𐐰𐑌𐐲𐑉 𐐲𐑂 𐐲 𐐹𐑉𐐯𐑁𐐲𐑅 𐐫𐑉 𐐮𐑌𐐻𐑉𐐲𐐼𐐲𐐿𐑇𐐲𐑌, 𐑉𐐴𐐻𐑅: "𐐆𐑌 𐑄 𐐺𐐲𐑀𐐮𐑌𐐮𐑍 𐐶𐐲𐑆 𐑄 𐐎𐐲𐑉𐐼, 𐐰𐑌𐐼 𐑄 𐐎𐐲𐑉𐐼 𐐶𐐲𐑆 𐐶𐐮𐑄 𐐘𐐱𐐼, 𐐰𐑌𐐼 𐑄 𐐎𐐲𐑉𐐼 𐐶𐐲𐑆 𐐘𐐱𐐼. 𐐔 𐑅𐐩𐑋 𐐶𐐲𐑆 𐐮𐑌 𐑄 𐐺𐐲𐑀𐐮𐑌𐐮𐑍 𐐶𐐮𐑄 𐐘𐐱𐐼. 𐐃𐑊 𐑃𐐮𐑍𐑆 𐐶𐐲𐑉 𐑋𐐩𐐼 𐐺𐐴 𐐸𐐮𐑋; 𐐰𐑌𐐼 𐐶𐐮𐑃𐐵𐐻 𐐸𐐮𐑋 𐐶𐐲𐑆 𐑌𐐱𐐻 𐐯𐑌𐐨𐑃𐐮𐑍 𐑋𐐩𐐼 𐑄𐐰𐐻 𐐶𐐲𐑆 𐑋𐐩𐐼. 𐐆𐑌 𐐸𐐮𐑋 𐐶𐐲𐑆 𐑊𐐴𐑁;

𐐰𐑌𐐼 𐑄 𐑊𐐴𐑁 𐐶𐐱𐑆 𐑄 𐑊𐐴𐐻 𐐱𐑂 𐑋𐐯𐑌. 𐐈𐑌𐐼 𐑄 𐑊𐐴𐐻 𐑇𐐴𐑌𐐯𐑃 𐐮𐑌 𐐼𐐪𐑉𐐿𐑌𐐯𐑅; 𐐰𐑌𐐼 𐑄 𐐼𐐪𐑉𐐿𐑌𐐯𐑅 𐐿𐐱𐑋𐐹𐑉𐐨𐐸𐐯𐑌𐐼𐐯𐐼 𐐮𐐻 𐑌𐐱𐐻." (𐐖𐐱𐑌 1:1–5.) 𐐃𐑉 𐐻𐐭 𐐷𐐭𐑆 𐑄 𐐻𐐯𐐿𐑅𐐻, 𐐮𐑌 𐑄 𐐶𐐲𐑉𐐼𐐮𐑍 𐐱𐑂 𐑄 𐐮𐑌𐑅𐐹𐐴𐑉𐐼 𐐻𐑉𐐰𐑌𐑅𐑊𐐩𐑇𐐲𐑌: "𐐆𐑌 𐑄 𐐺𐐨𐑀𐐮𐑌𐐮𐑍 𐐶𐐱𐑆 𐑄 𐐘𐐱𐑅𐐹𐐯𐑊 𐐹𐑉𐐨𐐽𐐻 𐑃𐑉𐐭 𐑄 𐐝𐐲𐑌. 𐐈𐑌𐐼 𐑄 𐐘𐐱𐑅𐐹𐐯𐑊 𐐶𐐱𐑆 𐑄 𐐶𐐲𐑉𐐼, 𐐰𐑌𐐼 𐑄 𐐶𐐲𐑉𐐼 𐐶𐐱𐑆 𐐶𐐮𐑄 𐑄 𐐝𐐲𐑌, 𐐰𐑌𐐼 𐑄 𐐝𐐲𐑌 𐐶𐐱𐑆 𐐶𐐮𐑄 𐐘𐐱𐐼, 𐐰𐑌𐐼 𐑄 𐐝𐐲𐑌 𐐶𐐱𐑆 𐐱𐑂 𐐘𐐱𐐼. 𐐜 𐑅𐐩𐑋 𐐶𐐱𐑆 𐐮𐑌 𐑄 𐐺𐐨𐑀𐐮𐑌𐐮𐑍 𐐶𐐮𐑄 𐐘𐐱𐐼. 𐐃𐑊 𐑃𐐮𐑍𐑆 𐐶𐐲𐑉 𐑋𐐩𐐼 𐐺𐐴 𐐸𐐮𐑋; 𐐰𐑌𐐼 𐐶𐐮𐑄𐐵𐐻 𐐸𐐮𐑋 𐐶𐐱𐑆 𐑌𐐱𐐻 𐐯𐑌𐐨𐑃𐐮𐑍 𐑋𐐩𐐼 𐐸𐐶𐐮𐐽 𐐶𐐱𐑆 𐑋𐐩𐐼. 𐐆𐑌 𐐸𐐮𐑋 𐐶𐐱𐑆 𐑄 𐐘𐐱𐑅𐐹𐐯𐑊, 𐐰𐑌𐐼 𐑄 𐐘𐐱𐑅𐐹𐐯𐑊 𐐶𐐱𐑆 𐑄 𐑊𐐴𐑁, 𐐰𐑌𐐼 𐑄 𐑊𐐴𐑁 𐐶𐐱𐑆 𐑄 𐑊𐐴𐐻 𐐱𐑂 𐑋𐐯𐑌; 𐐰𐑌𐐼 𐑄 𐑊𐐴𐐻 𐑇𐐴𐑌𐐯𐑃 𐐮𐑌 𐑄 𐐶𐐲𐑉𐑊𐐼, 𐐰𐑌𐐼 𐑄 𐐶𐐲𐑉𐑊𐐼 𐐹𐐲𐑉𐑅𐐨𐑂𐐯𐑃 𐐮𐐻 𐑌𐐱𐐻." 𐐙𐑉𐐱𐑋 𐑄 𐐻𐐯𐑅𐐻𐐮𐑋𐐬𐑌𐐨 𐐱𐑂 𐐖𐐱𐑌, 𐐰𐑆 𐑀𐐮𐑂𐐲𐑌 𐐮𐑌 𐑄 𐐒𐐳𐐿 𐐱𐑂 𐐔𐐱𐐿𐐻𐑉𐐮𐑌 𐐰𐑌𐐼 𐐗𐐲𐑂𐐯𐑌𐐰𐑌𐐻𐑅, 𐐶𐐨 𐐫𐑊𐑅𐐬 𐐯𐐿𐑅𐐻𐑉𐐰𐐿𐐻 𐑄 𐑁𐐱𐑊𐐬𐐮𐑍:

"𐐈𐑌𐐼 𐐸𐐨 𐐺𐐬𐑉 𐑉𐐯𐐿𐐲𐑉𐐼, 𐑅𐐩𐐮𐑍, 𐐌 𐑅𐐫 𐐸𐐮𐑆 𐑀𐑊𐐬𐑉𐐨, 𐑄𐐰𐐻 𐐸𐐨 𐐶𐐱𐑆 𐐮𐑌 𐑄 𐐺𐐨𐑀𐐮𐑌𐐮𐑍 𐐺𐐨𐑁𐐬𐑉 𐑄 𐐶𐐲𐑉𐑊𐐼 𐐶𐐱𐑆; 𐑄𐐯𐑉𐑁𐐬𐑉 𐐮𐑌 𐑄 𐐺𐐨𐑀𐐮𐑌𐐮𐑍 𐑄 𐐎𐐲𐑉𐐼 𐐶𐐱𐑆, 𐑁𐐫𐑉 𐐸𐐨 𐐶𐐱𐑆 𐑄 𐐎𐐲𐑉𐐼, 𐐨𐑂𐐲𐑌 𐑄 𐑋𐐯𐑅𐐯𐑌𐐾𐐲𐑉 𐐱𐑂 𐑅𐐰𐑊𐑂𐐩𐑇𐐲𐑌, 𐑄 𐑊𐐴𐐻 𐐰𐑌𐐼 𐑄 𐐡𐐨𐐼𐐨𐑋𐐲𐑉 𐐱𐑂 𐑄 𐐶𐐲𐑉𐑊𐐼; 𐑄 𐐝𐐹𐐮𐑉𐐮𐐻 𐐱𐑂 𐐻𐑉𐐭𐑃, 𐐸𐐭 𐐿𐐩𐑋 𐐮𐑌𐐻𐐭 𐑄 𐐶𐐲𐑉𐑊𐐼, 𐐺𐐨𐐿𐐫𐑆 𐑄 𐐶𐐲𐑉𐑊𐐼 𐐶𐐱𐑆 𐑋𐐩𐐼 𐐺𐐴 𐐸𐐮𐑋, 𐐰𐑌𐐼 𐐮𐑌 𐐸𐐮𐑋 𐐶𐐱𐑆 𐑄 𐑊𐐴𐑁 𐐱𐑂 𐑋𐐯𐑌 𐐰𐑌𐐼 𐑄 𐑊𐐴𐐻 𐐱𐑂 𐑋𐐯𐑌. 𐐜 𐐶𐐲𐑉𐑊𐐼𐑆 𐐶𐐲𐑉 𐑋𐐩𐐼 𐐺𐐴 𐐸𐐮𐑋: 𐑋𐐯𐑌 𐐶𐐲𐑉 𐑋𐐩𐐼 𐐺𐐴 𐐸𐐮𐑋: 𐐫𐑊 𐑃𐐮𐑍𐑆 𐐶𐐲𐑉 𐑋𐐩𐐼 𐐺𐐴 𐐸𐐮𐑋, 𐐰𐑌𐐼 𐑃𐑉𐐭 𐐸𐐮𐑋, 𐐰𐑌𐐼 𐐱𐑂 𐐸𐐮𐑋. 𐐈𐑌𐐼 𐐌, 𐐖𐐱𐑌, 𐐺𐐩𐑉 𐑉𐐯𐐿𐐲𐑉𐐼 𐑄𐐰𐐻 𐐌 𐐺𐐨𐐸𐐯𐑊𐐼 𐐸𐐮𐑆 𐑀𐑊𐐬𐑉𐐨, 𐐰𐑆 𐑄 𐑀𐑊𐐬𐑉𐐨 𐐱𐑂 𐑄 𐐄𐑌𐑊𐐨 𐐒𐐨𐑀𐐱𐐻𐐲𐑌 𐐱𐑂 𐑄 𐐙𐐪𐑄𐐲𐑉, 𐑁𐐳𐑊 𐐱𐑂 𐑀𐑉𐐩𐑅 𐐰𐑌𐐼 𐐻𐑉𐐭𐑃, 𐐨𐑂𐐲𐑌 𐑄 𐐝𐐹𐐮𐑉𐐮𐐻 𐐱𐑂 𐐻𐑉𐐭𐑃, 𐐸𐐶𐐮𐐽 𐐿𐐩𐑋 𐐰𐑌𐐼 𐐼𐐶𐐯𐑊𐐻 𐐮𐑌 𐑄 𐑁𐑊𐐯𐑇, 𐐰𐑌𐐼 𐐼𐐶𐐯𐑊𐐻 𐐲𐑋𐐲𐑍 𐐲𐑅."—𐐔&𐐗 93:7–11.

𐐑𐐫𐑊, 𐑊𐐴𐐿𐐶𐐴𐑆, 𐐮𐑌 𐐸𐐮𐑆 𐐇𐐹𐐮𐑅𐐲𐑊𐑆, 𐑋𐐬𐑉 𐑄𐐰𐑌 𐐶𐐲𐑌𐑅 𐐼𐐮𐑉𐐯𐐿𐐻𐑅 𐐰𐐻𐐯𐑌𐑇𐐲𐑌 𐐻𐐭 𐑄𐐮𐑅 𐑀𐑉𐐩𐐻 𐐻𐑉𐐭𐑃. 𐐆𐑌 𐑉𐐴𐐻𐐮𐑍 𐐻𐐭 𐑄 𐐗𐐲𐑊𐐱𐑇𐐲𐑌𐑆 𐐸𐐨 𐑅𐐯𐑆:

"𐐙𐐫𐑉 𐐺𐐴 𐐸𐐮𐑋 𐐶𐐲𐑉 𐐫𐑊 𐑃𐐮𐑍𐑆 𐐿𐑉𐐨𐐩𐐻𐐯𐐼, 𐑄𐐰𐐻 𐐪𐑉 𐐮𐑌 𐐸𐐯𐑂𐐲𐑌, 𐐰𐑌𐐼 𐑄𐐰𐐻 𐐪𐑉 𐐮𐑌 𐐲𐑉𐑃, 𐑂𐐮𐑆𐐮𐐺𐐲𐑊 𐐰𐑌𐐼 𐐮𐑌𐑂𐐮𐑆𐐮𐐺𐐲𐑊, 𐐸𐐶𐐯𐑄𐐲𐑉 𐑄𐐩 𐐺𐐨 𐑃𐑉𐐬𐑌𐑆, 𐐫𐑉 𐐼𐐬𐑋𐐮𐑌𐐷𐐲𐑌𐑆, 𐐫𐑉 𐐹𐑉𐐮𐑌𐑅𐐮𐐹𐐰𐑊𐐮𐐻𐐨𐑆, 𐐫𐑉 𐐹𐐵𐐲𐑉𐑆: 𐐫𐑊 𐑃𐐮𐑍𐑆 𐐶𐐲𐑉 𐐿𐑉𐐨𐐩𐐻𐐯𐐼 𐐺𐐴 𐐸𐐮𐑋, 𐐰𐑌𐐼 𐑁𐐫𐑉 𐐸𐐮𐑋: 𐐰𐑌𐐼 𐐸𐐨 𐐮𐑆 𐐺𐐨𐑁𐐬𐑉 𐐫𐑊 𐑃𐐮𐑍𐑆, 𐐰𐑌𐐼 𐐺𐐴 𐐸𐐮𐑋 𐐫𐑊 𐑃𐐮𐑍𐑆 𐐿𐐱𐑌𐑅𐐮𐑅𐐻."—𐐗𐐲𐑊𐐱𐑇𐐲𐑌𐑆 1:16, 17.

𐐈𐑌𐐼 𐐻𐐭 𐑄 𐐐𐐨𐐺𐑉𐐭𐑆 𐐸𐐨 𐑉𐐴𐐻𐑅, 𐑄𐐰𐐻 𐐘𐐱𐐼 "𐐸𐐰𐑃 𐐮𐑌 𐑄𐐨𐑆 𐑊𐐰𐑅𐐻 𐐼𐐩𐑆 𐑅𐐹𐐬𐐿𐐲𐑌 𐐲𐑌𐐻𐐭 𐐲𐑅 𐐺𐐴 𐐸𐐮𐑆 𐐝𐐲𐑌, 𐐸𐐭𐑋 𐐸𐐨 𐐸𐐰𐑃 𐐲𐐹𐐦𐑌𐐻𐐯𐐼 𐐩𐑉 𐐱𐑂 𐐫𐑊 𐑃𐐮𐑍𐑆, 𐐺𐐴 𐐸𐐭𐑋 𐐫𐑊𐑅𐐬 𐐸𐐨 𐑋𐐩𐐼 𐑄 𐐶𐐲𐑉𐑊𐐼𐑆; 𐐸𐐭 𐐺𐐨𐐮𐑍 𐑄 𐐺𐑉𐐴𐐻𐑌𐐯𐑅 𐐱𐑂 𐐸𐐮𐑆 𐑀𐑊𐐬𐑉𐐨, 𐐰𐑌𐐼 𐑄 𐐯𐐿𐑅𐐹𐑉𐐯𐑅 𐐮𐑋𐐯𐐾 𐐱𐑂 𐐸𐐮𐑆 𐐹𐐲𐑉𐑅𐐲𐑌, 𐐰𐑌𐐼 𐐲𐐹𐐸𐐬𐑊𐐼𐐮𐑍 𐐫𐑊 𐑃𐐮𐑍𐑆 𐐺𐐴 𐑄 𐐶𐐲𐑉𐐼 𐐱𐑂 𐐸𐐮𐑆 𐐹𐐵𐐲𐑉, 𐐸𐐶𐐯𐑌 𐐸𐐨 𐐸𐐰𐐼 𐐺𐐴 𐐸𐐮𐑋𐑅𐐯𐑊𐑁 𐐹𐐲𐑉𐐾𐐼 𐐵𐑉 𐑅𐐮𐑌𐑆, 𐑅𐐰𐐻 𐐼𐐵𐑌 𐐱𐑌 𐑄 𐑉𐐴𐐻 𐐸𐐰𐑌𐐼 𐐱𐑂 𐑄 𐐣𐐰𐐾𐐯𐑅𐐻𐐨 𐐱𐑌 𐐸𐐴."—𐐐𐐨𐐺𐑉𐐭𐑆 1:2, 3.

𐐘𐐱𐐼 𐑉𐐨𐑂𐐨𐑊𐐼 𐑄𐐨𐑆 𐑅𐐩𐑋 𐐻𐑉𐐭𐑃𐑅 𐐲𐑌𐐻𐐭 𐐣𐐬𐑆𐐯𐑆; 𐐺𐐲𐐻 𐐸𐐮𐑆 𐐶𐐲𐑉𐐼𐑆 𐐮𐑌 𐑉𐐨𐑊𐐩𐑇𐐲𐑌 𐑄𐐩𐑉𐐻𐐭 𐐪𐑉 𐐲𐑋𐐲𐑍 𐑄 𐐹𐑉𐐯𐑇𐐲𐑅 𐑃𐐮𐑍𐑆 𐑄𐐰𐐻 𐐸𐐰𐑂 𐐺𐐮𐑌 𐐻𐐩𐐿𐐲𐑌 𐑁𐑉𐐱𐑋 𐑄 𐑅𐐿𐑉𐐮𐐹𐐽𐐲𐑉𐑆 𐐺𐐴 𐑄 𐐮𐑌𐐮𐐿𐐶𐐮𐐻𐐨 𐐲𐑂 𐑋𐐰𐑌; 𐐲𐑋𐐲𐑍𐑅𐐻 𐑄𐐨𐑆 𐑉𐐲𐑅𐐻𐐫𐑉𐐼 𐐻𐐭 𐐲𐑅 𐐺𐐴 𐑋𐐱𐐼𐐲𐑉𐑌 𐑉𐐯𐑂𐐲𐑊𐐩𐑇𐐲𐑌 𐐪𐑉 𐑄 𐑁𐐱𐑊𐐬𐐮𐑍 𐐶𐐲𐑉𐐼𐑆 𐐲𐑂 𐐘𐐪𐐼 𐐻𐐭 𐑄𐐰𐐻 𐐑𐐩𐐻𐑉𐐨𐐪𐑉𐐿 𐐶𐐮𐑄 𐑉𐐲𐑀𐐪𐑉𐐼 𐐻𐐭 𐑄 𐐿𐑉𐐨𐐩𐑇𐐲𐑌:

“𐐈𐑌𐐼 𐐺𐐴 𐑄 𐐶𐐲𐑉𐐼 𐐲𐑂 𐑋𐐴 𐐹𐐵𐐲𐑉 𐐸𐐰𐑂 𐐌 𐐿𐑉𐐨𐐩𐐻𐐲𐐼 𐑄𐐯𐑋, 𐐸𐐶𐐮𐐽 𐐮𐑆 𐑋𐐴𐑌 𐐄𐑌𐑊𐐨 𐐒𐐲𐑀𐐱𐐻𐐲𐑌 𐐝𐐲𐑌, 𐐸𐐭 𐐮𐑆 𐑁𐐳𐑊 𐐲𐑂 𐑀𐑉𐐩𐑅 𐐰𐑌𐐼 𐐻𐑉𐐭𐑃. 𐐈𐑌𐐼 𐐶𐐲𐑉𐑊𐐼𐑆 𐐶𐐮𐑃𐐵𐐻 𐑌𐐲𐑋𐐺𐐲𐑉 𐐸𐐰𐑂 𐐌 𐐿𐑉𐐨𐐩𐐻𐐲𐐼; 𐐰𐑌𐐼 𐐌 𐐫𐑊𐑅𐐬 𐐿𐑉𐐨𐐩𐐻𐐲𐐼 𐑄𐐯𐑋 𐑁𐐫𐑉 𐑋𐐴𐑌 𐐬𐑌 𐐹𐐲𐑉𐐹𐐲𐑅; 𐐰𐑌𐐼 𐐺𐐴 𐑄 𐐝𐐲𐑌 𐐌 𐐿𐑉𐐨𐐩𐐻𐐲𐐼 𐑄𐐯𐑋, 𐐸𐐶𐐮𐐽 𐐮𐑆 𐑋𐐴𐑌 𐐄𐑌𐑊𐐨 𐐒𐐲𐑀𐐱𐐻𐐲𐑌. 𐐈𐑌𐐼 𐑄 𐑁𐐲𐑉𐑅𐐻 𐑋𐐰𐑌 𐐲𐑂 𐐫𐑊 𐑋𐐯𐑌 𐐸𐐰𐑂 𐐌 𐐿𐐫𐑊𐐼 𐐈𐐼𐐲𐑋, 𐐸𐐶𐐮𐐽 𐐮𐑆 𐑋𐐯𐑌𐐨. 𐐒𐐲𐐻 𐐬𐑌𐑊𐐨 𐐰𐑌 𐐲𐐿𐐵𐑌𐐻 𐐲𐑂 𐑄𐐮𐑅 𐐲𐑉𐑃, 𐐰𐑌𐐼 𐑄 𐐮𐑌𐐸𐐰𐐺𐐮𐐻𐐲𐑌𐐻𐑅 𐑄𐐯𐑉𐐱𐑂, 𐑀𐐮𐑂 𐐌 𐐲𐑌𐐻𐐭 𐐷𐐭. 𐐙𐐫𐑉 𐐺𐐲𐐸𐐬𐑊𐐼, 𐑄𐐯𐑉 𐐪𐑉 𐑋𐐯𐑌𐐨 𐐶𐐲𐑉𐑊𐐼𐑆 𐐸𐐶𐐮𐐽 𐐸𐐰𐑂 𐐹𐐰𐑅𐐻 𐐲𐐶𐐩 𐐺𐐴 𐑄 𐐶𐐲𐑉𐐼 𐐲𐑂 𐑋𐐴 𐐹𐐵𐐲𐑉. 𐐈𐑌𐐼 𐑄𐐯𐑉 𐐪𐑉 𐑋𐐯𐑌𐐨 𐐫𐑊𐑅𐐬 𐐸𐐶𐐮𐐽 𐑌𐐵 𐑅𐐻𐐰𐑌𐐼, 𐐰𐑌𐐼 𐑌𐐲𐑋𐐺𐐲𐑉𐑊𐐯𐑅 𐐪𐑉 𐑄𐐩 𐐲𐑌𐐻𐐭 𐑋𐐰𐑌, 𐐺𐐲𐐻 𐐫𐑊 𐑃𐐮𐑍𐑆 𐐪𐑉 𐑌𐐲𐑋𐐺𐐲𐑉𐐼 𐐲𐑌𐐻𐐭 𐑋𐐨, 𐑁𐐫𐑉 𐑄𐐩 𐐪𐑉 𐑋𐐴𐑌 𐐰𐑌𐐼 𐐌 𐑌𐐬 𐑄𐐯𐑋.”—𐐣𐐬𐑆𐐲𐑅 1:33–35.

## 𐐕𐐰𐐹𐐻𐐲𐑉 XI

*𐐁𐐺𐑉𐐲𐐸𐐰𐑋'𐑆 𐐡𐐯𐐿𐐲𐑉𐐼 𐐗𐐲𐑌𐑅𐐲𐑉𐑌𐐮𐑍 𐑄 𐐗𐑉𐐨𐐩𐑇𐐲𐑌—𐐜 𐐗𐐵𐑌𐑅𐐮𐑊 𐐮𐑌 𐐐𐐯𐑂𐐲𐑌—𐐜 𐐙𐐪𐑄𐐲𐑉'𐑆 𐐑𐑊𐐰𐑌, 𐑄 𐐝𐐲𐑌'𐑆 𐐊𐐿𐑅𐐯𐐹𐐻𐐲𐑌𐑅, 𐐝𐐩𐐻𐐲𐑌'𐑆 𐐡𐐲𐐺𐐯𐑊𐐷𐐲𐑌—𐐜 𐐁𐐾𐐲𐑌𐑅𐐨 𐐲𐑂 𐐣𐐰𐑌—𐐝𐐲𐑀𐐾𐐯𐑅𐐽𐐲𐑌𐑆 𐐡𐐲𐑀𐐪𐑉𐐼𐐮𐑍 𐐝𐐩𐐻𐐲𐑌'𐑆 𐐑𐑊𐐰𐑌 𐐻𐐭 𐐝𐐩𐑂 𐐃𐑊 𐐣𐐰𐑌𐐿𐐴𐑌𐐼.*

𐐜 𐐢𐐃𐐡𐐔 𐐫𐑊𐑅𐐬 𐑉𐐲𐑂𐐨𐑊𐐼 𐐻𐐭 𐐁𐐺𐑉𐐲𐐸𐐰𐑋 𐑋𐐯𐑌𐐨 𐑀𐑉𐐩𐐻 𐐰𐑌𐐼 𐑀𐑊𐐬𐑉𐐨𐐲𐑅 𐐹𐑉𐐮𐑌𐑅𐐮𐐹𐐲𐑊𐑆 𐐰𐑌𐐼 𐐻𐑉𐐭𐑃𐑅 𐑉𐐲𐑊𐐩𐐻𐐮𐑍 𐐻𐐭 𐑄 𐐿𐑉𐐨𐐩𐑇𐐲𐑌. 𐐎𐐨 𐐮𐐿𐑅𐐻𐑉𐐰𐐿𐐻 𐑄 𐑁𐐱𐑊𐐬𐐮𐑍 𐑁𐑉𐐲𐑋 𐑄 𐑁𐑉𐐰𐑀𐑋𐐲𐑌𐐻 𐐲𐑂 𐑄 𐑉𐐴𐐻𐐮𐑍𐑆 𐐲𐑂 𐑄𐐰𐐻 𐐑𐐩𐐻𐑉𐐨𐐪𐑉𐐿, 𐐸𐐶𐐮𐐽 𐐸𐐰𐑆 𐐺𐐮𐑌 𐑀𐑉𐐩𐑇𐐲𐑅𐑊𐐨 𐑉𐐲𐑅𐐻𐐫𐑉𐐼 𐐻𐐭 𐐲𐑅 𐐺𐐴 𐑄 𐑊𐐫𐑉𐐼 𐐮𐑌 𐑄𐐨𐑆 𐐼𐐩𐑆:

“𐐈𐑌𐐼 𐑄 𐐘𐐪𐐼𐑆 𐐹𐑉𐐲𐐹𐐯𐑉𐐼 𐑄 𐐲𐑉𐑃 𐐻𐐭 𐐺𐑉𐐮𐑍 𐑁𐐫𐑉𐑃 𐑄 𐑊𐐮𐑂𐐮𐑍 𐐿𐑉𐐨𐐽𐐲𐑉 𐐰𐑁𐐻𐐲𐑉 𐐸𐐮𐑆 𐐿𐐴𐑌𐐼, 𐐿𐐰𐐻𐐲𐑊 𐐰𐑌𐐼 𐐿𐑉𐐨𐐹𐐮𐑍 𐑃𐐮𐑍𐑆, 𐐰𐑌𐐼 𐐺𐐨𐑅𐐻𐑅 𐐲𐑂 𐑄 𐐲𐑉𐑃 𐐰𐑁𐐻𐐲𐑉 𐑄𐐯𐑉 𐐿𐐴𐑌𐐼; 𐐰𐑌𐐼 𐐮𐐻 𐐶𐐲𐑆 𐑅𐐬, 𐐰𐑆 𐑄𐐩 𐐸𐐰𐐼 𐑅𐐯𐐼. 𐐈𐑌𐐼 𐑄 𐐘𐐪𐐼𐑆 𐐫𐑉𐑀𐐲𐑌𐐴𐑆𐐼 𐑄 𐐲𐑉𐑃 𐐻𐐭 𐐺𐑉𐐮𐑍 𐑁𐐫𐑉𐑃 𐑄 𐐺𐐨𐑅𐐻𐑅 𐐰𐑁𐐻𐐲𐑉 𐑄𐐯𐑉 𐐿𐐴𐑌𐐼, 𐑄 𐐿𐐰𐐻𐐲𐑊 𐐰𐑁𐐻𐐲𐑉 𐑄𐐯𐑉 𐐿𐐴𐑌𐐼, 𐐰𐑌𐐼 𐐯𐑂𐑉𐐨𐑃𐐮𐑍 𐑄𐐰𐐻 𐐿𐑉𐐨𐐹𐐯𐑃 𐐲𐐹𐐱𐑌 𐑄 𐐲𐑉𐑃 𐐰𐑁𐐻𐐲𐑉 𐑄𐐯𐑉 𐐿𐐴𐑌𐐼; 𐐰𐑌𐐼 𐑄 𐐘𐐪𐐼𐑆 𐑅𐐫 𐑄𐐩 𐐶𐐳𐐼 𐐬𐐺𐐩. 𐐈𐑌𐐼 𐑄 𐐘𐐪𐐼𐑆 𐐻𐐳𐐿 𐐿𐐵𐑌𐑅𐐯𐑊 𐐲𐑋𐐲𐑍 𐑄𐐯𐑋𐑅𐐯𐑊𐑂𐑆 𐐰𐑌𐐼 𐑅𐐯𐐼, 𐐢𐐯𐐻 𐐲𐑅 𐑀𐐬 𐐼𐐵𐑌 𐐰𐑌𐐼 𐑁𐐫𐑉𐑋 𐑋𐐰𐑌 𐐮𐑌 𐐵𐑉 𐐮𐑋𐐯𐐾, 𐐰𐑁𐐻𐐲𐑉 𐐵𐑉 𐑊𐐴𐐿𐑌𐐯𐑅; 𐐰𐑌𐐼 𐐶𐐨 𐐶𐐮𐑊 𐑀𐐮𐑂 𐑄𐐯𐑋 𐐼𐐱𐑋𐐮𐑌𐐷𐐲𐑌 𐐬𐑂𐐲𐑉 𐑄 𐑁𐐮𐑇 𐐲𐑂 𐑄 𐑅𐐨, 𐐰𐑌𐐼 𐐬𐑂𐐲𐑉 𐑄 𐑁𐐵𐑊 𐐲𐑂 𐑄 𐐯𐑉, 𐐰𐑌𐐼 𐐬𐑂𐐲𐑉 𐑄 𐐿𐐰𐐻𐐲𐑊, 𐐰𐑌𐐼 𐐬𐑂𐐲𐑉 𐐫𐑊 𐑄 𐐲𐑉𐑃, 𐐰𐑌𐐼 𐐬𐑂𐐲𐑉 𐐯𐑂𐑉𐐨 𐐿𐑉𐐨𐐹𐐮𐑍 𐑃𐐮𐑍 𐑄𐐰𐐻 𐐿𐑉𐐨𐐹𐐯𐑃 𐐲𐐹𐐱𐑌 𐑄 𐐲𐑉𐑃. 𐐝𐐬 𐑄 𐐘𐐪𐐼𐑆 𐐶𐐯𐑌𐐻 𐐼𐐵𐑌 𐐻𐐭 𐐫𐑉𐑀𐐲𐑌𐐴𐑆 𐑋𐐰𐑌 𐐮𐑌 𐑄𐐯𐑉 𐐬𐑌 𐐮𐑋𐐯𐐾, 𐐮𐑌 𐑄 𐐮𐑋𐐯𐐾 𐐲𐑂 𐑄 𐐘𐐪𐐼𐑆 𐐻𐐭 𐑁𐐫𐑉𐑋 𐑄𐐩 𐐸𐐮𐑋, 𐑋𐐩𐑊 𐐰𐑌𐐼 𐑁𐐨𐑋𐐩𐑊, 𐐻𐐭 𐑁𐐫𐑉𐑋 𐑄𐐩 𐑄𐐯𐑋; 𐐰𐑌𐐼 𐑄 𐐘𐐪𐐼𐑆 𐑅𐐯𐐼, 𐐎𐐨 𐐶𐐮𐑊 𐐺𐑊𐐯𐑅 𐑄𐐯𐑋. 𐐈𐑌𐐼 𐑄 𐐘𐐪𐐼𐑆 𐑅𐐯𐐼, 𐐎𐐨 𐐶𐐮𐑊 𐐿𐐫𐑆 𐑄𐐯𐑋 𐐻𐐭 𐐺𐐨 𐑁𐑉𐐭𐐻𐑁𐐳𐑊, 𐐰𐑌𐐼 𐑋𐐲𐑊𐐻𐐮𐐹𐑊𐐴, 𐐰𐑌𐐼 𐑉𐐨𐐹𐑊𐐯𐑌𐐮𐑇 𐑄 𐐲𐑉𐑃, 𐐰𐑌𐐼

8ʀɑdɷ ɪɿ, ɹʌd ɿɷ φɹ8 dʀɔɪɴʌʀɴ o8ʀφ ɣ pɪb ʀ8 ɣ 8ə, ɹʌd o8ʀφ ɣ pɵɭ ʀ8 ɣ ɹφ, ɹʌd o8ʀφ ɹ8φə ɭɪ8ɪɴ ɭɪɴ ɣɹɿ ɔɷ8ʀɭ ʀɿ8ɴ ɣ ʀφɭ. Ɫɴd ɣ Θədɵ 8ɹd, Ɜʀφoɭd, ωə ωɪɭ ώɪ8 ɣɹɔ ɹ8φə ʀφ8 8ɹφɪɴ 8əd ɣɹɿ bɹɭ ωʀɔ ʀɿ8ɴ ɣ pɛ8 ʀ8 ɵɭ ɣ ʀφɭ, ɹʌd ɹ8φə ɿφə φωɪɔ bɹɭ φɹ8 pφɷɿ ʀɿ8ɴ ɪɿ, ɣɛ, ɣ pφɷɿ ʀ8 ɣ ɿφə ɣəɭdɪɴ 8əd ɿɷ ɣɹɔ ωə ωɪɭ ώɪ8 ɪɿ; ɪɿ bɹɭ 8 pɷφ ɣɹφ ɔəɿ; ɹʌd ɿɷ ɹ8φə 88ɿ ʀ8 ɣ ʀφɭ, ɹʌd ɿɷ ɹ8φə pɵɭ ʀ8 ɣ ɹφ, ɹʌd ɿɷ ɹ8φə ɭɪɴ ɣɹɿ ωφəɿʀɭ ʀɿ8ɴ ɣ ʀφɭ, 8ʀφoɭd, ωə ωɪɭ ώɪ8 ɣɹɔ ɭφʀ, ɹʌd ɵɭ8o ωə ωɪɭ ώɪ8 ɿɷ ɣɹɔ ɹ8φə ώφəɴ ʀφ8 pɷφ ɔəɿ, ɹʌd ɵɭ ɣəɵ ɭɪɴɵ bɹɭ 8 ɣʀ8 ɵφώʀɴφɵd. Ɫɴd ɣ Θədɵ 8ɹd, Ɯə ωɪɭ dɷ ɹ8φə ɭɪɴ ɣɹɿ ωə φɹ8 8ɹd, ɹʌd ɵφώʀɴφɵ ɣɹɔ; ɹʌd 8ʀφoɭd, ɣɛ bɹɭ 8 ɞɹφə o8ədəʀɴɿ. Ɫɴd ɪɿ ωɛɔ ɿɷ ɿɹ8 ɣɹɿ ɪɿ ωʀɵ pφʀɔ ə8ɴɪɴ ʀɴɿɪɭ ɔφɴɪɴ ɣɛ ωɵɭd ɴφɿ; ɹʌd ɪɿ ωɛɔ ɿɷ ɿɹ8 ɣɹɿ ɪɿ ωʀɵ pφʀɔ ɔφɴɪɴ ʀɴɿɪɭ ə8ɴɪɴ ɣɹɿ ɣɛ ωɵɭd dɛ; ɹʌd ɣɛ ɴʀɔ8ʀφd ɣ 8ɪω8ɭ ɿφɔ.

"Ɫɴd ɣʀ8 ωə ωɪɭ pɪɪb ɣ φɹ8ʀɴɵ ɹʌd ɣ ʀφɭ, ɹʌd ɵɭ ɣ φo8ɭ8 ʀ8 ɣɹɔ. Ɫɴd ɣ Θədɵ 8ɹd ʀɔʀɪ ɣɹɔ8ɹɭɞɵ, Θɴ ɣ 8ɹ8ʀɴɭ ɿφɔ ωə ωɪɭ ɹɴd ɵφ ωʀφɷ φωɪɔ ωə φɹ8 ωɵɴ8ʀɭd; ɹʌd ωə ωɪɭ φɹ8ɿ Θɴ ɣ 8ɹ8ʀɴɭ ɿφɔ pφʀɔ ɵɭ ɵφ ωʀφɷ φωɪɔ ωə φɹ8 ωɵɴ8ʀɭd. Ɫɴd ɣ Θədɵ ωʀɴωɭɷdʀd ʀɿ8ɴ ɣ 8ɹ8ʀɴɭ ɿφɔ, 8ʀωʀɵ ɣɹɿ Θɴ ɣ 8ɹ8ʀɴɭ ɿφɔ ɣɛ ωɥd φɹ8ɿ pφʀɔ ɵɭ ɣɹφ ωʀφɷ8 φωɪɔ ɣɛ (ɣ Θədɵ) ωɵɴ8ʀɭd ʀɔʀɪ ɣɹɔ8ɹɭɞɵ ɿɷ pɵφɔ, ɹʌd 8ɹɪωɿɪpφd ɪɿ. Ɫɴd ɣʀ8 ωʀφ ɣɹφ dʀ8ɪ8ʀɴɵ ɹɿ ɣ ɿφɔ ɣɹɿ ɣɛ ωɵɴ8ʀɭd ʀɔʀɪ ɣɹɔ8ɹɭɞɵ ɿɷ pɵφɔ ɣ φɹ8ʀɴɵ ɹʌd ɣ ʀφɭ.

"Ɫɴd ɣ Θədɵ ωɛɔ dɵɴ ɹʌd pɵφɔd ɣəɵ ɣ Ϛɹɴʀφɛbʀɴɵ ʀ8 ɣ φɹ8ʀɴɵ ɹʌd ʀ8 ɣ ʀφɭ, φωɹɴ ɣɛ ωʀφ pɵφɔd ɪɴ ɣ dɛ ɣɹɿ ɣ Θədɵ pɵφɔd ɣ ʀφɭ ɹʌd ɣ φɹ8ʀɴɵ, ʀωɵφdɪɴ ɿɷ ɵɭ ɣɹɿ φωɪɔ ɣɛ φɹd 8ɹd ωʀɴ8ʀφɴɪɴ ɹ8φə ɿɭɹɴɿ ʀ8 ɣ pɵɭd 8ʀpɵφ ɪɿ ωʀɵ ɪɴ ɣ ʀφɭ, ɹʌd ɹ8φə ʀφ8 ʀ8 ɣ pɵɭd 8ʀpɵφ ɪɿ ώφɷ; pɵφ ɣ Θədɵ φɹd ɴəɿ ωə6d ɪɿ ɿɷ φɛɴ ʀɿ8ɴ ɣ ʀφɭ φωɹɴ ɣɛ ωɵɴ8ʀɭd ɿɷ dɷ ɣɹɔ, ɹʌd φɹd ɴəɿ pɵφɔd 8 ɔɹɴ ɿɷ ɿɪɭ ɣ ώφɵɴd; 8ʀɿ ɣɹφ ωɹɴɿ ʀɿ 8 ɔɪ8ɿ pφʀɔ ɣ ʀφɭ, ɹʌd ωəɿʀφd ɣ φoɭ pɛ8 ʀ8 ɣ ώφɵɴd. Ɫɴd ɣ Θədɵ pɵφɔd ɔɹɴ pφʀɔ ɣ dʀ8ɿ ʀ8 ɣ ώφɵɴd, ɹʌd ɿɥɷ φɪɵ 8ɪɪφɪɿ (ɣɹɿ ɪɵ, ɣ ɔɹɴ'ɵ 8ɪɪφɪɿ,) ɹʌd ɿɥɿ ɪɿ ɪɴɿɷ φɪɔ, ɹʌd 8φəɣd ɪɴɿɷ φɪɵ ɴə8ɿφɪɭɵ ɣ 8φɹɭ ʀ8 ɭφʀ, ɹʌd ɔɹɴ 8ʀωɛɔ 8 ɭɪ8ɪɴ 8oɭ."

Θɭɣo ɣɪ8 ɔɹɿʀφ ʀ8 ɣ Ωɵɴ8ɪɭ ɵφ Ωəɴpʀφʀɴ8 ɪɵ ɴəɿ 8o pɥɭə ɪώɵ8ɪɿʀd ɪɴ ɣ Oɭd Ɫɹ8ɿʀɔʀɴɿ 8ωφɪɿɔʀφɵ ɹɵ ɪɴ ɣɪ8 φɹ8ʀɭɛbʀɴ ɿɷ Ɛ8φʀφɹɔ, ɣɹɿ ɪɿ ɪɵ dɹpɪɴɪɭə 8ɪɛɪʀd ɪɴ ɣ Ɜɥɷ ʀ8 Ϛɹɴʀ8ɪ8 ɣɹɿ Θəd 8ɹd, "Ɫɹɿ *ʀ8* ɔɛω ɔɹɴ ɪɴ *ɵφ* ɪɔʀϚ, ɹpʀɪʀφ *ɵφ* ɭφωɪʀ8;"

ɹɥd ɼώɹɥ, ɹρʅɼφ Ⴕdɼɔ φɹd ʅɛωɼɥ ɼɞ ɣ ρɵφɜɪdɼɥ ρφʊʅ ɣ ʆɵφd ɞɹd, "Ɥɼφoʅd, ɣ ɔɹɥ φɹɞ ɜɼωɼɔ ɹɞ ωɼɥ ɼɞ ɼɞ;" ɹɥd ɣ ɪɥρɼφɼɥɞ ɪɞ dɼφɹω ɣɹʅ ɪɥ ɵʅ ɣɹʅ φɼʅɛʅɼd ʅʊ ɣ ωɼφω ɼɞ ωφəɛbɼɥ ɼɞ ɣ ωɼφʅd, ɣɹφ ωɼɞ ə ωəɥɞɼʅʅɛbɼɥ; ɹɥd ɣo Ѡəd ɞʇɛω ɹɞ ɪʅ ɪɞ φɼωəφdɼd ɪɥ ɣ Ɥфɜɼʅ, ɥɹʅ ɪʅ ɪɞ ɹɜɪdɼɥʅ Ꝕə ωəɥɞɼʅd ωɪɣ ɼɣɼφɞ. Ɣ ϐωφɪʇɔɼφɞ ʅɹʅ ɼɞ ɣɹφ əφ "Ѡədɞ ɔɹɥə ɹɥd ʆɵφdɞ ɔɹɥə. Ɥɼʅ ʅʊ ɼɞ ɣɹφ ɪɞ ɜɼʅ ωɼɥ Ѡəd, ɣ Ƿəɣɼφ." (1 Ѡɼφɪɥʟəɼɥɞ 8:5.) Ⴕɥd ρəφ ɣɪɞ φəɞɼɥ, ɣo ɣɹφ ωɼφ ɼɣɼφɞ ɪώɛɕd ɪɥ ɣ ωφəɛbɼɥ ɼɞ ɣ ωɼφʅdɞ, ɪʅ ɪɞ ώɪɞɼɥ ʅʊ ɼɞ ɪɥ ɣ Ɥфɜɼʅ ɪɥ ɣ bɛʇ ɣɹʅ ɪʅ ɪɞ; ρəφ ɣ ρϥʅɥɼɞ ɼɞ ɣəɞ ʅφʊʟɞ ɪɞ oɥʅə φɼɞəʅd ʅʊ φфʅə ρɛɞɼφd ʇɼφɞɼɥɞ ρəφ ɞɼφʅɼɥ φəɞɼɥɞ ɥoɥ ʅʊ Ѡəd; ɹɞ ωə əφ ʅoʅd ɪɥ ɣ ϐωφɪʇɔɼφɞ: "Ɣ ɞəωφɼʅ ɼɞ ɣ ʆɵφd ɪɞ ωɪɣ ɣɹɔ ɣɹʅ ρɪφ φɪɔ; ɹɥd φə ωɪʅ bo ɣɹɔ φɪɞ ωɼɞɼɥɼɥʅ."—ϐəʅɔɞ 25:14.

Ɨʅ ɪɞ ωɼɥɞɪɞʅɼɥʅ ʅʊ ɜɼʅəɞ ɣɹʅ ɹʅ ɣɪɞ Ѡəɥɞɪʅ ɪɥ ɣ φɹɞɼɥɞ ɣ ʅʅɹɥ ɣɹʅ bϥd ə ɼdəʇʅɼd ɪɥ φɼʅɛbɼɥ ʅʊ ɣ ɞɼɥɞ ɼɞ Ѡəd φʊ ωɼφ ɣɹɥ ɞʇɪφɪɞ, ɹɥd φɹd ɥəʅ ɥɹʅ ɼɞʅɛɥd ʅɹɞɼφɥɹωɼʅɞ, ωɼɞ dʊʅə ωɼɥɞɪdɼφd. Ƿəφ, ɪɥ ɞɥʊ ɼɞ ɣ ωφəɛbɼɥ ɼɞ ɣ ωɼφʅd ɹɥd ɣ ʅʅɛɞɪɪ ɼɞ ɔɹɥ ɼʇəɥ ɪʅ, φωɹφəф ɪʅ ωϥd ə ʇəɞɪɜɼʅ ρəφ ɣɹɔ ʅʊ ɼɞʅɛɥ ʅɹɞɼφɥɹωɼʅɞ, ɹɥd ɪɥ ɣoɞ ʅɹɞɼφɥɹωɼʅɞ oɞɛ ʅəɞ ɼɞ ʅфρ, ɹɥd ωɪɣ ɣɹɔ ɼώɹɥ ə ɪώɞoʅɼd ɼɔɼɪ ɣ Ѡədɞ, ωə əφ ʅoʅd, ɣɹʅ ɹʅ ɣɹʅ ʅфɔ, "ɣ ɔəφɪɪɪ ɞʇəφɞ ɞɹɪ ʅɼώɹɣɼφ, ɹɥd ɵʅ ɣ ɞɼɥɞ ɼɞ Ѡəd bəʅɼd ρəφ ɕoɪ." Ɣ ωωɹɞɕɼɥ ɣɹɥ ɼφoɞ, φə, ɹɥd ɼʇəɥ φωɼʅ ʅφɪɥɞɪʇʅɼʅ, bϥd ɣ ɞɹʅɞɛbɼɥ, ɹώɞoʅɛbɼɥ ɹɥd əʅɼφɪɼʅ ώʅɵφə ɼɞ Ѡəd'ɞ ɞɼɥɞ ə ɜфʊʅ ɼɞə? Ɨʅ ɪɞ ɹɜɪdɼɥʅ ɣɹʅ ɹʅ ɣɹʅ Ѡəɥɞɪʅ ɞɼφʅɼɥ ʅʅɹɥɞ φɹd ɜɪɥ ʇφɼʅoɞd ɹɥd dɪɞωɼɞʅ, ɹɥd ɣɹʅ ɹρʅɼφ ə ρϥʅ dɪɞωɼbɼɥ ɼɞ ɣoɞ ʅφɪɥɞɪʇʅɼʅɞ, ɹɥd ɣ dɹωʅɼφɛbɼɥ ɼɞ ɣ Ƿəɣɼφ'ɞ ωɪʅ ʇɼφʅɛɥɪɪ ʅʊ Ꝕɪɞ dɼɞфɥ, ʆʊɞɪɼφ ωɛɔ ɜɼρəφ ɣ Ƿəɣɼφ, ωɪɣ ə ʅʅɹɥ ɼɞ φɪɞ oɥ, ɞɛɪɪ, "Ɥɼφoʅd Ф, ɞɹɥd ɔə, Ф ωɪʅ ə ɣф ϐɼɥ, ɹɥd Ф ωɪʅ φɼdəɔ ɵʅ ɔɹɥωфɥd, ɣɹʅ ωɼɥ ɞoʅ bɹʅ ɥəʅ ə ʅʊɞʅ, ɹɥd bϥφʅə Ф ωɪʅ dʊ ɪʅ; φωɹφρəφ, ώɪɞ ɔə ɣфɥ əɥɼφ." Ɥɼʅ Ϛəɞɼɞ, ɵɥ φɪφɪɪ ɣɪɞ ɞʅɛɔɼɥʅ ɔɛd ɜф ʆʊɞɪɼφ, ɞɹd, "Ƿəɣɼφ, ɣф ωɪʅ ə dɼɥ, ɹɥd ɣ ώʅɵφə ə ɣфɥ ρɼφɹɞɼφ." Ƿφɼɔ ɣəɞ φɼɔəφωɞ ɔɛd ɜф ɣ ωɹʅ ɜɼʅɼɞɼd ϐɼɥ, ωə bϥd ɥɹɕɼφʅə ɪɥρɼφ ɣɹʅ ɪɥ ɣ dɪɞωɼbɼɥ ɼɞ ɣɪɞ ɞɼɕɹω ɣ Ƿəɣɼφ φɹd ɔɛd ɥoɥ Ꝕɪɞ ωɪʅ ɹɥd dɼɞɹʅɼʇʅ Ꝕɪɞ ʅʅɹɥ ɹɥd dɼɞфɥ ʇɼφʅɛɥɪɪ ʅʊ ɣəɞ ɔɹʅɼφɞ, ɹɥd ɵʅ ɣɹʅ Ꝕɪɞ ωɹʅ ɜɼʅɼɞɼd ϐɼɥ ωoɥʅɼd ʅʊ dʊ ωɼɞ ʅʊ ωɹφə əʅ ɣ ωɪʅ ɼɞ Ꝕɪɞ Ƿəɣɼφ, ɹɞ ɪʅ ωϥd ɼʇɪφ φɹd ɜɪɥ ɜɼρəφ ɪωɞʇφɹɞʅ. Ꝕə ɵʅɞʊ ωɪbʅ ɣ ώʅɵφə ʅʊ ə ώɪɞɼɥ ʅʊ Ꝕɪɞ Ƿəɣɼφ, φʊ, ɹɞ Ѡəd ɣ Ƿəɣɼφ, ɹɥd ɣ ɹɸɨɕɹɴɛɿɹɸ ɹɴd dɹɞɸɴɹɸ ɹɞ ɣ ʇɿɹɴ, ɸɹd ɵ ɸɸʃ ʃɷ ɵʅ ɣ ɵɴɹɸ ɹɴd ώʅɷɸɵ. Ꭾɹʃ ʅɷɞɪɹɹɸ ɷɵɴʃɹd ʃɷ ɪɴɸɹdɷɞ ɵ ʇɿɹɴ ɷɵɴʃɸɹɸɵ ʃɷ ɣ ɷɪʅ ɹɞ ɸɪɞ Ᵽɵɣɹɸ, ɹɴd ɣɹɴ ɷɵɴʃɹd Ƿɪɞ ɵɴɹɸ, ɹɴd ɞɹd: "ɸ ɷɪʅ ɞɛɞ ɹɞɸɵ ɞɵʅ ɹɞ ɔɹɴ, ɸɷɹɸɹɵɸ ώɪɞ ɔɵ ɣɸɴ ɵɴɹɸ." Ƿɵ ɷɵɴʃɹd ʃɷ ώɵ ɷɵɴʃɸɹɸɵ ʃɷ ɣ ɷɪʅ ɹɞ ɸɪɞ Ᵽɵɣɹɸ, ɹɴd ʇɸɹɞɹɔʇɕɹɷɹɞʅɵ ɞɵʃ ʃɷ dɹʇɸɸɞ ɔɹɴ ɹɞ ɸɪɞ ɹɸɵ ɛɕɹɴɞɵ, ɣɹɞ ɔɛɷɪɴ ɸɪɔ ɵ ɞɹɸɹ, ɹɴd ʇʅɛɞɪɴ ɸɪɔ ɪɴ ɵ ʇɹɞɪbɹɴ ɪɴ ɸɷɪɕ ɪʃ ɷɹɞ ɪɔʇɵɞɪɹɹʅ ɹɵɸ ɸɪɔ ʃɷ ɹɞʅɛɴ ɣɹʃ ɹώɞɵʅɛbɹɴ ɸɷɪɕ Ɯɵd dɹɞɸɹd bɥd ɞ ɔɹɴ'ɞ, ʟɸɷ ɵɞədəɹɴɞ ʃɷ ɣ ʅɷ ɸɷɪɕ Ƿɵ ɸɹd ɞɹώɕɹɞʃɹd; ɹɴd ɹώɹɴ, ʅɷɞɪɹɹɸ ɷɵɴʃɹd ɣ ɵɴɹɸ ɹɴd ʇɵɹɸ ɹɞ ɸɪɞ Ᵽɵɣɹɸ, ʃɷ ɪɴɛɞɹʅ ɸɪɔ ʃɷ ɷɹɸɵ ɵ́ʃ ʇɸɪɴɞɪʇɹʅɞ ɸɷɪɕ ɷɹɸ ɷɵɴʃɸɹɸɵ ʃɷ ɣ Ᵽɵɣɹɸ'ɞ ɷɪb.

ɹɴd ɹɹɸɣɹɸ, ɪɴ ɸɹώɵɸd ʃɷ ɛɕɹɴɞɵ; ɪɹ ɔɹɴ ɸɹd ɴɵʃ ɸɹd ɸɪɞ ɛɕɹɴɞɵ, ɵɸ ɪɹ ɸɵ ɸɹd ɞɪɴ dɹʇɸɸɞd ɹɞ ɸɪɞ ɛɕɹɴɞɵ, ɸɵ ɷɥd ɴɵʃ ɸɹɞ ɞɪɴ ʅɹɔʇɹd ɹɞ ɣ dɹɞɪʅ, ɵɸ ɹɞ ɹɴɵ ɹɣɹɸ ʇɵɹɸ; ɹɵɸ ɪɹ ɣ ɷɪʅ ɹɞ Ɯɵd ʇɸɹɞɛʅd, ɹɴd ɷɹɞ ɷɹɸɵd ɵ́ʃ ɷɪʟɵ́ʃ ɔɹɴ'ɞ ɹɷbɹɴ ɵɸ ɛɕɹɴɞɵ, ɪʃ ɷɥd ɸɹɞ ɞɪɴ ɪɔʇɵɞɪɹɹʅ ɹɵɸ ɸɪɔ ʃɷ ɸɹɞ dɹɴ ɹɴɵʟɪɴ ɸɵɪɴ, ɹɵɸ ɸɵ ɷɥd ɸɹɞ ɞɪɴ dɹʇɸɸɞd ɹɞ ɣ ʇɵɹɸ ɹɞ dɷɪɴ ɣɹʃ ɸɵɪɴ. Ɣɪɞ ɷɹɞ ɣ ʇɹɞɪbɹɴ ɣɹʃ Ꞵɛʃɹɴ dɹɞɸɸd ʃɷ ʇʅɛɞ, ɴɵʃ ɵɴʅɵ ɣ ɞʇɪɸɪʃɞ ɪɴ ɣ ɸɹɞɹɴɞ, ɞɹʃ ɵʅɞɵ ɔɹɴɷɸɹd ɹʇɵɴ ɣ ɹɸʟ. ɹɴd Ꞵɛʃɹɴ ɞɹd, "Ɒɥɸʅɵ ɸ ɷɪʅ ɞɛɞ ɹɞɸɵ ɷɹɴ ɹɞ ɣɹɔ, ɸɷɹɸɹɵɸ, ώɪɞ ɔɵ ɣɸɴ ɵɴɹɸ." Ꭾɹʃ Ɯɵd'ɞ ʇʅɹɴ ɷɹɞ dɪɹɹɸɹɴʃ ɹɸɹɔ ɣɪɞ, ɹɴd, ɹɞ ɞʅɛʃɹd ɹɞɹɞ, ɸɹd ɞɪɴ dɹɞɸɸdɹd ɹʇɵɴ ɪɴ ɣ Ɯɵ́ɴɞɪʅɞ ɹɞ ɸɹɞɹɴ; ɹɴd ɣ Ᵽɵɣɹɸ ɸɹd ɔɛd ɵ dɹɷɸɵ ɹɞ ʃɷ ɸɵ́ ɣɹɞ ʟɪɴɞ bɥd ɞ dɹɴ; ɹɴd ɣɹʃ ɞɵʟ ɣ ɪɴɸɹɞɪʃɹɴʃɞ ɹɞ ɸɹɞɹɴ ɹɴd ɣ ɪɴɸɹɞɪʃɹɴʃɞ ɹɞ ɹɸʟ bɥd ɸɹɞ ɣɹɸ ɹɸɵ ɛɕɹɴɞɵ. Ɨʃ ɷɹɞ ɹώɹɴɞʃ ɣɪɞ ɣɹʃ ʅɷɞɪɹɹɸ ɸɹɞɹʅd; ɹɴd ɸɵ ɷɥd ɴɵʃ ɸɹɞ ɸɹɞɹʅd ɹώɹɴɞʃ ɵ ʇʅɹɴ ɵɸ ɷɹɔɹɴdɔɹɴʃ ɣɹʃ ɸɹd ɴɵʃ ɞɪɴ ώɪɞɹɴ; ɹɵɸ ɸɹɞɹʅɹɹɴ ɞɪώɴɹɸɞ ɵ ɞɸɹʅɛbɹɴ ɹɞ ʅɷ, ɷɹɔɹɴd, ɵɸ ɹʟɵɸɪʃɵ; ɹɴd ɸɵ ɷɹɞ ɷɹɞʃ ɵ́ʃ ɹɞ ɸɹɞɹɴ ɞɹɷɹɞ ɹɞ ɣɪɞ ɸɹɞɹʅɹɹɴ. Ɣɪɞ ɸɹɞɹʅɹɹɴ ɷɥd ɴɵʃ ɸɹɞ ɪώɞɪɞʃɹd ɷɪʟɵ́ʃ ɵ ɹɸɵ ɛɕɹɴɞɵ; ɹɵɸ ɷɪʟɵ́ʃ ɵ ɹɸɵ ɛɕɹɴɞɵ ɣɛ ɷɥd ɵʅ ɸɹɞ ɞɪɴ ɷɹɔʇɹʅd ʃɷ dɷ ɣ ɷɪʅ ɹɞ ɣ Ᵽɵɣɹɸ. Ꭾɹʃ ɸɹɞɪɴ ɣ ɹɸɵ ɛɕɹɴɞɵ, ɣɛ ɹɷɵd ɪʃ; ɹɴd ʅɷɞɪɹɹɸ ɹɴd ɵ ʟɹɸd ʇɵɸʃ ɹɞ ɣ ɛɴɕɹʅɞ ɷɹɸ ɷɹɞʃ ɵ́ʃ ɞɹɷɹɞ ɣɛ ɸɹɞɹʅd ɹɴd ɹɷɵd ɣɪɞ ɛɕɹɴɞɵ ɪɴ ɵʇɹɞɪbɹɴ ʃɷ ɣɹɸ ɸɹɞɹɴʃɵ Ᵽɵɣɹɸ. ɹɴd ɴɵʃ ɵɴʅɵ ɞɹɷɹɞ ɣɛ ɸɹɞɹʅd, ɞɹʃ ɞɹɷɹɞ, ɹɞ ɞʅɛʃɹd, "ɣɛ ɞɵʃ ʃɷ dɹɞʃɸɵɪ ɣ ɛɕɹɴɞɵ ɹɞ ɔɹɴ;" ɹɴd ɣɹɸ ɛɕɹɴɞɵ ɷɥd ɸɹɞ ɞɪɴ ɹɷɵd ɪɴ ɵʇɹɞɪbɹɴ ʃɷ ɣ ɪɴɹɸɹɞʃɵ, ɸɹʃɵɴɹɞ ɹɴd ɵʃɹɸɪɹʅ ɹώɞɵʅɛbɹɴ ɹɞ ɔɹɴɷɸɹd, ɸɷɪɕ ɷɹɸ ʇɸɹʇɵɞd ʃɷ ɞ ɹɷɵɔʇʅɪʃbʃ ʟɸɷ ɣ ɹʃoɴɔɹɴʃ ɹɴd ɸɹdɹɹɔʇbɹɴ ʇɸɹɞɸɸdɹd ɞɸ Ꞔəɞɹɞ

Ꮗффвl. Ꮋ ʀωθфdʀъв ωɪɣ ɣɪв ωэ рфъd ɣ рəɪοɪи вɪɛɪэʀъɪв ɪъ ɣ фʌвʀɪɛbʀъб ώɪвʀъ ɪω ɣ Ꮖфəрʀl Ꮳоблр 8эɪʟ:

"Вʀфоɪd, ɣ dʌвɪ ωʀб вʀроф ꟻdʀэ, роф фэ фʀвʌɪd ʀώʌъвl эə, веɪи, Ꮗɪв эə ɣфъ эъʀф, фωɪс ɪб эф ꟸώʀф: ꟻъd овво в ʟʀфd ꟸəфl ʀв ɣ фовɪв ʀв фʌвʀъ ɪʀфъd фэ ʀωɛ рфʀэ эə вʀωʀб ʀв ɣʌф ɛсʀъвə; ꟻъd ɣɛ ωʀф ʟфʀвl dθъ, ꟻъd ɣʀв ωɛэ ɣ dʌвɪ ꟻъd фɪб ɛъсʀɪб. ꟻъd, вʀфоɪd, ɣʌф ɪб в ꟸɪɛв ꟸфʀꟸʌфd роф ɣʌэ рфʀэ ɣ вʀώɪɪи, фωɪс ꟸɪɛв ɪб фʌɪ: ꟻъd ɪl эʀвl ъоdб в ɣꟻl ɣ dʌвɪ bqd ɪʌэꟸl ɣ сɪɪdфʀъ ʀв эʌъ, θф ɣɛ ωqd ъəl в ɛсʀъɪв ʀъɪω ɣʌэвʌɪвб, роф ɪр ɣɛ ъʌвʀф bqd фꟻв вɪɪʀф, ɣɛ ωqd ъəl ъо ɣ вωэl."—Ꭰ&Ꮗ 29:36–39, ꞇ. 146.

ꟻъd ʀώʌъ; "ꟻъd ɣɪв ωэ вθ оɪвθ, ꟻъd вʌф фʌωʀфd, ɣꟻl ꟻъ ɛъсʀɪ ʀв Ꮗθd фω ωʀб ɪъ ʀʟоф ɪɪэ ɪъ ɣ ꟸфʌбʀъв ʀв Ꮗθd, фω фʀвʌɪd ʀώʌъвl ɣ Оъɪэ Вʀώθɪʀъ 8ʀъ, фωэ ɣ Рθɣʀф ɪʀвd, ꟻъd фω ωʀб ɪъ ɣ вqɛʀэ ʀв ɣ Рθɣʀф—ωʀб ʟфʀвl dθъ рфʀэ ɣ ꟸфʌбʀъв ʀв Ꮗθd ꟻъd ɣ 8ʀъ, ꟻъd ωʀб ωθɪd Ꮖʀфdɪbʀъ, роф ɣ фʌвʀъб ωʌꟸl овʀф фɪэ—фэ ωʀб Ɩωвɪʀʀф, в вʀъ ʀв ɣ эоф ъɪи. ꟻъd ωэ вʀфʌɪd, ꟻъd ɪо, фэ ɪб рθɪʀъ! ɪб рθɪʀъ! эвʀъ в вʀъ ʀв ɣ эоф ъɪи. ꟻъd фωфɪ ωэ ωʀф ʌɪ ɪъ ɣ 8ꟸɪфɪ, ɣ Ɩоф d ωʀэꟻъdʀd ʀв ɣꟻl ωэ bqd ффɪ ɣ вɪвʀъ, роф ωэ вʀфʌɪd 8ɛɪʀъ, ɣꟻl оɪd вʀфꟸʀъl—эвʀъ ɣ dʌвɪ—фω фʀвʌɪd ʀώʌъвl Ꮗθd, ꟻъd вθl ɪω ɪɛω ɣ ωɪиdʀэ ʀв θф Ꮗθd ꟻъd фɪб Ꮗффвl." Ꭰ&Ꮗ 76:25–28, ꞇ. 267.

Ɣ Рθɣʀф ʀωвʌꟸɪʀd ɣ θрʀф ʀв Фɪб ωʌɪ вʀɪʀвʀd 8ʀъ, ꟻъd ꟸфʀвθdʀd ɪω ωʌфэ θɪ ɣ dʀвɪвʀъ ʀв ɣ Ꮗθъвɪ, ꟻъd, ꟻб ωэ θф ɪъроф эd ɪъ ɣ Вфвʀɪ (ɪъвꟸфф d ꟸфꟻъɛɪɛbʀъ), Ꮗθd вʌd ɪω Фɪб Оъɪэ Вʀώθɪʀъ, "Ɩʌl ʀв эɛω эꟻъ ɪъ θф ɪэс, ꟻрɪʀф θф ɪфωʀв, ꟻъd ɪl ωʀб вθ."

Ɣʌф θф ʀɣʀф ωωʌвсʀъб эɪωвl ʀꟸ ωɪɣ ɣɪв фʀвʌɪɣʀъ вʀвффб ɣоб ʀвʀв фʀʀфd ɪω, ꟻъd ɣоб ωωʌвсʀъб θф dʀфʌωɪэ ωʀъʌωɪʀd ωɪɣ ɣ ʀɪоъэʀъl. Ꮋ ɣ ɪвʌъl ʀв эꟻъ фꟻвɪи фɪб рфэ ωɪɪ ꟻъd вθɪи вʀвсʌωl ɪω ɣ ꟸώʀф ʀв ɪʌэꟸɛbʀъ, ɣ ωθωɪʀв ʀв ɣ рɪʌb, ɣ ʀɪqфэʀъɪв ʀв ɣ ωʀфɪd, ꟻъd ɣ ꟸώʀфб ʀв dθфωɪʀв, ɪl ωʀб ъоъ ɣꟻl фэ эʀвl ъʌвʀвʌфɪэ рθɪ, ꟻъd вθɪи рθɪʀъ, ɪl ωqd в ɪэꟸθвɪвʀɪ роф фɪэ ɪω фʀdθэ фɪэвʌɪр, ꟻъd ɣꟻl, ʀωθфdɪи ɪω ꟻъ эɪʀфɪʀɪ ɪθ ʀв сʀвɪɪв, ɪl ωqd фʀωωфф ꟻъ ɪърɪɪɪ, ʌωвꟸэʀɪоф э ʀɪоъэʀъl ɪω фʀdθэ эꟻъ, ɪω вɛв фɪэ рфʀэ ɣ ɪрʌωɪв ꟻъd фоɪъ ʀв ɣ Рθɪ, ꟻъd ɪω ꟸɪɛв фɪэ ɪъ в ωʀъdɪbʀъ фωʌф фэ ωqd ʀώʌъ в фθɪъвɪɛɪʀd ıч ɣ ρεвrφ rв Wod, rωωφdıи ]ω ɣ əʅrφчrʅ ʅo6 rв ɕrвʅɨв ɹчd ɔrφвə; ɹчd ρφчd φɨ6 ωε вɹω ]ω ɣ ᒣφɹɞrчв rв ɣ Ꝑəɣrφ. Вεʅrч (ɪʅ ɪ6 ᒣəвɪɞrʅ) вəɪи rᒣoɞd ]ω ɣ ωʅ rв φɨ6 Ꝑəɣrφ, ωɪbʅ ]ω rвoɪd ɣ φrвᒣəчвɪвɪʅɪʅə6 rв ɣɪв ᒣrɞɪbrч, ɹчd φɹɣrφ ɣɹч rвωɔ ɣ ωəчвrωωɹчвr6 rв ɣ rωвɹᒣʅrчв rв ɣ ᒣʅɹч rв ɣ Ꝑəɣrφ, φə ωqd drᒣφɞв ɔɹч rв φɨ6 ρφə εɕrчвə, ɹчd φɹчdrφ ɪʅ ɪɔᒣəвɪвrʅ ρəφ φɪɔ ]ω rвʅεч ɣɹʅ ɹώ6ʘʅəbrч φωɪc Wəd drɞɞчd. Ŧʅ ωqd ρrφɣrφ вəɔ ᒣφəвrвɪʅ ɣɹʅ φə φrρѵoɞd ]ω ʅεω ɣ ᒣrɞɪbrч rв φrdəɔrφ, ɹчd rвωɔ ʘʅ ɣ ωəчвrωωɹчвr6 rвobəεʅrd ɣɹφωɪɣ, вrʅ φə dɪd ᒣφrᒣoɞ, ɹ6 вʅεʅrd вrρəφ, ]ω ʅεω rчrɣrφ ᒣʅɹч ɹчd drᒣφɞв ɔɹч rв φɨ6 εɕrчвə, ɹчd φə ᒣφəвrвɪʅə ɪчʅɹчdrd ]ω ɔεω ɔɹч rʅoч ρəφ ɣɹφ oч ɹωʅв вɸ ɹч ɹωʅ rв ωorφsrч, ɹчd ɣ bɹdɪи rв ɣɹφ oч вʅrd ɹ6 ɹч rʅoчɔrчʅ ρəφ ɣɹφ вɨч6; ɣɹφρəφ, φə вɹɞ, "Ф ωɪʅ φrdəɔ ʘʅ ɔɹчωɞчd, ɣɹʅ ωrч вoʅ bɹʅ чəʅ в ʅəвʅ; ɹчd bqφʅə Ф ωɪʅ dω ɪʅ; φωɹφρəφ, ώɨв ɔə ɣɞч əчrφ." Фɨ6 ᒣʅɹч, φóɹвrφ, ωr6 φrɕɹωʅrd ɹ6 ωəчʅφɹφə ]ω ɣ ωóчвrʅ rв Wəd, φɨ6 Ꝑəɣrφ. Ɣ ωɹʅ вrʅrвrd Вrч ɣɹч rdφɹвʅ ɣ Ꝑəɣrφ, ɹчd ɪчвʅɹd rв ᒣφrᒣoɞɪи ]ω ωɹφə ɵʅ ɹчə ᒣʅɹч rв φɨ6 oч, чoɪи φωrʅ Фɨ6 Ꝑəɣrφ'6 ωɪʅ ωr6, вɹd, "Ɣɸ ωɪʅ в drч;" 'Ф ωɪʅ ωɹφə ɵʅ ɣɸ ᒣʅɹч6 ɹчd ɣɸ drɞɞч6, ɹчd, ɹ6 ɔɹч ωɪʅ ρəʅ, Ф ωɪʅ ʘρrφ ɔɸвɹʅᑭ ɹ6 ɹч rʅoчɔrчʅ rωωφdɪи ]ω ɣɸ ωɪʅ, O Wəd. Чɸɣrφ dω Ф ωɪb ɣ əчrφ, вrʅ ɣɸч в ɣ ώʅəφə;'" ɹчd ə ωrвrчrчʅ ωr6 ɹчʅrφd ɪчʅω вrʅωəч Фɪɔ ɹчd Фɨ6 Ꝑəɣrφ, ɪч φωɪc Фə rώφəd ]ω rʅoч ρəφ ɣ вɨч6 rв ɣ ωrφʅd; ɹчd Фə ɣrв, ɹ6 вʅεʅrd, вrωεɔ ɣ ʅɪɔ вʅεч ρφrɔ вrρəφ ɣ ρóчdεbrч rв ɣ ωrφʅd. Ŧч ɣɪв ωrчɹωbrч ɪʅ ɪ6 φrʅεʅrd вɸ Ɛвφrφɹɔ:

"Ɉчd ɣɹφ вʅqd ωrч rɔrи ɣɹɔ ɣɹʅ ωr6 ʅφω rчʅω Wəd, ɹчd φə вɹd rчʅω ɣo6 φω ωrφ ωɪɣ φɪɔ, Wə ωɪʅ ώo dóч, ρəφ ɣɹφ ɪ6 вᒣεв ɣɹφ, ɹчd ωə ωɪʅ ʅεω rв ɣə6 ɔrʅɪφəʅ6, ɹчd ωə ωɪʅ ɔεω ɹч rφʟ φωɹφəч ɣə6 ɔε dωɹʅ; ɹчd ωə ωɪʅ ᒣφəв ɣɹɔ φɨφωɪɣ, ]ω вə ɪᑭ ɣε ωɪʅ dω ʘʅ ʟɪчɞ φωrʅвoɹвrφ ɣ ʅəφd ɣɹφ Wəd bɹʅ ωrɔɹчd ɣɹɔ; ɹчd ɣε φω ωəʅ ɣɹφ ρrφвʅ ɪвʅεʅ, bɹʅ в ɹdrd rᒣəч; ɹчd ɣε φω ωəʅ чəʅ ɣɹφ ρrφвʅ ɪвʅεʅ, bɹʅ чəʅ φɹв ώʅəφə ɪч ɣ вεɔ ωɨчdrɔ ωɪɣ ɣo6 φω ωəʅ ɣɹφ ρrφвʅ ɪвʅεʅ; ɹчd ɣε φω ωəʅ ɣɹφ вɹωrчd ɪвʅεʅ, bɹʅ φɹв ώʅəφə ɹdrd rᒣəч ɣɹφ φɹd6 ρəφ ɹвrφ ɹчd ɹвrφ."

Ɉчd φɹчв, ɹ6 Ꞔəɞrв Фɪɔвɹʅᑭ вɹd, "Ɣrв ɪʅ ɪ6 φɨʅrч ɹчd ɣrв ɪʅ вrφəвd Wφɞвʅ ]ω вrρrφ, ɹчd ]ω φɞ6 ρφrɔ ɣ dɹd ɣ ʟrφd dε;

-ıиd ɣ-ıղ ɸгтлчղгчв -ıиd ɸгɔıbгч гв вıч6 bզd в ղɸəcղ ıч ɸı6 чεɔ гɔги ɵլ чεbгч6, вгώıии -ı ղ Cгɸɵвгլлɔ."

Ꞷə ωıլ чό ώıв ıч рզլ ɣ ωωɔղεbгч рɸгɔ ɣ Ղгɸլ гв Ꞷɸεղ Ղɸфв ωıɣ ɸгώəɸd ղɸ ɣ гвгв ɔ-ıղгɸ, -ıиd ɵլвɵ -ıd ə bɵɸղ ɸəωгтıcгլεbгч.

"-ıиd Ф, ɣ [ɵɸd Ꞷəd, вıεω гчղɸ Ɔɵбгв, вεıи, Ɣ-ıղ Ɵεղгч, ɸɸɔ ɣό ɸ-ıвղ ωгɔ-ıчdгd ıч ɣ чεɔ гв ɔфч Ochլə Вгώɵղгч, ı6 ɣ вεɔ ɸωıc ωг6 рɸгɔ ɣ вгώıии, -ıиd ɸə ωεɔ вгрɵɸ ɔə, вεıи, Вгɸɵլd Ф, влчd ɔə, Ф ωıլ в ɣф вгч, -ıиd Ф ωıլ ɸгdəɔ ɵլ ɔ-ıчωфчd, ɣ-ıղ ωгч вɵլ b-ıլ чəղ в [ɵвղ, -ıиd bզɸլə Ф ωıլ dɸ ıղ; ɸωлɸрɵɸ ώıв ɔə ɣфч ɵчгɸ. Вгղ, вгɸɵլd, ɔф Вгլгвгd Ɵгч, ɸωıc ωг6 ɔф Вгլгвгd -ıиd Cɵбгч рɸгɔ ɣ вгώıии, влd гчղɸ ɔə, Рəɣгɸ, ɣф ωıլ в dгч, -ıиd ɣ ώլɸɸə в ɣфч рɵɸ лвгɸ. Фωлɸрɵɸ, вгωг6 ɣ-ıղ Ɵεղгч ɸгвлլd гώлчвղ ɔə, -ıиd вɵղ ղɸ dгвղɸɵı ɣ εcгчвə гв ɔ-ıч, ɸωıc Ф, ɣ [ɵɸd Ꞷəd, ɸ-ıd ώıвгч ɸıɔ, -ıиd ɵլвɵ, ɣ-ıղ Ф bզd ώıв гчղɸ ɸıɔ ɔфч ɵч ղόгɸ, вф ɣ ղόгɸ гв ɔфч Ochլə Вгώɵղгч Ф ωɵɵd ɣ-ıղ ɸə bզd в ω-ıвղ dόч, -ıиd ɸə вгωεɔ Ɵεղгч, ɣε, əвгч ɣ Ꭰлвıլ, ɣ рəɣгɸ гв ɵլ [ф6, ղɸ dгвəв, -ıиd ղɸ вլфчd ɔ-ıч, -ıиd ղɸ [əd ɣлɔ ω-ıղıв -ı ղ ɸı6 ωıլ, əвгч -ı6 ɔлчə -ı6 ωզd чəղ ɸəɸωгч гчղɸ ɔф вɵıв."

Рɸгɔ ɣ гвгв ωə ώ-ıɣгɸ: Ргɸвղ, ɣ-ıղ ɣ ղɸəтгбıbгч гв [ɵвıргɸ ωг6 -ıч -ıωղ гв ɸгвлլɣгч "гώлчвղ ɔə"—Ꞷəd.

Ɵлωгчd, ɣ-ıղ Ꞷəd ɸ-ıd ɵլɸлdə dгωɸəd ɣ-ıղ ɔ-ıч bզd ɸ-ıв ɸı6 рɸə εcгчвə, -ıиd ɣıв εcгчвə ɸ-ıd вıч ώıвгч ղɸ ɸıɔ вф ɣ [ɵɸd, -ı6 ıղ ı6 влd, "ɸωıc Ф, ɣ [ɵɸd Ꞷəd, ɸ-ıd ώıвгч ɸıɔ."

Lгɸd, ɣ-ıղ [ɵвıргɸ ωгвгղгd -ıиd -ıвωղ рɵɸ ə ղόгɸ ɸωıc ωг6 ɣ ղɸгɸəώгղıв гв ɣ Ꝋլɔфղə -ıиd гլɵч вгլɵиd ղɸ Ꞷəd; -ıиd ɸωıc Фə ωɵլd "ɔфч ɵч ղόгɸ."

Рɵɸʟ, ɣ-ıղ рɵɸ ɣıв ɸгвлլɣгч [ɵвıргɸ ωг6 ω-ıвղ όղ -ıиd вгωεɔ Ɵεղгч.

Рıрʟ, ɣ-ıղ ɣ ղόгɸ вф ɸωıc ɸə ωг6 ω-ıвղ όղ, ωг6 вф ə вгɸղгч ղόгɸ ɵɸ Ղɸəвղɸզd ɸωıc ɸ-ıd вıч ωгчргɸd вф Ꞷəd ɵч Фı6 Ochլə Вгώɵղгч; рɵɸ ɸə влd, "Вф ɣ ղόгɸ гв ɔфч Ochլə Вгώɵղгч Ф ωɵɵd ɣ-ıղ ɸə bզd в ω-ıвղ dόч."

Ɵıωвʟ, ɣ-ıղ вəıи ω-ıвղ dόч -ıиd вгωгɔıи Ɵεղгч, "əвгч ɣ dлвıլ, ɣ рəɣгɸ гв [ф6," ɸı6 ɵрıв ωг6 ղɸ dгвəв -ıиd ղɸ вլфчd ɔ-ıч; -ı6 ıղ ı6 вլεղгd, "ղɸ dгвəв, -ıиd ղɸ вլфчd ɔ-ıч, -ıиd ղɸ [əd ɣлɔ ω-ıղıв -ı ղ ɸı6 ωıլ əвгч -ı6 ɔлчə -ı6 ωզd чəղ ɸəɸωгч гчղɸ ɔф вɵıв."

# 𐐕𐐰𐐹𐐻𐐲𐑉 XII

*𐐁𐐺𐑉𐐲𐐸𐐰𐑋, 𐐌𐑆𐐲𐐿 𐐰𐑌𐐼 𐐖𐐩𐐿𐐲𐐺—𐐝𐐰𐐿𐑉𐐮𐑁𐐴𐑅𐐲𐑆 𐐃𐑁𐐲𐑉𐐼 𐐺𐐴 𐐜𐐯𐑋—𐐁𐐺𐑉𐐲𐐸𐐰𐑋 𐐰𐑌𐐼 𐑄 𐐘𐐫𐑅𐐹𐐲𐑊 𐐗𐐲𐑂𐐲𐑌𐐲𐑌𐐻—𐐇𐐿𐑅𐐻𐑉𐐰𐐿𐐻𐑅 𐑁𐑉𐐲𐑋 𐑄 𐐒𐐳𐐿 𐐲𐑂 𐐁𐐺𐑉𐐲𐐸𐐰𐑋 𐐰𐑌𐐼 𐑄 𐐡𐐴𐐻𐐮𐑍𐑆 𐐲𐑂 𐐑𐐫𐑊.*

𐐎𐐨 𐐶𐐮𐑊 𐑌𐐵 𐑉𐐲𐐻𐐲𐑉𐑌 𐐻𐐭 𐐁𐐺𐑉𐐲𐐸𐐰𐑋, 𐐸𐐭 𐐮𐑆 𐐼𐐲𐑌𐐪𐑋𐐮𐑌𐐩𐐻𐐲𐐼 𐑄 𐐙𐐪𐑄𐐲𐑉 𐐲𐑂 𐑄 𐐙𐐩𐑃𐑁𐐲𐑊, 𐐰𐑌𐐼 𐐸𐐭, 𐐰𐑆 𐐶𐐨 𐐸𐐰𐑂 𐐺𐐲𐑁𐐫𐑉 𐑅𐐨𐑌, 𐐶𐐲𐑆 𐐪 𐐿𐐲𐑌𐐻𐐯𐑋𐐹𐐲𐑉𐐯𐑉𐐨 𐐲𐑂 𐐣𐐯𐑊𐐿𐐮𐑆𐐲𐐼𐐯𐐿. 𐐜 𐐻𐐯𐑅𐐻𐐮𐑋𐐬𐑌𐐨 𐐮𐑌 𐑄 𐐒𐐴𐐺𐐲𐑊 𐐮𐑆 𐐼𐐲𐑉𐐯𐐿𐐻 𐐰𐑌𐐼 𐐮𐐿𐑅𐐹𐑊𐐮𐑅𐐮𐐻 𐑄𐐰𐐻 𐐁𐐺𐑉𐐲𐐸𐐰𐑋 𐑁𐐳𐑊𐑁𐐮𐑊𐐼 𐑄 𐑊𐐫 𐑉𐐲𐐿𐐶𐐴𐑉𐐮𐑍 𐑄 𐐫𐑁𐐲𐑉𐐮𐑍 𐐲𐑂 𐑅𐐰𐐿𐑉𐐮𐑁𐐴𐑅𐐲𐑆, 𐐰𐑌𐐼 𐑁𐐲𐑉𐑄𐐲𐑉𐑋𐐫𐑉 𐐶𐐲𐑆 𐐮𐑌 𐐹𐐲𐑆𐐯𐑇𐐲𐑌 𐐲𐑂 𐑄 𐐹𐑉𐐮𐑌𐑅𐐮𐐹𐐲𐑊𐑆 𐐲𐑂 𐑄 𐐘𐐫𐑅𐐹𐐲𐑊 𐐰𐑌𐐼 𐐲𐑌𐐼𐐲𐑉𐑅𐐻𐐳𐐼 𐑄 𐑅𐐩𐑂𐐮𐑍 𐑂𐐰𐑊𐐷𐐭 𐐲𐑂 𐑄 𐐲𐐻𐐬𐑌𐑋𐐲𐑌𐐻.

𐐆𐑌 𐑄 𐐸𐐮𐑅𐐻𐐫𐑉𐐮𐐿𐐲𐑊 𐑌𐐰𐑉𐐲𐐻𐐮𐑂 𐐲𐑂 𐑄 𐐒𐐳𐐿 𐐲𐑂 𐐖𐐯𐑌𐐲𐑅𐐮𐑅, 𐐶𐐨 𐐸𐐰𐑂 𐑌𐐭𐑋𐐲𐑉𐐲𐑅 𐐻𐐯𐑅𐐻𐐮𐑋𐐬𐑌𐐨𐑆 𐑄𐐰𐐻 𐐁𐐺𐑉𐐲𐐸𐐰𐑋 𐐫𐑁𐐲𐑉𐐼 𐐲𐐹 𐑅𐐰𐐿𐑉𐐮𐑁𐐴𐑅𐐲𐑆, 𐐮𐑌 𐐿𐐲𐑌𐐯𐐿𐑇𐐲𐑌 𐐶𐐮𐑄 𐐸𐐮𐑆 𐐶𐐲𐑉𐑇𐐮𐐹 𐐲𐑂 𐑄 𐐃𐑊𐑋𐐴𐐻𐐨. 𐐙𐐫𐑉 𐐮𐑌𐑅𐐻𐐲𐑌𐑅, 𐐮𐐻 𐐮𐑆 𐑉𐐮𐐻𐐲𐑌:

“𐐈𐑌𐐼 𐐁𐐺𐑉𐐲𐑋 𐐹𐐰𐑅𐐻 𐑃𐑉𐐭 𐑄 𐑊𐐰𐑌𐐼 𐐲𐑌𐐻𐐭 𐑄 𐐹𐑊𐐩𐑅 𐐲𐑂 𐐝𐐮𐐿𐐯𐑋, 𐐲𐑌𐐻𐐭 𐑄 𐐹𐑊𐐩𐑌 𐐲𐑂 𐐣𐐬𐑉𐐯. 𐐈𐑌𐐼 𐑄 𐐗𐐩𐑌𐐲𐑌𐐴𐐻 𐐶𐐲𐑆 𐑄𐐯𐑌 𐐮𐑌 𐑄 𐑊𐐰𐑌𐐼. 𐐈𐑌𐐼 𐑄 𐐢𐐫𐑉𐐼 𐐲𐐹𐐮𐑉𐐼 𐐲𐑌𐐻𐐭 𐐁𐐺𐑉𐐲𐑋, 𐐰𐑌𐐼 𐑅𐐯𐐼, 𐐊𐑌𐐻𐐭 𐑄𐐴 𐑅𐐨𐐼 𐐶𐐮𐑊 𐐌 𐑀𐐮𐑂 𐑄𐐮𐑅 𐑊𐐰𐑌𐐼; 𐐰𐑌𐐼 𐑄𐐯𐑉 𐐺𐐮𐑊𐐼𐐲𐐼 𐐸𐐨 𐐰𐑌 𐐫𐑊𐐻𐐲𐑉 𐐲𐑌𐐻𐐭 𐑄 𐐢𐐫𐑉𐐼, 𐐸𐐭 𐐲𐐹𐐮𐑉𐐼 𐐲𐑌𐐻𐐭 𐐸𐐮𐑋. 𐐈𐑌𐐼 𐐸𐐨 𐑉𐐲𐑋𐐭𐑂𐐼 𐑁𐑉𐐲𐑋 𐑄𐐯𐑌𐑅 𐐲𐑌𐐻𐐭 𐐪 𐑋𐐵𐑌𐐻𐐲𐑌 𐐫𐑌 𐑄 𐐨𐑅𐐻 𐐲𐑂 𐐒𐐯𐑃-𐐯𐑊, 𐐰𐑌𐐼 𐐹𐐮𐐽𐐻 𐐸𐐮𐑆 𐐻𐐯𐑌𐐻, 𐐸𐐰𐑂𐐮𐑍 𐐒𐐯𐑃-𐐯𐑊 𐐫𐑌 𐑄 𐐶𐐯𐑅𐐻, 𐐰𐑌𐐼 𐐐𐐩𐐴 𐐫𐑌 𐑄 𐐨𐑅𐐻: 𐐰𐑌𐐼 𐑄𐐯𐑉 𐐸𐐨 𐐺𐐮𐑊𐐼𐐲𐐼 𐐰𐑌 𐐫𐑊𐐻𐐲𐑉 𐐲𐑌𐐻𐐭 𐑄 𐐢𐐫𐑉𐐼, 𐐰𐑌𐐼 𐐿𐐫𐑊𐐼 𐐲𐐹𐐫𐑌 𐑄 𐑌𐐩𐑋 𐐲𐑂 𐑄 𐐢𐐫𐑉𐐼.”—𐐖𐐯𐑌𐐲𐑅𐐮𐑅 12:6–8.

𐐆𐑌 𐑄 𐑌𐐯𐐿𐑅𐐻 𐐽𐐰𐐹𐐻𐐲𐑉 𐐶𐐨 𐐪𐑉 𐐻𐐬𐑊𐐼 𐑄𐐰𐐻 𐐁𐐺𐑉𐐲𐑋 “𐐶𐐯𐑌𐐻 𐐫𐑌 𐐸𐐮𐑆 𐐾𐐲𐑉𐑌𐐨𐑆 𐑁𐑉𐐲𐑋 𐑄 𐑅𐐵𐑃 𐐨𐑂𐐲𐑌 𐐻𐐭 𐐒𐐯𐑃-𐐯𐑊, 𐐲𐑌𐐻𐐭 𐑄 𐐹𐑊𐐩𐑅 𐐸𐐶𐐯𐑉 𐐸𐐮𐑆 𐐻𐐯𐑌𐐻 𐐸𐐰𐐼 𐐺𐐮𐑌 𐐰𐐻 𐑄 𐐺𐐲𐑀𐐮𐑌𐐮𐑍, 𐐺𐐲𐐻𐐶𐐨𐑌 𐐒𐐯𐑃-𐐯𐑊 𐐰𐑌𐐼 𐐐𐐩𐐴; 𐐲𐑌𐐻𐐭 𐑄 𐐹𐑊𐐩𐑅 𐐲𐑂 𐑄 𐐫𐑊𐐻𐐲𐑉, 𐐸𐐶𐐮𐐽 𐐸𐐨 𐐸𐐰𐐼 𐑋𐐩𐐼 𐑄𐐯𐑉 𐐰𐐻 𐑄 𐑁𐐲𐑉𐑅𐐻: 𐐰𐑌𐐼 𐑄𐐯𐑉 𐐁𐐺𐑉𐐲𐑋 𐐿𐐫𐑊𐐼 𐐫𐑌 𐑄 𐑌𐐩𐑋 𐐲𐑂 𐑄 𐐢𐐫𐑉𐐼.”—𐐖𐐯𐑌𐐲𐑅𐐮𐑅 13:3, 4.

𐐈𐑌𐐼 𐐰𐑁𐐻𐐲𐑉𐐶𐐲𐑉𐐼𐑆 𐐸𐐨 𐑉𐐲𐑋𐐭𐑂𐐼 𐐸𐐮𐑆 “𐐻𐐯𐑌𐐻, 𐐰𐑌𐐼 𐐿𐐩𐑋 𐐰𐑌𐐼 𐐼𐐶𐐯𐑊𐐻 𐐮𐑌 𐑄 𐐹𐑊𐐩𐑌 𐐲𐑂 𐐣𐐰𐑋𐑉𐐨, 𐐸𐐶𐐮𐐽 𐐮𐑆 𐐮𐑌 𐐐𐐨𐐺𐑉𐐫𐑌, 𐐰𐑌𐐼 𐐺𐐮𐑊𐐻 𐑄𐐯𐑉 𐐰𐑌 𐐫𐑊𐐻𐐲𐑉 𐐲𐑌𐐻𐐭 𐑄 𐐢𐐫𐑉𐐼.”—𐐖𐐯𐑌𐐲𐑅𐐮𐑅 13:18.

𐐜 𐐒𐐳𐐿 𐐲𐑂 𐐁𐐺𐑉𐐲𐐸𐐰𐑋 𐑀𐐮𐑂𐑆 𐑅𐐲𐑋 𐑁𐐲𐑉𐑄𐐲𐑉 𐐼𐐨𐐻𐐩𐑊𐑆 𐐫𐑌 𐑄𐐨𐑆 𐑋𐐰𐐻𐐲𐑉𐑆. 𐐜 𐐑𐐩𐐻𐑉𐐨𐐪𐑉𐐿 𐑄𐐯𐑉𐐮𐑌 𐑅𐐻𐐩𐐻𐑅:

“𐐤𐐵 𐐌, 𐐁𐐺𐑉𐐲𐐸𐐰𐑋, 𐐺𐐮𐑊𐐻 𐐰𐑌 𐐫𐑊𐐻𐐲𐑉 𐐮𐑌 𐑄 𐑊𐐰𐑌𐐼 𐐲𐑂 𐐖𐐯𐑉𐑇𐐫𐑌, 𐐰𐑌𐐼 𐑋𐐩𐐼 𐐰𐑌 𐐫𐑁𐐲𐑉𐐮𐑍 𐐲𐑌𐐻𐐭 𐑄 𐐢𐐫𐑉𐐼, 𐐰𐑌𐐼 𐐹𐑉𐐩𐐼 𐑄𐐰𐐻 𐑄 𐑁𐐰𐑋𐐲𐑌 𐑋𐐴𐐻 𐐺 𐐻𐐲𐑉𐑌𐐼 𐐲𐐶𐐩 𐑁𐑉𐐲𐑋 𐑋𐐴 𐑁𐐪𐑄𐐲𐑉’𐑆 𐐸𐐵𐑅, 𐑄𐐰𐐻 𐑄𐐩 𐑋𐐴𐐻 𐑌𐐫𐐻 𐐹𐐯𐑉𐐮𐑇; 𐐰𐑌𐐼 𐑄𐐯𐑌 𐐶𐐨 𐐹𐐰𐑅𐐻 𐑁𐑉𐐲𐑋 𐐖𐐯𐑉𐑇𐐫𐑌 𐑃𐑉𐐭 𐑄 𐑊𐐰𐑌𐐼, 𐐲𐑌𐐻𐐭 𐑄 𐐹𐑊𐐩𐑅 𐐲𐑂 𐐝𐐯𐐿𐐯𐑋. 𐐆𐐻 𐐶𐐲𐑆 𐑅𐐮𐐽𐐭𐐩𐐻𐐲𐐼 𐐮𐑌 𐑄 𐐹𐑊𐐩𐑌𐑆 𐐲𐑂 𐐣𐐬𐑉𐐯, 𐐰𐑌𐐼 𐐶𐐨 𐐸𐐰𐐼 𐐫𐑊𐑉𐐯𐐼𐐨 𐐿𐐲𐑋 𐐮𐑌𐐻𐐭 𐑄 𐐺𐐫𐑉𐐼𐐲𐑉𐑆 𐐲𐑂 𐑄 𐑊𐐰𐑌𐐼 𐐲𐑂 𐑄 𐐗𐐩𐑌𐐲𐑌𐐴𐐻𐑅, 𐐰𐑌𐐼 𐐌 𐐫𐑁𐐲𐑉𐐼 𐑅𐐰𐐿𐑉𐐮𐑁𐐴𐑅 𐑄𐐯𐑉 𐐮𐑌 𐑄 𐐹𐑊𐐩𐑌𐑆 𐐲𐑂 𐐣𐐬𐑉𐐯, 𐐰𐑌𐐼 𐐿𐐫𐑊𐐼 𐐱𐑌 𐑄 𐐢𐐫𐑉𐐼 𐐼𐐲𐑂𐐵𐐻𐑊𐐨, 𐐺𐐲𐐿𐐲𐑆 𐐶𐐨 𐐸𐐰𐐼 𐐫𐑊𐑉𐐯𐐼𐐨 𐐿𐐲𐑋 𐐮𐑌𐐻𐐭 𐑄 𐑊𐐰𐑌𐐼 𐐲𐑂 𐑄𐐮𐑅 𐐴𐐼𐐱𐑊𐐲𐐻𐑉𐐲𐑅 𐑌𐐩𐑇𐐲𐑌. 𐐈𐑌𐐼 𐑄 𐐢𐐫𐑉𐐼 𐐲𐐹𐐨𐑉𐐼 𐐲𐑌𐐻𐐭 𐑋𐐨 𐐮𐑌 𐐰𐑌𐑅𐐲𐑉 𐐻𐐭 𐑋𐐴 𐐹𐑉𐐯𐑉𐑆, 𐐰𐑌𐐼 𐑅𐐯𐐼 𐐲𐑌𐐻𐐭 𐑋𐐨, 𐐊𐑌𐐻𐐭 𐑄𐐴 𐑅𐐨𐐼 𐐶𐐮𐑊 𐐌 𐑀𐐮𐑂 𐑄𐐮𐑅 𐑊𐐰𐑌𐐼. 𐐈𐑌𐐼 𐐌, 𐐁𐐺𐑉𐐲𐐸𐐰𐑋, 𐐲𐑉𐐬𐑆 𐑁𐑉𐐲𐑋 𐑄 𐐹𐑊𐐩𐑅 𐐲𐑂 𐑄 𐐫𐑊𐐻𐐲𐑉 𐐸𐐶𐐮𐐽 𐐌 𐐸𐐰𐐼 𐐺𐐮𐑊𐐻 𐐲𐑌𐐻𐐭 𐑄 𐐢𐐫𐑉𐐼, 𐐰𐑌𐐼 𐑉𐐲𐑋𐐭𐑂𐐼 𐑁𐑉𐐲𐑋 𐑄𐐯𐑌𐑅 𐐲𐑌𐐻𐐭 𐐪 𐑋𐐵𐑌𐐻𐐲𐑌 𐐱𐑌 𐑄 𐐨𐑅𐐻 𐐲𐑂 𐐒𐐯𐑃𐐲𐑊, 𐐰𐑌𐐼 𐐹𐐮𐐽𐐻 𐑋𐐴 𐐻𐐯𐑌𐐻 𐑄𐐯𐑉, 𐐒𐐯𐑃𐐲𐑊 𐐱𐑌 𐑄 𐐶𐐯𐑅𐐻, 𐐰𐑌𐐼 𐐐𐐩𐐴 𐐱𐑌 𐑄 𐐨𐑅𐐻: 𐐰𐑌𐐼 𐑄𐐯𐑉 𐐌 𐐺𐐮𐑊𐐻 𐐲𐑌𐐲𐑄𐐲𐑉 𐐫𐑊𐐻𐐲𐑉 𐐲𐑌𐐻𐐭 𐑄 𐐢𐐫𐑉𐐼, 𐐰𐑌𐐼 𐐿𐐫𐑊𐐼 𐐲𐑀𐐯𐑌 𐐲𐐹𐐱𐑌 𐑄 𐑌𐐩𐑋 𐐲𐑂 𐑄 𐐢𐐫𐑉𐐼.”—𐐑𐐲𐑉𐑊 𐐲𐑂 𐐘𐑉𐐩𐐻 𐐑𐑉𐐴𐑅.

𐐃𐑊𐑄𐐬 𐑁𐐳𐑊 𐐼𐐨𐐻𐐩𐑊𐑆 𐐪𐑉 𐑌𐐱𐐻 𐑀𐐮𐑂𐐲𐑌 𐐲𐑂 𐑄 𐑋𐐬𐐼 𐐲𐑂 𐑅𐐰𐐿𐑉𐐮𐑁𐐴𐑅 𐐮𐑌 𐑄𐐬𐑆 𐐩𐑌𐐽𐐲𐑌𐐻 𐐻𐐴𐑋𐑆, 𐑌𐐫𐑉 𐐲𐑂 𐐫𐑊 𐑄 𐐿𐑉𐐨𐐽𐐲𐑉𐑆 𐑄𐐰𐐻 𐐶𐐲𐑉 𐐲𐐿𐑅𐐯𐐹𐐻𐐲𐐺𐐲𐑊 𐐲𐑌𐐻𐐭 𐑄 𐐢𐐫𐑉𐐼, 𐐮𐑌 𐑄 𐐹𐐲𐑉𐑁𐐫𐑉𐑋𐐲𐑌𐑅 𐐲𐑂 𐑄𐐮𐑅 𐑉𐐴𐐻, 𐐷𐐯𐐻 𐑄 𐑌𐐰𐑉𐐲𐐻𐐮𐑂 𐐲𐑂 𐑄 𐐿𐐱𐑌𐐻𐐲𐑋𐐹𐑊𐐩𐐻𐐲𐐼 𐑅𐐰𐐿𐑉𐐮𐑁𐐴𐑅 𐐲𐑂 𐐌𐑆𐐲𐐿 𐐺𐐴 𐐸𐐮𐑆 𐑁𐐪𐑄𐐲𐑉 𐐮𐑆 𐐮𐑌𐐼𐐮𐐿𐐲𐐻𐐮𐑂 𐐲𐑂 𐑄 𐐹𐑉𐐮𐑌𐑅𐐮𐐹𐐲𐑊 𐐺𐐨𐐮𐑍 𐐶𐐯𐑊 𐐲𐑌𐐼𐐲𐑉𐑅𐐻𐐳𐐼. 𐐎𐐨 𐐪𐑉 𐐻𐐬𐑊𐐼 𐑄𐐰𐐻 𐑄 𐐷𐐲𐑍 𐑋𐐰𐑌 𐑅𐐯𐐼: “𐐣𐐴 𐐙𐐪𐑄𐐲𐑉: 𐐰𐑌𐐼 𐐸𐐨 𐑅𐐯𐐼, 𐐐𐐮𐑉 𐐰𐑋 𐐌, 𐑋𐐴 𐑅𐐲𐑌. 𐐈𐑌𐐼 𐐸𐐨 𐑅𐐯𐐼, 𐐒𐐲𐐸𐐬𐑊𐐼 𐑄 𐑁𐐴𐑉 𐐰𐑌𐐼 𐑄 𐐶𐐳𐐼, 𐐺𐐲𐐻 𐐸𐐶𐐯𐑉 𐐮𐑆 𐑄 𐑊𐐰𐑋 𐑁𐐫𐑉 𐐪 𐐺𐐲𐑉𐑌𐐻-𐐫𐑁𐐲𐑉𐐮𐑍? 𐐈𐑌𐐼 𐐁𐐺𐑉𐐲𐐸𐐰𐑋 𐑅𐐯𐐼, 𐐣𐐴 𐑅𐐲𐑌, 𐐘𐐱𐐼 𐐶𐐮𐑊 𐐹𐑉𐐲𐑂𐐴𐐼 𐐸𐐮𐑋𐑅𐐯𐑊𐑁 𐐪 𐑊𐐰𐑋 𐑁𐐫𐑉 𐐪 𐐺𐐲𐑉𐑌𐐻-𐐫𐑁𐐲𐑉𐐮𐑍.”—𐐖𐐯𐑌𐐲𐑅𐐮𐑅 22:7, 8.

𐐆𐐻 𐐮𐑆 𐐯𐑂𐐮𐐼𐐲𐑌𐐻 𐑁𐑉𐐲𐑋 𐐲𐑄𐐲𐑉 𐑅𐐿𐑉𐐮𐐹𐐽𐐲𐑉𐑆 𐑄𐐰𐐻 𐐁𐐺𐑉𐐲𐐸𐐰𐑋 𐐫𐑁𐐲𐑉𐐼 𐐲𐐹 𐑄𐐨𐑆 𐑅𐐰𐐿𐑉𐐮𐑁𐐴𐑅𐐲𐑆 𐐮𐑌 𐐻𐐬𐐿𐐲𐑌 𐐲𐑂 𐑄 𐑀𐑉𐐩𐐻 𐐯𐐿𐑅𐐹𐐨𐐲𐐻𐐫𐑉𐐨 𐑅𐐰𐐿𐑉𐐮𐑁𐐴𐑅 𐐲𐑂 𐑄 𐐝𐐲𐑌 𐐲𐑂 𐐘𐐱𐐼. 𐐆𐑌𐐼𐐨𐐼 𐑄 𐐡𐐲𐐼𐐨𐑋𐐲𐑉 𐐸𐐮𐑋𐑅𐐯𐑊𐑁 𐐻𐐬𐑊𐐼 𐑄 𐐖𐐭𐑆, “𐐏𐐫𐑉 𐑁𐐪𐑄𐐲𐑉 𐐁𐐺𐑉𐐲𐐸𐐰𐑋 𐑉𐐲𐐾𐐬𐐮𐑅𐐻 𐐻𐐭 𐑅𐐨 𐑋𐐴 𐐼𐐩: 𐐰𐑌𐐼 𐐸𐐨 𐑅𐐫 𐐮𐐻, 𐐰𐑌𐐼 𐐶𐐲𐑆 𐑀𐑊𐐰𐐼.”—𐐖𐐱𐑌 8:56.

𐐆𐑌 𐐿𐐱𐑌𐑁𐐲𐑉𐑋𐐩𐑇𐐲𐑌 𐐲𐑂 𐑄𐐮𐑅 𐑅𐐻𐐩𐐻𐑋𐐲𐑌𐐻 𐐶𐐨 𐑉𐐨𐐼 𐐮𐑌 𐑄 𐐮𐑌𐑅𐐹𐐴𐑉𐐼 𐐻𐑉𐐰𐑌𐑆𐑊𐐩𐑇𐐲𐑌 𐐲𐑂 𐑄 𐐒𐐳𐐿 𐐲𐑂 𐐖𐐯𐑌𐐲𐑅𐐮𐑅 𐑄𐐰𐐻 𐑄 𐐢𐐫𐑉𐐼 𐑅𐐯𐐼 𐐻𐐭 𐐁𐐺𐑉𐐲𐐸𐐰𐑋, 𐐮𐑌 𐑉𐐲𐑊𐐩𐑇𐐲𐑌 𐐻𐐭 𐐸𐐮𐑆 𐐹𐐲𐑆𐐯𐑇𐐲𐑌 𐐲𐑂 𐑄 𐑊𐐰𐑌𐐼 𐐲𐑂 𐐗𐐩𐑌𐐲𐑌, “𐐜𐐬 𐑄𐐵 𐐶𐐲𐑅𐐻 𐐼𐐯𐐼, 𐐷𐐯𐐻 𐐰𐑋 𐐌 𐑌𐐱𐐻 𐐩𐐺𐐲𐑊 𐐻𐐭 𐑀𐐮𐑂 𐐮𐐻 𐑄? 𐐈𐑌𐐼 𐐮𐑁 𐑄𐐵 𐑇𐐰𐑊𐐻 𐐼𐐴, 𐐷𐐯𐐻 𐑄𐐵 𐑇𐐰𐑊𐐻 𐐹𐐲𐑆𐐯𐑅 𐐮𐐻, 𐑁𐐫𐑉 𐑄 𐐼𐐩 𐐿𐐲𐑋𐐲𐑃 𐑄𐐰𐐻 𐑄 𐐝𐐲𐑌 𐐲𐑂 𐐣𐐰𐑌 𐑇𐐰𐑊 𐑊𐐮𐑂; 𐐺𐐲𐐻 𐐸𐐵 𐐿𐐰𐑌 𐐸𐐨 𐑊𐐮𐑂 𐐮𐑁 𐐸𐐨 𐐺 𐑌𐐱𐐻 𐐼𐐯𐐼? 𐐐𐐨 𐑋𐐲𐑅𐐻 𐑁𐐲𐑉𐑅𐐻 𐐺 𐐿𐐶𐐮𐐿𐐲𐑌𐐼. 𐐈𐑌𐐼 𐐮𐐻 𐐿𐐩𐑋 𐐻𐐭 𐐹𐐰𐑅, 𐑄𐐰𐐻 𐐁𐐺𐑉𐐲𐑋 𐑊𐐳𐐿𐐻 𐑁𐐫𐑉𐑃 𐐰𐑌𐐼 𐑅𐐫 𐑄 𐐼𐐩𐑆 𐐲𐑂 𐑄 𐐝𐐲𐑌 𐐲𐑂 𐐣𐐰𐑌, 𐐰𐑌𐐼 𐐶𐐲𐑆 𐑀𐑊𐐰𐐼, 𐐰𐑌𐐼 𐐸𐐮𐑆 𐑅𐐬𐑊 𐑁𐐵𐑌𐐼 𐑉𐐯𐑅𐐻, 𐐰𐑌𐐼 𐐸𐐨 𐐺𐐲𐑊𐐨𐑂𐐼 𐐮𐑌 𐑄 𐐢𐐫𐑉𐐼; 𐐰𐑌𐐼 𐑄 𐐢𐐫𐑉𐐼 𐐿𐐵𐑌𐐻𐐲𐐼 𐐮𐐻 𐐲𐑌𐐻𐐭 𐐸𐐮𐑋 𐑁𐐫𐑉 𐑉𐐴𐐽𐐲𐑅𐑌𐐲𐑅.”

𐐊𐑀𐐯𐑌, 𐐑𐐫𐑊, 𐐮𐑌 𐑉𐐴𐐻𐐮𐑍 𐐻𐐭 𐑄 𐐘𐐲𐑊𐐩𐑇𐐲𐑌𐑆, 𐑅𐐻𐐩𐐻𐑅: “𐐈𐑌𐐼 𐑄 𐑅𐐿𐑉𐐮𐐹𐐽𐐲𐑉, 𐑁𐐫𐑉𐑅𐐨𐐮𐑍 𐑄𐐰𐐻 𐐘𐐱𐐼 𐐶𐐳𐐼 𐐾𐐲𐑅𐐻𐐮𐑁𐐴 𐑄 𐐸𐐨𐑄𐐲𐑌 𐑃𐑉𐐭 𐑁𐐩𐑃, 𐐹𐑉𐐨𐐽𐐻 𐐺𐐲𐑁𐐫𐑉 𐑄 𐑀𐐱𐑅𐐹𐐲𐑊 𐐲𐑌𐐻𐐭 𐐁𐐺𐑉𐐲𐐸𐐰𐑋, 𐑅𐐩𐐮𐑍, 𐐆𐑌 𐑄 𐑇𐐰𐑊 𐐫𐑊 𐑌𐐩𐑇𐐲𐑌𐑆 𐐺 𐐺𐑊𐐯𐑅𐐻. 𐐝𐐬 𐑄𐐯𐑌 𐑄𐐩 𐐸𐐶𐐮𐐽 𐐺 𐐲𐑂 𐑁𐐩𐑃 𐐪𐑉 𐐺𐑊𐐯𐑅𐐻 𐐶𐐮𐑄 𐑁𐐩𐑃𐑁𐐲𐑊 𐐁𐐺𐑉𐐲𐐸𐐰𐑋.”—𐐘𐐲𐑊𐐩𐑇𐐲𐑌𐑆 3:8, 9.

𐐜𐐮𐑅 𐐹𐑉𐐪𐑋𐐮𐑅 𐐮𐑆 𐐿𐐲𐑉𐐪𐐺𐐲𐑉𐐩𐐻𐐲𐐼 𐐺𐐴 𐑄 𐑅𐐻𐐩𐐻𐑋𐐲𐑌𐐻𐑅 𐐲𐑂 𐐑𐐨𐐻𐐲𐑉 𐐻𐐭 𐑄 𐐖𐐭𐑆:

"𐐏𐐨 𐐪𐑉 𐑄 𐐽𐐮𐑊𐐼𐑉𐐲𐑌 𐐲𐑂 𐑄 𐐹𐑉𐐪𐑁𐐲𐐻𐑅, 𐐰𐑌𐐼 𐐲𐑂 𐑄 𐐿𐐲𐑂𐐲𐑌𐐲𐑌𐐻 𐐸𐐶𐐮𐐽 𐐘𐐪𐐼 𐑋𐐩𐐼 𐐶𐐮𐑄 𐐵𐑉 𐑁𐐪𐑄𐐲𐑉𐑆, 𐑅𐐩𐐮𐑍 𐐲𐑌𐐻𐐭 𐐁𐐺𐑉𐐲𐐸𐐰𐑋, 𐐈𐑌𐐼 𐐮𐑌 𐑄𐐴 𐑅𐐨𐐼 𐑇𐐰𐑊 𐐫𐑊 𐑄 𐐿𐐮𐑌𐐼𐑉𐐲𐐼𐑆 𐐲𐑂 𐑄 𐐲𐑉𐑃 𐐺 𐐺𐑊𐐯𐑅𐐻. 𐐊𐑌𐐻𐐭 𐐷𐐭 𐑁𐐲𐑉𐑅𐐻, 𐐘𐐪𐐼, 𐐸𐐰𐑂𐐮𐑍 𐑉𐐩𐑆𐐼 𐐲𐐹 𐐸𐐮𐑆 𐐝𐐲𐑌 𐐖𐐨𐑆𐐲𐑅, 𐑅𐐯𐑌𐐻 𐐸𐐮𐑋 𐐻𐐭 𐐺𐑊𐐯𐑅 𐐷𐐭, 𐐮𐑌 𐐻𐐲𐑉𐑌𐐮𐑍 𐐲𐐶𐐩 𐐯𐑂𐑉𐐨 𐐶𐐲𐑌 𐐲𐑂 𐐷𐐭 𐑁𐑉𐐲𐑋 𐐸𐐮𐑆 𐐮𐑌𐐮𐐿𐐶𐐮𐐻𐐨𐑆."—𐐈𐐿𐐻𐑅 3:25, 26.

𐐜 𐑉𐐯𐐿𐐲𐑉𐐼 𐐲𐑂 𐑄𐐮𐑅 𐐿𐐲𐑂𐐲𐑌𐐲𐑌𐐻 𐐮𐑆 𐐻𐐭 𐐺 𐑁𐐵𐑌𐐼 𐐮𐑌 𐑄 𐐒𐐳𐐿 𐐲𐑂 𐐖𐐯𐑌𐐲𐑅𐐮𐑅, 𐐰𐑆 𐑁𐐪𐑊𐐬𐑆:

"𐐤𐐵 𐑄 𐐢𐐫𐑉𐐼 𐐸𐐰𐐼 𐑅𐐯𐐼 𐐲𐑌𐐻𐐭 𐐁𐐺𐑉𐐲𐑋, 𐐘𐐯𐐻 𐑄 𐐵𐐻 𐐲𐑂 𐑄𐐴 𐐿𐐲𐑌𐐻𐑉𐐨, 𐐰𐑌𐐼 𐑁𐑉𐐲𐑋 𐑄𐐴 𐐿𐐮𐑌𐐼𐑉𐐲𐐼, 𐐰𐑌𐐼 𐑁𐑉𐐲𐑋 𐑄𐐴 𐑁𐐪𐑄𐐲𐑉'𐑆 𐐸𐐵𐑅, 𐐲𐑌𐐻𐐭 𐐪 𐑊𐐰𐑌𐐼 𐑄𐐰𐐻 𐐌 𐐶𐐮𐑊 𐑇𐐬 𐑄; 𐐰𐑌𐐼 𐐌 𐐶𐐮𐑊 𐑋𐐩𐐿 𐐲𐑂 𐑄 𐐪 𐑀𐑉𐐩𐐻 𐑌𐐩𐑇𐐲𐑌; 𐐰𐑌𐐼 𐐌 𐐶𐐮𐑊 𐐺𐑊𐐯𐑅 𐑄, 𐐰𐑌𐐼 𐑋𐐩𐐿 𐑄𐐴 𐑌𐐩𐑋 𐑀𐑉𐐩𐐻; 𐐰𐑌𐐼 𐐌 𐐶𐐮𐑊 𐐺𐑊𐐯𐑅 𐑄𐐯𐑋 𐑄𐐰𐐻 𐐺𐑊𐐯𐑅 𐑄, 𐐰𐑌𐐼 𐐿𐐲𐑉𐑅 𐐸𐐮𐑋 𐑄𐐰𐐻 𐐿𐐲𐑉𐑅𐐲𐑃 𐑄, 𐐰𐑌𐐼 𐐮𐑌 𐑄 𐑇𐐰𐑊 𐐫𐑊 𐑁𐐰𐑋𐐮𐑊𐐨𐑆 𐐲𐑂 𐑄 𐐲𐑉𐑃 𐐺 𐐺𐑊𐐯𐑅𐐻."—𐐖𐐯𐑌𐐲𐑅𐐮𐑅 12:1–3.[1]

𐐆𐐻 𐐶𐐮𐑊 𐐺 𐑌𐐬𐐻𐐮𐑅𐐻 𐐮𐑌 𐑄 𐐲𐐺𐐲𐑂 𐐿𐐶𐐬𐐻𐐩𐑇𐐲𐑌 𐑁𐑉𐐲𐑋 𐑄 𐐒𐐳𐐿 𐐲𐑂 𐐖𐐯𐑌𐐲𐑅𐐮𐑅, 𐑄𐐰𐐻 𐑌𐐬 𐑉𐐯𐑁𐐲𐑉𐐲𐑌𐑅 𐐮𐑆 𐑋𐐩𐐼 𐐻𐐭 𐑄 𐐹𐑉𐐨𐐽𐐮𐑍 𐐲𐑂 𐑄 𐐘𐐪𐑅𐐹𐐲𐑊 𐐻𐐭 𐐁𐐺𐑉𐐲𐐸𐐰𐑋 𐐮𐑌 𐐿𐐲𐑌𐐯𐐿𐑇𐐲𐑌 𐐶𐐮𐑄 𐑄𐐨𐑆 𐑀𐑉𐐩𐐻 𐐹𐑉𐐪𐑋𐐮𐑅𐐲𐑆 𐐰𐑆 𐑅𐐹𐐬𐐿𐐲𐑌 𐐲𐑂 𐐺𐐴 𐐑𐐫𐑊. 𐐜𐐮𐑅 𐐼𐐲𐑁𐐮𐑇𐐲𐑌𐑅𐐨 𐐮𐑆 𐑅𐐲𐐹𐑊𐐴𐐼 𐐺𐐴 𐑄 𐐒𐐳𐐿 𐐲𐑂 𐐁𐐺𐑉𐐲𐐸𐐰𐑋, 𐐸𐐶𐐯𐑉𐐮𐑌 𐑄 𐐿𐐲𐑂𐐲𐑌𐐲𐑌𐐻 𐐺𐐲𐐻𐐶𐐨𐑌 𐐘𐐪𐐼 𐐰𐑌𐐼 𐐐𐐮𐑆 𐑁𐐩𐑃𐑁𐐲𐑊 𐑅𐐲𐑉𐑂𐐲𐑌𐐻 𐐮𐑆 𐑀𐐮𐑂𐐲𐑌 𐐰𐐻 𐑀𐑉𐐩𐐻𐐲𐑉 𐑊𐐯𐑍𐑃 𐐮𐑌 𐑄𐐰𐐻 𐐿𐐲𐑂𐐲𐑌𐐲𐑌𐐻 𐐶𐐨 𐑁𐐴𐑌𐐼 𐑄 𐑁𐐪𐑊𐐬𐐮𐑍:

"𐐣𐐴 𐑌𐐩𐑋 𐐮𐑆 𐐖𐐲𐐸𐐬𐑂𐐲, 𐐰𐑌𐐼 𐐌 𐐶𐐮𐑊 𐑋𐐩𐐿 𐐲𐑂 𐑄 𐐪 𐑀𐑉𐐩𐐻 𐑌𐐩𐑇𐐲𐑌 𐐰𐑌𐐼 𐐌 𐐶𐐮𐑊 𐐺𐑊𐐯𐑅 𐑄 𐐲𐐺𐐲𐑂 𐑋𐐯𐑈𐐲𐑉, 𐐰𐑌𐐼 𐑋𐐩𐐿 𐑄𐐴 𐑌𐐩𐑋 𐑀𐑉𐐩𐐻 𐐲𐑋𐐲𐑍 𐐫𐑊 𐑌𐐩𐑇𐐲𐑌𐑆, 𐐰𐑌𐐼 𐑄𐐵 𐑇𐐰𐑊𐐻 𐐺 𐐪 𐐺𐑊𐐯𐑅𐐮𐑍 𐐲𐑌𐐻𐐭 𐑄𐐴 𐑅𐐨𐐼 𐐰𐑁𐐻𐐲𐑉 𐑄, 𐑄𐐰𐐻 𐐮𐑌 𐑄𐐯𐑉 𐐸𐐰𐑌𐐼𐑆 𐑄𐐩 𐑇𐐰𐑊 𐐺𐐯𐑉 𐑄𐐮𐑅 𐑋𐐮𐑌𐐮𐑅𐐻𐑉𐐨 𐐰𐑌𐐼 𐐹𐑉𐐨𐑅𐐻𐐸𐐳𐐼 𐐲𐑌𐐻𐐭 𐐫𐑊 𐑌𐐩𐑇𐐲𐑌𐑆, 𐐰𐑌𐐼 𐐌 𐐶𐐮𐑊 𐐺𐑊𐐯𐑅 𐑄𐐯𐑋 𐑃𐑉𐐭 𐑄𐐴 𐑌𐐩𐑋; 𐑁𐐫𐑉 𐐰𐑆 𐑋𐐯𐑌𐐨 𐐰𐑆 𐑉𐐲𐑅𐐨𐑂 𐑄𐐮𐑅 𐐘𐐪𐑅𐐹𐐲𐑊 𐑇𐐰𐑊 𐐺𐐨 𐐿𐐫𐑊𐐼 𐐰𐑁𐐻𐐲𐑉 𐑄𐐴 𐑌𐐩𐑋, 𐐰𐑌𐐼 𐑇𐐰𐑊 𐐺 𐐲𐐿𐐵𐑌𐐻𐐲𐐼 𐑄𐐴 𐑅𐐨𐐼, 𐐰𐑌𐐼 𐑇𐐰𐑊 𐑉𐐴𐑆 𐐲𐐹 𐐰𐑌𐐼 𐐺𐑊𐐯𐑅 𐑄, 𐐰𐑆 𐑄𐐯𐑉 𐑁𐐪𐑄𐐲𐑉; 𐐰𐑌𐐼 𐐌 𐐶𐐮𐑊 𐐺𐑊𐐯𐑅 𐑄𐐯𐑋 𐑄𐐰𐐻 𐐺𐑊𐐯𐑅 𐑄, 𐐰𐑌𐐼 𐐿𐐲𐑉𐑅 𐑄𐐯𐑋 𐑄𐐰𐐻 𐐿𐐲𐑉𐑅 𐑄; 𐐰𐑌𐐼 𐐮𐑌 𐑄 (𐑄𐐰𐐻 𐐮𐑆, 𐐮𐑌 𐑄𐐴 𐐹𐑉𐐨𐑅𐐻𐐸𐐳𐐼) 𐐰𐑌𐐼 𐐮𐑌 𐑄𐐴 𐑅𐐨𐐼, (𐑄𐐰𐐻 𐐮𐑆, 𐑄𐐴 𐐹𐑉𐐨𐑅𐐻𐐸𐐳𐐼,) 𐑁𐐫𐑉 𐐌 𐑀𐐮𐑂 𐐲𐑌𐐻𐐭 𐑄 𐐪 𐐹𐑉𐐪𐑋𐐮𐑅 𐑄𐐰𐐻 𐑄𐐮𐑅 𐑉𐐴𐐻 𐑇𐐰𐑊 𐐿𐐲𐑌𐐻𐐮𐑌𐐷𐐭 𐐮𐑌 𐑄, 𐐰𐑌𐐼 𐐮𐑌 𐑄𐐴 𐑅𐐨𐐼 𐐰𐑁𐐻𐐲𐑉 𐑄, (𐑄𐐰𐐻 𐐮𐑆 𐐻𐐭 𐑅𐐩, 𐑄 𐑊𐐮𐐻𐐲𐑉𐐲𐑊 𐑅𐐨𐐼, 𐐫𐑉 𐑄 𐑅𐐨𐐼 𐐲𐑂 𐑄 𐐺𐐪𐐼𐐨,) 𐑇𐐰𐑊 𐐫𐑊 𐑄 𐑁𐐰𐑋𐐮𐑊𐐨𐑆 𐐲𐑂 𐑄 𐐲𐑉𐑃 𐐺 𐐺𐑊𐐯𐑅𐐻, 𐐨𐑂𐐲𐑌 𐐶𐐮𐑄 𐑄 𐐺𐑊𐐯𐑅𐐮𐑍𐑆 𐐲𐑂 𐑄 𐐘𐐪𐑅𐐹𐐲𐑊, 𐐸𐐶𐐮𐐽 𐐪𐑉 𐑄 𐐺𐑊𐐯𐑅𐐮𐑍𐑆 𐐲𐑂 𐑅𐐰𐑊𐑂𐐩𐑇𐐲𐑌, 𐐨𐑂𐐲𐑌 𐐲𐑂 𐑊𐐴𐑁 𐐨𐐻𐐲𐑉𐑌𐐲𐑊."

𐐊𐑂 𐑄 𐐹𐐲𐑉𐑅𐐲𐑌𐐲𐑊 𐐸𐐮𐑅𐐻𐐲𐑉𐐨 𐐲𐑂 𐐌𐑆𐐲𐐿 𐐶𐐨 𐐸𐐰𐑂 𐐺𐐲𐐻 𐐪 𐑂𐐯𐑉𐐨 𐑋𐐨𐑀𐐲𐑉 𐐲𐐿𐐵𐑌𐐻 𐐮𐑌 𐑄 𐐒𐐴𐐺𐐲𐑊; 𐐸𐐵𐐯𐑂𐐲𐑉, 𐑅𐐲𐑁𐐮𐑇𐐲𐑌𐐻 𐐮𐑆 𐑅𐐯𐐼 𐐻𐐭 𐐮𐑌𐑁𐐫𐑉𐑋

[1] 𐐝𐐨 𐐫𐑊𐑅𐐬 𐐖𐐯𐑌𐐲𐑅𐐮𐑅 18:18; 22:18.

ɼɞ ɣɹ˥ φə, ɭɸɷ φɨ6 pɵɣɼφ, ɵpɼφd ɼɿ ɞɹɷφɨpɸɞɼ6, ɣɹ˥ φɨ6 ɵpɼφɨи ɷɼ6 ɼɷɞʌɿ˥ɼɞɼɭ ˥ɸ Ꞷɵd, ɹɣd ɣɹ˥ Φə φɼɣɸd ɷɨɣ φɨɔ ɣ ɷɼɞɼɣɼɣ˥ ˥φəɞəɼɞɭə ɔɛd ɷɨɣ Ɛɞφɼφɹɔ. Ƥɞ Φ6ɼɷ ɨ˥ ɨ6 φɨ˥ɼɣ: "ɹɣd φə ɷʌɣ˥ ɼɿ pφɼɔ ɣʌɣɞ ˥ɸ Ȣɨφ-bəɞɼ. ɹɣd ɣ ɭɵφd ɼɿɨφd ɼɣ˥ɸ φɨɔ ɣ ɞɛɔ ɣɸ˥, ɹɣd ɞʌd, Φ ɹɔ ɣ Ꞷɵd ɼɞ Ɛɞφɼφɹɔ ɣɸ pɵɣɼφ: pɨφ ɣɵ˥, pɵφ Φ ɹɔ ɷɨɣ ɣ, ɹɣd ɷɨɭ ȣɭʌɞ ɣ, ɹɣd ɔɼɭɨ˥ɭɸ ɣɸ ɞəd pɵφ ɔɸ ɞɼφɞɼɣ˥ Ɛɞφɼφɹɔ'6 ɞɛɷ. ɹɣd φə ȣɨɭdɼd ɹɣ ɵɭɼφ ɣʌφ, ɹɣd ɷɵɭd ɼ˥ɵɣ ɣ ɣɛɔ ɼɞ ɣ ɭɵφd."—Ƣʌɣɼɞɨɞ 26:23–25.

Ƣɛɷɼȣ pɵɭɵd ɨɣ ɣ pφ˥ɞ˥ʌ˥ɞ ɼɞ φɨ6 pɵɣɼφ. Φə ɷɼφbɨ˥˥ ɣ ˥φɸ ɹɣd ɭɨɞɨи Ꞷɵd, ɹɣd φɹd ɣ ȣɭʌɞɨи6 ɼɞ φɨ6 pɵɣɼφ6 ɷɼɣpɼφɔd ɵɣ φɨɔ. Φɼɷ̇ɵφdɨи ɞɹɷφɨpɸɞɼ6 ɷə ɵφ ɨɣpɵφɔd ɣɹ˥, ɹp˥ɼφ φɨ6 ɞɼdɼɣ dɼ˥ɵφcɼφ pφɼɔ ɭɛȣɼɣ ɹɣd ɣʌφ ɭɛ˥ɼφ ɞɼɔφɷɼ˥ ɞ˥ɵφɔə ɨɣ˥ɼφɞϡɸ, "Ƣɛɷɼȣ ɵpɼφd ɞɹɷφɨpɸɞ ɼ˥ɵɣ ɣ ɔɵ̇ɣ˥" (Ƣʌɣɼɞɨɞ 31:52); ɹɣd ɼɷ̇ʌɣ, bɵφ˥ɭə ɹp˥ɼφ, ȣɸ ɷɼɔɹɣd ɼɞ ɣ ɭɵφd, φə ɕɼφɣəd ˥ɸ Ȣʌɿɼɭ, "ɹɣd φə ȣɨɭ˥ ɣʌφ ɹɣ ɵɭɼφ ɹɣd ɷɵɭd ɣ ˥ɭɛɞ ʌɭ-ȣʌɿ-ʌɭ," ɵφ ɣ Φə̇ɞ ɼɞ Ꞷɵd.—Ƣʌɣɼɞɨɞ 35:7.

# Cлтıрф XIII

*8ɟωфıрфвʀ6 ıɩ ɣ Ɑɛ6 ʀв Ͻоϭʀв—Ɣ Ɨъвɪɪɵbʀъ ʀв ɣ Ʇɟвоʙʀф ɟъd ɣ Ɑœвʀdʀв—Ɣ 8ɪɔaʀɭɪɛɔ ʀв ɣ Ʇɟвœʀɭ Ɩɟɔ—Ɣ Ɯʀвʀъʀъɪ ʀв ɣ Ƥɪoъɔʀъɪ aʀɪωəъ Ɯфɵвɪ ɟъd Фɪ6 Ƥəɣʀф—Ɣ Фʀdəɔd—Ʇоωʀъ6 ʀв Ɯʀвʀъʀъɪв—Ɣ Фɛъao—Ɣ Ϟɛɔ ʀв Ɠəϭʀв ɣ Оɥɪə Ϟɛɔ—Ɣ Ɩəвɵɪв.*

Ɨъ фʀώəфd ɪɷ ɣ ɵрʀфɪи ʀв вɟωфıрфвʀ6, ıɪ ıɛ вɟфə ɟвɪdʀъɪ ɣɟɪ ıъ ɣ dɛ6 ʀв Ͻоϭʀв ɣ cɥldфʀъ ʀв Ɨ6фʀɭ ωʀф ωωɵɪ рʀɔɪɭvʀф ωɪɣ ɣıв фɵɪ, ɟ6 ɵɭвo ωʀф ɣ Ɖɕɪɪbʀъ6. Ƥɵф ωʀъ ώфɛɪ фʀωωɟвɪ фωıc Ͻоϭʀв ɟъd Ɑфʀъ ɔɛd ʀв Ƥɟфо, Ɯıи ʀв Ɖɕɪɪ, ωʀ6, "Ɩɟɪ ʀв ώо, ωə ɪфɛ ɣ, ʟфə dɛ6' ɕʀфъə ıъɪɷ ɣ dɟ6ʀфɪ, ɟъd вɟωфıрфв ʀъɪɷ ɣ Ɩɵфd ώф Ɯəd;" ɟъd ɟ6 ə фəвʀъ фωɵ ɣɛ bɥd ɣʀв ώо ıъɪɷ ɣ ωɪɭdʀфъʀв ıɪ ωʀ6 ʀфɕd ɛɵ ɣɟɔ, фωɟъ ɣ Ɖɕɪɪbʀъ ɔəъвфω вɟd, "Ɯо ɣə, вɟωфıрфв ɪɷ ɣоф Ɯəd ıъ ɣ ɭɟъd," ɣɟɪ "ıɪ ıɛ ъəɪ ɔəɪ вo ɪɷ dɷ; рɵф ωə bɟɭ вɟωфıрфв ɣ ʀвɛɔıъɛbʀъ ʀв ɣ Ɖɕɪɪbʀъ6 ɪɷ ɣ Ɩɵфd ώф Ɯəd: ɭo, bɟɭ ωə вɟωфıрфв ɣ ʀвɛɔıъɛbʀъ ʀв ɣ Ɖɕɪɪbʀъ6 ɛʀрɵф ɣɟф ɵ6, ɟъd ωɪɭ ɣɛ ъəɪ вɪоъ ʀв? Ɯə ωɪɭ ώо ʟфə dɛ6' ɕʀфъə ıъɪɷ ɣ ωɪɭdʀфъʀв, ɟъd вɟωфıрфв ɪɷ ɣ Ɩɵфd ώф Ɯəd, ɟ6 фə bɟɭ ωʀɔɟъd ʀв."—Ɑœвıdʀв 8:26, 27.

Ɨɪ ıɛ рʀфɣʀф вɪɛɪʀd, ɣɟɪ ɟрɪʀф ə ɪфɔ, фωɟъ ɵɭ ʀɣʀф ɕʀɕɔʀъɪв фɟd рɛɭd ɪɷ вфıи ʀвώɪ ɣ dʀ6ɵфd ıрɟωɪ ωɪɣ Ƥɟфо, ɣɟɪ "Ͻоϭʀв вɟd, Ɣʀв вɛʀʟ ɣ Ɩɵфd, Ƥвώɪ ɔıdъɵɪ ωɪɭ Ф ώо ώɪ ıъɪɷ ɣ ɔıdвɪ ʀв Ɖɕɪɪ: ɟъd ɵɭ ɣ рʀфвɪ-вɵфъ ıъ ɣ ɭɟъd ʀв Ɖɕɪɪ bɟɭ dɵ, рфıɔ ɣ рʀфвɪ-вɵфъ ʀв Ƥɟфо ɣɟɪ вıɪʀʟ ʀɪвъ фıɛ ʟфоъ, əвʀъ ʀъɪɷ ɣ рʀфвɪ-вɵфъ ʀв ɣ ɔɛd-вʀфвʀъɪ ɣɟɪ ıɛ вʀфɵъd ɣ ɔıɭ; ɟъd ɵɭ ɣ рʀфвɪ-вɵфъ ʀв вəвɪв. Ɨъd ɣɟф bɟɭ в ə ώфɛɪ ωфɵ ʟфɷώɪ ɵɭ ɣ ɭɟъd ʀв Ɖɕɪɪ, вʀc ɟ6 ɣɟф ωʀ6 ъʀъ ɭɵω ıɪ, ъɵф bɟɭ в ɭɵω ıɪ ɟъə ɔɵф. Ƹʀɪ ʀώɟъвɪ ɟъə ʀв ɣ cɥldфʀъ ʀв Ɨ6фʀɭ bɟɭ ъəɪ ə dɷώ ɔɷв фıɛ ɪʀи, ʀώɟъвɪ ɔɟъ ɵф вəвɪ: ɣɟɪ ɣə ɔɛ ъо фώ ɣɟɪ ɣ Ɩɵфd dʀʟ ɪɥɪ ə dɪрʀфʀъɕв вʀɪωəъ ɣ Ɖɕɪɪbʀъ6 ɟъd Ɨ6фʀɭ."—Ɑœвıdʀв 11:4–7.

Ɣ ъɟωвɪ cɟɪɪʀф ώıв6 ɣ фıвɪʀфə ʀв ɣ рɕɭрɪɭɔʀъɪ ʀв ɣıв ʟфɟɪʀъd ɕʀɕɔʀъɪ ɟъd ɣ фʀ6ʀɭɪв ɣɟɪ рɭod ɣɟфрфıɔ. Ɨɪ ıɛ фʀωɵфdʀd:

"Ɨъd ɣ Ɩɵфd вɪɛω ʀъɪɷ Ͻоϭʀв ɟъd Ɑфʀъ ıъ ɣ ɭɟъd ʀв Ɖɕɪɪ, вɛıи, Ɣıв ɔʀъʟ bɟɭ в ʀъɪɷ ɣɷ ɣ вʀώıъи ʀв ɔʀъʟв; ıɪ bɟɭ в ɣ рʀфвɪ ɔʀъʟ ʀв ɣ ɣıф ɪɷ ɣɷ. Ƹɪəω ɣə ʀъɪɷ ɵɭ ɣ ωəıώфʀώɛbʀъ ʀв Ɨ6фʀɭ, вɛıи, Ɨъ ɣ ɪɟъʟ dɛ ʀв ɣıв ɔʀъʟ ɣɛ bɟɭ ɪɛω ɪɷ ɣɟɔ ɹвφɵ ɔɹɴ ɵ ʅɹɔ ʀωɵφdɪи ʅɷ ɣ φɵ̂в ʀв ɣɹɹφ ϸɵɣʀφ6, ɵ ʅɹɔ ϸɵφ ɹɴ φɵ̂в: ɹɴd ɪp ɣ φɵ̂вφoʅd в ʅɷ ʅɪʅʀʅ ϸɵφ ɣ ʅɹɔ, ʅɹʅ φɪɔ ɹɴd φɪ6 ɴɛвʀφ ɴɹωв ʀɴʅɷ φɪ6 φɵ̂в ʅɛω ɪʅ ʀωɵφdɪи ʅɷ ɣ ɴʀɔвʀφ ʀв ɣ вoʅ6: ɹвφɵ ɔɹɴ ʀωɵφdɪи ʅɷ φɪ6 ɵʅɪи bɹʅ ɔɛω ɤɵφ ωɵ̂ɴʅ ϸɵφ ɣ ʅɹɔ. Ɣɵφ ʅɹɔ bɹʅ в ωɪʟɵ̂ʅ вʅɹɔɪb, ɵ ɔɛʅ ʀв ɣ ϸʀφвʅ ɤɪφ: ɤɵ bɹʅ ʅɛω ɪʅ ɵ̇ʅ ϸφʀɔ ɣ bɵɪ ɵφ ϸφʀɔ ɣ ɵ̇ɔʅв: ɹɴd ɤɵ bɹʅ ωɵɪ ɪʅ ʀɪ ʀɴʅɪʅ ɣ ϸɵφʅɵɴʟ dɛ ʀв ɣ вɛɔ ɔʀɴʟ: ɹɴd ɣ φɵʅ ʀвɹɔвʅɵ ʀв ɣ ωɵиɵ̇φʀɵ̇ɛbʀɴ ʀв Ɨɛφʀʅ bɹʅ ωɪʅ ɪʅ ɪɴ ɣ əвɴɪи. ɹɴd ɣɛ bɹʅ ʅɛω ʀв ɣ вʅʀd, ɹɴd вʅφφω ɪʅ ɵɴ ɣ ʅɷ вɵ̂ɵ-ɩɷвʅв, ɹɴd ɵɴ ɣ ʀɪʀφ dɵφ-ɩɷвʅ ʀв ɣ φɵ̂вʀ6, φωɹφɪɴ ɣɛ bɹʅ əʅ ɪʅ. ɹɴd ɣɛ bɹʅ əʅ ɣ ϸʅɹb ɪɴ ɣɹʅ ɴɵ̂ʅ, φɵвʅ ωɪɣ ϸɵ̂φ, ɹɴd ʀɴʅɹвʀɴd вφɹd; ɹɴd ωɪɣ вɪʅʀφ ʀφв6 ɣɛ bɹʅ əʅ ɪʅ."—Ꮭωвʀdʀв 12:1–8.

"ɹɴd ɣʀв bɹʅ ɤɵ əʅ ɪʅ; ωɪɣ ɤɵφ ʅoɪɴ6 ɵ̇ʀφdʀd ɤɵφ bɵ6 ɵɴ ɤɵφ ϸəʅ, ɹɴd ɤɵφ вʅɹp ɪɴ ɤɵφ φɹɴd: ɹɴd ɤɵ bɹʅ əʅ ɪʅ ɪɴ φɛвʅ; ɪʅ ɪ6 ɣ Ʃɵφd'6 ɩɹвɵвʀφ. Ƥɵφ Ф ωɪʅ ɩɹв ʟφɷ ɣ ʅɹɴd ʀв Ɗɕɪɪʅ ɣɪв ɴɵ̂ʅ, ɹɴd ωɪʅ вɵ̂ʅ ɵʅ ɣ ϸʀφвʅ-вɵφɴ ɪɴ ɣ ʅɹɴd ʀв Ɗɕɪɪʅ, вɵʅ ɔɹɴ ɹɴd вɵвʅ: ɹɴd ʀɵ̇ɹɴвʅ ɵʅ ɣ ɵ̇ɵd6 ʀв Ɗɕɪɪʅ Ф ωɪʅ ɹωвʀωɤɵʅ ɕʀɕɔʀɴʅ: Ф ɹɔ ɣ Ʃɵφd. ɹɴd ɣ вʅʀd bɹʅ в ʅɷ ɤɵ ϸɵφ ɵ ʅɵωʀɴ ʀɩɵɴ ɣ φɵ̂вʀ6 φωɹφ ɤɵ ɵφ: ɹɴd φωɹɴ Ф вɵ ɣ вʅʀd, Ф ωɪʅ ɩɹв ɵвʀφ ɤɷ, ɹɴd ɣ ʅʅɛɵ̇ bɹʅ ɴɵʅ в ʀɩɵɴ ɤɷ ʅɷ dʀвʅφoɪ ɤɷ, φωɹɴ Ф вɵ̂ʅ ɣ ʅɹɴd ʀв Ɗɕɪɪʅ. ɹɴd ɣɪв dɛ bɹʅ в ʀɴʅɷ ɤɷ ϸɵφ ɵ ɔʀɔɵφəʀʅ; ɹɴd ɤɵ bɹʅ ωɵɪ ɪʅ ɵ ϸəвʅ ʅɷ ɣ Ʃɵφd ʟφɵ̂ɵʅ ɤɵφ ɕɹɪʀφɛbʀɴ6: ɤɵ bɹʅ ωɵɪ ɪʅ ɵ ϸəвʅ вɵ ɹɴ ɵφdɪɴʀɴв ϸɵφ ɹвʀφ."—Ꮭωвʀdʀв 12:11–14.

"Ɣɹɴ Ɔɵвʀв ωɵʅd ϸɵφ ɵʅ ɣ Ꮭʅdʀφ6 ʀв Ɨɛφʀʅ, ɹɴd вɹd ʀɴʅɷ ɣɹɔ, Ƌφɷ ɵ̇ʅ, ɹɴd ʅɛω ɤɷ ɵ ʅɹɔ, ʀωɵφdɪи ʅɷ ɤɵφ ϸɹɔʅə6, ɹɴd ωɪʅ ɣ ɩɹвɵвʀφ. ɹɴd ɤɵ bɹʅ ʅɛω ɵ вʀɴɕ ʀв φɪвʀɪ, ɹɴd dɪɪ ɪʅ ɪɴ ɣ вʅʀd ɣɹʅ ɪ6 ɪɴ ɣ вɛвɪɴ, ɹɴd вʅφφω ɣ ʅɪɴʅʀʅ ɹɴd ɣ ʅɷ вɵ̂ɵ-ɩɷвʅв ωɪɣ ɣ вʅʀd ɣɹʅ ɪ6 ɪɴ ɣ вɛвɪɴ: ɹɴd ɴʀɴ ʀв ɤɷ bɹʅ ɵ̇ɵ ɵ̇ʅ ɹʅ ɣ dɵφ ʀв φɪ6 φɵ̂в ʀɴʅɪʅ ɣ ɔɵφɴɪи. Ƥɵφ ɣ Ʃɵφd ωɪʅ ɩɹв ʟφɷ ʅɷ вɵ̂ʅ ɣ Ɗɕɪɪbʀɴ6; ɹɴd φωɹɴ φɵ вɵʀʟ ɣ вʅʀd ʀɩɵɴ ɣ ʅɪɴʅʀʅ, ɹɴd ɵɴ ɣ ʅɷ вɵ̂ɵ-ɩɷвʅв, ɣ Ʃɵφd ωɪʅ ɩɹв ɵвʀφ ɣ dɵφ, ɹɴd ωɪʅ ɴɵʅ вʀϸʀφ ɣ dʀвʅφoɪʀφ ʅɷ ωʀɔ ɪɴ ʀɴʅɷ ɤɵφ φɵ̂вʀ6 ʅɷ вɵ̂ʅ ɤɷ. ɹɴd ɤɵ bɹʅ ʀвɵвʀφв ɣɪв ʟɪи ϸɵφ ɹɴ ɵφdɪɴʀɴв ʅɷ ɣ ɹɴd ʅɷ ɣɵ̂ вʀɴ6 ϸɵφ ɹвʀφ."—Ꮭωвʀdʀв 12:21–24.

"ɹɴd ɣ ɕɪʅdφʀɴ ʀв Ɨɛφʀʅ ωɹɴʅ ʀωɛ, ɹɴd dɪd ɹ6 ɣ Ʃɵφd φɹd ωʀɔɹɴdʀd Ɔɵвʀв ɹɴd Ꮭφʀɴ, вɵ dɪd ɣɛ. ɹɴd ɪʅ ωɛɔ ʅɷ ɩɹв, ɣɹʅ ɹʅ ɔɪdɴɵ̂ʅ ɣ Ʃɵφd вɔɵʅ ɵʅ ɣ ϸʀφвʅ-вɵφɴ ɪɴ ɣ ʅɹɴd ʀв Ɗɕɪɪʅ, ϸφʀɔ ɣ ϸʀφвʅ-вɵφɴ ʀв Ƥɹφɵ ɣɹʅ вɹʅ ɵɴ φɪ6 ʟφɵɴ, ʀɴʅɷ ɣ ϸʀφвʅ-вɵφɴ ꝛв ɣ ωⅎτ]ɪв ɣⅎ] ωꝛϭ ɪɴ ɣ dꝛɴϛꝛɴ; ⅎɴd ɵl ɣ ϸꝛфв]-ɑɵфɴ ꝛв ωⅎ]ꝛl. Ⅎɴd Ϸⅎфо фоϭ ꝛт ɪɴ ɣ ɴфl, фə, ⅎɴd ɵl фɪϭ вꝛфвꝛɴ]в, ⅎɴd ɵl ɣ ϑϛⅎτbꝛɴϭ; ⅎɴd ɣⅎф ωꝛϭ ə ώфε] ωфф ɪɴ ϑϛⅎτ]: ϸɵф ɣⅎф ωꝛϭ ɴə] ə фө̇в фωⅎф ɣⅎф ωꝛϭ ɴə] ωꝛɴ dⅎd. Ⅎɴd фə ωɵ[d ϸɵф Ͻоϭꝛв ⅎɴd Ⅎфꝛɴ вф ɴфl, ⅎɴd вⅎd, Ффϭ ꝛт, ⅎɴd ώⅎ] ꟽɷ ϸɵфʟ ϸфꝛɔ ꝛɔꝛи ɔф ⅂ɘτꝛl, вoʟ ꟽə ⅎɴd ɣ сɪ[dфꝛɴ ꝛв Ɨϭфꝛl: ⅎɴd ώо, вꝛфв ɣ [ɵфd, ⅎϭ ꟽə фⅎв вⅎd. Ɵ[во ]εω ꟽɵф ϸ[ɵωв ⅎɴd ꟽɵф фꝛфdϭ, ⅎϭ ꟽə фⅎв вⅎd, ⅎɴd в ώɵɴ: ⅎɴd в[ⅎв ɔə ɵ[во. Ⅎɴd ɣ ϑϛⅎτbꝛɴϭ ωꝛф ꝛфϛꝛɴ] ꝛτəɴ ɣ ⅂ɘτꝛl, ɣⅎ] ɣε ɔф] вⅎɴd ɣⅎɔ ө̇] ꝛв ɣ [ⅎɴd ɪɴ фεв]; ϸɵф ɣε вⅎd, Ѡə в ɵl dⅎd ɔⅎɴ."—Ⅎωвꝛdꝛв 12:28–33.

Ɨ] ɪϭ ϸꝛфɣꝛф вⅎd: "Ⅎɴd ɪ] bⅎl в фωⅎɴ ɣф вꝛɴ ⅎвωꝛʟ ɣ ɪɴ ]фɔ ]ɷ ωꝛɔ, вεɪи, Фωꝛ] ɪϭ ɣɪв? ɣⅎ] ɣө̇ bⅎ[] вε ꝛɴ]ɷ фɪɔ, Вф в]фⅎиωʟ ꝛв фⅎɴd ɣ [ɵфd вфɵ] ꝛв ө̇] ϸфꝛɔ ϑϛⅎτ], ϸфꝛɔ ɣ фө̇в ꝛв вəɴdꝛϛ; ⅎɴd ɪ] ωεɔ ]ɷ ⅂ⅎв, фωⅎɴ Ϸⅎфо ωqd фəфd[ə [ⅎ] ꝛв ώо, ɣⅎ] ɣ [ɵфd в[ɷ ɵl ɣ ϸꝛфв]-ɑɵфɴ ɪɴ ɣ [ⅎɴd ꝛв ϑϛⅎτ], вoʟ ɣ ϸꝛфв]-ɑɵфɴ ꝛв ɔⅎɴ, ⅎɴd ɣ ϸꝛфв]-ɑɵфɴ ꝛв вəв]в; ɣⅎфϸɵф Ф вⅎωфɪϸфв ]ɷ ɣ [ɵфd ɵl ɣⅎ] оτꝛɴʟ ɣ ɔε]фɪωв, вəи ɔε[ϭ; вꝛ] ɵl ɣ ϸꝛфв]-ɑɵфɴ ꝛв ɔф сɪ[dфꝛɴ Ф фꝛdəɔ."—Ⅎωвꝛdꝛв 13:14, 15.

Ϸфꝛɔ ɣ ꝛвꝛв ωωо]εbꝛɴϭ, ꝛɔꝛив] ꝛɣꝛф ɪɔτɵф]ꝛɴ] ɔⅎ]ꝛфϭ, ɪ] ꝛτɪфϭ, ɣⅎ] фωⅎɴ ɣ dꝛв]фоӥи ɛɴϛꝛl ⅂ⅎв] вф ɣ фө̇вꝛϭ ꝛв ɣ сɪ[dфꝛɴ ꝛв Ɨϭфꝛl фə ϸө̇ɴd ɣ в[ꝛd ꝛв ə [ⅎɔ в]фɪиωꝛ[d ɵɴ ɣ dɵф ⅂ов]; фωɪс ωꝛϭ ə ]фт ꝛв ɣ в[ꝛd ꝛв Ѡффв], ɣ [ⅎɔ ꝛв Ѡəd. Ɣ ɛɴϛꝛl фɷ ωꝛϭ ɣ ɪώϭⅎωꟽꝛ]ꝛф ꝛв ϛꝛв]ɪв ωqd ɴə] ]ꝛс ɣоϭ фɷ ωꝛф ]фꝛ]ⅎω]ⅎd вф ɣⅎ] вεωфꝛd вɪɔвꝛl; вꝛωꝛϭ ɣⅎ] ]фəрɪώꟽꝛфd ɣ вⅎωфɪϸфв ꝛв ɣ Ѳꝛɴ ꝛв Ѡəd, фωɪс ωꝛϭ ]фꝛвффdꝛd ⅎ] ɣ вꝛώɴɴи ꝛв ωфəεbꝛɴ ϸɵф ɣ фꝛdⅎɔ]bꝛɴ ꝛв ɣ фꟽωɔꝛɴ ϸⅎɔ]ə, ⅎɴd фωɪс ωꝛϭ в]фɪω]l[ə ɪɴ ꝛωɵфdꝛɴв ωɪɣ ]фꝛвɪвꝛϭ ɣⅎɴ ɔεd вф ɣ Ɵ[ɔф]ə ϸɵф ɣⅎ] ]ꝛф]ꝛв—"ɣ [ⅎɔ в[εɴ ϸфꝛɔ вꝛϸɵф ɣ ϸө̇ɴdεbꝛɴ ꝛв ɣ ωꝛф[d"—ⅎɴd ꝛωвⅎ]]ꝛd ɪɴ ϸq] ⅎϭ ⅎɴ ꝛ]оɴɔꝛɴ] ϸɵф ɣ ]фⅎɴϭώфⅎbꝛɴϭ ꝛв ɔⅎɴωфɴd, ꝛωɵфdɪи ]ɷ ɣ фꝛωфффɔꝛɴ]в ꝛв ə]ꝛфɴꝛl ϛꝛв]ɪв ⅎɴd ꝛώфəd ]ɷ вф ɣ Ѳεвꟽꝛф ⅎɴd Фɪϭ Ϸəɣꝛф. Ə ]фə]ꝛɪвɪbꝛɴ ɪϭ ɔεd ]ɷ ɔə] ɣ фꝛωфффɔꝛɴ]в ꝛв ϛꝛв]ɪв, фωɪс ]фꝛ]оϭꝛl ɪϭ ꝛωвⅎ]]ꝛd вф ɣ ωəɴ]фⅎω]ɪи ⅂əф]əϭ, ɵl ɣəϭ ωəɴ]фⅎω]ɪи ⅂əф]əϭ вəи вⅎ]ɪвꝛфd ωɪɣ ɣ ꝛфεɴϛɔꝛɴ] ɣꝛв ɔεd. Фⅎɴв ɪ] ɪϭ вⅎd вф ωꝛɴ ꝛв ɣ ]фəрꝛ]в: "Ɣⅎɴ фə ɪϭ ώфεbꝛв ꝛɴ]ɷ фɪɔ, ⅎɴd вεꝛʟ, Ԁꝛ[ɪвꝛф фɪɔ ϸфꝛɔ ώоɪи dө̇ɴ ]ɷ ɣ ⅂ɪ]: Ф фⅎв ϸө̇ɴd ə фⅎɴвꝛɔ."—Ϛов 33:24.

Ⅎɴd ϸꝛфɣꝛф: "Ɣⅎфϸɵф ɣ фꝛdəɔd ꝛв ɣ [ɵфd bⅎl фꝛ]ꝛфɴ,

𐐰𐑌𐐼 𐐿𐐲𐑋 𐐶𐐮𐑄 𐑅𐐮𐑍𐐮𐑍 𐐲𐑌𐐻𐐭 𐐞𐐴𐐲𐑌; 𐐰𐑌𐐼 𐐯𐑂𐐲𐑉𐑊𐐰𐑅𐐻𐐮𐑍 𐐾𐑎 𐑇𐐰𐑊 𐐺 𐐲𐐹𐐱𐑌 𐑄𐐩𐑉 𐐸𐐯𐐼: 𐑄𐐩 𐑇𐐰𐑊 𐐲𐐺𐐻𐐩𐑌 𐑀𐑊𐐰𐐼𐑌𐐯𐑅 𐐰𐑌𐐼 𐐾𐑎; 𐐰𐑌𐐼 𐑅𐐱𐑉𐐬 𐐰𐑌𐐼 𐑋𐐬𐑉𐑌𐐮𐑍 𐑇𐐰𐑊 𐑁𐑊𐐨 𐐲𐐶𐐩."—𐐌𐑆𐐩𐐲 51:11.

𐐐𐐭 𐐪𐑉 𐑄 𐑉𐐨𐐼𐐨𐑋𐐼, 𐐯𐐿𐑅𐐯𐐹𐐻 𐑄𐐬𐑆 𐐸𐐭 𐐸𐐰𐑂 𐐰𐐿𐑅𐐯𐐹𐐻𐐯𐐼 𐑄 𐐻𐐲𐑉𐑋𐑆 𐐲𐑂 𐑄 𐑉𐐰𐑌𐑅𐐲𐑋 𐑄𐐲𐑅 𐐹𐑉𐐬𐑂𐐴𐐼𐐯𐐼? 𐐜 𐑉𐐰𐑌𐑅𐐲𐑋 𐐺𐐨𐐮𐑍 𐐹𐑉𐐬𐑂𐐴𐐼𐐯𐐼 𐐰𐑌𐐼 𐐰𐐿𐑅𐐯𐐹𐐻𐐯𐐼, 𐑄 𐑉𐐨𐐿𐐶𐐴𐑉𐑋𐐯𐑌𐐻𐑅 𐐲𐑂 𐐾𐐲𐑅𐐻𐐮𐑅 𐐪𐑉 𐑋𐐯𐐻, 𐑁𐐫𐑉 𐑄𐐬𐑆 𐐿𐐱𐑌𐐻𐑉𐐰𐐿𐐻𐑅 𐐪𐑉 𐐹𐑉𐐬𐑂𐐴𐐼𐐯𐐼 𐐰𐑌𐐼 𐑅𐐰𐑍𐐿𐑇𐐲𐑌𐐼 𐐺𐐴 𐑄 𐑃𐑉𐐨 𐐿𐐱𐑌𐐻𐑉𐐰𐐿𐐻𐐮𐑍 𐐹𐐪𐑉𐐻𐐨𐑆 𐑄𐐰𐐻 𐐿𐐰𐑌 𐐺 𐑁𐐵𐑌𐐼 𐐮𐑌 𐑄 𐐸𐐯𐑂𐐲𐑌𐑆, 𐐰𐑌𐐼 𐑄 𐑅𐐻𐑉𐐫𐑍𐑀𐐯𐑅𐐻, 𐑋𐐬𐑅𐐻 𐐮𐑌𐐼𐐭𐐺𐐮𐐻𐐲𐐺𐑊 𐐰𐑌𐐼 𐐮𐑌𐑁𐐮𐑌𐐮𐐻 𐐲𐑇𐐳𐑉𐐲𐑌𐑅𐐯𐑆 𐐪𐑉 𐑀𐐮𐑂𐐲𐑌 𐑁𐐫𐑉 𐑄 𐑁𐐳𐑊𐑁𐐮𐑊𐑋𐐯𐑌𐐻 𐐲𐑂 𐑄𐐰𐐻 𐐿𐐱𐑌𐐻𐑉𐐰𐐿𐐻, 𐐰𐑌𐐼 𐐲𐑌𐐻𐐮𐑊 𐑄 𐐿𐐱𐑌𐐻𐑉𐐰𐐿𐐻 𐐮𐑆 𐑁𐐳𐑊𐑁𐐮𐑊𐐼 𐑄 𐑅𐐰𐐿𐑉𐐮𐑁𐐴𐑅𐐯𐑆 𐐪𐑉 𐐫𐑁𐐲𐑉𐐼 𐐰𐑆 𐐲 𐐻𐐬𐐿𐐲𐑌 𐐰𐑌𐐼 𐑉𐐯𐑋𐐯𐑋𐐺𐑉𐐲𐑌𐑅 𐐲𐑂 𐑄 𐐯𐑌𐑀𐐩𐐾𐑋𐐯𐑌𐐻𐑅 𐐰𐑌𐐼 𐐿𐐲𐑂𐐯𐑌𐐲𐑌𐐻𐑅 𐐯𐑌𐐻𐐲𐑉𐐼 𐐮𐑌𐐻𐐭 𐐘𐐱𐐼 𐑀𐐩𐑂 𐐲 𐐻𐐬𐐿𐐲𐑌 𐐻𐐭 𐐤𐐬𐐲, 𐐲𐑂 𐐲 𐑉𐐩𐑌𐐺𐐬, 𐐸𐐶𐐮𐐽 𐑇𐐳𐐼 𐐺 𐐲 𐑅𐐴𐑌 𐐺𐐯𐐻𐐶𐐨𐑌 𐐐𐐮𐑋 𐐰𐑌𐐼 𐑋𐐰𐑌𐐿𐐴𐑌𐐼 𐑄𐐰𐐻 𐐐𐐨 𐐶𐐳𐐼 𐑌𐐯𐑂𐐲𐑉𐑋𐐫𐑉 𐐼𐐯𐑅𐐻𐑉𐑎 𐑄 𐐲𐑉𐑃 𐐺𐐴 𐐶𐐫𐐻𐐲𐑉; 𐐐𐐨 𐐰𐐿𐑅𐐯𐐹𐐻𐐯𐐼 𐑄𐐨𐑆 𐑅𐐰𐐿𐑉𐐮𐑁𐐴𐑅𐐯𐑆 𐐰𐑆 𐐲 𐐻𐐬𐐿𐐲𐑌 𐐲𐑂 𐑄 𐐿𐐲𐑂𐐯𐑌𐐲𐑌𐐻 𐑄𐐰𐐻 𐑄 𐐣𐐯𐑅𐐴𐐲 𐑇𐐳𐐼 𐐿𐐲𐑋 𐐻𐐭 𐐻𐐩𐐿 𐐲𐐶𐐩 𐑅𐐮𐑌 𐐺𐐴 𐑄 𐑅𐐰𐐿𐑉𐐮𐑁𐐴𐑅 𐐲𐑂 𐐐𐐮𐑋𐑅𐐯𐑊𐑁, 𐐰𐑌𐐼 𐑄𐐲𐑅 𐑁𐐳𐑊𐑁𐐮𐑊 𐑄 𐐿𐐲𐑂𐐯𐑌𐐲𐑌𐐻, 𐐹𐐲𐑉𐐻𐐩𐑌𐐮𐑍 𐐻𐐭 𐑄𐐮𐑅 𐑋𐐰𐐻𐐲𐑉, 𐑋𐐩𐐼 𐐺𐐨𐑁𐐬𐑉 𐑄 𐐶𐐲𐑉𐑊𐐼 𐐶𐐱𐑆.

𐐈𐑌𐐼 𐐲𐑀𐐯𐑌 𐑄𐐰𐐻 𐐶𐐱𐑆 𐐲𐑌𐐲𐑄𐐲𐑉 𐐻𐐬𐐿𐐲𐑌, 𐐸𐐶𐐮𐐽 𐐶𐐱𐑆 𐑀𐐮𐑂𐐲𐑌 𐐻𐐭 𐐈𐐼𐐲𐑋 𐐺𐐴 𐐰𐑌 𐐩𐑌𐐾𐐲𐑊. 𐐜𐐮𐑅 𐐸𐐬𐑊𐐨 𐑋𐐯𐑅𐐲𐑌𐐾𐐲𐑉 𐑅𐐯𐐼 𐐻𐐭 𐐵𐑉 𐑀𐑉𐐩𐐻 𐑁𐐪𐑄𐐲𐑉, "𐐏𐐨 𐑇𐐰𐑊 𐐼𐐭 𐐫𐑊 𐑄𐐰𐐻 𐐷𐐨 𐐼𐐭 𐐮𐑌 𐑄 𐑌𐐩𐑋 𐐲𐑂 𐑄 𐐝𐐲𐑌. 𐐈𐑌𐐼 𐐷𐐨 𐑇𐐰𐑊 𐑉𐐨𐐹𐐯𐑌𐐻, 𐐰𐑌𐐼 𐐿𐐫𐑊 𐐲𐐹𐐱𐑌 𐐘𐐱𐐼, 𐐮𐑌 𐑄 𐑌𐐩𐑋 𐐲𐑂 𐑄 𐐝𐐲𐑌 𐑁𐐫𐑉𐐯𐑂𐐲𐑉𐑋𐐫𐑉." (𐐑𐐲𐑉𐑊 𐐲𐑂 𐐘𐑉𐐩𐐻 𐐑𐑉𐐴𐑅.) 𐐙𐐫𐑉, 𐐰𐑆 𐐯𐐿𐑅𐐹𐑉𐐯𐑅𐐻 𐐮𐑌 𐑄 𐐤𐐭 𐐓𐐯𐑅𐐻𐐲𐑋𐐯𐑌𐐻, "𐑄𐐩𐑉 𐐮𐑆 𐑌𐐲𐑌 𐐲𐑄𐐲𐑉 𐑌𐐩𐑋 𐐲𐑌𐐼𐐲𐑉 𐐸𐐯𐑂𐐲𐑌 𐑀𐐮𐑂𐐲𐑌 𐐲𐑋𐐲𐑍 𐑋𐐯𐑌, 𐐸𐐶𐐩𐑉𐐺𐐴 𐐶𐐨 𐑋𐐲𐑅𐐻 𐐺 𐑅𐐩𐑂𐐼." (𐐈𐐿𐐻𐑅 4:12.) 𐐉𐑉, 𐐻𐐭 𐐿𐐶𐐬𐐻 𐑁𐑉𐐲𐑋 𐑄 𐐒𐐳𐐿 𐐲𐑂 𐐣𐐫𐑉𐑋𐐲𐑌, "𐐜𐐩𐑉 𐑇𐐰𐑊 𐐺 𐑌𐐬 𐐲𐑄𐐲𐑉 𐑌𐐩𐑋 𐑀𐐮𐑂𐐲𐑌, 𐑌𐐫𐑉 𐐯𐑌𐐨 𐐲𐑄𐐲𐑉 𐐶𐐩 𐑌𐐫𐑉 𐑋𐐨𐑌𐑆 𐐸𐐶𐐩𐑉𐐺𐐴 𐑅𐐰𐑊𐑂𐐩𐑇𐐲𐑌 𐐿𐐰𐑌 𐐿𐐲𐑋 𐐲𐑌𐐻𐐭 𐑄 𐐽𐐮𐑊𐐼𐑉𐐯𐑌 𐐲𐑂 𐑋𐐯𐑌, 𐐬𐑌𐑊𐐨 𐐮𐑌 𐐰𐑌𐐼 𐑃𐑉𐐭 𐑄 𐑌𐐩𐑋 𐐲𐑂 𐐗𐑉𐐴𐑅𐐻, 𐑄 𐐢𐐫𐑉𐐼 𐐉𐑋𐑌𐐮𐐹𐐬𐐻𐐯𐑌𐐻." 𐐈𐑌𐐼 𐑁𐐲𐑉𐑄𐐲𐑉𐑋𐐫𐑉, 𐑄𐐰𐐻 𐑌𐐩𐑋, 𐐫𐑉 𐐻𐐬𐐿𐐲𐑌, 𐐶𐐮𐑊 𐐿𐐲𐑌𐐻𐐮𐑌𐑏 𐐻𐐭 𐐺 𐑀𐐮𐑂𐐲𐑌 𐐲𐑌𐐻𐐮𐑊 𐑄 𐐝𐐿𐑉𐐮𐐹𐐽𐐲𐑉 𐐮𐑆 𐑁𐐳𐑊𐑁𐐮𐑊𐐼 𐐸𐐶𐐮𐐽 𐑅𐐯𐑆: "𐐐𐐶𐐩𐑉𐑁𐐫𐑉 𐐘𐐱𐐼 𐐫𐑊𐑅𐐬 𐐸𐐰𐑃 𐐸𐐴𐑊𐐨 𐐯𐑀𐑆𐐫𐑊𐐻𐐯𐐼 𐐸𐐮𐑋, 𐐰𐑌𐐼 𐑀𐐮𐑂𐐲𐑌 𐐸𐐮𐑋 𐐲 𐑌𐐩𐑋 𐐸𐐶𐐮𐐽 𐐮𐑆 𐐲𐐺𐐲𐑂 𐐯𐑂𐐲𐑉𐐨 𐑌𐐩𐑋: 𐑄𐐰𐐻 𐐰𐐻 𐑄 𐑌𐐩𐑋 𐐲𐑂 𐐖𐐨𐑆𐐲𐑅 𐐯𐑂𐐲𐑉𐐨 𐑌𐐨 𐑇𐐳𐐼 𐐺𐐵, 𐐲𐑂 𐑃𐐮𐑍𐑆 𐐮𐑌 𐐸𐐯𐑂𐐲𐑌, 𐐰𐑌𐐼 𐑃𐐮𐑍𐑆 𐐮𐑌 𐐲𐑉𐑃, 𐐰𐑌𐐼 𐑃𐐮𐑍𐑆 𐐲𐑌𐐼𐐲𐑉 𐑄 𐐲𐑉𐑃; 𐐰𐑌𐐼 𐑄𐐰𐐻 𐐯𐑂𐐲𐑉𐐨 𐐻𐐲𐑍 𐑇𐐳𐐼 𐐿𐐲𐑌𐑁𐐯𐑅 𐑄𐐰𐐻 𐐖𐐨𐑆𐐲𐑅 𐐗𐑉𐐴𐑅𐐻 𐐮𐑆 𐐢𐐫𐑉𐐼, 𐐻𐐭 𐑄 𐑀𐑊𐐬𐑉𐐨 𐐲𐑂 𐐘𐐱𐐼 𐑄 𐐙𐐪𐑄𐐲𐑉."—𐐙𐐮𐑊𐐮𐐹𐐨𐐲𐑌𐑆 2:9–11.

𐐊𐑀𐐯𐑌, 𐑄 𐐢𐐫𐑉𐐼, 𐑃𐑉𐐭 𐑄 𐑅𐐹𐑉𐐮𐑍𐐿𐑊𐐮𐑍 𐐲𐑂 𐑄 𐐺𐑊𐐲𐐼 𐐲𐑂 𐐲 𐑊𐐰𐑋 𐐱𐑌 𐑄 𐐼𐐬𐑉-𐐹𐐬𐑅𐐻𐑅 𐐲𐑂 𐑄 𐐆𐑆𐑉𐐨𐐲𐑊𐐴𐐻𐑅, 𐐸𐐰𐑂𐐮𐑍 𐑅𐐩𐑂𐐼 𐑄 𐑊𐐴𐑂𐑆 𐐲𐑂 𐐫𐑊 𐑄 𐑁𐐲𐑉𐑅𐐻-𐐺𐐫𐑉𐑌 𐐲𐑂 𐐆𐑆𐑉𐐨𐐲𐑊, 𐑋𐐩𐐼 𐐲 𐐿𐑊𐐩𐑋 𐐲𐐹𐐱𐑌 𐑄𐐯𐑋 𐑁𐐫𐑉 𐑄𐐩𐑉 𐑅𐐲𐑉𐑂𐐮𐑅𐐯𐑆 𐐮𐑌 𐐐𐐮𐑆 𐐿𐐫𐑆. 𐐆𐐻 𐐮𐑆 𐑉𐐮𐐻𐐲𐑌:

“Ɉᛋd Ф, вrφoɭd, Ф φɅв ꞁεωrᛋ ɣ ɭəвфꞁв ρфrɔ rɔrи ɣ cɨɭdфrᛋ rв Ɨбфrɭ ᛋвꞁɅd rв ѳɭ ɣ ρrфвꞁ-вoфᛋ ɣɅꞁ oɪrᛋrʟ ɣ ɔεꞁфɨω rɔrи ɣ cɨɭdфrᛋ rв Ɨбфrɭ; ɣɅфρoф ɣ ɭəвфꞁв bɅɭ в ɔфᛋ; вrωrб ѳɭ ɣ ρrфвꞁ-вoфᛋ ɵф ɔфᛋ; ρoф ѳᛋ ɣ dε ɣɅꞁ Ф вɔoꞁ ѳɭ ɣ ρrфвꞁ-вoфᛋ ɨᛋ ɣ ɭɅᛋd rв ðçɨꞁ Ф φɅɭod rᛋꞁɷ ɔə ѳɭ ɣ ρrфвꞁ-вoфᛋ ɨᛋ Ɨбфrɭ, вoʟ ɔɅᛋ ɅᛋD вəвꞁ; ɔфᛋ ɣε bɅɭ в: Ф ɅɔɣLoфd.”—ᛋrɔвrфб 3:12, 13.

Вrꞁ ɣ ρrфвꞁ-вoфᛋ rв ɣ ðçɨɪbrᛋб, ρoф φoɔ ᛋo ɭɅɔ Ʌб ɵ ꞁoωrᛋ rв ɣ ꞁфoɪɨbəεbrᛋ ωrб ѳρrфd, ωrф drвꞁфoɨd. Ɨꞁ ωrб ʟфɷ ɣ ꞁфoɪɨbəεbrᛋ Ʌᛋd rꞁoᛋɔrᛋꞁ rꞁoᛋ ɣɅꞁ ɣ Ɨбфrɭфꞁв ωrф вεвd, Ʌᛋd, rᛋdrф ɣ вrфωrɔвꞁɅᛋвrб ɣε ɔrвꞁ φɅв ꞁɅфɨbꞁ ωɨɣ ɣ ðçɨɪbrᛋб, φɷ ωrф dɷɔd, φɅd ɨꞁ ᛋвꞁ вɨᛋ ρoф ɣ ωвᛋꞁrɔꞁɭεꞁrd rꞁoᛋɔrᛋꞁ Ʌᛋd ꞁфoɪɨbəεbrᛋ rв Ωффвꞁ, rв φωɨc ɣɨв ωrб ɵ ρɨώrф.

ФɅᛋв ɣ ɭoфd ωɭεɔd ɣoб ɣɅꞁ Фə вεвd Ʌб ффcrвɭɵ вrɭoиɨи ꞁɷ Фɨɔ, Ʌᛋd ωɭεɔɨи ɣɅɔ Ʌб Фɨб Фə drɔɅᛋdrd ɣɅф вrфвɨвrб; вrꞁ Ʌρꞁrфωrфdб, Ʌб boᛋ ɨᛋ ɣ rвrв ωωoꞁεbrᛋ, Фə rωвɅꞁꞁrd ɣ ꞁффв rв ɭəвф ɨᛋ ɭɷ rв ɣ ρrфвꞁ-вoфᛋ rв Ɨбфrɭ; Ʌᛋd Ʌб ɣɅф ωrф ɔəф rв ɣ ρrфвꞁ-вoфᛋ ɣɅᛋ ɣɅф ωrф rв ɣ ɭəвфꞁв, ɣ вɅꞁrᛋв φɅd ꞁɷ в фrdəɔd ωɨɣ ɔrᛋə, φωɨc ωrб ώɨвrᛋ ꞁɷ Ɉфrᛋ, Ʌб ɣ ώфεꞁ Фф ꞁфəвꞁ Ʌᛋd фɅꞁфrбɅᛋꞁrꞁɨв rв ɣ Ρфəᛋɨω ꞁфəвꞁфqd, фə вəɨи ѳɭвo ɵ ɭəвфꞁ. (Вə ᛋrɔвrфб 3:50, 51.)

# 𐐕𐐰𐐹𐐻𐐲𐑉 XIV

*𐐐𐐮𐑅𐐻𐐲𐑉𐐨 𐐲𐑂 𐐝𐐰𐐿𐑉𐐮𐑁𐐴𐑅𐐲𐑆 𐐰𐑌𐐼 𐑄 𐐢𐐫 𐐲𐑂 𐐣𐐬𐑆𐐲𐑅 𐐲𐑋𐐲𐑍 𐑄 𐐤𐐨𐑁𐐴𐐻𐑅—𐐡𐐯𐑁𐑉𐐲𐑌𐑅𐐲𐑆 𐐻𐐭 𐑄 𐐒𐐳𐐿𐑅 𐐲𐑂 𐐤𐐨𐑁𐐴, 𐐖𐐩𐐿𐐲𐐺, 𐐣𐐬𐑆𐐴𐐲 𐐰𐑌𐐼 𐐈𐑊𐑋𐐲—𐐜 𐐓𐐯𐑅𐐻𐐮𐑋𐐬𐑌𐐨 𐐲𐑂 𐐖𐐨𐑆𐐲𐑅 𐑉𐐲𐑀𐐪𐑉𐐼𐐮𐑍 𐑄 𐐢𐐫 𐐲𐑂 𐐣𐐬𐑆𐐲𐑅.*

𐐙𐑉𐐲𐑋 𐑄 𐐒𐐴𐐺𐐲𐑊 𐐶𐐨 𐐻𐐲𐑉𐑌 𐐻𐐭 𐑄 𐐒𐐳𐐿 𐐲𐑂 𐐣𐐬𐑉𐑋𐐲𐑌, 𐐶𐐮𐑄 𐐪 𐑂𐐷𐐭 𐐻𐐭 𐐼𐐮𐑅𐐿𐐲𐑂𐐲𐑉 𐐻𐐭 𐐸𐐶𐐲𐐻 𐐮𐐿𐑅𐐻𐐯𐑌𐐻 𐑄 𐑊𐐫 𐐲𐑂 𐑅𐐰𐐿𐑉𐐮𐑁𐐴𐑅, 𐐰𐑆 𐐪 𐐻𐐴𐐹 𐐲𐑂 𐑄 𐐫𐑁𐐲𐑉𐐮𐑍 𐐲𐐹 𐐲𐑂 𐑄 𐐹𐑉𐐪𐑋𐐮𐑅𐐻 𐐣𐐲𐑅𐐴𐐲, 𐐶𐐲𐑆 𐐲𐐺𐑆𐐲𐑉𐑂𐐼 𐐲𐑋𐐲𐑍 𐑄𐐰𐐻 𐐺𐑉𐐰𐑌𐐽 𐐲𐑂 𐑄 𐐸𐐵𐑅 𐐲𐑂 𐐆𐑆𐑉𐐲𐑊 𐐸𐐶𐐮𐐽 𐐘𐐪𐐼 𐐹𐑊𐐰𐑌𐐻𐐲𐐼 𐐪𐑌 𐑄𐐮𐑅 𐐿𐐪𐑌𐐻𐐮𐑌𐐲𐑌𐐻. 𐐆𐑌 𐐹𐐲𐑉𐐭𐑆𐐮𐑍 𐑄 𐐹𐐩𐐾𐐲𐑆 𐐲𐑂 𐑄𐐮𐑅 𐑅𐐩𐐿𐑉𐐲𐐼 𐑉𐐯𐐿𐐲𐑉𐐼, 𐐶𐐨 𐑇𐐰𐑊 𐑁𐐴𐑌𐐼 𐑅𐐯𐑂𐐲𐑉𐐲𐑊 𐐮𐑋𐐹𐐫𐑉𐐻𐐲𐑌𐐻 𐑁𐐰𐐿𐐻𐑅 𐐰𐑌𐐼 𐐴𐐼𐐨𐐲𐑆, 𐐮𐑌 𐐿𐐲𐑌𐐯𐐿𐑇𐐲𐑌 𐐶𐐮𐑄 𐑄𐐮𐑅 𐑅𐐲𐐺𐐾𐐯𐐿𐐻, 𐐹𐑉𐐲𐑆𐐯𐑌𐐻𐐲𐐼 𐑂𐐯𐑉𐐨 𐐹𐑉𐐪𐑋𐐲𐑌𐐲𐑌𐐻𐑊𐐨 𐐺𐐴 𐑄 𐐩𐑌𐐽𐐲𐑌𐐻 𐐤𐐨𐑁𐐴𐐻 𐐸𐐮𐑅𐐻𐐫𐑉𐐨𐐲𐑌𐑆: 𐐲𐑋𐐲𐑍 𐑄𐐯𐑋—

𐐙𐐲𐑉𐑅𐐻, 𐑄𐐰𐐻 𐑄 𐑊𐐫 𐐲𐑂 𐐣𐐬𐑆𐐲𐑅, 𐐶𐐮𐑄 𐐫𐑊 𐐮𐐻𐑅 𐑉𐐴𐐻𐑅, 𐐫𐑉𐐼𐐮𐑌𐐲𐑌𐑅𐐲𐑆, 𐐰𐑌𐐼 𐑅𐐰𐐿𐑉𐐮𐑁𐐴𐑅𐐲𐑆, 𐐶𐐲𐑆 𐑅𐐻𐑉𐐮𐐿𐐻𐑊𐐨 𐐲𐐺𐑆𐐲𐑉𐑂𐐼 𐐺𐐴 𐑄 𐑁𐐩𐑃𐑁𐐲𐑊 𐐤𐐨𐑁𐐴𐐻𐑅 𐑁𐑉𐐲𐑋 𐑄 𐐻𐐴𐑋 𐐲𐑂 𐑄𐐯𐑉 𐐲𐑉𐐴𐑂𐐲𐑊 𐐪𐑌 𐑄 𐐹𐑉𐐪𐑋𐐮𐑅𐐻 𐑊𐐰𐑌𐐼, 𐐲𐑌𐐻𐐮𐑊 𐐮𐐻 𐐶𐐲𐑆 𐑁𐐳𐑊𐑁𐐮𐑊𐐼 𐐮𐑌 𐐗𐑉𐐴𐑅𐐻, 𐐰𐑌𐐼 𐐺𐐴 𐐸𐐮𐑆 𐐿𐐲𐑋𐐰𐑌𐐼 𐑅𐐨𐑅𐐻 𐐻𐐭 𐐺 𐐲𐐺𐑆𐐲𐑉𐑂𐐼.

𐐝𐐯𐐿𐐲𐑌𐐼, 𐑄𐐰𐐻 𐐸𐐶𐐯𐑌 𐑄 𐐤𐐨𐑁𐐴𐐻𐑅 𐐺𐑉𐐫𐐻 𐐯𐑌𐐨 𐐲𐑂 𐑄 𐐢𐐩𐑋𐐲𐑌𐐴𐐻𐑅 𐐻𐐭 𐑄 𐑌𐐪𐑊𐐲𐐾 𐐰𐑌𐐼 𐐶𐐲𐑉𐑇𐐮𐐹 𐐲𐑂 𐑄 𐐻𐑉𐐭 𐐘𐐪𐐼, 𐑄𐐩 𐐻𐐫𐐻 𐑄𐐯𐑋 𐐻𐐭 𐐲𐐺𐑆𐐲𐑉𐑂 𐑄𐐮𐑅 𐑊𐐫.

𐐛𐐲𐑉𐐼, 𐑄𐐰𐐻 𐑄𐐬𐑆 𐐸𐐭 𐐲𐐹𐐪𐑅𐐻𐐲𐐻𐐴𐑆𐐼 𐑁𐑉𐐲𐑋 𐑄 𐐤𐐨𐑁𐐴𐐻𐑅, 𐐰𐑆 𐐪 𐐾𐐯𐑌𐐲𐑉𐐲𐑊 𐑃𐐮𐑍, 𐑅𐐨𐑅𐐻 𐐻𐐭 𐐲𐐺𐑆𐐲𐑉𐑂 𐑄𐐮𐑅 𐑊𐐫.

𐐙𐐫𐑉𐑃, 𐑄𐐰𐐻 𐑄 𐐻𐑉𐐭 𐐮𐑋𐐹𐐫𐑉𐐻 𐐲𐑂 𐑄 𐑊𐐫 𐐲𐑂 𐐣𐐬𐑆𐐲𐑅, 𐐰𐑌𐐼 𐐲𐑂 𐐮𐐻𐑅 𐑅𐐯𐑉𐐲𐑋𐐬𐑌𐐨𐑆 𐐰𐑌𐐼 𐑅𐐰𐐿𐑉𐐮𐑁𐐴𐑅𐐲𐑆, 𐐰𐑆 𐐻𐐮𐐹𐐮𐐿𐐲𐑊 𐐲𐑂 𐑄 𐐲𐐻𐐬𐑌𐑋𐐲𐑌𐐻 𐐷𐐯𐐻 𐐻𐐭 𐐺 𐑋𐐩𐐼 𐐺𐐴 𐐵𐑉 𐐢𐐫𐑉𐐼 𐐰𐑌𐐼 𐐝𐐩𐑂𐐷𐐲𐑉, 𐐶𐐲𐑆 𐑃𐐲𐑉𐐬𐑊𐐨 𐐻𐐫𐐻 𐐺𐐴 𐑄 𐐹𐑉𐐨𐑅𐐻𐐸𐐳𐐼 𐐲𐑋𐐲𐑍 𐑄𐐰𐐻 𐐹𐐨𐐹𐐲𐑊, 𐐰𐑌𐐼 𐑂𐐯𐑉𐐨 𐐾𐐯𐑌𐐲𐑉𐐲𐑊𐐨 𐐲𐑌𐐼𐐲𐑉𐑅𐐻𐐳𐐼 𐐺𐐴 𐑄𐐯𐑋.

𐐙𐐮𐑁𐑃, 𐑄𐐰𐐻 𐐲𐑅𐐬𐑇𐐨𐐩𐐻𐐲𐐼 𐐶𐐮𐑄 𐑄 𐐲𐐺𐑆𐐲𐑉𐑂𐐲𐑌𐑅 𐐲𐑂 𐑄𐐮𐑅 𐑊𐐫, 𐑄𐐯𐑉 𐐶𐐲𐑉 𐐿𐐲𐑌𐐻𐐮𐑌𐐷𐐭𐐼 𐐰𐐼𐑋𐐲𐑌𐐮𐑇𐐲𐑌𐑆 𐑀𐐮𐑂𐐲𐑌 𐑄𐐰𐐻 𐑅𐐰𐑊𐑂𐐩𐑇𐐲𐑌 𐐶𐐲𐑆 𐐮𐑌 𐐗𐑉𐐴𐑅𐐻 𐐰𐑌𐐼 𐑌𐐪𐐻 𐐮𐑌 𐑄 𐑊𐐫, 𐐸𐐶𐐮𐐽 𐐶𐐲𐑆 𐐺𐐲𐐻 𐑄 𐑇𐐰𐐼𐐬 𐐰𐑌𐐼 𐐻𐐴𐐹 𐐲𐑂 𐑄𐐰𐐻 𐐲𐑂 𐐸𐐶𐐮𐐽 𐐸𐐨 𐐶𐐲𐑆 𐑄 𐐹𐑉𐐬𐐻𐐲𐐻𐐴𐐹 𐐰𐑌𐐼 𐑉𐐨𐐰𐑊𐐮𐐻𐐨.

𐐝𐐮𐐿𐑅𐑃, 𐑄𐐰𐐻 𐐻𐐯𐑋𐐹𐐲𐑊𐑆 𐐶𐐲𐑉 𐐮𐑉𐐯𐐿𐐻𐐲𐐼 𐐲𐑂 𐑄 𐑅𐐩𐑋 𐐹𐐰𐐻𐐲𐑉𐑌 𐐰𐑆 𐑄𐐰𐐻 𐐲𐑂 𐐝𐐪𐑊𐐲𐑋𐐲𐑌 𐐰𐐻 𐐖𐐲𐑉𐐭𐑅𐐲𐑊𐐯𐑋, 𐐯𐑂𐐮𐐼𐐲𐑌𐐻𐑊𐐨 𐑁𐐪𐑉 𐑄 𐑉𐐨𐑆𐐲𐑌 𐑄𐐰𐐻 𐑄𐐩 𐐶𐐲𐑉 𐐻𐐭 𐐺 𐐷𐐭𐑆𐐼 𐑁𐐪𐑉 𐑄 𐑅𐐩𐑋 𐐹𐐲𐑉𐐹𐐲𐑅𐐲𐑆.

𐐝𐐯𐑂𐐲𐑌𐑃, 𐑄𐐰𐐻 𐑄 𐐘𐐪𐑅𐐹𐐲𐑊 𐐶𐐲𐑆 𐐹𐑉𐐨𐐽𐐻 𐐮𐑌 𐐿𐐲𐑌𐐯𐐿𐑇𐐲𐑌 𐐶𐐮𐑄 𐑄 𐑊𐐫, 𐐰𐑌𐐼 𐐽𐐲𐑉𐐽𐐲𐑆 𐐶𐐲𐑉 𐐮𐑅𐐻𐐰𐐺𐑊𐐮𐑇𐐻 𐐰𐑌𐐼 𐐫𐑉𐑀𐐲𐑌𐐴𐑆𐐼 𐐲𐐿𐐫𐑉𐐼𐐮𐑍 𐐻𐐭 𐑄 𐐘𐐪𐑅𐐹𐐲𐑊 𐑉𐐲𐐿𐐶𐐴𐑉𐑋𐐲𐑌𐐻𐑅, 𐐰𐑌𐐼 𐑄𐐰𐐻 𐑄 𐐸𐐴𐐲𐑉 𐐹𐑉𐐨𐑅𐐻𐐸𐐳𐐼, 𐐫𐑊𐑅𐐬 𐑌𐐪𐐻 𐑁𐐳𐑊𐐨 𐐫𐑉𐑀𐐲𐑌𐐴𐑆𐐼 𐐮𐑌 𐐫𐑊 𐐮𐐻𐑅 𐐹𐐪𐑉𐐻𐑅, 𐑋𐐮𐑌𐐮𐑅𐐻𐐲𐑉𐐼 𐐻𐐭 𐑄 𐐤𐐨𐑁𐐴𐐻𐑅 𐐰𐑆 𐐶𐐯𐑊 𐐰𐑆 𐑄 𐑊𐐯𐑅𐐲𐑉.

𐐁𐑃, 𐐮𐐻 𐐲𐐹𐐮𐑉𐑆 𐐮𐑌𐐼𐐭𐐺𐐮𐐻𐐲𐐺𐐲𐑊 𐑁𐑉𐐲𐑋 𐑄 𐐻𐐭 𐑉𐐯𐐿𐐲𐑉𐐼𐑆, 𐑄 𐐒𐐴𐐺𐐲𐑊

𐐰𐑌𐐼 𐑄 𐐒𐐳𐐿 𐐲𐑂 𐐣𐐬𐑉𐑋𐐲𐑌, 𐑄𐐰𐐻 𐑄 𐐮𐑌𐐻𐐯𐑌𐐻 𐐰𐑌𐐼 𐐻𐑉𐐭 𐑋𐐨𐑌𐐮𐑍 𐐲𐑂 𐑄 𐑊𐐫 𐐲𐑂 𐐣𐐬𐑆𐐲𐑅, 𐐲𐑂 𐐮𐐻𐑅 𐑅𐐰𐐿𐑉𐐮𐑁𐐴𐑅𐐲𐑆, etc., 𐐶𐐲𐑉 𐑁𐐪𐑉 𐐺𐐯𐐻𐐲𐑉 𐐲𐑌𐐼𐐲𐑉𐑅𐐻𐐳𐐼 𐐰𐑌𐐼 𐐿𐐱𐑋𐐹𐑉𐐲𐐸𐐯𐑌𐐼𐐲𐐼 𐐺𐐴 𐑄 𐐤𐐨𐑁𐐴𐐻𐑅 𐑄𐐰𐑌 𐐺𐐴 𐑄 𐐖𐐭𐑆. 𐐒𐐲𐐻 𐐮𐑌 𐑄𐐮𐑅 𐐿𐐲𐑌𐐯𐐿𐑇𐐲𐑌, 𐐮𐐻 𐑋𐐲𐑅𐐻 𐑌𐐱𐐻 𐐺 𐑁𐐫𐑉𐑀𐐱𐐻𐐲𐑌, 𐑄𐐰𐐻 𐐲 𐑀𐑉𐐩𐐻 𐑋𐐯𐑌𐐨 𐑋𐐬𐑅𐐻 𐐹𐑊𐐩𐑌 𐐰𐑌𐐼 𐐹𐑉𐐯𐑇𐐲𐑅 𐑃𐐮𐑍𐑆, 𐐰𐑆 𐑄 𐐒𐐳𐐿 𐐲𐑂 𐐣𐐬𐑉𐑋𐐲𐑌 𐑅𐐻𐐩𐐻𐑅, 𐐸𐐰𐑂 𐐺𐐮𐑌 𐐻𐐩𐐿𐐲𐑌 𐑁𐑉𐐲𐑋 𐑄 𐐒𐐴𐐺𐐲𐑊, 𐑃𐑉𐐭 𐑄 𐐮𐑀𐑌𐐲𐑉𐐲𐑌𐑅 𐐲𐑂 𐐲𐑌𐐮𐑌𐑅𐐹𐐴𐑉𐐼 𐐻𐑉𐐰𐑌𐑅𐑊𐐩𐐻𐐲𐑉𐑆 𐐫𐑉 𐑄 𐐼𐐲𐑆𐐴𐑌 𐐰𐑌𐐼 𐐿𐐲𐑌𐐮𐑍 𐐲𐑂 𐐶𐐮𐐿𐐲𐐼 𐑋𐐯𐑌.

𐐈𐑆 𐑋𐐴𐐻 𐑌𐐰𐐽𐐲𐑉𐐲𐑊𐐨 𐐺 𐐮𐐿𐑅𐐹𐐯𐐿𐐻𐐲𐐼, 𐐶𐐨 𐑁𐐴𐑌𐐼 𐑄𐐰𐐻 𐐢𐐨𐐸𐐴, 𐑊𐐴𐐿 𐐸𐐮𐑆 𐑁𐐫𐑉𐑁𐐪𐑄𐐲𐑉𐑆 𐐲𐑂 𐑄 𐐣𐐬𐑆𐐩𐐮𐐿 𐐩𐐾, 𐐱𐑁𐐲𐑉𐐼 𐑅𐐰𐐿𐑉𐐮𐑁𐐴𐑅𐐲𐑆 𐐻𐐭 𐑄 𐐢𐐫𐑉𐐼 𐐼𐐳𐑉𐐮𐑍 𐐸𐐮𐑆 𐐾𐐲𐑉𐑌𐐨𐐮𐑍𐑆 𐐮𐑌 𐑄 𐐶𐐮𐑊𐐼𐐲𐑉𐑌𐐲𐑅. 𐐜𐐨𐑆 𐑅𐐰𐐿𐑉𐐮𐑁𐐴𐑅𐐲𐑆 𐐶𐐲𐑉 𐐲𐐿𐐩𐑈𐐲𐑌𐑆 𐐲𐑂 𐑃𐐰𐑍𐐿𐑅𐑀𐐮𐑂𐐮𐑍 𐐰𐑌𐐼 𐐹𐑉𐐩𐑆 𐐻𐐭 𐐘𐐱𐐼. 𐐈𐑆 𐐮𐑀𐑆𐐰𐑋𐐹𐐲𐑊𐑆, 𐐶𐐨 𐑌𐐬𐐻 𐑄 𐐲𐐿𐐩𐑈𐐲𐑌 𐐲𐑂 𐑄 𐑅𐐩𐑁 𐑉𐐲𐐻𐐲𐑉𐑌 𐐲𐑂 𐐢𐐨𐐸𐐴'𐑆 𐑅𐐲𐑌𐑆 𐑁𐑉𐐲𐑋 𐐖𐐲𐑉𐐭𐑅𐐲𐑊𐐯𐑋 𐐶𐐮𐑄 𐑄 𐑉𐐯𐐿𐐲𐑉𐐼𐑆, 𐐸𐐶𐐯𐑌, 𐐶𐐨 𐐪𐑉 𐐻𐐬𐑊𐐼 𐐺𐐴 𐐤𐐨𐑁𐐴, 𐑄𐐩𐑉 𐐹𐐩𐑉𐐲𐑌𐐻𐑅 "𐐼𐐮𐐼 𐑉𐐲𐐾𐑎𐑅 𐐮𐐿𐑅𐐨𐐼𐐮𐑍𐑊𐐨, 𐐰𐑌𐐼 𐐼𐐮𐐼 𐐱𐑁𐐲𐑉 𐑅𐐰𐐿𐑉𐐮𐑁𐐴𐑅 𐐰𐑌𐐼 𐐺𐐲𐑉𐑌𐐻 𐐱𐑁𐐲𐑉𐐮𐑍𐑆 𐐲𐑌𐐻𐐭 𐑄 𐐢𐐫𐑉𐐼; 𐐰𐑌𐐼 𐑄𐐩 𐑀𐐩𐑂 𐑃𐐰𐑍𐐿𐑅 𐐲𐑌𐐻𐐭 𐑄 𐐘𐐱𐐼 𐐲𐑂 𐐆𐑆𐑉𐐩𐐲𐑊. 𐐈𐑌𐐼 𐐰𐑁𐐻𐐲𐑉 𐑄𐐩 𐐸𐐰𐐼 𐑀𐐮𐑂𐐲𐑌 𐑃𐐰𐑍𐐿𐑅 𐐲𐑌𐐻𐐭 𐑄 𐐘𐐱𐐼 𐐲𐑂 𐐆𐑆𐑉𐐩𐐲𐑊, 𐑋𐐴 𐑁𐐪𐑄𐐲𐑉, 𐐢𐐨𐐸𐐴, 𐐻𐐳𐐿 𐑄 𐑉𐐯𐐿𐐲𐑉𐐼𐑆 𐐸𐐶𐐮𐐽 𐐶𐐲𐑉 𐐮𐑌𐑀𐑉𐐩𐑂𐐲𐑌 𐐲𐐹𐐱𐑌 𐑄 𐐹𐑊𐐩𐐻𐑅 𐐲𐑂 𐐺𐑉𐐰𐑅, 𐐰𐑌𐐼 𐐸𐐨 𐐼𐐮𐐼 𐑅𐐲𐑉𐐽 𐑄𐐯𐑋 𐑁𐑉𐐲𐑋 𐑄 𐐺𐐲𐑀𐐮𐑌𐐮𐑍."—1 𐐤𐐨𐑁𐐴 5:9, 10.

𐐊𐑌𐐲𐑄𐐲𐑉 𐐲𐐿𐐩𐑈𐐲𐑌 𐐶𐐲𐑆 𐐸𐐶𐐯𐑌 𐐤𐐨𐑁𐐴 𐐰𐑌𐐼 𐐸𐐮𐑆 𐐺𐑉𐐯𐑄𐑉𐐲𐑌 𐐲𐑀𐐯𐑌 𐑉𐐲𐐻𐐲𐑉𐑌𐐼 𐑁𐑉𐐲𐑋 𐑄 𐐐𐐬𐑊𐐨 𐐝𐐮𐐻𐐨, 𐐺𐑉𐐮𐑍𐐮𐑍 𐐶𐐮𐑄 𐑄𐐯𐑋 𐐆𐑇𐑋𐐩𐑊 𐐰𐑌𐐼 𐐸𐐮𐑆 𐑁𐐰𐑋𐐮𐑊𐐨. 𐐊𐑂 𐑄𐐮𐑅 𐐤𐐨𐑁𐐴 𐑉𐐴𐐻𐑅: "𐐈𐑁𐐻𐐲𐑉 𐐌 𐐰𐑌𐐼 𐑋𐐴 𐐺𐑉𐐯𐑄𐑉𐐲𐑌, 𐐰𐑌𐐼 𐐫𐑊 𐑄 𐐸𐐵𐑅 𐐲𐑂 𐐆𐑇𐑋𐐩𐑊, 𐐸𐐰𐐼 𐐿𐐲𐑋 𐐼𐐵𐑌 𐐲𐑌𐐻𐐭 𐑄 𐐻𐐯𐑌𐐻 𐐲𐑂 𐑋𐐴 𐑁𐐪𐑄𐐲𐑉, 𐑄𐐩 𐐼𐐮𐐼 𐑀𐐮𐑂 𐑃𐐰𐑍𐐿𐑅 𐐲𐑌𐐻𐐭 𐑄 𐐢𐐫𐑉𐐼 𐑄𐐩𐑉 𐐘𐐱𐐼; 𐐰𐑌𐐼 𐑄𐐩 𐐼𐐮𐐼 𐐱𐑁𐐲𐑉 𐑅𐐰𐐿𐑉𐐮𐑁𐐴𐑅 𐐰𐑌𐐼 𐐺𐐲𐑉𐑌𐐻 𐐱𐑁𐐲𐑉𐐮𐑍𐑆 𐐲𐑌𐐻𐐭 𐐸𐐮𐑋."—1 𐐤𐐨𐑁𐐴 7:22.

𐐈𐑁𐐻𐐲𐑉 𐑄 𐐲𐑉𐐴𐑂𐐲𐑊 𐐲𐑂 𐑄 𐐿𐐱𐑊𐐲𐑌𐐨 𐐱𐑌 𐑄 𐐹𐑉𐐱𐑋𐐮𐑅𐐻 𐑊𐐰𐑌𐐼 𐐰𐑌𐐼 𐑄 𐐼𐐯𐑃 𐐲𐑂 𐐢𐐨𐐸𐐴, 𐐸𐐮𐑆 𐑅𐐲𐑌𐑆 𐐰𐑌𐐼 𐑄𐐩𐑉 𐑁𐐰𐑋𐐮𐑊𐐨𐑆 𐐼𐐮𐑂𐐴𐐼𐐲𐐼 𐐮𐑌𐐻𐐭 𐐿𐐲𐑋𐑏𐑌𐐮𐐻𐐨𐑆, 𐐫𐑉 𐑌𐐰𐑇𐐲𐑌𐐰𐑊𐐮𐐻𐐨𐑆; 𐑄 𐐶𐐲𐑌 𐑉𐐴𐐽𐐲𐑅 𐐰𐑌𐐼 𐐘𐐱𐐼𐑁𐐮𐑉𐐮𐑍, 𐑄 𐐲𐑄𐐲𐑉 𐑉𐐲𐐺𐐯𐑊𐐷𐐲𐑅 𐐰𐑌𐐼 𐐼𐐲𐐺𐐩𐑅𐐻. 𐐄𐐮𐑍 𐐻𐐭 𐑄 𐐿𐐲𐑌𐐻𐐯𐑌𐐽𐐲𐑅 𐐰𐑌𐐼 𐐿𐐶𐐫𐑉𐐲𐑊𐑅𐐲𐑋 𐐼𐐮𐑅𐐹𐐲𐑆𐐮𐑇𐐲𐑌 𐐲𐑂 𐑄 𐑊𐐰𐐻𐐲𐑉, 𐐸𐐭 𐑉𐐯𐐿𐐲𐑀𐑌𐐴𐑆𐐼 𐐢𐐩𐑋𐐲𐑌, 𐐢𐐨𐐸𐐴'𐑆 𐐯𐑊𐐼𐐲𐑅𐐻 𐑅𐐲𐑌, 𐐰𐑆 𐑄𐐩𐑉 𐐸𐐯𐐼, 𐑄 𐐹𐐫𐑉𐑇𐐲𐑌 𐐸𐐭 𐑅𐐫𐐻 𐐻𐐭 𐑅𐐲𐑉𐑂 𐑄 𐐢𐐫𐑉𐐼, 𐑁𐐫𐑉 𐑄 𐑅𐐩𐐿 𐐲𐑂 𐐹𐐨𐑅 𐐰𐑌𐐼 𐑅𐐲𐐿𐑏𐑉𐐮𐐻𐐨 𐑋𐐭𐑂𐐼 𐑅𐐲𐑋 𐐼𐐮𐑅𐐻𐐲𐑌𐑅 𐐻𐐭 𐑄 𐑌𐐫𐑉𐑃𐐶𐐲𐑉𐐼. 𐐤𐐨𐑁𐐴 𐐶𐐲𐑆 𐑄𐐩𐑉 𐑊𐐨𐐼𐐲𐑉, 𐐰𐑌𐐼 𐐲𐑂 𐑄𐐯𐑋 𐐸𐐨 𐑉𐐲𐐿𐐫𐑉𐐼𐑆:

"𐐈𐑌𐐼 𐐫𐑊 𐑄𐐬𐑆 𐐸𐐭 𐐶𐐲𐑉 𐐶𐐮𐑄 𐑋𐐨, 𐐼𐐮𐐼 𐐻𐐩𐐿 𐐲𐐹𐐱𐑌 𐑄𐐯𐑋 𐐻𐐭 𐐿𐐫𐑊 𐑄𐐯𐑋𐑅𐐯𐑊𐑂𐑆 𐑄 𐐹𐐨𐐹𐐲𐑊 𐐲𐑂 𐐤𐐨𐑁𐐴. 𐐈𐑌𐐼 𐐶𐐨 𐐼𐐮𐐼 𐐲𐐺𐑆𐐲𐑉𐑂 𐐻𐐭 𐐿𐐨𐐹 𐑄 𐐾𐐲𐐾𐑋𐐯𐑌𐐻𐑅, 𐐰𐑌𐐼 𐑄 𐑅𐐻𐐰𐐽𐐭𐐻𐑅, 𐐰𐑌𐐼 𐑄 𐐿𐐲𐑋𐐰𐑌𐐼𐑋𐐯𐑌𐐻𐑅 𐐲𐑂 𐑄 𐐢𐐫𐑉𐐼 𐐮𐑌 𐐫𐑊 𐑃𐐮𐑍𐑆, 𐐲𐐿𐐫𐑉𐐼𐐮𐑍 𐐻𐐭 𐑄 𐑊𐐫 𐐲𐑂 𐐣𐐬𐑆𐐲𐑅. 𐐈𐑌𐐼 𐑄 𐐢𐐫𐑉𐐼 𐐶𐐲𐑆 𐐶𐐮𐑄 𐐲𐑅: 𐐰𐑌𐐼 𐐶𐐨 𐐼𐐮𐐼 𐐹𐑉𐐱𐑅𐐹𐐲𐑉 𐐮𐐿𐑅𐐨𐐼𐐮𐑍𐑊𐐨."—2 𐐤𐐨𐑁𐐴 5:9–11.

𐐎𐐲𐑌 𐐲𐑂 𐑄 𐑁𐐲𐑉𐑅𐐻 𐑃𐐮𐑍𐑆 𐑄𐐰𐐻 𐑄 𐐤𐐨𐑁𐐴𐐻𐑅 𐐼𐐮𐐼 𐐱𐑌 𐑄𐐩𐑉 𐐲𐑉𐐴𐑂𐐲𐑊 𐐰𐐻

ɣʌф ɴɷ φɔɔ ωɾɞ ʅɷ ɜɪʅd ɵ ʅʌɔɪɾʅ. Ɣɛ ɷqd ɴɜʅ ɷɜɪ ɣ ɕɾɕɔɾɴʅɜ, ɣ ɷɾɔʌɴdɔɾɴʅɜ, ʌɴd ɣ ɜʅɪcɷʅɜ ɾɞ ɣ ʆɷфd ɪɴ ɵʅ ʟɪɴɞ, ɾɷɷфdɪɴ ʅɷ ɣ ʅɷ ɾɞ Ɔɷɞɾɜ, ɾɴʅʌɜ ɣɛ dɪd ɜɵ; ʌɴd ɴʌɜɾɜʌфɪʅə ɪʅ ωɾɞ pʌbɾɴd ʌpʅɾф ɣ ωɾɴ ʌʅ Ɋɾфɷɜɾʅʌɔ, ρɷф ɪʅ ωɾɞ ʅɷ ɜ ɤɷɞed ρɷф ɣ ɜɛɔ ʅɾфʅɾɜɾɞ; ɪɴ ɪʅ ɣ ɜɛɔ ɵфdɪɴɾɴɜɾɞ ωɾф ʅɷ ɜ ʅɾфρɷфɔd, ɣ ɜɛɔ ɜʌɷфɪpфɜɾɞ ωɾф ʅɷ ɜ ɵpɾфd. Ꮑəpф ффʅɜ:

"Ɉɴd Ф, Ꮑəpф, dɪd ɜɪʅd ɵ ʅʌɔɪɾʅ: ʌɴd Ф dɪd ɷɾɴɜʅфɾɷ ɪʅ ʌpʅɾф ɣ ɔʌɴɾф ɾɞ ɣ ʅʌɔɪɾʅ ɾɞ Ꮾɵʅɾɔɾɴ, ɜɛɞ ɪʅ ωɾф ɴɜʅ ɜɪʅ ɾɞ ɜɵ ɔʌɴɜ ʅфʌbɾɞ ʟɪɴɞ; ρɷф ɣɛ ωɾф ɴɜʅ ʅɷ ɜ pɵɴd ɾʅɜɴ ɣ ʆʌɴd; фɷʌфρɷф, ɪʅ ɷqd ɴɜʅ ɜ ɜɪʅ ʆфɷ ɾɴʅɷ Ꮾɵʅɾɔɾɴ'ɞ ʅʌɔɪɾʅ. Ꮜɾʅ ɣ ɔʌɴɾф ɾɞ ɣ ɷɾɴɜʅфɾɷbɾɴ ωɾɞ ʆфɷ ɾɴʅɷ ɣ ʅʌɔɪɾʅ ɾɞ Ꮾɵʅɾɔɾɴ; ʌɴd ɣ ωɾфɷɔɾɴbɪʅ ɣʌфɾɞ ωɾɞ ɪɷɜɜdɪɴ pфɴ."—2 Ꮑəpф 5:16.

Ɣɾɞ ɣ pqʅpɪʅɪɴ ɾɞ ɣ Ꮳɪɞфɴ ɷɾɔʌɴdɔɾɴʅɜ ωɾɞ ʅфɾɞфdɾd ρɷф; ɵ ʅʅɛɞ ωɾɞ ɪфʌɷʅɾd фɷʌф ɣ ʅɷ ɾɞ Ɔɷɞɾɜ ɷqd ɜ ɷʌфəd ɵʅ, ʌɴd ɣ ɜʌɷфɪpфɜɾɞ ɜ ɵpɾфd фɷɪc ρɷфɔd ɜɵ ɪɔʅɷфʅɾɴ ɵ ʅəфʅ ɾɞ ɣʌʅ ɷɷd.

Ɣ Ꮑəpфʅɜ ωɾф ɴɜʅ ʆʌpʅ ɜф ɣʌф Ꮧфɵɜʅфqd ɪɴ ɪɷɴɾфɾɴɜ ɾɞ ɣ ɪʅʌɴ ʌɴd ɜɪɔɜɾʅɪɛɔ ɾɞ ɣəɛ ɜʌфɾɔɷɴəɞ. Ɣɛ ωɾф ɴɜʅ ɾɴɔəɴɪɴ, ɜɾфdɾɴɜɾɔ, ɜɪɴфɪʅʆɾɜ ʅфɾρɷфɔɾɴɜɾɞ ʅɷ ɣʌɔ. Ꮑəpф ʌɴd фɪɞ ɜɾɷɜʌɜɾфɞ ωɾф ʅфʅɪɷɤɾʅɾфʅə ɷʌфɾʅ ɪɴ ɪɷɜʅɛɴɪɴ ɣʌʅ ɣəɞ ɵфdɪɴɾɴɜɾɞ, ʆфɷ ɵʅ ɾɣɾф ффʅɜ ɾɞ ɣ Cɾфc ɾɞ Ꮻəd, фʌd ɣʌф ɜʌʅɤɷ ɪɴ ɣʌф ɾɜɷɜəɛbɾɴ ωɪɣ ɵф ɜəɪɴ dɾфʌɷʅə ʅɪɴɷɾʅ ɾɞ ɣ ɷфɛʅ, ɪɴpɾɴʅ ɜʌɷфɪpфɜ ɾɞ ɾʅɷɴɔɾɴʅ ʅɷ ɜ ɵpɾфd ɾʅ ɜф ɣ ʆʅɔ ɾɞ Ꮻəd ɪɴ Фɪɞ ɵɴ ʅфɜɾɴ. Ꮑəpф ɪɴρɷфɔɞ ɾɞ:

"Ꮜɾфɵʅd, ɔф ɜɵʅ dɾʅфʅɾʟ ɪɴ ʅфɷɜɪɴ ɾɴʅɷ ɔф ʅəʅɾʅ ɣ ʅфɷʟ ɾɞ ɣ ɷɾɔɪɴ ɾɞ Ꮷффɜʅ: ρɷф, ρɷф ɣɪɞ ʌɴd фʌʟ ɣ ʅɷ ɾɞ Ɔɷɞɾɜ ɜɪɴ ɷɪɜɾɴ; ʌɴd ɵʅ ʟɪɴɞ фɷɪc фʌɞ ɜɪɴ ɷɪɜɾɴ ɾɞ Ꮻəd ρфɾɔ ɣ ɜɾɷɪɴɪɴ ɾɞ ɣ ωɾфʅd, ɾɴʅɷ ɔʌɴ, ɵф ɣ ʅʅɪɷфɪɴ ɾɞ фɪɔ."—2 Ꮑəpф 11:4.

Ɉɴd ɵ ʆɪʅɾʅ ʆɛʅɾф фə фʅʅɜ:

"Ɉɴd ɴɜʅɷɪʟɜʅʌɴdɪɴ ωə ɜɾʅəɜ ɪɴ Ꮷффɜʅ, ωə ɷɜʅ ɣ ʅɷ ɾɞ Ɔɷɞɾɜ, ʌɴd ʆqɷ ρɷфωɾфd ωɪɣ ɜʅʌdpʌɜʅɾɾɜ ɾɴʅɷ Ꮷффɜʅ, ɾɴʅʅ ɣ ʅɷ bʌʅ ɜ pqʅpɪd; ρɷф, ρɷф ɣɪɞ ʌɴd ωɾɞ ɣ ʅɷ ɷɪɜɾɴ; фɷʌфρɷф ɣ ʅɷ фʌʟ ɜɾɷɾɔ dʌd ɾɴʅɷ ɾɞ, ʌɴd ωə ɵф ɔɛd ɾʅфɞ ɪɴ Ꮷффɜʅ, ɜɾɷɾɞ ɾɞ ɵф pɛʟ; ɤʌʅ ωə ɷɜʅ ɣ ʅɷ ɜɾɷɾɞ ɾɞ ɣ ɷɾɔʌɴdɔɾɴʅɜ; ʌɴd ωə ʅɷɷ ɾɞ Ꮷффɜʅ, ωə фɾɕɷɪɜ ɪɴ Ꮷффɜʅ, ωə ʅфɷc ɾɞ Ꮷффɜʅ, ωə ʅфɷpɾɜɷ ɾɞ Ꮷффɜʅ, ʌɴd ωə ффʅ ɾɷɷфdɪɴ ʅɷ ɵф ʅфɷpɾɜəɞ, ɣʌʅ ɵф cɪʅdфɾɴ ɔɛ ɴɷ ʅɷ фωɾʅ ɜɷфɜ ɣɛ ɔɛ ʆqɷ ρɷф ɵ фɾɔɪbɾɴ ɾɞ ɣʌф ɜɪɴɞ. Фɷʌфρɷф, ωə ɜʅəɷ ɷɾɴɜɾффɪɴ ɣ ʅɷ, ɣʌʅ ȯф cɥdфrʌ ɔɛ ʌo ɣ dʌdʌrɘ rɞ ɣ ɭo; ɹʌd ɣɛ, ɐф ʌoи ɣ dʌdʌrɘ rɞ ɣ ɭo, ɔɛ ɭɥɷ poфɷrфd ɿo ɣ ɭфp фɷɪc ɪɞ ɪʌ Ωффɞɿ, ɹʌd ʌo poф фɷrɿ ɹʌd ɣ ɭo ɷrɞ ɷ̇ɪɞrʌ. ɹʌd ɹpɿrф ɣ ɭo ɪɞ pɥɭpɥd ɪʌ Ωффɞɿ, ɣɹɿ ɣɛ ʌəd ʌɞɿ фəфdrʌ ɣʌф фəфɿɞ rɷ̇ʌʌɞɿ фɪɔ, фɷʌʌ ɣ ɭo ϭɿ ɿo ɐ drʌ rɷɛ."—2 Nəpф 25:24–27.

Ψɷɪc rɷ̇фəɞ ɷɪɣ ɣ ɞɿɛɿɔrʌɿ rɞ ɿoɭ: "Ψɷʌфpoф ɣ ɭo ɷrɞ ȯф ɞɷo̧ɭɔʌɞɿrф, ɿo ɐфи rɞ rʌɿo Ωффɞɿ, ɣɹɿ ɷə ɔфɿ ɐ cɾɞɿɪpфd ɐф pɛʟ."

ɞo prфɔ ə pɷ̇ʌdɛbrʌ фɹɞɪи ɐɪʌ ɭɛd poф ɣ pɛʟ rɞ ɣ Nəpфɿ ɿəɿrɿ, ɷə pфʌd ɣɹɿ ɪʌ ʌɞфə ɿɪфərd rɞ ɣʌф фɪɞɿrфə ɣɛ фrɿɛʌd ɣʌф фʌɞrфrʌɞ poф ɣ ɭo rɞ Ɔoɞrɞ, ɣo dɪɞɿɤɷɿɛbrʌɞ ɞrɔɿфɔɞ rфoɞ, ɐф фəɞrʌ rɞ ɪʌɷɷɪɿə, ɷɪɣ фrɷ̇ɞфd ɿo ɪɿɞ ɞɪɔɐrɭɪɛɔ ϭф ɪɿɞ ɞɛɞɪи ɷɷɞɭɪə. Ɣ rɪɞɞɿɛɿɞ, фo ɞʌɿrфɛɿrd ɣʌɔɞʌɭɞɞ pфrɔ ɣ Crфc, rɷɛɞrʌrɿə pʌɭ ɪʌɿo ɣ ɷ̇фəɞrɞ ʌфrф rɞ ɪɷ̇ɞo̧ɭɪи ɣ ɭo rɐrɞ ɣ Ѡoɞɿrɿ, ɹʌd, фɷфɭɞɿ ɔɛʌɿɛʌи ɪɿɞ dɪɞфʌ ϭфɪcɥʌ, ɣɛ ɪɷ̇ʌϭфd ɪɿɞ ɿɪɿɷrɿ ɞʌɭɤo ɹʌd drʌфd ɣɹɿ ɪɿ ɷrɞ ə ɿфrɿʌфrɿoфə ɞɪɞɿrɔ ɭədɪи ɿo ə ффrф, фoɭərф ɹʌd ɔəф ɿɪфrrɷɿ ɭo; ɣɛ фrpɤoɞd ɿo фʌɷrɷ̇ʌфɞ ɪɿ ɹɞ ə ɞɷo̧ɭɔʌɞɿrф ɿo ɐфи ɣʌɔ ɿo Ωффɞɿ. Ɣ prфɞɿ rɞ ɣəɞ rɿɞɞɿrɞəɞ rɷrфd ɪʌ ɣ dɛɞ rɞ Ϛɛɷrɞ, ɣ ɐфrɣrф rɞ Nəpф. Ѡɪɣ фrɷ̇ɞфd ɿo ɣ ɿəɿrɿ ɪʌ ϛʌʌrфrɿ, фə ффɿɞ:

"Ɐrфoɭd, ɣɛ ɐrɭəɞd ɪʌ Ωффɞɿ ɹʌd ɷrфbɪɿ ɣ Pəɣrф ɪʌ фɪɞ ʌɛɔ, ɹʌd ϭɭɐo ɷə ɷrфbɪɿ ɣ Pəɣrф ɪʌ фɪɞ ʌɛɔ. ɹʌd poф ɣɪɞ ɪʌɿʌʌɿ ɷə ɷəɿ ɣ ɭo rɞ Ɔoɞrɞ, ɪɿ ɿoɪʌɿɪи ȯф ɞoɭɞ ɿo фɪɔ; ɹʌd poф ɣɪɞ ɷoɞ ɪɿ ɪɞ ɞɹиɷɿɪpфd rʌɿo rɞ poф ффcrɞʌrɞ, əɞrʌ ɹɞ ɪɿ ɷrɞ rɷȯʌɿrd rʌɿo Ɛɐфrфɹɔ ɪʌ ɣ ɷɥɭdrфʌrɞ, ɿo ɐ oəədərʌɿ rʌɿo ɣ ɷrɔɹʌdɔrʌɿɞ rɞ Ѡəd ɪʌ oɾrфɪи rɿ фɪɞ ɞrʌ Φɞrɷ, фɷɪc ɪɞ ə ɞɪɔɥɭɿoɞ rɞ Ѡəd ɹʌd фɪɞ oʌɭə ɐrɷ̇ɞɭrʌ ɞrʌ."—Ϛɛɷrɞ 4:5.

Ɐrɿ фɷфɭ ɣ ɔrcoфɪɿə rɞ ɣ Nəpфɿɞ pɥɭə фʌɷrɷ̇ʌфɞd ɣəɞ ɞɛɞɪи ɿфoʟɞ, ɣʌф rфoɞ ə ɔɹʌ ʌɛɔd Ꝺʌфrɔ, фo dɪɞɿɤɷɿrd ɹʌd drʌфd ɣɹɿ ɣ ɭo ɿoɪʌɿrd ɣ ɞoɭɞ rɞ ɔʌʌ ɿo Ωффɞɿ, ɹɞ ɣ ɷ̇фɛɿ ɿфoɿɪbəɛɿrф poф ɞɪʌ ɹʌd ɣ Φrdəɔrф rɞ ɣ ɷrфɭd.

Ɣɪɞ Ꝺʌфrɔ drɷɭʌфd rʌɿo ɣ ɿəɿrɿ ɣɹɿ ɣʌф bɥd ɐ ʌo Ωффɞɿ, ɹʌd фɪɞ pɭɹɿrфəɞ ɹʌd ɞɞpɪɞɿфəɞ ɭʌd rɷɛ ɔʌʌə ɿəɿrɿ. Rɞ фɪɔ ɹʌd фɪɞ doɪиɞ Ϛɛɷrɞ ффɿɞ:

"ɹʌd ɪɿ ɷɛɔ ɿo ɿɹɞ ɣɹɿ фə ɷɛɔ rʌɿo ɔə; ɹʌd ϭʌ ɣɪɞ ɷфɞ dɪd фə ɞɿɞɷ rʌɿo ɔə, ɞɛɪи: Ɐфrɣrф Ϛɛɷrɞ, Φ фɹɞ ɞoɿ ɔrc ɞɪrфɿoɪɿə ɣɹɿ Φ ɔфɿ ɞɿɞɷ rʌɿo ɤo: poф Φ фɹɞ фrфd ɹʌd ϭɭɐo 𐑌𐐬, 𐑄𐐰𐐻 𐑄𐐵 𐑀𐐬𐐲𐑅𐐻 𐐲𐐺𐐵𐐻 𐑋𐐲𐐽, 𐐹𐑉𐐨𐐽𐐮𐑍 𐑄𐐰𐐻 𐐸𐐶𐐮𐐽 𐐷𐐭 𐐿𐐫𐑊 𐑄 𐑀𐐱𐑅𐐹𐐲𐑊, 𐐫𐑉 𐑄 𐐼𐐱𐐿𐐻𐑉𐐮𐑌 𐐲𐑂 𐐗𐑉𐐴𐑅𐐻; 𐐰𐑌𐐼 𐐷𐐨 𐐸𐐰𐑂 𐑊𐐯𐐼 𐐲𐐶𐐩 𐑋𐐲𐐽 𐐲𐑂 𐑄𐐮𐑅 𐐹𐐨𐐹𐐲𐑊, 𐑄𐐰𐐻 𐑄𐐩 𐐹𐐲𐑉𐑂𐐲𐑉𐐻 𐑄 𐑉𐐴𐐻 𐐶𐐩 𐐲𐑂 𐐘𐐱𐐼, 𐐰𐑌𐐼 𐐿𐐨𐐹 𐑌𐐱𐐻 𐑄 𐑊𐐫 𐐲𐑂 𐐣𐐬𐑆𐐲𐑆, 𐐸𐐶𐐮𐐽 𐐮𐑆 𐑄 𐑉𐐴𐐻 𐐶𐐩: 𐐰𐑌𐐼 𐐿𐐲𐑌𐑂𐐲𐑉𐐻 𐑄 𐑊𐐫 𐐲𐑂 𐐣𐐬𐑆𐐲𐑆 𐐮𐑌𐐻𐐭 𐑄 𐐶𐐲𐑉𐑇𐐮𐐹 𐐲𐑂 𐐪 𐐺𐐨𐐮𐑍, 𐐸𐐶𐐮𐐽 𐐷𐐨 𐑅𐐩 𐑇𐐰𐑊 𐐿𐐲𐑋 𐑋𐐯𐑌𐐨 𐐸𐐲𐑌𐐼𐑉𐐲𐐼 𐐷𐐨𐑉𐑆 𐐸𐐯𐑌𐑅. 𐐈𐑌𐐼 𐑌𐐵 𐐺𐐲𐐸𐐬𐑊𐐼, 𐐌, 𐐟𐐯𐑉𐐲𐑋, 𐐼𐐲𐐿𐑊𐐯𐑉 𐐲𐑌𐐻𐐭 𐐷𐐭, 𐑄𐐰𐐻 𐑄𐐮𐑅 𐐮𐑆 𐐺𐑊𐐰𐑅𐑁𐐲𐑋𐐨; 𐑁𐐫𐑉 𐑌𐐬 𐑋𐐰𐑌 𐑌𐐬𐐲𐑃 𐐲𐑂 𐑅𐐲𐐽 𐑃𐐮𐑍𐑆; 𐑁𐐫𐑉 𐐸𐐨 𐐿𐐰𐑌𐐱𐐻 𐐻𐐯𐑊 𐐲𐑂 𐑃𐐮𐑍𐑆 𐐻𐐭 𐐿𐐲𐑋. 𐐈𐑌𐐼 𐐰𐑁𐐻𐐲𐑉 𐑄𐐮𐑅 𐑋𐐰𐑌𐐲𐑉 𐐼𐐮𐐼 𐐟𐐯𐑉𐐲𐑋 𐐿𐐲𐑌𐐻𐐯𐑌𐐼 𐐲𐑀𐐯𐑌𐑅𐐻 𐑋𐐨. 𐐒𐐲𐐻 𐐺𐐲𐐸𐐬𐑊𐐼, 𐑄 𐐢𐐫𐑉𐐼 𐐘𐐱𐐼 𐐹𐐫𐑉𐐼 𐐮𐑌 𐐸𐐮𐑆 𐐝𐐹𐐮𐑉𐐮𐐻 𐐮𐑌𐐻𐐭 𐑋𐐴 𐑅𐐬𐑊, 𐐮𐑌𐑅𐐬𐑋𐐲𐐽 𐑄𐐰𐐻 𐐌 𐐼𐐮𐐼 𐐿𐐲𐑌𐑁𐐵𐑌𐐼 𐐸𐐮𐑋 𐐮𐑌 𐐫𐑊 𐐸𐐮𐑆 𐐶𐐲𐑉𐐼𐑆. 𐐈𐑌𐐼 𐐌 𐑅𐐯𐐼 𐐲𐑌𐐻𐐭 𐐸𐐮𐑋, 𐐔𐐲𐑌𐐴𐐲𐑅𐐻 𐑄𐐵 𐑄 𐐗𐑉𐐴𐑅𐐻 𐐸𐐭 𐑇𐐳𐐼 𐐿𐐲𐑋? 𐐈𐑌𐐼 𐐸𐐨 𐑅𐐯𐐼, 𐐆𐑁 𐑄𐐯𐑉 𐑇𐐳𐐼 𐐺𐐨 𐐪 𐐗𐑉𐐴𐑅𐐻, 𐐌 𐐶𐐳𐐼 𐑌𐐱𐐻 𐐼𐐲𐑌𐐴 𐐸𐐮𐑋; 𐐺𐐲𐐻 𐐌 𐑌𐐬 𐑄𐐰𐐻 𐑄𐐯𐑉 𐐮𐑆 𐑌𐐬 𐐗𐑉𐐴𐑅𐐻, 𐑌𐐴𐑄𐐲𐑉 𐐸𐐰𐑆 𐐺𐐮𐑌, 𐑌𐐫𐑉 𐐯𐑂𐐲𐑉 𐐶𐐮𐑊 𐐺𐐨. 𐐈𐑌𐐼 𐐌 𐑅𐐯𐐼 𐐲𐑌𐐻𐐭 𐐸𐐮𐑋, 𐐒𐐲𐑊𐐨𐑂𐐯𐑅𐐻 𐑄𐐵 𐑄 𐑅𐐿𐑉𐐮𐐹𐐽𐐲𐑉𐑆? 𐐈𐑌𐐼 𐐸𐐨 𐑅𐐯𐐼, 𐐏𐐩. 𐐈𐑌𐐼 𐐌 𐑅𐐯𐐼 𐐲𐑌𐐻𐐭 𐐸𐐮𐑋, 𐐜𐐯𐑌 𐐷𐐨 𐐼𐐭 𐑌𐐱𐐻 𐐲𐑌𐐼𐐲𐑉𐑅𐐻𐐰𐑌𐐼 𐑄𐐯𐑋; 𐑁𐐫𐑉 𐑄𐐩 𐐻𐑉𐐭𐑊𐐨 𐐻𐐯𐑅𐐻𐐮𐑁𐐴 𐐲𐑂 𐐗𐑉𐐴𐑅𐐻. 𐐒𐐲𐐸𐐬𐑊𐐼, 𐐌 𐑅𐐩 𐐲𐑌𐐻𐐭 𐐷𐐭, 𐑄𐐰𐐻 𐑌𐐲𐑌 𐐲𐑂 𐑄 𐐹𐑉𐐱𐑁𐐲𐐻𐑅 𐐸𐐰𐑂 𐑉𐐮𐐻𐐲𐑌, 𐑌𐐫𐑉 𐐹𐑉𐐱𐑁𐐲𐑅𐐴𐐼, 𐑅𐐩𐑂 𐑄𐐩 𐐸𐐰𐑂 𐑅𐐹𐐬𐐿𐐲𐑌 𐐿𐐲𐑌𐑅𐐲𐑉𐑌𐐮𐑍 𐑄𐐮𐑅 𐐗𐑉𐐴𐑅𐐻. 𐐈𐑌𐐼 𐑄𐐮𐑅 𐐮𐑆 𐑌𐐱𐐻 𐐫𐑊: 𐐮𐐻 𐐸𐐰𐑆 𐐺𐐮𐑌 𐑋𐐩𐐼 𐑋𐐰𐑌𐐮𐑁𐐯𐑅𐐻 𐐲𐑌𐐻𐐭 𐑋𐐨, 𐑁𐐫𐑉 𐐌 𐐸𐐰𐑂 𐐸𐐲𐑉𐐼 𐐰𐑌𐐼 𐑅𐐨𐑌 𐐰𐑌𐐼 𐐮𐐻 𐐫𐑊𐑅𐐬 𐐸𐐰𐑆 𐐺𐐮𐑌 𐑋𐐩𐐼 𐑋𐐰𐑌𐐮𐑁𐐯𐑅𐐻 𐐲𐑌𐐻𐐭 𐑋𐐨 𐐺𐐴 𐑄 𐐹𐐵𐐲𐑉 𐐲𐑂 𐑄 𐐐𐐬𐑊𐐨 𐐘𐐬𐑅𐐻; 𐐸𐐶𐐯𐑉𐑁𐐫𐑉, 𐐌 𐑌𐐬, 𐐮𐑁 𐑄𐐯𐑉 𐑇𐐳𐐼 𐐺𐐨 𐑌𐐬 𐐲𐐻𐐬𐑌𐑋𐐲𐑌𐐻 𐑋𐐩𐐼, 𐐫𐑊 𐑋𐐰𐑌𐐿𐐴𐑌𐐼 𐑋𐐲𐑅𐐻 𐐺𐐨 𐑊𐐫𐑅𐐻."—𐐖𐐩𐐿𐐲𐐺 7:6–12.

𐐝𐐲𐑋𐐸𐐶𐐲𐐻 𐑅𐐮𐑋𐐮𐑊𐐲𐑉 𐐶𐐲𐑆 𐑄 𐐪𐑉𐑀𐐷𐐲𐑋𐐲𐑌𐐻 𐑄𐐰𐐻 𐐻𐐳𐐿 𐐹𐑊𐐩𐑅 𐐺𐐲𐐻𐐶𐐨𐑌 𐑄 𐑋𐐪𐑉𐐻𐐲𐑉 𐐈𐐺𐐮𐑌𐐲𐐼𐐴 𐐰𐑌𐐼 𐑄 𐐲𐐹𐐱𐑅𐐻𐐩𐐻 𐐹𐑉𐐨𐑅𐐻𐑅 𐐲𐑂 𐑄 𐐮𐑌𐐮𐐿𐐶𐐮𐐻𐐲𐑅 𐐤𐐬𐐲, 𐐗𐐮𐑍 𐐲𐑂 𐑄 𐑊𐐰𐑌𐐼 𐐲𐑂 𐐢𐐨𐐸𐐴-𐐤𐐨𐑁𐐴. 𐐜𐐩 𐐲𐑁𐐮𐑇𐐨𐐩𐐻𐐲𐐼 𐐮𐑌 𐑄 𐐻𐐯𐑋𐐹𐐲𐑊, 𐐲𐐺𐑆𐐲𐑉𐑂𐐼 𐑄 𐐵𐐻𐐶𐐲𐑉𐐼 𐑁𐐫𐑉𐑋𐑆 𐐲𐑂 𐑄 𐐣𐐬𐑆𐐩𐐮𐐿 𐑊𐐫, 𐐺𐐲𐐻 𐑉𐐯𐑂𐐲𐑊𐐼 𐐮𐑌 𐑊𐐴𐑅𐐯𐑌𐑇𐐲𐑅𐑌𐐲𐑅, 𐐿𐐲𐑂𐐲𐐻𐐲𐑅𐑌𐐲𐑅, 𐑀𐑊𐐲𐐻𐐲𐑌𐐨 𐐰𐑌𐐼 𐐫𐑊 𐑋𐐰𐑌𐐲𐑉 𐐲𐑂 𐐮𐑌𐐮𐐿𐐶𐐮𐐻𐐨. 𐐓𐐭 𐑄𐐯𐑋 𐐶𐐲𐑆 𐐈𐐺𐐮𐑌𐐲𐐼𐐴 𐑅𐐯𐑌𐐻 𐐻𐐭 𐐶𐐫𐑉𐑌 𐑄𐐯𐑋 𐐰𐑌𐐼 𐑄𐐰𐐻 𐐗𐐮𐑍 𐐲𐑂 𐑄 𐑉𐐯𐑂𐐲𐑊𐑆 𐐲𐑂 𐑄𐐰𐐻 𐑋𐐷𐐭𐐽𐐭𐐲𐑊 𐑉𐐫𐑍 𐐼𐐭𐐮𐑍. 𐐆𐑌 𐑄 𐐲𐐿𐐵𐑌𐐻 𐐲𐑂 𐑄𐐮𐑅 𐑋𐐮𐑇𐐲𐑌 𐐲𐑂 𐐈𐐺𐐮𐑌𐐲𐐼𐐴 𐐶𐐨 𐑉𐐨𐐼 𐑄𐐰𐐻 𐐸𐐨 𐑅𐐯𐐼:

"𐐏𐐨 𐐸𐐰𐑂 𐑌𐐱𐐻 𐐲𐐹𐑊𐐴𐐼 𐐷𐐫𐑉 𐐸𐐪𐑉𐐻𐑅 𐐻𐐭 𐐲𐑌𐐼𐐲𐑉𐑅𐐻𐐰𐑌𐐼𐐮𐑍; 𐑄𐐯𐑉𐑁𐐫𐑉, 𐐷𐐨 𐐸𐐰𐑂 𐑌𐐱𐐻 𐐺𐐮𐑌 𐐶𐐴𐑆. 𐐜𐐯𐑉𐑁𐐫𐑉, 𐐐𐐶𐐲𐐻 𐐻𐐨𐐽 𐐷𐐨 𐑄𐐮𐑅 𐐹𐐨𐐹𐐲𐑊? 𐐈𐑌𐐼 𐑄𐐩 𐑅𐐯𐐼, 𐐎𐐨 𐐻𐐨𐐽 𐑄 𐑊𐐫 𐐲𐑂 𐐣𐐬𐑆𐐲𐑆. 𐐈𐑌𐐼 𐐲𐑀𐐯𐑌 𐐸𐐨 𐑅𐐯𐐼 𐐲𐑌𐐻𐐭 𐑄𐐯𐑋, 𐐆𐑁 𐐷𐐨 𐐻𐐨𐐽 𐑄 𐑊𐐫 𐐲𐑂 𐐣𐐬𐑆𐐲𐑆 𐐸𐐶𐐴 𐐼𐐭 𐐷𐐨 𐑌𐐱𐐻 𐐿𐐨𐐹 𐐮𐐻? 𐐐𐐶𐐴 𐐼𐐭 𐐷𐐨 𐑅𐐯𐐻 𐐷𐐫𐑉 𐐸𐐪𐑉𐐻𐑅 𐐲𐐹𐐱𐑌 𐑉𐐮𐐽𐐲𐑆? 𐐐𐐶𐐴 𐐼𐐭 𐐷𐐨 𐐿𐐲𐑋𐐮𐐻 𐐸𐐫𐑉𐐼𐐲𐑋𐑆 𐐰𐑌𐐼 𐑅𐐹𐐯𐑌𐐼 𐐷𐐫𐑉 𐑅𐐻𐑉𐐯𐑍𐑃 𐐶𐐮𐑄 𐐸𐐪𐑉𐑊𐐲𐐻𐑅, 𐐷𐐩, 𐐰𐑌𐐼 𐐿𐐫𐑆 𐑄𐐮𐑅 𐐹𐐨𐐹𐐲𐑊 𐐻𐐭 𐐿𐐲𐑋𐐮𐐻 𐑅𐐮𐑌, 𐑄𐐰𐐻 𐑄 𐐢𐐫𐑉𐐼 𐐸𐐰𐑆 𐐿𐐫𐑆 𐐻𐐭 𐑅𐐯𐑌𐐼 𐑋𐐨 𐐻𐐭 𐐹𐑉𐐱𐑁𐐲𐑅𐐴 𐐲𐑀𐐯𐑌𐑅𐐻 𐑄𐐮𐑅 𐐹𐐨𐐹𐐲𐑊, 𐐷𐐩, 𐐨𐑂𐐲𐑌 𐐪 𐑀𐑉𐐩𐐻 𐐨𐑂𐐮𐑊 𐐲𐑀𐐯𐑌𐑅𐐻 𐑄𐐮𐑅 𐐹𐐨𐐹𐐲𐑊? 𐐤𐐬 𐐷𐐨 𐑌𐐱𐐻 𐑄𐐰𐐻 𐐌 𐑅𐐹𐐨𐐿 𐑄 𐐻𐑉𐐭𐑃? 𐐏𐐩, 𐐷𐐨 𐑌𐐬 𐑄𐐰𐐻 𐐌 𐑅𐐹𐐨𐐿 𐑄 𐐻𐑉𐐭𐑃; 𐐰𐑌𐐼 𐐷𐐭 𐐫𐐻 𐐻𐐭 ʅɸɹɔɜʀʅ ɜʀpoɸ Ѡəd. Ⅎɴd ɪʅ bɹʅ ѡʀɔ ʅѻ ɿɹ8 ɣɹʅ ᖗə bɹʅ ɜ 8ɔɪʅʀɴ ρoɸ ᖗoɸ ɪɪdѡɪʅəб: ρoɸ ᖗə φɹ8 8ɹd ɣɹʅ ᖗə ʅɜc ɣ ʅѻ ʀ8 Ɔo6ʀ8. Ⅎɴd φѡʀʅ ɴo ᖗə ѡʀɴ8ʀφɪɪɪ ɣ ʅѻ ʀ8 Ɔo6ʀ8? Ɑʀ6 8ɹʅɞɛbʀɴ ѡʀɔ ɜɸ ɣ ʅѻ ʀ8 Ɔo6ʀ8? Ψѡʀʅ 8ɛ ᖗə? Ⅎɴd ɣɛ ɹɴ8ʀɸd ɹɴd 8ɹd, ɣɹʅ 8ɹʅɞɛbʀɴ dɪd ѡʀɔ ɜɸ ɣ ʅѻ ʀ8 Ɔo6ʀ8. Ɓʀʅ ɴȯ Ƥɜɪɴʀdɸ 8ɹd ʀɴʅѻ ɣɹɔ, Φ ɴo ɪρ ᖗə ѡəɿ ɣ ѡʀɔɹɴdɔʀɴʅ8 ʀ8 Ѡəd ᖗə bɹʅ ɜ 8ɛɞd; ᖗɛ, ɪρ ᖗə ѡəɿ ɣ ѡʀɔɹɴdɔʀɴʅ8 φѡɪc ɣ ʆoɸd dʀʅɪ8ʀɸd ʀɴʅѻ Ɔo6ʀ8 ɪɴ ɣ ɔȯɴʅ ʀ8 8ɸɴɸ."—Ɔo6ɸʀ 12:27–33.

Ψə ɣɹɴ ɸʀφʀɸ8ʅ ʅѻ ɣɹɔ ɣ ѡʀɔɹɴdɔʀɴʅ8; ɹρʅʀɸ φѡɪc φə ʀȯɹɴ ɪɴѡɸɸd:

"Ψɹ8 ᖗə ʅəʅ ɣɪ8 ɿəɿʀʅ ɣɹʅ ɣɛ bqd ʀɜ6ʀɸ8 ʅѻ dѻ oʅ ɣə6 ɪɪɴ6? ρoɸ ʅѻ ѡəɿ ɣə6 ѡʀɔɹɴdɔʀɴʅ8? Φ 8ɛ ʀɴʅѻ ᖗѻ ɴɛ; ρoɸ ɪρ ᖗə φɹd, ɣ ʆoɸd ѡqd ɴəʅ φɹ8 ѡəɞd ɔə ʅѻ ѡʀɔ ρoɸɪ ɹɴd ʅѻ ɿɸoρʀ8ɸ əɜɪʅ ѡʀɴ8ʀφɪɪɪ ɣɪ8 ɿəɿʀʅ. Ⅎɴd ɴȯ ᖗə φɹ8 8ɹd ɣɹʅ 8ɹʅɞɛbʀɴ ѡʀɔʀɪ ɜɸ ɣ ʅѻ ʀ8 Ɔo6ʀ8. Φ 8ɛ ʀɴʅѻ ᖗѻ ɣɹʅ ɪʅ ɪ6 ɪѡ8ɿədəʀɴʅ ɣɹʅ ᖗə bqd ѡəɿ ɣ ʅѻ ʀ8 Ɔo6ʀ8 ɹ6 ᖗɹʅ; ɜʀʅ Φ 8ɛ ʀɴʅѻ ᖗѻ, ɣɹʅ ɣ ʅɸɔ bɹʅ ѡʀɔ φѡɹɴ ɪʅ bɹʅ ɴo ɔəɸ ɜ ɪѡ8ɿədəʀɴʅ ʅѻ ѡəɿ ɣ ʅѻ ʀ8 Ɔo6ʀ8. Ⅎɴd ɔəɸo8ʀɸ, Φ 8ɛ ʀɴʅѻ ᖗѻ, ɣɹʅ 8ɹʅɞɛbʀɴ dʀɪ ɴəʅ ѡʀɔ ɜɸ ɣ ʅѻ ʀʅoɴ; ɹɴd ѡʀɸ ɪʅ ɴəʅ ρoɸ ɣ ʀʅoɴɔʀɴʅ φѡɪc Ѡəd φɪɔ8ɹʅρ bɹʅ ɔɛѡ ρoɸ ɣ 8ɪɴ6 ɹɴd ɪɪdѡɪʅəб ʀ8 φɪ6 ɿəɿʀʅ, ɣɹʅ ɣɛ ɔʀ8ʅ ʀɴʀ8oɪdʀ8ʅə ɿɹɸɪb, ɴəʅѡɪɪ8ɹɴdɪɪ ɣ ʅѻ ʀ8 Ɔo6ʀ8. Ⅎɴd ɴȯ Φ 8ɛ ʀɴʅѻ ᖗѻ, ɣɹʅ ɪʅ ѡʀ6 ɪѡ8ɿədəʀɴʅ ɣɹʅ ɣɹɸ bqd ɜ ə ʅѻ ȯɪ8ʀɴ ʅѻ ɣ cɪʅdɸʀɴ ʀ8 Ɨ6ɸʀʅ, ᖗɛ, əɜʀɴ ə 8ɹɸə 8ʅɸɪѡ ʅѻ; ρoɸ ɣɛ ѡʀɸ ə 8ʅɪρ-ɴɹɛѡ ɿəɿʀʅ; ѡѡɪѡ ʅѻ dѻ ɪɪdѡɪʅə, ɹɴd 8ʅo ʅѻ ɸʀɔɹɔ8ʀɸ ɣ ʆoɸd ɣɹɸ Ѡəd; ɣɹɸρoɸ ɣɹɸ ѡʀ6 ə ʅѻ ȯɪ8ʀɴ ɣɹɔ, ᖗɛ, ə ʅѻ ʀ8 ɿʀɸρoɸɔʀɴ8ʀ6 ɹɴd ʀ8 oɸdɪɴʀɴ8ʀ6, ə ʅѻ φѡɪc ɣɛ ѡʀɸ ʅѻ ʀɜ6ʀɸ8 8ʅɸɪѡʅʅə, ρɸʀɔ dɛ ʅѻ dɛ, ʅѻ ѡəɿ ɣɹɔ ɪɴ ɸʀɔɹɔ8ɸʀɴ8 ʀ8 Ѡəd, ɹɴd ɣɹɸ dѻɞə ʅʀѡəɸd6 φɪɔ. Ɓʀʅ ɜʀφoʅd, Φ 8ɛ ʀɴʅѻ ᖗѻ, ɣɹʅ oʅ ɣə6 ɪɪɴ6 ѡʀɸ ʅɸɪ8 ʀ8 ɪɪɴ6 ʅѻ ѡʀɔ. Ⅎɴd ɴȯ, dɪd ɣɛ ʀɴdʀɸ8ʅɹɴd ɣ ʅѻ? Φ 8ɛ ʀɴʅѻ ᖗѻ, Ɥɛ, ɣɛ dɪd ɴəʅ oʅ ʀɴdʀɸ8ʅɹɴd ɣ ʅѻ; ɹɴd ɣɪ8 ɜʀѡʀ6 ʀ8 ɣ φəɸdɪʀ8 ʀ8 ɣɹɸ φəɸʅ8; ρoɸ ɣɛ ʀɴdʀɸ8ʅqd ɴəʅ ɣɹʅ ɣɹɸ ѡqd ɴəʅ ɹɴə ɔɹɴ ɜ 8ɛɜd, ɪѡ8ɹɿʅ ɪʅ ѡʀɸ ɪɸѻ ɣ ɸʀdɹɔɿbʀɴ ʀ8 Ѡəd. Ƿoɸ ɜʀφoʅd, dɪd ɴəʅ Ɔo6ʀ8 ʅɸəρʀ8ɸ ʀɴʅѻ ɣɹɔ ѡʀɴ8ʀφɪɪɪ ɣ ѡʀɔɪɪ ʀ8 ɣ Ɔʀ8ɸʀ, ɹɴd ɣɹʅ Ѡəd bqd ɸʀdɔə φɪ6 ɿəɿʀʅ, ᖗɛ, ɹɴd əɜʀɴ oʅ ɣ ʅɸəρʀʅ8 φə φɹ8 ʅɸəρʀ8ɸd ɹɜʀɸ 8ɪɴ8 ɣ ѡʀɸʅd ɜʀȯɹɴ? Ψɹ8 ɣɛ ɴəʅ 8ɿѻѡʀɴ ɔəɸ oɸ ʅɹ8 ѡʀɴ8ʀφɪɪɪ ɣə6 ɪɪɴ6?"—Ɔo6ɸʀ 13:25–33.

Ⅎʅ ɣɪ8 ʅɸɔ ɣ ɸɸcʀ8 Ɥəρɸʅ8 ɪɴ ɣ ʅɹɴd ʀ8 6ɹɸʀɸɹɔʅʀ

ωrф ωөпи ɣ lϙ rв Ɔоϭrв вɿфɪωɿɭɘ, во рɘф ⅎб ɪɿв ȯɿωrфd өфdɪʜrнвrб ωrф ωrнвrфнd, ⅎнd rнdrфвɿⅎнdɪиɭɘ ωɪɣ фrώөфd ɿϙ ɪɿв вɪɔвrɭɪсɔ ⅎнd вɪɔɪɭɿϙdб. Фωⅎн ɣ оөөdөrн ʰөрфɿв ωrф ɭⅎd ȯɿ rв ɣ ɭⅎнd rв ʰөрф вф Ɔоϭфr, ɣɛ рȯнd ɪн ɣ ɭⅎнd, ⅎрɿrфωrфdб ωөɭd бⅎфrфⅎɔɭr, ө ɿөɿrɭ фϙ ɿфөвd ɿϙ в ө вфⅎнс rв ɣ фȯв rв Ɨϭфrɭ, вrɿ фϙ, оɪи ɿϙ ɣ рⅎωɿ ɣⅎɿ ɣɛ фⅎd но фⅎωrфdб нөф вωфɪɿсrфб, фⅎd ωrфrɿɿrd ɣⅎф ɭⅎиώωrс, рɛɭd ɿϙ rвϭrфв ɣ lϙ rв Ɔоϭrв, ⅎнd фⅎd во рɘф рөɭrн ɣⅎɿ ɣɛ ⅎωсrωɿɭɘ drнфd ɣ ɪώϭɪвɿrнв rв Ѡөd. Ɔоϭфr ⅎнd ɣ ʰөрфɿв rɔⅎɭώrɔɛɭrd ωɪɣ ɣɪв ɿөɿrɭ, ɿϙɿ ɣⅎɔ ɣⅎф ɭⅎиώωrс, ɪнвɿфrωɭrd ɣⅎɔ ɪн ɣ ωrфbɪɿ rв Ѡөd ⅎнd вɪɭɿ ө ɭⅎɔɿrɭ ɪн ɣⅎɿ ɭⅎнd, фωɪс ɪнdөd ɣɛ ɔɛd ɣⅎф ɿrфɔrнrнɿ фоɔ. Ɔоϭфr фⅎd ө вrн ωөɭd Вⅎнсrɔɪн, фϙ фөɭd ɪн ффсrвнrв өɭ ɣ dɛб rв фɪб ɭϙи ɭфр. Ɒөфɿɭɘ вrрөф фɪб dⅎʟ фө ɪнвɿфrωɭrd фɪб вrн Ɔоϭфr ɿϙ ώⅎɣrф ɣ ɿөɿrɭ ɿϙ ɣ ɭⅎɔɿrɭ, ɣⅎɿ фө ɔфɿ ώɪв ɣⅎɔ ө сөфс ⅎнd нөɔɪнɛɿ фɪб вrωвⅎвrф. Ɨɿ ɪб фɪɿrн:

"Ɑрɿrф Ɔоϭфr фⅎd drн ⅎб фɪб рɘɣrф фⅎd ωrɔⅎнdrd фɪɔ, ⅎнd фⅎd ɔɛd ө ɿфөωɭrɔɛbrн ʟфөȯɿ өɭ ɣ ɭⅎнd, ɣⅎɿ ɣ ɿөɿrɭ ώⅎɣrфd ɣⅎɔвⅎɭвб ɭrώⅎɣrф ʟфөȯɿ өɭ ɣ ɭⅎнd, ɣⅎɿ ɣɛ ɔфɿ ώо rɿ ɿϙ ɣ ɭⅎɔɿrɭ ɿϙ фɪф ɣ ωrфdб фωɪс Ѡɪи Вⅎнсrɔɪн bɘd вɿөω rнɿϙ ɣⅎɔ. Ɑнd ɣⅎф ωrф ө ώфɛɿ нrɔвrф, өвrн во ɔⅎнө ɣⅎɿ ɣɛ dɪd нөɿ нrɔвrф ɣⅎɔ; рөф ɣɛ фⅎd ɔrɭɪɿɪфd ɪωвөdɪиɭɘ, ⅎнd ωⅎωвɿ ώфɛɿ ɪн ɣ ɭⅎнd. Ɑнd ɣɛ өɭво ɿɘω rв ɣ рrфвɿɭɪɪб rв ɣⅎф рɭөωв, ɣⅎɿ ɣɛ ɔфɿ өрrф вⅎωфɪрфв ⅎнd вrфнɿ өрrфɪиб, rωөфdɪи ɿϙ ɣ lϙ rв Ɔоϭrв."—Ɔоϭфr 2:1–3.

Фɪф ωө rвϭrфв ɣⅎɿ ɣ lϙ ɪн фrɭɛbrн ɿϙ вⅎωфɪрфвrб ⅎнd вrфнɿ өрrфɪиб ωrб вɿɭ рɛʟрrɭɘ rвϭrфвd, өɭɣо нɪфɭɘ рфв фrнdфrd ⅎɪфб фⅎd ɿⅎвɿ вɪнв ɭөфф ɭⅎрɿ Ϲrфөвrɭⅎɔ; рөф ɣ ωөɭrнө фωɪс фө ɭⅎd вɿөфɿrd өн ɣⅎф ɪвⅎнɿrɭ сrфнө вɪωв фrнdфrd ⅎɪфб вrрөф ɣ вrфʟ rв Ѡффвɿ, фωфɭвɿ ɣɪв ώⅎɣrфɪи ɿɘω ɿɭɛв ωrн фrнdфrd ⅎнd ɿωⅎнɿɘ-рфв ⅎɪфб вrрөф ɣⅎɿ вɛɔ ɔовɿ ɪɔɿоффɿrн rɿɪфɪи.

Ɵфɪи ɣ dɛб ɣⅎɿ ɣ Ϲrсrб фөɭd ɣ ʰөрфɿв ɣ ффсrв ɿөфbrн rв ɣⅎɿ ɿөɿrɭ ωrнɿɪнʌөd ɿϙ rвϭrфв ɣ фrωωфɔrнɿв rв ɣɪв lϙ. Ѡө ωɪɭ вɪɔɿɭɘ ώɪв ɿϙ ωωоɿɛbrнб рфrɔ ɣ Вɘω rв Ɑɭɔr өн ɣɪв ɿоɪɿ, ɣо ɣ фⅎрфrнвrб өф нөɔrфв. Ɣ рrфвɿ ɪб:

"Ɣɛ, ⅎнd ɣɛ dɪd ωөɿ ɣ lϙ rв Ɔоϭrв; рөф ɪɿ ωrб ɪωвɿөdөrнɿ ɣⅎɿ ɣɛ bɘd ωөɿ ɣ lϙ rв Ɔоϭrв ⅎб ʌⅎɪ, рөф ɪɿ ωrб нөɿ өɭ 𐑁𐐳𐑊𐑁𐐮𐑊𐐼. 𐐒𐐲𐐻 𐑌𐐱𐐻𐐶𐐮𐑃𐑅𐐻𐐰𐑌𐐼𐐮𐑍 𐑄 𐑊𐐫 𐐲𐑂 𐐣𐐬𐑆𐐲𐑅, 𐑄𐐩 𐐼𐐮𐐼 𐑊𐐳𐐿 𐑁𐐫𐑉𐐶𐐲𐑉𐐼 𐐻𐐭 𐑄 𐐿𐐲𐑋𐐮𐑍 𐐲𐑂 𐐗𐑉𐐴𐑅𐐻, 𐐿𐐲𐑌𐑅𐐮𐐼𐐲𐑉𐐮𐑍 𐑄𐐰𐐻 𐑄 𐑊𐐫 𐐲𐑂 𐐣𐐬𐑆𐐲𐑅 𐐶𐐲𐑆 𐐱 𐐻𐐴𐐹 𐐲𐑂 𐐸𐐮𐑆 𐐿𐐲𐑋𐐮𐑍, 𐐰𐑌𐐼 𐐺𐐲𐑊𐐨𐑂𐐮𐑍 𐑄𐐰𐐻 𐑄𐐩 𐑋𐐲𐑅𐐻 𐐿𐐨𐐹 𐑄𐐬𐑆 𐐵𐐻𐐶𐐲𐑉𐐼 𐐹𐐲𐑉𐑁𐐫𐑉𐑋𐐲𐑌𐑅𐐲𐑆, 𐐲𐑌𐐻𐐮𐑊 𐑄 𐐻𐐴𐑋 𐑄𐐰𐐻 𐐸𐐨 𐑇𐐳𐐼 𐐺 𐑉𐐲𐑂𐐨𐑊𐐼 𐐲𐑌𐐻𐐭 𐑄𐐯𐑋. 𐐤𐐵 𐑄𐐩 𐐼𐐮𐐼 𐑌𐐱𐐻 𐑅𐐲𐐹𐐬𐑆 𐑄𐐰𐐻 𐑅𐐰𐑊𐑂𐐩𐑇𐐲𐑌 𐐿𐐩𐑋 𐐺𐐴 𐑄 𐑊𐐫 𐐲𐑂 𐐣𐐬𐑆𐐲𐑅; 𐐺𐐲𐐻 𐑄 𐑊𐐫 𐐲𐑂 𐐣𐐬𐑆𐐲𐑅 𐐼𐐮𐐼 𐑅𐐲𐑉𐑂 𐐻𐐭 𐑅𐐻𐑉𐐯𐑍𐑃𐐲𐑌 𐑄𐐯𐑉 𐑁𐐩𐑃 𐐮𐑌 𐐗𐑉𐐴𐑅𐐻; 𐐰𐑌𐐼 𐑄𐐲𐑅 𐑄𐐩 𐐼𐐮𐐼 𐑉𐐲𐐻𐐩𐑌 𐐱 𐐸𐐬𐐹 𐑃𐑉𐐭 𐑁𐐩𐑃, 𐐲𐑌𐐻𐐭 𐐨𐐻𐐲𐑉𐑌𐐲𐑊 𐑅𐐰𐑊𐑂𐐩𐑇𐐲𐑌, 𐑉𐐮𐑊𐐴𐐮𐑍 𐐲𐐹𐐱𐑌 𐑄 𐑅𐐹𐐮𐑉𐐮𐐻 𐐲𐑂 𐐹𐑉𐐱𐑁𐐲𐑅𐐨, 𐐸𐐶𐐮𐐽 𐑅𐐹𐐩𐐿 𐐲𐑂 𐑄𐐬𐑆 𐑃𐐮𐑍𐑆 𐐻𐐭 𐐿𐐲𐑋."—𐐈𐑊𐑋𐐲 25:15, 16.

𐐎𐐮𐑄 𐑄𐐮𐑅 𐑄 𐐶𐐲𐑉𐐼𐑆 𐐲𐑂 𐐑𐐫𐑊, 𐐸𐐶𐐯𐑌 𐑅𐐹𐐨𐐿𐐮𐑍 𐐱𐑌 𐑄𐐮𐑅 𐑅𐐲𐐺𐐾𐐯𐐿𐐻, 𐐹𐑉𐐲𐑅𐐴𐑅𐑊𐐨 𐐲𐑀𐑉𐐨: "𐐒𐐲𐐻 𐐺𐐲𐑁𐐫𐑉 𐑁𐐩𐑃 𐐿𐐩𐑋, 𐐶𐐨 𐐶𐐲𐑉 𐐿𐐯𐐹𐐻 𐐲𐑌𐐼𐐲𐑉 𐑄 𐑊𐐫, 𐑇𐐲𐐻 𐐲𐐹 𐐲𐑌𐐻𐐭 𐑄 𐑁𐐩𐑃, 𐐸𐐶𐐮𐐽 𐑇𐐳𐐼 𐐰𐑁𐐻𐐲𐑉𐐶𐐲𐑉𐐼𐑆 𐐺 𐑉𐐲𐑂𐐨𐑊𐐼. 𐐐𐐶𐐯𐑉𐑁𐐫𐑉 𐑄 𐑊𐐫 𐐶𐐲𐑆 𐐵𐑉 𐑅𐐿𐐭𐑊𐑋𐐰𐑅𐐻𐐲𐑉 𐐻𐐭 𐐺𐑉𐐮𐑍 𐐲𐑅 𐐲𐑌𐐻𐐭 𐐗𐑉𐐴𐑅𐐻, 𐑄𐐰𐐻 𐐶𐐨 𐑋𐐴𐐻 𐐺 𐐾𐐲𐑅𐐻𐐮𐑁𐐴𐐼 𐐺𐐴 𐑁𐐩𐑃."—𐐘𐐲𐑊𐐩𐑇𐐲𐑌𐑆 3:23, 24.

𐐜 𐑅𐐯𐐿𐐲𐑌𐐼 𐐿𐐶𐐬𐐻𐐩𐑇𐐲𐑌 𐐮𐑆:

"𐐜𐐯𐑉𐑁𐐫𐑉 𐐮𐐻 𐐮𐑆 𐐮𐐿𐑅𐐹𐐨𐐼𐐨𐐲𐑌𐐻 𐑄𐐰𐐻 𐑄𐐯𐑉 𐑇𐐳𐐼 𐐺 𐐱 𐑀𐑉𐐩𐐻 𐐰𐑌𐐼 𐑊𐐰𐑅𐐻 𐑅𐐰𐐿𐑉𐐮𐑁𐐴𐑅; 𐐰𐑌𐐼 𐑄𐐯𐑌 𐑇𐐰𐑊 𐑄𐐯𐑉 𐐺, 𐐫𐑉 𐐮𐐻 𐐮𐑆 𐐮𐐿𐑅𐐹𐐨𐐼𐐨𐐲𐑌𐐻 𐑄𐐰𐐻 𐑄𐐯𐑉 𐑇𐐳𐐼 𐐺, 𐐱 𐑅𐐻𐐱𐐹 𐐻𐐭 𐑄 𐑇𐐯𐐼𐐮𐑍 𐐲𐑂 𐐺𐑊𐐲𐐼; 𐑄𐐯𐑌 𐑇𐐰𐑊 𐑄 𐑊𐐫 𐐲𐑂 𐐣𐐬𐑆𐐲𐑅 𐐺 𐑁𐐳𐑊𐑁𐐮𐑊𐐼; 𐐷𐐩, 𐐮𐐻 𐑇𐐰𐑊 𐐺 𐐫𐑊 𐑁𐐳𐑊𐑁𐐮𐑊𐐼; 𐐯𐑂𐑉𐐨 𐐾𐐱𐐻 𐐰𐑌𐐼 𐐻𐐮𐐻𐐲𐑊, 𐐰𐑌𐐼 𐑌𐐲𐑌 𐑇𐐰𐑊 𐐸𐐰𐑂 𐐹𐐰𐑅𐐻 𐐲𐐶𐐩. 𐐈𐑌𐐼 𐐺𐐲𐐸𐐬𐑊𐐼, 𐑄𐐮𐑅 𐐮𐑆 𐑄 𐐸𐐬𐑊 𐑋𐐨𐑌𐐮𐑍 𐐲𐑂 𐑄 𐑊𐐫; 𐐯𐑂𐑉𐐨 𐐸𐐶𐐮𐐻 𐐹𐑎𐑌𐐻𐐮𐑍 𐐻𐐭 𐑄𐐰𐐻 𐑀𐑉𐐩𐐻 𐐰𐑌𐐼 𐑊𐐰𐑅𐐻 𐑅𐐰𐐿𐑉𐐮𐑁𐐴𐑅; 𐐰𐑌𐐼 𐑄𐐰𐐻 𐑀𐑉𐐩𐐻 𐐰𐑌𐐼 𐑊𐐰𐑅𐐻 𐑅𐐰𐐿𐑉𐐮𐑁𐐴𐑅 𐐶𐐮𐑊 𐐺 𐑄 𐐝𐐲𐑌 𐐲𐑂 𐐘𐐱𐐼: 𐐷𐐩, 𐐮𐑌𐑁𐐮𐑌𐐮𐐻 𐐰𐑌𐐼 𐐨𐐻𐐲𐑉𐑌𐐲𐑊."—𐐈𐑊𐑋𐐲 34:13, 14.

𐐒𐐲𐐻 𐑅𐐲𐑋 𐐲𐑂 𐑄𐐬𐑆 𐐸𐐭 𐐲𐐹𐐱𐑅𐐻𐐲𐐻𐐴𐑆𐐼 𐑁𐑉𐐲𐑋 𐑄 𐐤𐐨𐑁𐐴𐐻𐑅 𐐰𐑌𐐼 𐐫𐑉𐑀𐐲𐑌𐐴𐑆𐐼 𐐽𐐲𐑉𐐽𐐲𐑆 𐐲𐑂 𐑄𐐯𐑉 𐐬𐑌 𐑅𐐨𐑅𐐻 𐐻𐐭 𐐿𐐨𐐹 𐑄𐐮𐑅 𐑊𐐫. 𐐝𐐲𐐽 𐐱 𐑅𐐯𐐿𐐻 𐐶𐐲𐑉 𐑄 𐐞𐐫𐑉𐐲𐑋𐐴𐐻𐑅, 𐐲𐑂 𐐸𐐭𐑋 𐐮𐐻 𐐮𐑆 𐑉𐐮𐐻𐐲𐑌:

"𐐤𐐵 𐑄 𐐞𐐫𐑉𐐲𐑋𐐴𐐻𐑅 𐐶𐐲𐑉 𐐼𐐮𐑅𐐯𐑌𐐻𐐲𐑉𐑆 𐑁𐑉𐐲𐑋 𐑄 𐐤𐐨𐑁𐐴𐐻𐑅; 𐑄𐐯𐑉𐑁𐐫𐑉 𐑄𐐩 𐐸𐐰𐐼 𐑄 𐐶𐐲𐑉𐐼 𐐲𐑂 𐐘𐐱𐐼 𐐹𐑉𐐨𐐽𐐻 𐐲𐑌𐐻𐐭 𐑄𐐯𐑋. 𐐒𐐲𐐻 𐑄𐐩 𐐸𐐰𐐼 𐑁𐐫𐑊𐐲𐑌 𐐮𐑌𐐻𐐭 𐑀𐑉𐐩𐐻 𐐯𐑉𐐲𐑉𐑆, 𐑁𐐫𐑉 𐑄𐐩 𐐶𐐳𐐼 𐑌𐐱𐐻 𐐲𐐺𐑆𐐲𐑉𐑂 𐐻𐐭 𐐿𐐨𐐹 𐑄 𐐿𐐲𐑋𐐰𐑌𐐼𐑋𐐲𐑌𐐻𐑅 𐐲𐑂 𐐘𐐱𐐼, 𐐰𐑌𐐼 𐐸𐐮𐑆 𐑅𐐻𐐰𐐽𐐭𐐻𐑅, 𐐲𐐿𐐫𐑉𐐼𐐮𐑍 𐐻𐐭 𐑄 𐑊𐐫 𐐲𐑂 𐐣𐐬𐑆𐐲𐑅; 𐑌𐐴𐑄𐐲𐑉 𐐶𐐳𐐼 𐑄𐐩 𐐲𐐺𐑆𐐲𐑉𐑂 𐑄 𐐹𐐲𐑉𐑁𐐫𐑉𐑋𐐲𐑌𐑅𐐲𐑆 𐐲𐑂 𐑄 𐐽𐐲𐑉𐐽, 𐐻𐐭 𐐿𐐲𐑌𐐻𐐮𐑌𐐷𐐭 𐐮𐑌 𐐹𐑉𐐯𐑉 𐐰𐑌𐐼 𐑅𐐲𐐹𐑊𐐮𐐿𐐩𐑇𐐲𐑌 𐐻𐐭 𐐘𐐱𐐼 𐐼𐐩𐑊𐐨, 𐑄𐐰𐐻 𐑄𐐩 𐑋𐐴𐐻 𐑌𐐱𐐻 𐐯𐑌𐐻𐐲𐑉 𐐮𐑌𐐻𐐭 𐐻𐐯𐑋𐐹𐐻𐐩𐑇𐐲𐑌; 𐐷𐐩, 𐐮𐑌 𐑁𐐴𐑌, 𐑄𐐩 𐐼𐐮𐐼 𐐹𐐲𐑉𐑂𐐲𐑉𐐻 𐑄 𐐶𐐩𐑆 𐐲𐑂 𐑄 𐐢𐐫𐑉𐐼 𐐮𐑌 𐑂𐐯𐑉𐐨 𐑋𐐯𐑌𐐨 𐐮𐑌𐑅𐐻𐐲𐑌𐑅𐐲𐑆."—𐐈𐑊𐑋𐐲 31:8–11.

𐐟𐐫𐑉𐐻𐑊𐐨 𐐰𐑁𐐻𐐲𐑉 𐑄 𐐲𐐹𐐮𐑉𐐲𐑌𐑅 𐐲𐑂 𐑄 𐑅𐐴𐑌𐑆 𐑄𐐰𐐻 𐐺𐐲𐐻𐐬𐐿𐐲𐑌𐐼 𐑄 𐐺𐐲𐑉𐑃 𐐲𐑂 𐑄 𐐝𐐩𐑂𐐷𐐲𐑉 𐐰𐐻 𐐒𐐯𐑃𐑊𐐲𐐸𐐯𐑋, 𐑄𐐯𐑉 𐐲𐑉𐐬𐑆 𐐱 𐑁𐐷𐐭 𐐲𐑋𐐲𐑍 𐑄 𐐤𐐨𐑁𐐴𐐻𐑅 𐐸𐐭 𐐮𐑌𐐼𐐯𐑂𐐲𐑉𐐼 "𐐻𐐭 𐐹𐑉𐐭𐑂 𐐺𐐴 𐑄 𐐝𐐿𐑉𐐮𐐹𐐽𐐲𐑉𐑆 𐑄𐐰𐐻 𐐮𐐻 𐐶𐐲𐑆 𐑌𐐬 𐑋𐐫𐑉 𐐮𐐿𐑅𐐹𐐨𐐼𐐨𐐲𐑌𐐻 𐐻𐐭 𐐲𐐺𐑆𐐲𐑉𐑂 𐑄 𐑊𐐫 𐐲𐑂 𐐣𐐬𐑆𐐲𐑅. 𐐤𐐵 𐐮𐑌 𐑄𐐮𐑅 𐑃𐐮𐑍 𐑄𐐩 𐐼𐐮𐐼 𐐲𐑉, 𐐸𐐰𐑂𐐮𐑍 𐑌𐐱𐐻 𐐲𐑌𐐼𐐲𐑉𐑅𐐻𐐳𐐼 𐑄 𐑅𐐿𐑉𐐮𐐹𐐽𐐲𐑉𐑆. 𐐒𐐲𐐻 𐐮𐐻 𐐿𐐩𐑋 𐐻𐐭 𐐹𐐰𐑅 𐑄𐐰𐐻 𐑄𐐩 𐑅𐐭𐑌 𐐺𐐲𐐿𐐩𐑋 𐐿𐐲𐑌𐑂𐐲𐑉𐐻𐐲𐐼, 𐐰𐑌𐐼 𐐶𐐲𐑉 𐐿𐐲𐑌𐑂𐐮𐑌𐑅𐐻 𐐲𐑂 𐑄 𐐯𐑉𐐲𐑉 𐐸𐐶𐐮𐐽 𐑄𐐩 𐐶𐐲𐑉 𐐮𐑌, 𐑁𐐫𐑉 𐐮𐐻 𐐶𐐲𐑆 𐑋𐐩𐐼 𐑌𐐬𐑌 𐐲𐑌𐐻𐐭 𐑄𐐯𐑋 𐑄𐐰𐐻 𐑄 𐑊𐐫 𐐶𐐲𐑆 𐑌𐐱𐐻 𐐷𐐯𐐻 𐑁𐐳𐑊𐑁𐐮𐑊𐐼.”—3 𐐤𐐨𐑁𐐴 1:24, 25.

𐐈𐑁𐐻𐐲𐑉 𐐐𐐮𐑆 𐑉𐐯𐑆𐐲𐑉𐐯𐐿𐑇𐐲𐑌, 𐐖𐐨𐑆𐐲𐑅, 𐐮𐑌 𐐐𐐮𐑆 𐑋𐐮𐑌𐐮𐑅𐐻𐑉𐐩𐑇𐐲𐑌𐑆 𐐮𐑌 𐑄 𐑋𐐮𐐼𐑅𐐻 𐐲𐑂 𐑄 𐐤𐐨𐑁𐐴𐐻𐑅, 𐐹𐐲𐑉𐑅𐐨𐑂𐐮𐑍 𐑄𐐰𐐻 𐑄𐐩 𐐶𐐲𐑌𐐼𐐲𐑉𐐼 𐑉𐐲𐑀𐐫𐑉𐐼𐐮𐑍 𐑄 𐑁𐐳𐑊𐑁𐐮𐑊𐑋𐐲𐑌𐐻 𐐲𐑂 𐑄 𐑊𐐫 𐐲𐑂 𐐣𐐬𐑆𐐲𐑅, 𐑅𐐯𐐼 𐐲𐑌𐐻𐐭 𐑄 𐑊𐐮𐑅𐐲𐑌𐐮𐑍 𐑋𐐲𐑊𐐻𐐮𐐻𐐭𐐼, “𐐒𐐲𐐸𐐬𐑊𐐼, 𐐌 𐑅𐐩 𐐲𐑌𐐻𐐭 𐐷𐐭 𐑄𐐰𐐻 𐑄 𐑊𐐫 𐐮𐑆 𐑁𐐳𐑊𐑁𐐮𐑊𐐼 𐑄𐐰𐐻 𐐶𐐲𐑆 𐑀𐐮𐑂𐐲𐑌 𐐲𐑌𐐻𐐭 𐐣𐐬𐑆𐐲𐑅. 𐐒𐐲𐐸𐐬𐑊𐐼, 𐐌 𐐰𐑋 𐐸𐐨 𐑄𐐰𐐻 𐑀𐐩𐑂 𐑄 𐑊𐐫, 𐐰𐑌𐐼 𐐌 𐐰𐑋 𐐸𐐨 𐐸𐐭 𐐿𐐲𐑂𐐲𐑌𐐲𐑌𐐻𐐲𐐼 𐐶𐐮𐑄 𐑋𐐴 𐐹𐐨𐐹𐐲𐑊 𐐆𐑆𐑉𐐲𐑊; 𐑄𐐯𐑉𐑁𐐫𐑉 𐑄 𐑊𐐫 𐐮𐑌 𐑋𐐨 𐐮𐑆 𐑁𐐳𐑊𐑁𐐮𐑊𐐼, 𐑁𐐫𐑉 𐐌 𐐸𐐰𐑂 𐐿𐐲𐑋 𐐻𐐭 𐑁𐐳𐑊𐑁𐐮𐑊 𐑄 𐑊𐐫; 𐑄𐐯𐑉𐑁𐐫𐑉 𐐮𐐻 𐐸𐐰𐑃 𐐰𐑌 𐐯𐑌𐐼. 𐐒𐐲𐐸𐐬𐑊𐐼, 𐐌 𐐼𐐭 𐑌𐐱𐐻 𐐼𐐲𐑅𐐻𐑉𐐬𐐮 𐑄 𐐹𐑉𐐫𐑁𐐲𐐻𐑅, 𐑁𐐫𐑉 𐐰𐑆 𐑋𐐯𐑌𐐨 𐐰𐑆 𐐸𐐰𐑂 𐑌𐐱𐐻 𐐺𐐮𐑌 𐑁𐐳𐑊𐑁𐐮𐑊𐐼 𐐮𐑌 𐑋𐐨, 𐑂𐐯𐑉𐐮𐑊𐐨 𐐌 𐑅𐐩 𐐲𐑌𐐻𐐭 𐐷𐐭, 𐑇𐐰𐑊 𐐫𐑊 𐐺 𐑁𐐳𐑊𐑁𐐮𐑊𐐼. 𐐈𐑌𐐼 𐐺𐐲𐐿𐐫𐑆 𐐌 𐑅𐐯𐐼 𐐲𐑌𐐻𐐭 𐐷𐐭 𐑄𐐰𐐻 𐐬𐑊𐐼 𐑃𐐮𐑍𐑆 𐐸𐐰𐑃 𐐹𐐰𐑅𐐻 𐐲𐐶𐐩, 𐐌 𐐼𐐭 𐑌𐐱𐐻 𐐼𐐲𐑅𐐻𐑉𐐬𐐮 𐑄𐐰𐐻 𐐸𐐶𐐮𐐽 𐐸𐐰𐑃 𐐺𐐮𐑌 𐑅𐐹𐐬𐐿𐐲𐑌 𐐿𐐲𐑌𐑅𐐲𐑉𐑌𐐮𐑍 𐑃𐐮𐑍𐑆 𐐸𐐶𐐮𐐽 𐐪𐑉 𐐻𐐭 𐐿𐐲𐑋. 𐐙𐐫𐑉 𐐺𐐲𐐸𐐬𐑊𐐼, 𐑄 𐐿𐐲𐑂𐐲𐑌𐐲𐑌𐐻 𐐸𐐶𐐮𐐽 𐐌 𐐸𐐰𐑂 𐑋𐐩𐐼 𐐶𐐮𐑄 𐑋𐐴 𐐹𐐨𐐹𐐲𐑊 𐐮𐑆 𐑌𐐱𐐻 𐐫𐑊 𐑁𐐳𐑊𐑁𐐮𐑊𐐼; 𐐺𐐲𐐻 𐑄 𐑊𐐫 𐐸𐐶𐐮𐐽 𐐶𐐲𐑆 𐑀𐐮𐑂𐐲𐑌 𐐲𐑌𐐻𐐭 𐐣𐐬𐑆𐐲𐑅 𐐸𐐰𐑃 𐐰𐑌 𐐯𐑌𐐼 𐐮𐑌 𐑋𐐨.”—3 𐐤𐐨𐑁𐐴 15:4–8.

# Cлтղrф XV

*Ɣ Ορrфіи rв Ɛлωфірфв ɩɩ γ Ղфэб rв γ Фʌвղղωbrъ rв θ Lɩиб—Ղэсɩиб rв γ Ղфэрrղ Ϛоблр Ɛэщ γʌфоъ—Ɣ Ɛrъб rв [эвф—Элղrωф'б Ղфэрrвэ—Ɣ Ƈɩвтrъвєbrъ rв γ Ρqղъrв rв Ղфэб.*

Iղ ωqd rтɩɩф γлղ, фωʌъ ʌвфθɩɩи bлղ флв вɩɩ rωвэтղɩbղ тrфղєъɩи оф фrղєɩɩи ղω γ влωфɩрфв лъd rղоъэrъղ rв γ Ɛrъ rв Θэd, ɩɩ γ ղфэ rв γ фʌвղɩղωbrъ rв θ lɩиб γ вrъб rв [эвф ωɩɩ орrф rт лъ rωвʌтղrвrղ орrфɩи rъղω γ [оφd; фωrղ γɩв орrфɩи ωɩɩ в drб ъэղ dɩвղɩиωղɩэ rтɩɩф. Ɣʌф эф элъэ lɩиб rвоbэєɩrd ωɩγ γ рфъrղ влղвєbrъ rв элъ, лъd γ ωrфωɩи ȯղ лъd rωвэтղɩbэrъղ rв γ тrфтrвrб rв Θэd ɩɩ фrղєbrъ ղω γ фъωэrъ рлэղэ, фωɩс ղф ъʌղ ɩɩ γ ръωсrф: γ тrωъωղъrф тrбɩbrъ фωɩс γ сɩɩdфrъ ωɩɩ эωъrтф, θղвω γ тrбɩbrъ rв γ фэγrъ фω флв dфd ωɩɩȯղ ղω, лъd rв γоб фω флв вɩɩ ղфлъвղєɩrd, лъd фω ɩղ ωqd rтɩɩф флв в втʌвɩрфd ղєвrф ղω тrфрэфэ rвоbэєɩrd ωɩγ γʌф эɩbrъ ղω γ ղrфʌвղфэrղ ωrфղd6; γ [ʌղɩи ղωв rв Ɛєղrъ лрղrф γ lбrъd ъɩфб, лъd элъэ rγrф lɩиб фωɩс ɩղ ɩб ъэղ тrфэɩɩrd рэф rв лղ γ тфʌбrъղ ղфэ ղω ωвэтфrфлъd ɩɩ рqղ. Ɣэб ωɩɩ θղ в фrвэղd ɩɩ γ dω ղфэ rв γ [оφd. Ɣ Ղфэрrղ Ϛоблр эєωв γ рвղоɩи вղєղэrъղ ωɩγ фrώэфd ղω γ орrфɩиб rвrв фrрrфd ղω:

"Ɣrв ωэ вrфоɩd γ ωэб rв γɩв Ղфэвղфqd ωrъвɩвղrd ɩɩ rвղєъɩи γ воɩв rв Ϛrфовr, γлղ Фэ ղωωղ ωɩγ фɩэ [Ҷоr] ɩɩ в рrэղъrф лъd рфʌъdղэ элъrф, γлղ Фэ ωrъղɩɩъωd ղω фɩэ γ ωэб, γ ωrвrъrъղв, γ тȯrф лъd γ ώղωфэ ωɩγ фωɩс Фэ вղʌвղ Лdrэ лղ γ вrώɩɩɩи; лъd γ орrфɩи rв влωфɩрфв, фωɩс θղвω bлղ в ωrъղɩɩъωd лղ γ ղвղ ղфэ; рэф θղ γ офdɩɩrъвrб лъd dωղэб γлղ ʌвrф флв вɩɩ фrωωфd вф γ Ղфэвղфqd, rъdrф γ drфʌωbrъб лъd ωrэлъdэrъղв rв γ Θղэфղэ, ɩɩ ʌъэ rв γ dɩвтrъвєbrъб, bлղ θղ в флd ɩɩ γ ղвղ dɩвтrъвєbrъ; γʌфрэф θղ lɩиб флd rъdrф γ rlофɩղэ rв γ Ղфэвղфqd лղ ʌъэ рэфэrф тɩфэrd, bлղ в флd rώʌъ, вфɩɩɩи ղω тлв γ фʌвղrфєbrъ вղωωrъ rв вф γ эȯl rв θղ γ фоղэ Ղфэрrղв; γʌъ bлղ γ вrъб rв [эвф орrф лъ rωвʌтղrвrղ влωфɩрфв ղω γо [оφd. Ɛэ Элղrωф 3:3: 'Лъd фэ bлղ вɩɩ лб в фrрфъrф лъd тъqфɩрфrф rв вղвrф, лъd фэ bлղ тъqфɩрф γ вrъб rв [эвф, лъd тrфс γлэ лб ώоɩd лъd вղвrф, γлղ γє эє орrф rъղω γ [оφd.' Ɨղ ωɩɩ в ъʌвrвʌфэ фɩф ղω эєω в ръω эвбrфвєbrъб оъ γ dωωղфɩɩ вʌղ рэфl ɩɩ γ rвrв ωωоղєbrъ, лб ɪɿ ɪ6 çʌɴrφɪɿə вrτoбd γɹɿ вɹωφɪrφв ωr6 ɪɴφφɿə drɴ rωɛ φωʌɴ γ Ꮗφɛɿ Ꮾɹωφɪrφв ωr6 θrrφd rɿ, ɹɴd γɹɿ γʌφ ωɪ, в ɴo ɴrвʌвɪɿə ρoφ γ θφdɪɴrɴв rв вɹωφɪrφв ɪɴ ρɴoςrφ; вrɿ γo6 φo rвrφɿ γɪв oφ вrφɿrɴɪə ɴoɿ rωωɛɿɪrd ωɪγ γ dωɿə6, ɿφɪвɪɿrςr6, ɹɴd rʟoφɪɿə rв γ ɿφəвɿφφd, oφ ωɪγ γ ɿφərrɿв. Ɣ θrrφɪɪ rв вɹωφɪrφв φɹ6 ʌвrφ вɪɴ ωrɴʌωɿrd ωɪγ ɹɴd ρoφɔ6 ə ɿəφɿ rв γ dωɿə6 rв γ ɿφəвɿφφd. Ɨɿ вrώɹɴ ωɪγ γ ɿφəвɿφφd, ɹɴd ωɪ, в ωrɴɿɪɴφod rɴɿɪ, ɹρɿrφ γ ωrɔɪɪ rв Ꮗφφвɿ, ρφrɔ çʌɴrφebrɴ ɿo çʌɴrφebrɴ. Ꮗə ρφəωrɴɿɪə φɹв ɔʌɴςrɴ ɔed rв γ θrrφɪɪ rв вɹωφɪrφв вφ γ вrφвrɴɿв rв γ Ͻoвɿ Ꮗφ ɪɴ ɛɴςrɴɿ dɛ6, ɿφφrφ ɿo γ ɿo rв Ͻo6rв; φωɪς θφdɪɴrɴвr6 ωɪ, в ωrɴɿɪɴφod φωʌɴ γ ɿφəвɿφφd ɪ6 φrвɿoφd ωɪγ θɿ ɪɿв rʟoφɪɿə, ɿórφ ɹɴd вɿʌвɪɪ6. Ɨɿφçr ωr6 γ ɿɹв ɿφərrɿ γɹɿ φʌɪd γ ωə6 rв γɪв ɿφəвɿφφd, ɹɴd φo ωɪ, вrρoφ γ ɿɹв dɪвɿɪrɴвebrɴ, φrвɿoφ γ rʟoφɪɿə ɹɴd drɿɪвrφ γ ωə6 rв γɪв ɿφəвɿφφd, ɪɴ θφdrφ γɹɿ θɿ γ θφdɪɴrɴвr6 ɔɛ в rɿʌɴdrd ɿo ɪɴ φφςrвɪɴв. Ɨɿ ɪ6 ɿφo γɹɿ γ Ꮾɛвɴrφ φɹd rʟoφɪɿə ɹɴd ɿórφ ɿo вrвɿo γɪв вɿʌвɪɪ, вrɿ γ вrɴ6 rв ɿəвφ ωrφ ɿo ɿφʌςrdɪвɿ. 'ɹɴd Ꮗ ωɪ, вʌɴd Ɨɿφçr γ ɿφərrɿ вrρoφ γ ώφɛɿ ɹɴd ɿʌφɪвrɿ dɛ rв γ ɿoφd,' etc., etc. Ꮗωφ вʌɴd Ɨɿφçr? Ꮾrωr6 φə φoɿd6 γ ωə6 rв γ rʟoφɪɿə ɿo rdɔɪɪвɿrφ ɪɴ θɿ γ θφdɪɴrɴвr6 rв γ ɿφəвɿφφd, ɹɴd ωɪʟə γ rʟoφɪɿə ɪ6 ώɪвrɴ, γ θφdɪɴrɴвr6 ωφd ɴoɿ в rdɔɪɪвɿrφd ɪɴ φφςrвɪɴв. Ɨɿ ɪ6 ə вʌφə ɿφʌвrɿɪrɴɿ rɿɪɴɴrɴ γɹɿ γ вɹωφɪrφвr6 φωɪς ωrφ θrrφd ωrφ ɪɴφφɿə ωrɴвoɔd. Ɣɪв ωr6 ɴoɿ γ ωɛв; ɪρ ɴo φəd ɿrвɿɪωrв, вʌωrɴd ςɹɿɿrφ, вʌωrɴd ɹɴd ʟrφd вrφвr6, ɴo ωɪ, rвбrφв γɹɿ γ ɿφəвɿ ɿφω ə ɿəφɿ ɹ6 ə ɔrɔoφərɿ ɹɴd θrrφd ɪɿ rɿ вrρoφ γ ɿoφd, φωφɪ, γ φrɔɛɴdrφ ωr6 ωɹɿɿ ρoφ γ ɔɛɴrɴrɴв rв γ ɿφəвɿв, вo γɹɿ γ θrrφɪɪ6 ɹɴd вɹωφɪrφвr6 вφ ɴoɿ θɿ ωrɴвoɔd rɿoɴ γ θɿrφ, вrɿ γ вɿrd ɪ6 вɿφɪɪωrɿd, ɹɴd γ ρɹɿ ɹɴd вrφɿrɴ rγrφ ɿoφbrɴ6 вφ ωrɴвoɔd. Ɣə6 вɹωφɪrφвr6, ɹ6 ωʌɪ ɹ6 ʌвφə θφdɪɴrɴв вrɿθɪɪ ɿo γ ɿφəвɿφφd, ωɪ, φωʌɴ γ Ɫʌςɿrɿ rв γ ɿoφd bɹɿ в вɪɿ, ɹɴd γ вrɴ6 rв ɿəвφ в ɿɴφφɪrφd, в ρφɿə φrвɿoφd ɹɴd rɿʌɴdrd ɿo ɪɴ θɿ γʌφ ɿórφ6, φɹɔɪρɪωebrɴ6 ɹɴd вɿʌвɪɪ6. Ɣɪв ʌвrφ dɪd ɹɴd ωɪ, ɪώɪвɪ φωʌɴ γ ɿórφ6 rв γ Ͻʌɿωɪ6rdʌω ɿφəвɿφφd вφ вrρɪbrɴɿɪə ɔɹɴrʌвɿ, ʌɿв φó ωɹɴ γ φʌвɿɪɿobrɴ rв θɿ ʟɪɪ6 вɿoωrɴ rв вφ θɿ γ φoɿə ɿφərrɿв в вφθɿ ɿo ɿɹв? Ɨɿ ɪ6 ɴoɿ ɿo в rɴdrφвɿφd γɹɿ γ ɿo rв Ͻo6rв ωɪ, в ɪвɹвɿɪbɿ rώʌɴ ωɪγ θɿ ɪɿв φφɿв ɹɴd вrφφrɿə rв вʌφrɔoɴв6. Ɣɪв φɹ6 ɴʌвrφ вɪɴ ɞʅɷɷɾɬ ɾɞ ɜɸ ɣ Ʇɸɘɼɿɞ, ɜɾʅ ɣɵɕ ɩиɕ ɸɷɪ ɪɷ̇ɪɞʅɾd ʅɸɸɾɸ ʅɷ Ͻɵɕɾɞ' dɛ, ɴɛɔʅɘ, ɞɹɷɸɪɾɸɞ, ɷɪʅ ɜ ɷɾɴʅɪɴɤɷd. Ɨʅ ɔɛ ɜ ɹɞɷʅ ɜɸ ɞɾɔ, Ψɷɾʅ ɴɾɞɹɞɪʅɘ ρɵɸ ɞɹɷɸɪɾɸɞ, ɞɪɴɞ ɣ Ꮕɸɛʅ Ɓɹɷɸɪɾɸɞ ɷɾɕ ɵɾɾɸd? Ɨɴ ɹɴɞɾɸ ʅɷ ɸɷɪɔ, ɪɾ ɸɾʅɹɴʅɾɴɞ, ɜɹʅʅɪɕɔ ɹɴd ρɛɩ ɪɷ̇ɪɞʅɾd ʅɸɸɾɸ ʅɷ ɣ dɛɕ ɾɞ Ꮕɸɸɞʅ, ɸɷɾʅ ɴɾɞɹɞɪʅɘ ρɵɸ ɣɹɔ ɞɪɴɞ ɣɹʅ ʅɸɔ? Ɣ Ʇɸɘɞʅɸɋd ɸɹɕ dɾɞɹɴdɾd ɪɴ ɘ ɸɹɷ̇ɤɾʅɾɸ ʅɸɴ ρɸɾɔ ρɵɣɾɸ ʅɷ ɞɾɴ, ɩɸɷ ɣɹɸ ɞɾɷɞɘdɪи ɕɹɴɾɸɛbɾɴɕ. Ɓɘ Ɓɋɷ ɾɞ Ɑɷɷʅɸɪɴ ɹɴd Ɯɾɞɾɴɾɴʅɞ."—Ψɪɞʅɾɸɘ ɾɞ Ϛɵɕɹρ Ɓɔɪɩ, Ɑɹɕɾɸɹʅ Ꮑɷɕ, Ɓɘʅ. 4., Ꮑo. 30.

Ɣ ɸɾɔɘɸɷɞ ɾɞ Ʇɸɹɕɪdɾɴʅ Ϛɵɕɹρ Ɓɔɪɩ ɘɸ ɞɹɸɘ ʅʅɛɴ ɹɴd ɪɷɞʅʅɪɞʅ, ɹɴd ɘɸ ɘ ɞʅɸɵи ɷɘɴρɾɸɔɛbɾɴ ɾɞ ɣ ʅɹɞɾɕ ɸɘ ɸɪɔɞɹʅρ ɸɾρɾɸɕ ʅɷ, ʅɾɸʅɛɴɪи ʅɷ ɣ ʅɸɔɕ ɾɞ ɣ ɸɹɞʅʅɪɷbɾɴ ɾɞ ɵʅ ɩиɕ; ɸɷɪɔ ɷɪʅ ɪɔɞɸɛɞ ɵʅ ɞɪɞʅɾɔɕ, dɘɷʅɸɪɴɕ, ɵɸdɪɾɴɞɾɕ, dɪɞʅɾɴɞɛbɾɴɕ, ɹɴd Ʇɸɘɞʅɸɋdɕ ɷɾɴɹɷʅɾd ɷɪɣ ɣ Cɾɸɔ ɹɴd Ꮕɪиdɾɔ ɾɞ Ꮕɘd. Ɣɹʅ ɣɹɸ ɷɪʅ ɜ ɘ ρɋʅ ɔɹɴρɾɞʅɛbɾɴ ɾɞ ɵʅ ɣɘɕ ɩиɕ, ɸɾʅɛɴɪи ʅɷ ɣ ɞɹɸɘɾɞ ʅɸɔɕ ɹɴd dɪɞʅɾɴɞɛbɾɴɕ, ɪɕ ɾbɋɸd; ɤɹʅ, ɹɕ Ϛɵɕɹρ Ɓɔɪɩ ɸɹɕ ɞɹɸɘ ʅɸɘʅɾɸʅɘ ɞɹd, ɣ dɘʅɛʅɕ ɾɞ ɣɵɕ ɸɪɔɷʅɕ ɹɴd ɾɞɞɾɸɞɾɴɞɾɕ ɷɹɴɘ ɴ̇ɘ ɜ ρɋʅɘ dɾρɸɴd. Ɓɾʅ ɹɕ ɛɴɔɾɴʅ Ɨɕɸɾʅ ʅɸɾɕɾɸɞd ɪɴ ɣ Ɓɸɷ ɾɞ ɣ Ɯɾɞɾɴɾɴʅ ɔɾɔɵɸɘʅʅɕ ɾɞ Ꮕɘd'ɕ ʅɘ̇ɾɸ, ɷ̇ɋdɪɾɞ ɹɴd ɔɾɸɞɘ, ɔɹɴρɹɞʅɾd dɋɸɪи ɣ ɹɷɞɾdɾɞ ρɸɾɔ ʚɕɋʅ, ɪɴ ɣ ʅɷ ʅɛɞɾʅɕ ɾɞ ɞʅɵɴ ɹɴd ɣ ʅɞʅ ɾɞ ɔɹɴɾ; ɹɴd ɾɞ ɣ ɸɹɷɾɷ̇ɴɪbɾɴ ɾɞ ɣ Ƥɸɘɴɪɷ Ʇɸɘɞʅɸɋd ɪɴ Ɗɸɾɴ'ɕ ɸɘd ɣɹʅ ɞɾdɾd; ɹɴd ɹɕ ɣ ɞɵɸd ɾɞ ʅɛɞɾɴ, ɣ ɞɛɷɸɾd ʅʅɛʅɞ ɵʅɸɹdɘ ɸɾɞɘʅd, ɹɕ ɷɹʅ ɹɕ ɴɷɔɾɸɾɞ ɾɣɾɸɕ ɤɹʅ ʅɷ ɜ ɔɛd ɔɹɴρɹɞʅ, ɹɴd ɘ Ɣɋɸɪɔ ɹɴd Ɩɾɔɪɔ ɷɾɸ ʅɸɾɕɾɸɞd ɵɴ ɣɪɞ ɷɘɴʅʅɴɾɴʅ; ɞɵ ɷɪʅ ɣɹɸ ɜ ɹɴ ɹɷɞɪɞɪbɾɴ ɹɴ ɹɞɪdɾɴɞ, ɘ ɔɾɔɵɸɘʅ, ɹɴd ɹɴ ɹɷɔɾɷɪʅ ɔɹɴρɾɞʅɛbɾɴ ɾɞ ɔɹʅɾɸɕ ʅɾɸʅɛɴɪи ʅɷ ʅɵɕ, ɵɸdɪɾɴɞɾɕ, ɞɹɸɾɔɵɴɕ ɹɴd dɪɞʅɾɴɞɛbɾɴɕ, ρɸɾɔ ɣ ɷɾɔɹɴɞɔɾɴʅ ɾɞ ɣ ɷɾɸʅd ʅɷ ɣ ʅɸɹɕɾɴʅ ʅɸɔ, ʅɸɾɕɾɸɞd ɹɴd ɔɹɴρɹɞʅɾd ɪɴ ɣ dɪɞʅɾɴɞɛbɾɴ ɣɹʅ ɣ ʅɸɸd ɪɴ Ψɪɕ ʅɾɞɪи ɷɸɴdɪɾɞ ɸɹɕ ɴ̇ɘ ɪɴɷ̇ɤɾɸɛʅɾd. Ɣɪɞ ɷɪʅ ɜ ɪɴ ɾɷɷɸdɾɴɞ ɷɪɣ ɣ ɘʅɾɸɴʅʅ ʅʅɹɴɕ ɹɴd ʅɾɸʅɾɞɾɕ ɾɞ Ꮕɘd, ɹɴd ɷɪɣ ɣ ɸɸʅɞ, ɞɹɸɾɔɵɴɕ ɹɴd ɵɸdɪɾɴɞɾɕ ɜʅʅɵɪɪ ʅɷ ɣ Ʇɸɘɞʅɸɋdɕ ɾɞ Ꮕɘd ɪɴ ɣ dɪρɾɸɾɴʅ ɛɕɾɕ, ʅɾɸʅɛɴɪи ʅɷ ɣ ɵɸɷ̇ɾɴɪɕɛbɾɴ ɾɞ ɣɪɞ ɷɾɸʅd, ɣ ʅɸɾʅɵɕd ɔɘdɘɛbɾɴ ɹɴd ɾʅɵɴɔɾɴʅ ɾɞ ɣ Ɓɾɴ ɾɞ Ꮕɘd, ɣ ɔɹɴρɾɞʅɛbɾɴɕ ɹɴd dɾɞɹʅɾʅɔɾɴʅɞ ɾɞ ɣ Ͻɹʅɷɪɕɾdɹɷ Ʇɸɘɞʅɸɋd, ɹɕ ɣ Ʇɸɘɼʅ Ϛɵɕɹρ ɸɹɕ ɸɾρɾɸd ʅɷ, ɹɕ ɷɹʅ ɸɾʅɛɴɪи ʅɷ ɞɹɷɸɪɾɸɞɾɕ ɪɴ ɾɸʅɘ dɛɕ ɹɕ ɪɴ ɾɣɾɸ ɔɹʅɾɸɕ, ɣ ɪɴʅɸɾdɾɷbɾɴ ɾɞ ɣ Ƥɸɘɴɪɷ Ʇɸɘɞʅɸɋd, ʅɾɷ̇ɹɣɾɸ ɷɪɣ ɣ Ɓɸɷ 𐐰𐑌𐐼 𐑄 𐐓𐐰𐐺𐐲𐑉𐑌𐐰𐐿𐐲𐑊, 𐐸𐐶𐐮𐐽 𐐶𐐨 𐐪𐑉 𐐻𐐬𐑊𐐼 𐐶𐐲𐑉 𐑋𐐩𐐼 𐐰𐑁𐐻𐐲𐑉 𐑄 𐐹𐐰𐐻𐐲𐑉𐑌𐑆 𐑇𐐬𐑌 𐐲𐑌𐐻𐐭 𐐣𐐬𐑆𐐲𐑅 𐐮𐑌 𐑄 𐑋𐐵𐑌𐐻—𐐹𐐰𐐻𐐲𐑉𐑌𐑆 𐐸𐐶𐐮𐐽 𐐮𐑀𐑆𐐮𐑅𐐻𐐲𐐼 𐐮𐑌 𐑄 𐐸𐐯𐑂𐐲𐑌𐑆; 𐑄 𐐨𐐻𐐲𐑉𐑌𐐲𐑊 𐐮𐑀𐑆𐐮𐑅𐐻𐐲𐑌𐑅, 𐐲𐑃𐐫𐑉𐐮𐐻𐐨 𐐰𐑌𐐼 𐐹𐐵𐐲𐑉 𐐲𐑂 𐐺𐐬𐑃 𐐑𐑉𐐨𐑅𐐻𐐸𐐳𐐼𐑆 𐐰𐑆 𐐿𐐲𐑌𐐯𐐿𐐻𐐲𐐼 𐐶𐐮𐑄 𐐘𐐫𐐼 𐐰𐑌𐐼 𐐲𐐼𐑋𐐮𐑌𐐮𐑅𐐻𐐲𐑉𐐮𐑍 𐐮𐑌 𐐻𐐴𐑋 𐐰𐑌𐐼 𐐨𐐻𐐲𐑉𐑌𐐮𐐻𐐨; 𐑄 𐐲𐐻𐐯𐑋𐐹𐐻𐑅 𐐲𐑂 𐐝𐐩𐐻𐐲𐑌 𐐻𐐭 𐐬𐑂𐐲𐑉𐑃𐑉𐐬 𐑄 𐐼𐐴𐑌𐐲𐑅𐐻𐐨, 𐐹𐐵𐐲𐑉 𐐰𐑌𐐼 𐐲𐑃𐐫𐑉𐐮𐐻𐐨 𐐲𐑂 𐐖𐐲𐐸𐐬𐑂𐐲 𐐰𐑌𐐼 𐐸𐐮𐑆 𐐿𐐲𐑋𐐹𐑊𐐨𐐻 𐑁𐐩𐑊𐐷𐐲𐑉 𐐰𐑌𐐼 𐐼𐐮𐑅𐐿𐐲𐑋𐑁𐐲𐐽𐐲𐑉; 𐐮𐑀𐑆𐐮𐑅𐐻𐐮𐑍 𐐮𐑌 𐐪 𐐹𐐰𐑌𐐲𐑉𐐰𐑋𐐲 𐐫𐑊 𐑄 𐑊𐐨𐐼𐐮𐑍, 𐐹𐑉𐐫𐑋𐐮𐑌𐐲𐑌𐐻 𐐼𐐨𐐻𐐩𐑊𐑆 𐐲𐑂 𐑄 𐐿𐑉𐐨𐐩𐑇𐐲𐑌, 𐐲𐐻𐐬𐑌𐑋𐐲𐑌𐐻, 𐑉𐐲𐐼𐐯𐑋𐐹𐑇𐐲𐑌, 𐑅𐐰𐑊𐑂𐐩𐑇𐐲𐑌 𐐰𐑌𐐼 𐐯𐑀𐑆𐐫𐑊𐐻𐐩𐑇𐐲𐑌 𐐲𐑂 𐑄 𐐶𐐲𐑉𐑊𐐼 𐐰𐑌𐐼 𐑋𐐰𐑌, 𐑄 𐐫𐑉𐑀𐐲𐑌𐐮𐑆𐐩𐑇𐐲𐑌 𐐲𐑂 𐐪 𐑌𐐭 𐐸𐐯𐑂𐐲𐑌 𐐰𐑌𐐼 𐐪 𐑌𐐭 𐐲𐑉𐑃, 𐐰𐑌𐐼 𐐫𐑊 𐑄 𐐹𐐲𐑉𐐹𐐲𐑅𐐲𐑆 𐐲𐑂 𐐘𐐫𐐼, 𐐐𐐮𐑆 𐐹𐑊𐐰𐑌𐑆 𐐰𐑌𐐼 𐐫𐑉𐐼𐐮𐑌𐐲𐑌𐑅𐐲𐑆, 𐑋𐐰𐑌𐐮𐑁𐐯𐑅𐐻𐐲𐐼 𐑃𐑉𐐭 𐑄 𐐑𐑉𐐨𐑅𐐻𐐸𐐳𐐼 𐑁𐑉𐐲𐑋 𐑄 𐑁𐐲𐑉𐑅𐐻 𐐮𐑌𐑅𐐯𐐹𐑇𐐲𐑌 𐐲𐑂 𐑄 𐐫𐑉𐑀𐐲𐑌𐐮𐑆𐐩𐑇𐐲𐑌 𐐲𐑂 𐑄 𐐶𐐲𐑉𐑊𐐼 𐐻𐐭 𐑄 𐑁𐐴𐑌𐐲𐑊 𐐿𐐫𐑌𐑅𐐲𐑋𐐩𐑇𐐲𐑌, 𐐹𐐷𐐳𐑉𐐮𐑁𐐮𐐿𐐩𐑇𐐲𐑌 𐐰𐑌𐐼 𐐯𐑀𐑆𐐫𐑊𐐻𐐩𐑇𐐲𐑌 𐐲𐑂 𐑄 𐐶𐐲𐑉𐑊𐐼 𐐰𐑌𐐼 𐐮𐐻𐑅 𐐮𐑌𐐸𐐰𐐺𐐮𐐻𐐲𐑌𐐻𐑅, 𐐲𐐿𐐫𐑉𐐼𐐮𐑍 𐐻𐐭 𐑄 𐑁𐐫𐑉𐑌𐐪𐑊𐐲𐐾 𐐰𐑌𐐼 𐐼𐐲𐐻𐐲𐑉𐑋𐐮𐑌𐐲𐐻 𐐿𐐵𐑌𐑅𐐲𐑊 𐐲𐑂 𐑄 𐐃𐑊𐑋𐐴𐐻𐐨.

𐐙𐐫𐑉 𐐰𐑆 𐑄𐐨𐑆 𐑋𐐲𐑋𐐫𐑉𐐨𐐲𐑊𐑆 𐐲𐑂 𐑄 𐐲𐐻𐐬𐑌𐑋𐐲𐑌𐐻 𐐶𐐲𐑉 𐐷𐐭𐑆𐐼 𐐺𐐴 𐑄 𐐩𐑌𐐽𐐲𐑌𐐻 𐐑𐐩𐐻𐑉𐐨𐐪𐑉𐐿𐑅 𐐰𐑌𐐼 𐐑𐑉𐐪𐑁𐐲𐐻𐑅 𐐻𐐭 𐑋𐐰𐑌𐐮𐑁𐐯𐑅𐐻 𐐻𐐭 𐐘𐐫𐐼 𐑄𐐯𐑉 𐑁𐐩𐑃 𐐮𐑌 𐑄 𐐹𐑊𐐰𐑌 𐐲𐑂 𐑉𐐲𐐼𐐯𐑋𐐹𐑇𐐲𐑌 𐐰𐑌𐐼 𐐮𐑌 𐑄 𐐿𐐲𐑋𐐮𐑍 𐐡𐐲𐐼𐐨𐑋𐐲𐑉; 𐑅𐐬 𐐶𐐮𐑊 𐑄𐐨𐑆 𐑀𐑉𐐩𐐻 𐐻𐐴𐐹𐑅 𐐺 𐐲𐑀𐐯𐑌 𐐮𐑌𐐻𐑉𐐲𐐼𐐭𐑅𐐻 𐐰𐑆 𐐮𐑀𐑆𐐮𐑅𐐻𐐮𐑍 𐑄 𐑅𐐰𐐿𐑉𐐮𐑁𐐴𐑅 𐐲𐑂 𐑄 𐑀𐑉𐐩𐐻 𐐰𐑌𐐻𐐨𐐻𐐴𐐹, 𐐖𐐨𐑆𐐲𐑅, 𐑄 𐐣𐐨𐐼𐐨𐐩𐐻𐐲𐑉 𐐲𐑂 𐑄 𐐤𐐭 𐐗𐐲𐑂𐐲𐑌𐐲𐑌𐐻, 𐐰𐑌𐐼 𐐰𐑆 𐐪 𐐹𐐲𐑉𐐹𐐯𐐽𐐭𐐲𐑊 𐑉𐐯𐐿𐐲𐑀𐑌𐐮𐑇𐐲𐑌 𐐲𐑂 𐑄 𐐨𐐻𐐲𐑉𐑌𐐲𐑊 𐑅𐐰𐑊𐑂𐐩𐑇𐐲𐑌 𐐰𐑌𐐼 𐐯𐑀𐑆𐐫𐑊𐐻𐐩𐑇𐐲𐑌 𐑉𐐫𐐻 𐐵𐐻 𐐺𐐴 𐐐𐐮𐑋 𐑁𐐫𐑉 𐑄 𐐸𐐷𐐭𐑋𐐲𐑌 𐑁𐐰𐑋𐐮𐑊𐐨 𐐺𐐴 𐑄 𐑅𐐰𐐿𐑉𐐮𐑁𐐴𐑅 𐐲𐑂 𐐐𐐮𐑋𐑅𐐯𐑊𐑁. (𐐝𐐨 𐐫𐑊𐑅𐐬 3 𐐤𐐨𐑁𐐴 15:4–8, 𐐹𐑉𐐨𐑂𐐨𐐲𐑅𐑊𐐨 𐐿𐐶𐐬𐐻𐐲𐐼.)

# Сɹтɪʀф XVI

*Яфэр Фɹɪфʀвɪɹωɪ ʀв ɣ Фɪвɪʀфэ ʀв 8ɹωфɪрфв ɹʼnd ɪɪв 8ɪɔзʀɪɪвɔ—Ɣ Ꞁɹвовʀф ɹʼnd ɣ [офd'б 8ʀɪʀф—Ωффвɪ'в Фʀɪɛbʀʼn ɪo зоɪ ɣзб Офdɪʼnʼnвʀб—Ɣ [ɹвɪ 8ʀɪʀф.*

Ɪб зʀрωф вɪɛɪʀd, ɣзб вɹωфɪрфвʀб фωıс ωʀф орʀфd ʀɪ рфʀɔ ɣ dɛб ʀв ɹdʀɔ ʀɪɪɪ ɣ ɪфɔ ʀв ὸф 8ɛвʌʀф'б ɹdвɹʼnɪ, ωʀф ɪɪɪωɪ ʀв ɣ ώфɛɪ ɹωвɪɔɪɪофэ вɹωфɪрфв фωıс Фэ ωʀб ɪo ɔɛω зф ɣ вɹωфɪрфв ʀв Фɪɔвɹɪр. Ɣɛ ωʀф во ɔɹʼnэ ɪфɪв, bɹdoб ɹʼnd рофɔб ʀв фωıс Фэ ωʀб ɣ ώфɛɪ ɪфоɪʀɪфɪ—ɣ вʀвɪʀʼnв, ɣ фэɹɪɪэ ɪфэрɪώʌʀфd ɹʼnd рофbɹdоd зф ɣ ʀɣʀф вɹωфɪрфвʀб фωıс фɹd зʼn орʀфd ʀɪ рфʀɔ ɣ зʀώɪɪɪ.

Фωɹʼn ɣ ɪo ωʀб ώɪвʀʼn зф Ɔовʀв, оɪ ɣ рофɔб ɪʀфɪɛʼnɪ ɪo ɣ вɹωфɪрɪbʀɪ вɹфʀɔоʼnэб ωʀф фʀвэɪd ɪʼn dэɪɛɪ, ɹʼnd ɣ ɪɪвɪфʀωbʀʼnб ɪʼn фʀɪɛbʀʼn ɣɹфɪo ωʀф ʼnэɪ вɪɔɪɪэ ʀв э Ϲɹʼnʀфʀɪ ʼnɛсʀф, зʀɪ ɣɛ ɹʼnʀфd ɪɪɪo ɔфʼnoɪ ɪʀфɪɪωʌʀɪʀфб ɪʼn фʀɪɛbʀʼn ɪo оɪ ɪɪɪб ωʀʼnɹωɪʀd ωɪɣ ɣоб фo ʀрɪbэɛɪʀd, ɣ рофɔ ɹʼnd ɪɹɪʀфʼn ʀв ɣ вɛωфʀd ʌoɪɹʼnвɪɪб ɹʼnd ʀв ɣ вɹвɪɔʀʼnɪв ʀв ɣ Ꞁфэвɪфqd, ɣ ωфэсʀфб ɪo в вɹωфɪрфвɪ, ɣ офdʀф ʀв ɣ ɪфʀвэdɪʼnб, ɹʼnd ɪɪdэd ʀв оɪ ɔɹɪʀфб ʀвоbэɛɪʀd ωɪɣ ɣ ʀзвʀфвʀʼnв ʀв ɣзб фɹɪв. Өɪɔов ɣ фоɪ ʀв ɣ зqω ʀв [ʀвɪɪωʀв, ɹʼnd ωʀʼnвɪdʀфʀзʀɪ ʀв ɣ зqω ʀв Ꞁʀɔзɹʀфб, ɪб эωʌʀɪфd ωɪɣ ɣзб ɪɪвɪфʀωbʀʼnб ɹʼnd ωɪɪdфʀd ɔɹɪʀфб. Ɣɪв Ɔовɛɪω ɪo, ωɪɣ оɪ ɪɪв dωɪэб, ʀзвʀфвʀʼnвʀб, вɹфʀɔоʼnэб ɹʼnd вɹωфɪрфвʀб, ωʀʼnɪɪʼnʌωd ɪʼn рофв ʀɪɪɪ Ωффвɪ'в dɹɪ.

Ɣ ɪфɔ фɹвɪɪ ωʀɔ фωɹʼn ɣ ώфɛɪ ʀɪоʼnɔʀʼnɪ bqd в ɔɛd зф ɣ орʀфɪɪ ʀɪ ʀв Фɪɔвɹɪр, Ωффвɪ ɪоɪd Ꞁэɪʀф ɹʼnd Ϲэʼn ɪo ώо ɹʼnd ɪфʀɪɹф э ɪɪɛв фωɹф Фэ ɔфɪ, ʀωофdɪɪ ɪo Фɪб ωʀвɪʀɔ, эɪ ɣ Ꞁɹвовʀф ωɪɣ Фɪб dɪвфɪʀɪб. Эɪ фωʀɪ ωɪɣ Фɪб dɪвфɪʀɪб? Ɣ Ꞁɹвовʀф. Ωʀб ɪɪ ɣ Ꞁɹвовʀф, оф ɣ 8ɹωфʀɔʀʼnɪ ʀв ɣ [офd'б 8ʀɪʀф? Ɣ [офd, ɪʼn Эqɪɪ, ɪɹвɪ зф, оф ɪɹвɪ овʀф ɣ фόвʀб ʀв ɣ Ɨɛфʀɪфɪв фωб dоф ɪовɪв фɹd зʼn вɪфɪɪωʀɪd ωɪɣ ɣ зɪʀd ʀв ɣ [ɹɔ вɹωфɪрфвɪ рофɣɹɪ ɪʀфɪʀв; ɹʼnd ɣ Ɨɛфʀɪфɪв ωʀф ωʀɔɹʼndʀd ɪo ʀзвʀфв ɣɪв Ꞁɹвовʀф ɪʼn оɪ ɣɹф Ϲɹʼnʀфɛbʀʼnб. Ϲэвʀв, ɪʼn ωʀɔɪɪфʀʼnв ωɪɣ ɣɪв ωʀɔɹʼnd, dʀфɹωɪʀd ɣɹɪ э ɪɪɛв в ɔɛd фɹdэ фωɹф Фэ ɔфɪ эɪ ɣ Ꞁɹвовʀф ωɪɣ Фɪб Ʀɪэвʀɪб; рοф Фэ, ɣ ώфɛɪ ɪфоɪʀɪфɪ, ωʀб ώоɪɪ ɪo орʀф ʀɪ Фɪɔвɹɪр ɹб э [ɹɔ ωɪɪэ̀ вɪэɪ оф зɪɹɔɪb; ʼnэɪ оʼnɪэ рοф ɣ Ɨɛфʀɪфɪв, зʀɪ рοф оɪ ʼnɛbʀʼnб, рοф ɹвфэ ɪɹɪʀɪ, ɹʼnd ωɪɪdфʀd, ɹʼnd ɪʀɪɪ ʀʼndʀф ɣ рɛв ʀв ɣ φoɭ φʌɞɼɴ6: “Ƿoφ Ɯɵd ɞo ɭɼɞd ɣ ωɼφɭd, ɣɹɲ φə ω̇ɛɞ φɨ6 oɴɭə ɞɼω̇ɵɲɼɴ 8ɼɴ, ɣɹɲ φɷɞoʌɞɼφ ɞɼɭəɞɼʟ ɨɴ φɨɔ bqd ɴɞɲ ɿʌφɨb, ɞɼɲ φɹɞ ʌɞɼφɭɹɞɲɨи ɭφp. Ƿoφ Ɯɵd ɞʌɴɲ ɴɞɲ φɨ6 8ɼɴ ɨɴɲɷ ɣ ωɼφɭd ɲɷ ωɼɴdʌɔ ɣ ωɼφɭd; ɞɼɲ ɣɹɲ ɣ ωɼφɭd ʟφɷ φɨɔ ɔφɲ ɞ ɞɛɞd.”

Ɓɼɲ ɿφəɞəɼɞ ɲɷ ɣ ɵpɼφɨи ɼɿ ɼɞ Ψɨɔɞʌɭp, ɹ6 ɣ ω̇φɛɲ ʌωɞɿəɼɲɵφə ɞɹωφɨpφɞ, φɹɞɨи pqɭpɨɭd ɣ ɭɵ ɹɴd ɔɛd ɨɲ ɞɴɼφɼɞɼɭ, ɹɴd φɹɞɨи ɨɴɲφɼdɷɞɲ ɣ Ɯɵɞɿɼɲ, Ψə ɔʌɲ ωɨɣ Ψɨ6 dɨɞφɿɼɭ6, ɹ6 ɵɭφʌdə ɴoɲɨɞɲ, ɲɷ əɲ ɣ Ɀɹɞoɞɼφ. Ψə ɣʌɴ ɲoɭd ɣʌɔ, “Ɯɨɣ dɼ6φφ Ф φɹɞ dɼ6φφd ɲɷ əɲ ɣɨɞ ɿɹɞoɞɼφ ωɨɣ ᖗɷ ɞɼpoφ Ф ɞɼpɼφ.” Ɀɷ əɲ φωɼɲ ωɨɣ ᖗɷ? Ɣ Ɀɹɞoɞɼφ. Ɀɷ əɲ φωɼɲ ωɨɣ ᖗɷ? Ɣ 8ɹωφɼɔɼɴɲ ɼɞ ɣ ɭoφd’6 8ɼɿɼφ. Ɣɼɞ Ψə əɲ ɞoʟ, poφ ɣ ɲɷ ɞʌφɼɔoɴə6 ɞʌɴɲɼφd ɨɴ Ψɨɔ, Ψə ωɼ6 ɣ ɨɔəɞdəɔɼɴ ɼɞ ɞoʟ, Ψə ωɼ6 ɣ Ɓəɨи ɿφɼɞφdɼd ɞɼpoφ ɣ ṗɴdɛbɼɴ ɼɞ ɣ ɼφʟ, ɹɴd ɿφəpɼɞφd ɼɞ ɞφ ɔʌɴ ɼɞ Ɯɵd ʟφɵ̇ɲ ɵɭ ɣ ɿφɼɞədɨи ɛqɼ6; ɹɴd ɵɭɞo oɴ ɼωɵ̇ɴɲ ɼɞ φɷɔ ɣ ɞɹωφɨpφɞɼ6 ωɼφ ɵpɼφd ɼɿ ɞφ ɵɭ ɣ ɞɼφɞɼɴɲɞ ɼɞ ɣ ɭoφd, pφɼɔ ɣ poɭ ɼɞ Ꞁdɼɔ ɲɷ ɣɹɲ ɲφɔ; ɹɴd ɵɭ ɣ ɞʌφəɼɞ ɼɲoɴɔɼɴɲɞ φɨφɲɼpoφ ɵpɼφd ɿoɨɴɲɼd ɲɷ Ψɨɔ, poφ φɷɔ ɣɛ ωɼφ ɵɭ ɔɛd ɹɴd ɨɴ φɷɔ ɣɛ ɵɭ ɞʌɴɲɼφd. Ɵɴ ɣ ɼɣɼφ φɹɴd, Ψə ɨɲ ωɼ6 φɷ ɨɴɲφɼdɷɞɲ ɣ ɔoφ ɿɼφɼɼω ɭɵ, ɹɴd ɵpɼφɨи Ψɨɔɞʌɭp ωɼɴɞ poφ ɵɭ, ɹɴ ɨɴpɨɴɲ ɼɲoɴɔɼɴɲ, Ψə, ʟφɷ ɣɨɞ ɞɹωφɨpφɞ, ɼωɞɔɿɭɨbɲ ɣɹɲ φωɨɔ ωɼ6 dɼ6φɴd ɞφ ɣ Ɵɭɔφɲə ɞɼpoφ ɣ ωɼφɭd ωɼ6, ɹɴd ɼɞ φωɨɔ ɣ ɞɭɼd ɼɞ ɞqɭɼωɞ, ɼɞ ω̇oɭɞ ɹɴd ɼɞ ɭɹɔ6 ωɼ6 ɔɨφɭə ɣ bɹdo.

Ɨɴ ɞᖗɷ ɼɞ φωɼɲ ωɼ6 ɵɭɔoɞɲ ɨɔəɞdəɼɭɭə ɲɷ ɲɛω ɿɭɛɞ, Ψə ɨɴɞɲɨɲɵɭɼd ɣ ɞɹωφɼɔɼɴɲ ɼɞ ɣ ɭoφd’6 8ɼɿɼφ ɨɴ ωɼɔʌɔɼφɛbɼɴ ɼɞ ɣɨɞ ω̇φɛɲ ωφɵ̇ɴɨи ɹωɲ ɼɞ φɼdʌɔɿbɼɴ. Ψωʌɴ ɹɲ ɣ ɭɛɞɼɭ, “Ψə ɭqω ɞφʌd, ɹɴd ω̇ɛɞ ʟɹɨωɞ, ɹɴd ɞφɛω ɨɲ, ɹɴd ω̇ɛɞ ɼɴɲɷ ɣʌɔ, ɞɛɨи, Ɣɨɞ ɨ6 ɔφ ɞɞdə φωɨɔ ɨ6 ω̇ɨɞɼɴ poφ ᖗɷ: ɣɨɞ dɷ ɨɴ φɼɔʌɔɞφɼɴɞ ɼɞ ɔə;” ɹpɭɼφωɼφd6, “Ψə ɭqω ɣ ωɼɿ, ɹɴd ω̇ɛɞ ʟɹɨωɞ, ɹɴd ω̇ɛɞ ɨɲ ɲɷ ɣʌɔ ɞɛɨи, Ɑφɨɴω ᖗə ɵɭ ɼɞ ɨɲ; poφ ɣɨɞ ɨ6 ɔφ ɞɭɼd ɼɞ ɣ ɴɷ ɭʌɞɲɨɔɼɴɲ φωɨɔ ɨ6 bʌd poφ ɔʌɴɞ poφ ɣ φɼɔɨbɼɴ ɼɞ ɞɨɴ6.”

Ɨɴ φəɹɭɨɭə, ɣɨɞ ɹωɲ ɼɞ ɣ ɼɲoɴɔɼɴɲ ωɼ6 ɣ pqɭpɨɭɔɼɴɲ ɼɞ ɣ ɞɹωφɨpφɞɼ6, ɼɞ ɣ ɿφəpɼɞφɨи, ɼɞ ɣ Ɀɹɞoɞɼφ, ɹɴd ɼɞ ɵɭ ɣ ɭədɨи, ɿφəɔɨɴɼɴ ɹωɲɞ ɼɞ ɣ Ɀɛɭφəɞφωɞ ɹɴd Ɀφəpɼɭɞ φɼɭɛɭɨи ɣʌφɭɷ; ɹɴd φɹɞɨи ɿɼφpoφɔd ɣɨɞ, ɣ ɿɹɞɲ ɹɴd ɣ pᖗɷɔɼφ ɞoʟ ɞʌɴɲɼφd ɨɴ Ψɨɔ. Ɑɨd ɣə6 ωɼφɣə6 ɵpɼφ ɞɹωφɨpφɞɼ6? Ɣɛ ɿφəpɨω̇ɹɼφd Ψɨ6 ɼɿɨφɨи ɹɴd ɼɲoɴɔɼɴɲ. Ɑɨd ɣɛ ɿφəpɼɞφ? Ɨɲ ωɼ6 ɼɞ Ψɨɔ, poφ ɣ ɭʌɞɲɨɔoɴə ɼɞ Ϲəɞɼɞ ɨ6 ɣ ɞɿɨφɨɲ ɼɞ ɿφəpɼɞə.

Ꮻɨd ɣε ωəт ɣ Ꞁɹɞoвгф? Ꝕə Ꝕɪɔвлlp ωгϭ ɣ ώфеʅ лωвтəгʅоф ə ɵpгфɨи. Ꞷгф ɣ ɿəтгʅ ωөld гтоъ ɹpʅгфωгфdϭ ʅɷ ωгɔлɔгфеʅ ɣɪв ɪвлъʅ? Ɣε dɨd ɨʅ ɨъ фгɔлɔвфгъв гв Ꝕɪɔ, ɹϭ ɵ ώфеʅ ɔгɔөфəгʅ гɔги өʅ гв Ꝕɪϭ dɨвфтɪгʅϭ ɨъ өʅ ъεbгъϭ, ʟфөŋ өʅ ʅфɔ; гв ɣ вɹωфɨpфв гв Ꝕɪϭ вфоωгъ вөdə ɹъd втɪʅр вʅгd; ɣ ɹъʅəʅфт гв ɣ вɹωфɨpɨbгʅ ʅɹɔ вʅεъ ɹʅ ɣ ʅфɔ гв ɣ Ꞁɹɞoвгф; гв Ꝕɪɔ; ɹϭ вөɨи ɣ Ɔədəεʅгф, ɣ Ɔгвфг, ɣ Ꞷффвʅ, ɣ Ꞁʅрг ɹъd Oɔεώг, ɣ Ꞵгώɪɨи ɹъd ɣ Ʌъd: ɣ Ꞵгъ гв ɣ ʅɪвɪи Ꞷөd.

Ꞁϭ рфгɔ ɣ ωгɔлъвɔгъʅ гв ɣ ωгфʅd ʅɷ ɣ ʅфɔ фωлъ ɣ Ꞁɹɞoвгф ωгϭ ɪъвʅʅөʅгd, вɹωфɨpфвгϭ фɹd вɪъ өpгфd ɹϭ ɵ ɔгɔөфəгʅ өф ʅфт гв ɣ вɹωфɨpфв гв ɣ Ꞵгъ гв Ꞷөd; вө рфгɔ ɣ ʅфɔ гв ɣ Ꞁɹɞoвгф гъʅʅ ɣɹʅ ʅфɔ фωлъ Ꝕə ωεɔ ʅɷ өpгф гт Ꝕɪɔвлlp, ɣөϭ вɹωфɨpфвгϭ ɹъd ʅфтв ɹъd bɹdөϭ фɹd вɪъ ωлфpгʅə гвϭгфвd вф Ꞁфөpгʅв ɹъd Ꞁεʅфөөфωв; гωөфdɪи ʅɷ ɣ ωгɔɹъd ώɪвгъ ʅɷ Ɔөϭгв ɹъd гɣгф pөʅөгфϭ гв ɣ ʅөфd. Ꞵө өʅвө dɨd Ꝕə Ꝕɪɔвлlp pqʅpɪʅ ɣɪв фгωωфɸɔгъʅ, ɹъd ωлт ɣ Ꞁɹɞoвгф ɹϭ dɨd гɣгфϭ; ɹъd ъө ωə, ɹpʅгф ɣ ώфеʅ вɹωфɨpфв фɹϭ вɪъ өpгфd, ɿөфʅεω гв ɣ Ꞵɹωфгɔгъʅ гв ɣ ʅөфd'ϭ Ꞵгтгф ɨъ фгɔлɔвфгъв ɣлфгв. Ɣгв ɣɪв ɹωʅ ωгϭ ɣ ώфеʅ ωгъɹωʅɪи ʅɪиω вгʅωлъ ɣ ɿɹвʅ ɹъd ɣ pɞөсгф; ɣгв Ꝕə pqʅpɪʅd ɣ ʅө, ɔлʅ ɣ dгɔɹъdϭ гв срвʅʅв, ɹъd өвεd ɣ фгωωфɸɔгъʅв гв Ꝕɪϭ Ꝕлвгъʅə Ꝓөɣгф, өʅɣө ʅεвгфɪи гъdгф ɣ ωεʅ гв ɣ вɪъϭ гв ɣ ωгфʅd, ɹъd ɣ ʅлфɪвгʅ лωвтəεbгъ фωɪс Ꝕə фɹd ʅɷ ɔεω, фωлъ, вωлʅɪи ώфеʅ dфөтв гв вʅгd, Ꝕə ωфɸd: "Ꝓөɣгф, ɪp ɨʅ в ɿөвɪвгʅ ʅлʅ ɣɪв ωгт ɿɹв рфгɔ ɔə; ъʌвгфɣгʅлв ъөʅ ɔф ωɪʅ вгʅ ɣфъ в dгъ;" ɹъd фωлъ ɪωвтфɸɪи ɨъ ɹώгъə гтоъ ɣ ωфөв Ꝕə ωфɸd, "Ɬʅ ɪϭ pɪъbʅ," ɹъd ώεв гт ɣ ώөвʅ.

Ꭿqфɪи ɣɪв лвгф ɔлɔгфɪвгʅ вгтгф, ɣ Ꞵεвɞгф вɹd гъʅɷ Ꝕɪϭ dɨвфтɪгʅϭ, "Ꞵгʅ Ꝋ вε гъʅɷ ɞө, Ꝋ ωɪʅ ъөʅ dфɪиω флъвpөфʟ гв ɣ pфөʅ гв ɣ вфъ, гъʅʅ ɣɹʅ dε фωлъ Ꝋ dфɪиω ɨʅ ъө ωɪɣ ɞө ɨъ ɔф Ꝓөɣгф'ϭ ωɨиdгɔ." Ꝕə ωгϭ ɣ ʅɹɔ ɿфгтөεd ʅɷ в вʅεъ рфгɔ вгpөф ɣ pώъdεbгъ гв ɣ ωгфʅd; Ꝕə ωгϭ ɣ ʅɹɔ втɔωгъ гв вф ɣ Ꞁфөpгʅв ɨъ ɣ dɨpгфгъʅ εсрϭ, ɹъd pөф фωɪс вɹωфɨpфвгϭ ωгф ɔεd; ɨъ Ꝕɪɔ ωгϭ ъө pqʅpɪʅd лвфөʟɪи ɣɹʅ ɿфөpɪώɞгфd Ꝕɪϭ гɿфөс, ɹъd ɣɹʅ ωгϭ ɿфөpгвфd гв Ꝕɪɔ ɿгфʅεъɪи ʅɷ ɣ гɿөъɔгъʅ. Ꝕə өʅвө ωгϭ ʅɷ вгфвʅ ɣ вʌфəгфϭ гв ɣ ʅɷɔ, вгωгɔ ɣ pгфвʅ рфөʅв гв ɣөϭ ɣɹʅ вʅлт, ɹъd ɪъʅфгdөв ɣ флвгфлωbгъ, ɹъd ɪъdəd ʅɷ в ɣ Ꝕлвгфлωbгъ ɹъd ɣ ʅфp. Ꝕə ωгϭ өʅвө ʅɷ гвлъd ʅ𝛗 ɣ φɹɞrɴɞ, ɸɹɞrɸɹɷʅ Ψɨɞ Ȣɛɴʅȣ, ɹɴd ɹpʅrɸ ɸɹɞrɸɹɷʅɨи ɣɹɔ, dɸɨиɷ rɞ ɣ pɸɵʅ rɞ ɣ ɞɸɴ ωɨɣ ɣɹɔ ɨɴ Ψɨɞ Ƥɵɣrɸ'ɞ ɷɨиdrɔ. ɅɞɸƏ ɴə bqd ɤɹʅ ȣȯ ʅ𝛗 Ψɨɔ, ɹɴd ɹɞɸə ʅrи ɷrɴpɹȣ ɣɹʅ Ψə ωrɞ ɣ Ωɸɸȣʅ ʅ𝛗 ɣ ώʅ𝛉ɸə rɞ Ꞷɵd ɣ Ƥɵɣrɸ. Ʌɞɸə ɴɛbrɴ, ɷɨɴdɸrd, ɹɴd ʅrи bqd ȣȯ ʅ𝛗 Ψɨɞ ȣɹʇʅrɸ, ɹɴd ɣ rɸʟ ʟɸ𝛗 Ψɨɔ ȣ pɨʅd ωɨɣ ɣ ɴɵʅrɕ rɞ Ꞷɵd, ɹɞ ɣ ω𝛉ʅrɸɞ ɷrɞrɸ ɣ ȣə, ɣ rɸʟ ȣ ɸrdəɔd ɹɴd ȣrɷrɔ ȣrʅɹȣcrʅ, ɵ ɴ𝛗 φɹɞrɴ ɹɴd ɵ ɴ𝛗 rɸʟ ȣ ɨɴȣʅɨʅ𝛗ʅrd, φωɹɸɨɴ dωɹʅrʟ ɸɸcrȣɴrȣ, ɹɴd ɣ ɸrdɹɔʇbrɴ ɹɴd ɸɹɞrɸɹɷbrɴ rɞ ɣ ʅɨȣɨи ɹɴd ɣ dɹd, rɷ𝛉ɸdɨи ʅ𝛗 ɣ əʅrɸɴrʅ ʇʅɹɴ rɞ Ꞔrφoȣr, bqd ȣ ȣɸ𝛉ʅ rȣȯʅ ʟɸ𝛗 Ψɨɞ ɔədəɛbrɴ ɹɴd rʅoɴɔrɴʅ.

# 𐐕𐐰𐐹𐐻𐐲𐑉 XVII

*𐐜 𐐊𐐻𐐬𐑌𐑋𐐲𐑌𐐻 𐐰𐑌𐐼 𐑄 𐐡𐐯𐑆𐐲𐑉𐐯𐐿𐑇𐐲𐑌—𐐈𐐼𐐲𐑋 𐐰𐑌𐐼 𐐗𐑉𐐴𐑅𐐻—𐐐𐐶𐐴 𐐪 𐑊𐐫 𐐶𐐲𐑆 𐑀𐐮𐑂𐐲𐑌 𐐲𐑌𐐻𐐭 𐐈𐐼𐐲𐑋—𐐜 𐐡𐐲𐑆𐐲𐑊𐐻𐑅 𐐲𐑂 𐐔𐐮𐑅𐐬𐐺𐐨𐐼𐐨𐐲𐑌𐑅 𐐻𐐭 𐑄𐐰𐐻 𐑊𐐫—𐐓𐐯𐑅𐐻𐐮𐑋𐐬𐑌𐐨 𐐲𐑂 𐐵𐑉 𐐙𐐲𐑉𐑅𐐻 𐐑𐐯𐑉𐐲𐑌𐐻𐑅—"𐐈𐐼𐐲𐑋 𐑁𐐯𐑊 𐑄𐐰𐐻 𐑋𐐯𐑌 𐑋𐐴𐐻 𐐺"—𐐜 𐐙𐐫𐑊 𐐪 𐐤𐐯𐑅𐐲𐑅𐐯𐑉𐐨 𐐑𐐪𐑉𐐻 𐐲𐑂 𐑄 𐐑𐑊𐐰𐑌 𐐲𐑂 𐐝𐐰𐑊𐑂𐐩𐑇𐐲𐑌—𐐘𐐱𐐼'𐑆 𐐑𐑊𐐰𐑌 𐐪 𐐣𐐲𐑉𐑅𐐮𐑁𐐲𐑊 𐐑𐑊𐐰𐑌—𐐜 𐐑𐑊𐐰𐑌 𐐲𐑂 𐐢𐐭𐑅𐐮𐑁𐐲𐑉—𐐣𐐰𐑌'𐑆 𐐙𐑉𐐨 𐐁𐐾𐐲𐑌𐑅𐐨—𐐜 𐐕𐐩𐑌 𐐗𐐲𐑋𐐹𐑊𐐨𐐻.*

𐐆𐑌 𐑄 𐐮𐐿𐐱𐑌𐐲𐑋𐐨 𐐲𐑂 𐐘𐐱𐐼 𐐰𐑌𐐼 𐑄 𐐹𐑊𐐰𐑌 𐐹𐑉𐐲𐐹𐐬𐑆𐐼 𐐺𐐴 𐑄 𐐃𐑊𐑋𐐴𐐻𐐨, 𐐮𐐻 𐐶𐐲𐑆 𐐹𐑉𐐲𐑂𐐴𐐼𐐲𐐼 𐑄𐐰𐐻 𐑋𐐰𐑌 𐐶𐐲𐑆 𐐻𐐭 𐐺 𐐹𐑊𐐩𐑅𐐻 𐐲𐑌𐐼𐐲𐑉 𐐪 𐑊𐐫 𐐲𐐹𐐰𐑉𐐲𐑌𐐻𐑊𐐨 𐑅𐐮𐑋𐐹𐐲𐑊 𐐮𐑌 𐐮𐐻𐑅𐐯𐑊𐑁, 𐐷𐐯𐐻 𐑄 𐐻𐐯𐑅𐐻 𐐲𐑂 𐑄𐐰𐐻 𐑊𐐫 𐐶𐐲𐑆 𐑁𐑉𐐫𐐻 𐐶𐐮𐑄 𐑄 𐑀𐑉𐐩𐑂𐐲𐑅𐐻 𐐿𐐱𐑌𐑅𐐲𐐿𐐶𐐯𐑌𐑅𐐲𐑆. 𐐜 𐐲𐐺𐑆𐐲𐑉𐑂𐐲𐑌𐑅 𐐲𐑂 𐑄𐐰𐐻 𐑊𐐫 𐐶𐐳𐐼 𐑅𐐲𐐿𐐷𐐳𐑉 𐐨𐐻𐐲𐑉𐑌𐐲𐑊 𐑊𐐴𐑁, 𐐰𐑌𐐼 𐑄 𐐹𐐯𐑌𐐲𐑊𐐻𐐨 𐑁𐐫𐑉 𐑄 𐑂𐐴𐐲𐑊𐐩𐑇𐐲𐑌 𐐲𐑂 𐑄𐐰𐐻 𐑊𐐫 𐐶𐐲𐑆 𐐼𐐯𐑃. 𐐙𐐫𐑉, 𐐶𐐨 𐐪𐑉 𐐻𐐬𐑊𐐼, 𐐮𐑌 𐐈𐐼𐐲𐑋 𐐫𐑊 𐐼𐐴, 𐐰𐑌𐐼 𐐸𐐯𐑌𐑅 𐑄 𐐼𐐯𐐿𐑊𐐲𐑉𐐩𐑇𐐲𐑌, "𐐆𐐻 𐐮𐑆 𐐲𐐹𐐬𐐮𐑌𐐻𐐲𐐼 𐑁𐐫𐑉 𐑋𐐰𐑌 𐐶𐐲𐑌𐑅 𐐻𐐭 𐐼𐐴." 𐐜𐐩𐑉 𐐮𐑆 𐐲𐑌𐐲𐑄𐐲𐑉 𐐹𐑉𐐮𐑌𐑅𐐮𐐹𐐲𐑊 𐐲𐑅𐐬𐑇𐐨𐐩𐐻𐐲𐐼 𐐶𐐮𐑄 𐑄𐐮𐑅, 𐐸𐐶𐐮𐐽 𐐮𐑆, 𐑄𐐰𐐻 𐑄 𐐲𐐻𐐬𐑌𐑋𐐲𐑌𐐻 𐐹𐑉𐐲𐑂𐐴𐐼𐐲𐐼 𐐪 𐑋𐐨𐑌𐑆 𐐰𐑌𐐼 𐐹𐑊𐐰𐑌 𐐸𐐶𐐯𐑉𐐺𐐴 𐐼𐐯𐑃 𐐿𐐳𐐼 𐐺 𐐬𐑂𐐲𐑉𐐿𐐲𐑋, 𐐰𐑌𐐼 𐑄 𐑉𐐯𐑆𐐲𐑉𐐯𐐿𐑇𐐲𐑌 𐐲𐑂 𐑄 𐐺𐐱𐐼𐐨 𐑁𐑉𐐲𐑋 𐐼𐐯𐑃 𐐺 𐐺𐑉𐐫𐐻 𐐲𐐺𐐵𐐻, 𐑁𐐫𐑉 𐐮𐐻 𐐮𐑆 𐑉𐐮𐐻𐐲𐑌, "𐐈𐑆 𐐮𐑌 𐐈𐐼𐐲𐑋 𐐫𐑊 𐐼𐐴, 𐐨𐑂𐐲𐑌 𐑅𐐬 𐐮𐑌 𐐗𐑉𐐴𐑅𐐻 𐑇𐐰𐑊 𐐫𐑊 𐐺 𐑋𐐩𐐼 𐐲𐑊𐐴𐑂." 𐐒𐐲𐐻 𐐶𐐮𐑃𐐵𐐻 𐑄𐐮𐑅 𐐲𐐻𐐬𐑌𐑋𐐲𐑌𐐻 𐑄 𐑉𐐯𐑆𐐲𐑉𐐯𐐿𐑇𐐲𐑌 𐐲𐑂 𐑄 𐐺𐐱𐐼𐐨 𐐿𐐳𐐼 𐑌𐐫𐐻 𐐺 𐐺𐑉𐐫𐐻 𐐲𐐺𐐵𐐻; 𐐸𐐯𐑌𐑅 𐐖𐐨𐑆𐐲𐑅, 𐐸𐐶𐐯𐑌 𐐫𐑌 𐐲𐑉𐑃, 𐐹𐑉𐐲𐐿𐑊𐐩𐑋𐐼, "𐐌 𐐰𐑋 𐑄 𐐡𐐯𐑆𐐲𐑉𐐯𐐿𐑇𐐲𐑌 𐐰𐑌𐐼 𐑄 𐐢𐐴𐑁," 𐐰𐑌𐐼 𐐐𐐨 𐐐𐐮𐑋𐑅𐐯𐑊𐑁 "𐐶𐐲𐑆 𐑄 𐑁𐐲𐑉𐑅𐐻 𐑁𐑉𐐭𐐻𐑅 𐐲𐑂 𐑄𐐯𐑋 𐑄𐐰𐐻 𐑅𐑊𐐯𐐹𐐻."

𐐣𐐰𐑌 𐐿𐐳𐐼 𐑌𐐫𐐻 𐐸𐐰𐑂 𐐺𐐮𐑌 𐐻𐐯𐑅𐐻𐐲𐐼 𐐶𐐮𐑃𐐵𐐻 𐐪 𐑊𐐫. 𐐜 𐐹𐐯𐑌𐐲𐑊𐐻𐐨 𐑁𐐫𐑉 𐑄 𐑂𐐴𐐲𐑊𐐩𐑇𐐲𐑌 𐐲𐑂 𐑄𐐰𐐻 𐑊𐐫 𐐶𐐲𐑆 𐐼𐐯𐑃. 𐐆𐑁 𐑄 𐑊𐐫 𐐸𐐰𐐼 𐑌𐐫𐐻 𐐺𐐮𐑌 𐐺𐑉𐐬𐐿𐐲𐑌, 𐑋𐐰𐑌 𐐶𐐳𐐼 𐐸𐐰𐑂 𐑊𐐮𐑂𐐼; 𐐺𐐲𐐻 𐐶𐐳𐐼 𐑋𐐰𐑌 𐑄𐐲𐑅 𐑊𐐮𐑂𐐮𐑍 𐐸𐐰𐑂 𐐺𐐮𐑌 𐐿𐐩𐐹𐐲𐐺𐐲𐑊 𐐲𐑂 𐐹𐐲𐑉𐐹𐐯𐐽𐐲𐐶𐐩𐐻𐐮𐑍 𐐸𐐮𐑆 𐑅𐐹𐐨𐑇𐐨𐑆, 𐐰𐑌𐐼 𐐲𐑂 𐑄𐐲𐑅 𐑁𐐳𐑊𐑁𐐮𐑊𐐮𐑍 𐑄 𐐼𐐲𐑆𐐴𐑌𐑆 𐐲𐑂 𐐘𐐱𐐼 𐐮𐑌 𐐹𐑉𐐲𐐹𐐯𐑉𐐮𐑍 𐐻𐐰𐐺𐐲𐑉𐑌𐐰𐐿𐐲𐑊𐑆 𐑁𐐫𐑉 𐑄 𐑅𐐹𐐮𐑉𐐮𐐻𐑅 𐐸𐐶𐐮𐐽 𐐸𐐰𐐼 𐐺𐐮𐑌 𐐿𐑉𐐨𐐩𐐻𐐲𐐼 𐐮𐑌 𐑄 𐑅𐐹𐐮𐑉𐐮𐐻 𐐶𐐲𐑉𐑊𐐼? 𐐈𐑌𐐼 𐑁𐐲𐑉𐑄𐐲𐑉, 𐐶𐐳𐐼 𐑄𐐩 𐐸𐐰𐑂 𐐸𐐰𐐼 𐑄 𐑌𐐨𐐼 𐐲𐑂 𐐪 𐑋𐐨𐐼𐐨𐐩𐐻𐐲𐑉, 𐐸𐐭 𐐶𐐲𐑆 𐐻𐐭 𐐰𐐿𐐻 𐐰𐑆 𐐪 𐐹𐑉𐐬𐐹𐐮𐑇𐐨𐐩𐑇𐐲𐑌 𐑁𐐫𐑉 𐑄 𐑂𐐴𐐲𐑊𐐩𐑇𐐲𐑌 𐐲𐑂 𐑄𐐮𐑅 𐑊𐐫, 𐐸𐐶𐐮𐐽 𐐮𐐻 𐐶𐐳𐐼 𐐲𐐹𐐨𐑉 𐑁𐑉𐐲𐑋 𐑄 𐑅𐐲𐑉𐐿𐐲𐑋𐑅𐐻𐐰𐑌𐑅𐐲𐑆 𐐶𐐲𐑆 𐐼𐐯𐑅𐐻𐐮𐑌𐐼 𐐻𐐭 𐐺 𐐺𐑉𐐬𐐿𐐲𐑌; 𐐫𐑉 𐐶𐐳𐐼 𐑄 𐐨𐐻𐐲𐑉𐑌𐐲𐑊 𐐮𐑌𐐿𐑉𐐨𐑅 𐐰𐑌𐐼 𐐹𐐲𐑉𐐹𐐲𐐻𐐭𐐮𐐻𐐨 𐐲𐑂 𐑋𐐰𐑌 𐐸𐐰𐑂 𐐺𐐮𐑌 𐐿𐐲𐑌𐐻𐐮𐑌𐐭𐐼, 𐐰𐑌𐐼 𐐸𐐮𐑆 𐐸𐐴 𐐯𐑀𐑆𐐫𐑊𐐻𐐩𐑇𐐲𐑌 𐐻𐐭 𐑄 𐐘𐐱𐐼𐐸𐐯𐐼 𐐺𐐮𐑌 𐐲𐐿𐐱𐑋𐐹𐑊𐐮𐑇𐐻, 𐐶𐐮𐑃𐐵𐐻 𐑄 𐐹𐑉𐐬𐐹𐐮𐑇𐐨𐐲𐐻𐐬𐑉𐐨 𐐲𐐻𐐬𐑌𐑋𐐲𐑌𐐻 𐐰𐑌𐐼 𐑅𐐰𐐿𐑉𐐮𐑁𐐴𐑅 𐐲𐑂 𐑄 𐐝𐐲𐑌 𐐲𐑂 𐐘𐐱𐐼?

𐐖𐐨𐑆𐐲𐑅 𐑅𐐯𐐼, "𐐜𐐲𐑅 𐐮𐐻 𐐮𐑆 𐑉𐐮𐐻𐐲𐑌, 𐐰𐑌𐐼 𐑄𐐲𐑅 𐐮𐐻 𐐺𐐲𐐸𐐭𐑂𐐼 𐐗𐑉𐐴𐑅𐐻 𐐻𐐭 𐑅𐐲𐑁𐐲𐑉." 𐐗𐐳𐐼 𐐮𐐻 𐐸𐐰𐑂 𐐺𐐲𐐸𐐭𐑂𐐼 𐐗𐑉𐐴𐑅𐐻 𐐻𐐭 𐑅𐐲𐑁𐐲𐑉 𐐮𐑁 𐑋𐐰𐑌 𐐸𐐰𐐼 𐑌𐐫𐐻 𐑅𐐮𐑌𐐼, 𐐰𐑌𐐼 𐐶𐐲𐑆 𐐮𐐻 𐑌𐐫𐐻 𐐹𐐪𐑉𐐻 𐐲𐑂 𐑄 𐐨𐐻𐐲𐑉𐑌𐐲𐑊 𐐹𐑊𐐰𐑌 𐐲𐑂 𐐘𐐱𐐼 𐑄𐐰𐐻 𐑋𐐰𐑌 𐑇𐐳𐐼 𐑂𐐴𐐲𐑊𐐩𐐻 𐑄𐐰𐐻 𐑊𐐫, 𐑄𐐰𐐻 𐐰𐑌 𐐲𐐻𐐬𐑌𐑋𐐲𐑌𐐻 𐑋𐐴𐐻 𐐺 𐐹𐑉𐐲𐑂𐐴𐐼𐐲𐐼 𐐰𐑌𐐼 𐐸𐐰𐐼, 𐐰𐑌𐐼 𐐺𐐴 𐑄𐐮𐑅 𐑋𐐨𐑌𐑆 𐑋𐐰𐑌 𐐺 𐐹𐐷𐐳𐑉𐐮𐑁𐐴𐐼 𐐰𐑌𐐼 𐐹𐐲𐑉𐑁𐐯𐐿𐐻𐐲𐐼, 𐑃𐑉𐐭 𐑄 𐑅𐐻𐑉𐐲𐑀𐐲𐑊𐑆 𐐰𐑌𐐼 𐐻𐑉𐐴𐐲𐑊𐑆 𐐮𐑌𐑅𐐮𐐼𐐲𐑌𐐻 𐐻𐐭 𐐸𐐮𐑆 𐐿𐐲𐑋𐐮𐑍 𐐮𐑌 𐐿𐐪𐑌𐐻𐐰𐐿𐐻 𐐶𐐮𐑄 𐑄 𐐹𐐵𐐲𐑉𐑆 𐐲𐑂 𐐼𐐪𐑉𐐿𐑌𐐲𐑅, 𐐰𐑌𐐼, 𐑃𐑉𐐭 𐑄 𐑋𐐨𐐼𐐨𐐩𐑇𐐲𐑌 𐐰𐑌𐐼 𐐲𐐻𐐬𐑌𐑋𐐲𐑌𐐻 𐐲𐑂 𐐖𐐨𐑆𐐲𐑅 𐐗𐑉𐐴𐑅𐐻, 𐐰𐑌𐐼 𐐸𐐮𐑆 𐐬𐑌 𐐬𐐺𐐨𐐼𐐨𐐲𐑌𐑅 𐐻𐐭 𐑄 𐑉𐐲𐐿𐐶𐐴𐑉𐑋𐐲𐑌𐐻𐑅 𐐲𐑂 𐑄 𐑊𐐫 𐐲𐑅𐐬𐑇𐐨𐐩𐐻𐐲𐐼 𐑄𐐯𐑉𐐶𐐮𐑄, 𐐺 𐑉𐐩𐑆𐐼 𐐻𐐭 𐐪 𐐸𐐴𐐲𐑉 𐑅𐐻𐐩𐐻 𐐲𐑂 𐐮𐑀𐑆𐐮𐑅𐐻𐐲𐑌𐑅 𐑄𐐰𐑌 𐐮𐐻 𐐿𐐳𐐼 𐐸𐐰𐑂 𐐺𐐮𐑌 𐐹𐐪𐑅𐐮𐐺𐐲𐑊 𐑁𐐫𐑉 𐐸𐐮𐑋 𐐻𐐭 𐐸𐐰𐑂 𐐲𐐺𐐻𐐩𐑌𐐼 𐐶𐐮𐑃𐐵𐐻 𐑄 𐐻𐑉𐐰𐑌𐑆𐑀𐑉𐐯𐑇𐐲𐑌 𐐲𐑂 𐑄𐐰𐐻 𐑊𐐫?

𐐜𐐨𐑆 𐐹𐑎𐑌𐐻𐑅 𐐪𐑉 𐑋𐐩𐐼 𐐮𐐿𐑅𐐨𐐼𐐮𐑍𐑊𐐨 𐐹𐑊𐐩𐑌 𐐮𐑌 𐑄 𐐑𐐲𐑉𐑊 𐐲𐑂 𐐘𐑉𐐩𐐻 𐐑𐑉𐐴𐑅. 𐐆𐐻 𐐮𐑆 𐑄𐐯𐑉 𐑅𐐻𐐩𐐻𐐲𐐼:

“𐐈𐑌𐐼 𐐈𐐼𐐲𐑋 𐐿𐐫𐑊𐐼 𐐲𐐹𐐪𐑌 𐑄 𐑌𐐩𐑋 𐐲𐑂 𐑄 𐐢𐐫𐑉𐐼, 𐐰𐑌𐐼 𐐀𐑂 𐐫𐑊𐑅𐐬, 𐐸𐐮𐑆 𐐶𐐴𐑁; 𐐰𐑌𐐼 𐑄𐐩 𐐸𐐲𐑉𐐼 𐑄 𐑂𐑎𐑅 𐐲𐑂 𐑄 𐐢𐐫𐑉𐐼 𐑁𐑉𐐲𐑋 𐑄 𐐶𐐩 𐐻𐐲𐐶𐐫𐑉𐐼𐑆 𐑄 𐐘𐐪𐑉𐐼𐐲𐑌 𐐲𐑂 𐐀𐐼𐐲𐑌, 𐑅𐐹𐐨𐐿𐐮𐑍 𐐲𐑌𐐻𐐭 𐑄𐐯𐑋, 𐐰𐑌𐐼 𐑄𐐩 𐑅𐐫 𐐸𐐮𐑋 𐑌𐐪𐐻; 𐑁𐐫𐑉 𐑄𐐩 𐐶𐐲𐑉 𐑇𐐲𐐻 𐐵𐐻 𐑁𐑉𐐲𐑋 𐐸𐐮𐑆 𐐹𐑉𐐯𐑆𐐲𐑌𐑅. 𐐈𐑌𐐼 𐐸𐐨 𐑀𐐩𐑂 𐐲𐑌𐐻𐐭 𐑄𐐯𐑋 𐐿𐐲𐑋𐐰𐑌𐐼𐑋𐐲𐑌𐐻𐑅, 𐑄𐐰𐐻 𐑄𐐩 𐑇𐐳𐐼 𐐶𐐲𐑉𐑇𐐮𐐹 𐑄 𐐢𐐫𐑉𐐼 𐑄𐐯𐑉 𐐘𐐪𐐼, 𐐰𐑌𐐼 𐑇𐐳𐐼 𐐫𐑁𐐲𐑉 𐑄 𐑁𐐲𐑉𐑅𐐻𐑊𐐮𐑍𐑆 𐐲𐑂 𐑄𐐯𐑉 𐑁𐑊𐐪𐐿𐑅, 𐑁𐐫𐑉 𐐰𐑌 𐐫𐑁𐐲𐑉𐐮𐑍 𐐲𐑌𐐻𐐭 𐑄 𐐢𐐫𐑉𐐼. 𐐈𐑌𐐼 𐐈𐐼𐐲𐑋 𐐶𐐲𐑆 𐐬𐐺𐐨𐐼𐐨𐐲𐑌𐐻 𐐲𐑌𐐻𐐭 𐑄 𐐿𐐲𐑋𐐰𐑌𐐼𐑋𐐲𐑌𐐻𐑅 𐐲𐑂 𐑄 𐐢𐐫𐑉𐐼. 𐐈𐑌𐐼 𐐰𐑁𐐻𐐲𐑉 𐑋𐐯𐑌𐐨 𐐼𐐩𐑆 𐐰𐑌 𐐩𐑌𐐾𐐲𐑊 𐐲𐑂 𐑄 𐐢𐐫𐑉𐐼 𐐲𐐹𐐮𐑉𐐼 𐐲𐑌𐐻𐐭 𐐈𐐼𐐲𐑋, 𐑅𐐩𐐮𐑍, 𐐐𐐶𐐴 𐐼𐐲𐑅𐐻 𐑄𐐵 𐐫𐑁𐐲𐑉 𐑅𐐰𐐿𐑉𐐮𐑁𐐴𐑅𐐲𐑆 𐐲𐑌𐐻𐐭 𐑄 𐐢𐐫𐑉𐐼? 𐐈𐑌𐐼 𐐈𐐼𐐲𐑋 𐑅𐐯𐐼 𐐲𐑌𐐻𐐭 𐐸𐐮𐑋, 𐐌 𐑌𐐬 𐑌𐐪𐐻, 𐑅𐐩𐑂 𐑄 𐐢𐐫𐑉𐐼 𐐿𐐲𐑋𐐰𐑌𐐼𐐲𐐼 𐑋𐐨. 𐐈𐑌𐐼 𐑄𐐯𐑌 𐑄 𐐩𐑌𐐾𐐲𐑊 𐑅𐐹𐐩𐐿, 𐑅𐐩𐐮𐑍, 𐐜𐐮𐑅 𐑃𐐮𐑍 𐐮𐑆 𐐪 𐑅𐐮𐑋𐐮𐑊𐐮𐐻𐐭𐐼 𐐲𐑂 𐑄 𐑅𐐰𐐿𐑉𐐮𐑁𐐴𐑅 𐐲𐑂 𐑄 𐐄𐑌𐑊𐐨 𐐒𐐲𐑀𐐫𐐻𐐲𐑌 𐐲𐑂 𐑄 𐐙𐐪𐑄𐐲𐑉, 𐐸𐐶𐐮𐐽 𐐮𐑆 𐑁𐐳𐑊 𐐲𐑂 𐑀𐑉𐐩𐑅 𐐰𐑌𐐼 𐐻𐑉𐐭𐑃. 𐐐𐐶𐐯𐑉𐑁𐐫𐑉, 𐑄𐐵 𐑇𐐰𐑊 𐐼𐐭 𐐫𐑊 𐑄𐐰𐐻 𐑄𐐵 𐐼𐐭𐐲𐑅𐐻 𐐮𐑌 𐑄 𐑌𐐩𐑋 𐐲𐑂 𐑄 𐐝𐐲𐑌, 𐐰𐑌𐐼 𐑄𐐵 𐑇𐐰𐑊 𐑉𐐲𐐹𐐯𐑌𐐻 𐐰𐑌𐐼 𐐿𐐫𐑊 𐐲𐐹𐐪𐑌 𐐘𐐪𐐼 𐐮𐑌 𐑄 𐑌𐐩𐑋 𐐲𐑂 𐑄 𐐝𐐲𐑌 𐑁𐐫𐑉𐐯𐑂𐐲𐑉𐑋𐐫𐑉. 𐐈𐑌𐐼 𐐮𐑌 𐑄𐐰𐐻 𐐼𐐩 𐑄 𐐐𐐬𐑊𐐨 𐐘𐐬𐑅𐐻 𐑁𐐯𐑊 𐐲𐐹𐐪𐑌 𐐈𐐼𐐲𐑋, 𐐸𐐶𐐮𐐽 𐐺𐐯𐑉𐐲𐑃 𐑉𐐯𐐿𐐲𐑉𐐼 𐐲𐑂 𐑄 𐐙𐐪𐑄𐐲𐑉 𐐰𐑌𐐼 𐑄 𐐝𐐲𐑌, 𐑅𐐩𐐮𐑍, 𐐌 𐐰𐑋 𐑄 𐐄𐑌𐑊𐐨 𐐒𐐲𐑀𐐫𐐻𐐲𐑌 𐐲𐑂 𐑄 𐐙𐐪𐑄𐐲𐑉 𐑁𐑉𐐲𐑋 𐑄 𐐺𐐲𐑀𐐮𐑌𐐮𐑍, 𐐸𐐯𐑌𐑅𐑁𐐫𐑉𐑃 𐐰𐑌𐐼 𐑁𐐫𐑉𐐯𐑂𐐲𐑉, 𐑄𐐰𐐻 𐐰𐑆 𐑄𐐵 𐐸𐐰𐑅𐐻 𐑁𐐫𐑊𐐲𐑌 𐑄𐐵 𐑋𐐩𐐲𐑅𐐻 𐐺 𐑉𐐲𐐼𐐨𐑋𐐼; 𐐰𐑌𐐼 𐐫𐑊 𐑋𐐰𐑌𐐿𐐴𐑌𐐼, 𐐨𐑂𐐲𐑌 𐐰𐑆 𐑋𐐯𐑌𐐨 𐐰𐑆 𐐶𐐮𐑊. 𐐈𐑌𐐼 𐐮𐑌 𐑄𐐰𐐻 𐐼𐐩 𐐈𐐼𐐲𐑋 𐐺𐑊𐐯𐑅𐐻 𐐘𐐪𐐼 𐐰𐑌𐐼 𐐶𐐲𐑆 𐑁𐐮𐑊𐐼, 𐐰𐑌𐐼 𐐺𐐲𐑀𐐰𐑌 𐐻𐐭 𐐹𐑉𐐪𐑁𐐲𐑅𐐴 𐐿𐐲𐑌𐑅𐐲𐑉𐑌𐐮𐑍 𐐫𐑊 𐑄 𐑁𐐰𐑋𐐮𐑊𐐨𐑆 𐐲𐑂 𐑄 𐐲𐑉𐑃, 𐑅𐐩𐐮𐑍, 𐐒𐑊𐐯𐑅𐐲𐐼 𐐺 𐑄 𐑌𐐩𐑋 𐐲𐑂 𐐘𐐪𐐼, 𐑁𐐫𐑉 𐐺𐐲𐐿𐐫𐑆 𐐲𐑂 𐑋𐐴 𐐻𐑉𐐰𐑌𐑆𐑀𐑉𐐯𐑇𐐲𐑌 𐑋𐐴 𐐴𐑆 𐐪𐑉 𐐬𐐹𐐲𐑌𐐼, 𐐰𐑌𐐼 𐐮𐑌 𐑄𐐮𐑅 𐑊𐐴𐑁 𐐌 𐑇𐐰𐑊 𐐸𐐰𐑂 𐐾𐑎, 𐐰𐑌𐐼 𐐲𐑀𐐯𐑌 𐐮𐑌 𐑄 𐑁𐑊𐐯𐑇 𐐌 𐑇𐐰𐑊 𐑅𐐨 𐐘𐐪𐐼. 𐐈𐑌𐐼 𐐀𐑂, 𐐸𐐮𐑆 𐐶𐐴𐑁, 𐐸𐐲𐑉𐐼 𐐫𐑊 𐑄𐐨𐑆 𐑃𐐮𐑍𐑆 𐐰𐑌𐐼 𐐶𐐲𐑆 𐑀𐑊𐐰𐐼, 𐑅𐐩𐐮𐑍, 𐐎𐐲𐑉 𐐮𐐻 𐑌𐐪𐐻 𐑁𐐫𐑉 𐐵𐑉 𐐻𐑉𐐰𐑌𐑆𐑀𐑉𐐯𐑇𐐲𐑌 𐐶𐐨 𐑌𐐯𐑂𐐲𐑉 𐑇𐐳𐐼 𐐸𐐰𐑂 𐐸𐐰𐐼 𐑅𐐨𐐼, 𐐰𐑌𐐼 𐑌𐐯𐑂𐐲𐑉 𐑇𐐳𐐼 𐐸𐐰𐑂 𐑌𐐬𐑌 𐑀𐐳𐐼 𐐰𐑌𐐼 𐐨𐑂𐐮𐑊, 𐐰𐑌𐐼 𐑄 𐐾𐑎 𐐲𐑂 𐐵𐑉 𐑉𐐲𐐼𐐯𐑋𐐹𐑇𐐲𐑌, 𐐰𐑌𐐼 𐑄 𐐨𐐻𐐲𐑉𐑌𐐲𐑊 𐑊𐐴𐑁 𐐸𐐶𐐮𐐽 𐐘𐐪𐐼 𐑀𐐮𐑂𐐲𐑃 𐐲𐑌𐐻𐐭 𐐫𐑊 𐑄 𐐬𐐺𐐨𐐼𐐨𐐲𐑌𐐻. 𐐈𐑌𐐼 𐐈𐐼𐐲𐑋 𐐰𐑌𐐼 𐐀𐑂 𐐺𐑊𐐯𐑅𐐻 𐑄 𐑌𐐩𐑋 𐐲𐑂 𐐘𐐪𐐼; 𐐰𐑌𐐼 𐑄𐐩 𐑋𐐩𐐼 𐐫𐑊 𐑃𐐮𐑍𐑆 𐑌𐐬𐑌 𐐲𐑌𐐻𐐭 𐑄𐐯𐑉 𐑅𐐲𐑌𐑆 𐐰𐑌𐐼 𐑄𐐯𐑉 𐐼𐐫𐐻𐐲𐑉𐑆.”

𐐜𐐲𐑅 𐐶𐐨 𐑁𐐴𐑌𐐼: 𐐙𐐲𐑉𐑅𐐻𐑊𐐨. 𐐜𐐰𐐻 𐐈𐐼𐐲𐑋 𐐰𐑌𐐼 𐐀𐑂 𐐺𐐬𐑃 𐐿𐐲𐑌𐑅𐐮𐐼𐐲𐑉𐐼 𐑄𐐰𐐻 𐑄𐐩 𐐸𐐰𐐼 𐑀𐐩𐑌𐐼, 𐐮𐑌𐑅𐐻𐐯𐐼 𐐲𐑂 𐑅𐐲𐑁𐐲𐑉𐐼 𐑊𐐫𐑅, 𐑃𐑉𐐭 𐑄𐐯𐑉 𐐼𐐮𐑅𐐬𐐺𐐨𐐼𐐨𐐲𐑌𐑅 𐐻𐐭 𐑄𐐰𐐻 𐑊𐐫; 𐑁𐐫𐑉 𐑄𐐩 𐑋𐐩𐐼 𐑄 𐑅𐐻𐐩𐐻𐑋𐐲𐑌𐐻, 𐑄𐐰𐐻 𐐮𐑁 𐐮𐐻 𐐸𐐰𐐼 𐑌𐐱𐐻 𐐺𐐮𐑌 𐑁𐐫𐑉 𐑄𐐯𐑉 𐐻𐑉𐐰𐑌𐑆𐑀𐑉𐐯𐑇𐐲𐑌 𐑄𐐩 𐑌𐐯𐑂𐐲𐑉 𐐿𐐳𐐼 "𐐸𐐰𐑂 𐑌𐐬𐑌 𐑀𐐳𐐼 𐐰𐑌𐐼 𐐨𐑂𐐮𐑊." 𐐈𐑌𐐼 𐐲𐑀𐐯𐑌, 𐑄𐐩 𐐿𐐳𐐼 𐐸𐐰𐑂 𐐺𐐮𐑌 𐐮𐑌𐐿𐐩𐐹𐐲𐐺𐐲𐑊 𐐲𐑂 𐐮𐑌𐐿𐑉𐐨𐑅; 𐐰𐑌𐐼 𐐶𐐮𐑃𐐵𐐻 𐑄𐐰𐐻 𐐮𐑌𐐿𐑉𐐨𐑅 𐑄 𐐼𐐲𐑆𐐴𐑌𐑆 𐐲𐑂 𐐘𐐱𐐼 𐐮𐑌 𐑉𐐲𐑊𐐩𐑇𐐲𐑌 𐐻𐐭 𐑄 𐑁𐐫𐑉𐑋𐐩𐑇𐐲𐑌 𐐲𐑂 𐑄 𐐲𐑉𐑃 𐐰𐑌𐐼 𐑋𐐰𐑌 𐐿𐐳𐐼 𐑌𐐱𐐻 𐐸𐐰𐑂 𐐺𐐮𐑌 𐐲𐐿𐐱𐑋𐐹𐑊𐐮𐑇𐐻; 𐑁𐐫𐑉 𐐶𐐲𐑌 𐑀𐑉𐐩𐐻 𐐱𐐺𐐾𐐯𐐿𐐻 𐐲𐑂 𐑄 𐐿𐑉𐐨𐐩𐑇𐐲𐑌 𐐲𐑂 𐑄 𐐶𐐲𐑉𐑊𐐼 𐐶𐐲𐑆 𐑄 𐐹𐑉𐐱𐐹𐐲𐑀𐐩𐑇𐐲𐑌 𐐲𐑂 𐑄 𐐸𐐷𐐭𐑋𐐲𐑌 𐑅𐐹𐐨𐑇𐐨𐑆, 𐑄𐐰𐐻 𐐺𐐱𐐼𐐨𐑆 𐑋𐐴𐐻 𐐺 𐐹𐑉𐐲𐐹𐐯𐑉𐐼 𐑁𐐫𐑉 𐑄𐐬𐑆 𐑅𐐹𐐮𐑉𐐮𐐻𐑅 𐐸𐐭 𐐫𐑊𐑉𐐯𐐼𐐨 𐐮𐑀𐑆𐐮𐑅𐐻𐐲𐐼, 𐐰𐑌𐐼 𐐸𐐭, 𐐸𐐶𐐯𐑌 𐑄𐐩 𐑅𐐫 𐑄 𐐲𐑉𐑃 𐑁𐐫𐑉𐑋𐐼, 𐑇𐐵𐐻𐐲𐐼 𐑁𐐫𐑉 𐐾𐑎.

𐐝𐐯𐐿𐐲𐑌𐐼𐑊𐐨. 𐐒𐐴 𐐹𐐲𐑉𐑅𐐭𐐮𐑍 𐑄 𐐿𐐫𐑉𐑅 𐑄𐐩 𐐼𐐮𐐼, 𐑃𐑉𐐭 𐑄 𐐲𐐻𐐬𐑌𐑋𐐲𐑌𐐻, 𐑄𐐩 𐐿𐐳𐐼 𐑅𐐨 𐐘𐐱𐐼 𐐰𐑆 𐑄𐐩 𐐸𐐰𐐼 𐐼𐐲𐑌 𐐺𐐲𐑁𐐫𐑉; 𐐰𐑌𐐼 𐑁𐐲𐑉𐑄𐐲𐑉𐑋𐐫𐑉, 𐑄𐐩 𐐿𐐳𐐼 𐐺 𐐿𐐩𐐹𐐲𐐺𐐲𐑊 𐐲𐑂 𐐯𐑀𐑆𐐫𐑊𐐻𐐩𐑇𐐲𐑌, 𐐸𐐶𐐮𐐽 𐐶𐐲𐑆 𐑋𐐩𐐼 𐐹𐐱𐑅𐐮𐐺𐐲𐑊 𐐬𐑌𐑊𐐨 𐑃𐑉𐐭 𐑄𐐯𐑉 𐑁𐐫𐑊, 𐐰𐑌𐐼 𐑄 𐐲𐐻𐐬𐑌𐑋𐐲𐑌𐐻 𐐲𐑂 𐐖𐐨𐑆𐐲𐑅 𐐗𐑉𐐴𐑅𐐻; 𐐰𐑌𐐼 𐐫𐑊𐑅𐐬, 𐑄𐐩 𐑋𐐴𐐻 𐐸𐐰𐑂 𐑄 𐐿𐐲𐑋𐑁𐐲𐑉𐐻𐐮𐑍 𐐮𐑌𐑁𐑊𐐭𐐲𐑌𐑅 𐐲𐑂 𐑄 𐐝𐐹𐐮𐑉𐐮𐐻 𐐲𐑂 𐐘𐐱𐐼, 𐐰𐑌𐐼 𐐐𐐮𐑆 𐑀𐐴𐐼𐐲𐑌𐑅 𐐰𐑌𐐼 𐐼𐐲𐑉𐐯𐐿𐑇𐐲𐑌 𐐸𐐮𐑉, 𐐰𐑆 𐐶𐐯𐑊 𐐰𐑆 𐐨𐐻𐐲𐑉𐑌𐐲𐑊 𐑊𐐴𐑂𐑆 𐐰𐑌𐐼 𐐯𐑀𐑆𐐫𐑊𐐻𐐩𐑇𐐲𐑌𐑆 𐐮𐑌 𐑄 𐐶𐐲𐑉𐑊𐐼 𐐻𐐭 𐐿𐐲𐑋.

𐐑𐐫𐑊, 𐐮𐑌 𐐸𐐮𐑆 𐐇𐐹𐐮𐑅𐐲𐑊 𐐻𐐭 𐑄 𐐡𐐬𐑋𐐲𐑌𐑆, 𐐫𐑊𐑅𐐬 𐑉𐐴𐐻𐑅 𐑂𐐯𐑉𐐨 𐐼𐐲𐑉𐐯𐐿𐑊𐐨 𐐲𐐹𐐱𐑌 𐑄𐐨𐑆 𐐻𐑉𐐭𐑃𐑅; 𐐸𐐨 𐑅𐐯𐑆:

"𐐤𐐯𐑂𐐲𐑉𐑄𐐲𐑊𐐯𐑅, 𐐼𐐯𐑃 𐑉𐐩𐑌𐐼 𐑁𐑉𐐲𐑋 𐐈𐐼𐐲𐑋 𐐻𐐭 𐐣𐐬𐑆𐐲𐑅, 𐐨𐑂𐐲𐑌 𐐬𐑂𐐲𐑉 𐑄𐐯𐑋 𐑄𐐰𐐻 𐐸𐐰𐐼 𐑌𐐱𐐻 𐑅𐐮𐑌𐐼 𐐰𐑁𐐻𐐲𐑉 𐑄 𐑅𐐮𐑋𐐮𐑊𐐮𐐻𐐭𐐼 𐐲𐑂 𐐈𐐼𐐲𐑋'𐑆 𐐻𐑉𐐰𐑌𐑆𐑀𐑉𐐯𐑇𐐲𐑌, 𐐸𐐭 𐐮𐑆 𐑄 𐑁𐐮𐑀𐐷𐐲𐑉 𐐲𐑂 𐐸𐐮𐑋 𐑄𐐰𐐻 𐐶𐐲𐑆 𐐻𐐭 𐐿𐐲𐑋. 𐐒𐐲𐐻 𐑌𐐱𐐻 𐐰𐑆 𐑄 𐐱𐑁𐐯𐑌𐑅, 𐑅𐐬 𐐫𐑊𐑅𐐬 𐐮𐑆 𐑄 𐑁𐑉𐐨 𐑀𐐮𐑁𐐻. 𐐙𐐫𐑉 𐐮𐑁, 𐑃𐑉𐐭 𐑄 𐐱𐑁𐐯𐑌𐑅 𐐲𐑂 𐐶𐐲𐑌 𐑋𐐯𐑌𐐨 𐐺 𐐼𐐯𐐼, 𐑋𐐲𐐽 𐑋𐐫𐑉 𐑄 𐑀𐑉𐐩𐑅 𐐲𐑂 𐐘𐐱𐐼, 𐐰𐑌𐐼 𐑄 𐑀𐐮𐑁𐐻 𐐺𐐴 𐑀𐑉𐐩𐑅, 𐐸𐐶𐐮𐐽 𐐮𐑆 𐐺𐐴 𐐶𐐲𐑌 𐑋𐐰𐑌, 𐐖𐐨𐑆𐐲𐑅 𐐗𐑉𐐴𐑅𐐻, 𐐸𐐰𐑃 𐐲𐐺𐐵𐑌𐐼𐐲𐐼 𐐲𐑌𐐻𐐭 𐑋𐐯𐑌𐐨. 𐐈𐑌𐐼 𐑌𐐱𐐻 𐐰𐑆 𐐮𐐻 𐐶𐐲𐑆 𐐺𐐴 𐐶𐐲𐑌 𐑄𐐰𐐻 𐑅𐐮𐑌𐐼, 𐑅𐐬 𐐮𐑆 𐑄 𐑀𐐮𐑁𐐻; 𐑁𐐫𐑉 𐑄 𐐾𐐲𐐾𐑋𐐲𐑌𐐻 𐐶𐐲𐑆 𐐺𐐴 𐐶𐐲𐑌 𐐻𐐭 𐐿𐐱𐑌𐐼𐐲𐑋𐑌𐐩𐑇𐐲𐑌, 𐐺𐐲𐐻 𐑄 𐑁𐑉𐐨 𐑀𐐮𐑁𐐻 𐐮𐑆 𐐲𐑂 𐑋𐐯𐑌𐐨 𐐲𐑁𐐯𐑌𐑅𐐲𐑆 𐐲𐑌𐐻𐐭 𐐾𐐲𐑅𐐻𐐮𐑁𐐮𐐿𐐩𐑇𐐲𐑌. 𐐙𐐫𐑉 𐐮𐑁 𐐺𐐴 𐐶𐐲𐑌 𐑋𐐰𐑌'𐑆 𐐱𐑁𐐯𐑌𐑅 𐐼𐐯𐑃 𐑉𐐩𐑌𐐼 𐐺𐐴 𐐶𐐲𐑌; 𐑋𐐲𐐽 𐑋𐐫𐑉 𐑄𐐩 𐐸𐐶𐐮𐐽 𐑉𐐲𐑅𐐨𐑂 𐐲𐐺𐐲𐑌𐐼𐐲𐑌𐑅 𐐲𐑂 𐑀𐑉𐐩𐑅 𐐰𐑌𐐼 𐐲𐑂 𐑄 𐑀𐐮𐑁𐐻 𐐲𐑂 𐑉𐐴𐐽𐐲𐑅𐑌𐐲𐑅 𐑇𐐰𐑊 𐑉𐐩𐑌 𐐮𐑌 𐑊𐐴𐑁 𐐺𐐴 𐐶𐐲𐑌 𐐖𐐨𐑆𐐲𐑅 𐐗𐑉𐐴𐑅𐐻. 𐐜𐐯𐑉𐑁𐐫𐑉, 𐐰𐑆 𐐺𐐴 𐑄 𐐱𐑁𐐯𐑌𐑅 𐐲𐑂 𐐶𐐲𐑌 𐐾𐐲𐐾𐑋𐐲𐑌𐐻 𐐿𐐩𐑋 𐐲𐐹𐐱𐑌 𐐫𐑊 𐑋𐐯𐑌 𐐻𐐭 𐐿𐐱𐑌𐐼𐐲𐑋𐑌𐐩𐑇𐐲𐑌; 𐐨𐑂𐐲𐑌 𐑅𐐬 𐐺𐐴 𐑄 𐑉𐐴𐐽𐐲𐑅𐑌𐐲𐑅 𐐲𐑂 𐐶𐐲𐑌 𐑄 𐑁𐑉𐐨 𐑀𐐮𐑁𐐻 𐐿𐐩𐑋 𐐲𐐹𐐱𐑌 𐐫𐑊 𐑋𐐯𐑌 𐐲𐑌𐐻𐐭 𐐾𐐲𐑅𐐻𐐮𐑁𐐮𐐿𐐩𐑇𐐲𐑌 𐐲𐑂 𐑊𐐴𐑁. 𐐙𐐫𐑉 𐐰𐑆 𐐺𐐴 𐐶𐐲𐑌 𐑋𐐰𐑌'𐑆 𐐼𐐮𐑅𐐬𐐺𐐨𐐼𐐨𐐲𐑌𐑅 𐑋𐐯𐑌𐐨 𐐶𐐲𐑉 𐑋𐐩𐐼 𐑅𐐮𐑌𐐲𐑉𐑆, 𐑅𐐬 𐐺𐐴 𐑄 𐐬𐐺𐐨𐐼𐐨𐐲𐑌𐑅 𐐲𐑂 𐐶𐐲𐑌 𐑇𐐰𐑊 𐑋𐐯𐑌𐐨 𐐺 𐑋𐐩𐐼 𐑉𐐴𐐽𐐲𐑅. 𐐣𐐫𐑉𐐬𐑂𐐲𐑉, 𐑄 𐑊𐐫 𐐯𐑌𐐻𐐲𐑉𐐼, 𐑄𐐰𐐻 𐑄 𐐱𐑁𐐯𐑌𐑅 𐑋𐐴𐐻 𐐲𐐺𐐵𐑌𐐼. 𐐒𐐲𐐻 𐐸𐐶𐐯𐑉 𐑅𐐮𐑌 𐐲𐐺𐐵𐑌𐐼𐐲𐐼, 𐑀𐑉𐐩𐑅 𐐼𐐮𐐼 𐑋𐐲𐐽 𐑋𐐫𐑉 𐐲𐐺𐐵𐑌𐐼: 𐑄𐐰𐐻 𐐰𐑆 𐑅𐐮𐑌 𐐸𐐰𐑃 𐑉𐐩𐑌𐐼 𐐲𐑌𐐻𐐭 𐐼𐐯𐑃, 𐐨𐑂𐐲𐑌 𐑅𐐬 𐑋𐐴𐐻 𐑀𐑉𐐩𐑅 𐑉𐐩𐑌 𐑃𐑉𐐭 𐑉𐐴𐐽𐐲𐑅𐑌𐐲𐑅 𐐲𐑌𐐻𐐭 𐐨𐐻𐐲𐑉𐑌𐐲𐑊 𐑊𐐴𐑁, 𐐺𐐴 𐐖𐐨𐑆𐐲𐑅 𐐗𐑉𐐴𐑅𐐻 𐐵𐑉 𐐢𐐫𐑉𐐼."—𐐡𐐬𐑋𐐲𐑌𐑆, 5:14–21.

𐐐𐐶𐐴𐑊 𐐮𐑌 𐑄 𐐒𐐳𐐿 𐐲𐑂 𐐣𐐫𐑉𐑋𐐲𐑌 𐐢𐐨𐐸𐐴 𐐻𐐨𐐽𐐯𐑆:

"Ⱥʌd ʌó, вrφoʅd, ɪp Ⱥdrɔ φʌd ʌoʅ ʅφʌʌ6ώφʌвʅ, φə ωqd ʌoʅ φʌв ρвʅrʌ; вrʅ φə ωqd φʌв φrɔεʌd ɪʌ ɣ ώφφdrʌ rв ðdrʌ. Ⱥʌd θʅ ʟɪʌ6 φωɪc ωrφ ωφəεʅrd, ɔrвʅ φʌв φrɔεʌd ɪʌ ɣ вεɔ вʅεʅ φωɪc ɣε ωrφ, ʌρʅrφ ɣε ωrφ ωφəεʅrd; ʌʌd ɣε ɔrвʅ φʌв φrɔεʌd ρθφ ʌвrφ, ʌʌd φʌd ʌo ʌʌd. Ⱥʌd ɣε ωqd φʌв φʌd ʌo cʜʅdφrʌ; φωʌφρθφ, ɣε ωqd φʌв φrɔεʌd ɪʌ ə вʅεʅ rв ɪʌrвrʌв, φʌвɪʌ ʌo ϛoɪ, ρθφ ɣε ʌθ ʌo ɔɪ6rφə; dθɪʌ ʌo ώqd, ρθφ ɣε ʌθ ʌo вɪʌ. Ȣrʅ вrφoʅd, θʅ ʟɪʌ6 φʌв вɪʌ drʌ ɪʌ ɣ ωɪ6drɔ rв Ψɪɔ φθ ʌorʟ θʅ ʟɪʌ6. Ⱥdrɔ ρʌʅ ɣʌʅ ɔʌʌ ɔφʅ в; ʌʌd ɔʌʌ вφ, ɣʌʅ ɣε ɔφʅ φʌв ϛoɪ. Ⱥʌd ɣ Ɔrвφr ωrɔrʟ ɪʌ ɣ ρqʅʟrв rв ʅφɔ, ɣʌʅ φə ɔε φrdəɔ ɣ cʜʅdφrʌ rв ɔʌʌ ρφrɔ ɣ ρθʅ. Ⱥʌd вrωr6 ɣʌʅ ɣε вφ φrdəɔd ρφrɔ ɣ ρθʅ, ɣε φʌв вrωrɔ ρφə ρθφ ʌвrφ, ʌoɪʌ ώqd ρφrɔ əвʅ; ʅθ ʌωʅ ρθφ ɣʌɔвʌʅв6, ʌʌd ʌoʅ ʅθ в ʌωʅrd rʅɔʌ, вεв ɪʅ в вφ ɣ ʅrʌɪbɔrʌʅ rв ɣ ʅθ ʌʅ ɣ ώφεʅ ʌʌd ʟɪвʅ dε, rωθφdɪʌ ʅθ ɣ ωrɔʌʌdɔrʌʅв φωɪc Ɯəd φʌʟ ώɪвrʌ. Ψωʌφρθφ, ɔʌʌ вφ ρφə rωθφdɪʌ ʅθ ɣ ρʅʌb; ʌʌd θʅ ʟɪʌ6 вφ ώɪвrʌ ɣʌɔ φωɪc вφ ɪωвʅədərʌʅ rʌʅθ ɔʌʌ. Ⱥʌd ɣε вφ ρφə ʅθ cθ6 ʟɪвrφʅə ʌʌd əʅrφʌrʅ ʟφr, ʟφθ ɣ ώφεʅ ɔədəεbrʌ rв θʅ ɔʌʌ, вφ ʅθ cθ6 ωʌʅʅɪвʅə ʌʌd dʌʟ, rωθφdɪʌ ʅθ ɣ ωʌʅʅɪвʅə ʌʌd ʅərrφ rв ɣ dʌвʅ; ρθφ φə вəωʌʟ ɣʌʅ θʅ ɔʌʌ ɔφʅ в ɔɪ6rφrвʅ, ʟφθ rʌʅθ φɪɔвʌʅρ."—2 Ʌəρφ 2:22–27.

Ɨʌ ɣ вεɔ вqω ɪʅ ɪ6 φʌʅrʌ:

"Ɐε, Φ ʌo ɣʌʅ ʌə ʌo, ɣʌʅ ɪʌ ɣ вəɒdə φə bʌʅ bo φɪɔвʌʅρ rʌʅθ ɣo6 ʌʅ Ϛrφθвrʅʌɔ, ρφrɔ φωʌʌв ωə ωεɔ; ρθφ ɪʅ ɪ6 ɪωвʅədərʌʅ ɣʌʅ ɪʅ bqd в rɔrʌ ɣʌɔ; ρθφ ɪʅ вrφθвʌʟ ɣ ώφεʅ Ɯφəεʅrφ ɣʌʅ φə вrρrφrʟ φɪɔвʌʅρ ʅθ вrωrɔ вrвϛʌωʅ rʌʅθ ɔʌʌ ɪʌ ɣ ρʅʌb, ʌʌd dφ ρθφ θʅ ɔʌʌ, ɣʌʅ θʅ ɔʌʌ ɔφʅ вrωrɔ вrвϛʌωʅ rʌʅθ φɪɔ. Ρθφ ʌ6 dʌʟ φʌʟ ʅʌвʅ rʅɔʌ θʅ ɔʌʌ, ʅθ ρqʅρʅ ɣ ɔrφвɪρrʅ ʅʅʌʌ rв ɣ ώφεʅ Ɯφəεʅrφ, ɣʌφ ɔrвʅ ʌəd6 в ə ʅərrφ rв φʌ6rφʌωbrʌ, ʌʌd ɣ φʌ6rφʌωbrʌ ɔrвʅ ʌəd6 ωrɔ rʌʅθ ɔʌʌ вφ φə6rʌ rв ɣ ρθʅ; ʌʌd ɣ ρθʅ ωεɔ вφ φə6rʌ rв ʅφʌʌ6ώφʌbrʌ; ʌʌd вrωr6 ɔʌʌ вrωεɔ ρвʅrʌ, ɣε ωrφ ωrʅ θρ ρφrɔ ɣ ʅφʌ6rʌв rв ɣ ʟθφd. Ψωʌφρθφ ɪʅ ɔrвʅ ʌəd6 в ʌʌ ɪʌρɪʌʅ rʅɔʌɔrʌʅ. Ȣεв ɪʅ bqd в ʌʌ ɪʌρɪʌʅ rʅɔʌɔrʌʅ, ɣɪв ωrφrʅʅbrʌ ωqd ʌoʅ ʅqʅ θʌ ɪʌωrφrʅʅbrʌ. Ψωʌφρθφ, ɣ ρrφвʅ ϛrϛɔrʌʅ φωɪc ωεɔ rʅɔʌ ɔʌʌ ɔrвʅ ʌəd6 φʌв φrɔεʌd ʅθ ʌʌ ʌʌdʟrв dqφεbrʌ. Ⱥʌd ɪρ вo, ɣɪв ρʅʌb ɔrвʅ φʌв ʟεd dóʌ ʅθ φəʅ ʌʌd ʅθ ωφrɔвʌʅ ʅθ ɪʅв ɔrɣrφ rφʟ, ʅθ φφ6 ʌo ɔəφ. O ɣ ωɪ6drɔ rв Ɯəd! φɪ6 ɔrφвə ʌʌd ώφεв! Ρθφ вrφoʅd, ɪρ ɣ ρʅʌb bqd φφ6 ʌo ɔəφ, óφ вʌɪφʅв ɔrвʅ вrωrɔ вrвϛʌωʅ ʅθ ɣʌʅ εʌϛrʅ φθ ρʌʅ

ρфгɔ ꟸгρоф ɣ ɿфʌɞгъ8 г8 ɣ ǝɿгфъгɿ Ѿѳd, ɥъd ꟸгѡɛɔ ɣ dʌ8ɿ̨,
ɿѡ фф6 ъо ɔѳф."—2 Ъǝρф 9:5–8.

Ɣʌф ɪ6 ǝ ɿфъ8ɪтгɿ dгвʌɿгт ɪъ ɣ гвг8 ѡоɔɿɛbгъ ɿѡ ɣ ɪρʌѡɿ
ɣɥɿ dʌʟ ѡг6 "ɿɥ8ɿ гɿоъ ѳɿ ɔɥъ ɿѡ ρqɿρɿ ɣ *ɔгфʊɪрɿ ɿɿɥъ* г8 ɣ ώфɛɿ
Ѿфǝɛɿгф;" ɥъd ρгфɣгфɔѳф, ɣɥɿ ɣ фʌ6гфʌѡbгъ ѡɛɔ "ꟸф фǝ6гъ
г8 ɣ ρѳɿ." Ρѳф ɪρ ɔɥъ фɥd ъѳɿ 8ɪъd, ɣʌф ѡqd фɥ8 ꟸɪъ ъо dʌʟ,
ɥъd ɪρ Ɋǝ6г8 фɥd ъѳɿ гɿоъd ρѳф ɣ 8ɪъ, ɣʌф ѡqd фɥ8 ꟸɪъ ъо
фʌ6гфʌѡbгъ. Фʌъ8 ɣǝ6 ʟɪи6 ǝф 8ɿоѡгъ г8 ɥ6 ꟸǝɪи гѡоффdɪи
ɿѡ ɣ ɔгфʊɪрɿ ɿɿɥъ г8 Ѿѳd. Ɣɪ8 ѡгфгɿbгъ ѡqd ъѳɿ фɥ8 ɿqɿ ѳъ
ɪъѡгфгɿbгъ, ɥъd ɣɪ8 ɔѳфɿɥɿɪɿǝ ѡqd ъѳɿ фɥ8 ɿqɿ ѳъ ɪɔѳфɿɥɿɪɿǝ,
ρѳф, ɥ6 ѡǝ фɥ8 ʌɿ8фѡʌф bоъ, ɔɥъ ꟸф фǝ6гъ г8 ʌъǝ ʟɪи ɣɥɿ фǝ
фɪɔ8ʌɿρ ѡqd dѡ ѳф гѡǝɔɿɪɿb, ѡqd оъɿǝ ɪώ6ѳɿɿ фɪɔ8ʌɿρ ɿѡ ɣ
dɪώъɪɿǝ ɥъd ѡɛɿг8ɪɿɪɿǝ г8 ɔɥъ ɥъd ɣʌфρѳф ɪɿ ъǝdгd ɣ гɿоъɔгъɿ
г8 ǝ Ѿѳd, ꟸгρоф ɔɥъ, ʟфѡ ɣ гdǝɿbгъ, ѡqd ꟸ ɪώ6ѳɿɿгd ɿѡ ɣ
Ѿѳdфʌd.

Гώʌъ, ɪρ ɣ ꟸѳdǝ ѡqd ъѳɿ фɥ8 ꟸɪъ фʌ6гфʌѡɿгd, ɪɿ ѡqd фɥ8
фɥd ɿѡ "ѡфгɔꟸгɿ ɿѡ ɪɿ8 ɔгɣгф гфʟ," ɥъd фгɔɛъ ɪъ ɣɥɿ ѡгъdɪbгъ
ѡɪʟώɿ ɣ ѡɛɿг8ɪɿɪɿǝ г8 г8ʌъdɪи ɿѡ ɣ Ѿѳdфʌd: ɥъd ρгфɣгфɔѳф,
ъѳɿ оъɿǝ ѡqd ǿф ꟸѳdǝ6 фɥ8 ɿѳ8ɿ ɣʌф ʌъɿɪɿǝ, ɣʌф ɿфρ ɥъd ɿǿгф,
ꟸгɿ ɣ 8ɪɿфɪɿ ѳɿ8ѳ ѡqd фɥ8 ꟸɪъ ɿɿɛ8ɿ ɪъ ǝ 8ɿɛɿ г8 8г8ɋʌѡbгъ
"ɿѡ ɣɥɿ ɛъɋгɿ фѡ ρʌɿ ρфгɔ ꟸгρоф ɣ ɿфʌ6гъ8 г8 ɣ ǝɿгфъгɿ Ѿѳd,
ɥъd ꟸгѡɛɔ ɣ dʌ8ɿ̨," ѡɪʟώɿ ǝ ѡɛɿг8ɪɿɪɿǝ ѳф ǝ8гъ фоɿ г8 ɿфρ,
8ɥɿɛbгъ ɥъd ʌώ6ѳɿɛbгъ, ɥъd ѡqd фɥ8 ꟸɪъ dгɿффѳd г8 ѳɿ ρфǝ
ɛɋгъ8ǝ ɥъd ɿǿгф, ɥъd 8г8ɋʌѡɿ ɿѡ ɣ ɪъρɿѳгъ8г6, dгɔɪъѵгъ ɥъd
ǝɿгфъгɿ dг8ɿфгѡbгъ г8 ɿѳ8ɪρгф, ɣ ʌъгɔǝ г8 ɔɥъ ɥъd г8 Ѿѳd.
Фʌъ8, ѳъ ɣɪ8 ώфǿъd, ɥъd ꟸгѡг6 г8 ɣ ɿʌфɪꟸгɿ ɪρʌѡɿ8 фѡɪɕ ѡqd
фɥ8 фг6гɿɿгd ɿѡ фѵѳɔɥъɪɿǝ ρфгɔ ɣ ɿфгɿо6d ɿɿɥъ ɿѡ dгɿффǝ8
ɔɥъ г8 фɪ6 ρфǝ ɛɋгъ8ǝ, ɥъd ɪъ 8ǝѡɪи ɿѡ dѡ гѡɛ ѡɪɣ ɣ гɿоъɔгъɿ,
ɿѳ8ɪρгф ѡг6 ѡɥ8ɿ ǿɿ г8 фʌ8гъ, ɥ6 ѡгф ѳɿ8ѳ ɣо6 г8оbǝɛɿгd
ѡɪɣ фɪɔ ɪъ ɣ 8ɛɔ dфг8ǝɿɪѡгɿ ɿɿɥъ6 ɥъd ɿгфɿг8г6.

Ɣ ɿʌ8ɿɪɔоъǝ г8 ɣ Ꞩqѡ г8 Ɵѳѡɿфɪъ ɥъd Ѡгг8гъгъɿ8 ɪ6 ɪъ ρqɿ
гѡѳфd ѡɪɣ ɣ фʌ8гɿɛbгъ6 ɪъ ɣ ɛъɕгъ 8ѡфɪɿɕгф6. Ɪъ ɪɿ ѡǝ ǝф
ɪъ8ɿфгѡɿгd ɣɥɿ Ѿѳd "ѡфǝɛɿгd ɔɥъ, ɔɛɿ ɥъd ρǝɔɛɿ, ɥρɿгф фɪ6 оъ
ɪɔгɕ ɥъd ɪъ фɪ6 оъ ɿфѡɥъг8 ѡфǝɛɿгd фǝ ɣʌɔ, ɥъd ώɛ8 гъɿѡ ɣʌɔ
ѡгɔɥъdɔгъɿ8 ɣɥɿ ɣɛ bqd ɿг8 ɥъd 8гфф фɪɔ, ɣ оъɿǝ ɿɪ8ɪи ɥъd ɿфѡ
Ѿѳd, ɥъd ɣɥɿ фǝ bqd ꟸ ɣ оъɿǝ ꟸǝɪи фѡɔ ɣɛ bqd ѡгфbɪɿ. Ꞩгɿ
ꟸф ɣ ɿфɥъ6ώфʌbгъ г8 ɣǝ6 фоɿǝ ɿѳ6, ɔɥъ ꟸгѡɛɔ 8ʌъbѡгɿ ɥъd
dʌ8ɪɿɪb, ɥъd ꟸгѡɛɔ ρǝɿгъ ɔɥъ. Фѡʌфρѳф ɣ Ѳɿɔфɿǝ Ѿѳd ώɛ8 фɪ6

𐐄𐑌𐑊𐐨 𐐒𐐲𐑀𐐱𐐻𐐲𐑌 𐐝𐐲𐑌, 𐐰𐑆 𐐮𐐻 𐐮𐑆 𐑉𐐮𐐻𐐲𐑌 𐐮𐑌 𐑄𐐬𐑆 𐑅𐐿𐑉𐐮𐐹𐐽𐐲𐑉𐑆 𐐸𐐶𐐮𐐽 𐐸𐐰𐑂 𐐺𐐮𐑌 𐑀𐐮𐑂𐐲𐑌 𐐲𐑂 𐐸𐐮𐑋. 𐐐𐐨 𐑅𐐲𐑁𐐲𐑉𐐼 𐐻𐐯𐑋𐐻𐐩𐑇𐐲𐑌𐑆, 𐐺𐐲𐐻 𐑀𐐩𐑂 𐑌𐐬 𐐸𐐨𐐼 𐐲𐑌𐐻𐐭 𐑄𐐯𐑋; 𐐸𐐨 𐐶𐐲𐑆 𐐿𐑉𐐭𐑅𐐮𐑁𐐴𐐼, 𐐼𐐴𐐼, 𐐰𐑌𐐼 𐑉𐐬𐑆 𐐲𐑀𐐯𐑌 𐑄 𐑃𐐲𐑉𐐼 𐐼𐐩; 𐐰𐑌𐐼 𐐲𐑅𐐯𐑌𐐼𐐲𐐼 𐐮𐑌𐐻𐐭 𐐸𐐯𐑂𐐲𐑌, 𐐻𐐭 𐑅𐐮𐐻 𐐼𐐵𐑌 𐐱𐑌 𐑄 𐑉𐐴𐐻 𐐸𐐰𐑌𐐼 𐐲𐑂 𐑄 𐐙𐐪𐑄𐐲𐑉, 𐐻𐐭 𐑉𐐩𐑌 𐐶𐐮𐑄 𐐫𐑊𐑋𐐴𐐻𐐨 𐐹𐐵𐑉 𐐲𐐿𐐫𐑉𐐼𐐮𐑍 𐐻𐐭 𐑄 𐐶𐐮𐑊 𐐲𐑂 𐑄 𐐙𐐪𐑄𐐲𐑉."—𐐔&𐐗 20:18–24.

𐐊𐑀𐐯𐑌, 𐐶𐐨 𐑉𐐨𐐼 𐑁𐑉𐐲𐑋 𐑄 𐑅𐐩𐑋 𐑅𐐫𐑉𐑅:

"𐐒𐐲𐐸𐐬𐑊𐐼, 𐐌 𐑀𐐩𐑂 𐐲𐑌𐐻𐐭 𐐸𐐮𐑋 𐑄𐐰𐐻 𐐸𐐨 𐑇𐐳𐐼 𐐺 𐐰𐑌 𐐩𐐾𐐲𐑌𐐻 𐐲𐑌𐐻𐐭 𐐸𐐮𐑋𐑅𐐯𐑊𐑁; 𐐰𐑌𐐼 𐐌 𐑀𐐩𐑂 𐐲𐑌𐐻𐐭 𐐸𐐮𐑋 𐐿𐐲𐑋𐐰𐑌𐐼𐑋𐐲𐑌𐐻, 𐐺𐐲𐐻 𐑌𐐬 𐐻𐐯𐑋𐐹𐐲𐑉𐐲𐑊 𐐿𐐲𐑋𐐰𐑌𐐼𐑋𐐲𐑌𐐻 𐑀𐐩𐑂 𐐌 𐐲𐑌𐐻𐐭 𐐸𐐮𐑋, 𐑁𐐫𐑉 𐑋𐐴 𐐿𐐲𐑋𐐰𐑌𐐼𐑋𐐲𐑌𐐻𐑅 𐐪𐑉 𐑅𐐹𐐮𐑉𐐮𐐽𐐲𐐶𐐲𐑊; 𐑄𐐩 𐐪𐑉 𐑌𐐱𐐻 𐑌𐐰𐐽𐐲𐑉𐐲𐑊 𐑌𐐫𐑉 𐐻𐐯𐑋𐐹𐐲𐑉𐐲𐑊, 𐑌𐐴𐑄𐐲𐑉 𐐿𐐪𐑉𐑌𐐲𐑊 𐑌𐐫𐑉 𐑅𐐯𐑌𐑇𐐭𐐲𐑊."—𐐔&𐐗 29:35.

"𐐐𐐶𐐯𐑉𐑁𐐫𐑉, 𐐮𐐻 𐐿𐐩𐑋 𐐻𐐭 𐐹𐐰𐑅 𐑄𐐰𐐻 𐑄 𐐼𐐯𐑂𐐮𐑊 𐐻𐐯𐑋𐐻𐐲𐐼 𐐈𐐼𐐲𐑋, 𐐰𐑌𐐼 𐐸𐐨 𐐹𐐪𐑉𐐻𐐳𐐿 𐑄 𐑁𐐫𐑉𐐺𐐮𐐼𐐲𐑌 𐑁𐑉𐐭𐐻 𐐰𐑌𐐼 𐐻𐑉𐐰𐑌𐑆𐑀𐑉𐐯𐑅𐐻 𐑄 𐐿𐐲𐑋𐐰𐑌𐐼𐑋𐐲𐑌𐐻, 𐐸𐐶𐐯𐑉𐐮𐑌 𐐸𐐨 𐐺𐐲𐐿𐐩𐑋 𐑅𐐲𐐺𐐾𐐯𐐿𐐻 𐐻𐐭 𐑄 𐐶𐐮𐑊 𐐲𐑂 𐑄 𐐼𐐯𐑂𐐮𐑊, 𐐺𐐲𐐿𐐲𐑆 𐐸𐐨 𐐷𐐨𐑊𐐼𐐲𐐼 𐐲𐑌𐐻𐐭 𐐻𐐯𐑋𐐻𐐩𐑇𐐲𐑌. 𐐐𐐶𐐯𐑉𐑁𐐫𐑉, 𐐌 𐑄 𐐢𐐫𐑉𐐼 𐐘𐐱𐐼 𐐿𐐫𐑆𐐼 𐑄𐐰𐐻 𐐸𐐨 𐑇𐐳𐐼 𐐺 𐐿𐐰𐑅𐐻 𐐵𐐻 𐑁𐑉𐐲𐑋 𐑄 𐐘𐐪𐑉𐐼𐐲𐑌 𐐲𐑂 𐐀𐐼𐐲𐑌, 𐑁𐑉𐐲𐑋 𐑋𐐴 𐐹𐑉𐐯𐑆𐐲𐑌𐑅, 𐐺𐐲𐐿𐐲𐑆 𐐲𐑂 𐐸𐐮𐑆 𐐻𐑉𐐰𐑌𐑆𐑀𐑉𐐯𐑇𐐲𐑌, 𐐸𐐶𐐯𐑉𐐮𐑌 𐐸𐐨 𐐺𐐲𐐿𐐩𐑋 𐑅𐐹𐐮𐑉𐐮𐐽𐐲𐐶𐐲𐑊𐐨 𐐼𐐯𐐼, 𐐸𐐶𐐮𐐽 𐐮𐑆 𐑄 𐑁𐐲𐑉𐑅𐐻 𐐼𐐯𐑃, 𐐨𐑂𐐲𐑌 𐑄𐐰𐐻 𐑅𐐩𐑋 𐐼𐐯𐑃, 𐐸𐐶𐐮𐐽 𐐮𐑆 𐑄 𐑊𐐰𐑅𐐻 𐐼𐐯𐑃, 𐐸𐐶𐐮𐐽 𐐮𐑆 𐑅𐐹𐐮𐑉𐐮𐐽𐐲𐐶𐐲𐑊, 𐐸𐐶𐐮𐐽 𐑇𐐰𐑊 𐐺 𐐹𐑉𐐲𐑌𐐵𐑌𐑅𐐻 𐐲𐐹𐐱𐑌 𐑄 𐐶𐐮𐐿𐐲𐐼 𐐸𐐶𐐯𐑌 𐐌 𐑇𐐰𐑊 𐑅𐐩, 𐐔𐐲𐐹𐐪𐑉𐐻, 𐐷𐐨 𐐿𐐲𐑉𐑅𐐻. 𐐒𐐲𐐻, 𐐺𐐲𐐸𐐬𐑊𐐼, 𐐌 𐑅𐐩 𐐲𐑌𐐻𐐭 𐐷𐐭, 𐑄𐐰𐐻 𐐌 𐑄 𐐢𐐫𐑉𐐼 𐐘𐐱𐐼 𐑀𐐩𐑂 𐐲𐑌𐐻𐐭 𐐈𐐼𐐲𐑋 𐐰𐑌𐐼 𐐻𐐭 𐐸𐐮𐑆 𐑅𐐨𐐼 𐑄𐐰𐐻 𐑄𐐩 𐑇𐐳𐐼 𐑌𐐱𐐻 𐐼𐐴 𐐰𐑆 𐐻𐐭 𐑄 𐐻𐐯𐑋𐐹𐐲𐑉𐐲𐑊 𐐼𐐯𐑃, 𐐲𐑌𐐻𐐮𐑊 𐐌 𐑄 𐐢𐐫𐑉𐐼 𐐘𐐱𐐼 𐑇𐐳𐐼 𐑅𐐯𐑌𐐼 𐑁𐐫𐑉𐑃 𐐩𐑌𐐾𐐲𐑊𐑆 𐐻𐐭 𐐼𐐲𐐿𐑊𐐯𐑉 𐐲𐑌𐐻𐐭 𐑄𐐯𐑋 𐑉𐐲𐐹𐐯𐑌𐐻𐐲𐑌𐑅 𐐰𐑌𐐼 𐑉𐐲𐐼𐐯𐑋𐑇𐐲𐑌, 𐑃𐑉𐐭 𐑁𐐩𐑃 𐐱𐑌 𐑄 𐑌𐐩𐑋 𐐲𐑂 𐑋𐐴𐑌 𐐄𐑌𐑊𐐨 𐐒𐐲𐑀𐐱𐐻𐐲𐑌 𐐝𐐲𐑌. 𐐈𐑌𐐼 𐑄𐐲𐑅 𐐼𐐮𐐼 𐐌, 𐑄 𐐢𐐫𐑉𐐼 𐐘𐐱𐐼, 𐐲𐐹𐐬𐐮𐑌𐐻 𐐲𐑌𐐻𐐭 𐑋𐐰𐑌 𐑄 𐐼𐐩𐑆 𐐲𐑂 𐐸𐐮𐑆 𐐹𐑉𐐬𐐺𐐩𐑇𐐲𐑌; 𐑄𐐰𐐻 𐐺𐐴 𐐸𐐮𐑆 𐑌𐐰𐐽𐐲𐑉𐐲𐑊 𐐼𐐯𐑃 𐐸𐐨 𐑋𐐴𐐻 𐐺 𐑉𐐩𐑆𐐼 𐐮𐑌 𐐮𐑋𐐫𐑉𐐻𐐰𐑊𐐮𐐻𐐨 𐐲𐑌𐐻𐐭 𐐨𐐻𐐲𐑉𐑌𐐲𐑊 𐑊𐐴𐑁, 𐐨𐑂𐐲𐑌 𐐰𐑆 𐑋𐐯𐑌𐐨 𐐰𐑆 𐐶𐐳𐐼 𐐺𐐲𐑊𐐨𐑂."—𐐔&𐐗 29:40–43.

𐐆𐑌 𐐲𐐿𐐫𐑉𐐼𐐲𐑌𐑅 𐐶𐐮𐑄 𐑄𐐮𐑅 𐐶𐐨 𐑁𐐴𐑌𐐼 𐐮𐐻 𐑉𐐮𐐻𐐲𐑌 𐐮𐑌 𐑄 𐐑𐐲𐑉𐑊 𐐲𐑂 𐐘𐑉𐐩𐐻 𐐑𐑉𐐴𐑅, 𐑄𐐰𐐻 𐑄 𐐢𐐫𐑉𐐼 𐐼𐐮𐐼 𐑅𐐯𐑌𐐼 𐐰𐑌 𐐩𐑌𐐾𐐲𐑊 𐐻𐐭 𐐈𐐼𐐲𐑋 (𐐰𐑆 𐐯𐑊𐑅𐐸𐐶𐐯𐑉 𐐿𐐶𐐬𐐻𐐲𐐼), 𐐸𐐭 𐐻𐐫𐐻 𐐲𐑌𐐻𐐭 𐐸𐐮𐑋 𐑄 𐐘𐐱𐑅𐐹𐐲𐑊.

𐐜𐐲𐑅 𐐮𐐻 𐐶𐐳𐐼 𐐲𐐹𐐮𐑉 𐑄𐐰𐐻 𐐮𐑁 𐐯𐑌𐐨 𐐲𐑂 𐑄 𐑊𐐮𐑍𐐿𐑅 𐐲𐑂 𐑄𐐮𐑅 𐑀𐑉𐐩𐐻 𐐽𐐩𐑌 𐐸𐐰𐐼 𐐺𐐮𐑌 𐐺𐑉𐐬𐐿𐐲𐑌, 𐐮𐐻 𐐶𐐳𐐼 𐐸𐐰𐑂 𐐮𐑌𐐻𐐲𐑉𐑁𐐮𐑉𐐼 𐐶𐐮𐑄 𐑄 𐐿𐐱𐑋𐐹𐑉𐐲𐐸𐐯𐑌𐑅𐐮𐑂 𐐹𐑊𐐰𐑌 𐐲𐑂 𐑄 𐐃𐑊𐑋𐐴𐐻𐐨 𐐹𐐲𐑉𐐻𐐩𐑌𐐮𐑍 𐐻𐐭 𐑄 𐑅𐐰𐑊𐑂𐐩𐑇𐐲𐑌 𐐰𐑌𐐼 𐐨𐐻𐐲𐑉𐑌𐐲𐑊 𐐯𐑀𐑆𐐫𐑊𐐻𐐩𐑇𐐲𐑌 𐐲𐑂 𐑄𐐬𐑆 𐑅𐐹𐐮𐑉𐐮𐐻𐑅 𐐸𐐭 𐐶𐐲𐑉 𐐐𐐮𐑆 𐑅𐐲𐑌𐑆, 𐐰𐑌𐐼 𐑁𐐫𐑉 𐐸𐐭𐑋 𐐹𐑉𐐮𐑌𐑅𐐮𐐹𐐲𐑊𐐨 𐑄 𐐶𐐲𐑉𐑊𐐼 𐐶𐐲𐑆 𐑋𐐩𐐼; 𐑄𐐰𐐻 𐑄𐐩 𐑃𐑉𐐭 𐑅𐐲𐐺𐑋𐐮𐑇𐐲𐑌 𐐻𐐭 𐑄 𐑉𐐲𐐿𐐶𐐴𐑉𐑋𐐲𐑌𐐻𐑅 𐐲𐑂 𐑄 𐐨𐐻𐐲𐑉𐑌𐐲𐑊 𐐹𐑉𐐮𐑌𐑅𐐮𐐹𐐲𐑊 𐐰𐑌𐐼 𐑊𐐫 𐑀𐐲𐑂𐐲𐑉𐑌𐐮𐑍 𐑄𐐨𐑆 𐑋𐐰𐐻𐐲𐑉𐑆 𐑋𐐴𐐻 𐐹𐐲𐑆𐐯𐑅 𐐺𐐱𐐼𐐨𐑆, 𐐰𐑌𐐼 𐑄𐐨𐑆 𐐺𐐱𐐼𐐨𐑆 𐐷𐐭𐑌𐐴𐐻𐐲𐐼 𐐶𐐮𐑄 𐑄 𐑅𐐹𐐮𐑉𐐮𐐻𐑅 𐑋𐐴𐐻 𐐺𐐲𐐿𐐲𐑋 𐑊𐐮𐑂𐐮𐑍 ɞo˛ɩ6, ꓶʮd ɞɘɫᴎ ɣ ɞᴩʮ6 ᴩɞ Ѡɘd, ꓶʮd ɔɛd ɫʮ ɣ ɫɔᴩς ᴩɞ Ѡɘd, ɣɛ, ɹφo ɣ ᴩʅoʮɔᴩʮʅ ɔφʅ ɞ ɫώ6ɵʅɹᴩd, ɞφ oɞɘdɘᴩʮɞ ʅo ɣ ʅɵ ᴩɞ ɣ Ѡɵɞтᴩʅ; ʅo ɣ Ѡɘdφᴀd.

# Cɹтɿɾф XVIII

*Ωφфвɿ ɹ6 γ 8ɾɴ ɾв Ωəd—Ә Ωɾɔɿɹфɪвɾɴ aɾɿωəɴ Ψɪ6 Ίɾ6ɪbɾɴ, Ωɿoфə, etc., ɹɴd Ɣo6 ɾв ɾγɾф 8ɾɴ6 ɾв Ωəd—Ψɪ6 Φɹωɾώɴɪbɾɴ aɸ γ Ρəγɾф—Ωφфвɿ ωoɿd γ Bɹфə ∂ɿɾфɴɾɿ Ρəγɾф.*

Ɨ1 ɔε φɨф в ɹвωɿ, Ψωɾɿ dɨpɾфɾɴв ɨ6 γɹф вɾɿωəɴ γ 8ɾɴ ɾв Ωəd, ɹ6 γ 8ɾɴ ɾв Ωəd, γ Φɾdəɔɾф, ɹɴd γo6 φɷ вɾɿəв ɨɴ Ψɨɔ ɹɴd ɿəфɿεω ɾв γ вɿɹвɨи6 ɾв γ Ωɵвтɾɿ?

Ωɾɴ ʟɨи, ɹ6 ωə фəd, ɨ6 γɹɿ γ Ρəγɾф ώεв Ψɨɔ ɿόɾф ɿɷ φɹв ɿфp ɨɴ Ψɨɔвɹɿp: "Ρɵф ɹ6 γ Ρəγɾф φɹʟ ɿфp ɨɴ φɨɔвɹɿp, вo φɹʟ φə ώɨвɾɴ ɿɷ γ 8ɾɴ ɿɷ φɹв ɿфp ɨɴ φɨɔвɹɿp;" ɹɴd pɾфγɾф, Ψə φɹd ɿόɾф, φωɹɴ ɵɿ ɔɹɴωфɨɴd φɹd ɿɵвɿ γɹф ɿфp, ɿɷ фɾвɿɵф ɿфp ɿɷ γɹɔ ɾώɹɴ; ɹɴd φɹɴв Ψə ɨ6 γ Φɹ6ɾфɹωbɾɴ ɹɴd γ ɿфp, φωɨc ɿόɾф ɴo ɾγɾф ɔɹɴ ɿɾ6ɹвɾ6.

Ρɴɾγɾф dɨвɿɨиωbɾɴ ɨ6, γɹɿ φɹвɨи γɨв ɿфp ɨɴ Ψɨɔвɹɿp, Ψə φɹd ɿόɾф, ɹ6 Ψə вɹd, ɿɷ ɿε dόɴ Ψɨ6 ɿфp ɹɴd ɿɷ ɿεω ɨɿ ɾɿ ɾώɹɴ, φωɨc ɿόɾф ωɾ6 ɵɿвo ώɨвɾɴ Ψɨɔ aɸ γ Ρəγɾф. Ɣɨв ɨ6 ɵɿвo в ɿόɾф φωɨc ɴo ɾγɾф вəɨи ɾвobəεɿɾd ωɨγ γɨв ɾфʟ ɿɾ6ɹвɾ6.

Ρώɹɴ, Ψə ɨ6 γ вффɿɴɾв ɾв Ψɨ6 Ρəγɾф'6 ώɿoфə ɹɴd γ ɨωвɿфɹв ɨɔɾς ɾв Ψɨ6 ɿɾфвɾɴ. Θɿвo, Ψə dɵɾʟ φωɾɿ Ψə вəɾʟ γ Ρəγɾф dɷ, φωфɿ ωə oɴɿə dɷ γɹɿ φωɨc ωə вф ɿɾфɔɴɾd ɹɴd ɨɔɿόɾфd ɿɷ dɷ aɸ Ψɨɔ.

Ψə ɨ6 γ Ɨɿɹωɿ, γ Coвɾɴ, ɹɴd ωɾɴ ɾв γ Ίфɹ6ɨdɾɴвə ɨɴ γ φɹвɾɴ6, ɹɴd ɨɴ Ψɨɔ dωɹɿ6 ɵɿ γ pqɿɴɾв ɾв γ Ωədφɹd вədɨɿə, φωɨc ωqd ɴəɿ в вɹd ɾв ɾв ɨɴ ɹɴə ɾв γə6 ɿɾфɿɨωʌɾɿɾф6.

Ρɴɾγɾф ʟɨи ɨ6, γɹɿ ɵɿ ɿόɾф ɨ6 ώɨвɾɴ ɿɷ Ψɨɔ ɨɴ φɹвɾɴ ɹɴd ɾɿəɴ ɾфʟ, φωɨc ɴo ɾфʟɿə вəɨи ωqd вε.

Ɨɿ ɨ6 ɵɿвo вεɿɾd γɹɿ ɿɵвɨpɾф ωɾ6 вɾpɵф ɹdɾɔ; вo ωɾ6 Cəвɾв. ɹɴd ɹdɾɔ, ɹ6 ωɹɿ ɹ6 ɵɿ ɾγɾф вɾɿəвɾф6, ωɾ6 ωɾɔɹɴdɾd ɿɷ dɷ ɵɿ γɹɿ φə dɨd ɨɴ γ ɴεɔ ɾв γ 8ɾɴ, ɹɴd ɿɷ ωɵɿ ɾɿəɴ Ωəd ɨɴ Ψɨ6 ɴεɔ pɵф ɹвɾф ɔɵф; φωɨc əɴɾф ωɾ6 ɴəɿ ɹɿɿɨωɾвɾɿ ɿɷ ɹɴə ɾфʟɿə вəɨи.

Ψə, ɨɴ γ ɴфɴɾв ɾв Ψɨ6 фɾɿεbɾɴbɨɿ ɿɷ γ Ρəγɾф, вəɔ6 ɿɷ əωʌɾɿɸ ə ɿɾ6ɨbɾɴ γɹɿ ɴo ɾγɾф ɿɾфвɾɴ əωʌɾɿɸ6. Ψə ɨ6 вɿoωɾɴ ɾв ɹ6 Ψɨ6 ωɹɿ вɾɿɾвəd 8ɾɴ, ɹ6 γ Oɴɿə Bɾώɵɿɾɴ ɾв γ Ρəγɾф—dɾ6 ɴəɿ γɨв ɔəɴ γ oɴɿə вɾώɵɿɾɴ ɹɿɾɾф γ pɿɹb? Ɨp Ψə ωɾ6 γ pɾфвɿ вoфɴ ɹɴd oвədəɾɴɿ ɿɷ γ ɿo6 ɾв Ψɨ6 Ρəγɾф, dɨd Ψə ɴəɿ ɨɴфɹфɨɿ γ ɿɾ6ɨbɾɴ aɸ ффɿ ɿɷ в γ фɹɿфɾ6ɹɴɿɾɿɨв ɾв

𐐘𐐱𐐼, 𐑄 𐐝𐐩𐑂𐐷𐐲𐑉 𐐰𐑌𐐼 𐐡𐐲𐐼𐐨𐑋𐐲𐑉 𐐲𐑂 𐑄 𐐶𐐲𐑉𐑊𐐼? 𐐈𐑌𐐼 𐐶𐐲𐑆 𐐮𐐻 𐑌𐐱𐐻 𐐐𐐮𐑆 𐐹𐐲𐐿𐐷𐐭𐑊𐐷𐐲𐑉 𐑉𐐴𐐻 𐐰𐑌𐐼 𐐹𐑉𐐮𐑂𐐮𐑊𐐲𐐾 𐐰𐑆 𐑄 𐑁𐐲𐑉𐑅𐐻𐐺𐐫𐑉𐑌, 𐑄 𐑊𐐲𐐾𐐮𐐻𐐮𐑋𐐲𐐻 𐐯𐑉 𐐲𐑂 𐐘𐐱𐐼, 𐑄 𐐀𐐻𐐲𐑉𐑌𐐲𐑊 𐐙𐐪𐑄𐐲𐑉, 𐐻𐐭 𐑅𐐻𐐯𐐹 𐑁𐐫𐑉𐑃, 𐐲𐐿𐐱𐑋𐐹𐑊𐐮𐑇 𐐰𐑌𐐼 𐐿𐐯𐑉𐐨 𐐵𐐻 𐑄 𐐼𐐲𐑆𐐴𐑌𐑆 𐐲𐑂 𐐐𐐮𐑆 𐐐𐐯𐑂𐐲𐑌𐑊𐐨 𐐙𐐪𐑄𐐲𐑉 𐐹𐐲𐑉𐐻𐐩𐑌𐐮𐑍 𐐻𐐭 𐑄 𐑉𐐲𐐼𐐯𐑋𐐹𐑇𐐲𐑌, 𐑅𐐰𐑊𐑂𐐩𐑇𐐲𐑌 𐐰𐑌𐐼 𐐯𐑀𐑆𐐫𐑊𐐻𐐩𐑇𐐲𐑌 𐐲𐑂 𐑋𐐰𐑌? 𐐈𐑌𐐼 𐐺𐐨𐐮𐑍 𐐐𐐮𐑋𐑅𐐯𐑊𐑁 𐐶𐐮𐑃𐐵𐐻 𐑅𐐮𐑌 (𐐸𐐶𐐮𐐽 𐑌𐐬 𐐲𐑄𐐲𐑉 𐑋𐐫𐑉𐐻𐐲𐑊 𐐶𐐲𐑆), 𐐐𐐨 𐐻𐐳𐐿 𐑄 𐐹𐐲𐑆𐐮𐑇𐐲𐑌 𐐲𐑂 𐐝𐐩𐑂𐐷𐐲𐑉 𐐰𐑌𐐼 𐐡𐐲𐐼𐐨𐑋𐐲𐑉, 𐐸𐐶𐐮𐐽 𐐺𐐴 𐑉𐐴𐐻 𐐺𐐲𐑊𐐫𐑍𐐼 𐐻𐐭 𐐐𐐮𐑋 𐐰𐑆 𐑄 𐑁𐐲𐑉𐑅𐐻 𐐺𐐫𐑉𐑌. 𐐈𐑌𐐼 𐐼𐐲𐑆 𐐮𐐻 𐑌𐐱𐐻 𐑅𐐨𐑋 𐑄𐐰𐐻 𐐮𐑌 𐐸𐐰𐑂𐐮𐑍 𐐪 𐐺𐐱𐐼𐐨 𐑅𐐹𐐯𐑇𐐲𐑊𐐨 𐐹𐑉𐐲𐐹𐐯𐑉𐐼, 𐐰𐑌𐐼 𐐺𐐨𐐮𐑍 𐑄 𐐱𐑁𐑅𐐹𐑉𐐮𐑍 𐐲𐑂 𐐘𐐱𐐼, 𐐺𐐬𐑃 𐐮𐑌 𐐺𐐱𐐼𐐨 𐐰𐑌𐐼 𐑅𐐹𐐮𐑉𐐮𐐻, 𐐐𐐨 𐑅𐐻𐐳𐐼 𐐹𐑉𐐨𐐯𐑋𐐮𐑌𐐲𐑌𐐻𐑊𐐨 𐐮𐑌 𐑄 𐐹𐐲𐑆𐐮𐑇𐐲𐑌 𐐲𐑂 𐑄 𐐝𐐲𐑌 𐐲𐑂 𐐘𐐱𐐼, 𐐫𐑉 𐐮𐑌 𐑄 𐐹𐑊𐐩𐑅 𐐲𐑂 𐐘𐐱𐐼, 𐐰𐑌𐐼 𐐶𐐲𐑆 𐐘𐐱𐐼, 𐐰𐑌𐐼 𐐶𐐲𐑆 𐑄𐐲𐑅 𐑄 𐑁𐐮𐐻 𐐰𐑌𐐼 𐐬𐑌𐑊𐐨 𐐹𐐲𐑉𐑅𐐲𐑌𐐲𐐾 𐐿𐐩𐐹𐐲𐐺𐐲𐑊 𐐲𐑂 𐑋𐐩𐐿𐐮𐑍 𐐰𐑌 𐐮𐑌𐑁𐐮𐑌𐐮𐐻 𐐲𐐻𐐬𐑌𐑋𐐲𐑌𐐻? 𐐐𐐯𐑌𐑅 𐐶𐐨 𐑉𐐨𐐼:

“𐐐𐐶𐐯𐑉𐑁𐐫𐑉, 𐐸𐐶𐐯𐑌 𐐸𐐨 𐐿𐐲𐑋𐐯𐑃 𐐮𐑌𐐻𐐭 𐑄 𐐶𐐲𐑉𐑊𐐼, 𐐸𐐨 𐑅𐐩𐐲𐑃, 𐐝𐐰𐐿𐑉𐐮𐑁𐐴𐑅 𐐰𐑌𐐼 𐐱𐑁𐐲𐑉𐐮𐑍 𐑄𐐵 𐐶𐐳𐐼𐑅𐐻 𐑌𐐱𐐻, 𐐺𐐲𐐻 𐐪 𐐺𐐱𐐼𐐨 𐐸𐐰𐑅𐐻 𐑄𐐵 𐐹𐑉𐐲𐐹𐐯𐑉𐐼 𐑋𐐨: 𐐮𐑌 𐐺𐐲𐑉𐑌𐐻 𐐱𐑁𐐲𐑉𐐮𐑍𐑆 𐐰𐑌𐐼 𐑅𐐰𐐿𐑉𐐮𐑁𐐴𐑅𐐲𐑆 𐑁𐐫𐑉 𐑅𐐮𐑌 𐑄𐐵 𐐸𐐰𐑅𐐻 𐐸𐐰𐐼 𐑌𐐬 𐐹𐑊𐐯𐑈𐐲𐑉. 𐐜𐐯𐑌 𐑅𐐯𐐼 𐐌, 𐐢𐐬, 𐐌 𐐿𐐲𐑋 (𐐮𐑌 𐑄 𐑂𐐱𐑊𐐷𐐭𐑋 𐐲𐑂 𐑄 𐐺𐐳𐐿 𐐮𐐻 𐐮𐑆 𐑉𐐮𐐻𐐲𐑌 𐐲𐑂 𐑋𐐨) 𐐻𐐭 𐐼𐐭 𐑄𐐴 𐐶𐐮𐑊, 𐐄 𐐘𐐱𐐼. 𐐊𐐺𐐲𐑂, 𐐸𐐶𐐯𐑌 𐐸𐐨 𐑅𐐯𐐼, 𐐝𐐰𐐿𐑉𐐮𐑁𐐴𐑅 𐐰𐑌𐐼 𐐱𐑁𐐲𐑉𐐮𐑍 𐐰𐑌𐐼 𐐺𐐲𐑉𐑌𐐻-𐐱𐑁𐐲𐑉𐐮𐑍𐑆 𐐰𐑌𐐼 𐐱𐑁𐐲𐑉𐐮𐑍 𐑁𐐫𐑉 𐑅𐐮𐑌 𐑄𐐵 𐐶𐐳𐐼𐑅𐐻 𐑌𐐱𐐻, 𐑌𐐴𐑄𐐲𐑉 𐐸𐐰𐐼𐑆𐐻 𐐹𐑊𐐯𐑈𐐲𐑉 𐑄𐐯𐑉𐐮𐑌; 𐐸𐐶𐐮𐐽 𐐪𐑉 𐐱𐑁𐐲𐑉𐐼 𐐺𐐴 𐑄 𐑊𐐫; 𐑄𐐯𐑌 𐑅𐐯𐐼 𐐸𐐨, 𐐢𐐬, 𐐌 𐐿𐐲𐑋 𐐻𐐭 𐐼𐐭 𐑄𐐴 𐐶𐐮𐑊, 𐐄 𐐘𐐱𐐼 𐐐𐐨 𐐻𐐩𐐿𐐲𐑃 𐐲𐐶𐐩 𐑄 𐑁𐐲𐑉𐑅𐐻, 𐑄𐐰𐐻 𐐸𐐨 𐑋𐐩 𐐮𐑅𐐻𐐰𐐺𐑊𐐮𐑇 𐑄 𐑅𐐯𐐿𐐲𐑌𐐼.”—𐐐𐐨𐐺𐑉𐐭𐑆 10:5–9.

𐐎𐐨 𐐪𐑉 𐐻𐐬𐑊𐐼, 𐐮𐑌 𐑄 𐐑𐐲𐑉𐑊 𐐲𐑂 𐐘𐑉𐐩𐐻 𐐑𐑉𐐴𐑅, 𐑄𐐰𐐻 𐐸𐐶𐐯𐑌 𐐝𐐩𐐻𐐲𐑌 𐐹𐑉𐐲𐐹𐐬𐑆𐐼 𐐪 𐐹𐑊𐐰𐑌 𐐲𐑂 𐐸𐐮𐑆 𐐬𐑌, 𐐹𐑉𐐱𐑋𐐮𐑅𐐮𐑍 𐐻𐐭 𐑉𐐲𐐼𐐨𐑋 𐐯𐑂𐑉𐐨 𐑅𐐬𐑊 𐐲𐑂 𐑋𐐰𐑌, 𐐺𐐲𐐻 𐐸𐐶𐐯𐑉𐐮𐑌 𐑄 𐑁𐑉𐐨 𐐩𐐾𐐲𐑌𐑅𐐨 𐐲𐑂 𐑋𐐰𐑌 𐐶𐐳𐐼 𐐺 𐐼𐐲𐑅𐐻𐑉𐐬𐐮𐐼, 𐐰𐑌𐐼 𐑅𐐯𐐼, “𐐐𐐶𐐯𐑉𐑁𐐫𐑉 𐑀𐐮𐑂 𐑋𐐨 𐑄𐐴𐑌 𐐪𐑌𐐲𐑉,” 𐑄 𐐄𐑌𐑊𐐨 𐐒𐐲𐑀𐐱𐐻𐐲𐑌 𐑅𐐯𐐼, “𐐙𐐪𐑄𐐲𐑉, 𐑄𐐴 𐐶𐐮𐑊 𐐺 𐐼𐐲𐑌, 𐐰𐑌𐐼 𐑄 𐑀𐑊𐐫𐑉𐐨 𐐺 𐑄𐐴𐑌 𐑁𐐫𐑉 𐐯𐑂𐐲𐑉” “𐐌 𐐰𐑋 𐐹𐑉𐐲𐐹𐐯𐑉𐐼 𐐻𐐭 𐐿𐐯𐑉𐐨 𐐵𐐻 𐑄𐐴 𐐹𐑊𐐰𐑌.” 𐐜 𐐊𐐹𐐱𐑅𐐲𐑊 𐐲𐐺𐐲𐑂 𐐿𐐶𐐬𐐻𐐲𐐼 𐑅𐐻𐐩𐐻𐑅, “𐐈 𐐺𐐱𐐼𐐨 𐐸𐐰𐑅𐐻 𐑄𐐵 𐐹𐑉𐐲𐐹𐐯𐑉𐐼 𐑋𐐨.… 𐐜𐐯𐑌 𐑅𐐯𐐼 𐐌, 𐐢𐐬, 𐐌 𐐿𐐲𐑋 𐐻𐐭 𐐼𐐭 𐑄𐐴 𐐶𐐮𐑊, 𐐄 𐐢𐐫𐑉𐐼.” 𐐐𐐯𐑌𐑅 𐑁𐑉𐐲𐑋 𐑄 𐐲𐐺𐐲𐑂 𐐶𐐨 𐑊𐐲𐑉𐑌 𐑄𐐰𐐻 𐑄𐐬 𐐲𐑄𐐲𐑉𐑆 𐑋𐐴𐐻 𐐺 𐑄 𐑅𐐲𐑌𐑆 𐐲𐑂 𐐘𐐱𐐼 𐑃𐑉𐐭 𐐐𐐮𐑋, 𐐷𐐯𐐻 𐐮𐐻 𐑌𐐨𐐼𐐲𐐼 𐐐𐐮𐑆 𐐺𐐱𐐼𐐨, 𐐐𐐮𐑆 𐑁𐐳𐑊𐑁𐐮𐑊𐑋𐐲𐑌𐐻 𐐲𐑂 𐑄 𐑊𐐫, 𐑄 𐑅𐐰𐐿𐑉𐐮𐑁𐐴𐑅 𐐫𐑉 𐐱𐑁𐐲𐑉𐐮𐑍 𐐲𐐹 𐐲𐑂 𐑄𐐰𐐻 𐐺𐐱𐐼𐐨 𐐮𐑌 𐑄 𐐲𐐻𐐬𐑌𐑋𐐲𐑌𐐻, 𐐺𐐲𐑁𐐫𐑉 𐐯𐑌𐐨 𐐲𐑂 𐑄𐐨𐑆 𐐲𐑄𐐲𐑉𐑆, 𐐸𐐭 𐐶𐐲𐑉 𐐫𐑊𐑅𐐬 𐑅𐐲𐑌𐑆 𐐲𐑂 𐐘𐐱𐐼 𐐺𐐴 𐐺𐐲𐑉𐑃 𐐮𐑌 𐑄 𐑅𐐹𐐮𐑉𐐮𐐻 𐐶𐐲𐑉𐑊𐐼, 𐐿𐐳𐐼 𐐲𐐻𐐩𐑌 𐐻𐐭 𐑄 𐐹𐐲𐑆𐐮𐑇𐐲𐑌 𐐲𐑂 𐑅𐐲𐑌𐑆 𐐲𐑂 𐐘𐐱𐐼 𐐰𐑆 𐐐𐐨 𐐶𐐲𐑆; 𐐰𐑌𐐼 𐑄𐐰𐐻 𐐬𐑌𐑊𐐨 𐑃𐑉𐐭 𐐐𐐮𐑆 𐑋𐐨𐐼𐐨𐐩𐑇𐐲𐑌 𐐰𐑌𐐼 𐐲𐐻𐐬𐑌𐑋𐐲𐑌𐐻. 𐐝𐐬 𐑄𐐰𐐻 𐐮𐑌 𐐐𐐮𐑋, 𐐰𐑌𐐼 𐐲𐑂 𐐐𐐮𐑋, 𐐰𐑌𐐼 𐑃𐑉𐐭 𐐐𐐮𐑋, 𐑃𐑉𐐭 𐑄 𐐹𐑉𐐮𐑌𐑅𐐮𐐹𐐲𐑊 𐐲𐑂 𐐲𐐼𐐱𐐹𐑇𐐲𐑌, 𐐿𐐳𐐼 𐐶𐐨 𐐲𐑊𐐬𐑌 𐐲𐐺𐐻𐐩𐑌 𐑄𐐰𐐻 𐐹𐐲𐑆𐐮𐑇𐐲𐑌 𐐸𐐶𐐮𐐽 𐐮𐑆 𐑅𐐹𐐬𐐿𐐲𐑌 𐐲𐑂 𐐺𐐴 𐐖𐐱𐑌: “𐐒𐐲𐑊𐐲𐑂𐐲𐐼, 𐑌𐐵 𐐪𐑉 𐐶𐐨 𐑄 𐑅𐐲𐑌𐑆 𐐲𐑂 𐐘𐐱𐐼; 𐐰𐑌𐐼 𐐮𐐻 𐐼𐐲𐑃 𐑌𐐱𐐻 𐐷𐐯𐐻 𐐲𐐹𐐮𐑉 φωꝑ˥ ωэ bɹɿ ɐ: ɐꝑ˥ ωэ ɥo ɣɹ˥ φωʌɥ φэ bɹɿ ꝑтɪф ωэ bɹɿ ɐ ɭфω φɪɔ, ρθф ωэ bɹɿ ɐэ φɪɔ ɹ6 φэ ɪ6." Ɣꝑɐ Ψɪ6 ꝑ˥oɥɔꝑɥ˥ ɔɛd ɪ˥ ˥эɐɪɐꝑ˥ ρθф ꝑɐ ˥ȹ ꝑɐ˥ɛɥ ɹɥ ʌώ6θ˥ɛbꝑɥ, φωɪc ωэ ωqd ɥэ˥ φɹɐ ˥ꝑ6ʌɐ˥ ωɪʟэ́˥ ɪ˥.

"Ψɪ6 ɥɛɔ bɹɿ ɐ ωθɭd Ɨɔɹɥɥ˅θʌɿ," φωɪc ɐэɪи ɪɥ˥ꝑф˥фꝑ˥ꝑd ɪ6, Ꝍэd ωɪɣ ꝑɐ. Ψʌɥɐ Ψэ ɪ6 ɥэ˥ oɥɭэ ωθɭd ɣ 8ꝑɥ ꝑɐ Ꝍэd, ɣ Ꝑꝑфɐ˥ Ɐꝑώθ˥ꝑɥ ꝑɐ ɣ Ꝑθɣꝑф, ɣ Ꞷʌɿ Ɐꝑɿꝑɐꝑd, ɣ Ψʌd, ɹɥd Φθɭꝑф, ɹɥd Ꞩɪω˥ɛ˥ꝑф ꝑɐ θɭ ʟɪи6, Ꞔꝑφoɐꝑ, ɣ Ф Ɉɔ, ɣ Ɉɭρꝑ ɹɥd Oɔɛώꝑ, ɐꝑ˥ Ψэ ɪ6 θɭɐθ ωθɭd ɣ Ꞗʌфэ ð˥ꝑфɥꝑ˥ Ꝑθɣꝑф. Ꞩꝑ6 ɥэ˥ ɣɪɐ ɔэɥ ɣɹ˥ ɪɥ Ψɪɔ ωꝑф ɣ ɹ˥фɪɐ˅θɐ ɹɥd ˥όꝑф ꝑɐ ɣ Ꞗʌфэ ð˥ꝑфɥꝑ˥ Ꝑθɣꝑф? Ꝑθф ɣ ɛɥꞔꝑ˥ ˥ȹ Ɉdꝑɔ ɐʌd ɣɹ˥ θɭ ʟɪи6 bqd ɐ dꝑɥ ɪɥ Ψɪ6 ɥɛɔ. Ꞩ ɐoɪɐ ωꝑ6 φꝑфd ρфꝑɔ ɣ φʌɐꝑɥ6, φωʌɥ Ꞔэ6ꝑɐ ωꝑ6 ɐɹ˥ɭф6d ɐф Ꞔэɥ ɣ Ɐɹ˥ɪɐ˥, ɐɛɪи, "Ɣɪɐ ɪ6 ɔф ɐꝑɿꝑɐꝑd 8ꝑɥ, ɪɥ φθɔ Ф ɹɔ ωʌɿ ˥ɭэ6d," ɹɥd φωʌɥ ɣ Ꝑθɣꝑф ɹɥd ɣ 8ꝑɥ ꝑтɪфd ɭꝑώʌɣꝑф ˥ȹ ɣ Ɉфθρꝑ˥ Ꞔo6ʌρ 8эɪʟ ɣɛ ωꝑф ɪώ6ɹω˥ɭэ ꝑɭфω ɪɥ ρθфɔ, ɪɥ ꝑтɪфꝑɥɐ, ɪɥ ώɭθфэ; ɹɥd ɣ Ꝑθɣꝑф ɐʌd, ˥oɪɥ˥ɪи ˥ȹ Ψɪ6 8ꝑɥ, "Ɣɪɐ ɪ6 ɔф ɐꝑɿꝑɐd 8ꝑɥ; φɪф Ψɪɔ." Ɣʌф ɣ Ꝑθɣꝑф φɹd Ψɪ6 ꝑтʌфꝑɥ˥ ˥ɹɐꝑфɥɹωꝑɿ, ɹɥd ɣ 8ꝑɥ φɹd Ψɪ6 ꝑтʌфꝑɥ˥ ˥ɹɐꝑфɥɹωꝑɿ; ɐꝑ˥ ɣ 8ꝑɥ ωꝑ6 ɣ ɛꞔꝑɥɐэ ʟфȹ φωɪc ɣ Ꝑθɣꝑф ωqd ωꝑɔ˅θɥɪωɛ˥ ˥ȹ ɔɹɥ; ɹ6 ɪ˥ ɪ6 ʌɭφωʌф ɐʌd, "Ψωʌфρθф, ɣό bɹɭɪ dȹ θɭ ɣɹ˥ ɣό dθꝑɐ˥ ɪɥ ɣ ɥɛɔ ꝑɐ ɣ 8ꝑɥ. Ɉɥd ɣό bɹɭɪ фꝑтʌɥ˥, ɹɥd bɹɭɪ ωθɭ ꝑтэɥ Ꝍэd, ɪɥ ɣ ɥɛɔ ꝑɐ ɣ 8ꝑɥ, ρθф ʌɐꝑфɔэф."

# Cɹтᴉгф XIX

*Ɔɹɴ ɹϭ Ɔɹɴ—Ψɪϭ ʎωвᴉɹɴвə ɹɴd Ψɪϭ [ɪɔᴉɛbɹɴϭ—Ϭɹвɛbɹɴ ɹɴd ∂ᴉɹфɴɹᴉ Ꞁфɹώфɹbɹɴ ƚɔᴉɵвɪɐɹᴉ ωɪɹ́ə ɣ Ꞁᴉɵɴɔɹɴᴉ—ƚɴ Ωффвᴉ Oɴɭə ωɹɴ Oᴉ ə ɔɛd Ꞁᴉфв.*

Ɔɹɴ, ɹϭ ɔɹɴ, ωɹɴ oɴɭə ɔɛω ᴧθв ɹв ɣ ᴉθɹфϭ φωɪc əф ᴉɹϭɹвᴉ вф ɔɹɴ. Ɔɛd, ɪɴdəd, ɹϭ фɹᴉфɹϭɹɴᴉɹd ɪɴ ɣ Ϭωфɪᴉcɹфϭ, ɪɴ ɣ ɪɔɹç ɹв Ωəd, ɹϭ ɔəɴəфω ɹв ɣ ᴧθɴɪвɹфв φə вᴉɹɴdϭ ɪфɹωᴉ θɴ ɣ ɹфʟ ɪɴ ɣ [фωɹɹв ɹв φɪϭ Ωфɛᴉ Ωфəɛᴉɹф; вᴧθᴉɪɹɹᴉə ωɹɴвᴉфɹωᴉɹd ɪɴ θᴉ φɪϭ ᴉəфᴉв, ωɪɣ ə вədə ᴉɹϭɹвɪи θᴉ ɣ ɹɹиωbɹɴϭ ɴɹвɹвɹфə ɹθф ɣ ωθɴᴉв ɹв φᴧθɔɹɴɪᴉə; вᴉɹɴdɪи, ɴəᴉ oɴɭə вф ффᴉ, вɹᴉ вф ɹdɹᴉᴉɹвɪɭᴉə, вᴧθᴉə, вɪɔɹᴉфə ɹɴd ώɭθфə, ɹᴉ ɣ φɹd ɹв θᴉ ωфəɛbɹɴ; ᴉɹϭɹвɪи θɭвθ ɔɹɴᴉɹᴉ ᴉθɹфϭ ɹɴd ɣ ωɹᴉɹвɪᴉə ɹв фɹɭ[ɹωᴉɪи ɹᴉθɴ ɣ ᴉɹвᴉ, ωɪɣ ωɛᴉɹвɪɭᴉəϭ ᴉθ фəϭɹɴ ɹᴉθɴ ωθϭ ɹɴd ɪɹɹωᴉ, ɹɴd вф ɣ ɪɴdɹωᴉɪв ᴉθɹфϭ ɹв φɪϭ ɔфɴd, ʟфθ ɣ ɪɴвᴉɪфɛbɹɴ ɹв ɣ Θɭɔфᴉə, ᴉθ ωвɔᴉфɹφɹɴd ɣ ɔɹώɴɪɹɪвɹɴᴉ [θϭ ɹв ɴɛcɹф ɹϭ ɪώϭɪвɪᴉɹd ɪɴ ɣ ωɹфωв ɹв ωфəɛbɹɴ; ωɪɣ ɣ ωɹᴉɹвɪᴉə θɭвθ ɹв ᴧθϭɪи ɣ ɹɪɹɔɹɴᴉв ɹɴd ɹθфвɹϭ ɹв ɴɛcɹф, ɹɴd ɹв ɹdɹᴉᴉɪи ɣɹɔ ᴉθ φɪϭ oɴ вᴉɹbɹᴉ вɹɴɹɹɪᴉ; ɹɴd вф φɪϭ ᴉθɹфϭ ᴉɹɴɹᴉфɛᴉɪи ɪɴᴉθ ɣ dəᴉ, ɹвɹɴdɪи ɪɴᴉθ ɣ φɹвɹɴϭ, фɹbɪи ωɪɣ ɔфᴉə вɹɭθвɪᴉə ɹωфθв ɣ ɹфʟ, ɔɛωɪи ᴧθв ɹв ɣ вɹᴉɹфɹᴉ θф ωɹɔвфɴd ɹθфвɹϭ ɹв ɴɛcɹф ωɪɣ φωɪc φə ɪϭ вɹфɵɴdɹd ɹɴd вɹвçɹώɛᴉɪи ɣɹɔ ᴉθ φɪϭ ωɪᴉ; ɹϭ, [фωωфϭ, вф φɪϭ ɪɴɹɹɭɪçɹɴв, φə φɹϭ dɹɔɪɴᴧɹɴ θвɹф ɣ ɹɪbɹϭ ɹв ɣ вə, θвɹф ɣ ɹᴉɭϭ ɹв ɣ ɹф, ɹɴd θвɹф ɣ ωɹᴉɹᴉ. Ψə ωɹɴ ώɹфdɹᴉ ɣ ɹфʟ ωɪɣ ɣ ɪɹɹωᴉфɪω ɹɭθɪd ɹɴd ωɹɴвɛ φɪϭ ʟθᴉв ᴉθ ɹɴə [ɹɴd θф ϭθɴ; вф ɣ вɛɔ вɹᴉɹᴉ ɪɴɹɭθɹɴв φə ωɹɴ ᴉθω ωɪɣ φɪϭ ɹɹɭθϭ, ɹɴd ə φɹфd φωɹɴ φɹɴdфɹdϭ ɹв ɔфɪɭϭ ɹᴉəфᴉ. Ψə ωɹɴ ɹᴉɭф ɣ ɹθфвɹϭ ɹв ɹфʟ, ɹф, ɹфф ɹɴd ωθᴉɹф ᴉθ ɔɛω ɣɹɔ вɹвɹфвəɹɴᴉ ᴉθ φɪϭ ωɪᴉ, ɹɴd вᴉɹɴdϭ ᴉфɵdᴉə ɪфɹωᴉ ɹϭ ɣ φɹd ɹв θᴉ ωфəɛbɹɴ ɹɴd ɣ фɹᴉфɹϭɹɴᴉɹᴉɪв ɹв Ωəd ɹᴉθɴ ɣ ɹфʟ. Вɹᴉ φωфᴉ φə əωᴧɹᴉфϭ ɣɪв ɪώϭθɭɹd ᴉɹϭɪbɹɴ, ɹɴd ɪϭ ɪɴ ɣ ɪɔɹç ɹв Ωəd, ᴧɹᴉ φə ᴉɹϭɹвɹϭ вɪɔᴉɭə, ɹϭ ə ɔɹɴ, oɴɭə ɣ ᴉθɹфϭ φωɪc вɹɭθи ᴉθ ɔɹɴ; ɹɴd ɪϭ вɹвçɹωᴉ ᴉθ ωəωɴɹв, ɪɹɹфɔɪᴉə, dɪϭəϭ ɹɴd dɹʟ. ɹɴd φωɹɴ φə dфϭ, ωɪɹ́ə вɹɔ вɹᴉɪфəɹф ɛd ᴉɹфᴉɛɴɪ ᴉθ ɣ ɹᴧθcɹф, ɣɹᴉ ɴθвɹᴉ вᴉфɹωcɹф [фϭ вфɪɹɴ ɹɴd φɹɭᴉɹв, ɪᴉв θфώɹɴϭ, ɣɹᴉ φɪфᴉɹɹθф ωɹф ɹωᴉɪв, [фвɪə ɹɴd ɹɴɹфçɹᴉɪω, əф ɴό dθфɔɹɴᴉ, ɪɴɹωᴉɪв ɹɴd ᴉθɹфɭᴉɹв. ɹɴd φωɹᴉ ɹв ɣ ɔфɴd, ɣɹᴉ вɹɹθф ωɹɴᴉ вɹω ɪɴᴉθ əᴉɹфɴɪᴉə ɹɴd фəcᴉ ɹθфωɹфd ɪɴᴉθ əᴉɹфɴɪᴉə? ɹɴd φωɹᴉ ɹв ɪᴉв ᴉθɹфϭ? Θф φωɹᴉ ɹв ɣɹᴉ вᴉɪфɪ, φωıc, ωıɣ ıʇ8 Θədlʃθω ʌʌɤφçəб, ıʇ8 ʇφʌbɤʌ8 ʌʌd ʇòɤφ, ωqd ώφʌ8ʇ ʌɤʌʌʇə? Φωɤʅ ɤ8 ıʅ, ʌʌd φωʌφ ıб ıʅ? Ɣ 8ωφıʇcɤφб 8ɛ ɣʌʅ ɣ 8ədə φɤʅɤφʌб ʅω ɣ dɤ8ʅ ʌʌd ɣ 8ʇıφıʅ φɤʅɤφʌб ʅω Θəd φω ώɛ8 ıʅ. 8ɤʅ φωɤʅ ɤ8 ıʇ8 ʇòɤφб ʌб ɔɛd ʌoʌ ʅω ɤ8, φωɤʅ ɤ8 ɣ φıφʌρʅɤφ? Ɣ ρʅə8ɤρə ɤ8 ɣ ωɤφld ʅʌʅб ɤ8 ɣʌʅ ɣ 8ʇıφıʅ dφб ωıɣ ɣ 8ədə, ʌʌd ʅφω ıʅ ıб dıвıʇɛʅɤd ıʌ 8ɤφòʌdıʌ ʌɛcɤφ, 8ɤʅ ʌб ʌʌ ıʌʅφφɤʅə ʌo ʅθʌώɤφ ıώбıʇ8; ʌʌd θʅ ɣ ʇòɤφ ɣ 8əıʌ ʌ8ɤφ φʌd ωɤб ʅω ʇφəʇɤώɛʅ ıʇ8 oʌ 8ʇəbəб ʌʌd ʅω ıɔʇəφʅ ɣ ʇòɤφб ɤ8 ɣ 8ədə ʌʌd ɣ ɔφʌd ʅω ıʇ8 ʇə8ʅʌφıʇə. 8ɤc ρʅə8ɤρɤφб ωʌʌ ωəɔʇφɤφʌʌd ʌɤʟıʌ ʇɤφʅɛʌıʌ ʅω ɣ ρʌωcɤφ—ʌo ώʅθφə, ʌo ʌώбθʅɛbɤʌ, ʌo əʅɤφʌɤʅ ʇφɤώφʌbɤʌ, oʌʅə ʌб dɤ8ʌʅɤʇʅ 8φ ə 8ɤω8ʌbɤʌ ɤ8 ɔʌʌφqd. Ɨρ, ɣʌʌ, ɣʌφ ıб ə 8ʇıφıʅ ıʌ ɔʌʌ φωıc φəcɤб ıʌʅω ρʌωʅɤφıʅə, ɣʌʅ ωqd ώφʌ8ʇ əʅɤφʌɤʅ ʇφəώφʌ8, əʅɤφʌɤʅ ıʌçoıɔɤʌʅ8, ʌʌd əʅɤφʌɤʅ ʌώбθʅɛbɤʌб; ɣʌʌ ɣoб ώʅθφəб, ɣoб ʌώбθʅɛbɤʌб, ɣoб ωɛʇɤ8ıʅʅəб ʌʌd ɣoб ʇòɤφб ɔɤ8ʅ 8 ɣ ώıρʅ ɤ8 8ɤɔ 8ɤʇıφəɤφ 8əıʌ, ʇòɤφ, θφ ɤʟθφıʅə ʅω ɣʌʅ φωıc ıώбıʇ8 ıʌ ɔʌʌ; ρθφ ɣ ρθφώoıʌ ıб ə 8φəρ ʌωвıвıbɤʌ ɤ8 ɣ ʇòɤφб ʌʌd ωɛʇɤ8ıʅʅəб ɤ8 φʌωɔʌıʌʅə. Ɨʅ ıб ɤ8 ɣı8 ώıρʅ ɣʌʅ ωə ʌό 8ʇəω. Ɨʅ ıб ɤ8 ə ʇφıʌ8ıʇıʅ ɣʌʅ ʌɔɤʌɛʅ8 ρφɤɔ Θəd, ɣʌʅ ɤφıçʌɛʅ8 ωıɣ ə 8ɤʇıφəɤφ ıʌʅʌʅıçɤʌ8, φθб ʅʅʌʌб, ʌʌd ʇòɤφб, ʌʌd ωɛʇɤ8ıʅʅəб θφ ıώбθʅɤd ɤ8ɤ8 ɣoб ɤ8 ɔθφʅɤʅ ɔʌʌ, ʌб ɣ φʌвɤʌб θφ ɤ8ɤ8 ɣ ɤφʟ, θφ ʌб ɣ ɔɤçʌ8ʅıθ ωɤφω8 ɤ8 ɣ Θφɛʅ Ωφəɛʅɤφ ʟφθό ɣ ıʌρıʌʅωd ɤ8 8ʇɛ8 θφ 8ɤʇıφəɤφ ʅω ɣ ʇʌωʌə ʌρɤφʅ8 ɤ8 ɣ cıʅdφɤʌ ɤ8 ɔθφʅʌıʅə. Ɨʅ ıб ρθφ ɣ ʌώбθʅɛbɤʌ ɤ8 ɔʌʌ ʅω ɣı8 8ʅɛʅ ɤ8 8ɤʇıφəɤφ ıʌʅʌʅıçɤʌ8 ʌʌd Θədφʌd ɣʌʅ ɣ ɔədəebɤʌ ʌʌd ɤʅoʌɔɤʌʅ ɤ8 Çəбɤ8 Ωφφə8ʅ ıб ıʌ8ɤʅʅωʅɤd; ʌʌd ɣʌʅ ʌoвɤʅ 8əıʌ, ɔʌʌ, ɔɛd ıʌ ɣ ıɔɤç ɤ8 Θəd, ıб φʌʌdɤφd ωɛʇɤ8ɤʅ ʌoʅ oʌʅə ɤ8 8əıʌ ə 8ɤʌ ɤ8 ɔʌʌ, 8ɤʅ θʅ8θ ə 8ɤʌ ɤ8 Θəd, ʟφω ɤdəʇbɤʌ, ʌʌd ıб φʌʌdɤφd ωɛʇɤ8ɤʅ ɤ8 8ɤωɤɔıʌ ə Θəd, ʇɤбʌ8ıʌ ɣ ʇòɤφ, ɣ ɔʌçɤ8ʅə, ɣ ʌώбθʅɛbɤʌ ʌʌd ɣ ʇɤбıbɤʌ ɤ8 ə Θəd. Ⅎб ıʅ ıб φıʅɤʌ, "8ɤʅɤ8ɤd, ʌό θφ ωə ɣ 8ɤʌб ɤ8 Θəd; ʌʌd ıʅ dɤʟ ʌoʅ ʌʌʅ ɤıφ φωɤʅ ωə bʌʅ 8: 8ɤʅ ωə ʌo ɣʌʅ, φωʌʌ φə bʌʅ ɤıφ, ωə bʌʅ 8 ʅφω φıɔ; ρθφ ωə bʌʅ 8ə φıɔ ʌб φə ıб."

Ⅎб ə ɔʌʌ ʟφω ɣ ʇòɤφб ɤ8 φıб 8ədə φə ωqd ɤɛʌ ʅω ɣ dıώʌʅə ʌʌd ωɤɔʇʅəʅɤ8 ɤ8 ɔʌʌφqd, 8ɤʅ ωqd ώo ʌo ρɤφɣɤφ; ʌб ə ɔʌʌ φə ıб 8θφʌ, ʌб ə ɔʌʌ φə ʅı8б, ʌʌd ʌб ə ɔʌʌ φə dφб; 8ɤʅ ʟφω ɣ ʌ8ɤʌ8 ʌʌd ʇòɤφ ɤ8 ɣ Θədφʌd, φωıc ıб ıʌ φıɔ, φωıc dɤ8ʌʌdɤd ʅω φıɔ ʌб ɣ ώıρʅ ɤ8 Θəd ρφɤɔ φıб φʌ8ɤʌʅə Ƥəɣɤφ, φə ıб ωɛʇɤ8ɤʅ 𐐲𐑂 𐑉𐐴𐑆𐐮𐑍 𐑁𐑉𐐲𐑋 𐑄 𐐿𐐲𐑌𐐻𐑉𐐰𐐿𐐻𐐲𐐼 𐑊𐐮𐑋𐐮𐐻𐑅 𐐲𐑂 𐑋𐐰𐑌𐐸𐐳𐐼 𐐻𐐭 𐑄 𐐼𐐮𐑀𐑌𐐮𐐻𐐨 𐐲𐑂 𐐪 𐐘𐐱𐐼, 𐐰𐑌𐐼 𐑄𐐲𐑅 𐑃𐑉𐐭 𐑄 𐐲𐐻𐐬𐑌𐑋𐐲𐑌𐐻 𐐲𐑂 𐐖𐐨𐑆𐐲𐑅 𐐗𐑉𐐴𐑅𐐻 𐐰𐑌𐐼 𐑄 𐐲𐐼𐐱𐐹𐑇𐐲𐑌 𐐸𐐨 𐐮𐑆 𐐿𐐩𐐹𐐲𐐺𐐲𐑊 𐐲𐑂 𐐨𐐻𐐲𐑉𐑌𐐲𐑊 𐐯𐑀𐑆𐐱𐑊𐐻𐐩𐑇𐐲𐑌, 𐐨𐐻𐐲𐑉𐑌𐐲𐑊 𐑊𐐴𐑂𐑆 𐐰𐑌𐐼 𐐨𐐻𐐲𐑉𐑌𐐲𐑊 𐐹𐑉𐐲𐑀𐑉𐐯𐑇𐐲𐑌. 𐐒𐐲𐐻 𐑄𐐮𐑅 𐐻𐑉𐐰𐑌𐑆𐐮𐑇𐐲𐑌 𐑁𐑉𐐲𐑋 𐐸𐐮𐑆 𐑋𐐰𐑌𐐸𐐳𐐼 𐐻𐐭 𐑄 𐐘𐐱𐐼𐐸𐐯𐐼 𐐿𐐰𐑌 𐐲𐑊𐐬𐑌 𐐺 𐑋𐐩𐐼 𐑃𐑉𐐭 𐐪 𐐹𐐵𐐲𐑉 𐐸𐐶𐐮𐐽 𐐮𐑆 𐑅𐐲𐐹𐐮𐑉𐐨𐐲𐑉 𐐻𐐭 𐑋𐐰𐑌—𐐰𐑌 𐐮𐑌𐑁𐐮𐑌𐐮𐐻 𐐹𐐵𐐲𐑉, 𐐰𐑌 𐐨𐐻𐐲𐑉𐑌𐐲𐑊 𐐹𐐵𐐲𐑉, 𐐨𐑂𐐲𐑌 𐑄 𐐹𐐵𐐲𐑉 𐐲𐑂 𐑄 𐐘𐐱𐐼𐐸𐐯𐐼: 𐑁𐐱𐑉 𐐰𐑆 𐐮𐑌 𐐈𐐼𐐲𐑋 𐐱𐑊 𐐼𐐴, 𐑅𐐬 𐐮𐑌 𐐗𐑉𐐴𐑅𐐻 *𐐬𐑌𐑊𐐨* 𐐿𐐰𐑌 𐐱𐑊 𐐺 𐑋𐐩𐐼 𐐲𐑊𐐴𐑂. 𐐛𐑉𐐭 𐐐𐐮𐑋 𐑋𐐰𐑌𐐿𐐴𐑌𐐼 𐐪𐑉 𐐺𐑉𐐱𐐻 𐐮𐑌𐐻𐐭 𐐿𐐲𐑋𐐷𐐭𐑌𐐷𐐲𐑌 𐐰𐑌𐐼 𐐿𐐲𐑋𐐷𐐭𐑌𐐮𐐿𐐩𐑇𐐲𐑌 𐐶𐐮𐑄 𐐘𐐱𐐼; 𐑃𐑉𐐭 𐐐𐐮𐑆 𐐲𐐻𐐬𐑌𐑋𐐲𐑌𐐻 𐑄𐐩 𐐪𐑉 𐐮𐑌𐐩𐐺𐐲𐑊𐐼, 𐐰𐑆 𐐐𐐨 𐐶𐐲𐑆, 𐐻𐐭 𐑂𐐰𐑍𐐿𐐶𐐮𐑇 𐐼𐐯𐑃; 𐑃𐑉𐐭 𐑄𐐰𐐻 𐐲𐐻𐐬𐑌𐑋𐐲𐑌𐐻 𐐰𐑌𐐼 𐑄 𐐹𐐵𐐲𐑉 𐐲𐑂 𐑄 𐐑𐑉𐐨𐑅𐐻𐐸𐐳𐐼 𐐲𐑅𐐬𐑇𐐨𐐩𐐻𐐲𐐼 𐑄𐐯𐑉𐐶𐐮𐑄, 𐑄𐐩 𐐺𐐲𐐿𐐲𐑋 𐐯𐑉𐑆 𐐲𐑂 𐐘𐐱𐐼 𐐰𐑌𐐼 𐐾𐐬𐐮𐑌𐐻 𐐯𐑉𐑆 𐐶𐐮𐑄 𐐖𐐨𐑆𐐲𐑅 𐐗𐑉𐐴𐑅𐐻, 𐐰𐑌𐐼 𐐮𐑌𐐸𐐯𐑉𐐮𐐻𐐲𐑉𐑆 𐐲𐑂 𐑃𐑉𐐬𐑌𐑆, 𐐹𐐵𐐲𐑉𐑆, 𐐹𐑉𐐮𐑌𐑅𐐮𐐹𐐰𐑊𐐮𐐻𐐨𐑆 𐐰𐑌𐐼 𐐼𐐲𐑋𐐮𐑌𐐷𐐲𐑌𐑆 𐐮𐑌 𐑄 𐐨𐐻𐐲𐑉𐑌𐐲𐑊 𐐶𐐲𐑉𐑊𐐼𐑆. 𐐈𐑌𐐼 𐐮𐑌𐑅𐐻𐐯𐐼 𐐲𐑂 𐐺𐐨𐐮𐑍 𐑅𐐲𐐺𐐾𐐯𐐿𐐻 𐐻𐐭 𐐼𐐯𐑃, 𐐸𐐶𐐯𐑌 𐑄𐐰𐐻 𐑊𐐰𐑅𐐻 𐐯𐑌𐐲𐑋𐐨 𐑇𐐰𐑊 𐐺 𐐼𐐲𐑅𐐻𐑉𐐬𐐮𐐼, 𐐰𐑌𐐼 𐐼𐐯𐑃 𐐺 𐑅𐐶𐐱𐑊𐐬𐐼 𐐲𐐹 𐐮𐑌 𐑂𐐮𐐿𐐻𐐲𐑉𐐨, 𐑃𐑉𐐭 𐑄𐐰𐐻 𐐲𐐻𐐬𐑌𐑋𐐲𐑌𐐻 𐑄𐐩 𐐿𐐰𐑌 𐐺𐐲𐐿𐐲𐑋 𐑄 𐑁𐐱𐑄𐐲𐑉𐑆 𐐰𐑌𐐼 𐑋𐐲𐑄𐐲𐑉𐑆 𐐲𐑂 𐑊𐐴𐑂𐑆, 𐐰𐑌𐐼 𐐺 𐐿𐐩𐐹𐐲𐐺𐐲𐑊 𐐲𐑂 𐐹𐐲𐑉𐐹𐐯𐐽𐐭𐐲𐑊 𐐰𐑌𐐼 𐐨𐐻𐐲𐑉𐑌𐐲𐑊 𐐹𐑉𐐲𐑀𐑉𐐯𐑇𐐲𐑌.

# 𐐕𐐰𐐹𐐻𐐲𐑉 XX

*𐐗𐑉𐐴𐑅𐐻 𐐻𐐭 𐐺 𐑅𐐲𐐺𐐾𐐯𐐿𐐻 𐐻𐐭 𐐣𐐰𐑌—𐐐𐐮𐑆 𐐔𐐲𐑅𐐯𐑌𐐻 𐐺𐐲𐑊𐐬 𐐫𐑊 𐐛𐐮𐑍𐑆—𐐣𐐰𐑌'𐑆 𐐗𐐲𐑌𐐼𐐮𐑇𐐲𐑌 𐐸𐐰𐐼 𐑄𐐯𐑉 𐐺𐐮𐑌 𐑌𐐬 𐐊𐐻𐐬𐑌𐑋𐐲𐑌𐐻—𐐜 𐐝𐐲𐑌𐑆 𐐲𐑂 𐐘𐐫𐐼—𐐣𐐰𐑌'𐑆 𐐆𐑌𐐲𐐺𐐮𐑊𐐮𐐻𐐨 𐐻𐐭 𐐝𐐩𐑂 𐐐𐐮𐑋𐑅𐐯𐑊𐑁—𐐗𐑉𐐴𐑅𐐻'𐑅 𐐘𐑊𐐫𐑉𐐨 𐐺𐐲𐑁𐐫𐑉 𐑄 𐐎𐐲𐑉𐑊𐐼 𐐎𐐲𐑆—𐐤𐐲𐑅𐐯𐑅𐐮𐐻𐐨 𐑁𐐫𐑉 𐐰𐑌 𐐆𐑌𐑁𐐮𐑌𐐮𐐻 𐐊𐐻𐐬𐑌𐑋𐐲𐑌𐐻—𐐜 𐐙𐐫𐑄𐐲𐑉 𐐰𐑌𐐼 𐐝𐐲𐑌 𐐸𐐰𐑂 𐐢𐐴𐑁 𐐮𐑌 𐐜𐐯𐑋𐑅𐐯𐑊𐑂𐑆.*

𐐊𐑀𐐯𐑌 𐐶𐐨 𐐶𐐮𐑊 𐑉𐐲𐐻𐐲𐑉𐑌 𐐻𐐭 𐑄 𐐿𐐶𐐬𐐻𐐩𐑇𐐲𐑌 𐑁𐑉𐐲𐑋 𐑄 𐐒𐐳𐐿 𐐲𐑂 𐐣𐐫𐑉𐑋𐐲𐑌.[1] 𐐝𐐩𐐻𐐲𐑌, 𐐰𐑆 𐐶𐐨 𐐸𐐰𐑂 𐑉𐐲𐑋𐐪𐑉𐐿𐐻 𐐺𐐲𐑁𐐫𐑉, 𐐶𐐫𐑌𐐻𐐲𐐼 𐐻𐐭 𐐼𐐲𐐹𐑉𐐴𐑂 𐑋𐐰𐑌 𐐲𐑂 𐐸𐐮𐑆 𐐩𐐾𐐲𐑌𐑅𐐨, 𐑁𐐫𐑉 𐐮𐑁 𐑋𐐰𐑌 𐐸𐐰𐐼 𐐸𐐮𐑆 𐐩𐐾𐐲𐑌𐑅𐐨, 𐐮𐐻 𐐶𐐳𐐼 𐑅𐐨𐑋 𐑄𐐰𐐻 𐑌𐐯𐑅𐐲𐑅𐐯𐑉𐐮𐑊𐐨 𐑄 𐐢𐐫𐑉𐐼 𐐶𐐳𐐼 𐐺 𐑅𐐲𐐺𐐾𐐯𐐿𐐻 𐐻𐐭 𐐸𐐮𐑋; 𐐰𐑆 𐐮𐑆 𐑅𐐻𐐩𐐻𐐲𐐼, “𐐙𐐫𐑉 𐐮𐐻 𐐺𐐲𐐸𐐭𐑂𐐯𐑃 𐑄 𐐘𐑉𐐩𐐻 𐐗𐑉𐐨𐐩𐐻𐐲𐑉 𐑄𐐰𐐻 𐐸𐐨 𐑅𐐲𐑁𐐲𐑉𐑃 𐐸𐐮𐑋𐑅𐐯𐑊𐑁 𐐻𐐭 𐐺𐐲𐐿𐐲𐑋 𐑅𐐲𐐺𐐾𐐯𐐿𐐻 𐐲𐑌𐐻𐐭 𐑋𐐰𐑌 𐐮𐑌 𐑄 𐑁𐑊𐐯𐑇, 𐐰𐑌𐐼 𐐼𐐴 𐑁𐐫𐑉 𐐫𐑊 𐑋𐐯𐑌, 𐑄𐐰𐐻 𐐫𐑊 𐑋𐐯𐑌 𐑋𐐴𐐻 𐐺𐐲𐐿𐐲𐑋 𐑅𐐲𐐺𐐾𐐯𐐿𐐻 𐐲𐑌𐐻𐐭 𐐸𐐮𐑋.”

𐐜 𐐢𐐫𐑉𐐼 𐐺𐐨𐐮𐑍 𐑄𐐲𐑅 𐑅𐐲𐐺𐐾𐐯𐐿𐐻𐐲𐐼 𐐻𐐭 𐑋𐐰𐑌, 𐐐𐐨 𐐶𐐳𐐼 𐐺 𐐹𐑊𐐩𐑅𐐻 𐐮𐑌 𐑄 𐑊𐐬𐐲𐑅𐐻 𐐹𐐲𐑆𐐮𐑇𐐲𐑌 𐐻𐐭 𐐸𐐶𐐮𐐽 𐐮𐐻 𐐶𐐲𐑆 𐐹𐐫𐑅𐐮𐐺𐐲𐑊 𐑁𐐫𐑉 𐐐𐐮𐑋 𐐻𐐭 𐐼𐐲𐑅𐐯𐑌𐐼; 𐐺𐐲𐐿𐐲𐑆 𐐲𐑂 𐑄 𐐶𐐨𐐿𐑌𐐲𐑅, 𐑄 𐐿𐐲𐑉𐐲𐐹𐑇𐐲𐑌 𐐰𐑌𐐼 𐑄 𐑁𐐰𐑊𐐮𐐺𐐮𐑊𐐮𐐻𐐨 𐐲𐑂 𐐸𐑏𐑋𐐲𐑌 𐑌𐐩𐐽𐐲𐑉. 𐐒𐐲𐐻 𐐮𐑁 𐑋𐐰𐑌 𐐸𐐰𐐼 𐐸𐐮𐑆 𐑁𐑉𐐨 𐐩𐐾𐐲𐑌𐑅𐐨, 𐑄𐐮𐑅 𐑌𐐯𐑅𐐲𐑅𐐯𐑉𐐮𐑊𐐨 𐐶𐐳𐐼 𐐺 𐑄 𐑉𐐲𐑆𐐲𐑊𐐻, 𐐰𐑌𐐼 𐐸𐐯𐑌𐑅, 𐐰𐑆 𐐮𐐻 𐐮𐑆 𐑅𐐯𐐼, 𐐖𐐨𐑆𐐲𐑅 𐐼𐐲𐑅𐐯𐑌𐐼𐐲𐐼 𐐺𐐲𐑊𐐬 𐐫𐑊 𐑃𐐮𐑍𐑆 𐑄𐐰𐐻 𐐐𐐨 𐑋𐐴𐐻 𐐺 𐑉𐐩𐑆𐐼 𐐲𐐺𐐲𐑂 𐐫𐑊 𐑃𐐮𐑍𐑆; 𐐰𐑌𐐼 𐐸𐐯𐑌𐑅 𐐫𐑊𐑅𐐬, 𐐸𐐶𐐴𐑊 𐐝𐐩𐐻𐐲𐑌'𐑆 𐐿𐐰𐑊𐐿𐑏𐑊𐐩𐑇𐐲𐑌 𐐶𐐲𐑆 𐐻𐐭 𐐼𐐲𐐹𐑉𐐴𐑂 𐑋𐐰𐑌 𐐲𐑂 𐐸𐐮𐑆 𐑁𐑉𐐨 𐐩𐐾𐐲𐑌𐑅𐐨, 𐐰𐑌𐐼 𐐻𐐭 𐐹𐑉𐐲𐑂𐐯𐑌𐐻 𐐸𐐮𐑋𐑅𐐯𐑊𐑁 𐐫𐑉 𐑄 𐐄𐑌𐑊𐐨 𐐒𐐲𐑀𐐫𐐻𐐲𐑌 𐑁𐑉𐐲𐑋 𐐺𐐨𐐮𐑍 𐑅𐐲𐐺𐐾𐐯𐐿𐐻 𐐻𐐭 𐑄𐐮𐑅 𐐸𐑏𐑋𐐮𐑊𐐨𐐩𐑇𐐲𐑌 𐐰𐑌𐐼 𐐮𐑌𐑁𐐲𐑋𐐨, 𐑄 𐐢𐐫𐑉𐐼'𐑆 𐐹𐑊𐐰𐑌 𐐶𐐲𐑆 𐐻𐐭 𐑀𐐮𐑂 𐑋𐐰𐑌 𐐸𐐮𐑆 𐑁𐑉𐐨 𐐩𐐾𐐲𐑌𐑅𐐨, 𐐹𐑉𐐲𐑂𐐴𐐼 𐐲 𐑉𐐲𐐼𐐨𐑋𐐲𐑉, 𐐰𐑌𐐼 𐑅𐐲𐑁𐐲𐑉 𐑄𐐰𐐻 𐑉𐐲𐐼𐐨𐑋𐐲𐑉 𐐻𐐭 𐐮𐑌𐐼𐑏𐑉 𐐫𐑊 𐑄 𐑉𐐲𐑆𐐲𐑊𐐻𐑅 𐐮𐑌𐑅𐐮𐐼𐐯𐑌𐐻𐐲𐑊 𐐻𐐭 𐑅𐐲𐐽 𐐲 𐐹𐐲𐑆𐐮𐑇𐐲𐑌, 𐐰𐑌𐐼 𐑄𐐲𐑅, 𐐺𐐴 𐐫𐑁𐐲𐑉𐐮𐑍 𐐸𐐮𐑋𐑅𐐯𐑊𐑁 𐐰𐑆 𐐲 𐑅𐐲𐐺𐑅𐐻𐐮𐐻𐐭𐐻 𐐰𐑌𐐼 𐐿𐐫𐑌𐐿𐐲𐑉𐐮𐑍 𐐼𐐯𐑃, 𐐸𐐯𐑊 𐐰𐑌𐐼 𐑄 𐑀𐑉𐐩𐑂, 𐐸𐐨 𐐶𐐳𐐼 𐐲𐑊𐐻𐐮𐑋𐐲𐐻𐑊𐐨 𐑅𐐲𐐺𐐾𐐲𐑀𐐩𐐻 𐐫𐑊 𐑃𐐮𐑍𐑆 𐐲𐑌𐐻𐐭 𐐸𐐮𐑋𐑅𐐯𐑊𐑁; 𐐰𐑌𐐼 𐐰𐐻 𐑄 𐑅𐐩𐑋 𐐻𐐴𐑋 𐑋𐐩𐐿 𐐮𐐻 𐐹𐐫𐑅𐐮𐐺𐐲𐑊 𐑁𐐫𐑉 𐑋𐐰𐑌 𐐻𐐭 𐐲𐐻𐐩𐑌 𐐰𐑌 𐐯𐑀𐑆𐐫𐑊𐐻𐐩𐑇𐐲𐑌 𐑄𐐰𐐻 𐐸𐐨 𐑌𐐯𐑂𐐲𐑉 𐐶𐐳𐐼 𐐸𐐰𐑂 𐐸𐐰𐐼 𐐶𐐮𐑃𐐵𐐻 𐐸𐐮𐑆 𐐩𐐾𐐲𐑌𐑅𐐨. 𐐆𐐻 𐐮𐑆 𐑅𐐯𐐼, 𐐰𐑆 𐐫𐑊𐑉𐐯𐐼𐐨 𐑅𐐻𐐩𐐻𐐲𐐼, “𐐙𐐫𐑉 𐐺𐐲𐐸𐐬𐑊𐐼, 𐐮𐑁 𐑄 𐑁𐑊𐐯𐑇 𐑇𐐳𐐼 𐑉𐐴𐑆 𐑌𐐬 𐑋𐐫𐑉, 𐐵𐑉 𐑅𐐹𐐮𐑉𐐮𐐻𐑅 𐑋𐐲𐑅𐐻 𐐺𐐲𐐿𐐲𐑋 𐑅𐐲𐐺𐐾𐐯𐐿𐐻 𐐻𐐭 𐑄𐐰𐐻 𐐩𐑌𐐾𐐲𐑊 𐐸𐐭 𐑁𐐯𐑊 𐑁𐑉𐐲𐑋 𐐺𐐲𐑁𐐫𐑉 𐑄 𐐹𐑉𐐯𐑆𐐲𐑌𐑅 𐐲𐑂 𐑄 𐐨𐐻𐐲𐑉𐑌𐐲𐑊 𐐘𐐫𐐼, 𐐰𐑌𐐼 𐐺𐐲𐐿𐐩𐑋 𐑄 𐐼𐐯𐑂𐐮𐑊, 𐐻𐐭 𐑉𐐴𐑆 𐑌𐐬 𐑋𐐫𐑉;” 𐐰𐑌𐐼 𐐸𐐯𐑌𐑅 𐑄 𐐹𐑊𐐰𐑌 𐐲𐑂 𐐝𐐩𐐻𐐲𐑌 𐐮𐐻 𐐲𐐹𐐨𐑉𐑆 𐐶𐐳𐐼 𐐸𐐰𐑂 𐑁𐑉𐐲𐑅𐐻𐑉𐐩𐐻𐐲𐐼 𐑄 𐐼𐐲𐑆𐐴𐑌𐑆 𐐲𐑂 𐑄 𐐃𐑊𐑋𐐴𐐻𐐨, 𐐰𐑌𐐼 𐐸𐐰𐑂 𐐼𐐲𐐹𐑉𐐴𐑂𐐼 𐑋𐐰𐑌 𐐲𐑂 𐑄𐐰𐐻 𐐯𐑀𐑆𐐫𐑊𐐻𐐩𐑇𐐲𐑌 𐐰𐑌𐐼 𐑀𐑊𐐫𐑉𐐨 𐐸𐐶𐐮𐐽 𐐸𐐮𐑆 𐐐𐐯𐑂𐐲𐑌𐑊𐐨 𐐙𐐫𐑄𐐲𐑉 𐐿𐐫𐑌𐐻𐐲𐑋𐐹𐑊𐐩𐐻𐐲𐐼. 𐐆𐐻 𐐮𐑆 𐑁𐐲𐑉𐑄𐐲𐑉 𐑉𐐮𐐻𐐲𐑌:

“𐐈𐑌𐐼 𐐵𐑉 𐑅𐐹𐐮𐑉𐐮𐐻𐑅 𐑋𐐲𐑅𐐻 𐐸𐐰𐑂 𐐺𐐲𐐿𐐲𐑋 𐑊𐐴𐐿 𐐲𐑌𐐻𐐭 𐐸𐐮𐑋, 𐐰𐑌𐐼 𐐶𐐨 𐐺𐐲𐐿𐐲𐑋 𐐼𐐯𐑂𐐮𐑊𐑆, 𐐩𐑌𐐾𐐲𐑊𐑆 𐐻𐐭 𐐲 𐐼𐐯𐑂𐐮𐑊, 𐐻𐐭 𐐺 𐑇𐐲𐐻 𐐵𐐻 𐑁𐑉𐐲𐑋 𐑄 𐐹𐑉𐐯𐑆𐐲𐑌𐑅

[1] 2 𐐤𐐨𐑁𐐴 9:5–7.

𐐲𐑂 𐐵𐑉 𐐘𐐪𐐼, 𐐰𐑌𐐼 𐐻𐐭 𐑉𐐲𐑋𐐩𐑌 𐐶𐐮𐑄 𐑄 𐑁𐐪𐑄𐐲𐑉 𐐲𐑂 𐑊𐐴𐑆; 𐐮𐑌 𐑋𐐮𐑆𐐲𐑉𐐨, 𐑊𐐴𐐿 𐐲𐑌𐐻𐐭 𐐸𐐮𐑋𐑅𐐯𐑊𐑁; 𐐷𐐩, 𐐻𐐭 𐑄𐐰𐐻 𐐺𐐨𐐮𐑍 𐐸𐐭 𐐺𐐲𐑀𐐴𐑊𐐼 𐐵𐑉 𐑁𐐲𐑉𐑅𐐻 𐐹𐐯𐑉𐐲𐑌𐐻𐑅; 𐐸𐐭 𐐻𐑉𐐰𐑌𐑅𐑁𐐫𐑉𐑋𐐲𐑃 𐐸𐐮𐑋𐑅𐐯𐑊𐑁 𐑌𐐴 𐐲𐑌𐐻𐐭 𐐰𐑌 𐐩𐑌𐐾𐐲𐑊 𐐲𐑂 𐑊𐐴𐐻, 𐐰𐑌𐐼 𐑅𐐻𐐲𐑉𐐲𐑃 𐐲𐐹 𐑄 𐐽𐐮𐑊𐐼𐑉𐐲𐑌 𐐲𐑂 𐑋𐐯𐑌 𐐲𐑌𐐻𐐭 𐑅𐐨𐐿𐑉𐐲𐐻 𐐿𐐪𐑋𐐺𐐮𐑌𐐩𐑇𐐲𐑌𐑆 𐐲𐑂 𐑋𐐲𐑉𐐼𐐲𐑉, 𐐰𐑌𐐼 𐐫𐑊 𐑋𐐰𐑌𐐲𐑉 𐐲𐑂 𐑅𐐨𐐿𐑉𐐲𐐻 𐐶𐐲𐑉𐐿𐑅 𐐲𐑂 𐐼𐐪𐑉𐐿𐑌𐐲𐑅. 𐐄 𐐸𐐵 𐑀𐑉𐐩𐐻 𐑄 𐑀𐐳𐐼𐑌𐐲𐑅 𐐲𐑂 𐐵𐑉 𐐘𐐪𐐼, 𐐸𐐭 𐐹𐑉𐐲𐐹𐐯𐑉𐐲𐑃 𐐪 𐐶𐐩 𐑁𐐫𐑉 𐐵𐑉 𐐯𐑅𐐿𐐩𐐹 𐑁𐑉𐐲𐑋 𐑄 𐑀𐑉𐐰𐑅𐐹 𐐲𐑂 𐑄𐐮𐑅 𐐫𐑁𐐲𐑊 𐑋𐐪𐑌𐑅𐐻𐐲𐑉; 𐐷𐐩, 𐑄𐐰𐐻 𐑋𐐪𐑌𐑅𐐻𐐲𐑉, 𐐼𐐯𐑃 𐐰𐑌𐐼 𐐸𐐯𐑊, 𐐸𐐶𐐮𐐽 𐐌 𐐿𐐫𐑊 𐑄 𐐼𐐯𐑃 𐐲𐑂 𐑄 𐐺𐐪𐐼𐐨, 𐐰𐑌𐐼 𐐫𐑊𐑅𐐬 𐑄 𐐼𐐯𐑃 𐐲𐑂 𐑄 𐑅𐐹𐐮𐑉𐐮𐐻. 𐐈𐑌𐐼 𐐺𐐲𐐿𐐫𐑆 𐐲𐑂 𐑄 𐐶𐐩 𐐲𐑂 𐐼𐐲𐑊𐐮𐑂𐐲𐑉𐐲𐑌𐑅 𐐲𐑂 𐐵𐑉 𐐘𐐪𐐼, 𐑄 𐐐𐐬𐑊𐐨 𐐎𐐲𐑌 𐐲𐑂 𐐆𐑆𐑉𐐯𐑊, 𐑄𐐮𐑅 𐐼𐐯𐑃, 𐐲𐑂 𐐸𐐶𐐮𐐽 𐐌 𐐸𐐰𐑂 𐑅𐐹𐐬𐐿𐐲𐑌, 𐐸𐐶𐐮𐐽 𐐮𐑆 𐑄 𐐻𐐯𐑋𐐹𐐲𐑉𐐲𐑊, 𐑇𐐰𐑊 𐐼𐐲𐑊𐐮𐑂𐐲𐑉 𐐲𐐹 𐐮𐐻𐑅 𐐼𐐯𐐼; 𐐸𐐶𐐮𐐽 𐐼𐐯𐑃 𐐮𐑆 𐑄 𐑀𐑉𐐩𐑂. 𐐈𐑌𐐼 𐑄𐐮𐑅 𐐼𐐯𐑃 𐐲𐑂 𐐸𐐶𐐮𐐽 𐐌 𐐸𐐰𐑂 𐑅𐐹𐐬𐐿𐐲𐑌, 𐐸𐐶𐐮𐐽 𐐮𐑆 𐑄 𐑅𐐹𐐮𐑉𐐮𐐽𐐲𐐶𐐲𐑊 𐐼𐐯𐑃, 𐑇𐐰𐑊 𐐼𐐲𐑊𐐮𐑂𐐲𐑉 𐐲𐐹 𐐮𐐻𐑅 𐐼𐐯𐐼; 𐐸𐐶𐐮𐐽 𐑅𐐹𐐮𐑉𐐮𐐽𐐲𐐶𐐲𐑊 𐐼𐐯𐑃 𐐮𐑆 𐐸𐐯𐑊; 𐐸𐐶𐐯𐑉𐑁𐐬𐑉, 𐐼𐐯𐑃 𐐰𐑌𐐼 𐐸𐐯𐑊 𐑋𐐲𐑅𐐻 𐐼𐐲𐑊𐐮𐑂𐐲𐑉 𐐲𐐹 𐑄𐐯𐑉 𐐼𐐯𐐼, 𐐰𐑌𐐼 𐐸𐐯𐑊 𐑋𐐲𐑅𐐻 𐐼𐐲𐑊𐐮𐑂𐐲𐑉 𐐲𐐹 𐐮𐐻𐑅 𐐿𐐰𐐹𐐻𐐮𐑂 𐑅𐐹𐐮𐑉𐐮𐐻𐑅, 𐐰𐑌𐐼 𐑄 𐑀𐑉𐐩𐑂 𐑋𐐲𐑅𐐻 𐐼𐐲𐑊𐐮𐑂𐐲𐑉 𐐲𐐹 𐐮𐐻𐑅 𐐿𐐰𐐹𐐻𐐮𐑂 𐐺𐐪𐐼𐐨𐑆, 𐐰𐑌𐐼 𐑄 𐐺𐐪𐐼𐐨𐑆 𐐰𐑌𐐼 𐑄 𐑅𐐹𐐮𐑉𐐮𐐻𐑅 𐐲𐑂 𐑋𐐯𐑌 𐐶𐐮𐑊 𐐺 𐑉𐐲𐑅𐐻𐐫𐑉𐐼 𐐶𐐲𐑌 𐐻𐐭 𐑄 𐐲𐑄𐐲𐑉; 𐐰𐑌𐐼 𐐮𐐻 𐐮𐑆 𐐺𐐴 𐑄 𐐹𐐵𐐲𐑉 𐐲𐑂 𐑄 𐑉𐐯𐑆𐐲𐑉𐐯𐐿𐑇𐐲𐑌 𐐲𐑂 𐑄 𐐐𐐬𐑊𐐨 𐐎𐐲𐑌 𐐲𐑂 𐐆𐑆𐑉𐐯𐑊. 𐐄 𐐸𐐵 𐑀𐑉𐐩𐐻 𐑄 𐐹𐑊𐐰𐑌 𐐲𐑂 𐐵𐑉 𐐘𐐪𐐼! 𐐙𐐫𐑉 𐐪𐑌 𐑄 𐐲𐑄𐐲𐑉 𐐸𐐰𐑌𐐼, 𐑄 𐐹𐐯𐑉𐐲𐐼𐐴𐑅 𐐲𐑂 𐐘𐐪𐐼 𐑋𐐲𐑅𐐻 𐐼𐐲𐑊𐐮𐑂𐐲𐑉 𐐲𐐹 𐑄 𐑅𐐹𐐮𐑉𐐮𐐻𐑅 𐐲𐑂 𐑄 𐑉𐐴𐐽𐐲𐑅, 𐐰𐑌𐐼 𐑄 𐑀𐑉𐐩𐑂 𐐼𐐲𐑊𐐮𐑂𐐲𐑉 𐐲𐐹 𐑄 𐐺𐐪𐐼𐐨 𐐲𐑂 𐑄 𐑉𐐴𐐽𐐲𐑅; 𐐰𐑌𐐼 𐑄 𐑅𐐹𐐮𐑉𐐮𐐻 𐐰𐑌𐐼 𐑄 𐐺𐐪𐐼𐐨 𐐮𐑆 𐑉𐐲𐑅𐐻𐐫𐑉𐐼 𐐻𐐭 𐐮𐐻𐑅𐐯𐑊𐑁 𐐲𐑀𐐯𐑌, 𐐰𐑌𐐼 𐐫𐑊 𐑋𐐯𐑌 𐐺𐐮𐐿𐐲𐑋 𐐮𐑌𐐿𐐫𐑉𐐲𐐹𐐻𐐮𐐺𐑊 𐐰𐑌𐐼 𐐮𐑋𐐫𐑉𐐻𐐰𐑊, 𐐰𐑌𐐼 𐑄𐐩 𐐪𐑉 𐑊𐐮𐑂𐐮𐑍 𐑅𐐬𐑊𐑆, 𐐸𐐰𐑂𐐮𐑍 𐐪 𐐹𐐲𐑉𐑁𐐯𐐿𐐻 𐑌𐐪𐑊𐐯𐐾 𐑊𐐴𐐿 𐐲𐑌𐐻𐐭 𐐲𐑅 𐐮𐑌 𐑄 𐑁𐑊𐐯𐑇, 𐑅𐐩𐑂 𐐮𐐻 𐐺 𐑄𐐰𐐻 𐐵𐑉 𐑌𐐪𐑊𐐯𐐾 𐑇𐐰𐑊 𐐺 𐐹𐐲𐑉𐑁𐐯𐐿𐐻; 𐐸𐐶𐐯𐑉𐑁𐐬𐑉, 𐐶𐐨 𐑇𐐰𐑊 𐐸𐐰𐑂 𐐪 𐐹𐐲𐑉𐑁𐐯𐐿𐐻 𐑌𐐪𐑊𐐯𐐾 𐐲𐑂 𐐫𐑊 𐐵𐑉 𐑀𐐮𐑊𐐻, 𐐰𐑌𐐼 𐐵𐑉 𐐲𐑌𐐿𐑊𐐨𐑌𐑌𐐲𐑅, 𐐰𐑌𐐼 𐐵𐑉 𐑌𐐩𐐿𐐲𐐼𐑌𐐲𐑅; 𐐰𐑌𐐼 𐑄 𐑉𐐴𐐽𐐲𐑅 𐑇𐐰𐑊 𐐸𐐰𐑂 𐐪 𐐹𐐲𐑉𐑁𐐯𐐿𐐻 𐑌𐐪𐑊𐐯𐐾 𐐲𐑂 𐑄𐐯𐑉 𐐯𐑌𐐾𐑎𐑋𐐲𐑌𐐻, 𐐰𐑌𐐼 𐑄𐐯𐑉 𐑉𐐴𐐽𐐲𐑅𐑌𐐲𐑅, 𐐺𐐨𐐮𐑍 𐐿𐑊𐐬𐑄𐐼 𐐶𐐮𐑄 𐐹𐑏𐑉𐐮𐐻𐐨, 𐐷𐐩, 𐐨𐑂𐐲𐑌 𐐶𐐮𐑄 𐑄 𐑉𐐬𐐺 𐐲𐑂 𐑉𐐴𐐽𐐲𐑅𐑌𐐲𐑅. 𐐈𐑌𐐼 𐐮𐐻 𐑇𐐰𐑊 𐐿𐐲𐑋 𐐻𐐭 𐐹𐐰𐑅, 𐑄𐐰𐐻 𐐸𐐶𐐯𐑌 𐐫𐑊 𐑋𐐯𐑌 𐑇𐐰𐑊 𐐸𐐰𐑂 𐐹𐐰𐑅𐐻 𐑁𐑉𐐲𐑋 𐑄𐐮𐑅 𐑁𐐲𐑉𐑅𐐻 𐐼𐐯𐑃 𐐲𐑌𐐻𐐭 𐑊𐐴𐑁, 𐐮𐑌𐑅𐐬𐑋𐐲𐐽 𐐰𐑆 𐑄𐐩 𐐸𐐰𐑂 𐐺𐐮𐐿𐐲𐑋 𐐮𐑋𐐫𐑉𐐻𐐰𐑊, 𐑄𐐩 𐑋𐐲𐑅𐐻 𐐲𐐹𐐨𐑉 𐐺𐐨𐑁𐐬𐑉 𐑄 𐐾𐐲𐐾𐑋𐐲𐑌𐐻 𐑅𐐨𐐻 𐐲𐑂 𐑄 𐐐𐐬𐑊𐐨 𐐎𐐲𐑌 𐐲𐑂 𐐆𐑆𐑉𐐯𐑊; 𐐰𐑌𐐼 𐑄𐐯𐑌 𐐿𐐲𐑋𐐲𐑃 𐑄 𐐾𐐲𐐾𐑋𐐲𐑌𐐻, 𐐰𐑌𐐼 𐑄𐐯𐑌 𐑋𐐲𐑅𐐻 𐑄𐐩 𐐺 𐐾𐐲𐐾𐐼 𐐰𐐿𐐫𐑉𐐼𐐮𐑍 𐐻𐐭 𐑄 𐐸𐐬𐑊𐐨 𐐾𐐲𐐾𐑋𐐲𐑌𐐻 𐐲𐑂 𐐘𐐪𐐼. 𐐈𐑌𐐼 𐐲𐑇𐐳𐑉𐐯𐐼𐑊𐐨, 𐐰𐑆 𐑄 𐐢𐐫𐑉𐐼 𐑊𐐮𐑂𐐲𐑃, 𐑁𐐫𐑉 𐑄 𐐢𐐫𐑉𐐼 𐐘𐐪𐐼 𐐸𐐰𐑃 𐑅𐐹𐐬𐐿𐐲𐑌 𐐮𐐻, 𐐰𐑌𐐼 𐐮𐐻 𐐮𐑆 𐐸𐐮𐑆 𐐨𐐻𐐲𐑉𐑌𐐲𐑊 𐐶𐐲𐑉𐐼, 𐐸𐐶𐐮𐐽 𐐿𐐰𐑌𐐪𐐻 𐐹𐐰𐑅 𐐲𐐶𐐩, 𐑄𐐰𐐻 𐑄𐐩 𐐸𐐭 𐐪𐑉 𐑉𐐴𐐽𐐲𐑅 𐑇𐐰𐑊 𐐺 𐑉𐐴𐐽𐐲𐑅 𐑅𐐻𐐮𐑊, 𐐰𐑌𐐼 𐑄𐐩 𐐸𐐭 𐐪𐑉 𐑁𐐮𐑊𐑃𐐨 𐑇𐐰𐑊 𐐺 𐑁𐐮𐑊𐑃𐐨 𐑅𐐻𐐮𐑊; 𐐸𐐶𐐯𐑉𐑁𐐬𐑉, 𐑄𐐩 𐐸𐐭 𐐪𐑉 𐑁𐐮𐑊𐑃𐐨 𐐪𐑉 𐑄 𐐼𐐯𐑂𐐮𐑊 𐐰𐑌𐐼 𐐸𐐮𐑆 𐐩𐑌𐐾𐐲𐑊𐑆; 𐐰𐑌𐐼 𐑄𐐩 𐑇𐐰𐑊 𐑀𐐬 𐐲𐐶𐐩 𐐮𐑌𐐻𐐭 𐐯𐑂𐐲𐑉𐑊𐐰𐑅𐐻𐐮𐑍 𐑁𐐴𐑉, 𐐹𐑉𐐲𐐹𐐯𐑉𐐼 𐑁𐐫𐑉 𐑄𐐯𐑋; 𐐰𐑌𐐼 𐑄𐐯𐑉 𐐻𐐫𐑉𐑋𐐯𐑌𐐻 𐐮𐑆 𐐰𐑆 𐐪 𐑊𐐩𐐿 𐐲𐑂 𐑁𐐴𐑉 𐐰𐑌𐐼 𐐺𐑉𐐮𐑋𐑅𐐻𐐬𐑌, 𐐸𐐭𐑆 𐑁𐑊𐐩𐑋 𐐰𐑅𐐯𐑌𐐼𐐲𐑃 𐐲𐐹 𐑁𐐫𐑉 𐐯𐑂𐐲𐑉 𐐰𐑌𐐼 𐐯𐑂𐐲𐑉, 𐐰𐑌𐐼 𐐸𐐰𐑆 𐑌𐐬 𐐯𐑌𐐼. 𐐄 𐑄 𐑀𐑉𐐩𐐻𐑌𐐲𐑅 𐐰𐑌𐐼 𐑄 𐐾𐐲𐑅𐐻𐐮𐑅 𐐲𐑂 𐐵𐑉 𐐘𐐪𐐼!

Ƿоɸ ɸә ʌωвʀωɅʀɪɪʟ оʟ ɸɪ6 ωʀɸd6, ɹɴd ɣɛ ɸɹв ώоɴ ʀоɸʟ ὀɪ ʀв ɸɪ6 ɔὀʟ, ɹɴd ɸɪ6 ʟо ɔʀвɪ в ʀqʟʀɪd."—2 Ɂэрф 9:9–17.

Ɨɴ ɣ ɪωоɴʀɔә ʀв Ɯәd ɪʀɸɪɛɴɪ ɪɷ ɣ вɹʟвɛbʀɴ ʀв ɣ ɸɅɷɔʀɴ ʀɹɔɪә, ωә оɸ ɪоʟd ɪɴ ɣ 8ωɸɪɪɔʀɸ6 ɣɹɪ ɪɪ ωʀ6 ɴʌвʀвʌɸә ɣɹɪ Ɯɸɸвɪ bqd dʀвʌɴd вʀʟо оʟ ʟɪɴ6, ɣɹɪ Ƿә ɔɸɪ в ɸɛ6d ʀвʀв оʟ ʟɪɴ6; ɹ6 вɪɛɪʀd ʀвʀв, Ƿә ɸɹd ɪɷ "вʀωʀɔ вʀвɢʌωɪ ɪɷ ɔɹɴ ɪɴ ɣ ʀʟʌb." Ɨɪ ωʀ6 ʀʀɸɣʀɸ ɴʌвʀвʌɸә ɣɹɪ Ƿә bqd dʀвʌɴd вʀʟо оʟ ʟɪɴ6, ɪɴ оɸdʀɸ ɣɹɪ Ƿә ɔɸɪ ɸɛ6 ʀɣʀɸ6 ʀвʀв оʟ ʟɪɴ6; ʀоɸ ɪр Ƿә ωqd ɴоɪ ɸɛ6 Ƿɪɔвʌʟр ɹɴd в ɪώ6оʟɪʀd ʟɸɷ ɣо6 ɪɸɪɴвɪɪʀʟ6 вɸоɪ ʀвὀɪ вɸ ɣ ʀɪоɴɔʀɴɪ, Ƿә ωqd ɴоɪ ɸɛ6 ʀɣʀɸ6; Ƿә ωqd ɴоɪ dɷ ʀоɸ ʀɣʀɸ6 ɸωʀɪ Ƿә ωqd ɴоɪ dɷ ʀоɸ Ƿɪɔвʌʟр, ɹɴd ɸʌɴв ɪɪ ωʀ6 ɴʌвʀвʌɸә ʀоɸ Ƿɪɔ ɪɷ dʀвʌɴd вʀʟо оʟ ʟɪɴ6 ɣɹɪ Ƿә ɔɸɪ в ɸɛ6d ʀвʀв оʟ ʟɪɴ6; ɹɴd ɪɪ ωʀ6 ɴʌвʀвʌɸә ɣɹɪ ɣо6 ɸωɔ Ƿә ɪɸʀɪо6d ɪɷ вɛв bqd оʟво dʀвʌɴd вʀʟо оʟ ʟɪɴ6, ɣɹɪ вɸ ɹɴd ʟɸɷ ɣ вɛɔ ɪὀʀɸ ɣɹɪ Ƿә ʀвɪɛɴd Ƿɪ6 ʌώ6оʟɪɛbʀɴ, ɣɛ оʟво, ʟɸɷ Ƿɪ6 ʀɪоɴɔʀɴɪ, ʌωвɪәɛbʀɴ ɹɴd ɪɴɪʀɸвʌbʀɴ, ɔɸɪ в ɸɛ6d ɪɷ ɣ вɛɔ ɪὀʀɸ ωɪɣ Ƿɪɔ; ɹɴd, ɹ6 Ƿә ωʀ6 ɣ 8ʀɴ ʀв Ɯәd, ɣɹɪ ɣɛ ɔɸɪ оʟво в ɣ ʀdәɪɪʀd вʀɴ6 ʀв Ɯәd; ɸʌɴв Ꞔәɴ вʌ6:

"Вʀʟʀвʀd, ɴὀ оɸ ωә ɣ вʀɴ6 ʀв Ɯәd; ɹɴd ɪɪ dʀʟ ɴоɪ Ʌʌɪ ʀɪɪɸ ɸωʀɪ ωә bɹʟ в: вʀɪ ωә ɴо ɣɹɪ, ɸωʌɴ ɸә bɹʟ ʀɪɪɸ, ωә bɹʟ в ʟɸω ɸɪɔ; ʀоɸ ωә bɹʟ вә ɸɪɔ ɹ6 ɸә ɪ6."—1 Ꞔәɴ 3:2.

Ɨɴd вɸ ɣɪв ɪὀʀɸ ωә bɹʟ оʙʀɸωʀɔ ɹɴd вɪɪ dὀɴ оɴ Ƿɪ6 ʟɸоɴ, ɹ6 Ꞔә6ʀв оʙʀɸωɛɔ ɹɴd вɹɪ dὀɴ ʀɪоɴ ɣ ʟɸоɴ ʀв Ƿɪ6 Ƿәɣʀɸ.

Ɯә оɸ ɪоʟd ɪɴ ɣ ʀоɸώоɪɪ ωωоɪɛbʀɴ ʀɸʀɔ ɣ Вqω ʀв Ͻоɸɔʀɴ ɣɹɪ ɣ ʀɪоɴɔʀɴɪ ɔʀвɪ ɴәd6 в ɪɴʀɪɴɪ. Ƿωɸ dɪd ɪɪ ɴәd ɹɴ ɪɴʀɪɴɪ ʀɪоɴɔʀɴɪ? Ƿоɸ ɣ вɪɔɪʀʟ ɸә6ʀɴ ɣɹɪ ә вɪɸәɔ ωɹɴ ɴʌвʀɸ ɸɸ6 ɸɸʀɸ ɣɹɴ ɪɪв ʀὀɴɪʀɴ; ɹɴd ɔɹɴ ɸɹвɪɪ ʀвɷɔd ә ʀʟʌbɪә вәdә ɹɴd вʀωʀɔ ʀв ɣ ʀɸʟ ʀɸɪә, ɹɴd ʟɸɷ ɣ вɸʀʟɛbʀɴ ʀв ә ʟо ɸɹвɪɪ ωʀɪ ɸɪɔвʌʟр оʀ ʀɸʀɔ ɸɪ6 ʀвовәɛbʀɴ ωɪɣ ɸɪ6 Ƿәɣʀɸ, ɹɴd вʀωʀɔ вʀвɢʌωɪ ɪɷ dʌʟ; ɪɴ ɣɪв ωʀɴdɪbʀɴ, ɹ6 ɣ ɔоɸɪʀʟ ʟɸр ʀв ɔɹɴ ωʀ6 bоɸɪ, ɹɴd ɪɴ ɹɴd ʀв ɸɪɔвʌʟр ɸә ωqd ɸɹв ɴо ɸоɪ ʀв вʌɴʀʀɪɪɪ ɸɪɔвʌʟр, оɸ ɸʀdәɔɪɪ ɸɪɔвʌʟр ʀɸʀɔ ɸɪ6 ʀоʟʀɴ ωʀɴdɪbʀɴ, оɸ ʀв вɸɪɪɪɪ ɸɪɔвʌʟр вɹω ɪɷ ɣ ɪɸʌ6ʀɴв ʀв ɸɪ6 Ƿәɣʀɸ, вʀɔ вʀɪɪɸәʀɸ ɛɢʀɴвә ωʀ6 ɴәdʀd ɪɷ ʌʟʀвɛɪ ɸɪɔ ʀвʀв ɸɪ6 ʟо ɹɴd dʀώɸɛdʀd ɪʀ6ɪbʀɴ. Ɣɪв вʀɪɪɸәʀɸ ɛɢʀɴвә ωʀ6 ɣ 8ʀɴ ʀв Ɯәd, ɸɷ ɸɹd ɴоɪ, ɹ6 ɔɹɴ ɸɹd, вɸʀʟɛɪʀd ә ʟо ʀв Ƿɪ6 Ƿәɣʀɸ, вʀɪ ωʀ6 Ʌʌɪ ωʀɴ ωɪɣ Ƿɪ6 Ƿәɣʀɸ, ɪʀ6ʌвɪɪ Ƿɪ6 ώʟоɸә, Ƿɪ6 ɪὀʀɸ, Ƿɪ6 ʀʟоɸɪɪә, Ƿɪ6 dʀɔɪɴɅʀɴ. Ɨ6 Ƿә, Ƿɪɔвʌʟр, ɪɸɛd:

"Ɉɴd ɴó, O Ƥəɣɾф, ώɭoфɪɾф ɣó ɔə ωɪɣ ɣфɴ oɴ ɞɹɭɒ, ωɪɣ ɣ ώɭoфə фωɪɛ Φ фɹd ωɪɣ ɣ ɐɾɒoф ɣ ωɾфɭd ωɾɞ."—Ɋəɴ 17:5.

Ɵ ɔɹɴ, ɹɞ ɵ ɔɹɴ, ωqd ɾффɞ ɹɿ ɵɭ ɣ dɪώɴɿə ɣɹɿ ɵ ɔɹɴ ωɾɞ ωɛɪɾɞɾɿ ɾɞ ɾɞɿɛɴɪи oф фɾɞəɞɪи; ɐɾɿ ɪɿ ɴədɾd ɵ Ɯəd ɿɷ фɛɞ фɪɔ ɿɷ ɣ dɪώɴɿə ɾɞ ɵ Ɯəd. Ƥoф ɣɪɞ ωoɞ ɪɿ ɪɞ фɪɿɾɴ, "Ɲó əф ωə ɣ ɞɾɴɞ ɾɞ Ɯəd; ɹɴd ɪɿ dɾʟ ɴəɿ ɣɹɿ ɾɪɪф фωɾɿ ωə bɹɭ ɞ: ɐɾɿ ωə ɴo ɣɹɿ фωɹɴ фə bɹɭ ɾɪɪф ωə bɹɭ ɞ ɭфω фɪɔ." Ɉɴd фó ɹɴd фωф ɭфω Ψɪɔ? Ɐɾωɾɞ, ʟфɷ ɣ ɪɴɞɿфɾɔɹɴɿɹɭɪɿə ɾɞ ɣ ɾɿoɴɔɾɴɿ ɹɴd ɣ ɾdəɿbɾɴ, ɪɿ ɪɞ ɔɛd ɿəɞɪɞɾɿ ƥoф ɾɞ ɿɷ ɐɾωɾɔ ɾɞ ɣ ƥɹɔɪɿə ɾɞ Ɯəd, ɹɴd ϛoɪɴɿ ɹфɞ ωɪɣ Ɋəɞɾɞ Ɯффɞɿ; ɹɴd ɣɹɿ ɹɞ Ψə, ɣ ɿɾɿɹɴɛɾɿ ɪɴɞɿфɾɔɾɴɿ, ʟфɷ ɣ ωɾɴɴɾɞ ɣɹɿ ɪώɞɪɞɿɾd ɐɾɿωəɴ Ψɪɔ ɹɴd Ψɪɞ Ƥəɣɾф, ɞф фəɞɾɴ ɾɞ oɞədəɾɴɞ ɿɷ dɪɞфɴ ɭɷ, oɞɾфωɛɔ dɹʟ, фɹɭ ɹɴd ɣ ώфɛɞ, ɹɴd ɞɹɿ dóɴ ɾɿəɴ Ψɪɞ Ƥəɣɾф'ɞ ʟфoɴ, ɞo bɹɭ ωə ɞ ɛɞɾɿ ɿɷ ɞɪɿ dóɴ ωɪɣ Ψɪɔ, əɞɾɴ ɾɿəɴ Ψɪɞ ʟфoɴ. Ɣɾɞ, ɹɞ ɪɿ ɪɞ ɿəɿ ɪɴ ɣ Ɐфω ɾɞ Ɔoфɔɾɴ, ɪɿ ɔɾɞɿ ɴədɞ ɞ ɣɹɿ ɣɹф ɞ ɹɴ ɪɴƥɪɴɪɿ ɾɿoɴɔɾɴɿ; ɹɴd фɹɴɞ ɾɞ Ψɪɔ, ɹɴd ɞф Ψɪɔ, ɹɴd ʟфɷ Ψɪɔ əф ɵɭ ʟɪиɞ; ɹɴd ʟфɷ Ψɪɔ dɷ ωə ɾɞɿɛɴ ɹɞфə ɞɭɹɞɪи, ɿóɾф, ффɿ, ɪɔɿɷɴɪɿə, ɞɹɭɞɛbɾɴ ɹɴd ɹώɞɵɭɛbɾɴ. Ψə ɪɞ óф Ɯəd, óф Ψɾdəɔɾф, óф Ɵɛɞɿɾф, ɿɷ фəɔ, ωɪɣ ɣ Ƥəɣɾф ɹɴd ɣ Ψoɭə Ɵɿɪфɪɿ, ɞ əɿɾфɴɾɿ ɹɴd ɹɞɾфɭɹɞɿɪи ɿфɛɞɾɞ ωɾфɭdɞ ωɪʟóɿ ɹɴd.

Ɍώɹɴ, Ɋəɞɾɞ ɿɹɞɿɪɾфɞ ɾɞ Ψɪɔɞɹɭɒ:

"Ɑɹфɪɭə, ɑɹфɪɭə, Φ ɞɛ ɾɴɿɷ ɣɷ, Ɣ óф ɪɞ ωɾɔɪи, ɹɴd ɴó ɪɞ, фωɹɴ ɣ dɹd bɹɭ фɪф ɣ ɞoɪɞ ɾɞ ɣ Ɵɾɴ ɾɞ Ɯəd: ɹɴd ɣɛ ɣɹɿ фɪф bɹɭ ɭɪɞ. Ƥoф ɹɞ ɣ Ƥəɣɾф фɹʟ ɭфɒ ɪɴ фɪɔɞɹɭɒ, ɞo фɹʟ фə ώɪɞɾɴ ɿɷ ɣ Ɵɾɴ ɿɷ фɹɞ ɭфɒ ɪɴ фɪɔɞɹɭɒ; ɹɴd фɹʟ ώɪɞɾɴ фɪɔ ɾʟɵфɪɿə ɿɷ ɹωɞɾωɿɷɿ ϛɾϛɔɾɴɿ ɵɭɞo, ɐɾωɾɞ фə ɪɞ ɣ Ɵɾɴ ɾɞ ɔɹɴ. Ɔəфɞɾɿ ɴəɿ ɹɿ ɣɪɞ: ƥoф ɣ óф ɪɞ ωɾɔɪи, ɪɴ ɣ фωɪɛ ɵɭ ɣɹɿ əф ɪɴ ɣ ώфɛɞɞ bɹɭ фɪф фɪɞ ɞoɪɞ, ɹɴd bɹɭ ωɾɔ ƥoфʟ; ɣɛ ɣɹɿ фɹɞ dɾɴ ώqd, ɾɴɿɷ ɣ фɹɞɾфɹωbɾɴ ɾɞ ɭфɒ; ɹɴd ɣɛ ɣɹɿ фɹɞ dɾɴ əɞɪɭ, ɾɴɿɷ ɣ фɹɞɾфɹωbɾɴ ɾɞ dɹɔɴɛbɾɴ."—Ɋəɴ 5:25–29.

Ɨɿ ωqd ɞəɔ ƥфɾɔ ɣ ɾɞɾɞ ɣɹɿ ɣ Ɵɾɴ фɹʟ ɭфɒ ɪɴфɹфɾɴɿ ɪɴ Ψɪɔɞɹɭɒ, əɞɾɴ ɹɞ ɣ Ƥəɣɾф фɹʟ ɭфɒ ɪɴ Ψɪɔɞɹɭɒ, Ψə фɹɞɪи фɾɞəəd ɣɪɞ ɿóɾф ƥфɾɔ ɣ Ƥəɣɾф. Ɵɭɞo, ɣɹɿ Ψə фɹd ɿóɾф ɪɴ Ψɪɔɞɹɭɒ, ɹɞ ɹɭɞфωɹф ɞɿɛɭɾd, ɿɷ ɭɛ dóɴ ɣɪɞ ɞədə, ɹɴd ɵɭɞo ɿɷ ɿɛω ɪɿ ɾɪ ɾώɹɴ; ɹɴd ɪɴ ɣɪɞ фɾɞɿɹωɿ Ψə dɪƥɾфd ƥфɾɔ ɾɣɾфɞ. Ψωфɭ ɔɹɴ dфɞ ɹɴd ɭɛɞ dóɴ фɪɞ ɞədə, фə фɹɞ ɴəɿ ɿóɾф ɾɴdɾф ɹɴə ɞɾфωɾɔɞɿɹɴɞ ɿɷ фɛɞ ɪɿ ɾώɹɴ, oɴɭə ʟфɷ ɣ ɿóɾф ɾɞ Ɋəɞɾɞ ɹɴd Ψɪɞ ɪɴɾфɞɹbɾɴ ɹɴd ɾɿoɴɔɾɴɿ; ƥoф ɣ Ψɾdəɔɾф фɹɞ ɿфɾωɭɛɔd

Ψɨɔɘʌlⱷ ꞁꝏ ɘ ɣ Φʌ6ꞅфʌωbꞅϟ ⅃ϟd ɣ [ф𝗉; ⅃ϟd ɨꞁ ɨ6 ɘф ɣɨɘ фʌ6ꞅфʌωꞁɨɘ ꞁόꞅф φωɨc Ψə ꞁꞅ6ʌɘꞅ6, ⅃6 ɣ ώɨ𝗉ꞁ ꞅɘ Ѡəd ʟфꝏ oɘədəꞅϟɘ ꞁꝏ ɣ ωɨ[ ꞅɘ ɣ Ꝑəɣꞅф, ɣ⅃ꞁ ɣ dʌd b⅃[ φɨф ɣ ɘoɨɘ ꞅɘ Ѡəd ⅃ϟd b⅃[ [ɨɘ. Ψʌϟɘ Ψə ϟəꞁ oϟ[ə ɘꞅωꞅɔ6 ɣ 𝗉ꞅфɘꞁ 𝗉фꝏꞁɘ ꞅɘ ɣo6 ɣ⅃ꞁ ɘ[ʌꞁꞁ, φ⅃ɘɨи ωəиωꞅфd dʌʟ Ψɨɔɘʌlⱷ ⅃ϟd ꞁффꞅɔ𝗉ꞁ oɘꞅф ɨꞁ, ɘꞅꞁ Ψə θ[ɘo ɘꞅωꞅɔ6 ɣ ɔəϟ6 ꞅɘ ɣ фʌ6ꞅфʌωbꞅϟ ꞅɘ θ[ ɔʌϟ 𝗉фꞅɔ ɣ dʌd. Ψʌϟɘ Ψə ɘʌ6:

"Ɣʌф𝗉oф dꞅʟ ɔф Ꝑəɣꞅф [ꞅɘ ɔə, ɘꞅωꞅ6 Ф [ɛ dόϟ ɔф [ф𝗉, ɣ⅃ꞁ Ф ɔфꞁ ꞁɛω ɨꞁ ꞅώʌϟ. Ϟo ɔ⅃ϟ ꞁɛωꞅʟ ɨꞁ 𝗉фꞅɔ ɔə, ɘꞅꞁ Ф [ɛ ɨꞁ dόϟ ꞅɘ ɔфɘʌlⱷ. Ф φ⅃ɘ ꞁόꞅф ꞁꝏ [ɛ ɨꞁ dόϟ, ⅃ϟd Ф φ⅃ɘ ꞁόꞅф ꞁꝏ ꞁɛω ɨꞁ ꞅώʌϟ. Ɣɨɘ ωꞅɔ⅃ϟdɔꞅϟꞁ φ⅃ɘ Ф фꞅɘəɘd ꞅɘ ɔф Ꝑəɣꞅф."—Ꞔəϟ 10:17, 18.

Ɣꞅɘ, φωʌϟ Ψə ɘʌ6 Ψə φ⅃6 ꞁόꞅф ꞁꝏ [ɛ dόϟ Ψɨ6 [ф𝗉 ⅃ϟd ꞁόꞅф ꞁꝏ ꞁɛω ɨꞁ ꞅꞁ ꞅώʌϟ, Ψə ɘꞁəωɘ ꞅɘ ɘ ꞁόꞅф ϟʌɘꞅф ɘꞅ𝗉oф ɨώ6ɨɘɨꞁꞅd ꞅɔꞅи ɔʌϟ ꞅꞁəϟ ɣɨɘ ꞅфʟ; ⅃ϟd φωɨc ꞁόꞅф, ɨϟdəd, dꞅ6 ϟəꞁ ɘꞅ[θи ꞁꝏ ɔ⅃ϟ ɨϟ ⅃ϟd ꞅɘ φɨɔɘʌlⱷ.

# 𐐕𐐰𐐹𐐻𐐲𐑉 XXI

*𐐜 𐐡𐐲𐑊𐐩𐑇𐐲𐑌 𐐲𐑂 𐑄 𐐊𐐻𐐬𐑌𐑋𐐲𐑌𐐻 𐐻𐐭 𐐢𐐮𐐻𐐲𐑊 𐐕𐐮𐑊𐐼𐑉𐐲𐑌—𐐖𐐨𐑆𐐲𐑅 𐐊𐑅𐐭𐑋𐑆 𐑄 𐐡𐐲𐑅𐐹𐐱𐑌𐑅𐐮𐐺𐐮𐑊𐐮𐐻𐐨 𐐲𐑂 𐐣𐐰𐑌'𐑆 𐐓𐑉𐐰𐑌𐑆𐑀𐑉𐐯𐑇𐐲𐑌, 𐐰𐑌𐐼 𐐒𐐯𐑉𐑆 𐑄 𐐎𐐩𐐻 𐐲𐑂 𐐸𐐮𐑆 𐐝𐐮𐑌𐑆 𐐰𐑌𐐼 𐐝𐐲𐑁𐐲𐑉𐐮𐑍𐑆—𐐜 𐐆𐑌𐑁𐐮𐑉𐐨𐐲𐑉 𐐗𐑉𐐨𐐽𐐲𐑉𐑆 𐐰𐑌𐐼 𐐝𐐰𐐿𐑉𐐮𐑁𐐴𐑅—𐐜 𐐓𐐯𐑉𐐲𐑉𐑆 𐐰𐑌𐐼 𐐈𐑀𐐲𐑌𐐨𐑆 𐐲𐑂 𐐗𐑉𐐴𐑅𐐻'𐑅 𐐑𐐰𐑇𐐲𐑌 𐐰𐑌𐐼 𐐔𐐯𐑃—𐐜 𐐓𐑉𐐮𐐺𐐷𐐲𐑊𐐩𐑇𐐲𐑌𐑆, 𐐊𐑉𐑃𐐿𐐶𐐩𐐿𐑅, etc., 𐐸𐐶𐐯𐑌 𐐐𐐨 𐑀𐐩𐑂 𐐲𐐹 𐑄 𐐘𐐬𐑅𐐻—𐐏𐐭𐑌𐐮𐑂𐐲𐑉𐑅𐐲𐑊 𐐤𐐩𐐽𐐲𐑉 𐐓𐑉𐐯𐑋𐐺𐐲𐑊𐑆—𐐜 𐐑𐑉𐐱𐑁𐐲𐑅𐐨𐑆 𐐲𐑂 𐐞𐐨𐑌𐐲𐑅 𐐰𐑌𐐼 𐐀𐑌𐐲𐐿—𐐜 𐐓𐐯𐑅𐐻𐐮𐑋𐐬𐑌𐐨 𐐲𐑂 𐑄 𐐝𐐯𐑌𐐽𐐳𐑉𐐨𐐲𐑌—𐐈𐑉𐑇𐐮𐑌, 𐐰𐑌𐐼 𐑄 𐐔𐐲𐑅𐐯𐑌𐐻 𐐲𐑂 𐐒𐑊𐐯𐑅𐐮𐑍𐑆 𐐰𐑌𐐼 𐐗𐐲𐑉𐑅𐐲𐑆.*

𐐜 𐐡𐐲𐐼𐐨𐑋𐐲𐑉 𐐐𐐮𐑋𐑅𐐯𐑊𐑁, 𐐸𐐶𐐯𐑌 𐐻𐐰𐐺𐐲𐑉𐑌𐐰𐐿𐑊𐐮𐑍 𐐮𐑌 𐑄 𐑁𐑊𐐯𐑇, 𐑅𐐯𐐼 𐐻𐐭 𐐐𐐮𐑆 𐐼𐐮𐑅𐐴𐐹𐐲𐑊𐑆 𐐱𐑌 𐑄 𐐨𐑅𐐻𐐲𐑉𐑌 𐐗𐐱𐑌𐐻𐐮𐑌𐐲𐑌𐐻, "𐐝𐐲𐑁𐐲𐑉 𐑊𐐮𐐻𐐲𐑊 𐐽𐐮𐑊𐐼𐑉𐐲𐑌 𐐻𐐭 𐐿𐐲𐑋 𐐲𐑌𐐻𐐭 𐑋𐐨, 𐐰𐑌𐐼 𐑁𐐲𐑉𐐺𐐮𐐼 𐑄𐐯𐑋 𐑌𐐱𐐻: 𐑁𐐫𐑉 𐐲𐑂 𐑅𐐲𐐽 𐐮𐑆 𐑄 𐐿𐐮𐑍𐐼𐐲𐑋 𐐲𐑂 𐐘𐐱𐐼. 𐐚𐐯𐑉𐐮𐑊𐐨 𐐌 𐑅𐐩 𐐲𐑌𐐻𐐭 𐐷𐐭, 𐐐𐐭𐑅𐐬𐐯𐑂𐐲𐑉 𐑇𐐰𐑊 𐑌𐐱𐐻 𐑉𐐲𐑅𐐨𐑂 𐑄 𐐿𐐮𐑍𐐼𐐲𐑋 𐐲𐑂 𐐘𐐱𐐼 𐐰𐑆 𐐩 𐑊𐐮𐐻𐐲𐑊 𐐽𐐴𐑊𐐼 𐑇𐐰𐑊 𐐮𐑌 𐑌𐐬 𐐶𐐴𐑆 𐐯𐑌𐐻𐐲𐑉 𐑄𐐯𐑉𐐮𐑌."—𐐢𐐭𐐿 18:16, 17. 𐐈𐑌𐐼 𐐰𐑁𐐻𐐲𐑉 𐐐𐐮𐑆 𐐿𐑉𐐭𐑅𐐮𐑁𐐮𐐿𐑇𐐲𐑌 𐐰𐑌𐐼 𐑉𐐯𐑆𐐲𐑉𐐯𐐿𐑇𐐲𐑌 𐐐𐐨 𐑉𐐲𐐹𐐨𐐻𐐲𐐼 𐑄𐐮𐑅 𐑅𐐩𐑋 𐐰𐐼𐑋𐐲𐑌𐐮𐑇𐐲𐑌 𐐻𐐭 𐐐𐐮𐑆 𐐤𐐨𐑁𐐴𐐻 𐐼𐐮𐑅𐐴𐐹𐐲𐑊𐑆: "𐐈𐑌𐐼 𐐲𐑀𐐯𐑌 𐐌 𐑅𐐩 𐐲𐑌𐐻𐐭 𐐷𐐭, 𐐏𐐨 𐑋𐐲𐑅𐐻 𐑉𐐲𐐹𐐯𐑌𐐻, 𐐰𐑌𐐼 𐐺𐐨 𐐺𐐰𐐹𐐻𐐴𐑆𐐼 𐐮𐑌 𐑋𐐴 𐑌𐐩𐑋, 𐐰𐑌𐐼 𐐺𐐨𐐿𐐲𐑋 𐐰𐑆 𐐩 𐑊𐐮𐐻𐐲𐑊 𐐽𐐴𐑊𐐼, 𐐫𐑉 𐐷𐐨 𐐿𐐰𐑌 𐐮𐑌 𐑌𐐬 𐐶𐐴𐑆 𐐮𐑌𐐸𐐯𐑉𐐮𐐻 𐑄 𐐿𐐮𐑍𐐼𐐲𐑋 𐐲𐑂 𐐘𐐱𐐼."—3 𐐤𐐨𐑁𐐴 11:38.

𐐎𐐮𐑄𐐵𐐻 𐐈𐐼𐐲𐑋'𐑆 𐐻𐑉𐐰𐑌𐑆𐑀𐑉𐐯𐑇𐐲𐑌 𐑄𐐬𐑆 𐐽𐐮𐑊𐐼𐑉𐐲𐑌 𐐿𐐳𐐼 𐑌𐐱𐐻 𐐸𐐰𐑂 𐐮𐑀𐑆𐐮𐑅𐐻𐐲𐐼; 𐑃𐑉𐐭 𐑄 𐐲𐐻𐐬𐑌𐑋𐐲𐑌𐐻 𐑄𐐩 𐐪𐑉 𐐹𐑊𐐩𐑅𐐻 𐐮𐑌 𐐩 𐑅𐐻𐐩𐐻 𐐲𐑂 𐑅𐐰𐑊𐑂𐐩𐑇𐐲𐑌 𐐶𐐮𐑄𐐵𐐻 𐐯𐑌𐐨 𐐰𐐿𐐻 𐐲𐑂 𐑄𐐯𐑉 𐐬𐑌. 𐐜𐐨𐑆 𐐶𐐳𐐼 𐐯𐑋𐐺𐑉𐐩𐑅, 𐐲𐐿𐐫𐑉𐐼𐐮𐑍 𐐻𐐭 𐑄 𐐲𐐹𐐮𐑌𐐷𐐲𐑌 𐐲𐑂 𐑅𐐻𐐰𐐻𐐮𐑅𐐻𐐮𐑇𐐲𐑌𐑆, 𐑋𐐬𐑉 𐑄𐐰𐑌 𐐶𐐲𐑌-𐐸𐐰𐑁 𐐲𐑂 𐑄 𐐸𐐷𐐭𐑋𐐲𐑌 𐑁𐐰𐑋𐐮𐑊𐐨, 𐐸𐐭 𐐿𐐰𐑌 𐐲𐐻𐑉𐐮𐐺𐐷𐐭𐐻 𐑄𐐯𐑉 𐑅𐐰𐑊𐑂𐐩𐑇𐐲𐑌 𐐬𐑌𐑊𐐨 𐐻𐐭 𐑄 𐑋𐐨𐐼𐐨𐐩𐑇𐐲𐑌 𐐰𐑌𐐼 𐐲𐐻𐐬𐑌𐑋𐐲𐑌𐐻 𐐲𐑂 𐑄 𐐝𐐩𐑂𐐷𐐲𐑉. 𐐜𐐲𐑅, 𐐰𐑆 𐑅𐐻𐐩𐐻𐐲𐐼 𐐯𐑊𐑅𐐸𐐶𐐯𐑉, 𐐮𐑌 𐑅𐐲𐑋 𐑋𐐮𐑅𐐻𐐮𐑉𐐨𐐲𐑅, 𐐮𐑌𐐿𐐱𐑋𐐹𐑉𐐲𐐸𐐯𐑌𐑅𐐮𐐺𐐲𐑊 𐐶𐐩, 𐐖𐐨𐑆𐐲𐑅 𐐲𐑅𐐭𐑋𐐼 𐑄 𐑉𐐲𐑅𐐹𐐱𐑌𐑅𐐮𐐺𐐮𐑊𐐮𐐻𐐨 𐐸𐐶𐐮𐐽 𐑌𐐰𐐽𐐲𐑉𐐲𐑊𐐨 𐐶𐐳𐐼 𐐸𐐰𐑂 𐐼𐐲𐑂𐐱𐑊𐑂𐐼 𐐲𐐹𐐱𐑌 𐐈𐐼𐐲𐑋; 𐐺𐐲𐐻 𐐸𐐶𐐮𐐽 𐐿𐐳𐐼 𐐬𐑌𐑊𐐨 𐐺𐐨 𐐲𐐿𐐱𐑋𐐹𐑊𐐮𐑇𐐻 𐑃𐑉𐐭 𐑄 𐑋𐐨𐐼𐐨𐐩𐑇𐐲𐑌 𐐲𐑂 𐐐𐐮𐑋𐑅𐐯𐑊𐑁, 𐐰𐑌𐐼 𐐺𐐴 𐐻𐐩𐐿𐐮𐑍 𐐲𐐹𐐱𐑌 𐐐𐐮𐑋𐑅𐐯𐑊𐑁 𐑄𐐯𐑉 𐑅𐐱𐑉𐐬𐑆, 𐐲𐑅𐐭𐑋𐐮𐑍 𐑄𐐯𐑉 𐑉𐐲𐑅𐐹𐐱𐑌𐑅𐐮𐐺𐐮𐑊𐐮𐐻𐐨𐑆, 𐐰𐑌𐐼 𐐺𐐯𐑉𐐮𐑍 𐑄𐐯𐑉 𐐻𐑉𐐰𐑌𐑆𐑀𐑉𐐯𐑇𐐲𐑌𐑆 𐐫𐑉 𐑅𐐮𐑌𐑆. 𐐆𐑌 𐐩 𐑋𐐰𐑌𐐲𐑉 𐐻𐐭 𐐲𐑅 𐐮𐑌𐐿𐐱𐑋𐐹𐑉𐐲𐐸𐐯𐑌𐑅𐐮𐐺𐐲𐑊 𐐰𐑌𐐼 𐐮𐑌𐐯𐐿𐑅𐐹𐑊𐐮𐐿𐐲𐐺𐐲𐑊, 𐐸𐐨 𐐺𐐬𐑉 𐑄 𐐶𐐩𐐻 𐐲𐑂 𐑄 𐑅𐐮𐑌𐑆 𐐲𐑂 𐑄 𐐸𐐬𐑊 𐐶𐐲𐑉𐑊𐐼; 𐑌𐐱𐐻 𐐬𐑌𐑊𐐨 𐐲𐑂 𐐈𐐼𐐲𐑋, 𐐺𐐲𐐻 𐐲𐑂 𐐸𐐮𐑆 𐐹𐐱𐑅𐐻𐐯𐑉𐐮𐐻𐐨; 𐐰𐑌𐐼 𐐮𐑌 𐐼𐐭𐐮𐑍 𐑄𐐰𐐻, 𐐬𐐹𐐲𐑌𐐼 𐑄 𐐿𐐮𐑍𐐼𐐲𐑋 𐐲𐑂 𐐸𐐯𐑂𐐲𐑌, 𐑌𐐱𐐻 𐐬𐑌𐑊𐐨 𐐻𐐭 𐐫𐑊 𐐺𐐨𐑊𐐨𐑂𐐲𐑉𐑆 𐐰𐑌𐐼 𐐫𐑊 𐐸𐐭 𐐬𐐺𐐩𐐼 𐑄 𐑊𐐫 𐐲𐑂 𐐘𐐱𐐼, 𐐺𐐲𐐻 𐐻𐐭 𐑋𐐬𐑉 𐑄𐐰𐑌 𐐶𐐲𐑌-𐐸𐐰𐑁 𐐲𐑂 𐑄 𐐸𐐷𐐭𐑋𐐲𐑌 𐑁𐐰𐑋𐐮𐑊𐐨 𐐸𐐭 𐐼𐐴 𐐺𐐨𐑁𐐬𐑉 𐑄𐐩 𐐿𐐲𐑋 𐐻𐐭 𐐷𐐨𐑉𐑆 𐐲𐑂 𐐰𐐿𐐵𐑌𐐻𐐲𐐺𐐮𐑊𐐮𐐻𐐨, 𐐰𐑆 𐐶𐐯𐑊 𐐰𐑆 𐐻𐐭 𐑄 𐐸𐐨𐑄𐐲𐑌, 𐐸𐐭, 𐐸𐐰𐑂𐐮𐑍 𐐼𐐴𐐼 𐐶𐐮𐑄𐐵𐐻 𐑊𐐫, 𐐶𐐮𐑊, 𐑃𐑉𐐭 𐐐𐐮𐑆 𐑋𐐨𐐼𐐨𐐩𐑇𐐲𐑌, 𐐺𐐨 𐑉𐐯𐑆𐐲𐑉𐐯𐐿𐐻𐐲𐐼 𐐶𐐮𐑄𐐵𐐻 𐑊𐐫, 𐐰𐑌𐐼 𐐺𐐨 𐐾𐐲𐐾𐐼 𐐶𐐮𐑄𐐵𐐻 𐑊𐐫, 𐐰𐑌𐐼 𐑄𐐲𐑅 𐐹𐐪𐑉𐐻𐐮𐑅𐐮𐐹𐐩𐐻, 𐐲𐐿𐐫𐑉𐐼𐐮𐑍 𐐻𐐭 𐑄𐐯𐑉 𐐿𐐲𐐹𐐰𐑅𐐮𐐻𐐨, 𐐶𐐲𐑉𐐿𐑅 𐐰𐑌𐐼 𐐶𐐲𐑉𐑃, 𐐮𐑌 𐑄 𐐺𐑊𐐯𐑅𐐮𐑍𐑆 𐐲𐑂 𐐐𐐮𐑆 𐐲𐐻𐐬𐑌𐑋𐐲𐑌𐐻.

Pώɹˣ, γɹφ ɪɞ rˣrγrφ pɛɞ rɞ γɪɞ ɞrɞɕɹɷɡ γɹɡ ɔrɞɡ ʜɞɡ ɞ pɞφώɡrˣ. Ꝑφrɔ γ ɷrɔɹˣɞɔrˣɡ rɞ γ ɵrrφɪʜ rɞ ɞɹɷφɪrφɞrɞ γ ɪʜrɪφərφ ɷφəɕrφ φɹd ɡɷ ɞrrrφ pɞφ γ ɞrɪɪφərφ. Θɭγɔ ɪɡ φɹd ɡɛɷrˣ ʜɔ ɪɞφɡ ɪʜ γ ɹɷɡ rɞ dɪɞɞəədərˣɞ, ɥɹɡ ɷrɞ ɪɡɞ ɞɭrd bɹd ɹʜd ɪɡɞ ɭφr ɞɹɷφɪrφɞɡ, γrɞ ɪφərɪώɥrφɪʜ γ rɡoʊɔrˣɡ rɞ γ ȣrˣ rɞ Ꞷəd, φɷɪɕ bɥd ɪɞɹʜɕrɷrɭə ɡɛɷ ɪɭɛɞ. Ɣ ɷφəɕrφ ɪʜdəd ɷrɞ ɔɛd ɞrɞɕɹɷɡ ɡɷ ɞɹʜɪə ʜɞɡ ɷʜɭɪʜə, ɞrɡ ɞφ φəɞrˣ rɞ Ψɪɔ φɷ φɹɭ ɞrɞɕɹɷɭrd γ ɞɛɔ ɪʜ φɷɪ. Ͻʜɥrˣɞ rɞ ɞrɕ ɵrrφɪʜɞ ɷrφ ɔɛd, ɹʜd φɹɷrɡɔɞ rɞ γəɞ ɹɷɞɪərɡɔφə ɞɹɷφɪrφɞrɞ ɷrφ ɵrrφd ɪʜ ɞɥɷ rɞ γ ώφɛɡ ɪɞɹʜɡ γɹɡ ɷɥd ɞ ɷəʜɞrɔɛɡrd φɷɹʜ Ϲəɞrɞ bɥd ɵrrφ rɪ Ψɪɔɞɹɭp. Ꞷɪγ ɔɹʜ γɪɞ ɷrɞ ɞɪɔɪɭə γ ɵɞədərˣɞ ɡɷ ɞ ɷrɔɹʜd ɹʜd ɞ ώɪɞrˣ ɭɷ, ɹʜd ɷɪγ φɪɔ ɔφɡ ɞ ɷrʜɞɪdrφd ɞɪɔɪɭə ɞ ɪɪɷɥɷʜəɹφə ɞɹɷφɪrφɞ: ɷɪγ γ ɹʜɪɔrɭɞ ɪɡ ɷrɞ ɞ ɞɹɷφɪrφɞ rɞ ɭφr. Ȣrɡ φɷrɡ ɪɞ γ φəɞrˣ pɞφ ɵɭ γɪɞ ɞrrrφɪʜ ɹʜd ɞɭrdbɹd, ɹʜd ɞɹɷφɪrφɞ? Ꞷə ɞφ ɡɔɭd γɹɡ "ɷʜɪə bɹdɪʜ rɞ ɞɭrd ɪɞ ʜɔ φrɔɪbrˣ" rɞ ɞɪʜɞ. Ɣɪɞ ɪɞ ɞəɵʜd əφ ɷəɔɪφrφɹʜbrˣ. Ϲəɞrɞ φɹd ɡɷ ɡɛɷ rɷɛ ɞɪʜ ɞφ γ ɞɹɷφɪrφɞ rɞ Ψɪɔɞɹɭp, γ ɕrɞɡ pɞφ γ rʜɕrɞɡ, ɞrɡ, ɪφəɞəɞ ɡɷ γɪɞ ώφɹʜd ɞɹɷφɪrφɞ, γəɞ ɹʜɪɔrɭɞ φɹd ɡɷ φɹɞ γɹφ ɞɭrd bɹd ɹɞ ɭφɪɞ, rʜɡɭ γ ώφɛɡ ɹʜɡəɡφɪ bɥd ɵrrφ rɪ Ψɪɔɞɹɭp ɷrʜɞ pɞφ ɵɭ. ɹʜd ɹɞ Ψə ɪʜ Ψɪɞ ɵʜ ɪrφɞrˣ ɞɵφ γ ɞɪʜɞ rɞ ɵɭ, ɹʜd rɡoʊd pɞφ γɹɔ ɞφ γ ɞɹɷφɪrφɞ rɞ Ψɪɔɞɹɭp, ɞɷ γɹφ ɷɛɔ rɪɞʜ Ψɪɔ γ ɷɛɡ ɹʜd ɹώrʜə rɞ ɛɕrɞ ɹʜd ɕɹʜrφɛbrʜɞ, γ ɪʜdrɞɷφφɞrɞrɡ ɹώrʜə ɷəʜɞrɷrrʜɡ rɪɞʜ γɪɞ ώφɛɡ ɞɹɷφɪrɪbrɭ rɡoʊɔrˣɡ φɷɹφɪʜ Ψə ɞɵφ γ ɞɪʜɞ rɞ γ ɷrφɭd, ɹʜd ɞrrrφd ɪʜ Ψɪɞ ɵʜ ɪrφɞrˣ γ ɷəʜɞrɷɹʜɞrɞ rɞ ɹʜ əɪrφʜrɡ ɭɷ rɞ Ꞷəd ɞφɷɷrˣ ɞφ ɔɹʜ. Ψɹʜɞ Ψɪɞ ɪφrpʜd ώφər, Ψɪɞ ɪʜdrɞɷφφɞrɞrɡ ɹʜώɪb, Ψɪɞ ɵɞrφɪɵrφɪʜ ɡɷφɕrφ, ɵɭ ɪɷɞɪɪφərʜɞɡ ɪʜ γ ɞrɞɔɪbrˣ ɡɷ γ əɪrφʜrɡ pərɡ rɞ Ϲrφɵɞr ɹʜd γ φrɷɷφφɔrʜɡɞ rɞ ɹʜ ɪʜɹɷɞrφrɞrɡ ɭɷ.

Ɣ ɞrrrφɪʜ rɞ γ ȣrˣ rɞ Ꞷəd ɷrɞ ʜɞɡ ɞɪɔɪɭə γ ɞrrrφɪʜ rɞ ɪrφɞrʜrɡ dɹɪ; pɞφ ɪʜ rɞɷɔɪʜ γ ɪrɞɪbrˣ γɹɡ Ψə dɪd ɪʜ ɔɛɷɪʜ ɹʜ rɡoʊɔrˣɡ pɞφ γ ɞɪʜɞ rɞ γ ɷrφɭd Ψə ɞɵφ γ ɷɛɡ, γ φrɞɡəʜɞɪɞɭɪɡə, ɹʜd γ ɞrφdrˣ rɞ γ ɞɪʜɞ rɞ ɵɭ ɔɹʜ, φɷɪɕ, ɡɷ rɞ, ɪɞ ɪʜɷəɔɪφrφɹʜɞɪɞrɭ. ɹɞ ɞɛɭrd, "γ ɭɞφd, ɥɞφ Φrdəɔrφ, ɞrrrφd dɹɪ ɪʜ γ pɭɹb; φɷɹφpɞφ φə ɞrrrφrɪ γ ɪɛʜɞ rɞ ɵɭ ɔɹʜ;" ɹʜd Φɛɛr ɞɹɞ: "Ʊφɭə φə φɹɪ ɞɵφʜ əφ ώφərɞ ɹʜd ɷɹφəd əφ ɞɞφɞɞ," ɵɭɞɷ, "Ɣ ɭɞφd φɹɪ ɭɛd ɵʜ φɪɔ γ ɪʜɷɷɪɡə rɞ rɞ ɵɭ," ɹʜd rώɹʜ, "Ψə φɹɪ ɪɞφd əɡ φɪɞ ɞɞɭ rʜɡɷ dɹɪ, ɹʜd 𐐸𐐨 𐐶𐐲𐑆 𐑌𐐲𐑋𐐺𐐲𐑉𐐼 𐐶𐐮𐑄 𐑄 𐐻𐑉𐐰𐑌𐑆𐑀𐑉𐐯𐑅𐐲𐑉𐑆; 𐐰𐑌𐐼 𐐸𐐨 𐐺𐐩𐑉 𐑄 𐑅𐐮𐑌𐑆 𐐲𐑂 𐑋𐐯𐑌𐐨;” 𐐫𐑉, 𐐰𐑆 𐐮𐐻 𐐮𐑆 𐑉𐐮𐐻𐐲𐑌 𐐮𐑌 𐑄 𐐝𐐯𐐿𐐲𐑌𐐼 𐐒𐐳𐐿 𐐲𐑂 𐐤𐐨𐑁𐐴: “𐐙𐐫𐑉 𐐺𐐲𐐸𐐬𐑊𐐼, 𐐸𐐨 𐑅𐐲𐑁𐐲𐑉𐐲𐑃 𐑄 𐐹𐐩𐑌𐑆 𐐲𐑂 𐐫𐑊 𐑋𐐯𐑌; 𐐷𐐩, 𐑄 𐐹𐐩𐑌𐑆 𐐲𐑂 𐐯𐑂𐑉𐐨 𐑊𐐮𐑂𐐮𐑍 𐐿𐑉𐐨𐐽𐐲𐑉, 𐐺𐐬𐑃 𐑋𐐯𐑌, 𐐶𐐮𐑋𐐲𐑌 𐐰𐑌𐐼 𐐽𐐮𐑊𐐼𐑉𐐲𐑌, 𐐸𐐭 𐐺𐐲𐑊𐐫𐑍 𐐻𐐭 𐑄 𐑁𐐰𐑋𐐮𐑊𐐨 𐐲𐑂 𐐈𐐼𐐲𐑋;” 𐐸𐐶𐐴𐑊𐑅𐐻 𐐮𐑌 𐐣𐐬𐑆𐐴𐐲 𐐮𐐻 𐐮𐑆 𐐼𐐲𐐿𐑊𐐩𐑉𐐼: “𐐐𐐨 𐑇𐐰𐑊 𐑅𐐲𐑁𐐲𐑉 𐐻𐐯𐑋𐐻𐐩𐑇𐐲𐑌𐑆, 𐐰𐑌𐐼 𐐹𐐩𐑌 𐐲𐑂 𐐺𐐪𐐼𐐨, 𐐸𐐲𐑍𐑀𐐲𐑉, 𐑃𐐲𐑉𐑅𐐻 𐐰𐑌𐐼 𐑁𐐲𐐻𐐨𐑀, 𐐨𐑂𐐲𐑌 𐑋𐐬𐑉 𐑄𐐰𐑌 𐑋𐐰𐑌 𐐿𐐰𐑌 𐑅𐐲𐑁𐐲𐑉, 𐐮𐐿𐑅𐐯𐐹𐐻 𐐮𐐻 𐐺 𐐲𐑌𐐻𐐭 𐐼𐐯𐑃; 𐑁𐐫𐑉 𐐺𐐲𐐸𐐬𐑊𐐼, 𐐺𐑊𐐲𐐼 𐐿𐐲𐑋𐐲𐑃 𐑁𐑉𐐲𐑋 𐐯𐑂𐑉𐐨 𐐹𐐬𐑉, 𐑅𐐬 𐑀𐑉𐐩𐐻 𐑇𐐰𐑊 𐐺 𐐸𐐮𐑆 𐐰𐑍𐑀𐐶𐐮𐑇 𐑁𐐫𐑉 𐑄 𐐶𐐮𐐿𐐲𐐼𐑌𐐲𐑅 𐐰𐑌𐐼 𐐲𐐺𐐪𐑋𐐮𐑌𐐩𐑇𐐲𐑌𐑆 𐐲𐑂 𐐸𐐮𐑆 𐐹𐐨𐐹𐐲𐑊.”

𐐘𐑉𐐬𐑌𐐮𐑍 𐐺𐐲𐑌𐐨𐑃 𐑄𐐮𐑅 𐐿𐐪𐑌𐑅𐐲𐑌𐐻𐑉𐐩𐐻𐐲𐐼 𐑊𐐬𐐼, 𐑄𐐮𐑅 𐐮𐑌𐐻𐐯𐑌𐑅, 𐐮𐑍𐐿𐐪𐑋𐐹𐑉𐐲𐐸𐐯𐑌𐑅𐐮𐐺𐐲𐑊 𐐹𐑉𐐯𐑇𐐲𐑉, 𐑄𐐮𐑅 𐐻𐐯𐑉𐐮𐐺𐐲𐑊 𐐮𐑀𐑆𐐰𐐿𐑇𐐲𐑌 𐐲𐑂 𐐔𐐮𐑂𐐴𐑌 𐐖𐐲𐑅𐐻𐐮𐑅, 𐑁𐑉𐐲𐑋 𐐸𐐶𐐮𐐽 𐑁𐐨𐐺𐐲𐑊 𐐸𐐷𐐭𐑋𐐰𐑌𐐮𐐻𐐨 𐑇𐑉𐐰𐑍𐐿, 𐐰𐑌𐐼 𐑃𐑉𐐭 𐑄 𐐰𐑀𐐲𐑌𐐨 𐑄𐐲𐑅 𐐮𐐿𐑅𐐹𐐮𐑉𐐨𐐲𐑌𐑅𐐻 𐑅𐐶𐐯𐐻𐐮𐑍 𐑀𐑉𐐩𐐻 𐐼𐑉𐐪𐐹𐑅 𐐲𐑂 𐐺𐑊𐐲𐐼, 𐐐𐐨 𐐶𐐲𐑆 𐑊𐐯𐐼 𐐻𐐭 𐐮𐐿𐑅𐐿𐑊𐐩𐑋, “𐐙𐐪𐑄𐐲𐑉, 𐐮𐑁 𐐮𐐻 𐐺 𐐹𐐪𐑅𐐮𐐺𐐲𐑊, 𐑊𐐯𐐻 𐑄𐐮𐑅 𐐿𐐲𐐹 𐐹𐐰𐑅 𐑁𐑉𐐲𐑋 𐑋𐐨.” 𐐐𐐨 𐐸𐐰𐐼 𐑉𐐯𐑅𐐲𐑊𐐼 𐐶𐐮𐑄 𐑄 𐑅𐐭𐐹𐐲𐑉𐐮𐑌𐐿𐐲𐑋𐐺𐐲𐑌𐐻 𐑊𐐬𐐼 𐐮𐑌 𐑄 𐐶𐐮𐑊𐐼𐐲𐑉𐑌𐐲𐑅, 𐐐𐐨 𐐸𐐰𐐼 𐑅𐐻𐑉𐐲𐑀𐐲𐑊𐐼 𐐲𐑀𐐯𐑌𐑅𐐻 𐑄 𐐹𐐵𐐲𐑉𐑆 𐐲𐑂 𐐼𐐪𐑉𐐿𐑌𐐲𐑅 𐑄𐐰𐐻 𐐸𐐰𐐼 𐐺𐐮𐑌 𐑊𐐯𐐻 𐑊𐐭𐑅 𐐲𐐹𐐪𐑌 𐐸𐐮𐑋 𐑄𐐯𐑉; 𐐹𐑊𐐩𐑅𐐻 𐐺𐐲𐑊𐐬 𐐫𐑊 𐑃𐐮𐑍𐑆, 𐐐𐐮𐑆 𐑋𐐴𐑌𐐼 𐑅𐐲𐑉𐐽𐐪𐑉𐐾𐐼 𐐶𐐮𐑄 𐐰𐑀𐐲𐑌𐐨 𐐰𐑌𐐼 𐐹𐐩𐑌, 𐑊𐐬𐑌𐑊𐐨 𐐰𐑌𐐼 𐐲𐐹𐐰𐑉𐐲𐑌𐐻𐑊𐐨 𐐸𐐯𐑊𐐹𐑊𐐲𐑅 𐐰𐑌𐐼 𐑁𐐫𐑉𐑅𐐩𐐿𐐲𐑌, 𐐮𐑌 𐐸𐐮𐑆 𐐰𐑀𐐲𐑌𐐨 𐑄 𐐺𐑊𐐲𐐼 𐐭𐑆𐐼 𐑁𐑉𐐲𐑋 𐐐𐐮𐑆 𐐹𐐬𐑉𐑆. 𐐜𐐲𐑅 𐑉𐐲𐐾𐐯𐐿𐐻𐐲𐐼 𐐺𐐴 𐐐𐐮𐑆 𐐬𐑌, 𐐲𐐻𐐰𐐿𐐻 𐐺𐐴 𐑄 𐐹𐐵𐐲𐑉𐑆 𐐲𐑂 𐐼𐐪𐑉𐐿𐑌𐐲𐑅, 𐐰𐑌𐐼 𐑅𐐨𐑋𐐮𐑍𐑊𐐨 𐑁𐐫𐑉𐑅𐐩𐐿𐐲𐑌 𐐺𐐴 𐐐𐐮𐑆 𐐘𐐪𐐼, 𐐪𐑌 𐑄 𐐿𐑉𐐪𐑅 𐐐𐐨 𐐺𐐵𐐼 𐐺𐐲𐑌𐐨𐑃 𐑄 𐐲𐐿𐐷𐐭𐑋𐐷𐐭𐑊𐐩𐐻𐐲𐐼 𐑊𐐬𐐼, 𐐰𐑌𐐼 𐐿𐑉𐐴𐐼 𐐵𐐻 𐐮𐑌 𐐰𐑍𐑀𐐶𐐮𐑇, “𐐣𐐴 𐐘𐐪𐐼, 𐑋𐐴 𐐘𐐪𐐼, 𐐸𐐶𐐴 𐐸𐐰𐑅𐐻 𐑄𐐵 𐑁𐐫𐑉𐑅𐐩𐐿𐐲𐑌 𐑋𐐨!” 𐐐𐐶𐐯𐑌 𐐼𐐯𐑃 𐐲𐐹𐑉𐐬𐐽𐐻 𐐻𐐭 𐑉𐐲𐑊𐐨𐑂 𐐐𐐮𐑋 𐑁𐑉𐐲𐑋 𐐐𐐮𐑆 𐐸𐐪𐑉𐐮𐐺𐐲𐑊 𐐹𐐲𐑆𐐮𐑇𐐲𐑌, 𐐰 𐑉𐐩 𐐲𐑂 𐐸𐐬𐐹 𐐲𐐹𐐮𐑉𐐼 𐑃𐑉𐐭 𐑄 𐐲𐐺𐐮𐑅 𐐲𐑂 𐐼𐐪𐑉𐐿𐑌𐐲𐑅 𐐶𐐮𐑄 𐐸𐐶𐐮𐐽 𐐐𐐨 𐐸𐐰𐐼 𐐺𐐮𐑌 𐑅𐐲𐑉𐐵𐑌𐐼𐐲𐐼, 𐐰𐑌𐐼 𐐮𐑌 𐐰 𐑅𐐹𐐰𐑆𐐲𐑋 𐐲𐑂 𐑉𐐲𐑊𐐨𐑁, 𐑅𐐨𐐮𐑍 𐑄 𐐺𐑉𐐴𐐻 𐑁𐐷𐐭𐐽𐐲𐑉 𐐺𐐨𐐪𐑌𐐼, 𐐐𐐨 𐑅𐐯𐐼, “𐐆𐐻 𐐮𐑆 𐑁𐐮𐑌𐐮𐑇𐐻! 𐐙𐐪𐑄𐐲𐑉, 𐐮𐑌𐐻𐐭 𐑄𐐴 𐐸𐐰𐑌𐐼𐑆 𐐴 𐐿𐐲𐑋𐐯𐑌𐐼 𐑋𐐴 𐑅𐐹𐐮𐑉𐐮𐐻.” 𐐈𐑆 𐐰 𐐘𐐪𐐼, 𐐐𐐨 𐐼𐐲𐑅𐐯𐑌𐐼𐐲𐐼 𐐺𐐲𐑊𐐬 𐐫𐑊 𐑃𐐮𐑍𐑆, 𐐰𐑌𐐼 𐑋𐐩𐐼 𐐐𐐮𐑋𐑅𐐯𐑊𐑁 𐑅𐐲𐐺𐐾𐐯𐐿𐐻 𐐻𐐭 𐑋𐐰𐑌 𐐮𐑌 𐑋𐐰𐑌’𐑆 𐑁𐐫𐑊𐐲𐑌 𐐿𐐲𐑌𐐼𐐮𐑇𐐲𐑌; 𐐰𐑆 𐐰 𐑋𐐰𐑌, 𐐐𐐨 𐑀𐑉𐐰𐐹𐐲𐑊𐐼 𐐶𐐮𐑄 𐐫𐑊 𐑄 𐑅𐐲𐑉𐐿𐐲𐑋𐑅𐐻𐐰𐑌𐑅𐐲𐑆 𐐮𐑌𐑅𐐮𐐼𐐲𐑌𐐻 𐐻𐐭 𐐐𐐮𐑆 𐑅𐐲𐑁𐐲𐑉𐐮𐑍𐑆 𐐮𐑌 𐑄 𐐶𐐲𐑉𐑊𐐼. 𐐊𐑌𐐬𐐮𐑌𐐻𐐲𐐼, 𐐮𐑌𐐼𐐨𐐼, 𐐶𐐮𐑄 𐑄 “𐐬𐐮𐑊 𐐲𐑂 𐑀𐑊𐐰𐐼𐑌𐐲𐑅” 𐐲𐐺𐐲𐑂 𐐐𐐮𐑆 𐑁𐐯𐑊𐐬𐑆, 𐐐𐐨 𐑅𐐻𐑉𐐲𐑀𐐲𐑊𐐼 𐐶𐐮𐑄 𐐰𐑌𐐼 𐐬𐑂𐐲𐑉𐐿𐐩𐑋 𐑄 𐐹𐐵𐐲𐑉𐑆 𐐲𐑂 𐑋𐐯𐑌 𐐰𐑌𐐼 𐐼𐐯𐑂𐐮𐑊𐑆, 𐐲𐑂 𐐲𐑉𐑃 𐐰𐑌𐐼 𐐸𐐯𐑊 𐐿𐐲𐑋𐐺𐐴𐑌𐐼; 𐐰𐑌𐐼 𐐩𐐼𐐲𐐼 𐐺𐐴 𐑄𐐮𐑅 𐑅𐐲𐐹𐐨𐑉𐐨𐐲𐑉 𐐹𐐵𐐲𐑉 𐐲𐑂 𐑄 𐐘𐐪𐐼𐐸𐐯𐐼, 𐐐𐐨 𐑂𐐰𐑍𐐿𐐶𐐮𐑇𐐻 𐐼𐐯𐑃, 𐐸𐐯𐑊 𐐰𐑌𐐼 𐑄 𐑀𐑉𐐩𐑂, 𐐰𐑌𐐼 𐐲𐑉𐐬𐑆 𐐻𐑉𐐴𐐲𐑋𐑁𐐲𐑌𐐻 𐐰𐑆 𐑄 𐐝𐐲𐑌 𐐲𐑂 𐐘𐐪𐐼, 𐑄 𐑂𐐯𐑉𐐨 𐐨𐐻𐐲𐑉𐑌𐐲𐑊 𐐙𐐪𐑄𐐲𐑉, 𐑄 𐐣𐐲𐑅𐐴𐐲, 𐑄 𐐑𐑉𐐮𐑌𐑅 𐐲𐑂 𐐹𐐨𐑅, 𐑄 𐐡𐐲𐐼𐐨𐑋𐐲𐑉, 𐑄 𐐝𐐩𐑂𐐷𐐲𐑉 𐐲𐑂 𐑄 𐐶𐐲𐑉𐑊𐐼; 𐐸𐐰𐑂𐐮𐑍 𐑁𐐮𐑌𐐮𐑇𐐻 𐐰𐑌𐐼 𐐿𐐲𐑋𐐹𐑊𐐨𐐻𐐲𐐼 𐑄 𐐶𐐲𐑉𐐿 𐐹𐐲𐑉𐐻𐐩𐑌𐐮𐑍 𐐻𐐭 𐑄 𐐲𐐻𐐬𐑌𐑋𐐲𐑌𐐻, 𐐸𐐶𐐮𐐽 𐐐𐐮𐑆 𐐙𐐪𐑄𐐲𐑉 𐐸𐐰𐐼 𐑀𐐮𐑂𐐲𐑌 𐐐𐐮𐑋 𐐻𐐭 𐐼𐐭 𐐰𐑆 𐑄 𐐝𐐲𐑌 𐐲𐑂 𐐘𐐪𐐼 𐐰𐑌𐐼 𐑄 𐐝𐐲𐑌 𐐲𐑂 𐑋𐐰𐑌. 𐐈𐑆 𐑄 𐐝𐐲𐑌 𐐲𐑂 𐐣𐐰𐑌, 𐐐𐐨 𐐮𐑌𐐼𐐷𐐭𐑉𐐼 𐐫𐑊 𐑄𐐰𐐻 𐐮𐐻 𐐶𐐲𐑆 𐐹𐐱𐑅𐐮𐐺𐐲𐑊 𐑁𐐫𐑉 𐑁𐑊𐐯𐑇 𐐰𐑌𐐼 𐐺𐑊𐐲𐐼 𐐻𐐭 𐐮𐑌𐐼𐐷𐐳𐑉; 𐐰𐑆 𐑄 𐐝𐐲𐑌 𐐲𐑂 𐐘𐐱𐐼 𐐐𐐨 𐐻𐑉𐐴𐐲𐑋𐑁𐐻 𐐬𐑂𐐲𐑉 𐐫𐑊, 𐐰𐑌𐐼 𐑁𐐲𐑉𐐯𐑂𐐲𐑉 𐐲𐑅𐐯𐑌𐐼𐐲𐐼 𐐻𐐭 𐑄 𐑉𐐴𐐻 𐐸𐐰𐑌𐐼 𐐲𐑂 𐐘𐐱𐐼, 𐐻𐐭 𐑁𐐲𐑉𐑄𐐲𐑉 𐐿𐐯𐑉𐐨 𐐵𐐻 𐑄 𐐼𐐲𐑆𐐴𐑌𐑆 𐐲𐑂 𐐖𐐲𐐸𐐬𐑂𐐲 𐐹𐐲𐑉𐐻𐐩𐑌𐐮𐑍 𐐻𐐭 𐑄 𐐶𐐲𐑉𐑊𐐼 𐐰𐑌𐐼 𐐻𐐭 𐑄 𐐸𐐷𐐭𐑋𐐲𐑌 𐑁𐐰𐑋𐐮𐑊𐐨.

𐐈𐑌𐐼 𐐲𐑀𐐯𐑌, 𐑌𐐱𐐻 𐐬𐑌𐑊𐐨 𐐼𐐮𐐼 𐐐𐐮𐑆 𐐰𐑀𐐲𐑌𐐨 𐐲𐑁𐐯𐐿𐐻 𐑄 𐑋𐐴𐑌𐐼 𐐰𐑌𐐼 𐐺𐐱𐐼𐐨 𐐲𐑂 𐐖𐐨𐑆𐐲𐑅, 𐐿𐐫𐑆𐐮𐑍 𐐐𐐮𐑋 𐐻𐐭 𐑅𐐶𐐯𐐻 𐑀𐑉𐐩𐐻 𐐼𐑉𐐱𐐹𐑅 𐐲𐑂 𐐺𐑊𐐲𐐼, 𐐺𐐲𐐻 𐐺𐐴 𐑉𐐨𐑆𐐲𐑌 𐐲𐑂 𐑅𐐲𐑋 𐐹𐑉𐐮𐑌𐑅𐐮𐐹𐐲𐑊, 𐐻𐐭 𐐲𐑅 𐐲𐑌𐑁𐐰𐑄𐐲𐑋𐐲𐐺𐐲𐑊, 𐐐𐐮𐑆 𐑅𐐲𐑁𐐲𐑉𐐮𐑍 𐐲𐑁𐐯𐐿𐐻𐐲𐐼 𐐷𐐭𐑌𐐮𐑂𐐲𐑉𐑅𐐲𐑊 𐑌𐐩𐐽𐐲𐑉.

“𐐎𐐲𐑉𐑊𐐼 𐐲𐐹𐐱𐑌 𐐶𐐲𐑉𐑊𐐼, 𐐨𐐻𐐲𐑉𐑌𐐲𐑊 𐑃𐐮𐑍𐑆,
𐐐𐐰𐑍 𐐫𐑌 𐑄𐐴 𐐰𐑍𐑀𐐶𐐮𐑇, 𐐗𐐮𐑍 𐐲𐑂 𐐿𐐮𐑍𐑆.”

𐐐𐐶𐐯𐑌 𐐸𐐨 𐑀𐐩𐑂 𐐲𐐹 𐑄 𐑀𐐬𐑅𐐻, 𐑄 𐑅𐐱𐑊𐐮𐐼 𐑉𐐱𐐿𐑅 𐐶𐐲𐑉 𐑉𐐮𐑂𐐲𐑌, 𐑄 𐑁𐐵𐑌𐐼𐐩𐑇𐐲𐑌𐑆 𐐲𐑂 𐑄 𐐲𐑉𐑃 𐐻𐑉𐐯𐑋𐐺𐐲𐑊𐐼, 𐐲𐑉𐑃𐐿𐐶𐐩𐐿𐑅 𐑇𐐳𐐿 𐑄 𐐿𐐱𐑌𐐻𐐮𐑌𐐲𐑌𐐻𐑅 𐐰𐑌𐐼 𐑉𐐯𐑌𐐻 𐑄 𐐴𐑊𐑆 𐐲𐑂 𐑄 𐑅𐐨, 𐐱 𐐼𐐨𐐹 𐐼𐐱𐑉𐐿𐑌𐐲𐑅 𐐬𐑂𐐲𐑉𐑅𐐹𐑉𐐯𐐼 𐑄 𐑅𐐿𐐴, 𐑄 𐑋𐐴𐐻𐐨 𐐶𐐫𐐻𐐲𐑉𐑆 𐐬𐑂𐐲𐑉𐑁𐑊𐐬𐐼 𐑄𐐯𐑉 𐐲𐐿𐐲𐑅𐐻𐐲𐑋𐐼 𐐺𐐵𐑌𐐼𐑆, 𐐸𐐷𐐭𐐾 𐑋𐐵𐑌𐐻𐐲𐑌𐑆 𐑅𐐰𐑍𐐿 𐐰𐑌𐐼 𐑂𐐰𐑊𐐨𐑆 𐑉𐐬𐑆, 𐑄 𐐸𐐰𐑌𐐼𐐨𐐶𐐲𐑉𐐿 𐐲𐑂 𐑁𐐨𐐺𐐲𐑊 𐑋𐐯𐑌 𐐶𐐲𐑆 𐐬𐑂𐐲𐑉𐑃𐑉𐐬𐑌, 𐑄𐐯𐑉 𐑅𐐮𐐻𐐨𐑆 𐐶𐐲𐑉 𐐮𐑍𐑀𐐲𐑊𐑁𐐻 𐐫𐑉 𐐿𐐲𐑌𐑅𐐭𐑋𐐼 𐐺𐐴 𐑄 𐑂𐐮𐑂𐐮𐐼 𐑇𐐰𐑁𐐻𐑅 𐐲𐑂 𐑊𐐴𐐻𐑌𐐮𐑍, 𐐰𐑌𐐼 𐐫𐑊 𐑋𐐲𐐻𐐮𐑉𐐨𐐲𐑊 𐑃𐐮𐑍𐑆 𐐶𐐲𐑉 𐐿𐐲𐑌𐑂𐐲𐑊𐑅𐐻 𐐶𐐮𐑄 𐑄 𐑃𐑉𐐬𐑆 𐐲𐑂 𐑅𐐨𐑋𐐮𐑍 𐐼𐐮𐑅𐐲𐑊𐐭𐑇𐐲𐑌. 𐐜𐐲𐑅 𐐶𐐲𐑆 𐐺𐑉𐐫𐐻 𐐻𐐭 𐐹𐐰𐑅 𐑄𐐰𐐻 𐐸𐐶𐐮𐐽 𐐶𐐲𐑆 𐑅𐐹𐐬𐐿𐐲𐑌 𐐺𐐴 𐑄 𐐹𐑉𐐱𐑁𐐲𐐻 𐐞𐐨𐑌𐐲𐑅: “𐐜 𐑉𐐱𐐿𐑅 𐐲𐑂 𐑄 𐐲𐑉𐑃 𐑋𐐲𐑅𐐻 𐑉𐐯𐑌𐐼; 𐐰𐑌𐐼 𐐺𐐲𐐿𐐲𐑆 𐐲𐑂 𐑄 𐑀𐑉𐐬𐑌𐐮𐑍𐑆 𐐲𐑂 𐑄 𐐲𐑉𐑃, 𐑋𐐯𐑌𐐨 𐐲𐑂 𐑄 𐐿𐐮𐑍𐑆 𐐲𐑂 𐑄 𐐴𐑊𐑆 𐐲𐑂 𐑄 𐑅𐐨 𐑇𐐰𐑊 𐐺 𐑉𐐫𐐻 𐐲𐐹𐐱𐑌 𐐺𐐴 𐑄 𐐝𐐹𐐮𐑉𐐮𐐻 𐐲𐑂 𐐘𐐱𐐼 𐐻𐐭 𐐮𐐿𐑅𐐿𐑊𐐩𐑋, 𐐜 𐐘𐐱𐐼 𐐲𐑂 𐑌𐐩𐐽𐐲𐑉 𐑅𐐲𐑁𐐲𐑉𐑆.” [1 𐐤𐐨𐑁𐐴 19:12.] 𐐈𐑌𐐼 𐐮𐐻 𐐮𐑆 𐑉𐐲𐐿𐐫𐑉𐐼𐐲𐐼, 𐑄𐐰𐐻 𐑅𐐬 𐐿𐐲𐑌𐑁𐐯𐑅𐐻 𐑄 𐑅𐐯𐑌𐐽𐐳𐑉𐐨𐐲𐑌, 𐐰𐑌𐐼 𐑄𐐩 𐑄𐐰𐐻 𐐶𐐲𐑉 𐐶𐐮𐑄 𐐸𐐮𐑋 𐐶𐐱𐐽𐐮𐑍 𐑄 𐐺𐐱𐐼𐐨 𐐲𐑂 𐐖𐐨𐑆𐐲𐑅. 𐐙𐐫𐑉 𐐸𐐶𐐯𐑌 𐑄𐐩 𐐶𐐮𐐻𐑌𐐲𐑅𐐻 𐑄 𐐲𐑉𐑃𐐿𐐶𐐩𐐿, 𐐰𐑌𐐼 𐑄 𐐲𐑄𐐲𐑉 𐑃𐐮𐑍𐑆 𐑄𐐰𐐻 𐐶𐐲𐑉 𐐼𐐲𐑌, 𐑄𐐩 𐑁𐐮𐑉𐐼 𐑀𐑉𐐩𐐻𐑊𐐨, 𐑅𐐩𐐮𐑍, “𐐓𐑉𐐭𐑊𐐨 𐑄𐐮𐑅 𐐶𐐲𐑆 𐑄 𐐝𐐲𐑌 𐐲𐑂 𐐘𐐱𐐼.” 𐐝𐐬 𐐫𐑊𐑅𐐬 𐐶𐐲𐑆 𐑁𐐳𐑊𐑁𐐮𐑊𐐼 𐑄𐐰𐐻 𐐸𐐶𐐮𐐽 𐐮𐑆 𐑉𐐮𐐻𐐲𐑌 𐐮𐑌 𐑄 𐐹𐑉𐐱𐑁𐐲𐑅𐐨 𐐲𐑂 𐐀𐑌𐐲𐐿:

“𐐈𐑌𐐼 𐑄 𐐢𐐫𐑉𐐼 𐑅𐐯𐐼 𐐲𐑌𐐻𐐭 𐐀𐑌𐐲𐐿, 𐐢𐐳𐐿; 𐐰𐑌𐐼 𐐸𐐨 𐑊𐐳𐐿𐐻 𐐰𐑌𐐼 𐐺𐐲𐐸𐐯𐑊𐐼 𐑄 𐐝𐐲𐑌 𐐲𐑂 𐐣𐐰𐑌 𐑊𐐮𐑁𐐻𐐲𐐼 𐐲𐐹 𐐫𐑌 𐑄 𐐿𐑉𐐫𐑅, 𐐰𐑁𐐻𐐲𐑉 𐑄 𐑋𐐰𐑌𐐲𐑉 𐐲𐑂 𐑋𐐯𐑌; 𐐰𐑌𐐼 𐐸𐐨 𐐸𐐲𐑉𐐼 𐐱 𐑊𐐵𐐼 𐑂𐐬𐐮𐑅; 𐐰𐑌𐐼 𐑄 𐐸𐐯𐑂𐐲𐑌𐑆 𐐶𐐲𐑉 𐑂𐐩𐑊𐐼; 𐐰𐑌𐐼 𐐫𐑊 𐑄 𐐿𐑉𐐨𐐩𐑇𐐲𐑌𐑆 𐐲𐑂 𐐘𐐱𐐼 𐑋𐐫𐑉𐑌𐐼; 𐐰𐑌𐐼 𐑄 𐐲𐑉𐑃 𐑀𐑉𐐬𐑌𐐼; 𐐰𐑌𐐼 𐑄 𐑉𐐱𐐿𐑅 𐐶𐐲𐑉 𐑉𐐯𐑌𐐻; 𐐰𐑌𐐼 𐑄 𐑅𐐩𐑌𐐻𐑅 𐐲𐑉𐐬𐑆, 𐐰𐑌𐐼 𐐶𐐲𐑉 𐐿𐑉𐐵𐑌𐐼 𐐰𐐻 𐑄 𐑉𐐴𐐻 𐐸𐐰𐑌𐐼 𐐲𐑂 𐑄 𐐝𐐲𐑌 𐐲𐑂 𐐣𐐰𐑌, 𐐶𐐮𐑄 𐐿𐑉𐐵𐑌𐑆 𐐲𐑂 𐑀𐑊𐐫𐑉𐐨; 𐐰𐑌𐐼 𐐰𐑆 𐑋𐐯𐑌𐐨 𐐲𐑂 𐑄 𐑅𐐹𐐮𐑉𐐮𐐻𐑅 𐐰𐑆 𐐶𐐲𐑉 𐐮𐑌 𐐹𐑉𐐮𐑆𐐲𐑌 𐐿𐐩𐑋 𐑁𐐫𐑉𐑃, 𐐰𐑌𐐼 𐑅𐐻𐐳𐐼 𐐫𐑌 𐑄 𐑉𐐴𐐻 𐐸𐐰𐑌𐐼 𐐲𐑂 𐐘𐐱𐐼; 𐐰𐑌𐐼 𐑄 𐑉𐐲𐑋𐐩𐑌𐐼𐐲𐑉 𐐶𐐲𐑉 𐑉𐐲𐑆𐐲𐑉𐑂𐐼 𐐮𐑌 𐐽𐐩𐑌𐑆 𐐲𐑂 𐐼𐐱𐑉𐐿𐑌𐐲𐑅 𐐲𐑌𐐻𐐮𐑊 𐑄 𐐾𐐲𐐾𐑋𐐲𐑌𐐻 𐐲𐑂 𐑄 𐑀𐑉𐐩𐐻 𐐼𐐩.”—𐐑𐐲𐑉𐑊 𐐲𐑂 𐐘𐑉𐐩𐐻 𐐑𐑉𐐴𐑅.

Ɣrв, вrс ωrб ɣ ๅофсrфи ๅфлbrф rв ɣıв ıılлıв, ɣıв ıιdrвωффвrвrɿ лώrıə, ɣлๅ ıๅ вrфвๅ рoфʟ rвфod вəoıd ɣ ωəıрфıб rв Φıб вəd, ωrıвrɿвๅ oɿ ıεсrф лıd втфлd ʟфoəๅ oɿ вτεв.

Ɣ вɿεๅɔrıๅ ๅфəвərвɿə ωəoɿrd, "Ɣ [oфd флʟ [εd oı фıɔ ɣ ıııωıɿə rв rв oɿ," ωqd oıɿə в ıı флрrфrıв ๅo ɣ ๅфлıбώфлbrı rв óф рrфвๅ ʇлфrıๅ, фo, лωๅи лб ɣ ๅфoсʗлıɿrф лıd флd rв ɣ фνoɔrı рлɔɿə, rвoɔd ə фrвๅəıвıвıɿıɿə ıвๅ oıɿə рoф фıɔвлɿр, вrๅ рoф oɿ rв фıб вəd; рoф ɣ фoɿ rв ɣ фνoɔrı рлɔɿə ıвๅ флви ɣлı вıı вoфı, ωqd ıвๅ в фrвๅoıвıвrɿ, ๅrфвrıɿə, рoф лωɿв ɣлๅ ๅфлıвтффd вrрoф ɣε флd лı ıώвıвɿrıв oı ɣ rфʟ. Ɐrๅ лб сıɿdфrı ııфлфı вɿлвиб рфrɔ ɣлф рəɣrфб, вo ıๅ ωqd oɿвo вəɔ ɣлๅ ɣε ɔrвๅ ııфлфı ωrфвrб, oф bлф ıı ɣлф ωrɿлɔıɿəб. Ɣ [oфd, ıı вτəωи ๅo ɣ сıɿdфrı rв Ɨбфrɿ, влd Φə ωqd вıбı "ɣ ıııωıɿə rв ɣ рəɣrфб rτəı ɣ сıɿdфrı rıɿo ɣ ʟrфd лıd рoфʟ ʗлırфεbrı rв ɣлɔ ɣлๅ фεๅ" фıɔ; лıd рrфɣrфɔoф "ə влвɿrфd bлɿ ıвๅ лıɿrф ııɿo ɣ ωəиώфrώεbrı rв ɣ [oфd, əвrı ๅo фıб ๅлıʟ ʗлırфεbrı." Ɣıв oвๅфrвıɔ oф ๅrıbɔrıๅ ωqd в рoф ıo ๅrфвrırɿ лωๅ rв ɣлф oı, рoф ɣε флd ıo ๅoфๅ ıı ɣ вıı rв ɣлф ʇлфrıɿв; лıə ɔoф ɣлı ꟷIdrɔ'б ๅфəʗrıə флd ıı ɣ rфıʗıɿrɿ вıı oф ๅфлıбώфлbrı. Ɐrๅ ıๅ вəɔб ๅo в ə oɿ ɔсə ə ๅфıвıτıɿ rdɔıɿrd, ɣлๅ ıр ɣε bлф ɣ вɿлвиб rωфoи ๅo ɣлф рəɣrф рoф ффсrв лωɿв, ɣε ɔrвๅ oɿвo bлф ɣ ωəıdrɔıεbrı рoф rıффсrв. Φлıв ωrɔб ıı ɣ rɿoıɔrı rв ɣ Ɔrвфr, фωıс лɔτə ωrвrфб oɿ rв ɣəб лωɿв, лıd ɔoф ɣлı ɣлๅ, рoф лб Ʇoɿ влб: "Ɐrๅ ıвๅ лб ɣ oрлıв, вo oɿвo ıб ɣ рфə ώıрๅ. Рoф ıр ʟфo ɣ oрлıв rв ωrı ɔлıə в dлd, ɔrс ɔoф ɣ ώфεв rв Ɵəd, лıd ɣ ώıрๅ вф ώфεв, ωııс ıб вф ωrı ɔлı, Ɋəбrв Ωффвๅ; флʟ rвəıdrd rıɿo ɔлıə." Φлıв ωə вε, лб rвrв, ɣ rɿoıɔrıๅ ωrвrфd ɔoф, rτлфrıɿə, ɣлı ɣ ๅфлıбώфлbrı; рoф ꟷIdrɔ, ωıʟə ɣ ๅфлıбώфлbrı, ωqd флв флd ıo ııωфəв. Ɣлๅ ๅфлıбώфлbrı oτrıd ɣ ωε рoф ɣ ııωфəв, лб вɿεɿrd вф Ѳв, "Ωrф ıๅ ıвๅ рoф óф ๅфлıбώфлbrı, ωə ıлвrф bqd флв флd вəd, лıd ıлвrф bqd флв ıoı ώqd лıd əвıɿ, лıd ɣ ʗoı rв óф фrdлɔτbrı, лıd ɣ əɿrфıๅ [фр фωıс Ɵəd ώıвrʟ rıɿo oɿ ɣ oвədərıๅ." Ɣлๅ вəи ɣ ωεв, oɿ сıɿdфrı вoфı rɔrи лıə ๅəτıɿ, ıвๅ флви rффəd лๅ ɣ ʌıфб rв rωóıɿrвıɿıɿə, əф вεвd ʟфo ɣ rɿoıɔrıๅ rв Ɋəбrв Ωффвๅ, лб вɿεɿrd вф Ɔrфoıф:

"[ıɿrɿ сıɿdфrı ωлıвๅ фrτлıɿ; фωлфрoф ıๅ ıб oрrɿ

𐐶𐐮𐐿𐐲𐐼𐑌𐐲𐑅 𐐻𐐭 𐐼𐐲𐑌𐐴 𐑄 𐐹𐐷𐐳𐑉 𐑋𐐲𐑉𐑅𐐨𐑆 𐐲𐑂 𐐘𐐪𐐼 𐐲𐑌𐐻𐐭 𐑄𐐯𐑋, 𐑁𐐫𐑉 𐑄𐐩 𐐪𐑉 𐐫𐑊 𐐲𐑊𐐴𐑂 𐐮𐑌 𐐸𐐮𐑋 𐐺𐐲𐐿𐐲𐑆 𐐲𐑂 𐐸𐐮𐑆 𐑋𐐲𐑉𐑅𐐨. 𐐈𐑌𐐼 𐐸𐐨 𐑄𐐰𐐻 𐑅𐐩𐐲𐑃, 𐑄𐐰𐐻 𐑊𐐮𐐻𐐲𐑊 𐐽𐐮𐑊𐐼𐑉𐐲𐑌 𐑌𐐨𐐼 𐐺𐐰𐐹𐐻𐐮𐑆𐑋, 𐐼𐐲𐑌𐐴𐐲𐑃 𐑄 𐑋𐐲𐑉𐑅𐐨𐑆 𐐲𐑂 𐐗𐑉𐐴𐑅𐐻, 𐐰𐑌𐐼 𐑅𐐯𐐻𐐲𐑃 𐐰𐐻 𐑌𐐫𐐻 𐑄 𐐲𐐻𐐬𐑌𐑋𐐲𐑌𐐻 𐐲𐑂 𐐸𐐮𐑋 𐐰𐑌𐐼 𐑄 𐐹𐐵𐐲𐑉 𐐲𐑂 𐐸𐐮𐑆 𐑉𐐲𐐼𐐯𐑋𐐹𐑇𐐲𐑌. 𐐎𐐬 𐐲𐑌𐐻𐐭 𐑅𐐲𐐽, 𐑁𐐫𐑉 𐑄𐐩 𐐪𐑉 𐐮𐑌 𐐼𐐩𐑌𐐾𐐲𐑉 𐐲𐑂 𐐼𐐯𐑃, 𐐸𐐯𐑊, 𐐰𐑌𐐼 𐐯𐑌𐐼𐑊𐐲𐑅 𐐻𐐫𐑉𐑋𐐯𐑌𐐻. 𐐌 𐑅𐐹𐐨𐐿 𐐮𐐻 𐐺𐐬𐑊𐐼𐑊𐐨, 𐐘𐐪𐐼 𐐸𐐰𐑃 𐐿𐐲𐑋𐐰𐑌𐐼𐐲𐐼 𐑋𐐨. 𐐢𐐮𐑅𐐲𐑌 𐐲𐑌𐐻𐐭 𐑄𐐯𐑋 𐐰𐑌𐐼 𐑀𐐮𐑂 𐐸𐐨𐐼, 𐐫𐑉 𐑄𐐩 𐑅𐐻𐐰𐑌𐐼 𐐲𐑀𐐯𐑌𐑅𐐻 𐐷𐐭 𐐰𐐻 𐑄 𐐾𐐲𐐾𐑋𐐲𐑌𐐻 𐑅𐐨𐐻 𐐲𐑂 𐐗𐑉𐐴𐑅𐐻. 𐐙𐐫𐑉 𐐺𐐲𐐸𐐬𐑊𐐼, 𐑄𐐰𐐻 𐐫𐑊 𐑊𐐮𐐻𐐲𐑊 𐐽𐐮𐑊𐐼𐑉𐐲𐑌 𐐪𐑉 𐐲𐑊𐐴𐑂 𐐮𐑌 𐐗𐑉𐐴𐑅𐐻, 𐐰𐑌𐐼 𐐫𐑊𐑅𐐬 𐐫𐑊 𐑄𐐩 𐑄𐐰𐐻 𐐪𐑉 𐐶𐐮𐑃𐐵𐐻 𐑄 𐑊𐐫. 𐐙𐐫𐑉 𐑄 𐐹𐐵𐐲𐑉 𐐲𐑂 𐑉𐐲𐐼𐐯𐑋𐐹𐑇𐐲𐑌 𐐿𐐲𐑋𐐲𐑃 𐐫𐑌 𐐫𐑊 𐑄𐐩 𐑄𐐰𐐻 𐐸𐐰𐑂 𐑌𐐬 𐑊𐐫; 𐐸𐐶𐐯𐑉𐑁𐐫𐑉, 𐐸𐐨 𐑄𐐰𐐻 𐐮𐑆 𐑌𐐫𐐻 𐐿𐐲𐑌𐐼𐐯𐑋𐐼, 𐐫𐑉 𐐸𐐨 𐑄𐐰𐐻 𐐮𐑆 𐐲𐑌𐐼𐐲𐑉 𐑌𐐬 𐐿𐐫𐑌𐐼𐐲𐑋𐑌𐐩𐑇𐐲𐑌, 𐐿𐐰𐑌𐐫𐐻 𐑉𐐲𐐹𐐯𐑌𐐻; 𐐰𐑌𐐼 𐐲𐑌𐐻𐐭 𐑅𐐲𐐽 𐐺𐐰𐐹𐐻𐐮𐑆𐑋 𐐲𐑂𐐩𐑊𐐲𐑃 𐑌𐐲𐑃𐐮𐑍. 𐐒𐐲𐐻 𐐮𐐻 𐐮𐑆 𐑋𐐫𐐿𐐲𐑉𐐨 𐐺𐐲𐑁𐐫𐑉 𐐘𐐪𐐼, 𐐼𐐲𐑌𐐴𐐮𐑍 𐑄 𐑋𐐲𐑉𐑅𐐨𐑆 𐐲𐑂 𐐗𐑉𐐴𐑅𐐻, 𐐰𐑌𐐼 𐑄 𐐹𐐵𐐲𐑉 𐐲𐑂 𐐸𐐮𐑆 𐐐𐐬𐑊𐐨 𐐝𐐹𐐮𐑉𐐮𐐻, 𐐰𐑌𐐼 𐐹𐐳𐐻𐐮𐑍 𐐻𐑉𐐲𐑅𐐻 𐐮𐑌 𐐼𐐯𐐼 𐐶𐐲𐑉𐐿𐑅."—𐐣𐐲𐑉𐐬𐑌𐐴 8:19–23.

# 𐐕𐐰𐐹𐐻𐐲𐑉 XXII

*𐐜 𐐉𐐹𐐲𐑉𐐩𐑇𐐲𐑌𐑆 𐐲𐑂 𐑄 𐐑𐑉𐐨𐑅𐐻𐐸𐐳𐐼 𐐮𐑌 𐑄 𐐐𐐯𐑂𐐲𐑌𐑆 𐐰𐑌𐐼 𐐲𐐹𐐱𐑌 𐑄 𐐊𐑉𐑃, 𐐮𐑌 𐐓𐐴𐑋 𐐰𐑌𐐼 𐐀𐐻𐐲𐑉𐑌𐐮𐐻𐐨—𐐜 𐐇𐑉𐑆 𐐲𐑂 𐑄 𐐝𐐲𐑊𐐯𐑅𐐽𐐲𐑊 𐐗𐐮𐑍𐐼𐐲𐑋—𐐜𐐬𐑆 𐐸𐐭 𐐔𐐴𐐼 𐐶𐐮𐑃𐐵𐐻 𐐢𐐫—𐐜 𐐖𐐲𐐾𐐲𐑆 𐐲𐑂 𐑄 𐐊𐑉𐑃—𐐑𐑉𐐨𐑅𐐻𐑅 𐐰𐑌𐐼 𐐗𐐮𐑍𐑆—𐐗𐑉𐐴𐑅𐐻 𐑄 𐐗𐐮𐑍 𐐲𐑂 𐐗𐐮𐑍𐑆—𐐗𐐲𐑌𐐼𐐮𐑇𐐲𐑌 𐐲𐑂 𐐑𐐩𐐻𐑉𐐨𐐪𐑉𐐿 𐐖𐐬𐑆𐐯𐑁 𐐝𐑋𐐮𐑃, 𐐊𐐹𐐱𐑅𐐲𐑊 𐐔𐐩𐑂𐐮𐐼 𐐑𐐰𐐻𐐲𐑌 𐐰𐑌𐐼 𐐊𐑄𐐲𐑉𐑆—𐐣𐐬𐑆𐐲𐑅 𐐰𐑌𐐼 𐐀𐑊𐐴𐐲𐑅—𐐜 𐐚𐐮𐑆𐐮𐐻𐑅 𐐲𐑂 𐐁𐑌𐐾𐐲𐑊𐑆 𐐰𐑌𐐼 𐑄𐐯𐑉 𐐓𐐯𐑅𐐻𐐮𐑋𐐬𐑌𐐨𐑆—𐐑𐐨𐐻𐐲𐑉, 𐐖𐐩𐑋𐑆 𐐰𐑌𐐼 𐐖𐐱𐑌—𐐜 𐐁𐑌𐐾𐐲𐑊 𐐮𐑌 𐑄 𐐒𐐳𐐿 𐐲𐑂 𐐡𐐯𐑂𐐲𐑊𐐩𐑇𐐲𐑌.*

𐐜𐐯𐑉 𐐮𐑆 𐑅𐐲𐑋𐑃𐐮𐑍 𐐹𐐲𐐿𐐷𐐭𐑊𐐷𐐲𐑉𐑊𐐨 𐐮𐑌𐐻𐐲𐑉𐐲𐑅𐐻𐐮𐑍 𐐮𐑌 𐑄 𐐿𐐱𐑌𐐻𐐲𐑋𐐹𐑊𐐩𐑇𐐲𐑌 𐐲𐑂 𐐮𐑂𐐯𐑌𐐻𐑅 𐐲𐑅𐐬𐑇𐐨𐐩𐐻𐐲𐐼 𐐶𐐮𐑄 𐑄 𐑁𐐷𐐭𐐽𐐲𐑉 𐐼𐐯𐑅𐐻𐐮𐑌𐐨 𐐲𐑂 𐑋𐐰𐑌𐐿𐐴𐑌𐐼. 𐐊𐑋𐐲𐑍 𐐲𐑄𐐲𐑉 𐑃𐐮𐑍𐑆 𐐮𐐻 𐐶𐐮𐑊 𐐺 𐑅𐐨𐑌 𐑄𐐰𐐻 𐑄𐐯𐑉 𐐮𐑆 𐐱 𐑂𐐯𐑉𐐨 𐐿𐑊𐐬𐑅 𐐿𐐲𐑌𐐯𐐿𐑇𐐲𐑌 𐐫𐑉 𐐲𐑁𐐮𐑌𐐮𐐻𐐨 𐐺𐐯𐐻𐐶𐐨𐑌 𐑄 𐐱𐐹𐐲𐑉𐐩𐑇𐐲𐑌𐑆 𐐲𐑂 𐑄 𐐑𐑉𐐨𐑅𐐻𐐸𐐳𐐼 𐐮𐑌 𐑄 𐐸𐐯𐑂𐐲𐑌𐑆 𐐰𐑌𐐼 𐑄 𐐑𐑉𐐨𐑅𐐻𐐸𐐳𐐼 𐐲𐐹𐐱𐑌 𐐲𐑉𐑃. 𐐆𐑌 𐐮𐑀𐑆𐐰𐑋𐐮𐑌𐐮𐑍 𐑄𐐮𐑅 𐑅𐐲𐐺𐐾𐐯𐐿𐐻 𐐶𐐨 𐑁𐐴𐑌𐐼 𐐮𐐻 𐑉𐐮𐐻𐐲𐑌:

"𐑄 𐑊𐐫𐑉𐐼 𐑉𐐲𐐼𐐨𐑋𐐲𐑃 𐑌𐐲𐑌 𐑅𐐲𐐽 𐑄𐐰𐐻 𐑉𐐲𐐺𐐯𐑊 𐐲𐑀𐐯𐑌𐑅𐐻 𐐸𐐮𐑋 𐐰𐑌𐐼 𐐼𐐴 𐐮𐑌 𐑄𐐯𐑉 𐑅𐐮𐑌𐑆; 𐐷𐐩, 𐐨𐑂𐐲𐑌 𐐫𐑊 𐑄𐐬𐑆 𐑄𐐰𐐻 𐐸𐐰𐑂 𐐹𐐯𐑉𐐮𐑇𐐻 𐐮𐑌 𐑄𐐯𐑉 𐑅𐐮𐑌𐑆 𐐯𐑂𐐲𐑉 𐑅𐐮𐑌𐑅 𐑄 𐐶𐐲𐑉𐑊𐐼 𐐺𐐲𐑀𐐰𐑌, 𐑄𐐰𐐻 𐐸𐐰𐑂 𐐶𐐮𐑊𐑁𐐳𐑊𐐨 𐑉𐐲𐐺𐐯𐑊𐐼 𐐲𐑀𐐯𐑌𐑅𐐻 𐐘𐐱𐐼, 𐑄𐐰𐐻 𐐸𐐰𐑂 𐑌𐐬𐑌 𐑄 𐐿𐐲𐑋𐐰𐑌𐐼𐑋𐐲𐑌𐐻𐑅 𐐲𐑂 𐐘𐐱𐐼, 𐐰𐑌𐐼 𐐶𐐳𐐼 𐑌𐐱𐐻 𐐿𐐨𐐹 𐑄𐐯𐑋; 𐑄𐐨𐑆 𐐪𐑉 𐑄𐐩 𐑄𐐰𐐻 𐐸𐐰𐑂 𐑌𐐬 𐐹𐐪𐑉𐐻 𐐮𐑌 𐑄 𐑁𐐲𐑉𐑅𐐻 𐑉𐐯𐑆𐐲𐑉𐐯𐐿𐑇𐐲𐑌."—𐐣𐐬𐑆𐐴𐐲 15:26.

𐐒𐐲𐐻 𐐱𐑌 𐑄 𐐲𐑄𐐲𐑉 𐐸𐐰𐑌𐐼 𐐮𐐻 𐐮𐑆 𐐹𐑉𐐱𐑋𐐮𐑅𐐻 𐑄𐐰𐐻 𐑄𐐬𐑆 𐐸𐐭 𐐶𐐳𐐼 𐐸𐐰𐑂 𐑉𐐲𐑅𐐨𐑂𐐼 𐑄 𐐘𐐱𐑅𐐹𐐲𐑊 𐐮𐑁 𐑄𐐩 𐐸𐐰𐐼 𐐸𐐰𐐼 𐑄 𐐱𐐹𐐲𐑉𐐻𐐭𐑌𐐮𐐻𐐨 𐑇𐐰𐑊 𐐷𐐯𐐻 𐐸𐐰𐑂 𐑄𐐰𐐻 𐐹𐑉𐐮𐑂𐐮𐑊𐐲𐐾. 𐑄 𐐑𐑉𐐱𐑁𐐲𐐻 𐐖𐐬𐑆𐐯𐑁 𐐝𐑋𐐮𐑃 𐑉𐐲𐐿𐐫𐑉𐐼𐑆 𐐮𐑌 𐐸𐐮𐑆 𐐸𐐮𐑅𐐻𐐲𐑉𐐨: "𐑄𐐲𐑅 𐐿𐐩𐑋 𐑄 𐑂𐐬𐐮𐑅 𐐲𐑂 𐑄 𐑊𐐫𐑉𐐼 𐐲𐑌𐐻𐐭 𐑋𐐨, 𐑅𐐩𐐮𐑍, 𐐃𐑊 𐑄𐐬𐑆 𐐸𐐭 𐐸𐐰𐑂 𐐼𐐴𐐼 𐐶𐐮𐑃𐐵𐐻 𐐱 𐑌𐐱𐑊𐐯𐐾 𐐲𐑂 𐑄𐐮𐑅 𐐘𐐱𐑅𐐹𐐲𐑊, 𐐸𐐭 𐐶𐐳𐐼 𐐸𐐰𐑂 𐑉𐐲𐑅𐐨𐑂𐐼 𐐮𐐻 𐐮𐑁 𐑄𐐩 𐐸𐐰𐐼 𐐺𐐮𐑌 𐐹𐐲𐑉𐑋𐐮𐐻𐐲𐐼 𐐻𐐭 𐐻𐐰𐑉𐐨, 𐑇𐐰𐑊 𐐺 𐐯𐑉𐑆 𐐲𐑂 𐑄 𐑅𐐲𐑊𐐯𐑅𐐽𐐲𐑊 𐐿𐐮𐑍𐐼𐐲𐑋 𐐲𐑂 𐐘𐐱𐐼; 𐐫𐑊𐑅𐐬 𐐫𐑊 𐑄𐐰𐐻 𐑇𐐰𐑊 𐐼𐐴 𐐸𐐯𐑌𐑅𐑁𐐬𐑉𐑃 𐐶𐐮𐑃𐐵𐐻 𐐱 𐑌𐐱𐑊𐐯𐐾 𐐲𐑂 𐐮𐐻, 𐐸𐐭 𐐶𐐳𐐼 𐐸𐐰𐑂 𐑉𐐲𐑅𐐨𐑂𐐼 𐐮𐐻 𐐶𐐮𐑄 𐐫𐑊 𐑄𐐯𐑉 𐐸𐐪𐑉𐐻𐑅, 𐑇𐐰𐑊 𐐺 𐐯𐑉𐑆 𐐲𐑂 𐑄𐐰𐐻 𐐿𐐮𐑍𐐼𐐲𐑋, 𐑁𐐫𐑉 𐐌, 𐑄 𐑊𐐫𐑉𐐼, 𐐶𐐮𐑊 𐐾𐐲𐐾 𐐫𐑊 𐑋𐐯𐑌 𐐲𐐿𐐫𐑉𐐼𐐮𐑍 𐐻𐐭 𐑄𐐯𐑉 𐐶𐐲𐑉𐐿𐑅, 𐐲𐐿𐐫𐑉𐐼𐐮𐑍 𐐻𐐭 𐑄 𐐼𐐲𐑆𐐴𐑉 𐐲𐑂 𐑄𐐯𐑉 𐐸𐐪𐑉𐐻𐑅."—𐐔𐐯𐑆𐐲𐑉𐐯𐐻 𐐤𐐭𐑆, 𐐚𐐱𐑊. 2, 𐐤𐐲. 22.

𐐎𐐮𐑄 𐑄𐐮𐑅 𐐲𐑀𐑉𐐨 𐑄 𐐶𐐲𐑉𐐼𐑆 𐐲𐑂 𐑄 𐐊𐐹𐐱𐑅𐐲𐑊 𐐑𐐫𐑊, 𐑄𐐰𐐻 𐑄𐐬𐑆 𐐸𐐭 𐐸𐐰𐐼 𐐼𐐴𐐼 𐐶𐐮𐑃𐐵𐐻 𐑊𐐫 𐑇𐐰𐑊 𐐺 𐐾𐐲𐐾𐐼 𐐶𐐮𐑃𐐵𐐻 𐑊𐐫; 𐐸𐐶𐐴𐑊𐑅𐐻 𐑄 𐑊𐐫𐑉𐐼 𐑁𐐲𐑉𐑄𐐲𐑉 𐑉𐐲𐑂𐐨𐑊𐑆 𐐻𐐭 𐑄 𐐑𐑉𐐱𐑁𐐲𐐻 𐐖𐐬𐑆𐐯𐑁 𐑄𐐰𐐻 "𐑄𐐰𐐻 𐐸𐐶𐐮𐐽 𐐮𐑆 𐑀𐐲𐑂𐐲𐑉𐑌𐐼 𐐺𐐴 𐑊𐐫 𐐮𐑆 𐐫𐑊𐑅𐐬 𐐹𐑉𐐲𐑆𐐲𐑉𐑂𐐼 𐐺𐐴 𐑊𐐫, 𐐰𐑌𐐼 𐐹𐐲𐑉𐑁𐐯𐐿𐐻𐐲𐐼 𐐰𐑌𐐼 𐑅𐐰𐑍𐐿𐐻𐐮𐑁𐐴𐐼 𐐺𐐴 𐑄 𐑅𐐩𐑋. 𐑄𐐰𐐻 𐐸𐐶𐐮𐐽 𐐺𐑉𐐩𐐿𐐲𐑃 𐐱 𐑊𐐫, 𐐰𐑌𐐼 𐐲𐐺𐐴𐐼𐐲𐑃 𐑌𐐱𐐻 𐐺𐐴 𐑊𐐫, 𐐺𐐲𐐻 𐑅𐐨𐐿𐐲𐑃 𐐻𐐭 𐐺𐐲𐐿𐐲𐑋 𐐱 𐑊𐐫 𐐲𐑌𐐻𐐭 𐐮𐐻𐑅𐐯𐑊𐑁, 𐐰𐑌𐐼 𐐶𐐮𐑊𐐲𐑃 𐐻𐐭 𐐲𐐺𐐴𐐼 𐐮𐑌 𐑅𐐮𐑌, 𐐰𐑌𐐼 𐐫𐑊𐐻𐐲𐑀𐐯𐑄𐐲𐑉 𐐲𐐺𐐴𐐼𐐲𐑃 𐐮𐑌 𐑅𐐮𐑌, 𐐿𐐰𐑌𐑌𐐱𐐻 𐐺 𐑅𐐰𐑍𐐿𐐻𐐮𐑁𐐴𐐼 𐐺𐐴 𐑊𐐫, 𐑌𐐴𐑄𐐲𐑉 𐐺𐐴 𐑋𐐲𐑉𐑅𐐨, 𐐾𐐲𐑅𐐻𐐮𐑅, 𐑌𐐫𐑉 𐐾𐐲𐐾𐑋𐐲𐑌𐐻. 𐑄𐐯𐑉𐑁𐐫𐑉 𐑄𐐩 𐑋𐐲𐑅𐐻 𐑉𐐲𐑋𐐩𐑌 𐑁𐐮𐑊𐑃𐐨 𐑅𐐻𐐮𐑊."

𐐎𐐮𐑄 𐑄𐐮𐑅 𐐻𐐨𐐽𐐮𐑍 𐐮𐑆 𐐲𐑅𐐬𐑇𐐨𐐩𐐻𐐲𐐼 𐐱 𐑀𐑉𐐰𐑌𐐼 𐐹𐑉𐐮𐑌𐑅𐐮𐐹𐐲𐑊 𐐿𐐲𐑌𐐯𐐿𐐻𐐲𐐼

ωɪɣ ɣ ʌɐʀφʅɹɐʅɪɴ Ίφəɐʅφqd, φωɪc ʀdɔɪɪɐʅʀφ6 ɪɴ ʅφɔ ɹɴd ɪɴ əʅʀφɪɪʅə. Φωʌɴ ωə φʀʀʅɹωʅ ʀʅəɴ ɣ ɐʅɛʅɔʀɴʅ ʀɐ ωφəcʀφ6 ɐəɪɴ cʀcd ωɪʟʅ ʅo, ɣ ωωʌɐcʀɴ ʀφφɐʀ6 ɹ6 ʅo φo əφ ʅo ɐ ɣʌφ cʀcʀ6. Ωə ɔɛ φɪφ ɐʅɛʅ ɣɹʅ Ωφφɐʅ ɪ6 ωoʅd ɣ cʀc ʀɐ ɣ ωωɪω ɹɴd ɣ dʌd, ɣ cʀc ʀɐ oʅ ɣ ʀφʟ. Ωə ρʀφɣʀφ φəd ɣɹʅ ɣ Ίωʌʅɐ Ƥʅəɐʀʅ6 φo ɔɪɪɐʅʀφd ɪɴ Cʀφoɐʀʅʌɔ "ƅɹʅ ɐɪʅ ʀʅəɴ ʅωʌʅɐ ʟφoɴ6, cʀcɪɴ ɣ ʅωʌʅɐ ʅφφɐɐ6 ʀɐ Ɨ6φʀʅ." (Ɔɹʟʌo 28.) Θʅɐo ɣ ρoʅoɪɴ:

"ɹɴd ʀώʌɴ, ɐʌφɪʅə, ɐʌφɪʅə, Φ ɐɛ ʀɴʅo ʌo, ɹɴd ɪʅ φɹʟ ώoɴ ρoφʟ ɪɴ ə ρʀφɔ dʀωφə, ɐφ ɣ ωɪʅ ʀɐ ɣ Ƥəɣʀφ, ɣɹʅ ɔφɴ ʀʅəɐʀʅ6, ɣ Ίωʌʅɐ φo ωʀφ ωɪɣ ɔə ɪɴ ɔφ ɔɪɪɐʅφə ɹʅ Cʀφoɐʀʅʌɔ, ƅɹʅ ɐʅɹɴd ɹʅ ɔφ φφʅ φɹɴd ɹʅ ɣ dɛ ʀɐ ɔφ ωʀɔɪɴ ɪɴ ə ʅʅʅʀφ ʀɐ ρφφ, ɐəɪɴ ωʅoɣd ωɪɣ φoɐ6 ʀɐ φφcʀɐɪʀɐ, ωɪɣ ωφφɪɴ6 ʀʅəɴ ɣʌφ φʌd6, ɪɴ ώʅoφə əɐʀɴ ɹ6 Φ ɹɔ, ʅo cʀc ɣ φoʅ φώə ʀɐ Ɨ6φʀʅ, əɐʀɴ ɹ6 ɔʌɴə ɹ6 φɹɐ ʅʀɐd ɔə ɹɴd ωʌʅʅ ɔφ ωʀɔɹɴdɔʀɴʅə, ɹɴd ɴʀɴ ʌʅɐ."—Ɵ&Ω 29:12.

ɹɴd ɴəρφ φφʅə ɪɴ ɣ Ɐqω ʀɐ Ɔoφɔʀɴ:

"ɹɴd ɣ ɛɴcʀʅ ɐʅɛω ʀɴʅo ɔə, ɐɛɪɴ, Ɐʀφoʅd ɣ ʅωʌʅɐ dɪɐφʅʀʅ6 ʀɐ ɣ ʅɹɔ, φo əφ coɐʀɴ ʅo ɔɪɪɐʅʀφ ʀɴʅo ɣφ ɐəd. ɹɴd φə ɐʌd ʀɴʅo ɔə, Ɣό φʀɔʌɔɐʀφʀɐʅ ɣ ʅωʌʅɐ ʀʅəɐʀʅ6 ʀɐ ɣ ʅɹɔ? Ɐʀφoʅd, ɣɛ əφ ɣɛ φo ƅɹʅ cʀc ɣ ʅωʌʅɐ ʅφφɐɐ6 ʀɐ Ɨ6φʀʅ; φωʌφρoφ, ɣ ʅωʌʅɐ ɔɪɪɐʅʀφ6 ʀɐ ɣφ ɐəd ƅɹʅ ɐ cʀcd ʀɐ ɣʌɔ; ρoφ ʌə əφ ʀɐ ɣ φώə ʀɐ Ɨ6φʀʅ. ɹɴd ɣə6 ʅωʌʅɐ ɔɪɪɐʅʀφ6, φoɔ ɣό ɐʀφoʅdʀɐʅ, ƅɹʅ cʀc ɣφ ɐəd. ɹɴd, ɐʀφoʅd ɣɛ əφ φφcʀɐ ρoφ ʌɐʀφ; ρoφ ɐʀωʀ6 ʀɐ ɣʌφ ρɛʟ ɪɴ ɣ ʅɹɔ ʀɐ Ωəd, ɣʌφ ώəφɔʀɴʅə əφ ɔɛd φωφʅ ɪɴ φɪ6 ɐʅʀd."—1 ɴəρφ 12:8–10.

Ɣɪɐ ɪώɐɪɐʅə ə ʅφɪɴɐɪʅʀʅ ʀɐ ʀcodɪωɛbʀɴ əφ cʀcɔʀɴʅ ɪɴ ɣ φɹɴd6, ρʀφɐʅʅə, ʀɐ ɣ Ωφɛʅ Φφ Ίφəɐʅ ɹɴd Ωɪɴ, Cəɐʀɐ ʀɐ ɴɹ6ʀφʌʟ, ɣ Ɐʀɴ ʀɐ Ωəd; ɐʌωʀɴdʅə, ɪɴ ɣ φɹɴd6 ʀɐ ɣ Ίωʌʅɐ Ƥʅəɐʀʅ6 oɴ ɣ ωəɴʅʅʀɴʅ ʀɐ Ɛsʀ, ɐʀɐʅod ɐφ Cəɐʀɐ Φɪɔɐʌʅρ; ʟʀφdʅə, ɪɴ ɣ Ίωʌʅɐ Ɵɪɐφʅʀʅ6 oɴ ɣɪɐ ωəɴʅʅʀɴʅ, ʅo ɣʌφ ʅəʅʀʅ6, φo ɪʅ ʀʅɪφ6 əφ ʀɴdʀφ ɣ ʅφʌɐɪdʀɴɐə ʀɐ ɣ Ίωʌʅɐ Ƥʅəɐʀʅ6 φo ɔɪɪɐʅʀφd ɹʅ Cʀφoɐʀʅʌɔ; φωɪc ʅφʌɐɪdʀɴɐə ɪ6 oʅɐo ɪώɐɪɐʅʀd ɐφ Ίəʅʀφ, Cɛɔ6 ɹɴd Cəɴ, ɣ ʀωɴəʅʀcd ʅφʌɐɪdʀɴɐə ʀɐ ɣ Ίωʌʅɐ Ƥʅəɐʀʅ6; ɣɛ, φoʅdɪɴ ɣɪɐ Ίφəɐʅφqd ρʀφɐʅ oɴ ɣ ʀφʟ, ɹɴd ɣʌɴ ɪɴ ɣ φʌɐʀɴ6, ɐəɪɴ ɣ ʅʀcʅʅɔʀʅ ωʀɐʅodəʀɴ6 ʀɐ ɣ ωə6 ʀɐ ɣ Ίφəɐʅφqd, ωɛɔ ɹɴd ɐʀɐʅod ɪʅ ʀʅəɴ Cɔɐʌρ Ɐɔɪʟ ɹɴd Ɵʅɪɐʀφ Ωόdφə. Ɨʅ ɪ6 oʅɐo ρʀφɣʀφ ɐʅɛʅʀd ɣɹʅ ɣ Ɐɛɴʅə ƅɹʅ cʀc ɣ ωʀφʅd. Ɣʀɐ Ωφφɐʅ ɪ6 ɹʅ ɣ φʌd, Φɪ6 Ƥʅəɐʀʅ6 ɹɴd dɪɐφʅʀʅ6 ɐəɔ ʅo ʅɛω ɣ ɴʌωвꞁ ꞁфθɔɨɴгɴꞁ ꞁθфꞁ; γʌɴ ωгɔ6 γ ɥωbгɴ гв γ 8ɛɴꞁв, θф гγгф вфɥɴсг6 гв γ Ꞁфəвꞁφqd, φo ɨꞁ ɨ6 вꞁɛꞁгd bɥɭ сгс γ ωгфɭd. Ɣɨв ωгɔвфɴd Ꞁфəвꞁφqd, ɨꞁ ωqd гꞁɨф, ωɨɭ φoɭd γ dʌвꞁɨɴə гв γ φɤθɔгɴ ꞁɥɔɨɭə ɨɴ γʌф φɥɴd6 ɥɴd гсθdɨωɛꞁ ɨɴ θɭ ɔɥꞁгф6 ꞁгфꞁɛɴɨи ꞁo γʌф гꞁʌф6; ɥɴd ɨꞁ ωqd вəɔ ꞁo в ωωфꞁ фə6гɴгвгɭ, ɨꞁ γ Ꞁωʌɭв Гꞁəвгɭ6 ɨɴ Сгфθвгɭʌɔ əф ꞁo в γ сгсг6 гв γ Ꞁωʌɭв Ꞁффв6, ɥɴd γ Ꞁωʌɭв Ꝋɨвфꞁгɭ6 θɴ γɨв ωəɴꞁɨɴгɴꞁ əф ꞁo в γ сгсг6 гв γ dгвʌɴdгɴꞁв гв Ɥəpф, γʌɴ γɥꞁ γ вфгγгф гв Сʌфгd ɥɴd Сʌфгd bqd в γ сгсг6 гв γ Сʌфгdфꞁв, γʌф dгвʌɴdгɴꞁв; ɥɴd, pгфγгф, γɥꞁ γ Ꝑгфвꞁ Ꞁфʌ6ɨdгɴвə ɥɴd Ꞁωʌɭв φo φɥв гpɨbəɛꞁгd ɨɴ ȯф ɛс, bqd əꞁгфɛꞁ ɨɴ фгω̇əфd ꞁo ɔɥɴωфɴd ɨɴ γɨв dɨвꞁгɴвɛbгɴ, ɥɴd θɭвo ɨɴ фгω̇əфd ꞁo θɭ ɔɥꞁгф6 ωгɴʌωꞁгd ωɨγ γʌɔ, φωʌγгф γɛ фгɭɛꞁ ꞁo γ ꞁɥвꞁ, ꞁфʌ6гɴꞁ, θф ꝑɤθсгф, ɥ6 γ гꝑθфɔʌɴbгɴd φɥв dгɴ ɨɴ фгω̇əфd ꞁo γʌф вʌвгфгɭ ꞁəꞁгɭ6; ɥɴd γɥꞁ γ Ꞁɛꞁфəəфωв, γ Ꞁфʌ6ɨdгɴꞁв, γ Ꞁωʌɭв, γ Ꝕф Ꞁфəвꞁв, γ 8ʌвгɴꞁə6, γ Ꝭɭdгф6, γ Ꞵɨbгꞁв, Ꞁфəвꞁв, Ꞁəсгф6 ɥɴd Ꝋəωгɴ6 bqd φoɭd γʌф вʌвгфгɭ ꞁɭɛвг6 вгφфɴd γ вɛɭ, ɥɴd гpɨbəɛꞁ гωθфdɨи ꞁo γʌф ωθɭɨи ɥɴd вꞁɥɴdɨи ɨɴ γɥꞁ Ꞁфəвꞁφqd. Ɨɴ pɥωꞁ, γ Ꞁфəвꞁφqd ɨ6 ωθɭd ɥɴ ʌвгфɭɥвꞁɨи Ꞁфəвꞁφqd; ɨꞁ ɔɨɴɨвꞁгф6 ɨɴ ꞁфɔ ɥɴd ɨɴ əꞁгфɴɨꞁə. Ɔoбгв вꞁəωв гв γ ɭгвɨꞁɨωгɭ Ꞁфəвꞁφqd ɥ6 ɥɴ ʌвгфɭɥвꞁɨи Ꞁфəвꞁφqd. (Ꝭωвгdгв 40:15.) Ꞁθɭ фгꝑгф6 ꞁo γ Ɔʌɭωɨ6гdʌω Ꞁфəвꞁφqd ɥ6 вəɨи “ωɨʟȯꞁ ꝑəγгф, ωɨʟȯꞁ ɔгγгф, ωɨʟȯꞁ dгвʌɴꞁ, φɥвɨи ɴфγгф вгω̇ɨɴɨи гв dɛ6, ɴθф ʌɴd гв ɭфp.” (Ꝕəвфo6 7:3.) Ꝕωфɭвꞁ γ Ꞁфəpгꞁ Ꞅoбʌp 8ɔɨʟ вꞁɛꞁв γɥꞁ γɨв “Ꞁфəвꞁφqd ωгɴꞁɨɴɤoгʟ ɨɴ γ Сгфс гв Ꞷəd ɨɴ θɭ ꞅʌɴгфɛbгɴ6, ɥɴd ɨ6 ωɨʟȯꞁ вгω̇ɨɴɨи гв dɛ6 θф ʌɴd гв ɤɨф6.” (Ꝋ&Ꞷ 84:17.)

Ɣɨв вəɨи γ ωɛв, ɨꞁ ɴʌвгвʌфɨɭə ꝑəɭo6 γɥꞁ γo6 φoɭdɨи γ Ꞁфəвꞁφqd θɴ γ гфʟ ωгɴꞁɨɴɤo ɨɴ γ ʌωвгфвф6 гв γɥꞁ Ꞁфəвꞁφqd ɨɴ γ φʌвгɴ6, γʌф əꞁгфɛbгɴ6 вəɨи сɛɴсd ꝑфгɔ γɨв ꞁo гɴгγгф вꞁɛꞁ гв ɨω̇6ɨвꞁгɴв; ɥɴd φωʌɴ γ dʌd, вɔθɭ ɥɴd ω̇фɛꞁ, bɥɭ в сгсd, φωфɭ Ꞷəd вꞁɥɴd6 ɥꞁ γ φʌd, ɥɴd Сəбгв ɨ6 γ ω̇фɛꞁ Ꝕф Ꞁфəвꞁ гв ȯф ꞁфгꝑʌbгɴ, θɭ γo6 φo φɥв ʌвгф ɭɨвd φo əф ωгфγə ωɨɭ вꞁɥɴd ɨɴ γʌф ꞁфəꞁгф ꞁг6ɨbгɴ6, гωθфdɨи ꞁo γʌф ωθɭɨи6, Ꞁфəвꞁφqd, θфdɨɴɛbгɴ6 θф ωωθфгɔ6. Ɨꞁ ɨ6 фɨꞁгɴ γɥꞁ γɛ ωɨʟȯꞁ гв ωɥɴ ɴəꞁ в ɔɛd ꞁгфꝑгωꞁ, ɥɴd γɥꞁ ωə ωɨʟȯꞁ γʌɔ ωɥɴ ɴəꞁ в ɔɛd ꞁгфꝑгωꞁ. Ꞷə φɥв ωгɔʌɴвꞁ ꞁo вɨɭd ꞁʌɔꞁгɭ6, ɥɴd ꞁo гdɔɨɴɨвꞁгф ɨɴ γʌɔ гωθфdɨи ꞁo γ dгωфə6, ꞁгфꞁгвг6 ɥɴd ꝑθфɴəɭгс гв Ꞷəd. Ꝕωʌɴ ωə φɥв ω̇əꞁ ʟфo ωɨγ ȯф ꞁгфвгɴгɭ гꝑʌф6 ωгɴʌωꞁгd 𐐶𐐮𐑄 𐐵𐑉 𐐮𐑌𐐼𐐮𐑂𐐮𐐾𐐲𐐶𐐲𐑊 𐑁𐐰𐑋𐐮𐑊𐐨𐑆 𐐰𐑌𐐼 𐐮𐑌𐐻𐐲𐑉𐐲𐑅𐐻𐑅, 𐑅𐐬 𐑁𐐪𐑉 𐐰𐑆 𐐶𐐨 𐐿𐐰𐑌 𐑊𐐲𐐾𐐮𐐻𐐮𐑋𐐲𐐻𐑊𐐨 𐐻𐑉𐐩𐑅 𐑄𐐯𐑋, 𐑄𐐯𐑌 𐐮𐐻 𐐺𐐲𐐿𐐲𐑋𐑆 𐐪 𐐿𐐶𐐯𐑅𐐽𐐲𐑌 𐐰𐑆 𐐻𐐭 𐑄 𐐹𐐲𐑆𐐮𐑇𐐲𐑌 𐐲𐑂 𐑄𐐬𐑆 𐑄𐐰𐐻 𐐪𐑉 𐐺𐐲𐐷𐐫𐑌𐐼 𐑄 𐑂𐐩𐑊 𐐲𐑂 𐐸𐐭𐑋 𐐶𐐨 𐐸𐐰𐑂 𐑌𐐬 𐐹𐐲𐑉𐑅𐐲𐑌𐐲𐑊 𐑌𐐪𐑊𐐲𐐾. 𐐔𐐲𐑆 𐐮𐐻 𐑌𐐪𐐻 𐑅𐐨𐑋 𐐿𐐲𐑌𐑅𐐮𐑅𐐻𐐲𐑌𐐻 𐑄𐐰𐐻 𐐻𐐭 𐑄 𐐩𐑌𐐽𐐲𐑌𐐻 𐐰𐑆 𐐶𐐯𐑊 𐐰𐑆 𐑄 𐑋𐐪𐐼𐐲𐑉𐑌 𐐑𐐩𐐻𐑉𐐨𐐪𐑉𐐿𐑅, 𐐑𐑉𐐪𐑁𐐲𐐻𐑅, 𐐑𐑉𐐯𐑆𐐮𐐼𐐲𐑌𐐻𐑅, 𐐊𐐹𐐪𐑅𐐲𐑊𐑆, 𐐝𐐯𐑂𐐲𐑌𐐻𐐨𐑆, 𐐐𐐴 𐐑𐑉𐐨𐑅𐐻𐑅, 𐐇𐑊𐐼𐐲𐑉𐑆, 𐐒𐐮𐑇𐐲𐐹𐑅 𐐰𐑌𐐼 𐐲𐑄𐐲𐑉𐑆 𐐶𐐳𐐼 𐐺 𐐿𐐲𐑋𐐮𐐻𐐲𐐼 𐑄 𐑋𐐲𐑌𐐮𐑅𐐻𐑉𐐩𐑇𐐲𐑌 𐐰𐑌𐐼 𐐾𐐲𐐾𐑋𐐲𐑌𐐻 𐐲𐑂 𐑄𐐬𐑆 𐐸𐐭 𐐪𐑉 𐐺𐐲𐐷𐐫𐑌𐐼 𐑄 𐑂𐐩𐑊; 𐐰𐑌𐐼 𐐶𐐮𐑄 𐐸𐐭𐑋 𐐶𐐨, 𐐰𐐻 𐐹𐑉𐐯𐑆𐐲𐑌𐐻, 𐐸𐐰𐑂 𐑌𐐲𐑃𐐮𐑍 𐐻𐐭 𐐼𐐭? 𐐈𐑌𐐼 𐐮𐑁 𐐻𐐯𐑋𐐹𐐲𐑊𐑆 𐐪𐑉 𐐻𐐭 𐐺 𐐺𐐮𐑊𐐻 𐐸𐐨𐑉 𐐰𐑌𐐼 𐐫𐑉𐐼𐐮𐑌𐐲𐑌𐑅𐐲𐑆 𐐹𐐲𐑉𐑁𐐫𐑉𐑋𐐼 𐐮𐑌 𐑄𐐯𐑋 𐐮𐑌 𐑄 𐐮𐑌𐐻𐐲𐑉𐐲𐑅𐐻 𐐲𐑂 𐑄𐐬𐑆 𐐸𐐭 𐐸𐐰𐑂 𐐼𐐴𐐼 𐐶𐐮𐑃𐐵𐐻 𐑊𐐫, 𐐰𐑌𐐼 𐐮𐑌 𐑄 𐐲𐐾𐐭𐐼𐐮𐐿𐐩𐑇𐐲𐑌 𐐲𐑂 𐐫𐑊 𐑄𐐨𐑆 𐑋𐐰𐐻𐐲𐑉𐑆, 𐑄𐐰𐐻 𐑄 𐐑𐑉𐐨𐑅𐐻𐐸𐐳𐐼 𐐺𐐲𐐷𐐫𐑌𐐼 𐑄 𐑂𐐩𐑊, 𐐻𐐭 𐐸𐐭𐑋 𐐮𐑆 𐐿𐐲𐑋𐐮𐐻𐐲𐐼 𐑄 𐐾𐐲𐐾𐑋𐐲𐑌𐐻 𐐲𐑂 𐑄𐐨𐑆 𐑃𐐮𐑍𐑆, 𐑇𐐳𐐼 𐐿𐐲𐑋𐐷𐐭𐑌𐐮𐐿𐐩𐐻 𐐶𐐮𐑄 𐑄 𐐑𐑉𐐨𐑅𐐻𐐸𐐳𐐼 𐐲𐐹𐐫𐑌 𐑄 𐐲𐑉𐑃, 𐑄𐐰𐐻 𐑄𐐩 𐑋𐐩 𐐺 𐐲𐐼𐑋𐐮𐑌𐐮𐑅𐐻𐐲𐑉𐐼 𐑁𐐫𐑉 𐐺𐐴 𐐹𐑉𐐫𐐿𐑅𐐨 𐐮𐑌 𐑄 𐐻𐐯𐑋𐐹𐐲𐑊𐑆 𐐮𐑉𐐯𐐿𐐻𐐲𐐼 𐐺𐐴 𐐲𐑅, 𐐰𐑌𐐼 𐑄𐐬𐑆 𐐸𐐭 𐑇𐐰𐑊 𐑁𐐪𐑊𐐬 𐐰𐑁𐐻𐐲𐑉 𐐲𐑅; 𐑄𐐰𐐻 𐐫𐑊 𐑃𐐮𐑍𐑆 𐑋𐐩 𐐺 𐐼𐐲𐑌 𐐲𐐿𐐫𐑉𐐼𐐮𐑍 𐐻𐐭 𐐯𐐿𐐶𐐮𐐻𐐨, 𐑊𐐫, 𐐰𐑌𐐼 𐐾𐐲𐑅𐐻𐐮𐑅, 𐐰𐑌𐐼 𐑄𐐰𐐻 𐑌𐐲𐑌 𐐺𐐲𐐻 𐑄𐐬𐑆 𐐶𐐲𐑉𐑄𐐨 𐐻𐐭 𐑉𐐲𐑅𐐨𐑂 𐑄𐐬𐑆 𐑀𐑉𐐩𐐻 𐐺𐑊𐐯𐑅𐐮𐑍𐑆 𐐰𐑌𐐼 𐐸𐐴 𐐯𐑀𐑆𐐫𐑊𐐩𐑇𐐲𐑌𐑆 𐐿𐐰𐑌 𐐹𐐪𐑉𐐻𐐮𐑅𐐮𐐹𐐩𐐻 𐐮𐑌 𐑄 𐑅𐐩𐑋; 𐐺𐐨𐐮𐑍 𐑄𐐲𐑅 𐑅𐐰𐑍𐐿𐑇𐐲𐑌𐐼 𐐺𐐴 𐑄 𐐑𐑉𐐨𐑅𐐻𐐸𐐳𐐼 𐐮𐑌 𐐸𐐯𐑂𐐲𐑌 𐐰𐑌𐐼 𐑄 𐐑𐑉𐐨𐑅𐐻𐐸𐐳𐐼 𐐲𐐹𐐫𐑌 𐑄 𐐲𐑉𐑃? 𐐐𐐯𐑌𐑅, 𐐸𐐶𐐴𐑊 𐑄𐐩 𐐪𐑉 𐑅𐐩𐑂𐐷𐐲𐑉𐑆, 𐐹𐑉𐐨𐐽 𐐻𐐭 𐑄 𐑅𐐹𐐮𐑉𐐮𐐻𐑅 𐐮𐑌 𐐹𐑉𐐮𐑆𐐲𐑌 𐐰𐑌𐐼 𐐾𐐲𐐾 𐑄 𐐼𐐯𐐼, 𐐶𐐨 𐐺𐐮𐑊𐐼 𐐻𐐯𐑋𐐹𐐲𐑊𐑆 𐐰𐑌𐐼 𐐲𐐼𐑋𐐮𐑌𐐮𐑅𐐻𐐲𐑉 𐑁𐐫𐑉 𐑄𐐯𐑋 𐐲𐐹𐐫𐑌 𐑄 𐐲𐑉𐑃, 𐐰𐑌𐐼 𐑄𐐲𐑅 𐐺𐐲𐐿𐐲𐑋, 𐐰𐑆 𐐮𐐻 𐐮𐑆 𐑉𐐮𐐻𐐲𐑌, "𐑅𐐩𐑂𐐷𐐲𐑉𐑆 𐐲𐐹𐐫𐑌 𐐣𐐵𐑌𐐻 𐐞𐐴𐐲𐑌;" 𐐪𐐹𐐲𐑉𐐩𐐻𐐮𐑍 𐐰𐑌𐐼 𐐿𐐬𐐪𐐹𐐲𐑉𐐩𐐻𐐮𐑍 𐐶𐐮𐑄 𐑄 𐐑𐑉𐐨𐑅𐐻𐐸𐐳𐐼 𐐺𐐲𐐷𐐫𐑌𐐼 𐑄 𐑂𐐩𐑊, 𐐮𐑌 𐑄 𐐮𐑌𐐻𐐲𐑉𐐲𐑅𐐻, 𐐸𐐰𐐹𐐨𐑌𐐲𐑅, 𐑅𐐰𐑊𐑂𐐩𐑇𐐲𐑌 𐐰𐑌𐐼 𐐯𐑀𐑆𐐫𐑊𐐩𐑇𐐲𐑌 𐐲𐑂 𐑄 𐐸𐐷𐐭𐑋𐐲𐑌 𐑁𐐰𐑋𐐮𐑊𐐨. 𐐜𐐲𐑅 𐑇𐐰𐑊 𐐶𐐨 𐐫𐑊𐑅𐐬 𐐺𐐲𐐿𐐲𐑋 𐑊𐐲𐐾𐐮𐐻𐐮𐑋𐐲𐐻𐑊𐐨 𐐰𐑌𐐼 𐐺𐐴 𐑉𐐴𐐻, 𐑃𐑉𐐭 𐑄 𐐲𐐻𐐬𐑌𐑋𐐲𐑌𐐻 𐐰𐑌𐐼 𐐲𐐼𐐪𐐹𐑇𐐲𐑌, 𐐗𐐮𐑍𐑆 𐐰𐑌𐐼 𐐑𐑉𐐨𐑅𐐻𐑅—𐐑𐑉𐐨𐑅𐐻𐑅 𐐻𐐭 𐐲𐐼𐑋𐐮𐑌𐐮𐑅𐐻𐐲𐑉 𐐮𐑌 𐑄 𐐸𐐬𐑊𐐨 𐐫𐑉𐐼𐐮𐑌𐐲𐑌𐑅𐐲𐑆 𐐹𐐲𐑉𐐻𐐩𐑌𐐮𐑍 𐐻𐐭 𐑄 𐐮𐑌𐐼𐐵𐑋𐐲𐑌𐐻𐑅 𐐰𐑌𐐼 𐐯𐑀𐑆𐐫𐑊𐐩𐑇𐐲𐑌𐑆; 𐐰𐑌𐐼 𐐗𐐮𐑍𐑆, 𐐲𐑌𐐼𐐲𐑉 𐐗𐑉𐐴𐑅𐐻, 𐐸𐐭 𐐮𐑆 𐐗𐐮𐑍 𐐲𐑂 𐐗𐐮𐑍𐑆 𐐰𐑌𐐼 𐐢𐐫𐑉𐐼 𐐲𐑂 𐐢𐐫𐑉𐐼𐑆, 𐐻𐐭 𐑉𐐭𐑊 𐐰𐑌𐐼 𐑀𐐲𐑂𐐲𐑉𐑌, 𐐲𐐿𐐫𐑉𐐼𐐮𐑍 𐐻𐐭 𐑄 𐐨𐐻𐐲𐑉𐑌𐐲𐑊 𐑊𐐫𐑆 𐐲𐑂 𐐾𐐲𐑅𐐻𐐮𐑅 𐐰𐑌𐐼 𐐯𐐿𐐶𐐮𐐻𐐨, 𐑄𐐬𐑆 𐐸𐐭 𐐪𐑉 𐑄𐐲𐑅 𐑉𐐲𐐼𐐨𐑋𐐼 𐐰𐑌𐐼 𐐮𐑀𐑆𐐫𐑊𐐻𐐲𐐼.

𐐆𐑌 𐐿𐐲𐑉𐐪𐐺𐐲𐑉𐐩𐑇𐐲𐑌 𐐲𐑂 𐑄𐐨𐑆 𐐴𐐼𐐨𐐲𐑆 𐐮𐑆 𐑄 𐑅𐐻𐐩𐐻𐑋𐐲𐑌𐐻, 𐐮𐑌 𐑄 𐐒𐐳𐐿 𐐲𐑂 𐐔𐐪𐐿𐐻𐑉𐐮𐑌 𐐰𐑌𐐼 𐐗𐐲𐑂𐐲𐑌𐐲𐑌𐐻𐑅, 𐑄𐐰𐐻 𐐙𐐪𐑄𐐲𐑉 𐐖𐐬𐑆𐐯𐑁 𐐝𐑋𐐮𐑃, 𐐸𐐭 𐐶𐐲𐑆 𐑄 𐑁𐐲𐑉𐑅𐐻 𐐑𐐩𐐻𐑉𐐨𐐪𐑉𐐿 𐐻𐐭 𐑄 𐐕𐐲𐑉𐐽 𐐮𐑌 𐑄𐐮𐑅 𐐼𐐮𐑅𐐹𐐲𐑌𐑅𐐩𐑇𐐲𐑌, 𐐮𐑆 𐑌𐐵 𐐰𐐻 𐑄 𐑉𐐴𐐻 𐐸𐐰𐑌𐐼 𐐲𐑂 𐐁𐐺𐑉𐐲𐐸𐐰𐑋, 𐐸𐐭 𐐶𐐲𐑆 𐐫𐑊𐑅𐐬 𐐪 𐐹𐑉𐐲𐑆𐐴𐐼𐐮𐑍 𐐑𐐩𐐻𐑉𐐨𐐪𐑉𐐿. 𐐜 𐐹𐐰𐑅𐐲𐐾 𐑉𐐨𐐼𐑆:

"𐐜𐐰𐐻 𐐌 𐑋𐐩 𐑉𐐲𐑅𐐨𐑂 𐐸𐐮𐑋 𐐲𐑌𐐻𐐭 𐑋𐐴𐑅𐐯𐑊𐑁, 𐐨𐑂𐐲𐑌 𐐰𐑆 𐐌 𐐼𐐮𐐼…𐑋𐐴 𐑀𐐳𐐼 𐑅𐐲𐑉𐑂𐐲𐑌𐐻, 𐐖𐐬𐑆𐐯𐑁 𐐝𐑋𐐮𐑃, 𐑅𐐯𐑌., 𐐸𐐭 𐑅𐐮𐐻𐐲𐑃 𐐶𐐮𐑄 𐐁𐐺𐑉𐐲𐐸𐐰𐑋 𐐰𐐻 𐐸𐐮𐑆 𐑉𐐴𐐻 𐐸𐐰𐑌𐐼, 𐐰𐑌𐐼 𐐺𐑊𐐯𐑅𐐲𐐼 𐐰𐑌𐐼 𐐸𐐬𐑊𐐨 𐐮𐑆 𐐸𐐨, 𐑁𐐫𐑉 𐐸𐐨 𐐮𐑆 𐑋𐐴𐑌."—𐐔&𐐗 124:19.

𐐆𐐻 𐐮𐑆 𐐫𐑊𐑅𐐬 𐑅𐐻𐐩𐐻𐐲𐐼 𐐲𐑂 𐐔𐐩𐑂𐐮𐐼 𐐑𐐰𐐻𐐲𐑌, 𐐶𐐲𐑌 𐐲𐑂 𐑄 𐐓𐐶𐐯𐑊𐑂 𐐊𐐹𐐪𐑅𐐲𐑊𐑆, 𐐸𐐭 𐐶𐐲𐑆 𐑅𐑊𐐩𐑌 𐐺𐐴 𐑄 𐑋𐐪𐐺𐐲𐑉𐑆 𐐮𐑌 𐐣𐐮𐑆𐐭𐑉𐐨, 𐑄𐐰𐐻 "𐐔𐐩𐑂𐐮𐐼 𐐑𐐰𐐻𐐲𐑌 𐐌 𐐸𐐰𐑂 𐐻𐐩𐐿𐐲𐑌 𐐲𐑌𐐻𐐭 𐑋𐐴𐑅𐐯𐑊𐑁; 𐐺𐐲𐐸𐐬𐑊𐐼, 𐐸𐐮𐑆 𐐑𐑉𐐨𐑅𐐻𐐸𐐳𐐼 𐑌𐐬 𐑋𐐰𐑌 𐐻𐐩𐐿𐐲𐑃 𐑁𐑉𐐲𐑋 𐐸𐐮𐑋; 𐐺𐐲𐐻, 𐑂𐐯𐑉𐐮𐑊𐐨 𐐌 𐑅𐐩 𐐲𐑌𐐻𐐭 𐐷𐐭, 𐐲𐑌𐐲𐑄𐐲𐑉 𐑋𐐩 𐐺 𐐲𐐹𐐬𐐮𐑌𐐻𐐲𐐼 𐐲𐑌𐐻𐐭 𐑄 𐑅𐐩𐑋 𐐿𐐱𐑊𐐮𐑍.”—𐐔&𐐗 124:130.

𐐜 𐑅𐐩𐑋 𐐮𐑆 𐑅𐐯𐐼 𐐲𐑂 𐐝𐐨𐑋𐐱𐑉 𐐒𐑉𐐲𐑌𐑅𐐲𐑌, 𐐶𐐲𐑌 𐐲𐑂 𐑄 𐐐𐐴 𐐗𐐵𐑌𐑅𐐮𐑊, 𐐰𐑌𐐼 𐐲𐑂 𐐇𐐼𐐶𐐲𐑉𐐼 𐐑𐐪𐑉𐐻𐑉𐐮𐐾, 𐑄 𐑁𐐲𐑉𐑅𐐻 𐐒𐐮𐑇𐐲𐐹 𐐲𐑂 𐑄 𐐕𐐲𐑉𐐽, 𐐺𐐬𐑃 𐐲𐑂 𐐸𐐭𐑋 𐐶𐐲𐑉 𐐼𐐯𐐼:

“𐐝𐐨𐑋𐐱𐑉 𐐒𐑉𐐲𐑌𐑅𐐲𐑌 𐐌 𐐸𐐰𐑂 𐐻𐐩𐐿𐐲𐑌 𐐲𐑌𐐻𐐭 𐑋𐐴𐑅𐐯𐑊𐑁, 𐑌𐐬 𐑋𐐰𐑌 𐐻𐐩𐐿𐐲𐑃 𐐸𐐮𐑆 𐐑𐑉𐐨𐑅𐐻𐐸𐐳𐐼, 𐐺𐐲𐐻 𐐲𐑌𐐲𐑄𐐲𐑉 𐑋𐐩 𐐺 𐐲𐐹𐐬𐐮𐑌𐐻𐐲𐐼 𐐲𐑌𐐻𐐭 𐑄 𐑅𐐩𐑋 𐐑𐑉𐐨𐑅𐐻𐐸𐐳𐐼 𐐮𐑌 𐐸𐐮𐑆 𐑅𐐻𐐯𐐼.”—𐐔&𐐗 124:132. “𐐜𐐰𐐻 𐐸𐐶𐐯𐑌 𐐸𐐨 𐑇𐐰𐑊 𐑁𐐮𐑌𐐮𐑇 𐐸𐐮𐑆 𐐶𐐲𐑉𐐿, 𐑄𐐰𐐻 𐐌 𐑋𐐩 𐑉𐐲𐑅𐐨𐑂 𐐸𐐮𐑋 𐐲𐑌𐐻𐐭 𐑋𐐴𐑅𐐯𐑊𐑁, 𐐨𐑂𐐲𐑌 𐐰𐑆 𐐌 𐐼𐐮𐐼 𐑋𐐴 𐑅𐐲𐑉𐑂𐐲𐑌𐐻 𐐔𐐩𐑂𐐮𐐼 𐐑𐐰𐐻𐐲𐑌, 𐐸𐐭 𐐮𐑆 𐐶𐐮𐑄 𐑋𐐨 𐐰𐐻 𐑄𐐮𐑅 𐐻𐐴𐑋, 𐐰𐑌𐐼 𐐱𐑊𐑅𐐬 𐑋𐐴 𐑅𐐲𐑉𐑂𐐲𐑌𐐻 𐐇𐐼𐐶𐐲𐑉𐐼 𐐑𐐪𐑉𐐻𐑉𐐮𐐾.”—𐐔&𐐗 124:19.

𐐎𐐨 𐑉𐐨𐐼 𐑄𐐰𐐻 𐐣𐐬𐑆𐐲𐑅 𐐰𐑌𐐼 𐐀𐑊𐐴𐐲𐑅 𐐿𐐩𐑋 𐐻𐐭 𐐲𐐼𐑋𐐮𐑌𐐮𐑅𐐻𐐲𐑉 𐐻𐐭 𐐖𐐨𐑆𐐲𐑅, 𐐱𐑌 𐑄 𐐣𐐵𐑌𐐻, 𐐸𐐶𐐴𐑊 𐐑𐐨𐐻𐐲𐑉, 𐐖𐐩𐑋𐑆 𐐰𐑌𐐼 𐐖𐐱𐑌 𐐶𐐲𐑉 𐐶𐐮𐑄 𐐸𐐮𐑋. 𐐐𐐭 𐐶𐐲𐑉 𐑄𐐮𐑅 𐐣𐐬𐑆𐐲𐑅 𐐰𐑌𐐼 𐑄𐐮𐑅 𐐀𐑊𐐴𐐲𐑅? 𐐣𐐬𐑆𐐲𐑅 𐐶𐐲𐑆 𐐪 𐑀𐑉𐐩𐐻 𐐑𐑉𐐱𐑁𐐲𐐻, 𐐲𐐹𐐬𐐮𐑌𐐻𐐲𐐼 𐐺𐐴 𐑄 𐐢𐐱𐑉𐐼 𐐻𐐭 𐐼𐐲𐑊𐐮𐑂𐐲𐑉 𐐆𐑆𐑉𐐲𐑊 𐑁𐑉𐐲𐑋 𐐀𐐾𐐮𐐹𐑇𐐲𐑌 𐐺𐐱𐑌𐐼𐐲𐐾, 𐐰𐑌𐐼 𐑊𐐯𐐼 𐑄𐐯𐑋 𐐻𐐭 𐑄 𐐹𐑉𐐱𐑋𐐮𐑅𐐻 𐑊𐐰𐑌𐐼; 𐐰𐑌𐐼 𐐸𐐨 𐐸𐐯𐑊𐐼 𐑄 𐐿𐐨𐑆 𐐲𐑂 𐑄 𐑀𐐰𐑄𐐲𐑉𐐮𐑍 𐐼𐐮𐑅𐐹𐐲𐑌𐑅𐐩𐑇𐐲𐑌, 𐐸𐐶𐐮𐐽 𐐿𐐨𐑆 𐐸𐐨 𐐰𐑁𐐻𐐲𐑉𐐶𐐲𐑉𐐼𐑆 𐐿𐐲𐑌𐑁𐐲𐑉𐐼 𐐲𐐹𐐱𐑌 𐐖𐐬𐑆𐐯𐑁 𐐝𐑋𐐮𐑃 𐐮𐑌 𐑄 𐐗𐐲𐑉𐐻𐑊𐐲𐑌𐐼 𐐓𐐯𐑋𐐹𐐲𐑊. 𐐐𐐭 𐐶𐐲𐑆 𐐀𐑊𐐴𐐲𐑅? 𐐆𐑊𐐴𐐾𐐲; 𐐸𐐶𐐮𐐽 𐑌𐐩𐑋 𐐮𐑌 𐑄 𐐬𐑊𐐼 𐐝𐐿𐑉𐐮𐐹𐐽𐐲𐑉𐑆 𐐮𐑆 𐑋𐐩𐐼 𐑅𐐮𐑌𐐱𐑌𐐮𐑋𐐲𐑅 𐐶𐐮𐑄 𐐀𐑊𐐴𐐲𐑅; 𐐰𐑌𐐼 𐐸𐐭 𐐸𐐯𐑊𐐼, 𐐲𐐿𐐱𐑉𐐼𐐮𐑍 𐐻𐐭 𐑄 𐐻𐐯𐑅𐐻𐐮𐑋𐐬𐑌𐐨 𐐲𐑂 𐐖𐐬𐑆𐐯𐑁 𐐝𐑋𐐮𐑃 𐐰𐑆 𐐯𐑊𐑅𐐸𐐶𐐯𐑉 𐑅𐐻𐐩𐐻𐐲𐐼, 𐑄 𐐿𐐨𐑆 𐐲𐑂 𐑄 𐐑𐑉𐐨𐑅𐐻𐐸𐐳𐐼. 𐐜𐐨𐑆 𐑋𐐯𐑌, 𐐸𐐭 𐐸𐐯𐑊𐐼 𐑄𐐬𐑆 𐐿𐐨𐑆 𐐰𐑌𐐼 𐐲𐑁𐐮𐑇𐐨𐐩𐐻𐐲𐐼 𐐲𐐹𐐱𐑌 𐑄 𐐲𐑉𐑃, 𐐸𐐰𐑂𐐮𐑍 𐑊𐐯𐑁𐐻 𐑄 𐐲𐑉𐑃, 𐑌𐐵 𐐿𐐲𐑋, 𐐲𐑅𐐬𐑇𐐨𐐩𐐻𐐲𐐼 𐐶𐐮𐑄 𐐖𐐨𐑆𐐲𐑅, 𐐻𐐭 𐐲𐐼𐑋𐐮𐑌𐐮𐑅𐐻𐐲𐑉 𐐻𐐭 𐐑𐐨𐐻𐐲𐑉, 𐐖𐐩𐑋𐑆 𐐰𐑌𐐼 𐐖𐐱𐑌, 𐐰𐑌𐐼 𐐿𐐲𐑌𐑁𐐲𐑉 𐐲𐐹𐐱𐑌 𐑄𐐯𐑋 𐑄 𐐑𐑉𐐨𐑅𐐻𐐸𐐳𐐼 𐐸𐐶𐐮𐐽 𐑄𐐩 𐐸𐐬𐑊𐐼; 𐐰𐑌𐐼 𐑄𐐨𐑆 𐑃𐑉𐐨 𐐩𐑌𐐽𐐲𐑌𐐻 𐐊𐐹𐐱𐑅𐐲𐑊𐑆 𐐿𐐲𐑌𐑁𐐲𐑉𐐼 𐑄 𐐑𐑉𐐨𐑅𐐻𐐸𐐳𐐼 𐐲𐐹𐐱𐑌 𐐖𐐬𐑆𐐯𐑁 𐐝𐑋𐐮𐑃 𐐰𐑌𐐼 𐐉𐑊𐐮𐑂𐐲𐑉 𐐗𐐵𐐼𐑉𐐨 𐐮𐑌 𐑄𐐮𐑅 𐐼𐐮𐑅𐐹𐐲𐑌𐑅𐐩𐑇𐐲𐑌. 𐐜𐐮𐑅 𐐹𐑉𐐮𐑌𐑅𐐮𐐹𐐲𐑊 𐐮𐑆 𐑂𐐯𐑉𐐨 𐐿𐑊𐐮𐑉𐑊𐐨 𐐮𐑊𐐲𐑅𐐻𐑉𐐩𐐻𐐲𐐼 𐐮𐑌 𐑄 𐑁𐐱𐑊𐐬𐐮𐑍 𐐿𐐶𐐬𐐻𐐩𐑇𐐲𐑌 𐑁𐑉𐐲𐑋 𐑄 𐐒𐐳𐐿 𐐲𐑂 𐐔𐐱𐐿𐐻𐑉𐐮𐑌 𐐰𐑌𐐼 𐐗𐐲𐑂𐐲𐑌𐐲𐑌𐐻𐑅 128:20, 21:

“𐐈𐑌𐐼 𐐲𐑀𐐯𐑌, 𐐸𐐶𐐲𐐻 𐐼𐐭 𐐶𐐨 𐐸𐐮𐑉? 𐐘𐑊𐐰𐐼 𐐻𐐴𐐼𐐮𐑍𐑆 𐑁𐑉𐐲𐑋 𐐗𐐲𐑋𐐬𐑉𐐲! 𐐣𐐲𐑉𐐬𐑌𐐴, 𐐰𐑌 𐐩𐑌𐐾𐐲𐑊 𐑁𐑉𐐲𐑋 𐐸𐐯𐑂𐐲𐑌, 𐐼𐐲𐐿𐑊𐐯𐑉𐐮𐑍 𐑄 𐑁𐐳𐑊𐑁𐐮𐑊𐑋𐐲𐑌𐐻 𐐲𐑂 𐑄 𐐹𐑉𐐱𐑁𐐲𐐻𐑅—𐑄 𐐺𐐳𐐿 𐐻𐐭 𐐺 𐑉𐐲𐑂𐐨𐑊𐐼. 𐐂 𐑂𐐬𐐮𐑅 𐐲𐑂 𐑄 𐐢𐐱𐑉𐐼 𐐮𐑌 𐑄 𐐶𐐮𐑊𐐼𐐲𐑉𐑌𐐲𐑅 𐐲𐑂 𐐙𐐩𐐯𐐻, 𐐝𐐯𐑌𐐲𐐿𐐲 𐐗𐐵𐑌𐐻𐐨, 𐐼𐐲𐐿𐑊𐐯𐑉𐐮𐑍 𐑄 𐑃𐑉𐐨 𐐶𐐮𐐻𐑌𐐲𐑅𐐲𐑆 𐐻𐐭 𐐺𐐯𐑉 𐑉𐐯𐐿𐐲𐑉𐐼 𐐲𐑂 𐑄 𐐺𐐳𐐿. 𐐜 𐑂𐐬𐐮𐑅 𐐲𐑂 𐐣𐐴𐐿𐐲𐑊 𐐱𐑌 𐑄 𐐺𐐰𐑍𐐿𐑅 𐐲𐑂 𐑄 𐐝𐐲𐑅𐐿𐐶𐐲𐐸𐐰𐑌𐐲, 𐐼𐐲𐐻𐐯𐐿𐐻𐐮𐑍 𐑄 𐐼𐐯𐑂𐐮𐑊 𐐸𐐶𐐯𐑌 𐐸𐐨 𐐲𐐹𐐮𐑉𐐼 𐐰𐑆 𐐰𐑌 𐐩𐑌𐐾𐐲𐑊 𐐲𐑂 𐑊𐐴𐐻. 𐐜 𐑂𐐬𐐮𐑅 𐐲𐑂 𐐑𐐨𐐻𐐲𐑉, 𐐖𐐩𐑋𐑆 𐐰𐑌𐐼 𐐖𐐱𐑌 𐐮𐑌 𐑄 𐐶𐐮𐑊𐐼𐐲𐑉𐑌𐐲𐑅 𐐺𐐲𐐻𐐶𐐨𐑌 𐐐𐐱𐑉𐑋𐐲𐑌𐐨, 𐐝𐐲𐑅𐐿𐐶𐐲𐐸𐐰𐑌𐐲 𐐿𐐵𐑌𐐻𐐨, 𐐰𐑌𐐼 𐐗𐐬𐑊𐑆𐑂𐐮𐑊, 𐐒𐑉𐐭𐑋 𐐿𐐵𐑌𐐻𐐨, 𐐱𐑌 𐑄 𐐝𐐲𐑅𐐿𐐶𐐲𐐸𐐰𐑌𐐲 𐑉𐐮𐑂𐐲𐑉, 𐐼𐐲𐐿𐑊𐐯𐑉𐐮𐑍 𐑄𐐯𐑋𐑅𐐯𐑊𐑂𐑆 𐐰𐑆 𐐹𐐲𐑆𐐯𐑅𐐮𐑍 𐑄 𐐿𐐨𐑆 𐐲𐑂 𐑄 𐐿𐐮𐑍𐐼𐐲𐑋, 𐐰𐑌𐐼 𐐲𐑂 𐑄 𐐼𐐮𐑅𐐹𐐲𐑌𐑅𐐩𐑇𐐲𐑌 𐐲𐑂 𐑄 𐑁𐐳𐑊𐑌𐐲𐑅 𐐲𐑂 𐐻𐐴𐑋𐑆.

“𐐈𐑌𐐼 𐐲𐑀𐐯𐑌, 𐑄 𐑂𐐬𐐮𐑅 𐐲𐑂 𐐘𐐱𐐼 𐐮𐑌 𐑄 𐐽𐐩𐑋𐐺𐐲𐑉 𐐲𐑂 𐐬𐑊𐐼 𐐙𐐪𐑄𐐲𐑉 𐐐𐐶𐐮𐐻𐑋𐐲𐑉, 𐐮𐑌 𐐙𐐩𐐯𐐻, 𐐝𐐯𐑌𐐲𐐿𐐲 𐐗𐐵𐑌𐐻𐐨, 𐐰𐑌𐐼 𐐰𐐻 𐑅𐐲𐑌𐐼𐑉𐐨 𐐻𐐴𐑋𐑆 𐐰𐑌𐐼 𐐮𐑌 𐐼𐐴𐑂𐐲𐑉𐑆 𐐹𐑊𐐩𐑅𐐲𐑆 𐑃𐑉𐐭 𐐫𐑊 𐑄 𐐻𐑉𐐰𐑂𐐲𐑊𐑆 𐐰𐑌𐐼 𐐻𐑉𐐮𐐺𐐷𐐲𐑊𐐩𐑇𐐲𐑌𐑆 𐐲𐑂 𐑄𐐮𐑅 𐐕𐐲𐑉𐐽 𐐲𐑂 𐐖𐐨𐑆𐐲𐑅 𐐗𐑉𐐴𐑅𐐻 𐐲𐑂 𐐢𐐰𐐻𐐲𐑉-𐐼𐐩 𐐝𐐩𐑌𐐻𐑅. 𐐈𐑌𐐼 𐑄 𐑂𐐬𐐮𐑅 𐐲𐑂 𐐣𐐴𐐿𐐲𐑊, 𐑄 𐐪𐑉𐐿𐐩𐑌𐐾𐐲𐑊; 𐑄 𐑂𐐬𐐮𐑅 𐐲𐑂 𐐘𐐩𐐺𐑉𐐨𐐲𐑊, 𐐰𐑌𐐼 𐐲𐑂 𐐡𐐪𐑁𐐩𐐯𐑊, 𐐰𐑌𐐼 𐐲𐑂 𐐼𐐴𐑂𐐲𐑉𐑆 𐐩𐑌𐐾𐐲𐑊𐑆, 𐑁𐑉𐐲𐑋 𐐣𐐴𐐿𐐲𐑊 𐐫𐑉 𐐈𐐼𐐲𐑋, 𐐼𐐵𐑌 𐐻𐐭 𐑄 𐐹𐑉𐐯𐑆𐐲𐑌𐐻 𐐻𐐴𐑋, 𐐫𐑊 𐐼𐐲𐐿𐑊𐐯𐑉𐐮𐑍 𐑄𐐯𐑉 𐐼𐐮𐑅𐐹𐐲𐑌𐑅𐐩𐑇𐐲𐑌, 𐑄𐐯𐑉 𐑉𐐴𐐻𐑅, 𐑄𐐯𐑉 𐐿𐐨𐑆, 𐑄𐐯𐑉 𐐱𐑌𐐲𐑉𐑆, 𐑄𐐯𐑉 𐑋𐐰𐐾𐐲𐑅𐐻𐐨 𐐰𐑌𐐼 𐑀𐑊𐐬𐑉𐐨, 𐐰𐑌𐐼 𐑄 𐐹𐐵𐐲𐑉 𐐲𐑂 𐑄𐐯𐑉 𐐑𐑉𐐨𐑅𐐻𐐸𐐳𐐼; 𐑀𐐮𐑂𐐮𐑍 𐑊𐐴𐑌 𐐲𐐹𐐱𐑌 𐑊𐐴𐑌, 𐐹𐑉𐐨𐑅𐐯𐐹𐐻 𐐲𐐹𐐱𐑌 𐐹𐑉𐐨𐑅𐐯𐐹𐐻; 𐐸𐐮𐑉 𐐲 𐑊𐐮𐐻𐐲𐑊 𐐰𐑌𐐼 𐑄𐐯𐑉 𐐲 𐑊𐐮𐐻𐐲𐑊—𐑀𐐮𐑂𐐮𐑍 𐐲𐑅 𐐿𐐱𐑌𐑅𐐲𐑊𐐩𐑇𐐲𐑌 𐐺𐐴 𐐸𐐬𐑊𐐼𐐮𐑍 𐑁𐐫𐑉𐑃 𐑄𐐰𐐻 𐐸𐐶𐐮𐐽 𐐮𐑆 𐐻𐐭 𐐿𐐲𐑋, 𐐿𐐲𐑌𐑁𐐲𐑉𐑋𐐮𐑍 𐐵𐑉 𐐸𐐬𐐹.”

𐐐𐐯𐑌𐑅 𐑄𐐯𐑉 𐐑𐑉𐐨𐑅𐐻𐐸𐐳𐐼 𐐶𐐲𐑆 𐐯𐑂𐐲𐑉𐑊𐐰𐑅𐐻𐐮𐑍, 𐐮𐐻 𐐲𐐼𐑋𐐮𐑌𐐮𐑅𐐻𐐲𐑉𐐼 𐐮𐑌 𐐻𐐴𐑋 𐐰𐑌𐐼 𐐮𐑌 𐐨𐐻𐐲𐑉𐑌𐐮𐐻𐐨. 𐐆𐑌 𐐿𐐱𐑌𐑅𐐲𐑌𐐲𐑌𐑅 𐐶𐐮𐑄 𐑄 𐑅𐐩𐑋 𐐴𐐼𐐨𐐲 𐐮𐑆 𐐲 𐑉𐐲𐑋𐐪𐑉𐐿 𐑋𐐩𐐼 𐐺𐐴 𐐲 𐑋𐐴𐐻𐐨 𐐩𐑌𐐾𐐲𐑊, 𐐻𐐭 𐐺 𐑁𐐵𐑌𐐼 𐐮𐑌 𐑄 𐐡𐐯𐑂𐐲𐑊𐐩𐑇𐐲𐑌 𐑉𐐲𐐿𐐫𐑉𐐼𐐲𐐼 𐐺𐐴 𐐝𐐻. 𐐖𐐱𐑌 𐐱𐑌 𐑄 𐐴𐑊 𐐲𐑂 𐐑𐐰𐐻𐑋𐐱𐑅. 𐐈𐑁𐐻𐐲𐑉 𐑄𐐮𐑅 𐐩𐑌𐐾𐐲𐑊 𐐸𐐰𐐼 𐐿𐐲𐑋𐐷𐐭𐑌𐐮𐐿𐐩𐐻𐐲𐐼 𐐻𐐭 𐐖𐐱𐑌 𐑋𐐯𐑌𐐨 𐑀𐑉𐐩𐐻 𐐰𐑌𐐼 𐐮𐑋𐐹𐐫𐑉𐐻𐐲𐑌𐐻 𐐮𐑂𐐯𐑌𐐻𐑅 𐐷𐐯𐐻 𐐻𐐭 𐐻𐑉𐐰𐑌𐑅𐐹𐐴𐑉, 𐑄 𐐈𐐹𐐱𐑅𐐲𐑊 𐐶𐐲𐑆 𐑅𐐬 𐐬𐑂𐐲𐑉𐐫𐐼 𐐺𐐴 𐐸𐐮𐑆 𐐹𐑉𐐯𐑆𐐲𐑌𐑅 𐑄𐐰𐐻 𐐸𐐨 𐑁𐐯𐑊 𐐰𐐻 𐐸𐐮𐑆 𐑁𐐨𐐻 𐐻𐐭 𐐶𐐲𐑉𐑇𐐮𐐹 𐐸𐐮𐑋; 𐐸𐐶𐐯𐑉𐐰𐑆 𐑄 𐐩𐑌𐐾𐐲𐑊 𐑅𐐯𐐼, “𐐝𐐨 𐑄𐐰𐐻 𐑄𐐵 𐐼𐐭 𐐮𐐻 𐑌𐐱𐐻; 𐐌 𐐰𐑋 𐑄𐐴 𐑁𐐯𐑊𐐬 𐑅𐐲𐑉𐑂𐐲𐑌𐐻, 𐐰𐑌𐐼 𐐲𐑂 𐑄𐐴 𐐺𐑉𐐯𐑄𐑉𐐲𐑌 𐑄𐐰𐐻 𐐸𐐰𐑂 𐑄 𐐻𐐯𐑅𐐻𐐮𐑋𐐬𐑌𐐨 𐐲𐑂 𐐖𐐨𐑆𐐲𐑅: 𐐶𐐲𐑉𐑇𐐮𐐹 𐐘𐐱𐐼; 𐑁𐐫𐑉 𐑄 𐐻𐐯𐑅𐐻𐐮𐑋𐐬𐑌𐐨 𐐲𐑂 𐐖𐐨𐑆𐐲𐑅 𐐮𐑆 𐑄 𐑅𐐹𐐮𐑉𐐮𐐻 𐐲𐑂 𐐹𐑉𐐱𐑁𐐲𐑅𐐨.” (𐐡𐐯𐑂𐐲𐑊𐐩𐑇𐐲𐑌 19:10.) 𐐆𐑌 𐐲𐑄𐐲𐑉 𐐶𐐲𐑉𐐼𐑆, 𐐸𐐨 𐐸𐐰𐐼 𐐸𐐯𐑊𐐼 𐑄 𐐸𐐬𐑊𐐨 𐐑𐑉𐐨𐑅𐐻𐐸𐐳𐐼 𐐱𐑌 𐑄 𐐲𐑉𐑃 𐐰𐑌𐐼 𐐸𐐰𐐼 𐐲𐑁𐐮𐑇𐐨𐐩𐐻𐐲𐐼 𐑄𐐯𐑉𐐮𐑌; 𐐸𐐨 𐐸𐐰𐐼 𐐺𐐮𐑌 𐑅𐐲𐐺𐐾𐐯𐐿𐐻𐐲𐐼 𐐻𐐭 𐐫𐑊 𐑄 𐐱𐐺𐑊𐐲𐐿𐐶𐐨, 𐐿𐐱𐑌𐐻𐐭𐑋𐐲𐑊𐐨 𐐰𐑌𐐼 𐑉𐐲𐐹𐑉𐐬𐐽 𐐸𐐶𐐮𐐽 𐑄 𐐑𐑉𐐱𐑁𐐲𐐻𐑅 𐐲𐑂 𐐘𐐱𐐼 𐐾𐐯𐑌𐐲𐑉𐐲𐑊𐐨 𐑅𐐲𐑁𐐲𐑉𐐼. 𐐒𐐲𐐻 𐑌𐐵 𐑄 𐑅𐐨𐑌 𐐶𐐲𐑆 𐐽𐐩𐑌𐐾𐐼; 𐐸𐐨 𐐶𐐲𐑆 𐐲𐑁𐐮𐑇𐐨𐐩𐐻𐐮𐑍 𐐮𐑌 𐐲𐑌𐐲𐑄𐐲𐑉 𐑅𐑁𐐨𐑉, 𐐰𐑌𐐼 𐐶𐐲𐑆 𐑉𐐲𐑂𐐨𐑊𐐮𐑍 𐐲𐑌𐐻𐐭 𐑄 𐐈𐐹𐐱𐑅𐐲𐑊 𐐖𐐱𐑌, 𐐸𐐭 𐐸𐐰𐐼 𐐲 𐐹𐐲𐐿𐐷𐐭𐑊𐐷𐐲𐑉 𐑋𐐮𐑇𐐲𐑌 𐐱𐑌 𐑄 𐐲𐑉𐑃, 𐑅𐐲𐑋 𐐲𐑂 𐑄 𐑀𐑉𐐩𐐻 𐐰𐑌𐐼 𐐮𐑋𐐹𐐫𐑉𐐻𐐲𐑌𐐻 𐐻𐑉𐐭𐑃𐑅 𐐫𐑉 𐐮𐑂𐐯𐑌𐐻𐑅 𐑄𐐰𐐻 𐑇𐐳𐐼 𐐺 𐐼𐐲𐑂𐐯𐑊𐐲𐐹𐐻 𐐮𐑌 𐑄 𐐲𐐿𐐱𐑋𐐹𐑊𐐮𐑇𐑋𐐲𐑌𐐻 𐐲𐑂 𐑄 𐐹𐐲𐑉𐐹𐐲𐑅𐐲𐑆 𐐲𐑂 𐐘𐐱𐐼. 𐐃𐑊 𐐲𐑂 𐑄𐐨𐑆 𐑋𐐯𐑌, 𐐸𐐰𐑂𐐮𐑍 𐐸𐐯𐑊𐐼 𐑄 𐐯𐑂𐐲𐑉𐑊𐐰𐑅𐐻𐐮𐑍 𐐑𐑉𐐨𐑅𐐻𐐸𐐳𐐼 𐐱𐑌 𐐲𐑉𐑃, 𐑅𐐻𐐮𐑊 𐑉𐐲𐐻𐐩𐑌 𐑄 𐐹𐐵𐐲𐑉 𐐰𐑌𐐼 𐐲𐑃𐐱𐑉𐐮𐐻𐐨 𐐿𐐲𐑌𐑁𐐲𐑉𐐼 𐐲𐐹𐐱𐑌 𐑄𐐯𐑋, 𐐰𐑌𐐼 𐑅𐐻𐐰𐑌𐐼 𐑁𐐫𐑉𐑃 𐐰𐑆 𐐹𐑉𐐱𐑋𐐮𐑌𐐲𐑌𐐻 𐐮𐑀𐑆𐐰𐑋𐐹𐑊𐐲𐑆 𐐲𐑂 𐑄 𐐹𐐲𐑉𐐹𐐲𐐻𐐭𐐮𐐻𐐨 𐐲𐑂 𐑄 𐐯𐑂𐐲𐑉𐑊𐐰𐑅𐐻𐐮𐑍 𐐑𐑉𐐨𐑅𐐻𐐸𐐳𐐼, 𐐲𐐼𐑋𐐮𐑌𐐮𐑅𐐻𐐲𐑉𐐮𐑍 𐐱𐑌 𐑄 𐐲𐑉𐑃 𐐫𐑉 𐐮𐑌 𐑄 𐐸𐐯𐑂𐐲𐑌𐑆, 𐐰𐑆 𐑄 𐐹𐐲𐑉𐐹𐐲𐑅𐐲𐑆 𐐲𐑂 𐐘𐐱𐐼 𐐰𐑌𐐼 𐑄 𐑁𐐳𐑊𐑁𐐮𐑊𐑋𐐲𐑌𐐻 𐐲𐑂 𐑄𐐯𐑉 𐐼𐐭𐐻𐐨𐑆 𐑉𐐯𐑌𐐼𐐲𐑉 𐑌𐐯𐑅𐐲𐑅𐐯𐑉𐐨, 𐐫𐑉 𐑄 𐑅𐐲𐑉𐐿𐐲𐑋𐑅𐐻𐐰𐑌𐑅𐐲𐑆 𐑉𐐲𐐿𐐶𐐴𐑉.

# Cɹтղɼф XXIII

*Ɣ ɭ૭ճ ɼɞ Ѡəd Ƥɤcɛɤçɼaɼɭ, Ɣ૭ɤɞɼфɞɼɭ ɹɤd ∂ɼфɤɼɭ—Ɨώճɹɔтɼճ ɹɤd Ɑɹpɤɤbɼɤճ—Ʌɞɼɭ૭bɼɤɞɞɭɞ—Ѡɪɤdɼɔճ ɹɤd ɭф—Ѡффɞɭ ɣ Ѡфəɛɭɼф, etc.—Ɑəɞəɛbɼɤճ рфɼɔ Ϛɹɤɼфɼɭ ɭ૭ճ—Ʌɞфə Ѡɪɤdɼɔ фɹճ ɞ ɭ૭ Ѡɪɞɼɤ.*

Ɣɹф ɪճ ɹɤ ɨɹɷɞɼфɼɞɼɭ ɭ૭ ɼɞ Ѡəd ɣɹղ фɼѠɷффճ рфɼɔ Фɪճ ղфɼɼɹɞղ рɞɭɞɼфճ ɣ ղфɤɞɪтɼɭճ ɼɞ ɞɼфcѠ, ɞɤɼф, ղфѠʟ, ɨɤɭɹώфɪɭə, ффcɼɞɤɼɞ, çɼɞɭɪɞ, çɼçɔɼɤղ ɹɤd ɔɼфɞə, ɹճ ɪώճɪɞղɼd ɪɤ ɣ рɞɭɔɪɪ Ɛѡфɪтcɼфճ:

"Ϛɼɞɭɪɞ ɹɤd çɼçɔɼɤղ ɞф ɣ фɹɞղɛbɼɤ ɼɞ ɣф ʟфѠɤ: ɔɼфɞə ɹɤd ղфѠʟ bɹɭ ώѠ ɞɼɼѠф ɣф рɛɞ."—Ɛəɭɔ 89:14.

"Ɣɞ ɭɼɞɼɞղ ффcɼɞɤɼɞ, ɹɤd фɛղɼɞղ ѡɪѡɼdɤɼɞ: ɣɹфɼѠф Ѡəd, ɣф Ѡəd, фɹʟ ɼɤѠɪɤղɼd ɣ ѡɪɣ ɣ Ѡɪɭ ɼɞ ώɭɹdɤɼɞ ɼɹɼɞ ɣф рɹɭѠճ."—Ɛəɭɔ 45:7.

"ɭѠфd, фѠ bɹɭ ɼɞɹфd ɪɤ ɣф ղɹɞɼфɤɹѡɼɭ? фѠ bɹɭ dѡɹɭ ɪɤ ɣф фѠɭə фɪ? Фə ɣɹղ ѡѠѡɼʟ ɼтффղɭə, ɹɤd ѡɼфѡɼʟ ффcɼɞɤɼɞ, ɹɤd ɞтəѡɼʟ ɣ ղфѠʟ ɪɤ фɪճ фəфղ. Фə ɣɹղ ɞɹѡɞɞղɼʟ ɤɞղ ѡɪɣ фɪճ ղɼɪ, ɤѠф dѠɼʟ əɞɪɭ ղѠ фɪճ ɤɛɞɼф, ɤѠф ղɛѡɼʟ ɼт ɞ фɼтфѠc ɼώɹɤɞղ фɪճ ɤɛɞɼф. Ɨɤ фѠճ фճ ɞ ɞфɭ тɼфɞɼɤ ɪճ ѡɼɤղɹɔd; ɞɼɼ фə ɞɤɼфɼʟ ɣɹɔ ɣɹղ рɪф ɣ ɭѠфd. Фə ɣɹղ ɞѡɹфɼʟ ղѠ фɪճ Ѡɤ фɼфղ, ɹɤd cɛɤçɼʟ ɤɞղ. Фə ɣɹղ тղղɼʟ ɤɞղ ɞղ фɪճ ɔɼɤə ղѠ ɤѠɞɼфə, ɤѠф ղɛѡɼʟ фɼѠѠфd ɼώɹɤɞղ ɣ ɨɤɼɞɼɤղ. Фə ɣɹղ dѠɼʟ ɣəճ ʟɪɪɤճ bɹɭ ɤɹɞɼф ɞ ɔѠɞd."—Ɛəɭɔ 15:1–5.

"ФѠ bɹɭ ɼɞɹɤd ɪɤղѠ ɣ фɪɭ ɼɞ ɣ ɭѠфd? ɞф фѠ bɹɭ ɞղɹɤd ɪɤ фɪճ фѠɭə тɭɛɞ? Фə ɣɹղ фɹʟ ѡɭəɤ фɹɤdճ, ɹɤd ɞ тɤçф фəфղ; фѠ фɹʟ ɤɞղ ɭɪɼղɼd ɼт фɪճ ɞѠɭ ɼɤղѠ ɞɹɤɤղə, ɤѠф ɞѡѠфɤ dɼɞəɭɼçղə. Фə bɹɭ фɼɞəɞ ɣ ɞɭɹɞɪɪ рфɼɔ ɣ ɭѠфd, ɹɤd ффcɼɞɤɼɞ рфɼɔ ɣ Ѡəd ɼɞ фɪճ ɞɹղɞɛbɼɤ."—Ɛəɭɔ 24:3–5.

"ФѠ ɼɔɼɪ ɼɞ bɹɭ dѡɹɭ ѡɪɣ ɣ dɼɞώфɪɪ рфф? фѠ ɼɔɼɪ ɼɞ bɹɭ dѡɹɭ ѡɪɣ ɹɞɼфɭɹɞղɪɪ ɞɼфɤɪɪճ? Фə ɣɹղ ѡѠѡɼʟ ффcɼɞɭə, ɹɤd ɞтəѡɼʟ ɼтффղɭə; фə ɣɹղ dɼɞтфճɼʟ ɣ ώɛɤ ɼɞ ɼтфɹbɼɤճ, ɣɹղ bɛѡɼʟ фɪճ фɹɤdճ рфɼɔ фѠɭdɪɪ ɼɞ ɞффɞճ, ɣɹղ ɞղɞтɼʟ фɪճ ɪфճ рфɼɔ фɪфɪɪ ɼɞ ɞɭɼd, ɹɤd bɼղɼʟ фɪճ фճ рфɼɔ ɞəɪɪ əɞɪɭ. Фə bɹɭ dѡɹɭ Ѡɤ фф; фɪճ тɭɛɞ ɼɞ dɼрɹɤɞ bɹɭ ɞ ɣ ɔɼѠɤbɼɤճ ɼɞ фəѠɞ: ɞфɹd bɹɭ ɞ ώɪɞɼɤ фɪɔ; фɪճ ѡəɭɼфճ bɹɭ ɞ bçф."—Фɛɛɼ 33:14–16.

Ɣɹф ɞф əɭɼфɤɼɭ, ɼɤcɛɤçɼɞɼɭ ɭѠճ ɼɞѠbəɛɭɼd ѡɪɣ Ѡəd, ɹɤd ѡɪɣ Ѡɭ Фɪճ ղɭɹɤճ, Фɪճ ѡɼфѠɞ ɹɤd ѡɛճ, ɣ фɼѠѡффɔɼɤղɞ ɼɞ фѡɪc ɔɼɞղ ɞ ɔɹɭ; ɤѠф Ѡɹɤ ɣɛ ɞ ɪɞɛdɼd ɞф cɛɤçd, ɪѡɞɹтղ 𐐱𐑌 𐑅𐐲𐑉𐐻𐐲𐑌 𐐹𐑉𐐮𐑌𐑅𐐮𐐹𐐲𐑊𐑆 𐐹𐑉𐐲𐑂𐐴𐐼𐐲𐐼 𐑁𐐫𐑉 𐐰𐑌𐐼 𐐿𐐲𐑌𐐻𐐩𐑌𐐼 𐐮𐑌 𐑄 𐑊𐐫𐑆 𐑄𐐯𐑋𐑅𐐯𐑊𐑂𐑆. 𐐐𐐶𐐯𐑌 𐑋𐐰𐑌 𐐸𐐰𐐼 𐐻𐑉𐐰𐑌𐑆𐑀𐑉𐐯𐑅𐐻, 𐐰𐑌 𐐲𐐻𐐬𐑌𐑋𐐲𐑌𐐻 𐐸𐐰𐐼 𐐻𐐭 𐐺 𐑋𐐩𐐼 𐐿𐐲𐑋𐐯𐑌𐑇𐐲𐑉𐐲𐐻 𐐶𐐮𐑄 𐑄 𐐰𐐿𐐻, 𐐰𐑌𐐼 𐑁𐐳𐑊𐐨 𐐰𐐼𐐲𐐿𐐶𐐲𐐻 𐐻𐐭 𐑋𐐨𐐻 𐑄 𐐮𐑌𐐯𐐿𐑅𐐲𐑉𐐲𐐺𐐲𐑊 𐐼𐐲𐑋𐐰𐑌𐐼𐑆 𐐲𐑂 𐐾𐐲𐑅𐐻𐐮𐑅; 𐑅𐐬 𐑄𐐰𐐻, 𐐰𐑆 𐑅𐐻𐐩𐐻𐐲𐐼, 𐐾𐐲𐑅𐐻𐐮𐑅 𐑋𐐴𐐻 𐐺 𐑅𐐰𐐻𐐮𐑅𐑁𐐴𐐼, 𐐸𐐶𐐮𐐽, 𐐮𐑁 𐐮𐐻 𐐸𐐰𐐼 𐑌𐐱𐐻 𐐺𐐮𐑌, 𐑄 𐑊𐐫 𐐹𐐲𐑉𐐻𐐩𐑌𐐮𐑍 𐐻𐐭 𐑄𐐮𐑅 𐑋𐐰𐐻𐐲𐑉 𐐿𐐳𐐼 𐑌𐐱𐐻 𐐸𐐰𐑂 𐐺𐐮𐑌 𐐿𐐯𐑉𐐨𐐼 𐐵𐐻, 𐐰𐑌𐐼 𐑋𐐲𐑅𐐻 𐑌𐐯𐑅𐐲𐑅𐐯𐑉𐐮𐑊𐐨 𐐸𐐰𐑂 𐐺𐐮𐑌 𐑂𐐴𐐲𐑊𐐩𐐻𐐲𐐼.

𐐃𐑊 𐑄 𐐶𐐲𐑉𐐿𐑅 𐐲𐑂 𐐘𐐱𐐼 𐐿𐐲𐑌𐐯𐐿𐐻𐐲𐐼 𐐶𐐮𐑄 𐑄 𐐶𐐲𐑉𐑊𐐼 𐐸𐐶𐐮𐐽 𐐶𐐨 𐐮𐑌𐐸𐐰𐐺𐐮𐐻, 𐐰𐑌𐐼 𐐶𐐮𐑄 𐐫𐑊 𐐲𐑄𐐲𐑉 𐐶𐐲𐑉𐑊𐐼𐑆, 𐐱𐑉 𐑅𐐻𐑉𐐮𐐿𐐻𐑊𐐨 𐑀𐐲𐑂𐐲𐑉𐑌𐐼 𐐺𐐴 𐑊𐐫. 𐐝𐐬 𐐰𐐿𐐷𐐲𐑉𐐲𐐻 𐐱𐑉 𐑄 𐑋𐐭𐑂𐑋𐐲𐑌𐐻𐑅 𐐲𐑂 𐑄 𐐸𐐯𐑂𐐲𐑌𐑊𐐨 𐐺𐐱𐐼𐐨𐑆 𐑄𐐰𐐻 𐐨𐑂𐐲𐑌 𐐶𐐮𐑄 𐐵𐑉 𐑊𐐮𐑋𐐮𐐻𐐲𐐼 𐑌𐐱𐑊𐐲𐐾 𐐶𐐨 𐐿𐐰𐑌 𐐿𐐲𐑋𐐹𐐷𐐭𐐻, 𐐰𐑁𐐻𐐲𐑉 𐑄 𐐼𐐲𐐹𐐱𐑉𐐽𐐲𐑉 𐐲𐑂 𐑋𐐬𐑅𐐻 𐐲𐑂 𐑄𐐨𐑆 𐐺𐐱𐐼𐐨𐑆, 𐑄 𐐻𐐴𐑋 𐐲𐑂 𐑄𐐯𐑉 𐑉𐐲𐐻𐐲𐑉𐑌 𐐻𐐭 𐐱 𐑋𐐮𐑌𐐲𐐻. 𐐜 𐑅𐐲𐑌 𐑉𐐴𐑆𐐲𐑆 𐐰𐑌𐐼 𐑅𐐯𐐻𐑅 𐐶𐐮𐑄 𐑀𐑉𐐩𐐻 𐑉𐐯𐑀𐐷𐐲𐑊𐐰𐑉𐐮𐐻𐐨, 𐐰𐑌𐐼 𐐶𐐨 𐐿𐐰𐑌 𐐻𐐯𐑊 𐐻𐐭 𐐱 𐑋𐐬𐑋𐐲𐑌𐐻, 𐐺𐐴 𐐿𐐰𐑊𐐿𐐷𐐲𐑊𐐩𐐻𐐮𐑍 𐑄 𐑉𐐯𐑂𐐲𐑊𐐭𐑇𐐲𐑌 𐐲𐑂 𐑄 𐐲𐑉𐑃, 𐐰𐐻 𐐸𐐶𐐲𐐻 𐐻𐐴𐑋 𐐮𐐻 𐐶𐐮𐑊 𐑋𐐩𐐿 𐐮𐐻𐑅 𐐲𐐹𐐮𐑉𐐲𐑌𐑅 𐐮𐑌 𐑄 𐑋𐐫𐑉𐑌𐐮𐑍 𐐰𐑌𐐼 𐐼𐐮𐑅𐐲𐐹𐐮𐑉 𐐮𐑌 𐑄 𐐨𐑂𐑌𐐮𐑍; 𐑄 𐑅𐐩𐑋 𐑉𐐭𐑊 𐐲𐐹𐑊𐐴𐑆 𐐻𐐭 𐑄 𐑋𐐭𐑌, 𐑄 𐐸𐐬𐑊 𐐲𐑂 𐑄 𐑅𐐬𐑊𐐲𐑉 𐑅𐐮𐑅𐐻𐐲𐑋, 𐐰𐑌𐐼 𐐻𐐭 𐐫𐑊 𐐺𐐱𐐼𐐨𐑆 𐑄𐐰𐐻 𐐿𐐰𐑌 𐐺 𐑉𐐨𐐽𐐻 𐐺𐐴 𐐵𐑉 𐐮𐑌𐑅𐐻𐑉𐐲𐑋𐐲𐑌𐐻𐑅. 𐐜𐐰𐐻 𐐮𐑆 𐐹𐐲𐑉𐑁𐐯𐐿𐐻 𐑉𐐯𐑀𐐷𐐲𐑊𐐰𐑉𐐮𐐻𐐨, 𐐮𐑀𐑆𐐰𐐿𐐻𐐮𐐻𐐭𐐼 𐐰𐑌𐐼 𐐫𐑉𐐼𐐲𐑉 𐐲𐑅𐐬𐑇𐐨𐐩𐐻𐐲𐐼 𐐶𐐮𐑄 𐐫𐑊 𐐶𐐲𐑉𐑊𐐼𐑆; 𐐱 𐐼𐐲𐐹𐐱𐑉𐐽𐐲𐑉 𐑁𐑉𐐲𐑋 𐐸𐐶𐐮𐐽 𐐶𐐳𐐼 𐐹𐑉𐐲𐐼𐐭𐑅 𐐮𐑌𐐿𐐰𐑊𐐿𐐷𐐲𐑊𐐲𐐺𐐲𐑊 𐐨𐑂𐐮𐑊 𐐰𐑌𐐼 𐐮𐑉𐐲𐐻𐑉𐐨𐑂𐐲𐐺𐐲𐑊 𐐼𐐲𐑅𐐻𐑉𐐲𐐿𐑇𐐲𐑌 𐐰𐑌𐐼 𐑉𐐭𐐮𐑌. 𐐎𐐮𐑄 𐑉𐐲𐑀𐐱𐑉𐐼 𐐻𐐭 𐑄 𐑋𐐰𐐻𐐲𐑉 𐐲𐑂 𐐸𐐶𐐮𐐽 𐑄 𐐲𐑉𐑃 𐐮𐑆 𐐿𐐲𐑋𐐹𐐬𐑆𐐼, 𐐮𐐻 𐐮𐑆 𐐫𐑊𐑅𐐬 𐑀𐐲𐑂𐐲𐑉𐑌𐐼 𐐺𐐴 𐑅𐐻𐑉𐐮𐐿𐐻, 𐐲𐑌𐐽𐐩𐑌𐐾𐐲𐐺𐐲𐑊 𐑊𐐫𐑆; 𐑋𐐰𐐻𐐲𐑉 𐐹𐐲𐑆𐐯𐑅𐐮𐑍 𐑄 𐑅𐐩𐑋 𐐹𐑉𐐱𐐹𐐲𐑉𐐻𐐨𐑆 𐐲𐑌𐐼𐐲𐑉 𐑄 𐑅𐐩𐑋 𐐿𐐲𐑌𐐼𐐮𐑇𐐲𐑌𐑆, 𐐮𐑌 𐐫𐑊 𐐹𐐱𐑉𐐻𐑅 𐐲𐑂 𐑄 𐐶𐐲𐑉𐑊𐐼. 𐐜 𐑂𐐯𐑉𐐨𐐲𐑅 𐑀𐑉𐐰𐑅𐐲𐑆, 𐐲𐑉𐐺𐑆, 𐐹𐑊𐐰𐑌𐐻𐑅, 𐑇𐑉𐐲𐐺𐑆, 𐑁𐑊𐐵𐐲𐑉𐑆, 𐑋𐐮𐑌𐐲𐑉𐐲𐑊𐑆, 𐑋𐐯𐐻𐐲𐑊𐑆, 𐐶𐐫𐐻𐐲𐑉𐑆, 𐑁𐑊𐐭𐐮𐐼𐑆 𐐫𐑉 𐑀𐐰𐑅𐐲𐑆, 𐐸𐐶𐐯𐑌 𐐲𐑌𐐼𐐲𐑉 𐑄 𐑅𐐩𐑋 𐐿𐐲𐑌𐐼𐐮𐑇𐐲𐑌𐑆, 𐐱𐑉 𐑅𐐲𐐺𐐾𐐯𐐿𐐻 𐐻𐐭 𐐫𐑉 𐑀𐐲𐑂𐐲𐑉𐑌𐐼 𐐺𐐴 𐐲𐑌𐐽𐐩𐑌𐐾𐐲𐐺𐐲𐑊 𐑊𐐫𐑆; 𐐰𐑌𐐼 𐐺𐐴 𐑄𐐬𐑆 𐑊𐐫𐑆 𐐿𐐯𐑋𐐮𐑅𐐻𐑅 𐐫𐑉 𐑅𐐴𐐲𐑌𐐻𐐮𐑅𐐻𐑅 𐐱𐑉 𐐮𐑌𐐩𐐺𐐲𐑊𐐼 𐐻𐐭 𐐲𐐹𐑊𐐴 𐐻𐐯𐑅𐐻𐑅 𐐻𐐭 𐐼𐐯𐑋𐐲𐑌𐑅𐐻𐑉𐐩𐐻 𐑄 𐐹𐑉𐐱𐐹𐐲𐑉𐐻𐐨𐑆 𐐲𐑂 𐑄 𐑂𐐯𐑉𐐨𐐲𐑅 𐐯𐑊𐐲𐑋𐐲𐑌𐐻𐑅 𐐮𐑌 𐑌𐐩𐐽𐐲𐑉, 𐐸𐐶𐐮𐐽 𐑄𐐩 𐑁𐐴𐑌𐐼 𐐱𐑉 𐐫𐑊𐐶𐐩𐑆 𐐮𐑋𐐷𐐭𐐻𐐲𐐺𐐲𐑊, 𐐰𐑌𐐼 𐑄 𐑅𐐩𐑋 𐐼𐐲𐑀𐑉𐐨 𐐲𐑂 𐐰𐐿𐐷𐐲𐑉𐐲𐑅𐐨 𐐲𐐹𐑊𐐴𐑆 𐐻𐐭 𐑄 𐑊𐐫𐑆 𐐰𐑌𐐼 𐑂𐐯𐑉𐐨𐐲𐑅 𐑁𐐫𐑉𐑋𐐩𐑇𐐲𐑌𐑆 𐐲𐑂 𐐿𐑉𐐮𐑅𐐻𐐲𐑊𐐮𐑆𐐩𐑇𐐲𐑌, 𐐲𐑌𐐼𐐲𐑉 𐑄 𐑅𐐩𐑋 𐑅𐐲𐑉𐐿𐐲𐑋𐑅𐐻𐐰𐑌𐑅𐐲𐑆. 𐐜 𐐰𐑌𐐮𐑋𐐲𐑊 𐐰𐑌𐐼 𐑂𐐯𐐾𐐻𐐲𐐺𐐲𐑊 𐐿𐑉𐐨𐐩𐑇𐐲𐑌𐑆 𐐱𐑉 𐑀𐐲𐑂𐐲𐑉𐑌𐐼 𐐺𐐴 𐑅𐐲𐑉𐐻𐐲𐑌 𐑊𐐫𐑆, 𐐰𐑌𐐼 𐐱𐑉 𐐿𐐲𐑋𐐹𐐬𐑆𐐼 𐐲𐑂 𐑅𐐲𐑉𐐻𐐲𐑌 𐐯𐑊𐐲𐑋𐐲𐑌𐐻𐑅 𐐹𐐲𐐿𐐷𐐭𐑊𐐷𐐲𐑉 𐐻𐐭 𐑄𐐯𐑋𐑅𐐯𐑊𐑂𐑆. 𐐜𐐮𐑅 𐐲𐐹𐑊𐐴𐑆 𐐻𐐭 𐑋𐐰𐑌, 𐐻𐐭 𐑄 𐐺𐐨𐑅𐐻𐑅, 𐑁𐐵𐑊𐑆, 𐑁𐐮𐑇 𐐰𐑌𐐼 𐐿𐑉𐐨𐐹𐐮𐑍 𐑃𐐮𐑍𐑆, 𐐻𐐭 𐑄 𐐮𐑌𐑅𐐯𐐿𐐻𐑅 𐐰𐑌𐐼 𐐻𐐭 𐐫𐑊 𐐰𐑌𐐮𐑋𐐩𐐻𐐲𐐼 𐑌𐐩𐐽𐐲𐑉; 𐐨𐐽 𐐶𐐲𐑌 𐐹𐐲𐑆𐐯𐑅𐐮𐑍 𐐮𐐻𐑅 𐐬𐑌 𐐼𐐮𐑅𐐻𐐮𐑍𐐿𐐻𐐮𐑂 𐑁𐐨𐐽𐐲𐑉𐑆, 𐐨𐐽 𐑉𐐲𐐿𐐶𐐴𐑉𐐮𐑍 𐐱 𐑅𐐹𐐲𐑅𐐮𐑁𐐮𐐿 𐑅𐐲𐑅𐐻𐐲𐑌𐐲𐑌𐑅, 𐐨𐐽 𐐸𐐰𐑂𐐮𐑍 𐐰𐑌 𐐫𐑉𐑀𐐲𐑌𐐮𐑆𐑋 𐐰𐑌𐐼 𐑁𐐰𐐿𐐲𐑊𐐻𐐨𐑆 𐑀𐐲𐑂𐐲𐑉𐑌𐐼 𐐺𐐴 𐐹𐑉𐐲𐑅𐐿𐑉𐐴𐐺𐐼 𐑊𐐫𐑆 𐐻𐐭 𐐹𐐲𐑉𐐹𐐯𐐽𐐭𐐩𐐻 𐐮𐐻𐑅 𐐬𐑌 𐐿𐐴𐑌𐐼. 𐐝𐐬 𐐰𐐿𐐷𐐲𐑉𐐲𐐻 𐐮𐑆 𐑄 𐑁𐐫𐑉𐑋𐐩𐑇𐐲𐑌 𐐲𐑂 𐑄 𐑂𐐯𐑉𐐨𐐲𐑅 𐑊𐐮𐑂𐐮𐑍 𐐿𐑉𐐨𐐽𐐲𐑉𐑆 𐑄𐐰𐐻 𐐰𐑌 𐐮𐑌𐐻𐐯𐑊𐐲𐐾𐐲𐑌𐐻 𐑅𐐻𐐭𐐼𐐲𐑌𐐻 𐐲𐑂 𐑌𐐩𐐽𐐲𐑉 ωɹɥ ˥ɹ˥ ɐɸ ʌɥɵ ˥ɼɸ˥ɿωʏɼ˥ɼɸ ɐɵɥ ɼɐ ɣ ɐωʌ˥ɼ˥ɼɥ ɼɐ ɹɥ ɹɥɿɔɼ˥ ˥ɷ φωɼ˥ ω˥ɹɐ ɵɸ ɵɸdɼɸ ɿ˥ ɐɼ˥ɷɿ6.

Ɣɵ6 ˥ɸɥɐɿ˥ɼ˥6 dɷ ɥɵ˥ cɛɥc, ɹ6 ɸʌ˥ɸɼ6ʌɥ˥ɼd ɐɸ ʌɐɼ˥ɷbɼɥɐ˥ɐ ɼɐ ɣ Ɑɵɸωɥɵɼɥ ɐωɷ˥, ɐɼ˥ ɣ ˥ɸɿɔɿ˥ɐ ɵɸώɼɥɿɵɔ6 ɼɐ ɵ˥ ˥ɐɿи ɐɵɿи6 ɿώ6ɿɐ˥ ɥ ɣ ɐɛɔ ρɵɸɔ ɹ6 φωʌɥ ɣɛ ρɼɸɐ˥ ɸɼɐɵɐd ɣʌɸ ɿɔɸʌɐ ρɸɼɔ ɣʌɸ Ɔɛωɼɸ. Ɣʌɸ ɵɸ, ɥdɵd, ɐɼɔ ɐʌɸɵ ɐ˥ɸ˥ ɿωɐʌ˥bɼɥ6, ɹ6 ρɵɸ ɥɐ˥ɼɥɐ, ɣ ɹɐ ɔɛ ɔɿωɐ ωɿɣ ɣ ɔʌɸ ɹɥd ˥ɸɼdɷɐ ɣ ɔɤɷ˥; ɐɼ˥ ɣʌɸ ɿ˥ ʌɥd6, ɣ ɐɸɼ˥ɛbɼɥ ɼɐ ɣ ˥ɷ6 ɼɐ ˥ɸɷωɸɵɛbɼɥ ɸɼɐɵɐ6 ɵ cʌω, ɹɥd ɿ˥ɐ ɵ˥ɼɸɛbɼɥ6 ωɹɥ ώɵ ɥɵ ρɼɸɣɼɸ. Ɛɿɔ˥ɼɸ ωɵɔ˥ɵ́ɥd6 ɔɛ ˥ɵɐɿɐ˥ɵ ɐ ɔɛd ɐɸ ɿωɐ˥ʌɸɿɔʌɥ˥ɼ˥ɿɐ˥ɐ ɥ ɣ ɐʌc˥ɼɐɼ˥ ɹɥd ɔɥɼɸɼ˥ ωɿиdɼɔ6, ɐɼ˥ ɣ ɼɸɿɕɥɼ˥ ʌ˥ɼɔɼɥ˥ɐ ɸɼɔɛɥ ɣ ɐɛɔ. Ɣʌ˥ ɣɿɐ ɿ6 ɥɵ˥ ɣ ɥɵɸɔɼ˥, ɐɼ˥ ɹɥ ɹɐɥɵɸɔɼ˥ ωɼɥdɿbɼɥ ωɿɣ ɣʌɔ, ɹ6 ωɿɣ ɹɥɿɔɼ˥6, ɐɼɸd6, etc.; ɹɥd ɿρ ωɵ ˥ɛω ɔɹɥ, φɵ ɿ6 ɐʌd ˥ɷ φɹɐ ɐɿɥ ɔɛd ɥ ɣ ɿɔɼc ɼɐ Ɯɵd, ρɵɸ ɣ ɐɿɔ˥ɼ˥ ɸɵ6ɼɥ ɣɹ˥ φɵ ɿ6 ɵ ɐɼɥ ɼɐ Ɯɵd; ɹɥd ɐɵɿи Ψɿ6 ɐɼɥ, φɵ ɿ6, ɼɐ ωɵɸɐ, Ψɿ6 ɵρɐ˥ɸɿи, ɹɥ ʌɔɼɥɛbɼɥ ρɸɼɔ Ɯɵd, ɥ φɵ6 ˥ɸωɥɼɐ, ωɵ ɵɸ ˥ɷ˥d, φɵ ɿ6 ɔɛd. Ψɵ dɿd ɥɵ˥ ɼɸɿɕɥɛ˥ ρɸɼɔ ɵ ωɛɵ˥ɿω ɔɹɐ ɼɐ ɔɹ˥ɼɸ, ɔɷɐɿи ɵɸ ɥɼɸ˥, ɐɼ˥ ωɛɔ ρɵɸʟ ˥ɼ6ʌɐɿи, ɥ ɹɥ ʌɔɐɸɵɷ˥ɿω ɐ˥ɛ˥, ɵ˥ ɣ ρʌωɼ˥˥ɵ6 ɹɥd ˥ɵ́ɼɸ6 ɼɐ ɵ Ɯɵd. Ɉɥd φωʌɥ φɵ bɹ˥ ɐ ˥ɼɸρʌω˥ɼd, ɹɥd φɹɐ ˥ɸɼώɸʌɐ˥ ˥ɷ ɔɼcqɸ˥ɵ, φɵ ω˥˥ ɐ ˥ɸω φɿ6 Ƥɵɣɼɸ—ɵ Ɯɵd; ɐɵɿи ɥdɵd Ψɿ6 ɵρɐ˥ɸɿи. Ɉ6 ɣ φɵɸɐ, ɣ ɵωɐ, ɣ bɵ˥, ɹɥd ʌɐɸɵ ˥ɐɿи ωɸɵcɼɸ, ɥω˥ɷdɿи ɔɹɥ, ˥ɸɵ˥ɼώɛ˥ɐ ɿ˥ɐ ɵɥ ɐ˥ɵbɵ6 ɹɥd ˥ɼɸ˥ʌcɼωɛ˥ɐ ɿ˥ɐ ɵɥ ωɸɥd, ɐɵ dɼ6 Ɯɵd ˥ɼɸ˥ʌcɷɛ˥ Ψɿ6.

Ɣʌɸ ɵɸ dɿρɼɸɼɥ˥ ɵɸώɼɥɿɵɔ6 ˥ɼ6ʌɐɿи dɿρɼɸɼɥ˥ ωωɵ˥ɿ˥ɵ6, ρɸɼɔ φωɿc ɣ ɐɛɔ ɸɼ6ɼ˥ɐ ɵɸ ɤɵɥɿρɵɸɔ˥ɵ ɼɐ˥ɛɥd. Ɣ ɐɵdɵ ɼɐ ɵ bɵ˥ ˥ɸɼdɷɐɼ6 ωq˥, ɣɹ˥ ɼɐ ɵ ώɵ˥ ˥ɸɼdɷɐɼ6 φʌɸ, ɣ ρ˥ʌb ɼɐ ɐɼɸ˥ɼɥ ωɸɥd6 ɼɐ ρɿb ˥ɸɼdɷɐɼ6 ɐωɛ˥6, ɣ ρ˥ʌb ɼɐ ɐɼɸd6 ˥ɸɼdɷɐɼ6 ρʌɣɼɸ6, ɹɥd ɐɸ ɣ ωɼɐɼɸɿи6 ɼɐ ɣ ɐʌɸɵɼɐ ωɸɥd6 ɼɐ ɹɥɿɔɼ˥6, ɐɼɸd6 ɹɥd ρɿbɼ6, ɔɛ ɣʌɸ ɼɸɿcɼɥɼ˥6 ɐ ɥɵɥ. Ɨ˥ ɿ6 ˥ɸɷ ɣɹ˥ ɐɼɔ ɼɐ ɣɵ6 ωɼɐɼɸɿи6 ɔɛ ɐ ɐ˥ɸ˥˥ɵ cɛɥcd ɐɸ ɵ ɸɼɔɷɐɼ˥ ɼɐ ɣ ωɸɵcɼɸ ρɸɼɔ ɣ ɵɸω˥ɿω ˥ɷ ɣ ˥ɷɸɿd 6ɵɥ, ɵɸ ɐɸɵ ɐɼɸɐɼ; ωq˥ ɔɛ ɼɐɷɔ ɵ ɥɿɸɼɸ ɼ˥ɸɷc ˥ɷ φʌɸ ɥ ˥ʌɿи˥ ɹɥd ˥ʌωɐcɼɸ, ɵɸ φʌɸ ɔɛ ɐɼωɼɔ ɔɷɸ ωq˥ɵ, ɐɼ˥ ɣɵ6 ɔɵdɿρɿωɛbɼɥ6 ɵɸ ɐ˥ɸ˥, ɹɥd ɣɿɐ ωɼɐɼɸɿи ɼɐ ɣ ɹɥɿɔɼ˥ ɿ6 ˥ɸɵdɿɐ˥ɷɵd ˥ɷ ɸɼ˥ɼɸɥ ˥ɷ ɿ˥ɐ ɼɸɿɕɥɼ˥ ωωɵ˥ɿ˥ɵ6 φωʌɥ ɣ ωɸɵcɼɸ ɿ6 ɸɼ˥ɛɐ˥ ɥ φɿ6 ɥɹcɼɸɼ˥ φɹɐɿ˥ɹ˥. Ʇɷ˥, ɥ ɐ˥ɵωɿи ɵɥ ɣ ɸʌ6ɼɸʌωbɼɥ, ɸɼρɼɸ6 ˥ɷ ɣ dɿρɼɸɼɥ˥ ωωɵ˥ɿ˥ɵ6 ɼɐ ρ˥ʌb ɹ6 ρɵ˥ɷ6:

“𐐒𐐲𐐻 𐐘𐐱𐐼 𐑀𐐮𐑂𐐲𐑃 𐐮𐐻 𐐲 𐐺𐐱𐐼𐐨 𐐰𐑆 𐐮𐐻 𐐸𐐰𐑃 𐐹𐑊𐐨𐑆𐐼 𐐸𐐮𐑋, 𐐰𐑌𐐼 𐐻𐐭 𐐯𐑂𐑉𐐨 𐑅𐐨𐐼 𐐸𐐮𐑆 𐐬𐑌 𐐺𐐱𐐼𐐨. 𐐃𐑊 𐑁𐑊𐐯𐑇 𐐮𐑆 𐑌𐐱𐐻 𐑄 𐑅𐐩𐑋 𐑁𐑊𐐯𐑇; 𐐺𐐲𐐻 𐑄𐐯𐑉 𐐮𐑆 𐐶𐐲𐑌 𐐿𐐴𐑌𐐼 𐐲𐑂 𐑁𐑊𐐯𐑇 𐐲𐑂 𐑋𐐯𐑌, 𐐲𐑌𐐲𐑄𐐲𐑉 𐑁𐑊𐐯𐑇 𐐲𐑂 𐐺𐐨𐑅𐐻𐑅, 𐐲𐑌𐐲𐑄𐐲𐑉 𐐲𐑂 𐑁𐐮𐑇𐐲𐑆, 𐐰𐑌𐐼 𐐲𐑌𐐲𐑄𐐲𐑉 𐐲𐑂 𐐺𐐲𐑉𐐼𐑆.”—1 𐐗𐐲𐑉𐐮𐑌𐑃𐐨𐐲𐑌𐑆 15:38, 39.

𐐜𐐨𐑆 𐐼𐐮𐑁𐐲𐑉𐐲𐑌𐐻 𐐿𐐶𐐱𐑊𐐮𐐻𐐨𐑆 𐑅𐐨𐑋 𐐻𐐭 𐐺 𐐮𐑌𐐸𐐯𐑉𐐲𐑌𐐻 𐐮𐑌 𐑄 𐑅𐐯𐑂𐐲𐑉𐐲𐑊 𐑅𐐹𐐨𐑇𐐨𐑆, 𐐰𐑆 𐑋𐐲𐐽 𐑅𐐬 𐐰𐑆 𐑄 𐐹𐑉𐐱𐐹𐐲𐑉𐐻𐐨𐑆 𐐲𐑂 𐑅𐐮𐑊𐑂𐐲𐑉, 𐑀𐐬𐑊𐐼, 𐐿𐐱𐐹𐐲𐑉, 𐐴𐐲𐑉𐑌 𐐰𐑌𐐼 𐐲𐑄𐐲𐑉 𐑋𐐮𐑌𐐲𐑉𐐲𐑊𐑆 𐐪𐑉 𐐮𐑌𐐸𐐯𐑉𐐲𐑌𐐻 𐐮𐑌 𐑄 𐑋𐐰𐐻𐐲𐑉 𐐮𐑌 𐐸𐐶𐐮𐐽 𐑄𐐩 𐐪𐑉 𐐿𐐲𐑌𐐻𐐩𐑌𐐼, 𐐸𐐶𐐴𐑊𐑅𐐻 𐐫𐑉𐐺𐑆, 𐐲𐐿𐐫𐑉𐐼𐐮𐑍 𐐻𐐭 𐑄𐐯𐑉 𐐿𐐴𐑌𐐼, 𐐹𐐲𐑆𐐯𐑅 𐑄𐐯𐑉 𐑅𐐹𐐲𐑅𐐮𐑁𐐮𐐿 𐐹𐑉𐐱𐐹𐐲𐑉𐐻𐐨𐑆, 𐐫𐑉 𐐰𐑆 𐑄 𐑊𐐨𐐼𐐮𐑍 𐐹𐑉𐐱𐐹𐐲𐑉𐐻𐐨𐑆 𐐲𐑂 𐐲𐑉𐑃, 𐐯𐑉, 𐐰𐑌𐐼 𐐶𐐫𐐻𐐲𐑉, 𐐪𐑉 𐐼𐐮𐑅𐐻𐐮𐑍𐐿𐐻 𐑁𐑉𐐲𐑋 𐐶𐐲𐑌 𐐲𐑌𐐲𐑄𐐲𐑉; 𐐰𐑌𐐼 𐐸𐐯𐑌𐑅, 𐐱𐑌 𐑁𐐮𐑊𐐲𐑅𐐱𐑁𐐮𐐿𐐲𐑊 𐑀𐑉𐐵𐑌𐐼𐑆, 𐑄𐐮𐑅 𐐹𐑉𐐮𐑌𐑅𐐮𐐹𐐲𐑊 𐐺𐐨𐐮𐑍 𐐲𐐼𐑋𐐮𐐻𐐲𐐼, 𐐰𐑌𐐼 𐐮𐐻 𐐿𐐰𐑌𐐱𐐻 𐐺 𐐿𐐱𐑌𐐻𐑉𐐲𐑂𐐲𐑉𐐻𐐲𐐼, 𐐮𐐻 𐐶𐐳𐐼 𐐺 𐐮𐑋𐐹𐐱𐑅𐐮𐐺𐐲𐑊 𐐻𐐭 𐐻𐐩𐐿 𐑄 𐐻𐐮𐑇𐐭𐑆 𐐲𐑂 𐑄 𐑊𐐬𐐲𐑉, 𐐫𐑉, 𐐮𐑌𐐼𐐨𐐼, 𐐲𐑂 𐐯𐑌𐐨 𐐫𐑉𐐼𐐲𐑉 𐐲𐑂 𐑁𐐮𐑇𐐲𐑆, 𐐰𐑌𐐼 𐑋𐐩𐐿 𐐲𐑂 𐑄𐐯𐑋 𐐰𐑌 𐐱𐐿𐑅, 𐐲 𐐺𐐲𐑉𐐼, 𐐫𐑉 𐐲 𐑋𐐰𐑌; 𐐰𐑆 𐐮𐑋𐐹𐐱𐑅𐐮𐐺𐐲𐑊 𐐰𐑆 𐐮𐐻 𐐶𐐳𐐼 𐐺 𐐻𐐭 𐐻𐐩𐐿 𐐴𐐲𐑉𐑌 𐐰𐑌𐐼 𐑋𐐩𐐿 𐐮𐐻 𐐮𐑌𐐻𐐭 𐑀𐐬𐑊𐐼, 𐑅𐐮𐑊𐑂𐐲𐑉, 𐐫𐑉 𐐿𐐱𐐹𐐲𐑉, 𐐫𐑉 𐐻𐐭 𐐹𐑉𐐲𐐼𐐭𐑅 𐐲𐑄𐐲𐑉 𐐽𐐩𐑌𐐾𐐲𐑆 𐐮𐑌 𐑄 𐑊𐐫𐑆 𐐸𐐶𐐮𐐽 𐑀𐐲𐑂𐐲𐑉𐑌 𐐯𐑌𐐨 𐐿𐐴𐑌𐐼 𐐲𐑂 𐑋𐐰𐐻𐐲𐑉. 𐐈𐑌𐐼 𐐸𐐶𐐯𐑌 𐑄 𐑉𐐯𐑆𐐲𐑉𐐯𐐿𐑇𐐲𐑌 𐐰𐑌𐐼 𐐯𐑀𐑆𐐫𐑊𐐻𐐩𐑇𐐲𐑌 𐐲𐑂 𐑋𐐰𐑌 𐑇𐐰𐑊 𐐺 𐐿𐐱𐑌𐑅𐐲𐑋𐐩𐐻𐐲𐐼, 𐐫𐑊𐑄𐐬 𐑋𐐫𐑉 𐐹𐐷𐐳𐑉, 𐑉𐐲𐑁𐐴𐑌𐐼 𐐰𐑌𐐼 𐑀𐑊𐐬𐑉𐐨𐐲𐑅, 𐐷𐐯𐐻 𐐶𐐮𐑊 𐐸𐐨 𐑅𐐻𐐮𐑊 𐐺 𐐮𐑌 𐑄 𐑅𐐩𐑋 𐐮𐑋𐐲𐐾, 𐐰𐑌𐐼 𐐸𐐰𐑂 𐑄 𐑅𐐩𐑋 𐑊𐐴𐐿𐑌𐐯𐑅, 𐐶𐐮𐑄𐐵𐐻 𐑂𐐯𐑉𐐨𐐩𐑇𐐲𐑌 𐐫𐑉 𐐽𐐩𐑌𐐾 𐐮𐑌 𐐯𐑌𐐨 𐐲𐑂 𐐸𐐮𐑆 𐐹𐐪𐑉𐐻𐑅 𐐫𐑉 𐑁𐐰𐐿𐐲𐑊𐐻𐐨𐑆, 𐐯𐐿𐑅𐐯𐐹𐐻 𐑄 𐑅𐐲𐐺𐑅𐐻𐐮𐐻𐐭𐑇𐐲𐑌 𐐲𐑂 𐑅𐐹𐐮𐑉𐐮𐐻 𐑁𐐫𐑉 𐐺𐑊𐐲𐐼.

𐐜𐐮𐑅 𐐹𐑉𐐮𐑌𐑅𐐮𐐹𐐲𐑊 𐐲𐑂 𐐯𐑀𐑆𐐰𐐿𐐻𐐮𐐻𐐭𐐼 𐐮𐑌 𐐫𐑊 𐑄 𐐶𐐲𐑉𐐿𐑅 𐐲𐑂 𐐘𐐱𐐼 𐑉𐐯𐐹𐑉𐐲𐑆𐐯𐑌𐐻𐑅 𐑄 𐐹𐑉𐐮𐑌𐑅𐐮𐐹𐐲𐑊𐑆 𐑄𐐰𐐻 𐐼𐐶𐐯𐑊 𐐮𐑌 𐐘𐐱𐐼 𐐐𐐮𐑋𐑅𐐯𐑊𐑁. 𐐐𐐨 𐐮𐑆 𐐿𐐫𐑊𐐼 𐐮𐑌 𐐝𐐿𐑉𐐮𐐹𐐽𐐲𐑉 𐑄 𐐌 𐐈𐐣, 𐐮𐑌 𐐲𐑄𐐲𐑉 𐐶𐐲𐑉𐐼𐑆, 𐐌 𐐈𐐣 𐐜𐐈𐐓 𐐌 𐐈𐐣, 𐐺𐐮𐐿𐐫𐑆 𐐲𐑂 𐑄𐐬𐑆 𐐮𐑌𐐸𐐯𐑉𐐲𐑌𐐻 𐐹𐑉𐐮𐑌𐑅𐐮𐐹𐐲𐑊𐑆, 𐐸𐐶𐐮𐐽 𐐪𐑉 𐐫𐑊𐑅𐐬 𐐨𐐻𐐲𐑉𐑌𐐲𐑊 𐐰𐑌𐐼 𐐲𐑌𐐽𐐩𐑌𐐾𐐲𐐺𐐲𐑊; 𐑁𐐫𐑉 𐐸𐐶𐐯𐑉 𐑄𐐬𐑆 𐐹𐑉𐐮𐑌𐑅𐐮𐐹𐐲𐑊𐑆 𐐯𐑀𐑆𐐮𐑅𐐻, 𐐐𐐨 𐐯𐑀𐑆𐐮𐑅𐐻𐑅; 𐐰𐑌𐐼 𐐸𐐶𐐯𐑌 𐑅𐐹𐐨𐐿𐐮𐑍 𐐲𐑂 𐑄 𐐶𐐲𐑉𐑊𐐼𐑆 𐐺𐐴 𐐸𐐶𐐮𐐽 𐐶𐐨 𐐪𐑉 𐑅𐐲𐑉𐐵𐑌𐐼𐐲𐐼, 𐐮𐐻 𐐮𐑆 𐑅𐐯𐐼, “𐐒𐐨𐐸𐐬𐑊𐐼, 𐐫𐑊 𐑄𐐨𐑆 𐐪𐑉 𐐿𐐮𐑍𐐼𐐲𐑋𐑆, 𐐰𐑌𐐼 𐐯𐑌𐐨 𐑋𐐰𐑌 𐐸𐐭 𐐸𐐰𐑃 𐑅𐐨𐑌 𐐯𐑌𐐨, 𐐫𐑉 𐑄 𐑊𐐨𐑅𐐻 𐐲𐑂 𐑄𐐨𐑆, 𐐸𐐰𐑃 𐑅𐐨𐑌 𐐘𐐱𐐼 𐑋𐐭𐑂𐐮𐑍 𐐮𐑌 𐐸𐐮𐑆 𐑋𐐰𐐾𐐲𐑅𐐻𐐨 𐐰𐑌𐐼 𐐹𐐵𐐲𐑉.”—𐐔&𐐗 88:47.

𐐈𐑌𐐼 𐐲𐑀𐐯𐑌 𐐮𐐻 𐐮𐑆 𐑉𐐮𐐻𐐲𐑌:

“𐐐𐐨 𐐿𐐱𐑋𐐹𐑉𐐨𐐸𐐯𐑌𐐼𐐲𐑃 𐐫𐑊 𐑃𐐮𐑍𐑆, 𐐰𐑌𐐼 𐐫𐑊 𐑃𐐮𐑍𐑆 𐐪𐑉 𐐺𐐨𐑁𐐬𐑉 𐐸𐐮𐑋, 𐐰𐑌𐐼 𐐫𐑊 𐑃𐐮𐑍𐑆 𐐪𐑉 𐑉𐐵𐑌𐐼 𐐲𐐺𐐵𐐻 𐐸𐐮𐑋: 𐐰𐑌𐐼 𐐸𐐨 𐐮𐑆 𐐲𐐺𐐲𐑂 𐐫𐑊 𐑃𐐮𐑍𐑆, 𐐰𐑌𐐼 𐐮𐑌 𐐫𐑊 𐑃𐐮𐑍𐑆, 𐐰𐑌𐐼 𐐮𐑆 𐑃𐑉𐐭 𐐫𐑊 𐑃𐐮𐑍𐑆, 𐐰𐑌𐐼 𐐮𐑆 𐑉𐐵𐑌𐐼 𐐲𐐺𐐵𐐻 𐐫𐑊 𐑃𐐮𐑍𐑆; 𐐰𐑌𐐼 𐐫𐑊 𐑃𐐮𐑍𐑆 𐐪𐑉 𐐺𐐴 𐐸𐐮𐑋, 𐐰𐑌𐐼 𐐲𐑂 𐐸𐐮𐑋, 𐐨𐑂𐐲𐑌 𐐘𐐱𐐼, 𐑁𐐫𐑉𐐯𐑂𐐲𐑉 𐐰𐑌𐐼 𐐯𐑂𐐲𐑉. 𐐈𐑌𐐼 𐐲𐑀𐐯𐑌, 𐑂𐐯𐑉𐐮𐑊𐐨 𐐌 𐑅𐐩 𐐲𐑌𐐻𐐭 𐐷𐐭, 𐐸𐐨 𐐸𐐰𐑃 𐑀𐐮𐑂𐐲𐑌 𐐲 𐑊𐐫 𐐲𐑌𐐻𐐭 𐐫𐑊 𐑃𐐮𐑍𐑆, 𐐺𐐴 𐐸𐐶𐐮𐐽 𐑄𐐩 𐑋𐐭𐑂 𐐮𐑌 𐑄𐐯𐑉 𐐻𐐴𐑋𐑆 𐐰𐑌𐐼 𐑄𐐯𐑉 𐑅𐐨𐑆𐐲𐑌𐑆.”—𐐔&𐐗 88:41, 42.

𐐈𐑌𐐼 𐐲𐑀𐐯𐑌, 𐐮𐑌 𐑄 𐑅𐐩𐑋 𐑉𐐯𐑂𐐲𐑊𐐩𐑇𐐲𐑌, 𐐶𐐨 𐑉𐐨𐐼:

"𐐈𐑆 𐐫𐑊𐑅𐐬 𐐸𐐨 𐐮𐑆 𐐮𐑌 𐑄 𐑅𐐲𐑌, 𐐰𐑌𐐼 𐑄 𐑊𐐴𐐻 𐐲𐑂 𐑄 𐑅𐐲𐑌, 𐐰𐑌𐐼 𐑄 𐐹𐐵𐐲𐑉 𐑄𐐯𐑉𐐲𐑂 𐐺𐐴 𐐸𐐶𐐮𐐽 𐐮𐐻 𐐶𐐲𐑆 𐑋𐐩𐐼. 𐐈𐑆 𐐫𐑊𐑅𐐬 𐐸𐐨 𐐮𐑆 𐐮𐑌 𐑄 𐑋𐐭𐑌, 𐐰𐑌𐐼 𐐮𐑆 𐑄 𐑊𐐴𐐻 𐐲𐑂 𐑄 𐑋𐐭𐑌, 𐐰𐑌𐐼 𐑄 𐐹𐐵𐐲𐑉 𐑄𐐯𐑉𐐲𐑂 𐐺𐐴 𐐸𐐶𐐮𐐽 𐐮𐐻 𐐶𐐲𐑆 𐑋𐐩𐐼. 𐐈𐑆 𐐫𐑊𐑅𐐬 𐑄 𐑊𐐴𐐻 𐐲𐑂 𐑄 𐑅𐐻𐐪𐑉𐑆, 𐐰𐑌𐐼 𐑄 𐐹𐐵𐐲𐑉 𐑄𐐯𐑉𐐲𐑂 𐐺𐐴 𐐸𐐶𐐮𐐽 𐑄𐐩 𐐶𐐲𐑉 𐑋𐐩𐐼. 𐐈𐑌𐐼 𐑄 𐐲𐑉𐑃 𐐫𐑊𐑅𐐬, 𐐰𐑌𐐼 𐑄 𐐹𐐵𐐲𐑉 𐑄𐐯𐑉𐐲𐑂; 𐐨𐑂𐐲𐑌 𐑄 𐐲𐑉𐑃 𐐲𐐹𐐱𐑌 𐐸𐐶𐐮𐐽 𐐷𐐭 𐑅𐐻𐐰𐑌𐐼. 𐐈𐑌𐐼 𐑄 𐑊𐐴𐐻 𐐸𐐶𐐮𐐽 𐑌𐐵 𐑇𐐴𐑌𐐲𐑃, 𐐸𐐶𐐮𐐽 𐑀𐐮𐑂𐐲𐑃 𐐷𐐭 𐑊𐐴𐐻, 𐐮𐑆 𐑃𐑉𐐭 𐐸𐐮𐑋 𐐸𐐭 𐐮𐑌𐑊𐐴𐐻𐐲𐑌𐐲𐑃 𐐷𐐫𐑉 𐐴𐑆, 𐐸𐐶𐐮𐐽 𐐮𐑆 𐑄 𐑅𐐩𐑋 𐑊𐐴𐐻, 𐑄𐐰𐐻 𐐿𐐶𐐮𐐿𐐲𐑌𐐲𐑃 𐐷𐐫𐑉 𐐲𐑌𐐼𐐲𐑉𐑅𐐻𐐰𐑌𐐼𐐮𐑍𐑆; 𐐸𐐶𐐮𐐽 𐑊𐐴𐐻 𐐹𐑉𐐲𐑅𐐨𐐼𐐲𐑃 𐑁𐐫𐑉𐑃 𐑁𐑉𐐲𐑋 𐑄 𐐹𐑉𐐯𐑆𐐲𐑌𐑅 𐐲𐑂 𐐘𐐱𐐼 𐐻𐐭 𐑁𐐮𐑊 𐑄 𐐮𐑋𐐯𐑌𐑅𐐮𐐻𐐨 𐐲𐑂 𐑅𐐹𐐩𐑅. 𐐜 𐑊𐐴𐐻 𐐸𐐶𐐮𐐽 𐐮𐑆 𐐮𐑌 𐐫𐑊 𐑃𐐮𐑍𐑆; 𐐸𐐶𐐮𐐽 𐑀𐐮𐑂𐐲𐑃 𐑊𐐴𐑁 𐐻𐐭 𐐫𐑊 𐑃𐐮𐑍𐑆: 𐐸𐐶𐐮𐐽 𐐮𐑆 𐑄 𐑊𐐫 𐐺𐐴 𐐸𐐶𐐮𐐽 𐐫𐑊 𐑃𐐮𐑍𐑆 𐐪𐑉 𐑀𐐲𐑂𐐲𐑉𐑌𐐼: 𐐨𐑂𐐲𐑌 𐑄 𐐹𐐵𐐲𐑉 𐐲𐑂 𐐘𐐱𐐼 𐐸𐐭 𐑅𐐮𐐻𐐲𐑃 𐐲𐐹𐐱𐑌 𐐸𐐮𐑆 𐑃𐑉𐐬𐑌, 𐐸𐐭 𐐮𐑆 𐐮𐑌 𐑄 𐐺𐐳𐑆𐐲𐑋 𐐲𐑂 𐐨𐐻𐐲𐑉𐑌𐐮𐐻𐐨, 𐐸𐐭 𐐮𐑆 𐐮𐑌 𐑄 𐑋𐐮𐐼𐑅𐐻 𐐲𐑂 𐐫𐑊 𐑃𐐮𐑍𐑆."—𐐔&𐐗 88:7–13.

𐐜 𐐶𐐲𐑉𐑊𐐼 𐐶𐐲𐑆 𐑋𐐩𐐼 𐐺𐐴 𐐐𐐮𐑋, 𐐰𐑌𐐼 𐐶𐐮𐑃𐐵𐐻 𐐐𐐮𐑋 𐐶𐐲𐑆 𐑌𐐱𐐻 𐐯𐑌𐐨𐑃𐐮𐑍 𐑋𐐩𐐼 𐑄𐐰𐐻 𐐶𐐲𐑆 𐑋𐐩𐐼, 𐐰𐑌𐐼, 𐑄𐐯𐑉𐑁𐐫𐑉, 𐐸𐐰𐑂𐐮𐑍 𐑋𐐩𐐼 𐐫𐑊 𐑃𐐮𐑍𐑆 𐐐𐐨 𐐸𐐰𐑆 𐑀𐐮𐑂𐐲𐑌 𐐻𐐭 𐐫𐑊 𐑃𐐮𐑍𐑆 𐐩 𐑊𐐫; 𐐰𐑌𐐼 𐐸𐐯𐑌𐑅 𐑄𐐬𐑆 𐑊𐐫𐑆 𐐸𐐶𐐮𐐽 𐐶𐐨 𐐸𐐰𐑂 𐐺𐑉𐐨𐑁𐑊𐐨 𐐲𐑊𐐭𐐼𐐲𐐼 𐐻𐐭, 𐐺𐐴 𐑄 𐐹𐑉𐐲𐐼𐐲𐐿𐑇𐐲𐑌𐑆 𐐲𐑂 𐐐𐐮𐑆 𐐿𐐱𐑋𐐹𐑉𐐲𐐸𐐯𐑌𐑅𐐮𐑂, 𐐮𐑌𐐻𐐯𐑊𐐮𐐾𐐲𐑌𐐻, 𐐰𐑌𐐼 𐐮𐑌𐑁𐐮𐑌𐐮𐐻 𐑋𐐴𐑌𐐼: 𐐐𐐨 𐐮𐑆 𐑄 𐐈𐑊𐑁𐐲 𐐰𐑌𐐼 𐐄𐑋𐐩𐑀𐐲, 𐑄 𐐒𐐲𐑀𐐮𐑌𐐮𐑍 𐐰𐑌𐐼 𐑄 𐐇𐑌𐐼, 𐑄 𐐙𐐵𐑌𐐻𐐲𐑌 𐐲𐑂 𐐫𐑊 𐑊𐐴𐑁, 𐐲𐑂 𐐫𐑊 𐑊𐐴𐐻, 𐐲𐑂 𐐫𐑊 𐐻𐑉𐐭𐑃, 𐐲𐑂 𐐫𐑊 𐐮𐑌𐐻𐐯𐑊𐐮𐐾𐐲𐑌𐑅, 𐐲𐑂 𐐫𐑊 𐐮𐑀𐑆𐐮𐑅𐐻𐐲𐑌𐑅. 𐐐𐐨 𐐮𐑆 𐐫𐑊𐑅𐐬 𐑄 𐑅𐐲𐑅𐐻𐐩𐑌𐐲𐑉 𐐲𐑂 𐐫𐑊 𐑊𐐴𐑁 𐐰𐑌𐐼 𐐫𐑊 𐑊𐐴𐐻 𐐮𐑌 𐐫𐑊 𐐿𐑉𐐨𐐩𐐻𐐲𐐼 𐐺𐐨𐐮𐑍𐑆; 𐐮𐑌 𐐐𐐮𐑋 𐐫𐑊 𐐰𐑌𐐮𐑋𐐲𐑊 𐑊𐐴𐑁 𐐲𐑂 𐐯𐑂𐑉𐐨 𐑁𐐫𐑉𐑋 𐐸𐐰𐑆 𐐮𐐻𐑅 𐐺𐐨𐐮𐑍.

𐐜𐐯𐑉 𐐪𐑉 𐑅𐐲𐑋 𐐲𐐹𐐯𐑉𐐲𐑌𐐻 𐐼𐐨𐑂𐐨𐐩𐑇𐐲𐑌𐑆 𐑁𐑉𐐲𐑋 𐐾𐐯𐑌𐐲𐑉𐐲𐑊 𐑊𐐫𐑆. 𐐒𐐲𐐻 𐑄𐐨𐑆 𐐲𐐹𐐯𐑉𐐲𐑌𐐻 𐐼𐐨𐑂𐐨𐐩𐑇𐐲𐑌𐑆 𐐪𐑉 𐑋𐐨𐑉𐑊𐐨 𐐲𐐹𐐯𐑌𐐼𐐲𐐾𐐲𐑆 𐐻𐐭 𐑄 𐑀𐑉𐐩𐐻 𐐾𐐯𐑌𐐲𐑉𐐲𐑊 𐑊𐐫, 𐐮𐑌 𐐫𐑉𐐼𐐲𐑉 𐑄𐐰𐐻 𐐿𐑉𐐨𐐩𐑇𐐲𐑌 𐑋𐐩 𐐺 𐐹𐐲𐑉𐑁𐐲𐐿𐐻 𐐮𐑌 𐐫𐑊 𐐮𐐻𐑅 𐐹𐐪𐑉𐐻𐑅. 𐐙𐐫𐑉 𐐮𐑌𐑅𐐻𐐲𐑌𐑅, 𐑄𐐯𐑉 𐐮𐑆 𐐩 𐐾𐐯𐑌𐐲𐑉𐐲𐑊 𐑊𐐫 𐐲𐑂 𐐸𐐶𐐲𐐻 𐐮𐑆 𐐻𐐲𐑉𐑋𐐼 𐑀𐑉𐐰𐑂𐐮𐐻𐐩𐑇𐐲𐑌, 𐐸𐐶𐐮𐐽 𐐿𐐫𐑆𐐲𐑆 𐐺𐐱𐐼𐐨𐑆 𐐻𐐭 𐑁𐐫𐑊 𐐻𐐭 𐑄 𐐲𐑉𐑃 𐑁𐑉𐐲𐑋 𐐩 𐑀𐐮𐑂𐐲𐑌 𐐸𐐴𐐻, 𐐶𐐮𐑄 𐑄 𐑅𐐩𐑋 𐑂𐐲𐑊𐐱𐑅𐐮𐐻𐐨 𐐲𐐿𐐫𐑉𐐼𐐮𐑍 𐐻𐐭 𐑄𐐯𐑉 𐑅𐐹𐐲𐑅𐐮𐑁𐐮𐐿 𐑀𐑉𐐰𐑂𐐮𐐻𐐨. 𐐒𐐲𐐻 𐑄𐐯𐑉 𐐪𐑉 𐐲𐑄𐐲𐑉 𐑊𐐬𐐿𐐲𐑊 𐑊𐐫𐑆 𐐸𐐶𐐮𐐽 𐐼𐐮𐑅𐐻𐐲𐑉𐐺 𐑄 𐑌𐐫𐑉𐑋𐐲𐑊 𐐿𐐲𐑌𐐼𐐮𐑇𐐲𐑌𐑆, 𐑅𐐬 𐑁𐐪𐑉 𐐰𐑆 𐑄𐐩 𐐯𐐿𐑅𐐻𐐯𐑌𐐼, 𐐲𐑂 𐐸𐐶𐐲𐐻 𐑋𐐩 𐐺 𐐻𐐲𐑉𐑋𐐼 𐑄 𐐾𐐯𐑌𐐲𐑉𐐲𐑊 𐑊𐐫. 𐐈𐑆, 𐑁𐐫𐑉 𐐮𐑀𐑆𐐰𐑋𐐹𐐲𐑊, 𐑄 𐑋𐐰𐑀𐑌𐐲𐐻, 𐐮𐑌 𐐮𐐻𐑅 𐑊𐐮𐑋𐐮𐐻𐐲𐐼 𐑅𐑁𐐨𐑉, 𐐮𐑆 𐑋𐐬𐑉 𐐹𐐵𐐲𐑉𐑁𐐳𐑊 𐑄𐐰𐑌 𐑄 𐐾𐐯𐑌𐐲𐑉𐐲𐑊 𐑊𐐫 𐐲𐑂 𐑀𐑉𐐰𐑂𐐮𐐻𐐨, 𐐮𐑌 𐐲𐐻𐑉𐐰𐐿𐐻𐐮𐑍 𐑅𐐲𐑉𐐻𐐲𐑌 𐑋𐐰𐐻𐐲𐑉 𐐻𐐭 𐐮𐐻𐑅𐐯𐑊𐑁 𐐮𐑌 𐐫𐐹𐐲𐑆𐐮𐑇𐐲𐑌 𐐻𐐭 𐑄 𐐾𐐯𐑌𐐲𐑉𐐲𐑊 𐑊𐐫, 𐐸𐐶𐐴𐑊 𐑄 𐑋𐐰𐑀𐑌𐐲𐐻 𐐮𐐻𐑅𐐯𐑊𐑁 𐐮𐑆 𐑅𐐲𐐺𐐾𐐯𐐿𐐻 𐐻𐐭 𐑄 𐐾𐐯𐑌𐐲𐑉𐐲𐑊 𐑊𐐫. 𐐜𐐯𐑉 𐐮𐑆 𐐫𐑊𐑅𐐬 𐐲𐑌𐐲𐑄𐐲𐑉 𐐹𐑉𐐮𐑌𐑅𐐮𐐹𐐲𐑊, 𐐿𐐫𐑊𐐼 𐐿𐐰𐐹𐐮𐑊𐐯𐑉𐐨 𐐲𐐻𐑉𐐰𐐿𐑇𐐲𐑌, 𐐸𐐶𐐮𐐽 𐐿𐐫𐑆𐐲𐑆 𐐶𐐫𐐻𐐲𐑉 𐐰𐑌𐐼 𐐲𐑄𐐲𐑉 𐑁𐑊𐐭𐐮𐐼𐑆 𐐻𐐭 𐐲𐑅𐐯𐑌𐐼 𐐮𐑌 𐑄 𐐲𐑉𐑃, 𐐮𐑌 𐐻𐐭𐐺𐑆, etc. 𐐓𐐩𐐿 𐐲𐐶𐐩 𐑄𐐨𐑆 𐑊𐐬𐐿𐐲𐑊 𐐩𐐾𐐲𐑌𐑅𐐨𐑆 𐐰𐑌𐐼 𐐯𐑂𐑉𐐨𐑃𐐮𐑍 𐑉𐐲𐑆𐐭𐑋𐑆 𐐮𐐻𐑅 𐑌𐐫𐑉𐑋𐐲𐑊 𐐿𐐲𐑌𐐼𐐮𐑇𐐲𐑌. 𐐁 𐐺𐐲𐑉𐐼, 𐑃𐑉𐐭 𐑄 𐐷𐐭𐑅 𐐲𐑂 𐐮𐐻𐑅 𐐶𐐮𐑍𐑆, 𐐹𐐲𐑆𐐯𐑅𐐲𐑆 𐑄 𐐹𐐵𐐲𐑉 𐐲𐑂 𐑊𐐬𐐿𐐲𐑋𐐬𐑇𐐲𐑌 𐑃𐑉𐐭 𐑄 𐐯𐑉; 𐑊𐐯𐐻 𐑄𐐰𐐻 𐐺𐐲𐑉𐐼, 𐐸𐐵𐐯𐑂𐐲𐑉, 𐑊𐐭𐑆 𐐮𐐻𐑅 𐑋𐐯𐐿𐐲𐑌𐐮𐑆𐐲𐑋 𐐰𐑌𐐼 𐐹𐐵𐐲𐑉 𐐺𐐴 𐐺𐐨𐐮𐑍 𐑋𐐩𐑋𐐼 𐐫𐑉 𐐿𐐮𐑊𐐼, 𐐰𐑌𐐼 𐐮𐐻 𐐮𐑆 𐑀𐐲𐑂𐐲𐑉𐑌𐐼 𐐺𐐴 𐑄 𐑅𐐩𐑋 𐑊𐐫 𐐲𐑂 𐑀𐑉𐐰𐑂𐐮𐐻𐐩𐑇𐐲𐑌 𐐰𐑌𐐼 𐐼𐑉𐐱𐐹𐑅 𐐻𐐭 𐑄 𐐲𐑉𐑃. 𐐒𐐲𐑊𐐭𐑌𐑆 𐐶𐐮𐑊 𐐲𐑅𐐯𐑌𐐼 𐐰𐑌𐐼 𐐿𐐯𐑉𐐨 𐐪 𐑅𐐹𐐯𐑅𐐮𐑁𐐴𐐼 𐐶𐐩𐐻 𐐶𐐮𐑄 𐑄𐐯𐑋 𐐻𐐭 𐑀𐑉𐐩𐐻 𐐰𐑊𐐻𐐮𐐻𐐭𐐼𐑆, 𐐺𐐲𐐻 𐑄𐐮𐑅 𐐮𐑆 𐐬𐐮𐑍 𐐻𐐭 𐐪 𐑋𐐪𐐼𐐮𐑁𐐮𐐿𐐩𐑇𐐲𐑌 𐐲𐑂 𐐶𐐲𐑌 𐐹𐐪𐑉𐐻 𐐲𐑂 𐑄 𐑊𐐫 𐐲𐑂 𐑀𐑉𐐰𐑂𐐮𐐻𐐩𐑇𐐲𐑌; 𐐸𐐶𐐮𐐽 𐐿𐐫𐑆𐐲𐑆 𐐼𐐯𐑌𐑅𐐲𐑉 𐐺𐐪𐐼𐐨𐑆 𐐻𐐭 𐐿𐑊𐐮𐑍 𐐶𐐮𐑄 𐑀𐑉𐐩𐐻𐐲𐑉 𐐻𐐲𐑌𐐰𐑅𐐮𐐻𐐨 𐐻𐐭 𐑄 𐐲𐑉𐑃, 𐐰𐑌𐐼 𐑄 𐑀𐐰𐑅 𐑄𐐰𐐻 𐐯𐑌𐐻𐐲𐑉𐑆 𐑄 𐐺𐐲𐑊𐐭𐑌𐑆 𐐮𐑆 𐑋𐐬𐑉 𐑉𐐯𐑉𐐮𐑁𐐴𐐼 𐑄𐐰𐑌 𐑄 𐐰𐐻𐑋𐐲𐑅𐑁𐐮𐑉 𐐮𐑋𐐨𐐼𐐨𐐲𐐻𐑊𐐨 𐐿𐐲𐑌𐐻𐐮𐑀𐐷𐐭𐐲𐑅 𐐻𐐭 𐑄 𐐲𐑉𐑃; 𐐸𐐶𐐮𐐽 𐐼𐐯𐑌𐑅 𐐰𐐻𐑋𐐲𐑅𐑁𐐮𐑉 𐑁𐐬𐑉𐑅𐐲𐑆 𐑄 𐑊𐐴𐐻𐐲𐑉 𐑀𐐰𐑅𐐲𐑆 𐐻𐐭 𐑄𐐯𐑉 𐐹𐑉𐐪𐐹𐐲𐑉 𐐹𐑊𐐩𐑅, 𐐿𐐫𐑆𐐮𐑍 𐑄𐐯𐑋 𐐻𐐭 𐐺𐐵𐑌𐐼 𐐲𐐹𐐶𐐲𐑉𐐼𐑆; 𐑄𐐮𐑅 𐐺𐐨𐐮𐑍 𐐼𐐲𐑌 𐐰𐑌𐐼 𐑄 𐐨𐐿𐐶𐐮𐑊𐐮𐐺𐑉𐐨𐐲𐑋 𐐲𐐺𐐻𐐩𐑌𐐼, 𐐮𐑁 𐑄 𐑀𐐰𐑅 𐐮𐑆 𐐹𐐲𐑉𐑋𐐮𐐻𐐲𐐼 𐐻𐐭 𐐮𐑅𐐿𐐩𐐹, 𐑄 𐑋𐐲𐐻𐐮𐑉𐐨𐐲𐑊𐑆 𐐲𐑂 𐐸𐐶𐐮𐐽 𐑄 𐐺𐐲𐑊𐐭𐑌 𐐮𐑆 𐐿𐐲𐑌𐑅𐐻𐑉𐐲𐐿𐐻𐐲𐐼, 𐐻𐐲𐑀𐐯𐑄𐐲𐑉 𐐶𐐮𐑄 𐐮𐐻𐑅 𐐪𐐿𐐷𐐲𐐹𐐲𐑌𐐻𐑅, 𐐪𐑉 𐐹𐑉𐐲𐑅𐐮𐐹𐐮𐐻𐐩𐐻𐐲𐐼, 𐐲𐐿𐐫𐑉𐐼𐐮𐑍 𐐻𐐭 𐑄 𐐾𐐯𐑌𐐲𐑉𐐲𐑊 𐑊𐐫𐑆 𐐲𐑂 𐑀𐑉𐐰𐑂𐐮𐐻𐐩𐑇𐐲𐑌, 𐐻𐐭 𐑄 𐐲𐑉𐑃.

𐐘𐐪𐐼 𐐮𐑆 𐐲𐑌𐐽𐐩𐑌𐐾𐐲𐐺𐐲𐑊, 𐑅𐐬 𐐪𐑉 𐐫𐑊𐑅𐐬 𐐸𐐮𐑆 𐑊𐐫𐑆, 𐐮𐑌 𐐫𐑊 𐑄𐐯𐑉 𐑁𐐫𐑉𐑋𐑆, 𐐰𐑌𐐼 𐐮𐑌 𐐫𐑊 𐑄𐐯𐑉 𐐰𐐹𐑊𐐮𐐿𐐩𐑇𐐲𐑌𐑆, 𐐰𐑌𐐼 𐐺𐐨𐐮𐑍 𐐐𐐮𐑋𐑅𐐯𐑊𐑁 𐑄 𐐯𐑅𐐲𐑌𐑅 𐐲𐑂 𐑊𐐫, 𐑄 𐑀𐐮𐑂𐐲𐑉 𐐲𐑂 𐑊𐐫, 𐑄 𐑅𐐲𐑅𐐻𐐩𐑌𐐲𐑉 𐐲𐑂 𐑊𐐫, 𐐫𐑊 𐐲𐑂 𐑄𐐬𐑆 𐑊𐐫𐑆 𐐪𐑉 𐐨𐐻𐐲𐑉𐑌𐐲𐑊 𐐮𐑌 𐐫𐑊 𐑄𐐯𐑉 𐐪𐐹𐐲𐑉𐐩𐑇𐐲𐑌𐑆, 𐐮𐑌 𐐫𐑊 𐐺𐐪𐐼𐐨𐑆 𐐰𐑌𐐼 𐑋𐐰𐐻𐐲𐑉, 𐐰𐑌𐐼 𐑃𐑉𐐭𐐵𐐻 𐐫𐑊 𐑅𐐹𐐩𐑅. 𐐆𐐻 𐐶𐐳𐐼 𐐺 𐐮𐑋𐐹𐐪𐑅𐐮𐐺𐐲𐑊 𐑁𐐫𐑉 𐐐𐐮𐑋 𐐻𐐭 𐑂𐐴𐐲𐑊𐐩𐐻 𐑊𐐫, 𐐺𐐲𐐿𐐲𐑆 𐐮𐑌 𐑅𐐬 𐐼𐐭𐐮𐑍 𐐐𐐨 𐐶𐐳𐐼 𐑅𐐻𐑉𐐴𐐿 𐐰𐐻 𐐐𐐮𐑆 𐐬𐑌 𐐼𐐮𐑀𐑌𐐮𐐻𐐨, 𐐹𐐵𐐲𐑉, 𐐹𐑉𐐮𐑌𐑅𐐮𐐹𐐲𐑊𐑆, 𐑀𐑊𐐬𐑉𐐨, 𐐯𐑀𐑆𐐫𐑊𐐻𐐩𐑇𐐲𐑌 𐐰𐑌𐐼 𐐮𐑀𐑆𐐮𐑅𐐻𐐲𐑌𐑅.

𐐜 𐐺𐐳𐐿 𐐲𐑂 𐐔𐐪𐐿𐐻𐑉𐐮𐑌 𐐰𐑌𐐼 𐐗𐐲𐑂𐐲𐑌𐐲𐑌𐐻𐑅 𐑅𐐻𐐩𐐻𐑅:

"𐐈𐑌𐐼 𐐲𐑀𐐯𐑌, 𐑂𐐯𐑉𐐮𐑊𐐨 𐐌 𐑅𐐩 𐐲𐑌𐐻𐐭 𐐷𐐭, 𐑄𐐰𐐻 𐐸𐐶𐐮𐐽 𐐮𐑆 𐑀𐐲𐑂𐐲𐑉𐑌𐐼 𐐺𐐴 𐑊𐐫 𐐮𐑆 𐐫𐑊𐑅𐐬 𐐹𐑉𐐲𐑆𐐲𐑉𐑂𐐼 𐐺𐐴 𐑊𐐫, 𐐰𐑌𐐼 𐐹𐐲𐑉𐑁𐐯𐐿𐐻𐐲𐐼 𐐰𐑌𐐼 𐑅𐐰𐑍𐐿𐐻𐐮𐑁𐐴𐐼 𐐺𐐴 𐑄 𐑅𐐩𐑋. 𐐜𐐰𐐻 𐐸𐐶𐐮𐐽 𐐺𐑉𐐩𐐿𐐲𐑃 𐐪 𐑊𐐫, 𐐰𐑌𐐼 𐐲𐐺𐐴𐐼𐐲𐑃 𐑌𐐪𐐻 𐐺𐐴 𐑊𐐫, 𐐺𐐲𐐻 𐑅𐐨𐐿𐐲𐑃 𐐻𐐭 𐐺𐐲𐐿𐐲𐑋 𐐪 𐑊𐐫 𐐲𐑌𐐻𐐭 𐐮𐐻𐑅𐐯𐑊𐑁, 𐐰𐑌𐐼 𐐶𐐮𐑊𐐲𐑃 𐐻𐐭 𐐲𐐺𐐴𐐼 𐐮𐑌 𐑅𐐮𐑌, 𐐰𐑌𐐼 𐐫𐑊𐐻𐐲𐑀𐐯𐑄𐐲𐑉 𐐲𐐺𐐴𐐼𐐲𐑃 𐐮𐑌 𐑅𐐮𐑌, 𐐿𐐰𐑌𐐪𐐻 𐐺 𐑅𐐰𐑍𐐿𐐻𐐮𐑁𐐴𐐼 𐐺𐐴 𐑊𐐫, 𐑌𐐨𐑄𐐲𐑉 𐐺𐐴 𐑋𐐲𐑉𐑅𐐨, 𐐾𐐲𐑅𐐻𐐮𐑅, 𐑌𐐫𐑉 𐐾𐐲𐐾𐑋𐐲𐑌𐐻. 𐐜𐐯𐑉𐑁𐐬𐑉 𐑄𐐩 𐑋𐐲𐑅𐐻 𐑉𐐲𐑋𐐩𐑌 𐑁𐐮𐑊𐑃𐐨 𐑅𐐻𐐮𐑊. 𐐃𐑊 𐐿𐐮𐑍𐐼𐐲𐑋𐑆 𐐸𐐰𐑂 𐐪 𐑊𐐫 𐑀𐐮𐑂𐐲𐑌: 𐐰𐑌𐐼 𐑄𐐯𐑉 𐐪𐑉 𐑋𐐯𐑌𐐨 𐐿𐐮𐑍𐐼𐐲𐑋𐑆; 𐑁𐐫𐑉 𐑄𐐯𐑉 𐐮𐑆 𐑌𐐬 𐑅𐐹𐐩𐑅 𐐮𐑌 𐑄 𐐸𐐶𐐮𐐽 𐑄𐐯𐑉 𐐮𐑆 𐑌𐐬 𐐿𐐮𐑍𐐼𐐲𐑋; 𐐰𐑌𐐼 𐑄𐐯𐑉 𐐮𐑆 𐑌𐐬 𐐿𐐮𐑍𐐼𐐲𐑋 𐐮𐑌 𐐸𐐶𐐮𐐽 𐑄𐐯𐑉 𐐮𐑆 𐑌𐐬 𐑅𐐹𐐩𐑅, 𐐨𐑄𐐲𐑉 𐐪 𐑀𐑉𐐩𐐻𐐲𐑉 𐐫𐑉 𐐪 𐑊𐐯𐑅𐐲𐑉 𐐿𐐮𐑍𐐼𐐲𐑋. 𐐈𐑌𐐼 𐐲𐑌𐐻𐐭 𐐯𐑂𐑉𐐨 𐐿𐐮𐑍𐐼𐐲𐑋 𐐮𐑆 𐑀𐐮𐑂𐐲𐑌 𐐪 𐑊𐐫; 𐐰𐑌𐐼 𐐲𐑌𐐻𐐭 𐐯𐑂𐑉𐐨 𐑊𐐫 𐑄𐐯𐑉 𐐪𐑉 𐑅𐐲𐑉𐐻𐐲𐑌 𐐺𐐵𐑌𐐼𐑆 𐐫𐑊𐑅𐐬 𐐰𐑌𐐼 𐐿𐐲𐑌𐐼𐐮𐑇𐐲𐑌𐑆. 𐐃𐑊 𐐺𐐨𐐮𐑍𐑆 𐐸𐐭 𐐲𐐺𐐴𐐼 𐑌𐐪𐐻 𐐮𐑌 𐑄𐐬𐑆 𐐿𐐲𐑌𐐼𐐮𐑇𐐲𐑌𐑆 𐐪𐑉 𐑌𐐪𐐻 𐐾𐐲𐑅𐐻𐐮𐑁𐐴𐐼; 𐑁𐐫𐑉 𐐮𐑌𐐻𐐯𐑊𐐮𐐾𐐲𐑌𐑅 𐐿𐑊𐐨𐑂𐐲𐑃 𐐲𐑌𐐻𐐭 𐐮𐑌𐐻𐐯𐑊𐐮𐐾𐐲𐑌𐑅; 𐐶𐐮𐑆𐐼𐐲𐑋 𐑉𐐲𐑅𐐨𐑂𐐲𐑃 𐐶𐐮𐑆𐐼𐐲𐑋; 𐐻𐑉𐐭𐑃 𐐮𐑋𐐺𐑉𐐩𐑅𐐲𐑃 𐐻𐑉𐐭𐑃; 𐑂𐐲𐑉𐐽𐐭 𐑊𐐲𐑂𐐲𐑃 𐑂𐐲𐑉𐐽𐐭; 𐑊𐐴𐐻 𐐿𐑊𐐨𐑂𐐲𐑃 𐐲𐑌𐐻𐐭 𐑊𐐴𐐻; 𐑋𐐲𐑉𐑅𐐨 𐐸𐐰𐑃 𐐿𐐲𐑋𐐹𐐰𐑇𐐲𐑌 𐐪𐑌 𐑋𐐲𐑉𐑅𐐨, 𐐰𐑌𐐼 𐐿𐑊𐐩𐑋𐐲𐑃 𐐸𐐲𐑉 𐐬𐑌; 𐐾𐐲𐑅𐐻𐐮𐑅 𐐿𐐲𐑌𐐻𐐮𐑌𐐷𐐭𐐲𐑃 𐐮𐐻𐑅 𐐿𐐬𐑉𐑅, 𐐰𐑌𐐼 𐐿𐑊𐐩𐑋𐐲𐑃 𐐮𐐻𐑅 𐐬𐑌; 𐐾𐐲𐐾𐑋𐐲𐑌𐐻 𐑀𐐬𐐲𐑃 𐐺𐐲𐑁𐐬𐑉 𐑄 𐑁𐐩𐑅 𐐲𐑂 𐐸𐐮𐑋 𐐸𐐭 𐑅𐐮𐐻𐐲𐑃 𐐲𐐹𐐪𐑌 𐑄 𐑃𐑉𐐬𐑌, 𐐰𐑌𐐼 𐑀𐐲𐑂𐐲𐑉𐑌𐐲𐑃 𐐰𐑌𐐼 𐐯𐐿𐑅𐐲𐐿𐐷𐐭𐐻𐐲𐑃 𐐫𐑊 𐑃𐐮𐑍𐑆."—𐐝𐐯𐐿. 88:34–40.

𐐐𐐯𐑌𐑅, 𐑄 𐑊𐐫 𐐲𐑂 𐐲𐐻𐐬𐑌𐑋𐐲𐑌𐐻 𐐸𐐰𐐼 𐐻𐐭 𐐺 𐑋𐐯𐐻 𐐰𐑆 𐐶𐐯𐑊 𐐰𐑆 𐐫𐑊 𐐲𐑄𐐲𐑉 𐑊𐐫𐑆,

𐑁𐐫𐑉 𐐘𐐱𐐼 𐐶𐐳𐐼 𐑌𐐱𐐻 𐐺 𐐘𐐱𐐼 𐐶𐐮𐑃𐐵𐐻 𐑁𐐳𐑊𐑁𐐮𐑊𐐮𐑍 𐐮𐐻.

𐐖𐐨𐑆𐐲𐑅 𐑅𐐯𐐼, "𐐆𐑁 𐐮𐐻 𐐺 𐐹𐐱𐑅𐐮𐐺𐐲𐑊, 𐑊𐐯𐐻 𐑄𐐮𐑅 𐐿𐐲𐐹 𐐹𐐰𐑅." 𐐒𐐲𐐻 𐐮𐐻 𐐶𐐲𐑆 𐑌𐐱𐐻 𐐹𐐱𐑅𐐮𐐺𐐲𐑊; 𐑁𐐫𐑉 𐐻𐐭 𐐸𐐰𐑂 𐐼𐐲𐑌 𐑅𐐬 𐐶𐐳𐐼 𐐸𐐰𐑂 𐐺𐐮𐑌 𐐲 𐑂𐐴𐐬𐑊𐐩𐑇𐐲𐑌 𐐲𐑂 𐑄 𐑊𐐫, 𐐰𐑌𐐼 𐐸𐐨 𐐸𐐰𐐼 𐐻𐐭 𐐿𐐨𐐹 𐐮𐐻. 𐐜 𐐹𐐲𐑌𐐮𐑇𐑋𐐲𐑌𐐻 𐑋𐐲𐑅𐐻 𐐺 𐑋𐐩𐐼, 𐐲 𐐘𐐱𐐼 𐑋𐐲𐑅𐐻 𐐺 𐑅𐐰𐐿𐑉𐐮𐑁𐐴𐑅𐐻. 𐐤𐐬 𐐹𐐵𐐲𐑉 𐐿𐐰𐑌 𐑉𐐯𐑆𐐮𐑅𐐻 𐐲 𐑊𐐫 𐐲𐑂 𐐘𐐱𐐼. 𐐆𐐻 𐐮𐑆 𐐱𐑋𐑌𐐮𐐹𐑉𐐯𐑆𐐲𐑌𐐻, 𐐱𐑋𐑌𐐮𐐹𐐲𐐻𐐲𐑌𐐻, 𐐮𐑀𐑆𐐮𐑅𐐻𐑅 𐐯𐑂𐑉𐐨𐐸𐐶𐐩𐑉, 𐐮𐑌 𐐫𐑊 𐑃𐐮𐑍𐑆, 𐑃𐑉𐐭 𐐫𐑊 𐑃𐐮𐑍𐑆 𐐰𐑌𐐼 𐑉𐐵𐑌𐐼 𐐲𐐺𐐵𐐻 𐐫𐑊 𐑃𐐮𐑍𐑆. 𐐎𐐨 𐑉𐐨𐐼:

"O 𐑄 𐑀𐑉𐐩𐐻𐑌𐐲𐑅 𐐲𐑂 𐑄 𐑋𐐲𐑉𐑅𐐨 𐐲𐑂 𐐵𐑉 𐐘𐐱𐐼, 𐑄 𐐐𐐬𐑊𐐨 𐐎𐐲𐑌 𐐲𐑂 𐐆𐑆𐑉𐐲𐑊! 𐐙𐐫𐑉 𐐸𐐨 𐐼𐐯𐑊𐐮𐑂𐐲𐑉𐐯𐑃 𐐸𐐮𐑆 𐑅𐐩𐑌𐐻𐑅 𐑁𐑉𐐱𐑋 𐑄𐐰𐐻 𐐫𐑁𐐳𐑊 𐑋𐐱𐑌𐑅𐐻𐐲𐑉 𐑄 𐐼𐐯𐑂𐐮𐑊, 𐐰𐑌𐐼 𐐼𐐯𐑃, 𐐰𐑌𐐼 𐐸𐐯𐑊, 𐐰𐑌𐐼 𐑄𐐰𐐻 𐑊𐐩𐐿 𐐲𐑂 𐑁𐐴𐑉 𐐰𐑌𐐼 𐐺𐑉𐐮𐑋𐑅𐐻𐐬𐑌, 𐐸𐐶𐐮𐐽 𐐮𐑆 𐐯𐑌𐐼𐑊𐐯𐑅 𐐻𐐫𐑉𐑋𐐯𐑌𐐻. O 𐐸𐐵 𐑀𐑉𐐩𐐻 𐑄 𐐸𐐬𐑊𐐨𐑌𐐯𐑅 𐐲𐑂 𐐵𐑉 𐐘𐐱𐐼! 𐐙𐐫𐑉 𐐸𐐨 𐑌𐐬𐐯𐑃 𐐫𐑊 𐑃𐐮𐑍𐑆, 𐐰𐑌𐐼 𐑄𐐩𐑉 𐐮𐑆 𐑌𐐱𐐻 𐐯𐑌𐐨𐑃𐐮𐑍, 𐑅𐐩𐑂 𐐸𐐨 𐑌𐐬𐑆 𐐮𐐻. 𐐈𐑌𐐼 𐐸𐐨 𐐿𐐲𐑋𐐯𐑃 𐐮𐑌𐐻𐐭 𐑄 𐐶𐐲𐑉𐑊𐐼 𐑄𐐰𐐻 𐐸𐐨 𐑋𐐩 𐑅𐐩𐑂 𐐫𐑊 𐑋𐐯𐑌, 𐐮𐑁 𐑄𐐩 𐐶𐐮𐑊 𐐸𐐪𐑉𐐿𐐲𐑌 𐐲𐑌𐐻𐐭 𐐸𐐮𐑆 𐑂𐑎𐑅; 𐑁𐐫𐑉 𐐺𐐨𐐸𐐬𐑊𐐼, 𐐸𐐨 𐑅𐐲𐑁𐐲𐑉𐐯𐑃 𐑄 𐐹𐐩𐑌𐑆 𐐲𐑂 𐐫𐑊 𐑋𐐯𐑌; 𐐷𐐩, 𐑄 𐐹𐐩𐑌𐑆 𐐲𐑂 𐐯𐑂𐑉𐐨 𐑊𐐮𐑂𐐮𐑍 𐐿𐑉𐐨𐐽𐐲𐑉, 𐐺𐐬𐑃 𐑋𐐯𐑌, 𐐶𐐮𐑋𐐯𐑌, 𐐰𐑌𐐼 𐐽𐐮𐑊𐐼𐑉𐐯𐑌, 𐐸𐐭 𐐺𐐨𐑊𐐫𐑍 𐐻𐐭 𐑄 𐑁𐐰𐑋𐐮𐑊𐐨 𐐲𐑂 𐐈𐐼𐐲𐑋. 𐐈𐑌𐐼 𐐸𐐨 𐑅𐐲𐑁𐐲𐑉𐐯𐑃 𐑄𐐮𐑅, 𐑄𐐰𐐻 𐑄 𐑉𐐯𐑆𐐲𐑉𐐯𐐿𐑇𐐲𐑌 𐑋𐐴𐐻 𐐹𐐰𐑅 𐐲𐐹𐐱𐑌 𐐫𐑊 𐑋𐐯𐑌, 𐑄𐐰𐐻 𐐫𐑊 𐑋𐐴𐐻 𐑅𐐻𐐰𐑌𐐼 𐐺𐐨𐑁𐐬𐑉 𐐸𐐮𐑋 𐐰𐐻 𐑄 𐑀𐑉𐐩𐐻 𐐰𐑌𐐼 𐐾𐐲𐐾𐑋𐐯𐑌𐐻 𐐼𐐩. 𐐈𐑌𐐼 𐐸𐐨 𐐿𐐱𐑋𐐰𐑌𐐼𐐯𐑃 𐐫𐑊 𐑋𐐯𐑌 𐑄𐐰𐐻 𐑄𐐩 𐑋𐐲𐑅𐐻 𐑉𐐨𐐹𐐯𐑌𐐻, 𐐰𐑌𐐼 𐐺 𐐺𐐰𐐹𐐻𐐴𐑆𐐼 𐐮𐑌 𐐸𐐮𐑆 𐑌𐐩𐑋, 𐐸𐐰𐑂𐐮𐑍 𐐹𐐲𐑉𐑁𐐯𐐿𐐻 𐑁𐐩𐑃 𐐮𐑌 𐑄 𐐐𐐬𐑊𐐨 𐐎𐐲𐑌 𐐲𐑂 𐐆𐑆𐑉𐐲𐑊, 𐐫𐑉 𐑄𐐩 𐐿𐐰𐑌𐐱𐐻 𐐺 𐑅𐐩𐑂𐐼 𐐮𐑌 𐑄 𐐿𐐮𐑍𐐼𐐲𐑋 𐐲𐑂 𐐘𐐱𐐼. 𐐈𐑌𐐼 𐐮𐑁 𐑄𐐩 𐐶𐐮𐑊 𐑌𐐱𐐻 𐑉𐐨𐐹𐐯𐑌𐐻 𐐰𐑌𐐼 𐐺𐐨𐑊𐐨𐑂 𐐮𐑌 𐐸𐐮𐑆 𐑌𐐩𐑋, 𐐰𐑌𐐼 𐐺 𐐺𐐰𐐹𐐻𐐴𐑆𐐼 𐐮𐑌 𐐸𐐮𐑆 𐑌𐐩𐑋, 𐐰𐑌𐐼 𐐯𐑌𐐼𐐷𐐭𐑉 𐐻𐐭 𐑄 𐐯𐑌𐐼, 𐑄𐐩 𐑋𐐲𐑅𐐻 𐐺 𐐼𐐰𐑋𐐼; 𐑁𐐫𐑉 𐑄 𐐢𐐫𐑉𐐼 𐐘𐐱𐐼, 𐑄 𐐐𐐬𐑊𐐨 𐐎𐐲𐑌 𐐲𐑂 𐐆𐑆𐑉𐐲𐑊, 𐐸𐐰𐑆 𐑅𐐹𐐬𐐿𐐲𐑌 𐐮𐐻; 𐐐𐐶𐐩𐑉𐑁𐐫𐑉 𐐸𐐨 𐐸𐐰𐑆 𐑀𐐮𐑂𐐲𐑌 𐐲 𐑊𐐫; 𐐰𐑌𐐼 𐐸𐐶𐐩𐑉 𐑄𐐩𐑉 𐐮𐑆 𐑌𐐬 𐑊𐐫 𐑀𐐮𐑂𐐲𐑌, 𐑄𐐩𐑉 𐐮𐑆 𐑌𐐬 𐐹𐐲𐑌𐐮𐑇𐑋𐐲𐑌𐐻; 𐐰𐑌𐐼 𐐸𐐶𐐩𐑉 𐑄𐐩𐑉 𐐮𐑆 𐑌𐐬 𐐹𐐲𐑌𐐮𐑇𐑋𐐲𐑌𐐻, 𐑄𐐩𐑉 𐐮𐑆 𐑌𐐬 𐐿𐐱𐑌𐐼𐐯𐑋𐑌𐐩𐑇𐐲𐑌; 𐐰𐑌𐐼 𐐸𐐶𐐩𐑉 𐑄𐐩𐑉 𐐮𐑆 𐑌𐐬 𐐿𐐱𐑌𐐼𐐯𐑋𐑌𐐩𐑇𐐲𐑌, 𐑄 𐑋𐐲𐑉𐑅𐐨𐑆 𐐲𐑂 𐑄 𐐐𐐬𐑊𐐨 𐐎𐐲𐑌 𐐲𐑂 𐐆𐑆𐑉𐐲𐑊 𐐸𐐰𐑂 𐐿𐑊𐐩𐑋 𐐲𐐹𐐱𐑌 𐑄𐐯𐑋, 𐐺𐐨𐐿𐐫𐑆 𐐲𐑂 𐑄 𐐲𐐻𐐬𐑌𐑋𐐯𐑌𐐻; 𐑁𐐫𐑉 𐑄𐐩 𐐪𐑉 𐐼𐐯𐑊𐐮𐑂𐐲𐑉𐐼 𐐺𐐴 𐑄 𐐹𐐵𐐲𐑉 𐐲𐑂 𐐸𐐮𐑋; 𐑁𐐫𐑉 𐑄 𐐲𐐻𐐬𐑌𐑋𐐯𐑌𐐻 𐑅𐐰𐐻𐐮𐑅𐑁𐐴𐐯𐑃 𐑄 𐐼𐐯𐑋𐐰𐑌𐐼𐑆 𐐲𐑂 𐐸𐐮𐑆 𐐾𐐲𐑅𐐻𐐮𐑅 𐐲𐐹𐐱𐑌 𐐫𐑊 𐑄𐐬𐑆 𐐸𐐭 𐐸𐐰𐑂 𐑌𐐱𐐻 𐑄 𐑊𐐫 𐑀𐐮𐑂𐐲𐑌 𐐻𐐭 𐑄𐐯𐑋, 𐑄𐐰𐐻 𐑄𐐩 𐐪𐑉 𐐼𐐯𐑊𐐮𐑂𐐲𐑉𐐼 𐑁𐑉𐐱𐑋 𐑄𐐰𐐻 𐐫𐑁𐐳𐑊 𐑋𐐱𐑌𐑅𐐻𐐲𐑉, 𐐼𐐯𐑃 𐐰𐑌𐐼 𐐸𐐯𐑊, 𐐰𐑌𐐼 𐑄 𐐼𐐯𐑂𐐮𐑊, 𐐰𐑌𐐼 𐑄 𐑊𐐩𐐿 𐐲𐑂 𐑁𐐴𐑉 𐐰𐑌𐐼 𐐺𐑉𐐮𐑋𐑅𐐻𐐬𐑌, 𐐸𐐶𐐮𐐽 𐐮𐑆 𐐯𐑌𐐼𐑊𐐯𐑅 𐐻𐐫𐑉𐑋𐐯𐑌𐐻; 𐐰𐑌𐐼 𐑄𐐩 𐐪𐑉 𐑉𐐯𐑅𐐻𐐬𐑉𐐼 𐐻𐐭 𐑄𐐰𐐻 𐐘𐐱𐐼 𐐸𐐭 𐑀𐐩𐑂 𐑄𐐯𐑋 𐐺𐑉𐐯𐑃, 𐐸𐐶𐐮𐐽 𐐮𐑆 𐑄 𐐐𐐬𐑊𐐨 𐐎𐐲𐑌 𐐲𐑂 𐐆𐑆𐑉𐐲𐑊. 𐐒𐐲𐐻 𐐶𐐬 𐐲𐑌𐐻𐐭 𐐸𐐮𐑋 𐑄𐐰𐐻 𐐸𐐰𐑆 𐑄 𐑊𐐫 𐑀𐐮𐑂𐐲𐑌; 𐐷𐐩, 𐑄𐐰𐐻 𐐸𐐰𐑆 𐐫𐑊 𐑄 𐐿𐐱𐑋𐐰𐑌𐐼𐑋𐐯𐑌𐐻𐑅 𐐲𐑂 𐐘𐐱𐐼 𐑊𐐴𐐿 𐐲𐑌𐐻𐐭 𐐲𐑅, 𐐰𐑌𐐼 𐑄𐐰𐐻 𐐻𐑉𐐰𐑌𐑆𐑀𐑉𐐯𐑅𐐯𐑃 𐑄𐐯𐑋, 𐐰𐑌𐐼 𐑄𐐰𐐻 𐐶𐐩𐑅𐐻𐐯𐑃 𐑄 𐐼𐐩𐑆 𐐲𐑂 𐐸𐐮𐑆 𐐹𐑉𐐬𐐺𐐩𐑇𐐲𐑌, 𐑁𐐫𐑉 𐐫𐑁𐐳𐑊 𐐮𐑆 𐐸𐐮𐑆 𐑅𐐻𐐩𐐻."—2 𐐤𐐨𐑁𐐴 9:19–27.

# Cɹʇʇɾгф XXIV

*ɣ Фгбгʅɘ гɞ ɣ Гʅоʊɔгʊʅ—ɣ Ԍɹʅ Ɩɛd—Çгɞʅɞ ɹʊd Ɔгфɞɘ—ɹɷɞʅфɹɷʅɞ ƥфгɔ ɣ Ɩɘcɪʊб гɞ ɹʅɔг ɹʊd Гɣгфб.*

ƤФГƆ ɣ ƥɹɷʅɞ ɪʊ ɣ ɷɛɞ ɹʊd ɣ ʅɹɞʅɪɔоʊɘ ʅфгбɹʊʅгd ɪʊ ɣ ɞɷфɪʅсгфб ɪʅ ɞгɷгɔб ɹɞɪdгʊʅ ɣɹʅ ʟфɷ ɣ ɷ̇фɛʅ гʅоʊɔгʊʅ, ɣ ɹɷɞʅɘгʅɷфɘ ɞɹɷфɪгфɞ гɞ ɣ ɞгʊ гɞ Ѡɘd, ɪʅ ɪб ɔɛd ʅɘɞɪɞгʅ ɣɹʅ ɔɹʊ ɷɹʊ ɞ фгdɘɔd, фгɞʅɷфd, фɹбгфɹɷʅгd ɹʊd ɪɷ̇бɷʅгd ʅɷ ɣ ɹʅгɞɛʅгd ʅгбɪbгʊ dгбфʊd ƥɷф фɪɔ ɪʊ ɣ ɷфɘɛbгʊ ɹб ɘ ɞгʊ гɞ Ѡɘd: ɣɹʅ ɘʅгфʊʅ çгɞʅɪɞ ɹʊd ʅɷ фгɷɷффd ɣ ʅɹʊгʅɘ ʅɷ ɞ ʅɛd ɞф ɔɹʊ фɪɔɞɹʅƥ, ɷф ɞф ɣ гʅоʊɔгʊʅ гɞ ɣ ɞгʊ гɞ Ѡɘd: ɣɹʅ Çɘбгɞ ɷргфd Фɪɔɞɹʅƥ ɹб ɣ ɷ̇фɛʅ ɹɷɞʅɘгʅɷфɘ ɞɹɷфɪгфɞ; ɣɹʅ ɣɪɞ ɷргфɪʊ ɞɘɪʊ ɪʊ гɷɷфdгʊɞ ɷɪɣ ɣ dгɔɹʊdб ɷф фгɷɷффɔгʊʅɞ гɞ ɣ ʅɷ, ɷгб гɷɞɹʅгd ɞф ɣ ɷ̇фɛʅ ʅɷ̇ɪɞгф; ɣɹʅ ɪʅ ɷгб ʅфɘгɪɷ̇ѵгфd ɞф ɞɹɷфɪгфɞгб, ɹʊd гʅʅɪɔгʅɘ ƥɣʅƥɪʅd ɞф Фɪɔɞɹʅƥ гɷɷфdɪʊ ʅɷ ɣ ɘʅгфʊʅ ɷгɞгʊгʊʅ. "Фɘ ɷгб ɷɷʊdгd (ɹб ʅфɘргɞфd гɞ) ƥɷф ɘ̇ф ʅфɹʊбɷ̇фɹbгʊб, фɘ ɷгб ɞфɷбd ƥɷф ɘ̇ф ɪʊɷɷɪʅɘб, ɣ сɹɞʅфбɔгʊʅ гɞ ɘ̇ф ʅɘɞ ɷгб гʅɘʊ фɪɔ, ɹʊd ɷɪɣ фɪб ɞʅффʅɞ ɷɘ ɷф фɘʅd."

ɣ ɞɛɞѵгф ɣгɞ ɞгɷгɔб ɔɹɞʅгф гɞ ɣ ɞɪсɷɛbгʊ—ɣ dɹʅ ɪб ʅɛd, ɣ фгdɹɔʅbгʊ ɔɛd, ɣ ɷгɞгʊгʊʅ ƥɣʅƥɪʊd, çгɞʅɪɞ ɞɹʅɪɞрфd, ɣ ɷɪʅ гɞ Ѡɘd dгʊ, ɹʊd ɷʅ ʅɘ̇гф ɪб ʊɘ̇ ɷ̇ɪɞгʊ ɪʊʅɷ ɣ фɹʊdб гɞ ɣ ɞгʊ гɞ Ѡɘd—ɣ ʅɘ̇гф гɞ ɣ фɹбгфɹɷbгʊ, ɣ ʅɘ̇гф гɞ ɣ фгdɹɔʅbгʊ, ɣ ʅɘ̇гф гɞ ɞɹʅɞɛbгʊ, ɣ ʅɘ̇гф ʅɷ ɪʊɹɷʅ ʅɷб ƥɷф ɣ ɷɹфɘɪʊ ɘ̇ʅ ɹʊd гɷɘɔʅʅɪbɔгʊʅ гɞ ɣɪɞ dгбфʊ. Фɹʊɞ ʅфр ɹʊd ɪɔфʅɹʅɪʅɘ ɘф ɞфɷʅ ʅɷ ʅфʅ, ɣ Ѡɷɞʅгʅ ɪб ɪʊфгdɷɞʅ, ɹʊd Фɘ ɞгɷгɔб ɣ ɷʟгф гɞ ɘʅгфʊʅ ʅфр ɹʊd ɹɷ̇бɷʅɛbгʊ. Фɘ ɪб ɣ Фгdɘɔгф, ɣ Фɹбгфɹɷʅгф, ɣ ɞɛɞѵгф гɞ ɔɹʊ ɹʊd ɣ ɷгфʅd; ɹʊd Фɘ фɹб гʅɔɪʊʅгd ɣ ʅɷ гɞ ɣ Ѡɷɞʅгʅ ɹб ɣ ɔɘdɘгɔ фɷɪс ɔгɞʅ ɞ ɷгɔʅʅфd ɷɪɣ ɪʊ ɣɪɞ ɷгфʅd ɷф ɣ ʊɹɷɞʅ, ɹб Фɘ ɷгɔʅʅфd ɷɪɣ Фɪб Ƥɘɣгф'б ʅɷ; фɹʊɞ "фɘ ɣɹʅ ɞгʅɘɞгʟ bɹʅ ɞ ɞɛɞd, ɹʊd фɘ ɣɹʅ ɞгʅɘɞгʟ ʊɘʅ bɹʅ ɞ dɹɔd."

ɣ ʅʅɹʊ, ɣ гфɛʊçɔгʊʅ, ɣ гɷ̇фɘɔгʊʅ, ɣ ɷгɞгʊгʊʅ ɷгб ɔɛd, ɹʊгфd ɪʊʅɷ ɹʊd гɷɞɹʅгd ɞгƥɷф ɣ ƥɘ̇ʊdɛbгʊ гɞ ɣ ɷгфʅd; ɪʅ ɷгб ʅфɘгɪɷ̇ѵгфd ɞф ɞɹɷфɪгфɞгб, ɹʊd ɷгб ɷɹфɘd ɘ̇ʅ ɹʊd ɷɘʊɞгɔɛʅгd ɷʊ ɣ ɷфɷɞ.

Фɹʊɞ ɞɘɪʊ ɣ ɔɘdɘɛʅгф ɞгʅɷɹʊ Ѡɘd ɹʊd ɔɹʊ, Фɘ ɞгɷгɔб ɞф ффʅ ɣ dɪɷʅɛʅгф ɹʊd dгфɹɷʅгф ɷʊ гфʟ ɹʊd ɪʊ фɹɞгʊ ƥɷф ɣ ʅɪɞɪʊ ɹʊd ƥɷф ɣ dɹd, ƥɷф ɣ ʅɹɞʅ, ɣ ʅфɹбгʊ ɹʊd ɣ ƥѵɷсгф, ʅrфʅɛʌɪи ʅo ɔɅʌ Ʌ6 ɾɞobəɛʅɾd ωɪɣ ɣɪɞ ɾфʟ oф ɣ фɅɞɾʌ6, ɪʌ ʅфɔ oф əʅɾфʌʅə, ɣ ΩɅʅʅɾʌ ɾɞ ȯф ɞɅʅɞɛbɾʌ, ɣ Ƙʅəɞɾʅ ɅʌԀ Ψф-ʅфəɞʅ ɾɞ ȯф ʅфɾɾɅbɾʌ, ɣ [oфd Ʌʌd Ωɪɞɾф ɾɞ ɩфɾ.

Ɨ6 ɕɾɞʅɪɞ dɪɞəʌɾфd? Ϟo; ɪʅ ɪ6 ɞɅʅɪɞɾфd, ɣ dɅʅ ɪ6 ʅɛd. Ɨ6 ффɕɾɞʌɾɞ dɾʅəфʅɾd ɾфɾɔ? Ϟo; ɣɪɞ ɪ6 ə ффɕɾɞ Ʌωʅ. Θʅ фɾωфффɔɾʌʅɞ əф ɔɅʅ. Ɨ6 ɕɾɕɔɾʌʅ ɞфɾʅɛʅɾd? Ϟo; ɪʅɞ dɾɔɅʌd6 əф ɾqʅɾɪʅd. Ɨ6 ɔɾфɞə ʅффɾɔɾʌʅ? Ϟo; bə ɞɪɔʅʅə ωʅɛɔ6 фɾф oʌ. Ϲɾɞʅɪɞ, ɕɾɕɔɾʌʅ, ɔɾфɞə Ʌʌd ʅфoʟ oʅ фəфɔɾʌф6 Ʌ6 ɣ Ʌʅфɪɞʌωʅɞ ɾɞ Ꭷəɪʅə. “Ϲɾɞʅɪɞ Ʌʌd ʅфoʟ фɅɞ ɔɅʅ ʅɾωɅɣɾф, ффɕɾɞʌɾɞ Ʌʌd ʅəɞ фɅɞ ωɪɞʅ əc ɾɣɾф.” Ϲɾɞʅɪɞ Ʌʌd ɕɾɕɔɾʌʅ ʅффɾɔɾ Ʌ6 ωɅʅ Ʌ6 ɔɾфɞə Ʌʌd ʅəɞ; oʅ ɣ Ʌʅфɪɞʌωʅɞ ɾɞ Ꭷəɪʅə фəфɔɾʌф6 ɪʌ ɣɪɞ ȯфɛʅ, ȯфɅʌd, ɔɾɔɅʌʅɾɞ, ɕɾɞʅ, Ʌωωɪʅɾɞɾʅ, ɔɾфɞɪɾʅ Ʌʌd ɔɅфɪʅoфəɾɞ Ʌωʅ.

Ɣ Ȣqω ɾɞ Ɔoфɔɾʌ ɪ6 ɞɅфə ɪωɞʅʅɪɞɪ oʌ ɣə6 ʅфɪʌɞɪʅɾʅ6. ɷə фəd ɣɅфɪʌ:

“Ʌʌd ɞɾфoʅd, Ф ɞɛ ɾʌʅo ʌo, ɣɪɞ ɪ6 ʌəʅ oʅ: Ꝑoф O фȯ ɞʌoʅɪɾʅ ɾʅəʌ ɣ ɔȯʌʅɾʌ6 əф ɣ ɾəʅ ɾɞ фɪɔ ɣɅʅ ɞфɪиɾʟ ȯqd ʅфdɪи6, ɣɅʅ ɪ6 ɣ ɾȯʌdɾф ɾɞ ʅəɞ: ʌɛ, əɞɾʌ ɣ [oфd, фo фɅ6 фɾdəɔd фɪ6 ʅəʅɾʅ: ʌɛ, фɪɔ фo фɅ6 ȯфɅʌʅɾd ɞɅʅɞɛbɾʌ ɾʌʅo фɪ6 ʅəʅɾʅ: Ꝑoф ωɾф ɪʅ ʌəʅ ɾoф ɣ фɾdɅɔʅbɾʌ фωɪc фə фɅʟ ɔɛd ɾoф фɪ6 ʅəʅɾʅ, фωɪc ωɾ6 ʅфɾʅɅфd ɾфɾɔ ɣ ɾȯʌdɛbɾʌ ɾɞ ɣ ωɾфʅd; Ф ɞɛ ɾʌʅo ʌo, ωɾф ɪʅ ʌəʅ ɾoф ɣɪɞ, oʅ ɔɅʌωфʌd ɔɾɞʅ фɅɞ ʅɅфɪbʅ. Ȣɾʅ ɞɾфoʅd, ɣ ɞɅʌd6 ɾɞ dɅʟ bɅʅ ɞ ɞфoωɾʌ, Ʌʌd ɣ Ȣɾʌ фɛʌɾʟ, Ʌʌd фɅʟ ʅȯɾф oɞɾф ɣ dɅd; ɣɅфɾoф, фə ɞфɪиɾʟ ʅo ʅɅɞ ɣ фɅ6ɾфɅωbɾʌ ɾɞ ɣ dɅd. Ʌʌd ɣɅф ωɾɔɾʟ ə фɅ6ɾфɅωbɾʌ, əɞɾʌ ə ɾɾфɞʅ фɅ6ɾфɅωbɾʌ; ʌɛ əɞɾʌ ə фɅ6ɾфɅωbɾʌ ɾɞ ɣo6 ɣɅʅ фɅɞ ɞɪʌ, Ʌʌd фo əф, Ʌʌd фo bɅʅ ɞ, əɞɾʌ ɾʌʅɪʅ ɣ фɅ6ɾфɅωbɾʌ ɾɞ Ωффɞʅ: ɾoф ɞo bɅʅ фə ɞ ωoʅd. Ʌʌd ʌȯ, ɣ фɅ6ɾфɅωbɾʌ ɾɞ oʅ ɣ ʅфəɾɾʅɞ, Ʌʌd oʅ ɣo6 ɣɅʅ фɅɞ ɞɾʅəɞd ɪʌ ɣɅф ωɾфd6, əф oʅ ɣo6 ɣɅʅ фɅɞ ωɅʅʅ ɣ ωɾɔɅʌdɔɾʌʅɞ ɾɞ Ωəd, bɅʅ ωɾɔ ɾoфʟ ɪʌ ɣ ɾɾфɞʅ фɅ6ɾфɅωbɾʌ; ɣɅфɾoф, ɣɛ əф ɣ ɾɾфɞʅ фɅ6ɾфɅωbɾʌ. Ɣɛ əф фɛ6d ʅo dωɅʅ ωɪɣ Ωəd фo фɅ6 фɾdəɔd ɣɅɔ: ɣɾɞ ɣɛ фɅɞ əʅɾфɪʌʅ ɩфɾ ʟфo Ωффɞʅ, фo фɅ6 ɞфoωɾʌ ɣ ɞɅʌd6 ɾɞ dɅʟ. Ʌʌd ɣə6 əф ɣo6 фo фɅɞ ʅəфʅ ɪʌ ɣ ɾɾфɞʅ фɅ6ɾфɅωbɾʌ; Ʌʌd ɣə6 əф ɣɛ ɣɅʅ фɅɞ dфd ɞɾɾoф Ωффɞʅ ωɛɔ, ɪʌ ɣɅф ɪȯʌɾфɾʌɞ, ʌəʅ фɅɞɪи ɞɅʅɞɛbɾʌ dɾωʅɅфd ɾʌʅo ɣɅɔ. Ʌʌd ɣɾɞ ɣ [oфd ɞфɪиɾʟ ɾɞȯʅ ɣ фɅɞʅɾфɛbɾʌ ɾɞ ɣə6; Ʌʌd ɣɛ фɅɞ ə ʅəфʅ ɪʌ ɣ ɾɾфɞʅ фɅ6ɾфɅωbɾʌ, əф фɅɞ əʅɾфɪʌʅ ɩфɾ, ɞəɪи фɾdəɔd ɞф ɣ [oфd.

𐐈𐑌𐐼 𐑊𐐮𐐻𐐲𐑊 𐐽𐐮𐑊𐐼𐑉𐐯𐑌 𐐫𐑊𐑅𐐬 𐐸𐐰𐑂 𐐨𐐻𐐲𐑉𐑌𐐲𐑊 𐑊𐐴𐑁. 𐐒𐐲𐐻 𐐺𐐲𐐸𐐬𐑊𐐼, 𐐰𐑌𐐼 𐑁𐐨𐑉, 𐐰𐑌𐐼 𐐻𐑉𐐯𐑋𐐺𐐲𐑊 𐐺𐐲𐑁𐐬𐑉 𐐘𐐱𐐼; 𐑁𐐫𐑉 𐐷𐐨 𐐫𐐻 𐐻𐐭 𐐻𐑉𐐯𐑋𐐺𐐲𐑊: 𐑁𐐫𐑉 𐑄 𐐢𐐫𐑉𐐼 𐑉𐐲𐐼𐐨𐑋𐐲𐑃 𐑌𐐲𐑌 𐑅𐐲𐐽 𐑄𐐰𐐻 𐑉𐐯𐐺𐐯𐑊 𐐲𐑀𐐯𐑌𐑅𐐻 𐐸𐐮𐑋, 𐐰𐑌𐐼 𐐼𐐴 𐐮𐑌 𐑄𐐩𐑉 𐑅𐐮𐑌𐑆; 𐐷𐐩, 𐐨𐑂𐐲𐑌 𐐫𐑊 𐑄𐐬𐑆 𐑄𐐰𐐻 𐐸𐐰𐑂 𐐹𐐯𐑉𐐮𐑇𐐻 𐐮𐑌 𐑄𐐩𐑉 𐑅𐐮𐑌𐑆 𐐯𐑂𐐲𐑉 𐑅𐐮𐑌𐑅 𐑄 𐐶𐐲𐑉𐑊𐐼 𐐺𐐲𐑀𐐰𐑌, 𐑄𐐰𐐻 𐐸𐐰𐑂 𐐶𐐮𐑊𐑁𐐳𐑊𐐨 𐑉𐐲𐐺𐐯𐑊𐐼 𐐲𐑀𐐯𐑌𐑅𐐻 𐐘𐐱𐐼, 𐑄𐐰𐐻 𐐸𐐰𐑂 𐑌𐐬𐑌 𐑄 𐐿𐐲𐑋𐐰𐑌𐐼𐑋𐐲𐑌𐐻𐑅 𐐲𐑂 𐐘𐐱𐐼, 𐐰𐑌𐐼 𐐶𐐳𐐼 𐑌𐐱𐐻 𐐿𐐨𐐹 𐑄𐐯𐑋; 𐑄𐐨𐑆 𐐪𐑉 𐑄𐐩 𐑄𐐰𐐻 𐐸𐐰𐑂 𐑌𐐬 𐐹𐐪𐑉𐐻 𐐮𐑌 𐑄 𐑁𐐲𐑉𐑅𐐻 𐑉𐐯𐑆𐐲𐑉𐐯𐐿𐑇𐐲𐑌. 𐐜𐐯𐑉𐑁𐐫𐑉 𐐸𐐰𐐼 𐐷𐐨 𐑌𐐱𐐻 𐐫𐐻 𐐻𐐭 𐐻𐑉𐐯𐑋𐐺𐐲𐑊? 𐐙𐐫𐑉 𐑅𐐰𐑊𐑂𐐩𐑇𐐲𐑌 𐐿𐐲𐑋𐐲𐑃 𐐻𐐭 𐑌𐐲𐑌 𐑅𐐲𐐽; 𐑁𐐫𐑉 𐑄 𐐢𐐫𐑉𐐼 𐐸𐐰𐑃 𐑉𐐲𐐼𐐨𐑋𐐼 𐑌𐐲𐑌 𐑅𐐲𐐽; 𐐷𐐩, 𐑌𐐨𐑄𐐲𐑉 𐐿𐐰𐑌 𐑄 𐐢𐐫𐑉𐐼 𐑉𐐲𐐼𐐨𐑋 𐑅𐐲𐐽; 𐑁𐐫𐑉 𐐸𐐨 𐐿𐐰𐑌𐐱𐐻 𐐼𐐲𐑌𐐴 𐐸𐐮𐑋𐑅𐐯𐑊𐑁; 𐑁𐐫𐑉 𐐸𐐨 𐐿𐐰𐑌𐐱𐐻 𐐼𐐲𐑌𐐴 𐐾𐐲𐑅𐐻𐐮𐑅 𐐸𐐶𐐯𐑌 𐐮𐐻 𐐸𐐰𐑆 𐐮𐐻𐑅 𐐿𐑊𐐩𐑋."—𐐣𐐬𐑆𐐴𐐲 15:18–27.

𐐜 𐑌𐐯𐐿𐑅𐐻 𐐮𐑆 𐐪 𐐹𐐫𐑉𐑇𐐲𐑌 𐐲𐑂 𐐪 𐑅𐐲𐑉𐑋𐐲𐑌 𐐲𐑂 𐑄 𐐹𐑉𐐱𐑁𐐯𐐻 𐐈𐑋𐐷𐐭𐑊𐐯𐐿, 𐑄 𐐿𐐲𐑋𐐹𐐰𐑌𐐷𐐲𐑌 𐐲𐑂 𐐈𐑊𐑋𐐲, 𐐻𐐭 𐑄 𐐞𐐬𐑉𐐲𐑋𐐴𐐻𐑅:

"𐐣𐐴 𐐺𐑉𐐲𐑄𐐲𐑉 𐐸𐐰𐑆 𐐿𐐫𐑊𐐼 𐐲𐐹𐐱𐑌 𐑄 𐐶𐐲𐑉𐐼𐑆 𐐲𐑂 𐐞𐐨𐑌𐐲𐑅, 𐑄𐐰𐐻 𐑉𐐲𐐼𐐯𐑋𐑇𐐲𐑌 𐐿𐐲𐑋𐐲𐑃 𐑃𐑉𐐭 𐑄 𐐝𐐲𐑌 𐐲𐑂 𐐘𐐱𐐼, 𐐰𐑌𐐼 𐐫𐑊𐑅𐐬 𐐲𐐹𐐱𐑌 𐑄 𐐶𐐲𐑉𐐼𐑆 𐐲𐑂 𐐞𐐨𐑌𐐲𐐿; 𐐰𐑌𐐼 𐐫𐑊𐑅𐐬 𐐸𐐨 𐐸𐐰𐑆 𐐲𐐹𐐨𐑊𐐼 𐐲𐑌𐐻𐐭 𐐣𐐬𐑆𐐲𐑆, 𐐻𐐭 𐐹𐑉𐐭𐑂 𐑄𐐰𐐻 𐑄𐐨𐑆 𐑃𐐮𐑍𐑆 𐐪𐑉 𐐻𐑉𐐭. 𐐈𐑌𐐼 𐑌𐐵 𐐺𐐲𐐸𐐬𐑊𐐼, 𐐌 𐐶𐐮𐑊 𐐻𐐯𐑅𐐻𐐲𐑁𐐴 𐐲𐑌𐐻𐐭 𐐷𐐭 𐐲𐑂 𐑋𐐴𐑅𐐯𐑊𐑁 𐑄𐐰𐐻 𐑄𐐨𐑆 𐑃𐐮𐑍𐑆 𐐪𐑉 𐐻𐑉𐐭. 𐐒𐐲𐐸𐐬𐑊𐐼, 𐐌 𐑅𐐩 𐐲𐑌𐐻𐐭 𐐷𐐭, 𐑄𐐰𐐻 𐐌 𐐼𐐭 𐑌𐐬 𐑄𐐰𐐻 𐐗𐑉𐐴𐑅𐐻 𐑇𐐰𐑊 𐐿𐐲𐑋 𐐲𐑋𐐲𐑍 𐑄 𐐽𐐮𐑊𐐼𐑉𐐯𐑌 𐐲𐑂 𐑋𐐯𐑌, 𐐻𐐭 𐐻𐐩𐐿 𐐲𐐹𐐱𐑌 𐐸𐐮𐑋 𐑄 𐐻𐑉𐐰𐑌𐑆𐑀𐑉𐐯𐑇𐐲𐑌𐑆 𐐲𐑂 𐐸𐐮𐑆 𐐹𐐨𐐹𐐲𐑊, 𐐰𐑌𐐼 𐑄𐐰𐐻 𐐸𐐨 𐑇𐐰𐑊 𐐲𐐻𐐬𐑌 𐑁𐐫𐑉 𐑄 𐑅𐐮𐑌𐑆 𐐲𐑂 𐑄 𐐶𐐲𐑉𐑊𐐼; 𐑁𐐫𐑉 𐑄 𐐢𐐫𐑉𐐼 𐐘𐐱𐐼 𐐸𐐰𐑃 𐑅𐐹𐐬𐐿𐐲𐑌 𐐮𐐻; 𐑁𐐫𐑉 𐐮𐐻 𐐮𐑆 𐐯𐐿𐑅𐐹𐐨𐐼𐐨𐐲𐑌𐐻 𐑄𐐰𐐻 𐐰𐑌 𐐲𐐻𐐬𐑌𐑋𐐲𐑌𐐻 𐑇𐐳𐐼 𐐺 𐑋𐐩𐐼; 𐑁𐐫𐑉 𐐲𐐿𐐫𐑉𐐼𐐮𐑍 𐐻𐐭 𐑄 𐑀𐑉𐐩𐐻 𐐹𐑊𐐰𐑌 𐐲𐑂 𐑄 𐐨𐐻𐐲𐑉𐑌𐐲𐑊 𐐘𐐱𐐼, 𐑄𐐩𐑉 𐑋𐐲𐑅𐐻 𐐺 𐐰𐑌 𐐲𐐻𐐬𐑌𐑋𐐲𐑌𐐻 𐑋𐐩𐐼, 𐐫𐑉 𐐯𐑊𐑅 𐐫𐑊 𐑋𐐰𐑌𐐿𐐴𐑌𐐼 𐑋𐐲𐑅𐐻 𐐲𐑌𐐲𐑂𐐬𐐮𐐼𐐲𐐺𐑊𐐨 𐐹𐐯𐑉𐐮𐑇; 𐐷𐐩, 𐐫𐑊 𐐪𐑉 𐐸𐐪𐑉𐐼𐐲𐑌𐐼; 𐐷𐐩, 𐐫𐑊 𐐪𐑉 𐑁𐐫𐑊𐐲𐑌 𐐰𐑌𐐼 𐐪𐑉 𐑊𐐱𐑅𐐻, 𐐰𐑌𐐼 𐑋𐐲𐑅𐐻 𐐹𐐯𐑉𐐮𐑇, 𐐯𐐿𐑅𐐯𐐹𐐻 𐐮𐐻 𐐺 𐑃𐑉𐐭 𐑄 𐐲𐐻𐐬𐑌𐑋𐐲𐑌𐐻 𐐸𐐶𐐮𐐽 𐐮𐐻 𐐮𐑆 𐐯𐐿𐑅𐐹𐐨𐐼𐐨𐐲𐑌𐐻 𐑇𐐳𐐼 𐐺 𐑋𐐩𐐼; 𐑁𐐫𐑉 𐐮𐐻 𐐮𐑆 𐐯𐐿𐑅𐐹𐐨𐐼𐐨𐐲𐑌𐐻 𐑄𐐰𐐻 𐑄𐐩𐑉 𐑇𐐳𐐼 𐐺 𐐪 𐑀𐑉𐐩𐐻 𐐰𐑌𐐼 𐑊𐐰𐑅𐐻 𐑅𐐰𐐿𐑉𐐮𐑁𐐴𐑅; 𐐷𐐩, 𐑌𐐱𐐻 𐐪 𐑅𐐰𐐿𐑉𐐮𐑁𐐴𐑅 𐐲𐑂 𐑋𐐰𐑌, 𐑌𐐨𐑄𐐲𐑉 𐐲𐑂 𐐺𐐨𐑅𐐻, 𐑌𐐨𐑄𐐲𐑉 𐐲𐑂 𐐯𐑌𐐨 𐑋𐐰𐑌𐐲𐑉 𐐲𐑂 𐑁𐐵𐑊; 𐑁𐐫𐑉 𐐮𐐻 𐑇𐐰𐑊 𐑌𐐱𐐻 𐐺 𐐪 𐐸𐐷𐐭𐑋𐐲𐑌 𐑅𐐰𐐿𐑉𐐮𐑁𐐴𐑅; 𐐺𐐲𐐻 𐐮𐐻 𐑋𐐲𐑅𐐻 𐐺 𐐰𐑌 𐐮𐑌𐑁𐐮𐑌𐐮𐐻 𐐰𐑌𐐼 𐐨𐐻𐐲𐑉𐑌𐐲𐑊 𐑅𐐰𐐿𐑉𐐮𐑁𐐴𐑅. 𐐤𐐵 𐑄𐐩𐑉 𐐮𐑆 𐑌𐐱𐐻 𐐯𐑌𐐨 𐑋𐐰𐑌 𐑄𐐰𐐻 𐐿𐐰𐑌 𐑅𐐰𐐿𐑉𐐮𐑁𐐴𐑅 𐐸𐐮𐑆 𐐬𐑌 𐐺𐑊𐐲𐐼, 𐐸𐐶𐐮𐐽 𐐶𐐮𐑊 𐐲𐐻𐐬𐑌 𐑁𐐫𐑉 𐑄 𐑅𐐮𐑌𐑆 𐐲𐑂 𐐲𐑌𐐲𐑄𐐲𐑉. 𐐤𐐵 𐐮𐑁 𐐪 𐑋𐐰𐑌 𐑋𐐲𐑉𐐼𐐲𐑉𐐯𐑃, 𐐺𐐲𐐸𐐬𐑊𐐼 𐐶𐐮𐑊 𐐵𐑉 𐑊𐐫, 𐐸𐐶𐐮𐐽 𐐮𐑆 𐐾𐐲𐑅𐐻, 𐐻𐐩𐐿 𐑄 𐑊𐐴𐑁 𐐲𐑂 𐐸𐐮𐑆 𐐺𐑉𐐲𐑄𐐲𐑉? 𐐌 𐑅𐐩 𐐲𐑌𐐻𐐭 𐐷𐐭 𐑌𐐩. 𐐒𐐲𐐻 𐑄 𐑊𐐫 𐑉𐐲𐐿𐐶𐐴𐑉𐐯𐑃 𐑄 𐑊𐐴𐑁 𐐲𐑂 𐐸𐐮𐑋 𐐸𐐭 𐐸𐐰𐑃 𐑋𐐲𐑉𐐼𐐲𐑉𐐼; 𐑄𐐩𐑉𐑁𐐫𐑉 𐑄𐐩𐑉 𐐿𐐰𐑌 𐐺 𐑌𐐲𐑃𐐮𐑍 𐐸𐐶𐐮𐐽 𐐮𐑆 𐑇𐐫𐑉𐐻 𐐲𐑂 𐐰𐑌 𐐮𐑌𐑁𐐮𐑌𐐮𐐻 𐐲𐐻𐐬𐑌𐑋𐐲𐑌𐐻, 𐐸𐐶𐐮𐐽 𐐶𐐮𐑊 𐑅𐐲𐑁𐐴𐑅 𐑁𐐫𐑉 𐑄 𐑅𐐮𐑌𐑆 𐐲𐑂 𐑄 𐐶𐐲𐑉𐑊𐐼; 𐑄𐐩𐑉𐑁𐐫𐑉 𐐮𐐻 𐐮𐑆 𐐯𐐿𐑅𐐹𐐨𐐼𐐨𐐲𐑌𐐻 𐑄𐐰𐐻 𐑄𐐩𐑉 𐑇𐐳𐐼 𐐺 𐐪 𐑀𐑉𐐩𐐻 𐐰𐑌𐐼 𐑊𐐰𐑅𐐻 𐑅𐐰𐐿𐑉𐐮𐑁𐐴𐑅; 𐐰𐑌𐐼 𐑄𐐯𐑌 𐑇𐐰𐑊 𐑄𐐩𐑉 𐐺, 𐐫𐑉 𐐮𐐻 𐐮𐑆 𐐯𐐿𐑅𐐹𐐨𐐼𐐨𐐲𐑌𐐻 𐑄𐐩𐑉 𐑇𐐳𐐼 𐐺 𐐪 𐑅𐐻𐐱𐐹 𐐻𐐭 𐑄 𐑇𐐯𐐼𐐮𐑍 𐐲𐑂 𐐺𐑊𐐲𐐼; 𐑄𐐯𐑌 𐑇𐐰𐑊 𐑄 𐑊𐐫 𐐲𐑂 𐐣𐐬𐑆𐐲𐑆 𐐺 𐑁𐐳𐑊𐑁𐐮𐑊𐐼; 𐐷𐐩, ɨɿ bɹɭ ɞ ɵɭ ƿqɭƿɨɹɭd; ʌɞɸə ɕəɿ ɹʌd ɿɨɾɭ; ɹʌd ʌrʌ bɹɭ ɸɹɞ ɿɹɞɿ rωɛ. Ⱦʌd ɞrɸoɭd, ɣɨɞ ɨɞ ɣ ɸoɭ ɔəʌɨɪ rɞ ɣ ɭɵ: ʌɞɸə ɸωɨɿ ɿoɨʌɿɨɪ ɿɷ ɣɹɿ ώɸɛɿ ɹʌd ɭʌɞɿ ɞɹωɸɨƿɸɞ; ɹʌd ɣɹɿ ώɸɛɿ ɹʌd ɭʌɞɿ ɞɹωɸɨƿɸɞ ωɨɭ ɞ ɣ Ȣrʌ rɞ Ɯəd: ɤɛ, ɨƿɨɨɿ ɹʌd əɿrɸʌɭ; ɹʌd ɣrɞ ɸə bɹɭ ɞɸɨɪ ɞɹɭɞɛbrʌ ɿɷ ɵɭ ɣoɞ ɸɷ bɹɭ ɞrɭɞɞ ɵʌ ɸɨɞ ʌɛɔ; ɣɨɞ ɞəɨɪ ɣ ɨɿʌʌɿ rɞ ɣɨɞ ɭʌɞɿ ɞɹωɸɨƿɸɞ, ɿɷ ɞɸɨɪ rɞə́ɿ ɣ ɞə́rɭɞ rɞ ɔrɸɞə, ɸωɪc oɞrɸɿə́rɸrʟ ɕrɞɿɨɞ, ɹʌd ɞɸɨɪrʟ rɞə́ɿ ɔəʌɞ rʌɿɷ ɔʌʌ ɣɹɿ ɣɛ ɔɛ ɸɹɞ ƿɛʟ rʌɿɷ ɸrɿʌʌɿrʌɞ. Ⱦʌd ɣrɞ ɔrɸɞə ωɹʌ ɞɹɿɨɞƿɸ ɣ drɔɹʌdɞ rɞ ɕrɞɿɨɞ, ɹʌd ɨɞrɸωɪɭɞ ɣʌɔ ɨʌ ɣ əɸɔɞ rɞ ɞɛƿɿə, ɸωəɭ ɸə ɣɹɿ ʌωɞrɸɞəɞrɞ ʌo ƿɛʟ rʌɿɷ ɸrɿʌʌɿrʌɞ, ɨɞ ɨωɞɿoɞd ɿɷ ɣ ɸoɭ ɭɵ rɞ ɣ drɔɹʌdɞ rɞ ɕrɞɿɨɞ; ɣʌɸƿoɸ oʌɭə rʌɿɷ ɸɨɔ ɣɹɿ ɸɹɞ ƿɛʟ rʌɿɷ ɸrɿʌʌɿrʌɞ, ɨɞ ɞɸəɿ rɞə́ɿ ɣ ώɸɛɿ ɹʌd əɿrɸʌɭ ɿɭɹʌ rɞ ɸrdʌɔɿbrʌ. Ɣʌɸƿoɸ ɔɛ Ɯəd ώɸɹʌɿ rʌɿɷ ɤɷ, ɔɸ ɞɸʌɣɸrʌ, ɣɹɿ ɤə ɔɛ ɞrώʌ ɿɷ ʌωɞrɸəɞɞ ɤoɸ ƿɛʟ rʌɿɷ ɸrɿʌʌɿrʌɞ, ɣɹɿ ɤə ɞrώʌ ɿɷ ωəɭ rɿəʌ ɸɨɞ ɸoɭə ʌɛɔ, ɣɹɿ ɸə ωqd ɸɹɞ ɔrɸɞə rɿəʌ ɤɷ."—Ⱦɭɔr 34:7–17.

Ⱦʌd rώʌʌ, ɿɷ ωωəɿ ƿɸrɔ ɣ ωrɔɹʌdɔrʌɿɞ rɞ Ⱦɭɔr ɿɷ ɸɨɞ ɞrʌ Ωoɸəɹʌɿrʌ:

"Ⱦʌd ʌə́, ɔɸ ɞrʌ, Ф ɿrɸɞəɞ ɣʌɸ ɨɞ ɞrɔɸωrɿ ɔəɸ ɸωɪc drʟ ωrɸə ɤoɸ ɔɸʌd, ɸωɪc ɤə ωɹʌəɿ rʌdrɸɞɿɹʌd, ɸωɪc ɨɞ ωrʌɞrɸɹɪ ɣ ɕrɞɿɨɞ rɞ Ɯəd, ɨʌ ɣ ɿrʌɨbɔrʌɿ rɞ ɣ ɞɨʌrɸ; ƿoɸ ɤə dɷ ɿɸɸ ɿɷ ɞrɿoɞ ɣɹɿ ɨɿ ɨɞ ɨʌɕrɞɿɨɞ ɣɹɿ ɣ ɞɨʌrɸ bqd ɞ ωrʌɞɸʌd ɿɷ ə ɞɿɛɿ rɞ ɔɨɞrɸə. ʌə́, ɞrɸoɭd, ɔɸ ɞrʌ, Ф ωɨɭ ɨωɞɿɭɛʌ ɣɨɞ ʟɪɪ rʌɿɷ ɣ: ƿoɸ ɞrɸoɭd, ʌƿɭrɸ ɣ Ⱡoɸd Ɯəd ɞʌʌɿ ə́ɸ ƿrɸəɿ ɿʌɸrʌɿɞ ƿoɸʟ ƿɸrɔ ɣ Ɯəɸdrʌ rɞ ∂drʌ, ɿɷ ɿɨɭ ɣ ώɸə́ʌd, ƿɸrɔ ɸωʌʌɞ ɣɛ ωrɸ ɿɛωrʌ; ɤɛ, ɸə dɸɷ ə́ɿ ɣ ɔɹʌ, ɹʌd ɸə ɿɭɛɞɿ ɹɿ ɣ əɞɿ ʌʌd rɞ ɣ Ɯəɸdrʌ rɞ ∂drʌ, Cʌɸrɞɨɔ, ɹʌd ə ƿɭɛɔɨɪ ɞoɸd ɸωɪc ɿrɸʌd ʌɞɸə ωɛ, ɿɷ ωəɿ ɣ ɿɸə rɞ ɭɸƿ. ʌə́ ωə ɞɞ ɣɹɿ ɣ ɔɹʌ ɸɹd ɞrωrɔ ɹɞ Ɯəd, ʌoɨɪ ώqd ɹʌd əɞɨɭ; ɹʌd ɭʌɞɿ ɸə bqd ɿqɭ ƿoɸʟ ɸɨɞ ɸɹʌd, ɹʌd ɿɛω ɵɭɞɵ rɞ ɣ ɿɸə rɞ ɭɸƿ, ɹʌd əɿ ɹʌd ɭɨɞ ƿoɸ ʌɞrɸ, ɣ Ⱡoɸd Ɯəd ɿɭɛɞɿ Cʌɸrɞɨɔ ɹʌd ɣ ƿɭɛɔɨɪ ɞoɸd, ɣɹɿ ɸə bqd ʌəɿ ɿəɸɿɛω rɞ ɣ ƿɸəɿ; ɹʌd ɣrɞ ωə ɞɞ, ɣɹɿ ɣʌɸ ωrɞ ə ɿɸɔ ώɸɹʌɿrd rʌɿɷ ɔʌʌ ɿɷ ɸrɿʌʌɿ, ɤɛ, ə ɿɸoɞɛbrʌʌɸə ɿɸɔ, ə ɿɸɔ ɿɷ ɸrɿʌʌɿ ɹʌd ɞrɸɞ Ɯəd. Ƥoɸ ɞrɸoɭd, ɨƿ Ⱦdrɔ ɸɹd ɿqɭ ƿoɸʟ ɸɨɞ ɸɹʌd ɨɔədəɿɭə, ɹʌd ɿəɸɿqω rɞ ɣ ɿɸə rɞ ɭɸƿ, ɸə ωqd ɸɹɞ ɭɨɞd ƿoɸ ʌɞrɸ, rωəɸdɨɪ ɿɷ ɣ ωrɸd rɞ Ɯəd, ɸɹɞɨɪ ʌo ɞɿɛɞ ƿoɸ ɸrɿʌʌɿrʌɞ; ɤɛ, ɹʌd ɵɭɞɵ ɣ ωrɸd rɞ Ɯəd ωqd ɸɹɞ ɞɨʌ ɞoɨd, ɹʌd ɣ ώɸɛɿ ɿɭɹʌ rɞ ɞɹɭɞɛbrʌ ωqd ɸɹɞ ɞɨʌ ƿɸrɞɿɸɛɿrd. Ȣrɿ ɞrɸoɭd, ɨɿ ωrɞ ᴦгоɪʜๅᴦd ᴦʜๅ๗ ɔлʜ ๅ๗ dф; ɣʌφᴘоф ɹ6 ɣɛ ѡᴦф ѡᴦๅ ѳᴘ ᴘφᴦɔ ɣ ๅφэ ᴦ8 ɭφᴘ ɣɛ bqd ɐ ѡᴦๅ ѳᴘ ᴘφᴦɔ ɣ ᴘɛ8 ᴦ8 ɣ ᴦφʟ, ɹʜd ɔлʜ ɐᴦѡᴦɔ ɭѳ8ๅ ᴘоф ʌɐᴦφ; ⱱɛ, ɣɛ ɐᴦѡɛɔ ᴘѳɭᴦʜ ɔлʜ. Ɉʜd ʜό ѡэ 8э ɐф ɣɪ8, ɣɹๅ όф ๅʌφᴦʜๅ8 ѡᴦф ѡᴦๅ ѳᴘ, 8оʟ ๅʌɔๅᴦφᴦɭэ ɹʜd 8ɪɪφɪcᴦѡᴦɭэ, ᴘφᴦɔ ɣ ๅφʌ6ᴦʜ8 ᴦ8 ɣ [ѳφd; ɹʜd ɣᴦ8 ѡэ 8э ɣɛ ɐᴦѡɛɔ 8ᴦɐϛʌѡɭ8 ๅ๗ ᴘѳɭо ɹᴘɭᴦф ɣʌф оʜ ѡɪɭ. ʜό ɐᴦφоɭd, ɪๅ ѡᴦ6 ʜ8ๅ ɪѡ8ๅэdэᴦʜๅ ɣɹๅ ɔлʜ bqd ɐ φᴦѡɭɛɔd ᴘφᴦɔ ɣɪ8 ๅʌɔๅᴦφᴦɭ dʌʟ, ᴘоф ɣɹๅ ѡqd dᴦ8ๅфоɪ ɣ όφɛๅ ๅɭɹʜ ᴦ8 φɹๅэʜᴦ8; ɣʌφᴘоф, ɹ6 ɣ 8оɭ ѡqd ʜʌɐᴦф dф, ɹʜd ɣ ᴘѳɭ φɹd ɐφѳๅ ᴦๅ8ʜ ѳɭ ɔɹʜѡфʜd ѳ 8ɪɪφɪcᴦѡᴦɭ dʌʟ ɹ6 ѡʌɭ ɹ6 ѳ ๅʌɔๅᴦφᴦɭ; ɣɹๅ ɪ6, ɣɛ ѡᴦф ѡᴦๅ ѳᴘ ᴘφᴦɔ ɣ ๅφʌ6ᴦʜ8 ᴦ8 ɣ [ѳφd; ɪๅ ѡᴦ6 ɪѡ8ๅэdэᴦʜๅ ɣɹๅ ɔɹʜѡфʜd bqd ɐ φᴦѡɭɛɔd ᴘφᴦɔ ɣɪ8 8ɪɪφɪcᴦѡᴦɭ dʌʟ; ɣʌφᴘоф, ɹ6 ɣɛ φɹd ɐᴦѡᴦɔ ѡэφʜᴦɭ, 8ʌʜbоᴦɭ, ɹʜd dʌ8ɪɭɪb ɐф ʜɛcᴦф, ɣɪ8 ๅφо8ɛbᴦʜʌφэ 8ๅɛๅ ɐᴦѡɛɔ ѳ 8ๅɛๅ ᴘоф ɣʌɔ ๅ๗ ๅφᴦๅʌф; ɪๅ ɐᴦѡɛɔ ѳ ๅφᴦๅʌφᴦๅофэ 8ๅɛๅ. Ɉʜd ʜό φᴦɔʌɔɐᴦф, ɔф 8ᴦʜ, ɪᴘ ɪๅ ѡᴦф ʜ8ๅ ᴘоф ɣ ๅɭɹʜ ᴦ8 φᴦdʌɔๅbᴦʜ, (ɭɛɪи ɪๅ ᴦ8фd,) ɹ6 8оʜ ɹ6 ɣɛ ѡᴦф dʌd, ɣʌф 8оɭ6 ѡᴦф ɔɪɛᴦφᴦ8ᴦɭ, ɐэɪи ѡᴦๅ ѳᴘ ᴘφᴦɔ ɣ ๅφʌ6ᴦʜ8 ᴦ8 ɣ [ѳφd. Ɉʜd ʜό ɣʌф ѡᴦ6 ʜо ɔэʜ6 ๅ๗ φᴦѡɭɛɔ ɔлʜ ᴘφᴦɔ ɣɪ8 ᴘѳɭᴦʜ 8ๅɛๅ φѡɪc ɔɹʜ φɹd ɐφѳๅ ᴦๅ8ʜ φɪɔ8ʌɭᴘ, ɐᴦѡᴦ6 ᴦ8 φɪ6 оʜ dɪ8о8эdэᴦʜ8; ɣʌφᴘоф, ᴦѡѳфdɪи ๅ๗ ϛᴦ8ๅɪ8, ɣ ๅɭɹʜ ᴦ8 φᴦdʌɔๅbᴦʜ ѡqd ʜ8ๅ ɐ ɐφѳๅ ᴦɐό๋ๅ, оʜɭэ ѳʜ ѡᴦʜdɪbᴦʜ6 ᴦ8 φᴦๅʌʜๅᴦʜ8 ᴦ8 ɔлʜ ɪʜ ɣɪ8 ๅφо8ɛbᴦʜʌφэ 8ๅɛๅ; ⱱɛ, ɣɪ8 ๅφᴦๅʌφᴦๅофэ 8ๅɛๅ; ᴘоф ɪѡ8ʌๅๅ ɪๅ ѡᴦф ᴘоф ɣэ6 ѡᴦʜdɪbᴦʜ6, ɔᴦφ8э ѡqd ʜ8ๅ ๅɛѡ ɪᴘʌѡๅ ɪѡ8ʌๅๅ ɪๅ bqd dᴦ8ๅфоɪ ɣ ѡᴦφѡ ᴦ8 ϛᴦ8ๅɪ8. ʜό ɣ ѡᴦφѡ ᴦ8 ϛᴦ8ๅɪ8 ѡqd ʜ8ๅ ɐ dᴦ8ๅфоɪd; ɪᴘ 8о, Ѡэd ѡqd 8э8 ๅ๗ ɐ Ѡэd. Ɉʜd ɣᴦ8 ѡэ 8э ɣɹๅ ѳɭ ɔɹʜѡфʜd ѡᴦф ᴘѳɭᴦʜ, ɹʜd ɣɛ ѡᴦф ɪʜ ɣ όφɹ8ๅ ᴦ8 ϛᴦ8ๅɪ8; ⱱɛ, ɣ ϛᴦ8ๅɪ8 ᴦ8 Ѡэd, φѡɪc ѡᴦʜ8фʜd ɣʌɔ ᴘоф ʌɐᴦф ๅ๗ ɐ ѡᴦๅ ѳᴘ ᴘφᴦɔ φɪ6 ๅφʌ6ᴦʜ8. Ɉʜd ʜό ɣ ๅɭɹʜ ᴦ8 ɔᴦφ8э ѡqd ʜ8ๅ ɐ ɐφѳๅ ᴦɐό๋ๅ, ɪѡ8ʌๅๅ ɹʜ ᴦๅоʜɔᴦʜๅ bqd ɐ ɔɛd; ɣʌφᴘоф Ѡэd φɪɔ8ʌɭᴘ ᴦๅоʜᴦʟ ᴘоф ɣ 8ɪʜ6 ᴦ8 ɣ ѡᴦφɭd, ๅ๗ ɐφɪи ᴦɐό๋ ɣ ๅɭɹʜ ᴦ8 ɔᴦφ8э, ๅ๗ ᴦๅэ6 ɣ dᴦɔɹʜd6 ᴦ8 ϛᴦ8ๅɪ8, ɣɹๅ Ѡэd ɔфๅ ɐ ѳ ๅᴦφᴘᴦѡๅ, ϛᴦ8ๅ Ѡэd, ɹʜd ѳ ɔᴦφ8ɪᴘᴦɭ Ѡэd ѳɭ8о. ʜό φᴦๅʌʜๅᴦʜ8 ѡqd ʜ8ๅ ѡᴦɔ ᴦʜๅ๗ ɔлʜ, ɪѡ8ʌๅๅ ɣʌф ѡᴦф ѳ ๅᴦʜɪbɔᴦʜๅ, φѡɪc ѳɭ8о ѡᴦ6 эๅᴦφʜᴦɭ ɹ6 ɣ ɭφᴘ ᴦ8 ɣ 8оɭ bqd ɐ, ᴦᴘɪѡ8ๅ ѳๅᴦ6ๅ ๅ๗ ɣ ๅɭɹʜ ᴦ8 φɹๅэʜᴦ8, φѡɪc ѡᴦ6 ɹ6 эๅᴦφʜᴦɭ ѳɭ8о ɹ6 ɣ ɭφᴘ ᴦ8 ɣ 8оɭ. ʜό, φό ѡqd ѳ ɔлʜ φᴦๅʌʜ, ɪѡ8ʌๅๅ φэ bqd 8ɪʜ? Ψό ѡqd φэ 8ɪʜ, ɪᴘ ɣʌф ѡᴦ6 ʜо ɭ๗? Ψό ѡqd ɣʌф ɐ ѳ ɭ๗, 8ɛ8 ɣʌф ѡᴦ6 ѳ ๅᴦʜɪbɔᴦʜๅ? ʜό ɣʌф ѡᴦ6 ѳ ๅᴦʜɪbɔᴦʜๅ ᴦᴘɪѡ8ๅ, ɹʜd ѳ ϛᴦ8ๅ ɭ๗ όɪɐᴦʜ, φѡɪc ɐφѳๅ φᴦɔэφ8 ᴦ8 ѡэʜbᴦʜ8 ᴦʜๅ๗ ɔлʜ.

Ɲǝ ɨp ɣʌф ωɾɞ ɴo ʅɷ ώɨɞɾɴ ɨp ɵ ɔɹɴ ɔɾфdɾфd фǝ bɋd dф, ωɋd фǝ ɞ ɾpфɛd фǝ ωɋd dф ɨp фǝ bɋd ɔɾфdɾф? ɹɴd ɵʅɞo, ɨp ɣʌф ωɾɞ ɴo ʅɷ ώɨɞɾɴ ɾώʌɴɞʅ ɞɨɴ, ɔʌɴ ωɋd ɴɞʅ ɞ ɾpфɛd ʅɷ ɞɨɴ. ɹɴd ɨp ɣʌф ωɾɞ ɴo ʅɷ ώɨɞɾɴ ɨp ɔʌɴ ɞɨɴd, фωɾʅ ɷɋd ɕɾɞʅɨɞ dɷ, ɵф ɔɾфɞǝ фɣɾф; ɼɵф ɣɛ ωɋd фɹɞ ɴo ωʅɛɔ ɾʅǝɴ ɣ ωфǝɕɾф? ɞɾʅ ɣʌф ɨɞ ɵ ʅɷ ώɨɞɾɴ, ɹɴd ɵ ɿɾɴɨbɔɾɴʅ ɾpɨωɞʅ, ɹɴd ɵ фɾɿʌɴʅɾɴɞ ώфɹɴʅɾd; фωɨɕ фɾɿʌɴʅɾɴɞ, ɔɾфɞǝ ωʅɛɔɾɩ; ɾɣɾфωфɞ, ɕɾɞʅɨɞ ωʅɛɔɾɩ ɣ ωфǝɕɾф, ɹɴd ʌωɞɾωɤɾʅɾɩ ɣ ʅɷ, ɹɴd ɣ ʅɷ ɨɴpʅɨωʅɾɩ ɣ ɿɾɴɨbɔɾɴʅ: ɨp ɴɞʅ ɞo, ɣ ωɾфωɞ ɾɞ ɕɾɞʅɨɞ ωɋd ɞ dɾɞʅфoɨd, ɹɴd Ɯǝd ωɋd ɞǝɞ ʅɷ ɞ Ɯǝd. ɞɾʅ Ɯǝd ɞǝɞɾɩ ɴɞʅ ʅɷ ɞ Ɯǝd, ɹɴd ɔɾфɞǝ ωʅɛɔɾɩ ɣ ɿʌɴʅɾɴʅ, ɹɴd ɔɾфɞǝ ωɾɔɾɩ ɞɾωɾɞ ɾɞ ɣ ɾʅoɴɔɾɴʅ; ɹɴd ɣ ɾʅoɴɔɾɴʅ ɞфɨиɾɩ ʅɷ ɿɹɞ ɣ фʌɞɾфʌωbɾɴ ɾɞ ɣ dʌd; ɹɴd ɣ фʌɞɾфʌωbɾɴ ɾɞ ɣ dʌd ɞфɨиɾɩ ɞɹω ɔʌɴ ɨɴʅɷ ɣ ɿфʌɞɾɴɞ ɾɞ Ɯǝd; ɹɴd ɣɾɞ ɣɛ ɵф фɾɞʅффd ɨɴʅɷ фɨɞ ɿфʌɞɾɴɞ, ʅɷ ɞ ɕɾɕd ɾωɵфdɨи ʅɷ ɣʌф ωɾфωɞ; ɾωɵфdɨи ʅɷ ɣ ʅɷ ɹɴd ɕɾɞʅɨɞ; ɼɵф ɞɾфoʅd, ɕɾɞʅɨɞ ʌωɞɾфɞфɞɾɩ ɵʅ фɨɞ dɾɔɹɴdɞ, ɹɴd ɵʅɞo ɔɾфɞǝ ωʅɛɔɾɩ ɵʅ фωɨɕ ɨɞ фɾф oɴ; ɹɴd ɣɾɞ, ɴɾɴ ɞɾʅ ɣ ʅфɷʅǝ ɿʌɴʅɾɴʅ ǝф ɞɛɞd. Фωɾʅ! dɷ ɤǝ ɞɾɿoɞ ɣɹɿ ɔɾфɞǝ ωɹɴ фǝɞ ɕɾɞʅɨɞ? Ф ɞɛ ɾɴʅɷ ɤɷ, ɴɛ; ɴɞʅ ωɾɴ фωɨɨ. Ɨp ɞo, Ɯǝd ωɋd ɞǝɞ ʅɷ ɞ Ɯǝd. ɹɴd ɣɾɞ Ɯǝd ɞфɨиɾɩ ɾɞǝʅ фɨɞ ώфɛʅ ɹɴd ǝʅɾфɴɾʅ ɿɾфɿɾɞɾɞ, фωɨɕ ωɾф ɿфɾɿʌфd ɼфɾɔ ɣ ɼǝɴdɛbɾɴ ɾɞ ɣ ωɾфʅd. ɹɴd ɣɾɞ ωɾɔɾɩ ɾɞǝʅ ɣ ɞɹʅɞɛbɾɴ ɹɴd ɣ фɾdʌɔɿbɾɴ ɾɞ ɔʌɴ, ɹɴd ɵʅɞo ɣʌф dɾɞʅфɾωbɾɴ ɹɴd ɔɨɞɾфǝ."—ɹʅɔɾ 42:1–26.

Ɨɴ ɣ ɼɾфɞʅ ʅʅɛɞ, ɾωɵфdɨи ʅɷ ɕɾɞʅɨɞ ɔʌɴ ωɋd ɴɞʅ фɹɞ ɞɨɴ фɾdǝɔd ɼфɾɔ ʅʌɔɿɾфɾʅ dʌɩ, ɨωɞʌɿʅ ɩфɷ ɣ ɾʅoɴɔɾɴʅ ɾɞ ɕǝɞɾɞ Ωффɞʅ; ɹɴd ɨɴ ɣ ɞʌωɾɴd ʅʅɛɞ, ɣɛ ωɋd ɴɞʅ ɞ фɾdǝɔd ɼфɾɔ ɞʅɨфɨɕɾωɾʅ dʌɩ, oɴʅǝ ɩфɷ oɞǝdǝɾɴɞ ʅɷ Фɨɞ ʅɷ.

# Cɹɹʇɾɸ XXV

*Ɣ Φʌбɾφʌωbɾʜ—Ɣ Ꝩøɪɪбɾφвɹʅʅʅǝ ɾв ɣ Ⲅʅσʜɔɾʜʅ—Ɣ ʅφǝɔʅвɾ6 ʅѳ ɣσ6 φѳ Oвɾφωɾɔ—Ɣ Ѡѳвɪɾʅ—Ɨɣв Ρɾφвʅ ʅφɪʜвɪɾʅ6—Ρεʟ, Φɾʅʌʅʅɾʜв, Ɑɹʅʅ6ɔ ɹʜd ɣ Ѡɪρʅ ɾв ɣ Ꝕσʅǝ Ѡσвʅ—Ɨɣв ɹʜʅɪωɪʅǝ—Ɨʅ ɪ6 ʅφɑɔʅ ɪʜ Ɓʌφɑɾв Ꙋɪвɪɾʜвεbɾʜ6, ρφɾɔ ɹdɾɔ ɾʜʅʅ ɣ ʅφʌбɾʜʅ—Ɣ Ρφʜɾʅ ʅφφɾɔρ ɾв ɣ Ɓεʜʅв.*

Ɣ ѲΦƐʅ ʅφǝ-φʌωɪбʅв φɹвɪи вʜ ρqʅρʜd, ɪʅ ʜȯ вɾωɾɔ6 ȯφ dѳʅǝ ʅѳ ʜωωφφ φωɾʅ ʜʌωвʅ φɹd ʅѳ в dɾʜ ʅѳ ωøʜвɾɔɾʅ ɣ ώφεʅ вσςʌω ɾвʅεʜɾвɾʅ ʟφѳ ɣ ρqʅρʜɔɾʜʅ ɾв ɣɪв ʅѳ, ѳφ φωɾʅ ωɾ6 ɾωσɔʅʅbʅ вφ ɣ ɾʅσʜɔɾʜʅ.

Ρɾφвʅ, ɣ Φʌбɾφʌωbɾʜ. Ɣ ʅʌʜɾʅǝ ɾв ɣ вφσωɾʜ ʅѳ ʜ ɹdɾɔ'6 dε ωɾ6 dʌʟ; ɹʜd dʌʟ ɪ6 ʅɹвʅ ɾʅσʜ ѳʅ. Ɣ ωɾφd ɾв ɣ ʅѳφd ωɾ6, "Ɨʜ ɣ dε ɣɹʅ ɣȯ ǝʅɾвʅ ɣʌφɾв ɣȯ bɹʅʅ bqφʅǝ dφ." Ɣ ɾʅσʜɔɾʜʅ ɔεd вφ Ꞔǝ6ɾв Ѡφφвʅ вφѳʅ ɾвȯʅ ɣ φʌбɾφʌωbɾʜ ρφɾɔ ɣ dʌd, ɹʜd φɾвʅѳφd ʅφρ. ɹʜd φʌʜв Ꞔǝ6ɾв вʌd: "Φ ɹɔ ɣ Φʌбɾφʌωbɾʜ ɹʜd ɣ ʅφρ; φǝ ɣɹʅ вɾʅǝвɾʟ ʜ ɔǝ, ɣσ φǝ ωɾφ dʌd, ꝩɹʅ bɹʅ φǝ ʅɪв;" ɹʜd Ꞔǝ6ɾв Ꝕɪɔвʌʅρ вɾωεɔ ɣ ρɾφвʅ ρφѳʅв ɾв ɣσ6 φѳ вʅɹʅʅ.

Ɣ ʜʌωвʅ ωωʌвсɾʜ ɣɹʅ ɾφφ6ɾ6 ɪ6, φȯ ρσφ dɾ6 ɣɪв ʅφʜвɪʅɾʅ ɪωвʅʌʜd ɹʜd ʅѳ φωɔ ɪ6 ɪʅ ɹʅʅʅωɾвɾʅ? Ɨʅ ɪωвʅʌʜd6 ʅѳ ѳʅ ɣ φꝩѳɔɾʜ ρɹɔʜʅǝ; ʅѳ ѳʅ ɔɹʜ ɾв ʌвφǝ ʜεbɾʜ: ɹ6 ɪʅ ɪ6 φʜʅɾʜ:

"Ρσφ, ɪρ вφ ωɾʜ ɔɹʜ'6 ѳρʌʜв dʌʟ φεʜɾʟ вφ ωɾʜ; ɔɾс ɔǝφ ɣε φωɪс φɾвǝв ɾвɾʜdɾʜв ɾв ώφεв, ɹʜd ɾв ɣ ώɪρʅ ɾв φφсɾвʜɾв, bɹʅ φεʜ ʜ ʅφρ вφ ωɾʜ, Ꞔǝ6ɾв Ѡφφвʅ. Ɣʌφρσφ, ɹ6 вφ ɣ ѳρʌʜв ɾв ωɾʜ ςɾςɔɾʜʅ ωεɔ ɾʅσʜ ѳʅ ɔɹʜ ʅѳ ωøʜdɾɔʜεbɾʜ, ǝвɾʜ вѳ вφ ɣ φφсɾвʜɾв ɾв ωɾʜ ɣ ρφǝ ώɪρʅ ωεɔ ɾʅσʜ ѳʅ ɔɹʜ ɾʜʅѳ ςɾвʅɪρɪωεbɾʜ ɾв ʅφρ."—Φσɔɾʜ6 5:17, 18.

Ɣɪв ωʜʅ ʜвʅ ѳʅ ʅεω ʅʅεв ɹʅ ωɾʜв. "Ɑɾʅ ʌвφǝ ɔɹʜ ʜ φɪ6 σʜ ѳφdɾφ: Ѡφφвʅ, ɣ ρɾφвʅ ρφѳʅв; ɹρʅɾφωɾφd ɣε ɣɹʅ вφ Ѡφφвʅ'в ɹʅ φɪ6 ωɾɔи."—1 Ѡɾφʜʟǝɾʜ6 15:23. "Ɑɾʅ ɣ φʌвʅ ɾв ɣ dʌd ʅɪвd ʜвʅ ɾώʌʜ ɾʜʅʅ ɣ ʟǝ6ɾʜd ꝩʜφ6 ωɾφ ρʜʜbʅ."—Φʌвɾʅεbɾʜ 20:5.

Ꝕʌʜв φωɾʅ ωɾ6 ʅσвʅ ʜ ɹdɾɔ ωɾ6 φɾвʅѳφd ʜ Ꞔǝ6ɾв Ѡφφвʅ, вѳ ρσφ ɹ6 ѳʅ ɔɹʜ вφ ωɾʜвɾφʜd ʜ ѳʅ εςɾ6, ωʜɣ вɾɔ вʌφǝ вʅφ ɪωвʌʅbɾʜ6 ɾφφ6ɪи ρφɾɔ ɹʜ ɾвꝩѳв ɾв ʅφɪвʅʅςɾ6. ʅφɹʜ6ώφʌbɾʜ ɾв ɣ ʅѳ вφѳʅ dʌʟ ɾʅσʜ ѳʅ ɣ ʅσвʅʌφɪʅǝ ɾв ɹdɾɔ, ɣ φʌвʅɾφεbɾʜ ʟφѳ ɣ ɾʅσʜɔɾʜʅ φɾвʅѳφd ѳʅ ɣ φꝩѳɔɾʜ ρɹɔʜʅǝ ʅѳ ʅφρ. "Ρσφ вʜв вφ ɔɹʜ ωεɔ dʌʟ, вφ ɔɹʜ ωεɔ ѳʅвѳ ɣ ɸʌɞɼɸʌɷbɼɴ ɼɞ ɣ dʌd. Ꝑoɸ ɹɞ ɪɴ ɅIdɼɔ ɵˡ dɸ, əɞɼɴ ɞo ɪɴ Ꞷɸɸɞˀ bɹˀˡ ɵˡ ɞ ɔɛd ɼˀɸɞ." Ȣo ɣɹˀ ɸɷɼˀʌɞɼɸ ɷɼɞ ˡɷɞˀ ɞɸ ɅIdɼɔ, ɷɼɞ ɸɼɞˀɸɸd ɞɸ Ꞔəɞɼɞ Ꞷɸɸɞˀ.

Ɣ ˀʌɴɼˀə ɼɞ ɣ ˀɸɹɴɞɷɸʌbɼɴ ɼɞ ɣ ˡɷ ɷɼɞ ɣ dʌʟ ɼɞ ɣ ɞɞdə. Ɣ ɼˀoɴɔɼɴˀ ɔɛd ɞɸ Ꞔəɞɼɞ Ꞷɸɸɞˀ ɸɼɞɼˀˡɼd ɪɴ ɣ ɸʌɞɼɸʌɷbɼɴ ɼɞ ɣ ɸɤɷɔɼɴ ɞɞdə. Ɨɞ ɞɷoˀ ɪɔɞɸɛɞˀ ɵˡ ˀəˀɼˡɞ, ɴɛbɼɴɞ ɹɴd ˀɼиɞ.

> "Ꝑoɸ ɵˡ ɔɸ ʟɷɸd ɷɼɞ ɷɸɷɞɪpɸd,
> Ꝑoɸ ɵˡ, ꝑoɸ ɵˡ ɔɸ Ȣɛɞɤɼɸ dɸd."

Ɣɪɞ ɪɞ ɷɼɴ ˀəɸˀ ɼɞ ɣ ɸʌɞˀɼɸɛbɼɴ. Ɣɪɞ ɪɞ ɣ ɸʌɞˀɼɸɛbɼɴ ɼɞ ɣ ɞɞdə. Ɣ ɴʌɷɞˀ ɷɷʌɞcɼɴ ꝑoɸ ɼɞ ˀɷ ɪɷɞɹɔɪɴ ɪɞ, Ɥə, ɹɴd ɪɴ ɸɷɼˀ ɔɹɴɼɸ ɞɸ ɔʌɴ ɞʌɴɼpˀˡɼd ɞɸ ɣ ɼˀoɴɔɼɴˀ ɹɴd ɞɸ ɣ ɸʌɞɼɸʌɷbɼɴ? Ɨɴ ɣɪɞ, ɣɹˀ ɣ ɼˀoɴɔɼɴˀ ɸɹɞɪи ɸɼɞˀɸɸd ɔɹɴ ˀɷ ɸɪɞ ꝑoɸɔɼɸ ˀɼɞɪbɼɴ ɞɼꝑoɸ ɣ ʟɷɸd, ɪˀ ɸɹɞ ˀˡɛɞˀ ɸɪɔ ɪɴ ɞ ˀɼɞɪbɼɴ ɹɴd ɔɛd ɪˀ ˀəɞɪɞɼˀ ꝑoɸ ɸɪɔ ˀɷ ɼɞˀɛɴ ɣɹˀ ʌɷɞoˡɛbɼɴ ɹɴd ɷˡɷɸə ɸɷɪc ɪˀ ɷɤd ɸɹɞ ɞɪɴ ɪɔˀəɞɪɞɼˀ ꝑoɸ ɸɪɔ ˀɷ ɸɹɞ ɸɼɞəɞd ɷɪʟəˀ ɪˀ; əɞɼɴ ˀɷ ɞɼɷɼɔ ə ɞɼɴ ɼɞ Ꞷɞd ɞɸ ɼdəˀbɼɴ; ɹɴd ɞəɪи ə ɞɼɴ ɣʌɴ ɹɴ ʌɸ ɼɞ Ꞷɞd, ɹɴd ə ɕoɪɴˀ ʌɸ ɷɪɣ Ꞔəɞɼɞ Ꞷɸɸɞˀ; ɹɴd ɣɹˀ, ɹɞ Ꞷɸɸɞˀ oɞɼɸɷɛɔ, Ɥə ɸɹɞ ɔɛd ɪˀ ˀəɞɪɞɼˀ, ɹɴd ɸɹɞ ˀˡɛɞˀ ɪˀ ɷɪʟɪɴ ɣ ˀəɼɸ ɼɞ ɞɼˀəɞɼɸɞ ɪɴ Ɥɪɔ, ɵˡɞo ˀɷ oɞɼɸɷɼɔ; ɹɴd ɹɞ Ɥə ɪɞ ɵʟɼɸɸɞd ˀɷ ɪɴɸʌɸɪˀ Ɥɪɞ Ꝑəɣɼɸ'ɞ ɷˡɷɸə ɸɷɪc Ɥə ɸʌd ɷɪɣ Ɥɪɔ ɞɼꝑoɸ ɣ ɷɼɸˡd ɷɼɞ, ɷɪɣ Ɥɪɞ ɸʌɞɼɸʌɷˀɼd ɞɞdə, ɞo ʟɸɷ ɣ ɼdəˀbɼɴ, ɔɛ ɷə oɞɼɸɷɼɔ ɹɴd ɞɪˀ dəɴ ɷɪɣ Ɥɪɔ ɼˀəɴ Ɥɪɞ ʟɸoɴ, ɹɞ Ɥə ɸɹɞ oɞɼɸɷɼɔ ɹɴd ɸɹɞ ɞɹˀ dəɴ ɼˀəɴ Ɥɪɞ Ꝑəɣɼɸ'ɞ ʟɸoɴ. Ʌɴd ɹɞ ɸə ɸɹɞ ɞʌd, "ȹ ɹɴd ɣ Ꝑəɣɼɸ əɸ ɷɼɴ," ɞo əɸ ɣ oɞədəɼɴˀ ɞɛɴˀɞ ɷɼɴ ɷɪɣ Ɥɪɔ, ɹɞ Ɥə ɪɞ ɷɼɴ ɷɪɣ ɣ Ꝑəɣɼɸ, əɞɼɴ ɹɞ Ɥə ˀɸɛd:

"Ɣɹˀ ɣɛ ɵˡ ɔɛ ə ɷɼɴ; ɹɞ ɣə, Ꝑəɣɼɸ, əɸˀ ɪɴ ɔə, ɹɴd ȹ ɪɴ ɣ, ɣɹˀ ɣɛ ɵˡɞo ɔɛ ə ɷɼɴ ɪɴ ɼɞ; ɣɹˀ ɣ ɷɼɸˡd ɔɛ ɞɼˀəɞ ɣɹˀ ɣə ɸɹɞˀ ɞʌɴˀ ɔə. Ʌɴd ɣ ɷˡɷɸə ɸɷɪc ɣə ɷɛɞɼɞˀ ɔə, ȸ ɸɹɞ ɷɪɞɼɴ ɣʌɔ; ɣɹˀ ɣɛ ɔɛ ə ɷɼɴ, əɞɼɴ ɹɞ ɷə əɸ ɷɼɴ; ȸ ɪɴ ɣʌɔ, ɹɴd ɣə ɪɴ ɔə, ɣɹˀ ɣɛ ɔɛ ə ɔɛd ˀɼɸpɼɷˀ ɪɴ ɷɼɴ; ɹɴd ɣɹˀ ɣ ɷɼɸˡd ɔɛ ɴo ɣɹˀ ɣə ɸɹɞˀ ɞʌɴˀ ɔə, ɹɴd ɸɹɞˀ ʟɼɞd ɣʌɔ ɹɞ ɣə ɸɹɞˀ ʟɼɞd ɔə."—Ꞔoɴ 17:21–23.

Ȣəɪи ɣ ɞɼɴɞ ɼɞ Ꞷɞd ʟɸɷ ɣ ɼˀoɴɔɼɴˀ ɹɴd ɼdəˀbɼɴ, ɹɴd ʟɸɷ ꝑɛʟ ɪɴ Ꞔəɞɼɞ Ꞷɸɸɞˀ, ɣɛ ɸɸɞ ˀɷ ɣ dɪɷɴˀə ɹɴd ɷˡɷɸə ɼɞ ɣ Ꞷɞdɸʌd, əɞɼɴ ˀɷ ə Ꞷɞdɞ; ɹɞ ɪˀ ɪɞ ˀɸɷɔɪɞˀ:

"Φɪɔ ɣɹ ovʀφωʀɔʀʟ, ωɪ| Φ ɔɛω ɵ ɪɪ|ʀφ ɪɴ ɣ ɪʌɔɪʀ| ʀв ɔф Ꮻɵd, ɹɴd φɵ bɹ| ώo ɴo ɔɵφ ɵ́ɪ: ɹɴd Φ ωɪ| φфɪ ʀɪɵɴ φɪɔ ɣ ɴɛɔ ʀв ɔф Ꮻɵd, ɹɴd ɣ ɴɛɔ ʀв ɣ вɪɪə ʀв ɔф Ꮻɵd, φωɪc ɪв ɴω Cʀφωвʀ|ʌɔ, φωɪc ωʀɔʀʟ dɵ́ɴ ɵ́ɪ ʀв φʌвʀɴ ρφʀɔ ɔф Ꮻɵd: ɹɴd Φ ωɪ| φфɪ ʀɪɵɴ φɪɔ ɔф ɴω ɴɛɔ."—Φʌвʀ|ɛbʀɴ 3:12.

Ƿώʌɴ, "Ꞁω φɪɔ ɣɹ ovʀφωʀɔʀʟ ωɪ| Φ ώφɹɴɪ ꞁω вɪ ωɪɣ ɔə ɪɴ ɔф ʟφoɴ, əвʀɴ ɹв Φ ɵ|вo ovʀφωɛɔ, ɹɴd ɹɔ вʌɪ dɵ́ɴ ωɪɣ ɔф Ᵽoɣʀφ ɪɴ φɪв ʟφoɴ."—Φʌвʀ|ɛbʀɴ 3:21.

Ꝩɹɪ ʀώʌɴ, "Φə ɣɹ ovʀφωʀɔʀʟ bɹ| ɪɴφʌφɪɪ ɵ| ʟɪɴв; ɹɴd Φ ωɪ| ɐ φɪв Ꮻɵd, ɹɴd φə bɹ| ɐ ɔф вʀɴ."—Φʌвʀ|ɛbʀɴ 21:7.

Φʌɴв, ʟφω Φɪв ʀꞁoɴɔʀɴꞁ, ɐʀ|əвʀφв ɪɴ Ꮻφфвɪ, ɹɴd ɣoв φω ovɛ Φɪв |ɵ, ꞁəφꞁɛω ʀв Φɪв ώ|ɵφə ɹɴd ʌώвɵ|ɛbʀɴ, ɹɴd ɵφ ɪɴφʌφɪꞁʀφв ʀв ɣ Ꮻɵdφʌd; φωфꞁɐɪ ɣoв φω dω ɴəɪ ovɛ Φɪв |ɵ ɵ|ɣo φʌвʀφʌωꞁʀd ωɹɴəɪ ɪɴφʌφɪɪ ɣɪв ʌώвɵ|ɛbʀɴ; ɣɛ ɵφ φɛвd ρφʀɔ ɣ dʌd, ɐʀꞁ ωɹɴəɪ ɪɴφʌφɪꞁ ɵ ɐʀ|ʌвcʀ| ώ|ɵφə ωɪʟɵ́ɪ ɐəɪɴ ovədəʀɴꞁ ꞁω ɵ ɐʀ|ʌвcʀ| |ɵ, ɹɴd ɣʀв ωə ωʀɔ ʀώʌɴ ꞁω ɵ ɐωφɪɪcʀφ ωωoꞁʀd ɐʀρoφ. Ꮳəвʀв ɐʌd, "Ɣʀв ɪꞁ ɪв φɪꞁʀɴ, ɹɴd ɣʀв ɪꞁ ɐʀφωвd Ꮻφфвɪ ꞁω ɐʀρʀφ, ɹɴd ꞁω φфв ρφʀɔ ɣ dʌd ɣ ʟʀφd dɛ: ɹɴd ɣɹ φʀꞁʌɴꞁʀɴв ɹɴd φʀɔɪbʀɴ ʀв ɐɪɴв bɥd ɐ ꞁφəcꞁ ɪɴ φɪв ɴɛɔ ʀɔʀɪɴ ɵ| ɴɛbʀɴв, ɐʀώɪɴɪɴ ɹɪ Cʀφωвʀ|ʌɔ."

Φɹвɪɴ ɴoꞁɪвɪ ɣ ώφɛꞁ ɐ|ʌвɪɴв, ꞁφɪвɪ|ʀcʀв, ꞁɵ́ʀφв ɹɴd ʌώвɵ|ɛbʀɴв ɣɹ ɵφ ꞁ|ɛвꞁ ωɪʟɴ ɣ φəc ʀв ɔɹɴ, ʟφω ɣ ʀꞁoɴɔʀɴꞁ ʀв Ꮳəвʀв Ꮻφфвɪ, ɪꞁ ɴʌωвꞁ ɐʀωʀɔв ɵ́φ dωɪə ꞁω ɪɴωωфφ φωʀꞁ ɪв φʀωωфφd ʀв ɔɹɴ ꞁω ꞁ|ɛв φɪɔ ɪɴ ꞁʀвʌbʀɴ ʀв ɣʌɔ.

Ɣɹꞁ ɣ ωʀφ|d ɔфꞁ ɐ ɐʌɴʀρɪꞁʀd ʟφω ɣ φʀdʌɔꞁbʀɴ ɐφəꞁ ʀвɵ́ꞁ ɐф Ꮳəвʀв Ꮻφфвɪ, Φə ωɵ|d ɹɴd ɵφdɛɴd ꞁωʌ|в Ƿꞁəвʀ|в, ɹɴd ωʀɔɹɴdʀd ɣʌɔ ꞁω ώo ρoφʟ ɪɴꞁω ɵ| ɣ ωʀφ|d, ɹɴd ꞁφəc ɣ Ꮻωвꞁʀ| ꞁω ʌвφə ωφəcʀφ, вɛɪɴ, "Φə ɣɹ ɐʀ|əвʀʟ ɹɴd ɪв ɐɹꞁꞁфвd bɹ| ɐ вɛвd; ɐʀꞁ φə ɣɹ ɐʀ|əвʀʟ ɴəɪ bɹ| ɐ dɹɔd," ɵφ ωʀɴdʌɔd. Ɣʀв ꞁ|ɛвɪɴ ɪꞁ ωɪʟɴ ɣ φəc ʀв ʌвφə ɔɹɴ ꞁω ʀвꞁɛɴ ɣ ώ|ɵφə ɹɴd ʌώвɵ|ɛbʀɴ φʀρʀφd ꞁω ʀвʀв, ɹɴd |əвɪɴ ɵ| ɔɹɴ ωɪʟɵ́ɪ ɪωвωⱱωв φω ωɥd ɴəɪ ovɛ ɣ |ɵ ɹɴd ɐ вʀвcʌωꞁ ꞁω ɣ ωʀɴdɪbʀɴв ɪɔꞁoвd. Ɣ ꞁʌɴʀ|ɪə ʀв Ɑdʀɔ'в вɪɴ φɹвɪɴ ɐɪɴ φʀɔωвd ʟφω ɣ ʀꞁoɴɔʀɴꞁ, ɪꞁ ɴɵ́ ɐʀωɛɔ ɣ ꞁφɪвɪ|ʀc ʀв ɵ| ɔɹɴ, ɪɴ ɵ| ɴɛbʀɴв, ꞁω ꞁəφꞁɛω ʀв ɣ вɹ|ɐɛbʀɴ ꞁφʀвффdʀd ɐф ɣ ώφɛꞁ Ɔədəɛꞁʀφ.

Ɑɴd ɣɪв ꞁφʀвɪвʀɴ ʀꞁ|фв ɴəɪ oɴ|ə ꞁω ɣ |ɪвɪɴ, ɐʀꞁ ɵ|ɐo ꞁω ɣ dʌd, ɐo ɣɹꞁ ɵ| ɔɹɴ φω φɹв ɪώвɪвꞁʀd ɪɴ ɵ| ɛcʀв, φω dω ɪώвɪвꞁ ɴɵ́, ɵφ φω ωɪ| ɪώвɪвꞁ φωфꞁ ɣ ʀφʟ bɹ| вɪɹɴd, ɔɛ ɐ ꞁ|ɛвꞁ ʀꞁɵɴ γ ɞɛɔ ϸϥ]ɪи, ɹʌd γɹ] ϴ[ ɔʌʌ ɔɛ φɹɞ γ ℸφɪɞ]ɪϛ, [ɪɞɪи ɵφ dʌd, ɾɞ ɾѡɞʌℸ]ɪи γ ѡrʌdɪbrʌɞ ɾɞ γ ώφɛ] ℸ]ɹʌ ɾɞ φrdʌɔℸbrʌ ℸφrɞφdrd ɞф γ Ϸɵγrφ, ʟφѳ γ ϐrʌ, ɞrϸѳφ γ ѡrφ[d ѡrɞ; ɹʌd γɹ] γ ϛrɞ]ɪɞ ɹʌd ɔrφɞə ɾɞ Ѳəd ɔɛ ɞ ɾℸ[φd ]ѳ ʌɞφə ɞəɪи, [ɪɞɪи ɵφ dʌd, γɹ] ʌɞrφ φɹɞ ɪώɞɪɞ]rd, γɹ] drɞ ʌώ ɪώɞɪɞ], ɵφ γɹ] ʌɞrφ ѡɪ[ ɪώɞɪɞ].

Ɣ ѡrʌdɪbrʌɞ φrѡѡφφd ɾɞ γ φʌѳɔrʌ ϸɹɔɪ]ə ]ѳ ɪʌɛɞr] γʌɔ ]ѳ ɾɞ]ɛʌ γ φф ʌώɞ]ɛbrʌ φѡɪɔ γ ɾ]oʌɔrʌ] ɔɛѡɞ ɪ] ℸɵɞɪɞr] ϸɵφ γʌɔ ]ѳ φrɞəɞ, ɵφ: Ϸrφɞ], Ϸɛʟ ɪʌ Ѳəd ɹɞ όφ Ϸɵγrφ ɹʌd γ ώφɛ] ϐrℸφəɔ Φѳ[rφ ɾɞ γ ʌѳʌɪɞrφɞ; ɪʌ φѳɞ φɹʌdɞ ɵφ γ dʌɞ]ɪʌəɞ ɾɞ γ φʌѳɔrʌ ϸɹɔɪ]ə; ɪʌ φѳɔ ѡə [ɪɞ ɹʌd ɔѳɞ ɹʌd φɹɞ όφ ɞəɪи. Ɉʌd ɪʌ Ψɪɞ ϐrʌ Ϛəɞrɞ Ѡφφɞ], ɹɞ γ [ɹɔ ɞ]ɛʌ ϸφrɔ ɞrϸѳφ γ ϸόʌdɛbrʌ ɾɞ γ ѡrφ[d, ɹɞ γ ώφɛ] Ɔədəɛ]rφ ɹʌd ώφɛ] ℸφѳℸɪbərʟѳφə ɞɹѡφɪrφɞ ℸφrɞφdrd ɞф γ Ϸɵγrφ ɞrϸѳφ γ ѡφəɛbrʌ, ɹʌd ѡɵʌɞrɔɛ]rd ɞф γ ѳrrφɪи ɾɞ Ψɪɔɞʌ[ϸ ɾℸɵʌ γ ѡφɵɞ. Ϸѳφ "Ѳəd ɞѳ [rɞd γ ѡrφ[d, γɹ] φə ώɛɞ φɪɞ ѳʌ]ə ɞrώѳ]rʌ ϐrʌ, γɹ] φѳɞѳʌɞrφ ɞr]əɞrʟ ɪʌ φɪɔ bϥd ʌɵ] ℸʌφɪb, ɞr] φɹɞ ʌɞrφ[ɹɞ]ɪи [фϸ." Ɵφ, ]ѳ ʌѳɞ γ ѡrφdɞ ɾɞ γ Ɂəϸφ] Ѡɪи Ɐʌʌϛrɔɪʌ:

"Ɐr]əɞ ɪʌ Ѳəd; ɞr]əɞ γɹ] φə ɪɞ, ɹʌd γɹ] φə ѡφəɛ]rd ϴ[ ʟɪиɞ, ɞѳʟ ɪʌ φʌɞrʌ ɹʌd ɪʌ ɾφʟ; ɞr]əɞ γɹ] φə φɹɞ ϴ[ ѡɪɞdrɔ, ɹʌd ϴ[ ℸόrφ, ɞѳʟ ɪʌ φʌɞrʌ ɹʌd ɪʌ ɾφʟ; ɞr]əɞ γɹ] ɔɹʌ drʟ ʌɵ] ѡɵɔℸφrφʌʌd ϴ[ γ ʟɪиɞ φѡɪɔ γ [ѳφd ѡɹʌ ѡɵɔℸφrφʌʌd."

Ɵφ ɹɞ Ʇѳ[ φфɹ]ɞ; "Ψə γɹ] ѡrɔrʟ ]ѳ Ѳəd ɔrɞ] ɞr]əɞ γɹ] φə ɪɞ, ɹʌd γɹ] φə ɪɞ ə φəѡѳφdrφ ɾɞ γʌɔ γɹ] dɪ[ϛrʌ]]ə ɞəѡ φɪɔ."

Ɣ ɞʌѡrʌd ℸφɪʌɞɪℸɪr] ɾɞ γ Ѳəɞℸɪr] ɾɞ ɞɹ[ɞɛbrʌ, ɪɞ φrℸʌʌ]rʌɞ. Ɨ] ɪɞ ə ɞɪʌɞɪφ ɹʌd ώədɪə ɞəφѳ ϸѳφ ɹʌd ə ϸѳφɞɛѡɪи ɾɞ ɞɪʌ, ѡrɔɞфʌd ѡɪγ ϸϥ[ ℸrφℸrɞ ɾɞ φəφ] ]ѳ ѡəℸ Ѳəd'ɞ ѡrɔɹʌdɔrʌ]ɞ. Ɉɞ ɪɞ φɪ]rʌ ɞф γ Ʇφəϸr] Ƕɛɞr: "[ʌ] γ ѡɪѡrd ϸѳφɞɛѡ φɪɞ ѡɛ, ɹʌd γ ɾʌφφϛrɞ ɔɹʌ φɪɞ ʟѳ]ɞ; ɹʌd [ʌ] φɪɔ φr]rφʌ ɾʌ]ѳ γ [ѳφd, ɹʌd φə ѡɪ[ φɹɞ ɔrφɞə ɾℸɵʌ φɪɔ; ɹʌd ]ѳ όφ Ѳəd, ϸѳφ φə ѡɪ[ ɾɞrʌdrʌ]]ə ℸѳφdrʌ." Ɉʌd ]ѳ ѡѡѳ] ϸφrɔ γ Ɐϥѡ ɾɞ Ɔѳφɔrʌ:

"Ɉʌd ɾώʌʌ: Ɐr]əɞ γɹ] ʌə ɔrɞ] φrℸʌʌ] ɾɞ ʌѳφ ɞɪʌɞ ɹʌd ϸѳφɞɛѡ γʌɔ, ɹʌd φrɔɞr] ʌѳφɞʌ[ɪɞ ɞrϸѳφ Ѳəd; ɹʌd ɹɞѡ ɪʌ ɞɪʌɞʌφɪ]ə ɾɞ φəφ] γɹ] φə ѡϥd ϸѳφώɪɞ ʌѳ; ɹʌd ʌώ, ɪϸ ʌѳ ɞr]əɞ ϴ[ γəɞ ʟɪиɞ, ɞə γɹ] ʌə dѳ γʌɔ."—Ɔѳɞфr 4:10.

ʟrφd[ə, Ɐʌℸ]ɪɞɔ ϸѳφ γ φrɔɪbrʌ ɾɞ ɞɪʌɞ, ɾɞ όφ ℸrφɞrʌr] ]φɹʌɞώφʌbrʌɞ, φѡɪɔ, ʟφѳ γɪɞ ɔəʌɞ, ℸφrɞφdrd ɞф dɪɞфʌ ɔrφɞə, əф, вф фəбrн rв γ rղoнɔrнղ, вլəլrd ȯղ. Ղo ϡoб γ ωrфdб rв Ղoլ: "Ɣлфрəф ωə əф влфəd ωнγ фıɔ вф влтղıбɔ нղo dлւ: γлղ լфo лб Ωффвղ ωrб фɛɛd rт рфrɔ γ dлd вф γ ὼլəфə rв γ Ρəγrф, əвrн во ωə əլво bqd ωoω нн нoнrв rв լфr. Ρəф ıр ωə флв вıн ղլлнղrd ղrὼлγrф нн γ լфωнrв rв фıб dлւ, ωə bлլ в əլво нн γ լфωнrв rв фıб флбrфлωbrн."

Նлωвղ, γ фrвлтbrн rв γ Фoլə Ωoвղ ւфo γ լɛıн əн rв флнdб rв γoб фo флв фrвəвd γ Фoլə Ղфəвղфqd, лнd əф doլə əւrффбd, əфdɛнd, лнd ıɔтərфd ղo ıɔтəфղ γıв влլлвн: Ɣrв Ղəղrф ղфəсղ əн γ dɛ rв Ղлнղrωoвղ:

"Фrтлнղ, лнd в влтղфвd лвфə ωrн rв ϡo нн γ нɛɔ rв Ϛəбrв Ωффвղ, рəф γ фrɔıbrн rв вıнб, лнd ϡə bлլ фrвəв γ ὼıрղ rв γ Фoլə Ωoвղ. Ρəф γ ղфəɔıв ıб rнղo ϡo, лнd ղo ϡoф сıլdфrн, лнd ղo əլ γлղ əф rрəф əр, əвrн лб ɔлнə лб γ Լəфd ȯф Ωəd bлլ ωəլ."—Iωղв 2:38, 39.

Ɣəб əф γ нղфrdrωղrфə əф рrфвղ ղфнвıтrլб rв γ лвrфլлвղıн, rнсɛнсrвrլ Ωoвтrլ rв ȯф Լəфd лнd Вɛвϡrф Ϛəбrв Ωффвղ, γлղ ıб лнd флб вıн γ вɛɔ ղo əլ ɔлн, rɔrнвղ əլ нɛbrнб, нн əլ ɛсrб, фωлннлвrф, əф фωлфлвrф ıղ флб вıн ղəղ вф γ rւəфıղə rв флвrн. Флнв ωə фəd: Ɨղ ωrб "ղфəсղ рфrɔ γ вrὼııн, вəıн drωլлфd вф фoլə ɛнсrլб, влнղ рфrɔ γ ղфлбrнв rв Ωəd, лнd вф фıб əн вoıв, лнd вф γ ὼıрղ rв γ Фoլə Ωoвղ. Лнd γrв əլ ւıнб ωrф ωrнрrфɔd rнղo Лdrɔ, вф лн фoլə əфdıнrнв, лнd γ Ωoвтrլ ղфəсղ, лнd ə drωфə влнղ рəфւ, γлղ ıղ bqd в нн γ ωrфլd, rнղլ γ лнd γлфrв."—Ղrфլ rв Ωфɛղ Ղффв.

Лнd нн γлղ dɛ "γ Լəфd Ωəd ωəլd rղəн ɔлн вф γ Фoլə Ωoвղ лвфəфωлф, лнd ωrɔлнdrd γлɔ γлղ γɛ bqd фrтлнղ; лнd лб ɔлнə лб вrլəвd нн γ Вrн, лнd фrтлнղrd rв γлф вıнб, bqd в вɛвd; лнd лб ɔлнə лб вrլəвd нəղ лнd фrтлнղrd нəղ, bqd в dлɔd; лнd γ ωrфdб ωлнղ рəфւ ȯղ rв γ ɔəւ rв Ωəd нн ə рrфɔ drωфə; фωлфрəф γɛ ɔrвղ в рqլрıd."—Ibid.

Ɣıв вɛɔ Ωoвтrլ ωrб ղфəсղ ղo Влւ, лнd ղo əլ γ лнղədıωвərн Ղɛղфəəфωв, лнd γɛ ɔıııвղrфd rнdrф ıղв rւəфıղə. Вф ıղв ղərф, лб ωə флв əլфлdə bəн, Ձнrω лнd фıб ղəтrլ ωrф ղфлнвլɛլrd. Ρв Նər ıղ ıб фıղrн: "Лнd γ Լəфd əфdɛнd Նər лрղrф фıб əн əфdrф, лнd ωrɔлнdrd фıɔ γлղ фə bqd ὼo рəфւ лнd drωլлф фıб ὼoвтrլ rнղo γ сıլdфrн rв ɔлн, əвrн лб ıղ ωrб ὼıвrн rнղo Ձнrω." Лнd рrфγrф, ղo ωəωəղ рфrɔ γ ղлвղıɔəнə rв Նər врrəф 𐑄 𐑁𐑊𐐲𐐼: “𐐈𐑌𐐼 𐐮𐐻 𐐿𐐩𐑋 𐐻𐐭 𐐹𐐰𐑅 𐑄𐐰𐐻 𐐤𐐬𐐲 𐐿𐐲𐑌𐐻𐐮𐑌𐐷𐐭𐐼 𐐸𐐮𐑆 𐐹𐑉𐐨𐐽𐐮𐑍 𐐲𐑌𐐻𐐭 𐑄 𐐹𐐨𐐹𐐲𐑊, 𐑅𐐩𐐮𐑍, 𐐐𐐨𐑉𐐿𐐲𐑌, 𐐰𐑌𐐼 𐑀𐐮𐑂 𐐸𐐨𐐼 𐐲𐑌𐐻𐐭 𐑋𐐴 𐐶𐐲𐑉𐐼𐑆; 𐐺𐐲𐑊𐐨𐑂 𐐰𐑌𐐼 𐑉𐐲𐐹𐐯𐑌𐐻 𐐲𐑂 𐐷𐐬𐑉 𐑅𐐮𐑌𐑆, 𐐰𐑌𐐼 𐐺 𐐺𐐰𐐹𐐻𐐴𐑆𐐼 𐐮𐑌 𐑄 𐑌𐐩𐑋 𐐲𐑂 𐐖𐐨𐑆𐐲𐑅 𐐗𐑉𐐴𐑅𐐻, 𐑄 𐐝𐐲𐑌 𐐲𐑂 𐐘𐐱𐐼, 𐐨𐑂𐐲𐑌 𐐰𐑆 𐐵𐑉 𐑁𐐪𐑄𐐲𐑉𐑆 𐐼𐐮𐐼, 𐐰𐑌𐐼 𐐷𐐨 𐑇𐐰𐑊 𐑉𐐲𐑅𐐨𐑂 𐑄 𐐐𐐬𐑊𐐨 𐐘𐐬𐑅𐐻, 𐑄𐐰𐐻 𐐷𐐨 𐑋𐐩 𐐸𐐰𐑂 𐐫𐑊 𐑃𐐮𐑍𐑆 𐑋𐐩𐐼 𐑋𐐰𐑌𐐮𐑁𐐯𐑅𐐻; 𐐰𐑌𐐼 𐐮𐑁 𐐷𐐨 𐐼𐐭 𐑌𐐱𐐻 𐑄𐐮𐑅, 𐑄 𐑁𐑊𐐲𐐼𐑆 𐐶𐐮𐑊 𐐿𐐲𐑋 𐐮𐑌 𐐲𐐹𐐱𐑌 𐐷𐐭.”

𐐙𐑉𐐲𐑋 𐑄𐐮𐑅 𐐶𐐨 𐑊𐐲𐑉𐑌 𐑄𐐰𐐻 𐑄 𐐹𐑉𐐮𐑌𐑅𐐮𐐹𐐲𐑊𐑆 𐐲𐑂 𐑄 𐐘𐐱𐑅𐐹𐐲𐑊 𐐮𐑌 𐑄 𐑁𐐫𐑉𐑋𐐲𐑉 𐐩𐐾𐐲𐑆 𐐲𐑂 𐑄 𐐶𐐲𐑉𐑊𐐼 𐐶𐐲𐑉 𐐴𐐼𐐯𐑌𐐻𐐮𐐿𐐲𐑊 𐐶𐐮𐑄 𐑄𐐬𐑆 𐐻𐐫𐐻 𐐮𐑌 𐐵𐑉 𐐼𐐩.

𐐜 𐐘𐐱𐑅𐐹𐐲𐑊 𐐰𐑌𐐼 𐑄 𐐐𐐬𐑊𐐨 𐐑𐑉𐐨𐑅𐐻𐐸𐐳𐐼 𐐿𐐲𐑌𐐻𐐮𐑌𐐷𐐭𐐼 𐑁𐑉𐐲𐑋 𐐤𐐬𐐲 𐐻𐐭 𐐁𐐺𐑉𐐲𐐸𐐰𐑋. “𐐁𐐺𐑉𐐲𐐸𐐰𐑋 𐑉𐐲𐑅𐐨𐑂𐐼 𐑄 𐐹𐑉𐐨𐑅𐐻𐐸𐐳𐐼 𐑁𐑉𐐲𐑋 𐐣𐐯𐑊𐐿𐐮𐑆𐐲𐐼𐐯𐐿, 𐐸𐐭 𐑉𐐲𐑅𐐨𐑂𐐼 𐐮𐐻 𐑃𐑉𐐭 𐑄 𐑊𐐮𐑌𐐨𐐯𐐾 𐐲𐑂 𐐸𐐮𐑆 𐑁𐐪𐑄𐐲𐑉𐑆, 𐐨𐑂𐐲𐑌 𐐻𐐮𐑊 𐐤𐐬𐐲.” (𐐔&𐐗 84:14.) 𐐈𐑆 𐐑𐐫𐑊 𐑉𐐴𐐻𐑅, “𐐈𐑌𐐼 𐑄 𐐝𐐿𐑉𐐮𐐹𐐽𐐲𐑉, 𐑁𐐫𐑉𐑅𐐨𐐮𐑍 𐑄𐐰𐐻 𐐘𐐱𐐼 𐐶𐐳𐐼 𐐾𐐲𐑅𐐻𐐮𐑁𐐴 𐑄 𐐸𐐨𐑄𐐲𐑌 𐑃𐑉𐐭 𐑁𐐩𐑃, 𐐹𐑉𐐨𐐽𐐻 𐐺𐐲𐑁𐐬𐑉 𐑄 𐐘𐐱𐑅𐐹𐐲𐑊 𐐲𐑌𐐻𐐭 𐐁𐐺𐑉𐐲𐐸𐐰𐑋, 𐑅𐐩𐐮𐑍, “𐐆𐑌 𐑄 𐑇𐐰𐑊 𐐫𐑊 𐑌𐐩𐑇𐐲𐑌𐑆 𐐺 𐐺𐑊𐐯𐑅𐐻;” 𐐸𐐶𐐴𐑊𐑅𐐻 𐐖𐐨𐑆𐐲𐑅 𐐼𐐲𐐿𐑊𐐯𐑉𐐼, “𐐁𐐺𐑉𐐲𐐸𐐰𐑋 𐑅𐐫 𐑋𐐴 𐐼𐐩 𐐰𐑌𐐼 𐐶𐐲𐑆 𐑀𐑊𐐰𐐼.” 𐐜 𐑌𐐱𐑊𐐲𐐾 𐐰𐑌𐐼 𐐹𐑉𐐰𐐿𐐻𐐮𐑅 𐐲𐑂 𐑄 𐐘𐐱𐑅𐐹𐐲𐑊 𐐶𐐲𐑉 𐐹𐐲𐑉𐐹𐐯𐐽𐐭𐐩𐐻𐐲𐐼 𐑃𐑉𐐭 𐐌𐑆𐐲𐐿, 𐐖𐐩𐐿𐐲𐐺, 𐐖𐐬𐑆𐐯𐑁 𐐰𐑌𐐼 𐐲𐑄𐐲𐑉 𐐹𐐩𐐻𐑉𐐨𐐪𐑉𐐿𐑅, 𐐲𐑌𐐻𐐮𐑊 𐑄 𐐩𐐾 𐐲𐑂 𐐣𐐬𐑆𐐲𐑅, 𐐸𐐭, 𐐮𐐻 𐐮𐑆 𐑅𐐯𐐼, 𐐮𐑅𐐻𐐨𐑋𐐼 “𐑄 𐑉𐐲𐐹𐑉𐐬𐐽 𐐲𐑂 𐐗𐑉𐐴𐑅𐐻 𐑀𐑉𐐩𐐻𐐲𐑉 𐑉𐐮𐐽𐐲𐑆 𐑄𐐰𐑌 𐑄 𐐻𐑉𐐯𐑈𐐲𐑉𐑆 𐐮𐑌 𐐀𐐾𐐮𐐹𐐻;” 𐐰𐑌𐐼 𐐲𐑂 𐑄 𐐆𐑆𐑉𐐲𐑊𐐴𐐻𐑅, 𐐲𐑂 𐐸𐐭𐑋 𐐸𐐨 𐐶𐐲𐑆 𐑄 𐑀𐑉𐐩𐐻 𐑊𐐫𐑀𐐮𐑂𐐲𐑉, 𐐑𐐫𐑊 𐑉𐐴𐐻𐑅:

“𐐣𐐫𐑉𐐬𐑂𐐲𐑉, 𐐺𐑉𐐯𐑄𐑉𐐲𐑌, 𐐌 𐐶𐐳𐐼 𐑌𐐱𐐻 𐑄𐐰𐐻 𐐷𐐨 𐑇𐐳𐐼 𐐺 𐐮𐑀𐑌𐐲𐑉𐐲𐑌𐐻 𐐸𐐵 𐑄𐐰𐐻 𐐫𐑊 𐐵𐑉 𐑁𐐪𐑄𐐲𐑉𐑆 𐐶𐐲𐑉 𐐲𐑌𐐼𐐲𐑉 𐑄 𐐿𐑊𐐵𐐼, 𐐰𐑌𐐼 𐐫𐑊 𐐹𐐰𐑅𐐻 𐑃𐑉𐐭 𐑄 𐑅𐐨; 𐐰𐑌𐐼 𐐶𐐲𐑉 𐐫𐑊 𐐺𐐰𐐹𐐻𐐴𐑆𐐼 𐐲𐑌𐐻𐐭 𐐣𐐬𐑆𐐲𐑅 𐐮𐑌 𐑄 𐐿𐑊𐐵𐐼 𐐰𐑌𐐼 𐐮𐑌 𐑄 𐑅𐐨; 𐐰𐑌𐐼 𐐼𐐮𐐼 𐐫𐑊 𐐨𐐻 𐑄 𐑅𐐩𐑋 𐑅𐐹𐐮𐑉𐐮𐐽𐐲𐐶𐐲𐑊 𐑋𐐨𐐻; 𐐰𐑌𐐼 𐐼𐐮𐐼 𐐫𐑊 𐐼𐑉𐐮𐑍𐐿 𐑄 𐑅𐐩𐑋 𐑅𐐹𐐮𐑉𐐮𐐽𐐲𐐶𐐲𐑊 𐐼𐑉𐐮𐑍𐐿: (𐐙𐐫𐑉 𐑄𐐩 𐐼𐑉𐐰𐑍𐐿 𐐲𐑂 𐑄𐐰𐐻 𐑅𐐹𐐮𐑉𐐮𐐽𐐲𐐶𐐲𐑊 𐐡𐐱𐐿 𐑄𐐰𐐻 𐑁𐐱𐑊𐐬𐐼 𐑄𐐯𐑋: 𐐰𐑌𐐼 𐑄𐐰𐐻 𐐡𐐱𐐿 𐐶𐐲𐑆 𐐗𐑉𐐴𐑅𐐻.) 𐐒𐐲𐐻 𐐶𐐮𐑄 𐑋𐐯𐑌𐐨 𐐲𐑂 𐑄𐐯𐑋 𐐘𐐱𐐼 𐐶𐐲𐑆 𐑌𐐱𐐻 𐐹𐑊𐐨𐑆𐐼: 𐑁𐐫𐑉 𐑄𐐩 𐐶𐐲𐑉 𐐬𐑂𐐲𐑉𐑃𐑉𐐬𐑌 𐐮𐑌 𐑄 𐐶𐐮𐑊𐐼𐐲𐑉𐑌𐐯𐑅.”—1 𐐗𐐲𐑉𐐮𐑌𐑃𐐨𐐲𐑌𐑆 10:1–5.

𐐜 𐑁𐐲𐑉𐑄𐐲𐑉 𐐸𐐮𐑅𐐻𐐲𐑉𐐨 𐐲𐑂 𐑄 𐐘𐐱𐑅𐐹𐐲𐑊 𐐮𐑌 𐐮𐐻𐑅 𐑉𐐲𐑊𐐩𐑇𐐲𐑌 𐐻𐐭 𐑄 𐐸𐐵𐑅 𐐲𐑂 𐐆𐑆𐑉𐐲𐑊 𐐮𐑆 𐐺𐑉𐐨𐑁𐑊𐐨 𐐻𐐬𐑊𐐼 𐐮𐑌 𐑄 𐑁𐐱𐑊𐐬𐐮𐑍 𐐹𐐰𐑉𐐲𐑀𐑉𐐰𐑁𐑅 𐑁𐑉𐐲𐑋 𐑄 𐐒𐐳𐐿 𐐲𐑂 𐐔𐐱𐐿𐐻𐑉𐐮𐑌 𐐰𐑌𐐼 𐐗𐐲𐑂𐐲𐑌𐐲𐑌𐐻𐑅:

“𐐤𐐵 𐑄𐐮𐑅 𐐣𐐬𐑆𐐲𐑅 𐐹𐑊𐐩𐑌𐑊𐐨 𐐻𐐫𐐻 𐐻𐐭 𐑄 𐐽𐐮𐑊𐐼𐑉𐐲𐑌 𐐲𐑂 𐐆𐑆𐑉𐐲𐑊 𐐮𐑌 𐑄 𐐶𐐮𐑊𐐼𐐲𐑉𐑌𐐯𐑅, 𐐰𐑌𐐼 𐑅𐐫𐐻 𐐼𐐮𐑊𐐮𐐾𐐲𐑌𐐻𐑊𐐨 𐐻𐐭 𐑅𐐰𐑍𐐿𐐻𐐮𐑁𐐴 𐐸𐐮𐑆 𐐹𐐨𐐹𐐲𐑊 𐑄𐐰𐐻 𐑄𐐩 𐑋𐐴𐐻 𐐺𐐲𐐸𐐬𐑊𐐼 𐑄 𐑁𐐩𐑅 𐐲𐑂 𐐘𐐱𐐼; 𐐺𐐲𐐻 𐑄𐐩 𐐸𐐪𐑉𐐼𐐲𐑌𐐼 𐑄𐐯𐑉 𐐸𐐪𐑉𐐻𐑅 𐐰𐑌𐐼 𐐿𐐳𐐼 𐑌𐐱𐐻 𐐮𐑌𐐼𐐷𐐳𐑉 𐐸𐐮𐑆 𐐹𐑉𐐯𐑆𐐲𐑌𐑅, 𐑄𐐯𐑉𐑁𐐬𐑉 𐑄 𐑊𐐫𐑉𐐼 𐐮𐑌 𐐸𐐮𐑆 𐑉𐐰𐑃 (𐑁𐐫𐑉 𐐸𐐮𐑆 𐐰𐑍𐑀𐐲𐑉 𐐶𐐲𐑆 𐐿𐐮𐑌𐐼𐐲𐑊𐐼 𐐲𐑀𐐯𐑌𐑅𐐻 𐑄𐐯𐑋) 𐑅𐐶𐐬𐑉 𐑄𐐰𐐻 𐑄𐐩 𐑇𐐳𐐼 𐑌𐐱𐐻 𐐯𐑌𐐻𐐲𐑉 𐐮𐑌𐐻𐐭 𐐸𐐮𐑆 𐑉𐐯𐑅𐐻 𐐸𐐶𐐴𐑊 𐐮𐑌 𐑄 𐐶𐐮𐑊𐐼𐐲𐑉𐑌𐐯𐑅, 𐐸𐐶𐐮𐐽 𐑉𐐯𐑅𐐻 𐐮𐑆 𐑄 𐑁𐐳𐑊𐑌𐐯𐑅 𐐲𐑂 𐐸𐐮𐑆 𐑀𐑊𐐬𐑉𐐨. 𐐜𐐯𐑉𐑁𐐬𐑉 𐐸𐐨 𐐻𐐳𐐿 𐐣𐐬𐑆𐐲𐑅 𐐵𐐻 𐐲𐑂 𐑄𐐯𐑉 𐑋𐐮𐐼𐑅𐐻, 𐐰𐑌𐐼 𐑄 𐐸𐐬𐑊𐐨 𐐑𐑉𐐨𐑅𐐻𐐸𐐳𐐼 𐐫𐑊𐑅𐐬; 𐐰𐑌𐐼 𐑄 𐑊𐐯𐑅𐐲𐑉 𐐹𐑉𐐨𐑅𐐻𐐸𐐳𐐼 𐐿𐐲𐑌𐐻𐐮𐑌𐐷𐐭𐐼, 𐐸𐐶𐐮𐐽 𐐹𐑉𐐨𐑅𐐻𐐸𐐳𐐼 𐐸𐐬𐑊𐐼𐐲𐑃 𐑄 𐐿𐐨 𐐲𐑂 𐑄 𐑋𐐮𐑌𐐮𐑅𐐻𐐲𐑉𐐮𐑍 𐐲𐑂 𐐩𐑌𐐾𐐲𐑊𐑆 𐐰𐑌𐐼 𐑄 𐐹𐑉𐐯𐐹𐐰𐑉𐐲𐐻𐐬𐑉𐐨 𐑀𐐱𐑅𐐹𐐯𐑊; 𐐸𐐶𐐮𐐽 𐑀𐐱𐑅𐐹𐐯𐑊 𐐮𐑆 𐑄 𐑀𐐱𐑅𐐹𐐯𐑊 𐐲𐑂 𐑉𐐯𐐹𐐯𐑌𐐻𐐲𐑌𐑅 𐐰𐑌𐐼 𐐲𐑂 𐐺𐐰𐐹𐐻𐐮𐑆𐑋, 𐐰𐑌𐐼 𐑄 𐑉𐐯𐑋𐐮𐑇𐐲𐑌 𐐲𐑂 𐑅𐐮𐑌𐑆, 𐐰𐑌𐐼 𐑄 𐑊𐐫 𐐲𐑂 𐐿𐐪𐑉𐑌𐐲𐑊 𐐿𐐲𐑋𐐰𐑌𐐼𐑋𐐯𐑌𐐻𐑅, 𐐸𐐶𐐮𐐽 𐑄 𐐢𐐫𐑉𐐼 𐐮𐑌 𐐸𐐮𐑆 𐑉𐐰𐑃 𐐿𐐫𐑆𐐼 𐐻𐐭 𐐿𐐲𐑌𐐻𐐮𐑌𐐷𐐭 𐐶𐐮𐑄 𐑄 𐐸𐐵𐑅 𐐲𐑂 𐐁𐑉𐐲𐑌 𐐲𐑋𐐲𐑍 𐑄 𐐽𐐮𐑊𐐼𐑉𐐯𐑌 𐐲𐑂 𐐆𐑆𐑉𐐯𐑊 𐐲𐑌𐐻𐐮𐑊 𐐖𐐱𐑌, 𐐸𐐭𐑋 𐐘𐐱𐐼 𐑉𐐩𐑆𐐼 𐐲𐐹, 𐐺𐐨𐐮𐑍 𐑁𐐮𐑊𐐼 𐐶𐐮𐑄 𐑄 𐐸𐐬𐑊𐐨 𐐘𐐬𐑅𐐻 𐑁𐑉𐐲𐑋 𐐸𐐮𐑆 𐑋𐐲𐑄𐐲𐑉'𐑆 𐐶𐐭𐑋; 𐑁𐐫𐑉 𐐸𐐨 𐐶𐐲𐑆 𐐺𐐰𐐹𐐻𐐴𐑆𐐼 𐐸𐐶𐐴𐑊 𐐸𐐨 𐐶𐐲𐑆 𐐷𐐯𐐻 𐐮𐑌 𐐸𐐮𐑆 𐐽𐐴𐑊𐐼𐐸𐐳𐐼, 𐐰𐑌𐐼 𐐶𐐲𐑆 𐐫𐑉𐐼𐐩𐑌𐐼 𐐺𐐴 𐑄 𐐩𐑌𐐾𐐯𐑊 𐐲𐑂 𐐘𐐱𐐼 𐐰𐐻 𐑄 𐐻𐐴𐑋 𐐸𐐨 𐐶𐐲𐑆 𐐩𐐻 𐐼𐐩𐑆 𐐬𐑊𐐼 𐐲𐑌𐐻𐐭 𐑄𐐮𐑅 𐐹𐐵𐐲𐑉, 𐐻𐐭 𐐬𐑂𐐲𐑉𐑃𐑉𐐬 𐑄 𐐿𐐮𐑍𐐼𐐲𐑋 𐐲𐑂 𐑄 𐐖𐐭𐑆, 𐐰𐑌𐐼 𐐻𐐭 𐑋𐐩𐐿 𐑅𐐻𐑉𐐩𐐻 𐑄 𐐶𐐩 𐐲𐑂 𐑄 𐐢𐐫𐑉𐐼 𐐺𐐨𐑁𐐫𐑉 𐑄 𐑁𐐩𐑅 𐐲𐑂 𐐸𐐮𐑆 𐐹𐐨𐐹𐐲𐑊, 𐐻𐐭 𐐹𐑉𐐨𐐹𐐩𐑉 𐑄𐐯𐑋 𐑁𐐫𐑉 𐑄 𐐿𐐲𐑋𐐮𐑍 𐐲𐑂 𐑄 𐐢𐐫𐑉𐐼, 𐐮𐑌 𐐸𐐭𐑆 𐐸𐐰𐑌𐐼 𐐮𐑆 𐑀𐐮𐑂𐐲𐑌 𐐫𐑊 𐐹𐐵𐐲𐑉."—𐐔&𐐗 84:23–28.

𐐆𐐻 𐐶𐐲𐑆 𐑄𐐮𐑅 𐑅𐐩𐑋 𐐘𐐱𐑅𐐹𐐯𐑊 𐑄𐐰𐐻 𐑄 𐐿𐑉𐐭𐑅𐐮𐑁𐐴𐐼 𐐡𐐯𐐼𐐨𐑋𐐲𐑉 𐐿𐐲𐑋𐐰𐑌𐐼𐐯𐐼 𐐐𐐮𐑆 𐐼𐐮𐑅𐐴𐐹𐐲𐑊𐑆 𐐻𐐭 𐐹𐑉𐐨𐐽, 𐐸𐐶𐐯𐑌 "𐐸𐐨 𐑅𐐯𐐼 𐐲𐑌𐐻𐐭 𐑄𐐯𐑋, 𐐘𐐬 𐐷𐐨 𐐮𐑌𐐻𐐭 𐐫𐑊 𐑄 𐐶𐐲𐑉𐑊𐐼, 𐐰𐑌𐐼 𐐹𐑉𐐨𐐽 𐑄 𐑀𐐱𐑅𐐹𐐯𐑊 𐐻𐐭 𐐯𐑂𐑉𐐨 𐐿𐑉𐐨𐐽𐐲𐑉. 𐐐𐐨 𐑄𐐰𐐻 𐐺𐐯𐑊𐐨𐑂𐐯𐑃 𐐰𐑌𐐼 𐐮𐑆 𐐺𐐰𐐹𐐻𐐴𐑆𐐼, 𐑇𐐰𐑊 𐐺 𐑅𐐩𐑂𐐼; 𐐺𐐲𐐻 𐐸𐐨 𐑄𐐰𐐻 𐐺𐐯𐑊𐐨𐑂𐐯𐑃 𐑌𐐱𐐻 𐑇𐐰𐑊 𐐺 𐐼𐐰𐑋𐐼. 𐐈𐑌𐐼 𐑄𐐨𐑆 𐑅𐐴𐑌𐑆 𐑇𐐰𐑊 𐑁𐐱𐑊𐐬 𐑄𐐯𐑋 𐑄𐐰𐐻 𐐺𐐯𐑊𐐨𐑂: 𐐆𐑌 𐑋𐐴 𐑌𐐩𐑋 𐑇𐐰𐑊 𐑄𐐩 𐐿𐐰𐑅𐐻 𐐵𐐻 𐐼𐐯𐑂𐐲𐑊𐑆; 𐑄𐐩 𐑇𐐰𐑊 𐑅𐐹𐐨𐐿 𐐶𐐮𐑄 𐑌𐐭 𐐻𐐲𐑍𐑆; 𐑄𐐩 𐑇𐐰𐑊 𐐻𐐩𐐿 𐐲𐐹 𐑅𐐲𐑉𐐹𐐯𐑌𐐻𐑅; 𐐰𐑌𐐼 𐐮𐑁 𐑄𐐩 𐐼𐑉𐐮𐑍𐐿 𐐯𐑌𐐨 𐐼𐐯𐐼𐑊𐐨 𐑃𐐮𐑍, 𐐮𐐻 𐑇𐐰𐑊 𐑌𐐱𐐻 𐐸𐐲𐑉𐐻 𐑄𐐯𐑋; 𐑄𐐩 𐑇𐐰𐑊 𐑊𐐩 𐐸𐐰𐑌𐐼𐑆 𐐱𐑌 𐑄 𐑅𐐮𐐿, 𐐰𐑌𐐼 𐑄𐐩 𐑇𐐰𐑊 𐑉𐐨𐐿𐐲𐑂𐐲𐑉."—𐐣𐐪𐑉𐐿 16:15–18.

𐐈𐑌𐐼 𐐣𐐪𐑉𐐿 𐐻𐐯𐑅𐐻𐐮𐑁𐐴𐑆: "𐐜𐐩 𐐶𐐯𐑌𐐻 𐑁𐐫𐑉𐑃, 𐐰𐑌𐐼 𐐹𐑉𐐨𐐽𐐻 𐐯𐑂𐑉𐐨 𐐸𐐶𐐯𐑉, 𐑄 𐐢𐐫𐑉𐐼 𐐶𐐲𐑉𐐿𐐮𐑍 𐐶𐐮𐑄 𐑄𐐯𐑋, 𐐰𐑌𐐼 𐐿𐐲𐑌𐑁𐐲𐑉𐑋𐐮𐑍 𐑄 𐐶𐐲𐑉𐐼 𐐶𐐮𐑄 𐑅𐐴𐑌𐑆 𐑁𐐱𐑊𐐬𐐮𐑍."

𐐜𐐲𐑅 𐐶𐐨 𐑁𐐴𐑌𐐼 𐐱𐑌 𐑄 𐐼𐐩 𐐲𐑂 𐐑𐐯𐑌𐐻𐐲𐐿𐐱𐑅𐐻, 𐐑𐐨𐐻𐐲𐑉, 𐑄 𐑅𐐨𐑌𐐷𐐲𐑉 𐐲𐑂 𐑄 𐐀𐐹𐐱𐑅𐐲𐑊𐑆, 𐐮𐑌 𐐰𐑌𐑅𐐲𐑉 𐐻𐐭 𐑄 𐐿𐑉𐐴 𐐲𐑂 𐑄 𐐺𐐯𐑊𐐨𐑂𐐮𐑍 𐑋𐐲𐑊𐐻𐐮𐐻𐐭𐐼, "𐐣𐐯𐑌 𐐰𐑌𐐼 𐐺𐑉𐐯𐑄𐑉𐐯𐑌, 𐐸𐐶𐐲𐐻 𐑇𐐰𐑊 𐐶𐐨 𐐼𐐭?" 𐑉𐐯𐐹𐑊𐐴𐐮𐑍 𐐮𐑌 𐑄 𐐶𐐲𐑉𐐼𐑆 𐐫𐑊𐑉𐐯𐐼𐐨 𐐿𐐶𐐬𐐻𐐯𐐼: "𐐡𐐯𐐹𐐯𐑌𐐻, 𐐰𐑌𐐼 𐐺 𐐺𐐰𐐹𐐻𐐴𐑆𐐼, 𐐯𐑂𐑉𐐨 𐐶𐐲𐑌 𐐲𐑂 𐐷𐐭, 𐐮𐑌 𐑄 𐑌𐐩𐑋 𐐲𐑂 𐐖𐐨𐑆𐐲𐑅 𐐗𐑉𐐴𐑅𐐻, 𐑁𐐫𐑉 𐑄 𐑉𐐯𐑋𐐮𐑇𐐲𐑌 𐐲𐑂 𐑅𐐮𐑌𐑆; 𐐰𐑌𐐼 𐐷𐐨 𐑇𐐰𐑊 𐑉𐐯𐑅𐐨𐑂 𐑄 𐑀𐐮𐑁𐐻 𐐲𐑂 𐑄 𐐸𐐬𐑊𐐨 𐐘𐐬𐑅𐐻. 𐐙𐐫𐑉 𐑄 𐐹𐑉𐐱𐑋𐐮𐑅 𐐮𐑆 𐐲𐑌𐐻𐐭 𐐷𐐭 𐐰𐑌𐐼 𐐷𐐭𐑉 𐐽𐐮𐑊𐐼𐑉𐐯𐑌, 𐐰𐑌𐐼 𐐻𐐭 𐐫𐑊 𐑄𐐰𐐻 𐐪𐑉 𐐲𐑁𐐪𐑉 𐐫𐑁, 𐐨𐑂𐐯𐑌 𐐰𐑆 𐑋𐐯𐑌𐐨 𐐰𐑆 𐑄 𐐢𐐫𐑉𐐼 𐐵𐑉 𐐘𐐱𐐼 𐑇𐐰𐑊 𐐿𐐫𐑊."—𐐈𐐿𐐻𐑅 2:38, 39.

𐐊𐑀𐐯𐑌, 𐐮𐐻 𐐶𐐲𐑆 𐑄𐐮𐑅 𐑅𐐩𐑋 𐐯𐑂𐐲𐑉𐑊𐐰𐑅𐐻𐐮𐑍, 𐐲𐑌𐐫𐑊𐐻𐐲𐑉𐐲𐐺𐐲𐑊, 𐐲𐑌𐐽𐐩𐑌𐐾𐐲𐐺𐐲𐑊 𐐘𐐱𐑅𐐹𐐯𐑊 𐐸𐐭𐑆 𐑉𐐯𐑅𐐻𐐬𐑉𐐩𐑇𐐲𐑌 𐐻𐐭 𐑄 𐐲𐑉𐑃 𐐖𐐱𐑌, 𐑄 𐐀𐐹𐐱𐑅𐐲𐑊, 𐑅𐐹𐐬𐐿 𐐲𐑂 𐐰𐑆 𐑁𐐱𐑊𐐬𐑆:

"𐐈𐑌𐐼 𐐌 𐑅𐐫 𐐲𐑌𐐲𐑄𐐲𐑉 𐐩𐑌𐐾𐐯𐑊 𐑁𐑊𐐴 𐐮𐑌 𐑄 𐑋𐐮𐐼𐑅𐐻 𐐲𐑂 𐐸𐐯𐑂𐐯𐑌, 𐐸𐐰𐑂𐐮𐑍 𐑄 𐐯𐑂𐐲𐑉𐑊𐐰𐑅𐐻𐐮𐑍 𐑀𐐱𐑅𐐹𐐯𐑊 𐐻𐐭 𐐹𐑉𐐨𐐽 𐐲𐑌𐐻𐐭 𐑄𐐯𐑋 𐑄𐐰𐐻 𐐼𐐶𐐯𐑊 𐐱𐑌 𐑄 𐐲𐑉𐑃, 𐐰𐑌𐐼 𐐻𐐭 ʌɞɸə ɥɛbrɥ, ɹɥd ɷɨɥdɸrd, ɹɥd ɿrɪ, ɹɥd ɿəɿrɿ, ɞɛɪɪ ɷɪɣ ɘ ḷɞd ɞoɪɞ, Ƥɨɸ Ꞷɞd ɹɥd ώɨɞ ώḷɷɸə ɿɷ ɸɪɔ; ɾɷɸ ɣ ȯɸ rɞ ɸɪɞ ɕrɕɔrɥɿ ɪɞ ɷrɔ: ɹɥd ɷrɸbɪɿ ɸɪɔ ɣɹɿ ɔɛd ɸʌɞrɥ, ɹɥd rɸʟ, ɹɥd ɣ ɞə, ɹɥd ɣ ɾȯɥɿrɥɞ rɞ ɷɷɿrɸɞ."—ɸʌɞrḷɛbrɥ 14:6, 7.

Ƥɸrɔ ɣ Ɓɸɞrḷ, ɷə ɿrɸɥ ɿɷ ɣ Ɓɋɷ rɞ Ɔoɸɔrɥ, ɹɥd ɪɥ ɪɿɞ ɿɛɕrɞ dɪɞɷrɞrɸ ɣɹɿ ɣ ɞɛɔ Ꞷɞɞɿrḷ ɸɷɪɔ Ꞔəɞrɞ drɸʌɷɿrd Ɏɪɞ dɪɞɸɿrḷɞ ɿɷ ώɷ ɪɥɿɷ ɞḷ ɣ ɷrɸḷd ɹɥd ɿɸəc, ɷrɞ ɿɸəcɿ ɞɥ ɣɪɞ ɷəɥɿɪrɥɿ, ɾɸrɔ ɣ rɸḷərɞɿ ɛɕrɞ. Ɣ Ꞔʌɸrdɸɿɞ ɞrɷɛɔ rɷɷɛɥɿrd ɷɪɣ ɪɿ ʟɸɷ ɣ ɸʌɞrḷɛbrɥɞ ώɪɞrɥ ɿɷ ɣ ɞɸrɣrɸ rɞ Ꞔʌɸrd; ɪɥ ɷrɥ rɞ ɸɷɪɔ Ꞔəɞrɞ ɞʌd rɥɿɷ ɸɪɔ:

"Ɓrɸoḷd, ɸ ɹɔ ɸə ɸɷ ɷrɞ ɿɸrɿʌɸd ɾɸrɔ ɣ ɾȯɥdɛbrɥ rɞ ɣ ɷrɸḷd ɿɷ ɸrdəɔ ɔɸ ɿəɿrḷ. Ɓrɸoḷd, ɸ ɹɔ Ꞔəɞrɞ Ꞷɸɸɞɿ. ɸ ɹɔ ɣ Ƥəɣrɸ ɹɥd ɣ Ɓrɥ. Ɨɥ ɔə bɹḷ ɞḷ ɔɹɥɷɸɥd ɸɹɞ ḷɸɿ ɹɥd ɣɹɿ əɿrɸɥrḷə, əɞrɥ ɣɛ ɸɷ bɹḷ ɞrḷəɞ ɞɥ ɔɸ ɥɛɔ; ɹɥd ɣɛ bɹḷ ɞrɷrɔ ɔɸ ɞrɥɞ ɹɥd ɔɸ dɞɿrɸɞ."—ƏLrɸ 3:14.

"ɹɥd ɸə ɔɪɥɞɿrɸd rɥɿɷ ɸɪɔ, əɞrɥ ɹɞ ɸə ɔɪɥɞɿrɸd rɥɿɷ ɣ Ꮒəɾɸɿɞ."—ƏLrɸ 3:18.

Ɣ ɿɸɪɥɞɪɿrḷɞ rɞ ɣɪɞ Ꞷɞɞɿrḷ ɷrɸ ɞʌɸə ɾɋḷə rɥdrɸɞɿɋd ɞɸ ɣ Ꮒəɾɸɿɞ ɞrɾɷɸ ɣ ɹdɞʌɥɿ rɞ ɣ Ɔrɞɸr. Ꞷə ɷɷɷɿ ɾɸrɔ ɘ ɞrɸɔrɥ rɞ ɣ ɤrɪώrɸ Ɫḷɔr. Ɏə ɞʌɞ:

"Ꮒȯ ɪɾ ɪɿ ɸɹd ɥɞɿ ɞɪɥ ɾɷɸ ɣ ɿḷɹɥ rɞ ɸrdʌɔɿbrɥ, ɸɷɪc ɷrɞ ḷɛd ɾɸrɔ ɣ ɾȯɥdɛbrɥ rɞ ɣ ɷrɸḷd, ɣʌɸ ɷɋd ɸɹɞ ɞɪɥ ɥo ɸʌɞrɸʌɷbrɥ rɞ ɣ dʌd; ɞrɿ ɣʌɸ ɷrɞ ɘ ɿḷɹɥ rɞ ɸrdʌɔɿbrɥ ḷɛd, ɸɷɪc bɹḷ ɞɸɪɪ ɿɷ ɿɹɞ ɣ ɸʌɞrɸʌɷbrɥ rɞ ɣ dʌd, rɞ ɸɷɪc ɸɹɞ ɞɪɥ ɞɿoɷrɥ. ɹɥd ɥȯ ɞrɸoḷd, ɪɾ ɪɿ ɷrɸ ɿɞɞɪɞrḷ ɣɹɿ ȯɸ ɾrɸɞɿ ɿʌɸrɥɿɞ ɷɋd ɸɹɞ ɷʌɥɿ ɾɷɸʟ ɹɥd ɿɞɸɿɛɷrɥ rɞ ɣ ɿɸə rɞ ḷɸɾ, ɣɛ ɷɋd ɸɹɞ ɞɪɥ ɾɷɸ ʌɞrɸ ɔɪɞrɸrɞrḷ, ɸɹɞɪɪ ɥo ɿɸrɿʌɸrɿɷɸə ɞɿɛɿ; ɹɥd ɣrɞ ɣ ɿḷɹɥ rɞ ɸrdʌɔɿbrɥ ɷɋd ɸɹɞ ɞɪɥ ɾɸrɞɿɸɛɿrd, ɹɥd ɣ ɷrɸd rɞ Ꞷɞd ɷɋd ɸɹɞ ɞɪɥ ɞoɪd, ḷɛɷɪɪ ɥrɥ ɪɾʌɷ. Ɓrɿ ɞrɸoḷd, ɪɿ ɷrɞ ɥɞɿ ɞo; ɞrɿ ɪɿ ɷrɞ rɿoɪɥɿrd rɥɿɷ ɔɹɥ ɣɹɿ ɣɛ ɔrɞɿ dɸ; ɹɥd ɹɾɿrɸ dʌʟ ɣɛ ɔrɞɿ ɷrɔ ɿɷ ɕrɕɔrɥɿ; əɞrɥ ɣɹɿ ɞɛɔ ɕrɕɔrɥɿ rɞ ɸɷɪc ɷə ɸɹɞ ɞɿoɷrɥ, ɸɷɪc ɪɞ ɣ ʌɥd. ɹɥd ɹɾɿrɸ Ꞷɞd ɸɹd rɿoɪɥɿrd ɣɹɿ ɣɞɞ ʟɪɪɞ bɋd ɷrɔ rɥɿɷ ɔɹɥ, ɞrɸoḷd, ɣʌɥ ɸə ɞɞ ɣɹɿ ɪɿ ɷrɞ ɪɷɞɿədrɥɿ ɣɹɿ ɔɹɥ bɋd ɥo ɷrɥɞrɸɪɪ ɣ ʟɪɪɞ ɸɷʌɸrɞ ɸə ɸɹd rɿoɪɥɿrd rɥɿɷ ɣʌɔ; ɣʌɸɾɷɸ ɸə ɞʌɥɿ ɛɕrḷɞ ɿɷ ɷrɥɞrɸɞ ɷɪɣ ɣʌɔ, ɸɷ ɷɞɞd ɔʌɥ ɿɷ ɞrɸoḷd rɞ ɸɪɞ ώḷɷɸə."—Ɫḷɔr 12:25–29.

Ɨɿ ɷɪḷ ɞ ɞəɥ ɾɸrɔ ɣɪɞ, ɪɥ ɣ ɾrɸɞɿ ɿḷɛɞ, ɣɹɿ, ɹɞ ɷə ɸɹɞ

вɾрɵф вɛɿɾd, Ɵɵd'ɞ ɿɭɹ ɥ фɾɭɛbɾɥ ɿɷ ɔɹɥ ωɾɞ ɣɹɿ фə bɥd pɵɭ, ɹɥd фɹвɪи pɵɭɾɥ ɹɥd ɾвɿɛɥd ɵ ɥɵɭɾɕ ɾв ώɥd ɹɥd əвɥ, (фωɪc ɥɵɭɾɕ фə ωɥd ɥɵɿ фɹв ɾвɿɛɥd ωɥɭό ɿɭɛвɪи фɪɔвɹɭɾ ɥ ɣɹɿ ɿɾвɪbɾɥ,) ɣɹɥ ɥɿ вɾωɛɔ ɥɹвɾвɹфə ɣɹɿ фə bɥd ɥo ωɾɥвɾфɥɪи ɣ ɾɿoɥɔɾɥɿ ɹɥd фɾdɹɔɿbɾɥ фωɪc bɥd в вфɵɿ ɾвό ɩфɷ ɣ ɔədəɛbɾɥ ɾв Ϛəвɾв Ωффвɿ; ɹɥd фɹɥв ɣ ɛɥϚɾɭ ωɾɔⱴɵɥɥωɛɿɾd, ɹɞ вɾрɵф фɾɭɛɿɾd, ɣɪв ɥɵɭɾɕ ɿɷ Ɉdɾɔ, ɹɥd Ɉɭɔɾ'ɞ ɿɹвɿɥɔoɥə ɵɥ ɣɪв ωɵɥɿɥɾɥɿ ɪɞ pόɥd ɿɷ ɾώфə ɿфɾвфвɭə ωɪɣ ɣ ɿɹвɿɥɔoɥə ώɪвɾɥ ɥ ɣ Ɉɾфɭ ɾв Ɵфɛɿ Ɉффв, ɿɾфɿɛɥɪи ɿɷ ɣ фɹвɾɭɛbɾɥ ɾв Ɵɵd'ɞ ωɥɭ ɩфɷ ɹɥ ɛɥϚɾɭ ɿɷ Ɉdɾɔ. Ωə ɾώɹɥ ωωoɿ рфɾɔ ɣ вɛɔ dɪвωɵфв:

"Ɉɥd ɣɛ вɾώɹɥ рфɾɔ ɣɹɿ ɿфɔ рɵфɩ ɿɷ ωɵɭ ɵɥ фɪɞ ɥɛɔ; ɣɹфрɵф Ɵɵd ωɾɥвɾфвɿ ωɪɣ ɔɹɥ, ɹɥd ɔɛd ɥoɥ ɾɥɿɷ ɣɹɔ ɣ ɿɭɹɥ ɾв фɾdɹɔɿbɾɥ, фωɪc фɹd вɪɥ ɿфɾɿɹфd рфɾɔ ɣ pόɥdɛbɾɥ ɾв ɣ ωɾфɭd; ɹɥd ɣɪв фə ɔɛd ɥoɥ ɾɥɿɷ ɣɹɔ ɾωɵфdɪи ɿɷ ɣɹф pɛɩ ɹɥd фɾɿɹɥɿɾɥв, ɹɥd ɣɹф фoɭə ωɾфωв; фωɹфрɵф фə ώɛв ωɾɔɹɥdɔɾɥɿв ɾɥɿɷ ɔɹɥ, ɣɛ фɹвɪи рɾфвɿ ɿфɹɥɞώфɹвɿ ɣ рɾфвɿ ωɾɔɹɥdɔɾɥɿв ɹɞ ɿɷ ɩɥɪɞ фωɪc ωɾф ɿɹɔɿɾфɾɭ, ɹɥd вɾωɾɔɪи ɹɞ Ɵɵdɞ, ɥoɪи ώɥd рфɾɔ əвɥ, ɿɭɛвɪи ɣɹɔвɹɭвɞ ɥ ɵ вɿɛɿ ɿɷ ɹωɿ, ɵф вəɪи ɿɭɛвɿ ɥ ɵ вɿɛɿ ɿɷ ɹωɿ ɾωɵфdɪи ɿɷ ɣɹф ωɥɭɞ ɹɥd ɿɭɹsɾфɞ, фωɹɣɾф ɿɷ dɷ əвɥ ɵф ɿɷ dɷ ώɥd; ɣɹфрɵф Ɵɵd ώɛв ɾɥɿɷ ɣɹɔ ωɾɔɹɥdɔɾɥɿв, ɹрɭɾф фɹвɪи ɔɛd ɥoɥ ɾɥɿɷ ɣɹɔ ɣ ɿɭɹɥ ɾв фɾdɹɔɿbɾɥ, ɣɹɿ ɣɛ bɥd ɥɵɿ dɷ əвɥ, ɣ ɿɹɥɾɭə ɣɹфɾв вəɪи ɵ вɹωɾɥd dɹɩ, фωɪc ωɾɞ ɹɥ ɹвɾфɭɹвɿɥɪ dɹɩ ɹɞ ɿɷ ɩɥɪɞ ɿɾфɿɛɥɪи ɾɥɿɷ ффcɾвɥɾв; рɵф ɵɥ вɾc ɣ ɿɭɹɥ ɾв фɾdɹɔɿbɾɥ ωɥd фɹв ɥo ɿόɾф, рɵф ɣ ωɾфωв ɾв Ϛɾвɿɥв ωɥd ɥɵɿ в dɾвɿфoɪd, ɾωɵфdɪи ɿɷ ɣ вɾɿфəɔ ώɥdɪɾв ɾв Ɵɵd. Вɾɿ Ɵɵd dɪd ωɵɭ ɵɥ ɔɹɥ, ɥ ɣ ɥɛɔ ɾв фɪɞ Вɾɥ, (ɣɪв вəɪи ɣ ɿɭɹɥ ɾв фɾdɹɔɿbɾɥ фωɪc ωɾɞ ɭɛd,) вɛɪи, Ɉр ⱴə ωɥɭ фɾɿɹɥɿ, ɹɥd фɵфdɾɥ ɥɵɿ ⱴɵф фɵфɿв, ɣɹɥ ωɥɭ Ф фɹв ɔɾфвə ɾɿoɥ ⱴɷ, ɩфɷ ɔфɥ oɥɭə вɾώɵɿɾɥ Вɾɥ; ɣɹфрɵф, фɷвoɹвɾф фɾɿɹɥɿɾɩ, ɹɥd фɵфdɾɥɾɩ ɥɵɿ фɪɞ фɵфɿ, фə bɥɭ фɹв ωɭɛɔ ɵɥ ɔɾфвə ɩфɷ ɔфɥ oɥɭə вɾώɵɿɾɥ Вɾɥ, ɾɥɿɷ ɵ фɾɔɪbɾɥ ɾв фɪɞ вɪɥɞ; ɹɥd ɣəɞ bɥɭ ɹɥɿɾф ɥɥɿɷ ɔф фɹвɿ. Ɉɥd фɷвoɹвɾф ωɥɭ фɵфdɾɥ фɪɞ фɵфɿ, ɹɥd ωɥɭ dɷ ɥɥωωɥɿə, вɾфoɭd, Ф вωɹф ɥ ɔф фɹɩ ɣɹɿ фə bɥɭ ɥɵɿ ɹɥɿɾф ɥɥɿɷ ɔф фɹвɿ."—Ɉɭɔɾ 12:30–35.

Фωɹɥ Ϛəвɾв Фɪɔвɹɭɾ ɾɥɿфd ɿɷ ɣ Ɥəрфɿв, Фə ɿфəɔɿ ɣ вɛɔ фdɹɥɿɥωɾɭ ɿфɥвɪɿɪɾɭɞ ɣɹɿ Фə фɹd ɿфəвəɾвɭə ɿɵɿ ɿɷ ɣ Ϛɵɞ, ɹdɪи ɾωɛsɾɥɾɭə рɾфɣɾф ɿфɵɩв, вɾωɾɞ ɾв ɣ ώфɛɿɾф pɛɩ ɾв ɣ рɾфвɿ ɥɛɔd ɿɹɿɪɾɭ; "Ɉɥd фə dɪd ɥωвɿόɥd ɵɭ ɩɥɪɞ, əвɾɥ рфɾɔ ɣ вɾώɥɥɪи əɐʀɴ ʀɴʅʅ ɣ ʅɸɔ ɸə bq̃d ɷʀɔ ɪɪ ɸɪɞ ώʅɵɸə.” Ƥɔʀɪɐʅ ʀɣʀɸ ʟɪɪɞ Ψə ɐɹd: “Ψɵɐɔɹɐʀɸ ɷɪʅ ɸəɸɷʀɴ ʀɴʅɵ ɔɸ ɷʀɸdɞ ɹɴd ɸʀʅɹɴʅʀʟ, ɹɴd ɪɞ ɐɹʅʅɸɞd, ɣ ɐɛɔ bɹʅ ɐ ɐɛɐd. Ɐʀɸɔ ɣ ʅɸɵʀʅʅɐ, ʀɵɸ ɔɹɴə ɣɹɸ ɐ ɣɹʅ ʅɹɐʅɪʀɸ ʀɐ ɣəɞ ʟɪɪɞ.”—3 Ɐəʀɸ 23:5.

ɹɴd ɪʅ ɪɞ ɣɪɐ ɐɛɔ Ɵɵɐʅʀʅ, ʀʅɹɴdʀd ɐɸ ɣ ɐɛɔ ʅəʀɸ ɹɴd ɐʅɪɸɪ, ɐʅɹɐʅ ɐɸ ɣ ɐɛɔ ɪɐʅɪɸɛbʀɴ, ɹɴd ʅɹd ɐɸ ɣ ɐɛɔ Ɪɸəɐʅɸq̃d, ɣɹʅ ɪɞ ɴə ɐəɪɪ ʅɸəɔʅ ʅɵ ɵʅ ɣ ɷʀɸʅd ʀɵɸ ə ɷɪʅʀɐ. ʟɸɵ ɪʅɐ ʅɸɪɴɐɪʀʅɞ, ɹɴd ɐɸ ɪʅɐ ʅəʀɸ ɣ Ɯɪɪdʀɔ ʀɐ Ɵəd ɷɪʅ ɐ ɪɐʅɹɐʅɪbʅ, ɸɸɔʀɐɴʀɐ ɐʅɸɹd, əɐʅ ɵɐʀɸɷʀɔ, ɹɴd Ɐɛʅʀɴ ɐ ɐɹɪɷɷɪbʅ; ɐɸ ɪʅ ɞɸʀɴ ɹɴd ɣ Ɐɵ Ɋʀɸɵɐʅʅɹɔ ɷɪʅ ɐ ɐɪʅ ʀʅ, ɗɴʀɷ ɹɴd ɸɪɞ ɐɪʅə ɐ ɸʀɐəɐd, ɣ ɷʀɸɷ ʀɐ ɣ Ɔɪʅɹɴəʀɔ ɐ dʀɴ, ɣ ɸɹɴʀɐɛbʀɴ ʀɐ ɣ ʀɸʟ ʀɷəɔʅʅɪbʅ, ɹɴd ɵʅ Ɵəd'ɞ ώʅɵɸəʀɐ ɷɪʅ ɐ ƥq̃ʅƥɪd, ʀɴʅʅ ɣ ɐɪɛʀɴ ɐʀɷʀɔɞ ə ɸəɹʅɪʅə ɸɷɪɔ Ɑɹɴɣʀʅ ɐɵ ɹɴd ɸɵʅ:

“Ɐʀɸɵʅd, ɷʀɴ ʅɸɷ ɣ Ɐʀɴ ʀɐ ɔɹɴ ɷɛɔ ɷɪɣ ɣ ɷʅəbɞ ʀɐ ɸɹɐʀɴ, ɹɴd ɷɛɔ ʅɵ ɣ Ɛɴɔʀɴʅ ʀɐ dɛɞ, ɹɴd ɣɛ ɐɸɵʅ ɸɪɔ ɴɪɸ ɐʀʀɵɸ ɸɪɔ. ɹɴd ɣɹɸ ɷʀɞ ώɪɐʀɴ ɸɪɔ dʀɔɪɴɣʀɴ, ɹɴd ώʅɵɸə, ɹɴd ə ɷɪɪdʀɔ, ɣɹʅ ɵʅ ʅəʅʀʅ, ɴɛbʀɴɞ, ɹɴd ʅɹɪώɷʀɋʀɞ bq̃d ɐʀɸɐ ɸɪɔ; ɸɪɞ dʀɔɪɴɣʀɴ ɪɞ ɹɴ ɹɐʀɸʅɹɐʅɪ dʀɔɪɴɣʀɴ, ɸɷɪɔ bɹʅ ɴɐʅ ʅɹɐ ʀɷɛ, ɹɴd ɸɪɞ ɷɪɪdʀɔ, ɣɹʅ ɸɷɪɔ bɹʅ ɴɐʅ ɐ dʀɐʅɸɵɪd.…ɹɴd ɣ ɷɪɪdʀɔ ɹɴd dʀɔɪɴɣʀɴ, ɹɴd ɣ ώɸɛʅɴʀɐ ʀɐ ɣ ɷɪɪdʀɔ ʀɴdʀɸ ɣ ɸɵʅ ɸɹɐʀɴ, bɹʅ ɐ ώɪɐʀɴ ʅɵ ɣ ʅəʅʀʅ ʀɐ ɣ ɐɛɴʅɐ ʀɐ ɣ Ɔɵɐʅ Ψɸ, ɸɵɞ ɷɪɪdʀɔ ɪɞ ɹɴ ɹɐʀɸʅɹɐʅɪ ɷɪɪdʀɔ, ɹɴd ɵʅ dʀɔɪɴɣʀɴɞ bɹʅ ɐʀɸɐ ɹɴd ɵɐɛ ɸɪɔ.”—Ɑɹɴɣʀʅ 7:13, 14, 27.

# Ƥɿɻɥdɪɷɞ

*Ɣ Ȼdɘɼɞ ɤɞ ə Ꞔɻɥɸɼɭ Ƥɿɔɥɔɼɥɿ ɻɥd Ȼɼdɻɔɿbɼɥ, ɻɥɿɸɿɛɥd ɞȹ Ɛɥcɼɥɿ Ƿəɣɼɥ ɦɛbɼɥɞ, Ɑɼȹȹɞd Ƥȹɕɥɼɿə ƿȹɼɔ ɣ Ɩəcɪɥɞ ɤɞ Ƥȹɿəɼȹ Ȣɼȹɞɼɥɿɞ ɤɞ Ꮻɞd.*

Ɣ ƿɞɩɔɪɴ ɞȹ ɞɼɔ ɦɻcɼȹɼɭ dɼdɼɷbɼɥɞ dȹɵɥ ƿȹɼɔ ɣ ɩȹɞɞ ɻɥɿɼȹɿɛɥd ɞȹ ɔɻɥ ɻɥd ȹɼɷɵȹdɼd ɪɥ ɸɪɞɿɼȹə, ɸɷɪc ɿɻɥd ɿɷ ɪɞɿɻɞɭɪb ȹɻɣɼȹ ɣɻɥ ɿɷ ɵɞɼȹɿɿɼȹɥ ɣ ɿȹɪɥɞɪɿɪɼɭɞ ɸɷɪc ɞȹ ɞɵ ɷɭȹɭə dɻɔɼɥɞɿȹɛɿɼd ɪɥ ɣ ƿȹȹɷɵɪɴ ɿɛcɼɞ, ɪɷɞɪɞɪɿɪɴ ɻɥd bɵɪɴ ɣɻɿ ɣ ɼɿɵɥɔɼɥɿ ɷɼɞ ə ɷȹɛɿ ɿɿɻɥ ɤɞ ɣ Ɵɪɔȹɿə ƿɵȹ ɣ ɞɻɭɞɛbɼɥ, ȹɼdɻɔɿbɼɥ ɻɥd ɻɷɞɵɭɛbɼɥ ɤɞ ɣ ɸɤɵɔɼɥ ƿɻɔɿə; ɻɥd ɣɻɿ ɣ ɿȹɼɿɻɥdɼȹɞ ɪɥ ɣ ɞɻȹəɼɞ ɛcɼɞ ɸɻd dȹɵɥ ȹɷɼɿɻɞɼȹ ɤɞ ɿȹɵɭ ɣɛ ɿɼɞɻɞɿ, ƿȹɼɔ ə ɥɞɭɼc ɤɞ ɣɵɞ ɿȹɪɥɞɪɿɪɼɭɞ ɿɵɿ ɞȹ ɣ Ɩȹəɞɿȹɸd ƿȹɼɔ ɣ ɼȹɭəɼɞɿ ɿɪȹəɼdɞ ɤɞ ȹɼɷɵȹdɼd ɿȹɔ; ɪɥɞɿɻd ɤɞ Ꮻȹɪɞcəɻɥɪɿə ɞɵɪɴ ɪɥdɻɿɼd, ɻɞ ɞɼɔ ɭɛɿ ȹȹɿɼȹɞ ɷɸd ɼɭɻc, ɿɷ ɣ ɿɼȹɞɪd ɞɪɞɿɼɔɞ ɤɞ ɸəɣɼɥ ɔɪɭəɭɼcə ɻɥd ɿɷ ɿɛɷɼɥ ɞɻȹɼɔɵɥəɼɭɞ.

Ꮻə ɞɼɿəɞ ɪɥ ɣ ƿȹȹɷɵɪɴ ɿɛcɼɞ ɪɿ ɸɻɞ ɞɪɥ ɷɭȹɭə dɻɔɼɥɞɿȹɛɿɼd ɿɷ ɵɭ ɭɻɿɼȹ-dɛ Ȣɛɥɿɞ, ɣɻɿ ɣ ɿȹəƿɼɞə ɻɥd ɿȹəɔɪɞ ɤɞ ɣ ɷɼɔɪɴ ɤɞ ɣ Ȣɼɥ ɤɞ Ꮻɞd ɷɼɞ ƿɸɭə ɼɥdɼȹɞɿȹd ɪɥ ɻɞȹə dɪɞɿɼɥɞɛbɼɥ ɤɞ Ꮻɞd'ɞ ɿȹəɪdɼɥɞ ƿȹɼɔ ɣ ɼȹɭəɼɞɿ ɿɪȹəɼd ɤɞ ɣ ɷɼȹɭd'ɞ ɸɪɞɿɼȹə, dɵɥ ɩȹɷ ɣ ɞɼɷɞəd ɪɴ ɛcɼɞ, ɻɞȹəȹɷɻȹ ɻɥd ɻɿ ɵɭ ɿȹɔɞ ȹɷɻɥ ɣ Cɼȹc ɤɞ Ꮻɞd ɪɷɞɪɞɿɼd ɵɥ ɣ ɼȹɭ. Ƥɼȹɣɼȹɔəȹ, ɣɻɿ ɣ dɵɷɿȹɪɥ ɤɞ ɣ ɼɿɵɥɔɼɥɿ, ɻɞ ɼɥdɼȹɞɿȹd ɞȹ ɼɞ, ɷɼɞ ɼɥdɼȹɞɿȹd ɪɥ ɭȹɷ ɔɻɥɼȹ ɞȹ ɣ ɛɥcɼɥɿ ɞɼȹɞɼɥɿɞ ɤɞ ɣ ɭɵȹd, ɻɥd ɣɻɿ ɪɿ ɷɼɞ ɣ ɞɻɥɿȹɼɭ ɿȹɪɥɞɪɿɪɼɭ ɤɞ ɣɻȹ ƿɛɭ, ɣ ƿɵɥdɛbɼɥ ɤɞ ɣɻȹ ȹɵɿ ƿɵȹ əɿɼȹɥɪɭ ƿɼɭɪɞɪɿə ɻɥd ɞɻɭɞɛbɼɥ, ɻɥd ɣɻȹ ɵɥɿə ɿȹɼɞɿ ƿɵȹ ɣ ȹɻɼȹɻɷbɼɥ ɤɞ ɣɻȹ ɞɵdəɞ ɻɥd ɭȹƿ ɻɞȹɼȹɭɻɞɪɴ ɪɥ ɣ ɿȹɻɞɼɥɞ ɤɞ ɣ Ƥəɣɼȹ. Ƥɷɻɥ ɣɻɿ ɣ ɛɥcɼɥɿ Ɩɛɿȹəɷȹɷɞ, Ȣɪȹɞ, Ɩȹəƿɼɿəɞ, Ƿȹ Ɩȹəɞɿəɞ ɻɥd ɼɣɼȹɞ, ɷɼȹ ɵɭɔɵɞɿ ɻɞ ɪɥɿɔɼɿə ɼɷɷɛɥɿɼd ɷɪɣ ɣ ɼȹɭɪə ɭȹƿ ɻɥd ɔɪɥɪɞɿȹə ɤɞ ɣ Ȣɛɞɥɼȹ, ɞȹ ɻɥd ɩȹɷ ɣ ɷɪƿɿ ɤɞ ɿȹəƿɼɞə ɻɥd ɣ ɞɪɿȹɪ ɤɞ ȹɻɞɼɭɛbɼɥ, ɻɞ ɷə ɞȹ ɞȹ ɣ ɿɼȹɞɼɞɼɭ ɤɞ Ƿɪɞ ɸɪɞɿɼȹə, ɷɪɞɼɥ ɿɷ ɤɞ ɪɥ ɣ ɞɛɷȹɼd Ȣɷȹɪɿcɼȹɞ. Ɣəɞ ɷɼȹɣəɞ ɤɞ ɵɭdɼɥ ɿȹɔ ɥɷ ȹɷɻȹ Ƿə ɷɸd ə ɞɵȹɥ ɻɥd ɣ ɥɛɔɞ ɣɻɿ ɷɸd ə ɷɪɞɼɥ ɿɷ Ƿɪɔ; ɣɻɿ Ƿɪɞ ɔɼɣɼȹ ɷɸd ə ɷɵɭd Ɔɻȹə, ɻɥd ə ə ɞɼȹɔɥ ɤɞ ɣ ɿȹȹə ɤɞ Ꞔɷdɼ ɻɥd ȹəə ɤɞ Ɑɛɞɪd. Ƿɻȹɼd'ɞ ɔɻɞɼɷɼȹ ɤɞ ɣ Ɨɼɞɼɥɿɞ, ɻɥd ɣ ƿɭȹɿ ɤɞ ɣ ȹɵɭə ƿɻɔɿə ɪɥɿɷ ðɔɿɿ, ɷɼȹ ɥɞɿ ȹɪdɼɥ ƿȹɼɔ ɣɻɔ. Ɣɛ ɞɿɛɷ ɤɞ Ꮻȹȹɞɿ'ɞ ɞɻɿɿɪɛɔ ɞȹ Ꞔəɥ ɪɥ Ꞔɵȹdɼɥ, ɻɥd ɤɞ ɣ Ɑɪɞȹɥ ɼɿȹɵɞɼɭ ɣɻɿ ɷɸd ƿɞɭɔ; ɣɛ ɿȹəƿɼɞȹd ɤɞ Ƿɪɞ ɔɪɥɪɞɿȹə, ϕɼϛoɪ8ʅ ɪɴ Ꮗɪ6 ωɼɴdɼϕpɼʅ ωɼϕω8 ɼ8 ʅ8ɼϕ ɹɴd dəd6 ɼ8 cʌϕɪʅə ɹɴd ʅɼ8; ɣɛ ɼɴdɼϕ8ʅqd ɣɹʅ Ꮗə bqd 8 8ɼʅϕed pɸϕ ʟɼϕʅə ʅ88ɼ6 ɼ8 8ɪʅ8ɼϕ; ɣɛ ɔɸϕɴd ɹʅ ɣ 6ɪsɼɴ ɼ8 Ꮗɪ6 8ɼpɼϕɪɴ6 ɹɴd dʌʟ, ɹɴd ϕɼϛoɪ8ʅ ɹʅ ϕɪ6 ʅϕϕɼɔp ɹɴd ϕʌ6ɼϕʌωbɼɴ. ∂8ɼɴ ɣ ɔϕɪɴϕ dəʅɛʅ6 ɼ8 ɣ 8oʅϛɼϕ6 ʅɸϕʅɪɴ Ꮗɪ6 ϕɛɔɼɴʅ ɼɔɼɴ ɣʌɔ, Ꮗɪ6 dʌʟ 8ɼʅω8ɴ ʅɸ ɔɹʅɼpɹωʅɼϕ6, ɹɴd Ꮗɪ6 8ʌϕəɼʅ ɪɴ ɣ ϕɪc ɔɹɴ'6 ʅɸɔ ωɼϕ ϕɼ8əʅd; ɹɴd 8ʅʅ pɼϕɣɼϕ, Ꮗɪ6 dɼ8ʌɴʅ ɪɴʅɸ Ꮗɛdə6, Ꮗɪ6 ʅϕɸcɪɴ ʅɸ ɣ 8ʅɪϕʅʅ8 ɪɴ ʅϕɪ6ɼɴ, Ꮗɪ6 6ɪ6ʅʅ8 ʅɸ ɣ Ꮒəpϕʅ8 ɹɴd Ꮗɪ6 ɼʅʅɔɼʅ ɼ8ʌɴbɼɴ ʅɸ ɣ Pəɣɼϕ, ωɼϕ 0ʅ ωəɔʅϕɼϕʌɴdɼd. Ɣɛ ɴɸ ɣɹʅ Ꮗə ωqd ʅϕϕɼɔp oʅ8ɼϕ dʌʟ, ϕʌʅ ɹɴd ɣ ώϕɛ8, 8 ωϕόɴd ωɪɣ ώʅɸϕə ɹʅ ɣ ϕϕʅ ϕɹɴd ɼ8 ɣ Ɔɹϛɼ8ʅə 0ɴ ϕϕ, ɹɴd ɣɹʅ 0ʅ ʅ8ɼϕ ωqd 8 ώɪ8ɼɴ ʅɸ Ꮗɪɔ ɪɴ ϕʌ8ɼɴ ɹɴd 0ɴ ɼϕʟ. Ɣə6 ɹɴd ɔʌɴə ɔɸϕ dəʅɛʅ6 ωɼϕ ɼɴdɼϕ8ʅqd, ʅϕəɼ8ϕd ɼ8, ʅɸω ɼ8όʅ ɹɴd ϕɼϛoɪ8ʅ ɪɴ 8ϕ ɣ Ɪϕə8ʅϕqd ɹɴd 8ɛɴʅ8 pϕɼɔ ɣ dɛ6 ɼ8 Ɉdɼɔ ʅɸ ɣ όϕ ɣɹʅ ɣɛ 8ɼώɹɴ ʅɸ 8 pqʅpʅd 8ϕ Ꮗɪ6 ɹd8ʌɴʅ ɹɴd ɪɴωϕɴebɼɴ.

Ꮒʅ ɪ6 ɴədʅɼ8 pɸϕ ɼ8 ʅɸ ώɸ 8ɹωɼϕd ʅɸ ɣ dɛ6 8ɼpɸϕ ɣ pʅɼd ʅɸ ʅɼϕɴ ʅɸ ϕωɼʅ ɪω8ʅʌɴʅ ɣə6 ʅϕɸʟ8 ωɼϕ ɼɴdɼϕ8ʅqd 8ϕ ɣ ɹɴʅədɪʅɸ8əɼɴ ϕɛ8ɼ6; pɸϕ 0ʅ ɣ ɼωόɴʅ8 ɣɹʅ ωə ϕɹ8 ɼ8 ɣo6 ʅəʅɼʅ6 ωɼɔ dόɴ ʅɸ ɼ8 ʟϕɸ ɣ cɹɴɼʅ ɼ8 ɣ Ꮗoʅə Ɪϕə8ʅϕqd, ɹɴd 0ʅ ɣ ϕʌωɼϕd6, 8qω8, ʅϕɼdɪbɼɴ6, etc., ɼ8 ɣo6 ɼϕʅə ɪɴϕɹ8ɪʅɼɴʅ8 ɼ8 όϕ ώʅo8 ωɼϕ 8ϕoʅ ʅɸ ɣ cɪʅdϕɼɴ ɼ8 ɣ ϕʌɴɼ8ɛʅɼd ɼϕʟ ʟϕɸ ωɼɴ pɹɔɪʅə, ɣɹʅ ɼ8 Ꮒoɼ; ɹɴd ɣɹʅ Ɪɛʅϕəəϕω, 8ϕ ϕϕʅ ɼ8 ϟɸɴɪ8ɼϕ8ɼʅ pəɣɼϕϕqd ʅɸ ɣ ɴɸ ϛʌɴɼϕɛbɼɴ6, ϕɸʅd ɣʌɔ ɹ6 Ꮗϕ Ɪϕə8ʅ, Ɪɛʅϕəəϕω ɹɴd Ωɪɴ, ɹ6 ωɼɴ ʅɸ ϕɸɔ ɣ ʅɪ8ɪɴ Ꮻəd ϕɼ8əʅd Ꮗɪ6 ɔϕɪɴd ɹɴd ωɪʅ, ʟϕɸ ϕɸɔ ɣ ω86, ϕϕʅ8 ɹɴd ʅ8ɼϕ6 ɼ8 ɣ ʌ8ɼϕʅɹ8ʅɪɴ Ɪϕə8ʅϕqd ωɼϕ ωɼɴʅɪɴϟɸd ɼʅ8ɴ ɣ ɼϕʟ, ɹɴd ωɪɣ ϕɸɔ 8ʅʌbɼʅ ωɼ8ɼɴɼɴʅ8 ωɼϕ ɔɛd 8ϕ ɣ Ѳʅɔϕʅə ɹɴd ɣ 8o 8ʌʅ ɪɴ ɣ ωʅόd6 ɹ6 ɹɴ ʌ8ɼϕʅɹ8ʅɪɴ ʅɸωɼɴ ɼ8 ɣʌϕ ʅɼϕʅɼʅɸɪʅə ɹɴd ɼɴϛɛɴϛɼ8ɼʅɼɴɼ8.

Ꮒʅ ωɪʅ 8 ʅɼϕ88əd ɣɹʅ ɪɴ ɣ pɼϕ8ʅ dɛ6 ɹpʅɼϕ ɣ pʅɼd ɣʌϕ ωɼ6 8ɼʅ ωɼɴ ϕɼʅϛɼɴ, ɹɴd ɣɹʅ ωɼ6 ɣ ωɼϕbɪɴ ɼ8 ɣ ʅϕɸ Ꮻəd ɼɴdɼϕ ɣ ɔɪɴɪ8ʅϕɛbɼɴ ɹɴd ώϕdɼɴ8 ɼ8 Ꮗɪ6 dɸʅə 0ʟɼϕϕd 8ɼϕ8ɼɴʅ8. Pɼϕɣɼϕ, ɣɹʅ ɣ 8ɼʅəp ɼ8 ɣ pɼϕ8ʅ ɪɴϕɹ8ɪʅɼɴʅ8 ɼ8 ɣ ʅo8ʅdɪʅɸ8əɼɴ ɛϛ ωɼ6 ɴ8ʅ 0ɴʅə ɣ ʅϕɸ ωɼɴ, 8ɼʅ ɪʅ ωɼ6 ɼωɼɔʅɼɴəd 8ϕ ɣ ʅ8ɼϕ ɹɴd ɼʟɸϕɪʅə ɼ8 ɣ Ꮗoʅə Ɪϕə8ʅϕqd, ϕωɪc ϕɼ8əəd ϕʌ8ɼʅɛbɼɴ6 dɼϕʌω pϕɼɔ ɣ Ѳʅɔϕʅə. Ɣɼ8 ɣ ϟɼɪɴ ωɼϕʅd, ʅϕɸ ɣ oʅd, ωɼ6 oʅɼɴd ωɪɣ 8 dɪ8ʅɼɴ8ɛbɼɴ ɼ8 Ꮻəd'6 ɔɼϕ8ə, ɹɴd ɣ ʅ88ʅʌϕɪʅə ɼ8 Ꮒoɼ ωɼϕ ɴ8ʅ ʅʌpʅ ʅɸ ώϕɸɔ ɪɴ ɣ dəϕω pɸϕ ʅϕʅ ɹɴd ʅϕɸʟ, ʌɴəɔɸϕ ɣɹɴ ϕɹd 8ɪɴ ɣ ɪɔədəʅ dɼ8ʌɴdɼɴʅ8 ɼ8 όϕ ώϕɛʅ ɼϕɪϛɼɴʅ 𐑁𐐪𐑄𐐲𐑉. 𐐜 𐐮𐑁𐐯𐐿𐐻𐑅 𐐲𐑂 𐑄𐐲𐑅 𐑉𐐨𐐹𐐨𐐹𐐲𐑊𐐮𐑍 𐑄 𐐲𐑉𐑃 𐐲𐑌𐐼𐐲𐑉 𐑄 𐐼𐐲𐑉𐐯𐐿𐐻 𐐰𐑌𐐼 𐐮𐑋𐐨𐐼𐐨𐐲𐐻 𐑀𐐴𐐼𐐲𐑌𐑅 𐐲𐑂 𐐖𐐲𐐸𐐬𐑂𐐲, 𐑃𐑉𐐭 𐐐𐐮𐑆 𐐼𐐭𐑊𐐨 𐐲𐐹𐑎𐑌𐐻𐐲𐐼 𐑅𐐲𐑉𐑂𐐲𐑌𐐻𐑅, 𐐸𐐰𐑆 𐐺𐐮𐑌 𐑁𐐯𐑊𐐻 𐑃𐑉𐐭 𐐫𐑊 𐑅𐐲𐐿𐑅𐐨𐐼𐐮𐑍 𐐾𐐯𐑌𐐲𐑉𐐩𐑇𐐲𐑌𐑆; 𐑁𐐫𐑉 𐑋𐐰𐑌, 𐐰𐑆 𐑄𐐩 𐑅𐐿𐐰𐐻𐐲𐑉𐐼 𐐬𐑂𐐲𐑉 𐑄 𐐲𐑉𐑃, 𐐻𐐳𐐿 𐐶𐐮𐑄 𐑄𐐯𐑋 𐑄 𐑅𐐨𐐼𐑆 𐐲𐑂 𐐔𐐮𐑂𐐴𐑌 𐐻𐑉𐐭𐑃, 𐐰𐑌𐐼 𐑄𐐬, 𐑁𐑉𐐨𐐿𐐶𐐲𐑌𐐻𐑊𐐨, 𐐮𐑌 𐐰𐑁𐐻𐐲𐑉 𐐩𐐾𐐲𐑆, 𐑄𐐩 𐐼𐐮𐑅𐑁𐐮𐑀𐐷𐐲𐑉𐐼 𐐮𐐻 𐐶𐐮𐑄 𐑁𐐫𐑊𐑅 𐐰𐑌𐐼 𐐺𐐩𐑅 𐑃𐐮𐑉𐐨𐑆 𐐲𐑂 𐑄𐐯𐑉 𐐬𐑌, 𐐮𐑌𐐻𐑉𐐲𐐼𐐭𐑅𐐻 𐐫𐑊 𐑋𐐰𐑌𐐲𐑉 𐐲𐑂 𐐿𐐲𐑉𐐲𐐹𐑇𐐲𐑌𐑆 𐐮𐑌𐐻𐐭 𐑄𐐯𐑉 𐑁𐐫𐑉𐑋𐑆 𐐲𐑂 𐐶𐐲𐑉𐑇𐐮𐐹, 𐐮𐑅𐐻𐐰𐐺𐑊𐐮𐑇𐐻 𐐫𐑉𐐼𐐲𐑉𐑆 𐐲𐑂 𐐲𐑌𐐮𐑌𐑅𐐹𐐴𐐲𐑉𐐼 𐐰𐑌𐐼 𐐲𐑌𐐫𐑃𐐲𐑉𐐴𐑆𐐼 𐐹𐑉𐐨𐑅𐐻𐐸𐐳𐐼, 𐐰𐑌𐐼 𐑉𐐲𐐹𐑊𐐩𐑅𐐻 𐑄 𐐶𐐲𐑉𐑇𐐮𐐹 𐐲𐑂 𐑄 𐐻𐑉𐐭 𐐘𐐱𐐼 𐐺𐐴 𐐴𐐼𐐱𐑊𐐲𐐻𐑉𐐨, 𐐷𐐯𐐻 𐑄 𐑁𐐰𐐿𐐻 𐐲𐑂 𐑄 𐐮𐑀𐑆𐐮𐑅𐐻𐐲𐑌𐑅 𐐲𐑂 𐐘𐐱𐐼 𐑄 𐐷𐐭𐑌𐐮𐑂𐐲𐑉𐑅𐐲𐑊 𐐙𐐪𐑄𐐲𐑉 𐐶𐐲𐑆 𐑌𐐱𐐻 𐐮𐑌𐐻𐐴𐑉𐑊𐐨 𐑁𐐫𐑉𐑀𐐱𐐻𐐲𐑌, 𐑌𐐫𐑉 𐐶𐐲𐑆 𐑄 𐐼𐐱𐐿𐐻𐑉𐐮𐑌 𐐲𐑂 𐑄 𐐲𐐻𐐬𐑌𐑋𐐲𐑌𐐻 𐐯𐑂𐐲𐑉 𐐲𐐻𐐲𐑉𐑊𐐨 𐐲𐐺𐑊𐐮𐐻𐑉𐐩𐐻𐐲𐐼 𐑁𐑉𐐲𐑋 𐑄 𐑋𐐴𐑌𐐼𐑆 𐐲𐑂 𐑋𐐰𐑌. 𐐝𐐬 𐑅𐐻𐑉𐐱𐑍 𐐰𐑌𐐼 𐑅𐐬 𐐷𐐭𐑌𐐮𐑂𐐲𐑉𐑅𐐲𐑊 𐐪 𐐸𐐬𐑊𐐼 𐐸𐐰𐐼 𐑄𐐮𐑅 𐐹𐑉𐐮𐑌𐑅𐐮𐐹𐐲𐑊 𐐮𐑌 𐑄 𐐺𐐯𐑉𐐨𐐼 𐑉𐐲𐑊𐐮𐐾𐐲𐑌𐑆 𐐲𐑂 𐐰𐑌𐐻𐐮𐐿𐐶𐐮𐐻𐐨, 𐑄𐐰𐐻 𐐮𐐻𐑅 𐑂𐐯𐑉𐐨 𐑅𐐻𐑉𐐯𐑍𐐿𐑃 𐐸𐐰𐑆 𐐺𐐮𐑌 𐐷𐐭𐑆𐐼 𐐰𐑆 𐐰𐑌 𐐪𐑉𐑀𐐷𐐲𐑋𐐲𐑌𐐻 𐐲𐑀𐐯𐑌𐑅𐐻 𐑄 𐐼𐐱𐐿𐐻𐑉𐐮𐑌; 𐐰𐑌𐐼 𐐮𐐻 𐐸𐐰𐑆 𐐺𐐮𐑌 𐑂𐐮𐑀𐐲𐑉𐐲𐑅𐑊𐐨 𐐲𐑅𐐲𐑉𐐻𐐲𐐼 𐑄𐐰𐐻 𐑄 𐐘𐐱𐑅𐐹𐐲𐑊 𐐻𐐫𐐻 𐐺𐐴 𐑄 𐐝𐐩𐑂𐐷𐐲𐑉 𐐶𐐲𐑆 𐐲𐑂 𐐹𐐩𐑀𐐲𐑌 𐐫𐑉𐐮𐐾𐐮𐑌, 𐐰𐑌𐐼 𐑄𐐰𐐻 𐐐𐐨 𐐶𐐲𐑆 𐑅𐐮𐑋𐐹𐑊𐐨 𐐪 𐑉𐐲𐑁𐐫𐑉𐑋𐐲𐑉 𐐸𐐭 𐐻𐐳𐐿 𐑄 𐑋𐐬𐑅𐐻 𐐯𐐿𐑅𐐲𐑊𐐲𐑌𐐻 𐐶𐐮𐑆𐐼𐐲𐑋 𐐲𐑂 𐐹𐐰𐑅𐐻 𐐩𐐾𐐲𐑆 𐐰𐑌𐐼 𐑁𐑉𐐩𐑋𐐼 𐐮𐐻 𐐮𐑌𐐻𐐭 𐐪 𐐿𐐬𐐼 𐐲𐑂 𐑋𐐫𐑉𐐲𐑊𐑆 𐐰𐑌𐐼 𐑅𐐮𐑅𐐻𐐲𐑋 𐐲𐑂 𐑉𐐲𐑊𐐮𐐾𐐲𐑅 𐑁𐐩𐑃 𐐻𐐭 𐑅𐐭𐐻 𐐐𐐮𐑆 𐐬𐑌 𐐴𐐼𐐨𐐲𐑆 𐐰𐑌𐐼 𐐲𐐿𐐱𐑋𐐹𐑊𐐮𐑇 𐐐𐐮𐑆 𐐬𐑌 𐐹𐐲𐑉𐐹𐐲𐑅𐐲𐑆, 𐐸𐐵𐐯𐑂𐐲𐑉 𐑌𐐱𐑂𐐲𐑊 𐑄𐐬𐑆 𐐹𐐲𐑉𐐹𐐲𐑅𐐲𐑆 𐑋𐐴𐐻 𐐸𐐰𐑂 𐐺𐐮𐑌.

𐐜 𐐲𐑉𐑊𐐨𐐲𐑅𐐻 𐐼𐐲𐐹𐐪𐑉𐐽𐐲𐑉𐑆 𐑁𐑉𐐲𐑋 𐑄 𐑅𐐻𐑉𐐩𐐻 𐐰𐑌𐐼 𐑌𐐰𐑉𐐬 𐐹𐐰𐑃 𐐻𐐭 𐑄 𐑊𐐴𐑂𐑆 𐑄𐐰𐐻 𐐪𐑉 𐐨𐐻𐐲𐑉𐑌𐐲𐑊, 𐐲𐐹𐐮𐑉 𐐻𐐭 𐐸𐐰𐑂 𐐺𐐮𐑌 𐑋𐐩𐐼 𐐮𐑌 𐐗𐐰𐑊𐐼𐐨𐐲 𐐰𐑌𐐼 𐐀𐐾𐐮𐐹𐐻. 𐐆𐑌 𐑄 𐑁𐐫𐑉𐑋𐐲𐑉 𐑊𐐰𐑌𐐼, 𐐤𐐮𐑋𐑉𐐱𐐼 𐐶𐐲𐑆 𐐶𐐲𐑌 𐐲𐑂 𐑄 𐑁𐐲𐑉𐑅𐐻 𐑊𐐨𐐼𐐲𐑉𐑆 𐐮𐑌 𐐲𐐹𐐱𐑅𐐻𐐲𐑅𐐨 𐐰𐑌𐐼 𐐶𐐮𐐿𐐲𐐼𐑌𐐲𐑅.[1] 𐐜𐐨𐑆 𐐨𐑂𐐮𐑊𐑆 𐑅𐐬 𐑉𐐰𐐹𐐮𐐼𐑊𐐨 𐑅𐐹𐑉𐐯𐐼, 𐑄𐐰𐐻 𐐰𐑆 𐐲𐑉𐑊𐐨 𐐰𐑆 𐑄 𐐼𐐩𐑆 𐐲𐑂 𐐣𐐯𐑊𐐿𐐮𐑆𐐲𐐼𐐯𐐿 𐐰𐑌𐐼 𐐁𐐺𐑉𐐲𐐸𐐰𐑋, 𐑄 𐐶𐐲𐑉𐑇𐐮𐐹 𐐲𐑂 𐑁𐐫𐑊𐑅 𐐼𐐨𐐮𐐻𐐨𐑆 𐐰𐑌𐐼 𐐴𐐼𐐲𐑊𐑆 𐑅𐐨𐑋𐑆 𐐻𐐭 𐐸𐐰𐑂 𐐺𐐲𐐿𐐲𐑋 𐐫𐑊𐑋𐐬𐑅𐐻 𐐷𐐭𐑌𐐮𐑂𐐲𐑉𐑅𐐲𐑊; 𐐰𐑌𐐼 𐐨𐑂𐐲𐑌 𐑄𐐬𐑆 𐐸𐐭 𐐼𐐮𐐼 𐑌𐐱𐐻 𐐶𐐲𐑉𐑇𐐮𐐹 𐑀𐑉𐐩𐑂𐐲𐑌 𐐮𐑋𐐲𐐾𐐲𐑆, 𐑄 𐑅𐐻𐐪𐑉𐐨 𐐸𐐬𐑅𐐻𐑅 𐐲𐑂 𐐸𐐯𐑂𐐲𐑌, 𐐫𐑉 𐑄 𐑁𐐫𐑉𐑅𐐲𐑆 𐐲𐑂 𐑌𐐩𐐽𐐲𐑉, 𐐸𐐰𐐼 𐑅𐐬 𐑁𐐪𐑉 𐐹𐐲𐑉𐑂𐐲𐑉𐐻𐐲𐐼 𐑄 𐐹𐑉𐐮𐑌𐑅𐐮𐐹𐐲𐑊𐑆 𐐲𐑂 𐑄 𐐘𐐱𐑅𐐹𐐲𐑊, 𐑄𐐰𐐻 𐑄𐐩 𐐻𐐫𐐻 𐑌𐐭𐑋𐐲𐑉𐐲𐑅 𐑅𐐬𐑊 𐐼𐐲𐑅𐐻𐑉𐑎𐐮𐑍 𐐯𐑉𐐲𐑉𐑆, 𐐻𐐬𐐻𐐲𐑊𐐨 𐐮𐑌𐐿𐐲𐑌𐑅𐐮𐑅𐐻𐐲𐑌𐐻 𐐶𐐮𐑄 𐑄 𐐹𐑊𐐰𐑌 𐐼𐐲𐑂𐐴𐑆𐐼 𐐺𐐴 𐐸𐐯𐑂𐐲𐑌. 𐐆𐑌 𐐀𐐾𐐮𐐹𐐻 𐑄 𐐲𐐹𐐱𐑅𐐻𐐲𐑅𐐨 𐐺𐐲𐑀𐐰𐑌, 𐐰𐑌𐐼 𐐰𐑌 𐐲𐑌𐐫𐑃𐐲𐑉𐐴𐑆𐐼 𐐹𐑉𐐨𐑅𐐻𐐸𐐳𐐼 𐐶𐐲𐑆 𐐮𐑅𐐻𐐰𐐺𐑊𐐮𐑇𐐻 𐐰𐑆 𐐲𐑉𐑊𐐨 𐐰𐑆 𐑄 𐐼𐐩𐑆 𐐲𐑂 𐑄 𐑀𐑉𐐰𐑌𐐼𐑅𐐲𐑌 𐐲𐑂 𐐐𐐰𐑋. 𐐜 𐐫𐑉𐐮𐐾𐐮𐑌 𐐲𐑂 𐑄𐐮𐑅 𐐼𐐲𐑁𐐯𐐿𐑇𐐲𐑌 𐐮𐑆 𐐮𐐿𐑅𐐹𐑊𐐩𐑌𐐼 𐐮𐑌 𐑄 𐐒𐐳𐐿 𐐲𐑂 𐐁𐐺𐑉𐐲𐐸𐐰𐑋, 𐐰𐑆 𐑁𐐱𐑊𐐬𐑆:

“𐐤𐐵 𐑄 𐑁𐐲𐑉𐑅𐐻 𐑀𐐲𐑂𐐲𐑉𐑌𐑋𐐲𐑌𐐻 𐐲𐑂 𐐀𐐾𐐮𐐹𐐻 𐐶𐐲𐑆 𐐮𐑅𐐻𐐰𐐺𐑊𐐮𐑇𐐻 𐐺𐐴 𐐙𐐯𐑉𐐬, 𐑄 𐐯𐑊𐐼𐐲𐑅𐐻 𐑅𐐲𐑌 𐐲𐑂 𐐀𐐾𐐮𐐹𐐻𐐲𐑅, 𐑄 𐐼𐐫𐐻𐐲𐑉 𐐲𐑂 𐐐𐐰𐑋, 𐐰𐑌𐐼 𐐮𐐻 𐐶𐐲𐑆 𐐰𐑁𐐻𐐲𐑉 𐑄 𐑋𐐰𐑌𐐲𐑉 𐐲𐑂 𐑄 𐑀𐐲𐑂𐐲𐑉𐑌𐑋𐐲𐑌𐐻 𐐲𐑂 𐐐𐐰𐑋, 𐐸𐐶𐐮𐐽 𐐶𐐲𐑆 𐐹𐐩𐐻𐑉𐐨𐐪𐑉𐐿𐐲𐑊. 𐐙𐐯𐑉𐐬 𐐺𐐨𐐮𐑍 𐐪 𐑉𐐴𐐽𐐲𐑅 𐑋𐐰𐑌, 𐐮𐑅𐐻𐐰𐐺𐑊𐐮𐑇𐐻 𐐸𐐮𐑆 𐐿𐐮𐑍𐐼𐐲𐑋 𐐰𐑌𐐼 𐐾𐐲𐐾𐐼 𐐸𐐮𐑆

[1]𐐖𐐬𐑆𐐨𐑁𐐲𐑅’ 𐐈𐑌𐐻𐐮𐐿𐐶𐐮𐐻𐐨𐑆, 𐐒𐐳𐐿 1, 𐐕𐐰𐐹. 4.

ʇəʇɪʀʅ ɯфɛʅə ɹʋd ɢʀвʅə ɵʅ фɪ6 dɛ6, вəɷɪи ʀфʋʀвʅə ʅɷ ɪɔʅɛʅ ɣɹʅ ɵфdʀф ɪвʅɹвʅɪbʅ вɸ ɣ ṗəɣʀф6 ɪʋ ɣ ṗʀфвʅ Ꮳɹʋʀфɛbʀʋ6, ɪʋ ɣ dɛ6 ʀв ɣ ṗʀфвʅ Ꮖɛʅфəəфɯʀʅ фɛʋ, əвʀʋ ɪʋ ɣ фɛʋ ʀв Ɨdʀɔ, ɹʋd ɵʅвo ʀв Ꮒoʀ, фɪ6 ṗəɣʀф, фɷ вʅɹвʅ фɪɔ ɯɪɣ ɣ вʅɹвɪи6 ʀв ɣ ʀфʟ, ɹʋd ɯɪɣ ɣ вʅɹвɪи6 ʀв ɯɪ6dʀɔ, вʀʅ ɯʀфвʅ фɪɔ ɹ6 ʇʀфʅɛʋɪи ʅɷ ɣ Ꮖфəвʅфqd.

"Ꮒȯ, Ꭾɹфo вəɪи ʀв ɣɹʅ ʅɪʋəʀɕ вɸ фɯɪɕ фə ɯqd ʋəʅ фɹв ɣ фɸʅ ʀв Ꮖфəвʅфqd, ʋəʅɷɪʟвʅɹʋdɪи ɣ Ꭾɹфo6 ɯqd ṗɛʋ ɯʅɛɔ ɪʅ ṗфʀɔ Ꮒoʀ, ʟфɷ Ꮔɹɔ."

Ɨ6 ɣ ɸdəʅʀʅфəɞ ʀв Ꮗɹʅdəʀ ɹʋd Ꮷɕɪʇʅ ȯɛв ɔəфɯ ʅoʋ ɹʋd ɯʀʅʀф ʅɷ ɣ ɔɪʟвʅʀɕəɞ ʀв ɣ dəɔʋʀʋʅ фɛвʀ6 ʀв ɹʋʅɪɷɯʋʅə ɵʋ ɣ əвʅʀфʋ фɹɔɪвṗɪф, ɯə bɹʅ ʋəʅ ʅфɛв ɣ ȯфoʟ ɹʋd dʀвɹʅʀʇɔʀʋʅ ʀв ɣ фʀʅɕʀʋ6 ʀв Ꮖʀфsʀ, Ꮚфəв, Фoɔ, etc., ʟфɷ ɣɹф вɹфəʀв вфɹʋɕʀ6 ɹʋd фɹɔɪṗɪɯɛbʀʋ6. 8ʀɕ ɹʋ ɹṗʀфʅ ɯqd фʀɯɸф ə вəʅʋɷɔ; вʀʅ ɯə bɹʅ ɯʀʋṗɸʋ ȯфвɹʅв6 вɪɔʇʅə ʅɷ ə вфəṗ ɯʀʋвɪdʀфɛbʀʋ ʀв ɣ dɵɯʅфɪʋ ʀв ɣ ʀʅoʋɔʀʋʅ, ɹ6 ʀʋdʀфəвʅqd вɸ ɣ ɛʋɕʀʋʅ Ꮳɹʋʅɸʅ ʋɛbʀʋ6; фʀṗʀфɪи ɵʋʅə ʅɷ вʀɕ ʀɣʀф ʟфəɞ ɹʋd ɸdəʀ6 ɹ6 фɹв ʋɹɕʀфʀʅə ə вɹфɪи ɵʋ ɣɹʅ dɵɯʅфɪʋ.

Ɨ6 ə вʅəфʅɪи ʇoɪʋʅ ɯə вʀʅəв ɯə ɔɛ вʅɛʅ ɯɪɣ ʀbqфʀʋв ʀв ɪʅв ʅфɷʟ ɣɹʅ ɣ ɹɷвʇɹɷʅɛbʀʋ ʀв ɣ ɯʀɔɪи ʀв ə 8ʀʋ ʀв Ꮚəd, ə Ɔʀвɸʀ, ɪʋ ɣ ṗʅɹb ɯʀ6 ʌɷʋɪвʀфвʀʅ ɯɪɣ ɵʅ ɣ ʅədɪи ʋɛbʀʋ6 ɣɹʅ ṗʅʀфɪbʅ ɪʋ ɣ ɛɕʀ6 ʅфəвəʀв ʅɷ ɣ ɹdвɹʋʅ ʀв ɣ Фʀdəɔʀф. Ɣɪв ɪ6 ʅфɷ ʀв ɣ ʇəʇɪʀʅ ʀв Ꮷɕɪʇʅ, Ꮡɹвɹʅəʋ, Ꭰфɛвəʀ, Ꮖʀфsʀ, Фɪʋdɷвʅɹʋ, Ꮚфəв ɹʋd Фoɔ; ɹ6 ɵʅвo ʀв ɣ фɛвʀ6 ɣɹʅ ɪʋфɹвɪʅʀd ɣ Ꭰɔɹфɪɯʀʋ ɯəʋʅɪʋʀʋʅ. Ɨʋd вo вʅфoɪ ɪʋ вʀфʅʀʋ ɯɛвʀ6 фɹd ɣɪв ɸdəʀ ȯфoʋ ɣɹʅ вɸ ȯфɹɕɷʀʅ вʅɛɕʀ6 ɪʅ вʀɯɛɔ ɕɛʋɕd ɪʋʅɷ ɣ вʀʅəṗ ɣɹʅ ɣɹʅ ɪɷвʇɹɷʅʀd 8ʀʋ ʀв Ꮚəd фɹd ɵʅфɹdə ɯʀɔ, ɹʋd вʀɕ ə вəɪи ɯʀ6 фɹвʀфʀʋв ɹʋd ɯʀфbɪʇʅ ʀʋdʀф вɹфəʀв ʋɛɔ6. Ɪʋ Ꮚфəв ɹʋd Фoɔ ɣɪв ɸdəʀ вʀɯɛɔ вo ʅфɹвʀʅʀʋʅ ɣɹʅ ʋфɪʅə ɹвфə вɹфə ɹɔɪʋʀʋʅ ɔɹʋ ɯʀ6 ʟɵʅ ʅɷ в ə вʀʋ ʀв ɯʀʋ ʀв ɣ ȯəd6; ɹʋd əвɪʅ dʀ6ɸɪи ɔɹʋ вʀɔʅɸɔ6 ʇʀфвʀʋʅɛʅʀd ɣə6 dəɪʅə6 ɵʋ ʇʀфʇɪʀв ʅɷ вʀdɷв ɣ вʀфɕɷʀв ʀв ɣ ʀɣʀф вɹɯв, фɷ6 ɕɹвʅɪʅə ɣɛ ɯqd ɵвʀфɯʀɔ ɪʋ ʋo ʀɣʀф ɯɛ ɣɹʋ вɸ ṗɵʅвʅə dʀɯʅɹфɪи ɣɹɔвɹʅв6 ʅɷ в ɣ ȯəd ṗɷф фɷɔ вʀɕ ɯɪɔʀʋ фɹd ʇʀфʅɪɯʌʀʅʀф фɹвʀфʀʋв ɹʋd ɪвʅəɔ.[2] Ꮔɯɸʅвʅ ɵʋ ɣ ʀɣʀф фɹʋd ʌʀи ɯɪɔʀʋ фɷ ṗȯʋd ɣɹɔвɹʅв6 ɔʀɣʀф6 ɯɪʟȯʅ фʀ6вʀʋd6 ɯqd ɯʀʋɪиʅə dʀɯʅɹф ɣɹʅ ɣɹф ɕɪʅdфʀʋ ɯʀф

[2]8ə Ꮳoɢəpʀв' Ɨʋʅɷɯɪʅə6, Ꮡqɷ 18, Cɹʅʀф 3.

𐑄 𐐫𐑁𐑅𐐹𐑉𐐮𐑍 𐐲𐑂 𐐪 𐑀𐐪𐐼; 𐐫𐑉, 𐐻𐐭 𐐷𐐭𐑆 𐑄 𐐶𐐲𐑉𐐼𐑆 𐐲𐑂 𐑄 𐐸𐐮𐑅𐐻𐐫𐑉𐐨𐐲𐑌 𐐘𐑉𐐬𐐻, 𐐸𐐶𐐯𐑌 𐑅𐐹𐐨𐐿𐐮𐑍 𐐲𐑂 𐐘𐑉𐐨𐑅, "𐑄 𐑁𐐲𐑉𐐻𐐮𐑂 𐐹𐑉𐐯𐑀𐑌𐐲𐑌𐑅𐐨 𐐲𐑂 𐐷𐐲𐑍 𐐶𐐮𐑋𐐲𐑌, 𐐫𐑁𐐲𐑌 𐐺𐐴 𐐪 𐑀𐐪𐐼, 𐐮𐑆 𐐶𐐲𐑌 𐐲𐑂 𐑄 𐑋𐐬𐑅𐐻 𐑁𐑉𐐨𐐿𐐲𐑌𐐻𐑊𐐨 𐑉𐐲𐐿𐐲𐑉𐐮𐑍 𐐮𐑌𐑅𐐮𐐼𐐯𐑌𐐻𐑅 𐐮𐑌 𐑄 𐑊𐐯𐐾𐐲𐑌𐐼𐐯𐑉𐐨 𐑌𐐰𐑉𐐲𐐻𐐮𐑂𐑆 𐐲𐑂 𐑄 𐐿𐐲𐑌𐐻𐑉𐐨." 𐐓𐐭 𐑅𐐲𐐽 𐐰𐑌 𐐮𐐿𐑅𐐻𐐯𐑌𐐻 𐐼𐐮𐐼 𐑄𐐮𐑅 𐐯𐐿𐑅𐐯𐑅 𐑉𐐲𐑌, 𐑄𐐰𐐻 𐐰𐐻 𐐪 𐑊𐐩𐐻𐐲𐑉 𐐹𐐮𐑉𐐨𐐲𐐼 𐐪 𐐼𐐲𐐿𐑉𐐨 𐐶𐐲𐑆 𐐮𐑇𐐭𐐼 𐑅𐐲𐐺𐐾𐐯𐐿𐐻𐐮𐑍 𐐻𐐭 𐐪 𐑂𐐯𐑉𐐨 𐑅𐐲𐑂𐐨𐑉 𐐹𐐯𐑌𐐲𐑊𐐻𐐨 𐐯𐑌𐐨 𐐶𐐳𐑋𐐲𐑌 𐐸𐐭 𐑇𐐳𐐼 𐐹𐑉𐐲𐐻𐐯𐑌𐐼 𐑄𐐰𐐻 𐐸𐐲𐑉 𐐽𐐴𐑊𐐼 𐐶𐐲𐑆 𐐲𐑂 𐐼𐐮𐑂𐐴𐑌 𐐹𐐯𐑉𐐲𐑌𐐻𐐲𐐾. 𐐎𐐲𐑌 𐑉𐐴𐐻𐐲𐑉 𐑅𐐻𐐩𐐻𐑅: "𐐣𐐯𐑌𐐨 𐐪𐑉 𐑄 𐐿𐐩𐑅𐐲𐑆 𐑌𐐬𐐻𐐲𐐼 𐐮𐑌 𐐸𐐮𐑅𐐻𐐲𐑉𐐨 𐐲𐑂 𐐷𐐲𐑍 𐑋𐐩𐐼𐐲𐑌𐑆 𐐿𐑊𐐩𐑋𐐮𐑍 𐐪 𐐹𐐲𐐻𐐲𐑉𐑌𐐮𐐻𐐨 𐑁𐐫𐑉 𐑄𐐯𐑉 𐑋𐐩𐑊 𐐫𐑁𐑅𐐹𐑉𐐮𐑍 𐐺𐐴 𐐪 𐑀𐐪𐐼. 𐐆𐑌 𐐘𐑉𐐨𐑅 𐐮𐐻 𐐺𐐲𐐿𐐩𐑋 𐑅𐐬 𐐿𐐪𐑋𐐲𐑌 𐑄𐐰𐐻 𐑄 𐑉𐐩𐑌𐐮𐑍 𐐗𐐮𐑍 𐐮𐑇𐐭𐐼 𐐰𐑌 𐐨𐐼𐐮𐐿𐐻, 𐐼𐐲𐐿𐑉𐐨𐐮𐑍 𐑄 𐐼𐐯𐑃 𐐲𐑂 𐐫𐑊 𐐷𐐲𐑍 𐐶𐐮𐑋𐐲𐑌 𐐸𐐭 𐑇𐐳𐐼 𐐫𐑁𐐲𐑉 𐑅𐐲𐐽 𐐰𐑌 𐐮𐑌𐑅𐐲𐑊𐐻 𐐻𐐭 𐐔𐐨𐐮𐐻𐐨 𐐰𐑆 𐐻𐐭 𐑊𐐩 𐐻𐐭 𐐸𐐮𐑋 𐑄 𐐽𐐪𐑉𐐾 𐐲𐑂 𐐺𐐲𐑀𐐯𐐻𐐮𐑍 𐑄𐐯𐑉 𐐽𐐮𐑊𐐼𐑉𐐲𐑌." 𐐐𐐶𐐴𐑊𐑅𐐻 𐐫𐑌 𐑄𐐮𐑅 𐐹𐑎𐑌𐐻 𐐣𐑉. 𐐔𐑉𐐩𐐹𐐲𐑉 𐑉𐐴𐐻𐑅: "𐐆𐑋𐐰𐐿𐐲𐑊𐐲𐐻 𐐿𐐲𐑌𐑅𐐯𐐹𐑇𐐲𐑌𐑆 𐐰𐑌𐐼 𐑅𐐲𐑊𐐯𐑅𐐽𐐲𐑊 𐐼𐐲𐑅𐐯𐑌𐐻𐑅 𐐶𐐲𐑉 𐑅𐐬 𐐿𐐲𐑉𐐲𐑌𐐻𐑊𐐨 𐑉𐐲𐑅𐐨𐑂𐐼 𐐮𐑌 𐑄𐐬𐑆 𐐼𐐩𐑆, 𐑄𐐰𐐻 𐐸𐐭𐐯𐑂𐐲𐑉 𐐸𐐰𐐼 𐑀𐑉𐐩𐐻𐑊𐐨 𐐼𐐮𐑅𐐻𐐮𐑍𐑀𐐶𐐮𐑇𐐻 𐐸𐐮𐑋𐑅𐐯𐑊𐑁 𐐮𐑌 𐑄 𐐲𐑁𐐩𐑉𐑆 𐐲𐑂 𐑋𐐯𐑌 𐐶𐐲𐑆 𐑃𐐫𐐻 𐐻𐐭 𐐺𐐨 𐐲𐑂 𐑅𐐭𐐹𐐲𐑉𐑌𐐰𐐽𐐲𐑉𐐲𐑊 𐑊𐐮𐑌𐐨𐐲𐐾. 𐐀𐑂𐐲𐑌 𐐮𐑌 𐐡𐐬𐑋, 𐑅𐐯𐑌𐐽𐐲𐑉𐐨𐑆 𐑊𐐩𐐻𐐲𐑉, 𐑌𐐬 𐐶𐐲𐑌 𐐿𐐳𐐼 𐐶𐐮𐑄 𐑅𐐩𐑁𐐻𐐨 𐐸𐐰𐑂 𐐼𐐲𐑌𐐴𐐼 𐑄𐐰𐐻 𐑄𐐰𐐻 𐑅𐐮𐐻𐐨 𐐬𐐼 𐐮𐐻𐑅 𐑁𐐵𐑌𐐼𐐲𐑉, 𐐡𐐪𐑋𐐷𐐲𐑊𐐲𐑅, 𐐻𐐭 𐐰𐑌 𐐰𐐿𐑅𐐮𐐼𐐯𐑌𐐻𐐲𐑊 𐑋𐐨𐐻𐐮𐑍 𐐲𐑂 𐑄 𐑀𐐪𐐼 𐐣𐐪𐑉𐑆 𐐶𐐮𐑄 𐑄 𐑂𐐲𐑉𐐾𐐮𐑌 𐐡𐐨𐐪 𐐝𐐮𐑊𐑂𐐨𐐪, 𐐰𐑆 𐑇𐐨 𐐶𐐯𐑌𐐻 𐐶𐐮𐑄 𐐸𐐲𐑉 𐐹𐐮𐐽𐐲𐑉 𐑁𐐫𐑉 𐐶𐐫𐐻𐐲𐑉 𐐻𐐭 𐑄 𐑅𐐹𐑉𐐮𐑍. 𐐜 𐐀𐐾𐐮𐐹𐑇𐐲𐑌 𐐼𐐮𐑅𐐴𐐹𐐲𐑊𐑆 𐐲𐑂 𐐑𐑊𐐩𐐻𐐬 𐐿𐐳𐐼 𐐸𐐰𐑂 𐑊𐐳𐐿𐐻 𐐶𐐮𐑄 𐐰𐑍𐑀𐐲𐑉 𐐫𐑌 𐑄𐐬𐑆 𐐸𐐭 𐑉𐐲𐐾𐐯𐐿𐐻𐐲𐐼 𐑄 𐑊𐐯𐐾𐐲𐑌𐐼 𐑄𐐰𐐻 𐐑𐐯𐑉𐐮𐐿𐐻𐐨𐐬𐑌𐐩, 𐑄 𐑋𐐲𐑄𐐲𐑉 𐐲𐑂 𐑄 𐑀𐑉𐐩𐐻 𐑁𐐮𐑊𐐫𐑅𐐲𐑁𐐲𐑉, 𐐪 𐐹𐐷𐐳𐑉 𐑂𐐲𐑉𐐾𐐮𐑌, 𐐸𐐰𐐼 𐑅𐐲𐑁𐐲𐑉𐐼 𐐰𐑌 𐐮𐑋𐐰𐐿𐐲𐑊𐐲𐐻 𐐿𐐲𐑌𐑅𐐯𐐹𐑇𐐲𐑌 𐑃𐑉𐐭 𐑄 𐐮𐑌𐑁𐑊𐐭𐐯𐑌𐑅𐐲𐑆 𐐲𐑂 𐐈𐐹𐐫𐑊𐐬, 𐐰𐑌𐐼 𐑄𐐰𐐻 𐑄 𐑀𐐪𐐼 𐐸𐐰𐐼 𐐼𐐲𐐿𐑊𐐩𐑉𐐼 𐐻𐐭 𐐈𐑉𐐮𐑅𐐻𐐪𐑌, 𐐻𐐭 𐐸𐐭𐑋 𐑇𐐨 𐐶𐐲𐑆 𐐺𐐲𐐻𐑉𐐬𐑄𐐼, 𐑄 𐐹𐐯𐑉𐐲𐑌𐐻𐐲𐐾 𐐲𐑂 𐑄 𐐽𐐴𐑊𐐼. 𐐐𐐶𐐯𐑌 𐐈𐑊𐐯𐑀𐑆𐐰𐑌𐐼𐐲𐑉 𐐮𐑇𐐭𐐼 𐐸𐐮𐑆 𐑊𐐯𐐻𐐲𐑉𐑆, 𐐫𐑉𐐼𐐲𐑉𐑆 𐐰𐑌𐐼 𐐼𐐲𐐿𐑉𐐨𐑆, 𐑅𐐻𐐴𐑊𐐮𐑍 𐐸𐐮𐑋𐑅𐐯𐑊𐑁 '𐐗𐐮𐑍 𐐈𐑊𐐯𐑀𐑆𐐰𐑌𐐼𐐲𐑉, 𐑄 𐑅𐐲𐑌 𐐲𐑂 𐐖𐐭𐐹𐐮𐐻𐐲𐑉 𐐈𐑋𐐲𐑌,' 𐑄𐐩 𐐿𐐩𐑋 𐐻𐐭 𐑄 𐐮𐑌𐐸𐐰𐐺𐐮𐐻𐐲𐑌𐐻𐑅 𐐲𐑂 𐐀𐐾𐐮𐐹𐐻 𐐰𐑌𐐼 𐐝𐐮𐑉𐐨𐐪 𐐶𐐮𐑄 𐐰𐑌 𐐫𐑃𐐫𐑉𐐮𐐻𐐨 𐑄𐐰𐐻 𐑌𐐵 𐐿𐐰𐑌 𐐸𐐫𐑉𐐼𐑊𐐨 𐐺 𐑉𐐨𐐲𐑊𐐴𐑆𐐼. 𐐜 𐑁𐑉𐐨𐑃𐐮𐑍𐐿𐐮𐑍 𐐘𐑉𐐨𐐿𐑅, 𐐸𐐵𐐯𐑂𐐲𐑉, 𐐹𐐳𐐻 𐐫𐑌 𐑅𐐲𐐽 𐐪 𐑅𐐭𐐹𐐲𐑉𐑌𐐰𐐽𐐲𐑉𐐲𐑊 𐐹𐐯𐐼𐐮𐑀𐑉𐐨 𐐮𐐻𐑅 𐐹𐑉𐐫𐐹𐐲𐑉 𐑂𐐰𐑊𐐷𐐭. 𐐄𐑊𐐮𐑋𐐹𐐨𐐪𐑅 [𐐈𐑊𐐯𐑀𐑆𐐰𐑌𐐼𐐲𐑉'𐑆 𐑋𐐲𐑄𐐲𐑉], 𐐸𐐭, 𐐲𐑂 𐐿𐐫𐑉𐑅, 𐐺𐐯𐐻𐐲𐑉 𐑄𐐰𐑌 𐐫𐑊 𐐲𐑄𐐲𐑉𐑆 𐑌𐐭 𐑄 𐑁𐐰𐐿𐐻𐑅 𐐲𐑂 𐑄 𐐿𐐩𐑅, 𐐷𐐭𐑅𐐻 𐐾𐐯𐑅𐐻𐐮𐑍𐑊𐐨 𐐻𐐭 𐑅𐐩, 𐑄𐐰𐐻 '𐑇𐐨 𐐶𐐮𐑇𐐻 𐐈𐑊𐐯𐑀𐑆𐐰𐑌𐐼𐐲𐑉 𐐶𐐳𐐼 𐑅𐐨𐑅 𐑁𐑉𐐲𐑋 𐐮𐑌𐑅𐐯𐑅𐐲𐑌𐐻𐑊𐐨 𐐯𐑋𐐺𐑉𐑎𐑊𐐮𐑍 𐐸𐐲𐑉 𐐶𐐮𐑄 𐐖𐐭𐐹𐐮𐐻𐐲𐑉'𐑆 𐐶𐐴𐑁.'"—𐐔𐑉𐐩𐐹𐐲𐑉'𐑆 𐐗𐐫𐑌𐑁𐑊𐐮𐐿𐐻 𐐺𐐲𐐻𐐶𐐨𐑌 𐐡𐐲𐑊𐐮𐐾𐐲𐑌 𐐰𐑌𐐼 𐐝𐐴𐐲𐑌𐑅.

𐐡𐐲𐑁𐐲𐑉𐐮𐑍 𐐻𐐭 𐐀𐐾𐐮𐐹𐐻 𐐸𐐨𐑉, 𐐰𐑆 𐐺𐐲𐑁𐐬𐑉 𐑅𐐻𐐩𐐻𐐲𐐼, 𐐪 𐐹𐑉𐐨𐑅𐐻𐐸𐐳𐐼, 𐐼𐐮𐑅𐐬𐑌𐐼 𐐲𐑂 𐐘𐐪𐐼, 𐐸𐐰𐐼 𐐺𐐮𐑌 𐑅𐐯𐐻 𐐲𐐹, 𐐶𐐨 𐐪𐑉 𐐮𐑌𐑁𐐫𐑉𐑋𐐼[3] 𐑄𐐰𐐻 𐑄𐐬𐑆 𐐸𐐭

[3]𐐝𐐨 𐐃𐑆𐐺𐐫𐑉𐑌'𐑆 "𐐡𐐲𐑊𐐮𐐾𐐲𐑌𐑆 𐐲𐑂 𐑄 𐐎𐐲𐑉𐑊𐐼."

ωrф ʜɪbəɛɪrd ʜɪø y ʜrф ɔɪɜɪrфəɞ rɞ ɪɪɞ ɔʜɪʟəɪrçə, ωrф ɪəɪ yɹɪ Θəd ωфəɛɪrd əɪ ʟɪɴɞ ɹɪ y þrфɜɪ, ɜф Ψɪɞ þrфɜɪ ɜəфʌ, фø ωrɞ y əʟrф ɹʌd ώɪɜrф rɞ əɪ ʌəɪrç ʌ фʌɜrʌ ɹʌd əʌ rфʟ, ɜəɪʜ ɹɪ y ɜɛɔ ɪфɔ y ωɪɞdrɔ ɹʌd y ωrфd rɞ Θəd. Y ʜωəфʌɛbrʌ ɹʌd rфɪɪə ɪфr rɞ yɪɞ ɪɔʇθфɪrʌɪ ɜəɪʜ ωəʌɜɪɪθrd y ώфɹʌd ɔɪɜɪrфə rɞ yʌф ʜɪфф фrɪɪçrɞ ɞɪɜɪrɔ. Ɜə ώфɛɪ ωrɞ yʌф þɛʟ ʌ y ɹdɞʌʌɪ rɞ yɪɞ Фəɪə Ωrʌ, yɹɪ yɛ фɹd ɔɛɔɜrфɞ ɪфrɪʌфd ʌ yʌф ɪʌɔɪrɪɞ þəф Ψɪɞ ʌrɪɪɞɪɪə.

Y ɪфəɞɪфqd rɞ y ∂çɪɪbrʌɞ, yə ʜɪфф ɪə ωɪʟəɪ Θɪɞфʌ rʟəфɪɪə, ɪəɪ ɔʌʌɞ ώфɛɪ ɪфəʟɞ фωɪɔ yɛ фɹd фrɞəɞd þфrɔ ʜər, ʟфə Ψɪɔ ɹʌd Þʌфə, ɹʌd ɪɪ ɪqω çʌʌrфɛbrʌɞ ɜrþəф yəɞ Θəɞɪrɪ ɪфəʟɞ ωrф ɞə ʜɪфф ɪə əɞrфɪɪɛd ɹʌd ωrфrɪɪrd ɜф þəɪɞфqd ɹʌd ɪɛώrʌ ʜrɞɛbrʌɞ, yɹɪ yɛ ɜrωɛɔ rʌdɪɞrфʌrɜrɪ ɪθ əɪ ɜrɪ y ʜɪbəɛɪrd. Ɪɪ ɪɞ ɹʌ ɪɔʇθфɪrʌɪ þɹω, фəɪdɪʜ ώqd rɞ rʏrф ɛʌçrʌɪ ɞɪɞɪɪɪɛbrʌɞ ɹɞ ωɹɪ ɹɞ yɹɪ rɞ ∂çɪɪ, yɹɪ y þəфʏrф ωə ɪфɛɞ ɜɹω yʌф фrɪɪçrɞ ɜrɪəþɞ ɹʌd ɔʜɪʟəɪrçəɞ, y ɪɹqфrф drɞ y ωфəd ɜrωɹɔ, y ʌфrф ɪɪ rɪфəɔrɞ ɪθ фʌɞrʌɪə ɪфəʟ, ɹʌd y ɜɪфəɪʜώrф ɹʌd ɔəф ʌɜɪdrʌɪ əф y ɪфɛɞrɞ rɞ Θəɞɪrɪ ɪəɔɪʜɞ. Yɪɞ þɹω rɪəʌ ɪɞ ɞrþɪbrʌɪ ɪθ ɪфəɞ yɹɪ ɪɛώrʌʜɛɔ фɹd ɪɪɞ əфɪçʌ ʌ y фʌɜrɪɛbrʌɞ rɞ фʌɜrʌ, þфrɔ фωɪɔ, ʌ ɪɪɞ ɞʌфəɪɞ dфɞrфɞ ɜфɹʌçrɞ, ɪɪ фɹd ɪrфʌd ɹʌd ɞɪфɛd, ɹʌd ɜф ώфɹçθrɪ ώфəʟ, фɹd ɜrωɹɔ y ɞфɪ, ʜωrʌɞɪɞɪrʌɪ, drώфɛdɪʜ ɹʌd ɪəyɞrɔ ɞɪɞɪrɔ фωɪɔ ɪɞ rʌфəфd ɜф əɪ ɪʌqф ɔфʌdrd, əʌrфrɜrɪ ɹʌd ʜɪɹɪɪçrʌɪ ɪθɪrɪ. Ψɹd y ɞʌфəɪɞ þəфɔɞ rɞ ɛʌçrʌɪ dəɔʜrʌɪ ɪɛώrʌ ωrфbɪɪ ɜɪʌ фɹdɪωrɪə ɹʌd ʜɪфф ɪə dɪþrффrʌɪ, ωɪy əʌɪə yəɞ þəçrфɞ ʌ ωəɔrʌ yɹɪ ωqd фəɞrʌrɜɪə ɞ rɪфɪɞqrɪrd ɪθ ɹɔωɞɪdrʌɪ əф y ʜɪrф-ωrɔqθʌωɛbrʌ rɞ фɛɞrɞ, y ʜrþrфrʌɞ ωqd ɞ ɞɪфəɪʜ yɹɪ yɛ фɹd dɪþrффrʌɪ əфɪçʌɞ; ɜrɪ фωʌʌ, ɹɞ ɪɞ y ωɛɞ, yʌф ɪɞ ə ɞɪфəɪʜ þɹɔɪɪə ɪфωʌrɞ, ɹʌd yɹɪ ɪфωʌrɞ ώфəɞ ɞɪфəɪʜώrф y þrфyrф ɪɪ ɪɞ ɪфɛɞɪ ɜɹω, ɹʌd ωrʌɪʜʌqθrɪə ɪəɪʌɪɞ ɪθ ə ωəɔrʌ ɪʌфrʌɪrç, ɹʌd yɹɪ ɪʌфrʌɪrç ɪɞ y ɪфəʟ ɹɞ ɪəɪ ɜф y rфɪə ɪɛɪфəəфωɞ ɹʌd ʜɪɞɪффd ɞrфɞrʌɪɞ rɞ фʌɜrʌ, əф ωrʌωɪəɞrʌɞ ɔrɞɪ ʌʌɞrɞʌфɪɪə ɞ yɹɪ yəɞ ωrфʌω ɹʌd Θəd-ώɪɞrʌ ɪəɔɪʜɞ ωrф y ɞəфɞ þфrɔ фωʌʌɞ y фəɪ ɞɪфɹɪʜ, ɹʌd y dɪþrфrʌɞrɞ ʌ drɞʌɪrɪɔrʌɪ rфəɞ þфrɔ y ɞʌфəd ʜɪdrʌɪɞ ʌ y фɪɜɪrфə, ɹʌd y ɪrωqθəɪqrф ɞrфəʌdɪʜɞ rɞ y ɞʌфəɪɞ фɛɞrɞ yɹɪ ώɛɞ ə ɪθωrɪ фqθ ɹʌd ɪɪʌç ɪθ yʌф þəфɔɞ rɞ ɜrɪəþ. Ɪɪ ɪɞ əɪɞə ʌəɪωrфyə yɹɪ y þrʌdrɔʌɪɪrɪ ɪфʌɞɪɪrɪɞ rɞ y ɹɜrфɪɪɞɪɪʜ ɪɪɹʌ drɞəɞd ɜф ʜþɪʌɪ ωɪɞdrɔ, ɹʌd фωɪɔ ωrф y ɔəɞɪ ωфdɪə ɪəɪ 𐐰𐑌𐐼 𐐲𐐿𐑅𐐯𐐹𐐻𐐲𐐼, 𐐫𐑉 𐑄𐐬𐑆 𐐸𐐶𐐮𐐽 𐐹𐑉𐐲𐑂𐐩𐑊𐐼 𐑄 𐑋𐐬𐑅𐐻 𐐮𐐿𐑅𐐻𐐯𐑌𐑅𐐮𐑂𐑊𐐨 𐐮𐑌 𐐹𐐩𐑀𐐲𐑌 𐐶𐐲𐑉𐑊𐐼𐑆, 𐐰𐑌𐐼 𐐸𐐶𐐮𐐽 𐑊𐐪𐑍𐑀𐐲𐑅𐐻 𐑉𐐲𐐻𐐩𐑌𐐼 𐑄𐐯𐑉 𐐸𐐬𐑊𐐼 𐐮𐑌 𐑄 𐑁𐐩𐑃 𐐲𐑂 𐑄 𐐼𐐮𐑁𐐲𐑉𐐲𐑌𐐻 𐑉𐐩𐑅𐐲𐑆.[4] 𐐊𐑋𐐲𐑍𐑅𐐻 𐑄𐐨𐑆 𐐴𐐼𐐨𐐲𐑆 𐐫𐑉 𐐹𐑉𐐮𐑌𐑅𐐮𐐹𐐲𐑊𐑆 𐐶𐐨 𐐶𐐮𐑊 𐑋𐐯𐑌𐑇𐐲𐑌 𐐲 𐑁𐐷𐐭 𐑄𐐰𐐻 𐐶𐐲𐑉 𐑅𐐬 𐐾𐐯𐑌𐐲𐑉𐐲𐑊 𐑄𐐰𐐻 𐑄𐐩 𐑋𐐲𐑅𐐻 𐐫𐑊𐑋𐐬𐑅𐐻 𐐺 𐐿𐐫𐑊𐐼 𐐷𐐭𐑌𐐮𐑂𐐲𐑉𐑅𐐲𐑊:

1𐑅𐐻. 𐐜 𐐺𐐲𐑊𐐨𐑁 𐐮𐑌 𐐶𐐲𐑌 𐑀𐑉𐐩𐐻 𐑁𐐪𐑄𐐲𐑉 𐐘𐐪𐐼.

2d. 𐐜 𐐯𐐿𐑅𐐹𐐯𐐿𐐻𐐩𐑇𐐲𐑌 𐐲𐑂 𐑄 𐐿𐐲𐑋𐐮𐑍 𐐲𐑂 𐐐𐐮𐑆 𐐝𐐲𐑌 𐐻𐐭 𐐼𐐶𐐯𐑊 𐐮𐑌 𐑄 𐑁𐑊𐐯𐑇 𐐰𐑌𐐼 𐑉𐐲𐐼𐐨𐑋 𐑋𐐰𐑌𐐿𐐴𐑌𐐼.

3d. 𐐜 𐐺𐐲𐑊𐐨𐑁 𐐮𐑌 𐐲 𐑉𐐯𐑆𐐲𐑉𐐯𐐿𐑇𐐲𐑌, 𐐰𐑌𐐼 𐐮𐑌 𐑁𐐷𐐭𐐽𐐲𐑉 𐑉𐐲𐐶𐐫𐑉𐐼𐑆 𐐰𐑌𐐼 𐐹𐐲𐑌𐐮𐑇𐑋𐐲𐑌𐐻𐑅 𐑁𐐫𐑉 𐐰𐐿𐐻𐑅 𐐼𐐲𐑌 𐐮𐑌 𐑄𐐮𐑅 𐑊𐐴𐑁.

4𐑃. 𐐜 𐐲𐐺𐑆𐐲𐑉𐑂𐐲𐑌𐑅 𐐲𐑂 𐑄 𐑉𐐴𐐻 𐐲𐑂 𐑅𐐰𐐿𐑉𐐮𐑁𐐴𐑅.

5𐑃. 𐐜 𐐼𐐪𐐿𐐻𐑉𐐮𐑌 𐐲𐑂 𐑉𐐲𐐹𐐯𐑌𐐻𐐲𐑌𐑅, 𐐰𐑌𐐼 𐐮𐑌 𐑅𐐲𐑉𐐻𐐲𐑌 𐐿𐐩𐑅𐐲𐑆 𐑄 𐐫𐑉𐐼𐐮𐑌𐐲𐑌𐑅 𐐲𐑂 𐐺𐐰𐐹𐐻𐐮𐑆𐑋.

𐐎𐐨 𐐰𐑅𐐿, 𐐸𐐶𐐯𐑌 𐐮𐐻 𐐮𐑆 𐐹𐑉𐐭𐑂𐐼 𐑄𐐰𐐻 𐐫𐑊 𐑄𐐨𐑆 𐐹𐑉𐐮𐑌𐑅𐐮𐐹𐐲𐑊𐑆 𐐶𐐲𐑉 𐐻𐐫𐐻 𐐺𐐴 𐑄 𐐼𐐭𐑊𐐨 𐐲𐐹𐑎𐑌𐐻𐐲𐐼 𐑅𐐲𐑉𐑂𐐲𐑌𐐻𐑅 𐐲𐑂 𐐘𐐪𐐼 𐐮𐑌 𐑄 𐐲𐑉𐑊𐐨𐐲𐑅𐐻 𐐩𐐾𐐲𐑆, 𐐸𐐶𐐪𐐻 𐐯𐑊𐑅 𐐺𐐲𐐻 𐑁𐑉𐐲𐑋 𐑄𐐯𐑋 𐐿𐐳𐐼 𐑄 𐐩𐑌𐑇𐐲𐑌𐐻 𐐖𐐯𐑌𐐻𐐴𐑊 𐑉𐐩𐑅𐐲𐑆 𐐸𐐰𐑂 𐑉𐐲𐐻𐐩𐑌𐐼 𐑄𐐰𐐻 𐑌𐐪𐑊𐐲𐐾 𐑄𐐯𐑉𐐲𐑂?

𐐣𐐰𐑌 𐐸𐐰𐑆 𐐺𐐮𐑌 𐐯𐑂𐐲𐑉 𐐹𐑉𐐬𐑌 𐐻𐐭 𐐲𐐹𐐪𐑅𐐻𐐲𐑅𐐨; 𐐵𐑉 𐑁𐐫𐑊𐐲𐑌 𐑌𐐩𐐽𐐲𐑉 𐐮𐑆 𐐰𐐻 𐐯𐑌𐑋𐐮𐐻𐐨 𐐶𐐮𐑄 𐐲 𐑀𐐪𐐼𐑊𐐨 𐑊𐐴𐑁; 𐑅𐐲𐑋𐐻𐐴𐑋𐑆 𐐮𐑌 𐐶𐐲𐑌 𐐶𐐩, 𐑅𐐲𐑋𐐻𐐴𐑋𐑆 𐐮𐑌 𐐲𐑌𐐲𐑄𐐲𐑉, 𐐝𐐩𐐻𐐲𐑌 𐑊𐐯𐐼 𐑋𐐰𐑌 𐑁𐑉𐐲𐑋 𐑄 𐑉𐐴𐐻 𐐹𐐰𐑃 𐐰𐑌𐐼 𐐲𐑌𐐼𐐲𐑉 𐑄 𐐮𐑌𐑁𐑊𐐭𐐲𐑌𐑅𐐲𐑆 𐐲𐑂 𐐲 𐑁𐐫𐑊𐑅 𐐫𐑉 𐐼𐐴𐐲𐐺𐐪𐑊𐐮𐐿 𐐮𐑌𐑅𐐹𐐮𐑉𐐩𐑇𐐲𐑌 𐑋𐐯𐑌𐐨 𐐯𐑉𐐲𐑉𐑆 𐐶𐐲𐑉 𐐮𐑌𐐻𐑉𐐲𐐼𐐭𐑅𐐻; 𐐰𐑆 𐐶𐐯𐑊 𐐰𐑆 𐑃𐑉𐐭 𐑄 𐑌𐐰𐐽𐐲𐑉𐐲𐑊 𐐿𐐲𐑉𐐲𐐹𐐻 𐐰𐑋𐐺𐐮𐑇𐐲𐑌 𐐲𐑂 𐑋𐐰𐑌 𐐸𐐭 𐑅𐐫𐐻 𐐻𐐭 𐑉𐐲𐐻𐐩𐑌 𐐹𐐵𐐲𐑉 𐐬𐑂𐐲𐑉 𐑄𐐯𐑉 𐑁𐐯𐑊𐐬𐑆 𐐺𐐴 𐐹𐑉𐐫𐑋𐐲𐑊𐑀𐐩𐐻𐐮𐑍 𐑌𐐭 𐑃𐐮𐑉𐐨𐑆 𐐮𐑌 𐑄 𐑌𐐩𐑋 𐐲𐑂 𐐘𐐪𐐼 𐐰𐑌𐐼 𐐲𐑌𐐼𐐲𐑉 𐑄 𐐫𐑅𐐹𐐮𐑅𐐲𐑆 𐐲𐑂 𐑉𐐮𐑊𐐮𐐾𐐲𐑌. 𐐜 "𐐪𐑊𐐲𐐾𐐨𐑆" 𐐲𐑂 𐐻𐐲𐐼𐐩 𐐿𐐳𐐼 𐐸𐐰𐑂 𐐺𐐮𐑌 𐐮𐑋𐐹𐐪𐑅𐐮𐐺𐐲𐑊 𐐮𐑌 𐑄 𐐼𐐩𐑆 𐐲𐑂 𐐙𐐯𐑉𐐬 𐐰𐑌𐐼 𐐤𐐮𐑋𐑉𐐪𐐼. 𐐜 𐑅𐐻𐐴𐑊 𐐲𐑂 𐐲𐐹𐐪𐑅𐐻𐐲𐑅𐐨 𐐶𐐲𐑆 𐑌𐐯𐑅𐐲𐑅𐐯𐑉𐐮𐑊𐐨 𐑁𐐰𐑇𐐲𐑌𐐼 𐐺𐐴 𐑄 𐐿𐐲𐑌𐐼𐐮𐑇𐐲𐑌 𐐲𐑂 𐑋𐐰𐑌'𐑆 𐑋𐐴𐑌𐐼𐑆, 𐑄𐐯𐑉 𐐲𐐼𐑂𐐰𐑌𐑅 𐐮𐑌 𐑅𐐮𐑂𐐮𐑊𐐮𐑆𐐩𐑇𐐲𐑌, 𐐰𐑌𐐼 𐑄𐐯𐑉 𐐲𐑌𐐼𐐲𐑉𐑅𐐻𐐰𐑌𐐼𐐮𐑍 𐐲𐑂 𐑁𐐮𐑆𐐮𐐿𐐲𐑊 𐑊𐐫𐑆. 𐐆𐑌 𐑄 𐑉𐐭𐐼𐐲𐑋𐐯𐑌𐐻𐐲𐑉𐐨 𐐿𐐲𐑌𐐼𐐮𐑇𐐲𐑌 𐐲𐑂 𐑄 𐑌𐐩𐑇𐐲𐑌𐑆 𐐸𐐭 𐑅𐐿𐐰𐐻𐐲𐑉𐐼 𐐰𐐻 𐐒𐐩𐐺𐐲𐑊, 𐑄 𐐨𐑆𐐨𐐲𐑅𐐻 𐑃𐐮𐑍 𐑁𐐫𐑉 𐑄𐐯𐑋 𐐻𐐭 𐐼𐐭 𐐶𐐲𐑆 𐐻𐐭 𐐶𐐲𐑉𐑇𐐮𐐹 𐑄𐐯𐑉 𐐼𐐯𐐼 𐐰𐑌𐑅𐐯𐑅𐐻𐐲𐑉𐑆 𐐰𐑌𐐼 𐑄 𐐸𐐯𐑂𐐲𐑌𐑊𐐨 𐐫𐑉𐐺𐑆. 𐐆𐑌 𐐼𐐭 𐐿𐐬𐑉𐑅 𐑌𐐰𐐽𐐲𐑉𐐲𐑊𐐨 𐑁𐐪𐑊𐐬𐐼 𐑄 𐑋𐐩𐐿𐐮𐑍 𐐲𐑂 𐐴𐐼𐐲𐑊𐑆, 𐐸𐐶𐐮𐐽 𐐰𐐻 𐑁𐐲𐑉𐑅𐐻 𐐬𐑌𐑊𐐨 𐑉𐐯𐐹𐑉𐐯𐑆𐐯𐑌𐐻𐐲𐐼 𐑄 𐐺𐐨𐐮𐑍 𐐫𐑉 𐑃𐐮𐑍 𐐶𐐲𐑉𐑇𐐮𐐹𐐻, 𐐺𐐲𐐻 𐐸𐐶𐐮𐐽 𐐶𐐲𐑉 𐐰𐑁𐐻𐐲𐑉𐐶𐐲𐑉𐐼𐑆 𐑉𐐲𐑀𐐪𐑉𐐼𐐲𐐼 𐐰𐑆 𐑀𐐪𐐼𐑆 𐑄𐐯𐑋𐑅𐐯𐑊𐑂𐑆, 𐐰𐑌𐐼 𐐰𐑆 𐑅𐐲𐐽 𐑉𐐯𐑂𐐲𐑉𐐲𐑌𐑅𐐻. 𐐜 𐐴𐐼𐐨𐐲 𐐲𐑂 𐐘𐐪𐐼'𐑆 𐐰𐑍𐑀𐐲𐑉 𐐰𐐻 𐑋𐐰𐑌'𐑆 𐑅𐐮𐑌𐑆, 𐐲𐑅𐐬𐑇𐐨𐐩𐐻𐐲𐐼 𐐶𐐮𐑄 𐑄 𐑊𐐫 𐐲𐑂 𐑅𐐰𐐿𐑉𐐮𐑁𐐴𐑅, 𐑊𐐯𐐼 𐑋𐐰𐑌𐐿𐐴𐑌𐐼 𐐻𐐭 𐐺𐐲𐑊𐐨𐑂 𐑄𐐰𐐻 𐑄 𐑋𐐫𐑉 𐐹𐑉𐐯𐑇𐐲𐑅 𐐰𐑌𐐼 𐐺𐐲𐑊𐐲𐑂𐐲𐐼 𐐶𐐲𐑆 𐑄 𐐪𐑁𐐲𐑉𐐮𐑍 𐐻𐐭 𐐸𐐮𐑋 𐐸𐐭

[4] 𐐝𐐨 𐑉𐐴𐐻𐐮𐑍𐑆 𐐲𐑂 𐐐𐐮𐐻𐑆𐐮𐑀, 𐐐𐐴𐐼, 𐐙𐐩𐐺𐐲𐑉, 𐐘𐐳𐐼𐐺𐐲𐑉, 𐐐𐐮𐑀𐐮𐑌𐑆, 𐐄𐑆𐐺𐐫𐑉𐑌, 𐐢𐐰𐐺𐐨, etc.

ɵpʀɸd ɨɿ, ɣ ɔɵɸ ʀɷɞɹɾɿʀɞʀɿ ɷqd ɨɿ ɞ ɿɷ ɸɹɞʀɴ. Ⅎɞ ɵ ɸʀɞʀɿɿ, ɔɹɴ ɞɷɴ ɞʀɷ̇ɹɴ ɿɷ ɵpʀɸ ʀɿ ɣɹɸ ɞʀɴɞ ɹɴd ɣɹɸ dɵɿʀɸɞ ɿɷ ʀɿɵɞ ɣ ɸɹɿ ʀɞ ɣɹɸ ɷ̇ɞdɞ. Ɛɞɸʀɸɹɔ ɴpɵɸɔɞ ʀɞ:

"Ɦɷ̇, ɹɿ ɣɨɞ ɿɸɔ ɨɿ ɷʀɞ ɣ ɷʀɞɿʀɔ ʀɞ ɣ ɿɸɵɞɿ ʀɞ Ƥɹɸɵ, ɣ Ɯɨɴ ʀɞ ƌɕɿɿ, ɿɷ ɵpʀɸ ʀɿ ʀɿɵɴ ɣ ɵɿɿʀɸ ɸɷɨɕ ɷʀɞ ɞɨɿɿ ɨɴ ɣ ɭɹɴd ʀɞ Ɯɹɿdɞʀ, pɵɸ ɣ ɵpʀɸɨɴ ʀɴɿɷ ɣɞɞ ɞɿɸɛɴɕ ɷ̇ɞdɞ, ɔɹɴ, ɷɨɔʀɴ ɹɴd ɕɨɿdɸʀɴ. Ⅎɴd ɨɿ ɷɛɔ ɿɷ ɿɹɞ ɣɹɿ ɣ ɿɸɵɞɿ ɔɛd ɹɴ ɵpʀɸɨɴ ʀɴɿɷ ɣ ɷ̇ɞd ʀɞ Ƥɹɸɵ, ɹɴd ɵɿɞɵ ʀɴɿɷ ɣ ɷ̇ɞd ʀɞ Ɒɹɷ̇ɸɞɿ, ɞɞʀɴ ɹpɿʀɸ ɣ ɔɹɴʀɸ ʀɞ ɣ ƌɕɿɿbʀɴɞ. Ɦɷ̇ ɣ ɷ̇ɞd ʀɞ Ɒɹɷ̇ɸɞɿ ɷʀɞ ɣ Ȣʀɴ. ƌɞʀɴ ɣ ɭɹɴɷ-ɵpʀɸɨɴ ʀɞ ɵ ɕɸɨɿd dɨd ɣ ɿɸɵɞɿ ʀɞ Ƥɹɸɵ ɵpʀɸ ʀɿɵɴ ɣ ɵɿɿʀɸ ɸɷɨɕ ɞɿqd ɞɸ ɣ ɸɨɿ ɷɵɿd Ɫɵɿɨpʀɸ'ɞ Ɏɨɿ, ɹɿ ɣ ɸɹd ʀɞ ɣ ɿɿɛɴ ʀɞ Oɿɨbɹɔ. Ɦɷ̇, ɣɨɞ ɿɸɵɞɿ ɸɹd ɵpʀɸd ʀɿɵɴ ɣɨɞ ɵɿɿʀɸ ɭɸɵ ɞʀɸɕɨɴɞ ɹɿ ɷʀɴ ɿɸɔ, ɸɷ ɷʀɸ ɣ dɵɿʀɸɞ ʀɞ Ƌɴɿɵ, ɷʀɴ ʀɞ ɣ ɸɵɨʀɿ dʀɞɹɴɿ dʀɸɹɷɿɵ pɸʀɔ ɣ ɭɵɨɴɞ ʀɞ Ɏɹɔ. Ɣɞɞ ɞʀɸɕɨɴɞ ɷʀɸ ɵpʀɸd ʀɿ ɞʀɷʀɞ ʀɞ ɣɹɸ ɞʀɸɕɷ; ɣɛ ɷqd ɴɞɿ ɞɷ̇ dɷ̇ɴ ɿɷ ɷʀɸbɨɿ ɷ̇ɞdɞ ʀɞ ɷqd ɵɸ ʀɞ ɞɿɵɴ, ɣɹɸpɵɸ ɣɛ ɷʀɸ ɷɨɿd ʀɿɵɴ ɣɨɞ ɵɿɿʀɸ, ɹɴd ɨɿ ɷʀɞ dʀɴ ɹpɿʀɸ ɣ ɔɹɴʀɸ ʀɞ ɣ ƌɕɿɿbʀɴɞ."—Ȣqɷ ʀɞ Ɛɞɸʀɸɹɔ.

Ɣɨɞ ɿɸɹɷɿɨɞ ʀɞ ɵpʀɸɨɴ ɸɞɷɔʀɴ ɞɹɷɸɨpɸɞʀɞ ɸɹd ɞʀɷʀɔ ɞɹɸɵ ɕɹɴʀɸʀɿ ɵɴ ɣ ɞɞɿʀɸɴ ɷɞɴɿɴʀɴɿ ɨɴ Ɛɞɸʀɸɹɔ'ɞ dɛ.

Ɯʀɴ ɿʀɷɞɵɿɹʀɸ pɛɞ ʀɞ pɵɿɞ dɵɷɿɸɨɴ ɷɨɣ ɸʀɷ̇ɞɸd ɿɷ ɣ ʀɿɵɴɔʀɴɿ ɸɹd ɷ̇ɸɵɴ ɞɿɸɵɨ ɨɴ ɣ dɛɞ ʀɞ ɣɨɞ Ɫɛɿɸɞɞɸɷ. Ɨɿ ɷʀɞ "ɣɹɿ ɣ ɞɿɿʀd ʀɞ ɣ ɸɸɕʀɞ Ɛɞʀɿ ɷʀɞ bɹd pɵɸ ɞɨɴɞ."[5] Ɣɨɞ ɷʀɞ ɵ ɞɹɸɵ ɴɹɕʀɸʀɿ ɔɹɴɿʀɿ ɵ̇ɿɷ̇ɸɵɭ ʀɔʀɨ ɿɞɿɿʀɿ ɸɷ ɞʀɿɞɞd ɨɴ ɣ ɷɞɴɞʀɷɷɹɴɞʀɞ ʀɞ ɣ pɵɿ ʀɞ Ⅎdʀɔ ɹɴd ɸɹd ɞɨɴ ɿɞɿ ɣ ɴʀɞɹɞɨɿɵ ʀɞ ɵ ɸʀdɞɔʀɸ. Ɨɿ ɷʀɞ ɵ ɞɹɸɵ ɞɛɞ ɭɨɴ ɿɷ pɵɿ ɨɴɿɷ ɣ ɹɸʀɸ ɣɹɿ ɹɞ Ⅎdʀɔ ɸɹd ɿɸɹɴɞɷ̇ɸɹɞɿ, ɞɵ ɸɨɞ ɨɔɞdɞʀɿ ɞʀɴ ʀɿɵɴd ɞɸ ɸɨɞ ɞɿʀd pɵɸ ɸɨɞ pɵɣʀɸ'ɞ ɹɷɿ. Ⅎɴd ɨɴ ɣ ɞɿɸɹd ʀɞ ɣɨɞ ɴɷʀɸɹɷɿ ɸdɞʀ ʀɞ Ɛɞʀɿ'ɞ ʀɿɵɴɔʀɴɿ ʀɔʀɨɞɿ ɣ ʀɸɿɞ ɿɞɿʀɿɞ, ɔɛ ɞ pɵ̇ɴd ɣ ɵɸɨɕɴ ʀɞ ɣ ɔɹɴɞ dɨɞʀɸɞɨpɸd ɭɹɕʀɴdɞ ʀɞ ɵ ɞɹɷɸɨpɸɞɿ ɸʀdɞɔʀɸ. Ɣɨɞ ɭɨɸɵ ɷʀɞ ɿɞɿ ɹɿ ɵ dɛ ɞɵ ʀɸɿɞ ɨɴ ɣ ɷʀɸɿd'ɞ ɸɨɞɿʀɸɵ, ɣɹɿ ɨɿ ɞɿɸɹd ɷɨɣ ɣ ɔɸɷ̇ɸɛɿɨɴ ɸɛɞʀɞ ɨɴ ɹɞɸɵ dʀɸɹɷbʀɴ, ɞɵ ɣɹɿ ɿɸɛɞʀɞ ʀɞ ɨɿ ɷɹɴ ɞ pɵ̇ɴd pɸʀɔ Ɏɨɴdɵɞɿɹɴ ɿɷ Ȣɿɛɴ, pɸʀɔ ɣ Ȣɵɿɨɴɷ ɿɷ ƌɿɞɵɞɿɞʀ. Ƥʀ ɷɵɸɞ, ɹɞɸɵ ɿɞɿʀɿ ɨɴ ɣɹɸ ɵɴ ɭɹɴɷ̇ʀɕ ɸɹd ɣɹɸ ɿʀɷɞɵɿɹʀɸ ɴɛɔ pɵɸ ɣɨɞ ɞɛɞɹʀɸ, ɹɴd ɞɕ ɸɛɞ ɷɿɛɔd ɸɨɔ ɹɞ ɣɹɸɞ, ɹɞ Ɛɞʀɿ ɞʀɸɿʀɴɿɵ ɞʀɿɵɨɴd ɹɞ ɔʀɕ ɿɷ ɷʀɴ ɹɞ ɣ ʀɣʀɸ, ɸɹɞɨɴ ɴɵ ɿɵɞɿɹɸɨɿɵ; ɹɴd ɞɸ dʀɷ̇ɸɵɞ ɣɛ ɷɵɞ ɔɹɴɵ pɹɴɞɨpʀɿ ɹɴd ɔɨɿɨɷʀɿ

[5] Ɦɞɞɿɸɸd ɿɸɹɴɞɿɛbʀɴ ʀɞ Ɠɹɴʀɞɨɞ 17:7.

ʖʌϘɼɥdɞ ɸȯɥd ɸɪɞ ʖɸρ ɹɥd dʌʟ, ɞʌɸəɪ ɼɷɸdɪɪ ʅɷ ɣ ʅɛɞʅɞ, ɪɔɹϘɥɼʅɪɞ ʅȯɼɸ ɹɥd ɥɞɸɸɼɥɔɼɥʅ ɼɞ ɣ dɪρɼɸɼɥʅ ɸɛɞɼɞ. Ɣɪɞ, ʅɷ ɵ ɞʌɸə ɷɸɛʅ ɪɷɞʅʌɥʅ, ɪɷɞʅʖɛɥɞ ɣɹʅ ɥɪɷɔɼ ʅɷ Ωɸɪɞɕɼɥɞ, ɸɷ ɞɼʖəɞ ɣɹʅ Θɞɞʅɼʖ ʅɸɷʟɞ ɷɼɸ ρɼɸɞʅ ʅɷʅ ɞɸ Ϛəɞɼɞ ɸɷʌɥ ɪɥ ɣ ρʖʌb, ɸȯ ɣ ɥəʖɼϚ ɼɞ ɣ ʅɸɪɥɞɪʅɪʖ ɼɞ ɣ ɼʅɔɥɔɼɥʅ ɹɥd ɣ ʅɸɼdɪbɼɥ ɼɞ ɵ Ȣɛɞɤɼɸ ɷɼɞ ɞɷ ɷɸd ɞʅɸʌd ʟɸɷȯʅ ɣ ɷɼɸʖd ɞɼρɷɸ Ψɪɞ ɹɷϚɼɷɼʖ ɷɼɔɪɪ.

Ɣʌɸ ɪɞ ɼɥɼɣɼɸ ɷɛ ɞɸ ɸɷɪϚ ɣ ɥəʖɼϚ ɼɞ ɣəɞ ʅɸɷʟɞ ɷɼɞ ʅɷʅ. Ωə ɸɼρɼɸ ʅɷ ɣ ɪɷɞʅʌɥdɼd ʅɸəϚɪɪ ɼɞ ɞɼϚ ɷɼɸɣəɞ ɹɞ Ɔʌʖɷɪɞɼdʌɷ, Ɛɞɸɼɸɹɔ, Ϛʌʟɸɔ, Ϛɔɞ, Ϛʌɸɼɔɸɼ, Ϛɔɥɼ ɹɥd ɼɣɼɸɞ; ɹɥd ɼɞɼɞ ɵʖ ʅɷ ɣɹʅ ɼɞ ɣ Ƥʅɞɞɼʖɞ ɹρʖɼɸ ɣ Φɼdəɔɼɸ'ɞ dʌʟ. Ɑɪɞʅɼɥɞɛbɼɥ ɞɼɷɞədɼd dɪɞʅɼɥɞɛbɼɥ, ɹɞ ɛϚ ɞɼɷɞədɼd ɛϚ; ʅɸɔ ɹɥd ʅɸɔ ɼɷʌɥ ɣ ʅəʅɪʖ ɼʅɞɞʅɼʅɸɞd, ɞɼʅ əϚ ʅɸɔ ɞɼɔ ʖʅʅɼʖ ɸʌɔɥɼɥʅ ɼɞ dɪɞɸɥ ʅɸɷʟ ɸɼɔɛɥd ɷɪɣ ɣʌɔ. Ϛəɞɼɞ Ωɸɸɞʅ ɷɼɞ ʅɸəϚʅ ɞɸ ɥɛɔ ɞɷɥ ɹρʖɼɸ ɣ ɷɸəɛbɼɥ, ɹɞ Ȣɸɸɼɞ ɷɼɞ ɥɛɔd ɞɸ dɪɞɸɥ ɸʌɞɼʖɛbɼɥ ɼɞȯʅ ʅɷ ɸɼɥdɸɼd ɤɪɸɞ ɞɼρɷɸ ɸɪɞ ɞɼɸʟ. Ɣɼɞ, ɪɥ ɞɼɔ ʖɹɪɷɷɼϚɼɞ, ɷə ɸɹɞ ɼɷȯɥʅɞ ɼɞ ɷɸɛʅ ɔʌɥ ɼɞ Θəd ɵɸ ɷədɞ, ɹɞ ɣ ɷɛɞ ɔɛ ɞ, ɸɷɞ ɹɷʅɞ ɵɸ ɞʌd ʅɷ ɸɹɞ ɞɪɥ, ɪɥ ɵ ɷɸɛʅɼɸ ɵɸ ʖʌɞ dɼɷɸə, ɣ ɷəɥʅɼɸʅɞɸʅ ɼɞ ɣɔɞ ɼɞ ɣ Ɔɼɞɸɼ ɸɷʌɥ Ψə ʅʌɞɼɸɥɹɷɼʖd ɪɥ ɣ ρʖʌb; ɹɥd ɸɷɞ ɥɛɔɞ ɞʌɸ ɵ ɔəɞʅ ɸɼɔəɸɷɼɞɼʖ ʖɸɷɥɼɞ ʅɷ ɣɹʅ ɼɞ ɣ Ȣɼɥ ɼɞ Θəd. Ψʌɥɞ ɷə ɸɹɞ Ϛʌɷɞɥɼ ɵɸ Ωɸɪbɥɼ ɼɞ Ψɥdɷɞʅɹɥ, ɹɥd Ψɛɞɷɞ ɼɞ ɣ Ɑɸɷɪdɞ, ɞɔʟ ɼɞ ɸɷɪϚ ɥɛɔɞ ɞʌɸ ɵ ɔəɸɷʅ ɞɪɔʖʌɸɪʅə ʅɷ ɣɔɞ ɼɞ ɣ Φɼdəɔɼɸ; ɣ ρɼɸɞʅ ʅɷ Ωɸɸɞʅ, ɣ ɞʌɷɼɥd ʅɷ Ϛəɞɼɞ. Ɨʅ ɼʅɪɸɞ ɵʖɼɷʌɣɼɸ ʅɸɷɞɼɞɼʖ ɣɹʅ ɣ ɸɪɞʅɼɸəɞ ɼɞ ɣəɞ ɔʌɥ ɵɸ ɞɪɔʅʅə ɣ bʌdɷə ʅɸɼdɪbɼɥɞ ɼɞ ɣ Ȣɛɞɤɼɸ, ɣ ρɛɥʅ ɸʌɷɼʖʌɷbɼɥʅ ɼɞ ɣ ʅəϚɪɪɞ ɼɞ ɪɥɞʅɸɸd ɔʌɥ, ɸɷɪϚ ɷɼɸ ʖɔɷɼʖɸɞd ʅɷ ɞɷʅ ɞʌɷbɼɥʅʖ ɞɹɥʅə ɵɸ ʅɸɸd ɼɞ ɸɛɞ; ɵɸ ɣɹʅ ɞɼɔ ɛɥϚɼɥʅ ʅəϚɼɸ ɼɞ ɣʌɸ ɔɥ ʅəʅɼʖɞ ɸɹɞ ɞɪɥ ɷʖɔɣd ɷɪɣ ɣ ɹɸɪɞɤɷʅə ɹɥd ɷɼɸɷɞ ɼɞ Ωɸɸɞʅ, ɹɥd dɥɸɪɪ ɣ ʖʌʅɞ ɼɞ ɛϚɼɞ ɣ ɹɷʅɞ ɹɥd dədɞ ɼɞ ɣ ʅɷ ʖɸɞɞ ɸɹɞ ɞɪɥ ɪʅɼɸɔɪɷɼʖd ɪɥ ɷɼɥ, ɼɥʅɪ ɹʅ ɣɪɞ dɛ ɵ ɸɸʅρɼʖ ɞʌʅɼɸɛbɼɥ ɪɞ ɪɔʅəɞɪɞɼʖ. Ɣɪɞ ɸɹɞʅ ɼɞ ɔɪɷɞɪɪ ɹɥd ɔɪɷʖɪɪ ɣ ɷɸɛʅ dədɞ ɼɞ ɞʌɞɼɸɼʖ dɪɞʅɪɥɷʅ ʅɼɸɞɼɥɞ, ɹɥd ρɸɸɔɪɪ ɣʌɸρɸɼɔ ɷɼɥ ɷɸɹɥd, ɪρ ɥəʅ ɵʖɼɷʌɣɼɸ ɸɸɸɔɔɥəɼɞ ɸɔʖ ɪɞ ɷɼɥ ɷʌʖ ɼɥdɼɸɞʅρd ɞɸ ɣɔɞ ɸɷ ɸɹɞ ɞɼɼdəd ɣ ʅɸɼdɪbɼɥɞ ɼɞ ɔɹɥɷɸɥd; ɪʅ ɪɞ ɥəʅ ʅɼɷɤɷʖɤɼɸ ʅɷ ʌɥə ɛϚ ɵɸ ɸɛɞ, ɹɥd əɞɼɥ ɪɥ ȯɸ dɛ ɷə ɵρɼɥ ρɸɥd ɵ ɞɼɸʅɼɥ ɹɥɼɷdɔʅ, ɸɷʌɣɼɸ ɸəʖ ɵɸ ɪɔɹϘɥʌɸə, ʅɔʖd ɼɞ ɞʌɸəɼɞ ɞɼʖʌɞɸɪʅəɞ, ɞɼɔ ɼɞ ɸɷɔ ɔɛ ɞ ɤɹʅ ʖɞɪɪ, ɸɷɸʖ ɼɣɼɸɞ ɵɸ ɼɔɪɪ ɣ ɸəɞɼɥʅ dʌd. Ɣ ɪρʌɷʅɞ ɼɞ ɣɪɞ φɹвɪ, φωɹɥ ωɹɥɪɥɥɹωωd ɩфω ɭωи ɛɕɹ6, ɹɔɹиві вɹɕə-вɪвɭфвd ωф вωфвɹфɹв ɥɛbɹɥ6, ωɹɥɪ ƥωф ɭω ƥɹbɹɥ ɣ φɪвɭɹфə ɹв ɣɹф ώωd6, ɹɥd ωƥɹɥ ɭω ɔɹɥɥɹƥɹωɔɹф dəɪɭə6 ό ɹв ωɭɹώɹɣɹф ɪɔɹɕɥɹфə ɪɹфвɹɥɹɕɹ6.

Ɔədɹфɥ фɹвɭɛbɹɥ φɹ6 фɹвɭωфd ɹɥɹɣɹф ɔωвɭ ɪɔɪωфɭɹɥɭ ωə ɭω ɹɥɭəω ɣ ɔɪвɭɹфə ɹв ɣ ωɭɔωвɭ ɥωɥɪвɹфвɹɭ ɥωɭɹɕ ɹв ɣ Φɹdəɔɹф ɹɥd ɹв ɣ ɪɭɹɥ ɹв ɣ ɹɭɔɥɔɹɥɭ. Ɨɭ ɪ6 ƥώɥd ɪɥ ɣ вɭɛɭɔɹɥɭ ɣɹɭ Ɡəвɹв, ɹƥɭɹф φɪ6 фɹвɹфɹωbɹɥ, вɪвɭɹd ɹɭ ɭəвɭ ɣ ɪɥфɹвɪɭɹɥɭв ɹв ɭω dɪвɭɪиωɭ ɪωфbɹɥ6 ɹв ɣ ɹфʟ, φωɪɕ ωqd ɥəɭ φɹв вɪɥ фəɕɭ ɩфω ɣ ɔɪɥɪвɭɹфə ɹв Φɪ6 Ɡωɪb Ƥɪωвɹɭ6. Ɣə6 ɭω ɪəɪɹɭ6 ωɹф ɣ Ɥəƥфɭв ωɥ ɣɪв ɭɹɥd, ɹɥd ɣ Ɫɹɥ Ɫффвв6 ɪɥ ɣɹф dɪвɭɹɥɭ ɥωфɣɹфɥ φωɕ. Ɣ ɥωɭɹɕ ɣɹɭ ɣ Ɔɹωвɪωɹɥ6, ɹɥd ɹɣɹф ɹвɹфɪɕɥɹɭ фɛвɹв ɹв Ƥɔɹфɪωɹ φɹd, ɹɭ ɣ ɭфɔ ɹв ɣɹф dɪвωɹвɹфə вф ɣ Ɓɪɹɥɥɹɹфd6, ɹв ɣ ɭфƥ ɹв ɣ Ɓɛвɥɹф, ωɹ6 вω ɪώɥɹωɭ, ɣɹɭ ɣ Ωɹʟɹɭɪωв вɹώɕɹвɭɹd ɭω ʟфə6 (вωʟ ɪωɹфɹωɭ, φόɹвɹф) ɭω вəɭв ɣ ɔɪвɭɹфə. Ωɹɥ ωɹ6 ɣɹɭ ɣ dɹвɪɭ φɹd ɪвɹɹɭɹd ɹɥ ɪɔɪɛbɹɥ ώωвɪɹɭ ɭω dɹɭωd ɣ Ɨɥdəɹɥ6; ɣ ɹɣɹф, ɣɹɭ ɣ Ƥɪωвɹɭ Ɫəɔɹв φɹd вɪвɭɹd Ƥɔɹфɪωɹ ɹɥd ɭəɭ ɪɹв ɪəɪɹɭ ɣ ɪɭɹɥ ɹв вɹɭɛbɹɥ.

Ɣ вɭωфə ɹв ɣ ɭфƥ ɹв ɣ Ɔɹωвɪωɹɥ dɪвɪɥɭə, Ωɹɭвəɭωωвɭɹɭ, ωɭωвɭə фɹвɹɔвɭɹɭ6 ɣɹɭ ɹв ɣ Ɓɛвɥɹф; вω ωɭωвɭə, ɪɥdəd, ɣɹɭ ωə ωɹɥ ωɹɕ ɭω ɥω ɹɣɹф ωɹɥωɭωвɹɥ ɣɹɥ ɣɹɭ Ωɹɭвəɭωωвɭɹɭ ɹɥd Ωффвɭ вф ɣ вɛɕ вəɪи. Вɹɭ ɣ φɪвɭɹфə ɹв ɣ ƥωфɔɹф φɹ6 вɪɥ φɹɥdɹd dόɥ ɭω ɹв ʟфω ɹɥ ɪɔɪɥƥф [ɛɕɹɥфɹɭb вωфв, φωɪɕ φɹ6 вɹdɭə dɪвƥɪώɥɹфd ɹɥd ɪɹфвɹфɭɹd ɣ ɹфɪɕɥɹɭ ɪɥвɪdɹɥɭв ɹɥd ɭəɕɪи6 ɹв ɣ Ɓɛвɥɹф'6 ɭфƥ ɹɥd ɔɪɥɪвɭɹфə. Φɹώɹфdɪи ɣɪв ώωd, Φɹɔвωɭɹ ффɹв: "Φό ɭфωɭə вɹфɪɭфвɪи ɪ6 ɪɭ ɭω ƥфɥd ɣɹɭ ɣ Ɔɹωвɪωɹɥ6, φω вəɔ ɭω φɹв вɪɥ ɹɥɹωɛɥɭɹd ωɪɣ ɣ dωωɭфɪɥ ɹв ɣ ɔфώфɛbɹɥ ɹв ɣ вωɭ ɹɥd ɣ Ɔɹɭɹɔвфωωвɪв *bqd φɹв вɹɭəвd ɪɥ ɣ ɪωωфɥɛbɹɥ ɹв ɣ ωɥɭə Ɓɹɥ ɹв ɣ вɹɭфəɔ Ωəd, Ɫəɔɹωɹɭɥωωɭə.* Ƥωф Ɔɹωвɪωɹɥ ɔɪʟəɭɹɕə, вɪəωɪи ɹв ɥω ɹɣɹф Ɓɹɥ ɹв Ωəd, ɪωвɹɪɭ Ωɹɭвəɭωωвɭɹɭ, φω ωɹ6 вωфɥ ɹв Cɪɔɹɭɔɹɥ, ɣ вɹфɕɥ ɹв Ɫωɭɹ (ωɪʟό ɔɹɥ), вф Φɪ6 вфʟ ɹɭωɥ, вф φωɪɕ ɔɛ в вɪώɥɹƥфd φɪ6 ωɹфd ωф ωɪɭ, φωɹɥ ɪɭ ωɹ6 ɹɥόɥвɭ ɭω Cɪɔɹɭɔɹɥ, вф ɣ вɹɭɹвɕɹɭ ɔɹвɹɥɕɹф, φωɔ Φə dɪвɪɹɕɭ ɭω ɪɥƥωфɔ φɹф ɣɹɭ bə bqd ωɹɥвəв ə вɹɥ, ɪɭ ɔɹвɭ в ɪфɹвωɔd ɣɪв ωɹ6 Ωɹɭвəɭωωвɭɹɭ, φω ωɹ6 ɣ ωɥɭə вɹɥ. Ƥɣɹф ωʟɹф6 ɔфɭ в ɹdωвɭ ɭω bω ɣɹɭ ɣ Ɔɹωвɪωɹɥ6 вɹɭəв ɣɹɭ ɣɪв Ωɹɭвəɭωωвɭɹɭ ωɹ6 вωʟ Ωəd ɹɥd ɔɹɥ; ɣɹɭ Φə φɹd

ᒣφəɞəɼɞ[ə ]ɷ Ψɪ6 ɪʜωəφʜɛbɼʜ ɪώɪɞɜ]ɼd ρφɼɔ ə]ɼφʜ]ə, ɹʜd ɣɹ] Ψə φɹd ɞɪʜ ɣ Ωφəɛ]ɼφ ɞoʟ ɼɞ ɣ ωɼφ[d ɹʜd ɔɹʜ; ɹʜd ɣɹ] Ψə φɹd dɼɞʌʜdɼd ]ɷ φɼρəφɔ ɣ ωɼφ[d ɞɸ ɪʜdqφɼʜɞ, ɹʜd ɞəɪи Ωɪи ɼɞ ˥ɷ[ɼ, ωɼ6 ωφɷɞɪρɸd ρəφ ɣ ɞɪʜ6 ɼɞ ɔɹʜωɸʜd, etc., ɹ6 ɪ6 ˥[ɛʜ[ə dɼω[ʌφd ɪʜ ɣ ]φɼdɪbɼʜ ɼɞ Ʌɷωɼ]ɹʜ, ɹʜd ɔɪɞ]ɪφəɼɞ[ə φʌ˥φɼ6ʌʜ]ɼd ɪʜ ɣ Ɔʌωɞɪωɼʜ ˥ɛʜ]ɪи6."

Ɣ ρə[ɷɪи ɞφəρ ɪωɞ]φɹωəɞ φɼ[ɛ]ɪи ]ɷ Ωʌ]ɞɞ[ωəɞ]ɼ[, ɞφ ρφɼɔ [ɷφd Ωɪиɞɞɼφɷ'6 "Ɉʜ]ωɷɪ]ə6 ɼɞ Ɔʌωɞɪωɷ." Ȣ]əωɪи ɼɞ ə ɞɼφ]ɼʜ ˥[ɛ], φə ɼɞ6ɼφɞ6: "Ωʌ]ɞɞ[ωəɞ]ɼ[ ɪ6 ɣʌφ ˥ɛʜ]ɼd ɪʜ ɣ ɹ]ɪ]ɷd ɼɞ ə ˥ɼφɞɼʜ ωφɷɞɪρɸd, ωɪɣ ɣ ɪɔ˥φʌbɼʜ ɼɞ ʜɛ[6 ɪʜ φɪ6 φɹʜd6 ɹʜd ρə], ɞɼ] ʜɞ] ɹωɛɼωɼ[ə ɼ]əʜ ɣ ωφɷɞ." Ꮢώʌʜ: "Ɣ ɞʌɞɼʜ]ə-ʟɼφd ˥[ɛ] ɼɞ ɣ Ȣɷφɕəɼʜ Ɔȣ. ɪ6 ɣ ɔɷɞ] φɼɔəφωɼɞɼ[ ɼɞ ɵ[, ρəφ Ωʌ]ɞɞ[ωəɞ]ɼ[ ɪ6 ʜɞ] ɵʜ[ə φʌ˥φɼ6ʌʜ]ɼd ɣʌφ ɹ6 ωφɷɞɪρɸd ɼ]əʜ ə ωφɷɞ ɼɞ Ꮻφəω ρəφɔ, ɞɼ] φɪ6 ɞʌφə]ɼ[ ɹʜd dɼɞʌʜ] ɪʜ]ɷ φʌ[ ɞφ ɵ[ɞɞ dɼ˥ɪω]ɼd ɪʜ ə ɞʌφə ωɣqφəɼɞ ɔɹʜɼφ." Ɨʜ ɼʜɼɣɼφ ˥[ɛɞ φə ɼɞ6ɼφɞ6: "Ɣ Ɔʌωɞɪωɼʜ6 ɞɼ[əɞ ɣɹ] Ωʌ]ɞɞ[ωəɞ]ɼ[ ]ʞω φɣɷɔɼʜ ʜɛɕɼφ ɼ]əʜ φɪɔ, ˥əφ]ɛωɪи ɼɞ ɵ[ ɣ ɪʜɼφɔɪ]ə6 ɼɞ ɔɹʜ, ɹʜd ωɼ6 ʜɞ] ɪώ6ʌɔ˥] ρφɼɔ ɞɞφɷ, ˥ɛʜ ɵφ dʌʟ, φωɪɕ φə ɞɼρɼφd *ɞɞ[ɼʜ]ʌφɪ]ə ]ɷ ɼ]ɷʜ ρəφ ɣ ɞɪʜ6 ɼɞ ɔɹʜ.*"

Φɷɞɞ[ɛ6, ɪʜ φɪ6 φɪɞ]ɼφə, φωʌʜ ȣ]əωɪи ɼɞ ɣ ˥ə]ɪɼ[ ɼɞ ɣ ɪωɞ]φəɔ ɞɼɣɼφʜ ˥əφbɼʜ ɼɞ Ꮲɔʌφɪωɼ, ɞ]ɛ]ɞ: "Ɣɛ φɹd φɼφd ɣʌφ ρəɣɼφ6 ɞɛ, ə ωɼʜdɼφρɼ[ ɔɹʜ φɹd ωɼɔ ]ɷ ɣɹ] ωɼʜ]φə…φɷ ˥ɼφρəφɔd ɔʌʜə ɔɪφɼω[6, ωɣqφd ɣ ɞɪω ωɪɣ ωəɞ]ɼφ, ωəɞd ɪ] ]ɷ φɛʜ ɣɹ] ɣʌφ ωφɷ]ɞ ɼɞ ώφɛʜ ɔɸ] ώφɷ, ωɪʜdɼ[d ρɸφ ɹ] ə ɞφʌʟ, φə[ɪи ɣ ɞɪω ɹʜd ώɪɞɪи ɞɸ] ]ɷ ɣ ɞ[ɸʜd; ɹʜd ɣɹ] φə ȣ]ɷω ωɪɣ ɹ6 ɔɼɕ ˥φɼ˥φɸɼ]ə ɹʜd ʌ[ɼώɼʜɞ ɪʜ ɣ [ʌиώωɼɕ ɼɞ ɣʌφ ωɼʜ]φə ɹ6 ɪρ φə φɹd ɵ[ωɛ6 φɼ6ɸdɼd ɪʜ ɪ], ɼdφʌɞɪи ɣʌɔ ɪʜ ωɼφd6 ɞʌφə ȣωə] ɹʜd ʜɷ ]ɷ ɣʌɔ, ][ɪ[ɪи ɣʌɔ ɣɹ] ɣ Ωφəɛ]ɼφ ɼɞ ɣ ɣɷɪиɞɼφɞ φɼ6ɸdɼd ɪʜ ɣ φɸɼɞ] ˥[ɛɞ ɼɞ φʌɞɼʜ, ɹʜd ɣɹ] ɔʌʜə ɔɹʜ ɹʜd ωɪɔɼʜ, φɼɞ]ʌʜdɼʜ] ɹ6 ɣ ɞɼʜ, dωʌ[ɪ ωɪɣ φɪɔ."

Ɣɼɞ ωə ɞɞ ɣɹ] ɪʜ ɣ ]φɼdɪbɼʜ'6 ωɪɣ φɼώəφd ]ɷ ɣɪɞ ɪɞ]ʌbɼ[ Ꮻəd, ωə φɹɞ ɹʜ ɵ[ɔɷɞ] ωɼɔ][ə [ɸφ ɼɞ ɣ Ȣɛɞʌɼφ, ρφɼɔ ɣ ɼʜώʜɞɔɼʜ ɼɞ Ψɪ6 ɞɼφʟ ]ɷ Ψɪ6 ɞɼφɕʜ ɔɪɣɼφ ɞɸ ɹʜ ɛʜɕɼ[, ]ɷ Ψɪ6 φʌɞɼφʌωbɼʜ ρφɼɔ ɣ ώφɛɞ. Ψɹd ωə ȣ]ɛɞ, ɼɣɼφ ɪωɞ]φɹωəɞ ωqd ɞ ώɪɞɼʜ, bɷɪи ɣɹ] ɣʌφ ωɼφ ɔʌʜə dəɛ[6, ʜɞ] ɼɞɼɞ ɔʌʜɕɼʜd, ɼɞωφɸɞd ]ɷ Ωʌ]ɞɞ[ωəɞ]ɼ[, ɣɹ] φɼ[ɛ] ]ɷ ɪʜɞɪdɼʜ]ɞ ɪʜ ɣ [ɸφ ɼɞ Ωφɸɞ]. Ɣ Ȣqω ɼɞ Ɔəφɔɼʜ ɼ[ɷʜ ɪωɞ][ɛʜ6 ɣ ɔɪɞ]ɪφə. Ɣ ɼωώʜ] ɣʌφ ώɪɞɼʜ ɼɞ Ωφɸɞ]'ɞ ɔɪʜɪɞ]φɛbɼʜ6 ɼɔɼиɞ] ɣ ρəφρəɣɼφ6 ꝛɞ ɣəɞ ɪəɪꝛɪɘ ɔɛɷɞ ɣ φoɪ ʟɪи ɪɪɛɴ. Ɯə ꝛɴdꝛφɞɪɹɴd, ʟφɷ ɣɹɪ φʌɷꝛφd, φȯ ɹɴd ɞɸ φɷꝛɪ ɔəɴɞ ɣɛ ꝛɞɪɛɴd ɣɪɞ ώφɛɪ ɴəɪꝛɕ, ɹɴd ɷɹɴ ɵɪɞo φʌdɪɪɘ ɪꝛφɞəɞ φȯ ɣ ꝛɴɷꝛφɣə dꝛɞʌɴdꝛɴɪɞ ꝛɞ ɣoɞ φɷɔ ɣ Ꞩɛɞꝟꝛφ ɞɪɞɪꝛd, ώφɹɕɷꝛɪɘ ɹdꝛd ɔꝛc cȸɪdɪb φꝛɞɪb ɪɷ ɣ ꝛφɪɕɴꝛɪ ρɹɷɪɞ; ɔɛɷɪи ɣʌφ ɞɪɵφə, ɪȸɷ ɵɪɔoɞɪ ɵɪ ꝛɣꝛφ ɔɪʟɞɪꝛɕə, ɹɴ ꝛɴɞəɔɪɘ ɷəɔɪȯɴd ꝛɞ φʌɞꝛɴɪɘ ɪφɷʟ ɹɴd ɪꝟɷφɪɪ ρɛɞɪɪ. Ꞩꝛɪ, ɪɴ ɞꝟɷ ꝛɞ ɣəɞ ρɹɷɪɞ, φɷʌɴ ɵɪ ʟɪиɞ ɞφ ɷꝛɴɞɪdꝛφd, ɪɪ ɪɞ ɵɪɔoɞɪ ɞ ɷꝛɴdꝛφ ɣɹɪ ɞo ɔꝛc ꝛɞ ɣ ɪφɷʟ ɷꝛɞ φꝛɪɛɴd ɪɷ ɣ dɛɞ φɷʌɴ Ꮲɔʌφɪɷꝛ ɞꝛɷɛɔ ɴoɴ ɪɷ Ꝟɋφꝛɪəꝛɴɞ.

Ɯə ρȸɴd, ɪɴ ɣ ɔɪʟɞɪꝛɕə ꝛɞ ɣ Ꝥɵφʟɔꝛɴ, ɞꝛφɪꝛɴ ɪφꝛdɪbꝛɴɞ ɣɹɪ ɪəd ꝛɞ ɪɷ ɪɔɹɕɴ ɣɹɪ ɪɪ ɪɞ ɪəɞɪɞꝛɪ ɣɹɪ ɣ ɞɪɞɪ ꝛɞ ɣ Ꞩɛɞꝟꝛφ ɪɷ ɣ Ɫʌɴ Ɫφȸɞɞ ɷꝛɞ ɞɸ ɞꝛɔ ɔəɴɞ ɷꝛɔꝟɷɴɪɷɛɪꝛd ɪɷ ɣʌɔ. Ꞩꝛɪ ɣɪɞ ɪɞ ɞɪɔɪɪɘ ɞ ɷꝛɴɕʌɷɔꝛφ. Ꝕȯʌɞꝛφ, ɪɪ ɪɞ ꝛɞꝛφɪꝛd ɣɹɪ ɣɛ ɷɪɛɔd ɣɹɪ Ɯodꝛɴ, ɷꝛɴ ꝛɞ ɣʌφ ɪφɪɴɞɪɪꝛɪ dəɪɪəɞ, ɷꝛɞ ɞ dꝛɞʌɴdꝛɴɪ ꝛɞ Ɯɪи Ꝙɛɞɪd, ɞ ɞʌφə ɷꝟɋφəꝛɞ ɞꝛφɷꝛɔɞɪɹɴɞ, ɣɹɪ ɪɪ ɪɞ dɪρɪɷꝛɪɪ ɪɷ ɪɷɞɪɪɛɴ, oɴɪɘ oɴ ɣ ɞꝛɪꝛɞɪbꝛɴ ꝛɞ Ɯφȸɞɪ'ɞ ɞɪɞɪ, ɹɴd ɣɹɪ Ɯodꝛɴ, ɷɪɣ ɣʌɔ, ɞɷꝟꝛɪȸd ɣ ɪɪɛɞ ɣɹɪ Ɯʌɪɞɞɪɷoɞɪꝛɪ dɪd ɷɪɣ ɣ Ɔʌɷɞɪɷꝛɴɞ.

Ɣʌφ ɪɞ ꝟʌɪ ꝛɴꝛɣꝛφ ɞoφɞ ρφꝛɔ φɷɪc ɣ ɛɴcꝛɴɪɞ ꝛɞɪɛɴd ɣʌφ ȸdəꝛɞ ꝛɞ ɣ ɪȸρ ɹɴd ɔɪbꝛɴ ꝛɞ ɣ Ꞩꝛɴ ꝛɞ Ɯəd. Ɫ ɪɞ ɪɷ ɞ ρȯɴd ɪɴ ɣ ɪφɹɴɞɪɛbꝛɴ ꝛɞ Ɗꝛɷ ɹɴd φɪɞ ɞɪɪə. Ɣ ρɹɷɪ ꝛɞ Ɗꝛɷ'ɞ ɪφɹɴɞɪɛbꝛɴ ɷꝛɞ ɕʌɴφꝛɪɘ ɴoɴ ɞɸ ɣ ɪəɪꝛɪ φɷ ɪɪɞd ɪɔədəꝛɪɪɘ ɹρɪꝛφ ɣ ρɪꝛd. Ɫ φɹd ꝛɷꝛφd ɞo bɞφɪ ɞ ɪȸɔ ɞꝛρɞφ, ɣɹɪ ɪɪ ɷꝛɞ ɵɪɔoɞɪ ɞ ɔɹɪꝛφ ꝛɞ ɪꝛφɞꝛɴꝛɪ φʌɷꝛɪʌɷbꝛɴ ɷɪɣ ɣ ɞꝛɴɞ ꝛɞ Ꝥoꝛ. Ɣɛ ɔꝛɞɪ ɵɪɞo φɹɞ ɞɪɴ ꝛɷɷɛɴɪꝛd ɷɪɣ ɣ ρɹɷɪ ɣɹɪ ꝛɣꝛφɞ ɷꝛφ ɷɵɪ ꝛɪ ɞɸ ɣ ɪȯꝛφ ꝛɞ φʌɞꝛɴ ɪɴɪɷ Ɓȸꝛɴ, ɹɴd ɪɪ ɷɋd ꝛɪɪφ ɞɪφɵɪɪɘ ɪφɵɞꝛɞꝛɪ ɣɹɪ Ɔʌɪɷɪɞꝛdʌɷ ɹɴd ɔʌɴə ꝛɞ φɪɞ ɪəɪꝛɪ ɷꝛφ ɵɪɞo ɪφɹɴɞɪɛꝛd. Ꝕʌɞꝛɪɛbꝛɴ dꝛɞ ɴəɪ ɞɪɛɪ ɣɪɞ ɪɴ ɞo ɔʌɴə ɷꝛφdɞ, ɞꝛɪ ɣ ɪɴꝛφꝛɴɞ ɪɷ ɞ dφɷɴ ρφꝛɔ φɷꝛɪ ɪɞ ɞʌd, ɪoɪɴɪɞ ɷɪɪφɪɘ ɪɴ ɣɹɪ dꝛφʌɷbꝛɴ. Ɣ ρɹɷɪ ꝛɞ ɣəɞ ɪφɹɴɞɪɛbꝛɴɞ, ɣ ρφəɷꝛɴɪ ɞɪɞɪɞ ꝛɞ ɛɴɕꝛɪɞ ɪɷ ɔʌɴ φoɪdɪи ɣ Ɫφəɞɪφɋd, ɹɴd ɣ ɔɹɴɪρꝛɞɪɛbꝛɴ ꝛɞ Ɯəd'ɞ ɪȯꝛφ oɞꝛφ ɣ ʌɪꝛɔꝛɴɪɞ ꝛɞ ɴɛcꝛφ ɔɛd ɔɹɴɪρʌɞɪ ʟφɷ Ꝕɪɞ ɞꝛφɞꝛɴɪɞ, ɪɛd ɞ ρȯɴdɛbꝛɴ ρoφ ɔʌɴə ꝛɞ ɣ ρɛɞꝛɪɞ ꝛɞ ɛɴcꝛɴɪ ɔɪʟɞɪꝛɕə; ɞꝛɔ ꝛɞ φɷɪc, ɪρ ɷə ɷꝛφ ɪɷ cɛɴɕ ɣ ɴɛɔɞ ɹɴd ɪoɷɹɪɪɪəɞ ɪɷ ɣoɞ ꝛɞ Ꞩȸʌɪ φɪɞɪꝛφə, ɷɋd ɴəɪ ɞ ɹɞ ρoφ ρφꝛɔ ɣ ɪφɷʟ ɹɞ ɔʌɴə ɞꝛɪɔɞ. Ɣɪɞ ɪφꝛ ꝛɞ ɪɴɪꝛφ-ɷꝛɔꝟɷɴɪɷɛbꝛɴ ɷɪɣ ɣ φoɪɘ ɞəɪиɞ ꝛɞ ɣ ꝛɣꝛφ ɷꝛφɪɪd ɷꝛɞ əɞɪɘ ɔɹώɴɪρφd ɹɴd dɪɞɪəφɪꝛd ɪɴɪɷ ɣ Ɯoɪdꝛɴ Ɛɕ φɷʌɴ ώəd ɞ dɷʌɪɪ ɷɪɣ ɔʌɴ, ꝛɞobəɛɪꝛd ɷɪɣ ɔꝛc ɼɞ ɼɸʟ ʅɸɼ, ·ɪɪd ωɼɸ ɞωɛd ɜɸ ʇɪbɼɪɞ ɞʌɸɘ ɔɼc ·ɪɞ ωɼɸ ɣʌɸ ɔɵɸɿɼʅ ωɼɔʇɪɪɣɼɪɞ. ·Iɪd, ·ɪɞ ɜɼpɵɸ ɸɼɔɵɸω, ɣ ɞɪɔʅʅɞɪʅɘ ɼɞ ɣɘɞ ʅɸɼdɪbɼɪɞ ωɼɞ ώɸɛʅʅɘ cɛɪɕd ·ɪɞ ɣ ɛɕɼɞ ɸoʅd ɼɸόɪd, ɼɪɿɪ ɣɛ ωɼɸ ωɼɔʇʅɘʅɘ oɞɼɸʅɛd ·ɪɪd ɸɪdɼɪ ɜɸ ɼɞɘɔɪɼɞɼʅ ·ɪɪd ɔɘɪɞʅɸɼɞ pɛɞɼʅɞ, ɪɞʌɪʅɼd, ʅɵʅ ·ɪɪd ɣɵɛd ɜɸ ɣ ʅɸɘɞʅɞ ·ɪɪd ɣʌɸ ɼɞobɘɼʅɞ pɵɸ ɣʌɸ oɪ ɞɪɪɞʅɼɸ ·ɪɪd ɼɪɸoʅɘ ʇɼɸʇɼɞɼɞ.

Pɸɼɔ ɣ ɸoʅ ɼɞ ɣɘɞ ɞʅɛʅɔɼɪʅɞ, ωɘ ώɪɣɼɸ ɣɪʅ ɸωɸʅ ɔʌɪ, ɸɵ ɸɪɞ ɸɪʅɼɪ ɪɪ ɸɼʅɛbɼɪ ʅɵ ɣ ɞʌɸɘɼɞ ώɵd6, ɵɸ ɞɼɸɕɪɞ ɸɵ ɸɪɞ, ɘc ɪɪ ɸɼɸ ʅɼɸɪ, ωɼɪɞɵɞd ·ɪɪd ɞɵɸɪ ɘ ώɵd ɵɸ ɘ ɔɼɞɸɼ, ωɕd ɘɸώɣɵ ɣɪʅ ɣ ɼωόɪʅɞ ɼɞ ɣ ɞɼɸʟ, ɔɪɪɞʅɸɘ, dʌʟ, ɸʌɛɼɸʌωbɼɪ, etc., ɼɞ ɣ 8ɛɞɣɼɸ, ωɼɸ ɞɪɔʅʅɘ ɘ ɞɪωɪɪ ɼʅ ·ɪɪd ɸɼɞɼɞɪʅɛʅɪɪ ɼɞ ɞɼɔ ɼɞ ɣ oʅd ʅʌɕɼɪdɞ ɼɞ ɸɘɣɼɪ ɔɪʟɘʅɼɕɘ ɸωɪc ɸɪd ɞɪɪ ɪɪ ɪώɞɪɞʅɼɪɞ ɪɪ ɛɕɼɞ ʅɵɪ ·ɪɪɼɞɘdɼɪʅ ʅɵ Ψɪɞ ·ɪdɞʌɪʅ, ·ɪɪd ɣɪʅ, ɣʌɸpɵɸ, ɣ ɼωόɪʅ ɼɞ ɣ ʅɸɼ ·ɪɪd ωɼɸωɞ ɼɞ ɣ Φɼdɘɔɼɸ ωɼɞ ɞɪɔʅʅɘ ·ɪɪ ·ɪωʅ ɼɞ ʅɸɘɞʅωɸɪpʅ, ʅɵ ɪɪʅɸɼdɵɞ ɼɪɼɣɼɸ ɔɼɞɸɼ, ·ɪɪd ɼɪɼɣɼɸ ɪɞʅɪɞʅʅbɔɼɪʅ ɼɞ ɸɼʅɪɕɼɪ ɪɪ ɣ ɪɪʅɼɸɼɞʅɞ ɼɞ ɣ ʅɸɼɕʌωʅɼɸɞ, ·ɪɪd ɣɪʅ Ωɸɪɞcɘɪɪɪʅɘ ωɼɞ ɞɪɔʅʅɘ ɘ ωɘʅɘ ɼɞ ɣ oʅd ʅɛώɼɪɪɞɔɞ ɣɪʅ ɸɪd ɪώɞɪɞɪʅɼd ɣʌɔɞʌʅɞɞ ɪɪ ɣ pɵɸɔɞ ɼɞɼɞ ɸɼpɼɸd ʅɵ, ɸωʌɸɪɞ ɣ ɸɼɞɼɸɞ ɪɞ ωʅɪɸʅɘ dʌɔɼɪɞʅɸɛʅɼd ɪɪ ɣ pɵɸώɵɪ cɪʅʅɼɸɞ oɪ ɣ ɼʅoɪɔɼɪʅ. Ɣ pɪωʅ ɪɞ ωʅɪɸʅɘ ʅɸɵɞd, ɪɞʅʌd ɼɞ Ωɸɪɞcɘɪɪɪʅɘ dɼɸɸɞɪɪ ɪʅɞ ɪώɞɪɞʅɼɪɞ ·ɪɪd pɪωʅɞ pɸɼɔ ɣ ɸdɘɼɞ ·ɪɪd ʅɸɪωʅɪɞɼɞ ɼɞ ɸɘɣɼɪ ɔɪʟɘʅɼɕɪʅɞ, ·ɪɪd pɸɼɔ ɣ ɞʌɸɘɼɞ pɵʅɞ ɞɪɞʅɔɞ ɣɪʅ ɸɪd ɞɪɪ ɪɪʅɸɼdɵɞʅ ɜɸ ɼʅɵɞʅɼɞɘ, ɼɪɸʌωɼώɪɸɞd ʅɸɼʅʌɪcɼɪɞ ·ɪɪd pɸɵd, ɣɪʅ ɣoɞ ɞʌɸɘ ɞɪɞʅɔɞ ɣʌɔɞʌʅɞɞ ωɼɸ ɼɞʅɛɪd pɸɼɔ ɣ ʅɸɵ ʅɸɘɞʅɸɕd, ·ɪɪd pόɪdɼd oɪ ɪʅɞ ʅɘcɪɪɞ pɸɼɔ ɣ ɼɸʅʅɘɼɞʅ ɛɕɼɞ ʅɵ ɣ ·ɪdɞʌɪʅ ɼɞ ɵɸ ʅɵɸd ·ɪɪd 8ɛɞɣɼɸ ɕɘɞɼɞ Ωɸɸɞʅ; ɣɪʅ ɣoɞ ɸoʅɘ ʅɸɪɞɪʅɼʅɞ ωɼɸ ʅɵʅ ʅɵ ·Idɼɔ, ·ɪɪd ɞɸ ɸɪɔ ʅɵ ɸɪɞ ʅɵɞʅʌɸɪʅɘ; ɣɪʅ ծɼω, Կoɼ, Ɛɞɸɼɸɪɔ, ·ɪɪd ɣ ɞʌɸɘɼɞ ʅɸɘpɼʅɞ ɸɪd oʅ ɞɵɸɪ ʅʌɞʅɔoɪɘ ɼɞ ɣɪɞ ώɸɪɪd ·ɪɪd ɪɔʅɵɸʅɼɪʅ ɪɞʌɪʅ, ɸωʌɸɪ ɣ ɪɪʅɼɸɼɞʅ ·ɪɪd ɸɪʅɘɪɼɞ ɼɞ ɣ ɸoʅ ωɼɸʅd ωɼɸ ωɼɪɞɼɸɪd, ʅɼɸʅɛɪɪ ʅɵ ʅɸɔ ·ɪɪd ʅɵ ɘʅɼɸɪʅɘ. Ɣ Ωɵɞʅʅʅ ɪɞ ɘ ɞɪɞʅɼɔ, ώɸɛʅ, ώɸɪɪd ·ɪɪd ωɘɔʅɸɼɸʌɪɞɪɞ, ωɼɔʌɪɞɪɪ ɪɪ ɘʅɼɸɪʅɘ, ɪωɞʅʌɪdɪɪ ʟɸɵ oʅ ʅɸɔ, ·ɪɪd ɣʌɪ ɸɘcɪɪ ɪʅɵ ɣ ɘʅɼɸɪʅɘɞ ʅɵ ωɼɔ; ·ɪɪd ɣ ɸdɘɼɞ ωɪɣ ɸɼώɸɸd ʅɵ ɣɘɞ dɪɞcoɪʅɼd ɔɼʅɸɘɼʅɞ, ɣɪʅ ɘɸ ώɪɣɼɸd ʅɼώʌɣɼɸ pɸɼɔ ɣ ʅɼɸɞɪd ωɘʅɼɸɞ ɼɞ ɸɘɣɼɪ ɔɪʟɘʅɼɕɘ, ɘɸ ɞo ɔɼc ωʅɪʅ ʅɸɪʅ ·ɪɪd ɣɘɪɞʌɪɪ, ωʌʅωɣɼʅɛʅɼd oɪʅɘ ʅɵ dɼɞɘɞ ɣ ɼɪωʌɸɘ, ɞɵʅɼɸɞʅɪbɼɞ ·ɪɪd ɪώɪɼɸɼɪʅ, ·ɪɪd ɘɸ ·ɪɞ pɵɸ ɞɼʅɔ ɣoɞ ώɸɛʅ ·ɪɪd ɘʅɼɸɪɼʅ ʅɸɪɞɪʅɼʅɞ ɼɞ φɹɞɼчlə ]φʘʟ φωɨc ᴛɼφɔəɛ] ʟφʘ ɵl ]φɔ, ᴛɹчɼ]φɛ] ɨч]ʘ ɣ φɹɞɼч6, ɹчd ɞφ ɨч]ɼφωoɞɼч ωɨɣ ɵl ɣ ɨч]ɼφɼɞ]ɞ, φɹᴛəчɼɞ ɹчd ɹώ6ɵlɛbɼч ɼɞ ɔɹч, ɹ6 ɣ ɼφʟ ɨ6 ɞɼlo ɣ φɹɞɼч6 ɼɞɼɞ. Ɣ ɞɞɕɹω] ɼɞ ᴛlɛɞɨи ɣɨɞ ɞ]ɛ]ɔɼч] ɞɼpɵφ ὁφ ɞφɹɣφɼч, ɨ6 ]ʘ ᴛφʘɞ ɹчd dɹɔɼчɞ]φɛ], φωɼ] ωɼ6 ɞ]ɛ]ɼd ɨч ɣ ωɼɔɹчɞɔɼч], ɣɹ] ɣə6 ]φʘʟɞ bqd "ώφo ]ɼώɹɣɼφ ɼч]ʘ ɣ ωɼчpὁчdɨи ɼɞ pɵlɞ dɞω]φɨч6, ɹчd lɛɨи dὁч ɼɞ ωɼч]ɹчcɼч6."

Made in the USA
Las Vegas, NV
20 August 2021

28507916R00108